Paul Steiner

Die religiöse Freiheit und die Gründung des Schweizerischen Bundesstaates

Die religiöse Freiheit und die Gründung des Schweizerischen Bundesstaates

Paul Steiner

Verlag Paul Haupt Bern und Stuttgart

Gedruckt mit Unterstützung des
Vereins zur Förderung und Wahrung der Religionsfreiheit e.V.

ISBN 3-258-02449-9

Die religiöse Freiheit und die Gründung des Schweizerischen Bundesstaates

Paul Steiner

Verlag Paul Haupt Bern und Stuttgart

Gedruckt mit Unterstützung des
Vereins zur Förderung und Wahrung der Religionsfreiheit e.V.

ISBN 3-258-02449-9

E I N L E I T U N G

Die vorliegende Arbeit verdankt ihre Anregung Seminarübungen an der Basler Universität bei Edgar Bonjour. Sie ist nicht das Werk eines Juristen, sondern der Versuch eines Historikers, anhand der verfassungsgeschichtlichen Quellen das Werden der modernen religiösen Freiheit aus der Vielfalt hemmender und fördernder Ideen und Institutionen zu erkennen und ihre Problematik beim Werden der neuzeitlichen Demokratie und des schweizerischen Bundesstaates zu ergründen.

Wenn schon von der Verfassungsgeschichte gesagt wird, sie gehöre in die Domäne der allgemeinen geschichtlichen Forschung (1), so gilt dies ganz besonders für die Rechtsentwicklung der religiösen Freiheit. Sie ist von grundlegender individueller wie sozialer, kirchlicher wie politischer Bedeutung, zumal in der Eidgenossenschaft, wo das Staatskirchentum eine starke Ausprägung erfahren hatte (2).

Aus der philosophisch und christlich begründeten Überzeugung, daß Glaube und Kultus weder direkt noch indirekt durch das Staatsrecht erzwungen werden dürfen, entwickelte sich allmählich - in der Schweiz besonders mühsam - die Überzeugung, daß die religiöse Freiheit den rechtlichen Schutz des Glaubens und Gewissens wie des Gottesdienstes in sich schließt. Auch soll das Grundgesetz keine Diskriminierung in den bürgerlichen und politischen Rechten durch staatliche Vorschriften kirchlicher oder religiöser Natur zulassen (3). Von diesem umfassenden Begriff aus - wie ihn schon Alexandre Vinet postulierte - galt es, das Feld der

---

(1) J.Wackernagel: Archiv des Historischen Vereins des Kantons Bern, Bd.44, Heft 2, Bern 1958, S. 645.

(2) Vgl.F.Fleiner: Entstehung und Wandlung moderner Staatstheorien in der Schweiz, Zürich 1916, S. 21.

(3) Vgl.J.Marschall: Das Prinzip der Konfessionslosigkeit der öffentlichen Schulen in der Bundesverfassung, Zürich 1948, S. 141.

historischen Forschung und Darstellung abzugrenzen. Den zeitbedingten Widersprüchen in der Auffassung der Freiheit der Religion und ihres Verhältnisses zum Staat durfte dabei nicht aus Gründen rechtsdogmatischer Vereinfachung ausgewichen werden, haben sie doch die ambivalente Entwicklung und Deutung des religiösen Rechts mitgeprägt.

Verfassungsrechtliche Monographien über das Fundamentalrecht der religiösen Freiheit in der Schweiz sind auffallend spärlich. Es handelt sich zumeist, wenn von den Darstellungen über das Verhältnis von Staat und Kirche und über Teilaspekte abgesehen wird, um juristische Arbeiten, die auf die staatspolitischen Zusammenhänge wenig eingehen. Beinahe gänzlich vernachlässigt blieb die Erforschung der Entstehung der Glaubens- und Gewissensfreiheit und der Kultusfreiheit in den für das Werden des demokratischen Staatswesens maßgeblichen 30er und 40er Jahre des 19.Jahrhunderts (1). Zudem fehlte für die Gründungszeit des Bundesstaates eine Untersuchung über die bedeutsame Frage des eidgenössischen Rechtsschutzes religiöser Minderheiten und über die Auswirkungen des aargauischen Paritätsstreits auf die Bundeskrise der 40er Jahre und ihre Lösung (2).

Um diese Lücke der Historiographie zu schließen, wurden als Hauptquellen die offiziellen Protokolle der Tagsatzung und der kantonalen Verfassungsverhandlungen sowie der Verfassungskommissionen der Regenerationszeit untersucht und ausgewertet. Wo diese Quellen nicht genügten, sind sie durch zeitgenössische private Aufzeichnungen und durch Presseberichte ergänzt. Auch die politisch sehr rege und wirksame Volksmeinung jener Sturm- und Drangzeit der Demokratie, die

---

(1) L.R.v.Salis z.B. erwähnte sie in seiner Festschrift an den Schweiz.Juristenverein "Die Entwicklung der Kultusfreiheit in der Schweiz" (Basel 1894) nur beiläufig und unter Auslassung der Kultusfreiheit. S.71, Anm. 3.

(2) Ein Hinweis findet sich bei F.Fleiner: Die Entwicklung der Parität in der Schweiz, Separatdruck aus der Zs.f. Schw.Recht,N.F.XX (Basel 1901), S.117 ff.

in einer Flut von Petitionen und Broschüren zum Ausdruck kam, ist berücksichtigt worden. Wegen der gegenseitigen Bedingtheit von Religions- und Niederlassungsfreiheit wurde unter den bürgerlichen Rechten in beschränktem Maß auch die Freizügigkeit in die Quellenforschung einbezogen. Auf die Benützung der Kirchenarchive glaubte der Verfasser verzichten zu können, da der Hauptakzent auf der staatspolitischen Entwicklung liegt (1).

Nicht ohne gewichtige Gründe ist der dritte Abschnitt umfangreicher als die anderen ausgefallen. Einzelne Stände gingen weiter als die Bundesverfassung von 1848. Sie erhoben die Glaubens- oder Gewissensfreiheit sowie die allgemeine Kultusfreiheit zum Verfassungsrecht. Die offiziellen kantonalen Quellen der zahlreichen Revisionen der Staatsgrundgesetze und die Eingaben an die Verfassungsräte der Regenerationszeit bieten zudem einen besseren Einblick in die vielseitigen Probleme der religiösen Freiheit und ihre Motivierung als die eidgenössischen Protokolle. Es ist ein Glücksfall, daß die Stände Bern und Genf, in denen die allgemeine Freiheit des Gottesdienstes zuerst zum Durchbruch kam, besonders ausführlich über die Verfassungsverhandlungen berichteten. Bei den Kantonen Aargau und Waadt, welche die Kultusfreiheit für alle Glaubensweisen nicht zum Grundrecht erhoben, ist ihr Einfluß auf die eidgenössische Rechtsgestaltung der Parität der Grund für die eingehende Darstellung.

Den Schöpfern des Bundesstaates standen zwei antagonistische Modelle aus der Geschichte der Schweiz zur Verfügung: die alteidgenössische, auf konfessioneller Trennung beruhende und durch Verträge garantierte Parität des lockeren Staatenbundes sowie die revolutionäre, menschenrechtliche Gewissens-

---

(1) E.His wies in seiner "Geschichte des neuern schweizerischen Staatsrechts" (Bd.3, Basel 1938, S. 537) mit Recht darauf hin, daß die Annahme der auf die anerkannten Konfessionen beschränkten Kultusfreiheit nicht aus religiösen, sondern aus staatspolitischen Gründen erfolgte.

und Kultusfreiheit des säkularisierten helvetischen Einheitsstaates. Die in den beiden ersten Hauptabschnitten dargestellte Vorgeschichte macht die politische und religiös-ideologische Spannung verständlich, die nach der Sonderbundsniederlage auch in den Fragen der religiösen Freiheit zur eidgenössischen Kompromißlösung führte.

Die landesfremden Einflüsse bei der Entstehung der helvetischen Verfassung von 1798 und der Bundesstruktur von 1848 gaben Anlaß zur Darstellung ausländischer Vorbilder religiöser Freiheit. Von besonderem Interesse ist dabei der Vergleich mit der nordamerikanischen und deutschen Rechtsentwicklung beim Übergang vom Staatenbund zum Bundesstaat.

Was die außenpolitische Neutralität für die Existenz der Schweiz, das ist innenpolitisch die Nichteinmischung des Bundes in konfessionellen Fragen und der eidgenössische Schutz religiöser Minderheiten. Trotz ihres Mangels in den religionsrechtlichen Bestimmungen muß der Bundesverfassung von 1848 für die Entfaltung der Rechtsparität große Bedeutung beigemessen werden. Indem ihre Urheber den Anstoß zur allmählichen Überwindung des traditionellen Konfessionalismus im schweizerischen Staatsrecht gaben, öffneten sie den in einigen Kantonen bereits vorgezeichneten Weg für die auf der Würde des Menschen beruhende völlige religiöse Freiheit (1).

---

(1) Werner Kägi nennt die Religionsfreiheit "das wahrhaft Grund-legende unter den Freiheitsrechten". Gutachten zum Jesuiten- und Klosterartikel der Bundesverfassung, Bern 1973, S. 251.

INHALT

Dritter Teil

Vierter Teil

Fünfter Teil

Vom Werden alteidgenössischer Parität (1)

Die Anfänge der rechtlichen Parität der Konfessionen gehen auf die Reformation zurück. Das erklärt ihren ambivalenten Charakter. Ihrem Ursprung nach war die Parität nicht normativer Ausdruck der Toleranz oder gar eines allgemeinen Grundrechts religiöser Freiheit. Sie läßt sich nicht zeitgeschichtlich aus dem allgemeinen Menschenbild, aus dem herrschenden Kirchen- oder Staatsbegriff ableiten. Im Gegenteil, die konfessionelle Parität ist in der Eidgenossenschaft, wie im Deutschen Reich, antagonistisch zu den überlieferten sozialen Wertungen entstanden. Diese waren im 16. Jahrhundert noch durchaus von mehr oder weniger mittelalterlichen Zügen religiöser und kirchlicher Intoleranz geprägt. Sie war eine politische Notlösung mit den Vorzügen und Gebrechen eines Zeitalters, das korporativ dachte und in der bekenntnismäßigen Glaubenseinheit das religiöse und politische Ideal für die Kirche und den Staat sah. Und doch weist die Parität gerade auch durch ihre Herkunft, ihre Entwicklung und ihre soziale Auswirkung wertvolle Ansätze auf zu einer religiös freieren Entfaltung der Gesellschafts- und Rechtsordnung, wie sie erst im modernen demokratischen Staat des 19. und 20. Jahrhunderts voll wirksam wurden.

---

(1) Das Quellenmaterial der Eidg.Abschiede ist ausführlich angegeben in der grundlegenden Arbeit von L.R.v.Salis: Die Entwicklung der Kultusfreiheit in der Schweiz, Basel 1894. Eine kurze Zusammenfassung bringt F.Fleiner: Die Entwicklung der Parität in der Schweiz; in: Zs.f. Schw.Recht, N.F.XX, Heft 2, Basel 1901, S.97-120 (Separatabdruck).

Glaubenseinheit und Gewissensfreiheit während der Reformation

Am kompromißlosesten und längsten hielt die Innerschweiz an der mittelalterlichen Glaubenseinheit fest. Hier stieß die evangelisch ausgerichtete Erneuerung gleich zu Beginn auf entschiedenste und geschlossenste Abwehr. Noch in der Schutzvereinigung von 1845 spielte - wie zu zeigen sein wird - das Motiv der Bewahrung der katholischen Religion eine wesentliche Rolle. Insofern besteht eine Analogie zwischen der Beggenrieder Vereinbarung der Innern Orte vom 8.April 1524 und dem katholischen Sonderbund von 1845 (1). Als Zürich sich anschickte, die Heiligenbilder und die Messe von Staats wegen aufzuheben, beschlossen Luzern, Uri, Schwyz, Unterwalden und Zug feierlich "by cristenlicher kirchen ordnung wie von alter har und by dem alten waren cristen rechten glouben ze bliben, auch dise luterische, zwinglische, hussische, irrige, verkerte leer in allen unsern bieten und oberkeiten uszerüten, ze weren, ze strafen und niderzetrucken, so wyt und fer unser vermögen stat" (2). Daß dies keine leere Drohung gegen jene war, die es wagten, die neue Lehre zu glauben oder gar zu verbreiten, bewiesen die Hinrichtungen im selben Jahr (3). Was die katholische Kirche verdammte, das erlaubten kanonisches und weltliches Gesetz an Leib und Leben zu strafen.

---

(1) J.Dierauer; Geschichte der Schweizerischen Eidgenossenschaft, Bd.3, Gotha 1921, S.68.

(2) Eidg.Abschiede IV,1a,S.411 ff. Siehe W.Oechsli: Das eidgenössische Glaubenskonkordat von 1525, (Separatdruck).

(3) J.Dierauer: a.a.O. S.72.

Zwinglis Lehre galt als lutherische Ketzerei, und dagegen drohte nach gültigem Recht Marter und Tod. Daß verschiedene Glaubensweisen oder gar eine andere Kirche neben der römisch-katholischen bestehen könnten, war namentlich in der Urschweiz, wo das Gedankengut des Humanismus und der Reformation kaum hindrang, undenkbar. Wie die sittliche und die alle mitbestimmende kirchliche Ordnung nur eine katholische sein konnte, so war es auch die politische. Noch in der Sonderbundszeit glaubten viele, daß der Geist der Reformation der böse Geist der Revolution sei, der die guten Sitten, Recht und Wahrheit und die politische Gemeinschaft zerstöre (1).

Die Innerschweizer faßten auch den Eidgenössischen Bund aus ihrer katholischen Sicht auf und hielten sich für seine vornehmsten Hüter, für Wahrer der religiösen und politischen Einheit. Ihre weltlichen Obrigkeiten betrachteten es als eine kirchliche und bundesmäßige Pflicht, dafür zu sorgen, daß die Eidgenossenschaft katholisch bleibe. Als die Zürcher Gesandten den Bund nicht mehr bei den Heiligen schwören wollten, versagten sie den Eid. Von 1525 bis 1798 blieben die Bündnisse unbeschworen. Zürich und den anderen Orten, in denen Luthers und Zwinglis Lehren Eingang gefunden hatten, wurde immer wieder mit dem Ausschluß aus dem Bund gedroht. Sowohl das unter Luzerns Führung zustandegekommene Glaubenskonkordat von 1525 als auch die Disputation in Baden im folgenden Jahr sollten der Wiederherstellung der kirchlichen Einheit dienen. Als trotz intensiver diplomatischer Aktionen und der Hilfe der Kirchenfürsten von Konstanz, St.Gallen und Chur ein Bundespartner nach dem anderen die von einer mächtigen Zeitströmung getragene evangelische Kirchenreform durchzuführen begann und Zürich mit der Stadt Konstanz ein konfessionelles Burgrecht schloß, setzten die Innern Orte

---

(1) Vgl.Leo XIII: Enzyklika "Diuturnum illud" vom 29.6.1881, bei C.Mirbt: Quellen zur Geschichte des Papsttums und des Römischen Katholizismus, Tübingen 1934, S. 478.

ihre Hoffnung auf Österreich (1). Das Zeitalter der konfessionellen Bündnisse und Gegenbündnisse, welche die Eidgenossenschaft auf eine Zerreißprobe stellten, war angebrochen.

Die Glaubens**ein**heit war auch ein grundsätzliches Anliegen der Reformation. Zwar leuchtete zu Beginn das christliche Prinzip, wonach Gewissen und Glauben keinem äußeren Zwang unterworfen sein sollen, so kraftvoll auf, daß die individuelle religiöse Freiheit(3) in der Schweiz erstmals rechtlich Ausdruck fand, doch geschah dies nicht konsequent genug. Eine allgemeine Entfaltung blieb ihr bis ins 19.Jahrhundert versagt. Die auf der Einheit kirchlicher und weltlicher Ordnung beruhende mittelalterliche Tradition erwies sich stärker als der Glaube, daß die evangelische Lehre sich ohne Gewalt werde halten und allgemein durchsetzen können (2).

Luther verwahrte sich gegen die überlieferte Bindung der göttlichen Offenbarung und Gnade an menschliche Autoritäten. Das Verbrennen der päpstlichen Bannbulle und der kanonischen Rechtsbücher, sein Bekenntnis vor Kaiser und Fürsten, sein Mißachten der Reichsacht waren Zeichen, daß für Luther Gottes Wort und das Gewissen höher standen als Kirche und Obrigkeit. Doch der Reformator mußte für sich und den evangelischen Glauben den weltlichen Schutz in Anspruch nehmen. Damit geriet die aller eigenen Machtmittel, der kirchlichen Hierarchie, des sakralen Priestertums und des kanonischen Rechts ermangelnde

---

(1) J.Dierauer: Geschichte der Schweizerischen Eidgenossenschaft, Bd.3, Gotha 1921, S. 132 f.

(2) Dazu L.v.Muralt: "Auf katholischer und auf protestantischer Seite ergriff die Glaubensfrage das ganze Leben. Wie sollte vorerst eine Auseinandersetzung ohne Kampf möglich sein ?" Handbuch der Schweizer Geschichte, Bd.1, Zürich 1972, S. 468.

(3) Vgl.J.Clerc: Histoire de la tolérance du siècle de la Réforme, 1955.

Kirche der Reformation in Abhängigkeit des zum Notbischof gewordenen protestantischen Territorialstaates. Luther, der anfänglich jeden Obrigkeitszwang in Glaubenssachen entschieden abgelehnt hatte (1), sah sich durch die bedrängte Lage der jungen Kirche und der evangelischen Stände veranlaßt, ein Gutachten der Wittenberger Theologen zu unterzeichnen, das die Todesstrafe guthieß. Nur sollte die Urteilssprechung nicht nach dem kanonischen Recht,sondern nach dem corpus iuris civilis erfolgen. Hüter der beiden Gesetzestafeln und Vollstrekker in Religionssachen waren wieder Fürsten und Obrigkeiten (2). Die Freiheit des Glaubens trat in den für das Recht unwirksamen innern Bereich des Gewissens zurück (3).

Wie aus den altgläubigen Reichsständen alle nichtkatholischen Glaubens- und Kultusweisen verbannt waren, so wurden in den lutherischen Territorien Katholiken, Zwinglianer, Calvinisten und Täufer ausgeschlossen. Die Idee des corpus christianum blieb zwar für den einzelnen Stand erhalten, doch es gab nun katholische und protestantische Staaten, die sich gegenseitig die Christlichkeit abstritten. Das scharfe Gegeneinander konfessionell geschlossener Territorien im deutschen Reichsverband

---

(1) Martin Luther: Von weltlicher Obrigkeit und wie man ihr Gehorsam schuldig sei. Weimarer Ausgabe, Bd.2, 1900, S.229 ff. Noch 1525 schrieb Luther, die Obrigkeit solle nicht wehren, was jedermann glauben wolle, es sei Evangelium oder Lügen. Luthers Werke, Weimarer Ausgabe 10, III, S. 15.

(2) Siehe die evangelische Dogmatik Melanchthons: Loci communes rerum theologicarum. Corpus Reformatorum, Bd.21, 1854, Sp.561 ff. E.Staehelin: Die Verkündigung des Reiches Gottes in der Kirche Jesu Christi, Bd.4, Basel 1951, S.69 ff. Vgl.R.Sohm: Kirchenrecht, 1.Bd. Leipzig 1892, S. 542 ff.

(3) Über die Wandlung des Begriffs der Gewissensfreiheit in der Reformationszeit siehe H.Hoffmann: Reformation und Gewissensfreiheit, Gießen 1932.

erheischte, nachdem die gewaltsame Durchführung des Wormser Edikts mißlungen war, ein rechtliches modus vivendi, das jedem Stand seine Religionsfreiheit zugestehen und damit dem weiteren Zerfall des Reiches wehren sollte. So entstand die Rechtsparität (1) der anerkannten Konfessionen zuerst für die Augsburger und die römisch-katholische Konfession, später auch für die Mitglieder der reformierten Kirche. Andersgläubige Untertanen der Fürsten, deren Religionsbekenntnis für den Stand verpflichtend war, durften auswandern. Die Reichstage von Nürnberg (1526) und Speyer (1529), der Augsburger Religionsfrieden (1555) und der Westfälische Friede (1648), der den verheerenden Religionskriegen im deutschen Reich ein Ende setzte, sind die wichtigsten Etappen dieser paritätischen Rechtsentwicklung für die anerkannten Konfessionen.

Ähnlich, jedoch langwieriger war der Weg zur konfessionellen Rechtsparität in der reichsfreien Eidgenossenschaft. Infolge des Fehlens einer starken zentralen Ordnungsmacht im föderalistischen Aufbau und wegen der teils republikanischen, teils demokratischen Eigenart der Stände erfolgte die Rechtsentwicklung in den einzelnen Orten unterschiedlich. Später als im deutschen Reichsrecht wurde die völlige Parität der anerkannten Konfessionen ein bleibender eidgenössischer Rechtsgrundsatz.

Wie bei Luther vollzog sich beim Zürcher Reformator eine Wandlung in der Einstellung zur Glaubensfreiheit, nur kam sie bei Zwingli rascher und entschiedener. Bei ihm stand weniger die persönliche Heilsgewißheit im Vordergrund als vielmehr die aktive innerweltliche und soziale Heilsverwirklichung. Doch auch Zwinglis Lehre ging von der absoluten Gebundenheit des Menschen an Gottes Offenbarung und seiner Mündigkeit gegenüber jeder Macht aus, die sich anmaßt, Gewissen und Glauben zu beherrschen. "Alle so redend, das Evangelion sye nüt on die Bwarnus der Kilchen, irrend und schmähend

---

(1) Der Gebrauch des Wortes Parität als Rechtsprinzip für die politische und bürgerliche Gleichheit zweier oder mehrerer Konfessionen geht auf das 17.Jahrhundert zurück.

Got" (1), lautete die erste seiner 67 Thesen, die dem ersten Zürcher Religionsgespräch als Grundlage dienten. Die Thesen 34 bis 43 bejahten die christliche Obrigkeit. Dem tyrannischen Staat hielt er das passive Widerstandsrecht entgegen: So die Fürsten etwas wider Gott geböten, müßten die Christen Gott mehr gehorchen als den Menschen (2). Stärker als Luther hat Zwingli das Gemeindeprinzip betont als ein friedliches Mittel, die Reformation ohne Gewaltanwendung einzuführen. Die Mehrheit der Kirchgemeinde sollte in freier Wahl sich für oder gegen die Messe und die Heiligenbilder entscheiden. Die Verbreitung des schriftgemäßen Glaubens sollte überall frei sein.

Gegenüber dieser demokratischen Entwicklung der Reformation traten aber in den Städten bei der Organisation der reformierten Kirche immer mehr die Räte in Erscheinung. Es begann damit, daß Zwingli dem Zürcher Rat als Organ der Gemeinde die Entscheidung über die Einführung der Reformation überließ. Nachdem dieser die Wahl im Sinn von Zwinglis Lehre getroffen hatte, vertraute er der Obrigkeit den Schutz und die äußere Verwaltung der jungen reformierten Kirche an. Die Säkularisation der Klöster und Stifte lieferte dazu die materiellen Mittel. So wurde der Geheime Rat zugleich

---

(1) H.Zwingli: Hauptschriften, Bd.3, Zürich 1947, S.21.

(2) H.Zwingli: Auslegen und Begründen der Schlußreden, in: Hauptschriften, Bd.4, Zürich 1952, S. 108 f.

politische und kirchliche Behörde und Zwingli als geistlicher Berater - wie sich Leonhard von Muralt überspitzt ausdrückt - in Wirklichkeit deren Regent (1). Damit war die zwangsweise Vollstreckung der neuen kirchlichen Ordnung gegeben. Der Rat setzte die Prädikanten ein und erliess Sittenmandate. Religiöse Minderheiten, die sich widersetzten, konnten unterdrückt und die Glaubenseinheit durchgesetzt werden. An dieser Entwicklung, die schliesslich zur Staatskirche und zum Kirchenzwang führte, war die innere und äussere Bedrohung der Reformation ursächlich mitbeteiligt.

Die Verbindung von Kirche und politischer Behörde erschien einem Teil der Anhänger Zwinglis, die an der spiritualistischen Auffassung der christlichen Kirche konsequent festhielten, verwerflich. Sie widersetzten sich jeder Form von Gewalt. Als Zeichen der freien Glaubensentscheidung begannen sie, die Erwachsenentaufe einzuführen. Sie wollten eine Freiwilligengemeinde nach dem Vorbild der Urchristen, keine Obrigkeitskirche. Die Lehren der Täufer setzten die Einheit der werdenden reformierten Kirche und die weltliche Autorität in einem Augenblick aufs Spiel, da die Bauernunruhen, der passive Widerstand der Altgläubigen in der Stadt, die gegenreformatorische Politik der Innerschweizer und Habsburger, die noch schwankende Haltung der Räte in den anderen Städten jede Schwäche des führenden reformierten Standes zum Triumph für die Gegner der Reformation werden konnte. Daraus ist die Heftigkeit im Vorgehen gegen die Täufer zu verstehen, die sich durch Disputationen nicht hatten überzeugen lassen. Durch Mandat wurde die Kindertaufe geboten,

(1) L.v.Muralt: Reformation und Gegenreformation, in: Geschichte der Schweiz, Bd.1, Zürich 1932, S.393 f. P. Wernle nannte die Meinung Zwinglis, dass der Rat im Namen der Gemeinde handle, eine Rechtsfiktion. Zwinglis und Calvins Stellung zum Staat, Zürich 1916, S.85; in: Verhandlungen des Pfarrvereins (Asketische Gesellschaft) des Kantons Zürich im Jahr 1916.

bei Wiedertaufe mit der Strafe des Ertränkens gedroht. Weder Gefängnis noch Verbannung vermochten den Eifer der radikalen Reformer zu unterdrücken. Nicht als Ketzer, sondern als Eid- und Friedensbrecher, so lautete das Urteil des Gerichts, wurde am 5.Januar 1527 der Zürcher Felix Manz als erster Täufer in der Limmat ertränkt und der landesfremde Blaurock mit Ruten aus der Stadt gepeitscht (1).

Das Martyrium der Täufer hatte begonnen. Es dauerte zwei Jahrhunderte, bis die eidgenössischen Stände auf Gewaltmassnahmen verzichteten. Noch 1714 wurde der Berner Nicolas Samuel de Treytorrens, weil er sich für die zur Galeerenstrafe verurteilten Täufer einsetzte, selbst verbannt. Mit dem Odium der Staatsgefährlichkeit (2), das fortan durch Verfolgung der Täufer allen Sekten anhaftete, wurde auch die Befürwortung der Glaubensfreiheit strafwürdig. Der Verfolgung der Täufer kommt für die Geschichte der religiösen Freiheit prinzipielle Bedeutung zu. Alle eidgenössischen Stände versagten ihnen nach Zürichs Vorbild den Rechtsschutz. Ihre Ablehnung festigte die Glaubenseinheit der evangelischen Kirche und ihre Bindung an den Staat, der sie allein

---

(1) L.v.Muralt: Reformation und Gegenreformation, in: Geschichte der Schweiz, Bd.1, Zürich 1932, S.362.

(2) Erst die neueste Geschichtsschreibung hat die Zürcher Täufer von der traditionellen Anklage der Unruhestiftung unter den Bauern und der Identifizierung mit der anarchisch-schwärmerischen Gruppe von Münster freigesprochen. Siehe W.Köhler: Die Zürcher Täufer, in: Gedenkschrift zum 400-jährigen Jubiläum der Mennoniten oder Taufgesinnten, Ludwigshafen 1925, S.48 ff; E.Correll: Das schweizerische Täufermennonitentum, Tübingen 1925.

garantieren konnte. Unter dem massgebenden Einfluss Zwinglis (1) sahen sich die konfessionell gemischten Stände veranlasst, die Parität auf die anerkannten Konfessionen zu beschränken. Die allgemeine Gewissens- und Glaubensfreiheit und erst recht die völlige Kultusfreiheit hatten kein Heimatrecht in Territorien, in denen die Täufer verfolgt wurden. Von den Niederlanden, dem Zufluchtsort der Schweizer Täufer, begannen die Mayflower Pilgerväter ihre Reise nach Nordamerika, wo aus dem baptistischen und puritanisch-calvinistischen Erbe erstmals die völlige religiöse Freiheit zum Verfassungsrecht des demokratischen Staates erhoben wurde (2).

In der Eidgenossenschaft war fortan der Weg frei für die spätere Verfolgung der Antitrinitarier und der Pietisten. Glaube und Kirche waren untrennbar mit dem Obrigkeitsstaat verbunden. Die Religion wurde zum dynamischen Instrument der Politik. Andererseits diente die weltliche Macht der Sicherung und Ausdehnung der Reformation. Die Geistlichkeit setzte Form und Inhalt des

---

(1) Ein Schreiben Zwinglis vom 4.Mai 1528 an den Konstanzer Reformator Ambrosius Blarer macht deutlich, wie er sich, leichter als Luther, über die Bedenken gegenüber dem irrenden Gewissen, dem man nicht gebieten dürfe, hinwegsetzte und wie er die Einführung und Erhaltung der Kirchenordnung durch die Obrigkeit damit rechtfertigte, dass das Reich Gottes auch äusserlich sei. Corpus reformatorum, Bd.96, 1925, S.451 ff. E.Staehelin: Die Verkündigung des Reiches Gottes in der Kirche Jesu Christi, Bd.4, Basel 1957, S.153 ff.

(2) Siehe E.Brunner: Die denkwürdige Geschichte der Mayflower Pilgerväter, Basel 1920, S.21 ff und 66 ff.

Glaubensbekenntnisses fest, die Obrigkeit liess es beschwören. Was die Herren glaubten, durften die Untertanen nicht offen leugnen. Gottesdienstliche Handlungen waren bürgerliche Pflichten, über deren Einhaltung Kirche und Staat wachten (1).

---

(1) Nach R.Bäumlin hat das evangelische Kirchenrecht in der Schweiz kaum jemals der reformatorischen Theologie entsprochen. Die evangelische Kirche und der Staat in der Schweiz seit dem Kulturkampf, in: Zs. der Savigny-Stiftung für Rechtsgeschichte, Bd.76 (Sonderdruck), Weimar 1959, S.249.

Entstehung der konfessionellen Parität in Appenzell, Glarus und Graubünden

Freier als in den Stadtrepubliken, die nach einigen Jahren des Zögerns (1) Zürichs Beispiel der Wiedererlangung der Glaubenseinheit folgten, gestalteten sich die konfessionellen Verhältnisse dort, wo in Wort und Schrift die evangelische Lehre eindrang, die zentrale politische Gewalt aber fehlte oder zu schwach war, um die Kirchenerneuerung aufzuhalten oder letztlich bestimmen zu können. Dies war in den freiheitlichen Landsgemeindedemokratien Appenzell und Glarus sowie in der Gemeindereferendumsdemokratie der zugewandten rätischen Drei Bünde der Fall. Hier kam Zwinglis Gemeindeprinzip, das Annahme oder Ablehnung der Reformation in die Hände der Mehrheit der Kirchgenossen legte, unbeschränkter zur Geltung. Aus dem Nebeneinander katholischer und reformierter Gemeinden, wobei dort auch Minderheiten geduldet wurden, entstanden in den zwanziger Jahren des 16. Jahrhunderts die ersten paritätischen Stände der Eidgenossenschaft. Dabei kam der Parität der Umstand zugut, dass Aebte und Bischöfe die demokratischen Orte nicht in ihrer Entscheidungsfreiheit zu beeinträchtigen vermochten.

---

(1) In Basel, wo die Messe erst 1529 endgültig abgeschafft wurde, bestimmte ein Ratsmandat vom 21. Oktober 1527, es solle "ein jeder seines Glaubens frey sein, niemand gedrungen noch gezwungen werden, Messe oder nicht, diese oder jene Predigt zu hören, sondern soll das eines jeden conscienz heimgestellt sein." L.R.v.Salis: Die Entwicklung der Kultusfreiheit in der Schweiz, Basel 1894, S.21, Anmerkung 2.

Appenzell gab als erster eidgenössischer Stand der konfessionellen Parität Rechtskraft, bis die Gegenreformation das Land politisch schied. Die Nähe der Stadt St.Gallen, die unter Vadian zu einem Mittelpunkt der Reformation wurde, die erkämpfte Unabhängigkeit vom Fürstabt und die weitgehende Autonomie der Gemeinden waren der Ausbreitung der Lehren Luthers und Zwinglis förderlich. Schon 1523 antwortete die Landsgemeinde den Ständen, es solle kein Priester noch Prediger bei Strafe der Landesverweisung etwas anderes lehren, als was die Schrift sage (1). Im nächsten Jahr, am 6.August 1524, als abermals eine eidgenössische Gesandtschaft erschien, brachten die evangelisch Gesinnten den Landsgemeindebeschluß durch, daß in jeder Kirchgemeinde abgestimmt werde, ob man den neuen Glauben annehmen wolle oder nicht. Das absolute Mehr entschied über den Kultus jeder Gemeinde. Die Minderheit konnte den Gottesdienst auswärts besuchen. Urnäsch, Hundwil, Teufen, Gais, Trogen, Grub und 1529 auch Herisau stimmten für die Reformation, während Appenzell und Brüllisau die Messe beibehielten. Am 15. Juli 1526 beschloß die Landsgemeinde, daß niemand zur Messe gezwungen und niemand davon abzuhalten sei. Als im Mai 1531 evangelische Boten vor der Landsgemeinde erschienen mit dem Ansuchen, es möchte das ganze Land den neuen Glauben annehmen, begnügte sich diese wiederum mit dem Beschluß, es sollten sämtliche Geistliche nichts anderes lehren, als was sie aus der Schrift beweisen könnten (2). Dem bald darauf erfolgten Sieg der Innerschweiz bei Kappel verdankte die zahlenmäßig gering gewordene katholische Minderheit, daß ihr Kultus nicht ganz verdrängt wurde. Als im Jahr 1597 durch den neu entfachten konfessionellen

---

(1) J.C.Zellweger: Geschichte des Appenzellischen Volkes, Bd. 3, 1, Trogen 1839, S. 69 ff.

(2) J.J.Blumer: Staats- und Rechtsgeschichte der schweizerischen Demokratien,2.Teil, 1.Bd.,St.Gallen 1858,S.61 f.

Hader die politische Einheit zerfiel, bewahrten beide Landeshälften in ihrem Verhältnis zueinander das Prinzip der konfessionellen Parität.

Schwieriger gestaltete sich die Parität in Glarus, obwohl die politische Struktur eine ähnliche war wie in Appenzell. Der Franzosenpartei, deren einflußreiche Häupter vom Pensionswesen großen Nutzen zogen, war Zwingli schon während seines zehnjährigen Aufenthalts als Leutpriester im Hauptort ein unbequemer Mahner gegen das Söldnerwesen gewesen (1). Sie fand in der Innerschweiz willkommene Alliierte für ihren Kampf gegen die zwinglische Reform. Obwohl die neue Lehre in den Glarner Tälern schon zu Beginn des dritten Jahrzehnts zahlreiche Anhänger hatte, versicherte die Landsgemeinde noch 1526 und 1527 schriftlich den mahnenden Schwyzern, daß Glarus beim alten Glauben bleiben wolle (2). Im Mai 1528 erfolgte jedoch, nachdem auch die Hintersassen das Stimmrecht erhalten hatten, der Durchbruch des unterdrückten Willens der Volksmehrheit (3) und drohte nun über das Gemeindeprinzip hinweg, mit landesrechtlichem Mehrheitsbeschluß die immer noch einflußreiche katholische Partei zur Kapitulation zu zwingen und die Messe auch dort abzuschaffen, wo sich noch die meisten Gemeindebewohner zu ihr bekannten. Die Altgesinnten verließen damals den Ring. Dem zunehmenden Glaubenshaß suchten im Hauptort Valentin Tschudi und Johannes Heer dadurch zu wehren, daß sie dem Volk zugleich mit evangelischer Predigt und katholischer Messe dienten (4). Schließlich

---

(1) L.v.Muralt: Reformation und Gegenreformation, in: Geschichte der Schweiz, Bd.1, Zürich 1932, S. 345.

(2) J.J.Blumer: Staats- und Rechtsgeschichte der schweizerischen Demokratien,2.Teil, Bd.1,St.Gallen 1858,S.29 f.

(3) G.Heer: Geschichte des Landes Glarus, Bd.1, Glarus 1898, S. 123.

(4) J.Dierauer: Geschichte der Schweizerischen Eidgenossenschaft, Bd.3, Gotha 1921, S. 126.

gelang es dem versöhnlich gestimmten, mit Zwingli verschwägerten Landammann Hans Aebli 1529, kurz bevor er die eidgenössischen Glaubensparteien in Kappel vom Blutvergießen abhielt, in Glarus einen vorübergehenden Ausgleich zu erzielen. Wie in Appenzell wurde nun auch hier durch Anerkennung des religiösen Selbstbestimmungsrechts jeder Einzelgemeinde und durch den obrigkeitlichen Schutz beider Konfessionen die Parität zum Landesgesetz erhoben. Trotz seiner kurzen Gültigkeit, verdient dieser erste Religionsvertrag Beachtung. Mit ihm wurde versucht, die Majorisierung in den einzelnen Gemeinden durch die religiöse Toleranz aufzulockern; auch dürfte er nicht ohne Einfluß auf die Entstehung des ersten eidgenössischen Landfriedensrechts gewesen sein. Die Vorschläge für diesen Religionsvertrag von 1529 wurden von einer paritätischen Kommission von je 15 Reformierten und Katholiken ausgearbeitet (1). Der von der Landsgemeinde einhellig angenommene Text enthält in seinem ersten Artikel folgenden Beschluß: "Zum ersten, daß jedermann die mess und bilder, wo sy noch in kilchen oder cappelen ufrecht sind, bliben lasse, unz daß ein kilchhöri selbs ein anders darum meret; wo aber die bilder und mess dannen ton, darby lands min herren ouch bliben. Doch wo daselbst wib- oder manspersonen wärend, die des sacraments in todsnöten oder sunst begeren wurden, soll inen nachglassen und nüd abgschlagen werden, und darum nieman andern verachten, vexieren noch verspotten" (2). Im zweiten Artikel wurde den Prädikanten zur Pflicht gemacht, vor allem das göttliche Wort nach der Schrift zu verkündigen. Andernfalls würden sie bestraft.

---

(1) G.Heer: Geschichte des Landes Glarus, Bd.1, Glarus 1898, S. 126 f.

(2) J.Strickler: Actensammlung zur schweizerischen Reformationsgeschichte, Bd.2, Zürich 1879, S.31.

Auch sollten sie die Messe und deren Anhänger nicht ketzerisch nennen. Der nächste Artikel schützte ihre persönliche Sicherheit und der letzte regelte die gemeinsamen Feiertage.

Die rechtliche Einführung der konfessionellen Parität im Freistaat Gemeiner Drei Bünde, der zugewandter Ort der Eidgenossenschaft war, fällt mit der Rechtsgebung seiner eigenartigen staatlichen Struktur zusammen. Durch den Bundesbrief vom 23.September 1524 (1) schlossen sich die Gerichtsgemeinden des Gotteshausbundes, des Grauen Bundes und des Zehngerichtebundes endgültig zum Freistaat zusammen (2). Vom Mai 1526 datiert das erste Bundesgesetz, das den Katholiken und den Reformierten Religionsfreiheit gewährte. Graubünden war somit die erste paritätische Föderation der Schweizergeschichte und verdient schon deswegen besondere Erwähnung.

Seit der Grundlegung ihrer gemeinsamen Verfassung stellte sich den Drei Bünden die Frage der Majorisierung in kirchlich-religiösen Belangen (3). Mit Ausnahme aussenpolitischer Geschäfte, war ein Bundesbeschluss in der Regel erst durch die Zustimmung aller Gerichtsgemeinden rechtskräftig. Diese gegen das geistliche und weltliche Feudalwesen erkämpfte autonome Stellung der einzelnen politischen Gemeinden, die mit Ausnahme von Chur, jeweils aus mehreren Ortschaften bestanden, förderte die konfessionelle Vermischung und erschwerte die gewaltsame Unterdrückung religiöser Minderheiten. Der durch den Müsserkrieg entstandenen Notlage ist es zuzuschreiben, dass der

---

(1) C.Jecklin: Urkunden zur Verfassungsgeschichte Graubündens, Heft 2, Chur 1884, S.83 ff.

(2) P.Liver: Verfassungsgeschichtlicher Ueberblick, in: Verfassung für den Kanton Graubünden vom 2.Oktober 1892, Chur 1949, S.20. F.Pieth: Bündnergeschichte, Chur 1945, S.113.

(3) Siehe Max Kopp über die allgemeine Bedeutung des

Bundestag Anfang 1526 - und durchaus nicht einstimmig - beschloß, die Messe solle in allen Gemeinden beibehalten werden. Die verbündete Innerschweiz hatte nämlich militärische Hilfe im Müsserkrieg nur für den Fall zugesagt, daß die Drei Bünde von der lutherisch-zwinglischen Ketzerei abstehen würden. Die konfessionellen Zugeständnisse, die von den Gemeinden als Verletzung ihrer Souveränität aufgefaßt wurden, konnten trotz der verbrieften Form rechtlich nicht bindend sein (1). Zwei evangelische Geistliche wurden indessen des Landes verwiesen (2). Doch siegte noch im selben Jahr der mächtigere religiös-politische Selbstbehauptungswille, der im Davoser Religionsdekret und im zweiten Ilanzer Artikelbrief zum Ausdruck kam und den Bündnern rechtlich sowohl die Gleichheit der Konfessionen als auch die Befreiung von geistlich-weltlicher Herrschaft brachte (3).

Der erste Satz des Davoser Bundesdekrets vom Mai 1526 (4) stellte es jedermann, ob Frau oder Mann, innerhalb der Rätischen Föderation frei, nach eigenem Ermessen oder Gewissen den römischen oder den evangelischen Glauben zu bekennen. Der zweite untersagte unter Straf-

---

eidgenössischen Mehrheitsprinzips: "Die Geltung des Mehrheitsprinzips in eidgenössischen Angelegenheiten vom 13.Jahrhundert bis 1848 in seiner Bedeutung für die alte Eidgenossenschaft", Winterthur 1959.

(1) F.Pieth: Bündner Geschichte, Chur 1945, S.130.

(2) E.Camenisch: Bündnerische Reformationsgeschichte, Chur 1920, S. 130 f.

(3) E.Camenisch: a.a.O. S. 51 ff, 67 f.

(4) Der Text ist nur in lateinischer Übersetzung überliefert. Die Wiedergaben bei De Porta (Historia reformationis ecclesiare Raeticanum, 1722, 1c, I, S.146) und U.Campell (Ulrici Campelli: Historia Raetica; und in P.Plattners Quellen zur Schweizer Geschichte, Bd.9, 1890, S.161) weisen Varianten auf. Jene von Campell sind in Klammern angeführt. "Singulis utriusque sexus et cuiuscumque conditionis et

androhung den Angehörigen der beiden Konfessionen die gegnerische Partei nach bisheriger Weise und mit religiösem Vorwand öffentlich oder insgeheim zu verfolgen oder zu kränken. Durch den dritten Satz wurden Wiedertäuferei und anderes Sektierertum ein- für allemal verboten. Wer trotz Widerlegung und eingehender Belehrung bei seinem Irrtum beharren oder andere arglistig zu verführen suchen würde, sollte ohne Gnade verbannt werden.

Es fällt bei der Formulierung der Parität auf, daß diese Religionsfreiheit dem Wortlaut nach als Personenrecht und nicht als Mehrheitsrecht aufgefaßt wurde. In der religiösen Mündigkeitserklärung - sie erfolgte kurz nach der Disputation in Ilanz (1) - begegneten sich der ausgeprägte bündnerische Individualismus und die evangelische Lehre von der persönlichen Glaubensverantwortung des Christen. Nicht auf Grund eines kirchlichen

---

ordinis hominibus intra foederatorum Rhaetorum ditionis fines incolentibus liberum stet, ex hisce duabus Romana (Campell: pontificia) et Evangelica religionibus utram quis velit aut spiritus boni (sancti) instinctu admoneretur eligere amplecti et profiteri (atque retineri) religionem; adnexo severo interdicto ne quis alterutrius dictarum religionum quemquam adversae partis religionis nomine neque publice neque privatim odiosius insectetur vel ullo contumeliae aut probri genere, prout hactenus a numerosiore parte factitatum erat (quemadmodum hactenus aliquandiu maxime ab altera parte factitatum fuerat), afficiat sub sancita arbitraria poena convenientibus irroganda... quod vero ad Anabaptisticam aut alias cuiuscumque generis vel nominis sectas (haereses) pertinet sunt illae simul semelque pro semper eodem decreto interdictae, exsilio iis sine discrimine indicto qui lege insuper habita post idoneam Erroris confutationem et fidelem sedulamque adhibitam informationem (instructionem) errorem praefracte retinere vel malitiose etiam aliis affricare praesumpserint (retinere necnon tueri perrexerint et adeo non desistere voluerint, ut pestiferum venenum suum in dies magis alios affricare eoque alios inficere gestiunt)". Zit.nach L.R.v.Salis: Die Entwicklung der Kultusfreiheit in der Schweiz, Basel 1894, S.23.

(1) E.Camenisch: Bündnerische Reformationsgeschichte, Chur 1920, S.36 ff.

Entscheids oder gar durch äusseren Zwang, sondern durch freie Willens- und Gewissensentscheidung sollte jeder einzelne den katholischen Glauben beibehalten oder das neue evangelische Bekenntnis annehmen. Eine Einschränkung erfuhr diese individuelle religiöse Freiheit dadurch, dass ihr Recht und Schutz sich nur auf das evangelische und römisch-katholische Bekenntnis bezogen und Dissidente ausdrücklich ausgeschlossen waren. Doch wurde selbst Sekten gegenüber bei hartnäckigem Beharren und bei Proselytentum nur mit der Verbannung und nicht mit der Todesstrafe gedroht. Diese Einschränkung sowie das Verbot der gegenseitigen Schmähungen sollten dem bedrohten Religionsfrieden dienen und eine Gefährdung der Reformation abwehren.

Als die Gesandten der Gerichtsgemeinden dem Davoser Bundesdekret zustimmten, war die Mehrheit des Volkes noch den alten Glaubensformen zugetan, doch zeigte der Inhalt des Dekrets, wie stark schon 1526 das reformatorische Gedankengut in die Bündner Täler eingedrungen war. Ende 1525 war Johannes Comander von bischöflicher Seite vor dem Bundestag der Ketzerei, des Rottengeistes und des Sektenwesens angeklagt worden, wogegen er sich im Namen von vierzig evangelisch gesinnten Geistlichen verwahrte (1). Zu Ostern 1526 legte er in Chur, dem Ausgangspunkt der Bündner Reformation, die Abendmahlslehre nach evangelischem Verständnis aus, und 1527 wurde die Messe abgeschafft. Dies war wohl mit ein Grund dafür, dass im Davoser Religionsgesetz die Kultusfreiheit keine besondere Erwähnung fand. Der Gottesdienst war noch nicht differenziert. Es ging den Evangelischgesinnten vorerst um die Freiheit des Glaubens und um die schriftgemässe Verkündigung, die für alle drei Bünde zugesichert wurden (2).

---

(1) E.Camenisch: Bündnerische Reformationsgeschichte, Chur 1920, S.36-37.
(2) F.Pieth: Bündner Geschichte, Chur 1945, S.130.

Auch die entschiedene Abwehr gegen das Täufertum im Davoser Gesetz spiegelt die Zustände in Chur wieder, wo die 1525 aus Zürich ausgewiesenen Bündner Täufer Georg Blaurock und Andreas Castelberger einen großen Anhang hatten und Comander bei Zwingli Rat holte , wie gegen diese Unruhestifter vorzugehen sei (1). Nachdem der Churer Rat bereits ein Mandat gegen die Täufer erlassen hatte, gab das Davoser Bundesgesetz - um Unruhen vorzubeugen - nun auch anderen Gemeinden das Recht, sie des Landes zu verweisen. Daran nahmen Volk und Obrigkeit keinen Anstoß. Es war ein Merkmal der Zeit, daß ein Grundgesetz, das die reformierte und katholische Religion jeglichen Zwangs enthob, gleichzeitig Strafen gegen jene guthieß, die nicht mit den beiden Glaubensweisen übereinstimmten. Nach 1531 war von den Täufern in den Drei Bünden kaum mehr die Rede (2). Castelberger verschwand schon 1528 von der Bildfläche, Blaurock starb 1529 im Tirol auf dem Scheiterhaufen (3).

Am 25.Juni 1526 verabschiedete der Bundestag einhellig den zweiten Ilanzer Artikelbrief (4), durch den die Gemeinden ihre politische, richterliche und kirchliche Selbständigkeit entschiedener noch als 1524 auszudehnen trachteten. Geistliche durften kein weltliches und richterliches Amt bekleiden, die Wahl des Bischofs von Chur sollte das Domkapitel fortan nur im Einverständnis mit dem Gotteshausbund vornehmen dürfen,

---

(1) E.Camenisch: Bündnerische Reformationsgeschichte, Chur 1920, S.69 ff.

(2) E.Camenisch: a.a.O., S. 80 f.

(3) E.Camenisch: a.a.O., S. 81.

(4) C.Jecklin: Urkunden zur Verfassungsgeschichte Graubündens, Heft 2, Chur 1884, S. 89 ff.

und es mußte stets ein Bündner sein. Die Klöster wurden unter weltliche Aufsicht gestellt, Novizenaufnahme war untersagt, eine Maßnahme, die später wieder aufgehoben wurde. Von großer Bedeutung für die Entwicklung der konfessionellen Parität in Graubünden war der 13. Artikel, mit dem die Gemeinden von Staats wegen das Verfügungsrecht über die Pfründe und damit das Wahlrecht der Geistlichen erhielten (1). Diese Maßnahme ließ sich mit dem reformatorischen Prinzip verbinden, wonach die Mehrheit über die Art des Kultus entscheiden solle. Das Davoser Dekret vom gleichen Jahr fand damit eine Ergänzung, indem zum Individualrecht der Glaubensfreiheit das korporative Kultusrecht hinzugefügt wurde. Damit konnte die Mehrheit der Kirchgenossen mit der Wahl eines reformierten oder eines katholischen Geistlichen für ihre Gemeinde über die Gottesdienstform selbständig und demokratisch entscheiden. Ein Unterdrückungsrecht der religiösen Minderheit einer Gemeinde bestand nicht, denn diese schützte das Bundesdekret vom Mai desselben Jahres, das seine Gültigkeit behielt. Wo ihr der Gebrauch der Kirche versagt wurde, konnte sie die Messe oder Predigt in einer Nachbargemeinde besuchen. Laut Wahlkapitulation vom 20.Oktober 1541 mit dem Gotteshausbund sollte jeder Churer Bischof schwören, daß er "ein gemeyn Gottshus und die andern zwen pünt by den Artigklen, ouch glouben und wesen, wie sy darin ietz vor der Erwellung sind, belyben lassen sölle und wölle" (2). Bereits hatte sich in allen drei rätischen Bünden und selbst innerhalb der Gemeinden eine konfessionelle Aufteilung der Einwohner vollzogen, die weitere Fortschritte machte, während in der dreizehnörtigen Eidgenossenschaft eine rückläufige Entwicklung bemerkbar

(1) C.Jecklin: Urkunden zur Verfassungsgeschichte Graubündens, Heft 2, Chur 1884, S. 92 f.

(2) C.Jecklin:a.a.O., S.100.

wurde.

Das Paritätsrecht der Glaubens- und Kultusfreiheit für Reformierte und Katholiken wurde auch auf die bündnerischen Untertanengebiete ausgedehnt, wie aus den Clevener Artikeln von 1585/86 ersichtlich ist. Diese gaben im übrigen, wie der folgende Wortlaut zeigt, inhaltlich die drei Bestimmungen des Davoser Dekrets wieder: "Erstlichen der Religion halben sollend die zwo Religionen, namlich Ewangelisch und Catholisch, fry sin, wie von alter herkommen ist, glich so wol in Gemeinen III Pündten, also ouch in derselbigen undertonen Landen, also dasz kein Party die ander weder mit Worten noch mit Werken tratzen noch stumpfieren sölle, bi Pen des Lebens, Confiscation der Güeteren lut und Inhalt vilfältigen Mandaten, Dekreten und Abscheiden. Es soll ouch kein Amptman Veltlins, Grafschaft Cleven, Tell und Worms hierwider handlen, noch von jemandt gehandlet werden gestatten, bi Verlierung sines Amts; doch sollend alle und iede Sekten userhalb den zwo genanten Religionen usgeschlossen sin und in Gmeiner III Pündten Landen und gebieten nit geduldet werden ..." (1).

Obwohl auch im Freistaat der Drei Bünde die religiöse Parität für Reformierte und Katholiken immer wieder, in Ermanglung eines wirksamen gerichtlichen Bundesschutzes, lokaler und personeller, kirchlicher oder weltlicher Willkür weichen musste, blieb die volle rechtliche Gleichberechtigung der Konfessionen und das Individualrecht der Religionswahl im Prinzip erhalten, bis sie dem Glaubenshass und der fremden Gewalt der Gegenreformationszeit erlag. Der hohe Blutzoll der Bündner Wirren liess die Sicherung des Religionsfriedens nach dem Grundsatz der Parität wieder Wünschenswert erscheinen (2).

---

(1) C.Jecklin: Urkunden zur Verfassungsgeschichte Graubündens, Heft 2, Chur 1884, S.116.
(2) E.Camenisch: Bündnerische Reformationsgeschichte, Chur 1920, S.566 ff.

Graubünden ist nicht das erste paritätische Land, wohl aber das älteste, wenn man bedenkt, daß Appenzell für die souveränen Landeshälften zur Glaubenseinheit zurückkehrte. Als 1848 das schweizerische Bundesrecht der Kultusfreiheit für die anerkannten Konfessionen eingeführt wurde, sah Graubünden mit Genugtuung seine vierhundertjährige Rechtstradition bestätigt.

Einführung der Parität im Bundesrecht des ersten Religionsfriedens

Bedeutend schwieriger als in den einzelnen gemischtkonfessionellen Ständen gestaltete sich die Einführung der konfessionellen Rechtsgleichheit in der Bundesgesetzgebung der dreizehnörtigen Eidgenossenschaft. Auf Bundesebene standen sich nicht Priester und Prädikanten, katholisch und evangelisch gesinnte Bürger, Gemeinde gegen Gemeinde gegenüber, sondern Obrigkeiten mit landesherrlicher Gewalt, die Ende der zwanziger Jahre des 16. Jahrhunderts im Glaubensstreit in der Mehrheit für die alte oder die neue Religion Partei ergriffen. Beide Religionsparteien waren vom Absolutheitsanspruch ihres Glaubens überzeugt und geneigt, das Recht zu seinen Gunsten zu interpretieren. Neutralität schien ihnen Verrat an der Religion. Der Machtfaktor spielte, wie im Deutschen Reich, für einen konfessionellen Rechtsausgleich eine verhängnisvolle Rolle.

Eine rechtliche Voraussetzung für die Einmischung in die inneren Angelegenheiten eines Ortes bestand auf Grund der ständischen Landeshoheit nicht. Ein Bundesrecht, das allgemein verpflichtende Mehrheitsbeschlüsse möglich gemacht hätte, war erst rudimentär vorhanden (1) und im

(1) Vgl. J.C. Bluntschli: Geschichte des schweizerischen Bundesrechtes, Bd.1, Stuttgart 1875, S. 402 ff.

Verhältnis der Orte zueinander nicht auf den Glaubensstreit übertragbar. Zürich, später von Bern sekundiert, widersetzte sich den diesbezüglichen Bemühungen der katholischen Stände mit allen Mitteln. Diese blieben bis zum Ende der dreizehnörtigen Eidgenossenschaft zahlenmässig in der Tagsatzung überlegen. 1529 standen die entschieden katholischen Stände Uri, Schwyz, Unterwalden, Luzern und Zug mit Freiburg und Solothurn, die beide, geographisch isoliert, unter Berns Einfluss bereits eine evangelische Minderheit aufwiesen, den mächtigen reformierten Ständen Zürich und Bern mit Basel und Schaffhausen gegenüber, wobei die beiden Grenzstädte durch ihre Lage und die Bündnisbestimmungen in ihrer Entscheidungsfreiheit behindert waren. Auf Grund ihrer innenpolitischen Parität zur Neutralität nach aussen neigend, war den mehrheitlich reformierten Ständen Glarus und Appenzell keine radikale Parteinahme im eidgenössischen Konflikt möglich.

Eine rechtlich und politisch ganz andere Voraussetzung bestand in den von einzelnen Ständen gemeinsam eroberten und verwalteten Untertanengebieten. Hier war die Möglichkeit der religiösen Einflussnahme für beide Parteien vorhanden. Dabei war Zürich religiös im Vorteil, während die Innerschweizer rechtlich und politisch den Vorzug hatten. Ihnen oder katholischen Institutionen stand meist die hohe Gerichtsbarkeit zu, mit der Ketzer zum Tode verurteilt werden konnten. Sie stellten öfter die Vögte als Zürich und Glarus. Zudem hatten Mehrheitsbeschlüsse an den Tagsatzungen der mitherrschenden Stände für die gemeinen Herrschaften rechtliche Geltung, was den Katholiken zugute kam. Weder Zwinglis Interesse an der Reformation noch das politische Expansionsstreben des Zürcher Rats in der Ostschweiz liessen es aber zu, dass sie die Reformierten jene Gebiete aufgaben. Daher vertraten sie die Ansicht, daß Mehrheitsbeschlüsse auf Glaubensfragen keine Anwendung finden sollen. So kam es, daß die gemeinen Herrschaften Anlaß zu mehrfacher Machtaustragung durch Waffen gaben und jedesmal zu einem konfessionellen Rechtsausgleich zwangen, sollte es nicht zu einer totalen Unterwerfung der einen Partei durch die andere und zur Auflösung des eidgenössischen Bundes kommen.

Im Burgrecht von 1528 mit Bern gelang es Zürich, diesen mächtigsten eidgenössischen Stand für das Prinzip zu gewinnen, daß es auch in den gemeinen Herrschaften einer Mehrheit der Kirchgenossen einer Gemeinde zustehe, den reformierten Gottesdienst einzuführen (1). Daraufhin erklärten im Thurgau die meisten Ortschaften, daß sie zwar ihre politischen Pflichten allen regierenden Orten gegenüber treu erfüllen, in Glaubenssachen aber sich an Zürich halten wollten (2). Diese Konfrontation zweier antagonistischer Konfessionen und Rechtsbegriffe sollte bald zu Unheil führen. Die Gewaltakte von 1524 an der zürcherisch-thurgauischen Grenze, der Ittinger Streit, hatten drei Hinrichtungen

---

(1) Art.8 hat folgenden Wortlaut: "Weliche ouch unser gmeinen underthanen das evangelium und wort gottes mit merer hand ir gmeinen kilchgnossen annemen und sich dem selbigen glichmessig zue halten willens weren, söllen von niemans mit gwalt und der that one recht davon gedrungen oder darumb gestraft; hinwider weliche kilchhörinen mit merer hand by den jetzigen brüchen und ceremonien bliben wellen, söllen ouch mit der hand und getat nit gwaltiget noch bezwungen werden." Eidgenössische Abschiede, IV, 1a, S. 1524.

(2) J.A.Pupikofer: Geschichte des Thurgaus, Bd.2, Frauenfeld 1889, S. 242 f.

in Luzern zur Folge (1). Hier hätte nur die Anerkennung der konfessionellen Parität den religiösen Frieden wieder herstellen können. Doch daran dachte noch keine Partei.

Als Schwyz durch Landsgemeindebeschluß den im Untertanengebiet Gaster gefangen genommenen Pfarrer Jakob Kaiser, der Uznacher war, aber auf Zürcher Gebiet gewirkt hatte, verbrennen ließ, drängte Zwingli - durch das katholische Bündnis mit Österreich beunruhigt - zum Krieg. Im letzten Augenblick konnte bei Kappel das Blutvergießen verhindert werden. Zu den einflußreichsten Vermittlern gehörte Landammann Hans Aebli (2), der einige Monate zuvor in Glarus maßgebend an der Einführung der Parität beteiligt war. Alle drei paritätischen Stände hatten an den Kriegsvorbereitungen keinen Anteil gehabt und wirkten nun bei der Ausarbeitung des ersten eidgenössischen Landfriedensrechts mit.

Wie sehr die rechtliche Gleichberechtigung 1529 dem religiösen Freiheitsbegriff der beiden Kriegsparteien widersprach, zeigten ihre Friedensvorschläge. Zwingli schlug in seinem Schreiben an den Kleinen und Großen Rat von Zürich an erster Stelle vor, "daß die fünf Orte gottes Wort fry predgen lassind (nach) vermög nüws und alts testaments, und alle pündtnussen, die sy dawider gemacht, absagind und harusfordrind; aber der mess und götzen, ouch andrer cerimonien halb unbezwungen sygind abzetuon", und er begründete die Toleranz gegenüber den katholischen Zeremonien mit seiner Glaubensüberzeugung: "denn gottes wort wirt die stöib alle ring

---

(1) J.Dierauer: Geschichte der Schweizerischen Eidgenossenschaft, Bd.3, Gotha 1921, S. 70 ff.

(2) J.Winteler: Geschichte des Landes Glarus, Bd.1, Glarus 1952, S. 318 ff.

dennen blasen" (1). Des Reformators Freiheitsformulierung ist gekennzeichnet durch seine Gewißheit der Überlegenheit der evangelischen Lehre. Ihr wollte er die Freiheit sichern, der katholischen Partei gestand er aber nur die Nichtanwendung von Gewalt bei Einführung der Reformation zu. Nach dem offiziellen Bescheid der Zürcher Obrigkeit sollte dieses Recht der freien Verkündigung des Wortes Gottes auf alle Orte, auch auf die Zugewandten und die Untertanengebiete angewandt werden (2). Eine Abschwächung erfuhr diese Forderung im gemeinsamen Vorschlag von Zürich, Bern, Basel und St.Gallen, wo schließlich nur noch gesagt wurde, "man soll die V Ort bitlich ankeren, das gottswort verkünden ze lassen; wo nit, daß man doch keinen weder an lib, leben, guot noch eer strafen sölle" (3). Es war offensichtlich, daß die katholischen Orte auch unter dem Druck der militärischen Überlegenheit des Gegners diesem Begriff der Religionsfreiheit keineswegs zustimmen würden. Die reformierten Städte aber blieben unerschütterlich bei ihrer Forderung der Anerkennung der gemeindeweisen Entscheidungsfreiheit in den gemeinen Herrschaften. Die Konzession der Innerschweiz ging jedoch nicht so weit. Sie war in ihrem Gegenvorschlag bereit, für die Ostschweiz den Status quo anzuerkennen, mehr nicht. Dieser galt nur für den Thurgau und das Rheintal, denen gegenüber sie sich ~~nur~~ die weltlichen Rechte vorbehalten wollten. Sargans, die Freien Ämter und Baden, wo die Bevölkerung noch mehrheitlich katholisch war und die für die Innerschweiz eine

(1) Eidgenössische Abschiede, IV, 1b, S. 265.
(2) Eidgenössische Abschiede, IV, 1b, S. 267.
(3) Eidgenössische Abschiede, IV, 1b, S. 271.

größere strategische Bedeutung hatten, sollten von den evangelischen Predigern in Ruhe gelassen werden und dem alten Mehrheitsrecht der katholischen Orte unterworfen bleiben (1). Nur in einem Punkt stimmten die Kriegsparteien überein: im Nichteinmischungsrecht zugunsten der eigenen Stände, denen sie die Glaubenseinheit sichern wollten (2).

Im Landfrieden, den die reformierten Städterepubliken Zürich, Bern, Basel, St.Gallen, Mühlhausen und Biel einerseits, die katholischen Orte Luzern, Uri, Schwyz, Unterwalden und Zug andererseits am 26. Juni 1529 annahmen, siegte der von den Schiedsleuten vertretene Standpunkt eines völlig gleichen Religionsrechtes (3). Er machte zum ersten Mal die Parität, wie sie in den zwei gemischtkonfessionellen Ständen Appenzell und Glarus und den zugewandten Drei Bünden schon bestand, zum eidgenössischen Bundesrecht, beschränkte dessen Anwendung jedoch auf die gemeinen Herrschaften und enthielt keine Toleranzklausel für Minderheiten. Die Unterscheidung wird schon im ersten Artikel gemacht. Er beginnt mit der evangelischen Grundmaxime: "Des ersten, von wegen des göttlichen worts, diewyl und niemand zum glouben gezwungen soll werden, daß dann die Örter und die iren desselben ouch nit genötiget." Daß es sich hier in erster Linie um die religiöse Selbstentscheidung der souveränen Stände handelte, ergibt sich aus folgender Bestimmung: "Zum fünfzechenden, daß beide partyen by irem glouben bliben, so lang und inen der gefellig, und kein teil den andern nit davon trengen noch triben..." (4).

---

(1) Eidgenössische Abschiede, IV, 1b, S.275.

(2) Eidgenössische Abschiede, IV, 1b, S.271

(3) Über Inhalt und Bedeutung der paritätischen Bestimmungen in den vier Landfrieden siehe J.C.Bluntschli: Geschichte des schweizerischen Bundesrechts, Bd.1, Stuttgart 1875, S.322 ff.

(4) Eidgenössische Abschiede, IV, 1b, S.1479, 1481.

Diese Zusicherung, daß die Orte ihre Religionsverhältnisse ohne fremde Gewalt und damit auch ohne eidgenössische Mehrheitsentscheide regeln konnten, war für die Erhaltung des Bundes von allergrößter Bedeutung. Sie kam einer rechtlichen Anerkennung reformierter, katholischer und paritätischer Stände innerhalb der Eidgenossenschaft gleich. Das Nichtzwingensollen in Glaubenssachen und die Parität erfuhr eine andere Anwendung im Zusatz des ersten Artikels, der sich auf die Untertanengebiete bezog: "... aber die zuogwandten und vogtyen, wo man miteinandern zuo beherschen hat, belangend, wo die selben die mess ab gestellt und die bilder verbrennt oder abgetan, daß die selben an lyb, eer und guot nit gestraft söllend werden; wo aber die mess und ander ceremonia noch vorhanden, die söllend nit gezwungen, ouch deheine predicanten, so es durch den merteil nit erkannt würt, geschickt, ufgestellt oder gegeben werden, sunder was under inen den kilchgnossen, die uf oder abzetuon, der glichen mit der spyss, so gott nit verbotten ze essen, gemeret würt, daby sol es biss uff der kilchgnossen gefallen bliben, und dehein teil dem andern sinen glouben weder fechen noch strafen." (1) Somit fand das reformierte Gemeindeprinzip, wonach die Kirchengenossen und nicht eine politische Instanz über den Kultus entscheiden sollte, eidgenössische Anerkennung, wurde aber ausdrücklich als Mehrheitsrecht zur Aufrechterhaltung oder zur Abschaffung der Messe

---

Die reformierten Stände interpretierten den ersten Artikel so, daß "die Gutherzigen und Gläubigen in den fünf Orten, welche den Glauben der sechs Städte als recht und göttlich bekennen, dürfen deshalb nicht angefochten, gehaßt, gestraft oder wider ihre Conscienz zu glauben genötigt werden." Eidgenössische Abschiede IV, 1b, S.332.

(1) Eidgenössische Abschiede, IV, 1b, S. 1479.

bezeichnet. Hatten damit die reformierten Stände ihre Forderung durchgesetzt, so siegten andererseits die katholischen Orte mit dem Verbot, evangelische Prediger in Gemeinden zu schicken, ohne dass die Mehrheit der Kirchgenossen nach ihnen verlangte. Es handelt sich um eine spätere Einfügung in den Text, den die Schiedsleute ursprünglich ausgearbeitet hatten (1). Damit sollte der Einführung zweier Kulte in derselben Gemeinde gewehrt werden. Glarus hatte vergeblich vorgeschlagen, dass der religiösen Minderheit einer Gemeinde das Recht erteilt werden solle, in einer Nachbargemeinde den ihr genehmen Gottesdienst besuchen zu dürfen, wie das in den paritätischen Kantonen geübt wurde (2). Der erste Religionsfrieden enthielt noch keinen umfassenden Minderheitenschutz.

Im Vergleich mit dem rätischen Bundesdekret von 1526, das jedem Bewohner der rätischen Bünde auf Grund der Glaubens- und Gewissensfreiheit das Recht gewährte, sich zum katholischen oder reformierten Glauben zu bekennen, fällt im eidgenössischen Landfriedensrecht die allgemein vorherrschende korporative Grundtendenz auf. Mit der Zusicherung, dass niemand zu einem Glauben gezwungen oder um des Glaubens willen bestraft werden dürfe, wobei allerdings nicht klar ist, ob sich das letztere auch auf das Volk der souveränen Orte bezog, war im Vergleich zum mittelalterlichen Ketzerrecht ein durch Humanismus und Reformation neu geweckter urchristlicher Grundsatz von grösster Bedeutung ins Bundesrecht aufgenommen worden. Dieser Schutz der Glaubensfreiheit, der allerdings auf das katholische und reformierte Bekenntnis beschränkt war, hing jedoch von den einzelnen Ständen und deren Interpretation ab. Es sollte

(1) Eidgenössische Abschiede, IV, 1b, S.275, 1479.
(2) Eidgenössische Abschiede, IV, 1b, S.281

sich zu rasch zeigen, wie wenig die herrschende Konfessionspolitik im Grunde genommen dem Geist der Kappeler Milchsuppe entsprach. In der eidgenössischen Politik war Glaubenseinheit wichtiger als Parität. Das Gesetz des Handelns bestimmten hier Bern, Zürich und die Innerschweiz und nicht die zur konfessionellen Neutralität neigenden paritätischen Stände, auch nicht die vermittelnden Städte Basel und Schaffhausen.

Auf der Tagsatzung häuften sich die Klagen über willkürliche Auslegung des Landfriedens (1). Die beständige Versuchung, das uniforme Kirchenkonzept auch auf die gemeinen Landvogteien und Schirmorte anzuwenden, wo mit dem religiösen auch der politische Einfluss und damit die strategische Position verbessert werden konnte, führte zu willkürlichen Handlungen (2). Mit Argwohn stellte die Innerschweiz fest, dass mit fortschreitender Reformation sich der Kreis der Feindlichkeit gegen alles Katholische enger um ihre Länder schloss. Im Thurgau und im Rheintal nahm die Zahl der reformierten Gemeinden rasch zu. Im Toggenburg folgte 1530 der Reformation die politische Selbstverwaltung; auch die Gotteshausleute der Abtei St.Gallen strebten nach Autonomie (3). In Glarus nahm die katholische Minderheit zusehends ab. Ueberall in der Ostschweiz gewann Zürich an Einfluss.

---

(1) Eidgenössische Abschiede, IV, 1b, S.298, 321, 336, 986 f, 993, 958, 1001 ff, 1169 f. L.R.v.Salis: Die Entwicklung der Kultusfreiheit in der Schweiz, Basel 1894, S. 26.

(2) Zürich legte den Artikel 1 so aus, dass die Gemeinden in den gemeinsamen Vogteien frei sein sollen auf- und abzumehren, bis sie das göttliche Wort erlangt haben, aber Messe, Bilder und Zeremonien, wenn sie einmal abgetan worden, nicht wieder aufstellen dürfen. Eidgen. Abschiede, IV, 1b, S.708. L.R.v.Salis: a.a.O., S.21.

(3) L.v.Muralt: Reformation und Gegenreformation, in: Geschichte der Schweiz, Bd.1, Zürich 1932, S.409 f.

Schwyz sah seinen östlichen Korridor, der die Verbindung mit Österreich sichern sollte, bedroht. Uri nahm mit Unbehagen den Eingang der evangelischen Lehre im oberen Rhein- und Rhonetal wahr. Besonders bedrohlich empfanden es Luzern und Zug, daß seit dem Landfrieden nun auch die Freien Ämter und Baden im Begriff waren, zu einem reformierten Verbindungsglied zwischen Zürich und Bern zu werden. Dadurch konnte die Innerschweiz leichter von der lebenswichtigen Getreideversorgung aus dem Norden abgeschnitten werden. In dieser Zeit schuf Zwingli seine kühnen konfessionspolitischen Pläne zur Umgestaltung der Eidgenossenschaft und zur Abwehr der durch den Kaiser neu heraufbeschworenen Gefahr gewaltsamer Unterdrückung der Reformation in Deutschland (1). Die katholischen Orte nahmen ihre Bündnispolitik mit Österreich wieder auf, obwohl sie der Landfrieden untersagt hatte. Als Zürich und Bern die Innerschweiz durch eine bundeswidrige Lebensmittelsperre für ihre Haltung im Müsserkrieg strafen wollten, griffen die fünf Orte, um ihre religiöse und politische Freiheit zu verteidigen, zu den Waffen und siegten überraschend bei Kappel und am Gubel (2). Die kurze Zeit der reformierten Hegemonie in der Eidgenossenschaft wurde durch die katholische abgelöst. Dies hatte einen tiefgreifenden Einfluß auf die Gestaltung der Parität in Recht und Praxis des Bundes. Im Westen bewahrte sich Bern, das sich in den beiden Kappelerkriegen zurückgehalten hatte, religiöse und politische Expansionsmöglichkeiten. Neuenburg und Genf nahmen unter Berns Einfluß die Reformation an.

---

(1) L.v.Muralt: Reformation und Gegenreformation, in: Geschichte der Schweiz, Bd.1, Zürich 1932, S.412 f.

(2) J.Dierauer: Geschichte der Schweizerischen Eidgenossenschaft, Bd.3, Gotha 1921, S. 173 ff.

Rückschlag für die Parität durch den zweiten Religionsfrieden

Im Unterschied zum ersten Landfrieden, der nicht einem Waffensieg gefolgt war, trägt der Landfrieden vom November 1531 (1) in der Formulierung des religiösen Rechts deutlichere Zeichen einer einseitigen konfessionellen Machtpolitik, die echter Parität abträglich war. Indessen vermochten auch die siegesberauschten Innerschweizer an der Realität zweier Konfessionen auf dem Gebiet der Eidgenossenschaft nichts zu ändern. Die Zeit der Glaubenseinheit war endgültig vorbei. Die Nichtbeachtung des religiösen Selbstbestimmungsrechts der evangelischen Orte und die völlige Unterdrückung der Reformation in den gemeinen Herrschaften hätte den militärischen Sieg in Frage stellen können (2). Dafür mußte Zürich, das durch den Tod Zwinglis seine religionspolitische Dynamik verlor, auf die Erzwingung des Reformationsrechts in der inneren Schweiz verzichten. Im Artikel 1 versprachen Zürich und Bern den Orten Luzern, Uri, Schwyz, Unterwalden, Zug und dem Wallis, das in den Friedensvertrag eingeschlossen wurde, sie sollten bei "irem waren ungezwyfelten cristenlichen glouben jetz und hienach in iren eigenen stetten, landen, gepieten und herlikeiten genzlich ungearguwiert und ungetisputiert bliben..." (3). Lakonischer lautet die Verpflichtung der

(1) Der Friedensvertrag der fünf Orte mit Zürich trägt das Datum des 20.November 1531, derjenige mit Bern des 24.November 1531. Am 22.Dezember 1531 und am 31.Januar 1532 wurden Basel und Schaffhausen in den Friedensvertrag der fünf Orte mit Bern einbezogen. Eidgenössische Abschiede, IV, 1b, S.1567 ff, 1571 ff, 1575 ff. Die Bestimmungen über die Parität sind inhaltlich gleich.

(2) Es bedurfte der Drohung mit neuen Waffenauseinander-

katholischen Orte gegenüber den reformierten Ständen. Sie wollten diese "by irem glouben ouch bliben lassen". Die Zurücksetzung in der Bezeichnung des evangelischen Glaubens, indem nur der katholische als wahrer, christlicher hingestellt wurde, blieb lange ein Streitgegenstand und wurde erst durch den vierten Landfrieden von 1712 formalrechtlich aufgehoben (1). Dem gleichen Geiste ist sicherlich auch das Fehlen jedes Hinweises zuzuschreiben, daß kein Glaubenszwang ausgeübt werden dürfe. Der erste Landfriede, in dem dieses ethische Prinzip zum Ausgangspunkt des Paritätrechts gemacht wurde, war von den Siegern als ungültig erklärt worden.

Der Unterschied zwischen der als einzig rechtmäßigen katholischen und der eher nur geduldeten evangelisch-reformierten Religion kommt auch im zweiten Artikel über die gemeinen Herrschaften zum Ausdruck. Nachdem sich beide Glaubensparteien die alten Freiheiten und Rechte, die sich für die reformierten Gemeinden als nachteilig erwiesen hatten, zugesichert hatten (2), heißt es im zweiten Absatz: "Ob in denselben gemeinen herschaften etlich kilchhörinen, gemeinden oder herlikeiten, wie die genempt möchten werden, die den nüwen glouben angenommen und daby beliben wellten, daß sie es wol tuon mögen." Der dritte

---

setzungen und der eidgenössischen und ausländischen Fürsprache - unter anderem des Gesandten des französischen Königs Franz I. -,um die Sieger an der vollständigen Unterdrückung der reformierten Religion in den gemeinen Herrschaften zu hindern. Eidgenössische Abschiede, IV, 1b.

(3) Eidgenössische Abschiede, IV, 1b, S. 1468 f.

(1) L.R.v.Salis: Die Entwicklung der Kultusfreiheit in der Schweiz, Basel 1894, S. 27, Anmerkung 3.

(2) Auch der erste Landfrieden enthielt den Vorbehalt der alten Rechte in den gemeinsamen Vogteien, doch mit der Einschränkung: "usserhalb disen artikeln". Eidgenössische Abschiede, IV, 1b, S. 1481.

Absatz schützte einseitig nur jene, die zum katholischen Glauben zurückkehren wollten, durch die Rechtsbestimmung: "Ob aber etlich derselben, so den nüwen glouben angenomen und wider davon zuo stan begerten und den alten waren cristenlichen glouben wider annehmen wollten, daß sy desselbigen fryes urloub, von menklichen ungehindert, guot fuog macht und gwalt haben söllent." Auch der in den nächsten drei Absätzen ausgesprochene gemeindeweise Minderheitenschutz ist nicht als Paritätsrecht formuliert, sondern schützte ausdrücklich nur die katholische Religion: "Desglichen ob etwer in gemelten herschaften wäre, so den alten glouben noch nit verlougnet, es wäre heimlich oder offentlich, daß die selben ouch ungefecht und ungehasset by irem alten glouben bliben söllent. e. Ob ouch die selben, es wär an einem oder mer enden, die siben sacrament, das ampt der helgen mess und ander ordnung der cristenlichen kilchen ceremonia wider ufrichten und haben wellten, daß sy das ouch tuon söllen und mögen und das selb als wol halten, als der ander teil der predicanten. f. Sy söllen ouch die kilchen güeter und was den pfründen zuogehört, nach marchzal mit dem priester teilen, und das übrig dem predicanten gefolgen." Artikel 2 stellt am Schluß das Schmähen der Strafe der Vögte anheim (1).

Der mangelnde Rechtsschutz für reformierte Minderheiten im zweiten Landfrieden und die militärische Überlegenheit der fünf Orte erlaubte diesen, durch Kriegskontributionen und andere Druckmittel überall, wo ihre Macht hinreichte, die Reformation aufzuhalten oder rückgängig zu machen (2). Letzteres traf in erster Linie für

---

(1) Eidgenössische Abschiede, IV, 1b, S. 1568 f.

(2) J.Dierauer: Geschichte der Schweizerischen Eidgenossenschaft, Bd.3, Gotha 1921, S. 212 ff.

die strategisch wichtigen Korridore im Norden und Osten zu. Da das Freiamt, Bremgarten und Mellingen, Rapperswil, Gaster und Wesen vom Landrecht ausgenommen worden waren, konnten sie gewaltsam rekatholisiert und in ihren politischen Rechten eingeschränkt werden. Auch in Sargans, wo Aegidius Tschudi Vogt war, wurde der reformierte Gottesdienst unterdrückt. Damit wurde ein Keil zwischen Zürich und die beiden gemischtkonfessionellen Stände Glarus und Graubünden gestoßen. Die Toggenburger verloren 1532 ihre politische Unabhängigkeit, doch mußte ihnen der Fürstabt das Recht der Religionswahl lassen, was im Vertrag mit Schwyz bestätigt wurde (1). Die Mehrheit der Bevölkerung hielt am reformierten Glauben fest, während die Gotteshausleute durch die Rückgängigmachung der Säkularisation des Klosters St.Gallen ihr Reformationsrecht verloren. Die Innerschweiz sicherte sich mit ihrer Konfessionspolitik wieder die Verbindung zu Österreich und konnte gleichzeitig die paritätischen Orte Glarus, Appenzell und Graubünden zugunsten der katholischen Minderheit unter Druck setzen.

Durch die neuen Landfriedensbestimmungen, die den katholischen Minderheiten in den Gemeinden das Recht des Gottesdienstes zusicherten, erhielt der bedrängte Katholizismus im Thurgau und Rheintal wieder eine gesicherte Existenz. Die Klöster wurden wiederhergestellt, und in zahlreichen Gemeinden, in denen die Messe abgeschafft worden war, mußten die reformierten Kirchengenossen den Altgläubigen die Mitbenützung der Gotteshäuser gestatten (2). Ohne den zweiten Landfrieden wäre

---

(1) Eidgenössische Abschiede, IV, 1c, S. 1297.

(2) Im Thurgau blieben 18 Gemeinden evangelisch, 14 katholisch und 30 wurden paritätisch. L.v.Muralt: Reformation und Gegenreformation, in : Geschichte der Schweiz, Bd.1, Zürich 1932, S.421.

der Thurgau, wo Zürich die kirchlich-religiöse Vereinheitlichung unter Mißachtung katholischer Minderheiten in den Gemeinden vorangetrieben hatte, im 19. Jahrhundert kaum als paritätischer Staat entstanden. Auch im Appenzell war der Katholizismus nur noch schwach vertreten,und der Glarner Landsgemeindebeschluß von 1530, der die Messe überall abschaffte (1), wäre sicherlich nicht rückgängig gemacht worden. Da es sich bei Glarus um einen souveränen Stand handelte, konnten die katholischen Orte bei der Einführung des Rechtsschutzes für katholische Minderheiten sich allerdings nicht auf das neue Minderheitenrecht des Landfriedens berufen. Sie benützten vielmehr ihre politische Überlegenheit an der Tagsatzung, um die Glarner zur Wiederaufnahme der Parität und zur Übertragung der Parität auf zwei gemischtkonfessionelle Gemeinden zu zwingen.

Der einseitige Schutz der katholischen Minderheiten in den gemeinen Herrschaften und Schirmorten, für den die katholischen Orte sorgten und die Möglichkeit der Unterdrückung der rechtlich reformierten Minderheiten, brachtenes mit sich, daß Zürich und die anderen reformierten Städte die Bedeutung des paritätischen Minderheitenschutzes erkannten und sich an den Tagsatzungen fortan eher für ihn einsetzten. Schon anläßlich der Friedensverhandlungen nach dem zweiten Kappelerkrieg lautete ihr Vorschlag auf völlige Gleichberechtigung, auch der Minderheiten, wie im folgenden ersichtlich ist: "Was aber die gmeinen

---

(1) J.Winteler: Geschichte des Landes Glarus, Bd.1, Glarus 1952, S.323. Linthal, Glarus und Näfels hatten bisher die Messe beibehalten. Dort sowie im Netstal bildeten die Altgläubigen immer noch die Mehrheit. G.Heer: Geschichte des Landes Glarus, Bd. 1, Glarus 1898, S. 132.

herrschaften und underthanen, so beiden obgemelten partyen zuostand, belangt, söllend die gemeinden und kilchgenossen by ir alten oder nüwen angenommen geistligkeit, religion, ceremonien und gebrüchen bliben, ouch fry sin, davon zuo oder abstan mögend, wie das ein jeder teil in siner conscienz findet und gegen gott getruwt zuo verantwurten, und kein teil dem andern kein intrag oder irrung, schmach oder verletzung desshalb zuofüegen, ouch dieselben gemeinen underthanen in solichem von obgemelten beiden teilen irer oberherren unverscheidenlich vor gewalt oder thatlicher handlung, so je ein teil dem andern zuofüegen möcht, geschirmt werden, und an den orten, da ein soliche geteilte religion oder geistligkeit wäre, söllend die kilchengüeter nach marchzal, jedem teil sin religion damit zuo erhalten, geteilt werden." (1). Den Minderheitenschutz, den die reformierten Stände 1529 versäumt hatten, den Katholiken freiwillig zu gewähren, mußten sie nun zwei Jahrhunderte lang zu ihren Gunsten erkämpfen. Erst 1712 wurde die volle Parität zum Bundesrecht erklärt, wenn auch - wie bisher - mit territorialer Beschränkung.

Die Hoffnung der Reformierten, bald die Mehrheit der Stände auf ihrer Seite zu haben, war durch die gänzliche Rückkehr Solothurns ins katholische Lager zunichte geworden. Nach dem mißlungenen Aufstand von 1533 konnten die Reformierten, die nicht zur katholischen Konfession zurückkehren wollten,und ihre Nachkommen fortan nur noch im Bucheggamt unter dem Schutz Berns ihres Glaubens leben (2).

Das konfessionelle Verhältnis in der Tagsatzung

---

(1) Eidgenössische Abschiede, IV, 1b, S.1222.
L.R.v.Salis: Die Entwicklung der Kultusfreiheit in der Schweiz, Basel 1894, S. 31.

(2) J.Dierauer: Geschichte der Schweizerischen Eidgenossenschaft, Bd.3, Gotha 1921, S.229.

blieb bis zur helvetischen Revolution dasselbe. Die katholische Mehrheit, die durch die alten, im zweiten Landfrieden bestätigten Vorrechte der innern Orte in den gemeinen Herrschaften ein zusätzliches Gewicht erhielt, ließ wenig Hoffnung auf eine rechtliche Besserung reformierter Minderheiten, solange keine Änderung in den Machtverhältnissen eintrat. Zürich widersetzte sich zwar weiterhin mit den glaubensverwandten Ständen den Mehrheitsentscheiden in Religionsfragen, doch der Erfolg war gering. 1555 gelang es nach jahrelangen Verhandlungen (1), die zwangsweise Rekatholisierung der Reformierten in Locarno durch die Annahme eines von Glarus und Appenzell vorgeschlagenen Schiedsspruches so zu mildern, daß die katholischen Orte den Reformierten schließlich die Auswanderung mit Hab und Gut gestatteten. Im selben Jahr wurde im Augsburger Religionsfrieden das cuius regio eius religio Reichsgesetz. Auch dieses ließ Andersgläubigen nur die Toleranz der Auswanderung.

---

(1) L.R.v.Salis: Die Entwicklung der Kultusfreiheit in der Schweiz, Basel 1894, S. 31 ff.

Schärfere konfessionelle Trennung durch die Gegenreformation

Die nach dem zweiten Kappelerkrieg verstärkte religiös-politische Scheidung der Konfessionen erfuhr durch die vom tridentinischen Konzil ausgehenden und von der Kurie in Rom gesteuerten katholisch-kirchlichen Impulse in der zweiten Hälfte des 16. Jahrhunderts eine Neubelebung, welche die innerörtische und die eidgenössische Parität und damit die Existenz der gemischtkonfessionellen Staaten und des Staatenbundes der bisher stärksten Bedrohung aussetzte. Unter Mithilfe des Nuntius entstand 1586 zwischen den sieben katholischen Orten Luzern, Uri, Schwyz, Unterwalden, Zug, Freiburg und Solothurn der aus dem Geist Carlo Borromeos geschaffene Goldene Bund, der - wie die Instruktion der Boten lautete - zur Wohlfahrt allen guten Freunden und Glaubensgenossen zur Freude, den missgünstigen und hochmütigen Stiefbrüdern aber zum Schrecken gestiftet war (1). Die sieben katholischen Orte versprachen in diesem Schutzbündnis, nicht nur bei der römisch-katholischen Religion zu bleiben und jedem anderen Bekenntnis gänzlich und für immer zu entsagen, sondern sie gelobten einander, sollte ein katholischer Ort vom Bündnis abfallen wollen, ihn davon durch Nötigung abzubringen. Das katholische Sonderbündnis fand 1587 Rückhalt durch das Hilfeversprechen Spaniens, der katholischen Vormacht Europas. Durch dieses und zusätzliche Bündnisse mit Savoyen und dem Bischof von Basel trachtete die Innerschweiz, dem Machtzuwachs der Reformation im Westen zu begegnen.

---

(1) Eidgenössische Abschiede, IV, 2, S.954 f. L.R.v. Salis: Die Entwicklung der Kultusfreiheit in der Schweiz, Basel 1894, S. 37 f.

Es ging den innern Orten darum, die isolierten katholischen Stände Freiburg und namentlich Solothurn von der Bündnispolitik mit Bern abzuhalten und vor seiner religiösen Häresie zu bewahren. Zur Sicherung der Glaubenseinheit waren die katholischen Orte nun sogar bereit, das bisher unantastbare Selbstbestimmungsrecht in Religionssachen preiszugeben. Der Goldene Bund wurde damit bewußt über den eidgenössischen gestellt und mußte in einer Zeit offensiver katholischer Universalpolitik von den evangelischen Ständen als Bedrohung empfunden werden. Die verstärkte Einflußnahme der römischen Kurie seit Errichtung der Nuntiatur, die Berufung der Jesuiten zur Leitung höherer Schulen (2) und die große Aktivität der Kapuziner unter dem Volk waren Anzeichen einer planvollen katholischen Restaurationspolitik.

Vergeblich hatten die evangelischen Städte vor der Gefahr des Untergangs der Eidgenossenschaft gewarnt und sich zum beidseitigen Verzicht auf konfessionelle Sonderbündnisse mit fremden Fürsten und zur redlichen Einhaltung des Landes- und Religionsfriedens bereit erklärt (1). Die Antwort der fünf Orte auf die in einem religiös sehr versöhnlichen Geist geführte Vorstellung der Gesandten von Zürich, Bern, Basel und Schaffhausen zeigte von katholischer Seite eine religiöse Intransigenz, die der Parität nur abträglich sein konnte. Während die vier Städte das Recht der Reformation vom Glauben als einer freien Gabe Gottes ableiteten, zu dem niemand gezwungen werden könne, hielten ihnen die Katholiken entgegen, daß ja auch die Reformierten

---

(1) Eidgenössische Abschiede, IV, 2, 896-901.

(2) Über die Berufung der Jesuiten nach Luzern und die Gründung des Jesuitenkollegiums im Jahr 1577 siehe A.Ph.v.Segesser: Rechtsgeschichte der Stadt und Republik Lucern, Bd.4, Luzern 1858, S.551 ff. Vgl. Aufhebung des Ordens im Jahr 1773, S. 689 ff.

nicht jeden glauben ließen, was er wolle, sondern Bischöfe und Klöster verdrängten und jene strafen würden, die den Glauben ihrer Vorfahren behalten wollten. Erwähnten die Reformierten, daß sie in den Hauptlehren des christlichen Glaubens mit den Katholiken übereinstimmten, so betonten die Katholiken die Unterscheidungsmerkmale, welche die Reformierten schmähen würden. Auf die Mahnung zur Einigkeit wurde erwidert, daß die Eidgenossenschaft von drei frommen Männern gegründet, aber von einem einzigen schlechten, treulosen Menschen zerrüttet und zertrennt worden sei. Die Antwort schloß mit einer herzlichen Einladung, zum katholischen Glauben zurückzukehren, weil nur so die Sonderungen aufhören und das Unglück der Eidgenossen ein Ende finden könnten (1).

Der durch den Goldenen Bund geförderte Geist der religiösen Ausschließlichkeit und politischen Absonderung bewirkte in Appenzell die konfessionelle Landestrennung. Die katholischen Landammänner Appenzells versuchten durch gute Beziehungen mit der Innerschweiz, ein Gegengewicht gegen die mehrheitlich reformierte Landsgemeinde herzustellen. 1588 gelang es Innerrhoden, die bisher im Hauptort geduldete reformierte Minderheit - sofern sie nicht konvertieren wollte - durch eidgenössische Intervention zu vertreiben (2). Im gleichen Jahr stellte es das Gesuch um Aufnahme in das katholische und spanische Bündnis. Vergeblich widersetzte sich die mehrheitlich reformierte Landsgemeinde. Die Tagsatzung hieß den Beitritt gut und gab im voraus ihre Zustimmung, falls eine konfessionelle Landesteilung beschlossen werden sollte.

---

(1) Eidgenössische Abschiede, IV, 2, S. 920-940.

(2) J.J.Blumer: Staats- und Rechtsgeschichte der schweizerischen Demokratien, St.Gallen 1858, 2. Teil, 1.Bd, S.63 f. Appenzell war zum Prinzip der Glaubenseinheit zurückgekehrt. Die Parität galt nur noch im zwischenstaatlichen Bereich.

Dies geschah denn auch auf Vorschlag Innerrhodens durch den Landteilungsbrief vom 8.September 1597 (1), der die religiöse Intoleranz politisch sanktionierte. Nur Oberegg und Oberkirschberg blieben paritätisch, doch so, dass die katholische Mehrheit des einen Ortes zu Innerrhoden, die reformierte Minderheit des anderen zu Ausserrhoden gerechnet wurden. Zu Ausserrhoden zählte auch das reformierte Gais. Appenzell war fortan in zwei ganz selbständige Gemeinwesen geteilt, die durch die konfessionelle Opposition ihr stärkstes Gepräge erhielten. Die Parität hatte nur noch im Verhältnis der Landesteile zueinander Gültigkeit, und nur in eidgenössischen Dingen wurde formell an der Fiktion der Einheit festgehalten (2).

Eine ähnliche Tendenz zu politischer Absonderung der katholischen Minderheit zeigte sich damals auch in Glarus, nur dass dort die Landesteilung auf halbem Wege stehen blieb. Die Ursache dafür lag nicht in der grösseren Toleranz der Bevölkerung, sondern in den politischen Bedingtheiten und in der Streuung der katholischen Gemeinden Linthal, Näfels, Glarus und Schwanden, die nach dem zweiten Kappelerkrieg durch das Eingreifen der siegreichen katholischen Orte den katholischen Kultus wieder einführen durften, wobei zwei von ihnen erst noch gemischtkonfessionell waren (3). Die reformierten Gemeinden lagen hauptsächlich im oberen Landesteil und waren durch die strategische Stellung des katholischen Näfels isoliert. Durch den Religionsvertrag von 1532 (4) zwischen den beiden

(1) J.J.Blumer: Staats- und Rechtsgeschichte der schweizerischen Demokratien, Bd.1, St.Gallen 1858, 2.Teil.

(2) J.Dierauer: Geschichte der Schweizerischen Eidgenossenschaft, Bd.3, Gotha 1921, S.440-441.

(3) L.v.Muralt: Reformation und Gegenreformation, in: Geschichte der Schweiz, Bd.1, Zürich 1932, S.421.

(4) J.J.Blumer: a.a.O., S.34.

Glaubensparteien war die katholische Minderheit vor jedem Mehrheitsbeschluß in Religionsfragen bewahrt worden. Der Hinweis, daß die Glarner die den fünf Orten gemachten Zusagen der Landsgemeinde treulich halten sollten, wurde von diesen fortan als eine Art Schirmherrschaft zugunsten der Katholiken ausgelegt (1). Die Vorherrschaft von Schwyz in den Glarus vorgelagerten rekatholisierten Vogteien Gaster und Uznach boten ein wirkungsvolles Druckmittel zur Wiederherstellung der Glaubenseinheit, die von den innern Orten aus konfessionellen und militärisch-strategischen Gründen bis in die zweite Hälfte des 16. Jahrhunderts erstrebt wurde. Die reformierten Glarner widerstanden jedoch allen Drohungen, auch als die fünf Orte 1559 die Durchführung eines geheimen Kriegsplans aus der Feder des Aegidius Tschudi (2) erwogen. Die Katholiken machten noch einen Viertel oder Fünftel der Bevölkerung aus (3). Erst der zweite Religionsvertrag von 1564, dem Schwyz indessen nicht zustimmte, beseitigte die Gefahr einer gewaltsamen katholischen Restauration mit fremder Hilfe (4). Zwar sollten die früheren Zusagen und Verträge in Kraft bleiben, doch wurden diese abgeschwächt, indem der Artikel in konfessioneller Hinsicht über die Befolgung der Konzilbeschlüsse keine rechtsbindende Verpflichtung enthielt (5).

---

(1) J.Winteler: Geschichte des Landes Glarus, Bd.1, Glarus 1952, S.343.

(2) E.Bonjour: Geschichtsschreibung der Schweiz, Bd.1, Basel-Stuttgart 1962, S.314. Das Projekt veröffentlichte E.F.J.Müller: Zur Geschichte des Jus reformandi in der Schweiz. Ein Geheimprojekt aus dem Jahre 1559 zur gewaltsamen Rekatholosierung von Glarus, in: Zs.f.schweiz.Kirchengeschichte, Jg.25, Heft 1, Stans 1931, S. 46 ff.

(3) J.Winteler: a.a.O., S.411.

(4) J.Winteler: a.a.O., S.379.

(5) J.J.Blumer: Staats- und Rechtsgeschichte der schweizerischen Demokratien, St.Gallen 1858, 2.Theil, 1.Bd., S. 43 f.

Nachdem die Rekatholisierung aussichtslos geworden war, zeigte die weitere Entwicklung der Glarner Parität die Tendenz der katholischen Minderheit, mit Hilfe der glaubensverwandten Orte die bisherige Kultusfreiheit durch institutionelle Sicherungen zu untermauern. Politische Selbständigkeit des verhältnismäßig schwachen katholischen Bevölkerungsteils sollte diese vor Majorisierung schützen und die Verbindung mit der Innerschweiz erleichtern. Der dritte Religionsvertrag von 1623 führte erstmals das Prinzip der konfessionell-politischen Trennung ein, das allmählich eine grundlegende staatliche Umgestaltung mit sich brachte. Er machte neben der gemeinen die katholische und die reformierte Landsgemeinde zu staatspolitischen Institutionen, denen fortan die Ämterbesetzung zufielen. Dazu brachte der Religionsvertrag eine neue Kehrordnung für jedes Landesamt, wobei die Katholiken über die konfessionelle Bevölkerungsproportion hinaus einen Drittel bis zur Hälfte der Ämter zugesprochen erhielten. Die Reformierten stellten während drei Jahren den Landammann, die Katholiken anschließend während zwei Jahren. Die einzelnen Konfessionen hatten Kompetenz zu Kriegszügen in fremdem Sold. Es durften nicht mehr Reformierte als Katholiken als Neubürger aufgenommen werden. Die konfessionelle Trennung in der Innen- und Außenpolitik führte 1655, anläßlich der Neubeschwörung des Borromäischen Bundes, zur Aufnahme von Katholisch-Glarus (1). Kein Wunder, daß die 1564 im Landesvertrag neu geregelte Näfelserfahrt mit dem jährlichen Wechsel der katholischen Messe und der reformierten Predigt nicht mehr gemeinsam vorgenommen wurde.

---

(1) J.Winteler: Geschichte des Landes Glarus, Bd.2, Glarus 1954, S.64.

Durch den fünften Religionsvertrag von 1683 (1) fand nach erneutem Streit der Glaubensparteien die vollkommene staatspolitische Gleichberechtigung der Konfessionen ihren rechtlichen Abschluß. Rat und Gericht wurden nach Religionszugehörigkeit getrennt. Zwar bezeichnete Artikel 5 das Land als ein ungetrenntes Gemeinwesen, und die gemeine Landsgemeinde und der gemeine Rat blieben erhalten, doch lag das politische Schwergewicht nun bei den konfessionellen Institutionen. Katholisch-Glarus und Evangelisch-Glarus waren zwei beinahe selbständige Staaten. Die politische, wirtschaftliche und militärische Ordnung wurde bis in die kleinsten Einzelheiten des öffentlichen Lebens nach Glaubensweisen getrennt (2).

Ein Luzerner Projekt, das eine Landesteilung nach Appenzeller Vorbild vorsah, wurde von den Reformierten verworfen. Es hätte die Aussiedlung von nicht weniger als 1063 evangelischen Bewohnern von Bilten, Niederurnen und Netstal, gegenüber von nur 93 Katholiken aus Linthal und Mitlödi zur Folge gehabt. Zudem wäre der direkte Zugang zur Straße über den Walensee und nach dem Toggenburg unter katholische Kontrolle gekommen (3).

Wie stark das ursprünglich kirchliche Anliegen der konfessionellen Parität im 17. Jahrhundert vom Politischen dominiert wurde, ist daraus zu ersehen, daß im Landesvertrag von 1683 die freie Religionsausübung erst an letzter Stelle Erwähnung fand.

---

(1) J.J.Blumer: Staats- und Rechtsgeschichte der schweizerischen Demokratien, 2.Teil, 1.Bd., St. Gallen 1858, S. 55 ff.

(2) F.Fleiner: Die Entwicklung der Parität in der Schweiz, in: Zs.f.Schw.Recht, N.F.20, Basel 1901, S.109 f.

(3) J.Winteler: Geschichte des Landes Glarus, Bd.2, Glarus 1954, S. 78 f.

Graubünden, das 1526 die freieste Paritätsbestimmung als Bundesrecht eingeführt hatte, erlitt während der Gegenreformation die gewalttätigsten Eingriffe in seine Religionsverhältnisse. Der Hauptgrund lag in seiner strategisch wichtigen Lage als Alpendurchgangsgebiet, in der außenpolitischen Konstellation und im Söldnerwesen. Noch in der zweiten Hälfte des 16.Jahrhunderts, als in der dreizehnörtigen Eidgenossenschaft längst ein konfessioneller Status quo erreicht war, dehnte sich die Reformation, namentlich im Engadin und in den italienischen Untertanengebieten, ohne Blutvergießen weiter aus. Erst unter dem Einfluß Borromeos setzte eine kräftige kirchlich-politische Reaktion ein. Seinen Bemühungen gelang es, dem katholischen Obern Bund, wo die Reformierten eine Minderheit waren, durch den engen Anschluß an die Innerschweiz und an Spanien einen starken Rückhalt zu geben (1). Hand in Hand mit den Rekatholisierungsbestrebungen, die keine Rücksicht auf die Paritätsbestimmungen nahmen, ging die Tendenz, sich vom Zehngerichtebund und Gotteshausbund, in denen die Reformierten die Majorität besaßen, politisch zulösen (2). Die größte Gefahr erwuchs der Religionsfreiheit und damit der Landeseinheit durch die Politik des Auslandes an seinen südlichen Grenzen. Seit Philipp II. das Herzogtum Mailand erhalten hatte, zählten die bündnerischen Paßstraßen zu den wichtigsten Verbindungen zwischen den beiden benachbarten habsburgischen Mächten. Zu Spaniens und Österreichs Politik gehörte die gewaltsame Bekämpfung des Protestantismus. Eine Sicherstellung dieser Paßstraßen bedeutete für Spanien und Österreich auch die Rekatholisierung des Bevölkerung. Graubünden war innerlich durch heftige politische und religiöse Leidenschaften aufgewühlt, an

(1) F.Pieth: Bündnergeschichte, Chur 1945, S. 172.

(2) F.Pieth: a.a.O., S. 175.

denen selbst Geistliche Anteil hatten. Es entbehrte einer zentralen Ordnungsmacht, die angesichts der gewaltsamen Politik der Nachbarn die staatliche und kirchliche Freiheit besser hätte schützen können. So mußte im ersten Jahrzehnt des 17. Jahrhunderts der militärischen Besetzung Graubündens die gewaltsame Preisgabe der Parität folgen. Vergeblich hatten die Bündner durch die Bekräftigung der Clävener Artikel (1) versucht, mit der Gleichberechtigung der reformierten und katholischen Religion auf dem ganzen Bundes- und Untertanengebiet Einheit und Religionsfreiheit des Landes zu wahren. 1620 wurde der reformierte Kultus im Veltlin durch die Niedermetzelung der Reformierten und durch spanische Besetzung radikal aufgehoben (2). Als die Drei Bünde das Untertanengebiet zurückerhielten, mußten sie vertraglich seine endgültige Rückkehr zur katholischen Glaubenseinheit anerkennen.

---

(1) Art.24 der "Reformation" von 1603, 4.Thusner Artikel von 1618 und 1.Zizerser Artikel von 1619. C.Jecklin: Urkunden der Verfassungsgeschichte Graubündens, Heft 3, Chur 1886, S. 125, 130, 134 f. Der erste Zizerser Artikel hat folgenden Wortlaut, der zeigt, daß die Parität zugleich individuelle Gewissens- und Glaubensfreiheit wie auch Kultusfreiheit bedeutete: "Nach dem zuo disen zyten in allen Landen der Religionsstryt mancherlei empörungen verursachet, und wir in unseren gefryten und der Underthanen Landen, alle secten verbotten und bandiert, aber die beyde Religionen, namlich Evangelisch und Römisch Katholisch in üebung habend, und der glauben sich nit mit gwalt zwingen laßt, sondern ein frye gaab Gottes ist: so haben wir uns nochmahlen (wie zuo vor offt geschehen) vereinbaret, daß in unser gemeiner dryer Pünten gefryten Landen, wie auch bey den Underthanen, beyde gedachte Religionen gefryet syen, wie bisshar: da ein jeder syn Religion fry unnd unverhindert üben unnd bruchen sol mögen, lut der Clefner Articklen.Hiemit sollen den Geistlichen beyder Religionen ihre Fryheiten, Gerechtigkeiten, Capitelsatzungen, Landrechte und breüch confirmiert und bestetet syn." C.Jecklin: a.a.O., S. 135.

(2) F.Pieth: Bündner Geschichte, Chur 1945, S. 202 f.

Östereich konnte im Zehngerichte- und im Gotteshausbund keinen bleibenden Erfolg erzielen. Die gewaltsamen Unterdrückungen des reformierten Kultus im Gefolge der mehrfachen österreichischen Invasionen (1) fanden mit der erkauften Freigabe des annektierten Gebiets ein Ende. Die Drei Bünde blieben ein mehrheitlich reformiertes Land.

Der lange Glaubenshaß hatte das Zusammenleben der Konfessionen beinahe unerträglich gemacht und die Gewaltherrschaft den demokratischen Geist, der auch Minderheiten achtete, geschwächt. Eine stärkere gemeindeweise Ausscheidung war die Folge. Nicht nur die Konfessionen blieben räumlich schärfer abgegrenzt, auch der Bundestag schied sich fortan in konfessionelle Sessionen. Erst nach jahrzehntelangen Verhandlungen und mehrfacher eidgenössischer Intervention gelang es, das corpus catholicum zur Anerkennung der alten konfessionellen Fundamentalsatzungen zu bewegen und damit den konfessionellen Frieden auch in den wenigen paritätisch gebliebenen Gemeinden Poschiavo, Churwalden, Almens, Stalla, Samnaun, Trans, in den vier Dörfern und in der ersten Hälfte des 18.Jahrhunderts auch in Sagens wiederherzustellen (2). Die weitgehende Autonomie der Gerichtsgemeinden und der Mangel an beständigen Bundesorganen verhinderte eine klare staatspolitische Ausscheidung, wie sie in Glarus bestand. Die religiösen, teils katholischen, teils reformierten Minderheiten in jedem Bund erwiesen sich auf die Dauer als politisch bindendes Element für den rätischen Gesamtbund, da mit ihm ein gegenseitiger Schutz der religiösen Minoritäten eher gewährleistet werden konnte.

---

(1) E.Camenisch: Bündnerische Reformationsgeschichte, Chur 1920, S. 558 ff.

(2) F.Pieth: Bündnerische Geschichte, Chur 1945,S.231. E.Camenisch: a.a.O., S. 566 ff.

Der Geist der konfessionellen Absonderung im religiös-politischen Interesse, der in den gemischten Ständen Glarus und Appenzell zur Verwaltungs- oder gar Landestrennung geführt hatte, bestimmte auch das Verhältnis der eidgenössischen Stände im 17.Jahrhundert zueinander. Die konfessionspolitischen Trennungen waren in ihrem Einverständnis und mit ihrer Mithilfe zustandegekommen. Auch unter den Ständen waren konfessionelle Tagsatzungen zur Gewohnheit geworden. Sie gaben meistens den Ausschlag in den eidgenössischen Verhandlungen. Religion blieb ein Politikum ersten Ranges. Es gab kaum eine Domäne, wo sie nicht mitspielte. Dauernd mußte sich die Tagsatzung mit konfessionellen Beschwerden befassen. Wenn es trotz dem religiös-politischen Dualismus, der die Eidgenossenschaft leicht in Bürgerkriegsstimmung versetzte, nicht zur Trennung kam, so lag der Grund in der Einsicht, daß die Glaubensparteien doch aufeinander angewiesen waren. Dies galt ebensosehr für die Gemeinen Herrschaften wie für die Außenpolitik. Die religiös-politischen Wirren und fremden Invasionen in den Drei Bünden waren ein warnendes Beispiel dafür, wie ein Land durch ungehemmte konfessionelle Leidenschaften Wohlfahrt und Freiheit aufs Spiel setzt. Die dreizehn Orte hatten vor dem Dreißigjährigen Krieg gelernt, ihrer religiösen Anteilnahme an fremden Religionskriegen Zügel anzulegen und sich damit vor dem Kriegselend zu bewahren, dem Graubünden und Deutschland zum Opfer gefallen waren.

Die Neutralitätspolitik, zu der sich die Tagsatzung damals durchrang, und der Gleichgewichtsgedanke, dem sich Europa im 17. und 18. Jahrhundert verschrieb (1) brachten eine politische Aufwertung des konfessionellen

---

(1) Vgl. E.Bonjour: Europäisches Gleichgewicht und schweizerische Neutralität, in: Die Schweiz und Europa, Bd.1, Basel 1958, S. 13 ff. E.Bonjour: Geschichte der schweizerischen Neutralität, Bd.1, Basel 1965, S. 35 ff.

Paritätsprinzip, wenn auch die orthodoxe Theologie der Parität, wegen ihrem neutralen Charakter, weiterhin die Berechtigung absprach. Die Staatsraison und die militärischen Fronten hatten sich im Dreissigjährigen Krieg nicht nur nach den religiösen Kraftlinien orientiert. Die Konfessionsparteien mussten einsehen, dass Europa selbst unter grösstem Machteinsatz nicht mehr zur Glaubenseinheit zurückkehren konnte. Die Kirchen büssten ihre religiöse Dynamik ein.

Teilweise Aufwertung des Prinzips der Parität im dritten Religionsfrieden

Ein grösseres Entgegenkommen auf dem Weg zur bundesrechtlichen Gleichberechtigung der Konfessionen zeigte sich erstmals wieder im Badener Schiedsspruch von 1632, der ein Vierteljahrhundert später im dritten Landfrieden Aufnahme fand. Das kaiserliche Restitutionsedikt von 1629, wonach alle seit 1555 von den Protestanten eingezogenen geistlichen Territorien der katholischen Kirche zurückgegeben werden sollten, hatte auch die mit dem Deutschen Reich verbundenen Kirchenfürsten der Ostschweiz, den Bischof von Konstanz und den Abt von St.Gallen, veranlasst, im Thurgau und im Rheintal alte kirchenrechtliche Ansprüche anzumelden. Thurgauische Reformierte sollten in Ehesachen dem Gericht in Konstanz unterstellt und einige reformierte Gemeinden im Rheintal bei der Wahl der Geistlichen vom Fürstabt abhängig gemacht werden (1). Zürich setzte sich für seine bedrängten Glaubensgenossen ein, während die im Thurgau mitregierenden katholischen Orte die Ansprüche des römischen Klerus unterstützten (2).

(1) Eidgenössische Abschiede, V, 2b, S. 1542.
(2) L.R.v.Salis: Die Entwicklung der Kultusfreiheit, Basel 1894, S. 46 f.

Erst als sich im Deutschen Reich das Kriegsglück durch das Eingreifen Gustav Adolfs zugunsten der Protestanten wandte und eine Union zwischen dem schwedischen König und den reformierten Städten zu befürchten war, erklärte sich die katholische Partei bereit, den langen konfessionellen Streit zu beenden und stimmte am 7.September 1632 einem Vergleich zu (1). Die Forderungen der geistlichen Herren wurden abgewiesen und der bisherige Brauch der Reformierten, die sich in Religionssachen an Zürich hielten, sanktioniert. "Des Ersten", so lautete die Grundregel des Schiedsspruchs, "soll und mag die Gloubensbekanntnuss unserer getrewen lieben Eidtgenossen der Statt Zürich in den gemeinen Herrschaften dess Thurgöw und Rheinthals ungehindert und sicher sein, und selbiger Religion Underthanen bei ihrem Gottesdienst und freyer Religionsübung, ouch allem was derselben nottwendig anhanget, ruewig und von menigcklich ungehindert leben und verbleiben krafft Landtsfridens." (2). Diese Erklärung zugunsten der Kultusfreiheit der Reformierten in den gemeinen Herrschaften der Ostschweiz ist doch nach Ton und Inhalt versöhnlicher als die einseitigen Bestimmungen des damals geltenden Landfriedens. Rechtsgeschichtlich bedeutsam war, dass die von Zürich stets geforderte Parität in der Zusammensetzung eines Schiedsgerichts Anerkennung fand. Schiedsgerichte sollten zu gleichen Teilen aus Richtern beider Konfessionen bestehen. Dies bedeutete Preisgabe des für die katholischen Orte vorteilhaften Mehrheitsprinzips. Ob dieses schiedsgerichtliche Paritätsprinzip auch über die anderen gemeinsamen Vogteien auszudehnen sei, das blieb allerdings eine ungelöste Frage (3).

(1) Eidgenössische Abschiede, V, 2b, S.1540; L.R.v.Salis: Die Entwicklung der Kultusfreiheit in der Schweiz, Basel 1894, S.42.
(2) Eidgenössische Abschiede, V, 2b, S.1542.
(3) L.R.v.Salis: a.a.O., S.43 f.Anm.3. Die katholischen Gesandten machten die Reformierten auf die Unterscheidung zwischen dem neuen Religionsrecht und dem bereits bestehenden Bundesrecht aufmerksam. Eidgenössische Abschiede, V, 2, S.1540.

Die Bereitschaft zu Konzessionen in den gemeinen Herrschaften bedeutete keineswegs einen Verzicht auf die konfessionelle Ausschließlichkeit in den katholischen Ständen. Dies erfuhren 1655 die Reformierten in Arth, die heimlich Erbauungsstunden abhielten. Der Borromäische Bund war von den sieben katholischen Orten und von Appenzell-Innerrhoden und Katholisch-Glarus erst erneut feierlich beschworen worden. Als die Behörden erfuhren, daß die Reformierten mit Zürich in Verbindung standen, entschloß sich der Schwyzer Rat, gegen die - zu Unrecht als "ein widertäuferisches Gespunnst" bezeichneten - Reformierten vorzugehen (1). Konvertiten konnten in Schwyz nach einem Landesgesetz vom 8.Juni 1530 als Staatsverbrecher bestraft werden (2), während reformierte Orte den Übertritt zum Katholizismus mit dem Verlust des Landesrechts ahndeten (3). 37 Personen gelang es, nach Zürich zu entkommen. Vergeblich beriefen sich die reformierten Stände auf das durch den Westfälischen Frieden bekräftigte ius emigrandi, damit den übrigen in Arth gefangenen Reformierten die Auswanderung erlaubt und das konfiszierte Eigentum zurückerstattet werde. Der Hinweis auf den Präzedenzfall vor hundert Jahren, als die Innerschweizer die Emigranten der Reformierten aus Locarno zuließen, hatte auch keinen Erfolg. Das ius emigrandi war kein eidgenössisches Recht, der Tessin zudem eine gemeine Herrschaft, Schwyz aber ein Stand mit unbeschränkter konfessioneller Selbständigkeit. Straffällige Flüchtlinge aufzunehmen, war -streng genommen - ein bundeswidriges Verhalten, die Forderung nach einem eidgenössischen Schiedsgericht ein

---

(1) Eidgenössische Abschiede, IV, 1, S.267, 278, 279.

(2) J.Dierauer: Geschichte der Schweizerischen Eidgenossenschaft, Bd.4, Gotha 1921, S. 75.

(3) R.Feller: Geschichte der Schweiz im 17. und 18. Jahrhundert; in: Geschichte der Schweiz, Bd.2, Zürich 1938, S. 81.

Eingriff in die Landeshoheit. Der Zuger Sprecher der Innerschweiz konnte sich auf den ersten Artikel des gültigen Landfriedens von 1531 berufen, der in Religionssachen die Stände vor Einmischung schützte. Die Beschwerde Zürichs wurde von Zurlauben als eine List bezeichnet, "die Religion frei zu machen, indem je solcher Freizug eine species Religionsfreiheit in sich halte, ob er gleich das offene exercitium nicht nach sich ziehe." (1). Als Schwyz noch während der Vermittlungsversuche vier der Landsleute, die der Folterung standgehalten und dem reformierten Glauben treugeblieben waren, hinrichten ließ und drei der Inquisition in Mailand auslieferte, erklärten Zürich und Bern den Innern Orten den Krieg (2).

Auch 1656 zeigten die Katholiken der Innerschweiz einen besseren Kampfgeist, um die Einheit ihres Glaubens zu erhalten als die Reformierten im Einsatz für die Freiheit ihres Glaubens außerhalb ihres Gebiets. Bern, das nur zögernd dem Drängen Zürichs gefolgt war und dessen Geistliche den Krieg mißbilligten (3), wurde in den Freien Ämtern auf dem Villmerger Schlachtfeld trotz zahlenmäßiger Übermacht-von den Innerschweizern unerwartet geschlagen und hatte 573 Gefallene zu beklagen (4). Die Niederlage lähmte den Kampfwillen der Reformierten. Der dritte Landfrieden vom 7.März 1656 machte dem Glaubenskrieg ein Ende. Er brachte den Reformierten nicht

---

(1) Eidgenössische Abschiede, IV, 1, S.332. L.R.v.Salis: Die Entwicklung der Kultusfreiheit in der Schweiz, Basel 1894, S.51 f.

(2) Über die Unversöhnlichkeit der Standpunkte siehe das Kriegsmanifest und die Antwort der Innerschweiz. Eidgenössische Abschiede, VI, 1, S. 303 ff.

(3) E.Bloesch: Geschichte der schweizerisch-reformierten Kirchen, Bd.1, Bern 1898, S. 458.

(4) J.Dierauer: Geschichte der Schweizerischen Eidgenossenschaft, Bd.4, Gotha 1921, S. 86.

die ersehnte volle Parität. Wie schon der Badener Schiedsspruch war er indessen frei von religiöser Diskriminierung. Unangetastet blieb die ständische Souveränität der Orte - das französische Wort taucht erstmals im Landfrieden auf und wurde mit der Religion in Beziehung gebracht. Der Text sagt aus, daß "forthin die Ortt der Eydgenossschafft insgesambt und Jedes derselben insonderheit in seinen eigenen Landen und Gebieten bey seiner Religion und Souuerainetè oder hoher Landts-, Ober- und Herrlichkeit und Judicatur ohnangefochten rüehig und unturbirt verbleiben" (1). Abgelehnt wurde Zürichs Antrag auf freie Auswanderung Konvertierender, indem diese Angelegenheit den Gewohnheiten und Rechten jedes Standes vorbehalten blieb (2). Während im Deutschen Reich das ius emigrandi 1648 im Westfälischen Frieden bestätigt wurde und die reformierten eidgenössischen Orte es allgemein für Katholiken und Täufer handhabten, verschloß sich die katholische Schweiz seiner Anerkennung bis ins 18. Jahrhundert.

Kompromißbereiter zeigten sich die Innern Orte in der Paritätsfrage für die gemeinen Herrschaften durch die Rezeption des Badener Schiedsspruchs von 1632 ins Landfriedensrecht und dessen Ausweitung auf alle gemischtkonfessionellen Untertanengebiete. Ergänzt wurde der Landfrieden durch die Bestimmung, daß die Entscheidung darüber, ob eine Streitfrage konfessionell oder nichtkonfessionell sei - was sehr oft zur Diskussion stand - durch ein paritätisch zusammengesetztes Schiedsgericht gefällt werden sollte (3). Noch stand die "vollkommene und uneingeschränkte Freyheit der Religion" - wie sie die reformierten Orte forderten - auf schwachen Füßen.

---

(1) Eidgenössische Abschiede, VI, 1, S. 1635.

(2) Eidgenössische Abschiede, VI, 1, S. 1636.

(3) Eidgenössische Abschiede,VI, S. 1634. F.Fleiner: Die Entwicklung der Parität in der Schweiz, Basel 1901, S. 102.

Durch den zweiten Landfrieden, der in Rechtskraft blieb, besaßen die Katholiken immer noch den Vorzug des Minderheitsschutzes, dem die Innern Orte Nachdruck verschaffen konnten. Die katholische Mehrheit in der Tagsatzung behielt das politische Übergewicht.

Auch die paritätischen Schiedsgerichte vermochten die lange Reihe nie endender Beschwerden kaum zu bewältigen. Meist war kein Mehrheitsspruch möglich, weil sich die Rechtsinterpretationen der Glaubensparteien über die Parität grundsätzlich widersprachen. Die Klagen betrafen nicht nur rein religiöse Anliegen sondern auch politische, bürgerliche und wirtschaftliche Diskriminierungen, zum Beispiel in der Ämterbesetzung, der Niederlassung, im Liegenschaftserwerb und Handel (1). Die Verwaltungsteilung der religiös gemischten Vogteien, namentlich des Thurgaus, wurde von der Tagsatzung erwogen, aber nicht durchgeführt. Überall setzte sich der konfessionelle kalte Kleinkrieg fort.

Durchsetzung der vollständigen konfessionellen Parität im vierten Religionsfrieden

Erst das Jahr 1712 brachte die endgültige Aufhebung des katholischen Übergewichts und die vollständige Parität der Konfessionen unter Beibehaltung der territorialen Einschränkungen. Nach zwei Jahrhunderten der Zurücksetzung erkämpften sie Zürich und Bern im zweiten Villmergerkrieg. Der anfänglich rein politische Streit des Fürstabtes von St.Gallen mit den Toggenburgern führte die Glaubensparteien in geschlossenen konfessionellen Fronten zum letzten Mal auf das Schlachtfeld - längst nachdem die Religionskriege im Deutschen Reich beendet waren. Die

(1) L.R.v.Salis: Die Entwicklung der Kultusfreiheit, Basel 1894, S. 46 f.

religiösen Gegensätze siegten über die politischen Motive, die eine Zeitlang die gemeinsame Unterstützung des toggenburgischen Freiheitsstrebens durch Schwyz und Zürich ermöglicht hatten. J. Dierauer sieht den Wendepunkt im Entschluss des gemischtkonfessionellen Landrats, die Religionsfreiheit der Reformierten, welche die Mehrheit bildeten, sich jedoch manche Einschränkung durch den Abt gefallen lassen mussten, wiederherzustellen (1). Die alte Furcht vor der Verdrängung des Katholizismus in der Ostschweiz unter der Hegemonie Zürichs brach sich in der Innerschweiz Bahn. Die Glaubenszugehörigkeit gab wieder den Ausschlag. Reformierte und Katholiken misstrauten einander im Toggenburg und in der Eidgenossenschaft. Zürich und Bern hielten den Augenblick für gekommen, das seit zwei Jahrhunderten erstrebte konfessionelle Gleichgewicht durch Waffengewalt herzustellen. Mit über 3000 Toten wurde es der blutigste Religionskrieg der Eidgenossenschaft.

In den Friedensverhandlungen standen die gemeinsamen Untertanengebiete wieder im Mittelpunkt des Interesses. Den Gesandten Zürichs wurde anbefohlen, auf alle Fälle dafür zu sorgen, dass Bern auf keinen Frieden eingehe, der nicht das Evangelium im Thurgau und Rheintal sichere (2). Am 11. Juni kamen die beiden reformierten Sieger überein, hauptsächlich auf die Herstellung der vollständigen Parität in geistlichen und weltlichen Dingen in allen gemeinen Herrschaften nach dem Vorbild des Landfriedens von 1529 bedacht zu sein (3). Auch katholischerseits standen konfessionelle Fragen im Vordergrund, wie die

---

(1) J.Dierauer: Geschichte der Schweizerischen Eidgenossenschaft, Bd.4, Gotha 1921, S.203. Eidgenössische Abschiede, VI, 2, S. 2398.
(2) Eidgenössische Abschiede, VI, 2, S. 2530.
(3) Eidgenössische Abschiede, VI, 2, S. 1701.

Wiederaufnahme der Waffen nach dem Aarauer Frieden unter dem Schlagwort der Religionsgefahr zeigt. Doch das Zürich von 1712 war nicht mehr das Zürich Zwinglis. Es ging den Siegern nicht um die Ausdehnung des reformierten Glaubens (1). Sie waren bereit, den Besiegten in den Vogteien zu gewähren, was sie sich keinesfalls entgehen lassen wollten : die volle Gleichberechtigung der Konfessionen und den Schutz der Religion vor jedem gewaltsamen Eingriff oder unerlaubtem Druck. Der Friedensvertrag von 1531 wurde außer Kraft gesetzt.

Der vierte Landfrieden bestimmte in seinem 4.Artikel, daß "die Evangelischen gleich wie die Katholischen der Religion und Gottesdiensts halber und was selbigem anhanget in den gemeinen Herrschaften, in welchen beide Religionen sich befinden, in einem ganz gleichen Rechten stehen und, was jeder von beiden Religionen zu derselben Übung in particulari zugehöret, desselben verbleiben, und sie dessen ohnverweigerlich zu genießen haben." (2). Das Bundesrecht religiöser Gleichheit, im ersten Landfrieden vorübergehend eingeführt, im zweiten Landfrieden zugunsten der katholischen Religion mißachtet, im dritten Landfrieden für Schiedsgerichte anerkannt, jedoch praktisch kaum wirksam, ist hier klar als vollkommen gleiches Recht ausgesprochen worden. Dies bedeutete faktisch Glaubens- und Kultusfreiheit für Reformierte und Katholiken, jedoch mit zwei grundsätzlichen Einschränkungen. Die Religionsfreiheit war nur für die Glaubensbekenntnisse der katholischen und reformierten Orte, die sich gegenseitig die Parität zusicherten, gültig und bezog sich nur auf die gemeinsam verwalteten gemischtkonfessionellen Vogteien. Der vierte Landfrieden ließ die Souveränität

(1) J.Dierauer: Geschichte der Schweizerischen Eidgenossenschaft, Bd.4, Gotha 1921, S. 230.

(2) Eidgenössische Abschiede, VI, 2, S. 2333.

der freien Orte in Religionssachen unangetastet. Mit wenigen Ausnahmen galt dort weiterhin die Glaubenseinheit und nicht die Parität. Nicht einmal das ius emigrandi fand Aufnahme im neuen Religionsrecht.

Die Sieger von 1712, die wegen der früheren Zurücksetzung besonderes Interesse an diesem neuen Bundesrecht der Parität hatten - 1531 hatten die Reformierten umsonst die Gleichberechtigung verlangt (1) - begnügten sich nicht mit einer Grundsatzerklärung, sondern umrissen auch die Anwendung, indem sie sich der langen Beschwerdeliste aus dem 17. Jahrhundert bedienten (2). Doch auch hier wurde durchgehend der Grundsatz der Gleichheit respektiert. Das religiöse Recht, das die Reformierten für sich beanspruchten, sollte auch für die Katholiken gelten. Wegen der Machtverschiebung durch den Waffensieg der reformierten Städte erhielt dieser Katalog der Anwendungen des Paritätsprinzips (3) auch für die Besiegten als Rechtsschutz eine durchaus positive Bedeutung. Geistliche und alles, was mit Gottesdienst, Ehe und Unterricht zu tun hatte, sollten nur Richtern der betreffenden Religion unterstehen. Jede Glaubenspartei konnte auf eigene Kosten Schulen errichten. Kein Teil durfte gezwungen werden, an Zeremonien oder anderen Aeusserungen des Glaubensbekenntnisses teilzunehmen, auch nicht an Fest- und Feiertagen. Niemand durfte im Gottesdienst gehindert, beschimpft oder beleidigt werden. Der Eid konnte dem Glauben gemäss abgelegt werden. Der Gebrauch und die Vergrösserung von Simultankirchen fand

(1) Siehe den damals vorgeschlagenen Friedensartikel: Eidgenössische Abschiede IV, 1b, S.1222; L.R.v.Salis: Die Entwicklung der Kultusfreiheit in der Schweiz, Basel 1894, S.31.
(2) Siehe evangelischer Schiedsspruch: v.Wettstein und Rechsteiner aus dem Jahr 1657; L.R.v.Salis: a.a.O., S.59, Anmerkung 3.
(3) Eidgenössische Abschiede VI, 2, S.2333 f. Ausführlich bei L.R.v.Salis: a.a.O., S.60 ff.

eine Regelung. Jede Religionspartei hatte Anrecht auf einen eigenen Friedhof und konnte auf ihre Kosten eine Kirche errichten. Der Kirchenbesuch ausserhalb der Wohngemeinde wurde ausdrücklich erlaubt. Gleiches Recht galt bei der Zuteilung und Selbstverwaltung der Kirchengüter in evangelischen, katholischen und gemischten Gemeinden, in der Abzugsfreiheit für den Nachlass Geistlicher, bei der Bestellung von Vormündern, bei der Bürgeraufnahme, dem Erwerb der toten Hand, in der Seelsorge für verurteilte Verbrecher, die in keiner Weise zur Aenderung ihrer Religion bewogen werden durften. Das Beschimpfen von Geistlichen und Weltlichen innerhalb und ausserhalb der Kirchen sollte bestraft werden. Keinerlei religiöse Diskriminierung in Justizsachen, Erbschaften, Konkursen und Lehensverleihungen war gestattet. Schliesslich wurde nach langem Streit über die Bezeichnung der Konfessionen beschlossen, dass die eine Religion evangelisch und die andere katholisch genannt werden solle.

Dieser umfangreiche Katalog von Anwendungen zeigt eine rechtliche Ausdehnung der Religionsfreiheit, die sich weitgehend mit dem modernen Begriff der Glaubens- und Kultusfreiheit deckt. Er bedeutete nicht nur Freiheit von Zwang und Schutz in Angelegenheiten des Glaubens und des Gottesdienstes, sondern auch kirchliche Selbstverwaltung, wobei die Schulen einbezogen waren, und Gleichstellung in bürgerlichen Rechten. Erst jetzt war ein eindeutiges und brauchbares Bundesgesetz der Religionsfreiheit geschaffen, das religiös befreiend und politisch einigend hätte wirken können, wenn mit ihm auch der Geist der konfessionellen Versöhnlichkeit in die Politik eingezogen wäre. Dies war jedoch nicht der Fall.

Zürich und Bern begnügten sich nicht damit, im Interesse der Religionsfreiheit der Reformierten in den gemeinen Herrschaften durch den Landfrieden von 1712 der katholischen Tagsatzungsmehrheit jedes Entscheidungsrecht in kirchlichen Angelegenheiten zu entziehen, sie verknüpften die Parität gleichzeitig mit politischen Forderungen. Sie folgten damit der staatsrechtlichen Entwicklung, die im Fall von Glarus beinah zur Landestrennung geführt hatte. Eine territoriale Aufteilung der Vogteien nach der kirchlichen Zugehörigkeit ihrer Bewohner war schon früher und 1712 wieder erwogen, dann aber fallengelassen worden. Die Reformierten hielten indessen auf eine Untermauerung der Parität durch konfessionspolitisches Gleichgewicht. Schon im Artikel über die Gleichberechtigung der Konfessionen hieß es, daß sie sowohl der Religion als der Regierung halber aufgerichtet werden solle, um künftige Streitigkeiten zu vermeiden und eine gerechte und friedsame Regierung führen zu können. Zu diesem Zweck wurden auch die hohen Regalien, die allgemeinen Regierungs-, Polizei-, Land- und Kriegsverordnungen nicht vom eidgenössischen Mehr abhängig gemacht, sondern von der Zustimmung der beiden Glaubensparteien. Im Zweifelsfall, ob das Tagsatzungsmehr zuständig sei oder nicht, sollte ein paritätisches Gericht entscheiden (1). An den gemeinsamen Tagsatzungen sollten zwei Schreiber, ein evangelischer und ein katholischer, ihre Protokolle vergleichen und in Übereinstimmung bringen. Durch diese konfessionelle Trennung wurde ein gemeinsames Regieren sehr erschwert. Die konfessionellen Sondertagsatzungen wurden rechtlich zu permanenten Institutionen gemacht. Dies bedeutete eine politische Schwächung des eidgenössischen Bundes.

Die gleiche enge Verbindung von Religion und Politik zeigt sich auch in den Landfriedensbestimmungen über die Ämterverteilung, die mehr oder weniger nach paritätischen Gesichtspunkten erfolgen sollte, damit - wie es hieß - die Unparteilichkeit besser Platz finden möge.

---

(1) Eidgenössische Abschiede, VI, 2, S. 2333.

So sollte z.B. im Thurgau der Landschreiber katholisch, der Landammann aber evangelisch sein. Ausser der Zweidrittelmehrheit der einen Konfession wurde in jeder Simultangemeinde eine durchgehende Ämterparität eingeführt.

Noch mehr als diese konfessionspolitische Aufteilung belastete die Machtpolitik der reformierten Städte die Parität und liess sie innerhalb des Bundes nicht wohltätig auf den Religionsfrieden wirken. Zürich und Bern verletzten im vierten Religionsfrieden den wichtigen eidgenössischen Grundsatz, wonach sich kein Ort auf Kosten des anderen vergrössern durfte (1). Während die Sieger von 1531 ihre Vormachtstellung zur gewaltsamen Rekatholisierung gewisser strategisch wichtiger Gebiete benutzt hatten, aber keine Annexionen auf Kosten der besiegten Orte vornahmen, verzichteten die reformierten Städte 1712 zwar darauf, in besetzten Gebieten die katholische Religion zu verdrängen, entrissen jedoch der katholischen Mitregierung kleinere strategisch wichtige Brückenköpfe. Die Innerschweizer wurden gezwungen, Zürich und Bern die Herrschaft über die ehemalige Grafschaft Baden und den nördlichen Teil des Freiamtes mit Mellingen und Bremgarten abzutreten, wobei nur der Anteil des Standes Glarus erhalten blieb. Das gleiche geschah mit Rapperswil. Es handelte sich um die Positionen, welche die katholischen Stände nach dem zweiten Kappelerkrieg dem religiös-politischen Einfluss Zürichs entzogen hatten. Zürich begnügte sich in konfessioneller Hinsicht damit, in Baden eine reformierte Kultusstätte zu errichten (2), wozu es durch das neue Landfriedensrecht ohnehin berechtigt war.

Das machtpolitische Interesse überwog das konfessionelle. Auch Bern übernahm einen Anteil an der Regierung in

---

(1) R.Feller: Geschichte der Schweiz im 17. und 18. Jahrhundert, in: Geschichte der Schweiz, Bd.2, Zürich 1938, S.112.

(2) Eidgenössische Abschiede, VI, 2, S.2522.

den östlichen Vogteien, im Thurgau, Rheintal und Sarganserland, wo die Reformierten an Einfluss gewannen. Die religiöse Freiheit der Katholiken blieb aber unangetastet. Für die Herrschaftsänderungen enthielt der Landfrieden eine zusätzliche Religionsgarantie, da es sich zum Teil um ganz katholische Gebiete handelte. Zürich und Bern versprachen, die Katholiken in der freien Ausübung ihrer Religion, wie auch die Stifte und Klöster bei ihrem Eigentum, ihren Rechten und Einkünften zu belassen (1). Im Toggenburg, wo durch den Friedensvertrag von 1718 mit dem Kloster St.Gallen (2) Zürich und Bern anstelle von Schwyz und Glarus die Schirmherrschaft übernahmen, brachte die Parität den Reformierten das Ende der Zurücksetzung; die Freiheit des katholischen Kultes blieb aber auch dort unangetastet.

Die Parität des vierten Landfriedens war nicht die Frucht religiös motivierter Toleranz, sondern der empirischen Vernunft und des politischen Interesses. Es zeigte sich ein neues, nicht mehr vom Glauben bestimmtes Rechtsdenken, das der Kultusfreiheit von Minderheiten zugute kam. Landeshoheit und Religion deckten sich nicht mehr vollständig. Beispielhaft dafür ist die Zulassung des katholischen Kultus im Bezirk Baden, der nun ausschliesslich unter der gemeinen Herrschaft von Bern und Zürich stand, die in ihren eigenen Territorien keine Katholiken duldeten. Dasselbe geschah mit Rapperswil. In seine Herrschaft teilten sich Zürich, Bern und das mehrheitlich reformierte Glarus. Eine ähnliche Konzession musste im Badener Frieden von 1718 (3) der Abt von St.Gallen seinen reformierten Toggenburger Untertanen machen. Wie sehr dies den

(1) Eidgenössische Abschiede, VI, 2, S.2332.
(2) Eidgenössische Abschiede, VII, 1, S.1381 ff.
(3) Eidgenössische Abschiede, VII, 1, S.1381 ff.

katholischen Kircheninteressen widersprach, zeigt der Protest des Papstes (1). Eine vertragliche Verpflichtung ging 1711 der Bischof von Basel zugunsten der Reformierten im Münstertal ein (2). Einen Religionsschutz für Neuenstadt enthielt der Burgerrechtsvertrag von 1758 (3). Auf die Religionsbestimmung verzichtete Zürichs Obrigkeit im Lehenskontrakt des Jahres 1770, als die Katholiken von Dörflingen, Ramsen und der Hemishofer Gerichte ihre Untertanen wurden. Diese Einbrüche in das cujus regio eius religio waren keine Freibriefe für allgemeine Parität der Konfessionen, sondern örtlich beschränkte und vertraglich vereinbarte Rechtskonzessionen (4).

Wie sehr religiöse Intoleranz mit politischen Motiven vermischt das staatskirchliche Denken in der ersten Hälfte des 18. Jahrhundert beherrschten, wird aus dem Beispiel Berns deutlich. Sein autoritäres Staatskirchentum befand sich zur Zeit des Aarauer Friedens - zum Schrecken der Täufer und Pietisten - in höchster Entfaltung. Zürich hatte sich der Täufer vor kurzem durch Verbannungen und letzte Hinrichtungen entledigt (5). Im Berner Oberland und im Emmental lebten jedoch noch zahlreiche Untertanen, welche die Kindertaufe, den Eid und den Wehrdienst ablehnten, zumeist aber nicht an die Öffentlichkeit traten.

---

(1) J.Dierauer: Geschichte der Schweizerischen Eidgenossenschaft, Bd.4, Gotha 1921, S. 244, Anmerkung 181.

(2) Eidgenössische Abschiede, VI, 2, S. 1616.

(3) Eidgenössische Abschiede, VII, 2, S. 1265.

(4) Im Landfrieden sowie in all diesen Vereinbarungen wurde der Verzicht nicht den Untertanen selbst mitgeteilt. Er bildete vielmehr den Gegenstand vertraglicher Festsetzungen souveräner Vertragsparteien. Vgl. L.R.v.Salis: Die Entwicklung der Kultusfreiheit in der Schweiz, Basel 1894, S. 68.

(5) E.Blösch: Geschichte der schweizerisch-reformierten Kirchen, Bd.2, Bern 1899, S. 109.

1699 war eine Täuferkammer geschaffen worden, welche die Dissidenten endgültig aufspüren sollte. Wer den Huldigungseid verweigerte, sollte aus der Heimat gewiesen, wer zurückkehrte, zur Galeerenstrafe verurteilt werden. Zu Hunderten wurden die Unglücklichen zwangsweise nach den Niederlanden und Nordamerika abgeschoben, wo sich die Mennoniten der Religionsfreiheit erfreuten. 1714 schickte der Berner Rat fünf wieder heimgekehrte Täufer in Ketten auf die sizilianischen Galeeren; dabei hatte er ein Jahr zuvor 33 von 136 zu den Galeeren verurteilte französische Hugenotten, die in der Schweiz Asyl gefunden hatten, in Bern aufgenommen. Vergeblich erhob die Geistlichkeit Einspruch gegen das harte Schicksal der Täufer. Zwei der Verurteilten erlagen den Strapazen (1). Nur wenige Täuferfamilien verblieben im Emmental. Ein Teil ließ sich im Jura nieder, wo der Bischof von Basel sie duldete, da sie vorzügliche Pächter waren.(3) Auch in der Grafschaft Neuenburg genossen die Täufer beschränkte Freiheit.

Streng ging die bernische Regierung gegen Heterodoxie vor, auch wenn das Prinzip des Staatskirchentums und die bürgerliche Ordnung nicht auf dem Spiel standen. In der Annahme, daß das Helvetische Bekenntnis keinen genügenden Schutz gegen pietistische Lehren biete, hatten die evangelischen Städte 1675 die Formula consensus im gleichen Rang mit der Helvetischen Konfession zum Symbol der reformierten Kirchen gemacht. Sie enthielt eine strenge Formulierung der Verbalinspiration, die auch die hebräischen Vokalzeichen und die Auserwählungslehre einschloß (2). Überall stieß die neue Glaubensregel auf

---

(1) P.Wernle: Der Schweizerische Protestantismus im 18. Jahrhundert, Bd.1, Tübingen 1923, S. 114.

(2) E.Blösch: Geschichte der Schweizerisch-reformierten Kirchen, Bd.1, Bern 1898, S.493.

(3) S.H.Geiser: Die Taufgesinnten Gemeinden im Rahmen der allgemeinen Kirchengeschichte, Courgenay 1971,S.530 ff.

Widerspruch, am meisten aber im Waadtland, da Bern den Geistlichen und den Lehrern in den Akademien die schriftliche Zustimmung zur Pflicht gemacht hatte. Trotz Einspruch aus dem In- und Ausland gegen die dogmatische Strenge dieses Vorgehens, wurden Theologiekanditaten, die 1722 unter Berufung auf die Gewissensfreiheit die Unterschrift verweigerten und darauf beharrten, entlassen. Zwei Jahre später wurde in einer evangelischen Konferenz die Aufhebung der Formel beschlossen (1). Wie sehr auch die theologische Forschung unter dem strengorthodoxen Staatskirchentum litt, zeigt der Prozess, der in Basel dem Gelehrten Johann Jakob Wettstein gemacht wurde, weil er eine verbesserte Ausgabe des Textus receptus vorbereiten wollte. Wegen dieser Impietät gegen die Heilige Schrift - wie seine Forschungsarbeit bezeichnet wurde - verlor er 1730 sein Amt. In den Niederlanden setzte er seine Gelehrtenarbeit fort (2).

Auch das Verhältnis der Katholiken und Reformierten zueinander wurde von intransigentem Konfessionalismus geprägt. Zwar war im 18. Jahrhundert die Religion nicht mehr in demselben Ausmass wie in den beiden vergangenen Jahrhunderten das bestimmende Element der Politik, doch Kirchliches und Bürgerliches blieben in gegenseitiger Abhängigkeit. Durch das exklusive Landeskirchentum waren die konfessionellen Grenzen auch geographisch scharf gezogen. Wo innerhalb der Standeshoheit eine konfessionelle Minderheit vertraglich gesicherte Kultusfreiheit besass, galt diese nur für die betreffenden Gemeinden. Bürger und Untertanen der alten Landgebiete hatten der Landeskonfession anzugehören. Wer konvertierte, verlor sein Bürger-

(1) E.Blösch: Geschichte der Schweizerisch-reformierten Kirchen, Bd.1, Bern 1898, S.96.

(2) E.Blösch: a.a.O., Bd.2, S.120 f.

recht. Eine gemischte Ehe einzugehen, war kirchlich und staatsrechtlich unstatthaft. Selbst innerhalb der paritätischen Stände und Untertanengebiete blieben die Grenzen, wie sie die Reformation und Gegenreformation gezogen hatten, erhalten. Wo paritätische Gemeinden bestanden, war das Zusammenleben vielfach von derselben konfessionellen Intransigenz geprägt.

Konfessioneller Antagonismus blieb auch das wichtigste Kennzeichen der eidgenössischen Politik in der ersten Hälfte des 18. Jahrhunderts. Der Verzicht der reformierten Stände auf Rückgängigmachung der gewaltsamen Rekatholisierung von 1531 und die bundesrechtlichen Sicherungen, die sie den Katholiken durch die Bestimmungen des vierten Landfriedens gewährten, brachten keine politische Befriedung. Aus religionspolitischen Motiven wollten die katholischen Stände den Bund mit den reformierten Städten nicht erneuern, es sei denn, Bern und Zürich würden ihnen die alten Rechte in den verlorenen Vogteien zurückgeben. Der Wegfall des Keils im Norden, der Bern und Zürich bisher getrennt hatte, wirkte nicht nur im Bezirk Baden beunruhigend auf die Katholiken, sondern auch im obern Freiamt. Konfessionelles Misstrauen der Innerschweizer verschärfte ihre Restitutionspolitik. 1713 beschworen Uri, Schwyz und Unterwalden auf dem Rütli, zur Herstellung der "wahren Einigkeit", erneut den Bund, den ihre Vorväter 400 Jahre früher in Brunnen geschlossen hatten. Im gleichen Jahr erneuerten die katholischen Orte den Borromäischen Bund. 1715 gingen sie mit Ludwig XIV. eine Sonderallianz ein (1), in der sich zeigte, in welchem Ausmass Konfessionelles die Politik beherrschte. Wie einst durch das Bündnis mit Philipp II., setzte sie die Unabhängigkeit und nun auch die Neutralität der Eidgenossenschaft aufs Spiel. Offener als im Separatbündnis kommt

(1) Eidgenössische Abschiede, VII, 1, S.1361 ff.

die konfessionelle Absicht in dem vom Grafen Du Luc eigenmächtig beigegebenen versiegelten Versprechen zum Ausdruck, der König und seine Nachkommen würden all ihre Dienste und Kräfte einsetzen "au rétablissement de la catholicité dans toutes ses dernières pertes et à un renouvellement d'alliance entre les deux religions."(1). Ähnliche dualistische Gedankengänge für eine mit Hilfe katholischer Länder zu erwirkende Neukonstituierung der Eidgenossenschaft lagen Siegwart Müllers Sonderbundspolitik zugrunde. Der französische und der päpstliche Gesandte hatten sich schon in Baden anläßlich der Friedensverhandlungen zwischen Deutschland und Frankreich um das gewaltsame Eingreifen Frankreichs und Österreichs bemüht. Nach Passioneis Plan sollten ihre Truppen die reformierten Städte so lange besetzen, bis die Restitution der verlorenen Gebiete erfolgt und der Protestantismus ganz ausgerottet worden wäre (2). An Religionskriegen aber hatten die europäischen Mächte kein Interesse mehr.

Der Tod Ludwig XIV. und die Abberufung des Nuntius, den Luzern für die erschwerten Friedensbedingungen verantwortlich machte (3), dämpften die Rachegelüste. Die Folgen aber machten sich noch jahrzehntelang bemerkbar. Die Annexionen durch die reformierten Sieger und das katholische Bündnis brachten nach dem Urteil Ernst Gagliardis "den tiefsten Stand konfessioneller

---

(1) Eidgenössische Abschiede, VII, 1, S.1379. Siehe L.R.v.Salis: Die Entwicklung der Kultusfreiheit in der Schweiz, Basel 1894, S. 55 f, Anmerkung 5.

(2) J.Dierauer: Geschichte der Schweizerischen Eidgenossenschaft, Bd.4, Gotha 1921, S. 241 f.

(3) Erst 1803 durfte die Nuntiatur in Luzern, das seit der Villmerger Niederlage gegenüber der Hierarchie einen schärferen staatskirchlichen Kurs eingeschlagen hatte, wieder errichtet werden. Siehe Th.Schwegler: Geschichte der katholischen Kirche in der Schweiz, Stans 1943, S. 244 ff.

Zerklüftung seit 1586" (1). Die getrennten Sondertagungen der katholischen und der reformierten Stände übertrafen bei weitem die gemeinsamen Sessionen (2).

Es vergingen Jahrzehnte, bis sich unter dem Einfluß der Aufklärung und ihrer Toleranzideen die Beziehungen der Glaubensparteien zu bessern begannen. Doch es reichte nicht aus, um im 18.Jahrhundert die Parität für die Festigung des Bundes wirksam zu machen. Selbst die französische Invasion und die Bevormundung der Schweiz durch Napoleon konnten die politischen Schatten des konfessionellen Antagonismus nicht vertreiben. So konnte sich eine aargauische Verfassungsfrage um die Parität in den 40er Jahren des 19.Jahrhunderts zu einer ernsten eidgenössischen Krise ausweiten, in der es nicht zuletzt um das alteidgenössische Problem der konfessionellen Majorisierung ging.

Durch das Abrücken vom alteidgenössischen Vertragsrecht zwischen den konfessionellen Parteien und durch die Verwirklichung des demokratischen Gleichheitsprinzips erfuhr die Parität im 19.Jahrhundert eine Wandlung und Ausdehnung von grundsätzlicher Bedeutung für das Werden des schweizerischen Bundesstaates. Das mißglückte revolutionäre Experiment der Helvetik und seine verfassungsgeschichtlichen Folgen zeigen, weshalb diese Entwicklung der religiösen Freiheit sich als Kompromiß im Spannungsfeld eidgenössisch-historischer und ausländisch-naturrechtlicher Rechtsauffassungen vollzog.

---

(1) E.Gagliardi: Geschichte der Schweiz, Bd.2, Zürich/Leipzig 1938, S. 798.

(2) Für die Jahre 1744-1777 hat J.Dierauer kaum 50 Tagungen aller dreizehn Orte und berechtigten Zugewandten gezählt, dagegen über 100 Konferenzen der konfessionellen Gruppen (Eidgenössische Abschiede, VII, 2). Geschichte der Schweizerischen Eidgenossenschaft, Bd.4, Gotha 1921,S.288.

Das mißlungene Experiment der Helvetik

Von der Toleranz zum Menschenrecht religiöser Freiheit

Der intolerante Staatskonfessionalismus, das Haupthindernis für eine Liberalisierung des eidgenössischen Paritätsrechts, war im 18. Jahrhundert zwei oppositionellen Bewegungen ausgesetzt: dem Rationalismus und dem Pietismus (1). So widersprüchlich sich diese von Frankreich, Deutschland und England auf die Schweiz einwirkenden Geistesströmungen den überlieferten Glaubensinhalten gegenüber verhielten, so haben sie doch beide die religiöse Toleranz gefördert. Der von Staat und Kirche geübte Glaubenszwang wurde vom Kriterium der Vernunft und des christlichen Gewissens ernsthaft in Frage gestellt. Kriege und Verfolgungen im Namen der Religion waren im Widerspruch zur säkularisierten Staatsraison, zur Menschenwürde und zur Lehre Christi. Rationalisten wie Pietisten war der Dogmenstreit der Theologen zuwider. Politische Theorien mit einer nivellierenden Staatsreligion und Unionspläne für die Kirchen waren die Folge. Der Historiker Johannes von Müller hat ein solches überkonfessionelles Christentum vertreten.

Stärker als der unpolitische, quietistische Pietismus prägte die vernunftgläubige Aufklärungsphilosophie den Toleranzbegriff des 18.Jahrhunderts. Der Humanist

---

(1) Über die pietistischen Einflüsse in der Schweiz siehe P.Wernle: Der schweizerische Protestantismus im XVIII.Jahrhundert, Bd.1, Tübingen, S.121 ff; Bd.3, Tübingen 1925, S.1 ff.

Castellio, der kurz nach Servets Feuertod nicht gewagt hatte, seine Verteidigung der Häretiker mit seinem Namen und dem Druckort von Basel erscheinen zu lassen (1), berief sich noch eindeutig auf Christus und sein Liebesgebot (2). Er verteidigte die Toleranz zudem nur für die Christen. Anonym erschien 1763 auch Voltaires "Traité sur la tolérance", den er vor den Toren Genfs schrieb. Den äußeren Anlaß dazu gab ihm das Martyrium des Protestanten Jean Calas, der ein Jahr zuvor in Toulouse unter falscher Anklage gerädert worden war (3). Von Castellio trennte Voltaire die grundsätzliche philosophische Skepsis gegenüber aller kirchlichen Tradition. Zwar erwähnte auch er in seiner Schrift die urchristliche Lehre, die keine Gewaltanwendung zugunsten des Glaubens kannte. Er zitierte Zeugen der Duldsamkeit aus der Kirchengeschichte, lobte besonders die Friedfertigkeit der Quäker; doch dehnte er den Zeugenkreis auch auf die Orthodoxen, Juden, Römer, Türken, Chinesen und Japaner aus. Der Widerhall von Voltaires

---

(1) Die Schrift "De Haereticis, an sint persequendi et omnino, quomodo sit cum eis agendum, doctorum vivorum, tum veterum, tum recentiorum sententiae" erschien 1554 in Basel unter dem Namen Martinus Bellius mit dem Druckort Magdeburg, beides Pseudonyme. W.Kaegi: Castellio und die Anfänge der Toleranz, Basel 1953, S.8. Daß diese Anonymität berechtigt war, beweist das Schicksal des befreundeten holländischen Täufers David Joris in Basel, dessen Leichnam fünf Jahre später ausgegraben und verbrannt wurde. R.H.Bainton: David Joris, Wiedertäufer und Kämpfer für die Toleranz im 16.Jahrhundert, Leipzig 1937, S. 57 ff.

(2) W.Kaegi: a.a.O. S.19. Castellio lehnte Calvins Berufung auf jüdisch-alttestamentliche Tradition als dem Urchristentum widersprechend ab und sah in der Verbindung der Kirche mit dem Staat aus konstantinischer und theodosianischer Zeit die Ursache der Ketzertötung. Vgl. W. Kaegi, a.a.O., S. 16 ff.

(3) Am 2. März 1761 hatte das Gericht in Toulouse den

Toleranzfeldzug, für den die genannte Schrift nur ein maskierter Anfang sein sollte (1), war in ganz Europa gross. Die Todesurteile in Glaubenssachen hörten auf. Den Tribut für die Ueberwindung der Intoleranz erhielt die Philosophie, "la seule philosophie" (2). Die Vernunft, die er ihr zugrunde legte, nannte er menschlich und duldsam. Vernünftig schien Voltaire Englands Vorbild, das die Katholiken wohl duldete, ihnen aber keine Parität mit den Anglikanern gewährte. Frankreich schlug er nicht die Aufhebung des Edikts von Nantes vor, sondern nur dessen Milderung. Den Protestanten, die in ihre Heimat zurückzukehren wünschten, sollten Sicherheit, jedoch keine Gotteshäuser und kein Zutritt zu öffentlichen Ehren und Aemtern gewährt werden. Das Interesse des Staates fordere es, so meinte der Autor, dass die verbannten Söhne bescheiden in das Vaterhaus zurückkehrten (3). Unter der gewandten Feder des Deisten Voltaire waren die Hinweise auf die Greuel der Religionskriege und der Glaubensverfolgungen eine um so gefährlichere Waffe gegen die Glaubwürdigkeit der Kirchen und ihrer trennenden Dogmen, als er in dieser Schrift seinem Antiklerikalismus Zügel anlegte.

Hugenotten Pastor Rochette wegen Abhaltung protestantischer Gottesdienste zum Tode verurteilt, ebenso drei Edelleute, die versucht hatten, Rochette den Gendarmen zu entreissen. W.u.A.Durant: Das Zeitalter Voltaires, Bern/München 1967, S.732 f.

(1) Vgl. Voltaires Artikel "Secte" des "Dictionnaire philosophique" aus dem Jahr 1765, in dem er folgendes Urteil über die verschiedenen theologischen Richtungen fällte: "Toute secte, en quelque genre que ce puisse être, est le ralliement du doute et de l'erreur. Scotistes, thomistes, réaux, nominaux, papistes, calvinistes, molinistes, jansénistes, ne sont que des noms de guerre. Il n'y a point de secte en géométrie; on ne dit point un euclidien, un archimédien. Quand la vérité est évidente, il est impossible qu'il

Im erfolgreichen Zeichen der Menschlichkeit erwuchs dem intoleranten Kirchenglauben eine Gegnerschaft, die während der französischen Revolution in öffentlichen Atheismus ausbrach. Dem Einfluß der Enzyklopädisten aber verdankten die Protestanten Frankreichs die Gewährung beschränkter Rechte im Jahr 1887. Als Voltaires Leichnam im Gefolge der Revolution in das Pantheon überführt wurde, ließ man die Söhne jenes Jean Calas an der Spitze der Prozession marschieren. Die Toleranz aber reichte nicht aus, um während der Revolution jene katholischen Geistlichen zu schützen, die zu Tausenden Kerker, Verbannung und Tod dem Gewissenszwang vorzogen.

Philosophische Skepsis lag auch Friedrich des Großen toleranter Religionspolitik zugrunde. Im preußischen Königreich sollte jeder nach seiner Fasson selig werden. Die Staatsraison bestimmte das Ausmaß der Toleranz (1). Den Katholiken des annektierten Schlesien wurde aus politischen Gründen Parität gewährt. Hugenotten und Täufer waren aus wirtschaftlichen Erwägungen willkommen. Als gar ganz Europa nach der Aufhebung des politisch einflußreichsten Ordens der katholischen Kirche durch Clemens XIV. die Jesuiten vertrieb, fanden sie in Preußen wegen ihrer Bildung ein Asyl, ein Beispiel, das nur noch die Zarin Katharina nachahmte. In Preußen

---

s'élève des partis et des factions..." Dictionnaire Philosophique, Bd.II, Paris 1964, S.244.

(2) Voltaire: Traité sur la tolérance, Lausanne 1959,S.43.

(3) Voltaire: a.a.O., S.53

(1) Siehe H.Pigge: Die religiöse Toleranz Friedrich des Großen nach ihrer theoretischen und praktischen Seite, Mainz 1899.
Über die merkantilistischen Ziele des preußischen Staates bei der Emanzipation der deutschen Juden siehe S.Stern: Der preußische Staat und die Juden, 3.Teil: Die Zeit Friedrichs des Großen, Tübingen 1971.

veröffentlichte Lessing im Jahr 1779 seinen "Nathan der Weise". Die Ringparabel sollte zeigen, dass die Religion der Christen, Juden und Mohammedaner nur einen subjektiven Wahrheitswert besitzt und deshalb allen Religionen gegenüber Toleranz geübt werden sollte. Als Preussens Staatskirche zur Orthodoxie zurückkehrte, konnten Friedrichs Nachfolger das "cuius regio eius religio" nicht wieder einführen. Das Wollnersche Religionsedikt bestätigte die Kultusfreiheit des reformierten, lutherischen und katholischen Bekenntnisses. Den Herrnhutern, Mennoniten, böhmischen Brüdern und der jüdischen Kultusgemeinschaft wurde Duldung gewährt. Strenge Vorbehalte begrenzten indessen die Freiheit ihrer Religionsäusserungen.

Antikurial, aber nicht allgemein kirchenfeindlich war der aufgeklärte Absolutismus Josephs II. (1). Gallikanismus, Jansenismus und Febronianismus bestimmten seine Kirchenform. Letztlich war auch für ihn die Staatsraison entscheidend. Während die katholische Hierarchie sich Eingriffe in ihre traditionellen Vorrechte gefallen lassen musste und Hunderte von Klöstern der Aufklärung zum Opfer fielen, erhielten die Reformierten und Griechisch-Orthodoxen im habsburgischen Reich beschränkte Kultusfreiheit und bürgerliche Rechte. Das Toleranzedikt von 1781 war ein wichtiger Schritt zum paritätischen Staat. Der Josephinismus als aufgeklärtes katholisches Staatskirchentum wirkte sich über

(1) Siehe D.Appelt: Die Idee der Toleranz unter Joseph II., Wien 1950; E.Winter: Der Josephinismus und seine Geschichte, München 1943.

das Bistum von Konstanz auf die Schweiz aus und erleichterte nach der Helvetik die Entstehung neuer gemischtkonfessioneller Kantone.

Von völliger religiöser Freiheit war weder im protestantischen Preußen noch im katholischen Österreich die Rede. Die Toleranz hing von der Gnade der absolutistisch regierenden Fürsten ab. Was die Staatsraison gewährte, hätte sie unter anderen Umständen verweigern können. Der Klerus bekam die landesherrliche Abhängigkeit zu spüren, wie überhaupt die Freiheit der Kirchen nicht das Anliegen der europäischen Aufklärung war, aus Furcht, sie könnten zum Staat im Staat werden oder die politische Einheit gefährden. Die Kirchen wiederum hatten größere Mühe, eine Toleranz, die ihre Dogmen bekämpfte und ihr Recht begrenzte, in ihr Vokabular aufzunehmen, als der absolutistische Staat, der daraus politischen und wirtschaftlichen Nutzen zog.

Rousseau übertrug in seinem "Contrat social" den aufklärerischen Toleranzbegriff auf seine demokratische Staatslehre (1). Nun mußte aber in der Art, wie er die religiöse Frage mit der Volkssouveränität in Verbindung brachte, die Freiheit der Religion höchst fragwürdig erscheinen. "Trouver une forme d'association qui défende et protège de toute la force commune la personne et les biens de chaque associé, et par laquelle chacun s'unissant à tous n'obéisse pourtant qu'à lui-même et reste aussi libre qu'auparavant", das bezeichnete Rousseau als das Fundamentalproblem, dessen Lösung der Gesellschaftsvertrag gebe (2). Seine Grundintentionen

---

(1) J.J.Rousseau: Oeuvres complètes, Bd.3, Paris 1964, Buch IV, Kap.VIII, S.460 ff.

(2) J.J.Rousseau: a.a.O. S.360.

waren somit freiheitlicher Natur (1), obwohl er in seinen Schriften nur selten von Individualrechten spricht (2). Er wünschte, daß zwischen den Pflichten der Bürger und ihrem "droit naturel" unterschieden werde, doch letztlich kam dem Souverän allein das Recht zu, darüber zu entscheiden. Von der idealdemokratischen Utopie nährte sich Rousseaus Auffassung über die gesellschaftliche Rolle der natürlichen, bürgerlichen Religion, von der er annahm, daß sie jedem Menschen innewohne, weil sie vernünftig sei. Zu ihren Lehren zählte er den Glauben an die Existenz Gottes, an ein Leben im Jenseits, an die Glückseligkeit der Gerechten und die Bestrafung der Bösen, den Gesellschaftsvertrag und die Gesetze. Der Souverän sollte, so postulierte Rousseau, die Artikel dieses bürgerlichen Glaubensbekenntnisses festlegen, nicht als eigentliche Dogmen, sondern als "sentiments de sociabilité", da es ohne jene nicht möglich sei, ein guter und treuer Bürger zu sein. Der Staat hatte darum ein Recht, solche, die das Versprechen brechen oder sich so betragen würden, als glaubten sie diesen Lehren nicht, zu verbannen oder zu töten. Rousseau betonte jedoch, daß dies nicht wegen ihres ungläubigen, sondern nur wegen ihres unsozialen Verhaltens geschehen dürfe. Ähnlich rechtfertigte man früher die Verurteilung der Täufer und Antitrinitarier. Der Sproß der Stadt Calvins des 18.Jahrhunderts aber wollte sich als ein Sohn des Zeitalters der aufgeklärten Toleranz ausweisen, indem der demokratische Staat die Annahme der bürgerlichen Religion nicht erzwingen und nicht nur keine exklusive

---

(1) H.Huber: Die Grundrechte in der Schweiz; in: Die Grundrechte,Bd.1,1.Halbbd.,Berlin 1966, S.182.

(2) H.Nef: J.J.Rousseau und die Idee des Rechtsstaates; in: Schweizer Beiträge zur allgemeinen Geschichte, Bd.5, Jg.1947, S.167.

Nationalreligion vertreten sollte - er lehnte die christliche Republik aus der Erkenntnis des unpolitischen Wesens des Christentums der Evangelien ab - sondern jeden ausschließen konnte, der behaupte, es gebe außerhalb der Kirche kein Heil. An die Notwendigkeit zwischen theologischer und bürgerlicher Intoleranz zu unterscheiden, glaubte Rousseau nicht. Nur duldsame Glaubensweisen und Kulte sollten, sofern sie nichts wider die bürgerlichen Pflichten lehrten, toleriert werden (1). Rousseau stand geistig noch mitten in der Entwicklung der Neuzeit von der konfessionellen zur völlig säkularisierten Gesellschaftstheorie. Aus der "aliénation totale de chaque individu avec tous ses droits à toute la communauté" ließ sich, auch wenn dies freiwillig geschah, kein subjektives Menschenrecht auf religiöse Freiheit, das der Macht des Staates Grenzen setzte, ableiten (2). Der Gesellschaftsvertrag kündete die Problematik der Religionsfreiheit in der modernen Demokratie an. Die in konfessioneller Indifferenz wurzelnde Toleranz der französischen Aufklärung zeigte, wie der Kirche im Interesse der persönlichen, geistigen Freiheit ihre Herrschaft genommen, nicht aber wie die christliche Religion vor der Beherrschung durch den Staat, wenn er das kirchliche Glaubensbekenntnis durch eine religionsähnliche Ideologie ersetzte, geschützt würde. Die Auswüchse der französischen Revolution gaben dazu die erste Karikatur.

---

(1) J.J.Rousseau: Oeuvres complètes, Bd.3, Paris 1964, S.469.

(2) Vgl.dazu die Aussage: "...il n'y a ni ne peut y avoir nulle espèce de loi fondamentale obligatoire pour le peuple, pas même le contract social." J.J.Rousseau, a.a.O. S.362.

Eine christliche und zugleich naturrechtliche Wertung fand der Toleranzgedanke in angelsächsischen Ländern. Dort entwickelte er sich aus reformatorischen und humanistischen Impulsen erstmals zu einem positiven Freiheitsrecht aller Bürger eines Gemeinwesens und zu einem angeborenen universalen Menschenrecht, das sich dem fürstlichen wie dem demokratischen Staatszwang entzog und das Recht des Gewissens und des Glaubens wie seiner Äußerungen im Gottesdienst umschloß. Ob die bürgerlichen Freiheitsrechte entwicklungsgeschichtlich vom religiösen Freiheitsstreben ausgingen oder umgekehrt, ist seit Georg Jellinek (1) und Ernst Troeltsch, die es als erwiesen annahmen, umstritten. Eine gegenseitige Beziehung ist unverkennbar (2).

Die Anfänge der dauernden Kolonisierung Nordamerikas, wo die religiöse Freiheit ihre erste Verwirklichung als ein allen Menschen zustehendes Recht fand, hängen mit der Unterdrückung religiöser Minderheiten in Europa und ihrem Kampf gegen den kirchlichen und staatlichen Absolutismus zusammen. Von England haben die verfolgten Puritaner, Quäker, Täufer und Katholiken die Toleranzbegriffe mitgebracht, wie sie im Mutterland im Mittelpunkt der religiös-politischen Diskussion des 17. Jahrhunderts standen. Cromwells puritanische Republik ist zum Sammelbecken der religiösen

(1) Georg Jellineks These lautete: "Die Idee, unveräußerliche, angeborene, geheiligte Rechte des Individuums gesetzlich festzustellen, ist nicht politischen, sondern religiösen Ursprungs." Was man bisher für ein Werk der Revolution gehalten hat, ist in Wahrheit eine Frucht der Reformation und ihrer Kämpfe." Die Erklärung der Menschen- und Bürgerrechte, München/Leipzig, 1927, S.57.

(2) Neuerdings hat Gerhard Oestreich der Tendenz, das religiöse Moment bei der Entstehung der Menschen-

Toleranzideen Europas geworden (1). Forderten die calvinistischen Independenten die Freiheit der Kirche vom Staat, so verlangten die Spiritualisten und Täufer die religiöse Freiheit des Individuums. Die intensive Beschäftigung mit den Problemen der Gewissens- und Kultusfreiheit im 17.Jahrhundert fiel zusammen mit den Bestrebungen des englischen Parlaments, die mittelalterlichen Freiheiten der Magna Charta aus den ständischen Bindungen zu lösen (2). Die Petition of Rights von 1628, die Habeas Corpus-Akte von 1679 und die Bill

---

rechte zu eliminieren, widersprochen: "Aber in einem tieferen Grunde hat Jellinek doch recht: die die frühe Neuzeit wesentlich beherrschenden Konfessionskämpfe und Religionskriege mit ihren politischen Folgen stehen hinter der Fortbildung des neueren Naturrechts. Der Antrieb, der aus den religiösen Freiheitsbewegungen erfolgte, kann nicht, wie es die nunmehrige Forschung tut, aus der unmittelbaren Menschenrechtsentwicklung eliminiert werden. Die Bedeutung der Religion wird durch die Geistesgeschichte der natürlichen Rechte allgemein bestätigt, denn entscheidend wurde die Berührung von Christentum und antiker, besonders stoischer Philosophie. Das stoische wie das christliche Naturrecht sind die stärksten geistigen Antriebe bei der Ausbildung der Menschen- und Bürgerrechte." G.Oestreich: Die Entwicklung der Menschenrechte und Grundfreiheiten; in: Die Grundrechte, Bd.1, 1.Halbbd., Berlin 1966, S.9 f.
Über die Religionsfreiheit als christliches Naturrecht aus reformierter Sicht siehe E.Brunner: Gerechtigkeit, Zürich 1943, S. 64 ff, 100 ff.

(1) Über die umfangreiche englische Toleranzliteratur dieser Zeit orientiert M.Freund: Die Idee der Toleranz im England der Großen Revolution. Halle/S. 1927. Siehe auch W.K.Jordan: The Development of Religious Toleration in England. London 1932-1940.

(2) F.Hartung: Die Entwicklung der Menschen- und Bürgerrechte von 1776 bis zur Gegenwart. Göttingen/Berlin/Frankfurt 1964, S.10.

of Rights von 1689, die wirksame Rechtsgarantien für die persönliche Freiheit der englischen Bürger enthielten, sind Marksteine in der Entstehung der modernen Individualrechte. Das von den demokratischen Levellers 1647 im "Agreement of the people" unter den "native rights" an erster Stelle geforderte Recht des Volkes, in Sachen der Religion seinem Gewissen zu folgen (1), wurde jedoch erst nach den bürgerlichen Anliegen behandelt (2) und erhielt in England in dieser Form keine Rechtskraft.

Im Schrifttum John Miltons, eines der hervorragendsten Verteidiger des Freiheitsgedankens (3), wird die enge Verbindung der Forderungen nach bürgerlicher und religiöser Freiheit, die für die englische Revolution

---

(1) Der erste Paragraph lautet: "That matters of religion and the ways of God's worship are not at all entrusted by us to any human power, becauce therein we cannot remit or exceed a tittle of what our consciences dictate to be the mind of God without wilful sin: nevertheless the public way of instructing the nation (so it be not compulsive) is referred to their discretion." G.Jellinek: Die Erklärung der Menschen- und Bürgerrechte, München/ Leipzig 1927, S.79 f.

(2) Vgl.J.Bohatec über die Verhandlungen des Parlaments von 1674 und 1648: Die Vorgeschichte der Menschen- und Bürgerrechte in der englischen Publizistik der ersten Hälfte des 17.Jahrhunderts; in: England und die Geschichte der Menschen- und Bürgerrechte. Drei nachgelassene Aufsätze von J.Bohatec, Graz/Köln 1956, S.27 ff.

(3) Siehe J.Bohatec: Miltons Freiheitslehre; in: England und die Geschichte der Menschen- und Bürgerrechte, Graz/Köln 1956.

charakteristisch ist, besonders deutlich (1). In seiner "Areopagitica" vom Jahr 1644, die er der Pressefreiheit widmete, hat der Dichter-Politiker sich eingehend mit der Gewissensfreiheit befaßt. Er nannte sie das Mutterrecht und glaubte, daß ihr die bürgerlichen Freiheiten auf dem Fuß folgen würden. Dabei gab Milton dem Gewissen nicht die autonome Bedeutung, die es bei den rationalistischen Philosophen haben sollte. Gottes Wort und

Geist, nicht Kirche oder Staat, waren ihm die Autoritäten, denen das Gewissen zu gehorchen habe (2). Doch Offenbarung und Gnade schlossen die Natur und die Vernunft nicht aus. Aus der schöpfungsbedingten und durch die Wiedergeburt erneuerten Gottesebenbildlichkeit des Menschen leitete Milton ein angeborenes Recht auf Freiheit ab (3), und diese sollte zugleich religiöser und bürgerlicher Art sein. "The whole freedom of man consists either in spiritual or civil liberty",(4) schrieb er 1659. Als die Republik ins Wanken geriet, mahnte er das Parlament in einer Schrift über das Verhältnis von Kirche und Staat (5) eindringlich, weltliche und kirchliche Gewalten radikal zu trennen, indem er das geistliche

---

(1) G.Oestreich: Die Entwicklung der Menschenrechte und Grundfreiheiten; in: Die Grundrechte, Bd.1, 1.Halbbd., Berlin 1966, S.31. M.Freund gibt 13 Titel an, unter denen sich Milton mehr oder weniger ausführlich mit dem Problem der Toleranz auseinandersetzte: Die Idee der Toleranz im England der Großen Revolution, Halle/S. 1927, S.XII, S.145 ff.

(2) J.Bohatec: Miltons Freiheitslehre; in: England und die Geschichte der Menschen- und Bürgerrechte, Graz/Köln 1956, S.69 ff.

(3) J.Bohatec: a.a.O., S.71.

(4) M.Freund: a.a.O., S.198.

(5) J.Milton: A treatise of civil power in ecclesiastical causes showing tis not lawful for any power on earth to compel in matters of religion, 1658.

Wesen der Kirche hervorhob, die keinen anderen Herrn als Christus über sich haben könne und des irdischen Arms nicht bedürfe. Der Geistliche sollte darum nicht im Solde des Staates sein.

Die Restauration bereitete dem revolutionären religiös-politischen Experiment der Puritaner ein Ende. Den Dissidenten blieb nur ein beschränktes Maß von Toleranz. Was ihnen die Heimat versagte, suchten sie jedoch in den nordamerikanischen Siedlungen zu verwirklichen. Die Abneigung gegen die Machtfülle der Monarchie und der Staatskirche im Mutterland sowie der katholischen Hierarchie bewirkte in den englischen Kolonien eine zugleich politisch-demokratische und kirchlich-kongregationalistische Tendenz. Amtierende Geistliche konnten keine weltlichen Stellen innehaben. Den Kirchgemeinden wurde eine größere Autonomie als im allgemeinen in Europa zugestanden. Doch auch im Neuland Amerika glückte die universelle Freiheit der Religion nicht mit dem ersten Wurf. Wo die politische und kirchliche Gemeinde nicht getrennt waren und wo es zu staatskirchlichen Gründungen kam, führte der Glaubenseifer der Siedler zu intoleranten Beschränkungen des Glaubens und des Kultes. Die Puritaner hatten von England den Antikatholizismus geerbt, die Anglikaner staatliche Privilegien. Doch das Freiheitspathos, das der beständige Zustrom der Verfolgten wach hielt, die dynamische Siedlungspolitik, die zur religiösen Vermischung der Kolonien führte, bildeten den Nährboden für die Annahme eines unbeschränkten und unverlierbaren Rechtes des Menschen auf religiöse Freiheit.

Den Anstoß gab ein puritanischer Geistlicher, der in Cambridge geschulte Roger Williams. Er legte 1636 in New Providence den Grund für die erste Kolonie - Rhode

Island - mit vollständiger religiöser Freiheit. Williams war aus Massachusetts, wo die ersten Puritaner 1620 gelandet waren, verbannt worden, unter anderem weil er für gänzliche Trennung der politischen und kirchlichen Gewalten eingetreten war. In New Providence sollten die Siedler sich nur in weltlichen Belangen der Mehrheit unterwerfen. Seine geistige Verwandtschaft mit dem Täufertum zeigt sich darin, daß er die erste Baptistengemeinde in Nordamerika gründete. In seinen Toleranzschriften, mit denen er in England das Parlament für seine Ideen zu gewinnen suchte (1), nahm der Puritaner Williams einen radikaleren Standpunkt ein als der mit ihm befreundete Independente Oliver Cromwell. Er zog die Trennungslinie zwischen Geistlichem und Weltlichem mit äußerster Konsequenz. Von der negativen Wirkung religiöser Verfolgungen auf das bürgerliche und religiöse Leben überzeugt, verlangte er die völlige Emanzipation des Staates von der Kirche. Dabei fällt sein eschatologischer und universaler Ausblick auf (2).

---

(1) Roger Williams: The Bloody tenent of Persecution for cause of Conscience, 1644; The Bloody tenent yet more Bloody, 1652. Siehe M.Freund: Die Idee der Toleranz im England der Großen Revolution, Halle/S. 1927, S.241 ff. "Die reifste Frucht der baptistischen Toleranzliteratur" nennt M.Freund das Wirken Roger Williams: a.a.O., S.241.

(2) "Fifthly, All Civil States with their Officers of justice in their respective constitutions and administrations are proved essentially Civil, and therefore not Judges, Governors or Defenders of the Spiritual or Christian State and Worship. Sixthly, It is the will and command of God, that (since the coming of his Son the Lord Jesus) a permission of the most Paganish, Jewish, Turkish, or Antichristian consciences and worships, be granted to all men in all Nations and Countries: and they are only to be fought against with that Sword which is only (in Soul matters) able to conquer, to wit, the Sword of God's Spirit, the Word of God." J.L.Blau: Cornerstones of Religious Freedom in America, Boston 1950, S.36.

Juden wie Heiden sollten in die völlige Freiheit des Glaubens und Kultus einbezogen werden. Was das Parlament 1647 gewährt hatte, bestätigte Karl II. in der Charte von 1663. Rhode Islands Siedlern wurde das Recht voller religiöser Freiheit für alle Zeiten zugesprochen (1). Von diesem objektiven Freiheitsrecht, das keine religiösen Schranken setzte, war der Übergang zum subjektiven Menschenrecht religiöser Freiheit möglich.

Auf die christliche Religion beschränkt war das Siedlungsrecht von 1649 der Kolonie Maryland, die Lord Baltimore 1634 gegründet hatte. Aus katholischer Konvertitenfamilie stammend, wünschte er den in England verfolgten Glaubensgenossen eine Freistatt zu schaffen. In Maryland konnten sich aber auch die Puritaner niederlassen. Die Toleranzakte von 1649 erkannte jedem Bekenner Christi die Freiheit der Religionsausübung zu (2). Umfassender war der Freiheitsbegriff des Quäkers William Penn. Als führender Anhänger von George Foxe, wurde er in England mehrere Male eingekerkert. Wie die Täufer verweigerten die Quäker den Eid und den Kriegsdienst. Der Christus der Schrift und des "inneren Lichtes" war ihr Leitstern. Im Jahr 1670 veröffentlichte der juristisch geschulte William Penn eine der bedeutendsten Schriften seiner Zeit zugunsten der Gewissensfreiheit: "The Great Case of Liberty of Conscience". Gewissensfreiheit nur auf den inneren Menschen bezogen, die genau genommen nicht eingeschränkt werden könne, war Penn

---

(1) "...our royall will and pleasure is, that noe person within the sayd colony, at any tyme hereafter, shall be any wise molested, punieshed disquieted, or called in question, for any differences in opinione in matters of religion, and doe not actually disturb the civil peace of our sayd colony; but that all and

nicht genug. Er forderte das Recht freier Äußerung des Gewissens, "that plain English,of Liberty of Conscience" (1), wie er es nannte. Zwang, Einschränkung und Verfolgung gegen jene, die von einer solchen Freiheit des Gewissens Gebrauch machen würden, handelten nach Penn gegen die Ehre Gottes, die Sanftmut der christlichen Religion, die Autorität der Schrift, das Vorrecht der Natur, die Grundsätze der allgemeinen Vernunft, die Wohlfahrt der Regierung, die Ansicht der größten Persönlichkeiten früherer und neuerer Zeiten (2), was er in seiner Schrift zu beweisen suchte. Im Jahr 1681 gründete er in Pennsylvanien eine Kolonie, in der nur Ungläubige kein Heimatrecht fanden. Im Versprechen Penns - er erhielt die Kolonie vom letzten Stuart-König als Privateigentum -,daß der Artikel der Charte über die Gewissensfreiheit (3) für alle Zeiten und ohne

---

every person and persons may, from tyme to tyme and at all tymes hereafter, freelye and fullye have and everye his and theire owne judgments and consciences, in matters of religious concernements throughout the tract of lande hereaffer mentioned..." Z.Giacometti: Quellen zur Geschichte der Trennung von Staat und Kirche, Tübingen 1926, S.688.

(2) A.W.Johnson u.F.H.Yost: Separation of Church and State in the United States, Minneapolis/London 1948, S.3.

(1) J.L.Blau: Cornerstones of Religious Freedom in America, Boston 1950, S.53.

(2) J.L.Blau: a.a.O., S.57.

(3) "That all persons living in this province, who confess and acknowledge the one almighty and eternal God to be Creator, Upholder and Ruler of the World; and that hold themselves obliged in conscience to live peaceably and justly in civil society, shall in no ways be molested or prejudicet for their religious persuasion, or practice, in matters of faith and worship, nor shall they be compelled, at any time, to frequent or maintain any religious worship, place or ministry whatever." Z.Giacometti: a.a.O., S.686.

Veränderung gültig bleiben werde, fällt die Motivierung auf, wonach das Glück der Menschheit auf der Freiheit des Gewissens beruhe, eine Motivierung, welche die Verwandtschaft mit John Lockes Ideen (1) und den Menschenrechtserklärungen des 18. Jahrhunderts zeigt. In Pennsylvanien fanden auch aus Bern verbannte Täufer eine neue Heimat. In New Jersey und Delaware war das Quäkertum ebenfalls an der Einführung der religiösen Freiheit beteiligt.

John Lockes überragender Einfluß auf die Rechtsverhältnisse Nordamerikas ist erwiesen, doch sein religiöser Freiheitsbegriff war noch beschränkt. Er nahm persönlichen Anteil an der Ausarbeitung der eigenartigen Verfassung von Carolina. Dieser Kolonie war bereits in der Charta von 1665 weitgehende religiöse Freiheit zugestanden worden (2). Selbst Juden und Heiden waren geduldet. Die Verfassung von 1669 (3) enthielt ausführliche Bestimmungen über die Religion. Diese nannte zwar die anglikanische Kirche die einzige wahre und orthodoxe Kirche Englands und gewährte ihr Sonderrechte, doch konnte jede andere religiöse Organisation anerkannt werden, sofern sie die Existenz Gottes, die Notwendigkeit eines öffentlichen Kultus und die Pflicht eines Glaubensbekenntnisses für jeden Menschen bejahte. Die Gewissensfreiheit schloß somit für die Bürger von Carolina nicht das Recht ein, keinen Glauben zu haben oder keiner Kirche anzugehören. Im übrigen war die

---

(1) Golo Mann: Der europäische Geist im späten 17. Jahrhundert, in: Propyläen Weltgeschichte, Bd.7, Berlin/ Frankfurt/ Wien 1964, S.376. Penn überreichte Locke 1686 eine Abschrift seines Verfassungsentwurfs. M.Cranston: John Locke, London/New York/Toronto 1957, S.261.

(2) G.Jellinek: Die Erklärung der Menschen- und Bürgerrechte, München/Leipzig 1927, S.52. Text bei C.H.Moehlman: The American Constitution and Religion, Berne (Indiana) 1938, S. 29.

(3) C.H.Moehlman: a.a.O., S. 29 ff.

individuelle religiöse Freiheit gegenüber Staat und Kirche dadurch abgesichert, daß die Kirchen vereinsrechtlich organisiert werden mußten, daß der Staat erst vom 17.Lebensjahr an die Zugehörigkeit zu einer Kirche anerkannte und jedem das ausdrückliche Recht zugestand, jederzeit auszutreten. Damit näherte sich die Verfassung dem Trennungssystem von Roger Williams (1). Lockes 1888 erschienene Schrift "Epistola de tolerantia" (2) zeigt, daß er Miltons Überzeugung von der Sonderung der staatlichen und kirchlichen Kompetenzen teilte. Dem Staat sollte nur das Recht zukommen, Leben, Gesundheit, körperliche Unverletzlichkeit und äußeren Besitz durch das Gesetz zu sichern. Die Kirchen konnten zwar Glieder ausschließen, durften sich jedoch keines staatlichen Zwangs bedienen. Disziplinarische Maßnahmen sollten keinen Einfluß auf die Rechte und Freiheiten der Bürger haben. Bejahte Locke damit in seinem Toleranzbrief das individuelle Recht auf religiöse Freiheit, so blieben doch wieder Katholiken und Atheisten davon ausgeschlossen; die ersteren, weil sie einem auswärtigen Souverän verpflichtet seien, die anderen, weil der Unglaube der Leugnung aller menschlichen Verpflichtung gleichkomme. Die Absicht, den Protestantismus der aus verschiedenen Kirchen und Sekten bestehenden Gesellschaft zu wahren und zugleich die individuelle religiöse Freiheit zu schützen, kennzeichnet die rechtliche Entwicklung in den nordamerikanischen Kolonien.

---

(1) Vgl. K.Rothenbücher: Die Trennung von Staat und Kirche, München 1908, S.49.

(2) Eine englische und französische Übersetzung erschien 1669. John Locke: Ein Brief über Toleranz, Hamburg 1957.

Was das absolutistische Staatskirchentum Europas konsequent unterdrückte oder im 18. Jahrhundert nur aus fürstlicher oder obrigkeitlicher Gnade gewährte und aus Staatsraison zum Gesetz erhob, entfaltete sich in der von Religionskriegen unbeschwerten Welt der englischen Kolonien unter dem Einfluss der Aufklärung freier und rascher zu einem allgemeinen Menschenrecht, ohne damit die kirchliche und politische Ordnung zu erschüttern. Als es am 12. Juni 1776, kurz vor der Unabhängigkeitserklärung der 13 amerikanischen Kolonien, in Virginia zur ersten Kodifizierung der Volksrechte kam, fehlte auch die religiöse Freiheit nicht. Der 16. Artikel der Erklärung hat folgenden Wortlaut: "That the religion or the duty, which we owe to our Creator, and the manner of discharging it can be directed only by reason and conviction, not by force or violence; and therefore all men are equally entitled to the free exercice of religion, according to the dictates of conscience; and that it is the mutual duty of all to practise Christian forbearance, love and charity towards each other" (1). In einem revolutionären Staatsakt - denn noch waren die Kolonien der Rechtshoheit Englands unterstellt - erklärten die Volksvertreter von Virginien mit anderen Freiheitsrechten aus älteren "Bill of Rights" die volle religiöse Freiheit zum angeborenen und unveräusserlichen Recht aller Menschen (2). Die Formulierung verrät die

---

(1) F.Hartung: Die Entwicklung der Menschen- und Bürgerrechte von 1776 bis zur Gegenwart, Göttingen/Berlin/Frankfurt 1964, S.40.

(2) Auf die Religionsfreiheit war Art.1 der Erklärung anwendbar: "That all men are by nature equally free and independent and have certain inherent rights, of which when they enter into a state of society, they cannot by any compact deprive or divest their posterity..." F.Hartung: a.a.O., S.36.

Einflüsse jener englischen Aufklärung, die Vernunft und Religion nicht geschieden hatte. Die Gewissensfreiheit sollte auch ein christlich motiviertes Recht sein, daher der Hinweis auf die Religion als Pflicht gegenüber dem Schöpfer, auf die Gewissensbindungen und die christliche Tugend der Duldsamkeit. Doch die Schranken, mit denen der Glaube bald gewisse Sekten, bald die Juden, den Unglauben oder die Katholiken oder alle zusammen aus den älteren Verträgen ausschloß, waren nach dem Vorbild von Rhode Island gefallen, und nicht nur Gewissens- und Glaubensfreiheit, sondern freie Ausübung des Kultus sollte allen Bewohnern Virginiens gewährleistet sein.

Aus der Tatsache, daß die religiöse Freiheit erst nachträglich der Virginischen "Declaration of Rights" hinzugefügt wurde und die letzte Stelle in der Aufzählung der Volksrechte einnahm, kann historisch nicht auf die geringe Bedeutung der Religion bei der ersten Kodifizierung der Menschenrechte geschlossen werden. Ohne Zweifel bildeten im Jahr 1776 nicht religiöse, sondern durchaus politisch-wirtschaftliche Motive den Hauptanlaß zu dieser Erklärung, durch die Virginia seine Loslösung vom Mutterland rechtfertigen wollte. Nicht religiöse Indifferenz der aufgeklärten Staatsschöpfer, denen es um eine ethische Begründung des Staates ging, sondern der Widerstand der Anhänger der privilegierten anglikanischen Kirche (1) sind der Grund, weshalb die Gewissens- und Kultusfreiheit als letzter Artikel angenommen wurde. Führende liberale Politiker, wie Thomas Jefferson, James Madison und

(1) G.Oestreich: Die Entwicklung der Menschenrechte und Grundfreiheiten; in: Die Grundrechte, Bd.1, 1.Halbbd., Berlin 1966, S.47. Ähnlich urteilt W.Kägi: "Träger dieser Idee der (liberalen) Freiheitsrechte und der neuen Form ihrer verfassungsrechtlichen Gewährleistung waren die Neuenglandstaaten, vor allem protestantisch-freikirchliche Kreise, in Frankreich dagegen die Anhänger der Aufklärung." Gutachten zum Jesuiten- und Klosterartikel, Bern 1973, S. 124.

George Mason nahmen sich in Virginia der Petitionen der Baptisten und Quäker, die seit jeher zu den eifrigsten Befürwortern religiöser Freiheit gehörten, an (1). Auch Presbyterianer wehrten sich gegen die Prärogativen der episkopalen Staatskirche. Daß es letztlich doch gelang, auf Antrag von James Madison einen Artikel aufzunehmen, der allen Bewohnern das unbeschränkte Recht des freien Glaubens und Kultus gewährleisten sollte, unterstreicht die Bedeutung, welche die Volksvertreter der Religionsfreiheit beimaßen, galt es doch,nicht nur die politische Unabhängigkeit gegenüber England naturrechtlich zu begründen, sondern auch das Recht aller Bewohner vor jedem Machtmißbrauch des eigenen, sich unabhängig erklärenden Staates zu schützen (2). Die Festlegung einer staatsfreien religiösen Sphäre des Individuums ging in dieser Richtung. Sie entsprach der Glaubensgesinnung der Mehrheit des Volkes von Virginien. Durch den Hinweis auf ein schöpfungsmäßiges und darum allen Menschen zukommendes Gewissensrecht konnte der Anspruch auf die übrigen politischen und bürgerlichen Freiheiten und ihr universaler, vorstaatlicher Charakter nur bekräftigt werden. Von Jefferson ist der "Virginia Act for Establishing Religious Freedom" vom 16. Dezember 1785 redigiert worden (3), der zeigt, mit

---

(1) A.W.Johnson u.F.H.Yost: Separation of Church and State in the United States, Minneapolis/London 1948, S. 3 f.

(2) Golo Mann nennt die allgemeine Religionsfreiheit und die Trennung von Staat und Kirche Prinzipien, die in Amerika noch nicht durchgesetzt, aber auf Durchsetzung angelegt und im Gefolge der Unabhängigkeit zur Reife kommen sollten. Golo Mann: Der europäische Geist im späten 17.Jahrhundert; in: Propyläen Weltgeschichte, Bd.7, Berlin/Frankfurt/Wien 1964, S.377.

(3) Siehe Original von 1779, von dem 1785 nur der letzte

welcher Rigorosität dem jungen souveränen Staat in Anwendung des Prinzips der Gewissensfreiheit jede Möglichkeit eines direkten oder indirekten Gesetzeszwangs in religiösen und kirchlichen Anliegen genommen werden sollte. Niemand durfte gezwungen werden, einen Gottesdienst zu besuchen oder finanziell zu unterstützen - der Text spricht von einem sündhaften und tyrannischen Zwang - noch wegen religiöser Ansichten bestraft und in den bürgerlichen Rechten benachteiligt sein. Dies bedeutete völlige Trennung von Staat und Kirche (1). Das Gesetz war indessen nicht gegen die Kirchen als solche gerichtet. Zwei Drittel der Bewohner Virginiens waren Dissenters verschiedener Glaubensrichtungen (2).

Paragraph weggelassen wurde, der die Akte als solche des natürlichen Menschenrechts erklärt. J.L.Blau: Cornerstones of Religious Freedom in America, Boston 1950, S.74 ff.

(1) Golo Mann: a.a.O. S.377. Siehe Th.Jeffersons Originaltext von 1779, in dem das Gesetz als Ausdruck des natürlichen Rechts gekennzeichnet ist. J.L.Blau: a.a.O. S.74 ff. Vgl. "Notes on Virginia" von Th.Jefferson, S.76 und 81 ff. "A Memorial and Remonstrance of the Religious Rights of Man" von James Madison, der 1784 vom Recht jedes Bürgers auf freie Ausübung seiner Religion nach den Eingebungen im Vergleich zu den übrigen Menschenrechten schrieb: "If we recur to its origin, it is equally the gift of nature; if we weigh its importance, it cannot be less dear to us; if we consult the "declaration of those rights which pertain to the good people of Virginia, as the basis and foundation of government", it is enumerated with equal solemnity, or, rather, studied emphasis." J.L.Blau: a.a.O., S.87.

(2) Siehe Thomas Jeffersons "Notes on Virginia" bei: J.L.Blau: a.a.O., S.76 ff.

Virginias Menschenrechtserklärung machte Schule. Mehrere andere amerikanische Staaten stellten bis zur Gründung des Bundesstaates ähnliche Proklamationen zum Schutz der individuellen Freiheitsrechte ihren Verfassungen voran (1). Unterschiedlich ist der Katalog, doch wo die religiöse Freiheit aufgenommen wurde, zählte sie meist zu den ersten Bestimmungen (2). Der dritte Artikel der Erklärung von Vermont von 1777 beginnt mit den Worten: "That all men have a natural and inalienable right to worship Almighty God according to the dictates of their own consciences and understandings, as in their opinion shall be regulated by the word of God" (3). Zurückhaltend ist die religiöse Freiheit in der Erklärung von Maryland formuliert worden: "... no person ought by any law to be molested in his person or estate on account of his religious persuasion or profession, or for his religious practice" (4). Die Verfassung von Massachusetts vom Jahr 1780 nahm in ihrem zweiten Artikel der Erklärung auf die Religionsfreiheit Bezug.Der entsprechende 4. Artikel New Hampshires von 1784 lautete: "Among the natural rights, some are in their very nature unalienable, because no equivalent can be given or received for them, of this kinds are the Rights of Conscience" (5). An erster Stelle und mit ähnlichen Worten wie in Vermont ist anschliessend das Recht des Individuums auf Freiheit des Gottesdienstes erwähnt.

---

(1) G.Jellinek: Die Erklärung der Menschen- und Bürgerrechte, München/Leipzig 1927, S.18 f.
(2) "Eine bemerkenswerte Tatsache" kommentiert G.Oestreich: Die Entwicklung der Menschenrechte und Grundfreiheiten; in: Die Grundrechte, Bd.1, Halbbd., Berlin 1966, S.52 f.
(3) Z.Giacometti: Quellen zur Geschichte der Trennung von Staat und Kirche, Tübingen 1926, S.689.
(4) Z.Giacometti: a.a.O., S.680.
(5) Z.Giacometti: a.a.O., S.684.

Der undoktrinären Rezeption des Menschenrechts religiöser Freiheit in den Erklärungen der einzelnen Staaten entsprechend, fielen auch die Religionsartikel in denjenigen Gliedstaaten aus, welche die Freiheitsrechte vor der Annahme der Unionskonstitution direkt in ihre Verfassung aufnahmen. New Jersey sprach vom unschätzbaren Vorrecht, Gott nach seinem Gewissen anbeten zu können, das nie jemandem genommen werden dürfe (1). Die Verfassung von Georgia, dessen Charte von 1732 Katholiken keine Kultusfreiheit gewährt hatte, garantierte mit wenigen Worten allen Personen die Ausübung ihrer Religion (2). Einen aufklärerisch-antiklerikalen Einschlag zeigte der Religionsartikel der Verfassung von New York, der sich unter Berufung auf die "benevolent principles of rational liberty" gegen jede religiöse Unterdrückung und Intoleranz von seiten schwacher und gottloser Priester wandte. Er erklärte: "... that the free exercise and enjoyment of religious profession and worship, without discrimination or preference, shall forever hereafter be allowed, with in this State, to all mankind" (3). Connecticut bestätigte einfach die alten bürgerlichen und religiösen Freiheitsrechte (4). Maine und Rhode Island begnügten sich mit der stillschweigenden Übernahme des Kolonialrechts, das im ersteren Staat seit der Gründung die anglikanische Kirche privilegierte (5), wobei Rhode Island den Grundsatz der Trennung von Staat und Kirche von Roger Williams im Jahr 1716 neu bestätigt hatte (6).

(1) Z.Giacometti: Quellen zur Geschichte der Trennung von Staat und Kirche, Tübingen 1926, S.684 f.

(2) Z.Giacometti: a.a.O., S.680.

(3) Z.Giacometti: a.a.O., S.685

(4) Z.Giacometti; a.a.O., S.678

(5) Z.Giacometti: a.a.O., S.680

(6) C.H.Moehlman: The Wall of Separation between Church and State, Boston 1951, S.68.

Diese in die "Bill of Rights", "Declaration of Rights" oder direkt in den eigentlichen Verfassungstext aufgenommenen Religionsrechte gingen von der Gewissensfreiheit aus oder brachten sie damit in Verbindung. Dabei wurde Gewissen und Religion, wenn auch mit verschiedener Interpretationsmöglichkeit, gleichgesetzt. Mit dieser Identifizierung hängt es zusammen, daß Virginia und Massachusetts in ihren Erklärungen ebenso von einem Recht wie von einer Pflicht aller Menschen, Gott anzubeten, sprachen, während Maryland nur die Pflicht des Gottesdienstes erwähnte. Vermont brachte nach reformatorischem Prinzip die Gewissensfreiheit mit Gottes Wort in Verbindung (1). Diese in der protestantischen Tradition wurzelnde Verbindung von Gewissensrecht und -pflicht ist jedoch überall, wo von Gewissensfreiheit die Rede war, auf den Kultus ausgedehnt worden. Nur in der Beziehung des Staates zu den Kirchen und Gemeinschaften, die beide auch einfach als "Sekten" bezeichnet wurden, sind Unterschiede, die zeigen, wie sehr sich religiöse Traditionen der Tendenz zur völligen Säkularisierung des Staatsrechts widersetzten. So heißt es einschränkend in dem sonst sehr liberalen Verfassungstext von Pennsylvanien, daß niemand, der Gottes Wesen anerkenne, wegen religiöser Ansichten oder besonderer Gottesdienstform irgendeines bürgerlichen Rechts verlustig gehen könne (2). Somit galt diese Freiheit nur für Christen und Juden, nicht aber für Atheisten. Vermont ging in der Einschränkung weiter und wollte die bürgerlichen Rechte nur den Anhängern

---

(1) Z.Giacometti: a.a.O., S.689.
(2) Z.Giacometti: a.a.O.,S.687.

einer protestantischen Religion zuerkennen. Auch wurde jeder Denomination die Beachtung des Ruhetages und irgendeines Gottesdienstes empfohlen. Die meisten der 13 Gründerstaaten dehnten die Bestimmung, daß niemand zum Gottesdienst gezwungen werden dürfe, auf die Kultussteuer aus. Bau und Unterhalt der Kirchen sowie die Entlöhnung des Geistlichen mußten durch Beiträge der betreffenden Mitglieder bestritten werden (1). Selbst dort, wo die anglikanische Kirche besondere Erwähnung fand (2), wurde ihr in der Verfassung keine exklusive staatskirchliche Stellung eingeräumt. Massachusetts rechtfertigte Interventionen der Legislative zur Förderung öffentlicher Gottesdienste mit der Begründung, daß Frömmigkeit, Religion und Moralität das Glück eines Volkes fördern und die Regierung bewahren würden (3).

Die amerikanische Unionsverfassung vom 17.September 1787 enthält weder eine Bill of Rights (4) noch einen Verfassungsartikel, der die Einzelstaaten zum Schutz der Religionsfreiheit verpflichtet hätte.

---

(1) Pennsylvania, Art.2, 1776; New Jersey, Art.18,1776; Maryland, Art.33, 1776; North Carolina, Art.34,1776; Georgia, Art.56, 1777; South Carolina,Art,38, 1778; Massachusetts, Art.3, 1780; New Hampshire, Art.6, 1784; Virginia, Virginia Bill of Establishment of Religious Freedom 1786. C.H.Moehlman: The American Constitution and Religion, Berne/Indiana 1938,S.38 ff.

(2) Art.3 der Verfassung von Maryland. Z.Giacometti: Quellen zur Geschichte der Trennung von Staat und Kirche, Tübingen 1926, S.680 f.

(3) Articles of Amendment 1780. Z.Giacometti:a.a.O.,S.683.

(4) R.K.Carr nennt es eine überraschende Unterlassung, deren Gründe nicht ganz klar seien: Die Grundrechte in den Vereinigten Staaten; in: Die Grundrechte, Berlin 1967, Bd.1, 2.Halbbd., S.891.

Dies ist bemerkenswert und weist auf einen wesentlichen Unterschied zwischen der amerikanischen und der schweizerischen Entwicklung vom Staatenbund zum Bundesstaat hin. Die Konstituierung und die Vereinigung der nordamerikanischen Staaten, die konfessionell gemischt waren, wobei die Katholiken allerdings kaum ein Prozent der Gesamtbevölkerung ausmachten (1), vollzog sich ohne religiöse Konfliktmöglichkeiten, weil die Gliedstaaten, ohne indifferent zu sein, keine exklusiven kirchlichen Interessen vertraten. Wie bei der Entstehung des lockeren Staatenbundes standen auch bei der Grundlegung des Bundesstaates wirtschaftliche Belange und Fragen der Sicherheit im Vordergrund der gesamtamerikanischen Politik. Die Freiheitsrechte waren bereits durch die Verfassungen der Gliedstaaten geschützt und ihre Anerkennung gab keinen Anlass zum engeren Zusammenschluss. In der von Thomas Jefferson aufgesetzten Unabhängigkeitserklärung vom Jahr 1776 ist zwar der Geist der Menschenrechtserklärung von Virginien spürbar, doch nur allgemein, im Sinn John Lockes (2), ist von den selbst-evidenten Wahrheiten die Rede, dass alle Menschen gleich geboren und von ihrem Schöpfer mit gewissen unveräusserlichen Rechten ausgestattet seien. Die Präambel nennt nur die Dreiheit: Leben, Freiheit und das Streben nach Glück (3). Den Regierungen wurde zur

---

(1) C.H.Moehlman: The American Constitutions and Religion, Berne (Indiana) 1938, S.11.

(2) G.Oestreich: Die Entwicklung der Menschenrechte und Grundfreiheiten; in: Die Grundrechte, Bd.1, 1.Halbbd., Berlin 1966, S.52.

(3) Art.3 der Unionsverfassung nennt als Mittel für eine gute Regierung und das Glück der Menschheit die Religion an erster Stelle: Religion, morality and knowledge, being necessary to good government and happiness of mankind, schools and the means of

allgemeinen Pflicht gemacht, diese Rechte der Menschen zu sichern. Verbindliche Einzelrechte hat auch elf Jahre später der verfassungsgebende Kongreß in Philadelphia nicht statuiert, (1) obwohl der Antrag gestellt worden war (2). Der Kongreß einigte sich bezeichnenderweise einzig, im 6.Artikel, der von den Senatoren und Repräsentanten beider Kammern und von höheren Bundesbeamten den Eid oder eine entsprechende Erklärung verlangte, hinzuzufügen: "... but no religious Test shall ever be required as a Qualification to any Office of public Trust under the United States" (3). Dieses Verfassungsgesetz, das zum Ausdruck brachte, daß die Union die Gewissens- und Glaubensfreiheit der amerikanischen Bürger nicht schmälern dürfe, verpflichtete nur diese, nicht die Gliedstaaten. Von den fünf, die eine Änderung verlangten, wünschten New Hampshire, Virginia, New York und North Carolina eine Erklärung über die religiöse

---

education shall forever be encouraged. C.H.Moehlman: The American Constitutions and Religion, Berne/Ind. 1938, S.53.

(1) Auf die Frage vom 8.August 1789 einiger um die Anerkennung der religiösen Freiheit besorgter Baptisten antwortete der Präsident der Vereinigten Staaten, George Washington: "If I could have entertained the slightest apprehension that the Constitution framed in the convention where I had the honor to preside might possibly endanger the religious right of any ecclesiastical society, certainly I would never have placed my signature to it." C.H. Moehlman: The Wall of Separation between Church and State, Boston 1951, S.86.

(2) O.K.Fraenkel: Bürgerliche Freiheiten. Grundrechte und verfassungsmäßige Freiheiten in den USA, Wiesbaden 1950, S.55

(3) Z.Giacometti: Quellen zur Geschichte der Trennung von Staat und Kirche, Tübingen 1926, S.690.

Freiheit (1). Zu den Befürwortern einer diesbezüglichen Bundesbestimmung zählte Thomas Jefferson (2). Erst im Jahr 1791 gelang es, in einem ersten Zusatzartikel folgenden Schutz der Individualrechte anzufügen: "Congress shall make no law respecting an establishment of religion, or prohibiting the free exercise thereof; or abridging the freedom of speech, or of the press; or the right of the people to peaceably to assemble, and to petition the Government for a redress of grievances" (3). Jefferson legte dieses Bundesrecht über die religiöse Freiheit als Trennung von Staat und Kirche aus (4). Doch diese galt wiederum nur für die Union. Ein Recht, dieses Verbot in einzelnen Gliedstaaten, wo die Trennung noch nicht durchgeführt war, durchzusetzen, bestand auch damit nicht. Hingegen haben sich die Vereinigten Staaten den Handelsverträgen mit ausländischen Staaten für die gegenseitige Respektierung der religiösen Freiheit eingesetzt (5). Die

---

(1) A.W.Johnson u.F.H.Yost: Separation of Church and State in the United States, Minneapolis/London 1948, S.11.

(2) A.W.Johnson u.F.H.Yost: a.a.O., S.11, Anm.15.

(3) Z.Giacometti: Quellen zur Geschichte der Trennung von Staat und Kirche, Tübingen 1926, S.690 f.

(4) A.W.Johnson u.F.H.Yost: a.a.O., S.11 f.

(5) Handelsvertrag mit den Niederlanden (1783), mit Preußen (1786), mit Frankreich (1803) etc. A.W.Johnson u.F.H.Yost: a.a.O., S. 9 f. Erst in der zweiten Hälfte des 19.Jahrhunderts erhielt das Bundesgericht mit dem 14.Amendement die Kompetenz, amerikanische Bürger in ihrem Freiheitsrecht der Gliedstaaten zu schützen.

Unmöglichkeit, Ungleichheiten in den Religionsbestimmungen der Einzelstaaten zu beheben, war Ausdruck des ausgeprägten amerikanischen Föderalismus, der die Kompetenzen der Union nur widerstrebend und spärlich erweiterte. Doch auch ohne Bundeszwang vollzogen die meisten neu eintretenden Staaten mit der Rezeption des Menschenrechts religiöser Freiheit die Trennung von Staat und Kirche.

Als Graf von Lafayette, der am amerikanischen Unabhängigkeitskrieg teilgenommen hatte, am 11.Juli 1789 der französischen Nationalversammlung als erster den Antrag stellte, der auszuarbeitenden Staatsverfassung eine Erklärung über die Menschenrechte beizugeben, nahm er - wie er es in seinen Memoiren selbst bezeugt hat - die Erklärung der amerikanischen Gliedstaaten zum Vorbild (1). Thomas Jefferson, der damalige Botschafter in Paris, war an der Ausarbeitung dieser Vorlage, die nicht die einzige bleiben sollte, beteiligt (2). Seit 1776 wurden amerikanische Verfassungen in Frankreich veröffentlicht. Benjamin Franklin ließ eine vom Herzog de la Rochefoucauld angefertigte vollständige Übersetzung allen fremden Gesandten in Paris überreichen. Die Art, wie Nordamerika durch seine Revolution neue Staatsideen europäischen Ursprungs zum ersten Mal verwirklicht hatte, machte in Frankreich, wo führende Köpfe sich schon lange intensiv mit den Fragen der Staats- und Gesellschaftsreform auseinandergesetzt hatten, starken Eindruck (3). Die Ausarbeitung geschriebener Staats-

---

(1) G.Jellinek: Die Erklärung der Menschen- und Bürgerrechte, München/Leipzig 1927, S. 9 ff.

(2) G.Oestreich: Die Entwicklung der Menschenrechte und Grundfreiheiten; in: Die Grundrechte, Bd.1, 1.Halbband, Berlin 1966, S.57.

(3) R.R.Palmer: Der Einfluß der amerikanischen Revolution auf Europa; in: Propyläen Weltgeschichte, Bd.8, Berlin/Frankfurt/Wien 1960, S.46 ff.

verfassungen durch eine aus Volksvertretern zusammengesetzte gesetzgebende Versammlung erschien als Zeichen einer neuen freiheitlichen Epoche, die Erklärung der Menschenrechte als ihr politisches Glaubensbekenntnis. Graf von Mirabeau, der 1789 den Redaktionsausschuß der Nationalversammlung präsidierte, hatte ein Jahr vor der Revolution nach dem Vorbild von Virginia und Massachusetts eine Erklärung der Menschen- und Bürgerrechte entworfen (1). Daß eine Übertragung auf die ganz anderen europäischen Verhältnisse ein revolutionäres Wagnis sein mußte, war ihm bewußt. Die "Declaration des droits de l'homme et du citoyen", welche die Nationalversammlung am 16. August 1789, als die Sozialordnung des Ancien régime schon bedenklich ins Wanken geraten war, annahm, sind abstrakter und universeller formuliert. Inhaltlich und teilweise auch formal an entsprechende Artikel der amerikanischen Vorbilder anknüpfend (2),sind die französischen Menschenrechte doch von der Eigenart der Aufklärung und der politischen Verhältnisse Frankreichs geprägt. In der Debatte über die Präambel setzte sich die rationalistisch-naturrechtliche Doktrin durch. Die Erklärung wurde zwar "sous les auspices de l'Etre suprême" erlassen, doch brauchte man sich darunter keine christliche Vorstellung zu machen. Über Freiheit und Gleichheit sagt der 1.Artikel aus: "Les hommes naissent et demeurent libres et égaux en droits." (3). Die Bewahrung

---

(1) G.Oestreich: Die Entwicklung der Menschenrechte und Grundfreiheiten; in: Die Grundrechte, Bd.1, 1.Halbband, Berlin 1966, S.58.

(2) Siehe Vergleich der Texte bei G.Jellinek: Die Erklärung der Menschen- und Bürgerrechte, München/ Leipzig 1927, S.20 ff.

(3) Z.Giacometti: Quellen zur Geschichte der Trennung von Staat und Kirche, Tübingen 1926, S.1.

der natürlichen und unverlierbaren Rechte wurde anschliessend als Zweck jedes politischen Zusammenschlusses bezeichnet. Der 3. Artikel leitet alle Autorität von der Souveränität des Volkes ab. Auf die Aehnlichkeit mit den ersten Artikeln der Bill of Rights von Virginia aus dem Jahr 1776 wies Georg Jellinek hin (1).

Der religiösen Freiheit wurde in der französischen Menschenrechtserklärung von 1789 kein eindeutiger Artikel gewidmet, was für manchen Deputierten, der - wie Mirabeau - nicht Toleranz, sondern das Recht auf religiöse Freiheit aufgenommen haben wollte (2), eine Enttäuschung war. Den ersten Anlass zur Diskussion über Gewissensfreiheit gab der Menschenrechtsartikel über die Gleichheit. Zu den beredten Verteidigern der Gleichberechtigung aller Bekenntnisse, auch der jüdischen Religion, gehörte der Protestant Jean-Paul Rabaut, den die Nationalversammlung später zu ihrem Präsidenten wählte und der auf die Erklärung von Pennsylvanien zu sprechen kam. Erst nach heftigen Debatten in einer der stürmischsten Sitzungen gelang es, gegen den Einspruch des katholischen Klerus, der auf die Gefahr für die öffentliche Ruhe hinwies (3), die Glaubensfreiheit verklausuliert

---

G.Jellinek: Die Erklärung der Menschen-und Bürgerrechte, München/Leipzig 1927, S.20 ff.

(2) Mirabeau verurteilte in der Nationalversammlung die blosse Duldung der Nichtkatholiken mit folgenden Worten: "La liberté la plus illimitée de religion est tellement à mes yeux un droit sacré, que le mot de tolérance qui essaie de l'exprimer me paraît en quelque sorte tyrannique lui-même, puisque l'existence de l'autorité qui a le pouvoir de tolérer attente à la liberté de penser, par cela même qu'elle tolère et qu'ainsi elle pourrait ne pas tolérer !" Zittiert nach G.Bonet-Maury: Histoire de la Liberté de Conscience en France depuis l'Edit de Nantes jusqu'à juillet 1870; Paris 1900, S.90 f.

(3) R.Nürnberger: Das Zeitalter der französischen

aufzunehmen. Artikel 10 der Menschen- und Bürgerrechte lautet: "Nul doit être inquiété pour ses opinions, même religieuses, pourvu que leur manifestation ne trouble pas l'ordre public établi par la loi" (1). Der Unterschied zu den amerikanischen Erklärungen ist frappant. Es ist weder vom Gewissen noch vom freien Kultus die Rede. Das Wort Freiheit fehlt überhaupt im Text. Der Glaube erscheint hier in der Sprache der zeitgenössischen Philosophie als religiöse Meinung. Durch den Vergleich mit dem vorangegangenen Artikel, in dem die Freiheit der Person formuliert ist und namentlich mit dem nächsten Artikel, der die freie Mitteilung der Gedanken und Ansichten als eines der kostbarsten Menschenrechte hervorhebt, springt die Schwäche der Formulierung noch mehr in die Augen. Diesem Text konnte auch jene Mehrheit zustimmen, die nur an Duldung dachte (2). Er widerspiegelt die großen Schwierigkeiten, denen die Einführung eines echten und umfassenden Menschenrechts religiöser Freiheit in Europa, auch in einem katholischen Land, das die Toleranz zu lernen begann, begegnen mußte (3). War schon die Proklamierung der politischen und bürgerlichen Freiheiten des Volkes

---

Revolution und Napoleons; in: Propyläen Weltgeschichte, Bd.8, Berlin/Frankfurt/Wien 1960, S.75.

(1) Z.Giacometti: Quellen zur Geschichte der Trennung von Staat und Kirche, Tübingen 1926, S.2.

(2) G.Oestreich kommentiert: "Die Frage der Religions- und Gewissensfreiheit wurde allein im Sinne der Toleranz beantwortet." Die Grundrechte, Bd.1, 1.Halbbd., Berlin 1966, S. 60.

(3) Der katholische Klerus hatte sich 1788 unter Berufung auf das Monopol seiner Kirche gegen die Gewährung der bürgerlichen Rechte und der Kultusfreiheit für Nichtkatholiken ausgesprochen. Jean Egret: La dernière Assemblée du Clergé de France; in: Revue Historique, Bd.219, Jg.82, Paris 1958, S.11 f.

ein Manifest gegen die feudal-ständischen Hierarchien, so erschien dem romtreuen katholischen Klerus die Gewissensfreiheit, geschweige denn die Glaubens- und Kultusfreiheit erst recht alle bisherige, von ihr mitgeprägte Ordnung in Frage zu stellen (1). Er ahnte noch nicht, welchen Erschütterungen er sich und das Land aussetzte, indem er die Bewahrung der Religion nicht in der Freiheit der Religion und der Kirche, sondern in der Erhaltung der Prärogativen des Ancien régime suchte.

Die Menschenrechtserklärung von 1789 ist der Verfassung vom 3.September 1791, die auf Grund der unveräußerlichen Rechte der Freiheit und Gleichheit den Privilegienstaat und die Feudalordnung zertrümmerte, vorangestellt worden. Diese sprach nun auch als Ergänzung der religiösen Meinungsfreiheit in den "Dispositions fondamentales" als eines der ersten natürlichen und bürgerlichen Rechte jedes Menschen das Recht "d'exercer le culte religieux auquel il est attaché" zu (2). Das Staatsgrundgesetz der Nationalversammlung bestimmte ferner, daß außer der persönlichen Eignung keine Bedingungen an den Zugang zu den Staatsstellen geknüpft sein dürften. Dies kam der konfessionellen Nichtdiskriminierung in den bürgerlichen Rechten gleich. Das Gesetz schützte zudem die individuelle religiöse Freiheit durch die Einführung der zivilen Registrierung der Geburten, Ehen und Todesfälle. Protestanten und Israeliten erhielten in Frankreich volle Gewissens-, Glaubens- und Kultusfreiheit. Zum ersten

---

(1) G.Jellinek: Die Erklärung der Menschen- und Bürgerrechte, München/Leipzig 1927, S. 31.

(2) Z.Giacometti: Quellen zur Geschichte der Trennung von Staat und Kirche, Tübingen 1926, S. 14.

Mal erschien die Kultusfreiheit 1793 in einer französischen Menschenrechterklärung. Artikel 7, der auf 35 Artikel erweiterten Proklamation, hat folgenden Wortlaut: "Le droit de manifester sa pensée et ses opinions, soit par la voie de la presse, soit de toute autre manière, le droit de s'assembler paisiblement, le libre exercice des cultes ne peuvent être interdits. La nécessité d'énoncer ces droits suppose ou la présence ou le souvenir récent du despotisme." (1). Diese Erklärung des Nationalkonvents und ihre im selben Jahr ausgearbeitete demokratische Verfassung, die im 122. Artikel allen Franzosen das Recht der Kultusfreiheit bestätigte, haben keine praktische Bedeutung erlangt. Gesellschaft und Kirche befanden sich nach Aufhebung der Monarchie unter der jakobinischen Schreckensherrschaft in einem Prozeß der Auflösung, aus dem erst der neue, gefestigte Nationalstaat hervorgehen sollte.

Die Ernüchterung gegenüber den Menschenrechtserklärungen zeichnete sich 1795 ab. Zwar wurde auch der Direktorialverfassung vom 22.August eine "Déclaration" vorangestellt, doch diese sprach nicht mehr nur von den Rechten sondern auch von den Pflichten des Menschen und Bürgers (2). Der Nationalkonvent suchte sich der Anarchie und des Terrors zu erwehren. Alles Pathos ist in der Einleitung weggelassen worden. Es ist nicht mehr, wie 1789, davon die Rede, daß die Menschen frei und gleichberechtigt geboren werden, noch,wie 1793, von den "droits sacrés et inaliénables". Die Meinungsfreiheit, die Versammlungs- und Kultusfreiheit sind in der

---

(1) F.Hartung: Die Entwicklung der Menschen- und Bürgerrechte von 1776 bis zur Gegenwart, Göttingen Berlin/Frankfurt 1964, S.46

(2) F.Hartung: a.a.O., S.52 ff.

Erklärung von 1795 nicht erwähnt. Hingegen ist wiederum im Verfassungstext selbst von der Religionsfreiheit die Rede. Artikel 352 schützte die Gewissensfreiheit. Artikel 354 enthält die drei folgenden markanten Absätze: "Nul ne peut être empêché d'exercer, en se conformant aux lois, le culte qu'il a choisi. Nul ne peut être forcé de contribuer aux dépenses d'un culte. La République n'en salaire aucun" (1).

Die religiöse Freiheit ist in der französischen Direktorialverfassung von 1795 in sachlicher Übereinstimmung mit den amerikanischen Verfassungen, die mit dem Menschenrecht der Gewissens- und Kultusfreiheit die formelle Trennung der Kirchen vom Staat vollzogen hatten. Doch so, wie in den französischen Formulierungen der Meinungsfreiheit nicht das christliche Gewissen, sondern die religionsphilosophische Denkfreiheit im Vordergrund stand, so war das Motiv der Trennung in Frankreich nicht - wie in den Vereinigten Staaten - das religiöse Interesse an der Freiheit auch der Kirchen und Gemeinschaften, sondern einseitig die vom Antiklerikalismus bis zur offenen Religionsfeindlichkeit inspirierte Ideologie und die Staatsraison (2). Die Bemühungen von Mirabeau, durch die "Constitution civile du clergé" (3) den Klerus enger als dies selbst der Gallikanismus getan hatte, an den neuen Staat zu binden (4), waren am Widerstand der katholischen Hierarchie

---

(1) Z.Giacometti: Quellen zur Geschichte der Trennung von Staat und Kirche, Tübingen 1926, S.26.

(2) M.Deslandres: Histoire constitutionelle de la France de 1789 à 1870, Bd.1, Paris 1932, S.397 ff.

(3) Text bei Z.Giacometti: a.a.O., S. 3 ff.

(4) K.Rothenbücher: Die Trennung von Staat und Kirche, München 1908, S.194 ff.

gescheitert. Der Papst hatte die Menschenrechte und die Kirchenverfassung von 1790, die das Kirchengut verstaatlichte und den Klerus vom Staat besolden ließ, verurteilt. Die Mehrzahl der Bischöfe und die Hälfte des niederen Klerus lehnten den Bürgereid aus Gewissensgründen ab. Etwa 25000 Geistliche verließen Frankreich (1). Als dem verschuldeten Staat der materielle Gewinn zerrann und die Auseinandersetzungen mit der katholischen Kirche sich immer unversöhnlicher zum Prinzipienkampf verschärften, siegte der von Condorcet schon früher gehegte Plan (2) der Ausscheidung der Kirche aus dem gänzlich laizisierten Staat. Sowohl das erste Gesetz über die Trennung von Staat und Kirche vom 21. Februar 1795 als auch das Dekret vom 30.Mai desselben Jahres (3) versicherten,die Kultusfreiheit gewährleisten zu wollen, schränkten sie jedoch gleichzeitig ein. Daß die katholische Kirche auch unter dem Direktorium zahlreichen Einschränkungen ihrer Freiheit ausgesetzt war, beweist das Dekret vom 29.September 1795, das unter Berufung auf die Verfassungsartikel die Ausübung, den Schutz und die Überwachung der Kulte ausführlich regelte (4). Geistliche, die den Bestimmungen zuwider handelten, wurden schwerste Strafen angedroht. Aus der französischen Perspektive und in dieser Assoziation mit der kirchenfeindlichen Trennung erklärt sich das heftige Vorurteil, dem die Einführung des Menschenrechts religiöser Freiheit in der Schweiz, namentlich von katholisch-konservativer Seite, begegnete (5).

---

(1) R.Nürnberger: Das Zeitalter der Französischen Revolution und Napoleons; in: Propyläen Weltgeschichte, Bd.8, Berlin/Frankfurt/Wien 1960, S.83, 96.

(2) K.Rothenbücher: Die Trennung von Staat und Kirche, München 1908, S. 71 f.

(3) Texte bei Z.Giacometti: a.a.O., S.24 ff.

(4) Text bei Z.Giacometti: a.a.O., S.26 ff.

(5) K.Rothenbücher: a.a.O., S.205.

Als die angeborenen und unveräußerlichen Rechte des Menschen am 26.August 1789 in Paris feierlich proklamiert wurden, fehlte es in der alten Eidgenossenschaft nicht an begeisterter Zustimmung. Menschenwürde und Volksveredlung waren in der Helvetischen Gesellschaft - sie zählte reformierte und katholische Mitglieder aus verschiedenen Gegenden der Schweiz - beliebte Gesprächs- und Vortragsthemen. Schon das amerikanische Vorbild hatte Beachtung gefunden. Während Peter Ochs in Leyden noch das Naturrecht studierte, fragte er, von den Nachrichten aus Nordamerika beeindruckt, Isaac Iselin an, ob vielleicht von jenem Kontinent die Erfüllung seiner Idee von der Geschichte der Menschheit zu erwarten wäre (1), worauf er von seinem väterlichen Freund in Basel die Antwort erhielt, alles scheine dafür zu sprechen, daß Nordamerika das Land sei, wo Vernunft und Menschlichkeit sich viel rascher entwickeln würden als irgendwo anders (2). Ein Jahr später waren in Basel die Verfassungen der amerikanischen Einzelstaaten, welche die Quelle für den Antrag der Menschenrechtserklärung von Lafayette gebildet hatten, in einer Franklin gewidmeten Ausgabe erschienen (3). Doch erst

---

(1) Korrespondenz des Peter Ochs (1752-1821), G.Steiner, Bd.1, Basel 1927, S.102. Brief vom 2.Mai 1777. Eine Notiz aus Paris vom Januar 1798 erwähnt, er habe erwogen, nach Amerika auszuwandern. Korrespondenz des Peter Ochs, Bd.2, S. 571.

(2) Korrespondenz des Peter Ochs (1752-1821), G.Steiner, Brief Isaac Iselins vom 17.Juni 1777, Bd.1, S. 104.

(3) Recueil des lois constitutives des colonies anglaises, confédérées sous la dénomination d'Etats-Unis de l'Amérique-Septentrionale. Basel 1778. Vgl.G.Jellinek: Die Erklärung der Menschen- und Bürgerrechte, Leipzig 1927, S. 9 f. Siehe L.R.vonSalis: Die Entwicklung der Kultusfreiheit in der Schweiz. Festschrift, Basel 1894, Kap.II: Der Rechtszustand zur Zeit der Helvetik, S. 10-18.

in ihrer französischen Formulierung und als die Menschenrechte von 1789 mit den Schlagworten Freiheit und Gleichheit zur Kampfparole der französischen Revolution geworden waren, begannen diese auch in der Schweiz eine politische Rolle zu spielen. In dieser Verbindung erst sind sie einem immer weiteren Kreis bekannt geworden. Wenige nur mögen die unterschiedlichen gesellschaftlichen und ideologischen Voraussetzungen der amerikanischen und französischen Erklärungen erkannt haben. Den meisten Befürwortern oder Gegnern war ihr Ursprung unbekannt. Das ist insofern von Bedeutung, als damit Zustimmung und Ablehnung von der Einstellung zur französischen Revolution beeinflußt wurden. Dies wirkte sich besonders bei der Einschätzung der religiösen Freiheit aus, da sie in der amerikanischen Perspektive ein ganz anderes Gesicht hat als in der kirchenfeindlichen Atmosphäre des Pariser Konvents und des Direktoriums. Das Prinzip der Glaubens- und Gewissensfreiheit trat auch in der Schweiz in erster Linie als ein politisches, revolutionäres Instrument in Erscheinung. Die individuellen Menschenrechte sollten helfen, die aristokratischen und ständischen Vorrechte des Ancien régime zu zertrümmern. Mit dem Fall der Staatskirche aber, seiner einflußreichsten Stütze, fürchteten viele die Entchristlichung und Entsittlichung der Gesellschaft. Darum die leidenschaftliche Form der Auseinandersetzungen überall, wo das Bewußtsein vorhanden war, daß es um menschliche, politische und kirchliche Entscheidungen von höchster Tragweite ging.

Die helvetische Revolution und die Parität

Stärker als in Frankreich war Ende des 18.Jahrhunderts das auf Glaubenseinheit bedachte Staatskirchentum in der alten Eidgenossenschaft im Volksbewußtsein verwurzelt. Die landesherrliche Gewalt schien unerschütterlich zu sein. Selbst den meisten mit der Aufklärung sympathisierenden Staatsmännern, ob katholischer oder reformierter Konfession, war sie eine wesentliche Voraussetzung der Gesellschaftsordnung (1). Im 18.Jahrhundert dachte der Schweizer noch korporativ. Obrigkeit und Geistlichkeit besaßen das gleiche Interesse an den bisherigen Ordnungen und Rechten. Der Menschenwürde sollte die Vermeidung des direkten Glaubenszwangs genügen. Doch die Aristokraten irrten, wenn sie glaubten, mit repressiven Mitteln dem Volk die liberalen Ideen und demokratischen Rechte auf die Dauer vorenthalten oder mit Predigten und Flugschriften von der helvetischen Idylle und der gerechten Strafe, die das gottlose Frankreich treffe, dauernd neutralisieren zu können. Je bekannter die Gleichheitsideologie den geistig und politisch Bevormundeten sowie den wirtschaftlich Benachteiligten wurde, je enger die französischen Revolutionsarmeen die Grenzen umklammerten, desto offensichtlicher waren die Auflösungserscheinungen in der dreizehnörtigen Eid-

(1) Noch 1788 hieß der aufgeklärte Autor der Schrift Hêlvetiorum jura circa sacra, Felix Balthasar, das luzernische Todesurteil an Jakob Schmidlin von Wolhusen aus Staatsraison gut. Der Verurteilte wurde erwürgt und verbrannt, weil er pietistische Versammlungen in seinem Heimwesen abgehalten hatte. Das Haus wurde niedergerissen und an seine Stelle ein Schandmal gesetzt. Über 70 Erwachsene und Kinder mußten ihre Heimat verlassen, davon wurden 4

genossenschaft (1).

Unter dem Druck der außenpolitischen Ereignisse vollzog sich die Revolution zu Beginn des Jahres 1798 in rascher Folge in den einzelnen Ständen und in den gemeinen Herrschaften. Die politische Neugestaltung bewegte sich - mit Ausnahme der Waadt und Genfs - vorerst in gemäßigten Bahnen, das Alte und Neue miteinander verbindend. An dem Verhältnis von Staat und Kirche änderte sich nur wenig. Wenn die Neuerer auch die Menschenrechte im Auge behielten, so leiteten sie aus dem Grundsatz der Gleichheit meist nur einzelne politische und wirtschaftliche Forderungen ab. Was nicht einen praktischen Nutzen hatte, fand wenig Gehör. Nach vollständiger religiöser Freiheit war, mit Ausnahme einer kleinen Minderheit, kein Verlangen. Selbst in Luzern dankte die aristokratische Regierung zwar unter Berufung auf die Menschenrechte (2) ab, doch war von der Einführung der Religionsfreiheit keine Rede.

Überall siegte das partikulare Interesse. Die Revolution (3) brachte statt einer kraftvolleren Zusammenfassung vorerst vermehrte Zersplitterung. Die Untertanengebiete strebten überall nach politischer Selbständigkeit. Die Neugestaltung des Bundes, für den

---

auf die Galeeren verbannt. E.Herzog: Über Religionsfreiheit in der helvetischen Republik mit besonderer Berücksichtigung der kirchlichen Verhältnisse in den deutschen Kantonen, Bern 1884, S. 4 f.

(1) J.Strickler: Die alte Schweiz und die helvetische Revolution. Frauenfeld 1899.

(2) Abdikationsdekret von 1798. E.His: Luzerner Verfassungsgeschichte der neuern Zeit (1798-1940), Luzern 1944, S. 12, Abb. 5.

(3) J.Strickler: Die Helvetische Revolution 1798 mit Hervorhebung der Verfassungsfragen. Frauenfeld 1898.

Einsichtigen das brennendste Problem (1), stand noch ganz im Hintergrund. Die Revolution vollzog sich im kantonalen und nicht im eidgenössischen Rahmen. Verständigungsversuche zwischen den Orten führten zu geringen Resultaten. Als die Tagsatzung sich ein letztes Mal in Aarau versammelte und die Lage besprach, begnügte sie sich, statt einer Reform des allzu schwachen Staatenbundes, damit, die alten Bündnisse in einer feierlichen Zeremonie neu zu beschwören. Das Defensionale, einst durch den konfessionellen Hader geknickt (2), war ein Spiegel der allgemeinen Kraftlosigkeit des Bundes. Die Schweiz wurde eine leichte Beute der französischen Machtpolitik.

Eine Grundfrage bei der Schaffung eines schweizerischen Staates war die Regelung der kirchlichen Verhältnisse. Darin unterschied sich die Eidgenossenschaft von den Vereinigten Staaten mit ihrer ganz anderen Gesellschaftsstruktur und ihrer von Religionskriegen unbelasteten Vergangenheit. An Hand der Versuche, in den konfessionell gemischten Untertanengebieten vor der zwangsweisen Einführung der helvetischen Verfassung demokratische Staatsgebilde zu schaffen, läßt sich die Problematik einer Bundeserneuerung in kirchenpolitischer Hinsicht ermessen. Wo das naturrechtliche Denken und die Revolutionsgesinnung die Oberhand hatten, wich der alte, auf Treu und Glauben ruhende Rechtssinn. Wo das historische Recht versagte, konnte leicht neuer konfessioneller Unfrieden entstehen.

---

(1) Über den Nationalgedanken im schweizerischen Schrifttum orientiert Karl Schwarber: Nationalbewußtsein und Nationalgedanken der Schweiz von 1700 bis 1789, Basel 1922 (Maschinenschrift in der Landesbibliothek). Siehe auch K.Schwarber: "Die schweizerische Geschichtsschreibung im 18.Jahrhundert und der nationale Gedanke; in: Basler Zs.f.Geschichte und Altertumskunde, Bd.26 (Separatdruck)

(2) E.Gagliardi: Geschichte der Schweiz, Bd.2, Zürich/Leipzig 1938, S.942.

Die Voraussetzungen für eine politische Verständigung unter den Konfessionsparteien schienen indessen nie günstiger zu sein. Als die katholischen Orte die Reformierten einluden, wieder dem Bündnis mit Frankreich beizutreten, ohne daß sie die Restitution der 1712 verlorenen Rechte verlangten, und als die reformierten Gesandten 1777 zum ersten Mal seit der Glaubenstrennung sich zur Beschwörung in eine katholische Kirche (1) begaben, hatte dies als Auftakt einer toleranteren eidgenössischen Politik gegolten. Der gemäßigte Rationalismus vieler Geistlicher und der Pietismus entschärften dogmatische Differenzen und erleichterten die Verständigung. Die Bemühungen der Helvetischen Gesellschaft, die seit Jahrzehnten Kontakte zwischen vaterländisch gesinnten, einflußreichen Männern beider Konfessionen pflegte, blieben nicht unbeachtet. 1796 stimmten die Katholiken der Erhebung des reformierten Bettages zur gemeineidgenössischen Feier zu. Unter den Gegnern und Freunden der Erneuerung reichte man sich über die konfessionellen Grenzen die Hand zum gemeinsamen Kampf gegen die Entchristlichung, die von Frankreich her drohte. Vieles von diesem guten Willen blieb jedoch politisch wirkungsloser Idealismus, war allzu theoretisch und erreichte nicht die Seele des Volkes. Es blieb viel gefühlsmäßiges und geistiges Unverstehen im Werk- und Sonntagsleben von Bürgern und Untertanen, deren auswendig gelernte Katechismen ihr religiöses Denken bestimmten. Durch räumlich getrennte Glaubens- und Lebensweise blieben sich Katholiken und Reformierte im Grunde doch fremd. Was Jahrhunderte, die durch den konfessionellen Antagonismus und die Religionskriege

---

(1) R.Feller: Geschichte der Schweiz im 17. und 18. Jahrhundert; in: Geschichte der Schweiz, Bd.2, Zürich 1938, S.260 f.

ihre stärkste Prägung erhielten, was Gewohnheit, Recht und Institutionen seit der Reformation trennte, das vermochtenweder der Optimismus der Aufklärung noch die Begeisterung für die Menschenrechte oder Vaterlandsliebe, das vermochten auch nicht einfach politische Klugheit, materielle Interessen, die Hoffnung auf politische Freiheit oder kirchliche Indifferenz in kurzer Zeit zur organischen Einheit zu verbinden. Dazu kam die Sensibilisierung der katholischen Minderheiten durch die kirchenfeindlichen Auswüchse der französischen Revolution und die Furcht vor der konfessionellen Majorisierung durch die zahlenmäßige Überlegenheit der Reformierten. Selbst das Hochgefühl der Untertanen über die politische und wirtschaftliche Emanzipation vermochte im Revolutionsjahr die religiösen Bedenken nicht völlig zu zerstreuen.

Nach den ersten revolutionären Erhebungen bildeten sich im Thurgau, im Rheintal und im Toggenburg Revolutionsausschüsse. Bedenken bewirkte schon zu Beginn die Frage nach dem Religionsschutz. Besonders die Klöster bangten um ihren Besitz. Gerüchte über die Fortschleppung ihrer Habe erregten die Gemüter. Aufschlußreich ist die nach allgemeiner Auffassung von J.J.Gonzenbach verfaßte, im Januar 1798 in Zürich anonym erschienene Schrift "Unmaßgebliche Vorschläge eines Thurgöwischen Volksfreundes zur Erlangung der bürgerlichen Freyheit und Gleichheit und einer Volksregierung" (1). Sie erwähnte an erster Stelle die Religionsfrage. Nach des Verfassers Vorschlag sollte beiden herrschenden Religionsparteien völlige Sicherheit, die unbeschränkte Ausübung der Gottesdienste und der Unterhalt der Religionslehrer, der Kirchen, Pfarrhäuser und Schulen

---

(1) Text bei F.Brüllmann: Die Befreiung des Thurgaus 1798, Weinfelden 1948, S. 127 f.

gewährleistet werden. Von einer allgemeinen Religionsfreiheit war nicht die Rede. Die Anregung blieb im Rahmen der herkömmlichen Parität. Um den religiösen Befürchtungen entgegenzuwirken, gab die thurgauische provisorische Regierung die Erklärung ab, daß die Religion und ihre Diener, die Kirchen und Schulen bei ihren überlieferten Rechten und Einkünften bleiben sollten. Durch die Auflösung der alten Rechtsverhältnisse fiel der Schutz durch die katholischen Orte dahin. Die Bildung eines zu drei Vierteln reformierten Kantons machte die katholischen Thurgauer vom guten Willen der andersgläubigen Mehrheit abhängig. Die Reformierten des Thurgaus aber waren entschlossen, den kirchlichen Status quo beizubehalten und den Katholiken wie bisher die Gleichberechtigung zu sichern. Die Regierung verhinderte damit ein Auseinanderfallen. Das Landeskomitee dachte jedoch an keine zahlenmäßige Bindung politischer Behörden an die Konfessionen (1). Darin unterschied sich die Parität von der alteidgenössischen Praxis.

Schwieriger gestalteten sich die politischen Verhältnisse im Toggenburg. Als das St.Gallerstift diesem Untertanengebiet die Unabhängigkeit verlieh, geschah es unter dem Vorbehalt, daß die Klöster bei ihrem damaligen Rechts- und Besitzstand blieben (2). Die Katholiken aber waren nicht gewillt, diese Sicherheit einer reformierten Mehrheit anzuvertrauen. Im Obertoggenburg, wo sich mehrere Klöster befanden, war das Verhältnis der Konfessionen 4 zu 1 (3). Die Furcht vor der

---

(1) H.Hungerbühler: Staat und Kirche im Thurgau während Helvetik und Mediation (1798-1814),Frauenfeld 1955, S.36.

(2) P.Wernle: Der schweizerische Protestantismus in der Zeit der Helvetik, Bd.1, Zürich 1938,S.52.

(3) P.Wernle: a.a.O., S.51.

Vergewaltigung ihrer kirchlichen Rechte hinderte die katholische Minderheit, dem Wunsch nach einer gemeinsamen Tagung zu willfahren. Die reformierte Landsgemeinde vom 1.März 1798 lehnte die vom Kapitel des Stifts St.Gallen ausgesprochenen Vorbehalte ab. Nach erfolglosen Verhandlungen kam es zum Bruch. Die beiden Konfessionsparteien konstituierten sich politisch getrennt mit je einer katholischen und einer reformierten Regierung. Das religiöse Zusammengehörigkeitsbewußtsein war stärker als das politische. Dasselbe läßt sich auch von anderen Gegenden sagen.

Im Gegensatz zum Thurgau und zum Toggenburg, vollzog sich die politische Konstituierung im Rheintal ohne wesentliche konfessionelle Spannungen. 11915 Katholiken standen 10241 Reformierten gegenüber (1). Die Minderheit war hier zu groß, als daß sie hätte übergangen werden können. Die Mehrheit war klug genug, ihren kleinen Vorsprung nicht politisch auszunützen. So setzte sich der neue Landrat aus 17 Katholiken und 17 Protestanten zusammen. Die Verfassungsvorschläge hielten an dem bisherigen eidgenössischen Grundsatz der Parität fest. Artikel 2 bestimmte, daß keine Religion vor der anderen einen Vorzug haben sollte, die ganz katholischen Gemeinden ganz katholisch, die ganz reformierten ganz reformiert und die paritätischen paritätisch bleiben würden. Jede Konfession sollte in ihren kirchlichen Angelegenheiten unabhängig und selbständig, die Religion mit Leib, Ehr und Gut geschützt sein (2).

(1) P.Wernle: Der schweizerische Protestantismus in der Zeit der Helvetik, Bd.1, Zürich 1938, S. 50.

(2) P.Wernle: a.a.O., S.50.

Daß die erprobte Bedeutung der Parität in dieser revolutionären Zwischenzeit auch für die Gesamterneuerung der Schweiz erkannt wurde, beweist der Brief, den der katholische Landespräsident im Rheintal, Karl Heinrich Gschwend, am 22.März 1798 an Peter Ochs schrieb (1). Er warnte diesen vor der Vergewaltigung des Herkömmlichen, sah jedoch die Notwendigkeit der Stärkung der Bundesgewalt ein und schlug einen Nationalrat und ein fünfköpfiges Direktorium vor. Und wenn - so endete Gschwends Vorschlag über den als einzig möglich bezeichneten Weg für die Schweiz - die Aufrechterhaltung der Religion in jedem Kanton und beider Religionen in paritätischen Kantonen festgesetzt würde, so wäre das Volk zur Annahme einer solchen Konstitution ohne Zweifel zu bereden. Ein System, das einfach und den Rechten des Volkes und der Kantone nicht zuwider sei, sollte - so fügte er hinzu - dem Adressaten Ehre und Dank einbringen; andernfalls werde ihn der Nationalfluch und die allgemeine Verwünschung treffen. Diesen Weg zu gehen, fehlten die Zeit und der einheitliche Wille. Dabei bildeten die konfessionellen Bedenken und Befürchtungen vielleicht das größte Hindernis. Darin glich die Eidgenossenschaft mehr dem Toggenburg als dem Rheintal und dem Thurgau. Gschwend sollte mit seiner Warnung recht behalten.

---

(1) J.Strickler: Die Helvetische Revolution 1798 mit Hervorhebung der Verfassungsfragen, Frauenfeld 1898, S. 100-103.

Erstmalige Einführung der Gewissens- und Kultusfreiheit durch die helvetische Verfassung (1)

Das französische Direktorium zerhieb den gordischen Knoten, wie bei der Schaffung eines schweizerischen demokratischen Staates die religiösen und politischen Interessen zu verbinden oder zu lösen seien, mit dem Schwert seiner Macht. Mit dem Fall von Bern, dem stärksten Bollwerk der alten Eidgenossenschaft, war die Schweiz der politischen und militärischen Willkür Frankreichs ausgeliefert. Am 28.März 1798 verlangte der mit außerordentlichen Vollmachten versehene Kommissar Lecarlier die bedingungslose Annahme der helvetischen Verfassung. Am 12. April proklamierten Peter Ochs und Bernhard Friedrich Kuhn, die soeben ernannten Präsidenten der ersten schweizerischen Parlamente, unter den Freudenschüssen der französischen Truppen des Generals Schauenburg in Aarau die "Eine und unteilbare helvetische Republik". Das Menschenrecht religiöser Freiheit war damit eidgenössischer Verfassungsgrundsatz geworden.

Der Entwurf der Verfassung war in Paris vom Basler Magistraten Peter Ochs im Einvernehmen mit dem Direktorium entworfen worden, das ihn jedoch im Sinn größerer Regierungsgewalt revidierte. Ochs hatte seinen Entwurf als provisorisch aufgefaßt. Ein Vergleich der beiden Texte (2) ergibt, daß die Artikel über die Religion

---

(1) Über den religiösen Rechtszustand während der Helvetik orientiert L.R.v.Salis: Die Entwicklung der Kultusfreiheit in der Schweiz, Basel 1894,S.10 ff.

(2) J.Strickler: Actensammlung aus der Zeit der Helvetischen Republik, Bd.1, Bern 1886, S. 568, 588.

und die Geistlichen von Ochs stammen (1). Seiner Erziehung und seiner geistigen Veranlagung nach war er den Idealen von 1789 ergeben und blieb, trotz persönlicher Opfer, welche die französische Revolution von ihm forderte, ein begeisterter Freund der "grande nation" (2). Die führende Rolle bei der Schaffung einer demokratischen Schweiz spielen zu können, befriedigte zugleich seinen Idealismus (3) und seinen Ehrgeiz. Er sollte beiden erliegen (4).

Artikel 6 der Hauptgrundsätze, welcher von der Religion handelt, hat folgenden Wortlaut: "La liberté de conscience est illimitée; la manifestation des opinions religieuses est subordonnée aux sentiments de la concorde et de la paix. Tous les cultes sont permis s'ils ne troublent point l'ordre public et n'affectent aucune domination ou prééminence. La police les surveille et a le droit de s'enquérir des dogmes et des devoirs qu'ils enseignent. Les rapports d'une secte avec une autorité étrangère ne doivent influer ni sur les affaires politiques ni sur la prospérité et les lumières du peuple" (5). Die Bestimmungen sind offen-

---

(1) Ein Indizium, daß Ochs bei der Gestaltung der konfessionellen Verhältnisse in erster Linie an das französische Vorbild dachte, ist die Frage, die er im Dezember 1797 zu Papier brachte, wohl als Grundlage für Besprechungen mit den französischen Führern: "Adoptera-t-on les principes des Français par rapport à la noblesse, aux titres, au culte, aux dîmes, aux couvents ?" G.Steiner: Korrespondenz des Peter Ochs, Bd.2, Basel 1935, S.568.

(2) Vgl.P.Burckhardt: Geschichte der Stadt Basel, Basel 1942, S.102.

(3) Der Herausgeber der Briefe von Ochs spricht von dessen "geradezu religiösen Glauben an die Grundsätze der Revolution, in denen er die Forderungen und die Erfüllung der Bergpredigt erblickte." G.Steiner: a.a.O.,Bd.2,S.CLIII. Grundsätze der Bergpredigt radikal zu erfüllen, war auch das Anliegen der Täufer gewesen.

(4) C.Hilty: Öffentliche Vorlesungen über die Helvetik, Bern 1878, S.306 ff.

sichtlich dem französischen Revolutionsprogramm entnommen. Ihre Formulierung zeigt die Abhängigkeit von den Ideen der französischen Direktorialzeit (1).

Die Kernsätze des Artikels 6 über die Gewissens- und Kultusfreiheit waren im überlieferten Recht der Eidgenossenschaft gänzlich unbekannt. Daß es sich um ein natürliches Freiheitsrecht handelte, das im Sinn der Menschenrechte das individuelle Gewissen gegenüber jeglichem Absolutismus schützen sollte, kann aus dem Ausdruck "illimitée" und aus dem vorangestellten Verfassungsartikel geschlossen werden (2). Dieser erklärte, daß die natürliche Freiheit der Menschen unveräußerlich sei. Einschränkungen durften nur auf dem Rechtsweg vorgenommen werden und mußten durch das allgemeine Wohl begründet sein. Die religiöse Freiheit wurde im Grundrecht durch die Aufrechterhaltung des Friedens und die Ablehnung kirchlicher Vorherrschaft begrenzt. Die Revolution, welche die Leibeigenschaft und das Untertanenwesen als menschenunwürdig erklärte, sagte auch der geistlichen Hörigkeit den Kampf an. Im Ethos der Neuwertung der Person um ihrer selbst willen, ungeachtet ihrer sozialen Geltung, ihrer politischen Stellung und ihrer kirchlichen Zugehörigkeit liegt einer der Hauptgründe, warum die helvetische Verfassung auch bei Bürgern Freunde gewann, denen ein gewaltsamer Umsturz zuwider war. Die Dynamik, mit der das ausgehende 18.Jahrhundert die Freiheit des Menschen in seiner Geistigkeit und Leiblichkeit proklamierte, schien auch

---

(5) S.Kaiser u.J.Strickler: Geschichte und Texte der Bundesverfassungen, B.Dokumentarischer Teil,Bern 1901, S.9.

(1) E.His: Geschichte des neueren schweizerischen Staatsrechts, Bd.1, Basel 1920, S.371. Vgl.L.R.v.Salis: Die Entwicklung der Kultusfreiheit in der Schweiz, Basel 1894, S.10.

(2) S.Kaiser u.J.Strickler: a.a.O., S.9.

in der Schweiz unwiderstehlich. Sowohl tief religiös Gesinnte als auch kirchlich Indifferente zählten zu den Befürwortern der Gewissens- und Kultusfreiheit. Dadurch, daß dem Gewissen gegenüber dem Gesetzgeber Autonomie zugesprochen und die Gewissensfreiheit sich in der Kultusfreiheit auch äußerlich und sozial auswirken konnte, war der Artikel 6 in zwiefacher Hinsicht rechtlich umwälzend. Beides hatte ihr die aus dem Mittelalter übernommene korporative Gesellschaftsordnung bisher als individuelles Recht versagt. Erst die positive Rechtssprechung sollte indessen zeigen, in welchem Ausmaß dieser Verfassungsgrundsatz Geltung hatte und ob diese revolutionäre Lösung für die Schweiz tragbar war.

Die Errichtung der Helvetischen Republik und die Einführung des demokratischen Gleichheitsprinzips durch die Verfassung von 1798 setzten voraus, daß inskünftig keine konfessionell begründete Diskriminierung der bürgerlichen und politischen Rechte zulässig war. So wenigstens verstanden es die Staatsbehörden. Damit fiel eine Schranke des alten Paritätsrechts, das bisher nur in den gemeinen Herrschaften und in den gemischtkonfessionellen Orten und auch dort nur für die beiden historischen Konfessionen gegolten hatte. Am 15. Oktober 1798 erließ das Direktorium an den Großen Rat eine Botschaft (1), dieser möge auf Grund des Artikel 6 der Konstitution, wonach keiner wegen religiöser Meinungen in seinen politischen und bürgerlichen

(1) J.Strickler: Actensammlung aus der Zeit der Helvetischen Republik, Bd.3, Bern 1889, S.1077.

Rechten gekränkt werden dürfe, ein Gesetz erlassen, daß alle wegen Religionsänderung Bestraften wieder in den Genuß ihrer alten Rechte gelangen könnten. "Das Direktorium ist überzeugt," so äußerte sich die helvetische Regierung über die frühere staatsbürgerliche Intoleranz, "daß es Pflicht einer aufgeklärten und gerechten Regierung sei, die falschen Grundsätze bis auf ihre kleinsten Wurzeln und sie bis auf ihre geringsten Wirkungen zu zerstören." Die gesetzgebenden Räte, deren Mitglieder zu den ideellen Werten der Menschenrechte vielfach nur eine gefühlsmäßige Beziehung hatten, willfahrten dieser Bitte gern, gab sie ihnen doch Gelegenheit, vor aller Welt die moralische Berechtigung der Revolution und die Überlegenheit des helvetischen Staates zu dokumentieren. Den dramatischen Stoff dazu lieferte ihnen die Eingabe Balthasar Schmidlins (1). Er war der Sohn des Jakob Schmidlins von Wolhusen, der wegen pietistischer Versammlungen als Ketzer verbrannt worden war. Der Gesuchsteller war als einjähriger Sohn mit seiner Mutter und den Geschwistern sowie anderen Pietisten, insgesamt 71 Seelen, für immer verbannt worden und wünschte, mit seiner Schwester und ihren Kindern in seine Heimat zurückzukehren. Am 6.Februar 1799 erstattete der Kommissionsreferent, der Berner Rechtsgelehrte Bernhard Friedrich Kuhn, Bericht. Er geißelte die Unduldsamkeit des Ancien régime mit den Worten: "Die Intoleranz, die keiner Religion eigen, sondern das Verderben aller

---

(1) Das Gesuch ist im üblichen aufklärerischen Stil der Helvetik geschrieben: "Nur dem Genius unsers zu End eilenden Jahrhunderts war es vorbehalten, die Menschheit ihres anhaltenden Irrtums zu belehren und die vielfachen Quellen religiösen und politischen Unrechts aufzudecken, unter welchen bisher der selbst so glücklich geschätzte Alpenbewohner seufzte." J.Strickler: Actensammlung aus der Zeit der Helvetischen Republik, Bd.3, Bern 1889, S.1078 f.

Religionen ist, schüttelte ihre Fackel, und der Despotismus, der nicht bloß über die Handlungen, sondern auch über die Meinungen und Gedanken des Menschen zu gebieten sich vermißt, opferte einem blinden Religionseifer Tausende von jenen Schismatikern auf" (1). Beide Religionsparteien hätten - so führte Kuhn weiter aus - den Geist des Christentums, der nur Liebe und Verträglichkeit lehre, durch eine schändliche Verfolgungssucht um die Wette geleugnet. Durch die unmenschliche Politik seiner Regierungen und durch den Fanatismus seiner Priester habe Helvetien eine große Anzahl seiner nützlichsten Bürger verloren, welche andere Länder und selbst entfernte Weltteile bevölkerten, viele gute Menschen, die unter fremden Himmelsstrichen das Beispiel eines unsträflichen Wandels gegeben hatten, und einige seiner besten Köpfe. Die Kommission wisse, daß der Große Rat, geleitet von seiner tiefen Verehrung für die in Schmidlins Person verletzten Rechte der Menschheit und durch ihre Anhänglichkeit an die Grundsätze der Konstitution, das Unrecht mit Freuden wieder gutmachen werde. Er schlug vor, daß der Gesuchsteller und alle jene, die aus ähnlichen Ursachen im Ausland die Freiheit ihres Gewissens und ihrer Meinungen suchen mußten, als helvetische Bürger erklärt werden (2). Die Rede Kuhns und die Beschlußfassung kamen einem feierlichen Staatsakt gleich. Selten hatte der Große Rat und der Senat solche Einstimmigkeit erzielt. Das vorgeschlagene Gesetz wurde ohne Debatte am 6., bzw. 12.Februar, von den Räten angenommen. In der Erwägung (3), die Kuhns eigene religiöse Einstellung widerspiegelt, erklärte er, daß

(1) J.Strickler: Actensammlung aus der Zeit der Helvetischen Republik, Bd.3, Bern 1889, S. 1079.

(2) J.Strickler: a.a.O., S. 1080.

(3) J.Strickler: a.a.O., S. 1075 f.

es nur der Gottheit zukomme, über die Gedanken und Meinungen der Menschen zu richten. Des weitern wurde der Antrag mit der Konstitution begründet, die allen Religionen Duldung zusichere und ihre Bekenner zu gegenseitiger Verträglichkeit und Bruderliebe verpflichte, und mit der Tatsache, daß die religiösen Verfolgungen die Rechte der Menschheit verletzt hätten (1). Das Dekret hob alle alten Sektenverbote und Ketzergesetze sowie Denkmäler religiöser Verfolgungen, sog. Schandsäulen, auf. Dies kam einer moralischen Rehabilitierung aller bisher als Ketzer Gebrandmarkten gleich. Den noch Lebenden wurde das helvetische Bürgerrecht und das Gemeinderecht ihres alten Wohnortes zuerkannt. Räte und Regierung versäumten nicht, dem als dringlich erklärten Gesetz größtmögliche Publizität zu geben. Beide konnten den moralischen Kredit, den ihnen eine breitere Öffentlichkeit nicht versagte, gut gebrauchen, denn weder die Gesetze der Räte noch die Maßnahmen der Regierung waren im allgemeinen populär.

Zu den Bestimmungen, die der individuellen religiösen Freiheit zugute kamen, gehörte auch die Errichtung von Zivilstandsregistern. Geburten, Verehelichungen und Tod wurden der bisher ausschließlichen Kontrolle durch den Klerus und damit einem kirchlichen Druck entzogen (2). Wo es Gemeindeverwaltungen an geschultem Personal fehlte, war vorgesehen, daß die Geistlichen weiterhin die Register führen sollten. Ein Gesetz vom 2.August 1798 (3) hatte bereits alle alten Bestimmungen

---

(1) J.Strickler: Actensammlung aus der Zeit der Helvetischen Republik, Bd.3, Bern 1889, S. 1075.

(2) J.Strickler: a.a.O., S. 1163

(3) J.Strickler: a.a.O., Bd.2, S. 760 (Bern 1887)

aufgehoben, die konfessionell gemischte Ehen verboten, weil diese der Konstitution zuwider seien. Den Anlaß gab das Gesuch eines reformierten, ehemaligen Aarburgers, der durch Heirat mit einer katholischen Fricktalerin nach alten bernischen Verordnungen sein dortiges Landrecht verloren hatte und es nun wieder erlangen wollte (1). In einem Direktorialbeschluß vom 5.Juli 1798 (2) wurden die Verwaltungskammern angehalten, einen Kommissar in die Kirchen- und Schulräte zu delegieren, der darüber wachen sollte, daß diese die Grenzen ihrer Aufträge nicht überschritten, ihre Pflichten im Geist der Konstitution einhielten und über ihre Untergebenen "keinen mit den Rechten der Bürger unverträglichen scholastischen oder kirchlichen Despotismus" ausübten (3).

So konsequent der helvetische Staat die von der Konstitution gewährte Gewissensfreiheit zu garantieren suchte und nicht zögerte, zu diesem Zweck alte Rechte der Kirchen aufzuheben oder zu schmälern (4), eine Ausnahme machte er doch und zwar den Juden gegenüber. Diese besaßen, außer in den aargauischen Orten Lengnau und Endingen, bisher kein Niederlassungsrecht in der Schweiz und waren auch in den beiden Gemeinden in ihren bürgerlichen und wirtschaftlichen Rechten stark eingeschränkt. Alle 16 Jahre mußten sie sich durch ein Schirmgeld die Erlaubnis zur Niederlassung erkaufen (5). Der

---

(1) J.Strickler: Actensammlung aus der Zeit der Helvetischen Republik, Bd.2, Bern 1887, S.760f.

(2) J.Strickler: a.a.O., S. 506.

(3) J.Strickler: a.a.O., S. 506.

(4) Über den Religionsunterricht in den Schulen, die Aufhebung der kirchlichen Ehe- und Sittengerichte und das Ordensgelübde, siehe E.Herzog: Über Religionsfreiheit in der helvetischen Republik, mit besonderer Berücksichtigung der kirchlichen Verhältnisse

Aargauer Großrat Herzog wies als erster auf die ungleiche Behandlung der Juden hin, denen es untersagt sei, frei Handel zu treiben. Er forderte, daß sie in den Genuß der Menschenrechte kämen (1). Am 29.Mai stellten die Juden des Kantons Aargau selbst ein Gesuch um Befreiung von der nur ihnen auferlegten Kopfsteuer, die dann auch "als eine Verletzung der Menschenrechte" abgeschafft wurde (2). Der aus Zofingen stammende Arzt Joh.Rudolf Suter, ein enthusiastischer Freiheitsfreund und Poet, beantragte anläßlich der Debatte über das jüdische Gesuch, man solle im Namen der Menschheit den Juden die Menschenrechte sogleich durch Akklamation erteilen (3). Er klatschte allein, In einer Eingabe an die Kommission, welche die Judengesetze behandelte, hatte der Berner Samuel Fueter bereits seine Bedenken geäußert, der Jude möchte zum guten Bürger nicht reif sein. Da er einer Klasse angehörte, die Fueter als eine Satire der menschlichen Vernunft bezeichnete, sprach er den Wunsch aus, man solle den Juden durch Aufklärung besser machen. Auch im Senat äußerte sich ein starkes Mißbehagen. Man fand die Eile, mit der den Juden Gleichberechtigung zuteil werden sollte, übertrieben. Nur Laflachère aus Nyon machte darauf aufmerksam, daß die Konstitution keine Religionen unterscheide. Wer anders sei an der Verkehrtheit der Juden schuld als die Christen, die sie beständig von sich gestoßen hätten (4),meinte er.

---

in den deutschen Kantonen, Bern 1884, S.15 ff. E.His: Geschichte des neuern Schweizerischen Staatsrechts, Bd.1, Basel 1920. S. 374 ff.

(5, S.123) P.Wernle: Der schweizerische Protestantismus in der Zeit der Helvetik, Bd.1, Zürich 1938, S. 149.

(1) J.Strickler: Actensammlung aus der Zeit der Helvetischen Republik, Bd.2, Bern 1887, S. 72.

(2) J.Strickler: a.a.O., S. 72.

(3) J.Strickler: a.a.O., S. 74.

(4) J.Strickler: a.a.O., S. 74.

Die Räte aber waren nicht gewillt, über den Antrag hinauszugehen, der die Juden von der Kopfsteuer, die sie an der Zurzacher Messe bezahlen mußten, befreien sollte. Dem im Religiösen und Wirtschaftlichen wurzelnden, jahrhunderte alten Antisemitismus war die Konstitution nicht gewachsen. Er hat noch im 19.Jahrhundert eine sehr starke Opposition gegen volle Religionsfreiheit hervorgerufen.

Zu langen Debatten kam es im August 1798,als die beiden Kammern die Frage zu beantworten hatten, ob die Juden den Bürgereid leisten sollten. Führende helvetische Politiker, wie der feinfühlige Zürcher Hans Konrad Escher und Gabriel Louis Secrétan, setzten sich für die Gleichstellung der Juden ein. Secrétan wies auf den gleichen Ursprung der jüdischen und christlichen Religion hin. "Wenn wir ihnen die Christen zu Brüdern geben, so werden sie auch die unsrigen werden," (1) rief er aus. Der Jurist Kuhn wünschte, daß man zuerst im Talmud nachforsche, ob dort Bestimmungen vorhanden seien, welche die Juden von der Bürgerbefähigung ausschlössen. Als die eingesetzte Kommission am 16.August vorschlug, man solle die seit 20 Jahren in Helvetien niedergelassenen Juden in das Bürgerrecht aufnehmen und sie den Eid schwören lassen, sofern sie ein gutes Leumundszeugnis vorwiesen und eine schriftliche Loyalitätserklärung abgäben, kam die intolerante Volksstimmung heftig zum Durchbruch. Vergeblich erinnerte Secrétan an die Konstitution. Er bewies, daß die Juden eine religiöse und keine politische Korporation seien, und bat den Rat, keine neuen Mauern zwischen den Menschen aufzurichten. "Wollt ihr niemand als Bürger annehmen, als wer

---

(1) J.Strickler: Actensammlung aus der Zeit der Helvetischen Republik, Bd. 2, Bern 1887, S. 875.

glaubt, was ihr glaubet ?" (1), fragte er. Secrétan wies auf die Greuel der spanischen Judenverfolgungen hin und erklärte, wo die Juden, wie in Portugal und Holland, frei gewesen, seien sie auch nützlich geworden. Zum Beweis ihrer Intelligenz wies er auf Moses Mendelsohn hin. Huber und Herzog betonten, die Juden seien nur deshalb schädlich oder unnütz gewesen, weil man ihnen alles Ehrgefühl geraubt und sie zum Betrug veranlaßt hätte. Erneut setzte sich auch Großrat Suter am nächsten Tag in beseelter Rede auf Grund der Menschenrechte und mit einem Glaubensbekenntnis über den erzieherischen Wert der Freiheit für die Israeliten ein. "Fehlt der Jude, ist er schlimmer als Andere, so gebt ihm Menschenrecht, macht ihn zum Bürger, macht ihn frei, und er wird besser sein" (2). Die leidenschaftlidh geführte Debatte verlief ergebnislos; die Eidesleistung wurde verschoben (3).

Die Israeliten wurden während der Helvetik nicht ins Bürgerrecht aufgenommen. Auch im Senat erwies sich der Antisemitismus mit seinen voreingenommenen, immer wiederkehrenden Argumenten stärker als die Menschenrechte der Konstitution. Es war eine Bewährungsprobe für die religiöse Freiheit und ein Vorspiel der fruchtlosen Emanzipationsversuche der Regenerationszeit. Daß indessen die ausgezeichnetsten Männer in beiden Räten (4), auch auf das Risiko der Unpopularität hin, sich derart konsequent für die Allgemeingültigkeit der

(1) J.Strickler: Actensammlung aus der Zeit der Helvetischen Republik, Bd.2, Bern 1887, S. 877.

(2) J.Strickler: a.a.O., S.882.

(3) J.Strickler: a.a.O., S.874.

(4) P.Wernle: Der schweizerische Protestantismus in der Zeit der Helvetik, Bd.1, Zürich 1938, S.154.

Menschenrechte eingesetzt haben, spricht für den ethischen Ernst, mit welchem zur Zeit der Helvetik die Würde und Freiheit des Menschen verteidigt wurde. Auch wenn ebensosehr wirtschaftliche wie religiöse Motive die Ablehnung verursachten, konnte man - streng genommen - fortan nicht mehr von einem Menschenrecht der Glaubens- und Gewissensfreiheit reden, denn diese galt in der Praxis nur für Christen, Deisten und Atheisten.

Die auf der verfassungsmäßigen Gewissensfreiheit beruhende religiöse Nichtdiskriminierung in den bürgerlichen Rechten wirkte sich zugunsten der Niederlassungsfreiheit aus. Sie war in der alten Eidgenossenschaft selbst innerhalb der Stände zahlreichen Einschränkungen unterworfen gewesen (1). Einer allgemeinen Freizügigkeit zwischen den Kantonen stand unter anderem die Glaubenseinheit der Orte im Wege. Indem die helvetische Verfassung mit den innern politischen Grenzen der Schweiz den Staatskonfessionalismus aufhob und an seine Stelle die Gewissens- und Kultusfreiheit einführte, war ein Haupthindernis für ein schweizerisches Niederlassungsrecht behoben. In einem Schreiben des Justizministers vom 1.Mai 1798 wurde das Recht jedes Bürgers, seinen Wohnort nach Belieben aufzuschlagen, mit der Verfassung begründet (2). Am 13.Februar 1799 erhielt der Grundsatz der Niederlassungsfreiheit für alle helvetischen Staatsbürger Rechtskraft (3). Dasselbe Gesetz bestätigte die Gewerbefreiheit. Beide Rechte wurden mit dem politischen Begriff der Staatseinheit und

---

(1) E.His: Geschichte des neuern Schweizerischen Staatsrechts, Bd.1, Basel 1920, S. 480.

(2) J.Strickler: Actensammlung aus der Zeit der Helvetischen Republik, Bd.1, Bern 1886, S.1111.

(3) J.Strickler: Amtliche Sammlung der Acten aus der Zeit der Helvetischen Republik, Bd.3, Bern 1889, S.1134 f.

dem naturrechtlichen der bürgerlichen Gleichheit und Freiheit in Verbindung gebracht. Das Schweizer Bürgerrecht der helvetischen Verfassung und das Niederlassungsrecht hätten ohne Religionsfreiheit nicht diese Ausdehnung erfahren können.

Als Erweiterung des Individualrechts der Gewissensfreiheit ist die durch Artikel 6 der helvetischen Verfassung gewährte Kultusfreiheit zu werten. Wie die Menschenrechtserklärung von 1789 gewährte die helvetische Verfassung die freie Äußerung religiöser Ansichten. Sie fügte dieser jedoch ausdrücklich die Kultusfreiheit hinzu, wie sie erstmals in die französische Verfassung von 1791 aufgenommen und in der Direktorialverfassung bestätigt worden war. Mit Ausnahme der für die katholischen Prozessionen und Klöster geltenden Gesetze, hielten sich die Helvetiker an die Gewährleistung der Kultusfreiheit. Als sich Milizen rohe Exzesse zuschulden kommen ließen, erließen die gesetzgebenden Räte im Mai 1799 ein Gesetz, das die Störung öffentlicher Gottesdienste unter Strafe stellte. In der Begründung wurde auf die Konstitution Bezug genommen, die jedem Bürger die freie Ausübung seiner Religion zusicherte und Religionsduldung als eine der wesentlichsten republikanischen Grundsätze bezeichnete (1).

Pietisten und Separatisten, wie die Täufer, hingen während der Helvetik für ihre religiösen Zusammenkünfte nicht mehr von der Gnade oder Ungnade ihrer Obrigkeit ab. Zum ersten Mal besaßen sie ein ungeschmälertes Recht, das ihre Glaubensüberzeugung ebenso schützte, wie die bisher ausschließlich anerkannten Staatsreligionen.
In einem Gutachten vom 23.September 1799 beklagte sich

---

(1) J.Strickler: Amtliche Sammlung der Acten aus der Zeit der Helvetischen Republik.Bd.4,Bern 1892,S.390 f.

der Erziehungsdirektor Philipp A.Stapfer über das Auftauchen separatistischer Genossenschaften, deren Versammlungen schwer zu überwachen seien. Er vermochte jedoch César Laharpe nicht zu Maßnahmen gegen die Sekten zu bewegen. Am 16.August kam diese Angelegenheit durch von May erneut zur Sprache. Sein Antrag, ihre Versammlungen während der öffentlichen Gottesdienste und zur Nachtzeit zu verbieten und die Statthalter zu nötigen, jede Zusammenkunft der Separatisten vorher der Polizei anzuzeigen, fand kein Gehör. Der Vollziehungsrat berief sich auf die unbeschränkte Kultusfreiheit und ordnete nur die Überwachung an (1).

Bedeutungsvoll für die Zukunft war die Einführung des katholischen Kultus in reformierten Städten und des evangelischen in katholischen Städten. In Aarau, Bern und Luzern wurde er auf Anordnung der helvetischen Behörden eingeführt. Wo schon vor der Helvetik ein privater oder öffentlicher Gottesdienst vorhanden war, wurde aus der Duldung ein Recht der religiösen Minderheit. In Basel war in der zweiten Hälfte des 18.Jahrhunderts eine katholische Gemeinde entstanden. Aus dem anfänglich privaten Gottesdienst wurde zu Beginn der neunziger Jahre ein geduldeter öffentlicher Kultus. Doch als die helvetische Verfassung in Kraft trat, wurde den Katholiken statt des Schuppens im Klarahof die Klarakirche zum Simultangebrauch mit den Reformierten eingeräumt (2). Wenn auch in den meisten Städten diese Gottesdienste nach der Helvetik wieder aufgehoben wurden, erwies sich die Erfahrung doch wertvoll für die Entwicklung der konfessionellen Parität. Gerade hier, wo es um

---

(1) E.Herzog: Über Religionsfreiheit in der Helvetischen Republik, Bern 1884, S. 94 ff.

(2) L.R.v.Salis: Die Entwicklung der Kultusfreiheit in der Schweiz, Basel 1894, S. 84.

die Öffentlichkeit einer jahrhundertelangen, ortsfremden Religionsübung ging, zeigte sich, wie groß die inneren Widerstände gegen den Einbruch in das bisherige exklusive Staatskirchenrecht waren.

Problematischer und zum Widerstand reizend waren die zwei letzten Sätze des Artikels 6 über das Verhältnis des helvetischen Staates zu den Kirchen. Schon die Bedingung, daß kein Kultus eine herrschende Stellung verlangen dürfe, war deutlich gegen die bisherigen Staatskonfessionen gerichtet, die nun mit anderen Glaubensweisen auf dieselbe Stufe gestellt wurden. Nicht vom Selbstbestimmungsrecht der Kirchen, wie es eine konsequente Trennung erfordert hätte, sondern von einer Polizeiaufsicht war die Rede. Gemeint war die Staatsgewalt (1). Diese Aufsicht bezog sich auch auf die Lehren der Kirchen. Selbst dort, wo man an Staatsaufsicht gewöhnt war, wurde das Verhältnis grundsätzlich anders, denn der neue Staat distanzierte sich von den beiden historischen Bekenntnissen, ja bekannte sich nicht einmal allgemein zum Christentum. Am stärksten mußte die in ihrem Wesen autonomere katholische Kirche die straffe Staatskontrolle als eine Einschränkung empfinden. Gegen sie war der letzte Satz gerichtet, wonach das Verhältnis zu einer fremden Gewalt weder auf Staatsangelegenheiten noch auf die Wohlfahrt und die Aufklärung des Volkes Einfluß haben dürfe. Daß in diesem Zusammenhang für die Kirche das Wort "Sekte" gebraucht wurde (2), mußte um so mehr Anstoß bei der

---

(1) E.His: Geschichte des neuern Schweizerischen Staatsrechts, Bd.1, Basel 1920, S. 372.

(2) Der Ausdruck "Sekte" für die Kirchen entstammte den amerikanischen Verfassungen, z.B. der Verfassung von New Jersey (1776). E.His: a.a.O., S. 372.

Geistlichkeit erregen, als das Wort in der Umgangssprache nur im abschätzigen Sinn auf religiöse Sondergruppen angewandt wurde.

Als antiklerikal wurde Artikel 26 empfunden, der alle Geistlichen aus den Urversammlungen und aus politischen Ämtern ausschloß (1). Peter Ochs gab in seinem Vorschlag die Begründung zu dieser Maßnahme: Die Vorsicht gebiete, Personen, die über das Gewissen verfügen könnten, keinerlei Eingriffsmöglichkeit in die Politik zu gewähren (2). Dieser Artikel war schon in der Basler Nationalversammlung auf entschiedenen Widerstand gestoßen. Unter dem Präsidium von Peter Ochs ließ sie das Verbot des aktiven Wahlrechts fallen. Ebenso ließ sie im Artikel 6 des Basler Entwurfs die staatlichen Vorbehalte weg und ersetzte sie durch die Bestimmung, daß es jedem Kanton freigestellt sei, für den Unterhalt der Gottesdienste zu sorgen (3). Durch Nichtbeachtung der kirchlichen Einwände trafen die helvetischen Staatsschöpfer nicht nur eine der politisch folgenschwersten Entscheidungen, die ochsischen Verfassungsformulierungen und die helvetische Kirchenpolitik machten die religiöse Freiheit den Kirchen von vornherein verdächtig. Ob es zur völligen Trennung, zum Bruch oder gar zum gegenseitigen Kampf zwischen Staat und Kirche, wie in Frankreich, kommen würde, das hing im wesentlichen von der politischen und geistlichen Führung ab.

---

(1) S.Kaiser u.J.Strickler: Geschichte und Texte der Bundesverfassungen, Bern 1901, B.Dokumentarischer Teil, S.15.

(2) J.Strickler: Actensammlung aus der Zeit der Helvetischen Republik, Bd.1, Bern 1886, S.589.

(3) J.Strickler: a.a.O., Bd. 1, S. 587.

Das Problem der Trennung von Staat und Kirche

Die helvetische Konstitution enthielt keine Bestimmung über die Trennung von Staat und Kirche wie die französische Direktorialverfassung. Nach dem Wortlaut des Artikels 6 konnte es indessen keinen Zweifel darüber geben, daß die reformierte und katholische Kirche ihre exklusiven Privilegien verlieren mußten. An eine radikale Trennung im französischen Sinn werden sowohl Peter Ochs als auch César Laharpe, die anfänglich führenden Helvetiker, gedacht haben (1). Dabei ging es ihnen, wie ihren französischen Vorbildern, nicht so sehr um die Freiheit und Erhaltung der Kirchen als um ihre Einschränkung. Die Helvetiker wollten vermeiden, daß die kirchliche Tradition und namentlich die römische Hierarchie ein Herd der Konterrevolution werde. Die katholische Kirche erfuhr denn auch schwerwiegende Eingriffe in ihre kanonischen Rechte. Die meisten Priester verweigerten aus Gewissensgründen den Bürgereid. Durch Gesetz vom 8.Mai 1798 wurde das gesamte Vermögen der Klöster, Stifte und Abteien sequestriert (2). Am 20.Juli 1798 wurden die Novizen- und Professenaufnahmen provisorisch verboten (3). Das Gesetz vom 17.September 1798 bestätigte das Novizen- und Professenverbot und erklärte mit wenigen Ausnahmen das Vermögen der Klöster und Stifte zum Nationaleigentum,

---

(1) E.His: Geschichte des neuern Schweizerischen Staatsrechts, Bd.1, Basel 1920, S.377 f. In Nachahmung des französischen Vorbildes huldigten die Waadtländer 1798 dem "Etre suprême". J.Strickler: Actensammlung aus der Zeit der helvetischen Republik, Bd. 1, Bern 1886, S. 385.

(2) J.Strickler: a.a.O., Bd.1, S. 1026, Bd. 2, Bern 1887, S. 110 ff, 205, 483.

(3) J.Strickler: a.a.O., Bd.2, Bern 1887, S. 577.

was die Säkularisation von 133 kirchlichen Institutionen bedeutete (1). Die Mönche und Nonnen, die das Kloster nicht verlassen wollten, konnten ihre Einkünfte - soweit sie für den Unterhalt nötig waren - jedoch weiterhin beziehen. Wer aus religiösen Korporationen austrat, erhielt eine staatliche Entschädigung (2). Nur eine kleine Minderheit machte davon Gebrauch (3). Am 4.April 1799 traf ein weiteres Verbot die Wallfahrten, während die Prozessionen nur eingeschränkt wurden (4). Das Direktorium handhabte streng das verfassungsmäßige Aufsichtsrecht des Staates über die Kirchen und namentlich über den Verkehr mit der Hierarchie im Ausland. Der Nuntius war während der Staatsumwälzung nach Deutschland geflohen. Durch Beschluß des Vollziehungsrates vom 5.Februar 1800 wurde das staatliche Plazetrecht für die bischöflichen Erlasse förmlich ausgesprochen (5). Die bisherige Machtfülle und die Ansprüche der katholischen Kirche, die auch in die bürgerlichen, vom aufgeklärten Staat beanspruchten Rechtsverhältnisse eingriffen, erwiesen sich als unüberwindliches Hindernis, die religiöse Freiheit allgemein auch auf die Kirchen auszudehnen.

---

(1) W.Oechsli: Geschichte der Schweiz im 19. Jahrhundert, Bd.1, Leipzig 1903, S. 201.

(2) J.Strickler: Actensammlung aus der Zeit der helvetischen Republik, Bd.4, Bern 1892,S.469.

(3) E.Herzog: Über Religionsfreiheit in der helvetischen Republik, Bern 1884, S. 31 ff.

(4) J.Strickler: a.a.O., Bd.4, Bern 1892, S. 96.

(5) J.Strickler: a.a.O., Bd.5, Bern 1895, S. 719 f.

Wenn die Beziehungen des helvetischen Staates zu den Konfessionen, trotz großer Spannung, keinen offenen Kirchenkampf wie in Frankreich verursachten, ist dies zu einem guten Teil das Verdienst Philipp Albert Stapfers, des Ministers der Künste oder - wie sein Departement später hieß - der öffentlichen Erziehung (1). Ein eigentliches Kultusministerium hat die Helvetik, dem Geist ihrer Verfassung gemäß, nicht geschaffen; wohl aber wünschten ihre Führer die geistige und moralische Erziehung des Volkes. Stapfer hatte, wie mehrere andere Führer der Helvetik, in Göttingen Theologie studiert und war nach einer Glaubenskrise Kantianer geworden (2). Die Erziehung des sittlichen Gefühls interessierte ihn am Christentum. Von da bejahte er aus persönlicher Überzeugung den Grundsatz der religiösen Freiheit und der Nichteinmischung des Staates in rein kirchliche Angelegenheiten. Dem jakobinischen Geist der Religionsbekämpfung stand Stapfer ablehnend gegenüber. Vergeblich hatte er in Paris versucht, die politische Diskriminierung der Geistlichen rückgängig zu machen, war er doch überzeugt, daß der neue Staat nur mit ihrer Hilfe sein Programm verwirklichen könne. Ihm ist es zu verdanken, daß in seinem Ministerium der Dienst am Staat den Dienst

---

(1) Siehe Carl Damour: Die Kirchenpolitik der Helvetik und Ph.A.Stapfer, 1930.

(2) P.Wernle: Der schweizerische Protestantismus in der Zeit der Helvetik, Zürich 1938, Bd.1, S. 85 f. Siehe Kants philosophische Schrift vom Jahr 1793: "Die Religion innerhalb der Grenzen der Vernunft." In seinem Entwurf für eine friedliche Weltordnung aus dem Jahr 1795 wollte Kant den republikanischen Völkerbund auf die "angeborenen, zur Menschheit notwendigen und unveräußerlichen Rechte" gründen. E.Brunner: Kants Schrift "Vom ewigen Frieden" in: Festschrift für Max Huber "Vom Krieg und vom Frieden", Zürich 1944, S. 31.

an der Kirche nicht ausschloß. Zwei waadtländischen Geistlichen, die sich über die üblen Folgen der Konstitution beklagten, schrieb Stapfer, auch er habe bei der ersten Lektüre der helvetischen Konstitution geseufzt, die ausschließlich auf die Furcht der französischen Regierung vor den katholischen Priestern berechnet sei. Die Verfasser hätten die Religion ganz vom Staat trennen wollen. Mit dem früheren gefährlichen Band seien auch die wohltätigen Bande gelöst worden. Jetzt müsse die Religion, des Halts der Regierung beraubt, ihre Kraft aus der Überzeugung der moralischen Wahrheit schöpfen, riet er den Pfarrern(1).

Stapfer wurde immer mehr Kultusminister, ohne es rechtlich zu sein. Aufschlußreich für seine Absichten und Beweggründe ist seine Flugschrift vom 15.Oktober 1798 "An die Religionslehrer Helvetiens" (2). Da das Direktorium übereingekommen war, die Geistlichen einzig in ihrer Eigenschaft als Morallehrer in ihrer Staatsstellung zu belassen und als solche zu besolden (3), war es seine Aufgabe, diesen einheitliche Direktiven über ihre Pflichten zu erteilen. Unfruchtbare Lehrmeinungen und leere Gebräuche hielt Stapfer für ein unsittliches und unwürdiges Spiel. Kirche wie Staat erfüllten ihre höhere, natürliche Bestimmung nur,wenn sie auf die Forderung des sittlichen Gefühls hinarbeiten würden. Das Gewissen war für Stapfer nach

---

(1) P.Wernle: Der schweizerische Protestantismus in der Zeit der Helvetik, Bd.1, Zürich 1938, S.336.

(2) Ph.A.Stapfer: An die Religionslehrer Helvetiens über ihre Pflichten und Bestimmung, 1798.
P.Wernle: a.a.O. S.333 ff.

(3) P.Wernle: a.a.O., S.311

Kants kategorischem Imperativ "die unsichtbare Gottheit" (1). Weckung, Schärfung und Pflege des Gewissens wollte er den Religionsdienern und den Kirchen anvertrauen. In idealistischer Zukunftsgläubigkeit sah er den Tag kommen, an dem das sittliche Gewissen als absoluter Gesetzgeber und Richter über die Menschen herrschen und selbst Staat und Kirche unnötig und die Welt zum Reich Gottes machen würde (2). Dieser religionsphilosophische Idealismus war die innere Richtlinie für seine politischen Handlungen, sein Eintreten für die Freiheit des Glaubens und der Kirche. Sie zeigt den Unterschied zwischen dem überlieferten Gewissensbegriff und der Aufklärung und deckt die Ursache auf, warum letztlich die Kirchen diesem idealistischen Ethos nicht zu folgen vermochten. Stapfers Einfluß ist bis in die Regenerationszeit zu verfolgen, als die Frage der Gewissensfreiheit zu Verfassungsdebatten führte.

Noch vor der Wahl Stapfers zum Minister sah sich das fünfköpfige Direktorium veranlaßt, über die Stellung der Kirchen innerhalb des neuen Staates zu beraten. Es war eine ganz neue Aufgabe, vor die sich die Regierung gestellt sah. Der erste Versuch einer grundsätzlichen Lösung, der durch die Frage der Pfarrwahl veranlaßt wurde, stammte vom freisinnig-katholischen Justizminister Meyer von Schauensee, dem einstigen Adjutanten Lafayettes. Die Nichteinmischungsbestimmung des Artikels 26 legte er in seiner Denkschrift (3) im Sinn einer vollständigen Trennung von Staat und Kirche aus. Beide Institutionen seien nach Zweck und Mitteln verschieden. In ihrer Vermischung sah er die Ursache

(1) P.Wernle: Der schweizerische Protestantismus in der Zeit der Helvetik, Bd.1, Zürich 1938, S. 335.

(2) P.Wernle: a.a.O., S. 334.

(3) J.Strickler: Actensammlung aus der Zeit der helvetischen Republik, Bd.1, Bern 1886, S. 1182 ff.

für Blutvergießen und Verwüstungen. Aufgabe der Gesetzgebung sei es, die beiden Gewalten organisatorisch zu trennen. Das Ideal sah der Justizminister in der freien Kirche im freien Staat. Der Kirche solle die Wahl ihrer Beamten, der Gottesdienste, Disziplin, Rechtsprechung und Einkünfte vollständig überlassen werden. Sie dürfte jedoch kein Staat im Staat sein. Es folgte ein praktischer Vorschlag für eine demokratische Kirchenverfassung (1). Die Denkschrift fällt durch die versöhnliche Haltung gegenüber den Kirchen auf. Die übrigen Direktoren, auch Stapfer, wollten auf eine weltanschauliche Beeinflussung der Kirchen und das Mitspracherecht bei der Pfarrwahl nicht verzichten.

In diesem Zusammenhang verdient eine reformierte Stimme Erwähnung, die sich ebenfalls im Interesse der religiösen Freiheit für eine klare Trennung von Kirche und Staat einsetzte, Johann Kaspar Lavaters, des angesehenen Pfarrers der Gemeinde St.Peter in Zürich. Er stand dem Pietismus nahe. Dem neuen Staat war Lavater nicht grundsätzlich abgeneigt. Als der Regierungsstatthalter Zürichs, der ehemalige Revolutionär von Stäfa, C.Pfenniger , der Geistlichkeit auf Grund des Artikels 6 der Konstitution unter Androhung gerichtlicher Ahndung verbot, zum neuen Staat kritisch Stellung zu nehmen (2), verteidigte Lavater in einer Predigt "über die Pflichten des christlichen Predigers zu der gegenwärtigen Zeit der Staatsumwälzung" vom 13.Mai 1798 (3) das freie Wort der Kirche. Er betonte ihren höheren und

---

(1) P.Wernle: Der schweizerische Protestantismus in der Zeit der Helvetik, Bd.1, Zürich 1938, S. 309.

(2) E.Staehelin: Johann Caspar Lavaters ausgewählte Werke, Bd.4, Zürich 1943, S.146 f.

(3) E.Staehelin: a.a.O., S. 148 ff.

edleren Zweck, obwohl sie sich um Christi willen der menschlichen Ordnung unterwerfe. Der Prediger tue gut, so meinte Lavater, in dieser alles umschaffenden Zeit sich mit dem Gedanken immer mehr vertraut zu machen, daß sein Verhältnis zum Staat mit jedem Tag lockerer und endlich gar aufgelöst werden dürfte. Die Entwicklung, welche die helvetische Kirchenpolitik nahm, ließ in ihm die Überzeugung reifen, daß die Freiheit der Kirche am besten gewahrt werde, wenn sie sich organisatorisch vom religionslos gewordenen Staat löse.

Lavater hatte Lukas Legrand von seinen Ansichten über das Verhältnis von Staat und Kirche mündlich unterrichtet und in vielem seine Zustimmung gefunden. Beide vertraten verschiedene Interessen: Lavater die Freiheit und Selbständigkeit der christlichen Religion, Legrand den von kirchlichen Dingen unbeschwerten souveränen Staat. Beide waren aber darin einig, daß das bisherige Staatskirchentum zwei wesensfremde Faktoren auf eine verkehrte Weise aneinandergebunden hatte und daß jetzt die Zeit gekommen sei, in der die Eigenart des Staates wie der Kirche zu ihrem Recht gelangen könnte (1). Der ideellen Begegnung zweier der angesehensten Vertreter der aus der Reformation hervorgegangenen Kirche und des neuen demokratischen säkularisierten Staates in der Frage der Trennung der weltlichen und geistlichen Gewalt, kommt eine prinzipielle Bedeutung zu. Sie wies einer späteren Generation den Weg zu einem freieren Landeskirchentum und zur gleichzeitigen Bejahung vollständiger religiöser Freiheit für alle anderen Kulte.

---

(1) P.Wernle: Der schweizerische Protestantismus in der Zeit der Helvetik, Bd.1, Zürich 1938, S. 312.

Aus der Anregung Legrands, Lavater solle seine Gedanken veröffentlichen, entstand Lavaters Schrift "Moses und Aaron", die er "für den Gebrauch der helvetischen Republik" niederschrieb (1). Wie später Schleiermacher, suchte Lavater nach einer möglichst strengen Sonderung die harmonische Aufrundung (2). Er widersetzte sich der Auflösung der christlichen Religion in bloße Moral und betonte deren positive Eigenart. Christentum war für ihn die Gottesverehrung schlechthin. Diese bedürfe einer positiven Gesellschaft, der Kirche, die statt erbauliches Moralisieren vielmehr ein Bekenntnis brauche und das Recht haben müsse, Andersgläubige auszuschließen. Damit distanzierte sich Lavater deutlich von dem Bestreben, die Kirche unter der Forderung der Toleranz ihres christlichen Wesens zu berauben. Seine Ablehnung war überraschend kategorisch: "Diese Ausschließung der Nicht-Gleichglaubenden von der Gemeinde der Gleichglaubenden Intoleranz zu nennen, ist unter allen Intoleranzen wohl die intolerabelste"(3). So sehr jedoch Lavater am alten Kirchenbegriff festhielt, so entschieden lehnte er das Staatskirchentum alter Prägung ab, das die Verfolgungen Andersgläubiger verursacht hatte. Im Verhältnis der Kirche zum Staat trat er für vollständige religiöse Freiheit ein und forderte dasselbe Recht völliger Unabhängigkeit vom Staat, zu dem die christliche Gemeinschaft äußerlich im gleichen Verhältnis stehe wie eine kaufmännische oder gelehrte Gesellschaft, für jede christliche Gemeinde.

---

(1) J.K.Lavater: Moses und Aaron oder Versuch einer hinlänglichen Sonderung und Vereinigung der Rechte und Zwecke des Staates und der Kirche, zum unmittelbaren praktischen Gebrauch für die Eine und unteilbare helvetische Republik. Das Vorwort ist vom 6.Okt.1798.

(2) P.Wernle: Der schweizerische Protestantismus in der Zeit der Helvetik, Bd.1, S.325.

(3) P.Wernle: a.a.O., S. 327.

Das Recht, sich Vorsteher, Aufseher, Friedensrichter, die Disziplin, das Armenwesen, die Privaterziehung nach eigenen Grundsätzen zu wählen, dehnte Lavater auf die jüdischen Gemeinschaften aus, für deren Rehabilitierung er sich einsetzte. Wenn damit Lavater dem Staat jegliche Einmischung in die inneren Angelegenheiten der Kirche absprach, so behielt er doch die Interessen der umfassenden Gesellschaft im Auge. Von allen kirchlichen Übungen und Einrichtungen dürfte keine dem Staatswohl und den Gesetzen zuwider sein. Der Entchristlichung der politischen Gesellschaft stand seine Überzeugung entgegen, daß der Staat die Christen benötige und die christliche Religion die beste Bürgerschaft hervorbringe, die umfassendste Verbrüderung bedeute. Nicht Duldung wollte Lavater, sondern rechtliche Anerkennung und Schutz aller Kultweisen und Glaubensvereinigungen.

In einer Bittschrift vom 30.September 1798 an die helvetischen Gesetzgeber, man möge seiner Gemeinde sowie allen übrigen das Gemeindewahlrecht gewähren, berief sich Lavater auf den Geist der Konstitution. Er wünschte baldige und möglichst genaue Sonderung der Kirchen- und Staatsrechte (1). Auch dem für das Kirchenwesen zuständigen Erziehungsminister Stapfer legte der mutige Pfarrer von St.Peter in einem langen Brief vom 23.Januar 1799 seine Überzeugung aus. In der Einsetzung von Geistlichen als Morallehrer durch den Staat sah er einen Eingriff in die Rechte der Kirche. Als etwas Böses bezeichnete er jede offenbare Abweichung von den aufgestellten philosophischen Prinzipien vollkommener Religions-

---

(1) P.Wernle: Der schweizerische Protestantismus in der Zeit der Helvetik, Bd.1, S. 328.

freiheit, von der durchaus unverwischbaren Verschiedenheit religiöser und politischer Gesellschaften (1). Wenn schon der helvetische Staat nicht christlich angesehen sein wolle, habe er nicht das allermindeste Recht - argumentierte Lavater - sich in Wahlen der Vorsteher und Lehrer religiöser Gesellschaften einzumischen. Wenn er die Religionslehrer bezahle, trage er als Debitor nur eine Schuld ab aus dem Gut, das er diesen seit Jahrhunderten entzogen habe.

Lavater fand nur für seine Gemeinde St.Peter teilweise Gehör. Er stand der amerikanischen Erklärung religiöser Freiheit näher als der französischen (2). Der Geist, der Lavater beseelte, war nicht der Geist der Konstitution, auf die er sich berief. Ihren Urhebern war mehr an der Macht des Staates als an der Freiheit der Kirche gelegen. Einige Wortführer der Helvetik hegten vielmehr den Wunsch, ein Gemisch von Menschenrechten, antiker Tugendlehre, altschweizerischem Freiheitsideal und christlicher Moral möchte zur helvetischen Staatsreligion erhoben und damit die nach ihrer Überzeugung rückständigen Kirchen ideologisch entbehrlich gemacht werden. Nur die Gewißheit, daß ihnen die Geistlichen und das Volk die Gefolgschaft versagen würden, hielt die Helvetiker davon ab, die Versuche zu weit zu treiben. Die große Mehrzahl der Schweizer hielt an der überlieferten Konfession fest.

---

(1) P.Wernle: Der schweizerische Protestantismus in der Zeit der Helvetik, Bd.1, S. 329.

(2) "Seine (Lavaters) Theorie der Freiheit der Kirchen vom Staat stammt aus einem so freudevollen Vertrauen zu der souveränen Macht der Religion und des hinter ihr stehenden Gottes, wie es in dieser Zeit nur wenige besaßen. Man muß auf Schweizerboden bis zur Literatur eines Alexander Vinet gehen, um etwas Analoges zu finden". P.Wernle: a.a.O., S. 331. In seiner "Denkschrift zu Gunsten der Kultfreiheit" bezog sich Vinet auch auf Lavater. E.Staehelin: Alexander Vinets ausgewählte Werke, Bd.1, Zürich 1944, S. 151.

Die Selbstverwaltung der Kirchen wurde unter der helvetischen Konstitution nie gesetzlich geregelt. Noch am 3.Januar 1799 forderte das Direktorium, das inzwischen personelle Änderungen erfahren hatte, Minister Stapfer auf, "über die Verhältnisse, welche zwischen dem Staate und der Religion überhaupt anzunehmen seien", einen Bericht vorzulegen (1). Die Regierung zog jedoch einer prinzipiellen Stellungnahme eine provisorische Lösung von Fall zu Fall vor.

Allmähliches Ausscheiden der Gewissens- und Kultusfreiheit aus den eidgenössischen Verfassungsentwürfen

Dem immer mehr beanstandeten Artikel 6 der helvetischen Verfassung war keine lange Wirksamkeit beschieden. Bevor eine neue Konstitution Gültigkeit erlangte, waren seine Tage gezählt. Dies lag nicht so sehr an dem ungewohnten Freiheitsprinzip als solchem, das er in das eidgenössische Recht und Leben einführte, als vielmehr an der Kirchenpolitik der Helvetiker. Sie widersprach, trotz des mäßigenden Einflußes Stapfers,allzusehr der eidgenössischen Tradition. Die Ideologie der Revolution und das französische Vorbild machten jeden Griff des Staates nach der Kirche verdächtig und erregten die Gemüter. Zwar war es nicht wie in Biel, das Frankreich annektiert hatte, zur Versteigerung der Kirchen gekommen. Der französische Zehntagezyklus versuchte nicht, die Woche und den Sonntag zu verdrängen. Die Klöster wurden nicht aufgehoben. Doch auch ohne diese antikirchlichen

(1) E.Herzog: Über Religionsfreiheit in der helvetischen Republik, Bern 1884, S. 6.

Auswüchse litt das Ansehen der Kirchen und ihr sittlicher Einfluß auf das Volk. Nie zuvor waren die Geistlichen materiell und ideell einer solchen Bedrängnis ausgesetzt gewesen.

Auch der vermittelnde Stapfer war nach dem Sturz des helvetischen Direktoriums von reformierter Seite her heftiger Kritik ausgesetzt. Ihren stärksten offiziellen Ausdruck fand sie in Bern, wo die Erinnerung an die unter dem alten Staatskirchentum angesehene Stellung der Kirche mächtiger als anderswo nachwirkte. Der Berner Dekan Joh.Samuel Ith, das einflußreichste Kirchenhaupt Helvetiens, war ursprünglich keineswegs ein Gegner der Revolution gewesen. Er hatte in seinem während der eidgenössischen Umwälzung geschriebenen Essai über die Gestaltung der Verhältnisse des Staates zur Religion und Kirche (1) durch das Zusammentreffen der deutschen Philosophie mit den politischen Revolutionsidealen Frankreichs eine glückliche Synthese für die Schweiz erhofft, die dem Volkswohl und einem toleranten Staatskirchentum zugute kommen würde. In den Menschenrechten sah er Aussprüche der allgemeinen Vernunft und des Evangeliums. In seiner Erwartung, der Artikel 6 der helvetischen Konstitution werde im Namen der allgemeinen Gerechtigkeit und Menschlichkeit eine kirchenfreundliche Auslegung finden, sah er sich jedoch getäuscht. Die Adresse des Berner Kirchenrates vom 14.Januar 1800 (2) an den neuen

(1) Joh.Samuel Ith: Versuch über die Verhältnisse des Staates zur Religion und Kirche und eine denselben angemessene Organisation dieser letztern für das protestantische Helvetien. 1898. P.Wernle: Der schweizerische Protestantismus in der Zeit der Helvetik, Bd.1, Zürich/Leipzig 1938, S. 313 ff.

(2) Adresse des Bernischen Kirchen-Raths an den Vollziehungs-Ausschuß der Helvetischen Republik, Bern 1800. Vgl.J.Schweizer: Schreiben an das Helvetische Vollziehungs-Direktorium, Namens der Zürcherischen Geistlichkeit, Zürich 1799. P.Wernle: a.a.O., Bd.2, Zürich 1942, S. 16 f.

Vollziehungsausschuß zeigt, wie vehement die reformierte Kirche zum Gegenangriff überging und mit den Machthabern der zwei vergangenen Revolutionsjahre abrechnete, vorab mit Minister Stapfer. Ihm wurde Mangel an Qualifikation vorgeworfen. Die früheren kirchlichen Behörden seien nur geduldet gewesen, und die Aufhebung der Sittengerichte habe das Ansehen der Geistlichkeit zerstört und wildeste Ausgelassenheit verursacht, heißt es in dem Schreiben. Auf bloße Anzeigen hin habe man sie wie überwiesene Verbrecher gefangen genommen und vor Kriegsgerichte gestellt. Sie seien der Aufsicht über die Schulen und des Einflußes auf die Volksbildung beraubt worden. Bei der Anstellung der Pfarrer hätten Launen und Umtriebe listiger oder mächtiger Gemeindegenossen mitgewirkt. Durch Verschenkung der Kirchengüter, die in Zehnten und Grundzinsen bestanden, sei die Besoldung der Lehrer in Kirchen und Schulen untergraben worden, und man habe diese darben lassen. In all diesen Eingriffen des Staates wollte der Kirchenrat Berns nur Mittel zur Zerstörung des Christentums in Helvetien sehen (1) und einen Vorwand, das absichtlich zur Verwilderung gebrachte Volk mit einem eisernen Zepter beherrschen zu können (2). Die Adresse zeigt, wie wenig von dem Optimismus übriggeblieben war, mit dem nicht wenige Geistliche die Revolution und ihre Menschenrechte begrüßt hatten. Gerechter beurteilte der befreundete Lavater von seinem Schmerzenslager, auf das ihn eine französische Kugel gestreckt hatte, Stapfers Verantwortung. Weder Kirchenfeindlichkeit, noch Pfaffenhaß habe ihn beseelt, "aber

---

(1) Vgl. "Die Vertilgung der Religion in Helvetien" vom DichterpfarrerJoh.Rud.Wyss 1800; in: Höpfners Monatsschrift, Heft 6, S.61 ff erschienen.

(2) P.Wernle: Der schweizerische Protestantismus in der Zeit der Helvetik, Bd.2, Zürich 1942, S.17.

der Schein war wider Sie", antwortete Lavater dem Minister, den der Angriff der Berner Geistlichkeit tief verletzt hatte.

Nach Stapfer war weder Iths Theorie, die "ein wunderbares Gemisch von Philosophismus und Papismus" sei, zu empfehlen, noch Lavaters "heroischer Independentismus" heilsam, wie er dessen Trennungsgedanken mit den "demokratisch-anarchisch-quäckerischen Grundsätzen aus den Jahrhunderten vor Konstantin" nannte, die nicht mehr zeitgemäss seien und den Staat von seiner wohltätigen, zur Erhaltung der Kirche unentbehrlichen Beschützung und Pflege wegreissen wollten. Er empfahl vielmehr die bewährten Lehren eines Luther und Calvin (1). Stapfer verliess als Folge des kirchlichen Angriffs seinen Ministerposten; Lavaters Stimme erlosch bald darauf. Das neue Jahrhundert begann mit der Resignation in bezug auf die Grundsätze, welche die helvetische Verfassung als ein natürliches Menschenrecht und für Helvetien als ein notwendiges konstitutives Staatsprinzip verkündet hatte, aber selbst untergrub.

Ein sehr interessantes Dokument dieser Uebergangszeit ist die in Bern gedruckte Schrift "Ueber die Rechte der Kirche und derselben Freie Ausübung in unserm Staate" vom 18. September 1800 (2). Sie trägt die Unterschrift der berufensten Vertreter der helvetischen reformierten Kirchen, des Zürcher Dekans Joh. Jakob Hess, des Basler Antistes E. Merian, der Dekane Peter Stähelin, St.Gallen, Joh. Ith, Bern, Charles Bugnion, Lausanne, J. Mousson, Morges und des Pfarrers am Münster

(1) Brief Ph.A.Stapfers an J.K.Lavater vom 1.März 1800. Zitiert nach P.Wernle: Der schweizerische Protestantismus in der Zeit der Helvetik, Bd.2, Zürich 1942, S.33.

(2) Siehe P.Wernle: a.a.O., S.127 ff.

in Schaffhausen, Melchior Habicht. Es handelt sich um eine Willensäusserung der evangelischen Geistlichkeit, im Rahmen der staatlichen Neuorganisation, die Freiheiten und Interessen ihrer Kirchen durch ein reformiertes Kirchenrecht zu wahren. Die geistlichen Häupter anerkannten in dieser Schrift das Aufsichtsrecht bei den Wahlen. Der Staat habe jedoch für die Sicherheit der Kirche und den Unterhalt ihrer Anstalten und Diener zu sorgen. Trotz der Rückkehr zum alten Staatskirchentum, distanzierten sich die Unterzeichneten von der früheren Intoleranz. Im 12. und letzten Abschnitt wurde versucht, die Gewissens- und Kultusfreiheit im Interesse des Religionsfriedens und der Staatseinheit zu retten. Der Grundsatz der Toleranz solle das Verhältnis der beiden Kirchen zueinander regeln. Der Staat könne nicht gestatten, dass künftig Religionswechsel die bürgerlichen Rechte schmälere. Dadurch werde ein freies und sicheres Wohnen auch in einem anderskonfessionellen Kanton möglich. Geradezu ökumenische Weite hat der Vorschlag, die beiden Konfessionen möchten, ohne direkte Religionsvereinigung, eine gemeinchristliche Basis allgemeiner Glaubens- und Sittenlehren finden und sich verpflichten, einander wegen der restlichen Differenzen nicht anzufeinden, auch jede Proselytenmacherei vermeiden. Jede der beiden Konfessionen würde der anderen versprechen, deren Wunsch nach freiem Gottesdienst nichts in den Weg zu legen. Dieselbe Toleranz sollte auch gegenüber anderen christlichen Bekenntnissen, ja sogar gegenüber den Juden gelten: "Kleineren Religionsgemeinschaften bleibt die Freiheit ihrer Uebungen vom Staat wie von beiden Kirchen garantiert, mit Vorbehalt derjenigen Rechte, die in ihrer öffentlichen Anerkennung und förmlichen Autorisation liegen. Dies trifft auch die Judengemeinde in Helvetien" (1).

(1) P.Wernle: Der schweizerische Protestantismus in der Zeit der Helvetik, Bd.2, Zürich 1942, S.132.

Weder das kühne Ideal einer schweizerischen reformierten Kirche, wie der 8.Abschnitt sie skizzierte, noch der Plan für einen dauerhaften Religionsfrieden, wie ihn die Kirchenhäupter hier anboten, gingen in Erfüllung. Dieses erstaunlich modern anmutende Bekenntnis der reformierten Kirchenhäupter zur nationalen Idee und zur vollen religiösen Freiheit kam zu spät. Es vermochte den begonnenen Rückschlag des kirchenpolitischen Pendels nicht mehr aufzuhalten. Der erstarkte Geist des politischen Föderalismus war kirchlichen Einheitslösungen abhold. Die Schrift "Über das Recht der Kirche und desselben freie Ausübung" bleibt indessen ein ideengeschichtliches Dokument, das zeigt, welch unerhörter geistiger Wandlung jene Zeit fähig war. In versöhnlichem Geist sind kirchliche Selbstbehauptung mit menschenrechtlichem Ethos und vaterländischem Verantwortungsbewußtsein verbunden.

Die Helvetik war mitten in Verfassungskämpfen. Von der Gewissens- und Kultusfreiheit war schon 1800 nicht mehr eindeutig die Rede gewesen, und 1801 fehlte sie im Verfassungsentwurf des Vollziehungsrates vom Januar und von Malmaison (1). In den kirchlichen Verhältnissen siegte das historische über das natürliche Recht, das kantonale Interesse über das nationale. Daß man die religiöse Freiheit dennoch in den Verfassungsverhandlungen und im parteipolitischen Hin und Her der letzten Jahre der Helvetik immer wieder aufgegriffen hat, beweist, wie zäh um ihren menschlichen und staatspolitischen Wert gerungen wurde. Erst 1803 verschwand sie aus den Verfassungsbestimmungen völlig und für Jahrzehnte.

---

(1) E.His: Geschichte des neuern Schweizerischen Staatsrechts, Bd.1, Basel 1920, S.397.

Nach dem Staatsstreich der gemäßigten Republikaner vom 7. Januar 1800, durch den die Kammern Laharpe stürzten und das Direktorium durch einen provisorischen Vollziehungsausschuß ersetzt wurde, beeilten sich die Räte, der neuen Richtung eine verfassungsmäßige Legitimation zu geben. Die nach helvetischer Konstitution rechtmäßige Revision hätte erst 1803 stattfinden sollen. Verfassungsvorschläge fielen in die Kompetenz des Senats. Am 15. Januar 1800 erstattete der Zürcher Paul Usteri den Bericht der Kommissionsmehrheit. Die Hauptgrundsätze spiegeln deutlich die kirchenpolitische Wandlung wider: "Die Religion der Christen nach dem katholischen sowohl als protestantischen Glaubensbekenntnis soll als ein köstliches Erbteil unserer Väter unangetastet und geschützt und der ständige Unterhalt der Religionsdiener und Pfarrer, als der Lehrer und nächsten Aufseher der Sittlichkeit ihrer Pfarrgenossen, als heilige Schuld anerkannt und ihnen zugesichert bleiben" (1). Auch von den Freiheitsrechten ist in den Hauptgrundsätzen die Rede: "Jedes Hindernis, welches äußere Willkür ihm in der so beschaffenen Ausübung seiner Denk- und Glaubens- und Erwerbsfreiheit entgegensetzt, ist Vergreifung an der Menschheit". Doch die allgemeine Kultusfreiheit wird nirgends ausdrücklich garantiert. Die Kommissionsminderheit war nicht wenig bemüht, wie es in ihrem Bericht heißt, die Besorgnisse, welche der Artikel 6 der ochsischen Konstitution beim Volk erregt habe, mit allem Fleiß zu beheben und die scheuesten Gemüter und die religiösesten Gefühle zu beruhigen. Jedoch sei es ihr auch darum gegangen, die neue helvetische Verfassung, die

---

(1) J.Strickler: Actensammlung aus der Zeit der Helvetischen Republik, Bd.5, Bern 1895, S.1319.

sich auf die Menschenrechte gründen solle, nicht durch menschenfeindliche Unduldsamkeit zu verunstalten (1). Auch die Formulierung der Demokraten zeigt, wie sehr ihnen daran gelegen war, die kirchlich gesinnte Bevölkerung zu gewinnen: "Die Religion und die Gottesdienste bleiben ungestört; sie sind das Heiligste und stehen vorzüglich unter dem Schutze der Gesetze" (2). Es sei eine der dringendsten Pflichten, für den standesgemäßen Unterhalt der Geistlichen zu sorgen. In der Diskussion zeigte sich der Wille, sowohl die Gewissensfreiheit als auch die Rechte der Kirchen zu gewährleisten. Doch auch die Intoleranz kam ungehemmt wieder zu Wort. Der Walliser Anton Augustin äußerte die Meinung, alle öffentlichen Gottesdienste zu schützen, sei so viel, wie wenn ein Arzt das einzige Rettungsmittel vergiften wolle. Die uneingeschränkte Religions-, Presse- und Schreibfreiheit werde das helvetische Volk nicht dulden, da sonst Ehebruch, Blutschande und öffentliche Unzucht, die in anderen Ländern alle zur Religion gehörten, konstitutionsmäßig eingeführt werden könnten. Die helvetische Republik solle daher keine anderen öffentlichen Gottesdienste außer den katholischen und den protestantischen anerkennen (3). Der freisinnige Glarner Kübli antwortete, man habe vor 2000 Jahren nicht stupider geredet. "Wir wollen doch nicht vor der ganzen Welt zum Gespötte werden!" (4). Für größtmögliche Religionsfreiheit trat der führende Opponent der Republikaner, welche die demokratischen Rechte einschränken wollten, der Waadtländer J.J.Cart ein. Er rühmte Amerika, wo man Gott und die Freiheit

---

(1) J.Strickler: Actensammlung aus der Zeit der Helvetischen Republik, Bd.5, Bern 1895, S.1332.

(2) J.Strickler: a.a.O., S. 1333

(3) J.Strickler: a.a.O., S. 1380

(4) J.Strickler: a.a.O., S. 1380

ehre. "Warum sollte die Verfassung, die ihr Glück macht, nicht auch das unsere machen können ?" (1). Auch die Katholiken Urs Joseph Lüthy von Solothurn und von Flüe verteidigten mit den Rechten der christlichen Religion die Bekenntnisfreiheit. Es blieb indessen beim Vorschlag der Kommissionsmehrheit, welche nur die Kultusfreiheit der beiden großen Kirchen ausdrücklich garantierte. Der definitive Senatstext vom 5.Juli 1800 lautete: "Die Religion der Christen nach dem katholischen und reformierten Glaubensbekenntnis , ihre Gottesdienste und gottesdienstlichen Übungen bleiben ungestört jedem frey, und unter dem besondern Schutz der Regierung" (2).

Der ersten ohne fremden Einfluß zustande gekommenen eidgenössischen Verfassung war keine dauernde Wirksamkeit beschieden. Republikaner wie Föderalisten verschrieen sie als Machwerk der Patrioten und ersparten ihr selbst den Vorwurf des Jakobinertums nicht (3). Der Staatsstreich der Republikaner vom 7.August 1800 setzte an Stelle der helvetischen Räte eine Konstituante, welche die Verfassungsarbeit erneut aufnahm. Frankreich begann eine Gleichgewichtspolitik, die bald die Föderalisten, bald die Unitarier begünstigte. Der Verfassungsentwurf der Unitarier Rengger, Usteri und Zimmermann vom 24. Oktober 1801 stellte, wie sein Vorläufer, das römisch-katholische und das evangelisch-reformierte Glaubensbekenntnis unter den besonderen Schutz des Staates, bekannte sich jedoch wieder ausdrücklich zur

---

(1) J.Strickler: Actensammlung aus der Zeit der Helvetischen Republik, Bd.5, Bern 1895, S. 1354.

(2) Art.11. S.Kaiser u.J.Strickler: Geschichte und Texte der Bundesverfassungen der Schweizerischen Eidgenossenschaft von der helvetischen Staatsumwälzung bis zur Gegenwart, Bern 1901, S. 49.

(3) E.His: Geschichte des neuern Schweizerischen Staatsrechts, Bd.1, Basel 1920, S. 37.

allgemeinen Kultusfreiheit: "Keine Religionspartei, deren Zwecke der Sittlichkeit und öffentlichen Ordnung nicht zuwiderlaufen, ist von ihrer Religionsübung ausgeschlossen" (1). Die Verfassung anerkannte nur ein helvetisches, jedoch kein kantonales Staatsbürgerrecht. Noch war die Christlichkeit des Staates nicht vefassungsmäßig festgelegt.

Erst der föderalistische Entwurf vom 27.Februar 1802 (2), an dessen Ausarbeitung der spätere Zürcher Bürgermeister David von Wyss führenden Anteil hatte, brachte die bedeutsame Wende zum paritätischen Staatskirchentum mit dem Paragraphen 5 des Abschnitts über Religion und Kirchenwesen: "Die christliche Religion nach dem katholischen und reformierten Glaubensbekenntnis ist die Religion des Schweizervolkes und seiner Regierung und steht unter dem besonderen Schutze des Staates" (3). Die Unitarier liefen gegen die Verkürzung der Religionsfreiheit Sturm. So wurde der Satz über die allgemeine Kultusfreiheit aus dem Text vom 24.Oktober des Vorjahres hinzugefügt. Paragraph 6 bestimmte, daß bei Konflikten zwischen den offiziellen Konfessionen der Senat entscheiden solle. Diesen Entwurf nahmen die helvetischen Senatsdeputierten 1803 zur Consulta mit (4). Ähnliche Bestimmungen enthielt die Verfassung vom 25.Mai 1802, welche die Versammlung

---

(1) J.Strickler: Actensammlung aus der Zeit der Helvetischen Republik, Bd.7, Bern 1899, S.593.

(2) Schon in den Verfassungsentwürfen des Vollziehungsrates und von Malmaison aus dem Jahr 1801 war von der Gewissens- und Kultusfreiheit nicht mehr die Rede. E.His: Geschichte des neuern Schweizerischen Staatsrechts, Bd.1, Basel 1920, S. 397.

(3) J.Strickler: a.a.O., S. 1044.

(4) E.His: a.a.O., S. 398.

der mehrheitlich unitarischen Notabeln dem Volk zur Annahme empfahl und die infolge Zählung der Nichtstimmenden angenommen wurde.

Napoleons Vermittlung setzte dem unversöhnlichen Verfassungsstreit ein Ende. Seine Mediationsakte erwähnte die allgemeine Gewissens- und Kultusfreiheit nicht mehr. Bereits im April des Jahres 1801 hatte sich Napoleon mit den Verfassungsakten der Schweiz beschäftigt. Das Resultat war der erste Entwurf von Malmaison, der den Einheitsstaat mit dem alten Staatenbund auszugleichen suchte und auf den sich in den Verfassungsverhandlungen bald die eine, bald die andere Partei berief. Es war ein vernünftiger Kompromiß zwischen Zentralismus und Föderalismus. Stapfer und Glayre versuchten vergeblich, in Paris den Unitarismus zu retten. Napoleon hatte sich eindeutig für weitgehende Rückkehr zur kantonalen Souveränität entschlossen, um die Volksbefriedung zu ermöglichen. Zu den kantonalen Kompetenzen sollte auch das Kirchenwesen gehören (1). Von den Bestimmungen des Artikels 6 der helvetischen Verfassung von 1798, die so viel Unruhe und Opposition gestiftet hatten, war nicht mehr die Rede, vom Antiklerikalismus nichts mehr zu spüren. Der Entwurf von Malmaison liegt der Mediationsverfassung von 1803 zugrunde. Sie wurde das Vorbild für die ersten Revisionsentwürfe der Regenerationszeit (2).

---

(1) J.Strickler: Actensammlung aus der Zeit der Helvetischen Republik, Bd.6, Bern 1897, S. 875.

(2) C.Hilty: Die Bundesverfassungen der schweizerischen Eidgenossenschaft, Bern 1891, S. 347.

Napoleons Mediationsakte und die Parität

Mit der als Verfassungsdiktat eingeführten Vermittlungsurkunde des ersten Konsuls der französischen Republik war an Stelle des früheren dreizehnörtigen Bundes und des Einheitsstaates der Helvetik ein Staatswesen mit 19 gleichberechtigten Kantonen entstanden. Mit Ausnahme von Bern, das die ehemaligen waadtländischen und aargauischen Untertanengebiete nicht wieder zurückerhielt, wurden die alten Orte ungefähr in ihrem früheren Umfang wiederhergestellt (1). Von den neuen Kantonen hatte nur Graubünden als zugewandter Ort eine eigene Staatsform besessen, alle anderen waren in der alten Eidgenossenschaft Vogteien gewesen. Ein einziger, der Tessin, war rein katholisch, die Waadt reformiert. Die neuen Orte Aargau, Thurgau und St.Gallen waren gemischtkonfessionell wie Graubünden, Glarus und Appenzell, die alten paritätischen Stände. Somit besaß die Schweiz insgesamt 8 katholische, 5 reformierte und 6 gemischtkonfessionelle Kantone, von den kleinen heterodoxen Enklaven abgesehen, die zu reformierten oder katholischen Kantonen gehörten. Das Übergewicht der reformierten Bevölkerung war durch das Hinzukommen von Graubünden, das früher nur zugewandter Ort gewesen, größer geworden, und die großen reformierten Kantone Bern, Zürich und Waadt besaßen nebst Aargau, St.Gallen und Graubünden dazu noch doppelt soviel Stimmen in der Tagsatzung als die anderen Stände. Dadurch ergab sich ein sicher nicht zufälliges Gleichgewicht zwischen den katholischen und reformierten Stimmen. Von den paritätischen Kantonen war

---

(1) E.Bonjour: Geschichte der Schweiz im 19. und 20. Jahrhundert; in: Geschichte der Schweiz, Bd.2, Zürich 1938, S.355.

anzunehmen, daß sie in der eidgenössischen Politik eine konfessionell neutrale Haltung einnehmen würden, wie das früher schon bei Appenzell und Glarus der Fall war. Drei davon konnten je einen reformierten und einen katholischen Vertreter delegieren. Aus Gründen des konfessionellen Ausgleichs bestimmte Napoleon Freiburg, Solothurn, Luzern und Bern, Basel, Zürich - drei katholische und drei reformierte Kantone - zu Vororten. In jährlichem Wechsel sollten sie in der Person ihres Staatsoberhauptes den Landammann für die Schweiz stellen (1).

Durch diese Bundesstruktur und durch die Ausklammerung aller kirchlichen Angelegenheiten, die nun wieder ausschließlich in die kantonale Zuständigkeit fielen (2), war eine konfessionelle Majorisierung durch die Tagsatzung eine weit geringere Gefahr als in der vorhelvetischen Eidgenossenschaft. Dabei war das Wegfallen der gemischtkonfessionellen gemeinen Herrschaften, die während Jahrhunderten zu schwerwiegenden Religionskonflikten geführt hatten, ein wesentlicher Beitrag zur Wahrung des konfessionellen Friedens. Nur so ist es erklärlich, daß Napoleon die Bestimmungen des vierten Landfriedens im Bundesrecht wegließ. Damit konnte er dem neuen Staatenbund gleichzeitig ein etwas festeres politisch-militärisches Gefüge geben, ohne befürchten zu müssen, daß der konfessionelle Streit auf eidgenössischer Ebene neu entfacht würde. Die Kompetenzen der Tagsatzung waren gegenüber früher vermehrt.

---

(1) S.Kaiser u.J.Strickler: Geschichte und Texte der Bundesverfassungen der schweizerischen Eidgenossenschaft, Bern 1901, B.Dokumentarischer Teil, S.114.

(2) Über die fruchtlosen Versuche, mittels Tagsatzungsbeschlüssen in einzelnen konfessionellen Belangen ein allgemein gültiges Bundesgesetz zu erlassen,

Die Anerkennung der Beschlüsse lag nicht mehr im Belieben jedes einzelnen Kantons. Die Minderheit der Stände mußte sich dem Willen der Tagsatzungsmehrheit fügen (1). Dies betraf jedoch nur die in der Verfassung als gemeineidgenössisch vorgesehenen Gegenstände, denn Artikel 12 schützte die kantonale Souveränität in allen Rechten, die nicht ausdrücklich der Bundesbehörde übertragen wurden (2). An der Tagsatzung von 1804 wurde beschlossen, für allgemein verbindliche Beschlüsse die einfache Mehrheit von 13 Stimmen zu verlangen. In der Praxis erwies sich das Mehrheitsrecht als illusorisch, indem meist nur jene Kantone sich an die Bundesbeschlüsse hielten, die dafür gestimmt hatten (3).

Das Schwergewicht lag wieder eindeutig bei den Kantonen. Dies zeigte sich schon darin, daß die Mediationsakte für jeden Stand eine eigene Verfassung enthielt, die sogar den Bundesartikeln vorangestellt war. Religionsbestimmungen gab es nur für die Stände. Sie sind kurz und meist von gleichlautender Formulierung: "La constitution garantit la religion professée dans le canton" oder: "La religion catholique romaine est la religion du canton" (4). In den Verfassungsartikeln der Kantone mit kleinen konfessionellen Minderheiten ist das Wort "religions" in der Mehrzahl (5). An Stelle

---

siehe Repertorium der eidgenössischen Abschiede 1803-1813, Bern 1886, S.143. Nur die Bestimmungen über den eidgenössischen Bettag bildeten eine Ausnahme. a.a.O., S.1461.

(1) J.Dierauer: Geschichte der Schweizerischen Eidgenossenschaft, Bd.5, Gotha 1922, S. 189.

(2) S.Kaiser u.J.Strickler: a.a.O., S. 119.

(3) W.Oechsli: Geschichte der Schweiz im neunzehnten Jahrhundert, Bd.1, Leipzig 1903, S. 591 ff.

(4) Basel (Art.20,S.409); Luzern (Art.20,S.427); Schaffhausen (Art.20,S.440); Schwyz (Art.1,S.440); Tessin (Art.25,S.453); Unterwalden (Art.2,S.461); Uri (Art. 1,S.462); Zug (Art.2,S.471); Repertorium der Abschiede der eidg.Tagsatzungen 1803-1813,Bern 1886.

(5) Bern(Art.20,S.419); Solothurn (Art.20,S.446);

des konfessionslosen helvetischen Staates, der allgemeine Gewissens- und Kultusfreiheit gewährt hatte, trat wieder der bekenntnisgebundene Kanton, der in eigener Vollmacht die Staatsreligion bestimmte und Kirchengesetze erlassen konnte. Kein einziger Kanton hat - wozu er auf Grund seiner Souveränität ermächtigt gewesen wäre - die allgemeine Religionsfreiheit der Helvetik zum Gesetz erhoben. Religiöse Minderheiten, sofern sie nicht einen anerkannten Rechtsstatus hatten, wurden höchstens geduldet.

Eine Rückkehr zu völliger rechtlicher Glaubenseinheit in den Kantonen wurde indessen durch die Mediationsakte verhindert, indem sie die Niederlassungs- und Gewerbefreiheit der Helvetik beibehielt (1). Artikel 4 enthielt folgende Bestimmung: "Chaque citoyen suisse a la faculté de transporter son domicile dans un autre canton, et d'y exercer librement son industrie" (2). Damit blieb den Bürgern indirekt ein wichtiger Rest religiöser Freiheit erhalten. Wenn sich ein katholischer Schweizer in einem reformierten Kanton und ein reformierter in einem katholischen Ort niederlassen und handwerklich betätigen durfte, wie dies schon während der Helvetik der Fall war, mußte er in seinem Glauben ungestört bleiben. Damit war dem indirekten Glaubenszwang eine Grenze gesetzt, die sich auch auf Kantonsbürger auswirken konnte. Ein Recht auf öffentlichen Gottesdienst war jedoch daraus nicht abzuleiten. Weniger eindeutig ist die politische Rechtsgleichheit für Niedergelassene formuliert. Derselbe Artikel bestimmt, daß diese nach den Gesetzen des aufnehmenden

Waadt (Art.25,S.471); Zürich (Art.20,S.477); Freiburg (Art.20,S.419); Repertorium: a.a.O.

(1) Die helvetische Verfassung enthielt kein formelles Niederlassungsrecht. Dieses wurde jedoch aus ihren individualrechtlichen Prinzipien abgeleitet und am 13.Februar 1799 als Gesetz erlassen. E.His: Geschichte des neuern Schweizerischen Staatsrechts, Bd.1, Basel 1920, S.483.

(2) S.Kaiser u.J.Strickler: Geschichte und Texte der Bundesverfassungen der schweiz.Eidgenossenschaft, Bern 1901, B.Dokumentarischer Teil, S.118.

Kantons erworben werden müßten. Durch Tagsatzungsbeschluß wurde 1805 das Bundesrecht der freien Niederlassung dahin ausgelegt, daß der niedergelassene Schweizer - mit Ausnahme der politischen Rechte und des Gemeindeanteils - die gleichen Rechte wie die Kantonsbürger genießen sollte und daß ihm diese aus religiösen Gründen nicht versagt werden durften (1). Die von den Helvetikern hauptsächlich aus politischen und wirtschaftlichen Gründen begrüßte Niederlassungsfreiheit war im Vergleich zur alten Eidgenossenschaft mit ihrer prinzipiellen bürgerlichen Intoleranz ein großer Fortschritt. Ohne freie Niederlassung konnte es kein schweizerisches Bürgerrecht und somit auch keinen demokratischen schweizerischen Staat geben. So dachten jedenfalls jene, denen die politische Festigung des Gesamtvaterlandes am Herzen lag. Für die spätere Entfaltung der religiösen Freiheit war die Niederlassung von nicht geringerer Bedeutung. Daß sie indessen den meisten zu weit ging, zeigt, daß sie nur solange eidgenössisches Recht blieb, als der mächtige Mediator dahinter stand. Die Schweiz mußte sie während der Regeneration wieder mühsam, zusammen mit der Kultusfreiheit, erringen.

Für die neuzeitliche Entwicklung der Parität bedeutsam, weil von dauernder Wirkung zugunsten der Toleranz, waren die neuen gemischtkonfessionellen Kantonsgründungen. Während die altparitätischen Kantone Glarus und Appenzell die konfessionell-politische Verwaltungstrennung, in der die katholischen Minderheiten nach den Religionskriegen die größte Sicherung ihres Kultus gefunden hatten, wieder einführten, nahmen Aargau, Thurgau und St.Gallen im Interesse der

(1) Repertorium der eidgenössischen Abschiede, 1803-1813, S. 202 f.

Staatseinheit davon Abstand (1). Gemäß der Mediationsverfassung, welche die freie und uneingeschränkte Ausübung des katholischen und reformierten Gottesdienstes in diesen Kantonen garantierte, besaßen die Bekenner der Landeskonfessionen Kultusfreiheit in allen drei Ständen für das ganze Kantonsgebiet. Der konfessionellen Vermischung standen nach der endgültigen Säkularisation der geistlichen Fürstentümer von Konstanz und St.Gallen keine weltlich-geistlichen Hoheitsrechte im Wege. In der Verfassung von Glarus und Appenzell hingegen hieß es in bezug auf die Freiheit der Landesreligionen, diese gelte "dans les lieux où elles sont professées" oder "où l'on exerce l'un ou l'autre". Interessanterweise fehlt dieser Hinweis in der Verfassung von Graubünden, das im 16.Jahrhundert das freieste Paritätsrecht eingeführt hatte.

Wie stark der exklusive Konfessionalismus in der Seele der Kantone verankert war, die sich während der Revolution und der Helvetik gegen die Aufhebung der Glaubenseinheit zur Wehr gesetzt hatten, zeigt die rasche Rückkehr Appenzells zu den alten Religionsverträgen und damit zur Landestrennung und zur Ablehnung der freien Niederlassung von Bürgern anderer Konfessionen. Ähnlich widersetzten sich auch Schwyz und Unterwalden diesem Mediationsrecht (2). Uri stellte allen Ernstes den Antrag, es möchten wieder die konfessionellen Tagsatzungen eingeführt werden. Die große Mehrheit der

---

(1) Wie aus altzürcherischem und josephinischem Staatskirchenrecht ein neues paritätisches Staatsrecht entstand, hat H.Hungerbühler dargestellt: Staat und Kirche im Thurgau während der Helvetik und Mediation, Frauenfeld 1955.

(2) E.His: Geschichte des neuern Schweizerischen Staatsrechts, Bd.1, Basel 1920, S. 487.

Gesandten war jedoch gegen dieses Begehren (1).

Nach der Besiegung Napoleons gab es keine allgemeine Freizügigkeit und kein schweizerisches Bürgerrecht mehr. Dieser Abglanz individueller Glaubensfreiheit der Mediation erlosch im Bundesrecht. Die Schweiz wurde wieder ein Staatenbund, dessen Bundesvertrag die gegensätzlichen Kräfte nur notdürftig zusammenhielt (2).

---

(1) Repertorium der eidgenössischen Abschiede 1803-1813, Bern 1886, S. 128 ff.

(2) E.Bonjour: Geschichte der Schweiz im 19. und 20.Jahrhundert; in: Geschichte der Schweiz, Bd.2, Zürich 1938, S. 393.

Der Liberalismus und die religiöse Freiheit

Die Wiedereinführung der Gewissens- und der Kultusfreiheit im Verfassungsrecht der Schweiz ist das Werk des politischen Liberalismus. Diese gesamteuropäische Bewegung erhielt ihr Gepräge dadurch, dass sie die aus der französischen Revolution hervorgegangene Staatsallmacht ebenso wie das Regime der Restauration ablehnte, weil sie beide zur Einschränkung der Menschenrechte geführt hatten. Die Rechte des Individuums gegenüber dem Staat im Interesse seiner geistigen und bürgerlichen Freiheit zu erkämpfen und zu wahren, galt als vornehmstes Postulat der liberalen Ideologie und Politik.

Auch zu Beginn der dreissiger Jahre ging der revolutionäre Hauptstoss von Paris aus, nur dass im Vergleich zur Helvetik eine direkte politische und militärische Intervention Frankreichs ausfiel. Die Juli-Revolution, die den Auftakt zu der neuen revolutionären Epoche gab, verdankte ihren Sieg den Barrikadenkämpfen der Arbeiter, Studenten und Kleinbürger. Die Charte constitutionnelle vom 14. August 1830 aber entsprach den Interessen der geistig und wirtschaftlich führenden liberalen Bourgeoisie, der die Vorliebe Karls X. für das Ancien régime ebenso zuwider war wie der Gedanke einer radikalen oder sozialistischen Demokratie.

Artikel 5 der französischen Verfassung vom 14.August 1830 lautete wörtlich gleich wie in der alten Charte, die das individuelle religiöse Freiheitsrecht der französischen Revolution beibehalten hatte: "Chacun professe sa religion avec une égale liberté et obtient pour son culte la même protection" (1). In konsequenter Anwendung des

(1) Z.Giacometti: Quellen zur Geschichte der Trennung von Staat und Kirche, Tübingen 1926, S.65.

Gleichheitsprinzips erweiterte die verfassungsgebende Versammlung das Recht staatlicher Entlöhnung der Geistlichen, das bei der Restauration auf die katholische Kirche beschränkt worden war, auf alle christlichen Kulte. Ein Gesetz vom 8. Februar 1831 erklärte auch die jüdische Religion zum staatlich subventionierten Kultus (1). Eine Konzession an die seit dem Konkordat Napoleons mit Pius VII. zusehends erstarkende Position des Katholizismus war die Hervorhebung der katholischen Kirche im Artikel 6 der Verfassung. Die katholisch-apostolisch-römische Religion wurde darin als die Religion der Mehrheit der Franzosen bezeichnet. Frankreich hörte 1830 verfassungsrechtlich indessen endgültig auf, ein rein katholischer Staat zu sein. Nicht nur waren wie bisher die bürgerlichen und politischen Rechte an keine konfessionellen Bedingungen geknüpft, alle anerkannten Kulte besassen öffentlich-rechtlichen Charakter.

Die religiösen Verfassungsbestimmungen widerspiegeln die Auffassung Benjamin Constants, des Begründers des französischen Liberalismus (2). Nur die Bevorzugung der katholischen Konfession fand nicht seine Zustimmung. Er verlangte vergeblich, dass der Ausdruck von der Religion der Mehrheit weggelassen werde (3). Seine letzten Interventionen im bourbonischen Parlament, wo er ein ganzes Jahrzehnt als einflussreicher Redner der liberalen Opposition wirkte, hatten der Religions- und Erziehungsfreiheit gegolten. Mit Genugtuung sah er, dass

(1) Z.Giacometti: Quellen zur Geschichte der Trennung von Staat und Kirche, Tübingen 1926, S.66.

(2) H.Zbinden in der Einleitung zu B.Constants Schrift "Ueber die Gewalt", Bern 1942, S.VII.

(3) P.Bastid: Benjamin Constant et sa doctrine, Bd.2, Paris 1966, S.769.

wenigstens die Bezeichnung der katholischen Konfession als Staatsreligion fallen gelassen wurde, denn durch den erneuerten Bund von Thron und Altar, dem die Juli-Revolution ein Ende bereitete, waren die religiösen und politischen Freiheiten eingeschränkt worden. An der Finanzierung der Kulte durch den Staat nahm er hingegen keinen Anstoß, solange keine Kirche davon ausgeschlossen wurde.

Ausgangs- und Mittelpunkt der Staatslehre Constants war das Recht jedes Bürgers auf Wahrung einer individuellen Freiheitssphäre. Diese zu schützen sollte der vornehmste Zweck des Rechtsstaates sein. Mit der Unstetigkeit seines Lebens und Charakters kontrastiert die Beständigkeit, mit der er durch alle Regimewechsel an seiner liberalen Doktrin festhielt (1). Er konnte 1829 mit Recht schreiben: "J'ai défendu quarante ans le même principe; liberté en tout, en religion, en philosophie, en littérature, en industrie, en politique: et par liberté, j'entends le triomphe de l'individualité, tant sur l'autorité qui voudrait gouverner par le despotisme, que sur les masses qui réclament le droit d'asservir la minorité à la majorité" (2).

In seiner Staatslehre nahm die Freiheit des Glaubens und Kultus für alle Religionen sowie die konfessionelle Nichtdiskriminierung in den bürgerlichen und politischen Rechteneine hervorragende Stelle ein. Constant hatte während der französischen Revolution und unter Napoleon die Staatsallmacht in ihrer demokratischen und autoritären Form kennengelernt. Als

---

(1) P.Bastid: Benjamin Constant et sa doctrine, Bd.2, Paris 1966, S. 729.

(2) Oeuvres de Benjamin Constant; in: Mélanges de Littérature et de Politique, Paris 1957, S. 835.

die Alliierten sich anschickten, Napoleons Hegemonie in Europa zu brechen und Constant im selbstgewählten Exil seine Kampfschrift gegen die Despoten schrieb, widmete er ein Kapitel der Betrachtung über die Religion unter der Willkürherrschaft. Den Unterschied zwischen dem direkten und indirekten religiösen Zwang hervorhebend, sagte er vom Despotismus: "Il voulait autrefois commander aux croyances religieuses, et pensait pouvoir en faire à son gré un devoir ou un crime. De nos jours, mieux instruit par l'expérience, il ne dirige plus contre la religion des persécutions directes, mais il est à l'affût de ce qui peut l'avilir." (1). Sarkastisch schilderte er diese Erniedrigung der Religion. Sie sei nicht mehr jene göttliche Macht, die vom Himmel herabsteige, um die Erde zu erschüttern oder sie zu verwandeln. Als demütige, abhängige, schüchterne Dienerin werfe sie sich dem Machthaber zu Füßen, bitte um seine Befehle, schmeichle ihren Verächtern und lehre ihre ewigen Wahrheiten nur soweit es der Herrschergewalt gefalle. Die Diener des Glaubens stammelten am Fuße unterjochter Altäre verstümmelte Worte und wagten es nicht, die ehrwürdigen Wölbungen mit den Stimmen des Mutes und des Gewissens zu erfüllen.

Ausführlich erläuterte Constant kurz nach der Wiedereinführung der bourbonischen Monarchie das Grundrecht der religiösen Freiheit im 17.Kapitel der "Principes de politique" (2), seinem staatspolitischen Hauptwerk.Ebenso wie er sich vom Prinzip der direkten Demokratie des "Contrat social" zugunsten des englischen

---

(1) B.Constant: De l'Esprit de Conquête et de l'Usurpation dans leur rapports avec la Civilisation Européenne; in: Oeuvres, Paris 1957, S. 1072.

(2) Principes de Politique; in: Oeuvres de Benjamin Constant, Paris 1957, S. 1099 ff.

Repräsentativsystems distanzierte, lehnte er auch Rousseaus Auffassung von der bürgerlichen Religion, deren Glaubensartikel der Souverän zu bestimmen habe, aufs entschiedenste ab. "Je ne connais aucun système de servitude, qui ait consacré des erreurs plus funestes que l'éternelle métaphysique du Contrat Social" (1),schrieb er aus der Erfahrung der französischen Revolution. Die bürgerliche Intoleranz nannte er ebenso gefährlich, weil sie unter anderem Vorwand zu demselben Resultat führe; absurder, weil keine Überzeugung sie motiviere, ungerechter, weil das Übel, das die bürgerliche Religion bewirke, nicht das Resultat der Pflicht, sondern der Berechnung sei. Constant lehnte aber auch den durch die aufgeklärte Staatsraison begründeten Toleranzbegriff des 18.Jahrhunderts ab. Er bejahte indessen wie Rousseau die Notwendigkeit der Religion für das ganze Volk, glaubte aber, daß sie nur in der völligen Freiheit der Gesellschaft förderlich sei. "La liberté complète et entière de tous les cultes est aussi favorable à la religion que conforme à la justice" (2), führte er aus und begründete dies damit, daß die Religion dadurch weniger dem religiösen Fanatismus und den Angriffen des Unglaubens zum Opfer falle. Vor der Intoleranz des Glaubens wie des Unglaubens wollte er die Religion schützen. Während Rousseau in seinem demokratischen System intolerante Dogmen nicht dulden wollte, bestritt Constant jedem Staat das Recht, selbst diese zu verbieten. Die Obrigkeit sollte sich mit der Unterdrückung strafbarer Handlungen begnügen. Sein Mißtrauen gegenüber dem Staat und seiner Macht ging soweit,

---

(1) B.Constant, Principes de Politique; in Oeuvres, Paris 1957, S. 1216.

(2) B.Constant: a.a.O., S. 1215 ff.

daß er auch den Schutz der Regierung für schädlich hielt, zumal wenn diese sich den Glauben des Volkes nicht mehr zueigen mache. In der Vielzahl der Sekten sah er keine Gefahr, sondern nur Vorteile für die Gesellschaft und die Religion.

Mit der Gedankenfreiheit brachte Constant die religiöse Freiheit in den folgenden, auch an anderer Stelle wiederkehrenden Sätzen in Verbindung: "Erreur ou vérité, la pensée de l'homme est sa propriété la plus sacrée; erreur ou vérité, les tyrans sont également coupables lorsqu'ils l'attaquent. Celui qui proscrit au nom de la philosophie la superstition spéculative, celui qui proscrit au nom de Dieu la raison indépendante, méritent également l'exécration des hommes de bien." (1).

Wenn Constant auf Grund der Erfahrungen, die in Frankreich gemacht worden waren, in seiner Staatslehre auch keine Menschenrechtserklärung empfahl, so zeigt der Wortlaut seines Verfassungsentwurfs doch, daß er unter den individuellen Freiheiten subjektive, überstaatliche Rechte verstand: "Tous les Français possèdent des droits individuels indépendants de toute autorité politique." (2). Zu den sechs erwähnten Rechten gehörten die persönliche Freiheit, das Recht durch geschworene Richter abgeurteilt zu werden, die religiöse Freiheit, die Gewerbefreiheit, die Unverletzbarkeit des Eigentums und die Pressefreiheit. Dieser Katalog ist nicht restriktiv aufzufassen, weil Constant die Einzelrechte von der Autonomie und natürlichen Freiheit des Menschen schlechthin ableitete.

---

(1) B.Constant: Principes de Politique; in: Oeuvres, Paris 1957, S. 1230.

(2) B.Constant: Cours de politique constitutionnelle, Bd.1, Paris 1872, S. 256.

Den Schlüssel zur Wertung der religiösen Freiheit gab Benjamin Constant, dem von seiner Herkunft aus einer hugenottischen Flüchtlingsfamilie in seinem letzten Lebensabschnitt nur ein vager spiritualistischer Protestantismus blieb, in seinem von 1824 bis 1831 erschienenen fünfbändigen Werk "De la religion considérée dans sa source, ses formes et ses développements". Im universalen "sentiment religieux", dem er die ersten drei Kapitel widmete,(1) sah Constant die Anlage zur höheren Entwicklung der Menschheit. Er identifizierte dieses natürliche religiöse Gefühl, das er von den kultischen Formen schied, mit der Fähigkeit, Opfer zu bringen, und sah darin die Voraussetzung der Freiheit. Den höheren Wert des Christentums gegenüber den heidnischen Religionen maß er daran, daß es den antiken Freiheitsbegriff vom Staat gelöst und individualisiert habe. Von diesem Gesichtspunkt aus wertete er den Protestantismus höher als den Katholizismus, doch beide schienen ihm nur Übergangsformen zu einer dogmenlosen Religion der Freiheit zu sein (2).

Wie sich das Bild der Religion und Freiheit bei Constant zwischen Idealismus und Romantik bewegte, so vereinigten sich in seiner Rechtsvorstellung der Freiheit auch christliche Naturrechtstraditionen des Calvinismus mit der Vernunftrechtslehre der Aufklärung (3).

---

(1) B.Constant: De la religion, considérée dans sa source, ses formes et ses développements, Bd.1, Paris 1826, S.1 ff.

(2) Über die religiöse Begründung der Freiheit Benjamin Constants siehe K.Meister: Benjamin Constant und die Freiheit, Horgen 1956, S. 13 ff. Über die Metamorphosen von Constants religiösen Anschauungen siehe P.Deguise: Benjamin Constant méconnu. Le livre "De la religion", Genf 1966.

(3) L.Gall: Benjamin Constant. Seine politische Ideenwelt und der deutsche Vormärz, Wiesbaden 1963, S.53.

In dieser doppelten Verbindung wirkte das Grundrecht religiöser Freiheit, wie es Benjamin Constant vertrat, auch auf die schweizerische Regeneration, die in den dreißiger Jahren seine liberale Lehre der Repräsentationsverfassung zum Vorbild nahm und mit den politischen Freiheitsrechten auch die Glaubensfreiheit auf ihr Programm setzte.

Mit einem feineren Wahrnehmungs- und Glaubensvermögen für das calvinistische Erbe, aber auch mit radikaleren Schlußfolgerungen hat ein anderer Waadtländer, Alexandre Vinet, das Recht der Freiheit des Kultus und der Kirche dem liberalen Zeitalter verkündigt (1). Im Jahr 1797 geboren (2), gehörte er-nicht wie Constant-der Generation der Altliberalen an, welche die Trennung von Staat und Kirche während der französischen und der helvetischen Revolution erlebt hatten. Unbefangener konnte er darum für die totale Scheidung der geistlichen und weltlichen Institutionen eintreten. Mit Constant teilte er jedoch den gegen die Staatsallmacht gerichteten Individualismus. Hatte sich Constant auf das begrifflich dehnbare "sentiment religieux" gestützt, so suchte Vinet

---

(1) F.Fleiner: "Nun hatte aber der Calvinismus von jeher einem nicht von seinem Glauben erfüllten Staat jedes Eingreifen in die Kirche verwehrt. Es war deshalb kein Zufall, daß aus calvinistischen Kreisen der Ruf nach Nichteinmischung des konfessionslos werdenden Staates in die Kirche, das Verlangen nach Kultusfreiheit erscholl. In seinem berühmten "Memoire en faveur de la liberté des cultes" (1826) erhob Alexandre Vinet zuerst diese Forderung im Interesse evangelischer Freiheit, und er wies auf das Beispiel Nordamerikas hin, allwo aus der großen religiöspolitischen Bewegung calvinistischen Gepräges gleichzeitig die Demokratie und die Trennung von Kirche und Staat geboren worden war."Entstehung und Wandlung moderner Staatstheorien in der Schweiz, Zürich 1916, S.22. Vgl. I.Bohatec: Calvins Lehre von Staat und Kirche, Breslau 1937, S. 611 ff.

(2) E.Rambert: Alexandre Vinet. Histoire de sa vie et de ses ouvrages, Lausanne 1930, S.1.

die religiöse Freiheit aus einem christlichen Begriff des der Wahrheit verpflichteten Gewissens abzuleiten und zu begründen. Die Konsequenzen, die er aus seiner Lehre für sich selbst zog, gaben ihr einen Adel, den auch seine Gegner anerkannten.

Aus Vinets eigener Äußerung in einer ersten brieflichen Skizzierung seiner Theorie ist ersichtlich, daß die Zustände in seinem Heimatkanton der äußere Anlaß waren für seine veränderte Haltung gegenüber dem Staatskirchentum und die erstmalige Beschäftigung mit den Problemen der religiösen Freiheit (1). Im Jahr 1823, nachdem von Genf aus die angelsächsisch-methodistische Bewegung auf den Kanton Waadt übergegriffen hatte, wurden zwei junge Geistliche wegen Abhaltung von Erweckungsversammlungen von der Liste der wählbaren Pfarrer gestrichen. Daraufhin erklärten diese ihren Austritt aus der Staatskirche. Am 20. Mai 1824 erhob der waadtländische Große Rat ein vom Staatsrat erlassenes Verbot privater religiöser Versammlungen zum Gesetz (2). Erst jetzt entstanden freie evangelische Gemeinden, denen 1847 die Gründung der "Eglise évangelique libre du canton de Vaud" folgte (3). Vinet, der durch den Lehrauftrag in Basel die Herrnhuter Brüdersozietät am Werk sah und gegenüber den Lehren und dem Bekehrungseifer des Réveil eine unbefangenere Stellung einzunehmen begann, sah die

---

(1) Brief an Louis Leresche vom 8.Februar 1824: Alexandre Vinet: Lettres, Bd.1, Lausanne 1947, S. 175. Vgl.A.Vinet: Lettre à un ami ou examen des principes soutenus dans le Mémoire en faveur de la liberté des cultes; in: Mémoire en faveur de la liberté des cultes, Lausanne 1944, S. 340.

(2) Text bei J.Cart: Histoire du Mouvement Religieux et Ecclésiastique dans le Canton de Vaud pendant la première moitié du 19e siècle, Bd.1, Lausanne 1870, S. 391 ff.

(3) J.Cart: a.a.O., Bd.6, Lausanne 1880, S. 355 ff.

Hauptursache der im Waadtland entstandenen Unruhen, nicht wie die Räte und der Dekan von Lausanne im religiösen Eifer der als "Mômiers" verspotteten Pietisten, noch in der Intoleranz des Volkes, das sich zu Tätlichkeiten hinreißen ließ, sondern im falschen Prinzip der "religion de l'Etat". Das Staatskirchentum bezeichnete er schon in jenem Schreiben an Louis Leresche als mit der Lehre Christi unvereinbar und als unheilvoll für die Religion, die Kirche und die Gesellschaft. "L'Etat gêne la conscience, en protégeant comme en opprimant", schrieb Vinet seinem Freund und fügte hinzu: "La liberté est l'âme de toute ferveur religieuse, en même temps que le gage de la tolérance"(1).

Von diesen Grundanschauungen ist Vinet zeit seines Lebens nicht mehr abgewichen.

Das Prinzip einer Trennung von Staat und Kirche im Interesse der christlichen Religion war für die Schweiz nicht neu. Lavater hatte sie während der kirchenpolitischen Krise der Helvetik formuliert. Vinet aber schrieb am 8.Februar 1824, diese Überlegungen hätten ihn wie ein Lichtstrahl getroffen, denn er habe vorher nicht daran gedacht, daß die Frage der Staatsreligion, die in Frankreich so stark diskutiert wurde, von einem Christen in verneinendem Sinn entschieden werden könnte (2).

---

(1) A.Vinet: Lettres 1871, Bd.1, Lausanne 1947,S.176.

(2) Die Ähnlichkeit der Doktrin Vinets mit John Lockes Toleranzlehre fällt auf. Vinet, der von Lockes Brief über die Toleranz sagte, er bezweifle, daß man etwas Vorzüglicheres über den Gegenstand lesen könne, hat ihn jedoch nach seiner eigenen Aussage erst kennengelernt, nachdem er die Arbeit am "Mémoire" begonnen hatte. Vinet zitiert Locke erst im Anhang.
A.Vinet: Mémoire en faveur de la liberté des cultes, Lausanne 1944, S. 302, 324 f. Möglicherweise sind

Die erste systematische Niederschrift von Vinets Theorie über die religiöse Freiheit wurde 1824 durch ein Preisausschreiben der "Société de la morale chrétienne" in Paris veranlaßt. Zu ihren Mitgliedern zählten bekannte Katholiken und Protestanten, die einem von christlichem Geist getragenen Liberalismus huldigten (1). Vinets Schrift "Mémoire sur la liberté des cultes" wurde unter 29 Einsendungen der erste Preis zugesprochen. Der Historiker Guillaume Guizot, der unter Louis-Philippe Minister wurde und sich unentwegt für die Respektierung der Gewissensfreiheit in Frankreich einsetzte, hob in seinem schriftlichen Bericht(2) hervor, wie sehr die Jury vom christlichen Glauben des Preisträgers beeindruckt worden sei. Ein anderes prominentes Mitglied war Philipp Albert Stapfer, der sich nach der Helvetik in Paris niedergelassen hatte, und mit den dortigen Erweckungskreisen in Verbindung stand. Stapfer nahm lebhaften Anteil an der Veröffentlichung von Vinets Gedanken. Dieser widmete ihm seine Denkschrift, als sie 1826 in Druck erschien. Sie fand freudige Zustimmung in den führenden Kreisen des französischen Protestantismus und einer aristokratischen Gruppe liberaler Katholiken. Größer war jedoch der Einfluß der Schrift in der Schweiz, namentlich im Waadtland (3).

---

die naturrechtlichen Anspielungen im 6.Kapitel, das Vinet für den Druck umgearbeitet hat, auf Lockes Einfluß zurückzuführen. Siehe Anmerkung von E.Staehelin: Alexandre Vinets ausgewählte Werke, Bd.1, Zürich 1944, S. 163.

(1) A.Vinets ausgewählte Werke, herausgegeben von E.Staehelin, Bd.1, Zürich 1944, S. 118 f.

(2) A.Vinet: Mémoire en faveur de la liberté des cultes, Lausanne 1944, S. XLI ff.

(3) A.Vinets ausgewählte Werke, a.a.O., S. 123.

Eine deutsche Übersetzung gab 1843 der Leipziger Jurist Johann Wilhelm Volkmann heraus (1).

Wenn Vinet in der Einleitung von seiner Theorie schrieb, sie habe ihren Thron in der Vernunft und im Gewissen (2), so steht dies im Einklang mit der Motivierung der amerikanischen Menschenrechtserklärung religiöser Freiheit. Den "dictates of conscience",aus denen ihre Urheber die Kultusfreiheit ableiteten (3), entsprechend, nannte Vinet zuerst das Gewissen als "ce conseiller secret, dont nous ne pouvons plus dicter la sentence que nous ne pouvons renoncer à notre individualité" (4), um erst nachher vom "sentiment religieux guidé par la raison" zu sprechen (5). Der Autor versuchte später, ein Mißverständnis dieser Aussage zu verhindern, indem er 1834 für eine englische Übersetzung der Denkschrift einen Abschnitt einfügte (6), worin er zugleich die "liberté chrétienne" von der "liberté de conscience" unterschied, die letztere aber aus der ersteren hervorgehen ließ. Er begründete dies damit, daß die Freiheit,zu der Christus seine Jünger

---

(1) A.Vinet: "Über die Freiheit des religiösen Cultus", Leipzig 1843. Es handelt sich um eine Übersetzung nach dem Text von 1826. Eine revidierte französische Ausgabe erschien posthum im Jahr 1852. Diesen Text gibt E.Vautier wieder. A.Vinet: Mémoire en faveur de la liberté des cultes. Lausanne 1944.

(2) A.Vinet: a.a.O. S. 37.

(3) Virginia (1776), Vermont (1777), New Hampshire (1784). Z.Giacometti: Quellen zur Geschichte der Trennung von Staat und Kirche, Tübingen 1926, S. 690, 689, 684.

(4) A.Vinet: a.a.O., S. 41.

(5) A.Vinet: a.a.O., S. 43.

(6) A.Vinet: a.a.O., S. 42 f, Anmerkung 2.

berufe, die Christen nur gegenüber Gott und dem Bewußtsein ihrer religiösen Gefühle und ihres Kultus verantwortlich mache. "Ainsi", schlußfolgerte Vinet, "de la liberté chrétienne se déduit, pour tous les pouvoirs et pour tous les individus se disant chrétien, l'obligation de respecter la liberté de conscience, non seulement chez les chrétiens, mais chez ceux qui ne le sont pas encore." (1). Sollte eine menschliche Macht ein Verfügungsrecht über die Gewissen beanspruchen, so würde sie damit den wesentlichsten und offensichtlichsten Unterscheidungscharakter des Christentums leugnen. Von der christlichen Religion sagte er an einer anderen Stelle: "... elle est par excellence la religion de la conscience" (2).

Die Frage des Wettbewerbschreibens, ob die Kultusfreiheit notwendigerweise aus der Gewissensfreiheit hervorgehe, bejahte Vinet aufs entschiedenste im zweiten Kapitel seiner Denkschrift. Die Freiheit des Kultus, in die er auch die Freiheit der Kirche einschloß, wollte er mit der sozialen Veranlagung des Menschen, mit seinem Bedürfnis, Gott auch äußerlich anzubeten und mit dem Evangelium belegen. Die Aussage Vinets in bezug auf die enge Beziehung von Gewissens- und Kultusfreiheit, die auch die amerikanischen Menschenrechte religiöser Freiheit kennzeichnete, ließ an Deutlichkeit nichts zu wünschen übrig. Die Gewissensfreiheit sei nichts ohne die Kultusfreiheit (3). Die Kultusfreiheit nannte er die unmittelbare und erste Anwendung der Gewissensfreiheit. "Je me crois donc autorisé", schloß er das zweite Kapitel, "à faire de la liberté de conscience

---

(1) A.Vinet: Mémoire en faveur de la liberté des cultes, Lausanne 1944, S. 43.

(2) A.Vinet: a.a.O., S.129.

(3) A.Vinet: a.a.O., S. 46.

et de celle des cultes une seule et même chose, que j'appelle liberté religieuse." (1).

Die übrigen Kapitel des ersten Hauptteils sind der Beweisführung gewidmet, daß die Einmischung des Staates in die Belange des Glaubens und des Kultus im Widerspruch mit der Nichtevidenz der Glaubensinhalte, mit der Gewissensfreiheit und mit dem Wesen der Religion und den Interessen der Gesellschaft sei. Den Staatszweck schränkte er auf das Wächteramt über die soziale Ordnung und die bürgerliche Moral ein (2). In einer Anmerkung lehnte Vinet nicht weniger entschieden als Benjamin Constant die bürgerliche Religion Rousseaus ab: "Il est bien étrange que l'apôtre de la liberté ait ainsi dogmatisé en faveur du plus terrible esclavage, d'un esclavage que l'indifférentisme tout seul peut entendre annoncer avec tranquillité (3). Vinet war überzeugt, daß die religiöse Freiheit dem geistigen und sozialen Fortschritt der Menschheit förderlich sei. Wie bei Milton nahm die Gewissensfreiheit bei ihm unter den Freiheitsrechten die wichtigste Stelle ein. Preisgabe der religiösen Freiheit komme dem Verzicht auf die anderen Freiheiten gleich. Dabei nannte er als erste Folge den Verlust der Gedankenfreiheit (4), ohne welche die bürgerliche Freiheit keinen Bestand habe. Zwischen den Antagonisten der bürgerlichen und der religiösen Freiheit glaubte er - wie Constant - ein natürliches Bündnis wahrzunehmen: "Une aristocratie

---

(1) A.Vinet: Mémoire en faveur de la liberté des cultes, Lausanne, 1944, S. 51.

(2) A.Vinet: a.a.O., S. 81.

(3) A.Vinet: a.a.O., S.321.

(4) A.Vinet: a.a.O., S.114 f.

orgueilleuse en veut-elle à la liberté civile, elle attaque la liberté religieuse; un sacerdoce intolérant a-t-il conjuré la ruine des droits de la conscience, il anathématise les institutions protectrices des droits civils. Les deux oppressions marchent ensemble."(1)

Mehrere Kapitel sind der Lehre der Heiligen Schrift über die religiöse Freiheit gewidmet (2). Er nannte dies das wichtigste Zeugnis und die höchste Autorität, unterschied jedoch zwischen der Theokratie des Alten Testaments und dem Neuen Testament, das sie aufgehoben habe. In einer Anmerkung zeigte Vinet wie die Vermischung der zwei Systeme in der Kirche zahlreiche gewalttätige Worte und Handlungen veranlasste. Zwar gab Vinet zu, dass keine einzige Stelle der Bibel ausdrücklich die Gewissensfreiheit verkünde, aber sie stehe in diesem göttlichen Bereich überall geschrieben, weil überall der freiwillige Gottesdienst im Geist und in der Wahrheit als die Bedingung des neuen Bundes dargestellt sei. Jede Seite des Evangeliums enthalte feierliche Einsprüche gegen die Feinde der Gewissensfreiheit, was er an Beispielen zu belegen suchte.

Im 18. Kapitel setzte sich Vinet mit der Lehre des Katholizismus auseinander. Im Kirchenbegriff, wie ihn das Konzil von Trient in bezug auf die Nichtzuständigkeit der weltlichen Gewalten bei der Ordination der Geistlichen in ihr Amt formulierte, sah Vinet keinen Widerspruch zur religiösen Freiheit. Im Anspruch der katholischen Kirche auf die Unfehlbarkeit und Ausschliesslichkeit des Heils jedoch erkannte er eine Leugnung dieses Prinzips und eine Gefahr für die geistliche Gewalt,

(1) A.Vinet: Mémoire en faveur de la liberté des cultes, Lausanne 1944, S.118.
(2) A.Vinet: a.a.O., S.134 ff.

die dadurch versucht sei, auf weltliche Macht zurückzugreifen, um den Geist der Prüfung zu unterdrücken. Vinet appellierte an den katholischen Klerus, sich nach dem Beispiel der apostolischen Zeiten zur vollständigen Unabhängigkeit und Trennung der Kirche vom Staat zu bekennen und nahm an, dass dies unfehlbar zur Religionsfreiheit führen würde.

Den Protestantismus, dem er das folgende Kapitel widmete (1), nannte er einen Protest gegen das katholische Prinzip der Autorität. Er gab zwar zu, dass die reformierten Kirchen ebenfalls intolerant und ausschliesslich waren, dass die Reformatoren sich keineswegs zu der Idee einer gänzlichen Trennung von Staat und Kirche bekannt hatten, nannte aber ihr Werk die lebendige Verkündigung der Grundsätze, auf denen die Religionsfreiheit beruhe. Diese Verkündigung, unaufhörlich wiederholt und stets besser verstanden, habe schliesslich das Prinzip und die wesentlichen Wirkungen der Gewissensfreiheit in den protestantischen Ländern herrschend gemacht. Er gab der Hoffnung Ausdruck, dass die Zeit kommen werde, wo der Genuss dieses schönen Rechts keiner Einschränkung mehr unterworfen sein werde. Dieses Prinzip nannte er mächtiger als alle staatlichen Gesetze, die bestimmt seien, die Kultusfreiheit zu garantieren. Das Hauptgewicht auf die unsichtbare Kirche Christi legend, konnte er die Existenz verschiedener Sekten bejahen, ohne dem religiösen Indifferentismus der Aufklärung zuzustimmen. Was die Ueberspanntheiten betreffe, auf denen sich auf dem Gebiet der Religion ein krankes Gehirn hinreissen lasse, sei dagegen keine Gemeinschaft oder Kirche immun.

(1) A.Vinet: Mémoire en faveur de la liberté des cultes, Lausanne 1944, S.172 ff.

Zur Illustration seiner These schloß Vinet den ersten Hauptabschnitt seiner Denkschrift mit einem Kapitel über die Vereinigten Staaten. Beachtenswert ist der klare Einblick in die amerikanischen Verhältnisse, der den meisten Zeitgenossen Vinets abging. An zwei Stellen wies er auf die unterschiedlichen Zustände in Nordamerika und Europa hin. Von der Tradition unbeschwerter hätten die Kolonien mit ihrem "bon sens " einen Staat gebildet, in dem zum ersten Mal das, was man einen Traum der Philosophen und gewagte Abstraktionen genannt habe, in seiner Organisation Wirklichkeit geworden sei. Vinet erwähnte nicht die Menschenrechtserklärungen. Er sah jedoch in der erreichten Verbindung größtmöglicher individueller Freiheit mit den höchsten Anforderungen der Sicherheit und der Ordnung das Geheimnis des öffentlichen Wohls in Nordamerika. Dabei entging ihm nicht, wie die Europäer, als sie dort eine Freistätte für die Gewissensfreiheit suchten, ihrerseits intolerante Gesetze erlassen hatten. Die Einheit des heranwachsenden Staates sei nur durch die Preisgabe aller aus den Glaubensverschiedenheiten herrührenden Spaltungen möglich gewesen. Dabei fiel Vinet auf, daß die Unionsverfassung sich zuerst über die Religion ausschwieg und daß diese Nichteinmischung später in den Zusatzartikeln zum Verfassungsrecht erhoben wurde, indem der Kongreß kein Gesetz erlassen durfte, das eine Religion zur Staatsreligion erhob oder die Kultusfreiheit hinderte. "Ainsi fut proclamée", schlußfolgerte Vinet, "dans la constitution générale des Etats-Unis, la liberté religieuse la plus illimitée" (1). Es war ihm bekannt,

---

(1) A.Vinet: Mémoire en faveur de la liberté des cultes, Lausanne 1944, S. 183.

daß noch nicht alle Staaten diesen Grundsatz der Trennung restlos durchgeführt hatten (1). Diese als leicht bezeichneten Ausnahmen, von denen Vinet annahm, daß die Zeit sie austilgen könne, hinderten ihn nicht zu erklären, daß die Vereinigten Staaten das Land sei, in dem die ausgedehnteste Freiheit in Gewissensanliegen herrsche. Als eine Folge der liberalen Staatsform stellte er die Tatsache dar, daß die Vereinigten Staaten seit der Gründung des Bundes keinen einzigen Religionsstreit gehabt hatten. Er widersetzte sich der Annahme jener, die glaubten, daß dies der religiösen Gleichgültigkeit zuzuschreiben sei. Er hob vielmehr die Gläubigkeit Washingtons und den Eifer der Kirchenglieder hervor, der sie veranlasse, über die religiösen Bedürfnisse im eigenen Land hinaus zu wirken, damit das göttliche Licht des Evangeliums in Länder gebracht werde, wo es noch nie geschienen habe. Vinet glaubte, diesem Land die schnellsten Fortschritte und ein ruhmreiches Schicksal prophezeien zu können. Er fügte hinzu, daß der religiöse Zustand jenes Staates eine Apologie, wie sie Vinet für die religiöse Freiheit unternahm, in 50 Jahren unnötig machen werde (2).

Im zweiten Hauptteil versuchte Vinet die Grundgedanken der religiösen Freiheit zu einem System zusammenzufügen. Er ging dabei von der völligen Verschiedenheit und gegenseitigen Unabhängigkeit der bürgerlichen

---

(1) A.Vinet: Mémoire en faveur de la liberté des cultes, Lausanne 1944, S.183. Von den zwölf Staaten, die von 1792 bis 1837 neu in den amerikanischen Bundesstaat aufgenommen worden sind, haben acht die religiöse Freiheit in ihrer Verfassung als "natural and indefeasible right" bezeichnet, während drei Staaten sie mit anderen Worten umschrieben. Nur Louisiana schwieg sich aus. C.H.Moehlman: The American Constitutions and Religion, Bern(Indiana) 1938, S.12.

(2) A.Vinet: a.a.O., S. 186.

und der religiösen Gesellschaft aus. In der Notwendigkeit sah er den Entstehungsgrund des Staates, im Zwang das Mittel zu seiner Erhaltung. Die religiöse Gesellschaft aber beruhe nicht auf einem physischen Zwang, sondern auf geistlichen Bedürfnissen der Menschen, die nur in der Freiheit ihre Erfüllung fänden. Die Verschiedenartigkeit der beiden Gesellschaften schließe eine Einmischung des Staates in die Kirche und der Kirche in den Staat grundsätzlich aus. Der Staat könne darum auch keine Religion haben. Der Geistliche dürfe nicht Staatsdiener sein. Den Religionsgesellschaften sollte es überlassen bleiben, ihre Organisation und Verwaltung selbständig zu bestimmen. Vinet forderte konfessionelle Nichtdiskriminierung in den bürgerlichen Rechten, die Säkularisierung des Eherechts und des Zivilstandes.

Der Rigorosität, mit der Vinet im Interesse der Gewissens- und Kultusfreiheit die Trennung der weltlichen und geistlichen Institutionen vertrat, stehen einige bemerkenswerte Konzessionen gegenüber. Sie zeigen, daß ihm ein extremer Individualismus fremd war und offenbaren sein Bemühen, der Entchristlichung der Gesellschaft entgegenzuwirken, die ein Hauptargument der Kritiker war. So hat Vinet das Recht kirchlicher Bekenntnisse durchaus bejaht. Nur durften sie kein dem Gewissen auferlegtes Joch sein, und die Geistlichen allein sollten die Glaubensartikel unterschreiben müssen. Auch das Exkommunizionsrecht der Kirchen hat er nicht bestritten, wenn es eine ausschließlich moralische Bedeutung hatte (1). Er hielt es ferner mit dem Prinzip der Trennung vereinbar, wenn der Staat den Eid verlangte. Nur sollte er ihn nicht erzwingen, wenn religiöse Bedenken

---

(1) A.Vinet: Mémoire en faveur de la liberté des cultes, Lausanne 1944, S. 210 ff.

vorlagen (1). Selbst in der Frage der Finanzierung der Kulte machte Vinet eine Konzession. Während er die Entlöhnung der Geistlichen irgendeiner Kirche durch den Staat in seiner Theorie ablehnte, stimmte er jedoch der staatlichen Erhebung einer religiösen Steuer bei allen Bürgern ohne Unterschied zu. Die Einnahmen sollten den religiösen Gesellschaften nach der Zahl ihrer Glieder zufließen. Vinet mag dabei an amerikanische Vorbilder gedacht haben (2). Inkonsequent war Vinet nur, wenn er auch von den Atheisten die Bezahlung der Kirchensteuer verlangte (3). Dieselbe Rücksicht auf die Gesamtinteressen der Gesellschaft verlangte er von jenen, die aus Gewissensgründen keinen Waffendienst tun wollten (4). Damit distanzierte sich Vinet vom Täufertum. Sein Ideal war die staatsfreie, bekennende Volkskirche.

So folgerichtig Vinet die vollständige Trennung der bürgerlichen und religiösen Gesellschaft als einzige Garantie zur Wahrung der Gewissens-, Glaubens- und Kultusfreiheit schien, so war er doch überzeugt, daß diese sich erst in einer mehr oder weniger entfernten Zukunft erreichen ließ. Deshalb schlug er am Schluß eine Übergangslösung vor, von der er glaubte, daß sie das Prinzip religiöser Freiheit nicht direkt angreife. Fürs erste sollten die bürgerlichen Rechte in keiner Weise an konfessionelle Bedingungen geknüpft sein. Zweitens sollten Sekten solange sie nicht gegen die

---

(1) A.Vinet: Mémoire en faveur de la liberté des cultes, Lausanne 1944, S. 220 f.

(2) Vinet gab in einer späteren Anmerkung Rhode Island an. a.a.O., S. 230.

(3) A.Vinet: a.a.O., S. 231.

(4) A.Vinet: a.a.O., S. 248.

bürgerliche Moral verstießen, geduldet werden (1). Die Ausführlichkeit, mit der er versuchte, anschließend dem Begriff der Sekten die pejorative Bedeutung zu nehmen, zeigt, daß er in dieser Abneigung der Öffentlichkeit ein Haupthindernis für die Entfaltung der Toleranz sah. Den Anhängern des Staatskirchentums, die sich über den religiösen Eifer der Dissidenten beklagten, hielt er entgegen: "D'où vient cette prodigieuse vie des sectes ? De leur position, de leur périls. Que la religion dominante devienne une secte, qu'elle ose marcher au combat avec des moyens égaux; qu'elle ne laisse pas se rouiller ses armes spirituelles: alors elle sera forte, bienfaisante et respectable." (2). Das letzte Kapitel ist ein Bekenntnis des Autors zur Freiheit und zur Religion Christi.

Das zweite, ebenfalls von der "Société de la morale chrétienne" preisgekrönte Werk, der 1842 erschienene Band "Essai sur la manifestation religieuse" (3), ist eine erneute Stellungnahme Alexandre Vinets zur Frage der religiösen Freiheit und der Trennung von Kirche und Staat. Die Grundsätze sind dieselben wie im "Mémoire", nur sind ihre Aussagen gereifter. Vinet war sich der Schattenseiten der Freiheit und des Individualismus bewußter geworden. Den christlichen Glauben nannte Vinet

---

(1) A.Vinet: Mémoire en faveur de la liberté des cultes, Lausanne 1944, S. 269.

(2) A.Vinet: a.a.O., S. 266.

(3) Der vollständige Titel lautet: "Essai sur la manifestation des convictions religieuses et sur la séparation de l'Eglise et de l'Etat envisagée comme conséquence nécessaire et comme garantie du principe." Die Ausgabe von Ph.Bridel, Lausanne 1928, enthält den Originalrext mit Ergänzungen aus Vinets Hand. Eine englische Übersetzung erschien in London 1843, eine deutsche Ausgabe in Heidelberg im Jahr 1845.

"la liberté dans la servitude" (1). Das Wort Pflicht gebrauchte er öfter (2). Immer aber ist die Religion als persönliche, nicht als kollektive Verpflichtung dargestellt. Auch die Säkularisierung des Staatsbegriffs erscheint weniger absolut. Vinet sprach dem Staat das moralische Wesen nicht ab und nannte ihn eine "institution divine". Der Staat hatte sich nicht nur zu begnügen, das subjektive Recht der Religionsfreiheit, das seine Garantie im Gewissen habe, nicht anzutasten, er sollte dieses Recht auch bestätigen. Aber Vinet lehnte nicht weniger entschieden als im "Mémoire" jegliche Form rechtlicher Privilegierung einer Religion und den christlichen Staat als dem Wesen des Staates und der Kirche zuwider und der menschlichen Freiheit und Würde abträglich ab. In der Motivierung der Trennung kehrte er das Argument der Gegner, wonach diese die Entchristlichung der Gesellschaft bringe, um und begründete die schon im "Mémoire" aufgestellte These ausführlich, dass nämlich die Ursache für die zunehmende Religionslosigkeit des Jahrhunderts im Staatskirchentum liege. Die Frage des Preisausschreibens, ob jedermann verpflichtet sei, sich eine religiöse Ueberzeugung zu bilden, erweiternd, stellte Vinet nicht nur dieses freie persönliche Ueberzeugtsein , sondern auch die Pflicht, die religiösen Ueberzeugungen kund zu tun, als ein Hauptmerkmal des christlichen Glaubens dar. Er nannte die Vereinigung des Staates und der Kirche die vollständigste,

---

(1) A.Vinet: Essai sur la manifestation des convictions religieuses, Lausanne 1928, S.255.

(2) Dem waadtländischen Volk, das für die bürgerlichen und politischen Freiheitsrechte eingenommen war, aber in seiner Mehrheit die Kultusfreiheit ablehnte, schilderte er die religiöse Freiheit folgendermassen: "Et cependant c'est la plus noble de toutes, car

feierlichste und wirksamste Leugnung dieser Pflicht, und warf diesem System vor, es würde im Stillen immer mehr mit den Grundfesten der wahren Religiosität die Grundlagen der menschlichen Sittlichkeit untergraben (1). Der täglich erneuerte und beständig wahrgenommene Ehebruch, wie er das Staatskirchentum nannte, habe den Schein einer friedlichen Ehe nur in Zeiten, in denen das christliche Prinzip schlafe und erstorben sei.

Im Schlußkapitel befaßte sich Vinet mit der Frage, ob es zwischen dem Staatskirchentum und der Trennung nicht Zwischenlösungen gebe. Die Geschichte, so meinte er, ermutige uns nicht, in dieser Sphäre freundliche Vermittlungen zu erhoffen. Er zeigte, nachdem der waadtländische Große Rat in eigener Vollmacht 1839 das Helvetische Bekenntnis abgeschafft hatte, wenig Vertrauen in die Erwartung jener, die hofften, der Staat werde seine Inkompetenz in dogmatischen Fragen erklären und sich damit begnügen, die Kirche zu unterhalten. Auch wies er auf die Schwierigkeiten hin, die sich in paritätischen Staaten infolge des unterschiedlichen reformierten und katholischen Kirchenbegriffs ergaben. Nur durch die Trennung würden im gemischtkonfessionellen Staat die Ursachen der Unruhen behoben und die Einheit

---

c'est la seule qui soit désintéressée. Me comprenez-vous? Toute autre liberté consiste à être libre de faire (dans les limites de l'ordre et des lois) ce qui nous plaît, ce qui nous est agréable, ce qui nous apporte quelque jouissance ou quelque profit, ou du moins, ce que nous croyons capable de nous en apporter. La liberté religieuse est la liberté de faire ce qui plaît à Dieu, ou, du moins, ce que nous croyons qui plaît à Dieu; c'est la liberté de le servir, de remplir notre devoir, non seulement quand il nous plaît, mais quand il nous déplaît; en un mot, c'est la liberté d'obéir. N'avais-je pas raison de dire que c'est une liberté désintéressée, la seule liberté désintéressée, et par conséquent la plus noble de toutes? La plus noble des libertés est la seule que nous n'avons pas." A.Vinet: Petition au peuple vaudois, 1846; in: Questions ecclésiastiques,Bd.2,Lausanne 1946, S. 196.

(1) A.Vinet: Essai sur la manifestation..., S. 32 f.

der Nation hergestellt werden. Auf diese für die Schweiz wichtigen Fragen ist Vinet jedoch nicht näher eingegangen.

Vinets unbestechliche Analysen und Deduktionen stellen die bedeutendste theoretische Begründung und Auslegung der Gewissens- und Kultusfreiheit während der Regenerationszeit dar. Ähnlich wie es in den angelsächsischen Ländern im 17. und 18. Jahrhundert geschah, suchte er,auf der Grundlage eines erweiterten Begriffs der Gewissensfreiheit,ein Menschenrecht umfassender religiöser Freiheit abzuleiten. In zahlreichen Artikeln, Eingaben und Schriften (1) hat Vinet anläßlich der waadtländischen Verfolgungen der Dissidenz und der Revisionen der kantonalen Verfassung die Vorzüge der Freiheit der Religion und der Kirchen einer größeren Öffentlichkeit und den Räten zur Kenntnis gebracht. Wäre seine Doktrin im kantonalen und eidgenössischen Recht verwirklicht worden, so würde dies der Schweiz die schwersten Konflikte des 19.Jahrhunderts erspart haben,und der eidgenössische Bund hätte sich leichter neu konstituieren können. Nur aus der engen Verbindung von Religion und Politik, Kirche und Staat erklärte es sich, daß diese Beziehungen zum zentralen Streitobjekt der Regeneration werden konnten (2). Doch die Ereignisse in Vinets engerer Heimat, wo sein Einfluß am nachweisbarsten ist, zeigen, daß sich der Verwirklichung der vollständigen Gewissens- und Kultusfreiheit, der individuellen wie der kirchlichen Freiheit

(1) Sie sind in den beiden Bänden von Vinets "Questions ecclésiastiques" enthalten. Lausanne 1945 und 1946.

(2) D.Schefold: Volkssouveränität und repräsentative Demokratie in der schweizerischen Regeneration. Basel/Stuttgart 1966, S. 34.

große Widerstände entgegenstellten. Zu unbewältigt war die von der religiösen Intoleranz geprägten Tradition, zu mächtig wirkten die neu geweckten demokratischen Ideen und Interessen, die nach Unterordnung der Minderheit durch die Mehrheit des Volkes und der Kirche unter den Staat riefen. Die Trennung von Staat und Kirche ist zwar sporadisch in den Verfassungsverhandlungen der Regenerationszeit erwähnt, in gesetzgebenden Versammlungen jedoch nie ernsthaft erwogen worden. So sehr Vinets Schrifttum in intellektuellen und religiösen Kreisen, namentlich der welschen Kantone, dem Prinzip religiöser Freiheit Form und Einfluß gegeben hat, so stärkte die Assoziation mit der Trennung, als deren notwendige Folge, andererseits die Abwehrkräfte gegen die im allgemeinen vagen Vorstellungen der Gewissens- und Kultusfreiheit.

Die große Mehrheit der reformierten Geistlichkeit lehnte Vinets radikale Schlußfolgerungen ab. Sie teilte weder seinen Kirchen- noch seinen Staatsbegriff, hielt vielmehr ein mildes, auf die Tradition gestütztes Staatskirchentum als wünschenswert. Wo sich der Klerus der neuen Situation der Kirche infolge der geistigen Emanzipation der weltlichen Behörden bewußt wurde, und wo die Räte mit staatlichen Mitteln freisinnige Kirchenreformen durchführen wollten, strebte die Geistlichkeit in der Regel nur nach größerer Autonomie vom Staat in rein religiösen Dingen. Selbst im Kanton Waadt, wo der Konflikt mit dem radikalen Staat schärfste Formen annahm, dachte die Mehrheit der dissentierenden Pfarrer anfänglich nicht an eine totale Trennung von Staat und Kirche. Nur in pietistischen Kreisen, namentlich des Welschlandes, fanden Vinets Trennungsgedanken größeren Anklang. Durch den Mangel einer Kirchenverfassung dem Staate gegenüber benachteiligt, durch die

Preisgabe des Helvetischen Bekenntnisses den theologischen Richtungskämpfen ausgesetzt, durch die Säkularisierung des Unterrichtswesens in ihrem Einfluß eingeschränkt, befanden sich die reformierten Kirchen in den regenerierten Kantonen in einer - angesichts der gewaltigen geistigen und politischen Auseinandersetzungen - äußerlich und innerlich schwachen Position zur Wahrung ihrer Identität als Kirchen der Reformation.

Die aufklärerisch-ökumenische Tat von 1800, als die reformierten Kirchenhäupter gemeinsam einen Vorschlag machten, wie zugleich die Freiheit der Landeskirchen gewährleistet, der Frieden unter den Konfessionen erhalten und die Glaubens- und Kultusfreiheit als Menschenrecht verwirklicht werden könnten, wiederholte sich in der Regenerationszeit nicht mehr. Unter der Geistlichkeit fanden sich zwar immer weniger Verteidiger staatskirchlicher Zwangsmaßnahmen, so sehr diese sonst bestrebt war, ihrer Kirche und den Kirchengenossen die reformierten staatsrechtlichen Privilegien zu erhalten. Als im Sommer 1845 an der schweizerisch-reformierten Predigertagung, dem einzigen interkantonalen Forum der evangelischen Geistlichen, das Thema zur Behandlung stand: "Welches ist in jetziger Zeit die richtige Stellung der Landeskirche zu den Sekten ?" (1), stieß die Zwangstaufe von Täuferkindern, wie sie in der Ostschweiz noch gelegentlich vorkam, auf allgemeinen Widerspruch. Pfarrer Charles Baup, der im Frühjahr 1845 mit 206 anderen waadtländischen Geistlichen eine Petition an den verfassungsgebenden Großen Rat eingereicht hatte, damit die Kultusfreiheit Grundrecht werde, appellierte an jener Tagung von 1845 zugunsten der religiösen

(1) Verhandlungen der schweizerischen reformierten Prediger-Gesellschaft in ihrer siebenten Jahresversammlung den 22.u.23.Juli 1845, in Zürich, Zürich 1845, S. 7 ff.

Freiheit mit den Worten: "J'ose exprimer le voeu que toutes les Eglises de notre chère patrie adoptent en plein ces principes, seuls d'accord avec l'esprit de l'Evangile, seuls conformes à leurs véritables intérêts." (1)

Die Abneigung der Liberalen gegen jeglichen Religionszwang, sei es des Staates oder der Kirche, brachte zum ersten Mal zu Beginn der dreissiger Jahre im kantonalen Verfassungsrecht die Anerkennung einer allgemeinen Gewissens- und Glaubensfreiheit (2). Nur einige reformierte und paritätische Stände führten sie ein. Seltener fiel der Antrag auf allgemeine Kultusfreiheit. Erst in den vierziger Jahren wurde die Freiheit des Gottesdienstes in einigen Konstitutionen aufgenommen. Zunächst kam es auch in keiner der repräsentativ-demokratischen Verfassungen zur weiteren Liberalisierung des Paritätsrechts für katholische oder reformierte Minderheiten, etwa nach dem Vorbild der aus der Mediation hervorgegangenen neuen paritätischen Kantone. Indem die Liberalen überall die Niederlassungsfreiheit postulierten, erhofften sie davon zugleich eine zunehmende konfessionelle Vermischung der Bevölkerung und dadurch bei allen Volks-

(1) Verhandlungen der schweizerischen reformirten Prediger-Gesellschaft in ihrer siebenten Jahresversammlung den 22.u.23.Juli 1845 in Zürich. Zürich 1845, S.29.

(2) Dekan Ammann äusserte sich an jener Tagung von 1845 zu diesen Verfassungsbestimmungen folgendermassen: "In den regenerirten Kantonen, in welchen die Glaubensfreiheit garantirt worden ist, wurde darin gefehlt, dass diesem Artikel im Gesetze keine nähere Bestimmung und Erläuterung gegeben worden ist. Der Staat, nicht die Kirche hat denselben aufgenommen und darum auch zu handhaben." a.a.O., S.30 f.

schichten eine zunehmende Bereitschaft für das Zusammenleben unter den verschiedenen Glaubensrichtungen. Ihre grösste Hoffnung aber setzten sie auf die Säkularisierung des Schulwesens. Mit Ausnahme des Religionsunterrichts in der Volksschule sollte die junge Generation in konfessionell neutralen Schulen dem kirchlichen Einfluss weitgehend entzogen werden. Indem die Liberalen an den höheren Schulen auch für die Theologie Lehrfreiheit forderten, hofften sie, den Glauben und die Kirche durch eine freiere Geistesrichtung der Toleranz zugänglicher zu machen.

Eine Gefährdung der liberalen Entwicklung zur völligen religiösen Freiheit brachten die vierziger Jahre durch die radikal-demokratischen Staatstendenzen. Der liberal-konservative Rechtsgelehrte Antoine-Elisée Cherbuliez wies in einem Kapitel über die Kultusfreiheit seines 1843 erschienenen Buches "De la Démocratie en Suisse" darauf hin, wie das demokratische Prinzip der Volkssouveränität in Verbindung mit dem Staatskirchentum der Kultusfreiheit besonders abträglich sei. Die Ursache erblickte er in der Intoleranz des Volkes (1). Die Richtigkeit dieser Feststellung lässt sich in den Verfassungsverhandlungen verfolgen. Wo durch das Fallenlassen des Zensus das zahlenmässige Uebergewicht der Volksvertretung auf die weniger Bemittelten und Gebildeten, namentlich aus ländlichen Schichten, fiel, zeigte sich in der Regel eine rückläufige Tendenz in bezug auf die religiöse Freiheit.

Dass die Volksmassen indessen ideologisch manipulierbar waren, zeigen die Kantone Waadt und Genf. Beide Stände hatten eine überwiegende reformierte Bevölkerung

(1) A.E.Cherbuliez: De la Démocratie en Suisse, Paris 1843, Bd.1, S.149.

und erlebten eine radikal-demokratische Revolution. Während der waadtländische Verfassungsrat im Jahr 1845 gegen die Kultusfreiheit stimmte, nahm die Genfer verfassungsgebende Versammlung 1847 diese an. Die waadtländischen Radikalen unterdrückten die Dissidenz und versagten den Katholiken ausserhalb des Bezirks Echallens die Parität. Die Radikalen Genfs hingegen gewährten den dissidenten Gottesdiensten Rechtsschutz und den Katholiken des ganzen Kantonsgebiets Gleichberechtigung mit den Reformierten. Auch in den Kantonen Neuenburg und Bern wurde die Kultusfreiheit im fünften Jahrzehnt eingeführt. Dies kann jedoch nicht darüber hinwegtäuschen, dass die radikale, nicht weniger als die katholische Demokratie der religiösen Toleranz und der Entfaltung der Menschenrechte eher abträglich war.

Am schärfsten war in den vierziger Jahren die Abwehr gegen die Emanzipationstendenz der Kirchen vom Staat, wo sich Rousseausche Vorstellungen der Volkssouveränität mit der rationalistischen, staats-autoritären Tendenz der Jungheglianer verbanden. Namentlich die jungen Juristen, die in Deutschland studiert hatten, neigten dazu, den Staatsbegriff zu verabsolutieren. Sie stützten sich dabei auf Hegels Dialektik, die sie einseitig auslegten. So etwa, wenn Hegel vom Volksstaat als der absoluten Macht auf Erden sprach und er allen Wert des Menschen, alle geistigen Möglichkeiten allein vom Staat ableiten und diesen in seiner Rechtsphilosophie als "ein Irdisch-Göttliches" verehrt wissen wollte (1). Religiöse Freiheit bedeutete den Radikalen nicht so sehr Aufhebung jeglichen staatlichen Zwangs in Gewissens- und Glaubensfragen, wie es das Ziel der echten

(1) W.Apelt: Hegelscher Machtstaat oder Kantsches Weltbürgertum, München 1948, S.12.

Liberalen war, als vielmehr ideologische Indienststellung der Kirchen, und wo sie Widerstand boten, Unterwerfung unter den alles Geistige und Religiöse umfassenden Staatszweck (1). Demokratisierung und Säkularisierung der kirchlichen Institutionen war ihr Ziel. Daraus ergab sich eine ambivalente Haltung zur religiösen Freiheit. Sie war besonders auffallend in den Kantonen Aargau bei der Klosteraufhebung und im Kanton Waadt durch die Unterdrückung der evangelischen Dissidenz.

Zwiespältig in bezug auf Religionsfreiheit war auch die Einstellung der ultramontan ausgerichteten Katholiken und der katholischen Hierarchie. Die Restauration hat dem Primatanspruch des Bischofs von Rom und dem universalen Anspruch des katholischen Dogmas und des kanonischen Rechts wieder eine Geltung verschafft, wie sie das Papsttum im 18.Jahrhundert nicht mehr besessen hatte. Der ultramontanen Kirchenpolitik fiel das Bistum von Konstanz und das von zahlreichen Kantonen gewünschte Nationalbistum zum Opfer. Rom war bestrebt, nur solche Bischöfe (2) einzusetzen, die gewillt waren, dem kanonischen Recht Geltung zu verschaffen. Diese erhielten durch die kurialistische Kirchenpolitik der Nuntien kräftige Unterstützung. Die geplante Durchsetzung eines auf mittelalterlichen Anschauungen der universalen Glaubenseinheit beruhenden Kirchenrechts aber mußte den Konflikt mit liberalen und demokratischen Zeitmächten heraufbeschwören, die sich auf revolutionärem Weg an die Schaffung eines modernen, pluralistischen Staates machten.

---

(1) Gegen die Staatsauffassung der Radikalen wandte sich Jeremias Gotthelf in "Zeitgeist und Bernergeist". P.Baumgartner:Jeremias Gotthelfs Zeitgeist und Bernergeist, Bern 1945, S. 34 ff, S. 164 ff.

(2) Die schweizerischen Diözesen waren als Immediatbistümer unmittelbar dem Papst unterstellt, so daß sich

Ziel der Ultramontanen war die Erhaltung der Glaubenseinheit in den noch ganz katholischen Kantonen und subsidiär die Stärkung der konfessionellen Trennung in den paritätischen Kantonen. Ferner war die Hierarchie bestrebt, die katholischen Minderheiten in den reformierten Kantonen in ihrem Anspruch auf Toleranz oder gar Gleichberechtigung mit den Reformierten zu unterstützen. Nach dem traditionellen katholischen Kirchen- und Wahrheitsbegriff hatte allein die römisch-katholische Kirche einen Anspruch auf Freiheit. Darin unterschied sich ihr Verhalten kaum von demjenigen im 16. Jahrhundert.

In seiner Enzyklika "Mirari vos" vom 31.August 1832 zählte Papst Gregor XVI. die Gewissensfreiheit zu den von der Kirche verurteilten Lehren. Er nannte sie eine falsche und lächerliche Maxime, die aus der vergifteten Wurzel des Indifferentismus stamme. Veranlaßt wurde die Enzyklika durch Tendenzen innerhalb des Katholizismus zu einer Aussöhnung mit den liberalen und demokratischen Staatsprinzipien. Félicité de Lamennais, der sich anfänglich mit Joseph de Maistre gegen den Gallikanismus und für das Papstsystem eingesetzt hatte, rief vor der Julirevolution den katholischen Klerus auf, im Interesse des kirchlichen Glaubens die Bande mit dem religiös indifferenten Staat zu lösen. Er bekämpfte in seiner in den Jahren 1830/31 erschienenen Zeitschrift "Avenir" die Besoldung des Klerus durch den Staat und setzte sich für Anerkennung der religiösen Freiheit für alle ein.

---

der kirchenpolitische Einfluß Roms stärker geltend machen konnte. E.His: Geschichte des neuern Schweizerischen Staatsrechts, Bd.2, Basel 1929, S. 583 f.

Nach der offiziellen Verurteilung seiner Lehren durch das päpstliche Rundschreiben trat Lamennais glaubensmässig in Opposition zur Kirche. Seine Trennungsgedanken wirkten weiter durch seine Freunde Pater Lacordaire und Graf de Montalembert (1). Sie fanden teilweise ihre rechtliche Verwirklichung in Belgien, wo sich die katholische Kirche mit den Liberalen zur Erlangung der Unabhängigkeit von den Niederlanden verbündet hatte(2).

In der Schweiz, wo der aufgeklärte Katholizismus in den katholischen Städten und in den gemischtkonfessionellen Kantonen während der Regeneration grossen Auftrieb erhielt, fanden Lamennais' Trennungsgedanken unter den Katholiken wenig Anklang. Das Ideal der liberalen Katholiken war nicht das Verfassungsrecht der Vereinigten Staaten, sondern das josephinisch-wessenbergische Staatskirchentum. Die Scheidung des Kirchlichen und Weltlichen wünschten sie nach Balthasars "Jus circa sacra" (3). Selbst Troxler, der eifrigste katholische Propagandist des amerikanischen Bundesrechts, warb nicht für eine völlige Trennung. Als der katholische Regierungsrat Dorer anlässlich der aargauischen Staatskrise sich für das amerikanische System aussprach, erregte er auch bei den radikalen Katholiken Verwunderung. Liberale Katholiken gehörten hingegen zu den Förderern der allgemeinen Glaubens- und Kultusfreiheit.

---

(1) K.Rothenbücher: Die Trennung von Staat und Kirche, München 1908, S.90.
(2) K.Rothenbücher: a.a.O., S.398 ff.
(3) J.A.F.v.Balthasar: De Helvetiorum juribus circa sacra, Zürich 1768.

Kantone, die weder die Glaubens- noch die Kultusfreiheit einführten

Von den 14 Kantonen, die weder die Glaubens-, Gewissens- noch die Kultusfreiheit während der Regenerationszeit in ihr Verfassungsrecht aufnahmen, hebt sich eine Gruppe von sieben Kantonen ab, die nur eine Staatsreligion und zwar die römisch-katholische anerkannten. Es handelt sich um die Stände der Innerschweiz Luzern, Uri, Schwyz, Unterwalden und Zug sowie um die neuen eidgenössischen Kantone Tessin und Wallis. Von diesen haben Uri, Ob- und Nidwalden ihre Verfassungsurkunden der Restauration nicht erneuert. Da in allen diesen Staaten das Bürger- und das Niederlassungsrecht von der Zugehörigkeit zur katholischen Kirche abhängig war, zeigen die offiziellen Statistiken aus der Mediationszeit und von 1837, mit Ausnahme des Wallis und Luzerns, eine rein katholische Einwohnerschaft (1). Vergleicht man diese noch recht ungenauen Angaben mit den Resultaten der zuverlässigeren eidgenössischen Volkszählung von 1850, so sieht man keinen einzigen Kanton mehr, der nicht eine wenn auch kleine konfessionelle Minderheit aufwies. Der Unterschied dürfte nicht so sehr darin liegen, daß nach der Annahme der Bundesverfassung von 1848, die den Katholiken und den Reformierten für das ganze Gebiet der Schweiz Kultus- und Niederlassungsfreiheit gewährleistete, alle diese reformierten Schweizer in der

(1) Siehe vergleichende Tabelle bei St.Franscini: Neue Statistik der Schweiz, Nachtrag, Bern 1851, S. 331.

Zwischenzeit eingewandert waren oder gar konvertiert hatten, als vielmehr in der neuen Rechtslage, die es den Einwohnern erlaubte, ihren Glauben anzugeben, ohne eine Strafe gewärtigen zu müssen. Die Identifizierung von Staat und katholischer Religion war in allen diesen Kantonen derart tief in der Tradition verankert, daß auch der Sieg des Liberalismus in Luzern, im Tessin und Wallis und die Einführung individueller Freiheitsrechte keine verfassungsmäßige Auflockerung der Glaubensfreiheit brachte. Hingegen zeigte sich in diesen Kantonen mit regenerierter Verfassung die Tendenz, gegenüber der religiösen Minderheit eine gewisse Toleranz zu üben, die allerdings durch die konservative Reaktion der vierziger Jahre wieder aufgehoben oder gefährdet wurde. Sechs der sieben Kantone dieser Gruppe schlossen sich dem katholischen Sonderbund zum Schutz der kantonalen Eigenständigkeit an, in deren Selbstwertung die Katholizität an vorderster Stelle stand.

In dieser ersten Gruppe müßten eigentlich auch die Halbkantone Appenzell Innerrhoden und Außerrhoden figurieren, weil beide eine getrennte politische Verwaltung hatten und jede Hälfte für sich ebenso ausschließlich an der Glaubenseinheit aus dem konfessionellen Zeitalter festhielt, so daß sie sich noch 1848 mit den Kantonen der Urschweiz gegen die Einführung jeglicher Form der Kultusfreiheit widersetzten. Auch in Appenzell waren alle bürgerlichen und politischen Rechte an die reformierte bzw. katholische Konfession gebunden und kein anderer öffentlicher Gottesdienst als der staatliche war zulässig. Gegenüber der Eidgenossenschaft aber galten nur die beiden Kantonshälften zusammen als Vollmitglied, womit die alte bundesrechtliche Fiktion eines einzigen paritätischen Staates aufrecht erhalten blieb. Tatsächlich waren die konfessionellen Verhältnisse ähnlich wie in den gemischtkonfessionellen Ständen, die rechtlich zwischen katholischen und reformierten Gemeinden unterschieden und in der Regel dort nur einen Gottesdienst hatten. Nach altem Brauch zog hier Appenzell die Trennung besonders scharf.

Zu der zweiten Gruppe zählen - mit Ausnahme des Kantons Waadt - Stände, die bei ihrer Neukonstituierung im Jahr 1814 eine auf altem Vertragsrecht beruhende Parität der reformierten und der katholischen Religion anerkannten und verfassungsrechtlich schützten und den konfessionellen Status quo auch in den regenerierten Verfassungen beibehielten. Drei dieser Stände, Appenzell, Graubünden und St.Gallen, besaßen zwei Staatsreligionen und hatten die konfessionelle Trennung in verschiedenem Grad durchgeführt, am radikalsten Appenzell, das seit dem 16. Jahrhundert mit der konfessionellen Sonderung auch die politische vollzogen hatte. St.Gallen hat bei seiner Konstituierung die konfessionelle Trennung nur in der Legislative und wenn es um kirchliche Anliegen ging vollzogen. Graubünden besaß das älteste paritätische Bundesrecht eines ungeteilten Staates und war der einzige Kanton dieser Gruppe, der seine Verfassung nicht regenerierte. Die drei übrigen Stände, Freiburg, Solothurn und Schaffhausen, besaßen nur eine Staatsreligion. Freiburg die römisch-katholische, die beiden anderen Kantone die reformierte, gewährten jedoch einer konfessionellen Minderheit in den betreffenden Gemeinden vollständige konfessionelle Gleichberechtigung. Wurde außerhalb dieses Gebiets ein anderer als der Staatskultus gewährt, so geschah diese Toleranz auf privat-rechtlicher Grundlage. Von einer örtlich unbeschränkten Kultusfreiheit für die anerkannte Konfession der religiösen

Minderheit war in diesen drei Kantonen somit nicht die Rede, und schon gar nicht von einem Recht auf religiöse Freiheit für alle Glaubensweisen. Daran änderte sich während der Regenerationszeit in allen diesen Kantonen rechtlich nichts.

Der Kanton Waadt, der in die Gruppe der Kantone gehörte, die nur eine beschränkte Parität beibehielten, verdient besonders hervorgehoben zu werden, weil in seinem Raum die Schwierigkeit der Einführung vollständiger religiöser Freiheit im reformiert-demokratischen Staat besonders deutlich wird und weil das negative Resultat der Kämpfe für und gegen die Kultusfreiheit seine Rückwirkung auf das Bundesrecht von 1848 hatte. Der Kanton Waadt ist der einzige reformierte Stand der welschen Schweiz, der die allgemeine Kultusfreiheit ablehnte. Die calvinistisch-independistischen Ideen und Glaubenskräfte, die in angelsächsischen Ländern das Menschenrecht religiöser Freiheit auslösten, stießen hier auf ein Staatskirchentum alt-bernischer Herkunft (1), das sich auch im radikaldemokratischen Gewand als ein hartnäckiger Gegner erwies.

---

(1) Vgl. A.Schweizer: Das kirchliche Zerwürfnis des Jahres 1845 im Kanton Waadt, Zürich 1846, S. 7ff.

a) Kantone mit einheitlicher Staatsreligion

L u z e r n

Unter den katholischen Ständen der Innerschweiz übte nur Luzern Toleranz gegenüber den Reformierten. Dies lag an der freieren Geisteshaltung der städtischen Intelligenz, die seit dem 18. Jahrhundert unter dem Einfluss der Aufklärung stand (1) und an seiner Stellung als eidgenössischer Vorort, der turnusgemäss die Tagsatzungsgesandten auch der reformierten Kantone zu beherbergen hatte. Die Einführung eines evangelischen Gottesdienstes für die Tagungen der helvetischen Behörden war ein Präzedenzfall, der sich zugunsten der ansässigen Reformierten auswirkte, die auf ihre Bitte hin am 2. August 1826 die Bewilligung für die regelmässige Ausübung eines evangelischen Gottesdienstes in Luzern erhielten. 1833 bekam die reformierte Gemeinde die Erlaubnis, eine eigene Schule zu halten (2). Die Zahl der Nichtkatholiken nahm im katholischen Vorort nach den behördlichen Angaben innerhalb von vierzig Jahren von 80 (im Jahr 1810) auf 1563 zu (3).

Als Luzern 1831 unter Führung des freisinnigen Advokaten Kasimir Pfyffer eine Verfassungsrevision vornahm, die der patrizisch-konservativen Vorherrschaft ein Ende setzte, behielt der von den Liberalen geprägte und geleitete Staat formell den

---

(1) A.Ph.v.Segesser: Rechtsgeschichte der Stadt und Republik Luzern, Luzern 1857, Buch 11/12, S.366.
(2) G.Finsler: Kirchliche Statistik der reformierten Schweiz, Zürich 1856, S.128,130. Die reformierte Gemeinde erhielt jährlich Beiträge von den reformierten und paritätischen Ständen sowie vom preussischen König. S.130.
(3) St.Franscini: Neue Statistik der Schweiz. Nachtrag, Bern 1851, S.331.

Grundsatz, daß er ein katholischer Staat sei. Die zum Artikel 2 aufgerückte Bestimmung: "Die christkatholische Religion ist die Religion des Staats und des Kantons" (1) hatte, außer der zusätzlichen Bezeichnung "und des Kantons", dieselbe Formulierung wie in der Luzerner Verfassung von 1814 (2). Das neue Grundgesetz gewährleistete zwar individuelle Rechte, wie Rechtsgleichheit, die persönliche Freiheit, das Recht der freien Meinungsäußerung, der Petitionen und der Pressefreiheit, die Stimmfähigkeit wurde jedoch nur den Bürgern katholischer Religion und weltlichen Standes gewährt (3). Von einer Niederlassungsfreiheit für Nichtluzerner war in der Verfassung nicht die Rede, doch hatte der katholische Vorort als einziger Kanton der Innerschweiz bereits 1819 einem interkantonalen Niederlassungskonkordat zugestimmt. Am 17.Dezember 1834 wurden dessen Bestimmungen bestätigt (4). Die Freizügigkeit konnte sich zugunsten der Protestanten und der Toleranz auswirken, da es sich bei den Konkordatskantonen, die ihren Bürgern gegenseitig gleiche Rechte gewähren wollten, um Stände beider Konfessionen handelte. Diese liberale Entwicklung war der konservativen Geistlichkeit allerdings ein Dorn im Auge.

---

(1) Th.Bornhauser: Verfassungen der Kantone der schweizerischen Eidgenossenschaft, Bd.1, Trogen 1833, S. 67.

(2) Paul Usteri: Handbuch des Schweizerischen Staatsrechts, Aarau 1821, S.249. Artikel 51 lautete: "Die christkatholische Religion ist die Religion des Kantons". Somit waren nicht die letzten drei Worte neu, wie Ed.His angibt: Luzerner Verfassungsgeschichte der neuern Zeit 1798-1940.Luzern 1944,S.90.

(3) Th.Bornhauser: a.a.O., S. 82. Artikel 51.

(4) E.His: a.a.O., S. 84.

Die Jungliberalen, denen Luzern 1831 die regenerierte Verfassung verdankte, hatten anfänglich eine gemässigte staatskirchenrechtliche Haltung eingenommen, was ihnen um so leichter fiel, als seit dem Anschluss an die neue Diözese Basel im Jahr 1828 und durch die Wahl des Luzerners Salzmann zum Bischof ein gegenseitiger Wunsch vorhanden war, offene Konflikte zu vermeiden. Als es sich bei der Verwerfung der von den Luzerner Liberalen herbeigesehnten Bundesrevision durch die Volksabstimmung vom 7. Juli 1833 erwies, dass die konservative Bauernschaft immer mehr der ultra-montanen Reaktion gegen das liberale Städterregiment anheimfiel, brach in der Exekutive und Legislative wieder stärker die dalbergisch-wessenbergische Richtung durch, die Luzern aus der Zeit des kirchlichen Anschlusses an Konstanz vertraut war. Unter dem Vorsitz des Luzerner Schultheissen Eduard Pfyffer kam es im Januar 1834 zu der Badener Vereinbarung regenerierter Kantone, die ein gemeinsames Vorgehen gegen die konservative, römisch-katholische Reaktion gewährleisten sollte. Am 7. März 1834 erliess der Luzerner Rat, nach Annahme der Badener Artikel, ein Gesetz über die Ausübung des landesherrlichen Plazets von kirchlichen Erlassen und Anordnungen an die Geistlichkeit (1). Für Erlasse dogmatischer Natur wurde nur das Visum verlangt. Im gleichen Jahr verstärkte der Rat auch den staatlichen Einfluss in der Zusammensetzung des Kollegiums, das die geistlichen Kandidaten zu prüfen hatte. Die Zivilstandsregister wurden verstaatlicht. Die Regierung erneuerte durch das Dekret vom 26. Nov. 1836 das Gesetz vom 31. August 1798 über den Treueid der Geistlichen, die

---

(1) Ed.His: Luzerner Verfassungsgeschichte der neuern Zeit 1798-1940, Luzern 1944, S.89.

dalbergische Verordnung vom 10.Dezember 1804 über die Eheverlöbnisse, das wessenbergische Konkordat von 1806 und den Beschluß vom 27.Oktober desselben Jahres über die Professoren des Kollegialstiftes in Luzern (1). 1835 wurden die Klöster einer staatlichen Inventur unterzogen, im darauffolgenden Jahr die Novizenaufnahme der Nonnenklöster eingeschränkt. 1838 erklärte der Große Rat das Franziskanerkloster in der Au zu Luzern und das Kloster Werthenstein gar als aufgehoben. Anstoß erregte bei der strenggläubigen Bevölkerung die Anstellung des aufgeklärten Geistlichen Christopher Fuchs, dem der Bischof die Weihen verweigert hatte. Diese staatliche Mißachtung kanonischer Rechte veranlaßte den Nuntius,1835 von Luzern nach Schwyz überzusiedeln. Von den Luzerner Geistlichen sprachen sich 48 in einer Eingabe an den Bischof, der ebenso wie der Papst die Badener Artikel verwarf, zu ihren Gunsten aus, während ihnen 95 öffentlich entgegentraten (2).

Die Seele der Luzerner Verfassungs- und Regimeänderung von 1841 war Joseph Leu (3), ein strenggläubiger katholischer Bauernführer von untadeligem Ruf und mit großem Anhang. Er war der Animator der Gebetsvereine der "Bruderschaft zur Bewahrung und Belebung des Glaubens" (4), die Niklaus Wolf von Rippertschwand gegründet

---

(1) Ed.His: Luzerner Verfassungsgeschichte der neuern Zeit 1798-1940, Luzern 1944, S.89.

(2) A.Bernet u.G.Boesch: Josef Leu von Ebersoll und seine Zeit. Luzern 1945, S. 80.

(3) Siehe A.Bernet u.G.Boesch: a.a.O.

(4) C.Siegwart-Müller: Ratsherr Joseph Leu von Ebersoll, Altdorf 1863, S.31 ff. In einem Schreiben vom 14.2.1842 an den Antistes von Schaffhausen beurteilte Siegwart den Einfluß dieser Bruderschaft folgendermaßen: "In ihr liegt das Geheimnis der luzernischen Verfassungsrevision". Briefe von Konstantin Siegwart-Müller an Friedrich von Hurter. Beilage zum Jahresbericht der Kantonalen Lehranstalt Sarnen, Sarnen 1924, S. 6.

hatte. Die Vorgänge im Kanton Zürich nach der Berufung von Strauss zu Beginn des Jahres 1839 bestärkten ihn in der Erkenntnis der Gefahr, die der rationalistische Liberalismus für den überlieferten Glauben darstellte. Sie zeigten ihm zudem die Möglichkeit, mit dem religiös erregbaren Landvolk die Herrschaft der radikal-liberalen Städter, deren kirchenrechtliche Reformen auf dem Land wenig volkstümlich waren, zu stürzen. Dabei bediente er sich der legalen Mittel der Volksversammlungen und der Massenpetition. Leus politisches Programm sollte die unmittelbare Demokratie mit streng konservativer Katholizität verbinden, so daß ihm die Volksmassen leicht zufielen.

Joseph Leus Reformplan ist schon in seinem großrätlichen Antrag vom 20.November 1839 enthalten (1). Als zwei Hauptanliegen erwähnte er die Aufrechterhaltung der Souveränität des Kantons, der "nach der Weise der Väter" mit den anderen Ständen verbunden bleiben wolle und die Rückkehr zu einer rechtgläubigen, vom Papst anerkannten Kirchen- und Religionspolitik. Der Regierung warf er vor, daß sie den Verfassungsgrundsatz, wonach die katholische Konfession die Religion des Kantons sei, gegen die Ansichten und Wünsche des Volks handhabe. Auf die mißglückte Berufung von Strauss hinweisend, "dieses verabscheuten Leugners der Gottheit Jesu Christi", wie er den freisinnigen Theologen nannte, wünschte er beruhigende Garantien für die Katholizität der Erziehung. Diese faßte er wie folgt zusammen:
1. Die höhere Lehranstalt sei der Stiftung der Väter gemäß der Gesellschaft Jesu zu übertragen; 2. das Lehrerseminar und das Landschulwesen sei in religiöser

(1) Text bei C.Siegwart-Müller: Ratsherr Joseph Leu von Ebersoll, Altdorf 1863, S. 52 ff.

Hinsicht der Lenkung und Aufsicht der kirchlichen Behörden zu unterstellen; 3. den Gemeinden solle freigestellt werden, aus den geprüften Kandidaten ihre Lehrer selbst zu wählen.

Leus Programm hat eine gewisse Ähnlichkeit mit der Petition der Zürcher Landschaft gegen die Berufung von Strauss vom März desselben Jahres, nur fehlt die Rücksichtnahme auf die eidgenössischen konfessionellen Verhältnisse, die das zürcherische "Zentralkomitee" beseelte (1). Wie Siegwart-Müller, dessen religiös-politische Konversion sich damals vollzog, bezeugte, mahnten Leus Freunde schon bei diesem ersten Antrag auf Berufung der Jesuiten vergeblich zur Vorsicht (2). Es bedurfte nur noch des Hinweises auf den Borromäischen Bund in der Volkspetition vom Februar 1840, um ernste Bedenken für die Zukunft der Schweiz aufkommen zu lassen. In dieser Eingabe war eines der wichtigsten

---

(1) Vgl. Sendschreiben des Präsidenten des Zentralkomitees, J.J.Hürlimanns, vom 13.Februar 1839. H.Gelzer: Die Straussischen Zerwürfnisse in Zürich von 1839, Hamburg/Gotha 1843, S.187. Ein Unterschied besteht auch darin, daß das Zentralkomitee mit seiner Eingabe keine politischen Ziele verfolgte, während Constantin Siegwart-Müller bezeugt, Joseph Leu habe schon bei seinem Antrag vom 20.November 1839 die Verfassungsrevision erstrebt.

(2) C.Siegwart-Müller: Ratsherr Joseph Leu von Ebersoll, Altdorf 1863, S.57 und 94. Vgl.S.49 über Leu: "Als er im Jahr 1839 das erstemal den Antrag auf Berufung der Jesuiten an die Lehranstalt in Luzern stellen wollte und ihm seine Freunde Vorsicht empfahlen, so antwortete er: "Jetzt muß der Antrag zur Berufung der Jesuiten gestellt werden, und wenn es mich auch das Leben kosten sollte." Im Kampfe gegen die kirchenfeindlichen Grundsätze der Freisinnigen war er immer für die entschiedensten Maßregeln. Seine Richtschnur war diese: "Was der Radikalismus am ärgsten haßt, das muß man am eifrigsten anstreben." C.Siegwart-Müller: a.a.O., S. 49.

Anliegen, "daß dem Volke durch die Verfassung auf das bestimmteste zugesichert werde die freie und ungehinderte Ausübung der apostolischen, römisch-katholischen Religion, wie selbe unsere Väter in dem Bündnisse der sieben katholischen Orte vom Jahre 1586 bekannt und auf uns ihre Enkel vererbt haben" (1). Der Text enthielt unter anderen Forderungen, die Leu schon in seiner Großratsrede vom 20.November 1839 vorgebracht hatte, das Verlangen nach ungehindertem Verkehr mit dem Bischof und dem Papst sowie die Berufung der Jesuiten an die höhere Lehranstalt in Luzern "gemäß der ursprünglichen Stiftung der Altvordern" (2). Die Bittschrift wurde mit den Unterschriften der Mehrzahl der Bürger des Kantons eingereicht.

Regierung und Großer Rat wiesen den Vorwurf der Straussenfreundlichkeit zurück (3). Gleichzeitig warnten sie in einer Proklamation an das Volk vor den Einflüsterungen, wonach durch die Auffrischung der Grundsätze des Borromäischen Bundes und durch die Berufung der Jesuiten für den Glauben größere Sicherheit erreicht werden könne. "Wie Ihr bei dem von Euern in Gott ruhenden Vätern ererbten christkatholischen Glauben unangefochten und ruhig belassen zu werden wünscht", heißt es in dem Aufruf, "so werdet Ihr Eure reformirten Miteidgenossen, bei ihrem Glauben ungestört, solange es der Vorsehung gefällt, belassen wollen. Euer Sinn ist zu religiös, zu eidgenössisch, als daß Ihr die Gräuel

---

(1) C.Siegwart-Müller: Ratsherr Joseph Leu von Ebersoll, Altdorf 1863, S. 61.

(2) C.Siegwart-Müller: a.a.O., S. 61.

(3) A.Ph.Segesser nannte die damaligen liberalen Führer "mit wenigen Ausnahmen positive Katholiken". Fünfundvierzig Jahre im Luzernischen Staatsdienst, Bern 1887, S. 6.

der Religionsfehden und Religionskriege wieder über unser glückliches Vaterland beschwören wolltet, welche durch die Grundsätze des sogenannten goldenen Bundes von 1586 über dasselbe gebracht worden sind" (1).

Die katholisch-demokratische Volksbewegung mit ihrem religiösen Erweckungscharakter und ihren politisch-volkstümlichen Parolen erwies sich als stärker, nicht zuletzt weil sie die Unterstützung des Landklerus hatte (2). Am 7.November 1840 reichten die drei Kapitel Willisau, Hochdorf und Sursee eine Petition an den Großen Rat ein (3), in der sie die staatskirchlichen Maßnahmen als der göttlichen Ordnung widersprechend hinstellten. "Die Freiheit der katholischen Kirche in Bezug auf alle obliegenden Funktionen," heißt es in dem Schreiben, "soll vorzüglich Aufgabe der Verfassung eines rein katholischen Standes sein, zumal jede Schranke, welche der Kirche gesetzt wird, als eine Beeinträchtigung der Rechte katholischer Bürger zu betrachten ist" (4).

---

(1) C.Siegwart-Müller: Ratsherr Joseph Leu von Ebersoll, Altdorf 1863, S. 89 f.

(2) A.Ph.Segesser, der seine politische Laufbahn 1841 als Ratsschreiber in Luzern begann, spricht von der durchschlagenden Wirkung der Parteinahme der Geistlichkeit. "Erinnerungen", Luzern 1891, S.42. Leus religiös-politisches Revisionsprogramm erhielt auch die Unterstützung des "Katholischen Vereins", der die enge Verbindung katholischer Schweizer im Kampf gegen die liberale Bewegung bezweckte und von Melchior Schlumpf und anderen streng katholischen Geistlichen ins Leben gerufen worden war. C.Siegwart-Müller: a.a.O., S. 37 ff.

(3) Text bei C.Siegwart-Müller: a.a.O., S. 124 ff.

(4) C.Siegwart-Müller: a.a.O., S. 125.

Dieselbe Tendenz, demokratische Individualrechte dem katholischen Kirchen- und Staatsideal dienstbar zu machen, zeigt sich in der Bittschrift auch darin, dass zwar die Preisgabe der Immunität der Geistlichen bedauert, zugleich aber erwartet wurde, dass die Geistlichen auf Grund des Gleichheitsprinzips das Stimmrecht erhalten. Das Schreiben schloss mit der Erwähnung des Geistes der Väter, die in gefahrvollen Wirrungen und Prüfungen dem ganzen Kanton die Einheit des katholischen Glaubens bewahrt und die sich durch entschiedene Anhänglichkeit an die römisch-katholische Kirche den Ruhm als Vorort der katholischen Schweiz erworben hätten.

Den demokratisch fortschrittlichen und kirchlich konservativen Forderungen entsprechend, fiel nach dem Sturz der liberalen Regierung die neue Verfassung aus. Das Volk erhielt nicht nur bei Grossratswahlen und Verfassungsrevisionen grösseres Mitspracherecht, es konnte mittels Vetogemeinden auch direkt die Gesetzgebung mitbestimmen (1). Hatte das Grundgesetz von 1831, ähnlich wie 1814, die "christkatholische Religion" als Staatsreligion erklärt, so lautete jetzt der Paragraph 3: "Die apostolische römisch-christkatholische Religion ist die Religion des gesammten Luzernervolkes, und als solche die Religion des Staates" (2). Damit schwand die Hoffnung auf weitere Lockerung der rechtlichen Intoleranz gegenüber den Reformierten. Der Staat sollte vielmehr helfen, die Glaubenseinheit zu erhalten. Dabei war die Katholizität, wie derselbe Paragraph zeigt, auf die römische Hierarchie ausgerichtet. An Stelle des Plazetrechtes blieb der Regierung nur der Visumszwang für die

(1) E.His: Luzerner Verfassungsgeschichte der neuern Zeit 1798-1940, Luzern 1944, S.96 ff.
(2) L.Snell: Handbuch des Schweizerischen Staatsrechts, Bd.2, Zürich 1844, S.89. Die Bezeichnung "die Reli-

kirchlichen Erlasse. Schon vor der Helvetik hatte Luzern ein Aufsichtsrecht besessen. Das kirchliche Eigentum und der Bestand der Stifte und Klöster wurden zugesichert. Die Geistlichkeit erhielt zwar nicht das gewünschte Stimmrecht und die Immunität, dafür aber eine stärkere Vertretung im Erziehungsrat. Um der freieren Geisteshaltung des städtischen Weltklerus entgegenzuwirken, bestimmte Paragraph 64, dass von den vier geistlichen Erziehungsräten drei durch die Landkapitel zu wählen seien. Die übrigen fünf Mitglieder sollten durch den Grossen Rat bestimmt werden, wo ohnehin die konservativen Vertreter der Landschaft zahlenmässig dominierten. Dem Erziehungsrat fiel die Vorberatung über alles zu, was das Verhältnis von Staat und Kirche betraf (1). Diese Bestimmungen ermöglichten es Josef Leu, seinen 1839 im Grossen Rat gestellten Antrag auf Berufung der Jesuiten, die er als Krönung seines religiösen Reformprogramms betrachtete, zu verwirklichen.

Der grösseren Freiheit der katholischen Kirche standen einige Einschränkungen der aus der liberalen Aera übernommenen Individualrechte gegenüber. Das Petitionsrecht blieb den Bürgern unter dem Vorbehalt "anständiger Fassung" erhalten (2). Die Freiheit der Meinungsäusserung in Wort und Presse wurde "inner den Schranken der Wahrheit, Sittlichkeit und Religion" zugesichert (3).

---

gion des gesamten Staates" ist der Ruswylererklärung vom 5.Nov.1840 entnommen, die Wendelin Kost entworfen und Siegwart-Müller umgearbeitet hatte. E.Kopp: Die konservative Partei des Kantons Luzern von 1831-1948, Luzern 1950, S.43. A.Bernet u.G.Boesch: Josef Leu von Ebersoll und seine Zeit, Luzern 1945, S.93.

(1) L.Snell: Handbuch des Schweizerischen Staatsrechts, Bd.2, Zürich 1844, S.100.

(2) L.Snell: a.a.O., S.90 (Paragraph 8).

(3) L.Snell: a.a.O., S.90 (Paragraph 7).

Paragraph 22 setzte ausdrücklich fest, daß das Kantonsbürgerrecht nur an Bewerber der römisch-katholischen Religion erteilt werden könne.

Die Verfassung vom 1.Mai 1841 wurde mit 16718 Ja-Stimmen gegen 6232 Nein-Stimmen angenommen. Die neue konservative Regierung schickte sie Papst Gregor XVI. (1), der für seine antiliberale Einstellung bekannt war. Der Nuntius Hieronymus d'Andrea, von den Behörden und vom Volk jubelnd empfangen, kam nach Luzern zurück. Aus dem liberalen Vorposten im Herzen der Schweiz, welcher der Entfaltung der Toleranz förderlich gewesen war, wurde der Vorort Luzern unter Constantin Siegwart-Müllers Leitung ein kraftvoller Mittelpunkt streng katholisch-konservativer Politik. Der Luzerner Schultheiß suchte durch den katholischen Sonderbund dem antiklerikalen Radikalismus und seinen schweizerischen Reformbestrebungen Einhalt zu gebieten. Indem er das in Luzern erfolgreiche konfessionelle Staatsprinzip auf die interkantonalen Beziehungen zu übertragen versuchte, drohte die Schweiz nach der Ankunft der Jesuiten in Luzern, wie zur Zeit der Religionskriege, auseinanderzufallen, statt sich im Zeichen einer religiös freiheitlichen Parität politisch kräftiger zu gestalten.

Nach Auflösung des Sonderbundes durch die Truppen der Tagsatzungsmehrheit und der Flucht der meisten Regierungsräte erfuhr die Verfassung von 1841 durch den am 11.Dezember 1847 neugewählten Großen Rat, in dem nur noch wenig Konservative saßen, eine Revision. Ihr

(1) E.His: Luzerner Verfassungsgeschichte der neuern Zeit 1798-1940, Luzern 1944, S.101. L.Snell nannte das Schreiben vom 25.August 1841 einen "Akt politischer Unterwürfigkeit, der bisdahin in der Schweiz unerlebt war". L.Snell: Handbuch des Schweizerischen Staatsrechts, Bd.2, Zürich 1844, S. 88.

fielen namentlich die kirchenrechtlichen Bestimmungen zum Opfer. Die Revision wurde durch Volksabstimmung vom 13.Februar 1848 bestätigt.

Paragraph 3 lautete nur noch: "Die apostolisch-römisch-christkatholische Religion, als die Religion des luzernerischen Volkes, ist nicht nur gewährleistet, sondern genießt auch den vollen Schutz des Staats" (1). Die Stifte und Klöster, die mit hohen Kontributionen an die Kriegsschuld belastet wurden, genossen keinen verfassungsmäßigen Schutz mehr. Das reiche Zisterzienserkloster St.Urban und das Frauenkloster Rathausen wurden durch Dekret vom 13.April 1848 aufgehoben. Das Vermögen wurde zu Staatszwecken verwendet, namentlich zur Tilgung der Kriegsschuld. Die Klöster in Bruch und Eschenbach verloren das Recht auf Selbstverwaltung. Das Erziehungswesen wurde zur Hauptsache säkularisiert, der ausgewiesene Jesuitenorden als verfassungswidrig erklärt. Die Ursulanerinnen und die Schwestern von St.Vinzenz und Paul wurden ebenfalls ausgewiesen. Eine Lockerung der religiösen Intoleranz im kantonalen Verfassungsrecht trat erst unter dem Einfluß der Bundesverfassung ein. Dasselbe geschah in den übrigen Kantonen der Innerschweiz.

---

(1) E.His: Luzerner Verfassungsgeschichte der neuern Zeit 1798-1940, Luzern 1944, S. 122.

Uri, Schwyz und Unterwalden

In den kleinen, katholischen Landsgemeindedemokratien der Urschweiz, wo die Abwehr des revolutionären, säkularisierten Staatsideals der Helvetik am heftigsten gewesen ist, und die gewaltsamen Reformen die geringsten Spuren hinterlassen hatten, waren Obrigkeit und Volk auch während der Regeneration liberalen Neuerungen, die an ihre religiösen und politischen Traditionen rührten, entschieden abhold. Die Abgeschiedenheit ihrer Täler und Gemeinden, die bäuerliche konservative Art ihrer Bewohner, der Mangel einer aufstrebenden Volksbildung und Industrie, die altdemokratischen Formen ihrer politischen Institutionen, die Erinnerungen an Stans, Schindellegi und Rothenturm hatten die Bürger von Uri, Schwyz und Unterwalden gegen die Ideen der Aufklärung und die unitarisch-nationalen Bestrebungen immun gemacht.

Die stärksten geistigen und gefühlsmäßigen Abwehrkräfte gegen die Bestrebungen der politischen Neuerer fanden die Innerschweizer in der Religion ihrer Väter. Sie bestimmte ihr Denken und Empfinden, prägte ihre Sitten und Rechte. Was seiner Herkunft nach und in seinem Wesen nicht römisch-katholisch war, was an Glauben und Herkommen rührte, wurde als landesfremd, ketzerisch oder gottlos abgetan. Das galt auch vom liberalen Postulat nach vermehrter Glaubens- und Gewissensfreiheit. Diese war von der Kirche verurteilt worden, gefährdete nach der Lehre der Geistlichkeit die Religion, verletzte die althergebrachten Gewohnheiten des Volkes, das mit Andersgläubigen im Lande wenig in Berührung kam. Die Einheitlichkeit der Religion aufzugeben, schien ihm, wie im 16.

Jahrhundert,Preisgabe der sittlichen Ordnung (1), des sozialen Friedens und der politischen Selbstbehauptung.

Alle Restaurationsverfassungen der drei Waldstätte bestätigten die seit dem Mittelalter vorhandene Katholizität ihres Volkes und Landes. Aufschlußreich ist, daß diese Bestimmung stets eine der ersten Stellen einnimmt. Die auch in der Regenerationszeit nicht abgeänderte, in sechs Grundsätzen zusammengedrängte Urner Verfassung vom Jahr 1820 erklärte unter Paragraph 1: "Die Religion des eidgenössischen Standes Uri ist die römisch-katholische" (2). Die Verfassung von Obwalden aus dem Jahr 1816, die ebenfalls bis 1848 ihre Gültigkeit behielt, stellte an dritter Stelle fest: "Die christkatholische Religion ist die Religion des Landes" (3). Die Verfassung von Nidwalden aus demselben Jahr betonte noch bestimmter die Ausschließlichkeit der Staatskonfession. Die erste Bestimmung lautete: "Der Kanton Unterwalden nid dem Wald bekennt sich ungeteilt zur römisch-katholischen Religion" (4).

Nur Schwyz besaß eine ausführliche Verfassung, die aus der politisch bewegten Zeit der dreißiger Jahre stammte. Die Innerschweiz mußte unter eidgenössischem Druck den äußeren Gemeinden, die sich selbständig gemacht hatten, die Rechtsgleichheit gewähren (5). Das

---

(1) Das neue Landbuch von Uri stellte noch im Jahr 1823 an die Spitze der als "Malefiz" zu bestrafenden Verbrechen "Ketzerey in Glaubenssachen".W.Oechsli: Geschichte der Schweiz im neunzehnten Jahrhundert, Bd.2, Leipzig 1913, S. 739.

(2) Th.Bornhauser: Verfassungen der Kantone der schweizerischen Eidgenossenschaft,Bd.2, Trogen 1836, S. 1.

(3) Th.Bornhauser: a.a.O., S. 11.

(4) Th.Bornhauser: a.a.O., S. 20.

(5) Th.Bornhauser: a.a.O., S.367, Art.4 der Verfassung vom 5.Weinmonat 1833.

Grundgesetz des Jahres 1833, das die Staatseinheit rechtlich wieder herstellte und bis 1848 seine Gültigkeit behielt, änderte trotz gewisser liberaler Konzessionen, wie der Gewährleistung freier Meinungsäußerung in Wort und Schrift, nichts an der katholischen Konfessionalität des Standes. Artikel 10 bestimmte: "Die christkatholische Religion ist die einzige Religion des Staates, und als solche garantirt " (1). Der Wortlaut ist derselbe wie in Artikel 3 der Verfassungserklärung von 1815.

Außer dem Grundsatz der ausschließlichen Staats- oder Landesreligion sagten die Verfassungserklärungen von Uri und Unterwalden nichts aus, wie das Verhältnis von Staat und Kirche geregelt werden sollte. Aus ältester Überlieferung galt der Grundsatz, daß in reinen Glaubens- und Kultusfragen die Kirche durch ihren Klerus zuständig war. In allen gemischten Angelegenheiten, die auch politische und wirtschaftliche Interessen des Landes berührten, behielt sich jedoch der Kanton das Hoheitsrecht vor. Erst in der Schwyzer Verfassung vom Jahr 1833 gab es ausdrückliche staatskirchenrechtliche Bestimmungen. Diese sind zwar nicht materiell auf die Verhältnisse von Uri und Unterwalden übertragbar, zeigen indessen, daß das Bekenntnis zur Glaubenseinheit des Staates der römisch-katholischen Kirche bei allen Vorrechten, die sie genoß, auch in der Innerschweiz der Hierarchie nicht die volle Freiheit für ihre Jurisdiktion einräumte, die das Tridentinische Konzil sich gegenüber den Staaten vorbehielt. Artikel 61 der neuen Schwyzer Verfassung bestimmte ausdrücklich, daß der Große Rat die Rechte des Staates in kirchlichen

---

(1) L.Snell: Handbuch des Schweizerischen Staatsrechts, Bd.2, Zürich 1844, S. 174.

Angelegenheiten **wahre** (1), und Artikel 75 auferlegte dem Kantonsrat "die Aufsicht über die Rechte des Staates in kirchlichen Angelegenheiten" (2). In bezug auf die Klöster, die in den dreißiger und vierziger Jahren erneut im Brennpunkt des kirchenpolitischen Interesses standen, erklärte Artikel 21 unmißverständlich: "Die Klöster stehen in jeder Beziehung unter der Aufsicht des Staates" (3). Das Grundgesetz versagte ihnen ausdrücklich den Erwerb neuer Liegenschaften, beschränkte Handel und Gewerbe und unterwarf sie der Steuerpflicht (4).

Die Wahrung wirtschaftlicher Interessen gegenüber den Klöstern oder in kirchenpolitischen Belangen, wie sie etwa im Streit mit der Kurie um ein autochthones, innerschweizerisches Bistum zum Ausdruck kam, ließen indessen die gemeinsame Front unangetastet, die Geistlichkeit und Obrigkeit der Urkantone seit der Helvetik allen nationalen Bemühungen, den Reformierten das Niederlassungs- oder gar Kultusrecht einzuräumen, entgegensetzten. Je größer der Druck von außen wurde, desto enger gestaltete sich die gegenseitige Unterstützung und desto aussichtsloser wurden die Versuche, die drei Waldstätten in einen neuen Bund zu integrieren, der den Bürgern beider Konfessionen die gleichen religiösen, politischen, bürgerlichen und wirtschaftlichen Rechte gesichert hätte. Nur in den äußeren Bezirken von Schwyz, die an reformierte Gemeinden grenzten, wurde Protestanten gelegentlich

---

(1) L.Snell: Handbuch des Schweizerischen Staatsrechts, Bd.2, Zürich 1844, S. 181.

(2) L.Snell: a.a.O., S.182.

(3) L.Snell: a.a.O., S.175.

(4) L.Snell: a.a.O., S. 175, 176 (Art. 22, 24, 25).

Duldung gewährt. Daß diese Niederlassung wirtschaftlich gerechtfertigt sein mußte, zeigt, wie materielle Interessen die religiöse Intoleranz an der Peripherie der Innerschweiz zu durchbrechen vermochten. Doch wo der Boden karg war, da wirkte sich die Abwehr gegen die Vermehrung der Bevölkerung zu ungunsten der Toleranz aus. Im Jahr 1850, nachdem die neue Bundesverfassung völlige konfessionelle Parität gewährt hatte, gab es in Uri erst 12, in Unterwalden 28 und in Schwyz 155 reformierte Einwohner (1).

Z u g

Wie in den Urkantonen lehnte das Volk des rein katholischen Standes Zug unter dem Einfluß der Geistlichkeit jegliche rechtliche Konzession an Nichtkatholiken ab. Liberales Gedankengut fand indessen bei der städtischen Bevölkerung Eingang. Georg Joseph Sidler, der in Wien natürliches Staatsrecht studiert hatte (2) und seinem Lande von 1814 bis 1836 als Landammann oder Kantonsstatthalter diente, war ein durchaus aufgeschlossener Katholik und Politiker, der aktives Interesse an der Regeneration der Schweiz nahm.

Die unter Sidlers maßgebender Mitwirkung (3) entstandene demokratische Verfassung aus dem Jahr 1814

---

(1) G.Finsler: Kirchliche Statistik der reformirten Schweiz, Zürich 1856, S. 1.

(2) August Welti: Der Zuger Landammann Georg Joseph Sidler, Erlenbach-Zürich,1940, S. 17.

(3) August Welti: a.a.O., S. 32-33, 275.

versuchte, den politischen Einfluss der Geistlichkeit herabzusetzen, indem der Klerus von den Gemeindeversammlungen ausgeschlossen wurde (1). Doch verkündete auch sie an erster Stelle die Katholizität des Standes Zug: "Die christliche Religion nach dem römisch-katholischen Glaubensbekenntnisse ist die Religion des Kantons Zug" (2). Nichtkatholiken konnten das Bürgerrecht nicht erlangen, und dem eidgenössischen Konkordat über die Niederlassung trat Zug ebensowenig bei wie die Urkantone (3). 1850 zählte der Kanton Zug erst 125 reformierte Einwohner (4).

Sidlers mutiges Eintreten für die Bundesrevision Anfang der dreissiger Jahre beschwor den Zorn der Geistlichkeit gegen ihn. Sie setzte sich gegen die Niederlassungsfreiheit zur Wehr. Schliesslich verlor er mit der Popularität sein Amt. 1845 fand er im Kanton Zürich als Katholik das Bürgerrecht und wurde Mitglied des Grossen Rats. Der Stand Zug geriet immer stärker unter den Einfluss des Ultramontanismus und in das Fahrwasser der 1841 konservativ gewordenen Luzerner Regierung. Er schloss sich allerdings nur zögernd dem Sonderbund an und erwies sich als dessen unzuverlässigstes Glied. Constantin Siegwart begründete das Zögern der Zuger in erster Linie mit der Nähe des protestantischen Zürich, was die religiöse Indifferenz in der Hauptstadt begünstigt habe.

(1) L.Snell: Handbuch des Schweizerischen Staatsrechts, Bd.2, Zürich 1844, S.308.
(2) L.Snell: a.a.O., S.306.
(3) W.Oechsli gibt als einzigen Grund an, Zug hätte an den Geldbürgschaften der Ansässen festhalten wollen. Geschichte der Schweiz im 19.Jahrhundert, Bd.2, Leipzig 1913, S.741.
(4) St.Franscini: Neue Statistik der Schweiz. Nachtrag, Bern 1851, S.331.

Die nach der Niederlage des Sonderbundes am 17. Januar 1848 angenommene revidierte Verfassung änderte am rechtlichen Ausschluß der Nichtkatholiken nichts, hingegen war der Widerstand der Volksmehrheit gegen eine eidgenössische liberale Verfassung gebrochen, die Geistlichkeit zurückhaltender geworden.

W a l l i s

Mit den Urkantonen stellte das Wallis der Restaurationszeit den ausgeprägtesten Typus des katholischen Staates dar. Die Landeskirche war durch das eigene Bistum noch mächtiger und der Bund des Klerus mit der konservativen Obrigkeit noch enger verknüpft. Die alten Geschlechter der oberen Bezirke, die nach der Mediation wieder zur Herrschaft gekommen waren, und der Klerus galten als die stärksten Stützen des restaurierten Staates mit seinen klerokratischen Vorrechten aus der Zeit des Feudalismus. Der Bischof von Sitten, ein Oberwalliser, besaß Sitz und vierfache Stimme im Landrat (1). Artikel 1 des konservativen Grundgesetzes von 1815 gewährte der kirchlichen Autonomie vollen staatlichen Schutz. "Die heilige, apostolische, katholische, römische Religion ist ausschließlich die Religion des Staates; diese allein hat einen öffentlichen Gottesdienst; das Gesetz sorget, daß selbe weder in ihrer Lehre noch in ihrer Ausübung gestört werde." (2). So wie ein Gesetz

---

(1) Art.19 der Verfassung von 1815. P.Usteri: Handbuch des Schweizerischen Staatsrechts, Aarau 1821,S.453.

(2) P.Usteri: a.a.O., S. 451.

des Jahres 1822 jeden Nichtwalliser als "Fremden" bezeichnete, dessen Niederlassung unerwünscht war (1), so konnte in einem Land, in dem das kanonische Recht politische Geltung hatte, jeder nichtkatholischen Glaubens- und Kultusweise erst recht das Heimatrecht verwehrt werden. Wo die Alpenwälle zur Abwehr nicht genügten, half Gesetz und Gericht. Der Kanton sollte nach dem Willen der Regenten konservativ und katholisch bleiben (2).

Der Bund zwischen der konservativen Politik und dem altväterlichen Glauben war Anfang der dreißiger Jahre stark genug, um das Wallis vor den liberalen Stürmen zu bewahren. Als Schwyz allen Bürgern die Gleichberechtigung gewähren mußte, erfreuten sich die Oberwalliser noch mehrere Jahre ihrer politischen Vorrechte. Dennoch erwiesen sich allmählich auch hier die demokratischen Ideen stärker als die Macht der Tradition und der Kirche. Trotz Zensur und Niederlassungserschwerung drangen sie über das reformierte, angrenzende Waadtland in die unteren Bezirke des Rhonetals ein und weckten die Revendikationen der politisch benachteiligten Gemeinden.

Daß die gemäßigt liberale Verfassung vom 3.August 1839 nicht kirchenfeindlich ausfiel, verdankte sie dem Klerus des unteren Wallis, der die demokratischen Reformen kräftig unterstützt hatte (3). Zwar mußte sich der

---

(1) W.Oechsli: Geschichte der Schweiz im 19.Jahrhundert, Bd.2, Leipzig 1913, S. 762.

(2) St.Franscini gab für die dreißiger Jahre die runde Zahl von 300, für 1850 von 430 reformierten Einwohnern an: Neue Statistik der Schweiz. Nachtrag, Bern 1851, S. 331.

(3) L.Borter: Kirche, Klerus und Staat des Wallis von 1839 bis 1849; in: Blätter aus der Walliser Geschichte, 13.Bd., 2.Jg., Brig 1962, S. 122 ff.

Bischof mit einer Stimme im Landrat begnügen, doch wurde sie durch einen weiteren Sitz, der einem Unterwalliser Geistlichen zugesprochen wurde, ergänzt (1). Artikel 2 sicherte mit denselben Worten wie 1815 der Kirche die Ausschliesslichkeit des öffentlichen Kultus zu. Nur die Schutzbestimmung lautete lapidarer: "La loi lui assure son appui" (2). Der kirchlichen Opposition ist es weitgehend zuzuschreiben, dass die Verfassung von 1839 nur von wenigen Oberwallisern angenommen wurde und auch später in den oberen Bezirken wenig Zustimmung fand.

Im Zug der verschärften Konfessionspolitik in der Eidgenossenschaft zu Beginn der vierziger Jahre wich die gemässigte Haltung der Neuerer immer mehr einem radikalen Antiklerikalismus (3). Die Unterwalliser Geistlichkeit, welche die politische Neuordnung anfänglich begrüsst hatte, trat 1842 an der Seite ihrer Oberwalliser Kollegen in die Opposition (4). Unter dem Doppelspiel Bernhard Meyers, den der katholische Vorort als Kommissar delegierte (5), fand die klerikal-konservative Gegenrevolution statt. Der Kanton Wallis erhielt nach der blutigen Niederlage der radikalen Unterwalliser mit 9849 Ja- und 9543 Nein-Stimmen eine neue Verfassung, die die religiöse Toleranz der letzten Jahre gegenüber den Reformierten in Frage stellte.

---

(1) Art.20. L.Snell: Handbuch des Schweizerischen Staatsrechts, Bd.2, Zürich 1844, S.858.
(2) L.Snell: a.a.O., S.856.
(3) Siehe A.Seiler: Die politische Geschichte des Wallis 1815-1844, Zürich 1939, S.71 ff. Das Signal zum Kampf gegen die Geistlichkeit gab das Presseorgan der Jungschweiz "Echo des Alpes" vom Februar 1841.
(4) L.Borter: a.a.O., 13.Bd, 2.Jg., Brig 1962, S. 143 ff und 153 ff.
(5) E.Bonjour: Die Gründung des Schweizerischen Bundesstaates, Basel 1948, S.39.

Wie zu erwarten war, verstärkte die Walliser Verfassung vom 14.September 1844 in erster Linie die Rechte der katholischen Kirche und des Klerus. Die Formulierung des Artikels 2 über die Katholizität des Staates und die Unterstützung der Kirche blieb dieselbe wie 1839. Es wurde auf den als Aufsichtsrecht des Staates über die Kirche ausgelegten Zusatz von 1815 verzichtet. Das Attribut "public" in bezug auf das Kultusrecht, das in beiden früheren Grundgesetzen enthalten war, ließen die Gesetzgeber fallen. Die Weglassung ist bezeichnend für die Absicht der Walliser Geistlichkeit, keinerlei nichtkatholische Gottesdienste, auch nicht privater Natur, im Wallis zuzulassen. Die fünf Jahre vorher eingeführten Individualrechte blieben den Bürgern erhalten, doch diese galten nur für die Katholiken. Die im Kanton ansässigen Reformierten hatten am 2.September 1844 in einer Eingabe vergeblich um die wenn auch eingeschränkte Ausübung des evangelischen Kultus gebeten. Die Mehrheit des Großen Rats lehnte ihr Begehren ab (1).

Dem Zürcher Staatsschreiber, der für die Walliser Reformierten in Sitten im Namen seiner Regierung Verwahrung gegen die Ausschließung ihres Gottesdienstes eingelegt hatte, gab man zu verstehen, daß diese der Widerhall auf die bundeswidrige Klosteraufhebung sei (2).

---

(1) L.Borter: Kirche, Klerus und Staat des Wallis von 1839 bis 1849; in: Blätter aus der Walliser Geschichte, 13,Bd., 2.Jg., Brig 1962, S. 169 f.

(2) A.v.Tillier: Geschichte der Eidgenossenschaft, Bd.2, Bern 1854, S. 196. Vgl. L.Borter: a.a.O., S. 170.

Dem konservativen Staatsrat von Neuenburg, der ebenfalls um das Los der Protestanten besorgt war, suchte die Walliser Regierung damit zu beschwichtigen, daß sich an der toleranten Haltung gegenüber den Protestanten nichts ändern werde (1). Das Volk sei infolge der religiösen Propaganda und besonders durch die sehr gefährliche Auslegung der damaligen Verfassung, daß der evangelische Kultus anerkannt werden könnte, in Aufregung geraten. Der Große Rat des Kantons Waadt verzichtete trotz der 12'285 reformierten Petitionäre, die sich für ihre unterdrückten Glaubensbrüder im Wallis einsetzten, direkt zu intervenieren, wohl wissend, daß sich die Behörden im Wallis keine Einmischung in kantonale Angelegenheiten gefallen lassen würden (2).

Den Dank für den politischen Beistand beim Umschwung des Jahres 1844 erntete Luzern durch den Beitritt des Wallis zum Sonderbund. Mit dem Sieg der eidgenössischen Truppen im Jahr 1847 wurden im Wallis die Radikalen unter der Führung von Maurice Barman die unumschränkten Herren des Landes. Ihr Zorn richtete sich namentlich gegen den Klerus, dem sie die Hauptschuld an der Teilnahme am Sonderbund zuschrieben. Ihr Bestreben ging dahin, die Kirche aus dem politischen Leben auszuschalten und zur Vermeidung einer allfälligen klerikalen Reaktion unter die Staatsgewalt zu zwingen. Die geistlichen Immunitäten und die politischen Standesprivilegien sollten laut Beschluß der Sittener Volks-

---

(1) L.Borter: Kirche, Klerus und Staat des Wallis von 1839 bis 1849; in: Blätter aus der Walliser Geschichte, 13.Bd., 2.Jg., Brig 1962, S. 170.

(2) Siehe "Rapport fait au Grand Conseil du Canton de Vaud sur les pétitions qui lui ont été adressées au sujet de la position des protestants dans le Valais", Lausanne 1844.

versammlung vom 2.Dezember 1847 beseitigt, der öffentliche Unterricht der kirchlichen Betreuung mit Ausnahme des Religionsunterrichts entzogen, die Güter der Kirche und ihrer Korporationen der staatlichen Oberaufsicht unterstellt und zur Tilgung der Sonderbundsschuld herangezogen werden. "C'est de cette journée," schrieb das offiziöse Regierungsblatt "Journal du Valais" am 9.Dezember 1848, "que datera la fin de la prépondérance de l'église sur l'état" (1).

Die Verfassung vom 10.Januar 1848 wurde durch die gewaltsam herbeigeführte Umkehr des Verhältnisses von Staat und Kirche geprägt. Sie knüpfte wieder an die liberalere Haltung der 39er Verfassung gegenüber den Nichtkatholiken an. In der Verfassungskommission wünschte eine Minderheit von zwei Verfassungsräten die Wiedereinführung des Artikels 2 von 1839, der für die Reformierten einen privaten, aber keinen öffentlichen Gottesdienst zuließ. Drei Abgeordnete wollten die religiöse Duldung der reformierten Religion gemäß den Konkordaten, die mit den eidgenössischen Ständen geschlossen werden sollten, in der Verfassung verankern. Nur ein Mitglied erhob die Stimme zugunsten der Ausschließlichkeit der katholischen Religion, indem es die Existenz zweier Bekenntnisse im gleichen Land als ein Unglück bezeichnete. Die Mehrzahl erklärte sich für die bisherige Formulierung der Staatsreligion, jedoch unter Weglassen des Zusatzes, daß sie allein ein Kultusrecht besitze. Damit war die religiöse Duldung weiter gefaßt als nach dem Zugeständnis der Liberalen von 1839. In dieser Fassung wurde Artikel 2 von den Gesetzgebern nach langer Diskussion angenommen. Er lautete: "Die römisch-katholisch-apostolische

---

(1) L.Borter: Kirche, Klerus und Staat des Wallis von 1839 bis 1849; in: Blätter aus der Walliser Geschichte, 13.Bd., 2.Jg., Brig 1962, S. 193.

Religion ist die Religion des Staates; der Beistand des Gesetzes ist ihr zugesichert." (1) Das verspätet eingetroffene Begehren auf Kultusfreiheit einiger evangelischer Bürger aus Martigny vom 8.Januar 1848 wurde, obwohl von den eidgenössischen Kommissären wärmstens empfohlen, nicht mehr berücksichtigt. Es wurde jedoch auf die baldige Revision der Bundesverfassung hingewiesen, bei der die Kantone die Möglichkeit hätten, die Angelegenheit beider Bekenntnisse zu regeln (2).

Die bis 1847 autonome Walliser Kirche wurde unter der radikalen Verfassung zur Staatsinstitution. Am 11. Januar 1848 beschloß der Große Rat zur Behebung der großen Staatsschuld mit 42 gegen 36 Stimmen die Verstaatlichung der Kirchengüter, sowohl der Diözese wie der Klöster. Gegen das Dekret stimmten außer den Konservativen auch gemäßigte Liberale (3). Mit 7916 Ja gegen 702 Nein nahm das Volk die Verfassung an, mit beinahe ebensoviel Stimmen das Säkularisationsdekret (4). Während der Abstimmung waren die eidgenössischen Besatzungstruppen noch im Lande. Kirchliche Einsprüche bewirkten schließlich ein gewisses Entgegenkommen des Staates (5).

---

(1) Sammlung der Gesetze, Dekrete und Beschlüsse des Kantons Wallis, von 1847 bis 1852, Bd.8,Sitten, S.28.

(2) Bericht der Kommission vom 10.Januar 1848. Protocole du Grand Conseil constituant,Dez.1847 u.Jan.1848.

(3) L.Borter: Kirche, Klerus und Staat des Wallis von 1839 bis 1849; in: Blätter aus der Walliser Geschichte, 13.Bd., 2.Jg., Brig 1962, S. 209.

(4) L.Borter: a.a.O., S. 216.

(5) L.Borter: a.a.O., S. 242.

T e s s i n

In der Mediationsakte erhielten die ehemaligen ennetbirgischen Vogteien erstmals als Kanton Tessin politische Eigenständigkeit. Seitdem im Zug der Rekatholisierung durch die altgläubigen Stände die reformierten Locarneser Familien ihres Glaubens wegen nach Graubünden und Zürich ausgewandert waren, blieben die Täler südlich des Gotthard ausschließlich katholisch (1). Alles Recht war an die Zugehörigkeit zur römischen Kirche geknüpft.

In ähnlicher Formulierung wie 1814 bestimmte die liberal-demokratische Verfassung vom 23.Juni 1830 im 1.Artikel: "La Religione Cattolica Apostolica e Romana è la Religione del Cantone" (2). Damit war die katholische Kirche nicht nur ausschließliche Staatsreligion; die neue Verfassung ließ dem Klerus zudem eine große politische Einflußnahme. Zwar besagte Artikel 5, daß Geistliche weder exekutive noch richterliche Ämter innehaben dürften, Artikel 22 hieß jedoch die Wahl eines Geistlichen in den Staatsrat ausdrücklich gut (3). Im Großen Rat war der Klerus stark vertreten.

Die Katholizität der Bevölkerung, der große Einfluß der Priester und der Mangel einer nichtkatholischen Minderheit ließen kein Bedürfnis nach gottesdienstlicher Freiheit aufkommen. Die Interessen der römisch-katholischen Religion waren gesichert. Versuche der Inventarisierung der Klöster mißlangen im Jahr 1838 (4).

---

(1) Erst die offizielle Statistik von 1850 gab 50 reformierte Einwohner und 2 Israeliten an. St.Franscini: Neue Statistik der Schweiz.Nachtrag,Bern 1851,S.331.

(2) L.Snell: Handbuch des Schweizerischen Staatsrechts, Bd.2, Zürich 1844,S.667.Vgl.E.His:Geschichte des neuern schweizerischen Staatsrechts,Bd.2, S.371.

(3) L.Snell: a.a.O., S. 668 und 672.

(4) G.Rossi u.E.Pometta: Geschichte des Kantons Tessin,Bern 1944, S. 239.

Die Verfassung von 1830 behielt bis 1855 Rechtskraft (1). Der Revisionsversuch in den vierziger Jahren scheiterte am lebhaften Widerstand namentlich der Landschaft, die sich unter dem Einfluß der Geistlichkeit den antiklerikalen Tendenzen verschloß. Seit dem Umsturz von 1830 lag die Regierung in der Hand der Radikalen. Im Großen Rat verfügten sie jetzt über eine starke Mehrheit. Als sie die ein Jahr zuvor abgewiesene Inventarisierung der Klöster durchsetzen wollten, kam es nach dem Protest der Klöster und des Nuntius zum konservativ-klerikalen Putschversuch. Er mißlang jedoch. Unter den zum Tode Verurteilten war Pfarrer Chiapella. Zwei Priester erhielten je vier Jahre Gefängnis (2). Nun versuchten die Radikalen, in enger Fühlungnahme mit ihren politischen Freunden jenseits des Gotthards, den Einfluß des Klerus um so stärker einzuschränken. Nicht nur die Klöster, auch die Schulen wurden der staatlichen Kontrolle unterstellt. Es kam jedoch nicht - wie im Aargau - zur Aufhebung der Klöster. Der schwerste Schlag traf die Orden, als die Radikalen, um die offenen Sympathien eines Teils der Geistlichen für den Sonderbund zu strafen, aus dem Kirchenvermögen die durch den Krieg entstandenen Kosten zu decken versuchten. Das gesamte Eigentum der religiösen Korporationen wurde am 30.Juni 1848 als staatliches Eigentum erklärt, obwohl die Regierung kurz vorher noch erklärt hatte, sie wolle die Klöster weder unterdrücken noch um ihr Vermögen bringen (3).

---

(1) Vgl.Lindoro Regolatti: Le Costituzioni del Ticino 1803-1903, Lugano/Mendrisio 1903.

(2) G.Rossi u.E.Pometta: Geschichte des Kantons Tessin,Bern 1944, S. 253.

(3) G.Rossi u.E.Pometta: a.a.O., S. 257 f.

b) Kantone mit vollständiger oder räumlich begrenzter Parität der anerkannten Konfessionen

A p p e n z e l l

Große Ähnlichkeit mit den öffentlichen Verhältnissen der Urkantone wies Appenzell auf. Auch hier griff man nach der Abwehr der helvetischen Zentralisation und Säkularisation auf die alten Landbücher zurück, deren Verordnungen in der Zeit des Glaubenszwanges entstanden waren und hielt mit der Wiederherstellung der souveränen Landsgemeinde an der ausgesprochenen Konfessionalität des überlieferten Gemeinde- und Landrechts fest. Aus den Religionsfehden des 16.Jahrhunderts zwischen den beiden Glaubensparteien waren zwei selbständige Gemeinwesen hervorgegangen, das katholische Innerrhoden und das reformierte Außerrhoden, deren Abgrenzung durch die Religionszugehörigkeit der Gemeinden veranlaßt wurde. Zwei Ortschaften waren gemischtkonfessionell, doch die Katholiken gehörten zu Innerrhoden, die Reformierten zu Außerrhoden.

An der konfessionellen Abschließung hat das konservative Innerrhoden am konsequentesten festgehalten (1). Seine Verfassung vom Jahr 1814 begann bezeichnenderweise mit der Feststellung der konfessionellen Landestrennung, da sie allen Beziehungen zu Außerrhoden ihr Gepräge gab: "Der Kanton Appenzell teilt sich in den Kantonsteil von Innerrhoden, laut Teilungsvertrag von 1597." "Die katholische Religion ist ausschließlich

---

(1) Erst in der offiziellen Volkszählung von 1850 figurierten in Innerrhoden 42 reformierte Einwohner, währendAußerrhoden 875 Katholiken aufwies.
St.Franscini: Neue Statistik der Schweiz. Nachtrag. Bern 1851, S. 331.

die Religion Innerrhodens; die reformirte Religion, die Religion Außerrhodens" (1). Als der kleinere Landesteil, der zudem nicht einmal ein zusammenhängendes Staatsgebiet aufwies, waren die Appenzeller Bauern von Innerrhoden streng darauf bedacht, keinem Evangelischen die Niederlassung, freien Kultus oder gar politische Rechte einzuräumen.

Daran änderte auch die revidierte Innerrhodener Verfassung vom 30.April 1829 nichts. Die Präambel über die Einteilung des Kantons blieb wörtlich dieselbe, nur daß die Erwähnung des Landteilungsbriefes von 1597 wegfiel (2). Die Konfessionspolitik blieb ungelockert. Wenn es um die Abwehr der konfessionellen Gleichberechtigung ging, stimmte Innerrhoden in der Tagsatzung beharrlich mit den Urkantonen.

Aufgeschlossener gegenüber dem liberalen Zeitgeist zeigte sich der reformierte Teil des Appenzellerlandes, der vom paritätischen Kanton St.Gallen umschlossen und teilweise industrialisiert war (3). Zwar setzte auch dessen Verfassung von 1814 die Ausschließlichkeit der Landesreligion mit den einleitenden Worten fest: "Die äußern Rhoden des Kantons Appenzell bekennen sich sämmtlich zur evangelisch-reformirten Religion" (4). Aufsehen erregte die 1825 im Appenzellischen Monatsblatt erschienene "Geschichte der Sektierer im Appenzellerland von der Reformation bis auf unsere Tage", in der sich Pfarrer Johann Ulrich Walser der bisher Verfolgten

---

(1) Paul Usteri: Handbuch des schweizerischen Staatsrechts, Aarau 1821, S. 339.

(2) L.Snell: Handbuch des schweizerischen Staatsrechts, Bd.2, Zürich 1844, S. 460.

(3) Die Musselinindustrie allein beschäftigte in der Regenerationszeit in Außerrhoden über zehntausend Personen. Siehe W.Nef: Die Regenerationszeit im Kanton Appenzell Außerrhoden, Trogen 1908, S. 27 ff.

(4) P.Usteri: a.a.O., S. 335.

annahm (1). In Trogen machte sich der Arzt Johannes Meyer die Pressefreiheit zunutze, um seit 1828 mit seiner "Appenzeller Zeitung" weit über die Grenzen des Ländchens hinaus gegen politische Ungleichheit und religiöse Intoleranz einen scharfen Federkrieg zu führen (2).

Die vom Arzt Titus Tobler, einem radikalen Demokraten, veranlaßte Kritik an der Unvereinbarkeit der Landbuchbestimmungen mit den politischen, wirtschaftlichen und sozialen Umwälzungen der Zeit, gab den Anstoß zur Verfassungsrevision, die sich von 1831 bis 1834 hinzog. Die von der Landsgemeinde 1831 eingesetzte Revisionskommission, die fast ausschließlich aus liberal gesinnten Männern bestand (3), zeigte sich der von mehreren Eingaben, auch von geistlicher Seite, verlangten Glaubensfreiheit gewogen. Eines der Mitglieder war der wegen seiner religiösen Anschauungen - er war Swedenborgianer - abgesetzte Lehrer Daniel Nef von Urnäsch (4). Die Redaktionskommission schlug auf Grund der zahlreichen Stimmen (5), die größere religiöse

---

(1) Fritz Haefeli: Die Verfassungsbewegungen in Appenzell A.Rh. während der Regenerationszeit, Trogen 1916, S.19.

(2) Fritz Haefeli: Die Appenzeller Zeitung und die schweizerische Politik in den Jahren 1828-1830; in: Appenzellische Jahrbücher, Trogen 1914, S.1 ff.

(3) W.Nef: Die Regenerationszeit im Kanton Appenzell Außerrhoden, Trogen 1908, S.6.

(4) Fritz Haefeli: Die Verfassungsbewegungen in Appenzell A.Rh. während der Regenerationszeit, Trogen 1916, S. 71 f.

(5) Glaubens- und Gewissensfreiheit forderte eine 1831 in Trogen im Druck erschienene Petition mit dem Titel: "Grundzüge einer appenzellisch-außerrhodischen Verfassung, aufgestellt von zwei gesellschaftlichen Vereinen in Speichern". Sie wurde im Namen von 35 Mitgliedern beider Gesellschaften und von

Toleranz verlangten, vor, im Artikel, der an der evangelisch-reformierten Religion des Landes festhielt, den Satz hinzuzufügen: "Die Glaubensfreiheit ist gewährleistet" (1). Der freisinnige Pfarrer Walser, der das Protokoll führte, versuchte vergeblich, daß "evangelisch-reformiert" durch "christlich" ersetzt werde. Zusammen mit Titus Tobler verlangte er eine genauere Fassung der Religionsfreiheit. "Glaubenszwang erzeugt nur Heuchler", führte er aus, "und Heuchler sind die schändlichsten Menschen, hier und dort und überall, wo sie sich finden. Das neue Testament sei unsere Regel, dieses prediget Freiheit, nicht Zwang" (2). Zu den beredtesten Verfechtern der Glaubensfreiheit zählte auch der Gaiser Arzt Heinrich Heim. Nach dem offiziellen Protokoll von Walser verteidigten in dem 45-köpfigen Verfassungsrat auffallend wenig Volksvertreter die bisherige Rechtspraxis der religiösen Intoleranz. Sogar der in der Eingabe von 12 Geistlichen (3) vorgeschlagene Vorbehalt zur Glaubensfreiheit, daß durch die schriftliche und mündliche Verbreitung von religiösen Ansichten die Religiosität und Sittlichkeit nicht gefährdet werden dürften (4),

---

25 übrigen Gemeindebewohnern von Speicher verfaßt und eingereicht. Die Glaubens- und Gewissensfreiheit ist mit der als christlich bezeichneten Forderung begründet, daß seine Bekenner nach Wissen und Gewissen frei denken und handeln sollten. Daher dürfe niemand wegen seiner besonderen politischen oder religiösen Ansichten gerichtlich angegriffen oder verfolgt werden, solange die öffentliche Ordnung nicht gestört werde. Im übrigen bejahten die Petenten die reformierte Staatsreligion und die bisherige kirchliche Verfassung.

(1) Verhandlungen der zur Revision des Landbuchs verordneten Kommission, Bd.1, Trogen 1832, S. 120.

(2) Verhandlungen...: a.a.O., S. 122.

(3) Siehe Beilagen der Verhandlungen: a.a.O., S. 278 ff.

(4) Verhandlungen...: a.a.O., S. 279.

wurde unter Hinweis auf die staatlichen Eingriffe in Bern und in der Waadt gegen die "Mômiers" abgelehnt. Mit 27 Stimmen nahm der Verfassungsrat folgende Fassung an: "Die evangelisch-reformirte Religion ist die Religion des Landes Appenzell Außerrhoden; jedoch darf keinerlei Glaubenszwang oder Verfolgung wegen religiösen Ansichten statt finden" (1). Trotz der Eingabe des Pfarrers von Urnäsch, der im Namen mehrerer Bürger die Streichung des Nachsatzes verlangte, ergab die zweite Abstimmung sogar 28 Befürworter des unveränderten Textes, während nur 8 Mitglieder dagegen stimmten (2).

Die Überzeugung des Landammanns Johann Jakob Nef, daß das Appenzeller Volk mit der seit einigen Jahren in Außerrhoden geübten Toleranz zufrieden sei, erwies sich als verfrüht. Der ganze Artikel 15 über Kirche und Schule wurde von der Landsgemeinde am 29.April 1832 an den Revisionsrat zurückgewiesen (3). Namentlich der Zusatz über die Glaubensfreiheit hatte das Mißfallen der Mehrheit erregt. Der neugewählte Revisionsrat, der weniger liberal gesinnt war, strich, nachdem Johann Ulrich Walser vergeblich eine Fassung vorgeschlagen hatte, in der die Worte über den Glaubenszwang vermieden werden sollten, kurzerhand den Zusatz und ließ nur den ersten Teil stehen. Die Landsgemeinde gab ihrem Mißfallen gegen den Verfassungsentwurf Ausdruck. Der Artikel über das Obergericht missfiel ihr. Die Mehrheit wollte einfach zum alten Landbuch zurückkehren, verwarf demzufolge auch die Bundesrevision.

---

(1) Verhandlungen der zur Revision des Landbuchs verordneten Kommission, Trogen 1832, S. 122.

(2) Verhandlungen...: a.a.O., S. 247.

(3) Appenzellisches Monatsblatt, 8.Jg., Trogen 1832, S. 51 ff.

Als die Verfassungsarbeiten 1833 wieder aufgenommen wurden, fiel der Text über die religionsrechtlichen Verhältnisse noch rückläufiger aus, indem nicht nur der große Stein des Anstoßes (1), das Verbot des Glaubenszwanges endgültig fortgeräumt, sondern eine Fassung gewählt wurde, die das Gegenteil ausdrückte. Dem aus dem Entwurf von 1832 übernommenen Satz des 12.Artikels: "Die evangelisch-reformirte Religion ist die Religion des Landes" wurde folgende Bestimmung zugefügt: "Allen Einwohnern desselben wird der fleißige Besuch der Kirche und des Abendmahls, so wie überhaupt die würdige Feier der Sonn- und Feiertage nachdrucksamst empfohlen. Es sollen zu dem Ende an diesen Tagen alle diejenigen Geschäfte unterlassen werden, wodurch die Erbauung gehindert und der Gottesdienst gestört werden könnte. Den Geistlichen liegt besonders ob, die Kinder in der Religion Jesu, nach dem Sinn und Geist derselben, gehörig zu unterrichten und sie zu einem würdigen Genuß des heiligen Abendmahls vorzubereiten. Überhaupt sind sie verpflichtet, auf Sittlichkeit und Religiosität des Volkes, auf und neben der Kanzel, nach Kräften hinzuwirken, wobei sie von der Obrigkeit bestens geschützt werden sollen" (2). Die konservative Geistlichkeit konnte mit

---

(1) Appenzellisches Monatsblatt, 8.Jg., Trogen 1832, S. 55 f.

(2) L.Snell: Handbuch des Schweizerischen Staatsrechts, Zürich 1844, Bd.2, S.457 f. Staat und Kirche blieben auch im reformierten Appenzell aufs engste miteinander verbunden. In der Synode saßen außer den Pfarrern auch sechs weltliche Beamte, ihre Befugnisse bedurften der Genehmigung durch den zweifachen Landrat (Artikel 6 der Verfassung von 1834. L.Snell: a.a.O., S.454). Die Kirchgemeinden, welche die Pfarrer wählten, deckten sich mit den politischen Gemeinden. Alles, was diesen zum Entscheid vorgelegt werden sollte, mußte - so bestimmte die neue Verfassung - acht Tage vorher von der Kanzel verlesen werden (Artikel 8; L.Snell: a.a.O., S. 455 f).

dem neuen Staatsgesetz, das an die früheren Kirchenmandate erinnerte, zufrieden sein. Der erste Abschnitt der Verfassung vom 31.August 1834 begann mit den Worten: "Die Landsgemeinde besteht aus allen Landleuten, die den Religionsunterricht erhalten..." (1).

Brachte die kirchliche Reaktion, die in den Gemeinden des Hinterlandes ihre entschiedensten Befürworter fand, die Abwehr eines Verfassungsrechts der Glaubensfreiheit für das reformierte Appenzell Außerrhoden, so blieb doch als Frucht der liberalen Bewegung die Niederlassungsfreiheit für Katholiken erhalten. Hier erwies sich das wirtschaftliche Interesse, weil sonst St.Gallen nicht Gegenrecht geübt hätte (2), stärker als die religiöse Intoleranz. Ihr kam ferner der Umstand zustatten, daß dieser Artikel 1831 aus dem Verfassungsentwurf herausgenommen und 1832 von der Landsgemeinde in der Zeit angenommen worden war, als diese in kirchlichen Dingen weniger konservativ reagiert hatte. Damit entging er der Revision und der Verwerfung des neuen Grundgesetzes vom 3.März 1833 (3). Dieses erste rechtliche Zeichen religiöser Toleranz pries der Antragsteller, Heinrich Heim, mit den Worten: "Ein solcher Beschluß, meine Herren, ist einer der schönsten unserer Arbeit, ist der, welcher dem Revisionsrate vor der ganzen Eidgenossenschaft, im In- und Auslande zum Ruhm und zur Ehre gereichen wird" (4).

---

(1) L.Snell: Handbuch des Schweizerischen Staatsrechts, Zürich 1844, Bd.2, S. 449.

(2) Fritz Haefeli: Die Verfassungsbewegungen in Appenzell A.Rh. während der Regenerationszeit, Trogen 1916, S.117 f (oder L.Snell: a.a.O., S. 497).

(3) Großratsprotokoll vom 6.März 1833. Staatsarchiv von Appenzell Außerrhoden.

(4) Fritz Haefeli: a.a.O., S. 102.

G r a u b ü n d e n

Graubünden ist der einzige paritätische Kanton, der während der Regenerationszeit seine Verfassung nicht revidierte. Nur mit Hilfe der Alliierten war es 1814 einsichtigen Bündnern gelungen, die Lostrennung Rätiens von der Schweiz zu verhindern. Das Veltlin hingegen blieb endgültig verloren. Da der Schlussartikel der Verfassung vom 19. Juni 1820 für Gesetzesbeschlüsse die Zweidrittelmehrheit der Stimmen des Grossen Rats verlangte und Gesetzesbeschlüsse dem Gemeindereferendum unterlagen, scheiterten die Revisionsversuche von 1834 und 1837 (1). Forderungen nach Souveränität, Rechtsgleichheit, Freiheit der Religion, der Niederlassung, der Handels- und Gewerbefreiheit waren in Graubünden keine Motive für eine Volkserhebung, da sie durch die Verfassung von 1820 bereits garantiert waren. Diese blieb bis 1854 in Kraft.

Eine grössere Wirkung auf die eidgenössischen Verhältnisse blieb Graubünden in der Paritäts- wie in den anderen Streitfragen der Eidgenossenschaft versagt.

Graubündens Bundesrecht, das auf das 16. Jahrhundert zurückging und die reformierte und katholische Konfession gleicherweise schützte und eine staatliche Majorisierung konfessioneller Minderheiten erschwerte, erschien der Restauration, nicht aber den demokratischen Neuerern in mancher Hinsicht vorbildlich. Dabei bestand

---

(1) P.Liver: Verfassungsgeschichtlicher Ueberblick; in: Verfassung für den Kanton Graubünden vom 2.Oktober 1892, Chur 1949, S.22.

ein wesentlicher Unterschied zwischen der rätischen und der eidgenössischen Bundesstruktur, insofern, als das politische und teilweise konfessionelle (1) Schwergewicht, wie vor alters, nicht bei den drei Bünden, sondern bei den Gerichtsgemeinden lag (2). Dazu besaßen alle drei Bundesglieder gleichberechtigte konfessionelle Minderheiten. Die Gemeinden waren seit der Gegenreformation meist reformiert oder katholisch geblieben. Nur eine kleine Zahl war gemischtkonfessionell (3). Die in der Funktion schwerfällige bündnerische Gemeindereferendumsdemokratie erwies sich für den konfessionellen Frieden auch im 19.Jahrhundert als ein großer Vorteil. Es fehlte zwar auch in Graubünden nicht an religiösen Spannungen, doch bewirkten sie keine Krisen in der Beziehung der Landeskonfessionen, wie dies in anderen paritätischen Ständen der Fall war.

Der Paritätsartikel 27 der rätischen Bundesverfassung von 1820 lautet folgendermaßen: "Das reformierte und das römisch-katholische Glaubensbekenntnis werden als Religionen des Standes anerkannt und beiden die freie Religionsübung zugesichert" (4). Bringt man den Wortlaut mit der Rechtstradition und den übrigen Freiheitsrechten in Verbindung, so bestätigt sich der Eindruck

---

(1) Die katholischen wie die reformierten Gemeinden konnten ihre Pfarrer selbst wählen.

(2) Art.2 bestimmte das Souveränitätsprinzip des Freistaates Graubünden mit folgenden Worten: "Die Souverainität desselben beruht auf der Gesammtheit der Räthe und Gemeinden, und äußert sich durch die Mehrheit ihrer gesetzmäßig eingeholten und aufgenommenen Willensmeinungen oder Gemeindsmehren."P.Usteri: Handbuch des Schweizerischen Staatsrechts, Aarau 1821,S.387.

(3) Für 1850 gibt G.Finsler nur 277 Protestanten in katholischen Gemeinden an. Kirchliche Statistik der reformierten Schweiz, Zürich 1856, S.287.

(4) P.Usteri: Handbuch des Schweizerischen Staatsrechts, Aarau 1821, S. 390.

örtlicher Unbeschränktheit der Kultusfreiheit, zumindest im Bundesrecht. Diese hatte schon in den Mediationsverfassungen Graubünden vor Glarus und erst recht vor Appenzell ausgezeichnet. Damit hängt wohl zusammen, daß Graubünden als einziger paritätischer Stand der alten Eidgenossenschaft das Verfassungsrecht der Niederlassungsfreiheit aus der Mediationszeit beibehielt. Artikel 25, der die bürgerlichen Individualrechte enthält, lautete: "Die Kantonsbürger können sich unter den vom Kanton aufgestellten gesetzlichen Bedingungen aller Orten, im Kanton, frei niederlassen" (1). Es ist daher anzunehmen, daß die Religionsfreiheit, wie in den neuen paritätischen Kantonen, als Individualrecht Geltung haben sollte, wenn sie auch nicht unter den Bürgerrechten, sondern unter den allgemeinen Verfügungen Aufnahme fand. Daß die Religionsfreiheit, wie schon 1526 im Davoser Bundesdekret, das die erste individualrechtliche Formulierung der Gewissens- und Glaubensfreiheit eines schweizerischen Standes enthielt, sich nur auf die reformierte und katholische Konfession bezog, wurde insofern kaum als Beschränkung aufgefaßt, als es in der ersten Hälfte des 19.Jahrhunderts in Graubünden wenig Sektenanhänger und keine organisierte Dissidenz gab (2).

Das Eingehen einer gemischten Ehe und der Übertritt von einer Landeskonfession zur anderen hatten keinen Verlust bürgerlicher Rechte zur Folge. Der Proselytismus war allerdings auch in Graubünden streng untersagt (3).

Der konfessionellen Bevölkerungproportion entsprechend, mußten laut Verfassung (4) die Standesorgane zu

(1) P.Usteri: Handbuch des Schweizerischen Staatsrechts, Aarau 1821, S. 390.

(2) G.Finsler: Kirchliche Statistik der reformierten Schweiz, Zürich 1856, S. 326 .

(3) L.Snell: Handbuch des Schweizerischen Staatsrechts, Bd.2, Zürich 1844, S. 590 f.

(4) Im Jahr 1850 ergab die Volkszählung 51'855 reformierte

zwei Drittel aus Reformierten und zu einem Drittel aus Katholiken bestehen (1). Wenn immer Geschäfte kirchlicher Art zur Behandlung kamen, tagten die katholischen oder die reformierten Räte in getrennter Session. Damit wurde eine Majorisierung der katholischen Minderheit verhindert. Graubünden erlebte in der Frage der konfessionellen Trennung keine Staatskrise wie Glarus und der Aargau. Es glich darin eher dem Thurgau.

Aus den Wirren des 17. Jahrhunderts hervorgegangen und ursprünglich als Ratgeber und Stütze des Bischofs gedacht, war das Corpus catholicum seit 1803 selbständige Behörde zur Wahrung der kirchlichen Interessen des katholischen Landesteils geworden (2). Als 1843 das gesamte Schulwesen, mit Ausnahme des Priesterseminars, zur besseren Förderung einem gemischtkonfessionellen Erziehungsrat unterstellt wurde (3), blieb die Behandlung der Fragen des religiösen Unterrichts den getrennt tagenden Konfessionsteilen vorbehalten. Die konfessionelle Trennung war weniger weit gediehen als in Glarus oder St.Gallen.

Die Vorsicht in der gegenseitigen Nichteinmischung bei kirchlichen Anliegen hinderte die Bündner Landeskonfessionen nicht, nach altem Brauch gegenüber den Ansprüchen der bischöflichen und päpstlichen Kurie die Staatssouveränität geltend zu machen. Als der Bischof von Chur, Karl Rudolf von Buol, auf Grund der päpstlichen Zuweisung der schweizerischen Gebiete der ehemaligen

---

und 38'039 katholische und einen jüdischen Bewohner Graubündens an. G.Finsler: Kirchliche Statistik der reformierten Schweiz, Zürich 1856, S.285.

(1) Art.28. P.Usteri: Handbuch des Schweizerischen Staatsrechts, Aarau 1821, S.390.

(2) F.Pieth: Bündnergeschichte, Chur 1945, S.373.

(3) L.Snell: Handbuch des Schweizerischen Staatsrechts, Bd.2, Zürich 1844, S.578 f.

Konstanzer Diözese an das Churer Bistum (1) ohne Einwilligung der zuständigen Behörden 1821 mit Uri, Schwyz und Unterwalden unterhandelte, legte der katholische Gotteshausbund, in dessen Gebiet der Bischof residierte, als Schirmvogt Verwahrung ein. Da dieser die Rechtmäßigkeit der Einsprache bestritt, beauftragte der Gotteshausbund den Großen Rat mit der Geltendmachung des alten Landrechts. Ebenso protestierte das Corpus catholicum gegen die päpstliche Ernennung des Churer Kirchenfürsten zum Bischof der Doppeldiözese Chur-St.Gallen. Da auch dieser Protest nichts fruchtete, ersuchte er den paritätischen Großen Rat um Unterstützung (2). Dieser verweigerte wegen Mißachtung der Landesrechte von 1526 die Anerkennung des Bischofs und verfügte nach dessen Tod die provisorische Beschlagnahmung des Bistumsvermögens und die Einsetzung einer weltlichen Verwaltung. Aus Rücksicht auf die Katholiken begnügte er sich indessen mit dem Einblick in die Abrechnung. Erst 1836, als der Papst dem Widerstand der beiden interessierten Stände nachgab und die Doppeldiözese wieder auflöste, anerkannten die Behörden den neuerwählten, streng römisch ausgerichteten Churer Bischof Johann Georg Bossi (3).

Der föderalistisch-demokratische Geist der Bündner duldete keine allmächtige Kirche, weil dies der Toleranz abträglich gewesen wäre. Er verhinderte aber auch die Entwicklung zum antiklerikalen Etatismus, der anderen Gefahr für die religiöse Freiheit. Graubünden schloß sich dem Siebnerkonkordat von 1834 nicht an, verurteilte die

---

(1) Bulle "Ecclesias quae antiquitate" von Pius VII. vom 2.Juli 1823. Text bei U.Lampert: Kirche und Staat in der Schweiz, Bd.3, Freiburg/Leipzig 1939,S.46ff.

(2) F.Pieth: Bündnergeschichte, Chur 1945, S.373.

(3) F.Pieth: a.a.O., S. 374.

aargauische Klösterschließung als rechtswidrig, stimmte aber für die Auflösung des Sonderbundes und die Entfernung der Jesuiten aus Luzern (1).

Die behutsame, konservative Politik Graubündens in den dreißiger und vierziger Jahren hinderte Behörden und Volk nicht, die eidgenössische Bundesverfassung von 1848 mit überwältigendem Mehr anzunehmen. Der Grundsatz des politischen und konfessionellen Ausgleichs und die liberalen demokratischen Grundrechte der Bundesverfassung entsprachen durchaus der Tradition Graubündens, wenn sie auch noch nicht zur vollen Entfaltung gekommen waren. Die bundesrechtliche Regeneration der Schweiz verhalf andererseits Graubünden, seinen eigenen föderalistischen Immobilismus zu überwinden und die religiöse Freiheit in der zweiten Hälfte des Jahrhunderts zu vervollständigen.

(1) F.Pieth: Bündnergeschichte, Chur 1945, S. 430 ff.

St. Gallen

Von den drei paritätischen Kantonen, die ihre Entstehung Napoleons Mediation verdanken, hatte nur der Kanton St.Gallen eine katholische Mehrheit. Er allein führte aber auch während der Regeneration weder die Glaubens- noch die Kultusfreiheit ein. Dabei waren es vor allem liberale Katholiken, die mit großer Energie zu Beginn der Regeneration ein freieres religiöses Verfassungsrecht erstrebten.

St.Gallen übernahm bei seiner Konstituierung im 19.Jahrhundert ein durch die religiöse Intoleranz des konfessionellen Zeitalters gezeichnetes, schwieriges Erbe. Die Stadtrepublik besaß infolge ihrer Unabhängigkeit von der Fürstabtei bis zur Helvetik eine rein reformierte Einwohnerschaft. Auch während der Restauration war die Stadtgemeinde bestrebt, ihren konfessionellen Charakter zu erhalten (1). St.Gallische Katholiken, denen Niederlassung und Gewerbe nicht aus konfessionellen Gründen verweigert werden konnten, wurden nicht ins Stadtbürgerrecht aufgenommen. Alle Ämter waren von Reformierten besetzt. Das alte Stiftsland wiederum sowie Uznach, Gaster und Sargans waren seit der Rekatholisierung nach dem zweiten Kappelerkrieg katholisch geblieben. Nur die übrigen Landesteile, das Rheintal und das Toggenburg wiesen seit der Reformation eine stärkere konfessionelle Vermischung auf.

Es war naheliegend, daß die Staatsgründer, die aus dem alten eidgenössischen Recht bekannte Parität der

---

(1) G.J.Baumgartner: Geschichte des Schweizerischen Freistaates und Kantons St.Gallen, Bd.2, Zürich/Stuttgart 1868, S. 417.

reformierten und der katholischen Religion auf den ganzen Kanton auszudehnen suchten. Was 1798 zu Beginn der Revolution aus eigener Anstrengung nicht gelungen war, was vergeblich für das Toggenburg erstrebt wurde, erreichte Karl Müller-Friedberg für den Kanton mit Hilfe der Alliierten. Ein ausgeklügeltes Paritätsrecht hielt nach Napoleons Sturz die auch konfessionell auseinanderstrebenden Teile zusammen. Das Grundgesetz vom 31.August 1814 gewährleistete schon im ersten Artikel den Landeskonfessionen Glaubens- und Kultusfreiheit: "Die Verfassung sichert die freie und uneingeschränkte Ausübung des katholischen und evangelischen Glaubensbekenntnisses und Gottesdienstes". Artikel 2 bestimmte über die kirchliche Verwaltung: "Jede Religionspartei besorgt gesöndert, unter der höhern Aufsicht und der Sanktion des Staates, ihre religiösen, matrimoniellen, kirchlichen und klösterlichen Verwaltungs- und Erziehungsangelegenheiten". Damit kam nicht nur das Mißtrauen der reformierten Minderheit eines zu zwei Dritteln aus Katholiken bestehenden Staates zum Ausdruck (1), sondern auch der Wunsch der katholischen Partei, den durch die Säkularisierung des Klostergutes übernommenen, reichen Kirchenfonds dem Verfügungsrecht durch den gemischten Großen Rat zu entziehen. Der fünfte Abschnitt enthielt "Grundsätze über die Religions-Parität" (2), welche die ganze politische Organisation bis zur Gemeinde nach konfessionellen Gesichtspunkten ordnete. An Stelle der Hälfte

(1) P.Usteri gab für die Restauration rund 77'000 katholische und 57'000 reformierte Einwohner an. P.Usteri: Handbuch des Schweizerischen Staatsrechts, Aarau 1821, S.381. Die Volkszählung von 1850 ergab 105'370 Katholiken, 64'192 Reformierte und 63 Israeliten. G.Finsler: Kirchliche Statistik der reformierten Schweiz, Zürich 1856, S. 247.

(2) Art.28-32. P.Usteri: a.a.O., S. 351 f.

der Sitze, wie sie die St.Galler Gemeinde 1814 angeregt hatte, waren den Reformierten 66 Sitze gegen 84 der katholischen Konfession zugesagt worden (1). Ein Gesetz vom 3. April 1816 vollzog die konfessionelle Trennung des Grossen Rats für alle kirchlichen und erzieherischen Angelegenheiten (2). Die weitgehenden Kompetenzen der konfessionellen Ratshälften bedeuteten eine Schwächung des Staatsganzen, wenn auch den höchsten Behörden das Sanktionsrecht vorbehalten blieb.

Es war Karl Müller-Friedberg gelungen, das künstliche Staatsgebilde an den Fährnissen der Restaurationsabsichten des nur noch nominellen Fürstabtes von St.Gallen und den Trennungsgelüsten einzelner Landschaften (3) vorbei sicher bis zur Schwelle des dritten Jahrzehnts zu steuern. So sehr die Parität dem Religionsfrieden diente, musste der konfessionelle Dualismus, der das politische Leben beherrschte, den Jungliberalen als ein Rückfall in das konfessionelle Zeitalter erscheinen. Als im Nachbarkanton Thomas Bornhauser im Oktober 1830 die liberal-demokratische Revisionsbewegung ins Leben rief, setzte der kommende Staatsmann von St.Gallen, der katholische Staatsschreiber Gallus Jakob Baumgartner, seine "Wünsche und Anträge eines St.Gallischen Bürgers für Verbesserung der Staatseinrichtungen dieses Kantons in 47 Punkten" auf (4).

(1) Art.37, P.Usteri: Handbuch des Schweizerischen Staatsrechts, Aarau 1821, S.352.

(2) Fürstabt Pankraz hatte den ehemaligen Schirmorten eine förmliche Teilung des Kantons St.Gallen zwischen dem Stift und der Stadt vorgeschlagen. W.Oechsli: Geschichte der Schweiz im neunzehnten Jahrhundert, Bd.2, Leipzig 1913, S.139, 218. Erst mit der Errichtung des Doppelbistums St.Gallen-Chur im Jahr 1823 wurden die letzten Hoffnungen des Abtes begraben. W.Oechsli: a.a. O., S.434.

(3) Schwyz versuchte vergeblich, wieder in den Besitz des ehemaligen katholischen Untertanenlandes Uznach zu gelangen. W.Oechsli: a.a.O., S.139 f, 218 f.

Baumgartner, dem das josephinisch-wessenbergische Staatskirchentum als Ideal vorschwebte, griff als eine der Hauptursachen der Revisionsbedürftigkeit der Verfassung die konfessionelle Trennung der Ratskollegien an, die er als Staat im Staate bezeichnete. Hand in Hand mit dem Bemühen um eine Auflockerung des Paritätsrechts ging die Bemühung einiger Liberaler, auch eine freiheitlichere Revision des ersten Artikels zu erreichen. In seiner Flugschrift "Noch etwas über den ersten Verfassungartikel" (1) wies der katholisch-freisinnige Staatsarchivar Josef Anton Henne auf Alexander Vinet hin, und wünschte wie dieser mit der Gewissensfreiheit die Kultusfreiheit. Henne nannte die bisherige Parität eine sinnlose Beschränkung des ersten Menschenrechts, nämlich Gott auf eine Weise zu ehren, wie es dem Gemüt zusage. Von dieser Freiheit wollte er weder die Methodisten noch die Türken ausschließen. Mehrere andere Schriften griffen die beiden ersten Paragraphen der Verfassung an. Aus dem Bezirk Uznach, dem Hauptsitz der freisinnig-katholischen Reformbestrebungen (2), wurde unter Anspielung auf die Vereinigten Staaten folgender Text vorgeschlagen: "Die Verfassung garantiert die freie und unbeschränkte Ausübung aller christlichen Confessionen, und jede andere religiöse Überzeugung, insofern sie nicht mit dem Gesetz in Widerspruch kömmt" (3).

---

(4) G.J.Baumgartner: Geschichte des Kantons St.Gallen von 1830 bis 1850, Einsiedeln 1890, S. 41.

(1) Volkswünsche bei Anlaß der St.Gallischen Verfassungsverbesserung, St.Gallen 1830, S. 13 ff.

(2) J.Baumgartner: Die Schweiz in ihren Kämpfen und Umgestaltungen von 1830 bis 1850, Bd.2, Zürich 1854, S. 45 ff.

(3) Volkswünsche...: a.a.O., S. 12.

Zu diesen und anderen Stimmen gesellte sich die Appenzeller Zeitung, die seit 1828 zu Stadt und Land, bei Reformierten und Katholiken liberales Gedankengut verbreitete. In einer Eingabe schlug der angesehene Pfarrer Peter Scheitlin die Vereinigung des Volkes zu einer und derselben Urform des Christentums vor, ohne Rücksicht auf die geschichtliche Ausbildung und den Bestand der anerkannten Glaubensgenossenschaften (1).

Die Aussicht auf Liberalisierung der St.Gallischen Parität schien vorerst nicht aussichtslos zu sein. Die wachsende Industrialisierung des Kantons und die Niederlassungsfreiheit hatten eine stärkere Vermischung der Konfessionen mit sich gebracht, und unter dem geistig und wirtschaftlich aufstrebenden Teil der Bevölkerung war größere Bereitschaft zur Toleranz vorhanden. Kein einziger der 15 Wahlkreise war mehr konfessionell einheitlich (2). Die Zahl der gemischten Ehen nahm zu. Vereinzelt wurden auch andere Glaubensweisen geduldet. Der Große Rat, der die Revision der Verfassung selbst besorgen wollte, zeigte sich liberalen Reformen gegenüber aufgeschlossen. Die Hoffnungen zerschlugen sich jedoch rasch, als es den meist katholischen Volksführern der Landschaft gelang, die Wahl eines Verfassungsrats durchzusetzen. Ihr Ziel war ein obligatorisches

---

(1) G.J.Baumgartner: Geschichte des Kantons St.Gallen, Einsiedeln 1890, S. 43.

(2) Siehe Tabelle in "Verhandlungen des Verfassungsrates vom Schweizerkanton St.Gallen, St.Gallen 1831, S.436. Die damalige Volkszählung ergab 103'404 katholische und 63'758 reformierte Einwohner, wobei abwesende Kantonsbürger und Ausländer dazugezählt wurden.

Volksreferendum für alle Gesetze. Dabei dachten sie mehr an die Interessen der Landschaften und Gemeinden als an den Kanton. Durch Demonstrationen bis vor den Verhandlungsort wurde ein Druck auf den Verfassungsrat ausgeübt. Stärkung des Staatsganzen durch Aufhebung der konfessionellen Trennung und größere religiöse Freiheit war nicht das Anliegen der radikalen Demokraten, die etwa die Hälfte der verfassungsgebenden Versammlung ausmachten. Ferner übte Bischof Karl Rudolph seinen Einfluß auf die Geistlichkeit aus. Er wünschte in einer Eingabe die Aufrechterhaltung der konfessionellen Artikel (1).

Im Verfassungsrat plädierte Josef Anton Henne vergeblich mit den Argumenten des freigeistigen Intellektuellen für die Erweiterung des alten Gleichheitsrechts auf alle Religionen. Felix Diog von Rapperswil, einem der katholischen Anführer der Demokraten, der eingangs die Beibehaltung des Artikels 1 der Verfassung von 1814 beantragt hatte, hielt Henne das "Urrecht des Menschen" entgegen, sein Inneres frei entfalten und damit auch seine religiöse Überzeugung wählen zu dürfen. Er bekämpfte die Furcht vor den Sekten und geißelte im Namen der Geistesfreiheit, mit der die neue Verfassung der Zeit vorgreifen sollte, die religiöse Intoleranz. Henne wollte auch den Juden gegenüber keine Einschränkung. Sein Antrag lautete: "Die Verfassung sichert jede religiöse Überzeugung inner der Schranken des Gesetzes" (2). Der Antrag fand einige Zustimmung bei geistesverwandten Katholiken und Protestanten. Unter

---

(1) G.J.Baumgartner: Geschichte des Kantons St.Gallen, Einsiedeln 1890, S. 39.

(2) Verhandlungen des Verfassungsrates vom Schweizerkanton St.Gallen, St.Gallen 1831, S.86. Es handelt sich um ein von J.A.Henne herausgegebenes privates Protokoll.

ihnen war der Buchdrucker Wartmann aus der Hauptstadt und der Lateinlehrer Felix Helbling aus Rapperswil, der 1830 aus Protest gegen die bischöfliche Kirchenpolitik sein geistliches Amt niedergelegt hatte. Auch er nahm die Sekten, die ein christliches Glaubensbekenntnis hätten, in Schutz. Der Druck erzeuge Heuchler, argumentierte er und antwortete auf den Einwand, daß religiöse Freiheit den Indifferentismus fördere, Religion sei ein Gefühl, das sich nicht vorschreiben lasse. Für den Erziehungsrat Karl Friedrich Custer war die bürgerliche Freiheit ohne die religiöse nur ein Schattenbild. Er gab seiner Überzeugung Ausdruck, daß die christliche Religion dennoch die herrschende bleiben werde. Auch Gallus Jakob Baumgartner, den der Rat zum Sekretär ernannt hatte, griff den konfessionellen Dualismus zugunsten der inneren und äußeren Freiheit der Religion an.

Religionsgleichgültigkeit und Sektenbildung waren die Hauptargumente der Gegner der religiösen Freiheit. Darin stimmte das Haupt der Konservativen, Regierungsrat Dominik Gmür, mit den Demokraten überein. Der Volksstimmung trug Kreisammann J.A.Huber aus Walenstadt Rechnung, wenn er sagte, daß er da allerlei Schönes und Wahres gehört, aber die Überzeugung habe, daß das Volk nicht soweit sei. Kämen die Verfassungsräte mit der Nachricht nach Hause, daß man ungestört alle Religionen ausüben dürfe, so würde man sie für Heiden halten. Huber vertrat die Ansicht, daß solange das Bergvolk die Gründe für die Religionsfreiheit, wie sie Henne dargelegt habe, nicht kenne, die ganze Verfassung dieses einen Artikels wegen verworfen werden könnte. Darum sollte sich der Rat nach seiner

Meinung damit begnügen, die bisherigen Konfessionen zu schützen. Vergeblich versuchte Henne ein letzes Mal, die Verfassung - wie er sagte - auf ein Fundament zu bauen, dessen Wurzel in der Vernunft und in der Menschenbrust liege. Die große Mehrheit vermochte seinen Glauben an die Menschenrechte nicht zu teilen, und die Zögernden schlossen sich der Schlußbemerkung des Vorsitzenden an, das Volk sei für die religiöse Freiheit tatsächlich nicht reif (1). Mit 119 gegen 20 Stimmen erhielt der Religionsartikel denselben Wortlaut wie in der Restaurationsverfassung. "Die Verfassung sichert die freie und uneingeschränkte Ausübung des katholischen und evangelischen Glaubensbekenntnisses und Gottesdienstes" (2).

Mehr Erfolg hatten die Liberalen mit dem Antrag eines Verfassungsschutzes für die gemischten Ehen (3). Da der Bischof von Chur keine Dispense gewährte und St.Gallen keine Ziviltrauung kannte, mußten katholische Trauungen zwischen Reformierten und Katholiken im Aargau oder im Vorarlberg stattfinden, wenn katholische Geistliche nicht in Konflikt mit ihren Vorgesetzten kommen wollten. 91 von 140 Verfassungsräten stimmten für den neunten Artikel: "Die Verfassung gewährleistet das Recht der Eingehung gemischter Ehen" (4). Im liberalen Sinn wurde auch die bisherige Niederlassungsfreiheit auf Bürger anderer Kantone ausgedehnt, wobei manch

---

(1) Verhandlungen des Verfassungsrates vom Schweizerkanton St.Gallen, St.Gallen 1831, S. 91.

(2) Art.8 der Verfassung vom 1.März 1831. L.Snell: Handbuch des Schweizerischen Staatsrechts,Zürich 1844,S.492.

(3) Verhandlungen des Verfassungsrates...: a.a.O., S.286 ff.

(4) Verhandlungen des Verfassungsrates...: a.a.O.,S.292.

herzhaftes Wort für das schweizerische Vaterland fiel, dessen Einheit es zu festigen gelte. Keine konfessionellen Bedenken wurden laut, es sei denn der Einwand, dass Kantone wie Appenzell aus religiösen Gründen kein Gegenrecht üben würden. Mit Bedauern stellte man die konfessionelle Scheidewand, wie sie in Appenzell bestand, fest. In St. Gallen standen die wirtschaftlichen Interessen höher. 105 Stimmen erklärten sich nach zweitägiger Debatte für Freizügigkeit der Bürger jener Kantone, die ohne Rücksicht auf die Konfession Gegenrecht üben (1). Diese Bestimmung ging somit nicht über das Konkordat von 1819 hinaus, dem sich St.Gallen angeschlossen hatte.

Zeigte sich der Verfassungsrat des Kantons St. Gallen mit seinem Interesse an freiem Gewerbe und Handel aufgeschlossen, wenn es um die individuelle Freiheit ohne konfessionelle Diskriminierung für Katholiken und Reformierte in den bürgerlichen Rechten ging, so hielt seine Mehrheit doch entschieden am Status quo der konfessionspolitischen Trennung fest. Da das generelle Verhältnis des Staates zu den Kirchen zur Debatte gestellt wurde, stiessen altes und neues religiöses und politisches Denken heftig aufeinander. Bereits begann sich durch die Annäherung der Konservativen mit den Ultrademokraten (2) eine katholisch-konservative Parteigruppierung

(1) Verhandlungen des Verfassungsrates vom Schweizerkanton St.Gallen, St.Gallen 1831, S.126. Art.38 und 39 der Verfassung vom 1.März 1831. L.Snell: Handbuch des Schweizerischen Staatsrechts, Bd.2, Zürich 1844, S.496 f.

(2) J.Dierauer: Der Kanton St.Gallen in der Regenerationszeit, St.Gallen 1902, S.7.

und die ansetzende Radikalisierung der staatskirchlichen Politik der liberalen Katholiken und Reformierten abzuzeichnen, deren Gegensätze das öffentliche Leben St. Gallens in den nächsten Jahrzehnten beherrschen sollten. Die Debatten über das Verhältnis des Staates zu den Kirchen und das der Konfessionen zueinander nahm mehrere Tage in Anspruch und ließ Anzeichen einer starken Erregung im Volk und im Ratssaal erkennen, welche die Beziehungen der Katholiken zu den Reformierten in Mitleidenschaft zu ziehen begannen. Bei den Verhandlungen über das Einlösungsrecht der katholischen Kollaturen hatte der katholisch-liberale Anton Henne die Reformierten offen um Unterstützung beschworen (1). Leicht konnte das alte Gespenst der Majorisierung in religiös-kirchlichen Anliegen in neuer Form durch das Zusammengehen der liberalen Katholiken mit den Reformierten beim konservativ-katholischen Volk die Vorstellung der Religionsgefahr nähren. Aus dem mehrheitlich reformierten Obertoggenburg sandten evangelische Pfarrer eine Eingabe zugunsten der Aufhebung des zweiten Artikels der 14er Verfassung, und Lehrer äußerten den Wunsch eines paritätischen Erziehungsrates (2). Aus katholischen Bezirken und Gemeinden kamen entgegengesetzte Petitionen. Namentlich die alte Stiftslandschaft war - wie schon 1814 - um die kirchlichen Rechte besorgt. Hauptredner im Verfassungsrat waren Regierungsrat Gmür und Staatsschreiber Gallus Baumgartner. Der erstere hatte einen

---

(1) Verhandlungen des Verfassungsrates vom Schweizerkanton St.Gallen, St.Gallen 1831, S.166.

(2) Die drei evangelischen Kapitel verlangten "vollkommene Gleichstellung beider Konfessionen im und zum Staat". G.J.Baumgartner: Geschichte des Kantons St.Gallen von 1830 bis 1850, Einsiedeln 1890, S.43.

wesentlichen Anteil an der Einführung der konfessionellen Trennung und sah in ihr die beste Garantie des Religionsfriedens in einem paritätischen Kanton und der kirchlichen Autonomie. Dem zweiten bedeuteten die rein konfessionellen Staatsorgane Schwächung des Kantons und Gefährdung seiner Einheit. Die grosse Mehrheit der Verfassungsräte folgte der straffen staatskirchlichen Tendenz Baumgartners nicht. Anton Henne sah in der Debatte eine Souveränitätsprobe, ob das Volk geistig und kirchlich mündig sei, während Major Diog ihm entgegenhielt, das Volk sei nicht souverän über Gott. Alle Vorschlagspunkte der Kommission, mit Ausnahme der gemischten Ehen, deren Schutz auffallenderweise am nächsten Tag beschlossen wurde (1), wurden mit Zweidrittelmehrheit abgelehnt. Schliesslich stimmten 81 Mitglieder des Verfassungsrates am 9. Februar für und 50 gegen die Beibehaltung des alten zweiten Artikels (2), wonach - wie bisher - jede Religionspartei gesondert, jedoch unter staatlicher Aufsicht und Sanktion ihre religiösen, matrimoniellen, kirchlichen und klösterlichen Verwaltungs- und Erziehungsangelegenheiten besorgen sollte (3).

Mit 80 Stimmen wurde am 23. Februar auch die konfessionelle Zusammensetzung des Grossen Rates angenommen. Um der politischen Erstarkung der katholischen Mehrheit zu wehren, traten nun liberale Reformierte, die lieber auf jegliche Form der konfessionspolitischen Parität verzichtet hätten, für zahlenmässige, gleiche Vertretung im Grossen Rat oder für das bisherige Vorzugsverhältnis von 88 zu 66 ein. Die katholischen Demokraten führten jedoch

(1) Verhandlungen des Verfassungsrates vom Schweizerkanton St.Gallen, St.Gallen 1831, S.292.
(2) Verhandlungen ...: a.a.O., S.285.
(3) Art. 22 der Verfassung von 1831. Th.Bornhauser: Verfassungen der Kantone der schweizerischen Eidgenossenschaft, Bd.1, Trogen 1833, S.228.

den Grundsatz der Volkssouveränität und der Gleichheit ins Feld. Die Mehrheit des Verfassungsrates beschloß eine Vertretung nach dem tatsächlichen Zahlenverhältnis des katholischen und reformierten Volkes. Vergeblich hatten Liberale ihr Bedauern geäußert, daß nun wieder nicht Bürger gegen Bürger, sondern Konfession gegen Konfession stünden. Reformierte und katholische Redner drohten mit Verwerfung der Verfassung, falls ihrem Begehren nicht entsprochen werde (1). Anton Henne nannte die konfessionspolitische Parität "die allgemeine Erbsünde", auf die alteidgenössische Konfessionspolitik anspielend. Der reformierte Advokat Karl Friedrich Custer wünschte nach der Abstimmung, daß ein Protokoll seine Warnung festhalten solle; dieser - wie er ihn nannte - unduldsame, unbillige und unchristliche Beschluß könne nur üble Folgen haben (2). Im neuen Großen Rat hatten die Reformierten 61 Sitze gegen 89 der Katholiken.

Die Verfassung vom 1.März 1831 wurde mit 11091 gegen 9190 Stimmen verworfen, trat aber dennoch in Kraft, da die Abwesenden als Annehmende gezählt wurden. Das Volk sah sich, trotz Vetorecht, in seinen Hoffnungen auf größere Selbstverwaltung getäuscht. Eine Verfassungsrevision, die dem Volk alle sechs Jahre zustand, lehnte der Souverän sowohl 1837 als auch 1843 ab. Die konfessionellen Bestimmungen blieben somit während der ganzen Regenerationszeit in Kraft. Das in Ausführung des Artikels 22 der Verfassung erlassene Gesetz über die gesonderte Besorgung der Angelegenheiten beider Konfessionen vom 26.Januar 1832 bestätigte im allgemeinen die während der Restauration eingeführten Rechte

---

(1) G.J.Baumgartner: Geschichte des Kantons St.Gallen von 1830 bis 1850, Bd.3, Einsiedeln 1890, S. 51.

(2) Verhandlungen des Verfassungsrates vom Schweizerkanton St.Gallen, St.Gallen 1831, S. 415.

der konfessionellen Großratskollegien, schied jedoch die Genehmigung für kirchliche Verordnungen genauer aus und hielt die staatliche Oberaufsicht über das konfessionelle Erziehungswesen schärfer ein.

Die Bistumskrise und der reiche Kirchenfonds, über den der katholische Administrationsrat auch für das konfessionelle Schulwesen verfügte, gab zu leidenschaftlichen Parteikämpfen Anlaß. Bald führte eine liberal-radikale, bald eine konservative Mehrheit. Erstere entschied, in Verbindung mit den gleichgesinnten Reformierten, am 14.November 1834 mit dem "Gesetz über die Rechte des Staates in kirchlichen Dingen" über die Einführung der Grundsätze der staatskirchlichen Badener Artikel, letztere versuchte, als sie in den Wahlen von 1835 siegte, den kräftigen Vorstoß des freisinnigen Bürgertums in das kirchliche Gebiet (1) wieder rückgängig zu machen, verzichtete jedoch nicht auf den Plan eines eigenen Bistums. Der Staatseinheit kam dabei immerhin zugute, daß solange die Richtungsspaltung innerhalb der Konfessionen anhielt, die Frage einer konfessionellen Landestrennung, wie sie noch 1814 erwogen worden war, nicht mehr aufkam. Erst durch die eidgenössische Jesuitenfrage erfolgte wieder eine schärfere konfessionelle Ausscheidung in der Politik. 1845 wählten die katholischen Bezirke keinen einzigen radikalen Vertreter, und unter den Konservativen, die im Großen Rat bis 1847 eine Stellungnahme gegen die Jesuiten und den Sonderbund verhinderten, befand sich nur noch ein einziger reformierter Volksvertreter (2). Die Vermengung

---

(1) J.Dierauer: Der Kanton St.Gallen in der Regenerationszeit, St.Gallen 1902, S. 19.

(2) J.Baumgartner: Geschichte des Kantons St.Gallen von 1830 bis 1850, Bd.3, Einsiedeln 1890, S. 310.

politischer und kirchlicher Kompetenzen der Grossräte, die zugleich Mitglieder des Kollegiums ihrer Konfession waren, hatte schon in den dreissiger Jahren zu scharfen konfessionspolitischen Kämpfen anlässlich der Wahlen geführt (1). Nun war die Spaltung aber wieder so tief, dass sie die Integrität des ohnehin heterogenen Staates erneut gefährden konnte. Das negative Beispiel St.Gallens diente den Aargauern als Ansporn zur Aufhebung der konfessionellen Parität, die dann die eidgenössische Krise auslöste. Es blieb St.Gallen vorbehalten, durch den unerwarteten liberalen Wahlsieg vom Mai 1847 im exponierten katholischen Bezirk Gaster, dem Grossen Rat von St.Gallen eine kleine radikal-liberale Mehrheit zu schaffen und damit der Tagsatzung die zwölfte Standesstimme zu geben, durch die der katholische Sonderbund aufgelöst werden konnte. Die konfessionelle Trennung hob St. Gallen erst im Jahr 1861 mit der Einführung der vollständigen Glaubens- und Kultusfreiheit auf.

---

(1) Th.Holenstein: Die kirchenpolitischen Kämpfe im Kanton St.Gallen, St.Gallen 1925, S.19 f.

F r e i b u r g

Der Kanton Freiburg war seit der napoleonischen Mediationsakte kein einheitlich katholisches Staatsgebilde mehr. Der 1803 einverleibte Murtener Seebezirk war eine reformierte Enklave (1). Diese politische Eingliederung einer evangelischen Minderheit, deren kirchliche Freiheit früher von Berns Macht geschützt worden war, in einen katholischen Kanton, geschah nicht ohne Spannungen. Das patrizische Grundgesetz von 1814 trug der Besorgnis der religiösen Minderheit Rechnung. Artikel 31 der Verfassung von 1814 lautete: "Die christkatholische Religion ist die Religion des Kantons; die Verfassung sichert aber die freie und uneingeschränkte Ausübung des protestantischen Gottesdienstes dem Amtsbezirke Murten zu" (2).

Die liberal-demokratische Verfassung vom Januar 1831 ließ den Wortlaut der uneingeschränkten Kultusfreiheit zwar für die Murtener fallen, erklärte indessen, beide Religionsweisen als öffentliche Kulte und beschränkte ihre Freiheit nur geographisch. Artikel 7 bestimmte: "Die katholisch-apostolisch-römische Religion ist die einzige öffentliche Religion des Kantons Freyburg, mit Ausnahme des Bezirks Murten. Die evangelisch-reformirte Religion ist die einzige öffentliche Religion dieses Bezirks".(3)

---

(1) Siehe Ernst Flückiger: Die Reformation in der gemeinen Herrschaft Murten und die Geschichte der reformierten Kirche im Murtengebiet und im Kanton Freiburg, Bern 1930.

(2) P.Usteri: Handbuch des schweizerischen Staatsrechts, Aarau 1821, S. 303.

(3) L.Snell: Handbuch des Schweizerischen Staatsrechts, Bd.2, Zürich 1844, S.319. Offizielle Übersetzung.

Dem neuen Wortlaut ist zu entnehmen, daß formell in der regenerierten Verfassung des Kantons Freiburg die Kultusfreiheit weiterhin nur im Sinn der alteidgenössischen Parität (1) aus der Zeit, da das reformierte Murten gemeine Herrschaft des reformierten Standes Bern und des katholischen Standes Freiburg war (2), aufgefaßt wurde. Nur insofern war der freiburgische Kanton paritätisch. Ein Recht für die Reformierten, die Kultusfreiheit auch außerhalb des Murtener Bezirks zu beanspruchen, ergab sich damit nicht.

Der öffentlich-rechtliche Charakter beider Kirchen ist auch aus Artikel 8 der Verfassung von 1831 ersichtlich. Darnach sollten die Auslagen für die Gottesdienste und die Schulen der Katholiken wie der Reformierten aus der Staatskasse bestritten werden. Die letzteren hatten Anrecht auf einen Zehntel, das entsprach nicht ganz der reformierten Bevölkerungsproportion (3).

Trotz der Bestimmung über die gegenseitige geographische Begrenzung der Konfessionen ließen die liberalen Individualrechte, die in die Verfassung aufgenommen worden waren, erwarten, daß den Reformierten auch außerhalb des Bezirks Murten zum mindesten Toleranz entgegengebracht würde. Es war die Zeit, als der freigesinnte Pater Girard - er kehrte 1834 nach Freiburg zurück - wieder einen maßgebenden Einfluß ausübte und die Murtener die politische Gesinnung der Magistraten teilten.

---

(1) Die territoriale Sonderung nach Konfessionen ging so weit, daß der Regierungsstatthalter von der Religion des Bezirks sein mußte. J.Baumgartner: Die Schweiz in ihren Kämpfen und Umgestaltungen von 1830 bis 1850, Bd.3, Zürich 1865, S. 322.

(2) Am 3. und 20.Januar 1812 fand zwischen Freiburg und Bern diesbezüglich ein Konkordat statt. E.His: Geschichte des neuern schweizerischen Staatsrechts, Bd.2, Basel 1929, S.652, Anmerkung 491.

(3) Die genauere Bevölkerungszählung von 1850 ergab

Sowohl in der Hauptstadt wie in den an die protestantischen Kantone grenzenden Gemeinden wohnten Reformierte, die anfänglich von Geistlichen jenseits der Kantonsgrenze betreut wurden (1). Die Zunahme von Handel und Verkehr vermehrte die Kontakte zwischen den Konfessionen. Im Jahr 1835 gaben die Behörden die Erlaubnis zur Abhaltung eines reformierten Gottesdienstes in der Hauptstadt (2), jedoch ohne Glockengeläute. Eine Kirche, aus privaten Mitteln erbaut, wurde 1837 eingeweiht. Auch eine reformierte Schule wurde eröffnet. Die dortige Gemeinde erhielt keine öffentlich-rechtliche Gewährleistung (3). Freiburg folgte damit dem Beispiel Luzerns und der reformierten Hauptstädte, die ihrer konfessionellen Minderheit eine gesetzlich geregelte Toleranz gewährten. Die Einschränkungen, die überall zur Bedingung gemacht wurden, zeigen, daß es sich nicht um vollständige Kultusfreiheit handelte. Dennoch waren es beachtliche Zeichen zunehmender religiöser Toleranz. Dabei war Freiburg seit der Rückberufung der Jesuiten im Jahr 1818, die nicht ohne Beunruhigung geschah (4), wieder ein

---

87'753 Katholiken und 12'133 Reformierte. G.Finsler: Kirchliche Statistik der reformierten Schweiz, Zürich 1856, S.149. Vgl. St.Franscini: Neue Statistik der Schweiz. Nachtrag, Bern 1851, S. 331.

(1) G.Finsler: a.a.O., S. 152.

(2) Für das 5.Jahrzehnt gab G.Finsler 1371 Glieder der reformierten Gemeinde in Freiburg an, von denen 511 in der Stadt wohnten: a.a.O., S. 154.

(3) R.A.Bähler: Die Gründung der evangelisch-reformierten Gemeinde, Kirche und Schule zu Freiburg in der Schweiz, 1838. Die Reformierten hatten schon vorher einem katholischen Gottesdienst im Bezirk Murten zugestimmt. G.Finsler: a.a.O., S. 153.

(4) Gaston Castella: Histoire du Canton de Fribourg depuis les origines jusqu'en 1857, Fribourg 1922, S. 492.

bedeutendes pädagogisches Zentrum ihres Ordens geworden.

Die Rücksichtnahme auf die mehrheitlich konservative Geistlichkeit, die auch unter der regenerierten Verfassung von 1831 ihren Einfluß namentlich auf die Landbevölkerung ausübte (1), zwang die mehrheitlich liberalen Räte, gegenüber der römischen Kirche eine gemäßigte Staatskirchenpolitik zu betreiben. Zum Unterschied von Luzern lehnte Freiburg die Ratifikation der Badener Artikel ab. Die kanonischen Rechte waren nur eingeschränkt, wo sie wesentliche staatliche Interessen berührten. Den Priestern blieben politische Rechte versagt.

Doch auch in dieser gemäßigten Form war die liberale Geisteshaltung, wie sie in der Toleranz gegenüber den Reformierten zum Ausdruck kam, den Konservativen ein Ärgernis. Als zu Beginn der vierziger Jahre von Luzern aus eine kraftvolle Reaktion gegen den Liberalismus einsetzte und die Radikalen anderer Stände vor ungesetzlichen Mitteln zu ihrer Unterdrückung nicht zurückschreckten, erstarkte die klerikale Opposition auch im Kanton Freiburg. Im Jahr 1845 schloß sich der Kanton insgeheim der katholischen Schutzvereinigung an. Es waren die Murtener, die durch ihren Protest im Großen Rat im nächsten Jahr die Existenz des Sonderbundes vor die Öffentlichkeit brachten. Der Konfessionalismus, der neuerdings die freiburgische Staatspolitik kennzeichnete, mußte die reformierte Minderheit des Kantons beunruhigen.

Freiburg erlag seiner strategisch exponierten Lage wegen im Sonderbundskrieg als erster Kanton dem Angriff

---

(1) G.Castella: Histoire du Canton de Fribourg depuis les origines jusqu'en 1857, Fribourg 1922, S. 497.

der eidgenössischen Truppen und hatte, wie das Wallis, unter der leidenschaftlichen antiklerikalen Reaktion besonders zu leiden (1). Kirchliches Eigentum wurde beschädigt, ein Priester getötet. Die Radikalen, die unter dem Schutz der Bundesmiliz zur Macht gelangten, belasteten die Klöster mit schweren Kriegskontributionen. Das Augustinerkloster La Part Dieu und das Zisterzienserkloster Hauterive wurden durch Dekret aufgehoben. Der Orden der Jesuiten und affilierte Korporationen wurden verboten. Die Verfassung vom 4.März 1848, die nur vom Großen Rat, nicht aber durch Volksentscheid angenommen worden ist, änderte nichts an den Paritätsverhältnissen, garantierte "l'exercice de la religion chrétienne catholique", jedoch nur innerhalb der öffentlichen Ordnung und der Gesetze (2).

---

(1) G.Castella: Histoire du Canton de Fribourg depuis les origines jusqu'en 1857, Fribourg 1922, S. 554 ff.

(2) G.Castella: a.a.O., S. 564.

S o l o t h u r n

Eine konstantere liberale Entwicklung als Freiburg wies Solothurn auf. Die Erneuerungsbewegung fand einen starken Rückhalt in den wirtschaftlich aufstrebenden Städten der Landschaft. Aus Olten stammte Josef Munzinger (1), der 1832 die Geschicke seines Kantons zu leiten begann. Geschichte und geographische Lage wiesen diesem Kanton den Weg der konfessionspolitischen Mäßigung und der Vermittlung. Die Liberalen konnten ihn um so leichter gehen, als Solothurn zwar Sitz des neuen Bistums Basel geworden war, Bischof Josef Anton Salzmann sich jedoch als politisch verständiger Diözesanhirte erwies (2). Sein Bestreben war es, den Klerus möglichst von der Politik fernzuhalten. Dem radikal-liberalen Munzinger, der aus einer strenggläubigen katholischen Familie stammte, widerstrebte andererseits ein zu schroffes Eingreifen des Staates in kirchliche Interessen. Die Badener Konferenzartikel wurden in der Volksabstimmung von 1835 verworfen und kamen als Ganzes nicht zur Anwendung (3).

---

(1) H.Haefliger: Bundesrat Josef Munzinger, Solothurn 1953, S. 11.

(2) Siehe "Das Bistum Basel 1828-1928", Gedenkschrift zur Jahrhundertfeier, Solothurn 1928. Ungelöst blieb der Dompropststreit.
H.Haefliger: a.a.O., S. 107 ff.

(3) J.Derendinger: Geschichte des Kantons Solothurn von 1830-1841, Basel 1919, S.348 ff. J.Munzinger hatte J.B.Reinert 1834 von einer Beteiligung Solothurns an der Badener Konferenz abgeraten.

Solothurn besaß, wie Freiburg, eine reformierte Enklave, das Amt Bucheggberg, mit einigen tausend Reformierten (1). Schon bei der Neukonstituierung des Kantons durch die Mediationsakte waren der evangelischen Minderheit die Religionsrechte garantiert worden. Die regenerierte Verfassung vom Januar 1831 übernahm wörtlich die Formulierung von 1814: "Die römisch-katholische Religion ist die Religion des Kantons Solothurn, mit Ausnahme der Amtei Bucheggberg, wo die evangelisch-reformirte gewährleistet wird" (2). Neu war dem Wortlaut, jedoch nicht der Sache nach, daß diese Garantie im Artikel 57 ausdrücklich von einer Verfassungsrevision ausgeschlossen wurde. Dasselbe galt übrigens auch für die katholische Religion.

Die Restaurationsverfassung besaß keine Revisionsklausel und bedurfte darum einer Hervorhebung des unabänderlichen vertraglichen Charakters der Garantie nicht unbedingt. Die Rechte der religiösen Minderheit waren mit der Ausnahmeklausel auch nach 1831 gegen Mehrheitsbeschlüsse sichergestellt.

Auch Solothurn erlaubte im Jahr 1835 in seiner Hauptstadt auf Wunsch der dort und in der Umgebung ansässigen rund 200 Protestanten einen reformierten Gottesdienst (3). Als das St.Ursen-Stift sich weigerte,

---

(1) Für 1850 gab G.Finsler im Bucheggamt 6224 Einwohner an, was einen Zehntel der katholischen Einwohner des Kantons ausmachte. Kirchliche Statistik der reformierten Schweiz, Zürich 1856, S. 168.

(2) Art.48. Th.Bornhauser: Verfassung der Kantone der schweizerischen Eidgenossenschaft, Bd.1, Trogen 1833, S.162. Vgl.Art.26 der Verfassung von 1814 bei P.Usteri: Handbuch des schweizerischen Staatsrechts,Aarau 1821, S.317.

(3) Für 1850 gab G.Finsler (a.a.O., S.168 f) 518 in der Hauptstadt und zusätzlich 500 außerhalb wohnende Glieder der Gemeinde Solothurn an. In katholischen

zur Überlassung einer katholischen Kultstätte Verhandlungen mit der evangelischen Gemeinde aufzunehmen, wies ihr der Staat kurzerhand die St.Stephanskapelle zur Benützung zu (1). Diese stand früher schon den reformierten Tagsatzungsgesandten zur Verfügung. Im Großen Rat, wo sich nur der Patrizier Gibelin dem Regierungsantrag widersetzte, wies der Berichterstatter Josef Munzinger auf das Vorbild von Zürich und Lausanne hin und nannte gegenseitige Duldung einen Beweis christlicher Frömmigkeit (2). Wenn den Reformierten hingegen eine eigene Schule verweigert wurde, so war dies kein Zeichen der Intoleranz gegen die religiöse Minderheit, sondern die Tendenz der Liberalen Solothurns, die Schulen überhaupt von der Kirche zu emanzipieren. Ihr liberales Credo hatten die Verfassungsgeber in der Einleitung zur Verfassung festgehalten, indem sie "freiere Formen" für die Bildung befürworteten und die Absicht, die Geistesentwicklung zu fördern und die persönliche Freiheit noch besser zu gewährleisten (3), als einen der Hauptzwecke der Revision bezeichneten. 1838 wurde sogar ein Protestant, Alexander Morizzi, als Lehrer an die höhere Lehranstalt berufen, was allerdings nicht ohne Opposition geschah (4).

Gemeinden lebten zerstreut 855 Protestanten.

(1) Im Großen Rat widersetzte sich nur der Patrizier Gibelin dem Regierungsrat.

(2) H.Haefliger: Bundesrat Josef Munzinger, Solothurn 1953, S. 107.

(3) Th.Bornhauser: Verfassungen der Kantone der schweizerischen Eidgenossenschaft, Bd.1, Trogen 1833, S. 148.

(4) H.Haefliger: a.a.O., S. 169 f.

Die kirchliche Reaktion gegen das liberale Regime in den regenerierten Kantonen, die Ende 1839 durch den Zürichputsch neuen Auftrieb erhielt, bedrohte auch im Kanton Solothurn die freiheitliche Entwicklung der konfessionellen Parität. Die konservativen Revisionsbestrebungen im Kanton Solothurn um die Jahrzehntwende zeigen große Ähnlichkeit mit der Leu'schen Volksbewegung im Kanton Luzern (1). Hier wie dort ging es in erster Linie um kirchliche Postulate gegenüber einem zu mächtig empfundenen Staat, der der wessenbergischen Richtung huldigte. "Das religiöse Schweizervolk," schrieb die in Solothurn erscheinende "Schildwache am Jura" zu Beginn des Jahres 1840, "will keine Staatskirche, sondern eine vom Staat unabhängige Kirche" (2). Den konservativen Katholiken genügte der Religionsparagraph 48 nicht. Ohne das Recht des reformierten Bucheggberg in Frage stellen zu wollen, sahen sie die über den Buchstaben der Verfassung hinausgehende Toleranz gegenüber den Reformierten außerhalb dieses Bezirks doch ungern. Mit dem Schlagwort der Religionsgefahr für die Liberalen und durch die Forderung vermehrter demokratischer Rechte hoffte man, namentlich das Landvolk, das sich gegenüber der Hauptstadt immer noch zurückgesetzt fühlte, für eine kirchlich konservative, aber politisch fortschrittliche Reform des Staatsgrundgesetzes zu gewinnen. Dem Klerus sollte, namentlich im Schulwesen, wieder größerer Einfluß gewährt werden. Solothurn fehlte, zum Unterschied von Luzern, das volkstümliche Parteihaupt. Theodor Scherer, der 1836 die "Schildwache am Jura" gegründet

---

(1) O.Furrer: Geschichte der solothurnischen Verfassungen bis 1848, Solothurn 1940, S. 83.

(2) "Schildwache am Jura" vom 12.Februar 1840. Tit.nach Tino Kaiser: Die Solothurner Verfassungsrevision von 1840/41, Zürich 1940, S. 408.

hatte, war politisch wenig erfahren. Der mehrheitlich radikal-liberale Große Rat nahm, den Volkswünschen nachgebend, die Revision selbst in Angriff, war jedoch nicht gewillt, dem Drängen der Opposition, den Religionsparagraphen zwecks größerer Rechte der katholischen Kirche abzuändern, nachzugeben. Er konnte sich dabei auf den Artikel 57 berufen, der diesen Paragraphen und jenen über die Volkssouveränität ausdrücklich jeder Revision entzog. Mit 72 von 98 Stimmen lehnte die Legislative den Antrag als formal verfassungswidrig ab (1).

Die Gewährung der geographisch beschränkten Parität der römisch-katholischen und der reformierten Religion, wie sie die Verfassung von 1831 garantierte, stand 1840 während den leidenschaftlichen Auseinandersetzungen nicht in Frage. Eine einzige Petition wünschte, daß nur der reformierte Landesteil, nicht aber die reformierte Kirche, in der Verfassung garantiert würde. Den Reformierten des Bucheggberges war mehr am Status quo des vertragsähnlichen Religionsartikels gelegen als an der Einführung einer geographisch unbeschränkten konfessionellen Parität, die der Entscheidung der Mehrheit unterworfen gewesen wäre. Nach allgemeiner Kultusfreiheit war kein Verlangen (2).

In der am 19.Dezember 1840 vom Großen Rat mit überraschend großem Mehr - 84 zustimmende gegen nur 6 ablehnende Stimmen (3) - angenommenen revidierten Verfassung rückte der Religionsparagraph zusammen mit den allgemeinen Bestimmungen als Artikel 3 an die Spitze. Er

---

(1) H.Haefliger: Bundesrat Josef Munzinger, Solothurn 1953, S. 179.

(2) O.Furrer: Geschichte der Solothurnischen Verfassungen bis 1848, Solothurn 1940, S. 64.

(3) Tino Kaiser: Die Solothurner Verfassungsrevision von 1840/41, Zürich 1940, S. 438.

erhielt nach dem Vorschlag der Kommission denselben Wortlaut wie zehn Jahre zuvor: "Die römisch-katholische Religion ist die Religion des Kantons Solothurn, mit Ausnahme der Amtei Bucheggberg, wo die evangelisch-reformirte gewährleistet wird" (1). Es folgen unmittelbar die bisherigen individuellen Freiheitsrechte. Von der Unveränderlichkeit des Religionsartikels ist in der revidierten Verfassung nicht mehr die Rede. Verschärfte staatskirchenrechtliche Bestimmungen wurden nicht aufgenommen. Man blieb beim Ausschluß des Klerus von den Großratswahlen (2) und bei der Forderung, daß Geistliche und andere fremde Korporationen sich nur mit Zustimmung des Großen Rats im Kanton niederlassen durften (3).

Angeregt durch die Berichte, welche die "Schildwache am Jura" vom Fortschritt der Leu'schen religiös-politischen Reformbewegung verbreitete, und zugleich erzürnt ob der Aussichtslosigkeit, auf gesetzlichem Wege die kirchlichen und demokratischen Forderungen doch noch erreichen zu können, war die Opposition versucht, das illegale Mittel der Revolution zu ergreifen. Es fehlte auch nicht an Andeutungen auf ein gewaltsames Vorgehen, wie der Artikel vom 26.Dezember 1840 in der "Schildwache am Jura" und der darauf anspielende Aufruf Constantin Siegwarts an dessen Redaktor Theodor Scherer beweisen (4). In der allgemeinen Erregung und Unsicherheit über den Ausgang der Abstimmung genügten Indizien, um die Behörden zum Eingreifen zu veranlassen. Als die Mumliswiler Erklärung der konservativen Führer und die von Pater

(1) L.Snell: Handbuch des Schweizerischen Staatsrechts, Bd.2, Zürich 1844, S. 341.

(2) Ein Volksbegehren vom 21.Oktober 1840 hatte das Mitbestimmungsrecht der Geistlichkeit für alle Gesetzeserlasse gefordert, welche die Interessen der römisch-katholischen Kirche berührten.O.Furrer:Geschichte der Solothurnischen Verfassungen bis 1848,Solothurn 1940,S.78.

(3) Paragraph 22 und 42.L.Snell: a.a.O., S. 343, 345.

Pius Munzinger verfaßte Mariasteiner Adresse an die Regierung die Gerüchte eines gewaltsamen Umsturzes zu bestätigen schienen (1), griffen die Behörden durch Verhaftungen und militärische Aufgebote energisch ein. Die Regierung tagte in Permanenz und verlegte ihre Sitzungen vom Rathaus ins Zeughaus.

Unter diesen die freie Meinungsäußerung hemmenden Umständen fand am 10.Januar 1841 die Abstimmung statt. 5134 Bürger enthielten sich der Stimme, 6289 erklärten sich für, 4277 gegen das revidierte Grundgesetz (2). Die reformierten Gemeinden des Amtes Bucheggberg nahmen mit vierfachem Mehr an - nur zwei verwarfen, acht hingegen nahmen einstimmig an (3) -, während das streng katholische Oberamt Dorneck-Thierstein mit dem einflußreichen Kloster Mariastein mit dreifachem Mehr die neue Verfassung ablehnte, ein Resultat, das ohne militärisches Aufgebot noch höher gewesen wäre. Im Schwarzbubenland lag der Hauptunruheherd. Zwei der Konventualen des Klosters Mariastein spielten hierbei eine führende Rolle, was der Prior nachträglich verurteilte (4). Ein Nachweis der direkten Mitschuld der Klosterleitung wurde nicht erbracht, ebensowenig wie im Aargau. Die Klöster blieben im Kanton Solothurn unbehelligt (5). Im

---

(4) Tino Kaiser: Die Solothurner Verfassungsrevision von 1840/41, Zürich 1940, S. 448 ff.

(1) Tino Kaiser: a.a.O., S. 451 ff.

(2) O.Furrer: Geschichte der Solothurnischen Verfassungen bis 1848, Solothurn 1940, S. 84.

(3) Tino Kaiser: a.a.O., S. 460 f.

(4) H.Haefliger: Bundesrat Josef Munzinger, Solothurn 1953, S. 185.

(5) O.Furrer: a.a.O., S. 85.

übrigen aber wirkte sich die energische Abwehr der katholisch-demokratischen Reaktion auf die aargauischen Radikalen aus.

Der Sieg der liberalen Staatspolitik im Kanton Solothurn und der sichere mittlere Kurs, den die Regierung verfolgte, hat über seine Grenzen hinaus für die verfassungsgeschichtliche Entwicklung der religiösen Freiheit in der Schweiz Bedeutung. Nicht nur war Solothurn der einzige katholische Kanton, der weder dem radikalen Antiklerikalismus (1) noch dem intoleranten Ultramontanismus gänzlich verschrieben war, es spielte durch Josef Munzinger bei der Entstehung des Bundesstaates und einer geographisch unbeschränkten konfessionellen Parität eine nicht unbedeutende Rolle. Wäre 1841 das katholisch-liberale Regime durch ein konservatives ersetzt worden, so hätte dieses der Sonderbundspolitik mit ihrer konfessionellen Trennungstendenz größere Erfolgsaussichten gegeben und damit einen Sieg des Bundesstaatsgedankens erschwert oder gar verhindert (2). Munzingers Einfluß ist die Verhinderung eines Klosterartikels zuzuschreiben. Weder wollte er religiöse Auseinandersetzungen im Ratsaal noch konfessionelle Bestimmungen in der Bundesverfassung. Die radikalen reformierten Stände konnten die vermittelnde Stimme Solothurns nicht überhören, das in den vierziger Jahren in den eidgenössischen Anliegen an ihrer Seite stand. Der Stand Solothurn, dessen Landammann 1848 Bundesrat wurde, war der erste katholische Kanton, der nach der Annahme der Bundesverfassung die Gleichberechtigung der katholischen und reformierten Religion einführte.

---

(1) Sowohl Theodor Scherer wie der Abt von Mariastein fanden anerkennende Worte über die Relgionspolitik der Solothurner Liberalen. H.Haefliger: Bundesrat Josef Munzinger, Solothurn 1953, S.170. Tino Kaiser: Die Solothurner Verfassungsrevision von 1840/41, Zürich 1940, S. 470.

(2) Vgl.Brief Josef Munzingers an seinen Sohn Werner vom 6.Januar 1851 bei Tino Kaiser: a.a.O., S. 473.

S c h a f f h a u s e n

Im Kanton Schaffhausen scheiterte die Einführung der allgemeinen Glaubens- und Kultusfreiheit hauptsächlich am protestantisch-katholischen Gegensatz, den der Liberalismus nicht genügend abzuschwächen vermochte (1). Stadt und Staat waren bemüht, ihren reformierten Charakter zu erhalten (2). Dabei zeigte sich die Bevölkerung des Kantons den freiheitlich-demokratischen Bestrebungen der Regeneration gegenüber aufgeschlossen.

Wie andere Stadtrepubliken besaß auch Schaffhausen einen Bezirk, in dem die katholische Religion verfassungsrechtlich geschützt war. Die Gemeinde Ramsen, die Zürich 1770 von Österreich übernommen hatte, war Schaffhausen durch die Mediationsakte einverleibt worden. In der Restaurationsverfassung mußte der Kanton nach dem alten Vertragsrecht den öffentlichen Charakter des katholischen Kultus anerkennen. Dieser Rechtsschutz galt

---

(1) E.Steinemann bestreitet die Ansicht von R.Schudel (Geschichte der Schaffhauser Staatsverfassung 1798-1834, Thayngen 1933, S.120 f), wonach die Kultusfreiheit der Sekten wegen keinen Eingang in die Verfassung von 1831 gefunden habe und sieht die Ursache vielmehr in der Abwehr gegen den Katholizismus. E.Steinemann: Die geistigen Wandlungen in der Staatskirche des 19.Jahrhunderts; in: Schaffhauser Beiträge zur vaterländischen Geschichte, 36.Heft, 1959, S.154, Anmerkung 57.

(2) Schaffhausen wies von allen reformierten Kantonen nach Zürich den geringsten Prozentsatz von Katholiken auf. Ihre Zahl belief sich 1850 auf 1411, hauptsächlich in der Gemeinde Ramsen wohnhafte Katholiken, gegenüber 33'880 Reformierten. G.Finsler: Kirchliche Statistik der reformierten Schweiz, Zürich 1856, S. 207.

jedoch ausschließlich für Ramsen, wo ein Drittel der Einwohner katholisch war (1). Der Staat als solcher blieb reformiert. Artikel 31 der Verfassung vom 12. Juli 1814 hatte folgenden Wortlaut: "Die evangelisch-reformirte Religion ist die herrschende Landesreligion. Der paritätischen Gemeinde Ramsen sind ihre bisherigen Religionsverhältnisse durch die Verfassung garantirt" (2). Diese Bestimmung blieb während der Teilrevision von 1826 unangetastet.

Im Jahr 1831 fiel auch in Schaffhausen die Restaurationsverfassung einer hauptsächlich aus dem Bestreben der Landgemeinden hervorgegangenen Revolutionsbewegung zum Opfer (3). In dem von den Zünften der Stadt und der Landschaft gewählten Verfassungsrat ergab sich eine liberale demokratische Mehrheit, die wie in Zürich das bisherige Verhältnis der Stadt zum Land von zwei Dritteln auf ein Drittel reduzierte. Da kein ausführliches Protokoll des Verfassungsrates vorhanden ist (4), läßt sich nicht feststellen, ob bei den Verhandlungen ein Antrag auf Glaubens- oder Kultusfreiheit gestellt wurde. Das am 27.Januar 1831 an den Kleinen Rat eingereichte Gesuch zweier Katholiken um Bewilligung des Gottesdienstes in der Stadt (5) blieb jedenfalls unberücksichtigt. Der Religionsartikel rückte in der regenerierten

---

(1) P.Usteri: Handbuch des Schweizerischen Staatsrechts, Aarau 1821, S. 333.

(2) P.Usteri: a.a.O., S. 332.

(3) R.Schudel: Geschichte der Schaffhauser Staatsverfassung 1798-1834, Thayngen 1933, S. 98 ff.

(4) Die gedruckten "Verhandlungen des Verfassungsrates des Kantons Schaffhausen" enthalten zur Hauptsache nur den Entwurf der Kommission mit den Abänderungen des Verfassungsrates.

(5) E.Isele: Die Entwicklung der Religionsfreiheit im

Verfassung vom 2./4.Juni an die zweite Stelle, behielt jedoch denselben Wortlaut. Nur Ramsen war damit rechtlich paritätisch. Staatsreligion blieb wiederum nur das reformierte Bekenntnis. Auch die weiteren Einschränkungen der früheren Zunftherrschaft durch die Revision des Staatsgrundgesetzes von 1834 (1) ließ den Religionsartikel unangetastet. In seiner Eingabe hatte der Apotheker J.C.Laffon vergeblich vorgeschlagen, es solle jedem katholischen Kantonsbürger der Weg zu allen Würden und Ämtern offen stehen (2). Die Verfassung von 1834 blieb während der ganzen Regenerationszeit in Kraft.

So entschieden auch das neue demokratische Staatswesen Schaffhausen an der alten Konfessionalität festhielt, so wollte die liberale Obrigkeit sich doch nicht auf die Dauer dem Vorwurf religiöser Unduldsamkeit aussetzen, zumal reformierte und katholische Hauptstädte bereits einen anderen Kultus zugelassen hatten. Am 23. September 1831 lehnte sie das Gesuch vom Frühjahr um Bewilligung des katholischen Gottesdienstes ab, das die frühere konservative Regierung wohlwollend zu prüfen bereit gewesen war. Fünf Jahre später fand eine ähnliche Eingabe eine günstige Aufnahme. An der Spitze des katholischen Initiativkomitees stand Kapellmeister Josef Pilger, der ein Jahr zuvor als zweiter Katholik das Ehrenbürgerrecht der Stadt erhalten hatte. Die Lage der ungefähr 600 Seelen zählenden Katholiken in Schaffhausen(3)

Kanton Schaffhausen; in: Festschrift zum hundertjährigen Bestehen der katholischen Genossenschaft Schaffhausen 1841-1941, Schaffhausen 1941, S. 32.

(1) Art.2 der Verfassung vom 24.Dezember 1834. L.Snell: Handbuch des Schweizerischen Staatsrechts, Zürich 1844, Bd.2, S. 402.

(2) Petitionen zur Verfassungsrevision vom Jahr 1834. Staatsarchiv Schaffhausen.

(3) Nur ein Teil von diesen 600 Katholiken - für 1840

hatte sich insofern verschlechtert, als sich der Kanton Thurgau anschickte, das Kloster Paradies, in dem sie den nächstgelegenen Gottesdienst besuchen konnten, aufzuheben. In seinem Gutachten, zur Hauptsache aus der Feder des Antistes Friedrich Hurter (1), stimmte der aus weltlichen und geistlichen Mitgliedern zusammengesetzte Kirchenrat dem Gesuch zu, stellte jedoch strenge Bedingungen zur Wahrung der überlieferten exklusiven Rechte der reformierten Kirche. Die Katholiken mußten über einen Kirchenfonds von 20'000 Gulden verfügen und konnten nur eine privatrechtliche Genossenschaft bilden. Die Regierung sollte für die Wahl des Pfarrers das Entscheidungsrecht haben und der katholische Kirchenvorstand und der Pfarrer dem reformierten Kirchenrat unterstellt sein. Der Große Rat stimmte mit Dekret vom 22.Dezember 1836 der bedingten und beschränkten Einführung des katholischen Gottesdienstes zu, unter den vom Kirchenrat ausgearbeiteten Bedingungen (2).

---

sind 171 angegeben - waren fest in der Stadt domiziliert, einige als Frauen reformierter Bürger. Die große Mehrheit, meist Handwerksgesellen und Dienstboten aus deutschen Nachbargebieten, wechselte beständig. E.Isele: Die Entwicklung der Religionsfreiheit im Kanton Schaffhausen; in: Festschrift zum hundertjährigen Bestehen der katholischen Genossenschaft Schaffhausen 1841-1941, Schaffhausen 1941,S.30.

(1) Der handschriftliche Entwurf Hurters zeigt nur geringe Abweichungen vom endgültigen Gesetztext. P.Vogelsanger: Weg nach Rom, Zürich 1954, S. 305, Anmerk.8. Über den Anteil Hurters am Toleranzedikt von 1836 vgl. F.Hurter: Der Antistes Hurter von Schaffhausen und sog.Amtsbruder, Schaffhausen 1840, S.53 ff. F. Hurter: Geburt und Wiedergeburt, Bd.1, Schaffhausen 1867, A. 207.

(2) E.Isele: Die Entwicklung der Religionsfreiheit im Kanton Schaffhausen...,a.a.O., S. 34 ff.

War mit dem Duldungsdekret rechtlich die reformierte staatskirchliche Ausschließlichkeit gewahrt, so wurde seine Durchführung doch von zwei Seiten gefährdet. Das staatliche Patronat, zumal es von einer nichtkatholischen Behörde ausgeübt wurde, widersprach dem kanonischen Recht, so daß der Bischof von Chur Georg Bossi, in dessen Jurisdiktionsgebiet die Pfarrei errichtet werden sollte, diese nicht anerkennen wollte. Erst als die kirchliche Administration an den Bischof von Basel, Josef Anton Salzmann, überging, konnte die von der Regierung zur Verfügung gestellte St.Anna-Kapelle 1841 eingeweiht werden und der von ihr gewählte und bischöflich approbierte Pfarrer Heinrich Mohr seine Funktionen übernehmen (1). Das zweite Hindernis lag bei der reformierten Stadtbevölkerung, die durch die Veröffentlichung einer für sie verletzenden Bittschrift aufgereizt, unter dem Eindruck stand, als sei mit der Duldung des katholischen Kultus die Abschaffung der Reformation vor der Tür (2). Eine Petition an den Stadtrat vom 8.April 1838, von 94 Bürgern unterschrieben, enthielt die Bitte, der Große Rat möge diese Bewilligung ganz rückgängig oder von weitergehenden Beschränkungen abhängig machen (3).

---

(1) G.Püntener: Die Errichtung der katholischen Pfarrei; in: Festschrift zum hundertjährigen Bestehen der katholischen Genossenschaft Schaffhausen 1841-1941, Schaffhausen 1941, S. 81 ff.

(2) C.A.Bächtold: Die Entwicklung der Stadt Schaffhausen unter Stadtpräsident Johann Heinrich Im Thurn, 1835-1845. Schaffhausen 1959, S.70. Die Bittschrift an Katholiken für Gaben zugunsten der Katholischen Genossenschaft erschien am 27.März 1838 in der Beilage der freisinnigen Schaffhauserzeitung "Der Schweizer Courier" unter dem Titel "Toleranz und Belohnung derselben". Sie stammt nicht aus katholischer Feder, sondern war vom Schulrat Hans von Ziegler verfaßt und dem Staatsschreiber vorgelegt, jedoch nicht verbreitet worden. E.Isele: a.a.O., S. 40 ff.

(3) E.Isele: a.a.O., S. 43.

Die Sorge um den rein reformierten Charakter des Staatswesens fand bei der Mehrzahl der reformierten Geistlichkeit Unterstützung. In ihrer Eingabe vom 9.Mai, der sich die Zünfte anschlossen, bat sie den Großen Rat, er solle die bestehende Gesetzgebung dahingehend ergänzen, daß der Stadt Schaffhausen und jeder anderen Gemeinde des Kantons, außer Ramsen, völlige Sicherheit gegen die Parität und die Proselytenmacherei garantiert und daß die früheren Gesetze des Übertritts von der reformierten zur katholischen Konfession bestätigt werden (1). In einem Hirtenbrief forderte der Klerus die Mitbürger von Stadt und Land zur Wachsamkeit vor dem Eindringen des Katholizismus auf. Der Große Rat kam diesen Wünschen entgegen und fügte im Jahr 1838 dem Dekret von 1836 nebst dem Recht auf Selbstverwaltung des katholischen Kirchengutes mit jährlicher Berichterstattung an den Kleinen Rat hinzu, daß die katholische Genossenschaft zu keinen Zeiten und unter keinen Umständen Ansprüche an die bestehenden Stiftungen der reformierten Landeskirche machen könne und daß die katholische Kirche stets nur als eine geduldete betrachtet werde. Alle Versuche der Proselytenmacherei wurden strenger Ahndung unterstellt. Die Stellvertretung des katholischen Pfarrers wurde eingeschränkt,und diesem sollte das Versprechen auf getreue Beachtung des Dekrets abgenommen werden. Alle Bekanntmachungen und Verfügungen geistlicher Behörden bedurften des obrigkeitlichen Plazets (2).

---

(1) E.Isele:Die Entwicklung der Religionsfreiheit im Kanton Schaffhausen; in: Festschrift zum hundertjährigen Bestehen der katholischen Genossenschaft Schaffhausen 1841-1941, Schaffhausen 1941, S. 43.

(2) E.Isele: a.a.O., S. 44.

Zwar war mit den Restriktionen von 1838 der konfessionellen rechtlichen Parität ein verstärkter Riegel geschoben worden, doch die Befürchtungen, es könnte im Kanton Schaffhausen allmählich die katholische Einwohnerschaft das Bürgerrecht erwerben und damit Einfluß auf die Wahlen erhalten, waren damit nicht völlig behoben. Im Jahr 1840 reichten 2110 Bürger aus 26 Gemeinden dem Großen Rat eine Petition ein, in der verlangt wurde, daß das Gesetz, das die zur katholischen Kirche Übertretenden des Aktivbürgerrechts verlustig erklärte, in Kraft bleibe oder wieder in Kraft trete, daß in keiner Gemeinde des Kantons, mit Ausnahme von Ramsen, das Bürgerrecht an Katholiken erteilt werde und nur geborene Ramser und bereits zu Kantonsbürgern angenommene Katholiken Stellen im Staat und auch dann nur solche, die das Kirchliche nicht berührten, bekleiden dürften. Die großrätliche Petitionskommission (1) teilte die Befürchtungen auf Grund der schon bestehenden Gesetze nicht, suchte jedoch zu vermitteln. Die Legislative begnügte sich, zur Beruhigung der Gemüter am 19. Juni 1840 ein Dekret zu erlassen, in dem die bürgerliche Parität für Katholiken oder Konvertierende nicht unmöglich gemacht, aber doch erschwert wurde (2).

Die erneute religiöse Unruhe, die sich 1840 der Schaffhauser bemächtigte und deren Grundmotiv, wie 1836 und 1838, die befürchtete Preisgabe des reformierten Charakters der Stadt und des Kantons war, erfuhr durch das katholisierende Verhalten Friedrich Emmanuel Hurters, des 1835 gewählten Antistes der Staatskirche, eine Verschärfung. Es war bekannt, welchen Anteil er an der

(1) Bericht und Anträge der Petitions-Commission vom 17.Juni 1840 (gedruckt). E.Isele: a.a.O., S. 48.

(2) E.Isele: a.a.O., S. 49.

Ausarbeitung des Duldungsdekrets genommen und daß er sich einer Verschärfung der Bestimmungen widersetzt hatte. Schon 1838 war er vom Theologen Johannes Kirchhofer wegen seines Verhaltens gegenüber den Katholiken zur Rede gestellt worden. Seine Veröffentlichungen über Innozenz III. hatten bei den Reformierten Verwunderung, bei den geistesverwandten Katholiken hohe Anerkennung ausgelöst. Nun wurde er vom Wortführer pietistischer Kreise und anderen Amtskollegen offen des Kryptokatholizismus bezichtigt (1). Eine große Erregung bemächtigte sich der Öffentlichkeit. Wenn er sich, während er das Amt eines Antistes der Schaffhauser Kirche innehatte, so intensiv für die Entstehung der katholischen Körperschaft und ihre Kultusfreiheit einsetzte (2), entsprach dies seiner damaligen Überzeugung, daß die evangelische und die römische Kirche zusammen berufen seien, einen Damm gegen den alle Autorität und Ordnung zerstörenden radikalen Zeitgeist zu bilden (3). Beide

---

(1) P.Vogelsanger: Weg nach Rom, Friedrich Hurters Geistige Entwicklung im Rahmen der Romantischen Konversionsbewegung, Zürich 1954, S.289,Anm.3.

(2) F.Hurter hat die Katholiken nicht nur wohlwollend beraten, er unterstützte auch ihre Geldsammlungen durch Empfehlungen bis ins Ausland und hatte insgeheim die Wahl eines der liberalen Regierung genehmen Kandidaten durch die Ernennung des Sekretärs des Nuntius und Sohnes seines Mentors K.L.v.Haller, des streng römisch gesinnten Albert von Haller zu hintertreiben versucht.P.Vogelsanger: a.a.O., S.171.

(3) Schon sein Schreiben vom 28.Januar 1831, als er aus Protest gegen den Umsturz in Schaffhausen ein erstes Mal von seinen behördlichen Ämtern demissionierte, zeigt, wie er in der Verbindung von politischem und religiösem Liberalismus die Zerstörung aller Fundamente sah. P.Vogelsanger: a.a.O., S.105 f.

Institutionen waren in seinen Augen aus ihrer Geschichte legitimiert (1). An der religiösen Freiheit interessierte Hurter vor allem die Selbständigkeit der Kirche, die er gegenüber dem neuzeitlichen Staat so umfassend wie möglich wünschte. Nur die Zwangslage, in der er sich als Haupt der Staatskirche befand, mag Hurter veranlaßt haben, für die katholische Genossenschaft ein weltliches Patronat gutzuheißen, das in dieser Form seinem mittelalterlich-universalistischen Kirchenbegriff um so weniger entsprach, als er - ähnlich wie der mit ihm befreundete Karl Ludwig von Haller - den aus der Revolution hervorgegangenen liberalen Staat mit seinem ganzen Wesen und Denken ablehnte.

Von den weltlichen und geistlichen Liberalen gehaßt, von den Orthodoxen und Pietisten verdächtigt, legte Hurter 1841 nach langer latenter Krise alle seine Ämter nieder und stellte in den nächsten Jahren seine streitbare Feder wie seine zahlreichen Beziehungen im katholischen Ausland den bedrängten Klöstern und der angefochtenen katholischen Kirche zum Kampf gegen den Radikalismus zur Verfügung. Im gleichen Jahr erschien die Schrift "Die aargauischen Klöster und ihre Ankläger", 1842 das noch schärfer gegen den Radikalismus gerichtete Werk "Die Befeindung der katholischen Kirche in der Schweiz seit dem Jahre 1831", dem er 1843 einen Ergänzungsband folgen ließ. Im Jahr 1844 brachte er in Rom dem Papst Gregor XVI., der ihn als Apologeten des Papsttums empfing, seine Huldigung dar, ließ sich dort in die katholische Kirche aufnehmen und bemühte sich, im Auftrag Siegwarts, erfolgreich um die Sendung der Jesuiten nach Luzern. Von Metternich nach Wien

(1) F.Hurter: Geburt und Wiedergeburt, Bd.1, Schaffhausen 1867, S. 254.

gerufen, suchte er vergeblich, Österreich zur Intervention zugunsten des Sonderbundes (1) zu veranlassen.

Friedrich Hurters persönliche Schicksalswende, die weit über die Grenzen der Schweiz die Geister bewegte, ist eng mit der Problematik der Einführung des katholischen Kultus im reformierten Schaffhausen und damit mit dem zeitgeschichtlichen Problem der Parität verknüpft (2). Im schweizerischen Echo, das sie auslöste, schwang katholischer- wie protestantischerseits die zunehmende Besorgnis streng kirchlicher Kreise mit, welche die allmähliche Umwandlung des einst durch Glaubenszwang entstandenen Staatskirchentums in einen neuzeitlichen liberalen Staat mit Glaubens- und Kultusfreiheit begleitete. Charakteristisch ist die Eingabe vom Januar 1845, ein Jahr nach Hurters Konversion, an den Großen Rat, worin die Schaffhauser Geistlichkeit tiefen Schmerz über den Zerfall der Glaubenseinheit ausdrückte. Bürger von 29 Gemeinden und die Mehrheit des Klerus verlangten Schutz der reformierten Religion vor dem kräftig aufholenden römischen Katholizismus durch ein einschränkendes Konvertitengesetz. In den Debatten im Großen Rat fanden sich auch

---

(1) Der Gedanke eines Sonderbundes der konservativen Kantone ist schon 1836 in einem Brief Hurters an P.Meinrad in Muri zu finden. P.Vogelsanger: Weg nach Rom, Friedrich Hurters Geistige Entwicklung im Rahmen der romantischen Konversionsbewegung, Zürich 1954, S. 103.

(2) Vgl. aus katholischer Sicht: E.Isele: Die Entwicklung der Religionsfreiheit im Kanton Schaffhausen; in: Festschrift zum hundertjährigen Bestehen der katholischen Genossenschaft Schaffhausen 1841-1941, Schaffhausen 1941, S. 37 ff,und vom gleichen Autor: Antistes Hurter und seine Zeit; in: Festschrift...: a.a.O., S. 136 ff.

Verteidiger der Religionsfreiheit und einer liberalen Verhältnisbestimmung von Staat und Kirche. Die Anregung zu einer entsprechenden Verfassungsrevision scheiterte jedoch am Widerstand der Mehrheit. Das Gesetz vom 21. April 1847 bestätigte im wesentlichen die Duldungsdekrete für die Katholiken und ergänzte sie durch neue schützende Bestimmungen über den Austritt aus der herrschenden Kirche, über gemischte Ehen und durch eine Konvertitenordnung (1).

Trotz der zahlreichen Restriktionen behielten die Katholiken in Schaffhausen als privatrechtliche Genossenschaft eine verhältnismäßig gesicherte Stellung. Außer einer Kultusstätte wurde ihnen ein eigener Friedhof und eine eigene Schule bewilligt. Ohne besonderen Rechtsschutz aber blieben die zahlreichen Pietisten und Neutäufer (2), deren religiöse Zusammenkünfte einzig von der Duldung der Geistlichen und der weltlichen Behörde abhing. Zwangstaufen wurden vermieden, da sich ihnen sowohl die Liberalen wie die kirchlichen Kreise widersetzten. Seit Friedrich Hurters Rücktritt hatte David Spleiss, das Haupt der Schaffhauser Erweckungsbewegung, das Antistesamt inne (3). Auch unter seiner Leitung strebte das geistliche Konvent darnach, die reformierte Kirche

---

(1) E.Isele: Die Entwicklung der Religionsfreiheit im Kanton Schaffhausen; in: Festschrift zum hundertjährigen Bestehen der katholischen Genossenschaft 1841-1941, Schaffhausen 1941, S. 52 und 54.

(2) Über die Neutäuferbewegung im Kanton Schaffhausen und das Verhalten der Behörden siehe E.Steinemann: Die geistigen Wandlungen in der Schaffhauser Staatskirche des 19.Jahrhunderts; in: Schaffhauser Beiträge zur vaterländischen Geschichte, 36.Heft, 1959, S. 151 ff.

(3) E.Bloesch: Geschichte der schweizerisch-reformierten Kirchen, Bd. 2, Bern 1899, S. 234 f.

vom radikal-liberalen Staat, der sich seinerseits vom Helvetischen Bekenntnis zu emanzipieren suchte, unabhängig zu gestalten. Der Übergang von der Staatskirche zur freien Landeskirche erfolgte jedoch erst 1874 (1).

---

(1) W.Müller: Geschichte der Schaffhauser Kantonsverfassung 1834-1933, S. 94 ff.

c) Der Kanton Waadt und das Schisma

In keinem Kanton hat das Prinzip religiöser Freiheit für alle Glaubensbekenntnisse, sowohl in den Räten als auch in der Öffentlichkeit kräftigere Unterstützung gefunden als im Kanton Waadt. In zahlreichen Reden, Petitionen, Artikeln und Schriften wurde dazu von Geistlichen und Laien positiv Stellung genommen. Und doch hat dieser Stand während der Regeneration weder die Kultusfreiheit noch die Glaubensfreiheit, ja nicht einmal die unbeschränkte Parität für die reformierte und katholische Konfession zum Verfassungsrecht erhoben. Die jahrelangen leidenschaftlichen Auseinandersetzungen im Waadtland über die Kultusfreiheit und das daraus hervorgegangene Schisma der evangelischen Freikirche übten einen entscheidenden Einfluß auf die Beschränkung der Toleranz im schweizerischen Bundesrecht aus.

In der Restaurationsverfassung vom 4.August 1814 war die Parität zwar verankert, doch bezog sie sich wie in den anderen Kantonen, die bei der Aufnahme konfessionsfremder oder gemischter Gemeinden in den Staatskörper vertragsähnliche Verpflichtungen gegenüber den anerkannten religiösen Minderheiten eingegangen waren, auf ein geographisch begrenztes Gebiet. Artikel 36 lautet: "La religion évangélique réformée est la religion du Canton. La constitution garantit aux communes catholiques et mixtes, d'Echallens, Assens, Bottens, Bioley-Orjulaz, Etagnières, Poliez-le-Grand, Polier-Pittet, St.Barthelémy et Bretigny, Villars-le-Terroir et Malapalud, l'exercice de la religion catholique, tel qu'il a été usité jusqu'à présent" (1). Dieser

(1) Ph.Bridel: Essai statistique sur le Canton de Vaud, Zürich 1818, S. 291.
P.Usteri: Handbuch des Schweizerischen Staatsrechts, Aarau 1821, S. 449.

paritätische Bezirk Echallens, zu dem die zehn genannten Gemeinden gehörten, war vor der helvetischen Revolution gemeine Herrschaft von Bern und Freiburg gewesen. Aus der Volkszählung von 1837 ist ersichtlich, daß alle diese Gemeinden zur Zeit der Regeneration eine konfessionell gemischte Bevölkerung aufwiesen (1). Vier besaßen eine reformierte, die übrigen sechs eine katholische Mehrheit. Den insgesamt 1947 Katholiken und 1675 Reformierten standen Simultankirchen zur Verfügung. Für den Unterhalt kam der Staat auf.

Nicht staatlich finanziert war der katholische Kultus, der sich seit dem 18.Jahrhundert allmählich in Gemeinden außerhalb des Bezirks Echallens privatrechtlich etablierte. Die Nutznießer waren in der Mehrzahl Katholiken aus Savoyen und aus Frankreich, von denen der größte Teil sich nur vorübergehend als Saisonarbeiter in der Waadt aufhielt. Kein Kanton der Schweiz hat während der Restauration und der Regeneration die Benützung so vieler katholischer Versammlungsräume in einst nur von Reformierten bewohnten Gemeinden toleriert. Wenn es auch reformierterseits nicht gelegentlich an Protesten fehlte, so blieben die Katholiken in ihren stillen Gottesdiensten doch allgemein ungestört.

Im Jahr 1850 zählte der Kanton Waadt bereits 6846 katholische Einwohner. Kapellen gab es damals außerhalb des Bezirks von Echallens in Lausanne, Morges, Nyon,

---

(1) Notice sur les paroisses catholiques du district d'Echallens dans le Canton de Vaud; in: Pétitions des catholiques du district d'Echallens adressées au Grand-Conseil du Canton de Vaud pour obtenir la révocation de l'arrêté du Conseil d'Etat contre la libre publication des mandemens épiscopaux dans leurs paroisses, Lausanne 1837, S. 3.

Rolle, Vevey und Yverdon (1). Eine öffentlichrechtliche Anerkennung wurde diesen katholischen Korporationen während der Regeneration nicht zuteil. Keine der beiden regenerierten Verfassungen hat ihnen Gleichberechtigung mit dem reformierten Kultus gewährleistet.

Im Kontrast zur toleranten Praxis der waadtländischen Regierung gegenüber den Katholiken stand in den zwanziger Jahren das Verhalten gegenüber reformierten Kreisen, die in der von Genf ausgehenden Erweckungsbewegung (2) ihr Seelenheil suchten. Als das Haupt des Kapitels von Lausanne und Vevey, Pfarrer Louis Auguste Curtat, im Mai des Jahres 1821, ohne daß die noch wenig zahlreichen religiösen Privatversammlungen Unruhe gestiftet hätten, in einer Schrift (3) öffentlich gegen die methodistischen Konventikel Stellung bezog, begannen sich Spannungen innerhalb der reformierten Kirche und zwischen den kleinen Erweckungskreisen und der Öffentlichkeit zu bilden. Die Schrift war ungeschickterweise dem Großen Rat und dem Staatsrat gewidmet worden und konnte somit als eine Aufforderung zum gesetzlichen Eingreifen aufgefaßt werden. 1822 kam es zu den ersten Ausschreitungen gegen die Pietisten, denen behördliche Unterdrückungen gegen die meist von jungen Geistlichen geleiteten Zusammenkünfte folgten. Statt den religiösen Eifer einzudämmen, begann sich unter dem Widerstand die Zahl der Anhänger des Réveil und der Konventikel und damit auch die Unruhe zu

---

(1) G.Finsler: Kirchliche Statistik der reformierten Schweiz, Zürich 1856, S. 395.

(2) Siehe M.Brun: Essai de l'état moral et religieux du peuple vaudois avant le réveil, Lausanne 1908.

(3) L.A.Curtat: De l'établissement des conventicules dans le canton de Vaud, Lausanne 1821. J.Cart: Histoire du mouvement religieux et ecclésiastique dans le Canton de Vaud pendant la première moitié du dix-neuvième siècle, Bd.1, Lausanne 1870, S.203 ff.

mehren. Nachdem bereits zwei der markantesten Vertreter des waadtländischen Réveil, die jungen Theologen Henri Juvet und Alexandre Chavannes, von der Liste der wählbaren Pfarrer gestrichen worden waren, erließ der Große Rat am 20.Mai 1824 ein Gesetz (1), das die Behörden bei den Liberalen Europas in den Ruf der Religionsverfolgungen brachte. Den Anhängern der als "nouvelle secte religieuse" bezeichneten Erweckungsbewegung wurde jede Zusammenkunft gottesdienstlicher Art, die über den Familienkreis hinausging, untersagt. Wer eine solche Versammlung leitete oder ihr ein Lokal lieh oder Proselyten zu gewinnen suchte, riskierte bis zu einem Jahr Gefängnis oder eine dreijährige Verbannung aus dem Kanton. Das Gesetz vom 20.Mai trieb erst recht Unzufriedene aus der Staatskirche in die Dissidenz. Ein Teil des Volkes betrachtete es als eine Aufforderung zum offenen Kampf gegen die als "Momiers" (Gaukler) verschrieenen pietistisch-methodistischen Erweckungskreise (2). Erst jetzt, nach dem Erlass des Gesetzes vom 20.Mai, organisierten die aus der "Eglise nationale" ausgetretenen Pfarrer, deren Zahl sich auf sieben erhöht hatte, an mehreren Orten Dissidentengemeinden, wo auch zum ersten Mal das Abendmahl ausgeteilt wurde.

---

(1) Text bei J.Cart: Histoire du mouvement religieux et écclésiastique dans le Canton de Vaud pendant la première moitié du dix-neuvième siècle, Bd. 1, Lausanne 1870, S. 395. Kurz vor der Beschlußfassung war in Lausanne von einem waadtländischen Pfarrer als Warnung gegen die Konventikel ein Bericht über die religiösen Wahnsinnstaten von Wildenspuch erschienen. "Exposé de quelques faits qui se sont passés à Wildenspuch, dans le canton de Zurich, et auxquels a donné lieu l'exaltation de quelques fanatiques, condamnés par le tribunal suprême de Zurich en 1823". J.Cart: a.a.O., S. 381 f.

(2) G.Finsler: Kirchliche Statistik der reformierten Schweiz, Zürich 1856, S. 473.

Mehrere Jahre dauerten die Ausschreitungen gegen die Anhänger des Réveil, dabei machte das Volk keinen Unterschied zwischen eigentlichen Separatisten oder Leuten, die eine religiöse Belebung suchten, ohne aus der Staatskirche austreten zu wollen. Die Gerichte gingen in aller Schärfe des Gesetzes gegen die Leiter der religiösen Sonderversammlungen vor. So wurden die dissidenten Pfarrer Henri Juvet und Alexander Chavannes für drei Jahre des Landes verwiesen. Juvet erlag den erlittenen Mißhandlungen (1).

Die Verschärfung der Maßnahmen im Jahr 1829 zur Verteidigung des intoleranten Staatskirchentums (2) war ein Zeichen der politischen Unrast, die nach der Julirevolution zum Sturz der allzu konservativ empfundenen waadtländischen Regierung führen sollte. Monnard wurde wegen der Veröffentlichung einer kleinen Broschüre aus der Feder Vinets (3) ohne Konsultation der Académie durch den Staatsrat für ein Jahr seiner Professur enthoben (4), was seine Wertschätzung unter den Studenten nur erhöhte. Vinet hatte in dieser Antwort auf einen öffentlichen Angriff des Landammanns Jules Muret gegen die Sekten und für die Einheit des staatskirchlichen Kultus vor Gesetzen gewarnt, die er rebellisch nannte, weil sie gegen das höchste Gesetz verstoßen würden. Einem Gesetz aber, so führte Vinet aus,

---

(1) E.Blösch: Geschichte der schweizerisch-reformierten Kirchen, Bd.2, Bern 1899, S. 222.

(2) Zu den öffentlichen Kritikern des Gesetzes vom 20. Mai 1824 zählte nun auch der frühere helvetische Minister F.-C.de Laharpe: "Observation d'un citoyen du canton de Vaud sur la loi du 20 mai 1824 concernant une nouvelle secte religieuse. Lausanne 1829.

(3) A.Vinet: Observations sur l'article sur les sectaires inséré dans la "Gazette de Lausanne" du 13 Mars 1829; in: Questions ecclésiastiques, 1.Bd., Lausanne 1945, S. 3 ff. E.Rambert: Alexandre Vinet, Lausanne 1930, S. 156 ff.

(4) Ch.Schnetzler: Charles Monnard et son Epoque 1790-1865, Lausanne 1934, S. 105.

das den Menschen zwinge etwas zu tun, was das Gewissen und das Gesetz Gottes verurteilten, müsse man, wenn man es nicht rückgängig machen könne, trotzen. Diesen Grundsatz - fern davon umstürzlerisch zu sein - bezeichnete Vinet als Lebensprinzip der Gesellschaften. Nur von Revolte zu Revolte, wenn man dieses Wort brauchen wolle, würden sich die Gesellschaften vervollkommnen, entstehe die Kultur, regiere die Gerechtigkeit, blühe die Wahrheit (1). Die Regierung glaubte,in diesen Worten eine Ermutigung zur Revolution zu sehen. Vinet, der immer noch in Basel tätig war, würde von Staats wegen auf zwei Jahre die Annahme eines kirchlichen Amtes im Kanton Waadt untersagt (2).

Der Historiker Jacques Cart sah im Gesetz vom 20.Mai 1824 und seinen Folgen eine der Hauptursachen für die Revolution vom 18.Dezember 1830 (3). Sicher ist, daß der intolerante Erlaß in den Augen der Oppositionsführer immer entschiedenere Ablehung fand und als Waffe gegen die Regierung diente. Die behördlichen Maßnahmen gegen Monnard und Vinet erschienen den Intellektuellen als Einschränkung der Presse- und Unterrichtsfreiheit, zumal das Gericht sie von der Anklage der Aufwiegelung freigesprochen hatte. Der Prozeß Monnard-Vinet gab dem Prinzip der religiösen Freiheit eine Publizität, die seiner rechtlichen Verwirklichung nur förderlich sein konnte, handelte es sich doch bei den beiden Angeklagten um zwei der prominentesten Vertreter der geistigen Elite.

---

(1) A.Vinets ausgewählte Werke, Bd.1, Zürich 1944, S.277 f.
(2) E.Rambert: Alexandre Vinet, Lausanne 1930, S.169.
(3) J.Cart: Histoire de la liberté des cultes dans le canton de Vaud, Lausanne 1890, S. 58.

Bereits in der Session von 1829 des Großen Rates, am 12.Mai, hatte die liberale Opposition einen Vorstoß zugunsten der religiösen Freiheit unternommen. Bei dieser Gelegenheit verteidigte Henri Druey gegen den Dekan Curtat und die beiden Landammänner Monod und Muret an der Seite Monnards das Recht der Dissidenten auf Kultusfreiheit (1). Der damals dreißigjährige radikal-liberale Jurist hatte in Berlin eine theologische Vorlesung bei Schleiermacher gehört (2), so daß ihm dessen Lehre von der wünschbaren Trennung von Staat und Kirche bekannt sein konnte. Jedenfalls war er mit Vinets "Mémoire en faveur de la liberté religieuse" vertraut, denn er zollte ihr in seiner großrätlichen Rede Anerkennung. Von Vinet, den Druey persönlich kannte (3), trennte ihn die hegelianische Dialektik in der Auffassung der Religion.(5) War der Katholizismus die These, so betrachtete er den Protestantismus als die Antithese. Die Synthese erhoffte er von der Einheit der Theologie mit der Philosophie. Sein Staatsbegriff war von Rousseau und Hegel beeinflußt. Forderte Vinet die Freiheit der Kirche vom Staat, so verlangte Druey die Trennung, damit sich der Klerus nicht in Staatsangelegenheiten einmischen könne (4). Während 15 Jahren verteidigte er in den kantonalen und später in den

(1) J.Cart: Histoire du mouvement religieux et ecclésiastique dans le canton de Vaud pendant la première moitié du dix-neuvième siècle, Bd.2, Lausanne 1871, S. 274 f.

(2) A.Lasserre: Henri Druey, Lausanne 1960, S. 19.

(3) Ein Brief Vinets vom 9.Mai 1829 berichtet vom Besuch Henri Drueys: Lettres, Bd.2, Lausanne 1948, S. 29.

(4) A.Lasserre: a.a.O., S. 134, 202.

(5) Am 22.Oktober 1822, vor seinem Aufenthalt in Berlin, wo er Hegels geschichts- und religionsphilosophische Vorlesungen besuchte, notierte Henri Druey: "Je suis

eidgenössischen konfessionellen Angelegenheiten das Prinzip umfassender religiöser Freiheit, ob es sich um Methodisten oder katholische Orden handelte. 1845 jedoch begann er in einer jener unberechenbaren Wandlungen, die seine Politik kennzeichneten (1), die demokratische Staatsraison ebenso entschieden gegen Pietisten und Jesuiten geltend zu machen, um schliesslich 1848 die Einführung der Freiheitsrechte für alle christlichen Konfessionen in der Bundesverfassung zu Fall zu bringen. Schon in der Grossratssitzung vom 12. Mai 1829, in der Druey das Recht der Erweckungskreise auf Gottesdienst und Proselytismus nach ihrer Weise in gewandter Rede verteidigte und die Aufhebung des Gesetzes vom 20. Mai zugunsten der vollen Kultusfreiheit verlangte (2), erweckte er unter Freunden und Gegnern allgemeinde Verwunderung (3). Es sah vorerst aus, als könne der nach der Revolution vom 18. Dezember 1830 gebildete mehrheitlich liberale Verfassungsrat nicht umhin zu gewähren, was die Legislative im Vorjahr noch mit grossem Mehr abgelehnt hatte. Der Pfarrer von Rolle, Louis Burnier, der Vinets Denkschrift schon bei ihrem Erscheinen gewürdigt und sich in Wort und Tat für die

---

rationaliste (à peu près), orthodoxe (modéré) et mystique (doux) suivant que je considère la religion et les religions dans leur rapports avec la vérité (ce qui est ou doit être), la politique (le bien de l'Etat) et moi-même. Zit.nach A.Lasserre: Henri Druey, Lausanne 1960, S.27. Für Saint-Beuve war Druey ein "sanglier hégélien". A.Lasserre: a.a.O., S.41. "Pour les idées religieuses, Druey se rattache plutôt à la droite hégélienne", urteilte sein Biograph E.Deriaz: Un homme d'état vaudois, Henri Druey, Lausanne 1920, S. 128.

(1) Siehe A.Lasserres Charakterschilderung: a.a.O., S. 37 ff.

(2) J.Cart: Histoire du mouvement religieux et écclésiastique dans le canton de Vaud, Bd.2, Lausanne 1871, S. 274 f.

(3) A.Lasserre: Henri Druey, Lausanne 1960, S. 45.

Freiheit der Kirche und des Kultus eingesetzt hatte, gründete Anfang 1831 eigens eine Zeitschrift (1), damit die religiöse Frage in der neuen Verfassung eine freiheitliche Lösung finde. In mehreren Artikeln, die im "Nouvelliste vaudois" oder in Burniers "Discussion publique" erschienen, griff auch Vinet in die Verfassungsfrage ein (2). In seiner Verteidigungsschrift auf die öffentliche Anklage von 1829 (3) hatte er seiner Überzeugung einer baldigen Anerkennung des natürlichen Rechts vollständiger religiöser Freiheit Ausdruck gegeben: "Dans peu d'années la liberté des cultes sera légalement assise dans notre canton; mille coeurs avec le mien tressaillent de joie à cette douce pensée" (4). Mit der erzwungenen Abdankung der Regierung sah Vinet mit seinen Gesinnungsfreunden den Augenblick gekommen, nicht nur den Tätlichkeiten und Gerichtsurteilen gegen die Konventikel durch rechtliche Anerkennung der Kultusfreiheit ein Ende zu bereiten, sondern auch die reformierte Landeskirche von der als Schmach empfundenen Staatshörigkeit zu befreien.

---

(1) "Discussion publique sur la liberté religieuse et sur le gouvernement de l'Eglise dirigée par des membres de l'Eglise nationale du canton de Vaud". Die Zeitschrift erschien nur 1831 und empfahl eine Umgestaltung auf presbyterialer Grundlage, um die Kirche vom Staat zu befreien. G.Finsler: Kirchliche Statistik der reformierten Schweiz, Zürich 1856,S.34.

(2) E.Rambert: Alexandre Vinet, Lausanne 1930, S. 199 ff.

(3) A.Vinet: Essai sur la conscience et sur la liberté religieuse ou examen du rapport présenté au Grand Conseil du canton de Vaud par le Conseil d'Etat, le 30 mai 1829; in: Questions ecclésiastiques, Bd.1, Lausanne 1945, S. 30 ff.

(4) A.Vinet: Questions ecclésiastiques, Bd.1, Lausanne 1945, S. 103.

Diesem doppelten Ziel galten die Beiträge, die er von Basel aus zu der Streitfrage lieferte. Dabei war ihm bewußt, daß eine vollständige Trennung, so notwendig sie ihm im Prinzip schien, im Augenblick nicht möglich und ihre Forderung nicht klug war.

Im Februar 1831, als die Verfassungskommission den Entwurf in Bearbeitung hatte, erschien Vinets Broschüre "Quelques idées sur la liberté religieuse". Die Begründung ist dieselbe wie im "Mémoire sur la liberté des cultes". Als wichtigste Aufgabe des Staates bezeichnete Vinet den Schutz der individuellen Rechte und die Ermöglichung einer freien Entfaltung der menschlichen Fähigkeiten. Selbst die politischen Volksrechte seien nur Mittel für einen höheren Zweck. Den vorstaatlichen,naturrechtlichen Charakter des Rechts auf religiöse Freiheit zeigt die folgende Stelle: "La liberté religieuse n'est pas un droit seulement, mais une nécessité impérieuse de la nature humaine. Elle est loi avant de passer dans les lois. Les codes des nations peuvent la proclamer, l'enregistrer, il ne la fait pas être" (1). Absoluter noch als im "Mémoire" ist die Formulierung des Gewissensbegriffs, auf den Vinet Vorrang und Unantastbarkeit dieser Freiheit stützte: "Mais notre conscience n'est pas au nombre de ces biens dont nous pouvons disposer à notre gré, la conscience n'est pas à nous, elle n'est pas même nous; elle est une autorité qui réside en nous; elle est l'organe de la Divinité auprès de notre âme; elle est la loi suprême, la loi des lois. Livrer la conscience, c'est livrer Dieu. La société ne peut l'exiger. Si elle le faisait, elle mentirait à sa plus haute vocation" (2). Gewissens-

---

(1) A.Vinet: Quelques idées sur la liberté religieuse; in: Questions ecclésiastiques, Bd.1,Lausanne 1945,S.117.

(2) A.Vinet: a.a.O., S. 119.

freiheit aber hieß für Vinet das Recht des freien Kultus und der religiösen Vereinigung. Diese umfassende religiöse Freiheit hob er ihres gewissensverpflichtenden Charakters wegen von den anderen Rechten, die erst durch sie ihre Beständigkeit erhalten würden, ab: "Cette liberté est la cléf de voûte; avec elle tout tombe, tout s'écroule. Elle est,dans toutes les constitutions, le sceau, la marque du vrai libéralisme; elle indique le plus haut degré de civilisation et le triomphe des idées morales" (1). Ausführlich ging er auf die Einwände gegen die Kultusfreiheit ein, die er schon in der Denkschrift von 1826 beantwortet hatte. Scharf nahm er das Gesetz vom 20.Mai 1824 aufs Korn, verteidigte das Recht der Methodisten, sich selbständig zu organisieren und frei zu versammeln, forderte jedoch mit großem Nachdruck dasselbe Recht für die reformierte Landeskirche, ohne jedoch die Trennung vom Staat zu verlangen. Die Niederschrift seiner Ratschläge an die Verfassungsräte schloß er mit der zweifachen These: "1. Que l'Eglise nationale a besoin, pour prospérer, que les autres cultes soient libres; 2. Que l'Eglise nationale a besoin, pour soutenir cette concurrence, d'être libre elle-même" (2).

Die Intensität,mit der in Wort und Schrift die Frage des freien Kultus vor der Öffentlichkeit gebracht wurde, begann ihre Früchte zu tragen. Anläßlich einer von Professor Gindroz geleiteten Versammlung in Lausanne am 20.Januar 1831, die von einigen hundert Freunden der religiösen Freiheit besucht war, wurde an die Konstituante

---

(1) A.Vinet: Quelques idées sur la liberté religieuse; in: Questions ecclésiastiques, Bd.1, Lausanne 1945, S. 121.

(2) A.Vinet: a.a.O., S. 146.

der kollektive Wunsch gerichtet, diese möchte in der Verfassung das Recht freier religiöser Gemeinschaft und die Kultusfreiheit gewährleisten (1). Der verfassungsgebende Rat, der Gindroz zum Vorsitzenden wählte, erhielt eine Flut von Petitionen, in denen zur religiösen Frage Stellung genommen wurde (2). Die meisten Eingaben sprachen sich für Toleranz oder Kultusfreiheit aus, zeigten jedoch zugleich Besorgnis für die Erhaltung der "Eglise nationale". Insgesamt 1429 Bürger, darunter 106 Geistliche, wünschten vollständige religiöse Freiheit. 15 Petitionäre wollten Gleichberechtigung aller Kulte. Aus über 60 Gemeinden kamen Petitionen, die sich zugunsten der Landeskirche äußerten, jedoch Toleranz für die dissidenten Gottesdienste guthießen. Diese Petitionen waren von 9149 Bürgern unterschrieben. Aus etwa 30 Gemeinden liefen Eingaben ein, die nur für die anerkannte reformierte und katholische Kirche eine Verfassungsgarantie verlangten. Pfarrer Decoppet in Grandson äußerte sich gegen die Freiheit für die Methodisten, während drei andere Bürger in Vuarrens geradezu "l'anéantissement de la secte mômière" wünschten.

Am 26.Februar 1831 befaßte sich die Verfassungskommission, deren Sekretär Henri Druey war (3), mit der Kultusfrage (4). Die Mehrheit einigte sich in drei Punkten:

---

(1) J.Cart: Histoire du mouvement religieux et ecclésiastique dans le canton de Vaud pendant la première moitié du dix-neuvième siècle, Bd.3, Lausanne 1876, S. 17.

(2) Siehe Zusammenfassung bei J.Cart: a.a.O., S. 26 ff.

(3) Eine Zusammenfassung der Verhandlungen und Abstimmungen erschien im "Nouvelliste vaudois".

(4) Siehe J.Cart: a.a.O., S. 36 f.

1. Die Aufrechterhaltung der Bestimmungen des Artikels 36 der Restaurationsverfassung; 2. nur beide anerkannten Kulte sollten vom Staat erhalten werden; 3. das Prinzip der Freiheit des Kultus sollte anerkannt werden, wobei Anwendung und Begrenzung dem Gesetz überlassen bliebe. Artikel 12 des Entwurfs hat folgenden Wortlaut: "L'exercice des cultes non contraires à l'ordre public et à la morale sociale est d'ailleurs garanti. La loi règle cet exercice et en réprime les abus" (1). Der Nachsatz, mit dessen Hilfe die religiöse Freiheit über Gebühr eingeschränkt werden konnte, fand nicht bei allen Befürwortern der religiösen Freiheit Gefallen. Ein Antrag, der die reformierte Kirche in Glaubensfragen gegenüber dem Staat unabhängig machen sollte, wurde mit 17 gegen 6 Stimmen abgelehnt (2).

Die Debatten in der Vollversammlung über die religiösen Angelegenheiten, die vom 16. bis zum 19.April 1831 dauerten, zeigten, daß die Konzession, welche die Kommission der Kultusfreiheit machte, nicht die Zustimmung der Mehrheit der Verfassungsräte fand. Zwar hatte sich ein Großteil der reformierten Geistlichkeit für Toleranz gegenüber den Dissidenten ausgesprochen, doch viele befürchteten immer noch, daß die Kultusfreiheit den Sekten nützen und der Landeskirche schaden werde. Dies zeigte die im April erschienene Schrift des Pfarrers von Lonay, Frédéric Monneron (3), für den die Kultusfreiheit religiös fragwürdig und politisch beunruhigend war. Auch der Dekan in Lausanne, Louis Curtat, warb

(1) J.Cart: Histoire du mouvement religieux et ecclésiastique dans le canton de Vaud pendant la première moitié du dix-neuvième siècle, Bd.3, Lausanne 1876, S. 42.

(2) J. Cart: a.a.O., S. 39.

(3) F.Monneron: Réflexions sur les affaires religieuses du moment dans le Canton de Vaud, Lausanne 1831, J.Cart: a.a.O., S. 45 f.

in der Öffentlichkeit für die Nichtaufnahme der Kultusfreiheit (1), indem er als deren Folge den Untergang der Landeskirche schilderte. Einige der neu eingetroffenen Petitionen verlangten denn auch die Weglassung des 12. Artikels des Entwurfs. Zu den einflußreichsten Verteidigern zählte wiederum der Hauptsprecher der Liberalen, Charles Monnard, der die Christlichkeit der "Eglise nationale" nicht mit der Ablehnung der Kultusfreiheit vereinbaren konnte. Als Entgegnung auf die Kritik, das Volk sei für die religiöse Freiheit nicht reif, erwiderte er, vor dreißig Jahren, während der helvetischen Republik, sei es dazu reif gewesen. Wer denn die Erziehung des Volkes verdorben habe ? (2). Auch der Wortführer der Radikalen, Henri Druey, der beim Umsturz im Dezember eine hervorragende Rolle gespielt hatte, verteidigte den Grundsatz vollständiger religiöser Freiheit, nannte ihn ein Menschenrecht, ein Zeitbedürfnis, das vitale Prinzip des Protestantismus und bestritt, daß das Gewissen frei sei, wenn diesem der Gottesdienst, den es vorschreibe, untersagt werde (3). Zu den Verteidigern der religiösen Freiheit gehörte auch Alexis Forel. Sie zieme dem Bürger eines freien Landes als erstes aller Freiheitsrechte, sie gehöre jedem Menschen, weil ihr Recht unverjährbar sei und entspreche dem Evangelium, das verlange, daß man den anderen gönne, was man für sich wünsche (4). Wenn auch bei den meisten die Einsicht nicht fehlte, daß die Zeit größere Toleranz fordere, so siegte in der Abstimmung doch die Furcht, die Privilegien der reformierten Kirche könnten darunter leiden, wie sich

---

(1) L.Curtat: De la liberté des cultes dans ses seuls rapports avec la constitution du Canton de Vaud, Lausanne 1831. J.Cart: a.a.O., S. 47 ff. Bd.3.

(2) J.Cart: a.a.O., S. 54.

(3) J.Cart: a.a.O., S. 53.

(4) J.Cart: a.a.O., S. 55 f.

dies auch in der Diskussion über die katholische Kirche zeigte. Nur eine Minderheit von 48 Stimmen erklärte sich für die Annahme des kommissionalen Vorschlags der Kultusfreiheit. Die religiösen Artikel der Verfassung vom 25. Mai 1831 widerspiegeln das Verlangen nach besserer Absicherung der reformierten Kirche gegen die Dissidenz und heben den staatskirchlichen Charakter der Landeskirche noch schärfer hervor als dies 1814 geschah. Artikel 9 lautet in seinen zwei ersten Abschnitten: "L'Eglise nationale Evangélique Réformée est maintenue et garantie dans son intégrité. Les ministres de cette Eglise sont consacrés suivant les lois et la discipline ecclésiastique du Canton, et seuls appelés à desservir les Eglises établies par la loi. La loi règle les rapports de l'Etat avec l'Eglise" (1). Unverändert blieb der Abschnitt, der den Gemeinden des Bezirks Echallens die Ausübung der katholischen Religion nach bisherigem Recht gewährte. Neu war Artikel 10, der bestimmte: "Le culte de l'Eglise Nationale et celui de l'Eglise Catholique, dans les Communes énumérées à l'article précédent, continueront d'être seuls à la charge de l'Etat ou des bourses publiques qui ont des obligations à cet égard" (2). Damit war nicht nur jeglicher finanziellen Unterstützung dissidenter Kirchen, die nicht zur Debatte standen, sondern auch der katholischen Gemeinde in Lausanne, wo das erste katholische Kirchengebäude in einer reformierten Stadt der Schweiz im Bau begriffen war (3), ein Riegel vorgeschoben.

---

(1) Th.Bornhauser: Verfassungen der Kantone der schweizerischen Eidgenossenschaft, Bd.1, Trogen 1833, S.338f.
(2) Th.Bornhauser: a.a.O., S.339.
(3) J.Cart: Histoire du mouvement religieux et ecclésiastique dans le canton de Vaud pendant la première moitié du dix-neuvième siècle, Bd.3, Lausanne 1876, S.52.

War von der liberalen Einstellung des Verfassungsrates in den religiösen Artikeln nichts zu spüren, so trugen die neuen Räte doch dem toleranten Zeitgeist Rechnung. Die Dissidenten, die damals etwa 500 Seelen und 8 Geistliche für 16 Gemeinden zählten (1) erfreuten sich in den folgenden Jahren verhältnismäßiger Ruhe. Trotz gelegentlicher Auswüchse separatistischer Kreise (2) sah die Regierung die Zeit gekommen, dem Wunsch nach Aufhebung des Dekrets vom 20.Mai 1824 entgegenzukommen. Am 13.Januar 1834 hatte der Große Rat einen Gesetzesvorschlag aus der Feder Henri Drueys (3) zu beraten. Durch die Gewährung der Kultusfreiheit sollten sowohl die Befürworter der religiösen Freiheit befriedigt, zugleich aber das Volk beschwichtigt werden, das - wie die neue Petitionswelle bestätigte - in seiner großen Mehrheit immer noch kein Verständnis für vollständige Kultusfreiheit aufbrachte. Von über 10'000 Petitionären erklärten sich mehr als zwei Drittel gegen den Entwurf (4). Im Großen Rat ging die Erklärung der Kultusfreiheit den einen zu weit, während die anderen in den zahlreichen Restriktionen eine Leugnung des Freiheitsprinzips sahen. Nachdem die Gegner des Projekts durch Fernbleiben von der Sitzung die Abstimmung zu hintertreiben versucht hatten, einigte sich der Große Rat nach dreitägiger Debatte auf einen Kompromißtext, der das Gesetz vom 20.Mai 1824 als dem Prinzip der Freiheit, das den Kanton Waadt beseele, zuwider aufhob, gleichzeitig

---

(1) J.Cart: a.a.O., S. 119.
(2) J.Cart: a.a.O., S. 120 ff.
(3) J.Cart: a.a.O., S. 169f, 174.
(4) J.Cart: a.a.O., S. 171.

aber eine strenge Klausel gegen den Proselytismus bei Frauen und Minderjährigen enthielt: "Néanmoins les actes de prosélytisme en matière de religion et qui seraient exercés, ou secrètement et à l'insu du chef de famille, ou dans son domicile et contre sa volonté, envers sa femme, ses enfants mineurs, ses pupilles et commensaux mineurs sont interdits" (1). Eine hohe Geldstrafe oder bis ein Jahr Gefängnis wurde gegen Fehlbare, die jedoch nur auf Klage des Familienvaters belangt werden sollten, festgehalten.

Das Gesetz vom 22.Januar 1834 brachte keinen Rechtschutz für die dissidenten Gottesdienste, war aber ein Akt der Toleranz, der als solcher auch im In- und Ausland gewürdigt wurde. Nach der zehnjährigen Gültigkeit des Dekrets vom 20.Mai 1824, der dem Kanton bei den Liberalen Europas den Ruf religiöser Intoleranz eingebracht hatte, blieben die Dissidenten bis 1845 in ihren Gottesdiensten, wenn auch nicht von Störungen frei, so doch polizeilich unbehelligt, auch die Pfarrer der Landeskirche, die sich an pietistischen Konventikeln beteiligten. Die zeitweise stürmische religiöse Entwicklung beruhigte sich. Seit 1840 gewann der Engländer John Nelson Darby, der Lausanne einige Jahre zum Mittelpunkt seiner eschatologischen Verkündigung machte, Einfluß unter den Separatisten (2).

Ein anderer Aspekt der religiösen Freiheit, den die Verfassung ebenfalls der Gesetzgebung überlassen hatte, war ungelöst geblieben: Die Frage, wie das Verhältnis von Staat und Kirche zu gestalten sei. Aus ihr

---

(1) J.Cart: Histoire du mouvement religieux dans le canton de Vaud pendant la première moitié du dix-neuvième siècle, Bd.3, Lausanne 1876, S. 188.

(2) G.Finsler: Kirchliche Statistik der reformierten Schweiz, Zürich 1856, S. 474. J.Cart: a.a.O., Bd.5, Lausanne 1879, S. 361 ff.

erwuchsen dem Kanton neue Spannungen, die 1845 als Reaktion gegen die radikale Staatsideologie in der Massendemission waadtländischer Geistlicher Ausdruck fanden und zur Konstituierung einer neuen evangelischen Freikirche führten. Die gemischte Kommission, die mit der Revision der bernischen "Ordonnances ecclésiastiques" von 1773 beauftragt war, hatte mehrheitlich ein von Pfarrer Louis Burnier inspiriertes Gesetzesprojekt empfohlen, das für die reformierte Landeskirche eine ihre Selbständigkeit weitgehend gewährleistende presbyteriale Verfassung vorsah. Der kühne Vorstoß zu einem freieren demokratischen Kirchenwesen scheiterte in erster Linie an der Uneinigkeit des Klerus. Das bisherige System des Staatskirchentums fand bei den Geistlichen Verteidiger, doch die Mehrzahl schwankte zwischen einer presbyterialen Verfassung und dem System einer freien Kirche im Sinn Vinets. Als die beauftragte Kommission und die konsultierten Kapitel durch ihre Vertreter sich für die Beibehaltung der Helvetischen Konfession aussprachen (1), lief Henri Druey, der eine bekenntnisfreie Volkskirche wünschte (2), durch Artikel und Petitionen dagegen Sturm (3). Es gelang den Radikalen, aus der Abneigung der Volksmassen gegen die Methodisten Kapital zu schlagen, indem sie im Rat und in der Öffentlichkeit die Beibehaltung des Bekenntnisses als ein Mittel darstellten, mit dem die "Momiers", worunter nun einfach die Befürworter der Orthodoxie gemeint waren, ihre Ideen der Kirche aufdrängen wollten. 9970 Bürger

---

(1) Bulletin de la Délégation des classes convoquées par le Conseil d'Etat, à fin de presenter des observations sur les deux projets d'Organisation ecclésiastique, Lausanne 1838.

(2) Vgl. seine Reden im Großen Rat vom Januar 1839. J.Cart: a.a.O., Bd.4, Lausanne 1876, S.187 und 190 f.

(3) A.Lasserre: Henri Druey, Lausanne 1960, S.123 ff.

lehnten die Helvetische Konfession ab, 9954 wünschten ihre Erhaltung (1). Der Große Rat verwarf die Empfehlung des Staatsrates in dreimaliger Abstimmung zuerst mit 67 gegen 57 Stimmen, dann endgültig mit 93 gegen 25 (2). Das neue Kirchengesetz vom 14.Dezember 1839 brachte der Landeskirche nicht die erwünschte Selbständigkeit in rein geistlichen Belangen und gab nach dem Sturz der gemäßigt liberalen Regierung durch die radikale Revolution im Jahr 1845 die Möglichkeit zu neuen staatskirchlichen Unterdrückungen. Der "Narrateur religieux" schrieb am 7.Februar 1839, nach der Verwerfung einer freieren Kirchenverfassung, das Waadt - land nähere sich mit großen Schritten der so sehr gefürchteten Trennung, in der die Neffen dereinst den Normalzustand der Kirche erkennen würden. Es sei besser, sich darauf vorzubereiten, und selbst danach zu streben, als sich durch eine neue Revolution überraschen zu lassen (3). Alexandre Vinet, der seit 1837 an der Lausanner Académie dozierte und zur Debatte über die Kirchenreform und die Helvetische Konfession scharfsinnige Warnungen veröffentlicht hatte, sah in der durch die Räte aufgezwungenen Preisgabe der Konfession die Auslieferung der Kirche an die politischen Mächte (4). Er demissionierte, bevor die Kirchenverfassung 1841 in Kraft trat, als beglaubigter Pfarrer der Staatskirche. Drei andere Geistliche taten dasselbe. Ein großer Teil des Klerus zeigte sich ebenfalls beunruhigt. Die

(1) J.Cart: Histoire du mouvement religieux...., Bd.4, Lausanne 1876, S. 194 und 265.

(2) J.Cart: a.a.O., Bd.4, S. 194 und 265.

(3) J.Cart: a.a.O., Bd.4, S. 201 f.

(4) Siehe seine Eingabe an den Großen Rat vom 5.Dezember 1839. Text bei J.Cart: a.a.O., Bd.4, S. 252 ff.

Volksmassen waren geneigt, selbst in kirchlichen Fragen eher auf die radikalen demokratischen Führer als auf die Stimmen der konservativen geistlichen Hirten zu hören. Doch es kam erst zur akuten Krise als die tolerant-liberale Regierung gestürzt wurde.

Inzwischen hatte der Wunsch nach grundsätzlicher Scheidung der weltlichen und der geistlichen Sphären immer größeres Interesse gefunden. Nach der Genfer Revolution von 1841 ließen die Theologen Louis Burnier und Merle d'Aubigné Streitschriften zugunsten der Kultusfreiheit für alle Bekenntnisse und die vollständige Trennung von Staat und Kirche erscheinen. Einen nachhaltigen und tieferen Einfluß übte jedoch das zweite bedeutende Werk Vinets über die religiöse Freiheit aus, das er während des waadtländischen Streits über die Kirchenverfassung zu schreiben begonnen hatte, das jedoch erst 1842 durch den Druck der Öffentlichkeit zugänglich wurde (1). So konsequent er in seinem "Essai sur la manifestation des convictions religieuses" an seiner Theorie festhielt, daß nur die Trennung die vollständige religiöse Freiheit gewährleiste, so sehr war er in der Praxis bemüht, ein Schisma innerhalb der reformierten Kirche zu vermeiden. Dies zeigte er in seinem vorsichtigen Verhalten anläßlich einer Versammlung von Freunden der Trennung von Staat und Kirche, indem er sich keiner separatistischen Aktion anschließen wollte (2). Erst die auch staatskirchlich rücksichtslose Ausbeutung des radikalen Sieges ließ den Vollzug in seinen Augen gerechtfertigt erscheinen.

---

(1) J.Cart: Histoire de la liberté religieuse dans le canton de Vaud, Lausanne 1890, S. 85 f.

(2) J.Cart: Histoire du mouvement... a.a.O., Bd.5,S.139.

Die Machtergreifung des waadtländischen Radikalismus erfolgte im Zuge der Antijesuitenparole, die im Kanton Waadt einen um so größeren Einfluß hatte, als es gelang, Methodismus und Ultramontanismus in demagogischer Vereinfachung als aristokratische Reaktion zu identifizieren (1). Dies zeigte sich im Erfolg der Monsterpetition, die mit rund 32'000 Unterschriften die mäßigende Haltung des Kantons in der Frage der Ausweisung der Jesuiten durch die Tagsatzung desavouierte.

Nur 1800 reformierte und 392 katholische Bürger setzten sich mit ihren Unterschriften für die Politik der Regierung ein (2). Dennoch hielt der Große Rat an der eidgenössischen Legalität fest. Erst der Volksaufstand veranlaßte den Staatsrat zu demissionieren, was seinem radikalen Mitglied Henri Druey die Möglichkeit gab, am 14.Februar 1845 im Kanton Waadt die Führung der provisorischen radikalen Regierung zu übernehmen.

Wie die neuen Machthaber die Fragen der religiösen und kirchlichen Freiheit zu beantworten gedachten, zeigte sich schon kurz nach der Revolution. Es war ihnen nicht entgangen, daß die Geistlichen den Umsturz nicht begrüßt hatten. Die meisten kamen der Aufforderung zur Loyalitätserklärung mit Vorbehalten über die revolutionäre Methode nach (3). Pfarrer Marquis, der die Loyalitätserklärung nicht unterschrieb, wurde in seinem geistlichen Amt durch die provisorische Regierung sogleich suspendiert. Gegenüber den Ausschreitungen des

---

(1) Siehe das Manifest "Association patriotique" vom 29.Dezember 1844. Text bei J.Cart: Histoire du mouvement religieux et ecclésiastique dans le canton de Vaud..., Bd.5, Lausanne 1879, S. 450 f.

(2) J.Cart: a.a.O., Bd.5, S. 459.

(3) J.Cart: a.a.P., Bd.6, Lausanne 1880, S. 41 f.

Pöbels unter dem Ruf: "A bas les jésuites! A bas les mômiers!" zeigten die Behörden auffallende Zurückhaltung. In Lausanne und anderen Orten waren Versammlungslokale zerstört worden (1). Ein deutliches Vorzeichen der negativen Einstellung zur Toleranz war das Zirkular des Staatsrates vom 15. Mai, das dem Klerus verbot, religiöse Sonderversammlungen, wie sie mehrere Geistliche zur Vertiefung des geistlichen Lebens und zur Bewahrung vor der Dissidenz abzuhalten pflegten, zu leiten oder zu fördern (2).

Als erste griffen, angesichts der neuen Ausbrüche der Intoleranz, die Freunde der religiösen Freiheit zum Mittel der Massenpetition. Im Vorjahr hatten sich 12'285 Bürger für die bedrängten Glaubensbrüder im Wallis eingesetzt (3). Jetzt waren es nur einige tausend, die ihren Willen zugunsten der Kultusfreiheit im eigenen Kanton bekundeten. Hingegen verlangte nun die große Mehrheit des Landesklerus die vollständige religiöse Freiheit. In der Eingabe aus der Feder von Professor Chappuis an den verfassungsgebenden Rat, die 207 Geistliche unterschrieben, wurde im Namen der Gerechtigkeit, der Gleichheit und des Christentums die Aufnahme eines entsprechenden Artikels in die neue Konstitution gewünscht.

---

(1) J.Cart: a.a.O., Bd.6, Lausanne 1880, S. 11 ff.

(2) J.Cart: a.a.O., Bd.6, S. 51 f.

(3) "Rapport fait au Grand Conseil du canton de Vaud sur les pétitions qui lui ont été adressées au sujet de la position des protestants dans le Valais", Lausanne 1844.

In der Petition wurde betont, daß die Ehre und die Existenz der "Eglise nationale" diese Freiheit für die Dissidenten fordere. Sie schloß mit den Worten: "Fondé sur les considérations que nous venons de vous présenter, nous vous demandons instamment, messieurs, d'insérer dans la constitution un article exprès, qui consacre le principe de la liberté religieuse, et qui le fasse de telle sorte que cette liberté soit assurée dans le sein de l'église nationale et au dehors, pour ceux qui s'associent au culte dont l'état fait les frais, et pour ceux qui, n'en étant pas satisfaits, sentent le besoin d'en avoir un autre" (1). Diese Eingabe, die ausschließlich der Kultusfreiheit gewidmet war und keine Reform der beanstandeten Kirchenverfassung von 1839 implizierte, war der Zahl der Unterschriften nach die bedeutendste geistliche Demonstration zugunsten vollständiger religiöser Freiheit während der Regeneration der Schweiz. Nicht nur für die Dissidenten sondern auch für die Katholiken sollte volle Kultusfreiheit gewährt werden. Für sich wünschte der reformierte Klerus nur, daß ihm Aktionsfreiheit gewährt werde, die er für die Abwehr gegen die Anstrengungen der dissidenten und römischen Gegner als nötig erachte. Dazu gehörte nach seiner Überzeugung das Recht der Pfarrer, sich an den "Oratoires" zu beteiligen, die den religiös aktiven Teil der Gläubigen von der Dissidenz abhalten sollten.

Den Radikalen, die sich anschickten, die Jesuiten aus der Schweiz zu vertreiben, muß diese Petition höchst ungelegen gewesen sein. Am 15.Mai richtete die Regierung ein Schreiben an den Klerus, in dem sie die Methodisten für die Unruhen verantwortlich machte und den Geistlichen

(1) J.Cart: Histoire du mouvement religieux et ecclésiastique..., Bd.6, Lausanne 1880, S. 50.

kurzerhand untersagte, an religiösen Versammlungen außerhalb der Staatskirche teilzunehmen (1).

Auch Alexandre Vinet setzte sich erneut, wenn auch weniger optimistisch als 1831, in mehreren Artikeln (2) für die Aufnahme der religiösen Freiheit in das Verfassungsrecht ein. Die Großräte mahnte er, daß die Nichterwähnung diesmal einer Verwerfung gleichkommen würde, was ohne Zweifel richtig war. Seine Appelle an das Ehr- und Freiheitsgefühl der Waadtländer, denen er vorhielt, daß ein Volk, das die Gewissensfreiheit nicht liebe und kenne, die Freiheit nicht liebe und kenne (3), fand ein geringeres Echo als die antijesuitisch-antimethodistischen Schlagworte der Radikalen.

Die Petitionen wurden am 20.Mai 1846 vom Großen Rat behandelt. Nicht nur die Beratung über die Beibehaltung der religiösen Artikel von 1831, wie sie die Verfassungskommission vorschlug, auch die Diskussion über andere Artikel, wie die Versammlungsfreiheit, war in der Hoffnung vertagt worden, daß die Volksstimmen sich mehrheitlich gegen die Erweiterung von Freiheitsrechten aussprechen würden, die der Dissidenz förderlich sein könnten. Die Erwartung der Radikalen, die Gegenpetitionen veranlaßt hatten, erwies sich als richtig, wenn auch

---

(1) J.Cart: Histoire du mouvement religieux..., Bd.6,S.51 f.

(2) A.Vinet: Quelques mots sur une question à l'ordre du jour, 14 Mai 1845; in: Question ecclésiastiques,Bd.2, Lausanne 1946, S. 60 ff.

(3) A.Vinet: a.a.O., S. 44 und 45. Siehe Vinets Petition an den Großen Rat vom 5.Mai 1845.
Die Zeitschrift, die am entschiedensten für vollständige religiöse Freiheit warb, war die von Louis Burnier gegründete "Anti-Jésuite", die vom 7.Mai bis zum 26.Juni 1845 erschien. Nachfolger in Genf bis Ende 1848 wurde die Zeitschrift "Réformation du XIXe siècle".

das erreichte Mehr der Volksstimmen nur knapp war. Nach den Eingaben erklärten sich 3675 Bürger für die Kultusfreiheit, während 4062 sie nicht gewähren wollten (1). In seinem Kommissionalbericht erinnerte Tavel an die Vergehen an friedliebenden und ungefährlichen Bürgern, wie er die verfolgten Pietisten nannte, deren ganzes Unrecht darin bestünde, daß sie zu Gott auf ihre Weise und nach ihrem Gewissen beten würden. Die Dissidenten könnten sich nach dem Naturrecht, auf das vorkonstitutionelle und unvergängliche Recht der Gewissensfreiheit und auf das nicht weniger heilige Recht religiöser Toleranz berufen. Der Berichterstatter gab der Überzeugung der Kommission Ausdruck, daß die Kultusfreiheit der "Eglise nationale", die immer die Kirche der Mehrheit sein werde, nicht schaden könne. Ein Gesetz, ähnlich wie dasjenige vom 20.Mai 1824, würde nur eine irregeführte öffentliche Meinung befriedigen. Die Petitionskommission machte den Vorschlag, daß dem Staatsrat zu überlassen sei, diejenigen Maßnahmen zu treffen, die er für nötig erachte. Die Mehrheit stimmte für den Antrag, verwarf aber das Amendement, es solle im Interesse der öffentlichen Ordnung oder der religiösen Freiheit geschehen (2).

Daß die Abstimmung über die Petitionen kein Votum für die Toleranz war, zeigte sich in der Debatte über die verschobene und anschließend behandelte Versammlungsfreiheit. Die Verfassungskommission hatte Zustimmung beantragt und sich dadurch indirekt für die Kultusfreiheit ausgesprochen. Henri Druey, den seine Pflichten als Tagsatzungsgesandter und Krankheit meist behindert

(1) J.Cart: Histoire du mouvement religieux..., Bd.6, Lausanne 1880, S. 62, Anmerkung 1.

(2) Bulletin des séances du Grand-Conseil du canton de Vaud. Session ordinaire du printemps 1845, Lausanne 1845, S. 285 ff.

hatten, an den Sitzungen der Kommission teilzunehmen, wies Versammlungsfreiheit nicht rundweg ab, wünschte aber eine abgeschwächte Formulierung. Er überließ seinem Parteigenossen Blanchenay, der schon vor der Revolution mit ihm im Staatsrat gesessen hatte, den frontalen Angriff. Seine Rede (1) legte die intolerante Gesinnung der Radikalen bloß. Schon anläßlich der ersten Diskussion über die Versammlungsfreiheit hatte Blanchenay ihre Beantragung mit der religiösen Freiheit in Verbindung gebracht und vorgeschlagen, die Versammlungsfreiheit unter dem Hinweis, daß bisher nur Toleranz geübt und keine Freiheit gewährt worden sei, zu streichen (2). Verlegen über die immer noch respektable Zahl der Befürworter der religiösen Freiheit, nannte er nun die gewünschten Garantien "des banalités qui n'ont aucune force quelconque" und behauptete, man wolle nur die Methodisten begünstigen. Die Behauptung, daß im Kanton Waadt religiöse Freiheit herrsche, weil die Gewissensfreiheit respektiert werde, veranlaßte die Replik, daß dies dann ja auch im Wallis der Fall sei. Staatsrat Blanchenay versuchte zu beweisen, daß auch England nur Toleranz und keine Kultusfreiheit kenne. Die Freiheit, die Amerika den Sekten gewähre, arte in Skandal aus. Scharf wandte er sich gegen die waadtländischen Methodisten, die er protestantische Jesuiten nannte, die nur die Kultusfreiheit verlangten, solange sie schwach seien und die den fröhlichen, offenen Waadtländern freudlos und scheinheilig machen würden. Schlecht kamen auch die Geistlichen weg, von denen es hieß, daß sie am Tag in den Kirchen predigten und am Abend an den Konventikeln teilnähmen. Unter Berufung

---

(1) Bulletin des séances....: a.a.O., S. 288 ff.
(2) Bulletin des séances....: a.a.O., S. 77 f.

auf das Volk, das keine religiöse Freiheit und keine Methodisten wolle, schlug er die Versammlungsfreiheit auch in der von Druey abgeschwächten Formulierung ab. Vergeblich warnte der liberal-konservative Jules Correvon vor dem Massendespotismus und der Tendenz, die Freiheitsrechte einzuschränken, wie er dies schon anläßlich der Artikel über die persönliche Freiheit und die Unverletzbarkeit der Wohnung getan hatte (1). Damals hatte Druey seinen Wortlaut im Entwurf zu absolut formuliert gefunden (2). Die Großräte Meylan und Dupraz drückten ihre Verwunderung aus, daß eine liberale Revolution die erste und kostbarste aller Freiheiten, die Religions- und Gewissensfreiheit angreifen könne (3). Mehrere Redner warnten vor einer Wiederholung der üblen Folgen des Gesetzes vom 20.Mai 1824. Das Regierungshaupt, Druey, nannte sich zwar immer noch einen sehr großen Freund der religiösen Freiheit, gab jedoch zu verstehen, daß auch die rationalistische Philosophie, deren Gesetze ebenso heilig seien, davon profitieren sollte (4) und nannte die Methodisten eine religiöse Aristokratie. An Stelle eines Artikels über die Versammlungsfreiheit schlug er eine Ergänzung zum Religionsartikel des Projekts vor, die nur jenen für den Gottesdienst Toleranz gewähren sollte, die allen dasselbe

---

(1) Bulletin des séances du Grand-Conseil du canton de Vaud. Session ordinaire du printemps 1845, Lausanne 1845, S. 67, 72 f.

(2) Bulletin des séances... a.a.O., S. 63, 72.

(3) Bulletin des séances... a.a.O., S. 298, 296.

(4) Druey beklagte sich darüber, daß man einem ausländischen Professor an der Académie keinen Lehrstuhl gegeben hatte, weil er Hegelianer war.
Bulletin des séances... a.a.O., S. 306.

Recht zuerkennen und sich an die Gesetze und die polizeilichen Bestimmungen über den Kultus halten würden. Diese Einschränkungen aber genügten Druey nicht. Um staatliche Eingriffe zu erleichtern und zu rechtfertigen, schlug er folgende Ergänzung vor: "Les mesures d'urgence que le conseil d'état peut être appelé à prendre, lorsque l'existence d'une réunion religieuse est une occasion de troubles, sont soumises à la ratification du grand conseil dans sa session ordinaire et extraordinaire"(1). Schließlich gab er zu verstehen, daß er mit jenen einig sei, die glaubten, daß die Nichterwähnung in der Verfassung kein Präjudiz gegen die religiöse Freiheit sei. Damit war sowohl die Versammlungs- als auch die Kultusfreiheit erledigt. Diskussionslos wurde nun einfach der Artikel 9 der Verfassung von 1831 übernommen: "L'église nationale évangélique réformée est maintenue et garantie dans son intégrité. Les ministres de cette église sont consacrés suivant les lois et la discipline ecclésiastique du canton, et seuls appelés à desservir les églises établies par la loi. La loi règle les rapports de l'Etat avec l'Eglise. L'exercice de la religion catholique est garanti aux communes d'Echallens, Assens, Bottens, Broley-Orjulaz, Etangières, Poliez-le-Grand, Poliez-Pittet, St.Barthelémy et Bretigny, Villars-le-Terroir et Malapalud, tel qu'il a été usité jusqu'à présent"(2).

Der Enttäuschung der Erweckungskreise, die von der liberalen Entwicklung der letzten zehn Jahre eine gesetzliche Sicherung der Kultusfreiheit erwartet und darin auch die Unterstützung eines großen Teils des Klerus gefunden hatten, folgte unmittelbar nach der Verlesung des

---

(1) Bulletin du Grand-Conseil du canton de Vaud, Session ordinaire du printemps 1845, Lausanne 1845, S. 304.

(2) Art.11 der Verfassung vom 10.August 1845. Bulletin des séances... a.a.O., S. 309 f.

ebenfalls aus der Verfassung von 1831 wörtlich übernommenen Artikels über den Unterhalt der anerkannten Kulte der Schlag gegen die Pfarrer der "Eglise nationale", die dem Réveil nahe standen, die Dissidenz jedoch nicht befürworteten. Statthalter Mercier von Cossonay stellte sogleich nach der Annahme des Religionsartikels den Antrag, daß den Geistlichen, die an religiösen Versammlungen außerhalb des gesetzlich geregelten Gottesdienstes teilnehmen würden (1), kein Lohn mehr aus öffentlichen Kassen auszuzahlen sei. Zur Begründung hieß es: "... pour mettre un frein au méthodisme et surtout pour empêcher que les pasteurs lui prêtent désormais leur appui" (2). Pfarrer de Laharpe mahnte ernstlich, daß es sich hier um eine Gewissens- und eine Existenzfrage der "Eglise nationale" handle, und warnte vor dem Schisma: "Vous forcerez à sortir de l'église nationale une multitude de pasteurs qui lui sont très attachés, mais qui ne veulent pas vivre sous l'empire d'une obligation qui opprime leur conscience" (3). Jules Correvon und andere Großräte, die ihre Loyalität zur Landeskirche bekundeten, teilten diese Überzeugung über die Gefahr eines Niedergangs der reformierten Kirche und die Stärkung der Dissidenz, falls Merciers Antrag angenommen würde. Wiederum fiel dem gewandten Druey die Rolle der scheinbaren Konzilianz zu. Nachdem er klar zu verstehen gegeben hatte, daß er keine andere Möglichkeit sehe, die Ruhe wieder herzustellen, als diese Versammlungen vorübergehend zu schließen,

(1) Siehe G.Finslers Urteil über diese "oratoires": Kirchliche Statistik der reformierten Schweiz, Zürich 1856, S. 439 f.

(2) Bulletin des séances du Grand-Conseil du canton de Vaud. Session ordinaire du printemps 1845, Lausanne 1845, S. 310.

(3) Bulletin des séances... a.a.O., S. 312.

schlug er vor, Merciers Amendement, dessen Verwerfung nach seiner Überzeugung ein Unglück wäre, nicht in die Verfassung aufzunehmen, sondern dem Staatsrat für die Gesetzgebung zu überweisen. Zwar bezeichnete er diese Prozedur als ungewöhnlich, glaubte aber, die augenblicklichen Bedürfnisse über formale Bedenken stellen zu müssen. Er bedaure, sagte Druey, diesen Antrag machen zu müssen. Er hätte viel lieber, meinte er in kaum mehr überzeugender Weise, einen prachtvollen Artikel in goldenen Buchstaben über die religiöse Freiheit in der Verfassung gesehen (1). Der Große Rat willfahrte gern dem Wunsch des Mannes, dem er nach der Revolution mit 157 von 180 Stimmen das Schicksal des Staates anvertraut hatte und für den weder die Jesuiten noch die Pietisten aus ideologischen wie aus politischen Gründen in der radikalen Demokratie tragbar geworden waren.

Der liberal-konservative, von Charles Monnard und Louis Vuillemin redigierte "Courrier Suisse" kommentierte in einem Artikel "L'église et la révolution" den Beschluß vom 20.Mai 1845, der an das Dekret vom 20.Mai 1824 erinnerte, folgendermaßen: "La loi dont l'initiative vient d'être surprise au grand conseil est un coup porté au coeur de notre église par le parti qui menace en ce moment tous nos droits, toutes nos libertés" (2). Der erste, der die Konsequenzen zog, war wiederum Alexandre Vinet. Er reichte am nächsten Tag unter Bezugnahme auf die Ereignisse vom Vortage dem Staatsrat seine endgültige Demission als Professor für praktische Theologie an der Académie ein. Seinen Studenten gab er zu verstehen, daß er diesen schmerzlichen Verzicht auf sich genommen habe, weil er glaube, für das

(1) Bulletin des séances... a.a.O., S. 327.

(2) Courrier Suisse vom 23. Mai 1845.

Prinzip der Religionsfreiheit im Allgemeinen und für dasjenige der heiligen und unverletzlichen Freiheit des Pfarramtes im Besonderen, ein Zeugnis ablegen zu müssen (1). Am 26.Mai unterschrieben 221 waadtländische Pfarrer, beinahe die volle Zahl des Klerus, die Denkschrift an die Regierung, in der sie für die Unabhängigkeit des Dienstes am Evangelium plädierten, mit der Begründung, daß sie dadurch um so besser der Dissidenz und der katholischen Kirche entgegenwirken könnten (2). Noch war bei den meisten von einem Austritt oder einer Trennung von Staat und Kirche nicht die Rede.

Zur offenen Krise zwischen dem Klerus und dem radikalen Regime kam es durch ein Ereignis, das unter anderen Verhältnissen keine derartige Reaktion ausgelöst hätte. Am 10.August hatte das Volk über die neue Verfassung abzustimmen und sich im Fall der Annahme darüber zu äußern, ob der Große Rat während der nächsten fünf Jahre im Amt bleiben oder erneuert werden solle. Am 29. Juli erließ der Staatsrat eine lange Proklamation, die am Sonntag, dem 3.August, in allen Kirchen zu verlesen war. Amtliche Verkündigungen in den Kirchen waren in der Schweiz keine Seltenheit. Ein Gesetz vom 23.Mai 1832 erlaubte dem Staatsrat ausdrücklich den Gebrauch der Kanzel für Verkündigungen, doch nur für solche, "qui ont rapport à la religion ou à quelque solennité religieuse" (3). Die Proklamation aber war offensichtlich politischen Inhalts. Nur beiläufig wurde auf Religiöses hingewiesen (4). 41 Pfarrer waren dieser Meinung und

---

(1) Schreiben vom 24.Mai 1845. A.Vinet: Lettres, Bd.4, Lausanne 1949, S. 114 f. Alexandre Vinets ausgewählte Werke, Bd.4, Zürich 1945, S. 73 ff.

(2) J.Cart: Histoire du mouvement religieux et ecclésiastique dans le canton de Vaud pendant la première moitié du dix-neuvième siècle, Bd.6, Lausanne 1880, S. 82 ff.

(3) Principaux documents officiels relatifs aux affaires ecclésiastiques du canton de Vaud en 1845, Lausanne 1846, S.41

(4) Vgl. die Rechtfertigung der Regierung in: Principaux documents... a.a.O., S. 42 f.

glaubten sich im Recht, die Verlesung zu verweigern. Die meisten anderen willfahrten in ernster Verlegenheit, fürchteten sie doch damit dem Staatsrat die Berechtigung zu geben, die Kirche als reine Staatsdomäne zu betrachten. Die Regierung griff energisch ein. Sie deutete den Widerstand des Klerus hauptsächlich politisch. Dabei schien, trotz der Kritik an den sozialisierenden Tendenzen einiger radikaler Führer, die der Große Rat übrigens abgewiesen hatte, die Volkstümlichkeit des neuen Regimes und die Annahme der Verfassung gesichert zu sein. Die erstmalige Einführung des Gesetzesreferendums trug viel dazu bei. Für eine klerikal inspirierte Konterrevolution fehlte jegliches Anzeichen.

17'672 Bürger nahmen denn auch die Verfassung an, und beinahe ebensoviele wünschten die Beibehaltung des Großen Rats. 10'035 beziehungsweise 8530 stimmten gegen die beiden Empfehlungen. Mit Schreiben vom 6.August kündigte Druey den Statthaltern und Munizipalitäten an, daß die fehlbaren Pfarrer bestraft würden. Ihr Verhalten habe grossen Skandal hervorgerufen und sei eine neue Manifestation des Geistes, der zur Trennung der Kirche vom Staat führe, während die Verfassung nach dem Willen des Volkes die Einheit von Staat und Kirche ausdrücke und diese der staatlichen Gewalt unterordne (1). Trotzdem die gemischte Kirchenkommission nur gegen zwei Pfarrer eine Untersuchung für berechtigt hielt und die Pfarrerkapitel alle angeklagten Pfarrer von jeglicher Schuld freisprachen (2), wurden diese vom

---

(1) Principaux documents officiels relatifs aux affaires ecclésiastiques du canton de Vaud en 1845, Lausanne 1846, S. 46 f.

(2) Principaux documents... a.a.O., S.56 ff. J.Cart: a.a.O., Bd.5, Lausanne 1879, S.136 ff.

Staatsrat für einen Monat bis zu einem Jahr von ihrem Amt suspendiert. Im gleichen Urteil war eine Sanktion gegen drei Pfarrer ausgesprochen, die an religiösen Sonderversammlungen in Lausanne teilgenommen hatten (1). Der Schock auf die Geistlichkeit war unvermeidlich.

Im November 1845 erklärten 190 Geistliche ihren Rücktritt aus dem Staatsdienst (2). Als Begründung gaben sie an, daß das Urteil vom 3.November den Charakter des Pfarramtes vollständig verändert habe. Vor allem beanstandeten sie die Auslegung des Staatsrates, wonach die Diener des Evangeliums ihre Würde nur durch die Ordination besäßen, die sie gemäß den von der Staatsmacht als oberster Kirchenbehörde aufgestellten Gesetzen erhielten (3). Sie kritisierten die Willkür des Staatsrates in der Gesetzesauslegung und in der ungesetzlichen Beschränkung des Predigtamtes. Weder politisches noch persönliches Interesse habe sie zu diesem Schritt veranlaßt, heißt es in dem Demissionsschreiben an die Regierung.

Die 150 Geistlichen, die in ihrem Entschluß fest blieben, nachdem die Regierung zur Rückkehr zwar eine kurze Frist gewährt hatte, aber kein Entgegenkommen im Sinn größerer Freiheit des Pfarramtes gezeigt hatte, dachten auch jetzt noch nicht an die Gründung einer Freikirche, obwohl sie Vinet nun offen dazu ermutigte (4). Der Staatsrat blieb unnachgiebig, nachdem 15'200 Bürger sein Vorgehen gebilligt hatten, während nur 11'400,

---

(1) Principaux documents... a.a.O. S. 72 ff.

(2) Ch.Schmetzler hebt die wichtige Rolle, die Charles Monnard, der die entscheidende Versammlung vom 12. November 1845 präsidierte, hervor: Charles Monnard et son époque (1790-1865), Lausanne 1934, S. 226 f.

(3) Principaux documents... a.a.O., S. 73.

(4) A.Vinet: Considérations présentées à Messieurs les ministres démissionnaires, par un ministre démissionnaire, Lausanne 1845, 2.Auflage, 1846.Der Theologie-

darunter 5'384 Frauen, zu den ausgetretenen Pfarrern und zur Kultusfreiheit standen (1). Vergeblich versuchte Vinet mit seiner Schrift "Pétition au peuple vaudois" (2) beim Souverän ein besseres Verständnis für das der Démission der Pfarrer zugrunde liegende Prinzip der religiösen Freiheit zu wecken. Er nannte sie die edelste aller Freiheiten, die von der Hand Gottes auf den Grund aller Gewissen geschrieben sei. Die Volksmassen verstanden besser die staatsautoritären Maßnahmen der Regierung als Vinets hohe Moralphilosophie. Mit den außerordentlichen Vollmachten, die der Große Rat dem Staatsrat erteilt hatte, wurden vorerst in Lausanne und später auch an anderen Orten, religiöse Zusammenkünfte außerhalb der Landeskirche verboten.

Am 12.März 1847 kam es zur formellen Gründung der "Eglise évangélique libre du canton de Vaud". Sie erfolgte erst, nachdem die ursprünglich nur aus dem

---

professor und Großmünsterpfarrer in Zürich, Alexander Schweizer, kommentierte die kirchenpolitische Krise folgendermaßen: "Von ungleicher Auslegung einiger Gesetzesartikel aus ist ein vollständiger Bruch entstanden; ohne daß man es suchte, wußte und wollte, ist einerseits die Regierung durch die Ereignisse in eine ihr selbst peinliche Machtvollkommenheit über die Landeskirche - anderseits die Geistlichkeit in eine Stellung gedrängt worden, wo nur die Wahl übrig bleibt, eine vom Staat unabhängige Landeskirche zu erstreben, welche wohl die Kirche des Volkes, aber nicht des Staates wäre; oder an die außerhalb dieser Kirche stehenden evangelischen Vereine sich anzuschließen." A.Schweizer: Das kirchliche Zerwürfnis des Jahres 1845 im Kanton Waadt, Zürich 1846, S. 6.

(1) J.Cart: Histoire du mouvement religieux et ecclésiastique du canton de Vaud pendant la première moitié du dix-neuvième siècle, Bd.6, Lausanne 1880, S. 193.

(2) A.Vinet: Questionsecclésiastiques. Bd.2, Lausanne 1946, S. 195 ff.

Staatsdienst, nicht aber aus der Landeskirche ausgetretenen Pfarrer einsahen, daß keinerlei Aussicht bestand für die beiden Hauptanliegen ihres Kampfes, die Kultusfreiheit für alle und die Freiheit des geistlichen Amtes. In der Erklärung an die Gemeinden faßte die konstituierende Synode den Zweck der kirchlichen Vereinigung folgendermaßen zusammen: "... en vue de maintenir les droits de Jésus-Christ sur son église, la pureté du ministère évangelique, la liberté religieuse et la saine doctrine" (1). Die Zahl der freien Gemeinden, die sich zusammenschlossen, belief sich auf 33, die Zahl der Mitglieder und der Besucher auf einige tausend (2). Die große Mehrheit des reformierten Volkes hielt somit weiterhin zur Staatskirche.

Die Entstehung der waadtländischen Freikirche war nicht so sehr Ausdruck der Vinet'schen Überzeugung von der Unausweichbarkeit vollständiger Trennung von Staat und Kirche, als vielmehr eine Notlösung zur Behauptung des Prinzips der Gewissens- und Kultusfreiheit gegenüber dem auch die Kirche umfassenden Souveränitätsanspruch des radikal-demokratischen Staates. Insofern besteht zwischen dem waadtländischen Konflikt, der zum ersten größeren Schisma führte, ein Zusammenhang mit der aargauischen Klosterkrise.

---

(1) J.Cart: Histoire du mouvement religieux et ecclésiastique du canton de Vaud pendant la première moitié du dix-neuvième siècle, Bd.6, Lausanne 1880, S. 487.

(2) G.Finsler gab für die Jahrhundertmitte 39 Gemeinden, 3400 Glieder und ungefähr 1500 Besucher an: Kirchliche Statistik der reformierten Schweiz, Zürich 1856, S. 454.

Kantone, die nur die Glaubens- oder Gewissensfreiheit einführten

Vier Kantone der Schweiz, Zürich, Thurgau, Aargau und Glarus, nahmen während der Regeneration die Glaubens- oder Gewissensfreiheit, jedoch nicht die Kultusfreiheit in ihr Staatsgrundgesetz auf.(1) Der neue Halbkanton Baselland, der ebenfalls die Gewissensfreiheit annahm, figuriert mit Baselstadt im dritten Abschnitt. Nur die thurgauische Verfassung beschränkte die religiöse Freiheit auf die christlichen Konfessionen. Die widersprüchliche Anwendung dieses Individualrechtes, die auch die Zwangstaufe nicht ausschloß und die sich aus der gleichzeitigen Beibehaltung des Staatskirchentums ergab, schwächte in diesen Kantonen die Glaubwürdigkeit der religiösen Freiheit als Menschenrecht. Sie änderte nichts an der Intoleranz gegenüber den Juden.

Die staatspolitische Bedeutung der Glaubensfreiheit zeigt sich am Beispiel des Kantons Glarus, wo gleichzeitig mit deren Einführung im Verfassungsrecht die konfessionelle Trennung der politischen Verwaltung aufgehoben wurde. In den neuen paritätischen Ständen Thurgau und Aargau war der Staatsapparat konfessionspolitisch viel weniger belastet als in Glarus, so daß dort die Unvereinbarkeit der individuellen religiösen Freiheit und des Gleichheitsgrundsatzes mit dem bisherigen konfessionell differenzierten Staatsrecht kaum auffiel. Erst als die konservativen Katholiken im Aargau zum besseren Schutz ihrer Religion die konfessionelle Trennung der Räte verlangten und die Parität im Großen Rat aufgehoben wurde, kam es dort zu einer ähnlichen Staatskrise wie in Glarus. Ihre weittragende Auswirkung auf die Überwindung des alteidgenössischen Paritätsrechts bei der Entstehung des Bundesstaates rechtfertigt das getrennte ausführliche Eingehen auf die aargauischen Verfassungsverhandlungen vom Jahr 1840 am Schluß der kantonalen Darstellungen.

---

(1) Der Kanton Bern nahm 1831 die "Glaubensfreiheit" in die Verfassung auf, ersetzte sie jedoch im Grundgesetz von 1846 durch die allgemeine "Kultusfreiheit".

Z ü r i c h

Der Kanton Zürich regenerierte als einer der ersten Stände seine Verfassung im liberalen repräsentativdemokratischen Sinn und nahm dabei zur Frage der religiösen Freiheit Stellung. Infolge seiner führenden Rolle als reformierter Vorort mußte sein Beispiel von großem Einfluß auf die Verfassungsentwicklung in den anderen Kantonen sein. Dazu kam, daß Zürich als der Initiant bei der Rechtsgestaltung der alteidgenössischen Parität von 1712 über seine Grenzen hinaus eine historische Aufgabe zugewiesen war, auch wenn es keine gemeinen Herrschaften mehr gab. In kirchlicher Hinsicht blieb sein Einfluß namentlich in der Ostschweiz maßgebend.

Zürich war, wie alle anderen Kantone, seit der Mediationsakte wieder ein konfessioneller Staat. Die Verfassung vom 11. Juni 1814 bezeichnete das reformierte Bekenntnis als "die herrschende Landesreligion" (1). Das bedeutete, daß die Kirche wieder im Besitz ihrer vorhelvetischen Privilegien war. Das Bürgerrecht war seit der Mediation wieder an die Konfession gebunden(2). In zweierlei Hinsicht gab das Staatskirchentum indessen seinen früheren Ausschließlichkeitsanspruch preis.

In zwei Gemeinden des Kantons besaßen die katholischen Einwohner eine staatlich anerkannte Kultusfreiheit. Artikel 1 der Restaurationsverfassung durchbrach

---

(1) P.Usteri: Handbuch des Schweizerischen Staatsrechts, Aarau 1821, S. 215.

(2) Das Gesetz vom 18.Dezember 1804 schrieb für die Erwerbung des Kantonsbürgerrechts vor, daß der Bewerber ein Zeugnis vorzulegen habe, wonach ihn eine

das Prinzip der herrschenden Landesreligion durch den Nachsatz, daß den katholischen Gemeinden Rheinau und Dietikon ihre bisherigen Religionsverhältnissen durch die Verfassung garantiert seien. Es handelte sich um ein kleines Gebiet, das dem Kanton im Jahr 1803 einverleibt worden war. Schon einmal, anläßlich des vertraglichen Erwerbs der katholischen Gemeinden Dörflingen und Ramsen im Jahr 1770 hatte Zürich auf die Befugnis der Religionsbestimmung verzichtet (1). Es hatte sie durch die Mediation verloren. Mit dem Zuwachs der Gemeinde Rheinau besaß Zürich nun erstmals wieder ein Kloster. Das ganz von zürcherischem Gebiet umgebene Kloster Fahr an der Limmat, in dem schon im 17.Jahrhundert die sich in Zürich aufhaltenden katholischen Gesandten ihren religiösen Verpflichtungen hatten nachkommen können (2), war dem neuen Kanton Aargau zugesprochen worden. Die Gemeinde Dietikon hatte bis zur Helvetik der gemeinen Vogtei Baden angehört und war unter dem Schutz von Zürich kraft Landfriedensrechts paritätisch geblieben. Nur in Rheinau und Dietikon fand ein durch die Verfassung gewährleisteter katholischer Gottesdienst statt, und nur dort konnten Katholiken das Bürgerrecht im Kanton Zürich erwerben und politischen Anteil am Gemeinwesen nehmen.

---

glaubensverwandte Gemeinde mit seiner Haushaltung als Bürger annehmen werde. E.Brunner: Der Kanton Zürich in der Mediationszeit; in: Schweizer Studien zur Geschichtswissenschaft, Bd.1, Heft 1, Zürich 1909, S. 114.

(1) Lehenskontrakt zwischen Österreich und Zürich vom 19.Mai 1770, Art.5, Eidg.Abschiede VII, S. 1318.

(2) E.Wymann: Geschichte der katholischen Gemeinde Zürich, Zürich 1907, S. 26 ff. Den in Zürich seßhaften Katholiken war noch im 18.Jahrhundert der Besuch der Messe in Fahr untersagt.

Die zweite rechtliche Ausnahme war das immer noch gültige Toleranzdekret vom 10.September 1807 zugunsten der Katholiken der Hauptstadt (1). Anläßlich des napoleonischen Krieges und für die Tagsatzung desselben Jahres wurden bereits katholische Gottesdienste in reformierten Kirchen Zürichs abgehalten. Die Eröffnung der Tagsatzung am 1.Juni 1807 fand im Großmünster in Anwesenheit des Nuntius Testaferrata und des Generalvikars der Diözese Konstanz, Freiherr von Wessenberg, statt. Die Messe wurde im Chor der Fraumünsterkirche gehalten (2). Diese Gunst der Zeit und der Umstände nahmen in Zürich wohnende Katholiken wahr, um mit Unterstützung des päpstlichen Gesandten eine Bewilligung zur Ausübung des katholischen Gottesdienstes und die Einräumung eines angemessenen Lokals zu erhalten (3). Unter Zuhilfenahme des für den katholischen Kultus von der Berner Regierung im Jahr 1804 erlassenen Dekrets wurden die Bedingungen des Gesetzes vom 8.September 1807 aufgestellt. Seitdem stand den Katholiken der Stadt die St.Annakapelle zur Verfügung. Die Regierung hatte die Aufsicht über die genossenschaftlich organisierte Kultusgemeinschaft und das Recht, den Geistlichen aus einem Zweiervorschlag der Kirchenvorsteher zu wählen. Finanzielle Verpflichtungen ging weder der Kanton noch die Stadtgemeinde ein. Prozessionen außerhalb ihrer Kirche, Proselytismus, Kontroversen und alles, was das gute Einvernehmen der Konfessionen stören konnte, wurde den Katholiken untersagt. Das Gesetz enthielt zum Schutz

---

(1) Das Dekret ist wiedergegeben in der "Geschichte der katholischen Gemeinde Zürich", Zürich 1907, S.129 ff, von E.Wymann.

(2) E.Wymann: a.a.O., S. 114 ff.

(3) E.Wymann: a.a.O., S. 121 ff.

des reformierten Glaubens Bestimmungen über die Einsegnung gemischter Ehen und die Taufe von Kindern aus solchen Ehen. Spätere Bemühungen, um ein geeigneteres und grösseres Gotteshaus zu erhalten oder bauen zu dürfen, schlugen fehl, weil den Behörden nicht an einer Vermehrung der katholischen Einwohner gelegen war. Ihre Zahl in der Stadt belief sich auf einige hundert Seelen, von denen nur ein geringer Prozentsatz dauernd niedergelassen war (1). Das Verhältnis des Staates zu den Katholiken in der Hauptstadt unterschied sich insofern von demjenigen der Gemeinden Rheinau und Dietikon, als es sich hier dem Gesetzestext des Dekrets nach um ein vom Ermessen der Regierung abhängiges Provisorium handelte. Bis zur Parität war ein weiter Weg. Dennoch fand das Vorgehen der Stadt Zwinglis grosse Beachtung in der Schweiz. Zum Unterschied der Helvetik, wo die eidgenössische Verfassung durch Frankreichs Machtspruch alle Gottesdienste zugelassen und geschützt hatte, stimmte hier ein reformierter Stand in eigener Entscheidung der Einführung des katholischen Gottesdienstes zu. Nach dem Vorbild Zürichs erliessen Basel 1822 und Schaffhausen 1838 ein ähnliches Toleranzdekret.

Einer beschränkten Duldung erfreuten sich im Kanton Zürich auch die Sekten. Das vorhelvetische Zürich hatte so gründlich mit den Täufern, die noch zu Beginn des 18. Jahrhunderts zum Tode verurteilt oder verbrannt worden waren, aufgeräumt (2), dass die Behörden nicht

---

(1) Für 1826 gibt die Statistik des Kleinen Rates 29 erwachsene Ansässige mit 32 Kindern an. Dazu kamen 77 Aufenthalter und 160 Dienstboten im Sommer, ferner jeweils bis 160 Tyroler Maurer. E.Wymann: Geschichte der katholischen Gemeinde Zürich, Zürich 1907, S.163.

(2) So konnte G.Meyer von Knonau schreiben: "Die Wiedertäufer, welche im Reformationszeitalter sehr ausgebreitet waren, sind jetzt gänzlich verschwunden." Der Kanton Zürich, historisch, geographisch,

mehr vor das Dilemma des Taufzwangs als Konsequenz des Staatskirchentums gestellt waren. Als Mitte der dreißiger Jahre die Neutäufer aufkamen, konnten sie sich auf die Glaubensfreiheit der neuen Verfassung, die jeden Zwang in Glaubensanliegen untersagte, berufen. Außer den herrnhuterischen Kreisen, die sich nicht von der Kirche trennten und deren Privatversammlungen auch von einigen reformierten Geistlichen betreut wurden, gab es einige hundert religiöse Separatisten verschiedener Richtungen in ländlichen Bezirken. Da die romantisch-mystische Zeitströmung dem nüchternen und aufgeklärten Sinn der Obrigkeit wenig gefiel, nahm sie die Greueltaten im zürcherischen Wildenspuch an der Schaffhauser Grenze, wo die jüngste Tochter der Familie Peter in psychopathischen Wahnvorstellungen zuerst ihre Schwester totschlug und sich dann von ihren Angehörigen lebend kreuzigen ließ, zum Anlaß, um im Januar 1824 in einem Schreiben an alle Geistlichen des Kantons vor dem Sektengeist, vor Schwärmerei und Fanatismus zu warnen und alle religiösen Privatversammlungen, mit Ausnahme jener, in denen die Bibel gelesen und die Lieder der Zürcher Kirchengesangbücher gesungen wurden, zu verbieten (1). Das abschreckende Beispiel schien über die Grenzen des Kantons eine Verschärfung des Staatskirchentums als die beste Garantie der sittlichen Ordnung zu rechtfertigen. Kaum ein einzelner Tatbestand ist in den Verfassungsverhandlungen der schweizerischen Regeneration derart oft als Motivierung für die gesetzliche Unterdrückung des Sektenwesens herangezogen worden wie die Wahnsinnsszene von Wildenspuch (2).

---

statistisch geschildert, St.Gallen und Bern 1834, S. 250.

(1) E.Bloesch: Geschichte der Schweizerisch-Reformierten Kirchen, Bd.2, Bern 1899, S. 244.

(2) Von der zahlreichen zeitgenössischen Literatur behandelte

Waren die größere Bereitschaft der Behörden zur religiösen Toleranz und die Aufnahme katholischer Gemeinden in den Staatsverband Vorzeichen der Preisgabe der Glaubenseinheit, so brachte doch erst der politische Sieg des Liberalismus im Winter 1830/31 das Recht allgemeiner Glaubensfreiheit. Nach der Massenversammlung in Uster vom 22.November 1830, die den direkten Anlaß zur Staatserneuerung gab, beschloß der gemäßigt-konservative Große Rat seine Selbstauflösung und die Ersetzung der bisherigen städtischen Überzahl durch eine Volksrepräsentation, in der die Landschaft mit ihrer zehnmal größeren Bevölkerung statt ein Drittel doppelt so viel Großräte stellen sollte als die Hauptstadt. Damit wurde ein gewaltsamer Umsturz und eine Radikalisierung der Volkswünsche vermieden. Der neu gewählte Große Rat, der zugleich Verfassungsrat sein sollte, besaß eine starke liberal-demokratische Mehrheit, in der die freisinnigen Städter mit dem Altliberalen Paul Usteri die Führung übernahmen. Das Uster-Memorial (1), das für die Regeneration der Schweiz tonangebend wurde, enthielt nebst der Hauptforderung einer angemesseneren Berücksichtigung der Landschaft in der Repräsentation, die im neuen Großen Rat Wirklichkeit wurde, eine Wunschliste von Individualrechten.

---

der Diakon Johann Ludwig Meyer die Tatbestände am ausführlichsten: "Schwärmerische Greuelscenen, oder Kreuzigung einer religiösen Schwärmerei in Wildenspuch," Zürich 1824. Ausgewogener urteilte jedoch G.Finsler: Die religiöse Erweckung der zehner und zwanziger Jahre unsers Jahrhunderts in der deutschen Schweiz; in: Zürcher Taschenbuch auf das Jahr 1890, S.123 ff.

(1) Text im Anhang bei C.Dändliker: Der Ustertag und die politische Bewegung der Dreißiger Jahre im Canton Zürich, Zürich 1881.

Von religiöser Freiheit war indessen nicht die Rede. An zwölfter Stelle stand unter den allgemeinen Wünschen ein Hinweis kirchlicher Natur. Es wurde das Recht der Kirchgemeinden verlangt, aus einem Dreiervorschlag, nach erfolgter Probepredigt, ihren Seelsorger selbst zu wählen. Dieser Volkswunsch entsprach dem allgemeinen Zug nach größerer Gemeindeautonomie und nach Demokratisierung auch der Kirche.

Erst in den zahlreichen individuellen und kollektiven Volkseingaben an den Großen Rat wurde auch die Glaubens- und Gewissensfreiheit gewünscht. Religiöse Interessen nahmen keinen breiten Raum ein, denn von den 230 meist kollektiven Petitionen gingen nur 11 Eingaben darauf ein. Sieben verlangten individuelle Religionsfreiheit. Staatsanwalt Schinz aus Zürich drückte in seinem persönlichen Verfassungsvorschlag (1) die Hoffnung aus, daß die reformierte Religion die herrschende Staatsreligion bleiben solle, wünschte jedoch, daß die völlige Glaubens- und Gewissensfreiheit, die er als unantastbares Recht des freien Mannes bezeichnete, anerkannt werde. Auch die ungehinderte Ausübung des Kultus befürwortete Schinz. Durch den Glaubens- und Gewissenszwang - so argumentierte er - werde die schlimmste aller Despotien, die geistliche Despotie, verbreitet und begründet. Nebst der bisherigen Staatsreligion und der Anerkennung der Religionsverhältnisse in Rheinau und Dietikon, wünschte auch Carl Conrad Toggenburg in Winterthur "vollkommene Gewissens- und Glaubensfreiheit" in der Verfassung (2). "Unbedingte Religionsfreiheit" regte ein als eingewanderter Neubürger Erlenbachs

---

(1) Sammelbände der Verfassungspetitionen von 1830/31, Staatsarchiv Zürich.

(2) Nr.98 der Verfassungspetitionen.

zeichnender Buchhändler an (1). Sie bestehe zwar faktisch,- schrieb er - doch sollte der Kanton Zürich , als an der Spitze der Eidgenossenschaft stehend, mit seinem Beispiel auch durch die verfassungsrechtliche Anerkennung der Religionsfreiheit vorangehen. Er war überzeugt, daß die anderen Kantone diesem Vorbild folgen würden. Um Umtriebe der Jesuiten und der Ultramontanen zu verhindern, solle der Staat jedoch keine geistlichen Oberhäupter anerkennen, keine Konkordate mit Rom abschließen und die Geistlichen aller Konfessionen gleich wie andere Staatsbürger verpflichten. Anerkennung der reformierten Staatsreligion und Verfassungsschutz für "alle Religionen, die im Kanton ausgeübt werden" wünschte auch der Bezirksarzt in Knonau J.Schweizer (2). Daß diese liberalen Wünsche über den Kreis einzelner gebildeter Bürger hinausgingen, zeigen drei Kollektiveingaben. Die im Namen der ganzen Gemeinde Dürsteln eingereichte Petition läßt erkennen, daß weniger an Katholiken oder Sekten gedacht war, denn die Petition verlangte ausdrücklich "unbedingte Glaubens- und Gewissensfreiheit in der evangelischen Lehre" (3). 46 Bürger von Ringweil wünschten, ohne nähere Angabe, einfach "unbedingte Glaubens- und Gewissensfreiheit" (4). Eine dem Zeitgeist huldigende Gruppe von Bürgern in Langnau regte in einer langen Liste von Begehren an zweiter Stelle freie Duldung und Schutz jeder Religion und jedes Kultus an, vertrat aber die Ansicht, die reformierte Religion solle die vorherrschende sein (5).

---

(1) Nr.63 der Verfassungspetitionen
(2) Nr. 8 der Verfassungspetitionen
(3) Nr.36 der Verfassungspetitionen
(4) Nr.64 der Verfassungspetitionen
(5) Nr.62 der Verfassungspetitionen

Neben den freiheitlichen Petitionen kam auch die Sorge um die kirchlichen Interessen zum Ausdruck. Dem Wunsch des Gemeindeammanns von Dorlikon, es möchten beide Konfessionen des Kantons "bestens geschützt und verwahrt" bleiben, stand das exklusivere Verlangen des Arztes und Chorherrn Schinz entgegen, der nur die Erhaltung der herrschenden evangelisch-reformierten Landesreligion hervorhob. Diese Sorge teilte der reformierte Klerus.

Im Namen des Kirchenrates ersuchte der Antistes Gessner den Verfassungsrat, nicht in die Beratungen über das Verhältnis der Landeskirche einzutreten, ohne vorher die Ansichten der Kantonsgeistlichkeit angehört zu haben (1). Besorgnis um die Erhaltung des kirchlichen Status quo zeigten auch die Katholiken. Eine von 29 Bürgern unterschriebene Eingabe (2) wünschte eine Verfassungsgarantie für die Erhaltung des Klosters Rheinau, das jedoch verpflichtet werden sollte, sich an der öffentlichen Wohlfahrt durch Beiträge und die Errichtung einer guten Lehranstalt zu beteiligen. Dieselbe Petition wünschte zur Wahrung der politischen und religiösen Interessen, daß die katholischen Gemeinden Dietikon und Rheinau durch ein Mitglied im Großen Rat vertreten seien. Die Katholiken sollten sich in jeder Stadt- und Landgemeinde das Bürgerrecht erwerben können, sich frei niederlassen und ihr Gewerbe betreiben dürfen. Den Sinn vermehrter religiöser Freiheit hatte auch der Wunsch der Katholiken auf Aufhebung des Ehegerichts, das sich ausschließlich aus Reformierten zusammensetzte.

Die dreizehnköpfige, mehrheitlich reformfreudige Verfassungskommission, die der neugewählte Große Rat am

(1) Nr. 6 der Verfassungspetitionen
(2) Nr. 47 der Verfassungspetitionen

17.Dezember 1830 zur Ausarbeitung eines Entwurfs unter dem Präsidium des erfahrenen Staatsmannes Paul Usteri (1) einsetzte, suchte die Wünsche des Ustermemorials weitgehend zu erfüllen. Sie verhielt sich jedoch zurückhaltend in bezug auf die Petitionen für einen Verfassungsschutz allgemeinerer religiöser Freiheit. Das offizielle Protokoll von Ferdinand Meyer,(2) Vater des späteren Dichters Conrad Ferdinand Meyer, läßt erkennen, daß die ausschließlich aus reformierten Mitgliedern zusammengesetzte Kommission in erster Linie Wert darauf legte, daß auch der regenerierte Kanton Zürich, wie der Text besagte, "eine wirkliche Staatsreligion" habe. Es dürfe, so heißt es, durch deren Nichterwähnung nicht eine, wenn auch unbegründete Besorgnis entstehen, noch den Häuptern anderer Kulte oder Sekten dadurch Anlaß zu gefährlichen Angriffen auf die reformierte Kirche gegeben werden. Die Mehrheit war jedoch für Weglassung des Wortes "herrschend" im bisherigen ersten Verfassungsartikel mit der Begründung, daß der Ausdruck auf Unfreiheit hindeute. Auf den vorhandenen katholischen Kultus zu sprechen kommend, wurde die Meinung geäußert, daß - entgegen der Restaurationsverfassung, die nur die katholischen Gemeinden Rheinau und Dietikon erwähnte - auch die katholische Gemeinde in Zürich anerkannt und infolgedessen auch die freie Ausübung ihres besonderen Kultus gewährleistet werden solle. Das immer noch gültige Dekret von 1807 hatte ihnen nur Duldung gewährt. Es äußerten sich jedoch Bedenken, Zürich im Religionsartikel zusätzlich zu erwähnen. Das Protokoll spricht diskret von "schwierigen Fragen", die dadurch auftauchen könnten. Würde man andererseits alle Gemeindenamen weglassen, so wurde befürchtet, könnte bei den katholischen Eidgenossen Mißtrauen erweckt werden. Die Kommission

---

(1) W.Wettstein: Die Regeneration des Kantons Zürich, Zürich 1906, S.11. Über die Kommissionsmitglieder siehe K.Dändliker: Geschichte der Stadt und des Kantons Zürich, Bd.3, Zürich 1912, S. 258 f.

(2) Protokoll der Verfassungskommission,Zürcher Staatsarchiv.

wollte einer völligen Parität der Katholiken in der Hauptstadt mit den Reformierten ausweichen und stimmte darum dem Status quo zu. Die Gleichheit, die für die gesetzlich näher zu bestimmende politische und wirtschaftliche Freiheit zur Verfassungsdoktrin erhoben wurde, sollte somit nicht unbedingt für die kirchlichen Rechte gelten.

Weniger eindeutig war die Ansicht über die individuelle Glaubens- und Gewissensfreiheit, wie der im Protokoll vermerkte Minderheitsantrag zeigt. Es ist im Bericht nur von der "Gewissensfreiheit" die Rede, die eine Minorität von vier Mitgliedern als einen wesentlichen Bestandteil einer freisinnigen Verfassung gelten lassen wollte. Vermutlich zählten dazu die maßgebenden religiös freisinnigen Jungliberalen, wie Friedrich Ludwig Keller und Konrad Melchior Hirzel, denen jeglicher Glaubens- und Geisteszwang zuwider war. Die Majorität von sieben Mitgliedern stimmte gegen den Antrag, in der Verfassung die Gewissensfreiheit anzuerkennen und zu gewährleisten, mit der Begründung, sie sei als selbstverständlich vorauszusetzen. Eine ausdrückliche Erwähnung könnte falsche Auslegungen und Komplikationen zur Folge haben. Der endgültige Antrag an den Großen Rat hatte nun folgenden Wortlaut: "Die religiöse Gesinnung und Sittlichkeit enthält die sicherste Bürgschaft für Gesetzlichkeit und Ordnung im Staate. Die evangelisch-reformierte Religion ist die vom Staate anerkannte Landesreligion. Den bestehenden katholischen Gemeinden sollen ihre Religionsverhältnisse gewährleistet werden"(1). Der einleitende Satz, der die Religion von der Staatsraison her bewertete, sollte weggelassen werden für den Fall, daß der Religionsartikel nicht mehr der erste der

(1) Protokoll der Verfassungskommission, Sitzung vom 11. Februar 1837.

Verfassung sein würde. Als Antrag der Minorität wurde der Zusatz vermerkt: "Niemand darf um seiner persönlichen religiösen Überzeugung willen verfolgt werden".

Im verfassungsgebenden Großen Rat (1) fanden die Bedenken gegen die Aufnahme der Glaubens- und Gewissensfreiheit keine Mehrheit (2). Der Religionsartikel ist im gedruckten Entwurf der vierte und enthielt infolgedessen nicht den einführenden Satz. Nach dem Vorbild der helvetischen Verfassung von 1798 nahm der Artikel über die repräsentativ-demokratische Staatsform die erste Stelle ein. Die Artikel 3 bis 9 enthielten Individualrechte. Im Vordergrund stand das Recht auf Gleichheit vor dem Gesetz und die freie Wählbarkeit in alle öffentliche Ämter. Mit der oppositionslosen Zustimmung zu diesen demokratischen Rechten kontrastierten Voten und Abstimmungen über den am 16.Februar zur Diskussion stehenden Artikel 4 über die Religionsverhältnisse. Nach dem"Schweizerischen Republikaner"sollen sich 33 Großräte über die Garantie der Freiheit des Glaubens geäußert haben (3). Vergleicht man diese Zahl mit den 22 Mitgliedern, die am gleichen Tag bei der Diskussion das Wort über Sinn und Anwendung der Volkssouveränität ergriffen, deren Auslegung für die Staatsform doch grundlegend war, so zeigt schon die Zahl der Votanten, wie bedeutungsvoll

---

(1) Das offizielle Großratsprotokoll (Staatsarchiv Zürich) hält nur die Resultate der Verhandlungen fest. Ausführlicheren Aufschluß gibt das 1830 gegründete Blatt der radikalen Liberalen, der "Schweizerische Republikaner", dessen Angaben jedoch nicht frei von Tendenz sind. J.J.Leuthy gibt sie in seiner "Geschichte des Cantons Zürich von 1794-1830", Bd.2, Zürich 1843, S. 154 ff, unkritisch wieder.

(2) J.J.Leuthy gibt zu Unrecht an, der erste Punkt, der besonders angefochten wurde, hätte nach dem Entwurf der Kommission gelautet: "Die Gewissensfreiheit ist unverletzlich. a.a.O., S. 159.

(3) J.J.Leuthy: a.a.O., S. 158.

und umstritten zugleich das Problem der religiösen Freiheit war. Trotz der freisinnigen Haltung mancher Volksvertreter stand die Anerkennung der Landesreligion nie in Frage. Keiner der Votanten bestritt andererseits die Berechtigung der Gewissensfreiheit, die als der reinen protestantischen Lehre gemäß dargelegt wurde. Nur in der Anwendbarkeit und der Notwendigkeit einer entsprechenden Verfassungsbestimmung schieden sich wieder die Meinungen. Gegenüber den Befürwortern des Antrags der Kommissionsmehrheit auf Nichterwähnung betonte die Mehrheit im Großen Rat die Wichtigkeit einer religiösen Verfassungsgarantie. Sie wies darauf hin, daß auch das reformierte Zürich gegen die Gewissensfreiheit die Wiedertäufer, Herrnhuter und Neugläubigen verfolgt habe und daß in der Waadt religiöse Unterdrückungen noch in den zwanziger Jahren stattgefunden hätten. Der Landeskirche selbst, so wurde unter anderem argumentiert, sei man es schuldig, daß in Glaubens- und Gewissensangelegenheiten die Freiheit des Gewissens geachtet werde. Schon die bloße Möglichkeit, an Verfolgungen nur zu denken, sollte ausgeschlossen werden (1). Nur repressive Maßnahmen gegen Störungen der bürgerlichen Ruhe und die äußere Aufsicht des Staates über Lehrer und Kirche wollte man gelten lassen. Nachdem sich der Schwerpunkt der Diskussion von der Gewissensfreiheit auf die Glaubensfreiheit verlagert hatte, erklärten sich in der Schlußabstimmung 115 Großräte für die Unverletzlichkeit der letzteren (2). Eine Minderheit von über 50 Stimmen (3) wünschte Weglassung. Da in der mehrheitlich liberalen Verfassungskommission dieses Freiheitsrecht keine Gnade gefunden hatte,

---

(1) Schweizerischer Republikaner, Nr.18 vom 18.Februar 1831, S. 114

(2) Protokoll des Großen Rates vom 16.Februar 1831.

(3) W.Wettstein: Die Regeneration des Kantons Zürich,

muß angenommen werden, daß nicht nur politisch und religiös Konservative zu dieser Minderheit im Großen Rat gehörten. Der zweite Satz über die Anerkennung der Landesreligion wurde einmütig nach dem veränderten Text der Kommission gutgeheißen.

Wie in der Kommission, so gab auch die Frage des katholischen Kultus im Verfassungsrat Anlaß zur Diskussion. Eine bedeutende Minderheit wollte das Wort "gegenwärtig" als zu ängstlich weglassen, während eine kleinere Minderheit sich gegen die Einbeziehung Zürichs in die Garantie aussprach, weil sie befürchtete, die Katholiken der Hauptstadt könnten daraus auf Gleichberechtigung mit Rheinau und Dietikon schließen und Umzüge mit Kreuz und Fahnen in den Mauern Zürichs durchführen. Da der vorgelegte Text jedoch tatsächlich nur die gegenwärtig bestehenden Religionsverhältnisse der katholischen Gemeinden garantierte, erklärte sich die Mehrheit mit der entworfenen Fassung einverstanden.

Für die katholische Gemeinde in Zürich brachte ihre Einbeziehung in die Verfassung insofern eine Verbesserung ihrer Rechtslage, als eine Aufhebung des Duldungsdekrets unter dem regenerierten Grundrecht, das den Status quo garantierte, ohne Verfassungsbruch nicht mehr in Frage kam. Der Religionsartikel erhielt in der neuen Verfassung folgenden nur durch den ergänzenden ersten Satz vom kommissionalen Vorschlag differierenden Wortlaut: "Die Glaubensfreiheit ist gewährleistet. Die christliche Religion nach dem evangelisch-reformierten Lehrbegriffe ist die vom Staate anerkannte Landesreligion. Den gegenwärtig bestehenden katholischen Gemeinden sind ihre Religionsverhältnisse gewährleistet."

Zürich 1906, S.29. Am Vortag waren insgesamt 194 Großräte anwesend. W.Wettstein: a.a.O., S.17. J.J.Leuthy gibt die Zahl mit ca 70 bis 80 sicher zu hoch an. Geschichte des Cantons Zürich von 1794-1830, Bd.2, Zürich 1843, S. 159.

Keine eindeutige Antwort gab die Verfassung auf die Frage, inwiefern die Glaubensfreiheit sich auch auf die bisher diskriminierend gehandhabten politischen und bürgerlichen Rechte bezog. Es zeigte sich in dieser Diskussion über das Bürgerrecht und die Niederlassungsfreiheit, daß die Furcht, es könnten allmählich neue paritätische Gemeinden entstehen, nach weiterer Einschränkung der Glaubensfreiheit verlangte. So fanden es viele Großräte nicht begreiflich, daß bei den politischen Rechten die Konfession nicht erwähnt wurde (1). Bisher hatten die Katholiken nur in Dietikon und Rheinau gesetzlich volle Gleichberechtigung. Die Zahl der katholischen Bürger jener Gemeinden reichte nicht aus, um einen Vertreter auch in den Großen Rat schicken zu können, was ihr Recht gewesen wäre. Da Zürich dem Konkordat über Konvertiten beigetreten war, wurden diese nicht wie in gewissen Kantonen des Bürgerrechts verlustig erklärt. Der verfassungsgebende Rat konnte sich beim Artikel 8, der jedem Bürger einer Gemeinde des Kantons das Recht gab, in jeder anderen das Bürgerrecht zu erwerben oder sich niederzulassen, weder dazu entschließen, dieses Recht konfessionell bedingt noch unbedingt zu formulieren. Der Text, mit 135 Stimmen gegen 47 angenommen, lautete im Artikel 8 einfach: "unter Erfüllung der gesetzlichen Bedingungen" (2). Es blieb somit dem positiven Gesetz und der Praxis überlassen, die Konsequenzen aus dem Recht der Glaubensfreiheit zu ziehen oder nicht zu ziehen.

Die neuen Verfassungsbestimmungen über das Verhältnis von Staat und Kirche zeigen, daß die liberale

---

(1) J.J.Leuthy: Geschichte des Cantons Zürich von 1794-1830, Bd.2, Zürich 1843, S. 163.

(2) Th.Bornhauser: Verfassungen der Kantone der schweizerischen Eidgenossenschaft, Bd.1, Trogen 1833, S.3.

Mehrheit, ohne formell auf das reformierte Staatskirchentum zu verzichten, den Staat von der Kirche zu emanzipieren suchte. Die Neuerungen zeigen jedoch, daß diese nicht gegen die Geistlichkeit gerichtet waren, obgleich diese in ihrer überwiegenden Mehrheit die Staatsumwälzung nicht befürwortet hatte. Der Große Rat suchte einen offenen Konflikt zwischen Staat und Kirche zu vermeiden. Er bestimmte, daß die Synode die verfassungsmäßige Versammlung der Geistlichkeit sei und nahm Rücksicht auf die Eingabe des Antistes, indem vor Erlaß der Organisationsgesetze für das Kirchenwesen ein Gutachten der Synode einzuholen war. Aus ihrer Mitte durfte diese fortan neun Mitglieder des Kirchenrates wählen,gegen fünf weltliche durch den Großen Rat zu bestimmende Kirchenräte. Der Antistes sollte weiterhin den Vorsitz auch des Kirchenrates behalten. Der Große Rat behielt indessen das Recht der Wahl des Antistes aus einem Dreiervorschlag der Synode und der Bestätigung der Wahl der übrigen geistlichen Kirchenräte. Dem Regierungsrat aber kam das Recht einer Zweiervertretung zu und die Aufsicht über den Kirchenrat (1). Damit behielten die staatliche Legislative und Exekutive die Kontrolle über das Kirchenwesen. Als einen schwerwiegenden Eingriff in jahrhundertealte Rechte empfand die Geistlichkeit die Säkularisierung des von Zwingli geschaffenen gemischten Ehegerichts. Sie sollte in dieser Behörde keine Vertretung mehr haben (2). Nur das Vermittleramt in Ehesachen blieb dem Stillstand der Kirchengemeinde, die der Ortspfarrer leitete. Andererseits verzichtete der

---

(1) Art.57 und 69. Th.Bornhauser: Verfassungen der Kantone der schweizerischen Eidgenossenschaft, Bd.1, Trogen 1833, S. 19, 23 f.

(2) Art.85, Th.Bornhauser: a.a.O., S. 30 f.

Staat auf eine rechtliche Einflußnahme bei der Wahl der Geistlichen, da die Kirchgemeinden diese inskünftig aus einem Dreiervorschlag der Synode selbständig bestimmen konnten (1).

Der liberal und demokratisch fortschrittliche Charakter des Grundgesetzes vom 22.März 1831 sicherte diesem mit 40'503 annehmenden gegen 15'721 ablehnenden Stimmen Volkstümlichkeit und Stabilität. Die Verfassung blieb in Kraft, obwohl es in den vierziger Jahren in der Schweiz in mehreren regenerierten Kantonen zu neuen, teilweise stürmischen Revisionskämpfen kam. Wenn Zürich 1839 dennoch eine revolutionäre Volksbewegung kannte, so lag die primäre Ursache nicht an der Verfassung von 1831, sondern an der allzu liberalen Auslegung des Grundrechts der Glaubensfreiheit, das sie sanktioniert hatte. Zwar war die Landeskirche dem Staat gegenüber etwas selbständiger geworden, doch verlor der Klerus andererseits an Einfluß dadurch, daß die Obrigkeit das Unterrichtswesen gänzlich unter ihre Leitung nahm. Sie wollte ihr vorerst im öffentlichen Unterrichtswesen Nachachtung verschaffen. Thomas Scherr übernahm diese Aufgabe im Lehrerseminar von Küsnacht. Die großrätlichen Verhandlungen von 1834 über das Gesetz über den Religionsunterricht zeigen, wie sehr der aufstrebende radikale Flügel der Liberalen bemüht war, den Einfluß der Kirche auf das Schulwesen noch stärker einzuschränken. Es ging dabei nach Ludwig Snell, der zu jener Zeit Zürcher Großrat war, um die Behauptung

---

(1) Art.85. Th.Bornhauser: Verfassungen der Kantone der schweizerischen Eidgenossenschaft, Bd.1, Trogen 1833, S. 31.

eines der heiligsten Menschenrechte und die Bewahrung einer der großen Grundwahrheiten, worauf der Vernunftcharakter der neuen Kultur beruht - die zweite Perle in der berühmten Sprache Cannings: "Bürgerliche und religiöse Freiheit für die ganze Welt" -"die Glaubensfreiheit." (1). Darunter verstand Snell nicht nur die Vermeidung des Zwangs im kirchlichen Religionsunterricht, sondern auch einen freieren religiösen Unterricht in den Schulen, der ebenfalls die Glaubensfreiheit respektierte. Die Zürcher Radikalliberalen aber machten hier nicht Halt. Es war eine der Lieblingsideen der freisinnigen Parteihäupter Keller, Hirzel und Orelli, auch die Staatskirche in ihrem Sinn zu reformieren (2). Als der Erziehungsrat durch Stichentscheid des Bürgermeisters Melchior Hirzel Anfang 1839 den wegen seiner rationalistischen Deutung des Lebens Jesu (3) heftig umstrittenen Württemberger Theologen David Friedrich Strauss auf den Lehrstuhl der Dogmatik der neuen Zürcher Universität berief, war der offene Konflikt mit der mehrheitlich eher positiv oder pietistisch orientierten Geistlichkeit (4) und dem religiöskonservativ gesinnten Volk unvermeidlich. Sowohl der Kirchenrat, die Kapitel als auch der Antistes sprachen sich gegen die Berufung aus.

Im Großen Rat verteidigte Hirzel die Berufung mit dem Hinweis, daß er Glaubensfreiheit und einen vernünftigen Glauben wolle. Die Berufung Straussens sei nicht

---

(1) Der Republikaner vom 21.1.1834. A.Scherer: Ludwig Snell und der schweizerische Radikalismus (1830-1850), Freiburg 1954, S. 69.

(2) A.Largiadèr: Geschichte von Stadt und Landschaft Zürich, Bd.2, Erlenbach-Zürich 1946, S. 145 f.

(3) D.F.Strauss: Das Leben Jesu, kritisch bearbeitet, Tübingen 1835, Burgdorf 1839 und 1847.

(4) W.Hildebrandt: Der "Straussenhandel" in Zürich (1839)

nur für die Wissenschaft, sondern auch für die Kirche vorteilhaft. Er hätte es zwar lieber gesehen, wenn die Kirche sich von sich aus reformiert hätte, meinte er, bezweifle jedoch, daß sie dazu geneigt sei (1). Ganz anderer Natur war die kirchliche Sicht der religiösen Freiheit. "Für wen ist die Glaubensfreiheit gewährleistet ?" fragte Dekan Vögeli nach dem Hinweis auf Artikel 4 der Verfassung. "Etwa nur für die Gegner und Feinde der Kirche und für die, die sich von ihr losreißen und trennen wollen oder auch für die Kirche selbst in dem Sinne, daß man ihr keine Institution aufdringen darf, die ihren Glauben verletzen, und daß man ihr keine Lehrer, Führer und Häupter aufdringen darf, welche die unendliche Mehrheit der Kirchenglieder mit Abscheu zurückstößt ?" (2) Zu den Rednern, die sich gegen die Berufung von Strauss in jener aufsehenerregenden Debatte äußerten, zählten der liberal-konservative Rechtsgelehrte J.C.Bluntschli und der Vermittlungstheologe Alexander Schweizer (3). Durch die Ablehnung der Motion des Antistes Füssli, der dem Kirchenrat einen Einfluß auf die Wahl der Theologieprofessoren wünschte, fühlte sich der Regierungsrat bestärkt, die vom Erziehungsrat getroffene Wahl zu bestätigen. Nun bemächtigte sich die Entrüstung des religiös-konservativen Volksteils, namentlich in der Zürcher Landschaft. Ein vom Industriellen J.J.Hürlimann - Landes geleitetes, hauptsächlich aus Laien bestehendes Zentralkomitee setzte sich zum Ziel, die Abwehrkräfte in den Kirch-

---

im Spiegel der zeitgenössischen Literatur, Zürich 1939, S. 39.

(1) H.Gelzer: Die Straussischen Zerwürfnisse in Zürich von 1839, Hamburg/Gotha 1843, S. 128 f.

(2) H.Gelzer: a.a.O., S. 143 f.

(3) H.Gelzer: a.a.O., ~~S.150~~ S.132 ff. Kategorischer hat A. Schweizer in der Großratssitzung vom März 1839 gegen die Berufung Stellung genommen.

gemeinden zu sammeln und auf gesetzlichem Wege die Berufung von Strauss zu verhindern. Durch das Petitionsrecht sollten Kirche und Schule die Aufrechterhaltung des christlichen Glaubens nach dem bestehenden evangelisch-reformierten Lehrbegriff gesichert werden (1). Die nur religiöse Belange erwähnende Volkseingabe (2) erreichte die hohe Zahl von 39'225 Unterschriften (3). Regierungsrat und Großer Rat wurden sich der allgemeinen Mißstimmung unter dem Volk bewußt und widerriefen die Berufung. Strauss wurde vor seinem Amtsantritt pensioniert.

Regierungsrat Eduard Sulzer beleuchtete am 18. März 1839 vor dem Großen Rat in seinem Eröffnungsbericht erneut die Gründe, die zur Wahl im Erziehungsrat geführt hatten. Seine Ausführungen bestätigen, daß die radikal-liberalen Befürworter sich auf den ersten Satz über die Glaubensfreiheit im Artikel 4 der Verfassung gestützt hatten, wobei sie ihm eine extensive Bedeutung gaben (4). Die Gegner hingegen beriefen sich wieder auf den zweiten Satz desselben Artikels, der die vom Staat anerkannte Landeskirche "nach dem evangelisch-reformierten Lehrbegriffe" kennzeichnete und interpretierten die Glaubensfreiheit in diesem Lichte. Ferdinand Meyer, der Vater des Dichters, sprach das klärende Wort, daß die Gewährleistung der Glaubensfreiheit sich nur auf den einzelnen Bürger beziehe, in der Kirche aber liege das Bekenntnis der Gesamtheit. Daher wollte er, daß der religiöse Willensausdruck der großen Volksmehrheit, den er als erfreulich bezeichnete, respektiert

(1) H.Gelzer: a.a.O., S. 191 f.
(2) Text bei H.Gelzer: a.a.O., S. 200 ff.
(3) H.Gelzer: a.a.O., S. 209.
(4) H.Gelzer: a.a.O., S. 268.

werde (1). Ludwig Keller, der mit Melchior Hirzel an der Berufung festhalten wollte, beschuldigte die kirchenfreundliche Volksbewegung, in ihrer Quelle unrein und in ihren Resultaten staatsgefährlich zu sein (2). Das scharfe Urteil der freisinnigen Städter war, was Leitung und Ziel der antistraussischen Volksbewegung betraf, unberechtigt (3). Diese sind nach ihrem Ursprung ausschließlich religiös gerichtet gewesen. Das Zentralkomitee wehrte sich dagegen, daß sich kirchenfremde Motive in die Absicht, den überlieferten Glauben zu erhalten, mischten (4). Es vermochte jedoch nicht zu verhindern, daß aus dem Widerstand der Behörden, den religiös-konservativen Wünschen des Volkes nach vermehrtem kirchlichem Einfluß im Unterrichtswesen zu willfahren, letztlich eine Revolution wurde, die dem radikal-liberalen Regime ein Ende bereitete. Erst durch die Jesuitenaffäre vermochten die Radikalen, das Volk von der Geistlichkeit zu scheiden und für ihre politischen Ziele zu gewinnen.

Straussenhandel und Straussenputsch fanden in der Eidgenossenschaft und in Europa ein erstaunlich starkes Echo (5). Sie waren Vorzeichen einer in den vierziger Jahren sich verschärfenden geistig-religiösen Krise, bei der es nicht zuletzt um die Freiheit des Glaubens und der Kirche im modernen Staat ging. Die Vorgänge in Zürich des Jahres 1839 lösten auch in anderen Kantonen kirchenpolitische Reaktionen aus, die das Gesicht der Schweiz umgestalten sollten.

---

(1) H.Gelzer: Die Straussischen Zerwürfnisse in Zürich von 1839, Hamburg/Gotha 1843, S. 273 f.

(2) H.Gelzer: a.a.O., S. 275.

(3) W.Hildebrandt: Der "Straussenhandel" in Zürich (1839) im Spiegel der zeitgenössischen Literatur,Zürich 1939, S.42.

(4) Siehe die Sendschreiben vom 13.Febr. u.2.März 1839 an alle Kirchgemeinden. H.Gelzer: a.a.O., S. 184 ff.

(5) Neben zahllosen Artikeln erschienen über 70 zeitgenössische Druckschriften für oder gegen die Berufung von Strauss. W.Hildebrandt (a.a.O., S.4) zählte 32 für Strauss günstige und 40 gegnerische Schriften.

Thurgau

Als der politisch und religiös liberal gesinnte reformierte Pfarrer von Matzingen, der junge Thomas Bornhauser, mit dem gallischen Hahnschrei der Julirevolution auch für die Schweiz die Morgenröte der Volksherrschaft anbrechen sah und die Thurgauer mit freiheits- und verfassungsgläubiger Inbrunst zur Revision ihres Staatsgesetzes aufrief, fanden in seiner viel beachteten Flugschrift "Über die Verbesserung der thurgauischen Verfassung" die konfessionellen Verhältnisse keine Erwähnung. Religiöse und politische Gleichberechtigung der Reformierten und Katholiken bildeten 1830 im Thurgau keinen Grund zur Reform. Sie war durch die Verfassung von 1814 vollauf gewährleistet.

Anfang 1798 schon, kurz vor der zwangsweisen Einführung des helvetischen Einheitsstaates, als die reformierten und katholischen Untertanen der gemeinen Herrschaften im Thurgau sich gemeinsam als autonomen demokratischen Stand - eine Landestrennung nach kirchlicher Zugehörigkeit wäre infolge der religiösen Vermischung der Bevölkerung unrealistisch gewesen - zu konstituieren suchten, war die Sorge um die konfessionelle Gleichberechtigung ein Hauptanliegen des thurgauischen Volkes gewesen (1). J.J.Gonzenbach hatte darum, wie im Kapitel über die Helvetik gezeigt wurde, die vom Staat zu gewährende Sicherheit für die beiden Religionsparteien in bezug auf Kultus, Unterhalt der Geistlichen,

---

(1) H.Hungerbühler: Staat und Kirche im Thurgau während Helvetik und Mediation.- Frauenfeld 1955, S. 29 ff.

der Kirchengebäude und Schulen an die Spitze seiner Verfassungsvorschläge gestellt (1). Im Rückblick auf den unseligen Paritätsstreit, den der Ittingersturm im Thurgau 1524 ausgelöst und der während dreier Jahrhunderte die Landeskonfessionen je nach der eidgenössischen Machtkonstellationen in Mitleidenschaft gezogen hatte sowie aus der kurzen unerfreulichen Erfahrung mit der Helvetik mußte den Thurgauern das Paritätsprinzip, wie es erst der vierte Landfriede vollendet hatte, als wünschenswerteste Ordnung der kirchlichen Verhältnisse erscheinen. Dies traf allerdings mehr für die katholische Minderheit zu. Diese war nicht nur zahlenmäßig - sie machte nicht einmal ein Viertel der Bevölkerung aus (2) - sondern auch sonst politisch benachteiligt, denn die demokratische Führung lag anfänglich beinahe ausschließlich bei den Reformierten (3). Als die Mediation den Thurgauern erstmals die Möglichkeit einer selbständigen Kirchenpolitik gab, erstrebte Johannes Morell mit der Zustimmung der evangelischen Geistlichkeit,die innere Einheit des Kantons durch Förderung der politischen Schirmherrschaft über beide Kirchen und durch Schaffung einer einheitlichen paritätischen oberen Kirchenbehörde zu festigen. Dazu boten die zahlreichen gemischtkonfessionellen Gemeinden und Simultankirchen einen Anlaß. Der strenggläubige reformierte Johannes Morell hatte jedoch in der

(1) F.Brüllmann: Die Befreiung des Thurgaus,Weinfelden 1948, S. 127.

(2) Die von J.A.Pupikofer angegebenen jährlichen pfarramtlichen Zählungen von 1807 bis 1835 sind ungenau. Für 1814 ergaben diese 59'462 Reformierte und 17'425 Katholiken; für 1830 63'988 bzw. 18'166. Der Kanton Thurgau historisch, geographisch, statistisch geschildert. St.Gallen/Bern 1837, S. 46.

(3) H.Hungerbühler: Staat und Kirche im Thurgau während Helvetik und Mediation, 1798-1814, Frauenfeld 1955, S. 37.

Person des gemässigt liberalen Katholiken Joseph Anderwert einen fähigen Gegenspieler, der seiner Kirche eine grössere, durch Jahrhunderte legitimierte Unabhängigkeit zu schaffen suchte, als sie die Reformierten für die ihre wünschten und der darin vom befreundeten Generalvikar von Konstanz Ignaz Heinrich von Wessenberg, zu dessen Bistum damals die Ostschweiz gehörte, klug unterstützt wurde (1).

Die Verfassung von 1814 trägt in ihren konfessionellen Bestimmungen das Merkmal des Kompromisses zwischen dem von der reformierten Mehrheit geförderten Staatskirchentum und dem von der katholischen Minderheit, die, von den katholischen Kantonen und den Alliierten unterstützt, das Eigenrecht ihrer Kirche und der Klöster zu wahren trachteten.

Artikel 33 garantierte den beiden Landesreligionen vorerst die Kultusfreiheit mit dem folgenden lapidaren Wortlaut, dem nichts mehr von dem jahrhundertelangen Streit um die religiöse Freiheit anzumerken ist: "Die freie Ausübung des evangelisch-reformirten und des katholischen Gottesdienstes ist gesichert" (2). Die Einschränkung auf das Freiheitsrecht der historischen Kirchen und die Weglassung der Glaubens- und Gewissensfreiheit sind deutliche Merkmale der kirchlich beeinflussten Rückkehr zum Altgewohnten, die mit

(1) Die Bemühungen Joseph Anderwerts, das benachbarte Konstanz, das nach der Niederlage bei Kappel der Rekatholisierung anheimgefallen war, in den Kanton Aargau einzugliedern, scheiterten an den konfessionellen Bedenken der Reformierten. E.Herdi: Geschichte des Thurgaus, Frauenfeld 1943, S.285.

(2) P.Usteri: Handbuch des schweizerischen Staatsrechts, Aarau 1821, S.411.

der Mediation einsetzte, wobei dieses Recht nun Ausdruck eigener Souveränität war. Noch deutlicher distanzierte sich das Grundrecht von 1814 von der Helvetik im 34.Artikel: "Der Fortbestand der Klöster und Kapitel und die Sicherheit ihres Eigentums ist gewährleistet". Schon die Mediation hatte der Säkularisation, unter der auch die Thurgauer Konvente gelitten hatten, ein Ende bereitet. Dieser Sonderschutz entzog die Klöster den Beschlüssen der reformierten Mehrheit, die an ihrer Erhaltung kein direktes Interesse hatte. Doch auch ohne Säkularisation konnte der Staat daraus Nutzen ziehen. Er erklärte das immer noch ansehnliche Vermögen der Klöster im Nachsatz desselben Artikels als Privateigentum und unterwarf sie der Besteuerung. Damit schienen beide Teile zufrieden zu sein.

Im sechsten und letzten Abschnitt, der die Verhältnisse zwischen den beiden Konfessionsteilen regelte, ist das alteidgenössische Erbe am deutlichsten sichtbar, indem es den Anteil der Konfessionen an den politischen Institutionen festlegte.Die Verbindung von Politik und Religion hatte im Zeitalter, als beide unzertrennlich waren, dem Schutz religiöser Minderheiten gedient. Das Ziel war jedoch nur dann völlig erreicht, wenn die Parität auch Zahlengleichheit für beide Konfessionen bedeutete. Nun hatten zwar konservative Katholiken gewünscht, daß ihnen diese Hälfte der Repräsentation eingeräumt würde (1), doch zerschlug sich diese Hoffnung am Widerstand der Reformierten, die an der Berücksichtigung der Konfession im Wahlrecht der Behörden ohnehin ein geringeres Interesse hatten. Es gelang indessen dem

(1) Aus einer Korrespondenz Joseph Anderwerts vom 26. Juni 1814. G.Sulzberger: Geschichte des Thurgaus von 1798-1830, S. 148. in: Geschichte des Thurgaus, Bd.2, von J.A.Pupikofer, Frauenfeld 1889.

vermittelnden Joseph Anderwert mit Hilfe Wessenbergs (1), die reformierte Mehrheit zu beruhigenden Konzessionen an die katholische Minderheit zu bewegen. Die Verfassung von 1814 bestimmte im Artikel 38, daß mindestens ein Viertel der Sitze des hundertköpfigen Großen Rats, etwas mehr als das Bevölkerungsverhältnis, der katholischen Konfession zukommen solle, im Kleinen Rat und im Obergericht sogar ein Drittel, nach Inhalt des Landfriedens, wie es Anderwert nannte (2). Der Vorsitz hatte stets unter den Konfessionen zu wechseln. Bei der Bestellung aller anderen Gerichts- und Verwaltungsbehörden sollte nach dem Wortlaut "im allgemeinen ein billiges Paritätsverhältnis beobachtet werden" (3). Eine weitere Konzession an die katholische Minderheit war die Freigabe des paritätischen Kirchen- und Schulrats. Artikel 39 autorisierte jeden Konfessionsteil unter der höheren Aufsicht der Regierung, sein Kirchen-, Schul- und Matrimonialwesen selbst zu organisieren und zu besorgen, allerdings mit der Einschränkung, daß sich die Verwaltung nur "über die ihm wirklich, eigentümlich und ausschließlich zugehörigen Kirchen-, Schul- und Armengüter" beziehe. Konfessionelle Streitigkeiten zwischen Gemeinden und paritätischen Gemeindeteilen sollten, so bestimmte Artikel 40, nach alteidgenössischem Vorbild durch ein paritätisches Schiedsgericht gütlich gelöst werden. Nur ungern hatte die reformierte Mehrheit des Großen Rats am 28.Juli 1814 einer Verfassung zugestimmt - dem Volk wurde sie nicht zur Abstimmung vorgelegt - die den konfessionellen Dualismus im Behördenapparat wieder stärker berücksichtigte, doch es war der Preis, den sie

---

(1) G.Sulzberger: Geschichte des Thurgaus von 1798-1830, S. 147, in: Geschichte des Thurgaus, Bd.2, v.J.A.Pupikofer, Frauenfeld 1889.

(2) G.Sulzberger: a.a.O., S. 148.

(3) Art.38 d. P.Usteri: Handbuch des schweizerischen Staatsrechts, Aarau 1821, S. 412.

dem Staatskirchtentum und der Erhaltung des Religionsfriedens bezahlen mußte, in einer Zeit, die im allgemeinen der Konfession auch im politischen Leben wieder größeres Gewicht beimaß.

Im Grundgesetz über die Organisation der abgesonderten Konfessions-Administrationen vom 7.Juni 1816 (1) war in Ergänzung zur Verfassung das Verhältnis des Staates zu den beiden Landeskirchen geregelt worden. Es trägt die Unterschrift des damaligen Großratspräsidenten und Landammanns Johannes Morell und läßt deutlich die Tendenz erkennen, die konfessionelle Selbstverwaltung im Interesse des Staates einzuschränken. Nicht in ihrer Konstituierung unabhängiger Kirchenbehörden wurde die obere Verwaltung des Kirchen- und konfessionellen Schulwesens anvertraut, sondern der aus politischen Wahlen hervorgegangene Große und Kleine Rat teilten sich dazu in je ein reformiertes und ein katholisches Kollegium. Zwar sprach Artikel 20 diesen "im Innern des ihnen angewiesenen Verwaltungskreises eine absolute, von der Staatsadministration gänzlich abgesonderte Gewalt" zu, beschränkte jedoch gleichzeitig dieses Recht in unmißverständlicher Weise im 21.Artikel, der folgenden Wortlaut hat: "Diese Absönderung der Konfessions-Administration von der Staatsadministration aber kann auf keine Art und unter keinem Titel irgend eine Sönderung in die Ausübung der politischen Rechte und Pflichten der Bürger bringen, noch den Konfessionsbehörden Anspruch auf politische Macht oder solche Rechte geben, welche der Landeshoheit angehören, noch endlich sich auf ihre äußern Relationen ausdehnen lassen"(2).

(1) P.Usteri: Handbuch des schweizerischen Staatsrechts, Aarau 1821, S. 412 ff.

(2) P.Usteri: a.a.O., S. 417.

Die Regierung behielt das Oberaufsichtsrecht über die Kirchenverwaltung und das Klostervermögen und hatte bei Streitfällen zu entscheiden, ob die konfessionelle Administration zuständig sei oder nicht. Die Dekrete der thurgauischen konfessionellen Behörden, die bischöflichen Erlasse und Konkordate bedurften der staatlichen Sanktion, um rechtskräftig zu werden, wobei allerdings die Genehmigung nur dann versagt werden konnte, wenn sie den bestehenden Gesetzen widersprachen. Sogar das Wahlrecht über gewisse geistliche Pfründen und die Absetzung Geistlicher von diesen Pfründen war der direkten Kompetenz des Kleinen Rats unterstellt (1). Dasselbe galt von den Kirchen und Schulen, die gemeinsam von Reformierten und Katholiken benützt wurden. So wie die konfessionelle Trennung der Räte rein katholische Angelegenheiten der Majorisierung durch die reformierte Ratsmehrheit entzog, so schützte das Verwaltungsrecht der Regierung im ausgedehnten paritätischen Bereich die Reformierten vor Übergriffen der katholischen Hierarchie.

Die konfessionelle Gesetzgebung hat sich im Thurgau, trotz konfessioneller Trennung der Räte, bewährt, sofern man den Religionsfrieden und die Wahrung der staatlichen Einheit als Maßstab nimmt. Dazu hatten die Gewöhnung an das Zusammenleben der Konfessionen in den Gemeinden, durch die Niederlassungsfreiheit gefördert, und das von reformierten und katholischen Landammännern Morell und Anderwert im Gesamtinteresse maßvoll geleitete paritätische Staatskirchentum wesentlich beigetragen. Das Verhältnis der Kirchen zueinander und zu der Regierung war geordnet und friedlich, was dadurch erleichtert wurde, daß auch während der

---

(1) P.Usteri: Handbuch des schweizerischen Staatsrechts, Aarau 1821, S. 416.

Restauration der tolerante Einfluß Wessenbergs erhalten blieb (1). Erst 1830, nachdem sich die Hoffnung auf ein Nationalbistum endgültig zerschlagen hatte, stimmte der Große Rat dem Anschluß an das neu geschaffene Bistum Basel zu. Da auch dessen Kirchenpolitik gemäßigt war, blieb das thurgauische Staatskirchentum, trotz seines Dualismus, im wesentlichen weiterhin unbestritten.

Vom Geist religiöser Verträglichkeit waren auch die Führer der Revisionsbewegung von 1830/31 beseelt, vorab Thomas Bornhauser, der seine Anhänger auch unter der katholischen Bevölkerung hatte. Eine offene Bekämpfung der konfessionellen Trennung, wie sie sein politischer Freund in St.Gallen, G.J.Baumgartner, als Katholik in einem mehrheitlich katholischen Kanton mit mehr Aussicht auf Erfolg vornehmen konnte, hätte dem reformierten Pfarrer von vornherein das katholische Volk mit ihren Geistlichen entfremdet. Das konnte er sich nicht leisten. Nicht die religiöse - diese besaßen die Reformierten wie die Katholiken gleicherweise -, sondern die politische Gleichberechtigung schrieb er auf das Banner der Revolution. Nur für das Erziehungswesen erhoben sich zahlreiche liberale Stimmen aus dem Volk gegen das Trennungsprinzip.

Die durch Volkswahlen erneuerte Legislative, die als Verfassungsrat waltete, wählte den erfahrenen katholischen Staatsmann Joseph Anderwert zu ihrem Präsidenten, womit sichtbar wurde, daß die aus liberalen und demokratischen Anhängern Bornhausers bestehende Mehrheit keinen völligen Bruch mit der unmittelbaren Vergangenheit erstrebte. Diese Wahl mußte beruhigend

---

(1) G.Sulzberger: Geschichte des Thurgaus von 1798-1830, S. 175, in: J.A.Pupikofer: Geschichte des Thurgaus, Bd.2, Frauenfeld 1889.

auf die Katholiken wirken, die wie bisher im Großen Rat nur 25 Stimmen gegen 75, die den Reformierten zustanden, besaßen. Nachdem in der 2.Sitzung, am 22.März 1831, die Freiheit der Meinungsäußerung in Wort und Schrift, die Freiheit des Gewerbes und Handels, die persönliche Freiheit und die Niederlassungsfreiheit, die letztere bei Gegenrecht auch für Bürger anderer Kantone, und das Eigentumsrecht, das als heilig bezeichnet worden war, wurde als letztes Freiheitsrecht über die Religion befunden. Es lag ein Text der Verfassungskommission mit folgendem Wortlaut vor: "Alle christlichen Konfessionen sind im Kanton geduldet; es herrscht für dieselben volle Glaubens- und Gewissensfreiheit; jedoch stehen die evangelisch-reformierte und die katholische Konfession unter dem besonderen Schutze des Staates". Der Text ist vom Verfassungsrat ohne Änderung einmütig angenommen worden (1). Er scheint nicht einmal Anlaß zu einer Diskussion gegeben zu haben, jedenfalls fand sie der liberale Berichterstatter nicht erwähnenswert, wenn eine solche stattgefunden haben sollte. Dies ist erstaunlich, denn Artikel 21 der neuen Verfassung (2) enthielt gegenüber dem bisherigen Grundrecht durch die ausdrückliche Gewährung der vollen Glaubens- und Gewissensfreiheit für alle christlichen Konfessionen offensichtlich eine Ausdehnung des rechtlichen Begriffs der religiösen Freiheit, der auf Widerstand stoßen mußte. Statt wie 1814 nur von der freien Ausübung des evangelisch-reformierten Kultus zu sprechen, taucht wieder das vom helvetischen Liberalismus übernommene Begriffspaar der Glaubens- und Gewissensfreiheit

---

(1) Art.21. Verhandlungen des Verfassungsrates des Kantons Thurgau, Frauenfeld 1831, S.33. Vgl. Entwurf einer Staatsverfassung für den eidgenössischen Stand Thurgau, Frauenfeld, den 18.Februar 1831.

(2) Th.Bornhauser: Verfassungen der Kantone der schweizerischen Eidgenossenschaft, Bd.1, Trogen 1833, S. 293.

auf, beschränkt diese jedoch auf die christlichen Konfessionen. Zwar spricht der erste Satz nur von Duldung, doch läßt sich aus dem Nachsatz schließen, daß es sich durchaus um ein Freiheitsrecht handelte, das die Verfassung allen christlichen Konfessionen garantierte. Nun konnte man jedoch verschiedener Meinung über die Bedeutung des Wortes "Konfession" sein. Wer es im Sinn der reformierten Synode einschränken wollte, konnte sich darauf berufen, daß derselbe Ausdruck für die Landeskirchen gebraucht wurde, womit dann Glaubensweisen, die nicht ein offizielles kirchliches Bekenntnis besaßen, vom Recht auf Glaubens- und Gewissensfreiheit hätten ausgeschlossen werden können. Gegen eine solche Auslegung spricht jedoch die Tatsache, daß es damals im Thurgau, außer den zwei öffentlichen Landeskirchen, keine anderen Bekenntnisse gab. Was im Kanton vereinzelt oder in kleinen Gruppen einer täuferischen oder pietistischen Glaubensweise anhing, galt landesüblich als Sekte und besaß kein offizielles Bekenntnis mit kirchlichem Charakter. Der Verfassungsrat hätte bei solcher Einschränkung keinen direkten Anlaß gehabt, über die traditionelle konfessionelle Parität hinauszugehen. Zudem ist zu berücksichtigen, daß der Religionsartikel sich unmittelbar an die individuellen Freiheitsrechte anschloß, wodurch die religiöse Freiheit eher und im Unterschied zu 1814, als nur vom freien Gottesdienst die Rede gewesen war, auch als Individualrecht gelten sollte. Der Bürger hatte damit nur die Christlichkeit seines Glaubens zu belegen. Auch hier konnten nun freilich die Behörden der Landeskirchen mit ihrem rechtlichen Sonderstatus einen einschränkenden Einfluß ausüben, zumal die Kultusfreiheit nicht besonders erwähnt war. Wenn die Verfassungskommission, was infolge ihrer Zusammensetzung und des maßgebenden Einflußes, den Thomas Bornhauser als ihr Ehrenmitglied und Präsident ausübte, naheliegend ist, sich von der religiös liberalen Gesinnung des reformierten Pfarrers leiten ließ, so lag in der Intention der Antragsteller die freiere Auslegung (1). Ob im Plenum alle Verfassungsräte diese Ansicht teilten, ist unwahrscheinlich, wenn man bedenkt, daß im gleichen Jahr St.Gallen eine Erweiterung der religiösen Freiheit ablehnte und Aargau sowie Zürich, welche die Gewissens- beziehungsweise die Glaubensfreiheit einführten, dies nicht ohne Widerspruch taten.

Unverändert blieb die Stellung des reformierten und des katholischen Bekenntnisses in der neuen thurgauischen Verfassung sowohl in bezug auf die Konfessionalität der Behörden als auch die konfessionelle Trennung des Großen Rats. Selbst Thomas Bornhauser, der es doch lieber gesehen hätte, wenn inskünftig die Wahlen ohne Ansehen des Glaubens stattgefunden hätten, setzte sich dafür ein, daß der konfessionspolitischen Parität Rechnung getragen werde, denn die katholischen Mitbrüder hätten ein Recht - so äußerte er sich - darüber zu wachen, daß sie nicht von der Mehrheit übermannt würden (2).

---

(1) Zu dieser Auffassung hat sich Bornhauser auch 1843 bekannt, als seine Amtskollegen in der Synode, sich zugunsten des Taufzwanges an Kindern von Neutäufern aussprachen. Er hielt ihnen entgegen: "Wir sind Protestanten und protestieren gegen jeglichen Zwang in Sachen der religiösen Überzeugung. Opfern wir nicht der äußern Ordnung zuliebe den Grundsatz der Glaubensfreiheit..." Die Synode entschied gegen ihn. A.Leutenegger: Rückblick in die thurgauische Regenerationszeit; in: Thurgauische Beiträge zur vaterländischen Geschichte, Heft 67, Frauenfeld 1930, S. 152.

(2) Verhandlungen des Verfassungsrates des Kantons Thurgau, Frauenfeld 1831, S. 51.

Die Verfassungskommission hatte eine Tabelle der Wahlkreise vorgelegt mit Angabe der reformierten und der katholischen Bevölkerung, wobei alle Wahlkreise, mit Ausnahme des rein reformierten Märstetten, konfessionell mehr oder weniger gemischt waren. Da der Wunsch der Neuerer auf direkte Volkswahlen der Großräte lautete, wurde nicht mehr wie 1814 eine fixe Minderheit festgesetzt, sondern die Zahl der katholischen und reformierten Volksvertreter genau nach der Bevölkerung errechnet. Damit entfielen, da die Gesamtzahl 100 beibehalten wurde, auf die 17'498 Katholiken 23, statt wie bisher 25, und auf die 62'970 Reformierten 77, somit zwei Großräte mehr (1). Präsident Joseph Anderwert appellierte an die billige Gesinnung und Loyalität der Majorität gegenüber der katholischen Minorität. Doch auch die Rückweisung an die Kommission ergab keine andere Proportion (2). Dem leidenschaftlichen Einspruch Thomas Bornhausers ist es zuzuschreiben, daß die Pfarrer von der Wahl in den Großen Rat nicht ausgeschlossen wurden, wie der liberale Advokat Heinrich Kesselring es beantragt hatte (3).

Derselbe Artikel 199 über die Verhältnisse zwischen den Konfessionen gewährte den Katholiken einen Vorzug gegenüber früher im Kleinen Rat, indem dieser aus 4 Evangelischen und 2 Katholiken bestehen sollte. Er setzte für das Obergericht das Verhältnis fest, wobei - wie bei den Räten - der Vorsitz zwischen beiden Konfessionen wechseln sollte, und bestimmte, daß wie bisher für die übrigen Gerichts- und Verwaltungsbehörden "ein Billiges Paritätsverhältnis" berücksichtigt

---

(1) Verhandlungen des Verfassungsrates des Kantons Thurgau, Frauenfeld 1831, S. 48 f.

(2) Verhandlungen... a.a.O.o S. 166 f. Art.199 a. Th.Bornhauser: Verfassungen der Kantone der schweizerischen Eidgenossenschaft, Bd.1, Trogen 1833,S.330.

(3) Verhandlungen... a.a.O., S. 54 f.

werde. Ein Antrag auf Abschaffung der konfessionellen Trennung der Räte, wie ihn Gallus Jakob Baumgartner im Verfassungsrat von St.Gallen gestellt hatte, fiel nicht. Die Bestimmungen über die Verwaltung des Kirchenwesens und die staatliche Aufsicht lauteten gleich wie in der alten Verfassung. Aus dem Gesetz von 1816 über die Organisation der Konfessionsadministration wurde jene Stelle in den neuen Verfassungstext aufgenommen, wonach sich die Mitglieder des Großen Rats zur Behandlung konfessioneller Traktanden in reformierte, beziehungsweise katholische Ratskollegen sondern sollten (1). Von einer Trennung des Kleinen Rats war jedoch nicht mehr die Rede, und die Beschlüsse der konfessionellen Kollegien bedurften nur noch der Sanktion des ganzen Großen Rats. Jedem Kollegium stand das Recht der Ernennung eines geistlich-weltlichen Kirchenrats zu, dem nebst den üblichen kirchlichen Aufgaben die Verbreitung christlicher Toleranz zur Pflicht gemacht wurde (2). Unangetastet blieb das Oberaufsichtsrecht der Regierung über die Verwaltung der Kirchen-, Klöster-, Schul- und Armengüter (3). Beim Klosterartikel (4) fällt auf, daß nicht mehr vom Fortbestand der Klöster und der Sicherheit ihres Eigentums die Rede war.

Die Wiedereinführung des gemischtkonfessionellen Erziehungsrates, der während der Restauration zugunsten einer rein konfessionellen Verwaltung preisgegeben worden war, zeigt, daß der Verfassungsrat den

---

(1) Art.199e. Th.Bornhauser: Verfassungen der Kantone der schweizerischen Eidgenossenschaft, Bd.1, Trogen 1833, S. 330.

(2) Art.190-193, a.a.O., S. 328.

(3) Art.92, a.a.O., S. 309.

(4) Art.200, a.a.O., S. 331 f.

kirchlichen Dualismus im staatlichen und bürgerlichen Leben für die Zukunft zu überwinden suchte. Präsident Josepf Anderwert äusserte zum Vorschlag der Kommission, katholischerseits habe man das Bedürfnis der Wiedervereinigung nicht gefühlt, doch teilte er die Ansicht der reformierten Liberalen, die darin einen Vorteil für das höhere Schulwesen sahen. Bornhauser war zu Konzessionen bei den Elementarschulen bereit, setzte sich jedoch grundsätzlicher für gemeinsame höhere staatliche Schulen ein. Toleranz, so führte er aus, werde durch ein paritätisches Erziehungswesen am besten und sichersten gefördert. Der Verfassungsrat nahm mit überwiegender Mehrheit die Schaffung eines aus Katholiken und Reformierten, Weltlichen und Geistlichen paritätisch zusammengesetzten neunköpfigen Erziehungsrats an (1), welcher der Oberaufsicht der Regierung unterstellt wurde.

Die Thurgauer Bürger nahmen mit 10'044 Jastimmen gegen nur 432 Neinstimmen die Verfassung vom 14. April 1831 bei schwacher Beteiligung, aber grossem Mehr an und beschworen sie später auch. Das Volk hatte damit zum ersten Mal die konfessionellen Verhältnisse sanktioniert, denn die Verfassung von 1814 war nur vom damaligen Grossen Rat angenommen worden. Diese Bestimmungen erfuhren anlässlich der Verfassungsrevision von 1837 keine Aenderungen und blieben während der ganzen Regenerationszeit Grundgesetz des Kantons Aargau.

---

(1) Art. 182. Th.Bornhauser: Verfassungen der Kantone der schweizerischen Eidgenossenschaft, Bd.1, Trogen 1833, S.326. Verhandlungen des Verfassungsrates des Kantons Thurgau, Frauenfeld 1831, S.150 ff.

Eine ernste Gefährdung des Religionsfriedens entstand 1836, als der mehrheitlich reformierte Große Rat nach dem Beispiel des Kantons Aargau beschloß, sämtliche Klöster unter direkte Staatsverwaltung zu stellen. Dazu bestand kein unmittelbarer Anlaß. Als der katholische liberale Arzt Waldmann von Arbon als erster anläßlich der Beratung über ein neues Klostergesetz in der Märzsession beantragte, man solle grundsätzlich die Frage erörtern, ob nicht die Klöster als überlebte, mit dem Zeitgeist nicht zu vereinbarende und den Staat gefährdende Institute aufzuheben seien (1), erregte er nicht nur bei den Katholiken Unwillen im Ratssaal. Doch Thomas Bornhauser, seit 1831 das evangelische Pfarramt in Arbon betreuend, wußte in einer langen Philippika gegen die Klöster die religiösen Rücksichten manches reformierten Volksvertreters zu enthemmen. Er bemerkte eingangs, daß er nur ungern konfessionelle Fragen berühre, denn er ehre die religiösen Ansichten anderer. Ohne den Klöstern die Ehre vergangener Leistungen für die Menschheit zu versagen, glaubte er doch, daß ihre Zeit vorbei sei. Er tadelte ihren geistigen und wirtschaftlichen Niedergang und bestritt, daß die Thurgauer einen Hang zum kontemplativen Leben hätten, was er damit zu belegen suchte, daß die thurgauischen Klöster nur noch 21 Konventualen aus dem Kanton - ein Fünftel der Gesamtzahl - beherbergten. Bornhauser stellte am Schluß den formellen Antrag, sämtliche Klöster aufzuheben. Ein Drittel des reinen Vermögens sollte der katholischen Konfession

---

(1) F.Schoch: Die Aufhebung der thurgauischen Klöster in der ersten Hälfte des 19.Jahrhunderts; in: Thurgauische Beiträge zur vaterländischen Geschichte, Heft 70, Frauenfeld 1933, S. 11. J.Christinger: Thomas Bornhauser, Frauenfeld 1875, S. 196 f.

zur Verbesserung ihrer Kirchen-, Schul- und Armengüter zugute kommen, zwei Drittel als Staatsgut erklärt werden. Ehemalige katholische Kampfgefährten, wie der Jurist Joachim Leonz Eder, Präsident des Obergerichts, ließen sich durch diese leichte Beute für den Staat nicht irre machen und wandten sich,erschrocken über diesen unverhohlenen Radikalismus, fortan entschieden von Bornhauser ab. Dieser fand jedoch einen Verteidiger des staatlichen ius cavendi in der Person des aufsteigenden jungliberalen Juristen J.C.Kern (1). Auf dessen Anregung überwies der Große Rat, nachdem ihn der katholische Großratspräsident Joseph Anderwert und der reformierte Abgeordnete Major Herzel vor einem Rechtsbruch des Artikels 12 der Bundesakte gewarnt hatten, den Antrag von Waldmann und Bornhauser an die Klosterkommission. Inzwischen schieden sich auch im Volk die Geister. Eingaben mit Tausenden von Unterschriften für oder gegen die Klöster liefen ein. Der Große Rat wählte die mittlere Lösung. Er stellte am 14.Juni 1836 die Güter aller Klöster im Thurgau mit der Begründung schlechter Administration unter staatliche Verwaltung. Das Vermögen des Frauenstifts Paradies, das nur noch zwei Konventualen beherbergte, sollte sofort für religiöse und moralische Zwecke verwendbar sein. Dasselbe Dekret untersagte ferner bis auf weiteres die Novizenaufnahme. Der Beschluß war mit einer Ausnahme hauptsächlich vom reformierten Teil des Großen Rats gefaßt worden, was bei der katholischen Minderheit im Rat und beim Volk konfessionelle Ressentiments hervorrief. 13 von 23 katholischen Abgeordneten legten Verwahrung ein.

---

(1) F.Schoch: Die Aufhebung der thurgauischen Klöster in der ersten Hälfte des 19.Jahrhunderts; in: Thurgauische Beiträge zur vaterländischen Geschichte, Heft 70, Frauenfeld 1933, S. 12.

Vergeblich beriefen sich die Äbte von Fischingen und Kreuzlingen sowie der Prior von Ittingen im Namen aller thurgauischen Klöster in ihrer Eingabe an die oberste Landesbehörde unter anderem auf Artikel 21 der Verfassung über die Religionsfreiheit. Ein deutsches Rechtsgutachten ließ das staatliche Schirmrecht im Licht des vollen Glaubens- und Gewissensrechts nur als Recht, die Kirchen und Klöster des Landes bei ihrer Freiheit zu schützen und zu erhalten, gelten, es liege denn ein schwerwiegender Grund für Ausnahmen vor (1). In der Annahme, daß dieser nicht bestehe, was die Äbte verschiedentlich zu belegen suchten, schlußfolgerten sie, daß den Katholiken im Thurgau nicht die volle Glaubens- und Gewissensfreiheit gewährt werde, das Klosterdekret somit ein Eingriff in die Staatsverfassung sei (2). Die Klostervorsteher beschwerten sich ferner mit verhaltener Bitterkeit darüber, daß alle Verfügungen betreffend des klösterlichen Eigentums durch die reformierte Großratsmehrheit getroffen würden und deuteten an, daß diese sich dadurch der Verdächtigung bloßstelle, pekuniäre Vorteile zu suchen. Von Religionsgefahr ist in dieser maßvoll gehaltenen Eingabe, die unter Berufung auf Artikel 12 der Bundesakte auch an die Tagsatzung gerichtet wurde, nicht die Rede. Die Rechtseinwände fanden bei den radikalen Juristen keine Beachtung. Selbst die Tagsatzung vermochte nicht, die Klöster vor staatlicher Verwaltung zu schützen.

Auch wenn die weltlichen Eingriffe in Kirchliches nicht die Schärfe wie im Aargau hatten, das 1841 alle seine Klöster säkularisierte, und das thurgauische Novizenverbot 1842 sogar gemildert wurde, war nicht zu

---

(1) Vorstellung der thurgauischen Klöster an ihre oberste Landesbehörde, Schaffhausen 1840, S. 16 ff.

(2) Vorstellung ... a.a.O., S. 19.

verkennen, daß weder das Grundrecht über die Religionsfreiheit noch die konfessionelle Trennung der Räte die konfessionelle Minderheit in allen kirchlichen Belangen vor der Majorisierung durch die reformierte Mehrheit zu schützen vermochte. Daß den thurgauischen Klöstern noch eine zwölfjährige Gnadenfrist gewährt wurde, verdankten sie weniger der kantonalen Verfassung als dem Artikel 12 des eidgenössischen Bundesrechts (1). Erst als dieses sich infolge des Sonderbundskrieges in voller Auflösung befand und noch ehe das neue Bundesrecht in Kraft trat, am 27.Juni 1848, beschloß der Große Rat,acht Klöster aufzuheben und deren Vermögen für Kirchen-, Schul- und Armenzwecke zu verwenden (2). Wenn Katharinental vorläufig verschont blieb, so verdankte es dies dem Umstand, daß im Fall der Aufhebung dessen ausgedehnte Güter im Badischen für den Staat verloren gewesen wären.

Als der Kanton Thurgau 1849 sein Grundgesetz revidierte, hob der Verfassungsrat, von Thomas Bornhauser präsidiert, die konfessionelle Trennung des Großen Rats für die Behandlung kirchlicher Angelegenheiten auf, mit Ausnahme der Wahlvornahme des reformierten und katholischen Kirchenrats. Gleichzeitig präzisierte er Artikel 21 als religiöses Individualrecht, indem er "für die Angehörigen der christlichen Konfessionen

---

(1) F.Schoch: Die Aufhebung der thurgauischen Klöster in der ersten Hälfte des 19.Jahrhunderts; in: Thurgauische Beiträge zur vaterländischen Geschichte, Heft 70, Frauenfeld 1933, S. 23 ff.

(2) F.Schoch bezeichnet die Klösteraufhebungen im Thurgau als Akt der Intoleranz, die das religiöse und rechtliche Empfinden vieler Bürger verletzt hätte, beurteilt die Rechtsverletzungen jedoch milde, da sie der allgemeinen Wohlfahrt und den kirchlichen Bedürfnissen des politisch unterlegenen Konfessionsteils zugute gekommen seien. a.a.O., S. 31.

im Kanton" die volle Glaubens- und Gewissensfreiheit gewährleistete und dieses mit dem folgenden Satz ausdrücklich auch auf die Kultusfreiheit bezog: "Jeder ist unbeschränkt in der häuslichen und gemeinsamen Übung seines religiösen Bekenntnisses"(1).

---

(1) G.Finsler: Kirchliche Statistik der reformierten Schweiz, Zürich 1856, S. 372.

A a r g a u

Der paritätische Kanton Aargau verdankte, wie der Thurgau, seine Entstehung der napoleonischen Mediationsakte. Er zeigte von Anfang an eine geringere Kohäsion. Es handelte sich um ein durch und durch künstliches Staatsgebilde. In der Vergangenheit war sein Gebiet Schauplatz der schärfsten religiösen Gegensätze gewesen. In Villmergen kam 1712 zum zweiten Mal ein Bürgerkrieg zwischen den beiden Religionsparteien der alten Eidgenossenschaft zum Austrag. Er hinterließ bei den katholischen Freiämtern eine große Empfindlichkeit gegenüber den reformierten Siegern. In der reformierten Stadt Aarau, als der ersten provisorischen Hauptstadt der Schweiz, wurde 1798 mit dem konfessionslosen helvetischen Einheitsstaat das Menschenrecht völliger Gewissens- und Kultusfreiheit proklamiert. Zu der religiösen Heterogenität des aargauischen Volkes kam die kirchenrechtliche hinzu. Die reformierten Bewohner der Bezirke Aarau, Brugg, Kulm, Lenzburg und Zofingen, die etwas mehr als die Hälfte des Kantons ausmachten, waren vor der Helvetik staatlich und kirchlich Untertanen Bernsund an ein straffes Staatskirchentum gewöhnt.
Der dortige Klerus behielt Affinitäten zu Bern. Josephinischen Prinzipien huldigten die katholischen Fricktaler, als ehemalige vorderösterreichische Untertanen. Römisch-katholisch dachten in kirchenrechtlichen Belangen die Freiämter, deren Geistliche meist in der Innerschweiz ausgebildet wurden und deren reiche Klöster einen großen Einfluß ausübten. An ältere paritätische Verhältnisse waren nur die Bewohner der ehemaligen gemeinen Herrschaft Baden gewöhnt, die eine nach Zürich

ausgerichtete reformierte Minderheit aufwies. Hatten sich die Katholiken von Baden und der Freiämter gegen den von Ph.A.Stapfer und der Aarauer Partei erstrebten Zusammenschluß mit dem altbernischen reformierten Aargau in erster Linie wegen des großen Übergewichts der Protestanten zur Wehr gesetzt (1), so fiel dieser Widerstand weitgehend weg, als Napoleon durch die Mediationsakte das Fricktal dem Kanton Aargau einverleibte, denn nun bestand zahlenmäßig einigermaßen ein Gleichgewicht zwischen den katholischen und reformierten Bezirken . Nach offizieller Statistik wohnten 1803 im reformierten Teil 66'888 Seelen, im katholischen 65'875 (2). Dabei waren die allerdings geringen konfessionellen Minderheiten in den einzelnen Bezirken eingeschlossen. Für die dreißiger Jahre gaben die immer noch ungenauen Statistiken 94'255 Reformierte und 88'500 Katholiken an (3). Die freie Niederlassung und die Einführung mechanischer Gewerbebetriebe förderte die religiöse Vermischung der Bevölkerung.

Obwohl die Bewohner des jungen aargauischen Staates ihren Aufstieg zum freien Bürgertum der helvetischen Revolution verdankten und die aufklärerische Ideologie in den ehemaligen Untertanengebieten starke Wurzeln gefaßt hatte, haben die Staatsgründer nicht daran gedacht, nach helvetischem Vorbild die allgemeine Glaubens- und Kultusfreiheit oder gar die Trennung von Staat und Kirche in das Grundgesetz einzuführen. Die Mediationsverfassung sicherte hingegen die freie und unbeschränkte Ausübung des katholischen und protestantischen Gottesdienstes.

---

(1) R.Stänz: Die Entwicklung der Parität im Kanton Aargau, Thayngen 1936, S. 36.

(2) R.Stänz: a.a.O., S. 51, Anmerkung 49.

(3) St.Franscini: Neue Statistik der Schweiz. Nachtrag, Bern 1851, S. 331.

Es war die einzige Bestimmung konfessioneller Art. Napoleon ließ Philipp Albert Stapfers Vorschläge, welche die gegenseitige Beeinträchtigung beider Konfessionsteile verhindern sollten, unberücksichtigt (1). Was das Recht nicht vorschrieb, führte die politische Klugheit ein. Die konfessionspolitische Parität wurde schon weitgehend während der Mediation bei der Bestellung der Ämter berücksichtigt (2), so daß das anfängliche Mißtrauen des katholischen Teils vor dem politischen Übergewicht der Reformierten, nach dem friedlichen Verhalten der Konfessionsteile zueinander zu urteilen, gegenstandslos geworden war.

Die rechtliche Verankerung der politischen Berücksichtigung der Konfessionen in der Staatsverwaltung in Anlehnung an alte Landfriedensverhältnisse geschah erst in der Verfassung von 1814, und zwar hauptsächlich durch äußeren Druck (3), blieb doch die politisch führende Schicht, trotz Restauration, dem Geist treu, der den jungen Staat geschaffen hatte. Sie mußte jedoch ernsthafte separatistische Tendenzen abwehren, indem Bern versuchte, mit Österreichs Hilfe den reformierten Teil des Aargaus zurückzugewinnen, und die Innerschweiz sich auf Grund geschichtlich enger Beziehungen und gleicher Religion, um die katholischen Freiämter bewarb. In der Zeit des Wiener Kongresses, da die Alliierten bemüht waren, in Europa Napoleons politische Gebilde aufzulösen, war es für den jungen aargauischen Kanton, der seine Entstehung Napoleons Protektion verdankte, doppelt

(1) R.Stänz: Die Entwicklung der Parität im Kanton Aargau, Thayngen 1936, S. 52 ff.

(2) R.Stänz: a.a.O., S. 65 ff.

(3) R.Stänz: a.a.O., S. 67 ff.

wichtig, nicht durch dogmatisches Festhalten an einem konfessionslosen Staatsbegriff seine Zukunft zu gefährden. Dank der Unterstützung durch die alliierten Gesandten gelang den katholischen Kantonen eine politische Sicherung der katholischen Minderheiten, die sie 1803 vergeblich erstrebt hatten. Sowohl der erste Entwurf der Verfassungskommission sowie der als Grundlage für das neue Staatsrecht dienende Entwurf des ehemaligen helvetischen Ministers Albrecht Rengger, eines Aargauers, berücksichtigten eine konfessionspolitische Parität (1), soweit sie die staatliche Integrität nicht in Frage stellte.

Das aargauische Grundgesetz von 1814, das mehr liberale Errungenschaften beibehielt als die meisten anderen Restaurationsverfassungen, beschränkte das konfessionelle politische Gleichgewichtsprinzip zur Verhinderung der Majorisierung in staatskirchlichen Anliegen auf die obersten Staatsbehörden. Die dreizehnköpfige Regierung sollte aus wenigstens je sechs Mitgliedern des reformierten und des katholischen Glaubensbekenntnisses bestehen (2), ließ jedoch offen, welcher Konfession das dreizehnte Mitglied oder das Regierungshaupt anzugehören hätte. Dieselbe Verteilung war ebenfalls für das Appellationsgericht vorgesehen, das auch dreizehn Mitglieder zählte. Die absolute Parität galt in der Legislative, deren hundertfünfzig Großräte aus genau gleichviel Katholiken und Reformierten bestand (3). Dadurch ergab sich ein kleiner Vorteil für die um einige tausend Seelen schwächeren Katholiken (4). Die absolute Parität hatte den Vorteil,

---

(1) R.Stänz: Die Entwicklung der Parität im Kanton Aargau, Thayngen 1936, S. 104 ff.

(2) P.Usteri: Handbuch des schweizerischen Staatsrechts, Aarau 1821, Art. 10, S. 396 f.

(3) P.Usteri: a.a.O., Art. 9, S. 395.

(4) P.Usteri (a.a.O., S.403) gab für diese Zeit folgende

daß die katholische Minderheit auf die Trennung in konfessionelle Ratskollegien, wie sie im gleichen Jahr in den Kantonen Thurgau und St.Gallen eingeführt wurden, verzichten konnte. Von allen paritätischen Ständen hatte damit der aargauische Staat die geringsten politischen Konzessionen an den alten konfessionellen Dualismus gemacht.

Das politische Gleichgewicht der Konfessionen erwies sich als staatserhaltendes Prinzip. Der Religionsfriede zwischen den Reformierten und den Katholiken war gewährleistet. Wie zur Zeit der Mediation sicherte die Restaurationsverfassung "die freie und unbeschränkte Ausübung ihres Gottesdienstes" (1). Der Staat behielt die Oberaufsicht über die Kirchen und wehrte sich gegen eine Neuordnung der Diözese, die der Lösung der Frage der gemischten Schulen, der Ehe, der Konversion usw. im Wege stehen konnte. Am 5.Juni 1829 stimmte der Große Rat der Eingliederung des Kantons Aargau in das Bistum Basel zu (2). Nur die Konfession der Reformierten und der Katholiken war verfassungsrechtlich anerkannt und geschützt und alle allgemeinen bürgerlichen und politischen Rechte an diese beiden Religionen geknüpft.

---

abgerundete Bevölkerungszahlen an: 75'000 Reformierte, 67'000 Katholiken, 1'700 Israeliten.

(1) P.Usteri: Handbuch des schweizerischen Staatsrechts, Aarau 1821, Art. 27, S. 402.

(2) N.Halder: Geschichte des Kantons Aargau 1803-1853, 1.Bd., Aarau 1953, S. 294 ff. F.Fleiner nennt die Bistumsverhandlungen "das erste Wetterleuchten zwischen Staatsallmacht und Kirche". Aargauische Kirchenpolitik in der Restaurationszeit; in: Taschenbuch der historischen Gesellschaft des Kantons Aargau für das Jahr 1896, Aarau 1896, S. 16.

Unberücksichtigt blieben im Grundgesetz von 1814 die beiden Judengemeinden in Oberendingen und Lengnau, die einzigen geschlossenen Niederlassungen in der Schweiz. Der Idealismus, mit dem einst Johannes Herzog von Effingen im helvetischen Grossen Rat als Erster für die Juden die Bürgerrechte gefordert hatte (1), war längst wieder dem religiös und wirtschaftlich motivierten Vorurteil gewichen. Das Schirmrecht der regierenden Orte vom 5. August 1776, das den Israeliten zum ersten Mal ausdrücklich die beiden Surbtaler Orte für ihre Niderlassung zugewiesen hatte (2), war indessen in die aargauische positive Gesetzgebung übergegangen und blieb, wenn auch seit 1841 zeitlich beschränkte Ausnahmen gewährt wurden, bis 1862 in Kraft (3). Die Hoffnung der Israeliten auf volle bürgerliche und politische Emanzipation zerschlug sich durch das Gesetz vom 5.Mai 1809, das den alteingesessenen Juden zwar die Pflichten der aargauischen Bürger auferlegte, ihnen aber ihre Rechte verweigerte, so dass sie doch wieder nur geduldet waren. Hingegen gewährte ihnen das Organisationsgesetz vom 11. Juni 1824 (4) unter staatlicher Oberaufsicht weitgehende religiöse und politische Selbstverwaltung und autonome Rechtssprechung innerhalb der beiden Gemeinden.

---

(1) A.Weldler-Steinberg: Geschichte der Juden in der Schweiz vom 16.Jahrhundert bis nach der Emanzipation, Goldach 1966, Bd.1, S.89.
(2) A.Weldler-Steinberg: a.a.O., S.41
(3) E.Haller: Die rechtliche Stellung der Juden im Kanton Aargau, Aarau 1901, S.254 ff.
(4) A.Weldler-Steinberg: a.a.O., S.159 ff. Dass das Organisationsgesetz als eine Etappe zur vollen Emanzipation positiv zu bewerten ist, zeigt die Empfehlung der Kommission, worin das Organisationsgesetz und namentlich die Schulordnung als ein erster Versuch bezeichnet wurde, die Hebräer allmählich für ein aargauisches Vaterland zu bilden. a.a.O., S.249 f. Anmerkung 559.

Das kantonale Bürgerrecht aber blieb ihnen versagt. Dazu haftete ihnen infolge der wirtschaftlichen Sondereinschränkungen der Makel geschäftlicher Unehrenhaftigkeit an. Ihre junge Generation empfand die ghettoähnliche Stellung um so mehr, als sich bei ihr in den zwanziger Jahren der Wille zur zeitgemäßen geistigen Emanzipation kundtat (1).

Der entscheidende Anstoß zum gewaltsamen Sturz des gemäßigten, liberal-konservativen Regime Herzogs ging von den katholischen Freien Ämtern aus (2), doch es waren 1830, nicht wie zehn Jahre später kirchliche Wünsche der Anlaß, wohl aber neben wirtschaftlichen Interessen das Verlangen nach Erweiterung der Volksrechte. In deren Beanspruchung waren sich, wie im Thurgau, die große Mehrheit beider Landeskonfessionen einig. Der Zeitgeist ließ die Unvereinbarkeit eines konfessionspolitischen Rechtszustandes, der sich an den Landfrieden von 1712 anlehnte, mit den Verfassungsidealen, wie sie aus der französischen Revolution hervorgegangen waren und nun über die deutschen Universitäten neu in die Schweiz eindrangen(3), noch nicht in Erscheinung treten. Der individualistisch gesinnte Liberalismus hemmte den sich bereits regenden radikalen Etatismus.

Daß die aargauische Regenerationsbewegung nicht konfessionell motiviert war und die Bevölkerung sich nicht kirchlich geschieden gegenüber stand, geht schon aus dem Inhalt der ungefähr 900 eingereichten Bittschriften (4) hervor. Der volkstümliche Schriftsteller

---

(1) A.Weldler-Steinberg: Geschichte der Juden in der Schweiz vom 16.Jahrhundert bis nach der Emanzipation, Bd.1, Goldach 1966, S. 171 ff.

(2) A.Maurer: Der Freiämtersturm und die liberale Umwälzung im Aargau in den Jahren 1830 und 1831, Reinach 1911.

(3) E.Vischer: Rudolf Rauchenstein und Andreas Heusler, 1839-1841, Aarau 1951, S. 78 f.

(4) Nummerierte Zuschriften an den Verfassungsrat von 1831, Staatsarchiv Aarau.

Heinrich Zschokke faßte sie zuhanden des Verfassungsrats zusammen (1). Unter den bunten Volkswünschen erwähnte nur eine Eingabe die konfessionelle Trennung (2). Hingegen zeigen die Eingaben, daß die religiöse Freiheit ein Anliegen aufgeklärter wie streng religiöser reformierter Kreise war. So hatte der Lenzburger Verein, der die Initiative zur Verfassungsrevision ergriff, in seiner Bittschrift vom 12.September 1830 den Wunsch geäußert, es möchte auch die Glaubens- und Gewissensfreiheit als individuelles Recht in das Grundgesetz aufgenommen werden. Das Vorgehen der Regierung gegen den Begründer der Neutäufer, den Pfarrverweser in Leutwil, Samuel Heinrich Frölich und den Prediger der aargauischen Herrnhuter Diaspora, Strobel, sowie die intolerante Verordnung vom 12.Mai 1817, waren 1830 im Großen Rat bereits heftig diskutiert worden (3). Heinrich Zschokke erwähnte dieses Eintreten für religiöse Freiheit lobend, fand jedoch als Vertreter eines liberalen Kulturchristentums wenig Gefallen an den Wünschen der 34 Pietisten (4) - darunter waren mehrere Lehrer und andere Beamte -, die zwar unter dem Hinweis auf England, Frankreich und die Vereinigten Staaten unbeschränkter Ausübung des Gottesdienstes und voller Glaubens- und Gewissensfreiheit das Wort sprachen, gleichzeitig aber von einer christlichen Obrigkeit

---

(1) Allgemeiner Bericht über die in bezug auf Verfassungsbesserung und Gesetzgebung eingekommenen Bittschriften, Anträge und Wünsche dem Verfassungsrat des Kantons Aargau abgestattet. Nr.69 des Aktenbandes des Verfassungsrates vom 3.Januar bis 22.April 1831, Staatsarchiv Aarau.

(2) E.Vischer: Rudolf Rauchenstein und Andreas Heusler, 1839-1841, Aarau 1951, S. 47.

(3) N.Halder: Geschichte des Kantons Aargau, 1803-1953, Bd.1, Aarau 1953, S. 291.

(4) Nummerierte Zuschriften an den Verfassungsrat vom Januar 1831, Nr.   Staatsarchiv Aarau.

erwarteten, dass sie zum Schutz der Religion die Pressefreiheit und die sonntäglichen Belustigungen einschränke. Bürger aus Dürrenäsch verlangten nebst der unbeschränkten Ausübung ihres Gottesdienstes, man solle keine Versammlungen und häuslichen Erbauungen mehr verbieten (1). Auch einzelne Geistliche traten für volle Glaubens- und Gewissensfreiheit ein (2). Oefter noch wurde nur die Einführung des Grundsatzes der Gewissensfreiheit ohne nähere Bezeichnung gewünscht. Sich auf diese berufend, setzte sich der jungliberale Fürsprech K.R.Tanner, ein Mitglied des Verfassungsrates, in einer von ihm verfassten Petition für einige aus der Gemeinde Gränichen Ausgeschlossene ein (3). Mehrere Ortsvorsteher, die sich als Befürworter der reformierten Staatsreligion ausgaben, warnten jedoch davor, dass durch Einführung der Freiheit religiöser Meinungen "der ohne dies überhandnehmenden Sektiererei, dem Mystizismus und Unglauben" Vorschub geleistet werde. Gleichzeitig erklärten sie sich bereit, falls die katholischen Bürger dieses verlangten, der Aufhebung der Klöster zuzustimmen (4). Andere Eingaben äusserten sich unumwunden zugunsten der Klösterschliessung. Eine einzige Bittschrift wollte der konfessionellen Vermischung der Gemeinden wehren. Mehrere Bürger unterschrieben Petitionen zugunsten der Judenemanzipation. K.R. Tanner verfasste auch ein Gesuch, worin unter dem Hinweis, dass in England jüngst die Israeliten den Zutritt zum Parlament erhalten hätten, um Aufhebung der bürgerlichen und wirtschaftlichen Beschränkungen für die aargauischen

(1) Nummerierte Zuschriften an den Verfassungsrat vom Januar 1831, I, S.48.
(2) Eingabe 1, Friedrich Nitsperli, Nr. 109.
(3) Nummerierte Zuschriften, a.a.O., I, Nr. 62.
(4) Nummerierte Zuschriften, a.a.O., I, Nr. 38.

Juden ersucht wurde (1). Pfarrer Frickart bezeichnete diese gewünschte Emanzipation der Juden als eine Ehre für den Kanton (2). Dies war jedoch nicht die Meinung der christlichen Bürger von Lengnau, die vielmehr darum baten, die jüdischen Rechte einzuschränken.

Auch im Druck erschienen zahlreiche Aeusserungen zur Frage der Religionsfreiheit. Fürsprech Franz Müller, ein Mitglied des Verfassungsrates, hielt in seinem privaten Entwurf (3) den Kanton Aargau, den er sich als "wahrhaft christlichen Staat" wünschte, für eine unbeschränkte individuelle Religionsfreiheit, die auch den Türken und Heiden zukäme, nicht reif.

Die Aeusserungen zugunsten religiöser Freiheitsrechte erwiesen sich, trotz des toleranten Einflusses der Helvetischen Gesellschaft, die regelmässig in Bad Schinznach tagte, und trotz des liberalen Lehrervereins, dem führende Katholiken und Reformierte angehörten, auch im Aargau in bezug auf die religiösen Verhältnisse als trügerisch.

Der Vorschlag, der aus allen Wahlbezirken zusammengesetzten grossen Verfassungskommission trug den Volksstimmen, die keine Unterdrückung von christlichen Glaubensansichten mehr wünschten, zwar weitgehend Rechnung. Er enthielt ausser der Zusicherung des unbeschränkten katholischen und reformierten Gottesdienstes folgenden neuen Zusatz des bisherigen Religionsartikels: "Die Freiheit religiöser Meinungen und die Ausübung des Gottesdienstes ist anerkannt". Dieser hatte indessen schon eine Einschränkung erfahren, als die Kultus-

---

(1) Nummerierte Zuschriften, a.a.O., Nr.32

(2) Nummerierte Zuschriften, a.a.O., Nr.28

(3) F.Müller: Entwurf einer Verfassung des Kantons Aargau, Aarau 1831, Staatsarchiv.

freiheit fallen gelassen wurde. Damit sollten kirchliche Kreise beschwichtigt werden, die für die Sekten nur den häuslichen Gottesdienst zulassen wollten.

Im Verfassungsrat setzte sich einer der Initianten der Verfassungsrevision, der reformierte Arzt und Stadtammann von Lenzburg, Rudolf Häusler (1), entschieden für die individuelle Glaubens- und Gewissensfreiheit ein, damit nicht der Staat, wie er sagte, im Namen einer Nationalkirche das Heiligtum der Seele in Beschlag nehme. Er verlangte erneut, ohne das Sonderrecht der anerkannten Kirchen auf Öffentlichkeit ihres Kultus antasten zu wollen, die von der Kommission nicht aufgenommene Bestimmung, daß niemand wegen religiöser Meinungen verfolgt werden dürfe. Appellationsrichter G.Lützelschwab, ein liberal-katholischer Fricktaler, erinnerte an einen Fall, wo ein unschuldig Bestrafter Vermögen und Ehre verlor (2). Auch Heinrich Zschokke äußerte sich zugunsten des Zusatzes, um dem Machtmißbrauch der Staatsreligion vorzubeugen. Der Bezirksarzt von Zurzach und spätere Landammann,U.J.Schaufenbühl, versuchte, den Haupteinwand der Opponenten mit der Feststellung zu entkräften, daß in seiner paritätischen Gemeinde der Kommissionsantrag seines Wissens niemandem mißfallen habe. Schließlich wurde in der ersten Sitzung, außer der uneingeschränkten Ausübung des katholischen und evangelisch-reformierten Gottesdienstes, den folgenden zwei Grundsätzen mehrheitlich zugestimmt: "Die Gewissensfreiheit ist unverletzlich. Niemand kann religiöser Meinungen wegen verfolgt werden" (3).

---

(1) Häusler hatte die Lenzburger Versammlung geleitet, die durch ihre Bittschrift die Verfassungsrevision in Gang brachte. A.Maurer: Der "Freiämtersturm" und die liberale Umwälzung im Aargau in den Jahren 1830 und 1831, Reinach 1911, S. 30.

(2) Es handelt sich laut "Freie Stimmen über das aargauische Verfassungswesen", Nr.8, um den früheren Ammann Pilger aus dem Bezirk Rheinfelden, der wegen Äußerungen über religiöse Angelegenheiten ökonomisch und moralisch ruiniert wurde.

(3) Verhandlungen des Verfassungsrates vom 22.Februar 1831, Staatsarchiv Aarau.

In der nächsten Sitzung, nachdem mehrere Verfassungsräte, dem Beispiel des Villmergers Koch folgend, schriftliche Verwahrung gegen den vortägigen Beschluß eingelegt hatten, wurde der Nachsatz über die religiösen Verfolgungen gestrichen. Mit Lärmszenen suchten Gegner der liberalen Religionsparagraphen zu beweisen, wie erregt das Volk sei. Bürgermeister Herzogs Einwand, daß der neue Religionsparagraph das Sektenwesen fördere (1) und Unruhe stifte und die öfters ausgesprochene Drohung, daß die Beibehaltung des letzten Satzes die Annahme des ganzen Verfassungsprojekts gefährde, brachten in der Abstimmung den Sieg der intoleranten Reaktion, indem die große Mehrheit der Anwesenden folgendem gekürzten Text zustimmte: "Die Gewissensfreiheit ist unverletzlich. Den katholischen und evangelisch-reformierten Glaubensgenossen ist die unbeschränkte Ausübung ihres Gottesdienstes zugesichert" (2). Daß die Gewissensfreiheit, trotz Bedenken, unangetastet blieb, erklärt sich dadurch, daß die freisinnigen Reformierten, die mit Häusler unter keinen Umständen darauf verzichten wollten, mit liberalen Katholiken wie den Badener Brüdern Bruggisser zusammengingen.

Dieser Sieg religiöser Intoleranz, wie Häusler die Abstimmung vom 3.Februar 1831 in seiner zu Protokoll gegebenen Verwahrung nannte (3), fällt um so mehr auf, als sich der Verfassungsrat in den übrigen individuellen

---

(1) Vgl. E.Vischer: Rudolph Rauchenstein und Andreas Heusler, 1839-1841, Aarau 1951, S.48. Der Autor nimmt an, die Kultusfreiheit sei der Furcht vor der Ausbreitung der Sekten zum Opfer gefallen.

(2) Th.Bornhauser: Verfassungen der Kantone der schweizerischen Eidgenossenschaft, Bd.1, Trogen 1833,S.265.

(3) Der "Schweizerische Republikaner" vom 11.März 1831 warf dem Verfassungsrat vor: "Ihr stempelt eure doppelte Staatsreligion zur inquisitionischen Tyrannei!"

Freiheitsrechten durchaus liberal zeigte. Die Artikel unmittelbar vor und nach den Religionsparagraphen gewährten nach dem Vorbild der Helvetik jedem Bürger das Recht, seine Anlagen und Kräfte frei zu entwickeln und die Freiheit der Mitteilung, der Gedanken durch Wort, Schrift und Druck (1). Deren Ermangelung hatte Zschokke 1829 veranlaßt, alle öffentlichen Ämter, außer dem Großratsmandat, niederzulegen. Als Meinungsfreiheit erklärte der Verfassungsrat in seiner Kundmachung an das aargauische Volk (2) übrigens auch die Gewissensfreiheit. "Die Gewissensfreiheit haben wir anerkannt, damit wegen bloßer Meinungsäußerung niemand verfolgt oder bestraft werden kann", heißt es dort, wobei einschränkend erläutert wurde, daß sich niemand auf Freiheiten berufen könne, der es wagte, den Religionsfrieden zu stören und eines der beiden öffentlichen Bekenntnisse in seiner freien Religionsübung zu beeinträchtigen. Rauchensteins "Freie Stimmen über das aargauische Verfassungswerk" nannte diese Gleichstellung von Gewissensfreiheit und Meinungsfreiheit ein "unbehagliches Dunkel".

Eingeschränkt blieb auch das Gleichheitsrecht vor dem Gesetz und die Niederlassungsfreiheit, indem diese Artikel sich ausdrücklich nur auf die "Staatsbürger" bezogen. Dadurch war das Gesuch der Juden von Lengnau und Oberendingen um politische Gleichberechtigung abgelehnt, denn das Staatsbürgerrecht wurde vom Ortsbürgerrecht abhängig gemacht (3), und letzteres blieb ihnen versagt.

---

(1) Art.12 und 14. Th.Bornhauser: Verfassungen der Kantone der schweizerischen Eidgenossenschaft, Bd.1, Trogen 1833, S. 265.

(2) Dekret des Verfassungsrates über die Einführung der neuentworfenen Verfassung des Kantons Aargau vom 15.April 1831.

(3) Art.29.

Vergeblich hatte sich K.R.Tanner auf Grund der allgemeinen Menschenrechte auch im Verfassungsrat für die Israeliten eingesetzt (1). Die große Mehrheit teilte die Bedenken der Christen von Lengnau und Endingen gegen die volle Emanzipation der Juden.

Nachdem die Erweiterung der religiösen Freiheit im Interesse des bisherigen Staatskirchentums abgewehrt worden war, drohte auch der konfessionellen Parität in der Staatsorganisation keine Gefahr mehr (2). Eine einzige Eingabe aus Baden wünschte für den Großen Rat eine Volksvertretung ohne Unterschied der Konfession (3). Wichtiger als die Frage der Konfessionszugehörigkeit war den Verfassungsräten eine bessere Volksvertretung. Der Entwurf sah 200 Großräte vor, die zu gleichen Teilen den beiden Hauptkonfessionen angehören sollten. Völlig unbestritten war die Parität für den Kleinen Rat und das Obergericht. Von den 9 Regierungsräten und den 9 Richtern sollten je 4 reformiert, beziehungsweise katholisch sein.

Am 6.Mai 1831 wurde die neue Verfassung vom Volk mit großem Mehr angenommen. Zwar hatte sich ein Teil der katholischen Geistlichkeit gegen die neue Konstitution ausgesprochen, doch war von Religionsgefahr nicht die Rede. Was einst mit der Unterstützung der Alliierten zur Wahrung der konfessionellen Minderheit ins Staatsrecht eingegangen war, fand diesmal die ungezwungene Zustimmung des Verfassungsrats wie des Volks. Da auch der

---

(1) A.Maurer: Der "Freiämtersturm" und die liberale Umwälzung im Aargau in den Jahren 1830 und 1831. Reinach 1911, S. 93.

(2) Vgl.R.Stänz: Die Entwicklung der Parität im Kanton Aargau, Thayngen 1936, S. 123 ff.

(3) R.Stänz: a.a.O., S. 127.

Religionsartikel den anerkannten Kirchen und der Volksmeinung genehm war, schien der Religionsfriede aufs beste gesichert zu sein. In ihrem Interesse glaubte man, das Gleichheitsprinzip für religiöse, christliche und jüdische Minderheiten opfern zu dürfen.[1]

G l a r u s

Glarus war, wenn vom politisch gänzlich getrennten Appenzell und von Graubünden, das ehedem nur zugewandter Ort war, abgesehen wird, der einzige Kanton aus der dreizehnörtigen Eidgenossenschaft, der seit der Reformation zwei Landeskirchen volle Gleichberechtigung gewährleistete. Der Landesteilung war Glarus, trotz schwerer konfessioneller Zerwürfnisse, dadurch entgangen, daß die enge Gebirgsnatur des Landes diese erschwerte und weil die Reformierten der katholischen Minderheit durch die Religionsverträge von 1623 und 1683 auch die politische Parität in Form der vollständigen Verwaltungstrennung gewährt hatten, so daß diese nicht nur kirchlich, sondern auch richterlich und politisch von der reformierten Mehrheit unabhängig war. Nur die gemeine Landsgemeinde und der gemeine Rat waren gemischtkonfessionell und suchten zu vereinigen, was die Konfessionen trennten. Das Schwergewicht lag jedoch nicht in der Landeseinheit, sondern bei den reformierten und katholischen Landsgemeinden und Räten.

Als nach dem kurzen Unterbruch der Helvetik die Mediationsakte wieder die alte konfessionspolitische Sonderverwaltung einführte und die gemeine Landsgemeinde

(1) Die Verfassungsrevisionen von 1840/1 sind im Kapitel "Parität, konfessionelle Trennung und aargauische Staatskrise" behandelt.

Napoleon, der eine Vorliebe für die Landsgemeindedemokratien hatte, für diese besondere Gunst ihren Dank mitteilte, antwortete Bonaparte, die Verschiedenheit des Glaubens möge nie ein Grund zur Trennung werden (1). Die Glarner wußten aus langer Erfahrung, daß der Religionsfriede die erste Staatsraison ihres Standes war, Selbst die reformierte Mehrheit nahm die Schwerfälligkeit eines doppelt, ja dreifach geführten Staatsapparats, der ihr einst unter dem Machteinfluß der Innerschweiz zum Schutz der katholischen Minderheit aufgezwungen worden war, ohne Widerspruch in Kauf. Die Katholiken aber, die nur einen Achtel der Bevölkerung ausmachten (2), hielten sich um so mehr an die früheren Religionsverträge, als ihre Zahl und ihr Einfluß am abnehmen war (3). Die gemeinsame Geschichte und das schwere Erbe der Helvetik, die dem kleinen Land große wirtschaftliche Not gebracht hatte (4), ließ das Trennende leichter tragen.

Wie bedeutungsvoll dem Kanton Glarus noch im 19. Jahrhundert die alten, unter Mitwirkung der eidgenössischen Religionsparteien entstandenen Vereinbarungen aus dem konfessionellen Zeitalter für die Staatsordnung waren, zeigt auch die von Rat und Landsgemeinde angenommene Verfassungserklärung vom 3.Juli 1814 (5),

---

(1) J.Winteler: Geschichte des Landes Glarus, Bd.2, Glarus 1954, S. 345.

(2) P.Usteri: Handbuch des schweizerischen Staatsrechts, Bd.1, Aarau 1821, S. 284.

(3) J.Baumgartner: Die Schweiz in ihren Kämpfen und Umgestaltungen von 1830-1850, Bd.2,Zürich 1854,S.230.

(4) J.Winteler: a.a.O., S. 352 ff.

(5) P.Usteri: a.a.O., S. 276 f.

die in der Einleitung die angeführten Grundsätze ausdrücklich aus der jahrhundertelangen Übung und den zwischen beiden Religionsteilen zustande gekommenen Verträgen ableitete. Außer dem ersten Grundsatz, der die Oberste Gewalt der gemeinen Landsgemeinde zuwies - er sollte bei der Verfassungsänderung von 1836 eine ausschlaggebende Rolle spielen - befassen sich alle übrigen sechs Grundsätze mit den konfessionellen Verhältnissen. Jedem Religionsteil stand wiederum seine eigene Landsgemeinde zu, auch die drei Räte, der gemeine, der evangelische und katholische, wurden beibehalten. Wie bisher wurde die Kehrordnung und Wahl der Standeshäupter und der übrigen Beamten nach konfessionellen Gesichtspunkten geregelt. Neben den alten gemischten und konfessionellen Gerichten wurde das in der Mediation geschaffene evangelische Appellationsgericht sowie das evangelische Chorgericht anerkannt. Erst an sechster und letzter Stelle folgt der Grundsatz der kirchlich-religiösen Parität, die im 16.Jahrhundert noch im Vordergrund des Landesinteresses gestanden hatte. Er hat folgenden Wortlaut: "Die gänzliche Religionsfreiheit beider Glaubensbekenntnisse und die freie Ausübung des katholischen und evangelischen Gottesdienstes ist in den Orten, wo der eine oder andere ausgeübt wird, feierlichst gewährleistet" (1). Auch hier offenbart sich das Gewicht der Tradition, indem zwar von einer gänzlichen Religionsfreiheit der Landeskonfessionen die Rede ist, die Kultusfreiheit dann aber doch wieder nur auf die Orte bezogen wurde, wo der eine oder andere Gottesdienst bereits vorhanden war. Damit war, wie bisher, der katholische Kultus in Glarus dem evangelischen gleichgestellt.

---

(1) P.Usteri: Handbuch des schweizerischen Staatsrechts, Aarau 1821, S. 277.

Als zu Beginn des dritten Jahrzehnts die liberale Erneuerungsbewegung namentlich die reformierten und paritätischen Kantone zu Verfassungsänderungen bewog, schien sie vorerst wirkungslos an den Bergwällen des Glarnerlandes abzuprallen. Glarus besass keine Untertanengebiete mehr. Das Volk konnte sich schon längst auf demokratischem Weg Gesetze und Institutionen geben, die es wünschte. Doch wie in der Vergangenheit die Talenge bei Näfels nicht nur Schutz sondern auch Oeffnung war, so drang auch in Glarus religiös und politisch liberales Gedankengut ein. Die Kargheit des Bodens und das Versiegen des Söldnerdienstes, des Ventils für die Ueberbevölkerung, drängten zur Expansion von Industrie und Handel. Die Helvetische Gesellschaft hatte ihre Freunde, darunter Geistliche, auch im Glarnerland. Im "Oeffentlichen Anzeiger", der sich ab 1832 "Glarner Zeitung" nannte, besassen die Liberalen seit 1829 ihr Sprachrohr. Das Schulwesen erlebte grosse Förderung. Doch erst 1836, nachdem die meisten anderen paritätischen Stände ihre Verfassung bereits regeneriert hatten, trugen die seit 1830 laut gewordenen Forderungen nach einer Verfassungsreform Früchte.

Merkwürdigerweise war bis dahin in den Revisionsvorschlägen, die in Glarus beinahe bis zur Landesteilung gediehene konfessionelle Trennung, trotz ihres Anachronismus, vorerst gar nicht in Frage gestellt. Sie schien unantastbar zu sein (1). "Beide Konfessionen", schrieb am 24.Februar 1831 der "Oeffentliche Anzeiger", "leben in der vollkommensten und schönsten Eintracht, welche zu stören, namentlich in dieser bewegten Zeit, ein Frevel wäre" (2). 1834 wünschten vier Anträge

(1) J.Winteler: Geschichte des Landes Glarus, Bd.2, Glarus 1954, S.409.
(2) J.Winteler: a.a.O., S.410.

zur Belebung der vaterländischen Gesinnung die Wiederaufnahme der gemeinsamen Näfelserfahrt (1). Noch im zweiten Landesvertrag von 1556 erwähnt, mit der Vorschrift der turnusgemäßen Predigt eines reformierten und eines katholischen Geistlichen, war die Feier seit 1655 infolge schwerer konfessioneller Zerwürfnisse nicht mehr paritätisch durchgeführt worden. Nur die Katholiken nahmen noch daran teil. Nun schien die Erneuerung des abwechslungsweisen Gottesdienstes sowohl den Reformierten als auch den Katholiken recht. Der gemeine Rat stimmte den Anträgen zu in der Erwartung, daß die gemeinsame Feier das friedliche Verhältnis der Konfessionen festigen werde. Die konfessionellen Räte gaben ebenfalls ihre Einwilligung. Als die Empfehlung 1835 der katholischen Landsgemeinde vorgelegt wurde, stiftete die Verlesung eines Schreibens des soeben vom Papst ernannten Bischofs in Chur, Unruhe beim Volk und Unwillen bei den Behörden. Der Oberhirte der neuen Diözese Chur-St-Gallen verbot nämlich den katholischen Geistlichen die Teilnahme an der Näfelserfahrt. Urheber der bischöflichen Intervention waren Pfarrer Ferdinand Marianus Tschudi von Glarus und sein Schwager Ludwig Müller von Näfels (2). Dem immer noch zu einer gemeinsamen Fahrt geneigten katholischen Rat antwortete der Bischof, daß das Anhören einer Predigt Andersgläubiger für einen katholischen Priester unmöglich sei (3). Schließlich stimmte auch die Mehrheit der katholischen Bürger dem behördlichen Antrag zu, in der Hoffnung, daß der Nuntius oder der Papst das Veto annullieren werde.

---

(1) J.Winteler: Geschichte des Landes Glarus, Bd.2, Glarus 1954, S. 431.

(2) J.Winteler: a.a.O., S. 432 f.

(3) J.Winteler: a.a.O., S. 433.

Auch die gemeine Landsgemeinde hiess ihn gut, wobei Landesfähnrich Dietrich Schindler der religiösen Intoleranz des Bischofs mit dem Argument entgegentrat, dass diese vaterländische Feier keinem Kultus zu nahe trete und auch kein tatsächliches Recht verletze. Dieser Ueberzeugung war auch einhellig das Priesterkapitel Glarus-March (1). Als kurz vor der ersten gemeinsamen Näfelserfahrt von 1836 wieder ein Veto des Bischofs eintraf, wagte die katholische Geistlichkeit nicht, ihr Gehorsamsgelübde zu verletzen. Sie nahm, ausser einem Kapuzinerpater, der das Hochamt zelebrierte, während der Dekan Balthasar Marti die reformierte Predigt hielt, nicht teil. Die Feier verlief ruhig.

Die durch das Eingreifen des Bischofs entstandene Spannung zwischen der katholischen Geistlichkeit und dem gemeinen Rat hielt nach der Näfelserfahrt an und bedrohte nicht nur das bisher friedliche Verhältnis zwischen Staat und Kirche, sondern auch zwischen den Konfessionen, weil die Mehrheit von Volk und Behörden des katholischen Teils zu ihrem Klerus hielt. Die allgemeine Erregung hatte einen massgebenden Einfluss auf die beginnende Verfassungsrevision. Von sieben schriftlich eingereichten Anträgen zuhanden der gemeinen Landsgemeinde von 1836 verlangten fünf die Beseitigung der konfessionellen Trennung mit der Begründung, dass sie unnatürlich, unter ganz anderen Umständen entstanden und aufgezwungen worden sei, den jetzigen Forderungen nicht mehr entspreche, den Geschäftsgang erschwere und der allen zeitgenössischen Verfassungen zugrunde liegenden Gleichheit und einer Stellvertretung nach der Volkszahl widerspreche (2). Drei Anträge

(1) J.Winteler: Geschichte des Landes Glarus, Bd.2, Glarus 1954, S.434.
(2) J.Winteler: a.a.O., S.436.

verlangten ferner vom katholischen Klerus, der die Treue zur Hierarchie über die Treue zur Heimat gestellt hatte, den Eid auf die Verfassung in der Meinung, daß dieser Eid den Rechten der Kirche, soweit sie vom Staat anerkannt seien, keinen Abbruch tun würde (1).

Die Glarner Landsgemeinde vom 29.Mai 1836 fand weit über die Kantonsgrenzen Beachtung. Man ahnte, daß in Glarus ein Prinzipienkampf ausgebrochen war, dessen Lösung nicht nur für die anderen paritätischen Stände, sondern auch für die Bundeserneuerung von Bedeutung sein konnte. Am Ring stand mit anderen liberal gesinnten Beobachtern auch Josef Alois Henne von St.Gallen, der schon anläßlich der Versammlung der Helvetischen Gesellschaft seiner Hoffnung Ausdruck gegeben hatte, Glarus möchte das Rütli einer neuen Eidgenossenschaft werden, was die "Glarner Zeitung" vom 12.Mai zu berichten nicht versäumt hatte (2). Würde Glarus 1836 wagen, was 1831 in St.Gallen nicht gelungen war: Die Aufhebung der konfessionellen Trennung und die Ausdehnung individueller religiöser Freiheit ? Ein wesentlicher Unterschied bestand darin, daß Glarus eine reformierte Mehrheit besaß. Doch die jahrhundertealte Gewohnheit der konfessionellen Trennung der Staatsverwaltung und die kleine Minorität von Katholiken ließen einen um so hartnäckigeren Kampf erwarten (3). Bereits hatte der katholische Rat gegen die im Memorial erschienenen Landsgemeindeanträge im ablehnenden Sinn Stellung genommen und

(1) J.Winteler: Geschichte des Landes Glarus, Bd.2, Glarus 1954, S. 437.

(2) J.Winteler: a.a.O., S. 435 f. Im "Gärtner" vom 18. Mai 1836 erschien von J.A.Henne unter dem Titel "Die zwei Konfessionen in Glarus" ein Beitrag zur Verfassungsreform.

(3) Nach der Volkszählung von 1837 gab es im Kanton Glarus 28'619 Reformierte und 3644 Katholiken. J.Winteler: a.a.O., S. 653.

dem Stand Schwyz mitgeteilt, dass diese die politische Existenz sowie die Religion des katholischen Landesteils gefährden würden (1). Die katholische Landsgemeinde hatte der Ansicht des katholischen Rates zugestimmt, wonach es einer gemischtkonfessionellen Behörde nicht zustehe, durch Mehrheitsbeschluss zu ändern, was einst durch Verträge der Religionsparteien zustandegekommen sei. Dem Priestereid wollten die Katholiken nur zustimmen, wenn die Kirchenrechte vorbehalten seien (2). Der bisher zu einer Verständigung geneigte katholische Landammann Franz Müller eröffnete an der gemeinen Landsgemeinde die Aussprache über das Verfassungsgeschäft mit der Verwahrung des katholischen Rates. Eine Aussöhnung der Gegensätze, obwohl sie auch der reformierte Landsfähnrich Dietrich Schindler gewünscht hätte, erwies sich als unmöglich. Der Antrag lautete, dass eine aus neun evangelischen und drei katholischen Mitgliedern bestehende Kommission einen auf Freiheit, Gleichheit und Unteilbarkeit des Kantons gegründeten Verfassungsentwurf vorlegen sollte. Das bedeutete das Ende der bisherigen konfessionspolitischen Parität. Als Landammann Müller sich weigerte, die Abstimmung vorzunehmen, ergriff Statthalter Kosmus Blumer das Landesschwert. Die grosse Mehrheit der Bürger stimmte der Verfassungsrevision und der Aufhebung der Religionsverträge zu.

Für die liberale "Glarner Zeitung" war in Anbetracht der Uebervertretung der Katholiken in den Behörden der 29. Mai der ruhm- und ehrenvolle Tag des Sieges des Rechts über ein 300-jähriges Unrecht (3). Ganz anderer

(1) J.Winteler: Geschichte des Landes Glarus, Bd.2, Glarus 1954, S.437.
(2) J.Winteler: a.a.O., S.438.
(3) J.Winteler: a.a.O., S.439. J.Baumgartners Urteil

Überzeugung war der katholische Landrat. Er lehnte jede Mitarbeit mit der Verfassungskommission ab und beharrte auf dem Standpunkt, daß die Landesverträge, insbesondere jener von 1683, durch eidgenössische Vermittlung zustande gekommen , nicht einseitig aufgehoben werden konnten. Er wandte sich erneut an die innern Orte um Schutz und ließ allen Kantonen ein Rechtsgutachten zukommen. Die Tagsatzung lehnte am 17.August mehrheitlich eine Einmischung in die Revisionsfrage ab. Sie wollte nach den Erfahrungen von Basel und Schwyz der Gefahr einer weiteren,zumal konfessionellen Landesteilung steuern, anerkannte Glarus nur als ungeteilten Kanton und ließ allein den reformierten Statthalter Kosmus Blumer zu Wort kommen. Der Vertreter von Katholisch-Glarus,Landammann Müller,wurde nicht angehört.

Nicht alle Katholiken in Glarus waren mit ihrer Obrigkeit einverstanden, wie das von 30 Glaubensangehörigen mitunterzeichnete Protestschreiben des Ratsherrn Josef Bauhofer beweist, der die Rückberufung der zu den katholischen Orten geschickten Sondergesandten und die Aufgabe des Widerstandes gegen die Beschlüsse des 29.Mai forderte (1). Nur eine geringe Zahl der katholischen Bürger teilte indessen diese Ansicht, wie die katholische Landsgemeinde vom 28.August 1836 zeigte, die sozusagen einmütig an ihrem angeblichen Rechtsstandpunkt festhielt. Damit verstärkte sich bei den Katholiken

---

über die Einrichtung der konfessionellen Verwaltung lautete: "Mit den ganz veränderten Begriffen des neunzehnten Jahrhunderts über die gegenseitigen Beziehungen zwischen dem bürgerlichen und dem religiösen Leben war sie nicht länger vereinbar. Tatsächlich hatte sie die Katholiken bevorzugt." Die Schweiz in ihren Kämpfen und Umgestaltungen von 1830 bis 1850, Bd.2, Zürich 1854, S. 229.

(1) J.Winteler: Geschichte des Landes Glarus, Bd.2, Glarus 1954, S. 441.

der Eindruck, als ob es den an Bevölkerungszahl achtmal stärkeren Reformierten, mit der Aufhebung der Religionsverträge, die anfänglich dem Schutz der einst bedrängten katholischen Religion dienten, erneut um ihre Unterdrückung gehe. In Wirklichkeit verfolgten die Neuerer mit ihrem geistigen Haupt Dietrich Schindler keine konfessionellen,sondern rein politische Ziele. Es ging um die staatliche Erneuerung durch Überwindung des in der Verfassung von 1814 auf Grund der alten Landesverträge aus dem 17.Jahrhundert verankerten exklusiven Konfessionalismus, der sich durch das Veto des Bischofs, das Fernbleiben des katholischen Klerus von der Näfelserfahrt und den Widerstand des katholischen Rats gegen die Verfassungsrevision als größtes Hindernis für die staatliche Erneuerung auf modern demokratischer Grundlage, ja als Gefahr für die Landeseinheit erwies. Zu diesem Ziel konnten sich auch Katholiken bekennen, die ihre Religion nicht verleugnen wollten. Die ursprüngliche, rein konfessionelle Parität, wie sie die Landsgemeinde erstmals 1529 anerkannt hatte, wurde nie in Frage gestellt.

Obwohl der von der Verfassungskommission im Sommer 1836 ausgearbeitete und im Druck veröffentlichte Entwurf eines neuen Staatsgrundgesetzes zwar - wie der Auftrag lautete - die konfessionelle Verwaltungstrennung aufhob, jedoch den Rechten der Kirchen weitgehend Rechnung trug, hatte eine abermalige katholische Landsgemeinde den Katholiken die Nichtteilnahme an den Beratungen zur Ehrensache gemacht (1). Ganz wenige von ihnen nahmen darum an der gemeinen Landsgemeinde vom 2. Oktober 1836 teil, die über den Entwurf zu befinden hatte.

---

(1) J.Baumgartner: Die Schweiz in ihren Kämpfen und Umgestaltungen von 1830 bis 1850, Bd.2, Zürich 1854, S. 234.

Da auch der amtierende Landammann Franz Müller, der schon den Beratungen in der Verfassungskommission ferngeblieben war, nicht erschien, übernahm der reformierte Alt-Landammann Kosmus Heer die Leitung. Nachdem sich keine einzige gegnerische Stimme erhoben hatte, wurde das neue Staatsgrundgesetz beinahe einmütig angenommen (1). Die "Glarner Zeitung" sprach von einem politischen Pfingstfest. Die neue Verfassung trat, nachdem auch die Ausführungsgesetze angenommen worden waren, 1837 in Kraft.

Ludwig Snell nannte die Glarner Verfassung von 1836 "unstreitig, in mehr als einer Beziehung, die vollkommenste aller schweizerischen Demokratien" (2) und hob an erster Stelle hervor, daß die absurde Trennung der Konfessionen verschwunden sei. Der Kontrast im Vergleich mit der Staatsurkunde von 1814 ist tatsächlich auffallend. Dort eine knappe, alte Religionsverträge zusammenfassende und in erster Linie das Konfessionelle berücksichtigende altdemokratische Verfassungserklärung, hier ein neuzeitliches, demokratisches, in 102 Artikeln formuliertes Grundgesetz, das weder die bürgerlichen Rechte noch die staatspolitischen Institutionen an eine der beiden Landeskonfessionen band. Die Parität hat die aus dem Zeitalter religiöser Intoleranz übernommene politische Unvereinbarkeit, die in Appenzell zur gänzlichen, in Glarus beinahe zur Landesteilung geführt hatte, vollständig abgestreift, so daß dieser von allen paritätischen Kantonen das konfessionell freieste Staatsrecht besaß. Indem der Kanton

---

(1) J.Winteler: Geschichte des Landes Glarus, Bd.2, Glarus 1954, S. 442.

(2) L.Snell: Handbuch des Schweizerischen Staatsrechts, Bd.2, Zürich 1844, S. 270.

durch Stärkung seiner Einheit den Grund zu neuer politischer und wirtschaftlicher Entfaltung legte, gewann auch die religiöse Freiheit. Auffallend ist, daß diese radikale Wandlung, trotz des noch ungelösten Konflikts zwischen der Landeshoheit und dem katholischen Klerus, in der Verfassung keinen antiklerikalen oder extrem staatskirchlichen Niederschlag fand. Dies ist in erster Linie dem maßvollen Liberalismus und der staatsmännischen Einsicht Dietrich Schindlers zuzuschreiben.

Nach den beiden ersten Artikeln des neuen Grundgesetzes (1), die den Kanton Glarus als demokratischen, ungeteilten Staat und Glied der schweizerischen Eidgenossenschaft bezeichnen und bestimmen, daß die Souveränität im Volk beruhe, das diese unmittelbar durch die von ihr gewählten Beamten ausübe, wird im dritten Artikel die Gleichheit der Bürger vor dem Gesetz und in der Ausübung der paritätischen Rechte erwähnt. Ein Novum im Vergleich zu anderen regenerierten Verfassungen war, daß in der Reihe der abgeschafften Vorrechte die "Vorrechte der Konfession" erwähnt werden, und zwar an erster Stelle. Unmittelbar auf das Individualrecht der Gleichheit folgt Artikel 4 mit der Bestimmung: "Die gänzliche Glaubens- und Gewissensfreiheit ist unverletzlich. Die freie Ausübung des evangelisch-reformierten und römisch-katholischen Gottesdienstes ist in den Gemeinden, wo der einte oder andere dermalen ausgeübt wird, feierlichst gewährleistet."

---

(1) Text bei Th. Bornhauser: Verfassungen der Kantone der schweizerischen Eidgenossenschaft, Bd.2, Trogen 1836, S. 324.

Der Satz über die Kultusfreiheit ist wörtlich von der Urkunde von 1814 übernommen. Nur das Wörtchen "dermalen" ist neu; es dürfte eine Präzisierung sein zur Beruhigung der Katholiken, die sich der Garantie der Landesverträge beraubt sahen. Ein Bedürfnis nach Ausdehnung ihres Kultes auf reformierte Gemeinden oder der Einführung des evangelischen Gottesdienstes in Näfels und Oberurnen, wo dieser noch nicht vertreten war (1), bestand damals nicht. Im Artikel 78, im Abschnitt über das Kirchenwesen, der auf Artikel 4 Bezug nimmt, wurde den evangelisch-reformierten und römisch-katholischen Kirchen "das Recht der freien Ausübung ihres Glaubensbekenntnisses und des öffentlichen Gottesdienstes" ohne Erwähnung einer zeitlichen oder örtlichen Beschränkung zugesichert (2). Völlig neu - wenn man von der Helvetik absieht - war für Glarus das Grundrecht der "Glaubens- und Gewissensfreiheit" im ersten Satz des 4.Artikels. Da er die Bestimmung von 1814 über "die gänzliche Religionsfreiheit beider Glaubensbekenntnisse" ersetzte, kann es sich nur um eine Erweiterung des religiösen Freiheitsrechts gehandelt haben. Die Erwähnung der Unverletzlichkeit knüpft an die Erklärung der Menschenrechte an, befreite somit Glauben und Gewissen von jeglichem staatlichen Zwang. Das Grundrecht

(1) J.Baumgartner: Die Schweiz in ihren Kämpfen und Umgestaltungen von 1830 bis 1850, Zürich 1854, S. 251.

(2) Th.Bornhauser: Verfassungen der Kantone der schweizerischen Eidgenossenschaft, Bd.2, Trogen 1836, S. 355. E.His nahm an, daß es sich bei den Verfassungen von 1814 und 1836 um einen "Grundsatz lokal ausgeschiedener Konfessionszugehörigkeit" handelte. Geschichte des neuern Schweizerischen Staatsrechts, Bd.2, Basel 1929, S. 373.

ist umfassender formuliert als dasjenige vom Aargau, dessen regenerierte Verfassung nur die Gewissensfreiheit anführte, oder jenes vom Thurgau, das zwar beide, die Glaubens- und Gewissensfreiheit, erwähnte, jedoch diese nur auf die christlichen Konfessionen bezog, während die übrigen paritätischen Stände, St.Gallen und Graubünden, überhaupt nur das reformierte und das katholische Glaubensbekenntnis freigaben. Diese liberalere glarnerische Form fällt um so mehr auf, als der Kanton außer den beiden offiziellen Konfessionen keine religiösen Minderheiten aufwies, die an einer solchen Erweiterung der Religionsfreiheit ein direktes Interesse gehabt hätten. Die "gänzliche Glaubens- und Gewissensfreiheit" war indes dadurch eingeschränkt, daß die Kultusfreiheit nicht auf alle Glaubensweisen, sondern nur auf die Landesreligionen bezogen war.

Dem Schutz individueller religiöser Freiheit dienten auch die Bestimmungen des fünften Artikels (1), der das Recht, gemischte Ehen einzugehen, sicherte und ausdrücklich erwähnte, daß weder die Eingehung einer gemischten Ehe noch der Übertritt von einer Konfession zur anderen Nachteile in bezug auf politische und Heimatrechte zur Folge haben dürfe. Im gleichen liberalen Geist waren in den nächsten Artikeln die persönliche Freiheit, das Privateigentum, die Presse- und Meinungsfreiheit, die Handels- und Gewerbefreiheit, die Erwerbung des Landrechts bei Gegenrecht und die Niederlassungsfreiheit für die Glarner gewährleistet.

---

(1) Th.Bornhauser: Verfassungen der Kantone der schweizerischen Eidgenossenschaft, Bd.2, Trogen 1836, S. 325.

Die Aufhebung aller politischen Vorrechte der katholischen Minderheit hinderte die Verfassungsschöpfer nicht zu empfehlen, daß bei der Räte- und Beamtenwahl "rücksichtlich der Parität ein billiges Verhältnis" beachtet werde (1), wobei auch Gemeinden, denen auf Grund ihrer geringen Zahl von Katholiken keine Repräsentation im Rat zustehen würde, einen Vertreter haben sollten. Dem Schutz der katholischen Minderheit gegen Beschlüsse der reformierten Mehrheit dienten die Artikel, die aus der Liste der Kompetenzen der gemischtkonfessionellen Landsgemeinde und des dreifachen Landrats die kirchlichen Geschäfte ausschlossen. Artikel 78 bestimmte, daß jeder der beiden Konfessionen das Recht zustehe, "nach der Verfassung ihrer Kirche und unter Aufsicht des Staates ihre konfessionellen Angelegenheiten selbst zu besorgen" (2). Zu diesem Zweck konnte jeder Konfessionsteil einen eigenen Kirchenrat aufstellen,über den das Gesetz das Nähere zu bestimmen hatte. Das Oberaufsichtsrecht des Staates galt auch für das Erziehungswesen. Im übrigen behielten die Kirchgemeinden ihr Aufsichtsrecht über das Schulwesen, das Kirchenvermögen und das Wahlrecht der Geistlichen und Kirchenvorsteher (3). Die ersteren sollten, wie alle Landleute, den Staatseid schwören. Glarus hatte durch die grundsätzliche Verfassungsänderung von 1836 den Weg vom Staats- zum freieren Landeskirchentum beschritten. 1846 schuf es auch die weltlichen Bekanntmachungen nach dem sonntäglichen Gottesdienst durch Landsgemeindebeschluß ab (4).

---

(1) Th.Bornhauser: Verfassungen der Kantone der schweizerischen Eidgenossenschaft, Bd.2, Trogen 1836, S.331.

(2) Th.Bornhauser: a.a.O., S. 355.

(3) Art.82 und 90. Th.Bornhauser: a.a.O., S. 356, 359.

(4) G.Finsler: Kirchliche Statistik der reformierten Schweiz, Zürich 1856, S. 144.

Dem 1837 zum Landammann gewählten Dietrich Schindler, dem die Neugestaltung des Glarner Staatswesens in erster Linie zu verdanken war (1), fiel die schwere Aufgabe zu, den Widerstand des katholischen Landesteils gegen die neue Verfassung zu brechen, nachdem alle Vermittlungen gescheitert waren. Der katholische Rat, der sich nach der Annahme der Verfassung nicht aufgelöst hatte, mißtraute der Erklärung der Landsgemeinde vom 9.Juli 1837, daß "es je weder im Sinn und Wortlaut der Verfassung und organischen Gesetze, noch eben so wenig in der Absicht der Landsgemeinde liege, noch je liegen werde, den Herren Katholiken in ihren kirchlichen Rechten irgend einigen Eintrag zu thun" (2). Vergeblich hofften die Katholiken von Näfels auf Waffenhilfe aus Schwyz. Erst der Einmarsch der Truppen in den katholischen und paritätischen Gemeinden bewog sie, den Eid auf die neue Verfassung zu schwören. Nur noch die katholische Geistlichkeit verweigerte ihn. Kaplan Johann Rudolf Stähli in Glarus, der ihn geleistet hatte, widerrief, nachdem ihn der Bischof von Chur in seiner priesterlichen Tätigkeit eingestellt hatte (3). Als dieser erneut seinem Klerus die Teilnahme an der Näfelserfahrt verbot, beschloß der Landrat am 19.April 1838, jegliche Verbindung mit dem Bistum Chur zu untersagen. Die katholischen Geistlichen, die den Eid verweigerten, wurden dem Gericht überantwortet, ebenso neun weltliche Vorsteher, darunter Franz Müller, Alt-Landammann des ehemaligen katholischen

---

(1) J.Winteler: Geschichte des Landes Glarus, Bd.2, Glarus 1954, S. 446.

(2) L.Snell: Handbuch des Schweizerischen Staatsrechtes, Bd.2, Zürich 1844, S. 294.

(3) J.Winteler: a.a.O., S. 452.

Landesteils. Sie wurden des Ungehorsams gegen die Beschlüsse der rechtmässigen Kantonsbehörde angeklagt. Drei katholische Geistliche sowie der Zeugherr Pasqual Tschudi und Gardehauptmann Ludwig Müller gingen in die Verbannung (1). Einer der drei Geistlichen verliess das Land freiwillig; den übrigen Geistlichen erlaubte man, den Eid unter Vorbehalt des Beichtgeheimnisses zu leisten. 1844 gab der Bischof dem katholischen Klerus die Teilnahme an der Näfelserfahrt frei, doch der Streit mit dem Bistum blieb weiterhin unerledigt.

Am Beispiel von Glarus konnten die liberalen Erneuerer der Schweiz ermessen, wie schwierig eine Bundesrevision sein würde, wenn das jahrhundertealte Problem der Majorisierung konfessioneller Minderheiten allgemein wachgerufen werden sollte. Die religiösen Verfassungsbestimmungen in Glarus blieben bis 1887 gültig (2).

---

(1) J.Winteler: Geschichte des Landes Glarus, Bd.2, Glarus 1954, S.453. Pasqual Tschudi, der 1847 im Sonderbundskrieg als Oberst den luzernischen Landsturm befehligte und nach der Niederlage mit Constantin Siegwart-Müller nach Mailand floh, wurde in seiner Heimat als Landesverräter verurteilt. a.a.O., S.479.

(2) J.Winteler: a.a.O., S.445.

Kantone, welche die Kultusfreiheit einführten

Zu den Ständen Zürich, Thurgau, Aargau und Glarus, die während der dreißiger Jahre nur die Glaubens- oder Gewissensfreiheit im Verfassungsrecht einführten, kamen vier ebenfalls mehrheitlich reformierte Kantone dazu, welche die Kultusfreiheit zum Grundrecht erhoben. Dabei ist eine Progression festzustellen. Baselstadt tat dies als einziger Stand schon 1833, beschränkte die religiöse Freiheit jedoch auf alle christlichen Bekenntnisse. Baselland begnügte sich mit der Gewissensfreiheit und der Vereinsfreiheit. Bern, Genf und Neuenburg führten die Freiheit des Gottesdienstes erst in den vierziger Jahren, dafür aber ohne Ausschluß der jüdischen Religion ein.

Alle vier Kantone dieser Gruppe grenzen an Frankreich. Mit Ausnahme von Baselstadt, das den Katholiken das Bürgerrecht weiterhin verwehrte, läßt sich der Einfluß des französischen liberalen Verfassungsrechts bis in einzelne Formulierungen der Religionsfreiheit feststellen. Von besonderem Interesse ist die Verfassungsentwicklung von Bern und Genf, weil die sowohl von reformierter wie katholischer Seite unterstützte Kultusfreiheit dazu dienen konnte, die durch internationale Verträge fixierte territorial-konfessionelle Sonderung im Interesse der Staatseinheit zu überwinden. Die ausführlichen offiziellen Berichte der Verfassungsverhandlungen geben einen aufschlußreichen Einblick in die das 19.Jahrhundert kennzeichnende Wandlung vom kirchlich geprägten zum konfessionslosen, pluralistischen Staat und die rechtliche Entfaltung eines umfassenden Menschenrechts religiöser Freiheit.

Unverkennbar ist auch der angelsächsische, calvinistische und pietistische Einfluß bei der Einführung der religiösen Freiheit, die über die Glaubensfreiheit hinausging. Dabei fällt auf, daß,im Unterschied zum Kanton Waadt, das kirchiche Schisma vermieden wurde.

Basel

Als erster Kanton hat Basel in der Regenerationszeit in seiner Verfassung die Kultusfreiheit auch für nicht öffentlich-rechtlich anerkannte Kirchen und Gemeinschaften eingeführt. Sie blieb jedoch infolge der endgültigen politischen Trennung im Jahr 1833 als Grundrecht der Stadt und den rechtsrheinischen Gemeinden vorbehalten und galt zudem nur den christlichen Bekenntnissen (1). Die Sorge um die religiöse Tradition des Gemeinwesens und wirtschaftliche Interessen bedingten die glaubensmäßige Einschränkung.

Wie Bern und Genf hatte auch Basel durch den Wiener Kongreß einen Zuwachs an katholischen Gemeinden erhalten. Obwohl die Stadt den Verlust der einst mit ihr verburgrechteten, aber durch die Gegenreformation unter Fürstbischof Blarer von Wartensee dem evangelischen Glauben verloren gegangenen Ortschaften nie ganz verschmerzt hatte, brachte ihre Einverleibung den Altbaslern nicht eitel Freude. Das Birseck mit seinen 9 katholischen Gemeinden war der Stadt stärker entfremdet als die übrigen Landgemeinden (2). Von dort kam zu Beginn der dreißiger Jahre der Anstoß zur Revolution. Die führenden Insurgenten, worunter zwei Landjunker aus dem Blarergeschlecht, waren Katholiken aus dem Birstal (3). Dabei achtete die städtische Obrigkeit

---

(1) L.Snell: Handbuch des Schweizerischen Staatsrechts, Bd.2, Zürich 1844, S.372. § 15 der Verfassung vom 28. September 1833.

(2) K.Weber: Entstehung und Entwicklung des Kantons Basellandschaft, 1798-1932, in: Geschichte der Landschaft Basel und des Kantons Basellandschaft, Bd.2, Liestal 1932, S.393, 397 f.

(3) E.His: Geschichte des neuem Schweizerischen Staatsrechts, Bd.2, Basel 1929, S.90.

auf die Einhaltung der völkerrechtlich gesicherten Kultusfreiheit der Neubürger. Artikel 6 der Vereinigungsurkunde vom 6.Dezember 1815 garantierte den Gemeinden des Birseck "die freie Ausübung der römisch-katholischen Religion"(1). Das Kirchen-, Schul- und Armenwesen, mit Ausnahme der Angelegenheiten, für die der Bischof zuständig und das staatliche Plazet erforderlich war, standen unter der Leitung der Regierung. Die Kosten mußten die Katholiken aus einer Grundsteuer selbst bestreiten. Mit den Reformierten der Landschaft teilten sie die gleichen bürgerlichen und politischen Rechte, auch das Niederlassungsrecht in der Stadt. Daß ihnen das begehrte, von den Zünften und der reformierten Kirche wohlbehütete Stadtbürgerrecht aber praktisch vorenthalten blieb, erleichterte nicht die geistige Integration des neuen Kantonsteils.

Im übrigen ließen es die reformierten Behörden nicht an Rücksicht gegenüber den katholischen Repräsentanten fehlen, die seit 1815 Einzug in den Ratssaal hielten. So berichtete der spätere Antistes Jacob Burckhardt, Vater des Kunsthistorikers, die Regierung habe anläßlich einer Renovation des Wandgemäldes vom Jüngsten Gericht die goldene Krone des Papstes in der Hölle übermalen lassen, Sie stammte aus der Zeit der konfessionellen Auseinandersetzungen mit Fürstbischof Blarer (2). Nachdem sich der katholische Bezirk mit der übrigen Landschaft von der Stadt getrennt hatte, wurde die Übermalung allerdings wieder entfernt.

Kein verfassungsmäßig gesichertes Recht auf Kultusfreiheit besaßen die Katholiken, die sich in der Stadt

---

(1) U.Lampert: Kirche und Staat in der Schweiz, Bd.3, Freiburg/Leipzig 1939, S. 38.

(2) W.Kägi: Jacob Burckhardt, Bd.1, Basel 1947, S.170 f.

dauernd oder vorübergehend aufhielten (1). In steigender Zahl fanden sie, meist aus den katholischen Nachbarländern kommend, in der durch Handel und Industrie regen Zunftstadt Arbeit. Im Jahr 1837 belief sich ihre Zahl bereits auf 3640 Seelen, was 15 % der Stadtbevölkerung ausmachte(2).

Beim Inkrafttreten der helvetischen Verfassung, die alle Kulte freigab, hatte die Regierung den Katholiken der Stadt erstmals die Klarakirche in Kleinbasel für ihren Gottesdienst zum Simultangebrauch zur Verfügung gestellt. Gegen eine Übersiedlung nach Großbasel setzte sich die reformierte Geistlichkeit zur Wehr, doch blieb den Niedergelassenen katholischer Konfession für die Messen das Mitbenützungsrecht der Klarakirche dauernd erhalten (3). Auch eine eigene Schule besaßen die Katholiken.

Da die Einverleibung katholischer Gemeinden die staatskirchlichen Privilegien der reformierten Kirche im alten Kantonsteil unberührt ließ - Artikel 16 der Verfassung vom 4.März 1814 lautete: "Die Staatsverfassung sichert die Religionsübung, zu welcher sich der Kanton bekennet" (4) - blieb den Katholiken der Stadt die öffentlich-rechtliche Anerkennung ihres Gottesdienstes versagt. Die wichtige Verordnung des Kleinen Rates vom 18. Juni 1822, nach zürcherischem und bernischem Vorbild und

---

(1) Über Einführung und rechtliche Stellung des katholischen Kultus in Baselstadt informiert ausführlich L.R.v.Salis: Die Entwicklung der Kultusfreiheit in der Schweiz, Basel 1894, S. 81 ff.

(2) L.A.Burckhardt: Der Kanton Basel, historisch, geographisch, statistisch geschildert, Basel Stadtteil, Bern/St.Gallen 1841, S. 64.

(3) P.J.Hänggi: Die katholische Kirche, in: Basel, Stadt und Land, Basel 1937, S. 89 ff.

(4) P.Usteri: Handbuch des Schweizerischen Staatsrechts, Aarau 1821, S. 325.

aufgrund eines früheren Gutachtens von Peter Ochs erlassen, enthielt die in reformierten Hauptstädten üblichen Einschränkungen für den katholischen Kultus. Prozessionen außerhalb der Kirche und Glockengeläut waren untersagt. Ferner wurden die katholischen Geistlichen und Vorsteher ermahnt, "in ihren Verhältnissen und in ihrem ganzen Benehmen sich alles dessen zu enthalten, was Proselytismus, Konversion oder Kontroversen genannt werden kann". Sie sollten dieses zudem allen Angehörigen ihrer Kirche aufs ernstlichste zur Pflicht machen (1). Diese Einschränkungen blieben auch nach der Einführung der Kultusfreiheit in der Verfassung von 1833 rechtskräftig.

Zu größeren Konzessionen als in Zürich und Bern war die weltliche und kirchliche Obrigkeit gegenüber den Pietisten bereit. Formell blieb die Pfarrerschaft dem Basler Bekenntnis vom Jahr 1534 verpflichtet. Von der Überwindung des streng konfessionellen Geistes zeugt jedoch der Katechismus, der seit 1832 in Gebrauch war und dessen Urheber derselbe Jacob Burckhardt ist (2). Wie bei Schleiermacher, wurde darin die sichtbare Kirche als eine Gemeinschaft der Heiligen mit den verschiedenen christlichen Religionsgesellschaften gleichgesetzt, deren Glieder mit Christus als ihrem Haupt einen Leib bilden würden (3). Selbst politisch führende Männer gewährten in den dreißiger Jahren der regen Brüdersozietät und ihren Institutionen, die Basel zu einem pietistischen Mittelpunkt in Europa machten, ihre Unterstützung (4). Beinah die Hälfte der in Stadt und

---

(1) L.R.v.Salis: Die Entwicklung der Kultusfreiheit in der Schweiz, Basel 1894, S. 89 f.

(2) W.Kägi: Jacob Burckhardt, Bd.1, Basel 1947, S.144f,Anm.41.

(3) Lehrbuch des christlichen Religionsunterrichtes für die Kirchen des Kantons Basel, 2.Aufl.,Basel 1842, S.47 ff.

(4) P.Burckhardt: Geschichte der Stadt Basel, Basel 1942,S.148.

Landschaft tätigen Pfarrer stand ihr nahe (1). Die Herrnhuter besaßen ihr eigenes Versammlungshaus; ihre Mitglieder trennten sich jedoch nicht von der Landeskirche. Aber auch Dissidente , wie die Täufer, blieben behördlicherseits unbehelligt (2). Wegen der scharfen Ablehnung des Anabaptismus im Text des Basler Bekenntnisses wurde diese Stelle seit 1826 der Gemeinde nicht mehr vorgelesen (3).

Die baslerischen Verfassungsrevisionen von 1831 und 1832

Als der jungliberale katholische Großrat und Notar Stephan Gutzwiller aus Therwil, den in der Landschaft sich regenden Ressentiments gegen die wirtschaftlich und politisch bevorzugte Zunftstadt 1830 in seiner Verfassungsschrift (4) Ausdruck gab, war von konfessionellen Wünschen nicht die Rede, wohl aber von den heiligen, unverjährbaren Rechten des Menschen, von Volkssouveränität, Freiheit und Gleichheit. Sein Mentor war der liberalradikale Demokrat J.P.V.Troxler (5), der - obwohl Katholik - im Frühjahr 1830 als erster katholischer Dozent an die Basler Hochschule berufen wurde. Dort wirkte auch der aus Deutschland geflohene freisinnige Naturrechtler

---

(1) E.Stähelin: Die Basler Kirche in den Basler Revolutionswirren von 1830 bis 1833, in: Aus fünf Jahrhunderten schweizerischer Kirchengeschichte, Basel 1932, S. 262.

(2) G.Finsler: Kirchliche Statistik der reformierten Schweiz, Zürich 1856, S. 190 ff.

(3) E.Stähelin: Die evangelisch-reformierte Kirche in Stadt und Landschaft Basel, in: Basel Stadt und Land, Basel 1937, S. 80.

(4) A.Gutzwiller: Basels Verfassungsänderungen in den Jahren 1798, 1803 und 1814, ihr Verhältnis unter sich und zum Jahr 1830, Zürich 1830.

(5) Ed.Schweizer: Die Entstehung der Dreißiger Wirren im Kanton Basel, in: Basler Zeitschrift für Geschichte und Altertumskunde, Bd.30, Basel 1931, S. 153.

Wilhelm Snell. Beide waren während der Trennungswirren Rektoren der Universität und sympathisierten mit den radikal-demokratischen Zielen der Landschaft (1).

Erst in der Eingabe der von Gutzwiller geleiteten Therwiler Versammlung vom 15.Dezember 1830, in der Vertreter aus allen Gemeinden des Birseck zugegen waren, tauchte auch das Argument konfessioneller Benachteiligung auf. In ihrer Zusammenstellung der Beschwerden der Landschaft haben die eidgenössischen Vermittler von einem religiösen Einschlag des landschaftlichen Aufstandes (2) berichtet. Die Katholiken beklagten sich über die praktische Unmöglichkeit, Stadtbürger zu werden. Ferner wünschten sie vom reformierten Ehegericht, dem sie zwar nur in ökonomischen Streitfragen unterstellt waren, befreit zu werden. Die Revolution trug jedoch keinen konfessionellen Charakter, wie das Zusammengehen der reformierten und der katholischen Aufständischen der Landschaft zeigte. Am Hauptanliegen der Revolution, der Erfüllung der 1898 versprochenen Rechtsgleichheit der Landschaft gegenüber der Stadt, waren Katholiken wie Reformierte interessiert. Der katholische Klerus ebenso wie der reformierte verhielt sich jedoch gegenüber der Revolution ablehnend. Aus Rücksicht auf die kirchentreuen Laien im katholischen Landesteil blieb nur ihr Klerus unbehelligt als alle Geistlichen vom revolutionären Landrat in Liestal aufgefordert wurden, sich durch Eid zu verpflichten, inskünftig in staatskirchlichen Dingen den basellandschaftlichen Behörden zu gehorchen (3).

---

(1) E.Bonjour: Die Universität Basel von den Anfängen bis zur Gegenwart, Basel 1960, S. 360 f, 380 ff, 390 f.

(2) Abschied der ordentlichen Tagsatzung von 1831. Anhang Litt.A. der Beilage Litt.R., S.17.

(3) P.Burckhardt: Geschichte der Stadt Basel, Basel 1942, S.158, 189 f.

Trotz Konzessionen der Stadt, die der Landschaft mit der revidierten Verfassung von 1831 im Großen Rat die Mehrheit gewährte, kam es nach bewaffneten Auseinandersetzungen zur Trennung der aufständischen Gemeinden. Das in Eile von einem von Gutzwiller präsidierten Verfassungsrat der Landschaft beratene Grundgesetz vom 27. April 1832 (1), in dem dieser sich zur repräsentativen Demokratie mit Vetorecht des Volkes und als "Freistaat" bekannte, versuchten die Urheber das Naturrecht mit christlicher Tradition zu verbinden. Artikel 4 "anerkennt und gewährleistet die Rechte der Menschen auf Leib, Leben, Ehre und Vermögen" (2). Artikel 11 über die Lehrfreiheit und die Schulpflicht erklärt, "der öffentliche Unterricht soll insbesondere auch die Grundsätze des Christentums, das natürliche Menschenrecht und - wenigstens in Übersicht - die Gesetze des Landes und die vaterländische Geschichte umfassen" (3). Ähnlich verbindet der vorangehende Artikel das Recht auf religiöse individuelle Freiheit mit dem überlieferten Staatsschutz der Landeskirchen. Artikel 10 lautet: "Die Glaubensfreiheit ist unverletzlich. Die Rechte der bestehenden evangelisch-reformierten, sowie der römisch-katholischen Kirche, in den sich zu ihnen bekennenden Gemeinden, werden gewährleistet, und nur die Diener dieser beiden Konfessionen besoldet. Gemischte Ehen haben keine rechtlichen Nachteile zur Folge"(4).

---

(1) Die Verfassung wurde am 4.Mai 1832 mit 3996 gegen 157 Stimmen angenommen. Geschichte der Landschaft Basel und des Kantons Basellandschaft, Liestal 1932, S.468.

(2) Th.Bornhauser: Verfassungen der Kantone der schweizerischen Eidgenossenschaft, Bd.1, Trogen 1833, S. 168.

(3) Th.Bornhauser: a.a.O., S. 170.

(4) Th.Bornhauser: a.a.O., S. 169.

Der Text des Religionsartikels stammt von der Verfassungskommission (1). Das knapp gehaltene Protokoll des Verfassungsrats gibt keinerlei Aufschluß über Sinn und Ausmaß der unter den Individualrechten eingereihten Glaubensfreiheit. Nur das Resultat der Abstimmung über Artikel 10 ist festgehalten: 34 Befürwortern standen 2 Ablehnende gegenüber (2). Da Artikel 4 den Bürgern das Recht, Vereine zu gründen, gewährte, was soviel wie Versammlungsfreiheit bedeutete, ist anzunehmen, daß die religiöse Freiheit in den Augen der Staatsgründer das Recht auf Bildung von Diasporagemeinden der anerkannten Kirchen oder gar staatsfreier Gemeinschaften (3) und damit die Kultusfreiheit nicht von vornherein ausschloß. Anders könnte man sich die Einschränkung "nur" in der Bestimmung über die Besoldung der reformierten und katholischen Geistlichen aus öffentlichen Mitteln nicht erklären. Unmißverständlich ist die Tendenz der Entkonfessionalisierung des Bürgerrechts im letzten Satz des 10.Artikels ausgedrückt, wonach gemischte Ehen keine rechtlichen Nachteile zur Folge haben sollten. Mit diesem liberalen Staatsprinzip in Übereinstimmung ist - im Gegensatz zu Baselstadt - die Ausdehnung der Niederlassungsfreiheit auf die niedergelassenen Schweizer und die Einführung der bisher von den Zünften beschränkten Gewerbefreiheit (4). Beide

---

(1) Vgl. Erster Entwurf der neuen Staatsverfassung für den Canton Basel Landschaft durch die engere Verfassungskommission den Mitgliedern des Verfassungsrates vorgelegt am 8.April 1832.

(2) Protocoll über die Verhandlungen im Verfassungsrath des Cantons Basel-Landschaft, Liestaler Staatsarchiv.

(3) G.Finsler erwähnt die Anwesenheit von Mitgliedern der Brüdergemeinde in Baselland, nicht aber von Sekten. Kirchliche Statistik der reformi-rten Schweiz, Zürich 1856, S. 206.

(4) Artikel 15 der Verfassung vom 27.April 1832. Th.Bornhauser: Verfassungen der Kantone der schweizerischen Eidgenossenschaft, Bd.1, Trogen 1833, S.170.

Rechte waren auch durch Bedenken kirchlicher Natur behindert worden. Eine konfessionelle Vermischung der Bevölkerung konnte, wie in den übrigen gemischtkonfessionellen Ständen, der Einheit des demokratischen Staates nur förderlich sein. An der Festigung des Gemeinwesens war den Staatsgründern um so mehr gelegen, als die Eingliederung der verschiedenen Landesteile sich nur mit eidgenössischer Intervention vollzog.

Unangetastet blieb die Rechtsstellung der anerkannten Kirchen, nur daß sich der Religionsartikel über das bisherige Staatsprivileg der reformierten Konfession ausschweigt. Das kirchliche Schwergewicht lag fortan bei den Gemeinden, deren bisherige Rechte einfach bestätigt wurden. Dabei wird dem Wortlaut des Religionsartikels nach kein Unterschied mehr zwischen dem reformierten und dem katholischen Kantonsteil gemacht (1). Erst in den Artikeln 25 und 26 (2) kommt die traditionelle territoriale Sonderung doch wieder zum Ausdruck. Dem Bezirk Birseck werden die durch den Wienerkongreß zugesicherten Rechte gewährleistet. Da für die reformierte Kirche, die bisher keine eigene Verfassung besaß, eine ähnliche Garantie fehlte, waren damit die Interessen der römisch-katholischen Kirche besser gesichert, was bei der Konstituierung des neuen demokratischen Staates nicht wenig zur Beruhigung der konfessionellen Minderheit beitrug, indessen auch Bedenken bei den Reformierten zur Folge hatte. Die Verwaltung des Kirchen- und Schulvermögens in den alten Gebietsteilen und dem Bezirk Birseck sollte wie bisher getrennt bleiben und jeder Teil die Auslagen selbst tragen.

---

(1) § 10 der Verfassung vom 27.April 1832.
Th.Bornhauser: Verfassungen der Kantone der schweizerischen Eidgenossenschaft,Bd.1, Trogen 1833, S.169.

(2) Th.Bornhauser: a.a.O., S. 172.

Da Staat und Kirche nicht getrennt waren, muß es das Anliegen des Birseck gewesen sein, unter Berufung auf das Völkerrecht, den katholischen Kultus vor dem demokratischen Mehrheitsprinzip in Schutz zu nehmen. Wenn der Prozentsatz der katholischen Bürger im neuen Staat durch die Sezession von der Stadt auch gestiegen war, so behielten die Reformierten im Landrat doch eine starke Mehrheit (1). Baselland ist der erste mehrheitlich reformierte Staat der Schweiz, der in der Person Stephan Gutzwillers ein katholisches Regierungshaupt wählte.

Die Bereitschaft der gemischtkonfessionellen Räte, die überlieferte territorial getrennte Parität der anerkannten Kulte zu überwinden, zeigte sich 1835, als durch das Gesetz vom 10.Dezember die inzwischen entstandene katholische Kirchgemeinde in Liestal öffentlich-rechtliche Anerkennung erhielt (2). Ein Teil des Lohns für den Pfarrer sollte nämlich aus der Staatskasse bestritten werden. Dafür hatte dieser im öffentlichen Interesse Seelsorgerdienste bei Soldaten und Gefangenen zu versehen. Artikel 1 des Gesetzes wies interessanterweise auf das Verfassungsrecht hin: "Die Einführung einer katholischen Kirche zu Liestal wird hiemit gemäß § 10 der Verfassung genehmigt und die Ausübung ihrer Rechte unter den Schutz und die Oberaufsicht des Staates genommen"(3). Während die Katholiken von Baselstadt, Zürich und Bern auf die Toleranz der Behörden angewiesen waren, besaß die Diasporagemeinde von Liestal damit einen von der Verfassung geschützten Rechtsstatus für ihren Kultus. Es fehlen in diesem Gesetz die üblichen Einschränkungen zur Wahrung der reformierten Interessen.

---

(1) Nach der Volkszählung von 1850 hatte Baselland 38818 reformierte und 9052 katholische Einwohner. St.Franscini: Neue Statistik der Schweiz, Nachtrag, Bern 1851, S.331.

(2) U.Lampert: Kirche und Staat in der Schweiz, Bd.2, Freiburg/Leipzig 1938, S.36. Die Gemeinde in Liestal

Die grundrechtliche Bestimmung von 1832 über die Glaubensfreiheit, die Gewährleistung der Rechte der anerkannten Kirchen sowie der gemischten Ehen gingen wörtlich in die revidierte Staatsverfassung vom 1.August 1838 ein. Neu ist nur der Zusatz über die Einführung einer seit der Trennung ausstehenden rechtlichen Ordnung der reformierten Kirche. Er lautet: "Die besonderen Verhältnisse der erstern werden durch ein von der Kirchenbehörde dem Landrathe vorzuschlagendes Gesetz, das jedoch dem Grundsatz der Glaubensfreiheit nie zuwider sein darf, näher bestimmt" (1). Die erneute Erwähnung der Glaubensfreiheit in diesem Zusammenhang richtete sich gegen die Bestrebungen kirchlich konservativer Kreise, die durch Beibehaltung des Basler Bekenntnisses den religiös freieren Richtungen wehren wollten. Ihr Einfluß war jedoch seit dem Wegzug der Geistlichen, welche die revolutionäre Umgestaltung ablehnten, nicht mehr so groß.

Die radikale Regierungspartei fand im Verzicht auf das traditionelle Bekenntnis die Unterstützung der größtenteils erneuerten Geistlichkeit der Landschaft, wie deren Anträge über die Organisation der evangelischen Kirche vom Januar 1839 zeigen. Die im Druck erschienene Eingabe über die Organisation der evangelischen Kirche trägt die Unterschrift der Pfarrer J.Rahn, E.Koller und

---

zählte 1850 bereits 2126 Mitglieder.
O.Blunschi: Die Rechtsstellung der römisch-katholischen Kirche im Kanton Baselland, Reinach/Basel 1952 (Maschinenabschrift in Landesbibliothek, Bern), S.86.

(3) Gesetz über die Aufstellung eines katholischen Pfarramtes zu Liestal, Liestal 1835 (gedruckt), S. 3.

(1) Artikel 10, L.Snell: Handbuch des Schweizerischen Staatsrechtes, Bd.1, Zürich 1844, S. 382.

J.H.Weber. Sie gab vor, die Stimme der Mehrheit der reformierten Pfarrer zu sein. Unter dem öfteren Hinweis auf die verfassungsmässig garantierte Unverletzlichkeit der Glaubensfreiheit (1), wurde der Versuch, das alte Basler Bekenntnis wieder einzuführen, aufs bestimmteste abgelehnt. Die Glaubens- und Gewissensfreiheit bezeichnet die Schrift als eine von den Reformatoren erkämpfte Freiheit, ein Palladium der Menschen- und Christenwürde (2). Diese Freiheit sollten die Geistlichen vor jedem Zwang schützen, auch vor dem Bekenntniszwang innerhalb der Kirche. Nur die Heilige Schrift durfte in Verbindung mit freier und vernünftiger Bibelforschung bindende Glaubensnorm sein.

Weniger Zustimmung als bei ihrer Auffassung der Glaubensfreiheit fanden die reformierten Geistlichen bei ihrer Bemühung, das Staatskirchentum zu überwinden. In ihrer Eingabe wünschten sie eine Synodalverfassung. Dabei beriefen sie sich auf das im Staatsgrundgesetz verankerte Vereinsrecht (3). Den weltlichen Behörden wurde infolge ihrer gemischtkonfessionellen Zusammensetzung - die Eingabe spricht von einer katholischen Majorität des Kirchen- und Schuldepartements (4) - die Kompetenz abgesprochen, über Glauben, Lehre und Gottesdienst der Reformierten und ihre Kirchenorganisation mitzuentscheiden. Die Geistlichen sollten, nach ihrem Vorschlag, nicht von der politischen Gemeinde, sondern von der Kirchengemeinde gewählt werden, die Anstellung und Entlöhnung nicht durch den Staat erfolgen, was Selbstverwaltung des

---

(1) Beleuchtung der Anträge der Versammlung basellandschaftlicher Pfarrer am 3. und 4.Jenner 1839, betreffend die Organisation der evangelischen Kirche des Kantons Basel-Landschaft, Liestal 1839, S.4, 14, 22.
(2) A.a.O., S.25.
(3) Artikel 4 der Verfassung vom 1.August 1838. L.Snell: Handbuch des Schweizerischen Staatsrechts, Bd.2, Zürich 1844, S.381.
(4) Beleuchtung der Anträge... a.a.O., S.4.

Kirchenfonds bedeutete. Nicht bestritten wurde nur das Recht der Annahme oder Verwerfung kirchlicher Beschlüsse durch die weltliche Obrigkeit. Die Staatsaufsicht sollte sich jedoch nicht anders als gegenüber jedem anderen freien Verein auswirken. In Baselland offenbarte sich seit seiner Gründung der Konflikt zwischen dem radikal-demokratischen Staatswesen und dem um die religiöse und kirchliche Tradition bangenden Klerus (1), der in den vierziger Jahren in anderen regenerierten Kantonen ähnliche Trennungswünsche aufkommen ließ. Den freisinnigen basellandschaftlichen Räten schien die innerkirchliche Glaubensfreiheit durch Verbindung von Staat und Kirche besser gesichert zu sein als durch deren Sonderung. Die Regierung verstand die von der Verfassung garantierten Rechte der reformierten Kirche nicht wie die Mehrheit ihrer Geistlichen. Die Radikalen blieben ihrer antiklerikalen Einstellung treu, indem sie den reformierten Gläubigen das in der Verfassung versprochene Kirchengesetz und eine rein reformierte Oberbehörde vorenthielten (2).

Die Trennung von Stadt und Land beeinflußte auch die Entwicklung der religiösen Freiheit im Kanton Baselstadt. Die politisch konservative Reaktion der Rheinstadt, die der Sezession der linksrheinischen Gemeinden folgte, war von der Besinnung auf die christliche Tradition des wieder mit geringen Ausnahmen auf Bürger der reformierten

---

(1) Die enge Verbindung von Staat und Kirche in den beiden feindlichen Halbkantonen hatte, als es um die Frage des Treueeides ging, beim Klerus einen schweren Gewissenskonflikt bewirkt, dem sich, mit Ausnahme von zwei Pfarrern, alle reformierten Geistlichen durch Preisgabe ihres Amtes in der Landschaft entzogen. P.Burckhardt: Geschichte der Stadt Basel, Basel 1942, /S.189 f. E.Staehelin: Die Basler Kirche in den Basler Revolutionswirren von 1830 bis 1833, in: Aus fünf Jahrhunderten Schweizerischer Kirchengeschichte, Basel 1932, S. 279, 287 f.

(2) G.Finsler: Kirchliche Statistik der reformirten Schweiz, Zürich 1856, S. 194.

Konfession reduzierten Staates begleitet, zumal die Trennungswirren Geistlichkeit und Räte in der Abwehr der Revolution eng zusammengeschlossen hatten (1). Dies hinderte Baselstadt jedoch nicht, als erster Kanton der Schweiz und als einziger in den dreißiger Jahren, das Recht auf freien Kultus auf alle christlichen Gemeinschaften auszudehnen. Die Trennung von der Landschaft und ihrem katholischen Bezirk dürfte diese Rechtsentwicklung, die der neuhumanistisch toleranten Tradition der Universitätsstadt entsprach, beschleunigt haben. Die Stadt Basel, mit ihren zahlreichen niedergelassenen Katholiken, konnte diesen unbedenklich die teilweise Kultusfreiheit, die sie bisher besaßen, als ein Verfassungsrecht zugestehen, ohne ihnen auch bürgerliche und politische Gleichberechtigung gewähren und damit die Umwandlung der reformierten Stadt in einen paritätischen Staat in Kauf nehmen zu müssen, wie dies für Baselland zutraf.

Die noch vom alten Großen Rat mit seiner städtischen Zweidrittelmehrheit ausgearbeitete Verfassung vom 28. Februar 1831 (2) enthielt zwar eine Liste der wesentlichen bürgerlichen Freiheitsrechte, doch erwähnte sie weder die

---

(1) E.Staehelin über die Stärkung der Einheit der Stadt durch die Trennung: "Und wie sich im gemeinsamen Kampf und in der gemeinsamen Not die verschiedenen Gruppen in Stadt und Kirche stark zusammengeschlossen hatten, so blieben sie im wesentlichen beisammen und bildeten in gemeinsamem Kulturschaffen jenen allem Radikalismus abgeneigten konservativ-liberalen Typus einer pietistisch-humanistischen Christlichkeit heraus, der der Basler Geschichte bis in der Mitte des 19.Jahrhunderts das Gepräge verlieh." Die Basler Kirche in den Basler Revolutionswirren von 1830 bis 1833 (Festschrift Paul Wernle), Basel 1932, S. 288 f (Sonderdruck).

(2) Über die Entstehung der Verfassung vom 28.Februar 1831 siehe E.Schweizer: Die Entstehung der Dreißiger Wirren im Kanton Basel, in: Basler Zeitschrift für Geschichte und Altertumskunde, Bd.30, Basel 1931, S.336 ff.

Glaubens- noch die Kultusfreiheit. Dabei fehlte es nicht an liberalen Stimmen, die damals schon beiden Konfessionen die gleichen Rechte gewähren wollten oder wie Zivilgerichtspräsident Karl Burckhardt, der den greisen Johann Heinrich Wieland im Bürgermeisteramt ablösen sollte, eine Religionsfreiheit nach helvetischem Muster für wünschenswert hielt (1). Artikel 16 stand auf dem Boden des historischen konfessionellen Rechts mit seiner Unterscheidung zwischen dem alten und dem neuen Kantonsteil. Das Paritätsrecht, wie es bis zur Trennung Gültigkeit hatte, lautete: "Die Verfassung sichert den 5 alten Bezirken die reformirte und dem Bezirk Birseck die durch die Vereinigungs-Urkunde garantirte katholische Religionsübung zu" (2). Eine vom Katholiken Stephan Gutzwiller damals gewünschte formelle Garantie der Vereinbarung von 1815, wie sie 1832 die basellandschaftliche Verfassung unter seiner Leitung aufnehmen sollte, war mit dem Hinweis unberücksichtigt geblieben, daß deren Anerkennung selbstverständlich sei. Sein Antrag, daß den Katholiken die Erwerbung des Bürgerrechts freistehe, hatte in der Verfassung keine Aufnahme gefunden. Dies war nicht dazu angetan, die revolutionären katholischen Führer zu gewinnen.

---

(1) Ed.Schweizer: Die Entstehung der Dreißiger Wirren im Kanton Basel, in: Basler Zeitschrift für Geschichte und Altertumskunde, Bd.30, Basel 1931, S. 353 f. Karl Burckhardt hatte in Paris Benjamin Constants Vorlesung über englische Verfassung gehört und England besucht. E.His: Basler Staatsmänner des 19.Jahrhunderts, Basel 1930, S. 87.

(2) Revidierte Verfassung des Kantons Basel sammt Ausführungsgesetzen, 1831, Basler Gesetze sammlung, Bd.7, S. 84.

Die Verfassungsrevision von Baselstadt des Jahres 1833

Der Austritt von 33 Repräsentanten der Landschaft aus der neugewählten Legislative, die Proklamation der Unabhängigkeit des neuen Halbkantons in Liestal und die Anerkennung eines selbständigen Halbkantons durch die Tagsatzung, machten der Basler Verfassung von 1831 ein frühzeitiges Ende. Unter eidgenössischem Druck sah sich der auf die Stadt und drei Landgemeinden des rechten Rheinufers zusammengeschrumpfte Halbkanton gezwungen, sich 1833 ein neues Grundgesetz zu geben. Nach den Erhebungen von 1837 zählte er noch 20'518 Protestanten und 3'640 Katholiken (1). Dabei machten die Einwohner der rechtsrheinischen Gemeinden nicht einmal einen Zehntel der Gesamtbevölkerung aus.

Der ausschließlich reformierte Verfassungsrat begann am 9.September 1833 seine Beratungen. Schon im kommissionalen Vorschlag ist die Kultusfreiheit enthalten. § 15 des vorgelegten Entwurfs lautet: "Die Landeskirche ist die evangelisch reformierte. Die Ausübung jedes andern christlichen Glaubensbekenntnisses ist unter Beobachtung der gesetzlichen Bestimmungen gewährleistet". Das Protokoll der Verfassungskommission (2) gibt nur die Annahme des Artikels an. Hingegen vermerkt das gedruckte Gutachten zum Entwurf vom 18.September (3),eine Minderheit wollte bei § 15, der wegen Fortfalls des Bezirks Birseck eine

---

(1) Dazu kamen 72 Täufer und 126 Israeliten. L.A.Burckhardt: Der Kanton Basel, historisch, geographisch, statistisch geschildert, Baselstadtteil, St.Gallen/Bern 1841,S.64.

(2) Protokolle B 4, Staatsarchiv Baselstadt.

(3) Kommissionalgutachten zu dem Entwurf der Verfassung des Kantons Basel-Stadttheil, Basel 1833.

andere Redaktion erhalten mußte, "einen bestimmten Ausdruck zu Gunsten der Glaubensfreiheit aufgenommen wissen". Die Mehrheit widersetzte sich dem Antrag. Zum ersten Mal in einem Basler Verfassungstext ist die evangelische Kirche als "Landeskirche" bezeichnet. In Wirklichkeit aber änderte die Verfassung nichts an ihrer staatskirchlichen Struktur (1).

Im Verfassungsrat ist der Vorschlag auf Glaubensfreiheit erneut gefallen, wie aus dem offiziellen Protokoll ersichtlich ist (2). Der Antragsteller wird nicht genannt. Ausführlicher als über irgendeines der anderen vorausgegangenen Bürgerrechte ist über die religiöse Freiheit debattiert worden. Wie weit dabei Alexandre Vinets Anschauungen über die religiöse Freiheit zum Ausdruck kamen, läßt sich nicht ermitteln. Einflußreiche Verfassungsräte zählten zu seinen Freunden. Vinet hatte seine Denkschrift zugunsten der Kultusfreiheit 1825 in Basel, wo er an den höheren Schulen und an der Universität unterrichtete, geschrieben (3) und sich durch sein öffentliches Eintreten für die Sache der Stadt in den Revolutionswirren (4) auch politisch die Achtung der führenden Kreise erworben. Eine gänzliche Trennung von Staat und Kirche für Baselstadt zu empfehlen, dürfte jedoch selbst Vinet damals schwergefallen sein,

---

(1) Zum staatskirchlichen Verhältnis bemerkt L.A.Burckhardt: "Dieses Verhältnis wird nur sehr unvollständig durch die Verfassung ausgedrückt, indem sie die evangelisch-reformierte zur Landeskirche erhebt und die Ausübung anderer christlicher Glaubensbekenntnisse nur gewährleistet." Der Kanton Basel, historisch, geographisch, statistisch geschildert, 1.Hälfte: Basel-Stadttheil, St.Gallen/Bern 1841, S. 274.

(2) Protokolle (Sitzung vom 24.9.1833) B.6,1 - Staatsarchiv Baselstadt.

(3) Alexandre Vinets ausgewählte Werke, Bd.1,Zürich 1944,S.118.

(4) Alexandre Vinets ausgewählte Werke, Bd.2,Zürich 1944,S.45 ff.

trotz der dramatischen Rechtfertigung seiner Theorie durch den Wegzug von 28 reformierten Geistlichen aus der Landschaft. Weil die alte, städtische Obrigkeit sie von der Gehorsamspflicht nicht entbinden wollte, als die revolutionär konstituierten neuen Behörden in Liestal von ihnen den Amtseid verlangten, war ihnen nur das freiwillige oder erzwungene Verlassen ihrer Gemeinden übriggeblieben (1). Die Bemühungen der gemäßigt Liberalen im Verfassungsrat waren nur teilweise erfolgreich. Gegenüber einer Glaubensfreiheit, die sich gegen das Basler Bekenntnis, dem der Klerus immer noch verpflichtet war, richten konnte, zeigte sich die große Mehrheit abgeneigt. Nur 15 Verfassungsräte stimmten am 25.September 1833 für die Aufnahme der Glaubensfreiheit, 47 dagegen (2). Angenommen wurde jedoch ein Antrag der liberalen Kommissionsminderheit, wonach Religionsänderung und gemischte Ehen keine Beschränkung der staats- oder gemeindebürgerlichen Rechte mit sich bringen sollten.Damit wurde eine durch Konkordate mit anderen Kantonen angebahnte Toleranz erstmals Bestandteil der Verfassung. Es war ein Sieg der religiösen Freiheit. Die Verfassung von Baselland schützte nur die gemischten Ehen.

Ohne Vorbild im Recht der Schweiz, wenn man von der Helvetik absieht, war 1833 Basels Einführung verfassungsmäßiger Kultusfreiheit für alle christlichen Bekenntnisse. Die Abwehr der Handels- und Gewerbekreise gegenüber den Israeliten und die Einschränkungen gegenüber den Katholiken

---

(1) P.Burckhardt: Geschichte der Stadt Basel, Basel 1942, S. 189 f. E.Staehelin: Die Basler Kirche in den Basler Revolutionswirren von 1830 bis 1833,in: Aus fünf Jahrhunderten Schweizerischer Kirchengeschichte. Basel 1932, S. 277 ff (Separatdruck).

(2) Protokolle (Sitzung vom 24.9.1833) B 4, Staatsarchiv Baselstadt.

hinderte den Verfassungsrat, die Freiheit des Gottesdienstes absoluter als Menschenrecht zu formulieren. Erstmals seit dem Mittelalter hatte Basel im Jahr 1800 wieder Juden zugelassen (1). Zu Beginn der Restauration belief sich ihre Zahl bereits auf 198. Die meisten stammten aus dem Elsaß. In der Zählung von 1837 wurden nur noch 126 angeführt (2), eine Folge der von den Zünften verlangten Verschärfung in der Gewährung der Niederlassung. Das Bürgerrecht blieb den Israeliten verwehrt. Dagegen sprachen nicht nur wirtschaftliche Interessen, sondern auch der Wunsch der großen Mehrheit, dem Staat den rein reformierten Charakter zu erhalten.

Paragraph 15 der vom 24. bis 28.September beratenen und am 3.Oktober 1833 vom Volk ohne Opposition angenommenen Verfassung hat folgenden Wortlaut: "Die Landeskirche ist die evangelisch-reformirte, die Ausübung jedes andern christlichen Glaubensbekenntnisses ist unter Beobachtung der gesetzlichen Bestimmungen gewährleistet. Religionsänderung und gemischte Ehen können keine Beschränkung der staats- und gemeindsbürgerlichen Rechte nach sich ziehen" (3). Wenn auch der Katalog der Freiheitsrechte in anderen Kantonen vollständiger war als in der Basler Verfassung, so wies Baselstadt bis 1846 doch das verhältnismäßig freieste religiöse Verfassungsrecht der Schweiz auf. Trotz Wiederherstellung des nun wieder ausschließlich reformierten Staates - die Einschränkungen von 1822 gegenüber dem katholischen Kultus und die Möglichkeit, den Katholiken das Bürgerrecht zu verweigern, wurde durch die neue Verfassung nicht aufgehoben (4) -

---

(1) A.Weldler-Steinberg: Geschichte der Juden in der Schweiz, Goldach 1966, S. 103.

(2) L.A.Burckhardt: Der Kanton Basel, historisch, geographisch, statistisch geschildert, 1.Hälfte: Basel-Stadttheil, St.Gallen/Bern 1841, S.64.

(3) L.Snell: Handbuch des Schweizerischen Staatsrechts, Bd.2, Zürich 1844, S. 372.

(4) Nur der Duldungscharakter der Verordnung vom 18.6.1822

war Katholiken und christlichen freien Gemeinschaften der Gottesdienst fortan durch das Grundgesetz gewährleistet und die individuelle Glaubensfreiheit, wenn auch nicht allgemein formuliert, so doch bei Religionswechsel und Heirat von der Verfassung ausdrücklich geschützt. Bürgerliche und politische Rechtsgleichheit blieben den Katholiken und Juden jedoch versagt (1).

Die Verfassungsrevision von 1846/47

Der Religionsparagraph hat während der Revision von 1846/47 eine nur scheinbar geringfügige Änderung erfahren. Von der Verschärfung der kirchenpolitischen Fronten, wie sie die Auseinandersetzungen über die Klöster, die Jesuiten und den Sonderbund in der Schweiz der vierziger Jahre mit sich brachten, blieb auch die Verfassungsrevision von Baselstadt nicht völlig verschont. Die Politik von Baselstadt in der Tagsatzung, die sie von den reformierten Ständen isolierte, weckte religiöse und rechtliche Bedenken in kirchlich gesinnten Kreisen der Stadt (2). Während ihre Gesandten zur Erhaltung des Bundes und der Legalität für Klöster, Jesuiten und den katholischen Sonderbund eintraten, suchten die Behörden jeglichen katholischen Einfluß im Innern um so entschiedener abzuwehren. Wirtschaftliche Interessen hatten die katholischen Bewohner aus dem Ausland nicht nur zahlen-

---

fiel durch die Verfassung von 1833 dahin. Ein Verbot des katholischen Gottesdienstes kam - solange die Gesetze beachtet wurden - somit rechtlich nicht mehr in Frage. Vgl.L.R.v.Salis: Die Entwicklung der Kultusfreiheit in der Schweiz, Basel 1894, S. 88.

(1) Siehe Kommentar von L.A.Burckhardt über den 2.Absatz des Religionsparagraphen: "Jezt garantirt der Staat zwar den Genuß der bürgerlichen Rechte selbst bei Religions-

mäßig, sondern auch prozentual zunehmen lassen (1), doch unter den Hunderten von Neubürgern, welche die Stadt nach der Trennung neu aufgenommen hatte, zählte kein einziger Katholik (2). Dabei galten die konfessionellen Spannungen und Aufstände in den Kantonen Bern, Aargau und Genf als abschreckende Beispiele. Als der Bischof von Solothurn im Jahr 1841 seine Ankunft in Basel ankündigte, um das Sakrament der Firmung zu erteilen, hatte die reformierte Geistlichkeit in einer Eingabe gegen die bischöfliche Neuerung protestiert (3). Sie sah darin den Beweis für die beharrliche Ausbreitung der katholischen Kirche. Gegenüber dem Einwand, daß völlige Religionsfteiheit nun einmal das Bedürfnis der Zeit sei, wies der Klerus auf die Beschränkungen des reformierten Gottesdienstes in Luzern, Solothurn und Freiburg und auf die Verdammung der Gewissensfreiheit durch Rom hin. Die Firmung, die als Kultushandlung ja nun auch durch die Verfassung geschützt war, wurde dennoch behördlich bewilligt, jedoch mit den für den katholischen Gottesdienst seit 1822 bestehenden Einschränkungen.

änderung; wie aber diese Zusicherung mit andern Gesezen, wonach keine Katholiken und Juden ins Bürgerrecht aufgenommen werden, ja mit den in das öffentliche und bürgerliche Leben durch Zeit und Gewohnheit verwachsenen kirchlichen Verhältnisse in Einklang gebracht werden konnte, hat glücklicherweise die Erfahrung noch nicht gezeigt. Der Kanton Basel, historisch, geographisch, statistisch geschildert. 1.Hälfte: Basel-Stadttheil, St.Gallen/Bern 1841, S. 275.

(2) Siehe Basels Beitrittserklärung zum Bistum Basel vom 6.10.1829, die ausdrücklich nur für das Birseck galt: Sammlung der Gesetze und Beschlüsse wie auch der Polizei-Verordnungen des Kantons Basel,Bd.7,Basel 1837, S.83 ff.

---

(1) Laut Volkszählung von 1850 kamen auf 100 Reformierte von Baselstadt schon 18 Katholiken. P.Burckhardt: Geschichte der Stadt Basel von der Reformation bis zur Gegenwart, Basel 1956, S. 224.

(2) P.Burckhardt: Die Geschichte der Stadt Basel von der Trennung des Kantons bis zur neuen Bundesverfassung 1833-48. (90.Neujahrsblatt), Basel 1912,1.Teil, S.21 f.

(3) L.R.v.Salis: Die Entwicklung der Kultusfreiheit in der Schweiz, Basel 1894, S. 96.

Einen Schock löste im Oktober 1846 bei den konservativen Baslern James Fazys radikal-demokratischer Sieg über das befreundete Genfer Regime aus. Nach Lage und Charakter besaßen die beiden liberal-konservativen Städte viel Gemeinsames. Dazu zählten auch die konfessionellen Verhältnisse. Von katholischen Ländern umgeben, hatten die Verdienstmöglichkeiten beider wohlhabender Grenzstädte, deren Altbürger großen Wert auf die Erhaltung der "religion dominante" legten, in steigendem Maß Katholiken angezogen. Als James Fazy das revolutionäre Experiment von 1842 im Oktober 1846 mit endgültigem Erfolg erneuerte, da bangte den konservativen Baslern nicht nur, weil damit die elfte Stimme für eine radikale Bundesänderung in der Tagsatzung in Aussicht stand (1), sondern es beunruhigte sie auch das Zusammengehen der Radikalen Altgenfs mit den konservativen Katholiken der 1815 neugewonnenen Landschaft, welche die demokratische Revolution erst erfolgreich werden ließ. Die Rücksichten James Fazys auf die katholischen Interessen und die Erwartung ihres vermehrten Einflußes auf den Staat, wobei man bereits den Tag kommen sah, an dem die Katholiken in der Mehrzahl sein würden, sowie die Reaktion und darauffolgende bittere Resignation der Altgenfer, mochte zwar den Baslern den Verlust der katholischen Gemeinden des Birseck erst recht als Gewinn erscheinen lassen, war aber zugleich ein Grund, die 1833 wiedergewonnene Einheit der Konfession ihrer Bürger und die weitgehende Identität der Interessen von Kirche und Staat aufrechtzuerhalten.

---

(1) "Wir sind an der Rhone totgeschlagen worden, ohne daß wir nur davon träumten", klagte A.Heusler am 14.Oktober 1846 in einem Brief an G.v.Wyss. Briefwechsel zwischen G.v.Wyss und Andreas Heusler-Ryhiner, hrsg.von E.His, in: Basler Zeitschrift für Geschichte und Altertumskunde, 32.Jg.,Basel 1933, S. 52.

Als Zeichen der "unheimlichen Verschärfung der konfessionellen Gegensätze" hat Paul Burckhardt (1) die Eingabe zur Verfassungsrevision des hochgeschätzten Kirchendogmatikers und Neubaslers Wilhelm Martin Leberecht de Wette gewertet. Sie dürfte ebensosehr Ausdruck der Befürchtung des Klerus gewesen sein, dass mit der Verfassungsänderung der freiere Zeitgeist auch die Basler Obrigkeit der Kirche und ihrem Glauben entfremde. Die religiöse Intoleranz, von der das Schreiben zeugt, musste um so grössere Ueberraschung hervorrufen, als die theologische Fakultät, die durch de Wette zu Ansehen gelangt war (2), nicht dem konservativen Dogmatismus huldigte (3). Baselstadt erlebte, im Unterschied zu Schaffhausen, wo die Konversion Hurters grösste Erregung bewirkt hatte, seit 17 Jahren keinen Uebertritt zur katholischen Kirche. Der Inhalt ist durch die wörtliche Wiedergabe in der Presse bekannt geworden (4). Wie de Wette in der Einleitung bekanntgab, entsprach die Petition der Auffassung einer verhältnismässig grossen Minderheit des Stadtkapitels. Der erste Wunsch bezog sich auf eine Synodalverfassung für die reformierte Kirche, ein Anliegen, mit dem - wie es sich zeigen sollte - die Mehrheit des Klerus einig war. Der zweite Gegenstand, dem der ausführlichere und anstosserregende Teil der Eingabe gewidmet ist, bezog sich auf Artikel 15 der Verfassung von 1833, wonach Religionsänderung und gemischte Ehe nicht den Verlust des Aktivbürgerrechts zur Folge hatten.Dieser Satz

---

(1) P.Burckhardt: Die Geschichte der Stadt Basel von der Trennung des Kantons bis zur neuen Bundesverfassung, 1833-1848, 3.Teil, Basel 1914 (92.Neujahrsblatt),S.45.

(2) E.Bonjour: Die Universität Basel von den Anfängen bis zur Gegenwart, 1460-1960, Basel 1960, S.369 ff.

(3) K.Barth:teilt K.R.Hagenbachs Charakterisierung de Wettes: "Mit dem Verstand ein Rationalist, mit dem Gemüt ein Mystiker und Pietist." K.Barth: Die protestantische Theologie im 19.Jahrhundert, Zollikon/Zürich 1952, S.433.

(4) Allgemeines Intelligenzblatt der Stadt Basel vom 14.12. 1846 (Nr.294). Das Original befindet sich nicht unter den Verfassungsakten des Staatsarchivs.

sollte nach de Wette kurzerhand gestrichen werden. Nur Flachheit und Indifferentismus, fälschlich Liberalismus genannt, so kommentierte der Theologe das Anliegen der Geistlichen, könne im Verlust des Aktivbürgerrechts einen Rückschritt und Unduldsamkeit sehen. Der wahre Fortschritt der Zeit bestehe vielmehr in der Wiedergeltendmachung des konfessionellen Bewußtseins. Er ersuchte die Verfassungsräte eindringlich, Basel die Einheit des Glaubens, die Grundlage des Gemeingeistes zu erhalten: "Als Diener des göttlichen Wortes und kraft meiner wohlbegründeten Überzeugung lege ich Hochdenselben die Pflicht ans Herz, diese köstliche Erbschaft dem künftigen Geschlechte zu bewahren"(1). Die Verfassungsänderung rechtfertigte de Wette mit den jesuitischen Umtrieben und dem Eifer der Katholiken, der noch lange nicht den Höhepunkt erreicht habe.

Nachdem die Verfassungskommission in ihrem Entwurf den Religionsparagraphen nicht im Sinn de Wettes modifiziert hatte, richteten 105 Basler, darunter auch Geistliche, einen ähnlichen Wunsch auf Streichung des Paragraphen über die Religionsänderung und die gemischten Ehen an den Verfassungsrat (2). Auf ein nachträgliches Unbehagen läßt der Pressebericht schließen, wonach die Petition der 105 Bürger nach ihrem Verlesen im Verfassungsrat wie durch einen Zufall verschwunden und nicht mehr zu finden gewesen sei (3). Die Basler Zeitung, die sich über de Wettes Eingabe ausschweigt, sagt von der Eingabe der 105 Bürger nur, daß sie ihr protestantisches Gefühl durch die Bestimmung

---

(1) Allgemeines Intelligenzblatt der Stadt Basel v.14.12.1846.

(2) Allgemeines Intelligenzblatt der Stadt Basel v.17.2.1847.

(3) Allgemeines Intelligenzblatt der Stadt Basel v.20.2.1847. Auch diese Eingabe befindet sich nicht unter den vom Staatsarchiv aufbewahrten Akten der Verfassungsrevision 1846/47.

des § 16, wonach Glaubensänderung und gemischte Ehen keine Beschränkung bürgerlicher Rechte nach sich zögen, verletzt fänden (1). Unter den Eingaben zur Verfassungsrevision, die meist materielle Begehren enthalten, wünschte ein anonymer Schreiber mehr religiöse Toleranz. Er berief sich dabei auf das Gleichheitsrecht und motivierte dieses mit der Bibel. Niemand sollte gezwungen werden, sich an eine Konfession zu halten (2). An einer Erweiterung der religiösen Freiheit scheint der baslerische Pietismus, der sich darin von der calvinistisch beeinflußten Dissidenz Genfs unterschied, im allgemeinen ebenso wenig interessiert gewesen sein wie die Wortführer der Staatskirche. Beiden genügte auch 1846 als Zeichen der Toleranz die Kultusfreiheit der Verfassung für christliche Konfessionen, und diese wurde von keiner Seite angefochten.

Wirtschaftlich und nicht religiös motiviert - war doch der israelitische Kultus auch ohne Verfassungsrecht ungestört (3) - ist die Petition vom 14.Dezember der in Basel niedergelassenen und in den letzten Dezennien durch die einschränkenden Niederlassungsgesetze stark dezimierten Israeliten. Nicht nur war ihnen das Bürgerrecht verwehrt, sogar das Verbleiben in der Stadt war ihrer Nachkommenschaft nicht gesichert. Zwar war die Härte des Gesetzes vom 7.Februar 1821, das Kinder ansäßiger jüdischer Eltern zwang, wenn sie volljährig wurden, die Stadt zu verlassen, etwas gemildert, indem je einem Sohn

---

(1) Basler Zeitung vom 16.2.1847 (Nr.39), S. 154.

(2) Mappe "Verfassung B 4", Nr.15, Staatsarchiv Baselstadt.

(3) A.Nordmann: Geschichte der Juden in Basel seit dem Ende der zweiten Gemeinde bis zur Einführung der Glaubens- und Gewissensfreiheit, 1397-1875, in: Basler Zeitschrift für Geschichte und Altertumskunde, Bd.13, Basel 1914, S. 131.

von vier Familien die Aufenthaltsbewilligung erteilt wurde, so daß die Weiterführung des väterlichen Geschäfts einigermaßen gesichert schien. Die Zahl der Juden erreichte 1847 mit 104 Seelen ihren tiefsten Stand (1). Nun wünschten sie in ihrer Eingabe, daß den in Basel geborenen und erzogenen Israeliten die Niederlassungs- und Gewerbefreiheit gewährt werde (2).

Die Wahl des Verfassungsrats, der vom Großen Rat zur Vermeidung eines Putsches mit Hilfe der zahlreichen niedergelassenen Schweizer (3) beschlossen worden war, zeigte trotz der Erweiterung des Wahlrechts, daß die Konservativen zwar ihre frühere Mehrheit verloren, aber immer noch den stärksten Rückhalt bei der Bürgerschaft hatten. Die liberale und radikale Opposition zählte 40 Verfassungsräte. Den Ausschlag gab jedoch - zumal die Radikalen gespalten waren - die mit ungefähr 20 Stimmen vertretene gemäßigt-liberale Mittelpartei (4). Diese war in der festgefahrenen eidgenössischen Politik des Standes kompromißbereiter als die Konservativen, hielt jedoch mit diesen an der Auffassung eines reformierten Staates fest. Auch der Führer der Liberal-Radikalen, der Redaktor der Schweizerischen Nationalzeitung und Troxlerschüler, Karl Brenner, wollte es in der Bürgerrechtspolitik nicht mit dem Mittelstand verderben (5). Damit waren von vornherein einer konfessionellen Emanzipation des Staatsrechts Grenzen gesetzt.

---

(1) A.Nordmann: Geschichte der Juden in Basel seit dem Ende der zweiten Gemeinde bis zur Einführung der Glaubens- und Gewissensfreiheit 1397-1875, in: Basler Zs.f.Geschichte und Altertumskunde, Bd.13, Basel 1914, S.124.

(2) Verfassung B 4, Staatsarchiv Baselstadt.

(3) Vgl.P.Burckhardt: Die Geschichte der Stadt Basel von der Trennung des Kantons bis zur neuen Bundesverfassung 1833-1848,(92.Neujahrsblatt)3.Teil, Basel 1914,S. 36 ff.

(4) Vgl.P.Burckhardt: a.a.O., S. 39.

(5) P.Burckhardt: Geschichte der Stadt Basel, Basel 1942,S.246.

In der von Bürgermeister Johann Rudolf Frey geleiteten Verfassungskommission, in der führende Konservative, wie Bürgermeister Carl Burckhardt und Ratsherr Andreas Heusler, fehlten, dafür aber die Häupter der liberalen und radikalen Opposition Mitglieder waren, trug den Eingaben de Wettes und der 105 Bürger nicht Rechnung. Sie behielt die Kultusfreiheit für christliche Bekenntnisse, beschränkte jedoch die Religionsänderung, die weiterhin keine Einschränkung in den bürgerlichen Rechten nach sich ziehen sollte, auf Konversionen zwischen christlichen Glaubensbekenntnissen. Der von Staatsrat Felix Sarasin beantragte Text des zweiten Absatzes des Religionsparagraphen, wie er in den Kommissionalentwurf aufgenommen wurde, lautete: "Übertritt zu einem andern christlichen Glaubensbekenntniss und gemischte Ehen ziehen keine Beschränkung der staats- oder gemeindsbürgerlichen Rechte nach sich". Damit war den Israeliten die Erlangung des Bürgerrechts durch Eintritt in die reformierte Kirche nun auch von der Verfassung her ausdrücklich verwehrt (1). Staatsschreiber Felber bemerkt im offiziellen Protokoll zu dieser einzigen Änderung des § 15, man habe bisher diesen so verstanden (2). Von einer Debatte oder Abstimmung über die Eingabe de Wettes und der 105 Bürger steht nichts im Protokoll. Das über den Parteien stehende "Intelligenzblatt" (3) wußte von der geschlossenen Sitzung zu berichten, die Kommission habe die Gefahr für den protestantischen Charakter der Stadt nicht verkannt, die Mehrheit hätte jedoch das Prinzip der Gewissensfreiheit

---

(1) Es gab seit 1820 in Basel einen christlichen Verein der Freunde Israels und seit 1842 ein Proselytenhaus für Juden, die zum Christentum geneigt waren. G.Finsler: Kirchliche Statistik der reformirten Schweiz, Zürich 1856, S.188.

(2) Verhandlungen der Verfassungs-Commission, Protokolle 1846-1847, Staatsarchiv Baselstadt. Siehe Gutachten und Verfassungsentwurf der vom Verfassungsrathe niedergesetzten Commission, 1847, S. 15 (gedruckt).

(3) Allgemeines Intelligenzblatt der Stadt Basel v.14.12.1846.

mit all seinen Konsequenzen über diese Gefahr gestellt. Den Antrag der Geistlichen zugunsten einer Kirchenverfassung wollte die Kommission nicht in die Verfassung aufnehmen. Dasselbe galt von der jüdischen Petition. Es wurde jedoch einem Antrag Peter Merians zugestimmt, daß dem Wunsch der Israeliten in der positiven Gesetzgebung Rechnung getragen werde (1).

Die Verhandlungen des Verfassungsrats über den Religionsparagraphen des kommissionalen Entwurfs fanden am 18.Februar 1847 in einem Zeitpunkt statt, als im Genfer Verfassungsrat die freisinnige Mehrheit der altgenferischen Konfession als "religion dominante" ein Ende setzte, die "Compagnie des pasteurs" und das "Consistoire" entmachtete, den Demokratisierungsprozeß der reformierten Kirche einleitete und zur Zufriedenheit der Dissidenz die allgemeine Kultusfreiheit einführte. In Baselstadt standen die Debatten im Zeichen des konfessionellen Status quo. Ausführlicher als das offizielle Protokoll berichtete wiederum die Presse (2), aus der ersichtlich ist, daß der Religionsparagraph zu einer langen Diskussion Anlaß gab. Unangefochten scheint die Formulierung der beschränkten Kultusfreiheit geblieben zu sein. Hingegen gaben zwei Anträge, die sich gegen den zweiten Absatz des Religionsparagraphen über den Religionswechsel richteten, Anlaß zur Diskussion. Zum Antrag auf Streichung des ganzen Absatzes nach der Petition von de Wette und der 105 Bürger, was Verlust des Bürgerrechts beim Übertritt zum Katholizismus und bei Heirat mit einem katholischen Partner bedeutet

---

(1) A.Nordmann: Geschichte der Juden in Basel seit dem Ende der zweiten Gemeinde bis zur Einführung der Glaubens- und Gewissensfreiheit 1397-1875, in: Basler Zs.f.Gesch. u.Altertumskunde Bd.13, Basel 1914, S. 124 f.

(2) Basler Zeitung v.19.2.1847; Allgemeines Intelligenzblatt der Stadt Basel v.20.2.1847.

hätte, gibt das Intelligenzblatt, welches das Verschwinden der Eingabe der 105 meldete, die Entgegnung Friedrich Sturms wieder: Es befremde ihn, offen gestanden, daß solche Männer eine solche Bitte zu tun wagten. Er glaubte, das Motiv in einer voreiligen Furcht vor dem Ultramontanismus zu sehen, die er nicht teilte (1). Konrad Albrecht sagte, er werde von Erstaunen und Wehmut ergriffen, wenn er unter einer der bekannten Petitionen den Namen eines so hochgestellten Mannes lese, womit er wohl Professor de Wette meinte. Nur vier Verfassungsräte stimmten für den Antrag (2), dessen Intoleranz auch den meisten Konservativen zu weit ging. Mehr Erfolg hatte ein Antrag, nur das aktive und passive Wahlrecht beim Übertritt zum Katholizismus zu beschränken. Er stammte vom Stadtrat J.Bloch und wurde vom Staatsrat Adolf Christ kräftig unterstützt. Er vereinigte jedoch nur 19 Stimmen (3).

Die Gegner der kommissionalen Fassung wiesen auf den geheimen Einfluß des rührigen Katholizismus hin. Als Beweis führte man die zunehmende Abneigung der katholischen Eltern an, ihre Kinder in reformierte Schulen zu schicken und die Entwicklung ihrer eigenen konfessionellen Schule. Zu den Befürwortern des toleranteren Staatsrechts, die das Wort ergriffen, zählten Konservative, wie Andreas Heusler und Radikale, wie Karl Brenner. Peter Merian erinnerte an das intolerante Verhalten der Kantone Wallis und Waadt und bezeichnete einen Rückschritt, wie ihn die Antragsteller für Basel wünschten, als bedenklich. Man versuchte, die Anklage zu widerlegen, als ob die Katholiken

---

(1) Allgemeines Intelligenzblatt der Stadt Basel v.20.2.1847.

(2) Protocoll des Verfassungsrathes des Cantons Basel-Stadttheil im Jahre 1846 (Sitzung vom 18.2.1847).

(3) Basler Zeitung v.19.2.1847, Nr.42, S. 165.

Anlaß zu Befürchtungen gäben, glaubte vielmehr, daß durch den kränkenden Verlust der politischen Rechte nur Mißbehagen erregt werde. Wäre einmal der Einfluß der Katholiken im Großen Rat wirklich zu befürchten, so könnte man sie immer noch bitten, bei konfessionellen Fragen nicht mitzuwirken. Besondere Beachtung fand die Intervention des bekannten Kirchengeschichtlers und Vermittlungstheologen Karl Rudolf Hagenbach. Er gab an, Ansichten der Geistlichen wiederzugeben, distanzierte sich jedoch von jenen Petitionären, welche die bisherige Garantie der Bürgerrechte beim Übertritt zum Katholizismus und beim Eingehen einer gemischten Ehe gänzlich fallen lassen wollten. Doch auch ihm war der Text des Entwurfs zu liberal. Der Konvertit sollte nach Hagenbach weder das Staats- noch das Gemeinderecht verlieren, hingegen dürfte er im Großen Rat nicht mitreden. Für die gemischten Ehen wollte er überhaupt keine politische Einschränkung. So sehr auch die meisten Verfassungsräte eine konfessionell gemischte Legislative und einen paritätischen Staat aufgrund der konfessionellen Spannungen, die sich daraus ergeben konnten, ablehnen mochten, so glaubte der Verfassungsrat, der sich anschickte, Baselstadt seinen protestantischen Charakter zu erhalten, nicht an die Imminenz dieser Gefahr.

Auch beim Bemühen Hagenbachs, der reformierten Kirche im Einverständnis mit dem Stadtkapitel durch das neue Staatsgrundgesetz eine Kirchenverfassung zu sichern, dürfte der Rat ähnlichen Überlegungen gefolgt sein. Von ihm stammt das im Protokoll ohne Namensnennung angegebene Amendement: "Die Landeskirche mit ihrer der gesetzlichen Bestätigung unterliegenden Verfassung ist die evangelische...", das nur 15 Stimmen auf sich vereinigte (1).

---

(1) Protocoll des Verfassungsrathes des Cantons Basel-Stadt im Jahre 1846 (Sitzung v.18.2.1847), Staatsarchiv Baselstadt;Basler Zeitung v.19.2.1847,Nr.42,S.165.

Bei der Ablehnung spielte nicht, wie in den radikalen Kantonen, Kirchenfeindlichkeit (1) eine Rolle, wohl aber ein gewisses Bedenken, es möchte der Klerus durch Selbstverwaltung der Kirche zu viel Einfluß erhalten. An eine kirchliche Demokratisierung dachte man in Baselstadt nicht ernsthaft. Der Präsident des Verfassungsrates, Bürgermeister Frey, empfahl bei seinem abschließenden Votum mit der Annahme des von der Kommission vorgeschlagenen Entwurfs des Religionsparagraphen, daß Kirche und Staat Hand in Hand gehen sollten. Mit 63 gegen 11 Stimmen (2) nahm der Verfassungsrat den unveränderten Verfassungstext an, der Baselstadt wie bisher den reformierten Staatscharakter, den Katholiken und Dissidenten jedoch weitgehende Toleranz gewährte. Ein Antrag auf besondere Erwähnung der Glaubensfreiheit scheint während den Verfassungsverhandlungen nicht gefallen zu sein. § 16 der Verfassung vom 8.April 1847 hatte folgenden Wortlaut: "Die Landeskirche ist die evangelisch-reformirte; die Ausübung jedes andern christlichen Glaubensbekenntnisses ist unter Beobachtung der gesetzlichen Bestimmungen gewährleistet. Übertritt zu einem andern christlichen Glaubensbekenntniss, sowie gemischte Ehen ziehen keine Beschränkung der staats- und gemeindsbürgerlichen Rechte nach sich" (3).

---

(1) Eine einzige Petition mehrerer "Patrioten" vom 8.12. 1846 wünschte keine Geistlichen im Großen Rat, da diese nicht politisieren sollten und die Pietisten ohnehin hinlänglich vertreten seien. Mappe "Verfassung B 4"(1846/47), Nr.15, Staatsarchiv Baselstadt.

(2) Allgemeines Intelligenzblatt der Stadt Basel v.20.2.1847.

(3) Sammlung der Gesetze und Beschlüsse wie auch Polizei-Verordnungen, 1847 bis 1850, Bd.12 der Gesetzessammlung, Basel 1851, S. 19.

Keine Erweiterung erfuhren die übrigen bürgerlichen Freiheitsrechte der Verfassung von 1833. Unverändert blieben die Paragraphen über die Gleichheit des Bürgers vor dem Gesetz, die persönliche Freiheit, die Pressefreiheit, das Petitionsrecht und die Niederlassungsfreiheit, die durch das Gesetz eng begrenzt war. Mit 68 gegen 32 Stimmen ist eine Bestimmung aufgenommen worden, wonach das Gesetz die Niederlassung für im Kanton Geborene und Erzogene nach längerem Aufenthalt die Erwerbung des Bürgerrechts erleichtert werden sollte. Die Kantonsbürger machten damals nur 35 % der Bevölkerung aus (1). Man hoffte, dadurch der politischen Unrast unter den Nichtbaslern zu steuern. Doch dachte die Mehrheit auch hier, wie aus der offiziösen Basler Zeitung ersichtlich ist (2), nicht daran, diese Erleichterung auch Katholiken zu gewähren. Die Ausdehnung des Wahlrechts auf die schweizerischen Niedergelassenen - sie machten 44 % der Bevölkerung aus - die auch Katholiken eingeschlossen hätte, kam im Verfassungsrat schon gar nicht zur Sprache (3). Ausdruck der Wirtschaftskrise ist die Einschränkung der Gewerbefreiheit, die zur längsten Debatte Anlaß gab (4). Ein neuer Verfassungsartikel stipulierte, daß die Einführung der Gewerbefreiheit der Gesetzgebung nicht gestattet sei (5). Der Schutz der Zünfte und der Alleinherrschaft der reformierten Religion wurde von denselben

---

(1) P.Burckhardt: Geschichte der Stadt Basel, Basel 1942,S.206.

(2) Basler Zeitung v.12.12.1846, Nr.294, S. 1175.

(3) P.Burckhardt: a.a.O., S. 46.

(4) P.Burckhardt: a.a.O., S. 47 f.

(5) § 11 der Verfassung vom 8.April 1847. Sammlung der Gesetze und Beschlüsse wie auch Polizei-Verordnungen, 1847 bis 1850, Bd.12 der Gesetzessammlung, Basel 1851, S. 18.

städtischen Kreisen des Mittelstandes befürwortet. Mit diesen Beschränkungen war die Annahme der neuen Verfassung gesichert. Sie wurde denn auch mit 1448 gegen 179 Stimmen angenommen (1).

Noch fehlte Baselstadt, deren Blick bei der Verfassungsrevision mehr auf die innere Konsolidierung gerichtet war, als auf die Erneuerung der Eidgenossenschaft, die für einen neuen, zeitgemäßen Bund verlangte Rechtsparität für reformierte und katholische Schweizerbürger. Es war ein Neubasler, Christian Friedrich Schönbein, der spätere Nobelpreisträger (2), der bei den Neuwahlen Großrat wurde und dort im selben Jahr für Gleichberechtigung selbst der Jesuiten plädierte, der 1848 für die Bundesrevision einen Antrag auf vollständige individuelle religiöse Freiheit stellte (3). Unter den neuen Verhältnissen konnte sich auch Baselstadt nicht der Preisgabe der religiösen Diskriminierung in den bürgerlichen und politischen Rechten entziehen, die sie bei ihrer Verfassungsrevision den Katholiken noch versagt hatte (4). Nur in der Ablehnung der Gleichberechtigung für die Juden blieb sie unnachgiebig(5).

---

(1) P.Burckhardt: Die Geschichte der Stadt Basel von der Trennung des Kantons bis zur neuen Bundesverfassung, 1833-1848, 3.Teil, Basel 1914,S.48 (92.Neujahrsblatt).

(2) Die Basler Zeitung meldete am 11.2.1847, der Erfinder der Schießbaumwolle sei vom König von Schweden zum Ritter des Wasa-Ordens ernannt worden,Nr.35, S.137.

(3) P.Burckhardt: a.a.O., S. 83.

(4) Das Bürgerrechtsgesetz von 1838 hatte die Bedingung des reformierten Bekenntnisses auf die evangelisch-protestantische Religion erweitert. Das Gesetz vom 4.12.1848 verlangte nur noch den christlichen Glauben. L.R.v.Salis: Die Entwicklung der Kultusfreiheit in der Schweiz, Basel 1894, S.78, Anmerkung 3.

(5) Über die rechtliche Emanzipation der Israeliten in Basel siehe A.Nordmann: Geschichte der Juden in Basel seit dem Ende der zweiten Gemeinde bis zur Einführung der Glaubens- und Gewissensfreiheit, 1397-1875, in: Basler Zs.f.Gesch.u.Altertumskunde,Bd.13,Basel1914,S.125ff.

Indem es 1846/47 nicht, wie in Genf, zum radikalen Bruch mit der Vergangenheit kam, war es für Basel, als neue Verhältnisse im Jahr 1910 zur Sonderung von Staat und Kirche führten, leichter, eine vollständige Trennung zu vermeiden (1).

---

(1) Über die Entwicklung des Verhältnisses von Staat und Kirche in Baselstadt siehe H.W.Meyer: Staat und Kirche im Kanton Baselstadt, 1926, S. 111 ff (Maschinenabschrift, Landesbibliothek Bern). C.Chr.Burckhardt: Neuzeitliche Wandlungen des Verhältnisses zwischen Staat und Kirche in der Schweiz, in: Polit.Jahrbuch der Schweiz.Eidgenossenschaft, 24.Jg., Bern 1910, S.92 ff. U.Lampert: Kirche und Staat in der Schweiz, Bd.2, Freiburg/Leipzig 1938, S.117 ff. Über die Kontinuität der schon von Castellio im 16. Jahrhundert ausgedrückten Idee von der notwendigen Trennung der weltlichen und geistlichen Dinge bei Alexandre Vinet und Jacob Burckhardt siehe W.Kaegi: Castellio und die Anfänge der Toleranz, Basel 1953, S. 24 f. (Basler Universitätsreden, Heft 32).

Bern

Das im Kanton Bern besonders kraftvoll entwickelte reformierte Staatskirchentum (1) erfuhr während der Restauration eine empfindliche Einbuße in seiner Alleinherrschaft. An erster Stelle in der als "Erklärung" bezeichneten patrizischen Verfassung vom 26.August 1816 steht zwar: "Die evangelisch-reformirte Religion ist die herrschende Landesreligion", doch sogleich folgt eine geographische Einschränkung: "In denjenigen Gemeinden der mit dem Kanton vereinigten, vormals bischof-baselschen Landschaften, wo die römisch-katholische Religion gegenwärtig besteht, ist die freie Ausübung desselben gewährleistet" (2). Bern war ein gemischtkonfessioneller Kanton mit örtlich beschränkter Parität für die katholische Religion geworden.

Die Rechte der jurassischen Katholiken waren völkerrechtlich fundiert. Die von der Tagsatzung ratifizierte Erklärung des Wiener Kongresses vom 20.März 1815 über die Neuregelung der schweizerischen Verhältnisse sicherte dem mehrheitlich katholischen Jura, dessen Einverleibung in den Kanton Bern als Entschädigung der europäischen Mächte für die waadtländischen und aargauischen Verluste gedacht war, die politische Gleichberechtigung mit dem altbernischen Landesteil und den konfessionellen Status quo. Artikel 4

---

(1) Mit dem Gesetz vom 7.Mai 1804, durch das der Staat die Verwaltung des Kirchengutes und damit die Verantwortung für die Besoldung der Geistlichen übernahm, ist die Bindung der Kirche an den Staat noch enger geworden. K.Guggisberg: Bernische Kirchengeschichte, Bern, 1958, S. 570 f.

(2) P.Usteri: Handbuch des Schweizerischen Staatsrechts, Bd.2, Aarau 1816, S. 230 f.

jener Erklärung geht auf einen von Canning und Dalberg ausgearbeiteten Entwurf zurück (1). Sie verlangte, daß die Einwohner der angeschlossenen Gebiete, "in jeder Hinsicht, ohne Unterschied der Religion (die in ihrem gegenwärtigen Zustand verbleibt) der nämlichen bürgerlichen und politischen Rechte" (2) teilhaft seien wie die Einwohner des alten Landesteils.

Die urkundliche Erklärung der Berner Regierung vom 21.September 1815 zeigt, wie der politischen Integration die kirchliche Sonderung entgegenstand. Die konfessionellen Garantien stehen an vorderster Stelle und haben das alteidgenössische Paritätsrecht mit seiner territorialen Trennung der Konfessionen zum Vorbild. Artikel 1 lautet: "Die evangelisch-reformirte Religion ist und bleibt die herrschende Religion des dermaligen Kantons anerkannt; in denjenigen Teilen der mit Unserm Gebiet zu vereinigenden bischof-baselschen Landschaften aber, deren Einwohner sich zu der römisch-katholischen Religion bekennen, wird die Beibehaltung und freie Ausübung derselben, so wie der Schutz aller dazu gehörigen noch vorhandenen Güter und Erziehungsanstalten zugesichert" (3).

Maßgebendes Staatsrecht zugunsten der Freiheit des katholischen Kultus in den katholischen Gemeinden des Kantons Bern wurde die von Vertretern des alten und des neuen Landesteils ausgearbeitete Vereinigungsurkunde vom

---

(1) A.Comment, H.Huber, H.v.Greyerz: Gutachten über die Vereinigungsurkunde des Jura mit dem Kanton Bern, Bern 1948, S. 42.

(2) Repertorium der eidg.Abschiede, Bd.2, Bern 1876, S.787; A.Comment, H.Huber, H.v.Greyerz: a.a.O., S. 44 f.

(3) P.Usteri: Handbuch des Schweizerischen Staatsrechts, Bd.2, Aarau 1816, S.222. Die Wiener Kongreßakte hatte die Regelung der Bistumsfrage offen gelassen. Erst 1828 entstand ein neues Bistum Basel mit Sitz in Solothurn, dem auch die katholischen Kirchgemeinden des Jura unterstellt wurden.

14.November 1815. Der Status quo der katholischen Rechte ist darin nachdrücklich formuliert. Er lautet im ersten Satz folgendermaßen: "Die römisch-katholische Religion wird gewährleistet, um in ihrem jetzigen Zustand gehandhabt und in allen Gemeinden des Bistums Basel, wo sie gegenwärtig besteht, als öffentlicher Gottesdienst ausgeübt zu werden" (1). Die übrigen kirchlichen Bestimmungen sicherten dem Bischof von Basel unter Wahrung der Staatsaufsicht freie Amtsverrichtung, auch die geistliche Gerichtsbarkeit, den katholischen Pfarrern dieselben Rechte wie den Geistlichen im altbernischen Kantonsteil, den katholischen Gemeinden Eigentum und freie Verwaltung ihrer Kirchengüter sowie katholische Lehrer für die öffentlichen Schulen.

Ein Vergleich mit den Rechtsvereinbarungen anläßlich der Eingliederung der katholischen, sardinisch-savoyischen Gemeinden in den Genfer Staat zeigt, außer den formaljuristischen Unterschieden(2), in den religiösen Bestimmungen materielle Differenzen, die Berns staatlicher Souveränität und damit der als herrschend bezeichneten reformierten Landesreligion zugute kamen. Es bestand keine völlige Parität bei der kirchlich-territorialen Sonderung wie im Kanton Genf. Die beharrliche Forderung der jurassischen Katholiken, daß der römisch-katholischen Religion allein im ehemaligen Bistum ein öffentlicher Gottesdienst zuerkannt werde und die im Entwurf vorerst aufgenommen worden war, wurde nach Einspruch des

---

(1) P.Usteri: Handbuch des Schweizerischen Staatsrechts, Bd.2, Aarau, 1816, S. 54.

(2) Auf die Frage der Rechtsnatur der Vereinigungsurkunde vom 23.November 1815, die schon im Verfassungsrat von 1831 gestellt wurde, haben die Juristen bis in die jüngste Vergangenheit verschiedene Ansichten geäußert. Die Auffassung des reinen zweiseitigen Vertrags mit völkerrechtlichem Schutz wurde hauptsächlich von

Vororts Zürich vom Berner Grossen Rat gestrichen (1). Dass dann in der Verfassung von 1816 im Unterschied zum Genfer Paritätsgesetz der Restauration, die in der Erklärung vom 21. September 1815 festgehaltene Einschränkung der herrschenden Religion auf das alte Kantonsgebiet wegfiel, gab den Reformierten rechtlich die Möglichkeit, ihren Kultus auch in den katholischen Gemeinden des Jura einzuführen, nicht aber umgekehrt und dies erst recht nicht im altbernischen Staatsgebiet.

Ein überraschendes Zugeständnis wurde den Täufern gemacht (2). Ihre Vorfahren hatten im 17. und 18.Jahrhundert infolge der rigorosen staatskirchlichen Intoleranz ihr bernisches Heimatrecht verloren. Ihres Fleisses wegen wurden sie seitdem im Fürstbistum geduldet. Nun brachte ihnen die Vereinigungsurkunde, nachdem sie durch die französische Revolution bereits volle Kultusfreiheit erlangt hatten, die rechtliche Reintegration als Bernerbürger und eine Religionsfreiheit, wie sie die Täufer im alten Kantonsteil nicht besassen. Artikel 13 lautet: "Die gegenwärtig existirenden Wiedertäufer und ihre Nachkommen werden des Schutzes der Gesetze geniessen, und ihr Cultus wird geduldet werden, unter dem Vorbehalt, dass sie zur Regel-

---

Katholiken vertreten. U.Lampert: Kirche und Staat, Bd.1, Basel/Freiburg 1929, S.61-63. Auch von bernischer Seite war, wie die zeitgenössischen Quellen zeigen, der Vereinigungsurkunde der Charakter eines einseitig unauflösbaren Staatsvertrages zugebilligt worden. Erst ab 1831 wurde von Liberalen die Ansicht geäussert, dass diese Bestimmungen auf dem Wege der Verfassungs- oder ordentlichen Gesetzgebung abgeändert werden können. Siehe A.Comment, H.Huber und H.v.Greyerz: Gutachten über die Vereinigungsurkunde des Jura mit dem Kanton Bern, Bern 1948, S.81 ff.
R.Steiner: Die Angliederung des Jura an den Kanton Bern im Jahr 1815, Diss.jur.Basel 1956, S.54 ff (Maschinenschrift, Schweizerische Landesbibliothek).

(1) A.Comment, H.Huber, H.v.Greyerz: a.a.O., S.73 f.

(2) Siehe Gesuch der Vorsteher der jurassischen Täufer an die Berner Regierung vom 2.10.1815 bei S.H.Geiser: Die Taufgesinnten Gemeinden, Courgenay 1971, S.543.

mäßigkeit der bürgerlichen Ordnung, innert einer von der Regierung zu bestimmenden Zeit ihre Ehen und die Geburt ihrer Kinder in die öffentlichen Rödel einschreiben lassen; daß ihre Handgelübde in Rücksicht der gesetzlichen Kraft die Stelle des Eides vertreten und im Falle von Widerhandlung den nämlichen Folgen unterworfen sein soll; und endlich daß sie zwar, gleich den übrigen Kantonsangehörigen, zum Dienst der Auszüger und der Landwehr verpflichtet sein sollen, hingegen aber sich nach darüber bestehenden Landesverordnungen ersezen lassen können."(1) Wenn auch die Religion der Täufer, die dem Grundsatz der staatsfreien religiösen Gemeinschaft und der Wehrlosigkeit ihrer Vorfahren aus der Reformationszeit treu blieben, dem Wortlaut nach wiederum nur "geduldet" war, so bedeutete diese Vereinbarung in einer Urkunde mit Verfassungskraft (2) doch einen bemerkenswerten Schritt zugunsten der täuferischen Emanzipation. Es war der erste Akt dieser Art in der schweizerischen Rechtsgeschichte, ein Anzeichen für die Entwicklung im 19.Jahrhundert, die über das Paritätsrecht für Staatskirchen aus dem Zeitalter der Religionskriege und über die Duldung ohne urkundliche Rechtsgarantie des vorigen Jahrunderts hinauswies. Man begreift, daß die Nachkommen der einst aus Bern verbannten Täufer mit einem überschwenglichen Dankesschreiben antworteten.(3) Von einer allgemeinen Glaubens- und Kultusfreiheit, wie sie die Helvetik als Menschenrecht vorübergehend einführte, konnte aber auch in dieser Urkunde von 1815 nicht die Rede

---

(1) Repertorium der Eidg.Abschiede, Bern 1876, II, S.857. A.Comment, H.Huber, H.v.Greyerz: Gutachten über die Vereinigungsurkunde des Jura mit dem Kanton Bern, Bern 1948, S.12.

(2) Die Vereinigungsurkunde ist am 23.November 1815 vom Kleinen und Großen Rat Berns und am 18.Mai 1816 von der Tagsatzung ratifiziert worden.

(3) Text bei S.H.Geiser: Die Taufgesinnten Gemeinden, Courgenay 1971, S. 544.

sein. Darauf wiesen die Einschränkungen hin. Nach Angaben aus jener Zeit betrafen diese Vergünstigungen 263 Individuen (1).

Der Versuch, die Lage der Täufer im alten Kantonsteil dem Staatsrecht für den Berner Jura anzupassen, führte nur teilweise zum Erfolg. Schon während der Mediation drohte den Täufern, die ihre Neugeborenen nicht kirchlich taufen lassen wollten, wieder der Entzug des Landrechts. Auch kamen erneut Zwangstaufen vor (2). Nun aber setzte sich der bernische Kirchenrat ein. Sein Gutachten vom 28.Oktober 1815 spricht nicht mehr von der Staatsgefährlichkeit der Täufer, sondern hebt ihre stille Lebensweise hervor (3). Doch weder die Kirchenbehörde noch der Kleine Rat entschieden sich, aus Furcht, man könnte dies als öffentliche Anerkennung des Sektenwesens auslegen, für eine allgemeine Täuferordnung. Durch die Kreisschreiben vom 22.November 1820 und vom 18.Juli 1823 (4) sollten inskünftig Zwangstaufen, Zwangstrauungen und Zwangsunterweisungen verhindert werden, erhalten aber blieb die pfarramtliche und polizeiliche Kontrolle. Religiöse Versammlungen durften nur mit ausdrücklicher Bewilligung abgehalten werden. Alles Proselytenmachen war streng verboten. Vom Militärdienst konnten die Täufer im alten Kantonsteil sich nicht frei machen.

---

(1) Zählung von 1817. K.Guggisberg: Bernische Kirchengeschichte, Bern 1958, S.615. Die laut Täuferreglement im Jahr 1823 erfolgte offizielle Zählung ergab für das bernische Juragebiet 1024, für die Ämter des alten Kantonsteils 341 Täufer.D.L.Gratz: Bernese Anabaptists, Scottdale, Pennsylvania 1953, S.125 f.

(2) E.Müller: Geschichte der Bernischen Täufer, Frauenfeld 1895, S. 382.

(3) Text bei E.Müller; a.a.O., S. 383 f.

(4) E.Müller: a.a.O., S. 386 ff.

Auch das Bemühen, den Katholiken der Hauptstadt dasselbe öffentliche Rechtsstatut, wie es für den Jura Geltung hatte, zu gewähren, schlug fehl (1). Im alten Berner Territorium gab es keine Parität für die katholische Kirche. Nur rechtlich gesicherte Duldung des katholischen Gottesdienstes gewährte ihr der Staat seit der Mediation(2). Es war der liberal gesinnte Franziskanerpater Gregor Girard, den Minister Stapfer für die katholischen Mitglieder der helvetischen Behörden nach Bern berufen hatte und der 1799 im Chor des Münsters die erste katholische Predigt hielt, der an den Berner Regierungsrat ein Gesuch um Gewährung des katholischen Kultus in einem geeigneten Raum richtete. Am 1.Februar 1804 verordnete der Kleine Rat, es solle "aus Achtung für die hier residierenden Minister auswärtiger Mächte und für die Gesandten der bevorstehenden eidgenössischen Tagsatzung" die Ausübung des katholischen Gottesdienstes unter der Aufsicht des Kirchenrates in der Hauptstadt allein und nur so lange geduldet werden, als es dem Kleinen Rat gefalle und daraus keine Mißbräuche oder nachteilige Folgen erwachsen würden. Zu diesem Zweck wurde die Predigerkirche zum Simultangebrauch zur Verfügung gestellt. An diese Bewilligung wurde eine Reihe von einschränkenden Bedingungen geknüpft. Die Kirchenglocken durften für den katholischen Gottesdienst nicht geläutet werden. Prozessionen und sonstige religiöse Zeremonien außerhalb der Kirche wurden untersagt. Nach der Verordnung des Kirchenrates sollte ein eidlich, der Regierung verpflichtetes Kollegium von Kirchenältesten als Kirchenvorstand gewählt werden. Dieses war der Aufsicht des Kirchenrates unterstellt, der auch die Wahl des

---

(1) St.Franscini gibt für die 30er Jahre die ungefähre Zahl der Katholiken der Stadt Bern mit 3000 an. Neue Statistik der Schweiz, Bd.1, Bern 1848, S. 59.

(2) F.Stettler: Staats- und Rechtsgeschichte des Kantons Bern, Bern/St.Gallen 1845, S. 176.

Pfarrers guthieß. Die Kultusauslagen hatten die Katholiken selbst zu bestreiten. Auch über die Eheeinsegnungen behielt sich der Staat die Oberaufsicht vor. Bei gemischten Ehen sollten die Trauungen vom Geistlichen des Bräutigams vorgenommen werden. Werbung nach außen und Proselytismus wurden verboten. Diese Bestimmungen entsprachen dem Begriff des staatlichen Summepiskopats, wie es sich nach der Reformation ausgebildet hatte. Da diese Lehre und Praxis dem kanonischen Recht widersprach, mußte es strenggläubige Katholiken um so mehr verletzen, als die Staatssouveränität über die katholische Kirche Berns von reformierten Behörden ausgeübt wurde. Dennoch war gegenüber den vorhelvetischen Verhältnissen ein wesentlicher Fortschritt erzielt worden. Indem das Duldungsdekret - das erste dieser Art in der Schweiz während der Mediation - die konfessionelle Koexistenz erleichterte, trug es, wie in den anderen reformierten Hauptstädten, die sich die Berner Bestimmungen zum Vorbild nahmen, dazu bei, sozial und rechtlich allmählich den Weg zu völliger Kultusfreiheit zu bahnen (1).

Der gute Wille zur konfessionellen Verständigung erfuhr eine ernste Belastungsprobe mit geradezu europäischem Widerhall. Am 7.Oktober 1820 trat der Patrizier und Staatsrechtler Carl Ludwig von Haller vor dem Bischof von Lausanne heimlich zur katholischen Kirche über (2). Die französische Revolution hatte seine leidenschaftliche Abwendung vom Gedankengut der Aufklärung bewirkt und ihn zum Theoretiker einer autoritär-legitimistischen Staatsordnung gemacht. Als seine Konversion bekannt wurde, gab

---

(1) Im Jahr 1819 wurde für die neue eidgenössische Militärschule im Chor der ehemaligen Pfarrkirche von Scherzligen ein katholischer Gottesdienst eingerichtet. J.E.Nünlist: Die katholische Kirche im Bernbiet, Bern 1941, S.33.

(2) K.Guggisberg: Bernische Kirchengeschichte, Bern 1958, S. 579.

er in einem offenen Brief die Beweggründe für seinen Übertritt an. Sie gleichen in manchem jenen des Schaffhauser Antistes Friedrich Hurter, der 1844 unter ähnlicher Verstimmung gegen die öffentlichen Zustände konvertierte.

Ähnlich wie in Schaffhausen, war auch die Reaktion der Berner Öffentlichkeit, da man an der Fiktion eines rein reformierten Staatswesens festhielt. Emil Bloesch nannte Hallers Konversion "eine kirchenpolitische Kriegserklärung" (1). Der Große Rat schloß, ohne daß ein Gesetz ihn dazu veranlaßte - dem Rat gehörten seit 1815 auch Katholiken an - den als Renegat Empfundenen aus seiner Mitte aus. Er verlor alle seine anderen öffentlichen Ämter. Die Strenge suchte man mit der Geheimhaltung des Glaubenswechsels zu rechtfertigen. Da Bern dem interkantonalen Konkordat beigetreten war, wonach Konvertiten das Landrecht nicht verlieren durften, konnte der moralisch Geächtete nicht ausgewiesen werden. Er verließ jedoch Bern aus eigenem Willen und vollendete, nachdem ihn die Juli-Revolution aus Paris vertrieben hatte, in Solothurn sein sechsbändiges Hauptwerk, das der Restaurationszeit den Namen gab (2). Die allgemeine kirchenpolitische Reaktion ließ nicht auf sich warten. Der Geheime Rat forderte die Pfarrer auf, die Jugend über die Irrtümer der katholischen Religion aufzuklären. Der katholische Priester in Bern wurde eidlich verpflichtet, keine Proselyten zu machen(3).

Die vermehrte Wachsamkeit der Hüter des reformierten Staatskirchentums in den 20er Jahren bekamen auch die pietistischen Kreise Berns zu spüren. Aus Zinzendorfs

---

(1) E.Bloesch: Geschichte der Schweizerisch-reformierten Kirchen, Bd.2, Bern 1899, S. 242.

(2) C.L.v.Haller: Restauration der Staatswissenschaften, 1814-1834.

(3) K.Guggisberg: Bernische Kirchengeschichte, Bern1958, S. 579.

Herrnhutertum des 18.Jahrhunderts hatte sich nur ein kleiner Rest erhalten. Doch über die französische Kirche Berns, die von 1816-1820 in Louis Galland, einem Freund César Malans (1) einen begabten Erweckungsprediger hatte, breitete sich der Genfer Réveil auf die höheren Stände der Aarestadt aus. Die Wiederentdeckung der altreformierten Rechtfertigungslehre wurde jedoch von den meisten Bernern als etwas Fremdartiges empfunden (2). Als nach dem Weggang Gallands sich bei einigen Bekehrten Tendenzen zum Separatismus deutlich abzeichneten, empfahl der Kirchenrat der Staatsgewalt, zum Schutz der öffentlichen Religion einzugreifen. Der Geheime Rat beschloß am 1.Juni 1829 (3) die Landesverweisung von elf angeklagten Nichtbernern, die Relegation von sechs Bernern, die nicht Stadtbürger waren, in ihre Gemeinden und die amtliche Beaufsichtigung von vier Patrizierinnen der Stadt, um sie an fernerer Ausübung des separatistischen Gottesdienstes zu verhindern. Die Maßnahme wurde mit den Fundamentalgesetzen begründet, wonach die Kirche der einzige öffentliche Ort sei, an dem religiöse Handlungen stattfinden dürften, und daß nur den Geistlichen das Recht zustehe zu predigen und Gottes Wort zu lehren. Vergeblich hatten sich liberal denkende Männer, wie Philipp Emanuel von Fellenberg, für die Gewährung der religiösen Freiheit eingesetzt. Die Strenge des Vorgehens vermehrte nur die Dissidenz. Als der

---

(1) A.Immer: Der Conflikt zwischen dem Staatskirchenthum und dem methodistischen Dissenterthum im Jahre 1829 in Bern, Bern 1870, S. 8 ff.

(2) K.Guggisberg: Bernische Kirchengeschichte, Bern 1958, S. 602.

(3) P.Gruner: Die Stillen im Lande und die Evangelische Allianz, Bd.1, Bern 1950, S.11 f; A.Immer: a.a.O., S. 27 f, 53 ff.

junge Staatsdiener Karl von Rodt nach der Untersuchung gegen die Dissidenten aus Protest gegen den staatskirchlichen Zwang sich offen den Verfolgten anschloß, verlor er seine Stelle als Kommissionsschreiber und wurde des Landes verwiesen (1). Fünf pietistenfreundliche Geistliche, L'Orsa, Schaffter, Gaudard, König und Howald, wurden durch den Kirchenrat vermahnt, weil ihr Verhalten indirekt den Sektengeist fördere (2). Ähnlich gingen die Behörden gegen den Separatismus im übrigen Kanton vor.

Die Verfassungsrevision von 1830/31

Unter dem Einfluß des aufklärerischen, pietistischen und schleiermacherschen Gedankenguts wurde auch im Kanton Bern die Diskrepanz zwischen den offiziellen Erklärungen über die Glaubensfreiheit, wie sie die Behörden anläßlich der Reformationsfeier von 1828 verlautbarten (3), und der Aufrechterhaltung eines Staatskirchentums, das auch in rein religiösen Anliegen vor Zwangsmaßnahmen nicht zurückschreckte, immer mehr bewußt. Am 3.Oktober 1830, kurz vor ihrer Abdankung, hob die patrizische Regierung das Urteil gegen Karl von Rodt auf. Unter dem Druck der Landschaft, die bisher nur ein Drittel der Stimmen im Großen Rat besaß, mußte sie das Schicksal des Landes einem liberalen Verfassungsrat überlassen, der zwar noch nicht die

---

(1) A.Immer: Der Conflikt zwischen dem Staatskirchenthum und dem methodistischen Dissenterthum im Jahre 1829 in Bern, Bern 1870, S. 31 ff.

(2) A.Immer: a.a.O., S. 37, 61 ff.

(3) K.Guggisberg: Bernische Kirchengeschichte, Bern 1958, S.610. Selbst Konservative haben in der Gewissensfreiheit das verbindende Element zwischen Reformation und Regeneration zu erkennen geglaubt, wie die Rektoratsrede Albrecht Friedrich Stettlers von 1844 zeigt. K.Guggisberg: a.a.O., S. 608.

Kultus- jedoch die Glaubensfreiheit zum Grundrecht des demokratischen Staates erhob.

Unter der großen Zahl der Eingaben von Gemeinden und Privaten, mit denen das Volk im Dezember 1830 seine Wünsche kundtat (1), gehen nur ganz wenige auf das Verhältnis der Religion zum Staat ein. Auch im Berner Jura, wo sich die ersten revolutionären Regungen zeigten, die katholische Geistlichkeit jedoch nicht weniger als die reformierte im alten Kantonsteil die Revolution ablehnte, waren religiöse Anliegen kein Motiv für Neuerungen (2). Die Gewissens- oder Glaubensfreiheit, die in einige regenerierte Verfassungen der Schweiz bereits Eingang gefunden hatte - Bern war der zehnte Kanton, der sein Grundgesetz revidierte - figurierte nicht unter den Freiheitsforderungen des Burgdorfer Manifests, als dessen Urheber Karl Schnell galt und dessen liberale Formulierung das Modell der meisten Eingaben wurde (3). Sie sprachen von politischen und bürgerlichen Individualrechten, doch nicht vom Recht des Gewissens und Glaubens.

Eine Ausnahme macht die Eingabe Beat von Lerbers (4),

---

(1) Die Eingaben vom Dezember 1830 allein füllen zehn Quartbände des Berner Staatsarchivs mit dem Titel: "Bittschriften des Landes". Vgl.H.Kloetzli: Die Bittschriften des Berner Volkes vom Dezember des Jahres 1830, Zürich 1922.

(2) A.Quiquerez: Histoire de la révolution dans le Jura bernois, Délémont 1882, S. 142 ff.

(3) E.Bonjour: Vor hundert Jahren. Die Wiederherstellung der Volksherrschaft im Kanton Bern, Bern 1931, S.25 f. H.Kloetzli: a.a.O., S. 42.

(4) "Denkschrift und Bittschrift" vom 7.Oktober 1830. Bittschriften des Landes, Dezember 1830, Bd.1, Nr.42, Berner Staatsarchiv.

die an Originalität die Zuschriften der Stadt übertrifft (1). Der Autor, der den Erweckungskreisen nahe stand, hatte Rechtsstudien betrieben und als einer der wenigen Patriziersöhne die demokratische Erneuerung begrüßt. Seine über vierzig Seiten umfassende "Denkschrift und Bittschrift" steht im Einklang mit der liberalen Staatslehre, wonach die Verfassung die Freiheit des Individuums zu schützen habe, gibt aber diesen Freiheitsrechten eine biblische Motivierung (2). Den amerikanischen und französischen Erklärungen entsprechend, stellte er seinem Verfassungsentwurf "Allgemeine Grundsätze für alle Staaten oder Menschenrechte" voran. Während im ersten Grundsatz Sittlichkeit und Ordnung als Zweck des Staates formuliert werden, enthält der zweite das Grundrecht unbeschränkter Gewissensfreiheit, die als das höchste Gut des Menschen bezeichnet und die nicht nur Glaubensfreiheit, sondern auch freie Ausübung des Gottesdienstes aller Religionen bedeutete (3). In der Erläuterung heißt es, daß die Wahrheit im allgemeinen und die göttliche Wahrheit der Heiligen Schrift insbesondere unüberwindlich seien und daß diese nur der Freiheit und keiner Staatsreligion bedürfe. Artikel 3 lehnt infolgedessen Gerichtsbarkeit, Herrschaft, Zwang einer Religionspartei über ihre Mitglieder, mit Ausnahme des Kirchenausschlußes, als Gewissensunterdrückung ab. Aus dem ewigen und unveränderlichen Menschheitsrecht leitete er alsdann die Aufhebung der Leibeigenschaft und

---

(1) H.Kloetzli: Die Bittschriften des Berner Volkes vom Dezember des Jahres 1830, Zürich 1922, S. 66.

(2) Ähnlich hat ein weiterer Berner Patrizier, der ehemalige Großrat Friedrich Thormann, die Religionsfreiheit biblisch begründet. E.Gruner: Das Bernische Patriziat und die Regeneration, 1943, S. 60 f.

(3) "Denkschrift und Bittschrift" vom 7.Oktober 1830,. Bittschriften des Landes, Dezember 1830, Bd.1, Nr.24, S. 42, Berner Staatsarchiv.

Sklaverei ab. Es folgt eine umfassende Liste von bürgerlichen und politischen Rechten, wobei auch die Frau nicht von der Gleichheit ausgeschlossen wird. Sinn für politische Realitäten zeigen Lerbers "Besondere Grundsätze für den Kanton Bern".

Einen Vorschlag für religiöse Freiheit enthält bereits der Entwurf, den die Redaktionskommission für die Beratungen in der Verfassungskommission ausgearbeitet hatte (1). Absatz 1 des Artikels 4 lautet: "Die Glaubensfreiheit ist unverletzlich. Den Evangelisch-Reformirten und den Römisch-Katholischen Gemeinden sind ihre Religionsverhältnisse gewährleistet" (2). Der Vorsitzende, der Altliberale Karl Koch, erläuterte am 22.März 1831 namens der Redaktionskommission die Wichtigkeit dieses Religionsparagraphen (3). Die Freiheit in Glaubensanliegen solle, so äußerte er sich, nicht mehr eingeschränkt werden, als es die öffentliche Sicherheit erfordere. Infolge der Unklarheit des Ausdrucks "Glaubensfreiheit" und da im Französischen "liberté de conscience" oder "liberté religieuse" gebräuchlicher ist als "liberté de croyance", sah sich Koch (4) veranlaßt, den Unterschied zwischen der Gewissens-

---

(1) Der Antragsteller kann aus den Akten nicht ermittelt werden, da im Staatsarchiv kein Protokoll der Redaktionskommission vorhanden ist.

(2) Tagblatt der Verhandlungen des Verfassungsrathes des Cantons Bern, 28.März 1831, Nr.6, Sitzung vom 22.März,S.25.

(3) Tagblatt der Verhandlungen: a.a.O.,S.25. Die Redaktion dieses offiziellen deutschen Protokolls besorgte Karl Schnell, während Charles Neuhaus für die französische Berichterstattung verantwortlich war. Es fällt auf, daß der für die Französisch sprechenden Teile des bernischen Jura bestimmte Text Interventionen zugunsten der religiösen Freiheit ausführlicher, oft wörtlich wiedergibt. Auch wird häufiger der Name des Redners angegeben.

(4) Vgl.Journal des Délibérations de l'Assemblée Constituante du Canton de Berne, 1831, Nr.6, Sitzung vom 22. März, S.30.

und der Glaubensfreiheit zu erklären. Die Glaubensfreiheit sei mehr als die Gewissensfreiheit und weniger als die Kultusfreiheit. Sie umfasse nämlich nicht bloß das Recht, über religiöse Gegenstände frei zu denken, sondern auch das Recht, sich über solche Gegenstände frei zu äußern. Nur die Befugnis schließe sie aus, zu diesem Zweck öffentliche Anstalten zu errichten (1). Damit war den Räten der Regeneration ein freier Raum für die rechtliche Auslegung der religiösen Freiheit gewiesen, von dem sie dann auch unterschiedlich Gebrauch machten.

Ein liberaler Vorschlag, der nicht nur Toleranz für alle Kulte, sondern ausdrückliches Recht auf freien Gottesdienst einschließen sollte, ist in der Verfassungskommission vorgebracht worden (2). Das deutsche Protokoll, das in der Regel über die Stellungnahme zur religiösen Freiheit kürzer und anonym berichtet, beschränkt die Motivierung des Antrags auf die Bemerkung, daß die Freiheit des Glaubens keiner Beschränkung unterworfen sein könne. Das von Charles Neuhaus geführte französische Protokoll, das für die welschen Jurassier bestimmt war und größeres Interesse für die religiöse Freiheit zeigte (3), erwähnt, daß der Dekan des Kapitels Biel, Carl Ferdinand Morel, den Text vorgeschlagen habe: "La liberté religieuse est inviolable" (4). Er wünschte, darunter nicht nur die Gewissens- und Glaubensfreiheit, sondern auch das Recht zu verstehen, seinen Glauben öffentlich zu bekennen und bezeichnete dieses als mit dem Fortschritt der Zivilisation und der menschlichen Vernunft übereinstimmend. Kultusfreiheit

---

(1) Tagblatt 1831, Nr.6, S. 26.

(2) Tagblatt 1831, Nr.6, S. 26.

(3) Siehe V.Moine: De l'influence des idées françaises sur la Constitution bernoise de 1831, in: Archiv des Hist. Vereins d.Kantons Bern, Bd.44, Heft 2, Bern 1958.

(4) Journal 1831, Nr.6, S. 30.

wurde als "la seule chose réelle à réclamer" bezeichnet(1). Nur zwei gegen 16 ablehnende Kommissionsmitglieder stimmten jedoch für den Antrag auf freien Gottesdienst. Als Grund für die Verwerfung wird die Besorgnis über das Überhandnehmen der religiösen Sekten angegeben. Das französische Protokoll fügte hinzu, das Land sei noch nicht reif für die Kultusfreiheit. Wie Koch auf eine Intervention zugunsten der Täufer erläuterte, sollte die in der Vereinigungsurkunde von 1815 garantierte Toleranz unangetastet bleiben.

Mit der Ablehnung eines verfassungsrechtlichen Schutzes der Kultusfreiheit in enger Beziehung stand das Bemühen der reformierten Kommissionsmehrheit, die Parität des katholischen Kultus nicht auf den reformierten Kantonsteil auszudehnen. Das Problèm der konfessionellen Bestimmungen der Vereinigungsurkunde, welche die Rechte der katholischen Kirche auf die Gemeinden beschränkte, die sich 1815 zu ihrem Glauben bekannten, ist - wie die ausführliche Wiedergabe der Materie im französischen Protokoll zeigt - vom katholischen Advokaten Vautrey aufgeworfen worden (2). Sein Antrag lautete dahin, daß die katholische Religion als öffentlicher Kultus nicht nur in den damaligen katholischen Gemeinden garantiert sein solle, sondern auch dort, wo sie in Zukunft etabliert würde. Vautrey verwies dabei zu Unrecht auf den Vereinigungsvertrag von 1815 und auf die Rechtsungleichheit, indem der reformierte Gottesdienst bereits in Pruntrut bestehe, denn eine solche Gleichstellung hatte Bern 1815 abgelehnt. Für die Erweiterung der Parität des katholischen Kultus im Sinn des Votanten stimmten, trotz erneuter Intervention Vautreys,nur vier

---

(1) Journal 1831, Nr. 6, S. 31.
(2) Journal 1831, Nr. 6, S. 30.

Kommissionsmitglieder (1). Dem Antrag von Charles Neuhaus hingegen, es möchten "die aus der Vereinigungsurkunde fließenden Rechte" gewährleistet werden, widersprach niemand. Sie wurden, ohne namentliche Erwähnung des Staatsvertrages, im Verfassungsentwurf berücksichtigt.

Der zum § 10 gewordene Religionsartikel, wie er dem Verfassungsrat vorgelegt wurde, lautete nun in seinem ersten Absatz: "Die Glaubensfreiheit ist zugesichert; die vom Staate anerkannten Evangelisch-Reformirten und Römisch-Katholischen Kirchenverhältnisse sind gewährleistet" (2). Unverändert blieb Absatz 2 mit seiner Einführung einer Generalsynode, wie sie der Redaktionsausschuß auf Wunsch reformierter Geistlicher (3) beantragt hatte. Die neue Verfassung sollte dem Klerus das Recht zu Anträgen und zu freier Vorberatung in Kirchensachen gewährleisten.

Im Verfassungsrat erfolgte die erste Beratung über Artikel 10 am 11.Mai 1831. Die sechsstündige Debatte zeigt, wie sehr durch den liberal-demokratischen Umsturz die Begriffe und Vorstellungen über das Verhältnis der Religion zum Staat in Fluß gekommen waren. Gegenüber der Kommission zeigt sich ein vermehrtes Eintreten für die Kultusfreiheit. Nachdem der Berichterstatter Lerber den Religionsartikel erläutert hatte, wobei er die Begrenzung

---

(1) Tagblatt 1831, Nr.6, Sitzung vom 22.März, S. 26.

(2) Tagblatt 1831, Nr.6, Sitzung vom 22.März, S. 26.

(3) Der Wunsch nach größerer Selbständigkeit der Landeskirche, wie ihn Samuel Lutz in Bern mit seiner Eingabe zum Ausdruck brachte, fand nicht die Zustimmung aller Geistlichen. Siehe die spätere Eingabe des Münsterpfarrers Stierlin. H.Kloetzli: Die Bittschriften des Berner Volkes vom Dezember des Jahres 1830, Zürich 1922, S. 125.

der Kultusfreiheit mit den Mißbräuchen begründete, die eine unbeschränkte Ausübung jeder Religion nach sich ziehen würde, beantragte der Patrizier de Goumoëns (1) eine neue Redaktion, in der nebst Gewissens- auch die allgemeine Kultusfreiheit figurierte. Der Antragsteller nahm in einer längeren, wörtlich zu Protokoll gegebenen Rede dazu Stellung (2). Zur Verteidigung vollständiger religiöser Freiheit führte er die Apostel an, die sich nur geistlicher Waffen bedient hätten. Auf die Verfolgungen der Vergangenheit durch die Berner Obrigkeit hinweisend, verlangte er, daß die neue Regierung in die Unmöglichkeit versetzt werden solle, die Gewissen zu zwingen und dadurch die Strafe Gottes auf sich zu ziehen. Dem Pietismus nahestehend, teilte de Goumoëns die Einwände gegen das Sektenwesen nicht. Er fürchtete ebensowenig die Ausbreitung des Katholizismus durch die Kultusfreiheit. Auf die Motivierung, das Volk sei dazu nicht reif, antwortete er: "Non, nous voulons reconnaître au peuple bernois le droit imprescriptible, le droit le plus grand, le droit le plus saint que l'homme possède" (3). Auch die reformierte Kirche wollte er frei sehen; sie lebe von der Freiheit und sei auf die wahre Freiheit gegründet. Doch stimmte de Goumoëns der Aufsicht und dem Schutz der Kirchen durch den Staat zu. Dieser sollte ferner nur die bestehenden anerkannten Kulte finanzieren.

Mit einer dialektischen Gedankenführung, die an Alexandre Vinets "Mémoire de la liberté des cultes" erinnert, plädierte Dekan Morel, Mitglied des Verfassungsrates, erneut

---

(1) Journal 1831, Nr.31, Sitzung vom 11.Mai, S. 252 f.

(2) Die Rede ist nur im Journal wörtlich abgedruckt und mit Namensnennung. Tagblatt 1831, Nr.30, Sitzung vom 11.Mai, S. 206 f.(Im Journal S. 252 f.)

(3) Journal 1831, Nr.31, Sitzung vom 11.Mai, S. 253.

für die religiöse Freiheit (1): "Si les croyances appartiennent à la conscience, et si la conscience est inviolable, comment en méconnaîtrait-on la liberté ? Et s'il est impossible d'empêcher de penser et de croire librement, ne s'ensuit-il pas qu'il doit être permis de manifester et de professer librement ses pensées et ses croyances ? Renfermer cette liberté dans la conscience seulement, c'est n'accorder qu'un droit que chacun tient de la nature. Ainsi l'on n'accorde rien, si l'on n'y ajoute la liberté de manifester sa croyance et la revêtir de formes extérieurs" (2). Nur durch die Notwendigkeit der öffentlichen Ordnung und Moral dürfe die Kultusfreiheit eingeschränkt werden. Eingehend, aber rein theoretisch, befaßte sich dann Morel mit der Auswirkung auf das Verhältnis der Kirchen zum Staat. Da dieser allen Kulten die Freiheit schulde, müsse er sie auch alle gleich schützen, ohne sich jedoch um ihre Religion zu kümmern. Damit aber, so schlußfolgerte er, würde die Kirche dem Staat entwachsen und selbständig werden. Vinets System der radikalen Trennung von Staat und Kirche erachtete er jedoch für den Kanton Bern als nicht empfehlenswert. Zwar kritisierte er den gegenwärtigen Stand der Kirche, die völlige Staatsdomäne sei. Doch nur wenn es sich darum handelte, eine völlig neue Gesellschaft zu organisieren, würde er die absolute Freiheit der Kulte beantragen. Wahrscheinlich eine Anspielung auf die Entstehung der nordamerikanischen Staaten. Er begründete seine Ablehnung einer vollständigen Trennung mit dem Hinweis, das Volk sei mit seinen Vorstellungen und Gefühlen mit der gegenwärtigen Ordnung verbunden und dessen Religion

---

(1) Auch diese Rede ist nur im französischen Protokoll vollständig wiedergegeben. Journal 1831, Nr.31, S.254 f.

(2) Journal 1831, Nr.31, S. 254 f.

und Sitten könnten durch die "liberté de culte absolue", wie er die Trennung bezeichnete, leiden. Sein Vorschlag lautete daher nicht auf völlige Gleichstellung aller Kulte, sondern auf Freiheit und Duldung aller Gottesdienste.

Zu den Befürwortern allgemeiner Kultusfreiheit gehörte nun auch der altliberale Pädagoge Philipp Emanuel von Fellenberg. In der Verfassungskommission hatte er noch gegen die Annahme der Kultusfreiheit gestimmt. Er begründete sein vorheriges Zögern mit der mangelhaften Volksbildung. Doch einige Geistliche hatten seitdem seine Skrupel widerlegt. Fellenberg legte einen von diesen verfaßten Text vor (1). An erster Stelle stand die Pflicht des Staates, für die äußere Erhaltung des Christentums zu sorgen. Es folgten die Rechte der im Lande existierenden reformierten Kirche und diejenigen der katholischen Kirche in den Gemeinden, die sich zu dieser Religion bekennen. Anschließend kam erst die Erklärung, daß das Recht der freien Religionsübung anerkannt sei, sofern diese die rechtliche Ordnung und die guten Sitten respektierten. Fellenberg wies zur Begründung der Kultusfreiheit auf die Täufer hin, die ihre Religion ohne Hindernisse ausüben würden. Er sah nicht ein, warum man deren Kultus nicht prinzipiell anerkennen könne. Obwohl er den religiösen Eifer der Pietisten beklagte, verurteilte er das Eingreifen des Staates gegen sie und wies auf die Folgen der Unterdrückung im Kanton Waadt hin. Der Antrag wurde von verschiedenen Seiten unterstützt, versuchte er doch dem Prinzip völliger individueller religiöser Freiheit, wie sie die liberalen Kreise befürworteten, Geltung zu

---

(1) Journal 1831, Nr.31, Sitzung vom 11.Mai, S. 252. Vgl. Tagblatt 1831, Nr.30, Sitzung vom 11.Mai, S.206, wo der Antrag Fellenbergs ohne Namensnennung erwähnt ist.

verschaffen und trug gleichzeitig den Sorgen jener Rechnung, die mit der demokratischen Revolution die Entchristlichung des Staates und der Gesellschaft sowie den Verlust der bisherigen kirchlichen Privilegien befürchteten.

Der Antrag fand den Gefallen der Mehrheit der Verfassungsräte nur in bezug auf die bessere Formulierung der bisherigen Rechte der anerkannten Kirchen. Der stets wieder aufgeworfene Einwand von der Gefährlichkeit der Sekten, wobei auch das Beispiel von Wildenspuch nicht fehlte (1), wurde williger aufgenommen als das aus den Menschenrechten abgeleitete Ideal religiöser Freiheit eines Fellenberg. Nachdem der Berichterstatter nochmals darauf hingewiesen hatte, daß die Glaubensfreiheit, wie sie die Kommission vorschlug, zum Unterschied der Gewissensfreiheit auch die Äußerung der Glaubensmeinung in Wort und Tat in sich schließe und daß sie die Bürger gegen jede Glaubensverfolgung schützen werde und stille Religionsübung ohne Öffentlichkeit nicht ausschließe (2), stimmten 61 gegen 26 Verfassungsräte dem folgenden Verfassungstext des Artikels 10 zu: "Die Glaubensfreiheit ist zugesichert. Die Rechte der bestehenden evangelisch-reformirten Landeskirche, so wie der katholischen Kirche in den sich zu ihr bekennenden Gemeinden werden gewährleistet" (3). Weder der reformierte oder der allgemein christliche Charakter des Staates noch die Kultusfreiheit fanden im Verfassungsentwurf Erwähnung.

---

(1) Tagblatt 1831, Nr.30, Sitzung vom 11.Mai, S.207.

(2) Tagblatt 1831, Nr.31, Sitzung vom 13.Mai, S.218.

(3) Tagblatt 1831, Nr.31, S.220. In der offiziellen französischen Übersetzung ist der von der Kommission gutgeheißene Text ebenfalls unverändert übernommen worden: Journal 1831, Nr.32, Sitzung vom 13.Mai, S. 269.

Von der Kommission übernahm der Verfassungsrat mit geringen redaktionellen Änderungen die im gleichen Artikel gutgeheißene Einführung der Synode, die den Geistlichen das Antrags- und Vorberatungsrecht in Kirchensachen gewähren sollte. Die Befürworter der allgemeinen Kultusfreiheit hatten sich jeweils auch für größere Selbständigkeit der reformierten Kirche eingesetzt.

Der angesehene Münsterpfarrer und Schleiermacheranhänger Karl Baggesen (1) nahm, nachdem der Religionsartikel in der ersten Lesung auf die Glaubensfreiheit beschränkt geblieben war, in einer Einsendung vom 24.Mai 1831 (2) dazu Stellung. Er bekannte sich zur Christlichkeit des bernischen Staates, machte jedoch dessen Recht der Oberaufsicht über den Gottesdienst und die kirchliche Gesetzgebung von der Verpflichtung abhängig, für die äußere Aufrechterhaltung des Christentums, wie sie in Fellenbergs Antrag gefordert wurde, abhängig. Dabei rechnete Baggesen zur Christlichkeit sowohl die reformierte wie die katholische Konfession. Wenn er dennoch im Sinn des Verfassungstextes der reformierten Kirche den Status der einzigen Landeskirche zubilligte, so rechtfertigte er diese Bevorzugung mit der Landes- und Volksbezogenheit der Berner Kirche. Im Gegensatz dazu hob er den universalen Charakter der katholischen Kirche hervor. Auf das Beispiel Englands hinweisend, glaubte er, daß die Anerkennung einer Landeskirche - Baggesen vermied den Ausdruck Staatskirche - nicht im Widerspruch zu einer gesetzlichen Religionsfreiheit stehe.

---

(1) K.Guggisberg: Bernische Kirchengeschichte, Bern 1958, S. 587.

(2) Die Eingabe von Baggesen ist im Tagblatt Nr.41, S.301 ff wiedergegeben.

In der Einsendung des Münsterpfarrers nimmt die Alternative Kultus- oder Glaubensfreiheit den breitesten Raum ein. Das Recht freier Religionsübung bezeichnete Baggesen als "ein natürliches, unveräußerliches, heiliges Recht, welches unmittelbar aus dem unbestrittenen Rechte der Gewissensfreiheit fließt" (1). Im Gegensatz zu der in der Kommission und im Verfassungsrat gegebenen Definition vertrat er die Ansicht, daß der Ausdruck Gewissensfreiheit in einer Gewährleistung der allgemeinen Rechte des Menschen und Bürgers besser gewesen wäre als Glaubensfreiheit. Als Begründung gab er an, daß der Glaube nicht notwendigerweise die Äußerung des Glaubens in sich fasse, wie etwa das Gewissen, die eine seinen Aussprüchen gemäße Handlungsweise fordere. Dabei hätte das Wort Gewissensfreiheit nach Baggesen zudem den Vorteil gehabt, die französische Wiedergabe als "liberté religieuse", die er im Gegensatz zu der in der Kommission und im Verfassungsrat gegebenen Definition der "liberté de conscience" gleichsetzte, zu rechtfertigen. Auf diesem Recht, in religiösen Dingen nur dem Gewissen zu gehorchen und dementsprechend die Religion zu üben, auf das sich das Christentum und die Reformation gründeten, dürften Christen und Protestanten nicht leugnen. Dabei führte er England, Frankreich, Deutschland und die Schweiz an, wo die religiöse Freiheit lauter als je Anerkennung fordere. Baggesen gab seiner Überzeugung Ausdruck, daß ein Recht, das in der menschlichen Natur begründet sei, früher oder später in allen Gesetzgebungen gebildeter und freier Nationen anerkannt werden müsse. Wenn es die künftige Regierung verkenne, so würde eine Reform in diesem Punkt unvermeidlich. Die Einwände betreffend der Sekten versuchte

---

(1) Tagblatt 1831, Nr.41, Sitzung vom 26.Mai, S. 303.

er mit dem Argument zu widerlegen, daß die Anerkennung des Rechts freier Religionsübung den Sektengeist nicht erzeuge, daß dieser vielmehr um so regelloser und verderblicher sei, je mehr es an einer solchen Regelung gebreche. Seine kritische Haltung gegenüber den politischen Neuerern verrät der Einwand gegen die geäußerte Ansicht, ein liberaler Usus sei besser als Gesetze. Grundgesetze seien in Republiken und bei kollegialen Verhandlungen nötig zur Stütze der oft kleineren Zahl von Wissenden und Weisen gegen die zufälligen Majoritäten, die sich von den Umständen hinreißen lassen.

Besondere Erwähnung verdient der seltene Hinweis auf die Inkonsequenz, die Lehr- und Pressefreiheit zu gewähren, die Religionsfreiheit aber abzulehnen. Alle Bedenklichkeiten, die gegen diese erhoben werden könnten, würden nach Baggesen ebensosehr die beiden ersteren treffen. Der Ausdruck der Gedanken, Gefühle und Überzeugungen der Gottesverehrung durch Lehre, Schrift und Formen bildeten nur verschiedene Arten derselben Freiheit und verlangten gleiche rechtliche Anerkennung so wie auch analoge gesetzliche Beschränkungen. "Daher", schlußfolgerte Baggesen, "wird sich auch früher oder später die Gesetzgebung in diesen einander so nahe verwandten geistigen Dingen gleichmäßig ausbilden müssen" (1).

Trotz der Nichtaufnahme der Kultusfreiheit hat das neue Grundgesetz, das am 31.Juli 1831 mit 27802 Ja- gegen nur 2152 Neinstimmen vom Volk angenommen wurde (2), eine Lockerung der gesetzlichen Intoleranz gebracht. Hatte der Kanton Bern mit der Vereinigungsurkunde und der Verfassung von 1815 aufgehört ein rein reformierter Staat zu

---

(1) Tagblatt 1831, Nr.41, Sitzung vom 26.Mai, S. 304.

(2) L.Snell: Handbuch des Schweizerischen Staatsrechts,, Bd.2, Zürich 1844, S. 66.

sein, so war die Aufnahme der Glaubensfreiheit ein erster Schritt auf dem Rechtsweg zur allgemeinen religiösen Freiheit in der bernischen Demokratie.

Die Einführung einer dehnbaren Glaubensfreiheit in der Verfassung von 1831 kam jenen pietistischen Dissidenten zugute, die in den 20er Jahren noch den staatskirchlichen Zwang zu verspüren bekommen hatten. Karl von Rodt, der sich 1829 vergeblich auf die Gewissensfreiheit berufen hatte, konnte, nachdem er in seine Heimat zurückgekehrt und auch seine Glaubensgefährten amnestiert worden waren, die Leitung der Freien Evangelischen Gemeinde übernehmen (1). Im Jahr 1831 entstand in Bern auch die Evangelische Gesellschaft, die pietistisch-methodistisch beeinflußte Mitglieder umfaßte, die sich nicht von der Landeskirche trennten, aber an der Helvetischen Konfession festhalten wollten und zu deren Stiftern die Patrizier von Goumoëns, von Tavel, Karl Stettler, von Rodt und Beat von Lerber gehörten (2). Selbst Samuel Fröhlichs Neutäufer, die eine schroff kirchenfeindliche Haltung einnahmen, konnten sich im Kanton Bern ausbreiten (3). Petitionen von Dissidenten, die unter Berufung auf die Glaubensfreiheit um Dispensierung von der kirchlichen Taufe, Unterweisung und Trauung ersuchten, wurde entsprochen, jedoch nur unter der Bedingung der Staatsaufsicht über die Mitgliederlisten und die Lehren der freien Gemeinschaften und Sekten. Der Wunsch, die Personenregister nicht

---

(1) O.Eggenberger: Die Freikirchen in Deutschland und in der Schweiz und ihr Verhältnis zu den Volkskirchen, Zürich/Stuttgart 1964, S.54. P.Maurer; Freie Evangelische Gemeinde Bern 1829-1954, Bern 1954.

(2) K.Guggisberg: Bernische Kirchengeschichte, Bern 1958, S.624. Gott allein die Ehre. Gedenkschrift zum hundertjährigen Bestehen der Evangelischen Gesellschaft des Kantons Bern 1831-1931, Bern 1931, S. 30 ff.

(3) K.Guggisberg: a.a.O., S. 630.

mehr von den Pfarrern, sondern von bürgerlichen Beamten führen zu lassen, fand hingegen nicht die Zustimmung des Großen Rates (1). Im Gutachten der Synode (2), auf das er sich stützte, wurde nicht verschwiegen, daß diese Staatsaufsicht über religiöse Lehren schwerlich mit der vollen Glaubensfreiheit übereinstimme. Andererseits war den Befürwortern bewußt, daß selbst die vorsichtige liberale Fassung der Dispensierung unabsehbare Folgen für Kirche und Staat haben konnte. Mit der Auflösung des Oberehegerichts im Jahr 1831 und der Beschränkung der Sitten- oder Chorgerichte waren die letzten Reste der alten Kirchenzucht, nicht aber das Staatskirchentum aufgehoben(3).

Die Hoffnung der reformierten Geistlichkeit nach vermehrter Selbstverwaltung ging nicht in Erfüllung. Eine entsprechende Synodalordnung modifizierte der Große Rat zugunsten der Staatshoheit (4). Der aus der Reformationszeit stammende Kirchenkonvent und das Amt des obersten Dekans wurden abgeschafft. Die Kompetenzen des Kirchenrats gingen auf das Erziehungsdepartement über. Über die Aufnahme der Kandidaten für das Kirchenamt entschied der gemischtkonfessionelle Regierungsrat. Sämtliche Geistliche mußten den Eid auf die neue Verfassung schwören. Die Stellung des reformierten Klerus unterschied sich in nichts mehr von der anderer Staatsbeamten (5).

---

(1) K.Guggisberg: Bernische Kirchengeschichte, Bern 1958, S.625f

(2) Gutachten der ehrwürdigen Synode über die ihr zugewiesenen Petenten einiger sogenannter Dissenter an den Großen Rat der Republik Bern, Bern 1838. E.Blösch: Geschichte der schweizerisch-reformierten Kirchen, Bd.2, Bern 1899, S. 260 f.

(3) E.Blösch: a.a.O., S. 255 f.

(4) E.Blösch: a.a.O., S.256. R.Feller nennt die Generalsynode eine Mystifikation, weil die Regierung ihren Anträgen in der Regel keine Folge leistete: Berns Verfassungskämpfe 1846, Bern 1946, S. 341.

(5) K.Guggisberg: a.a.O., S. 622.

Erfolgreicher widersetzte sich der katholische Klerus den kirchenrechtlich staatsautoritären Tendenzen der mehrheitlich reformierten Obrigkeit. Der Große Rat ratifizierte am 20.Februar 1835 die im Vorjahr unter Berns Mitwirkung ausgearbeiteten Badener Artikel. Als es im katholischen Jura zum Aufstand mit Trennungsgelüsten kam und zu dessen militärischer Besetzung, mußte die Berner Regierung auf Frankreichs Druck ihre Truppen zurückziehen und darauf verzichten, die dem Vertragsrecht widersprechenden Artikel im katholischen Landesteil durchzusetzen (1). Es blieb jedoch die Reizbarkeit der katholischen Minderheit gegenüber dem mehrheitlich reformierten Staat. Politische Einsicht zwang die Radikalen bei ihrer Machtergreifung zu kirchenpolitischer Mäßigung.

Die Verfassungsrevision von 1846

Die zwiespältige Haltung der Regierung in den gescheiterten Freischarenzügen zur Vertreibung der Jesuiten in Luzern und die Verzögerungen in der Ablösung der Bodenlasten und in der Behebung des Armenwesens führten 1846 zum Sturz der Regierung des Schultheißen Charles Neuhaus und zur Verfassungsrevision. Ulrich Ochsenbein und Jakob Stämpfli, ihre erfolgreichen Wortführer, hatten am zweiten Freischarenzug teilgenommen. Sie wirkten beide für die Menschenrechte innerhalb eines starken, einheitlichen Staates auf der Grundlage der repräsentativen Demokratie. Wie schon 1831 traten religiöse oder kirchliche Interessen bei den Volksführern hinter die politischen und wirtschaftlichen Anliegen zurück.

---

(1) R.Feller: Berns Verfassungskämpfe,1846, Bern 1948,S.72.

Der Parteiideologe der Jungradikalen war der Nassauer Wilhelm Snell. Seit 1834 dozierte er Staatsrecht an der neuen Berner Universität. Von der Neuhausschen Regierung nach der Freischarenniederlage wegen seiner politischen Agitation des Landes verwiesen, haben ihn seine Freunde kurz nach der Machtübernahme rehabilitiert (1). Der Einfluß auf Jakob Stämpfli, den Gründer der Volksvereine, ist unverkennbar. Er war sein Schüler und wurde sein Schwiegersohn. Snell hat in seiner Naturrechtslehre die religiöse Freiheit im demokratischen Staat folgendermaßen formuliert: "Das Recht der freien Ausbildung und Ausübung der religiösen Ansicht fällt zusammen mit dem Urrecht der freien Geistesäußerung. Es ist Anmaßung des Staates, die Äußerung des religiösen Glaubens zu gebieten, zu verbieten oder zu erlauben. Die Toleranz beruht auf dem gleichen Vorurteil wie die Intoleranz. Der Mensch steht hier in einer Sphäre, welche jenseits des Staates liegt. Hiernach ist die Kirche durchaus Privatsache... Hingegen darf die Kirche,so wenig als eine andere Gesellschaft,eine ausführende Gewalt haben. Alle öffentliche Gewalt ist im Staate" (2).

Bereitschaft zur Erweiterung der religiösen Freiheit im Verfassungsrecht zeigte in den 40er Jahren in größerem Maße die reformierte Geistlichkeit. Die eidgenössische Antiklöster- und Antijesuitenpolitik vermochte den Radikalen wohl Stimmen beim reformierten Volk zu gewinnen, fand aber in der Regel bei seinen Pfarrern wenig oder keine Zustimmung. Als Henri Druey nach dem Umsturz im Waadtland die Geistlichen, die für Freiheit des Kultus und der Kirche eingetreten waren, die Staatsallmacht fühlen ließ,

---

(1) R.Feller; Die Universität Bern, Bern/Leipzig 1935, S. 36, 108 f, 135 f.

(2) Naturrecht nach den Vorlesungen von Dr.Wilh.Snell, Bern 1959, S. 240.

galten die Sympathien der Berner Geistlichkeit den Demissionären und der religiösen Freiheit, nicht aber der gänzlichen Trennung von Staat und Kirche (1).

Allerdings fehlte es auch nicht an geistlichen Stimmen, denen Glaubens- und Kultusfreiheit frivole Töchter des Unglaubens, Ausdruck eines alle Gemeinschaft zersetzenden Individualismus und Sektendienst waren. Allen voran der Pfarrer von Lützelflüh, Jeremias Gotthelf, der, nachdem er 1831 den liberalen Umsturz durch die Gebrüder Schnell begrüßt hatte (2), die gefürchtetste Feder gegen den Radikalismus führte. Aus der schönen Humanität und Toleranz sei der Geist der Sünde, der antichristliche Geist erstarkt, klagte er der reformierten Geistlichkeit im Synodalbericht des Jahres 1845 (3). Aus seiner Sicht vom sündhaften Gefälle der menschlichen Natur und von der gemeinschaftsbildenden Kraft der christlichen Religion mißtraute er Menschenrechten, die sich ausschließlich aus der Autonomie des Individuums ableiteten (4). Er lehnte den Staat der Snellschen Schule ab, dessen sittliche Idee sich allein auf die Vernunft gründete. Gotthelf sah darin nur Verherrlichung menschlicher Selbstsucht und Vergottung des Staates (5).

---

(1) E.Blösch: Geschichte der schweizerisch-reformierten Kirchen, Bd.2, Bern 1899, S. 323.

(2) C.J.Burckhardt: Jeremias Gotthelf und die Politik, in: Schweizerische Monatshefte für Politik und Kultur, 5.Jg., Zürich 1925/26, S. 427.

(3) J.Gotthelf: Referat über die Visitationsberichte der Pfarrämter des Kantons Bern, zuhanden der Synode pro 1845, Bern 1845.

(4) E.Steiner: Individuum und Gemeinschaft bei Jeremias Gotthelf, Großhöchstetten 1954, S. 15 ff.

(5) P.Baumgartner: Jeremias Gotthelfs Zeitgeist und Bernergeist, Bern 1945, S. 164 ff, 179.

Vergeblich suchte der liberal-konservative Politiker, Eduard Blösch, Jeremias Gotthelf klar zu machen, daß dessen Ideal eines christlichen Staates nicht mehr das Leitbild für die Zukunft sein könne, daß der Gang der Geschichte der Kirche für ihre Erhaltung vielmehr die Trennung vom Staat nahe lege, weil das Kirchenregiment einer Staatsgewalt anvertraut sei, die in keiner Weise aus der Kirchengefolgschaft hervorgehe und höchst zufällig aus Kirchengenossen bestehe (1). Unter Trennung verstand Blösch jedoch nicht die gänzliche Loslösung.

Ähnliche Beunruhigung wie bei den reformierten Pfarrern erfüllte den katholisch-konservativen Klerus wegen der zu erwartenden Verwirklichung radikaler Staatstheorien durch eine neue Verfassung. Aus den jurassischen Bezirken Delsberg und Pruntrut stammten zwei vom 21.März 1846 datierte, wörtlich identische Eingaben der katholischen Geistlichkeit an den Verfassungsrat (2). Sie tragen 38 Unterschriften. Unter den erwähnten Beschwerden zählten die Behinderung der Verbindung des Papstes und des Bischofs mit den Kirchengliedern und der Mangel völliger Parität des katholischen Klerus. Als Beweis wurde angeführt, daß in den katholischen Städten Pruntrut und Delsberg der protestantische Gottesdienst etabliert sei, während Münster und Courtelary,reformierte Ortschaften, trotz einer beachtlichen Anzahl von Katholiken - wie die Eingaben erwähnten - keinen katholischen Kultus hatten. Beanstandet wurde auch, daß die Schulen unter der Oberaufsicht eines protestantischen Regierungsdepartements standen. Nicht allgemeine Kultusfreiheit, sondern völlige Gleichberechtigung der anerkannten Kirchen und keine

---

(1) Brief E.Blöschs an J.Gotthelf vom 8.4.1847. J.Gotthelf: Sämtliche Werke, Briefe, Bd.4, Zürich 1951, S. 39f.

(2) Vorstellungen an den Verfassungsrath 1846, Nr.89 und 91, Berner Staatsarchiv.

Majorisierung durch die Reformierten verlangten die Petitionen. "Nous voudrions", heißt es in den Schreiben der katholischen Geistlichen, "que la majorité protestante nous accordât ce à quoi se soumet la majorité catholique de St.Gall, la séparation confessionelle". Dies bedeutete Trennung der Räte in der Beratung kirchlicher Angelegenheiten. Gleichzeitig berief sich die Eingabe auf den Wiener Vertrag und die Vereinigungsurkunde.

Kam in der Petition des katholischen Klerus das Anliegen der Freiheit seiner Kirche ausschließlich zum Ausdruck, so verbanden die reformierten Geistlichen mit ihrer Eingabe das Anliegen der Kultusfreiheit für alle mit den Interessen ihrer Konfession. Die in Deutsch und Französisch gedruckte Petition, die vom 27.April 1846 datiert ist, trägt die Unterschriften dreier Geistlicher: A.Bandelier, Ed.Güder und A.Amier (1). Sie ist Ausdruck einer von Pfarrer Bandelier aus St.Immer präsidierten Versammlung in Biel von 130 reformierten Geistlichen vom 22.April. Schon der Ort der außerordentlichen Zusammenkunft zeigt erneut den welschen Einfluß bei dem Begehren nach mehr religiöser Freiheit gegenüber dem bernischen Staat. In der Einleitung werden die religiösen und kirchlichen Fragen, die sich nach Ansicht der Petenten immer mehr in den Vordergrund drängten, als die wichtigste und schwierigste Aufgabe der nächsten Zukunft bezeichnet. Damals lag bereits der Entwurf der Redaktionskommission der Verfassungskommission mit dem Vorschlag auf Kultusfreiheit vor. Auf dieses Grundrecht bezugnehmend, heißt es: "Wir ziehen die bestimmte Fassung über die Glaubensfreiheit der früheren im § 11 der Verfassung von 1831 weit vor". Als Begründung ihrer Zustimmung zur Kultusfreiheit gaben

---

(1) Vorstellungen an den Verfassungsrath die bernische Kirchenangelegenheit betreffend, Biel 1846, Berner Staatsarchiv.

sie an, daß die Redaktion die rechte Mitte zwischen zwei gleicherweise schädlichen Extremen getroffen habe: einer zu engen, unprotestantischen Einschränkung und einer zu weit gefaßten, indifferenten und ungezügelten religiösen Freiheit, von der sie eine Zersetzung der reformierten Gesellschaft befürchteten. Die Petition distanzierte sich von der Theorie Vinets über die Trennung von Kirche und Staat, weil sie den damaligen Verhältnissen zu wenig entsprach, doch ersuchten sie um eine auf dem Grundsatz der Presbyterialverfassung ruhende Generalsynode, welche die inneren Angelegenheiten der reformierten Kirche unter Vorbehalt oberhoheitlicher Genehmigung selbständig regeln würde und in gemischten Angelegenheiten das Vorschlagsrecht hätte. Da der Entwurf der Redaktionskommission eine aus Katholiken zusammengesetzte Kommission für die Behandlung der äußeren Angelegenheiten der katholischen Kirche vorsah, baten die reformierten Geistlichen, es möchten auch für die gemischten Angelegenheiten ihrer Kirche einer evangelischen Kirchenbehörde, die zur Hälfte aus Geistlichen bestünde, anvertraut werden. Begründet wurde dieser Wunsch mit dem Grundsatz, daß die Kirche ein Gebiet besitze, in das der paritätisch gewordene Staat nicht eingreifen dürfe.

Im Namen der Generalsynode und somit der gesamten reformierten Geistlichkeit des Kantons stimmte ihr Präsident Karl Baggesen in einer Eingabe vom 23.Juni (1) den Anliegen der 130 Pfarrer zu. Das Schreiben beschäftigt sich hauptsächlich mit einer sich auf die Gemeinden und nicht auf den Staat stützenden Synodalverfassung, die der Landeskirche Selbstverwaltung in ihren inneren Angelegenheiten bringen und "der von Christo und den

---

(1) Vorstellungen an den Verfassungsrath 1846, Nr.448, Berner Staatsarchiv.

Aposteln aufgestellten Idee der Kirche" entsprechen sollte. Von ihr heißt es, sie sei heilsam, sowohl der Ordnung des kirchlichen Lebens als der religiösen Freiheit förderlich. Der Münsterpfarrer betonte zwar, daß die Kirche sich vor religiöser Gleichgültigkeit, separatistischer Zersplitterung und sektiererischen Verirrungen bewahren müsse, bejahte jedoch - wie schon 1831 - die allgemeine Kultusfreiheit mit den Worten: "Wir huldigen dabei dem Grundsatze der Religionsfreiheit und der Gleichstellung der Kirchen gegenüber dem paritätischen Staat". Nachdem er die Parität mit der katholischen Kirche durch Aufstellung einer parallelen reformierten Kommission verlangt hatte, fügte er hinzu: "Wir erkennen es als eine Notwendigkeit, daß die Ausübung jedes Gottesdienstes nach den Grundsätzen der religiösen Freiheit innerhalb der Schranken der Sittlichkeit und öffentlichen Ordnung und unter gesetzlichen Bestimmungen gestattet werde, denn aller Religionszwang ist vom Übel".

Ein Vergleich der Eingaben der verschiedenen Kapitel des Kantons Bern bestätigt den Einfluß der reformierten Geistlichkeit des Französisch sprechenden Landesteils auf die allgemeine Stellungnahme des Klerus der Landeskirche zur Frage der Kultusfreiheit. Nur das Schreiben von Biel (1) geht auf die Religionsfreiheit ein, die sie mit dem Wunsch auf größere Selbständigkeit der Kirche in Verbindung bringt: "Nous venons auprès de vous, Messieurs, non pour détacher notre Eglise de l'Etat, ce qui est loin de notre pensée, mais pour lui rendre plus d'indépendance dans l'usage de sa liberté spirituelle et de sa vie intérieure et religieuse. Ce n'est pas de nos jours qu'il est nécessaire de proclamer que la liberté de croyance est

---

(1) Eingabe vom 3.Juni 1846. Vorstellungen an den Verfassungsrath, Nr.265, Berner Staatsarchiv.

un droit naturel et incontestable; mais si ce principe est vrai, il s'en suit que la croyance est du domaine de l'Eglise et lui appartient de droit et non à la société civile ou à l'Etat."

Naturrechtlich motiviert ist die persönliche Eingabe des reformierten Geistlichen F.Dubois aus Biel vom 24. April (1), die ebenfalls auf die dortige Versammlung des Klerus bezug nimmt. Er nannte die religiöse Freiheit "la première et la plus sainte des libertés" und stützte sich auf das Gleichheitsprinzip, das auch in der Religion keine Privilegien zulasse. Der Erklärung der Kultusfreiheit im ersten Verfassungsentwurf wünschte Dubois im Sinn der Menschenrechtserklärungen den Satz vorangestellt: "La constitution reconnaît, proclame une entière liberté religieuse". Für die anerkannten Kulte befürwortete er völliges Gegenrecht. Dubois konnte mit seiner Auffassung der religiösen Freiheit in der Versammlung von Biel nicht durchdringen.

Als ein angeborenes Menschenrecht mit christlicher Begründung warb wiederum Beat von Lerber in einer Broschüre (2) für die Gewissensfreiheit. Sie sollte die Freiheit der Gottesverehrung und des Gottesdienstes garantieren und war in seinem Vorschlag für eine bernische Verfassung

---

(1) Vorstellungen an den Verfassungsrath 1846, Nr.168, Berner Staatsarchiv. Tagblatt der Verhandlungen des Verfassungsrathes der Republik Bern 1846, Nr.84 Sitzung vom 2.Juli, S. 2.

(2) Beat von Lerber; Berns Verfassung freisinnig und volkstümlich verbessert, Bern 1845. Vgl.Beat von Lerbers im Jahr 1840 in Biel erschienene "Nothwendige Grundlagen einer Schweizer Verfassung" in denen die demokratischen Prinzipien der Freiheit und Gleichheit auf die Grundsätze der urchristlichen Gemeinde zurückgeführt werden.

allen übrigen Freiheitsrechten vorangestellt. Gedankengut aus der Reformation, aus dem amerikanischen "Bill of Rights" und Rousseaus "Contrat social" sind hier eine ungewohnte Verbindung eingegangen, wie der Hinweis auf Zwinglis Lehre vom göttlichen Naturgesetz, auf die Idee eines vorstaatlichen Menschenrechts und wie die religiös motivierten Einschränkungen der Gewissensfreiheit zeigen. Diese sollte nicht für Personen, Gesellschaften, Sekten und Kirchen gelten, welche dieses Grundrecht verwarfen. Fremde, die den Atheismus verbreiten, sollten sogar ausgewiesen werden. Ein Ausschluß der Gottesleugner vom Grundrecht der Gewissensfreiheit war den Radikalen, die teilweise den Feuerbachschen Ideen huldigten, zuwider. Der Petent hatte trotz seiner Verteidigung der Demokratie keine Aussicht, gehört zu werden.

Die Eingaben der Volksvereine des Bezirks Erlach und von Seftigen (1) zeigen, daß die radikalen Parteibildungen gelegentlich Gewissens- und Glaubensfreiheit in das Verfassungsrecht einbezogen wissen wollten. Es hinderte die Einsender nicht, gleichzeitig ein Verbot für Jesuiten und Klöster zu beantragen. Dies tat auch die Kirchengemeinde Frutigen, obwohl sie, über die Glaubensfreiheit hinausgehend, den Text vorschlug: "Die Religionsfreiheit ist zugesichert" (2). Die Erweiterung der Glaubensfreiheit auf den Kultus war 1846 im Kanton Bern kein allgemeines Volksanliegen. Zahlreiche Gemeinden verlangten indessen die Parität der reformierten und katholischen Kulte (3).

---

(1) Eingaben vom 29., bzw. 23.März 1846. Vorstellungen an den Verfassungsrath 1846, Nr.43 und 129. Berner Staatsarchiv. Dasselbe wünschte auch eine Eingabe vom 14. April, Vorstellungen... Nr. 181.

(2) Eingabe vom 9.April, Vorstellungen..., Nr.143.

(3) Tagblatt 1846, Nr.23, S.13 und Nr.84, Sitzung vom 2.Juli, S. 1.

Durch eine Eingabe vom 8.April mit 24 jüdischen Unterschriften (1), darunter drei Ärzte und zwei Studenten, wurde der Verfassungsrat auch mit dem Rechtsproblem der Israeliten konfrontiert. Die liberale französische Gesetzgebung im Jura hatte ihnen die Möglichkeit der Niederlassung gegeben. Der Staatsvertrag von 1828 mit Frankreich forderte, daß französische Bürger bei ihrer Niederlassung im Kanton Bern den Bürgern anderer Kantone gleichgestellt werden. Eine Verordnung von 1809, die 1824 auf den bernischen Jura ausgedehnt wurde, suchte die Niederlassung und Handelstätigkeit der Juden einzuschränken. Wie aus einer Intervention im Verfassungsrat des sachkundigen Eduard Blösch, der die Zahl der Israeliten im Kanton mit 100 Juden angab (2), zu entnehmen ist, wurden nur französische Christen zugelassen (3). Die jüdischen Gesuchsteller erwähnten die Kultusfreiheit nicht besonders. Sie baten die Gesetzgeber, die Glaubensfreiheit in allen ihren Konsequenzen zu sanktionieren. Dabei dachten sie in erster Linie an die Abschaffung der politischen und wirtschaftlichen Diskriminierung. Die Berechtigung für die bürgerliche Integration wurde damit begründet, daß die Israeliten keine besondere Nation mehr bildeten, wobei auf die Herkunft aus verschiedenen Ländern hingewiesen wurde. Das Schreiben stützt sich ebenfalls auf eine entsprechende Eingabe der Gemeinde St.Immer und auf die Empfehlungen einer Volksversammlung in Delsberg, die den Juden nachteiligen Gesetze aufzuheben. Die drei im Kanton Bern etablierten Ärzte hatten schon am 19.März ein

(1) Vorstellungen an den Verfassungsrath 1846, Nr.139, Berner Staatsarchiv.

(2) Nach der offiziellen Volkszählung von 1850 lebten 488 Israeliten im Kanton Bern. St.Franscini: Neue Statistik der Schweiz, Nachtrag, Bern 1851, S. 331.

(3) Tagblatt 1846, Nr.83, Sitzung vom 30.Juni, S.19.

Schreiben an den Verfassungsrat gerichtet. Es trägt die Handschrift Dr.Gabriel Gustav Valentins, der an der Hochschule dozierte (1). Mit S.Weil und Dr.Baswitz berief er sich auf die Humanität und die aufgeklärte Gesinnung vieler Bewohner, damit in Zukunft die jüdische Religion kein Hindernis mehr sei zur Erlangung des Kantonsbürgerrechts (2).

Die siebenköpfige Redaktionskommission, die den ersten Entwurf, wie er der Verfassungskommission vorgelegt wurde, ausarbeitete, bestand aus radikalen Altbernern und liberalen Jurassiern. Seine Redaktoren, beides Juristen, waren die kommenden Staatsmänner Ulrich Ochsenbein und Jakob Stämpfli (3). Die übrigen Mitglieder hießen Funk, Kohler, Immer, Stockmar, Belrichard. Die beiden letzteren waren Jurassier. Ochsenbein präsidierte die Kommission und übte als Berichterstatter sowohl in der Verfassungskommission wie im Verfassungsrat einen maßgebenden Einflüß aus, hielt er doch bei diesen Berichten mit seiner persönlichen Stellungnahme zu den Anträgen durchaus nicht zurück.

Die Voranstellung der Staatsorganisation im Entwurf, die eine Erweiterung im demokratischen Sinn, jedoch ohne Veto, erfuhr, entsprach den politischen Vorstellungen der radikalen Führer, ebenso die Ergänzung der Freiheitsrechte. War die Verfassung von 1831 in erster Linie da, um die Freiheitsrechte zu schützen, so sollte der neue Staat zu allererst der Gemeinschaft dienen (4). Daher die

---

(1) R.Feller: Die Universität Bern, Bern/Leipzig 1935,S.71.

(2) Vorstellungen an den Verfassungsrath 1846,Nr.44,Berner Staatsarchiv.

(3) R.Feller: Berns Verfassungskämpfe 1846, Bern 1948, S.242 und 244 f. Von den geschlossenen Sitzungen liegt nur das Ergebnis vor, der Entwurf vom 11.April 1846, der von Ochsenbein und Stämpfli unterschrieben ist. Tagblatt 1846, Nr.10, S. 8.

(4) R.Feller: Berns Verfassungskämpfe 1846, Bern 1948,S.251.

Voranstellung der Staatsorganisation. Neu aufgenommen wurden, neben dem Hausrecht, vermehrtem persönlichem Schutz bei Verhaftungen, Erleichterung für die Niederlassung, auch das Vereinsrecht, dem später das Versammlungsrecht zugefügt wurde (1). Dieses sollte in den parteipolitischen radikalen Volksvereinen, die Jakob Stämpfli im Interesse der Staatserneuerung ins Leben gerufen hatte, und die entsprechende Eingaben machten (2), zugute kommen. Es war in dieser Formulierung als allgemeines Bürgerrecht jedoch nur denkbar, wenn diese Freiheit der Vereinigung auch für religiöse Zwecke galt. Die logische Folgerung war die Kultusfreiheit, die dann auch im Religionsartikel Aufnahme fand.

Die zwei ersten Sätze des Religionsartikels des Entwurfs der Redaktionskommission haben folgenden Wortlaut: "Die Rechte der bestehenden evangelisch-reformirten Landeskirche, sowie der römisch- katholischen Kirche in den sich zu ihr (3) bekennenden Gemeinden des Jura, und die öffentliche Ausübung ihres Gottesdienstes, sind gewährleistet. Auch die Ausübung jedes andern Gottesdienstes ist innerhalb der Schranken der Sittlichkeit und öffentlichen Ordnung gestattet" (4). In den drei letzten Sätzen

---

(1) Vgl. § 88 des Entwurfs der Redaktionskommission mit § 77 des Entwurfs der Verfassungskommission, der verändert in den endgültigen Verfassungstext (§ 78) aufgenommen wurde. Tagblatt 1846,Nr.10, S.6; Nr.43,S.6; Nr.95,S.6.

(2) Tagblatt 1846, Nr.31, Sitzung vom 5.Mai, S. 14.

(3) Auf den Einwand des katholischen Landammanns Xaver Péquignot im Verfassungsrat, daß damit eine ungleiche Beschränkung des katholischen Kultus aufgestellt wäre, antwortete Ochsenbein, daß es sich um einen Druckfehler handle. Die Redaktionskommission habe ausdrücklich beschlossen, sich an den § 11 der Verfassung von 1831 zu halten, wo es "zu ihnen sich bekennenden" heiße. Tagblatt 1846, Nr.84, S.3.

(4) § 90 des Entwurfs der Redaktionskommission. Tagblatt 1846, Nr.10, S.7. Der Entwurf trägt das Datum des

wird das Antragsrecht und Vorbereitungsrecht in evangelisch-reformierten Kirchensachen einer Synode, in römisch-katholischen einer katholischen Kirchenkommission gewährt, wobei die Kompetenzen der letzteren auf jene Gebiete beschränkt sein sollten, die in den Bereich der Staatsbehörden fallen. Diese Bestimmungen haben im wesentlichen Eingang in das vom Verfassungsrat gutgeheißene Staatsgrundgesetz von 1846 gefunden.

Im Vergleich zum Artikel 11 der Verfassung von 1831 fällt auf, daß die Religionsfreiheit nicht an die Spitze gestellt und daß die Glaubensfreiheit durch die Kultusfreiheit ersetzt ist. Daß die Kultusfreiheit von der Redaktionskommission nicht ohne Bedenken angenommen wurde, scheint schon die Wortwahl zum Ausdruck zu bringen. Während die vorangehenden Freiheitsrechte meist "gewährleistet" oder "unverletzlich" waren, heißt es bei der Kultusfreiheit, sie sei "gestattet". Ulrich Ochsenbein hat in der Verfassungskommission zugegeben, daß er ursprünglich den Ausdruck "Glaubensfreiheit" vorgezogen hätte, in der Meinung, daß diese auch Kultusfreiheit bedeute (1). Dieser Auffassung widersprach Regierungsrat Johann Rudolf Schneider, der bisher als Leiter des Erziehungsdepartements auch für die Kultusangelegenheiten zuständig war(2). Es ist somit anzunehmen, daß in der Redaktionskommission die Aufnahme der Kultusfreiheit nicht von Ochsenbein beantragt wurde, so sehr er sich in der Verfassungskommission und im Verfassungsrat für deren Beibehaltung einsetzte. Der Antragsteller dürfte, wenn es nicht Stämpfli war (3), unter den Vertretern des Jura zu suchen sein.

11.April 1846 und ist von Ochsenbein und Stämpfli unterschrieben. S. 8.

(1) Tagblatt 1846, Nr.84, Sitzung vom 2.Juli, S. 18.

(2) Tagblatt 1846, Nr.84, S. 16 f.

(3) Vgl.Tagblatt 1846,Nr.41*, S.14 und Nr.84,S.14.
Th.Weiss: Jakob Stämpfli, Bd.1, Bern 1921, S. 206 f.
* Sitzung vom 15.Mai

Aus ihren Reihen hat kein einziger in den protokollierten Verfassungsverhandlungen die Kultusfreiheit bekämpft.

Das Bestreben der radikalen Führer, aus politischem Interesse den jurassischen Wünschen entgegenzukommen, zeigt sich deutlich in der Aufnahme der neuen Bestimmung, daß die öffentliche Ausübung des reformierten und katholischen Gottesdienstes gewährleistet sei. Der Satz wurde später auf Antrag der jurassischen Liberalen zwar gestrichen, mit der Begründung, diese Garantie sei bereits im Vereinigungsvertrag enthalten und daher für die Katholiken überflüssig (1). Die Berücksichtigung jurassisch-katholischer Interessen zeigt die Neuerung, der bereits bestehenden evangelischen Synode eine katholische Kirchenkommission zur Seite zu stellen. Eine konfessionelle Trennung nach dem Beispiel St.Gallens, wie sie der katholische Klerus wünschte, ließ die Redaktionskommission und der Verfassungsrat unberücksichtigt. Sie war der demokratischen Staatsauffassung zuwider. Wenn, trotz der Anfälligkeit zum Separatismus des katholischen Jurateils, die Ablehnung der konfessionellen Trennung nicht wie im Aargau, anläßlich der Verfassungsrevision von 1840/41, zur Staatskrise führte, dürfte ein wesentlicher Grund darin zu sehen sein, daß die konfessionellen Garantien der Vereinigungsurkunde unangetastet blieben.

Von der Rücksichtnahme gegenüber der katholischen Minderheit durch die Redaktionskommission zeugt auch die Nichtaufnahme eines absoluten Jesuitenverbots, obwohl mehrere Petitionen es gefordert hatten (2). Der Paragraph, der sich an die kirchlichen Bestimmungen und an die Unterrichtsfreiheit anschloß, war zwar - wie Ochsenbein der

---

(1) Tagblatt 1846, Nr.33, Sitzung vom 6.Mai, S.19.
(2) Tagblatt 1846, Nr.33, Sitzung vom 6.Mai, S. 2.

Verfassungskommission erklärte (1) - gegen die Jesuiten gerichtet, erwähnte sie jedoch mit keinem Wort. Er verbot einfach allen fremden Korporationen oder Orden und ihren Mitgliedern die Niederlassung und Unterrichtserteilung, ließ jedoch dem Großen Rat die Möglichkeit offen, eine solche Bewilligung zu erteilen (2). Diese Konzession, die namentlich im Jura die in der Krankenpflege und im Unterricht tätigen Ordensschwestern im Auge hatte, befriedigte nicht alle katholischen Mitglieder. Ihre Beschwerde und der Hinweis auf die vertragliche Niederlassungsfreiheit für die Franzosen bewirkten, daß das Niederlassungsverbot für Ordensmitglieder in der Verfassung fallengelassen wurde (3). Das Verbot der Niederlassung galt im endgültigen Verfassungstext nur noch den Korporationen und Orden, wurde aber auf die mit ihnen verbundenen Gesellschaften ausgedehnt. Ihren Mitgliedern war nur der Unterricht untersagt (4).

In der Verfassungskommission, deren 27 radikale und liberale Mitglieder alle zu den Befürwortern des politischen Umschwungs gehörten, rechtfertigte Ulrich Ochsenbein am 6.Mai in seiner Berichterstattung über den Religionsartikel die Kultusfreiheit mit der Begründung, die bisherige Glaubensfreiheit sei unvollkommen und undeutlich gewesen. Um jeden Zweifel zu beheben, daß der Glaube auch öffentlich gezeigt werden dürfe, habe man den zweiten Absatz adoptiert. Zur Frage der Parität der anerkannten Kulte äußerte er, beide Gottesdienste dürften überall ausgeübt werden, wo sich Gemeinden beider Konfessionen befinden(5).

(1) Tagblatt 1846, Nr. 33, Sitzung vom 6.Mai, S. 2 f.

(2) Art.92 des Entwurfs der Redaktionskommission. Tagblatt 1846, Nr.10, S. 7.

(3) Tagblatt 1846, Nr.33, S. 2 ff.

(4) Art.82 des Entwurfs des Verfassungsrats, Tagblatt 1846, Nr. 95, S. 7.

(5) Tagblatt 1846, Nr. 33, S. 13.

Zu den einflußreichen Befürwortern der Glaubens- und Kultusfreiheit unter den Verfassungsräten gehörte der freisinnige Pfarrer der Kirchgemeinde Gsteig, Albrecht Weyermann. Er hatte sich durch seine Beteiligung am Freischarenzug die Sympathien der radikalen Führer erworben und sollte sein geistliches Amt mit dem eines Staatsschreibers tauschen. Weyermann stellte den Antrag, man solle dem Religionsparagraphen die Erklärung voranstellen: "Die Religionsfreiheit ist gewährleistet" (1). Die freie Ausübung des Gottesdienstes wäre, so äußerte er sich, nur eine weitere Ausführung dieses Grundsatzes. Vollkommene Religionsfreiheit unter der Aufsicht des Staates sei nun einmal ein Zeitanliegen, dem sogar die große Mehrheit der Geistlichen zustimme (2). In der Sprache der Aufklärung unterstützte der Stadtberner August Weingart den Antrag Weyermanns (3). Ohne Glaubens- und Gewissensfreiheit seien Geistes- und Denkfreiheit von geringer Bedeutung. Glauben und Gefühle seien Geschenke der Vorsehung, ein unantastbares Eigentum des Menschen. Irrtum sei kein Verbrechen. Er wolle die Religionsfreiheit selbst für die Juden. Bloße Toleranz sei nicht liberal. Elf Kommissionsmitglieder waren für eine im Sinn der Menschenrechte formulierte und dem Paragraphen vorangestellte Erklärung der religiösen Freiheit. Zwölf stimmten dagegen (4).

Vergeblich plädierte Johann Rudolf Vogel von Wangen für Streichung der Kultusfreiheit mit dem Hinweis auf die Abneigung gegen die "Stündeler" und die "Höllenbrut" der Jesuiten (5). Er erhielt Unterstützung aus dem Oberland,

---

(1) Tagblatt 1846, Nr.33, Sitzung vom 6.Mai, S.15.
(2) Tagblatt 1846, Nr.33, S. 15.
(3) Tagblatt 1846, Nr.33, S. 18.
(4) Tagblatt 1846, Nr.33, S.22.
(5) Tagblatt 1846, Nr.33, S. 17.

wo Auswüchse des Sektenwesens öfters die Gerichte beschäftigt hatten. Ein ganzes Sündenregister zählte der Saaner Gerichtspräsident Johann Jakob Romang auf (1). Die Sektierer störten das einmütige Gemeindeverhältnis, widersetzten sich dem öffentlichen Unterricht, störten den ehelichen Frieden, unterminierten den Wohlstand der Familien und würden unter dem Deckmantel der Religiosität Unsittlichkeiten und zuweilen sogar Mordtaten begehen. Toleranter äußerte sich Oberrichter Jakob Imobersteg von Zweisimmen über die Sekten (2), doch gab er zu, daß der Grundsatz der unbedingten Freiheit des Gottesdienstes heikel sei, ja gefährlich werden könne. Wie der Arzt Samuel Lehmann, war er der Auffassung, er könnte Jesuitenmissionen im Jura begünstigen. Doch statt Streichung der Kultusfreiheit regte Imobersteg eine Abschwächung der Formulierung an, um behördliche Interventionen zu erleichtern. Seinen Antrag auf Streichung des zweiten Absatzes zog Vogel zurück. Romangs Vorschlag, das Wort "jedes" zu streichen, erhielt den Vorzug. Die Mehrheit stimmte für das Amendement: "Auch die Ausübung anderer Gottesdienste ist innerhalb der Schranken der Sittlichkeit und öffentlichen Ordnung gestattet". Die Redaktoren beließen jedoch, trotz Protokollierung des Beschlußes, den Satz wie er war, wobei Ochsenbeins fragwürdige Begründung, Gottesdienste klinge in der Mehrzahl nicht gut (3), nicht die ganze Motivierung gewesen sein dürfte. Um die Bedenken gegen Mißbrauch der Kultusfreiheit durch Sekten abzuwehren, schlug er den Zusatz vor, daß das Nähere durch das Gesetz bestimmt werde. Die Mehrheit nahm das Amendement an (4).

---

(1) Tagblatt 1846, Nr.33, Sitzung vom 6.Mai, S. 17.
(2) Tagblatt 1846, Nr.33, S. 20.
(3) Tagblatt 1846, Sitzung vom 15.Mai, Nr.41, S.13.
(4) Tagblatt 1846, Nr.33, Sitzung vom 6.Mai, S. 21 f.

Fallengelassen wurde im ersten Absatz die Erwähnung, daß die öffentliche Ausübung des evangelisch-reformierten und des römisch-katholischen Gottesdienstes gewährleistet sei (1). Der Antrag war vom Oberrichter aus St.Ursanne, Paul Migy, der Berichterstatter der Eingaben in französischer Sprache war, gemacht worden (2). Als liberaler Katholik äußerte er die Meinung, die alte Verfassung habe darüber klugerweise geschwiegen. Er befürchtete, diese Garantie könnte in gemischten Gemeinden zu Mißbräuchen der Öffentlichkeit des katholischen Kultus, z.B. bei Prozessionen, führen. Erfolgreich verwarf er auch die Erwähnung des Jura in der geographischen Beschränkung der Rechte der katholischen Kirche. Hier befürchtete er, es könne darin eine Bedrohung der Pfarrei in Bern gesehen werden. Die liberalen katholischen Verfassungsräte tendierten offensichtlich auf kirchenrechtlich gleiche Behandlung der Katholiken im alten und neuen Kantonsteil und waren gleichzeitig im Interesse des Religionsfriedens bereit, auf gewisse Rechte zu verzichten, welche die Vereinigungsurkunde der katholischen Kirche in den katholischen Gemeinden des Jura gewährte. Mit 15 Stimmen wurde das Amendement,"des Jura" zu streichen, angenommen. Das Protokoll erwähnt keine Gegenstimme, während bei der Abstimmung über die Streichung der öffentlichen Ausübung des Gottesdienstes sechs Kommissionsmitglieder dagegen waren (3). Die Verfassungsverhandlungen erweckten den Eindruck, daß keine Klarheit herrschte über die Auswirkung der neuen Kultusfreiheit in bezug auf die Vereinigungsurkunde. Hier überschnitten sich altes und neues Paritäts-

---

(1) Tagblatt 1846, Nr.33, Sitzung vom 6.Mai, S. 22.
(2) Tagblatt 1846, Nr.33, S. 19 f.
(3) Tagblatt 1846, Nr.33, S. 22.

recht, was zu Konflikten führen konnte, die man 1846 offensichtlich zu vermeiden suchte.

Auch ein neuer Vorstoß gegen die allgemeine Freiheit des Gottesdienstes in der zweiten Beratung über den Religionsartikel verlief ergebnislos. Romangs erneuter Antrag,"jedes" zu streichen, entging allerdings nur mit einer gegnerischen Mehrstimme der Annahme (1). Indessen stimmten nur drei Kommissionsmitglieder dem Wunsch auf gänzliche Streichung der Kultusfreiheit zu, obwohl nun auch der Präsident der Verfassungskommission und des Verfassungsrats, Alexander Funk, Vogels Ansichten über die Sektengefahr teilte. Er sei vielleicht der einzige, gestand er, der in der Redaktionskommission gegen die Gestattung jedes Kultes gewesen sei. Es liege ein großer Unterschied darin, erläuterte Funk, der das Amt des Obergerichtspräsidenten innehatte, ob ein Gottesdienst bloß geduldet und von der Staatsgewalt überwacht oder ausdrücklich gestattet und in der Verfassung anerkannt sei und somit den Schutz des Staates ansprechen könne. Infolge der Streichung der von Ochsenbein als überflüssig bezeichneten ausdrücklichen Gewährleistung des öffentlichen Gottesdienstes der anerkannten Kirchen, schien ihm die allgemeine Formulierung der Kultusfreiheit eine Bevorzugung dissidenter Kulte. Die Ablehnung eines Verfassungsrechts der Kultusfreiheit mit dem Motiv der landeskirchlichen Vorrechte durch den Kommissionspräsidenten veranlaßte den religiös freigeistigen Jakob Stämpfli zu seiner einzigen Intervention in der Verfassungskommission zugunsten allgemeiner religiöser Freiheit (2). Er legte dar, warum der Vorredner irre, wenn er einen Widerspruch zwischen den beiden ersten Absätzen sehe. Funk gehe von

(1) Tagblatt 1846, Nr.33, Sitzung vom 6.Mai, S. 22.
(2) Tagblatt 1846, Nr.41, Sitzung vom 15.Mai, S. 14.

der falschen Voraussetzung aus, als ob an die Zugehörigkeit zu der bestehenden reformierten und der katholischen Kirche staatsbürgerliche Vorrechte geknüpft seien. Den Unterschied zwischen den anerkannten und den freien Konfessionen sah Stämpfli einzig im Vorzug der materiellen Unterstützung der ersteren. Daraus aber dürfte sich kein religiöser Zwang zur Erhaltung dieser Kirchen ergeben. Das galt auch für die innerkirchlichen Richtungskämpfe in der Schweiz, auf die Pfarrer Weyermann hingewiesen hatte und von denen Stämpfli glaubte, daß sie von europäischer Bedeutung seien. Der Kanton Waadt habe durch seine Einmischung darin gefehlt. Jeder solle ein Glaubensbekenntnis haben und Gott anbeten, wie er wolle, sofern es innerhalb der Sittlichkeit und der öffentlichen Ordnung bleibe. Stämpfli stimmte daher mit voller Überzeugung zum Grundsatz der Kultusfreiheit, auch wenn er nicht - wie er sagte - in andern Verfassungen enthalten sei. In seiner Berichterstattung über die Anträge vor der letzten Abstimmung über die Abänderungsanträge zum Religionsartikel verteidigte auch Ulrich Ochsenbein mit seiner gewohnten persönlichen Stellungnahme in ähnlichem freisinnigem Geist die religiöse Freiheit, die dem Sinn nach in der bisherigen Praxis bestanden habe. Die Ansichten, die über die gesetzliche Bekämpfung des Sektenwesens geäußert worden waren, hätten ihn - wie er sagte - überzeugt, daß man sehr bestimmt auch die Kultusfreiheit erwähnen müsse. Die überwiegende Mehrheit folgte Ochsenbeins und Stämpflis Befürwortung, nicht den kirchlichen Bedenken Funks.

Es war zu erwarten, daß im Verfassungsrat staatspolitische Überlegung und religiöse Intoleranz stärker aufeinanderstoßen würden, denn in der Vollversammlung war die Opposition, der auch ehemalige Liberale angehörten, durch etwa 25 Stimmen vertreten (1). Neue Petitionen hatten kurzerhand Streichung des zweiten Absatzes des Religionsparagraphen gewünscht. In diesem Sinn äußerten sich der Gemeinderat von Wangen (2) und der gemeinnützige Verein des Emmentals (3). Zwar besaß die Landschaft ein großes Übergewicht in der 139 köpfigen Legislative, doch deren Vertreter gehörten meist der gebildeteren und toleranteren Oberschicht an (4). Die religiöse Freiheit begünstigte auch der Umstand, daß jene Mehrheit des reformierten Klerus, die sich zugunsten der Kultusfreiheit ausgesprochen hatte, durch Pfarrer Alphons Bandelier direkt zu Wort kam. Nur von der Klasse Langenthal lag eine Eingabe vor, die sich vom Verfassungsentwurf in der Frage der religiösen Freiheit distanzierte (5).

Stark ins Gewicht fiel wiederum das Verlangen des Jura nach vollständiger konfessioneller Parität der anerkannten Gottesdienste. Es war Paul Migy, der ausführlich darüber berichtete (6). Eine Petition mit 62 Unterschriften aus dem Amtsbezirk Delsberg verlangte Gerechtigkeit durch Gleichheit der Rechte für die reformierte und die katholische Religion im ganzen Kanton. Vollkommenes Gegenrecht in der Ausübung des protestantischen Gottesdienstes im katholischen Teil und in der Ausübung des katholischen Gottesdienstes im protestantischen Teil verlangten die Bürgergemeinden Mervelier, Courchapoix und Courrendlin(7).

---

(1) R.Feller, Berns Verfassungskämpfe, Bern 1948, S.239.

(2) Eingabe vom 29.Mai 1846. Vorstellungen an den Verfassungsrath 1846, Nr.221. Berner Staatsarchiv.

(3) A.a.O., Nr. 231.

(4) R.Feller: a.a.O., S. 239.

(5) Eingabe vom 29.Mai 1846, Nr.435 (2.Juni 1846) Berner Staatsarchiv.

(6) Tagblatt 1846, Nr.84, Sitzung vom 2.Juli, S. 1 f.

(7) Vorstellungen an den Verfassungsrath 1846, Nr. 95, 397, 398.

Keine gemeindeweise Beschränkung der Gottesdienste wünschten an erster Stelle 93 Bürger der Gemeinde Büren (1). Diese konservativ-klerikal ausgerichtete Eingabe ging in ihren Forderungen weiter als die Vereinigungsurkunde.

In der Eintretensdebatte über den Kommissionalentwurf bemängelte Alphons Bandelier als erster, daß die allgemeinen Grundsätze, zu denen der Religionsparagraph zählte, erst am Schluß des Entwurfs figurierten, was er als Formfehler und aller gesunden Logik widersprechend bezeichnete (2). Als Landammann Xaver Péquignot, ein gemäßigter Katholik, den Antrag stellte, daß die Grundsätze mit den Freiheitsrechten, die er als Säulen darstellte, die das Staatsgebäude tragen sollten, an die Spitze der Verfassung gestellt werden (3), stimmten nur 17 Räte dafür, zur Hauptsache wohl jurassische Vertreter, deren Gesinnung am französischen Liberalismus geschult war (4).

Die Gleichheit vor dem Gesetz, die persönliche Freiheit, der richterliche Schutz, die Unverletzlichkeit des Hausrechts, die Freiheit der Mitteilung in Wort, Schrift und Presse, das Petitionsrecht, das Vereins- und Versammlungsrecht und die Niederlassungsfreiheit gingen im Verfassungsrat in einem Tag durch. Hingegen beanspruchte der anschließende Religionsparagraph die ganze fünfstündige Sitzung des 2.Juli 1846 (5). Einen großen Teil der Zeit nahmen die Fragen der reformierten Kirchenorganisation in Anspruch. Die Opposition suchte die reformierte

---

(1) Tagblatt 1846, Nr.84, S. 2, Sitzung vom 2.Juli.

(2) Tagblatt 1846, Nr.44, Sitzung vom 2.Juni, S.7.

(3) Tagblatt 1846, Nr.44, S.13.

(4) R.Feller, Berns Verfassungskämpfe 1846, Bern 1948, S. 239 f.

(5) Tagblatt 1846, Nr.84, S.1 ff, § 79 des Entwurfs der Verfassungskommission.

Kirche durch weitgehende Selbständigkeit in der Verwaltung ihrer Angelegenheiten besser vor dem Zugriff des radikaldemokratischen Staates zu sichern, ohne indessen die Verbindung mit dem Staat aufgeben zu wollen. Man verwies auf die größere Freiheit der katholischen Kirche, deren Anliegen des Glaubens und Kultus nicht zur Staatsdomäne gehörten, während eine solche verfassungsmäßige Garantie den Reformierten nicht gegeben sei. Die Radikalen wollten aus Furcht vor dem Einfluß des politisch und religiös meist konservativ gesinnten Klerus, obwohl Bandelier den Vorschlag einer nur zur Hälfte aus Geistlichen zusammengesetzten Synode machte, die Landeskirche unter ihrer Kontrolle behalten. Aus diesem Grund sollte der Staat über die Beschlüsse in innerkirchlichen Gegenständen das Vetorecht behalten (1). Nur in der Einzelberatung über Lehre und Gottesdienst sei er nicht mehr zuständig. Bis jetzt, sagte Ochsenbein in seinem einleitenden Bericht, seien Regierung und Großer Rat der Bischof der evangelisch-reformierten Kirche gewesen. Das höre nun teilweise auf (2). Nähere Bezeichnungen über die kirchliche Struktur und ihre Selbstverwaltung wurden aber nicht, wie angeregt, in die Verfassung aufgenommen. Unangetastet blieb der Vorschlag auf eine katholische Kirchenkommission.

Es blieb noch der Unterschied der rechtlichen Bezeichnung der Kirchen. Nur die reformierte Kirche galt im Entwurf als "Landeskirche". Der katholische Fürsprecher Xaver Elsässer aus Pruntrut schlug mit dem Anspruch auf vollständige Parität der anerkannten Kulte das Amendement vor: "Die Rechte der bestehenden evangelisch-reformierten, so wie der römisch-katholischen Kirche sind gewährleistet"(3).

---

(1) Tagblatt 1846, Nr.84, Sitzung vom 2.Juli, S.3.
(2) Tagblatt 1846, Nr.84, S.2, vgl. Nr.33, S.21.
(3) Tagblatt 1846, Nr.84, S.3.

Die ungleiche kirchliche Bennenung im Verfassungsentwurf bezeichnete er als unvereinbar mit den Grundsätzen der Verfassung, wobei er, gemäß dem französischen Sprachgebrauch, keinen Unterschied zwischen den Begriffen Landes- und Staatskirche machte (1). Elsässer nannte Frankreich als Beispiel, wo die katholische Religion 1815 noch als "religion de l'état" bezeichnet worden war, seit 1830 aber nur noch als Religion der Mehrheit der Franzosen gelte, was etwas ganz anderes sei (2). In welchem Ausmaß der historische Begriff der einst herrschenden Staatskirche sich zu wandeln begonnen hatte, zeigt die Antwort des Pfarrers aus St.Immer, Alphons Bandelier, der in einer aufschlußreichen längeren Rede (3) das neue Verhältnis der Kirche zum Staat schilderte und vorwegnahm, wie es sich unter dem Einfluß der Religionsfreiheit in der Schweiz entwickeln sollte. Die Benennung "Landeskirche", an der Elsässer Anstoß genommen hatte, stelle keineswegs ein Vorrecht der evangelisch-reformierten Kirche auf. Sie sei bloß angenommen worden, um die vom Staat anerkannte und unterstützte evangelisch-reformierte Kirche von den freien und unabhängigen Kirchen zu unterscheiden, die mit einigen Abweichungen der Glaubenslehre und des Gottesdienstes ebenfalls der reformierten Konfession angehören würden. Bandelier billigte zwar die im Religionsparagraphen gewährleistete Gleichheit der anerkannten Kulte, wünschte jedoch Beibehaltung der Bezeichnung "Landeskirche" für die bisherige Staatskirche. Er wehrte sich mit dem Hinweis auf gleiche Erscheinungen in Deutschland für das Recht der Geistlichkeit, sich für die innere Freiheit der Kirche einzusetzen. Die Einmischung einer

(1) Der Schreiber des deutschen Protokolls bezeichnete "religion de l'état" mit Landes- oder Staatsreligion. Tagblatt 1846, Nr.84, Sitzung vom 2.Juli, S.3.

(2) Tagblatt 1846, Nr.84, S. 3.

(3) Tagblatt 1846, Nr.84, S. 3 ff.

Regierung, die der Glaubenslehre und dem Gottesdienst der reformierten Kirche verfassungsmäßig gänzlich fremd wäre, nannte er eine Monstruosität (1). Die Begründung, die Bandelier für die Beibehaltung des Ausdrucks "Landeskirche" gab, blieb unwidersprochen. Sie wurde jedoch durch Eduard Blösch, den führenden Vertreter der Opposition, ergänzt, indem er die Beibehaltung mit dem innersten Wesen der reformierten Kirche rechtfertigte. Er hob dabei im Vergleich zum universalen und monarchischen Charakter der katholischen Kirche ihre geographisch begrenzte und republikanische Konstitution hervor. Wie Bandelier bekannte sich Blösch zum konfessionslosen Staat, der mit der individuellen religiösen Freiheit auch größere Unabhängigkeit der Kirchen verbinden sollte. Er wies auf den staatsrechtlichen Unterschied zwischen den anerkannten Kirchen, die als Korporationen Anspruch auf die Unterstützung des Staates hätten, und den in das Vereinsrecht einzuordnenden freien Gemeinschaften hin. Die letzteren würden keinen anderen Schutz beanspruchen können, als er jedem Individuum im Staat zukomme (2).

Das Gestattetsein des Gottesdienstes im Wortlaut des zweiten Paragraphen mag Ochsenbein veranlaßt haben, trotz gegenteiliger Andeutung in der Verfassungskommission, nun doch wieder nur von Duldung der nicht anerkannten Kulte zu sprechen. Dabei leitete er in seiner Begründung wiederum die Kultusfreiheit von der Glaubensfreiheit ab, die er doch absolut meinte, und die er als das Recht gedeutet hatte, den Glauben auch äußerlich zu bekennen. Ochsenbein vergaß jedoch auch bei den Menschenrechten die Staatshoheit nicht. Alle Vereine, welcher Art

---

(1) Tagblatt 1846, Nr.84, Sitzung vom 2.Juli, S. 5.
(2) Tagblatt 1846, Nr.84, S. 8.

sie auch seien, sollten ihrer Aufsicht unterliegen, hatte er schon bei den Verhandlungen über das Vereinsrecht gesagt. Das galt erst recht für die religiösen Gemeinschaften. Das Gesetz sollte - nach Ochsenbein - bestimmen, wann, wo und wie die religiösen Zusammenkünfte stattfinden dürfen (1). Eine weitere Konzession wegen der Furcht vor Sekten und Jesuiten wollte er jedoch nicht machen.

Im Verfassungsrat war es der Amtsschaffner von Erlach, Jakob Samuel Sigri, der das Sektenargument aufbrachte und die Streichung der Kultusfreiheit beantragte. Toleranz schien ihm klüger, und diese wollte er sogar für den jüdischen Kultus gelten lassen (2). Gegen ein Recht der Kultusfreiheit sprach auch Stämpfli von Schwanden (3) und Johann Rudolf Schaad von Wangen (4). Es wurde befürchtet, die Sekten, die sich bisher in Privathäusern versammelten, würden dies auch in Schulhäusern und Kirchen tun, wenn die Kultusfreiheit garantiert würde. Sie hätten bereits auf offener Straße gesungen und gefrömmelt. Dem Sektenwesen folge in der Regel der Ruin der Beteiligten. Es gewinne täglich an Umfang. Der Huttwiler Arzt Andreas Scheidegger wies auf die kirchlichen Wirren im Kanton Waadt hin und glaubte, daß das Sektenwesen Gemüts- und Geistesverwirrung bewirke und sogar staatsgefährlich sein könne. In England und Amerika trügen die Sektierer keine Waffen. Man müßte besorgen, daß ein ganzes Bataillon über Nacht zu den Neutäufern übergehe und die Waffen wegwerfe (5). Dreimal intervenierte der radikale Johann Karlen(6)

---

(1) Tagblatt 1846, Nr.84, Sitzung vom 2.Juli, S. 18.
(2) Tagblatt 1846, Nr.84, S. 7.
(3) Tagblatt 1846, Nr.84, S. 7.
(4) Tagblatt 1846, Nr.84, S. 9.
(5) Tagblatt 1846, Nr.84, S. 9 und 10.
(6) Tagblatt 1846, Nr.84, S. 12 f.

zugunsten der Aufhebung des zweiten Absatzes. Er warnte vor dem Fanatismus der "Stündeler", wollte lieber polizeiliche Belebung der Kirche und warnte davor, daß politische Wähler gerne den Mantel der Religion umhängen würden, sei er katholisch oder protestantisch. Wolle man die Kultusfreiheit nicht streichen, dann solle man auch die privilegierten Kirchen freigeben. Dann sei dem Grundsatz, der für Karlen nur Anarchie bedeutete, wenigstens volle Genüge getan (1). Dies war die einzige Anspielung auf Trennung von Staat und Kirche.

Die Schärfe des Angriffs gegen die Kultusfreiheit forderte radikale wie liberal-konservative Wortführer zur Verteidigung der religiösen Toleranz auf und festigte die Überzeugung, daß die bisherige Glaubensfreiheit, welche die Verfassung von 1831 gewährt hatte, keine genügende Garantie für die religiöse Freiheit war. Als erster widersprach der jurassische Katholik Xaver Elsässer (2). dem Antrag Sigris auf Streichung der Kultusfreiheit. Völlige Parität der anerkannten Kulte und Kultusfreiheit flossen für ihn aus demselben Begriff des konfessionell nicht mehr gebundenen Staates. Man müsse, sagte er, nicht die Inkonvenienz des Sektenwesens im Auge behalten, sondern das Prinzip, das dem Religionsartikel zugrunde liege. Er führte die französische Staatsverfassung an, die noch mehr Religions- und Gewissensfreiheit enthalte als dieser Artikel. Jede Religion sei dort ohne Unterschied gewährleistet. Der Patrizier Robert von Erlach widersprach Andreas Scheidegger, der die kirchlichen Wirren im Kanton Waadt dem Sektenwesen zugeschrieben hatte (3), und sah vielmehr in den waadtländischen Ereignissen einen Grund,

(1) Tagblatt 1846, Nr.84, Sitzung vom 2.Juli, S. 12,13,14.
(2) Tagblatt 1846, Nr.84, S. 9 f.
(3) Tagblatt 1846, Nr.84, S. 10.

jedem Glaubensbekenntnis Garantien zu geben (1). Er nahm die Täufer in Schutz, die sich stets durch ihre Rechtschaffenheit und gute Aufführung ausgezeichnet hätten. Der liberale Gerichtspräsident von Neuenstadt, Cyprian Revel, stimmte nicht nur dem Urteil von Erlachs über die jurassischen Täufer zu, er nahm auch die Neutäufer im Emmental, die er als sehr wenig gefährlich bezeichnete, in Schutz. Der freisinnige Pfarrer Albrecht Weyermann (2) trat wiederum für vollständige Religionsfreiheit ein. Die Furcht vor den Sekten sei unbegründet. Die Kultusfreiheit werde, meinte er, vielmehr einen wohltätigen Einfluß auf die reformierte Kirche ausüben, weil dadurch die Religionslehrer gezwungen würden, ihr Amt besser zu verwalten. Entrüstet über die intoleranten Reden jener, die vorgaben dem Fortschritt zu huldigen, erinnerte Weingart (3) die Demokraten an Rousseaus Lehre, daß der Mensch, der in die bürgerliche Gesellschaft eintrete, seine naturgegebene innere und äußere Freiheit nicht aufgebe. Darum wollte er auch den Juden und Täufern gestatten, ihre Religion auf ihre Weise auszuüben. Mißbrauch hebe das Recht auf Freiheit nicht auf, sonst müßte man auch die politische Freiheit abschaffen. Religionsmeinungen nur deshalb zu unterdrücken, weil sie sich in der Minderheit befinden, bezeichnete Weingart als eine Ungerechtigkeit, die Streichung der Kultusfreiheit als eine Schmach, weil sie der Intelligenz und der Toleranz zuwider sei.

Auch Jakob Stämpfli (4) griff - wie schon in der Verfassungskommission - beim Antrag auf Streichung der

---

(1) Tagblatt 1846, Nr.84, Sitzung vom 2.Juli, S. 10.
(2) Tagblatt 1846, Nr.84, S. 10 f.
(3) Tagblatt 1846, Nr.84, S. 13.
(4) Tagblatt 1846, Nr.84, S. 14.

Religionsfreiheit zu deren Gunsten in die erregte Debatte ein. Der in der Verfassung von 1831 ausgesprochene Grundsatz der Glaubensfreiheit habe auch Juden und Wiedertäufern gegolten. Bei der Kultusfreiheit im Entwurf sei einzig die Redaktion etwas bestimmter. Er wolle eine positive Garantie in der Verfassung, denn es solle weder die Staats- noch die Kirchengewalt darüber entscheiden, ob neben dem reformierten und katholischen Gottesdienst noch ein anderer Kultus bestehen dürfe. Der seltene Hinweis auf das Beispiel der Helvetik zeigt, wie wichtig ihm die Repression intoleranter Kirchenmacht war. Der Pfarrer von Guttannen, Alexander Hörning (1), der nach ihm das Wort ergriff, bewies, daß die Toleranz auch im Haslital vertreten war. Er wollte Freiheit für alle und nicht bloß für die Reformierten. Der Verfassungsrat würde nach Hörning eine schreiende Ungerechtigkeit begehen, wenn er die Kultusfreiheit streichen würde. Die Verdächtigung des Sektenwesens stammte nach Hörning aus einer Zeit, da die Glaubensfreiheit unterdrückt gewesen sei. Auswüchse dieser Freiheit wären nicht zu befürchten, weil Sittlichkeit und öffentliche Ordnung und das Gesetz vorbehalten seien. Die ungenaue Bestimmung von 1831 habe dem Fanatismus gedient. Er sah nicht ein, warum man politisch,aber nicht religiös liberal denken könnte, wo es doch bei der Religion um die geistige Vervollkommnung, die er als die Hauptbestimmung der Menschheit bezeichnete, gehe. Oberrichter August Belrichard (2) von Bern stützte sich auf Dekan Morel, der schon 1831 die Kultusfreiheit gefordert hatte, weil Glaubensfreiheit im engeren Sinn soviel wie keine Garantie sei. Er befürchtete, daß auch die Kultusfreiheit ähnlich gehandhabt werde, wenn man

---

(1) Tagblatt 1846, Nr.84, Sitzung vom 2.Juli, S. 14.
(2) Tagblatt 1846, S. 14 ff. Nr.84.

darin nur das Recht sehe zu glauben, was man für gut finde. Er gab seiner Befürchtung Ausdruck, daß es noch lange dauern werde,bis man Religionsfreiheit im ganzen Sinn des Wortes verstehen würde. Dabei erinnerte er an die bestehenden Matrimonialgesetze, die noch konfessioneller Art waren. Das Zivilgesetz betrachte den Übertritt zu einer anderen Religion als gültigen Scheidungsgrund. Wegen dem Glaubensbekenntnis habe man die Niederlassung beschränkt. Ungeachtet der Verträge mit Frankreich seien auch französische Bürger an der Niederlassung gehindert worden, weil sie nicht Christen waren. Die Art, wie man gegen Sektierer eingeschritten sei, bezeichnete Belrichard in manchen Beziehungen skandalöser als alles, was man ihnen im allgemeinen vorwerfe. Als Beispiel nannte er die Neutäufer, die sittlich und sozial empfehlenswerte Leute seien. Wenn unter Kultusfreiheit nur der Grundsatz von 1831 gemeint sei, würde Belrichard es um der Wahrhaftigkeit willen vorziehen, diesen Satz zu streichen. Emanuel Jaggi aus Bern (1) glaubte, aufgrund seiner Erfahrung als Oberrichter,ebenfalls tolerant gegen die Sekten sein zu können und vertrat die Ansicht, daß Kultusfreiheit ein Fortschritt gegenüber der Glaubensfreiheit und kein leeres Wort sei.

Regierungsrat R.R.Schneider (2) gab seiner Freude darüber Ausdruck, daß die reformierte Geistlichkeit des Kantons sich im großen und ganzen positiv zum Religionsartikel ausgesprochen habe. Er begrüßte die deutlichere Formulierung der neuen Verfassung. Die bisherige Auslegung der Glaubensfreiheit sei davon abhängig gewesen,

---

(1) Tagblatt 1846, Nr.84, Sitzung vom 2.Juli, S. 16.
(2) Tagblatt 1846, Nr.84, S. 16 f.

wer im Regierungsrat anwesend war. Der Erziehungsdirektor vertrat die Meinung, daß man entweder das Sektenwesen verbieten solle oder die Ausübung jedes Gottesdienstes freigeben. So wüßten die Behörden, was sie tun sollten. Zugunsten der Kultusfreiheit führte er an, daß in den letzten Jahren das Sektenwesen abgenommen habe, weil das Erziehungsdepartement sehr nachsichtig gewesen sei. Der Stimmungsumschwung bei einzelnen Verfassungsräten zeigt sich beim Votum des Gerichtspräsidenten von Saanen, Johann Jakob Romang (1), der in der Verfassungskommission bei beiden Lesungen vergeblich versucht hatte, den Wortlaut der Kultusfreiheit abzuschwächen. Nach Überlegung aller Gründe, die dafür und dagegen sprachen, erklärte er sich bereit, aus voller Überzeugung für vollständige Kultusfreiheit unter dem aufgestellten Vorbehalt der Staatsaufsicht zu stimmen. Auch Eduard Blösch (2), der bereits sein Einverständnis mit dem Sinn und Geist des Religionsparagraphen gegeben hatte, wenn er auch mit besseren Garantien für die reformierte Kirche rechnete, erklärte sein Einverständnis, jeden Gottesdienst unter dem Vorbehalt der Sittlichkeit und der öffentlichen Ordnung zu gewährleisten.

In seinem abschließenden Bericht über die Abänderungsvorschläge zum Religionsparagraphen zeigte sich erneut Ochsenbeins persönliche Einstellung zur Frage der religiösen Freiheit (3). Er gab über die Entstehung des Artikels Aufschluß. Dieser sollte der falschen Vorstellung wehren, als ob Glaubensfreiheit nicht auch äußeres Bekennen in sich schließe und zugleich dem Mißbrauch der religiösen Freiheit steuern. Den Streichungsantrag der Kultus-

---

(1) Tagblatt 1846, Nr.84, Sitzung vom 2.Juli, S. 17.

(2) Tagblatt 1846, Nr.84, S. 17.

(3) Tagblatt 1846, Nr.33, Sitzung vom 6.Mai, S. 20 f.

freiheit lehnte er mit den Argumenten ab, daß dadurch die Garantie gegen die Mißbräuche der Glaubensfreiheit dahinfallen und den bereits angenommenen Paragraphen über die freie Äußerung der Gedanken und die Vereins- und Versammlungsfreiheit widersprochen würde. Die letztere hatte nach Ochsenbein auch für religiöse Zwecke Gültigkeit. Wie mehrere Vorredner, äußerte Ochsenbein seine Überzeugung, daß Intoleranz und nicht Kultusfreiheit das Sektenwesen fördere. Jedem seinen Glauben zu lassen, bezeichnete er als das Prinzip der reformierten Religion. In seiner Stellungnahme zu den Abänderungsanträgen lehnte der Berichterstatter auch die Streichung der Bezeichnung "Landeskirche" ab, wobei er die Argumente von Blösch und Bandelier wiederholte, wonach die reformierte Kirche in ihrer Stellung zum Staat sowohl von den freien Kulten wie von der katholischen Kirche zu unterscheiden sei. In der Frage der Freiheit der Kirche nicht weniger als bei der individuellen religiösen Freiheit betonte Ochsenbein immer wieder auch die Forderungen der Staatssouveränität. Auf den Antrag der Trennung von Staat und Kirche, den Karlen für den Fall der Ablehnung, die Kultusfreiheit zu streichen, stellen wollte und den er dann zurückzog (1), ging Ochsenbein nicht ein. Er hatte die vollständige Trennung im Verfassungsrat mit dem Hinweis auf den Kanton Waadt zwar als im Kommen begriffen, ihre Verwirklichung jedoch als im Augenblick schädlich bezeichnet (2). Auch die Radikalen Berns mißtrauten den Kirchen aus ideologischen und politischen Gründen allzusehr. Nicht weniger entschieden lehnte der Berichterstatter es ab, die Verwaltung der reformierten Kirche nach Bandeliers Antrag einer in ihrer Konstitution unabhängigen Kirchenkommission

(1) Tagblatt 1846, Nr.84, Sitzung vom 2.Juli, S.20.
(2) Tagblatt 1846, Nr.33, Sitzung vom 6.Mai, S.21.

zu überlassen. Mit dem gleichen Recht könnten die Katholiken, so argumentierte Ochsenbein, dasselbe verlangen. Mit aller Kraft widersetzte er sich, weil auf diese Weise - so meinte er - drei Regierungen entstehen würden. Es war gleichzeitig eine klare Absage der Radikalen auf den Antrag des katholisch-konservativen Klerus auf konfessionelle Trennung nach sanktgallischem Muster. Dieser hat, obwohl sich jurassische Liberale und Klerikale sonst in der Verteidigung der jurassischen Sonderstellung einig waren (1), im Verfassungsrat keinen Verteidiger gefunden.

In der Abstimmung nach der ersten Lesung wies der Antrag auf Streichung der Kultusfreiheit, dem in der Verfassungskommission nur ein Neuntel der anwesenden Mitglieder zugestimmt hatte, im 139 köpfigen Verfassungsrat immerhin 20 Befürworter auf (2). In der abschließenden Abstimmung vom 9.Juli 1846, der eine kurze allgemeine Umfrage vorausging, waren es sogar 22, die für Streichung des zweiten Absatzes des Religionsparagraphen stimmten. Jakob Stämpfli aus Schwanden hatte erneut einen entsprechenden Antrag gestellt (3). Er war von Vogel, Gfeller, Straub und Gygax unterstützt worden(4). Trotz erneuten, scharfen Angriffen gegen die Sekten und Jesuiten blieb die Kultusfreiheit unverändert. Mit großem Mehr abgelehnt wurden auch alle anderen Abänderungsanträge zum Religionsparagraphen. Seine zwei ersten Absätze lauteten in der endgültigen Fassung folgendermaßen:

---

(1) R.Feller: Berns Verfassungskämpfe 1846, Bern 1948,S.227.
(2) Tagblatt 1846, Nr.84, Sitzung vom 2.Juli, S. 20.
(3) Tagblatt 1846, Nr.89, Sitzung vom 8.Juli, S. 11 f.
(4) Tagblatt 1846, Nr.89, S. 12, 16, 17, 18.

"Die Rechte der bestehenden evangelisch-reformitren Landeskirche, sowie der römisch-katholischen Kirche, in den zu ihnen sich bekennenden Gemeinden, sind gewährleistet. Die Ausübung jedes andern Gottesdienstes ist innerhalb der Schranken der Sittlichkeit und öffentlichen Ordnung gestattet. Das Nähere bestimmt das Gesetz"(1).

Die im endgültigen Entwurf des Verfassungsrats angenommene Kultusfreiheit kam nicht nur den eigentlichen Separatisten zugute, sondern auch den pietistischen Konventikeln, die sich innerhalb der reformierten Kirche gebildet hatten und die im Kanton Waadt gewaltsam unterdrückt wurden. Fortan konnten sich auch die aargauischen und mit Vorbehalt auch die französischen Israeliten nicht nur auf die Niederlassungs- und Gewerbefreiheit, welche die neue Verfassung gewährte, sondern auch für die Freiheit des Gottesdienstes auf das Grundrecht berufen (2). Es war ein bedeutender Schritt zur Emanzipation der Israeliten im Staatsrecht der Schweiz, wenn auch die Klausel der Reziprozität der Niederlassung Schranken setzte (3). Politische Bedeutung hatte die Kultusfreiheit, indem sie fortan eine bessere Integration des katholischen Bevölkerungsteils ermöglichte. Sie hob die Diskriminierung im Paritätsrecht, wie sie die Vereinigungsurkunde aufgrund der damals rechtlich herrschenden Stellung der reformierten Staatskirche festgehalten hatte, in bezug auf gottesdienstliche Handlungen teilweise auf. Katholischer Kultus

---

(1) Art.80 des endgültigen Entwurfs des Verfassungsrates, Tagblatt 1846, Nr.95, S.6.

(2) Am 16.Oktober 1848 konstituierten sich die Israeliten als Korporation. E.Messinger: Aus der Geschichte der Juden in der Stadt Bern, in: 750 Jahre Bern, Bern 1941, S.3. G.Tobler: Bern und die Juden, in: Berner Taschenbuch für das Jahr 1893/94, Bern 1894, S. 136 ff.

(3) Vgl.R.Feller: Berns Verfassungskämpfe 1846, Bern 1948, S.340.

war nicht mehr von einem Toleranzdekret abhängig. Eine völlige Rechtsparität der beiden anerkannten Kulte war jedoch auch jetzt noch nicht vorhanden, denn alle nicht reformierten öffentlichen Gottesdienste im alten Staatsgebiet konnten nur vereinsrechtlich organisiert werden. Als staatlich immer noch bevorzugte Landeskonfession behielt die reformierte Kirche, der neun Zehntel der Bevölkerung angehörten (1), weitgehend ihre traditionelle Stellung. Das erleichterte die Bejahung der Kultusfreiheit durch die große Mehrheit ihres Klerus, der damit gleichzeitig größere Selbständigkeit für die Landeskirche erhoffte. Es sollte sich bald zeigen, daß die neue radikale Regierung ebensowenig wie ihre Vorgängerin gewillt war, dem Klerus und der Kirche die völlige innere Unabhängigkeit zu gewähren.

Die neue Verfassung wurde am 31.Juli 1846 mit 34038 Ja gegen 1240 Nein angenommen (2). Damit hatte der Stand Bern als erster bewiesen, daß die verfassungsrechtliche Einführung allgemeiner Kultusfreiheit ohne Gefährdung einer sonst volkstümlichen Verfassungsreform möglich war. Das Beispiel des volks- und einflußreichsten Kantons konnte nicht unbeachtet bleiben. Es bot Ochsenbein, der 1847 Regierungspräsident und damit Bundespräsident wurde (3), die Möglichkeit, für ein allgemeines Bundesrecht der Kultusfreiheit einzutreten. Da die führenden Radikalen bei der bernischen Verfassungsrevision die Bundeserneuerung nicht aus dem Auge verloren, und Ochsenbein das höchste

---

(1) Die offizielle Statistik von 1850 lautet: 403768 Reformierte und 54045 Katholiken. G.Finsler: Kirchliche Statistik der reformirten Schweiz, Zürich 1856, S.1.

(2) R.Feller: Berns Verfassungskämpfe 1846, Bern 1948, S.385.

(3) E.Bonjour: Die Gründung des schweizerischen Bundesstaates, Basel 1948, S. 66.

Amt, das der Kanton und die Eidgenossenschaft zu vergeben hatten, schon 1846 anstrebte, ist nicht ausgeschlossen, daß dieses eidgenössische Ziel sein Eintreten für eine rechtspräzisere Formulierung der Religionsfreiheit mitbeeinflußt hat, denn was staatspolitische Klugheit zwecks größerer Vereinheitlichung des Kantons bejahte, konnte es nicht als Bundesrecht der erstrebten Einheit der Eidgenossenschaft dienen ?

G e n f

Genf ist der dritte Stand, der während der Regeneration die Kultusfreiheit zum Grundrecht erhob. Sie ist erstmals seit der Eingliederung des Kantons in die schweizerische Eidgenossenschaft in die Verfassung vom 24.Mai 1847 eingeführt worden, nachdem die Konstituante sie 1842 noch abgelehnt hatte. Für die Entwicklung vom historischen, territorial geschiedenen Paritätsrecht der staatlich anerkannten Kulte zur naturrechtlich bestimmten religiösen Freiheit für alle Bürger und Kulte bietet der Kanton Genf ein aufschlußreiches Beispiel. Dies nicht nur, weil es sich um den Ausgangsort des Calvinismus und der rousseauschen Lehre über die Volkssouveränität handelt, sondern auch weil hier die Einführung allgemeiner Kultusfreiheit auf ein verfassungsmäßiges, staatlich und international geschütztes Paritätsrecht stieß (1). Am Ende dieser Entwicklung steht die Trennung von Kirche und Staat (2), die sich in den vierziger Jahren anbahnte.

Dem durch die Restauration neugeschaffenen Staat Genf wurde ein komplexes konfessionelles Paritätsrecht

---

(1) P.Lanarès hat die Rechtslage Genfs als das interessanteste Beispiel bezeichnet, wie der Wiener Kongreß die religiöse Freiheit schützte: La liberté religieuse dans les conventions internationales et dans le droit public général, Ambilly-Annemasse, 1964, S. 115 ff.

(2) C.Chr.Burckhardt: Neuzeitliche Wandlungen des Verhältnisses zwischen Staat und Kirche in der Schweiz, in: Politisches Jahrbuch der Schweizerischen Eidgenossenschaft, 24.Jg., S. 68 ff.
E.-Ch.Binet: La Séparation de l'Eglise et de l'Etat, son application à Genève, Bellegarde 1921.
A.D.Ainsworth: The relations between Church and State in the city and canton of Geneva, Atlanta(USA) 1965.

in die Wiege gelegt. Laut Verfassung vom 25.August 1814 besaß Genf bis zur Revision von 1842 eine als "religion dominante" bezeichnete protestantische Staatsreligion. Ihre rechtlichen Prärogativen blieben jedoch infolge der nachträglich eingegliederten katholischen Gemeinden seit 1815 auf das alte Territorium beschränkt. Die internationalen Verträge zugunsten der katholischen Minderheit brachten dieser eine bessere Sicherheit der kirchlichen Freiheit als der protestantischen Mehrheit. Durch eine Verfassungsrevision konnte die Legislative staatskirchliche Bestimmungen über den reformierten Kultus ändern, nicht aber ohne internationale Komplikationen die Garantien der Wiener und Turiner Verträge zugunsten der katholischen Gemeinden aufheben.

Als Folge der Toleranz, der Annexion durch Frankreich sowie der wirtschaftlichen Entwicklung besaß die Stadt Calvins schon zu Beginn der Restauration eine wachsende katholische Minderheit. Ihre konfessionellen Rechte waren in der Staatsverfassung von 1814 ausdrücklich niedergelegt. Art.2 bestimmte: "Quoique la religion protestante soit dominante dans la république de Genève, il y aura dans Genève une église ou une chapelle destinée au culte catholique, où il sera célébré comme par le passé..." (1). Von der Approbation der Regierung hing u.a. die Wahl des Pfarrers ab. Gleichzeitig gab das Grundgesetz der protestantischen "Eglise nationale" durch die weitgehenden Attributionen der "Vénérable Compagnie des Pasteurs" und die Beibehaltung der "Société économique", die während der französischen Annexion den Kirchen- und Schulfonds sichergestellt hatte, innerhalb des Staates eine starke

---

(1) P.Usteri: Handbuch des Schweizerischen Staatsrechts, Bd.1, Aarau 1815, S. 390.

Position. Die im alten Territorium wohnenden katholischen Bürger waren politisch gleichberechtigt, aber konfessionell durch die rechtliche Einschränkung der kirchlichen Freiheit benachteiligt (1).

So stark das Verlangen der Altgenfer war, der Stadtrepublik den calvinistisch-protestantischen Charakter, der einst ihren Weltruhm begründet hatte, wenn auch in aufgeklärtem Geist, zu erhalten, so groß war auch der Wunsch nach Sicherung ihrer politischen Unabhängigkeit. Dies erforderte, nebst dem Anschluß an den eidgenössischen Staatenbund, auch die strategisch wichtige Abrundung seines Territoriums. Sie war jedoch nur durch die Einverleibung katholischer Gemeinden zu erreichen. Ehe es zu vertraglichen Vereinbarungen kam, gaben die Altgenfer in einem Anhang zur Verfassung von 1814, den "Lois éventuelles", den Katholiken religiöse Zusicherungen. An der Spitze stand die auf die neuen Gemeinden beschränkte Kultusfreiheit: "La Constitution garantit le maintien, le libre exercice et l'entretien du culte catholique aux Genevois du nouveau territoire" (2). Schon die nächsten Absätze des ersten Artikels aber rükken die kirchenrechtlichen Prärogativen des Staates in den Vordergrund. Von der katholischen Kirche in der Stadt Genf heißt es, sie bleibe unter der Aufsicht des Staatsrates erhalten, von den Ernennungen zu geistlichen Stellen, sie bedürften der Bestätigung durch den Staatsrat. Dieser sollte alles unternehmen, um die katholische Geistlichkeit einem schweizerischen Bischof zu unterstellen. Jeder Kirche war indessen ihr eigener Kirchenfonds zugesichert. Ferner wurde der Unterhalt des katholischen

---

(1) W.Martin: La situation du Catholicisme à Genève 1815-1907, Paris/Lausanne 1909, S. 15.

(2) P.Usteri: Handbuch des Schweizerischen Staatsrechts, Bd.1, Aarau 1815, S. 470.

Gottesdienstes als Sache des Staates erklärt. Gleichzeitig waren die Gesetzgeber darauf bedacht, die Rechte der Stadt gegenüber Ansprüchen der einzuverleibenden katholischen Gemeinden abzugrenzen. Das Vermögen der "Société économique" sollte vom Staatseigentum gesondert, die in der Stadt vorhandenen Einrichtungen der öffentlichen Wohlfahrt ausschließlich den Altgenfer Bürgern als Eigentum erhalten bleiben.

Die folgenden Artikel sind hauptsächlich der Vertretung der katholischen Gemeinden in den Räten und Behörden gewidmet. Auch hier verrät sich die Sorge der Altgenfer, dem Staatsganzen seinen vorwiegend protestantischen Charakter zu erhalten. Noch war der Umfang des neuen Territoriums nicht bekannt, doch die "Lois éventuelles" rechneten sogar mit einer Anzahl von Neugenfern, die unter Umständen derjenigen des alten Staatsgebiets gleichkam oder diese sogar übertraf. In diesem Fall durfte die Zahl der Vertreter jener Gemeinden im Repräsentantenrat nur ein Viertel betragen. Im übrigen aber sicherten die "Lois éventuelles" den Neugenfern gleiche politische Rechte und unparteiische Gerechtigkeit zu.

Da alle Restaurationsverfassungen der reformierten Kantone der überlegenen Bildung und dem Wohlstand der Städter Vorrechte einräumten, so mußte den katholischen Gemeinden eine politische und wirtschaftliche Zurücksetzung der Landschaft auch als konfessionelle Benachteiligung erscheinen. Daraus ergab sich von Anfang an ein religiös-politischer Dualismus, dessen Hauptexponent katholischerseits Abbé Vuarin war (1). Seiner regen Tätigkeit ist es hauptsächlich zuzuschreiben, daß die einverleibten sardinisch-savoyischen Gemeinden völkerrechtliche

---

(1) F.Martin u.F.Fleury: Histoire de M.Vuarin et du rétablissement du Catholicisme à Genève,Genf 1862,Bd.2,S.74 ff.

Zusicherungen erhielten, die über das ursprüngliche Angebot der Altgenfer hinausgingen.

Die katholische Reaktion, die zur schärferen Formulierung der konfessionellen Bestimmungen führte, fand in der Wiener Übereinkunft vom 29.März 1815 mit König Viktor Emanuel ihren Niederschlag. Der Vertrag erhielt durch die Aufnahme in das Wiener Protokoll die Zustimmung der Alliierten und damit eine völkerrechtliche Sanktion. Die Präambel des Artikels 3 schied deutlich das alte und neue Territorium nach konfessionellen Gesichtspunkten, indem sie den Ausdruck der Genfer Verfassung von der herrschenden Religion wiedergab: "Sa Maj. ne pouvant se résoudre à consentir qu'une partie de son territoire soit réunie à un état où la religion dominante est différente..." (1). Es folgt im ersten Paragraph die klare Bestätigung des Status quo: "La religion catholique sera maintenue et protégée de la même manière qu'elle l'est maintenant dans toutes les communes cédées par Sa Maj. le Roi de Sardaigne et qui seront réunies au Canton de Genève" (2). § 2 entzog die Diözesanregelung der Kompetenz des Genfer Staates. § 3 stipulierte, daß solange die Protestanten nicht so zahlreich wie die Katholiken seien, die Lehrer immer katholisch sein müßten. Der nachfolgende Satz ging vom Gedanken einer beschränkten Parität aus in bezug auf das Recht des freien Gottesdienstes für die religiöse Minderheit in beiden Territorien: "Il ne sera établi aucun temple protestant,

---

(1) Repertorium der Abschiede der eidg.Tagsatzungen aus den Jahren 1814 bis 1848, Bd.2, Bern 1876, S. 796. Wiedergabe auch bei U.Lampert: Kirche und Staat in der Schweiz, Bd.3, Freiburg/Leipzig 1939, S. 24.

(2) Repertorium, a.a.O., S. 796.

à l'exception de la ville de Carouge, qui pourra en avoir un" (1). Diese Begrenzung erfuhr jedoch eine Abschwächung zugunsten der Toleranz. Im § 4, der die Mehrheit der Gemeindeämter den katholischen Bürgern zusprach, solange ihre Zahl jene der Protestanten übertraf, hieß es zusätzlich: "On n'entend pas par cet article empêcher que des individus protestants habitans une commune catholique ne puissent pas, s'ils le jugent à propos, y avoir une chapelle particulière pour l'exercice de leur culte, établie à leur frais, et y avoir également à leur frais un maître d'école protestant" (2). Im übrigen übernahm die Vereinbarung die Bestimmungen der "Lois éventuelles". Im § 13 behielt sich der König von Sardinien das Recht vor, an die eidgenössische Tagsatzung zu rekurrieren.

Im Turiner Vertrag vom 16.März 1816 wurde die Zahl der überlassenen savoyischen Gemeinden auf 14 beschränkt, so daß der Zuwachs der katholischen Bevölkerung nur 16050 Seelen betrug (3). Den Bemühungen Vuarins und der Kurie zufolge enthielt der endgültige Vertrag neue kirchliche Garantien, deren Formulierung während Jahrzehnten immer wieder zu Interpretationsdifferenzen führte (4). Der umstrittene Passus, der dem Wiener Protokoll eine dehnbarere Auslegung gab, lautete: "Et attendu que le dit Protocole a arrêté, article 3, § 1, "que la Religion

---

(1) Repertorium der Abschiede der eidg.Tagsatzungen aus den Jahren 1814 bis 1848, Bd.2, Bern 1876, S. 796.

(2) Repertorium, a.a.O., S. 797.

(3) C.Gareis u.Ph.Zorn: Staat und Kirche in der Schweiz, Bd.1, Zürich 1877, S. 645. Für 1837/38 gibt St.Franscini bereits 22000 katholische gegenüber 36666 protestantischen Bewohnern an. Neue Statistik der Schweiz, Nachtrag, Bern 1851, S. 331.

(4) W.Martin: La Situation du Catholisme à Genève 1815-1907, Paris/Lausanne 1909, S. 28 ff.

Catholique sera maintenue et protégée de la même manière qu'elle l'est maintenant dans toutes les communes cédées par S.M.le Roi de Sardaigne, et qui seront réunies au canton de Genève", il est convenu que les lois et usages en vigueur au 29 Mars 1815, relativement à la Religion Catholique dans tout le territoire cédé, seront maintenus, sauf qu'il en soit règlé autrement par l'autorité du St.Siège" (1). Die Präzisierung, daß sich der Status quo nicht nur auf die Gesetze, sondern auch auf die Sitten des katholischen Savoyen bezog und die Hervorhebung der kirchlichen Souveränität Roms, enthielt für einen paritätischen Staat mit überwiegend reformiertem Charakter ernsthafte Konfliktmöglichkeiten.

Eine freiere kirchenrechtliche Entwicklung ließ der Pariser Vertrag vom 20.November 1815 für die fünf ehemals französischen Gemeinden des Pays de Gex zu, die ebenfalls dem Kanton Genf angegliedert wurden. Da dieser internationale Vertrag keine Religionsbestimmungen enthält (2), galten für jene Gemeinden die "Lois éventuelles" der Verfassung von 1814 (3), während sie für die ehemals savoyischen Gebiete nur insofern Gültigkeit hatten, als sie nicht durch die Verträge von Wien und Turin außer Kraft gesetzt wurden. So konnte zum Beispiel das freiere Matrimonialrecht des napoleonischen Konkordats von 1801 bei den Bürgern jener Gemeinden Anwendung finden, nicht aber in dem ehemals savoyischen Territorium.

---

(1) Repertorium der Abschiede der eidg.Tagsatzungen aus den Jahren 1814 bis 1848, Bd.2,* S. 826 f. Wiedergabe auch bei U.Lampert: Kirche und Staat in der Schweiz, Bd.3, Freiburg/Leipzig 1939, S. 29. *Bern 1876,

(2) Repertorium, a.a.O. S. 816.

(3) Die Erklärung des Staatsrates vom 9.10.1816 ging sogar weiter als die "Lois éventuels", die nur vom "libre exercice" sprachen, da sie "la liberté pleine et entière du culte" garantierten.

Die herrschende Stellung zweier rivalisierender Kirchen, der reformierten im alten und der katholischen im neuen Territorium, die durch die Privilegien des Klerus unterstrichen war, mußte - trotz ausreichender Sicherung der staatskirchlichen Minderheit und trotz zunehmender Vermischung der Bevölkerung - die Integration der zwei offiziellen Konfessionen im neuen paritätischen Kanton erschwerden. In Genf konnte das römisch-katholische Kirchenrecht und das reformierte Staatskirchenrecht unversöhnlicher aufeinanderstoßen als in den neuen paritätischen Kantonen Thurgau und Aargau, wo zu Beginn der Restauration der josefinisch-wessenbergsche Einfluß vorherrschte. Das Genfer Staatsrecht sah keine konfessionelle Trennung vor wie in St.Gallen, wo der Große Rat für kirchliche Materien gesondert tagte. Nur der Umsicht der Regierung ist es zu verdanken, daß konfessionelle Konflikte während der Restauration und der Regeneration keine Staatskrise bewirkten. Sie setzte den Bestrebungen des militanten Pfarrers Vuarin, der sich um die Wiedererrichtung eines eigenen Genfer Bistums bemühte, Grenzen. Da sich die Pläne für ein gesamtschweizerisches Bistum zerschlugen, willigte der Kanton Genf seiner Eingliederung in die neu geschaffene Diözese Lausanne-Genf ein (1). Ebenso distanzierte er sich unter der Leitung des liberal-konservativen J.J.Rigaud von der Konfessionalisierung der Staatspolitik, wie sie von altgenferisch-patriotischer Seite seit der 300-jährigen Reformationsfeier vom Jahr 1835 (2) gefördert wurde.

---

(1) W.Martin: La Situation du Catholicisme à Genève 1815-1907, Paris/Lausanne 1909, S. 40 f.

(2) Die Regierung nahm aus Rücksicht auf die katholische Bevölkerung offiziell nicht an der Reformationsfeier teil. P.E.Martin: De la Restauration à la Régénération, in: Centenaire de la Constitution de la République et Canton de Genève, Genf 1947, S. 21.

Die tolerante Haltung des Staatsrates kam dem religiösen Réveil zugute, der in Genf zur Entstehung der ersten dissidenten Gemeinden führte (1). Mit der Aufhebung der Verpflichtung auf die helvetische Konfession (1725) und des Katechismus Calvins (1788)(2), hatte in der Genfer Kirche eine gegenüber der überlieferten Lehre freiere, vernunftbetonte Theologie die Herrschaft erlangt. Dies führte zu Beginn der Restauration mit ihrem vermehrten Interesse für die Religion zu ernsten Auseinandersetzungen mit pietistisch-bibelgläubigen Kreisen, die durch den Besuch der Baronin von Krüdener und der Schotten Robert Haldane und Henry Drumond religiös angeregt wurden. Der Streit über die Rechtgläubigkeit, der unter den Theologen begann, erschien dem exklusiven Staatskirchentum eine Gefahr für seine durch den katholischen Landesteil ohnehin in Frage gestellte Position. Als die "Compagnie des Pasteurs" durch ihr Reglement vom 3.Mai 1817 (3) den Pfarrern und Theologiestudenten das Versprechen abnahm, nicht über die Art der göttlich-menschlichen Natur Christi, über die Erbsünde und die Art, wie die Gnade wirke, auch nicht über die Prädestination zu predigen, widersetzte sich Henry Louis Empeytaz, worauf ihm die Ordination verweigert wurde. Im Herbst 1817 schuf er eine dissidente Gemeinde, die nach ihrem Versammlungsort "Eglise du Bourg-de-Four" genannt wurde (4). Auch César Malan wurde die Kanzel verweigert; ohne sich vorerst - wie Empeytaz - formell von der offiziellen Kirche zu

---

(1) H.von der Goltz: Die reformierte Kirche Genf's im neuenzehnten Jahrhundert, Basel u.Genf 1862, S.203 f.

(2) G.Finsler: Kirchliche Statistik der reformirten Schweiz, Zürich 1856, S. 557.

(3) G.Finsler: a.a.O., S. 558 f.

(4) A.Bost: Défense de ceux des fidèles de Genève qui se sont constitués en Eglise indépendante contre les sectaires de cette ville, Genf 1825.

trennen, gründete er die "Eglise du Témoignage". Von Genf griff die Bewegung auf die Kantone Waadt und Neuenburg über.

Während in dieser ersten Phase des Réveil nebst einigen jungen Geistlichen hauptsächlich die weniger gebildeten Schichten des Volkes angesprochen wurden, erhielt die religiöse Bewegung unter der Mitwirkung angesehener Theologen, wie Louis Gaussen, Merle d'Aubigné und A.J.L.Galland, die zu Beginn der 30er Jahre ebenfalls der kirchlichen Funktion enthoben wurden, vermehrten Eingang in einflußreiche altgenferische Familien. Es kam zur Gründung der "Société évangélique" im Januar 1831, die auch mehrere Großräte zu ihren Gründern zählte. Durch den Bau des "Oratoire" verschaffte sich die Evangelische Gesellschaft, die sich offiziell nicht von der "Eglise nationale" trennte, eine Privatkapelle mit 1000 Sitzen. Seit 1831 bildete sie in einer freien theologischen Schule, die von Merle d'Aubigné geleitet wurde (1), im antirationalistischen Sinn Geistliche aus. Im Unterschied zum Kanton Waadt fand die den Réveil ablehnende Genfer Geistlichkeit die Unterstützung des Staates zur gewaltsamen Unterdrückung des Pietismus nicht. Es kam auch nicht zu fortdauernden Ausschreitungen des Pöbels wie im Nachbarkanton. Volk und Behörden gewöhnten sich allmählich an die Dissidenz in ihren verschiedenartigen Formen. Die Konventikel waren geduldet, ihre Kapellen wurden nicht geschlossen. Aus diesen vom Calvinismus und Methodismus geprägten Kreisen, für die allgemeine Glaubens- und Kultusfreiheit eine Gewissenssache war, drang der Anspruch auf religiöse Freiheit und auf prinzipielle

---

(1) J.Winkler: Der Kirchenhistoriker Jean Henri Merle d'Aubigné, Zürich 1968, S. 50 ff.

Trennung von Kirche und Staat, von Alexander Vinets Schrifttum angeregt, in die Öffentlichkeit und in die Verfassungsverhandlungen von 1842 und 1847.

Die Verfassungsrevision von 1841/42

Den politischen Anstoß zur Regeneration des Staatsrechts gab die demokratische Revolution vom 22. November 1841 (1). Sie stellte das Problem des Verhältnisses von Staat und Kirche neu in Verbindung zur Volkssouveränität, dem politischen Grundmotiv des Umsturzes. Unter dem Druck der Straße, mit der der radikale Stadtgenfer James Fazy die Macht zu ergreifen hoffte, beschloß die Legislative, die bereits die Abschaffung des unpopulären Wahlzensus beschlossen hatte, die Einberufung einer Konstituante. Die Erwartung einer demokratischen Verfassung, in der nicht mehr Bildung und Wohlstand den Ausschlag geben sollten, sondern auch die ärmere katholische Bevölkerung der Landschaft politische Gleichberechtigung erhalten würde, mußte infolge der engen Verbindung von Staat und Kirche mit den Prärogativen der Städter auch die bisherige rechtlich herrschende Stellung der "Eglise nationale" in Frage stellen. Zwar wählte mancher Katholik in Ermangelung eines geeigneten Kandidaten seiner Konfession einen reformierten Repräsentanten (2). Doch auch die Zahl der gewählten radikalen Verfassungsräte erfüllte die Hoffnung der Revolutionspartei nicht. Dennoch sahen die militanten Protestanten die Gefahr einer Majorisierung

---

(1) W.A.Rappard: L'Avènement de la démocratie moderne à Genève, Genf 1942, S. 289 ff.

(2) Über die konfessionellen Wahlverhältnisse orientierte der bisherige katholische Staatsrat Francois Monin am 5.1.1842. Procès Verbaux des Séances de l'Assemblée Constituante commencées le 17 Décembre 1841, S.208 f, Genfer Staatsarchiv.

herannahen für den Fall, daß der konfessionell indifferente Radikalismus die Stimmen der Katholiken gewinnen sollte. Beiden war die Abneigung gegen die städtische Vorherrschaft und die "Compagnie des Pasteurs" eigen. Politisch weniger engagiert war die Dissidenz, zudem war sie antikatholisch eingestellt, doch auch sie neigte mehr den demokratischen Ideen zu und lehnte die Klerokratie ab. Tatsächlich zeigte sich schon 1841/42 die Absicht der freisinnigen Radikalen, sowohl strenggläubige Katholiken als auch Methodisten für ihre politisch und sozial revolutionären Ziele zu gewinnen.

Die Flut von Artikeln, Pamphleten und Petitionen, welche die Verfassungsrevision begleitete, war das Resultat einer gezielten reformiert-politischen Reaktion, die dann auch eine Abschwächung der radikal-demokratischen Reformbestrebungen zur Folge hatte. Eine Volkseingabe vom 14.Februar 1842 (1) mit 3096 Unterschriften aus Stadt und Land nahm Bezug auf die zu erwartende große Anzahl katholischer Bürger, welche die neue politische Ordnung in die Räte bringen werde und wünschte, daß dieselben Garantien, die im Wiener Protokoll und im Turiner Vertrag den Katholiken gegeben wurden, auch für den reformierten Kultus Gültigkeit haben sollten. Sie verlangte an erster Stelle, daß außer der bestehenden Kirche in der Stadt Genf kein zweites katholisches Gotteshaus im alten Territorium gestattet werde, solange die Zahl der Katholiken nicht jene der Protestanten erreiche. Intoleranter war der Wunsch von 52 Bürgern der Gemeinde Céligny,

---

(1) Demande pour le culte protestant de garanties semblables à celles accordées au culte catholique par le traité de Turin. Pétitions à la Constituante de 1842, Nr.12 u.27, Genfer Staatsarchiv. Der Text ist teilweise abgedruckt im "Mémorial des séances de l'Assemblée Constituante Genevoise, Bd.1,Genf 1842, S. 514, 570.

wonach überhaupt nie eine zweite katholische Kirche im alten Staatsgebiet errichtet werden dürfe. Auch wollten sie nicht auf die Vorrechte einer "Eglise dominante" verzichten (1). 846 Mitglieder der "Eglise nationale" begnügten sich, für den reformierten Kultus die bisherigen Prärogativen der "religion dominante" zu verlangen (2). Da Katholiken den Wunsch nach einer zweiten Kirche in der Stadt Genf geäußert hatten, wurde im Mai durch eine zweite Massenpetition mit 1638 Unterschriften (3) ein erneuter Druck auf die Konstituante ausgeübt. Die neue Verfassung sollte im alten Territorium nur das bisherige Gotteshaus in der Stadt Genf zulassen.

Zwei Petitionen enthielten, angesichts der politischen Neuordnung, den Wunsch nach größerer Selbständigkeit für die reformierte Kirche. Diejenige vom 11.Februar 1842 mit 16 Unterschriften (4) wünschte, daß sich die Souveränität des Staates gegenüber der reformierten Kirche nicht stärker auswirke als gegenüber der katholischen. Sie sollte in Fragen der Lehre, der Disziplin und des Gottesdienstes nicht vom Staat abhängen. Die innere Organisation und Administration sei vielmehr einer Synode anzuvertrauen. Der Kirche sollten ferner aus dem Besitz der "Société économique" alle Gebäude für kirchliche Zwecke und ein Fonds zu deren Unterhalt überlassen werden. Die zweite Eingabe mit 17 Unterschriften vom 12.Februar 1842 (5) lehnte

---

(1) Mémorial des séances de l'Assemblée Constituante Genevoise, Bd.1, Genf 1842, S. 570 ff.

(2) Pétitions à la Constituante de 1842, Nr.13, Genfer Staatsarchiv.

(3) Pétitions...,a.a.O., Nr. 27, Genfer Staatsarchiv, abgedruckt im Mémorial, a.a.O., Bd.3, S.2086 f, s.auch S. 2045.

(4) Pétitions..., a.a.O., Nr.10, Genfer Staatsarchiv, Mémorial, a.a.O., Bd.1, S. 488 ff.

(5) Pétitions..., a.a.O., Nr.11, Genfer Staatsarchiv.

ebenfalls die Kompetenz des gemischtkonfessionellen Verfassungsrats ab, die Staatskirche zu organisieren, wünschte ebensoviel Freiheit vom staatlichen Einfluß wie die katholische Kirche und legte besonderen Wert auf die Demokratisierung der Kirche mittels einer Synode, die durch die Mitglieder der reformierten Kirche zu wählen sei. Den Petenten schwebte eine Volkskirche vor, die keine Macht über das Gewissen habe und der nur diejenigen angehören sollten, die es wünschten.

Radikaler empfahl der mit Vinet befreundete Pfarrer in Morges, Louis Burnier, in seinen anonymen "Lettres d'un Américain" (1) dem Verfassungsrat die vollständige Emanzipation der Kirche. Er gab seiner Überzeugung Ausdruck, daß die Konstituante nicht umhin könne, die religiöse Freiheit anzuerkennen. Dabei empfahl er nach dem amerikanischen Prinzip oder System - wie er es nannte - die völlige Trennung der weltlichen und geistlichen Institutionen. Er glaubte, daß Genf dafür besonders reif sei und motivierte dies mit der bereits vorhandenen bürgerlichen Trauung, mit der Existenz der Freikirchen, die vom Staat weder Anerkennung noch Unterstützung wünschten, mit der Abneigung des Staatsrates und der Inkompetenz des gemischtkonfessionellen Verfassungsrates über Religiöses und Kirchliches zu entscheiden. Einen Vorteil sah er auch darin, daß Genf - wie sonst niemand - mit dem Vorbild in den Vereinigten Staaten vertraut sei. "La question de l'indépendance réciproque de l'Etat et de l'Eglise", führte Burnier aus, "est à mes yeux une question non pas genevoise, mais européenne; une des questions principales dont la solution me paraît réservée au 19e siècle" (2).

---

(1) Der erste Brief datierte vom 28.November 1841, der letzte vom 2.Februar 1842.

(2) L.Burnier: Lettre d'un Américain vom 28.12.1841.

Weniger polemisch und sichtbar an das calvinistische Erbe anknüpfend, begründeten zwei andere im Dezember 1841 und im Januar 1842 ebenfalls anonym erschienene Schriften die Trennung von Staat und Kirche und zugleich die Notwendigkeit einer selbständigen Reorganisation der Kirche Calvins. Sie tragen die Überschrift "Liberté des cultes". Ihr Urheber war der Leiter der freien theologischen Schule der evangelischen Gesellschaft in Genf, Jean Henri Merle d'Aubigné, der seit 1835 eine umfangreiche Reformationsgeschichte veröffentlichte. Mit Alexander Vinets Theorie vertraut - er kündigte in seiner ersten Schrift (1) das baldige Erscheinen von Vinets zweiter preisgekrönter Arbeit über die Trennung von Kirche und Staat an (2) - setzte er jedoch der individualistischen Ableitung die historisch-ekklesiologische voran. Nach einer Einleitung, in der der Autor auf die Gefahren hinwies, die sich aus den Verträgen, der Vermischung der Konfessionen, der Zunahme der Bevölkerung, aus der Revolution und dem religiösen Indifferentismus für Genfs Existenz und ruhmvolle Sendung als Stätte der Reformation und der Freiheit ergeben würden, folgt ein Verfassungsvorschlag. Der erste Artikel formuliert die unbegrenzte Kultusfreiheit nach französischem Vorbild: "Chacun professe son culte avec une entière liberté et reçoit dans l'exercice de sa religion une égale protection" (3). Die beiden folgenden Artikel sehen die

---

(1) J.H.Merle d'Aubigné: Liberté des Cultes. Pétition à l'assemblée constituante de la République de Genève, Genf 1842.

(2) A.Vinet: Essai sur la manifestation des convictions religieuses et sur la séparation de l'église et de l'état, envisagée comme conséquence nécessaire et comme garantie du principe. Paris 1842. Vinet erwähnte darin auch die Schriften von Burnier und Merle d'Aubigné. Über Merle d'Aubigné und Vinet s.J.Winkler: Der Kirchenhistoriker Jean Henri Merle d'Aubigné, Zürich 1968, S.66ff.

(3) Der Vorschlag stimmt beinah wörtlich mit Art.5 der französischen Verfassung überein.Vgl.Z.Giacometti: Quellen zur Geschichte der Trennung von Staat und Kirche, Tübingen 1926, S.65.

Anerkennung freier Gemeinschaften und die polizeiliche Aufsicht über alle Kulte vor. Artikel 4 bestätigt die Protokolle von Wien und den Wiener Vertrag zugunsten der katholischen Kirche. Vier Übergangsbestimmungen gelten der Ausarbeitung einer Kirchenverfassung durch eine gemischte Synode, wobei die Zahl der Laien überwiegen sollte. In drei Abschnitten folgt eine ausführliche historische und aktuelle Begründung des Trennungsvorschlags. Grundgedanke ist die Unvereinbarkeit der weltlichen und geistlichen Macht. Das Interesse an der Freiheit der Kirche wie des Staates fordere gegenseitige Unabhängigkeit. Dabei sollte Sonderung nicht Opposition bedeuten. Trennung war nach dem Schrift- und Geschichtsverständnis des Autors das Urchristliche, das Normale. Nach der religiösen Emanzipation der Kirche durch die Reformation müsse als zweiter Schritt, nach dem Beispiel der Vereinigten Staaten, die politische vollzogen werden. Die erste Schrift, die an die Verfassungsräte gerichtet war, schloß mit dem Appell, den Grundsatz der freien Kirche im freien Staat, wie er vor Cavour das Prinzip der Trennung nannte, im Interesse des Friedens, der Gewissensfreiheit und der Prosperität der politischen Institutionen zu verwirklichen. In der zweiten, ebenfalls unter dem Titel "Liberté des cultes" erschienenen Schrift (1), die ausschließlich an die reformierten Genfer gerichtet war, erläuterte Merle d'Aubigné die Gründe, weshalb und wie die "Eglise-Etat" oder "Eglise-Clergé" in eine "Eglise-Peuple" umgewandelt werden solle, ein Ziel, das die Radikalen aufgriffen und das sie - im Gegensatz zur Absicht des Autors - mit politischen Mitteln zu verwirklichen suchten.

---

(1) J.H.Merle d'Aubigné: Liberté des cultes. Adresse aux Genevois sur la constitution de l'Eglise et les droits de ses membres. Genf 1842.

Diese dissidentenfreundlichen Stimmen blieben nicht ohne Wirkung auf die Verfassungsverhandlungen (1). Doch mächtiger regten sich die traditionsbewußten Gegenstimmen, wie die Massenpetitionen zugunsten der "religion dominante" zeigen. Die "Compagnie des Pasteurs" und die Akademie waren kräftige Stützen des staatskirchlichen Regimes. In einem öffentlichen Brief warnte der frühere Moderator Jacques Denis Choisy vor Petitionen und Entwürfen, die den Staat von den protestantischen Interessen trennen wollten, die Auflösung kirchlicher Institutionen bezweckten und dem Methodismus und dem Katholizismus neue Erfolge verschaffen würden. In einem Schreiben vom 29.April verlangte Tobie "que la Constitution se borne à maintenir les catholiques dans tous les droits que leur assurent les traités..." (2).

Das ausführliche Protokoll der Verfassungskommission (3), die vom 17.Januar bis zum 18.März 1842 tagte, zeigt, wie schwer ihr die Lösung der kirchlichen Fragen fiel. Obwohl die Radikalen in Minderheit waren, äußerte sich die Mehrheit der Mitglieder zugunsten der Einführung der Volkssouveränität, die dann auch an die Spitze der Verfassung gestellt wurde. In den Fragen des Kultus, die eine ganze Woche in Anspruch nahmen, neigte sie jedoch unter dem Einfluß der Petitionen immer mehr dem Status quo zu und machte damit auch Konzessionen an eine demokratische Reform der Kirche teilweise wieder rückgängig. Von einer Trennung von Staat und Kirche ist im Protokoll zwar die Rede, doch die Mehrheit beherzigte die Mahnung

---

(1) Vgl.Mémorial des séances de l'Assemblée Constituante Genevoise, Bd.2, Genf 1842, S.1507, 1553.

(2) Pétitions à la Constituante de 1842, Nr.24, Genfer Staatsarchiv.

(3) Procès verbaux de la Commission nommée par l'Assemblée Constituante le 15 Janvier 1842, Genfer Staatsarchiv.

des einflußreichen konservativen Rechtsgelehrten A.E. Cherbuliez, man solle die politische Revolution nicht durch eine religiöse komplizieren (1). Der unwidersprochene Wille, die Verträge, die dem Staat den Unterhalt der katholischen Kirche zur Pflicht machten, zu respektieren, und die Furcht vor der Dissidenz lieferten die Hauptargumente gegen die Trennung der Kirche vom Staat. Selbst die Aussicht, dadurch das Kirchenvermögen der "Société économique" den Absichten der Radikalen, die ihre Auflösung beantragten, zu entziehen, lockte die an der Idee des reformierten Staates festhaltenden Konservativen nicht.

Der religiös-politischen Reaktion fiel in der Kommission die Aufnahme eines Grundrechts allgemeiner religiöser Freiheit zum Opfer. Schon in der ersten Sitzung, am 17.Januar, hatte Oberst F.J.L.Rilliet-Constant anläßlich der Beratung über die Individualrechts den Text vorgeschlagen: "La liberté des cultes est garantie"(2). Die Diskussion wurde bezeichnenderweise auf den Zeitpunkt verschoben, an dem die kirchlichen Angelegenheiten behandelt würden. Zu verschiedenen Malen wiederholte Rilliet-Constant den Antrag, dafür bald den Ausdruck "liberté religieuse", bald "liberté des cultes" gebrauchend, wodurch der umfassende Sinn klar wird, den er der Religionsfreiheit gab. Als am 15.Februar ein erster Entwurf über die kirchlichen Artikel von der Unterkommission vorgelegt wurde, fehlte ein Grundrecht über die Kultusfreiheit. Die einzige Konzession an die Toleranz war ein Zusatz zum Artikel über die Anerkennung des protestantischen und des

(1) Procès verbaux de la Commission nommée par l'Assemblée Constituante le 15 Janvier 1842, S.85 f,Genfer Staatsarchiv.

(2) Procès verbaux.., a.a.O., S. 8.

katholischen Kultus, aufgrund einer Anregung des konservativen A.A.de la Rive: "Le Conseil pourra reconnaître le fait de l'existence d'autres cultes, mais ils n'auront droit à aucune subvention" (1). Die Toleranz wurde damit begründet, daß der Staatsrat bereits den lutherischen und den anglikanischen Kultus anerkannt habe und daß andere Kirchen eine staatliche Anerkennung als nützlich erachten könnten. Ohne den Zusatz - so hieß es - entstehe der Eindruck, man wolle alle Kulte außer den katholischen und den protestantischen ausschließen, was nicht die Absicht der Verfassungsräte sei (2). Weder diese Toleranz noch ein dritter Vorstoß von Rilliet-Constant, diesmal von seinem gemäßigt liberalen Schwager, dem Gerichtspräsidenten E.P.P.Rigaud-Constant, unterstützt, fanden die Zustimmung der Kommissionsmehrheit.

Der von Pierre Odier am 26.Februar vorgelegte bereinigte Text brachte nur Garantien für die staatsrechtlich anerkannten Kulte. Er enthielt für die katholische Kirche bereits die Bestimmung, wie sie endgültig von der Kommission und später vom Verfassungsrat angenommen wurden. Nicht von ungefähr tauchte nun auch wieder der in den Volkseingaben gewünschte Ausdruck der "religion dominante" auf, und zwar im Zusammenhang mit dem im Artikel 2 der Verfassung von 1814 vorhandenen Passus. Infolge der Verträge wurde nun allerdings die protestantische Vorherrschaft ausdrücklich auf das alte Territorium beschränkt. Artikel 92 des Kommissionalentwurfs beginnt folgendermaßen: "Quoique la religion protestante soit dominante dans le territoire de l'ancienne République de Genève, il y aura dans la ville de Genève une Eglise destinée au

---

(1) Procès verbaux de la Commission nommée par l'Assemblée Constituante le 15 Janvier 1842, S.135, Genfer Staatsarchiv.

(2) Procès verbaux..., a.a.O., S. 191.

culte catholique, où il sera célébré comme par le passé." (1). Das Gegenstück bildet die Zusicherung des Artikels 95: "Il n'est aucunement dérogé par les articles précédents aux dispositions du Protocole du Congrès de Vienne du 29 mars 1815, et du Traité de Turin du 16 mars 1816, lesquels restent en vigueur dans toute leur intégrité..." (2). Den Reformierten war somit der freie Gottesdienst in der Kapelle in Carouge ebenso zugesichert wie den Katholiken in der Stadt Genf. Zum ersten Mal aber wurde die bisherige Parität mit den territorial begrenzten kirchlichen Vorrechten direkt und vollständig in die Verfassung aufgenommen. Der gleichen Tendenz, nichtüber den religionsrechtlichen Status quo hinauszugehen, entsprach es, daß zwei Anträge vom 5. und 7. März auf Religionsfreiheit unberücksichtigt blieben. Es war Rilliet-Constant, der erneut versuchte, einen entsprechenden Artikel unter den Individualrechten unterzubringen (3). Der liberale Rigaud-Constant beantragte einen solchen bei den staatskirchenrechtlichen Verhandlungen (4). Das Haupt der Revolutionspartei, James Fazy, der an sechster Stelle seines Revisionsprogramms von sieben Punkten die Kultusfreiheit angeführt hatte (5), schätzte die Bedeutung der Ablehnung der Kultusfreiheit richtig ein, wenn er von ihr sagte: "... on se refuse à une déclaration générale qui pose un jalon à l'avenir, qui pour le moment consacre le principe, protège les cultes

---

(1) Mémorial des séances de l'Assemblée Constituante Genevoise, Bd.1, Genf 1842, S. 676.

(2) Mémorial..., a.a.O., S. 677.

(3) Procès verbaux de la Commission nommée par l'Assemblée Constituante le 15 Janvier 1842, S. 194.

(4) Procès verbaux..., a.a.O., S. 230.

(5) H. Fazy: Les constitutions de la République de Genève, Genf/Basel 1890, S. 251 f.

dissidents, et pourrait nous servir plus tard comme point de départ pour amener les deux cultes reconnus à une position plus conforme à ce principe". Namentlich die konservativen Reformierten der Stadt Genf widersetzten sich energisch einer säkularisierten Staatsentwicklung, die ihren historischen Vorrechten keine Rechnung trug. Dabei ging es ebensosehr um weltliche wie um kirchliche Lokalinteressen.

Als die konservative Petitionsbewegung ihren Höhepunkt erreichte, stießen im Verfassungsrat die konfessionellen und politischen Differenzen leidenschaftlich aufeinander. Schon aus dem Kommissionsbericht, den E.P.P. Rigaud-Constant vorlegte (1), ist die Verlegenheit ersichtlich, den staatsrechtlichen Status quo des Entwurfs und den Grundsatz territorialer Sonderung mit den naturrechtlichen Forderungen des demokratischen Staatsrechts in Einklang zu bringen. Zum Vorschlag, die Verbindung von Staat und Kirche aufzulösen, äußerte der Berichterstatter, dieser habe wenig Unterstützung gefunden, weil die Trennung nicht erwünscht und die Verträge einer solchen Lösung entgegen seien. Mit denselben Verträgen begründete er zugleich die Notwendigkeit, die Leitung der protestantischen Landeskirche einer rein protestantischen Körperschaft, dem Konsistorium, anzuvertrauen und die Unmöglichkeit, dem reformierten Kultus dieselben Garantien zu geben wie der katholischen Kirche, weil dies der staatlichen Einheit abträglich wäre. Auch der Verfassungsrat ging nicht auf die vollständige Trennung der Kirche vom Staat ein. Abgelehnt wurde ebenso die vom Sprecher der gemäßigten Katholiken, Vizegerichtspräsident J.P.M. Lafontaine (2) und vom altliberalen Anführer des alt-

---

(1) Rapport de la Commission chargée de préparer un Projet de Constitution par M.Rigaud-Constant, rapporteur, Genf 1842.

(2) Mémorial des séances de l'Assemblée Constituante Genevoise, Bd.2, Genf 1842, S. 1480 f, 1521. Lafontaine

genferischen Protestantismus, Marc-Antoine Fazy-Pasteur (1) in unterschiedlichem Ausmaß gewünschte konfessionelle Trennung der Räte. J.E.Brochet-Viret und E.A.Cherbuliez wiesen, wohl in Erinnerung an die aargauischen Verfassungswirren von 1840/41, auf die Gefahr einer politischen Trennung hin (2). Die Konstituante bejahte die Kompetenz der gemischtkonfessionellen Legislative, über die Reorganisation der"Eglise nationale" Beschluß zu fassen. Sie vollzog aber de facto die teilweise konfessionelle Trennung, indem die katholischen Räte bei den diesbezüglichen Beratungen und Abstimmungen freiwillig abwesend waren oder sich der Stimme enthielten. Der religiös geschürten konservativen Reaktion zufolge wurden die bereits in der Kommission reduzierten demokratischen Reformvorschläge für Organisation und Verwaltung der reformierten Kirche nochmals abgeschwächt. Der endgültige Entwurf des Verfassungsrates hielt zwar am Prinzip größerer Selbstverwaltung der reformierten Kirche durch das gemischte Konsistorium fest, gab jedoch der "Compagnie des Pasteurs" wieder vermehrte Rechte und machte jene Bestimmungen des kommissionalen Entwurfs rückgängig, durch die den Gemeinden,statt der "Société économique",die Kirchengebäude anvertraut werden sollten.

Die neue Verfassung hielt nichtnur an der territorialen konfessionellen Sonderungfest, indem sie den Vorschlag der Kommission über die Bestätigung der völkerrechtlichen Bestimmungen annahm, sie verweigerte auch den Dissidenten die Wohltat eines Verfassungsschutzes. Oberst

---

warnte vor der bereits in der Kommission geäußerten Möglichkeit, daß eine protestantische Minderheit zusammen mit den Katholiken der protestantischen Mehrheit der Legislative gegen ihren Willen eine Kirchenreform aufdrängen könnte.

(1) Mémorial des Séances..., a.a.O., S. 1519.

(2) Mémorial des Séances..., a.a.O., S. 1686.

Rilliet-Constant schlug in seinem gedruckten kommissionalen Minderheitsbericht vergeblich den zusätzlichen Artikel vor: "La liberté religieuse est garantie" (1). Er bezeichnete die Gründe der Ablehnung, das tatsächliche Vorhandensein der Freiheit des Gottesdienstes und die Existenz der Verträge, als nichtig und stellte die Freiheit der Religion, des Gottesdienstes, des Gewissens und des Glaubens höher als die übrigen Freiheitsrechte (2). Auch James Fazy fand, trotz der Annahme des Prinzips der Volssouveränität, an der neuen Verfassung wenig Gefallen und ließ den Einwand der Verträge nicht gelten, da diese - wie er glaubte - einer allgemeinen Erklärung nicht entgegenstünden oder durch Verhandlungen mit Rom abgeändert werden könnten. Die kirchenrechtlichen Bestimmungen nannte er ein Flickwerk der intoleranten Staatskirche (3). Nachdem alle Amendements zu den Artikeln über den katholischen Kultus, darunter auch die Bezeichnung der protestantischen Religion als "religion dominante" abgelehnt worden waren, unternahm James Fazy einen letzten Versuch, doch noch einen Artikel über die religiöse Freiheit mit folgendem Wortlaut einzufügen: "Tous les Genevois professent leur culte avec une égale liberté, en se conformant aux lois et aux traités qui en règlent l'exercice, et assurent des garanties aux cultes reconnus par la constitution".(4) Diesmal fiel die Entscheidung den Verfassungsräten nicht leicht, da der Sonderstatus der anerkannten Kirchen geschickt hineingewoben war. Der Antrag wurde jedoch mit 42 gegen 26 Stimmen verworfen. Dabei war die

---

(1) Mémorial des Séances de l'Assemblée Constituante Genevoise, Bd.1, Genf 1842, S. 806.

(2) Mémorial..., a.a.O., S. 819.

(3) Mémorial..., a.a.O., S. 862.

(4) Mémorial..., Bd.2, Genf 1842, S. 1737.

Zahl der Nichtstimmenden größer als diejenige der Ablehnenden. Die Abstimmung zeigt, daß die Zahl der konsequenten Befürworter der auf konfessionell ausschließlichen Vorrechten beruhenden territorialen Sonderung schon in der Konstituante von 1842 eine Minderheit bildete. Auf den Ausgang der Volksabstimmung aber konnte die Ablehnung allgemeiner Kultusfreiheit keinen Einfluß haben, da die Verfassung, die Genf die moderne Demokratie brachte, den Bürgern zwar das Grundrecht allgemeiner Kultusfreiheit, nicht aber die den religiösen Minderheiten gegenüber gewährte bisherige Toleranz verdagte. Die Verfassung wurde am 7.Juni 1842 vom Volk mit 4844 Stimmen gegen nur 530 Gegenstimmen angenommen (1). Sie blieb jedoch keine volle fünf Jahre in Kraft.

Die Verfassungsrevision von 1846/47

Was den Radikalen in der Konstituante von 1842 mißlungen war, erreichten sie nach der zweiten demokratischen Staatsumwälzung vom Oktober 1846. Ähnlich wie im Kanton Waadt im Jahr zuvor, spielte die Antijesuitenparole beim Fall der konservativen Regierung, die sich einer eidgenössischen Intervention im Sonderbundskonflikt widersetzt hatte, eine ausschlaggebende Rolle. Es fehlte jedoch im allgemeinen die Verknüpfung mit dem Anti-Mômiers-Motiv, durch das der Nachbarkanton 1846 die Einführung der Kultusfreiheit verhindert hatte.

Als James Fazy, das provisorische Regierungshaupt, als Berichterstatter der Kommission vor dem neuen verfassungsgebenden Großen Rat deren Entwurf erläuterte (2),

---

(1) F.Ruchon: Les années de tempête et la Révolution de 1846; in: Centenaire de la Constitution de la République et Canton de Genève, Genf 1947, S. 41.

(2) Rapport de la Commission sur le Projet de Constitution

fehlte - wie zu erwarten war - auch die religiöse Freiheit und ihre Begründung nicht. Laut Protokoll (1) war er es, der in der Kommission, unter deren 11 Mitgliedern 9 zu seiner politischen Gefolgschaft zählten (2), den Antrag stellte, es möchte in einem zusätzlichen Artikel die Kultusfreiheit für alle gesichert werden unter gleichzeitiger Gewährleistung der Verträge und der vom Staat anerkannten Kulte. Schon in der Einführungsdebatte am 4.November 1846 hatte Fazy die Anerkennung der Kultusfreiheit befürwortet und als im Interesse des Kantons bezeichnet (3). Die Kommission, in der der frühere Syndic F.A.Cramer erfolglos die Opposition vertrat (4), folgte bedenkenlos ihrem geistigen Haupt.

Der zweite Abschnitt des Entwurfs mit der Überschrift "Déclaration des droits individuels" enthält folgenden Religionsartikel: "La liberté des cultes est assurée, et l'Etat leur garantit une égale protection, sous la réserve des traités et des conditions qui règlent, dans la présente constitution, l'exercice des deux cultes reconnus par l'Etat, et moyennant que ceux qui les professent se conforment aux lois générales et aux règlements de police sur le culte extérieur." (5). In seinem Kommissionalbericht hat James Fazy die "Déclaration des droits individuels",

du Canton de Genève, Genf 1847; abgedruckt in: Mémorial des séances du Grand Conseil Constituant,Bd.1,Genf 1846/47, S. 355 ff.

(1) Procès verbaux de la Commission nommée par le Grand Conseil pour préparer le projet de la Constitution 1847 (Sitzung vom 9.11.1846), Genfer Staatsarchiv. Das Protokoll gibt die Namen der Antragsteller nicht an, aber die Motovierung und Diskussion.

(2) W.E.Rappard: L'avènement de la démocratie moderne à Genève (1814-1847), Genf 1942, S.406, 410.

(3) Mémorial des séances ....., a.a.O., Bd.1,Genf 1846/47,S. 112 f.

(4) W.E.Rappard: a.a.O., S. 409 f.

(5) Art.9. Projet de Constitution arrêté par la Commission

welche die Gleichheit vor dem Gesetz, die persönliche Freiheit, die Unverletzbarkeit der Wohnung und des Besitzes, die Freiheit der Presse, der Niederlassung, des Kultus und des Unterrichts sowie das Petitionsrecht enthielt, als "contrat entre l'homme pris à part et la société" und als "l'objet le plus sacré dans toute constitution" bezeichnet, deren Garantie ein Merkmal höchstentwickelter Zivilisation sei. Daß diese Liste der Menschenrechte, die nur von Kultusfreiheit, nicht aber von Glaubens- und Gewissensfreiheit sprach, die letztere nicht ausschloß, ist aus der Bemerkung des Berichterstatters zu schließen, die Kommission habe es nicht für nötig erachtet, jene selbstverständlichen, natürlichen Rechte, wie das Recht der Versammlung, der öffentlichen Gedankenäußerung, der Vereinigung usw, zu formulieren (1).

Gleicher Schutz des Kultus aber bedeutete nicht völlige Gleichstellung aller Kirchen und Sekten. Dies besagte schon der Text des Artikels 9 des Entwurfs und bestätigte James Fazy in seinem Bericht mit den Worten: "Nous avons donné aux cultes divers toute la liberté compatible avec les traités et les lois générales du pays. C'est dire que tout culte qui ne contrarie pas la morale, ne se produit pas extérieurement, et ne demande aucune subvention à l'Etat, a le droit de s'exercer parmis nous."(2). Die Weglassung des Artikels 89 der Verfassung von 1842,

---

du Grand Conseil Constituant, Genève 1847. Der Entwurf ist im Mémorial des Séances du Grand Conseil Constituant abgedruckt, Bd.1,S.422 ff, Genf 1846/47.

(1) Mémorial des Séances...,a.a.O., Bd.1,S.363 f. Daß Fazy unter Kultusfreiheit die auf der individuellen Freiheit des Glaubens und Gewissens als unabänderliches Menschenrecht abgeleitete Freiheit der Religion verstand, kann aus seiner Kenntnis und Wertschätzung der amerikanischen Verfassungsverhältnisse, in die ihn Lafayette eingeführt hatte, angenommen werden. In seiner Biographie bezeugt Fazy, er habe als die Revolution von 1846 ausbrach, die Absicht gehabt, nach Nordamerika auszuwandern. In Virginien besaß er Land aus väterlichem Besitz.J.Fazy: Les Mémoires de James Fazy, Genf 1947, S. 167.

(2) Mémorial des Séances...,a.a.O., Bd.1, S. 363.

der die Errichtung eines öffentlichen Kultusgebäudes von der Zustimmung des betreffenden Gemeinderats abhängig machte, begründete Fazy damit, daß diese Bestimmungen die anerkannten Kulte mehr hindere als die anderen (1).

Die Frage der Trennung von Staat und Kirche zwecks Einführung völliger religiöser und kirchlicher Gleichberechtigung, die 1842 durch die Schriften von Louis Burnier und Merle d'Aubigné aufgeworfen, aber von der damaligen Konstituante nicht ernsthaft erwogen worden war, wurde 1847 von den Radikalen theoretisch als wünschenswert bezeichnet, fand in der neuen Verfassung jedoch keine Berücksichtigung. Auf den Abschnitt über den Kultus zu sprechen kommend, drückte James Fazy zwar das lebhafte Bedauern der Kommission aus, daß sie dieses Kapitel nicht aus der Verfassung gestrichen habe, um es einfach den religiösen Menschen aller Kulte zu überlassen, sich nach eigenem Gutdünken zu organisieren. Diese Freiheit, so fügte der Berichterstatter hinzu, werde in Genf nur von jenen verlangt, die sich von den anerkannten und staatlich salarierten Kulten getrennt hätten (2). Das wenig ausführliche Protokoll der Kommission berichtet nichts von einem direkten Antrag auf Trennung von Staat und Kirche. Doch Oberst Rilliet-Constant, der schon 1842 entschieden für vollständige religiöse Freiheit eingetreten war, führte im Großen Rat aus, die Mehrzahl der anwesenden Kommissionsmitglieder sei dem System der Freikirche günstig gesinnt gewesen und würde ihm ihre Stimme gegeben haben. Nicht aus Furcht, ihre Meinung könnte unbegründet sein, sondern vor dem Gedanken sei sie jedoch zurückgeschreckt, das Land wäre für diese schwerwiegende Änderung nicht vorbereitet (3). Ein wesentliches Hindernis

---

(1) Mémorial des Séances du Grand Conseil Constituant, Bd.1, Genf 1846/47, S. 397.

(2) Mémorial.., a.a.O., S. 397.

(3) Mémorial.., a.a.O., S. 546.

bildeten wiederum die völkerrechtlichen Verträge, da auch die Radikalen sie nicht anzutasten wagten[5].

Die Diskussion über die religiösen Artikel im verfassungsgebenden Großen Rat stand im Zeichen derselben Überlegenheit der radikalen Volksvertreter. Den 60 Anhängern der Revolutionspartei standen nur 30 gemäßigt Liberale und Konservative gegenüber. Der militante Altliberale Fazy-Pasteur, der auch jetzt wieder zu den entschiedensten Verteidigern der "nationalité genevoise et protestante" gehörte (1), überließ erzürnt über das Zusammengehen der radikalen Protestanten mit den Katholiken, das sich nun klar abzeichnete, den Vorsitz dem jungen Gefolgsmann James Fazys, Antoine Carteret. Dieser war schon 1842 für vollständige religiöse Freiheit eingetreten, was ihn jedoch nicht hinderte, die Intoleranz der waadtländischen Regierung in Schutz zu nehmen (2).

Am 25. und 27.Januar 1847 kam Artikel 9 des Entwurfs über die Kultusfreiheit zur Besprechung. Keine einzige Stimme erhob sich dagegen. Die ersten, die sich zu Wort meldeten, waren dissidentenfreundliche Stimmen. Schon vorher hatte Wilhelm Turretini (3), ein Mitglied des Oratoire, seiner Genugtuung über die Aufnahme der Kultusfreiheit Ausdruck verliehen. Er bezeichnete sie als präexistentes Recht und vertrat die Ansicht, daß der Protestantismus nur durch vollständige religiöse Freiheit zu retten sei und diese nur durch die Trennung von Kirche und Staat bestehen könne. Großrat Micheli (4) bedauerte, daß

---

(1) Mémorial des Séances du Grand Conseil Constituant, Bd. 1, Genf 1846/47, S. 342, 585.

(2) Mémorial.., a.a.O., S. 872.

(3) Mémorial.., a.a.O., S. 693.

(4) Mémorial.., a.a.O., S. 841 f. (5) "Dès cette époque, Fazy était théoriquement partisan de la séparation de l'Eglise et de l'Etat" kommentiert Henri Fazy die Stellungnahme von James Fazy anläßlich der Verfassungsrevision von 1846/47: Les Constitutions de la République de Genève, Genf/Basel 1890, S. 278, Anm. 1.

eine solche Erklärung 1842 verworfen wurde und wollte die religiöse Freiheit an die Spitze der Freiheitsrechte gestellt wissen. Im Vorschlag der Kommission, daß der Große Rat mit katholischer Beteiligung über die Organisation der protestantischen Kirche und die Stiftungen entscheide, sah er eine unberechtigte Einschränkung der religiösen Freiheit. Plan (1) beglückwünschte die Kommission ebenfalls für die Einführung der verfassungsmäßigen Kultusfreiheit. Er sah in ihr jedoch noch nicht die totale Anwendung des als religiöse Freiheit bezeichneten natürlichen Menschenrechts und wünschte, wie Turretini, für die Zukunft, daß der Staat nach amerikanischem Vorbild die Trennung von Staat und Kirche vorsehe. Er beantragte, daß die Einschränkung zugunsten der Verträge und der anerkannten Kulte fallen gelassen werde. Altsyndic Cramer (2), der Plans Amendement prinzipiell guthieß, weil auch nach seiner Überzeugung die Zukunft der Trennung von Staat und Kirche gehöre, bezweifelte jedoch, daß diese der Einsicht der Volksmassen entspreche. Naville (3), der das Beispiel der Vereinigten Staaten als noch nicht schlüssig ansah und den Sektengeist nicht fördern wollte, bekräftigte zwar die Notwendigkeit der Einführung der religiösen Freiheit als Schutz gegen staatlichen Zwang, glaubte jedoch die Existenz einer "Eglise nationale", für die alle Bürger Kirchensteuern zahlen, nicht im Widerspruch mit diesem Grundrecht, wenn damit kein religiöser Zwang verbunden war.

In den Interventionen der radikalen Führer zeigten sich Unterschiede der Wertung und Motivierung der

---

(1) Mémorial des séances du Grand Conseil Constituant, Bd.1, Genf 1846/47, S. 842 ff.

(2) Mémorial.., a.a.O., S. 858.

(3) Mémorial.., a.a.O., S. 858 ff.

religiösen Freiheit, wobei - wie schon in der Konstituante von 1842 - James Fazy und Rilliet-Constant die wortmächtigsten Befürworter waren. In seiner Entgegnung auf die Einwände von Großrat Plan unterstrich das Haupt der provisorischen Regierung (1) bezeichnenderweise die Abhängigkeit der religiösen von der politischen Freiheit (2). Er gab zu, daß die Verträge der staatlich unterhaltenen Kulte keine völlige Gleichheit ermögliche, wiederholte jedoch, daß dadurch die Kultusfreiheit nicht behindert werde und behauptete ferner, daß die Artikel über die Stiftungen sowie über die Kirchenorganisation die Freiheit aller schützen wollen, worunter er nur die Freiheit innerhalb der Kirche meinen konnte. Wenn der Staat den Kultus salariere, so bedeute das nicht, daß es eine Staatskirche gebe, meinte Fazy. Niemand sei zu einem Glauben gezwungen. Es werde sich zeigen, daß es in Europa kein Land gebe, das - wie Genf - vollständige religiöse Freiheit besitze. Oberst Rilliet-Constant (3)

---

(1) Mémorial des séances du Grand Conseil Constituant, Bd.1, Genf 1846/47, S. 864.

(2) Wie sehr für J.Fazy die religiöse Freiheit eine politische Bedeutung hatte, zeigte sich bei der erregten Debatte über die Erleichterung der Einbürgerung niedergelassener Schweizer und Ausländer. Er sah in ihr ein wesentliches Instrument der den Radikalismus fördernden Bevölkerungspolitik, die sich auf die bürgerliche und politische Nichtdiskriminierung der katholischen Konfession stützte. Wie sein Antagonist, der leidenschaftlich für die "nationalité protestante" kämpfende Fazy-Pasteur ausführte, gab es unter den niedergelassenen protestantischen Nichtschweizern in einem Jahr 75 Geburten, unter den katholischen 144. Gegen die vom Entwurf vorgesehene Erleichterung der Aufnahme der in Genf geborenen Ausländer setzten sich die konservativen Altgenfer heftig zur Wehr. Siehe Mémorial.., a.a.O., S. 942 ff.

(3) Mémorial.., a.a.O., S. 867 ff.

stellte mit Freuden die einstimmige Gutheißung der Kultusfreiheit durch die Vorredner fest und verglich die Debatte mit der Zeit, da Befürworter der religiösen Freiheit und der Trennung von Staat und Kirche sich der Anklage aussetzten, als Ungläubige oder als "Mômiers" bezeichnet zu werden. Er war, wie der Berichterstatter vom fortschrittlichen Charakter des Verfassungsentwurfs überzeugt, betonte jedoch, im Gegensatz zu James Fazy, die Abhängigkeit der politischen Rechte von der religiösen Freiheit. Die Kirche, so führte er aus, die frei und unabhängig begonnen habe, sei durch falsche Lehrer und die Sophisten vom Staat abhängig geworden, gehe nun aber rasch der Unabhängigkeit und der Freiheit entgegen. Nicht die Dissidenz, sondern ihre Auswüchse wären zu verurteilen, denn sie beruhe auf dem Recht der Wahl, das er als das schönste Recht, das dem Menschen gegeben sei, bezeichnete. Antoine Carteret hingegen hätte es gern gesehen, wenn nach dem Beispiel des Kantons Waadt dem Mißbrauch des Proselytismus gewehrt worden wäre (1), während sein radikaler Parteigenosse Viridet den Artikel unverändert wünschte (2).

Erneut ergriff Plan das Wort zugunsten einer absoluten Trennung von Staat und Kirche, indem er auf die Gefahr hinwies, der Kanton Genf könnte, wie der Kanton Waadt - er kritisierte Henry Druey, der als Magistrat seine frühere Überzeugung verleugne - Ausnahmegesetze zugunsten der "Eglise nationale" erlassen (3). Der zur Opposition gehörende Cognard nannte die Trennung jedoch ein Unglück für Genf und wünschte, daß mehr Rücksicht auf die

---

(1) Mémorial des séances du Grand Conseil Constituant, Bd.1, Genf 1846/47, S. 871.

(2) Mémorial.., a.a.O., S. 873 f.

(3) Mémorial.., a.a.O., S. 874 ff.

Landeskirche als auf die Dissidenz genommen werde. Ähnlich äußerte sich Dr.Senn. Der Versuch Plans (1), die Erwähnung der Verträge im Text über die Kultusfreiheit zu streichen, weil diese nicht in einen Artikel über Individualrechte gehörten und weil Freiheit und Unterhalt des Kultus den Katholiken im Artikel 124 ohnehin garantiert seien, scheiterte an der Ablehnung durch die Radikalen und die Katholiken.

James Fazy legte einen formal revidierten Text folgenden Wortlauts vor, den der Große Rat, nachdem er alle anderen Amendements abgelehnt hatte, guthieß: "La liberté des cultes est garantie. Chacun d'eux a droit à la même protection de la part de l'Etat. Par cette liberté, il ne peut être dérogé aux traités, ni aux conditions, qui règlent, dans la présente constitution, l'exercice des cultes reconnus et salariés par l'Etat. Tous les cultes sont tenus de se conformer aux lois générales, ainsi qu'aux règlements de police sur leur exercice extérieur" (2). Es war dem radikalen Regierungshaupt eine Formulierung geglückt, die weder die Anhänger der Genfer Kirche noch die Dissidenz oder die Katholiken zum Anlaß nehmen konnten, die Verfassung des Artikels über die Kultusfreiheit wegen zu verwerfen, denn er gewährte den offiziellen wie den privaten Gottesdiensten gleichen staatlichen Schutz, ohne die überlieferten Sonderrechte der anerkannten Kirchen in Frage zu stellen. Es fragte sich nur, ob der radikal-demokratische Staat mit dem Schutz der Kirchen nicht auch ihre Freiheit beschränken würde. James Fazy begründete seinen Antrag folgendermaßen: "Je trouverais pénible qu'on ne voulût pas rassurer ceux qui

---

(1) Mémorial des séances du Grand Conseil Constituant, Bd. 1, Genf 1846/47, S. 879 f.

(2) Mémorial.., a.a.O., S.880. In der endgültigen Redaktion ist "à la même protection" durch "à une égale protection" ersetzt. Recueil authentique des Lois et Actes du gouvernement de la République et Canton de Genève,Bd.33, Genf 1847, S. 102.

pourraient être alarmés: il ne faut pas donner de prétexte contre la constitution. Nous savons que ni l'Eglise nationale, telle qu'elle est organisée dans la constitution, ni les traités n'empêchent la liberté religieuse" (1). An dieser Ansicht hat James Fazy stets festgehalten.

Der Oppositionslosigkeit,mit der die Volksvertreter die Kultusfreiheit für alle Glaubensrichtungen zum ersten Mal seit der Restauration zum Verfassungsrecht erhoben, steht die heftige Abwehr entgegen, mit der die protestantische Opposition sich der Kirchenpolitik der Revolutionspartei widersetzte. Diese machte kein Hehl daraus, daß sie mit der 1842 mißglückten Demokratisierung auch in der Kirche endlich ernst machen wollte. Dazu diente die vorgesehene Entmachtung der "Compagnie des Pasteurs", indem alle Geschäfte der Kirchenverwaltung einem im Verhältnis eins zu fünf aus Laien zusammengesetzten Konsistorium anvertraut werden sollten und die Auflösung der "Société économique", deren Vermögen allerdings weiterhin der Kirche und Schule zugute kommen würde, während die Verwaltung der protestantischen Kirchengebäude den politischen Gemeinden zugedacht war.

Das Bestreben, die Opposition des Volkes gegen die politische Revolution mit antikatholischen Motiven zu stärken, erwies sich 1846/47 für die Konservativen weniger erfolgreich. Seit der Berufung der Jesuiten nach Luzern besaßen auch die Radikalen ein Mittel, religiöse Gefühle des Protestanten zu ihren Gunsten zu mobilisieren, zumal sich der wirtschaftlich benachteiligte Teil durch die sozialen Ziele der Revolutionen positiv angesprochen fühlte. Die Massenpetitionen erreichten

---

(1) Mémorial des séances du Grand Conseil Constituant, Bd. 1, Genf 1846/47, S. 880.

nicht mehr dieselben hohen Zahlen von Befürwortern. Am meisten Unterschriften - 2264 - wies die Eingabe auf, die wünschte, daß das Vermögen der "Société économique", das den protestantischen Kirchen und Schulen zugute kam, Eigentum der Altgenfer bleibe (1). Eine streng konservative Petition mit 453 Unterschriften wandte sich nicht nur gegen die Bestimmungen über die Wahlkreise, über die Einbürgerungen und die politischen Rechte der Nichtgenfer, den Conseil Général und die Auflösung der "Société économique", sondern auch gegen die Kultusfreiheit und die vorgesehene Réorganisation der protestantischen Kirche (2). Eine Eingabe von 721 Bürgern, die den Verfassungsentwurf guthieß, wünschte ausdrücklich, daß nur der protestantische und katholische Kultus vom Staat salariert würden (3).

In seinem Schreiben vom 29. Januar 1847 an den Großen Rat lehnte das "Consistoire" die kirchlichen Bestimmungen des Entwurfs ab (4). Es beanstandete die Preisgabe der Stellung, welche die früheren Verfassungen und die Verträge von 1815 der protestantischen Kirche innerhalb des Staates eingeräumt hatten, und bezeichnete sie als eine unnötige Revolution, die nur der gegnerischen Kirche zugute komme. Gegen deren Umsichgreifen sich zu wehren, schreibe die elementarste Einsicht vor. Der Kirchenrat

---

(1) Rapport de la Commission des pétitions vom 6.3.1847; in: Mémorial des séances du Grand Conseil législatif constituant, Bd.2, Genf 1847, S. 1590 f.

(2) Rapport.., a.a.O., vom 12.2.1847; in Mémorial.., a.a.O., Bd.2, Genf 1846/47, S. 1155.

(3) Mémorial des séances.., a.a.O., Bd.2, S. 1156.

(4) In extenso wiedergegeben im Mémorial des séances..., a.a.O., Bd.2, S. 905 ff.

wies darauf hin, daß die im Artikel 124 und 129 des Entwurfs erwähnten vertraglichen Garantien für den katholischen Kultus mit der dominierenden Stellung zusammenhingen, die damals der protestantischen Kirche im alten Territorium eingeräumt war. Darauf zu verzichten, würde die katholische Kirche zur einzig privilegierten Konfession machen, rechtlich durch die Verträge, faktisch durch die Herabsetzung der protestantischen Kirche. Die weiteren Beschwerdepunkte richteten sich gegen die als verletzend und ungerecht bezeichnete Ungleichheit der staatlichen Rechte bei der Ernennung protestantischer und katholischer Geistlicher sowie gegen die Reorganisation der "Eglise nationale" und die Verwaltung des als unantastbar bezeichneten Vermögens, das die sterbende Republik ihr vermacht habe. In einer gedruckten Eingabe vom 4.Januar 1847 (1) nahm auch die "Compagnie des Pasteurs" zur Kirchenreform Stellung. Sie drückte ihr Erstaunen darüber aus, daß eine Revolution, die im protestantischen Interesse gemacht worden sei - eine Anspielung auf das Antijesuitenmotiv der Radikalen - ein Verfassungsprojekt hervorbringe, das als beinahe einziges Resultat die Herabsetzung des Protestantismus in Genf und ein katholisches Übergewicht schaffe, wie es die Katholiken durch den gewöhnlichen Lauf der Dinge in fünfzig Jahren kaum erwartet haben könnten. Wenn auch in dieser Eingabe die Kultusfreiheit des Verfassungsentwurfs nicht direkt angegriffen wurde, so gaben ihre Urheber doch unmißverständlich zu verstehen, daß solange die Verträge zugunsten der Katholiken Gültigkeit haben würden, die Protestanten auf die Vorherrschaft ihrer Religion im alten Territorium nicht verzichten sollten. Die Preisgabe des Ausdrucks "religion dominante" würde der Verzicht eines in den Verträgen von Wien und Turin definitiv

---

(1) Mémoire adressé par la Compagnie des Pasteurs à Messieurs les membres du Grand Conseil chargé de réviser la Constitution, Genf 1847.

sanktionierten Vorrechtes sein, die bisherige Parität der Territorien aufheben und die Konfessionalität des Staates dem Einfluß einer sich wandelnden Mehrheit ausliefern. Im Licht der rechtlichen Restriktionsmöglichkeiten, mit denen sich die protestantische Konfession als herrschende Religion der zu erwartenden katholischen Übermacht zu erwehren hoffte und die ausführlich aufgezählt wurden, konnte die folgende Frage der Geistlichen leicht als Aufforderung zur religiösen Intoleranz aufgefaßt werden: "Pourquoi nous dessaisir de l'arme, plus pacifique et plus dirimante à la fois, du droit légal, quand les Traités nous la mettent aux mains pour toujours, ou du moins pour aussi longtemps que durent les traités ?" (1).

Die Heftigkeit der protestantisch-konservativen Reaktion, die in den Verfassungsverhandlungen ihren Niederschlag fand, erklärt sich aus der Allianz zwischen den freisinnig-radikalen Protestanten und den Katholiken aller Schattierungen, die sich schon bei der vorzeitigen Demission des gemäßigt katholischen Staatsrats Chaulmontet abgezeichnet hatte. Sie war nach den Worten W.E.Rappards eine schmerzlichere Mißbilligung der bisherigen Regierung als die Schmach, die James Fazy ihr am übernächsten Morgen - am Tag der Revolution - auf dem Molardplatz zufügte (2). Die Sympathien, welche die Verteidigung der Rechte der Klöster und der Jesuiten durch die Genfer Gesandten bei den konservativen Katholiken der Schweiz gefunden hatte, konnten die Erregung über die Gründung der anfänglich geheim gehaltenen "Union protestante" zum Schutz des

---

(1) Mémoire adressé par la Compagnie des Pasteurs à Messieurs les membres du Grand Conseil chargé de réviser la Constitution, Genf 1847, S. 35.

(2) W.E.Rappard: L'Avènement de la démocratie moderne à Genève, Genf 1942, S. 399.

konfessionspolitischen Charakters der Stadt und über die Ausweisung des Nachfolgers des verstorbenen Abbé Vuarin nicht neutralisieren (1). Mochten die Katholiken sich auch von einer Einmischung in den Debatten über das protestantische Kirchenrecht, über das allein der Staat zu bestimmen hatte, enthalten, so war doch an eine formelle konfessionelle Trennung, wie sie Fazy-Pasteur wünschte (2), nicht zu denken. Auch ohne die Anwesenheit der Katholiken vermochten die Radikalen ihre antiklerikalen Ziele zu verwirklichen.

Die neue Wahlkreiseinteilung und die Erleichterung bei der Einbürgerung von Ausländern, die beide mehr den Katholiken als den Reformierten zugute gekommen wären, führten anlässlich der Debatte über die Organisation des protestantischen Kultus (3) zur erneuten Anregung einer völligen Emanzipation der Kirche vom Staat als dem wirksamsten Abwehrmittel gegen eine konfessionelle Majorisierung durch Staatsorgane. Es beunruhigte die Protestanten, dass das Projekt, das zwar eine grössere demokratische Selbstverwaltung der Kirche vorsah, die Struktur der kirchlichen Reorganisation vom konstituierenden Grossen Rat, in dem die religiös meist indifferenten radikalen Protestanten und die Katholiken die grosse Mehrheit bildeten, bestimmt werden sollte. Diese Aufgabe wollten Pons und Fazy-Pasteur ausschliesslich einer vom protestantischen Volk zu wählenden Synode

(1) Histoire de Genève de 1798 à 1931, Genf 1956, S.110 f.
(2) Fazy-Pasteur: Examen du Projet de Constitution, Genf 1847, S.56. Mémorial des séances du Grand Conseil Constituant, Bd.1, Genf 1846/47, S.551, 595, 751.
(3) Die Debatte nahm 5 Tage in Anspruch. Mémorial..., a.a.O., Bd.2, S.1569-1746.

anvertrauen (1). Gerichtspräsident Rigaud-Constant, der Berichterstatter der Verfassungskommission, trat dafür ein, daß - wie er sagte - der damals nur halbwegs vollzogene Schritt einer Trennung der Kirche vom Staat nun gänzlich vollzogen werde (2). Unter Berufung auf die im Artikel 9 festgehaltene Kultusfreiheit beantragte Wilhelm Turretini in einem ausführlichen Votum vom 6. März 1847 (3), daß der ganze Abschnitt über den protestantischen Kultus weggelassen werde, mit der Begründung, daß die religiöse Freiheit nur bei völliger Trennung von Staat und Kirche zu verwirklichen sei. Turretini bestritt nicht nur, daß der Staat sich mit zwei verschiedenen Kirchen verbinden könne, wie er es früher mit einer getan hatte, er sah auch in einer konstituierenden Synode nach dem Vorschlag der Radikalen keine Gewähr für eine genügende Sonderung der weltlichen und geistlichen Institutionen. Die Übertragung des staatlich-demokratischen Modells auf die Kirchenorganisation lehnte er mit der Begründung ab, daß in einer religiösen Gesellschaft die Minderheit sich nicht wie in der politischen der Mehrheit unterordnen könne. Der Unterwerfung in religiösen Dingen durch Zwang widersetze sich die Kenntnis der Bedürfnisse der menschlichen Natur und der Lehren der Geschichte. Aus demselben Respekt vor der individuellen Glaubens- und Gewissensfreiheit lehnte Turretini die Absicht der radikalen Liberalen ab, die Einheit der Kirche Calvins durch eine bekenntnislose Volkskirche wiederherzustellen, "ce grand cadre vide", "cette Eglise factice", wie er sie nannte. Die einzige protestantische Einheit, die Turretini

---

(1) Mémorial des séances du Grand Conseil Constituant, Bd.2, S. 1570 ff.

(2) Mémorial.., a.a.O. S. 1585.

(3) Mémorial.., a.a.O., S. 1602 ff.

befürwortete, war durch freie Konstituierung der Kirchen und freie Verbindung unter sich zu erzielen. "Le rôle de la société", so schloß er seine Ausführungen, "ne doit donc pas être de creuser des ornières aux sentiments religieux, ou de lui imposer des lois et des conditions, mais bien seulement d'en protéger partout également la manifestation sincère et consciencieuse" (3).

Uneinig, wie die nichtradikalen Protestanten in der Frage der Freiheit der Kirche gegenüber dem Staat waren, fiel es James Fazy und seinen Parteigenossen nicht schwer, die Amendements zwecks Einführung einer konstituierenden Volkssynode oder zugunsten einer vollständigen Trennung von Kirche und Staat bei der Abstimmung in Minderheit zu bringen, um von Staatswegen die Verwandlung der "Eglise clergé" in eine "Eglise troupeau" durchzusetzen (1). Die Geistlichen verloren durch die neue Verfassung in der "Compagnie des Pasteurs" ihre privilegierte Stellung und im "Consistoire" ihren überwiegenden Einfluß.

Nur einen Tag nahmen die Verhandlungen über den katholischen Kultus in Anspruch (2). Protestantische wie katholische Großräte beteiligten sich an der Diskussion. Während der Große Rat weitreichende Strukturreformen für die Kirche Calvins beschloß, hinderte politische Klugheit die Radikalen, ihren Antiklerikalismus auf die katholische Kirche zu übertragen. Sie hätte eine Reaktion über die Grenzen des Kantons hinaus hervorrufen und das Ergebnis der Revolution gefährden können. Der 124. Artikel des Entwurfs, der die bisherigen Freiheiten und Privilegien bestätigte, wurde diskussionslos angenommen und hat folgenden Wortlaut: "La constitution garantit le maintien,

---

(1) Vgl. Kommissionalbericht von J. Fazy: Mémorial des séances du Grand Conseil Constituant, Bd.2, Genf 1846/47, S.398.

(2) Mémorial.., a.a.O., S. 1747-1781.

(3) Mémorial.., a.a.O., S. 1610.

le libre exercice et l'entretien du culte catholique, aux citoyens des territoires réunis au Canton de Genève par le traité de Paris du 20 novembre 1815, et par le traité de Turin du 16 mars 1816" (1). Diskussionslos wurde ebenfalls Artikel 129 angenommen, der die Bestimmungen des Vertrags von Turin vom 16 März 1816 sowie des Wiener Protokolls vom 29. März 1815 bestätigte (2). Opposition fand hingegen Artikel 125, weil er die Wahl der katholischen Geistlichen nicht mehr ausdrücklich von der staatlichen Approbation abhängig machte, sondern die Regelung dieser heiklen Materie einem Konkordat des Staatsrats mit der höheren Kirchenbehörde überließ. Doch auch dieser Artikel wurde mit einem Amendement angenommen (3).

Eine Auswirkung der Religionsfreiheit auf das Staatsrecht war die schon im kommissionalen Entwurf vorgesehene Ersetzung des Ausdrucks "religion dominante" für das alte Territorium durch die Worte "religion de la majorité" (4). Die Formulierung verrät das James Fazy vertraute französische Verfassungsvorbild. Altsyndic Cramer antwortete auf die Anfrage von Demorsier nach der Bedeutung dieser Änderung: "C'est le style de 1847 substitué à celui de

---

(1) Mémorial des séances du Grand Conseil Constituant, Bd.1, S. 441; Bd.2, S. 1747, 1781.

(2) Im endgültigen Entwurf ist es Art. 124.

(3) Art. 130 des endgültigen Entwurfs vom 21. April 1847.

(4) Art. 126 des Entwurfs der Kommission. Art. 131 des endgültigen Verfassungsentwurfs vom 21. April 1847 lautet wörtlich gleich: "Quoique la religion protestante soit celle de la majorité dans le territoire de l'ancienne République, il y aura dans la Ville de Genève une église destinée au culte catholique, où il sera célébré comme par le passé". Projet de Constitution de la République et Canton de Genève, Genf 1847.

1814, époque à laquelle l'idée d'une religion dominante à Genève paraissait toute naturelle" (1). Sarasins Antrag, der Ausdruck "religion dominante" möchte wieder in die Verfassung aufgenommen werden (2), um die Privilegien der Reformierten nicht durch eine wandelbare Mehrheit zu gefährden, hatte keinerlei Aussicht auf Annahme mehr.

Weder die Massenpetitionen, noch der erneuerte Protest der kirchlich gesinnten Großräte, die gemischtkonfessionelle Legislative sei inkompetent, vermochte die Auflösung der autonomen "Société économique", der die materielle Verwaltung der reformierten Kirchen zustand, zu verhindern. Vergeblich plädierte Fazy-Pasteur, doch "ce reste de vieille nationalité" zu erhalten (3). Es sei eine Frage des Friedens oder Krieges der Konfessionen, meinte Demorsier, der in der Übergabe der Kirchengebäude an die politischen Gemeinden, wie sie Artikel 138 vorschlug, eine Gefahr sah, daß eines Tages eine katholische Mehrheit in der Staatgemeinde die Cathédrale de St.Pierre beanspruchen könnte (4). Rilliet-Constant glaubte in der grundsätzlichen Trennung der politischen von der religiösen Gemeinde eine Garantie für die religiöse Freiheit zu sehen (5), machte jedoch keinen entsprechenden Antrag. Der Große Rat nahm den Artikel an mit dem von J.Fazy vorgeschlagenen Amendement: "Tous les bâtiments destinés au culte,ne pourront jamais être attribués qu'au culte protestant".(6) Dieser Zusatz machte

---

(1) Mémorial des séances du Grand Conseil Constituant, Bd.2, Genf 1846/47, S. 1771.

(2) Mémorial.., a.a.O., Bd.2, Genf 1846/47, S. 1772.

(3) Mémorial.., a.a.O., S. 2013.

(4) Mémorial.., a.a.O., S. 2039.

(5) Mémorial.., a.a.O., S. 2045.

(6) Mémorial.., a.a.O., S. 2043.

den konservativen Reformierten die Annahme des folgenden Artikels weniger schmerzlich. Er sicherte den Gemeinden aus dem Vermögen der "Société économique" die Mittel zum Unterhalt der kirchlichen Gebäude und für Neubauten zu. Auch das "Consistoire", dem - unter Ausschluß der "Compagnie des Pasteurs",- die Verwaltung der "Eglise nationale" anvertraut wurde, sollte einen Anteil zur Bestreitung des Gottesdienstes und des Religionsunterrichts haben.

In der zweiten Debatte über den Verfassungsentwurf stießen die verschiedenen Auffassungen über die religiöse Freiheit und das Verhältnis von Staat und Kirche nochmals aufeinander, ohne jedoch die Errungenschaften der Revolutionspartei gefährden zu können. Daß die Urheber der Staats- und Kirchenreform von 1847 dem Eingreifen des konstituierenden Großen Rats in Glaubensangelegenheiten Zügel auferlegten, zeigt die Ablehnung des von Pons beantragten Zusatzes zum Artikel 109, wonach die "Eglise nationale" kein Bekenntnis annehmen dürfe, das die Gewissensfreiheit hindere (1). Der Antrag richtete sich gegen die Dissidenz, die der öffentlichen Kirche ihre Bekenntnislosigkeit zum Vorwurf machte. James Fazy antwortete, daß der betreffende Artikel zwar die Mitgliedschaft der "Eglise nationale" von der Annahme ihrer äußeren Organisation abhängig mache, die Kirche aber in bezug auf das Religiöse völlige Freiheit haben müsse. Zur Bestärkung dieser Ansicht schlug er die Aufhebung der Zustimmung der Kirchenmitglieder zur "discipline religieuse" vor, die dann auch fallen gelassen wurde (2).

---

(1) Mémorial des séances du Grand Conseil Constituant, Bd.2, Genf 1846/47, S. 2522.

(2) Mémorial.., a.a.O., S. 2526.

Auch Oberst Rilliet-Constant bestritt die Kompetenz des Großen Rates zu bestimmen, ob die "Eglise nationale" ein Bekenntnis haben solle oder nicht. Mit dem gleichen Recht könnte sie sonst ähnliche Dispositionen für die katholische Kirche treffen. Die endgültige Redaktion des Artikels 114 lautete nun: "L'Eglise nationale protestante se compose de tous les Genevois qui acceptent les formes organiques de cette Eglise, telles qu'elles sont établies ci-après" (1). Der Bürger hatte somit die Wahl, ob er ein Mitglied der Landeskirche sein wollte oder nicht. Das Bürgerrecht blieb - wie schon früher - von der Religion unberührt, was auch den Israeliten zugute kam (2).

Die radikal-demokratische Verfassung von 1847, die in erster Linie das Werk James Fazys war, erhielt am 24. Mai 1847 mit 5547 Ja gegen 3187 Nein (3) die Sanktion des Volkes. Durch die grundrechtliche Einführung der Kultusfreiheit war der kantonalen Rechtsentwicklung nicht nur der Weg zu der 1868 beschlossenen Aufhebung der konfessionell-territorialen Sonderung und zu der 1907 vollzogenen vollständigen Trennung von Staat und Kirche (4) gewiesen. Sie gab den politischen Führern Genfs Fazy und Rilliet-Constant im Jahr 1848 auch die Möglichkeit, mit der Idee des Bundesstaates für seine Voraussetzung, nämlich die eidgenössische Gewährung weitgehender religiöser Freiheit, überzeugend einzutreten.

---

(1) Art.114 der Verfassung vom 24.5.1847. Mémorial des séances du Grand Conseil Constituant, Bd.3,Genf 1846/47, S. 2877.

(2) Über die im Vergleich zu Basel bevorzugte Lage der Israeliten in Genf in der ersten Hälfte des 19.Jahrhunderts siehe A.Nordmann: Histoire des Juifs à Genève de 1281 à 1790, in: Revue des Etudes Juives,Bd.80, Paris 1925, S. 1-41.E.Ginsburger: Histoire des Juifs de Carouge.

(3) W.E.Rappard: L'Avènement de la démocratie moderne à Genève (1814-1847), Genf 1942, S. 405, 420.

(4) E.-Ch.Binet: La séparation de l'Eglise et de l'Etat. Son application à Genève, Bellegarde 1921, S. 107 ff.

Neuenburg

Als das bisherige Fürstentum Neuenburg nach der Revolution vom 1.März 1848 vollends in die Eidgenossenschaft integriert wurde und in seiner neuen republikanischen Verfassung die allgemeine Kultusfreiheit einführte, konnte es bereits auf eine tolerante Vergangenheit zurückblicken. Schon in der Zeit als in Europa die Religion des Herrschers rechtlich die Religion des Volkes bestimmte, bildete Neuenburg eine Ausnahme. So wie das katholische Herzogshaus von Orléans-Longueville seine Untertanen nicht an der Ausübung der unter Berns Einfluß eingeführten reformierten Konfession zu hindern vermochte, so konnten das katholische Cressier sowie Landeron, die unter dem Schutz Solothurns der Reformation widerstanden hatten, auch nach der Übernahme Neuenburgs durch das protestantische Königshaus Preußen im Jahr 1707 ihren Kultus beibehalten (1). Zwar war die weitgehend autonome"Compagnie des Pasteurs" bis zur Regeneration mächtig, und die im Jahr 1709 von Friedrich I. garantierten "Articles généraux" bestimmten, daß, wenn eine Person konvertierte, diese in eine Gemeinde ihrer neuen Religion umsiedeln mußte (2), doch verfolgte Täufer und Pietisten hatten dort leichter als andernorts Aufnahme gefunden (3). Preußens

---

(1) Neuchâtel et la Suisse, Neuenburg 1969, S. 33 f.

(2) E.Berthoud: Des rapports de droit entre l'Etat et l'Eglise dans le Canton de Neuchâtel de la Réformation à nos jours, Neuenburg 1895, S. 48 f.

(3) P.Favarger: Une émigration de piétistes zurichois dans le Pays de Neuchâtel au 18e siècle, Neuenburg 1910. M.Dumont: Les anabaptistes en pays neuchâtelois, Diss. in Maschinenschrift der Theol.Fakultät Neuenburg 1937.

Prinzip der Toleranz aus Staatsraison übte seinen Einfluß auch auf das Fürstentum Neuenburg aus.

Nach der kurzen französischen Okkupation brachte die "Charte constitutionelle" Friedrich Wilhelm III. vom 8.Juni 1814 eine rechtliche Lockerung der konfessionellen Geschlossenheit der Gemeinden. Neuenburg hatte durch den Pariser Vertrag vom 30.Mai desselben Jahres, der dem Fürstentum Cerneux-Péquignot einverleibte, eine dritte katholische Gemeinde erhalten. Artikel 2 der königlichen Charta bestimmte: "Le libre exercice des religions protestante et catholique, sur lesquelles Nous Nous réservons formellement Notre droit de suprématie, sera pour Nous et Nos Successeurs maintenu et protégé, sans égard au domicile" (1). Außer dem Hinweis auf den bisherigen Schutz der anerkannten Kulte, brachte die königliche Urkunde von 1814 somit eine wesentliche Rechtserneuerung und Erweiterung der Kultusfreiheit für die anerkannten Religionen durch den Zusatz, daß die Kultusfreiheit ungeachtet des Wohnsitzes gelte. Eine derartige ausdrückliche Bestimmung findet sich in keiner Verfassung der Restauration (2), auch nicht in jenen paritätischen Kantonen, in denen sie stillschweigend vorausgesetzt wurde. Damit kündete die Charta die sich allmählich und endgültig vollziehende Abwendung von der territorial ausgeschiedenen, durch Verträge gesicherten konfessionellen Parität, wie sie noch im 18.Jahrhundert in Europa allgemein Geltung hatte, an. Die bisherige Toleranz gegenüber der katholischen Minderheit wurde zur Rechtsnorm(3), und diese ebnete den Weg für die allgemeine,

---

(1) L.Snell: Handbuch des Schweizerischen Staatsrechts, Bd.2, Zürich 1844, S. 748.

(2) E.His: Geschichte des neuern schweizerischen Staatsrechts, Bd.2, Basel 1929, S. 374.

(3) In Nr.11 vom 15.März 1845, S.173, der katholischen

sich auf das Menschenrecht stützende Religionsfreiheit.

Während konfessionelle Minderheiten in den Kantonen, in denen die reformierte oder katholische Religion vorherrschte, in den Hauptstädten für ihren Gottesdienst von der willkürlichen Toleranz der Regierung abhingen, konnten sich die Katholiken der Stadt Neuenburg, die sich bisher in der Kapelle des Pourtalès-Spitals zur Messe versammelt hatten, bei ihrem Gesuch vom Jahr 1819 um Gewährung eines eigenen Gotteshauses (1) auf die Charta berufen. 1835 erteilte der Staatsrat auch den Katholiken von La Chaux-de-Fonds die Bewilligung zum Bau einer Kapelle (2).

Die zunehmende religiöse Freiheit in der ersten Hälfte des 19.Jahrhunderts förderte die Zunahme des katholischen Volksteils. Für 1837 bis 1838 wurden im Kanton Neuenburg 2400 Katholiken gegenüber 56216 Protestanten gezählt (3). Bis 1850 vermehrte sich die Zahl der Katholiken auf 5570, diejenige der Protestanten auf 64952 (4). Der Anteil der Katholiken an der Bevölkerung des Kantons Neuenburg verdoppelte sich somit in zwölf Jahren beinah, während derjenige der Reformierten sich von 96 auf 92 % senkte (5). Wenn die Zunahme der Katholigen nicht - wie in Genf - zu einer die Einführung völliger Kultusfreiheit hemmenden konfessionspolitischen

---

Schweizerischen Kirchenzeitung wurde Neuenburg, das im Kloster- und Jesuitenstreit die katholischen Interessen in Schutz nahm, das Zeugnis ausgestellt, Gerechtigkeit und Toleranz würden es wie kaum eine protestantische Regierung in ganz Europa auszeichnen.

(1) F.Jeunet: Histoire de l'Eglise catholique dans le canton de Neuchâtel, Le Locle 1893, S. 275 ff.

(2) F.Jeunet: a.a.O., S. 284.

(3) St.Franscini: Neue Statistik der Schweiz,Bern 1848,Bd.1, S.60.

(4) St.Franscini: a.a.O., Nachtrag, Bern 1851, S.331.

(5) St.Franscini: a.a.O., Nachtrag, Bern 1851, S.333.

Reaktion führte, so dürfte ein wesentlicher Grund darin zu suchen sein, daß die Vermehrung der Katholiken zahlenmäßig zu gering war, um den vorwiegend protestantischen Charakter der Hauptstadt und des Landes tatsächlich zu gefährden.

Nicht des Rechtschutzes, wohl aber der Toleranz erfreute sich die Erweckungsbewegung, die sich von den Kantonen Genf und Waadt im dritten Jahrzehnt auch auf das Fürstentum ausdehnte. Verfolgungen, wie sie der welsche Nachbarkanton erlebte, blieben Neuenburg erspart, so ungern auch dort der Staatsrat die Ausbreitung der Pietisten sah (1). Selbst ausgesprochene Separatisten, wie die Täufer und Darbisten, blieben unbehelligt.

Die Julirevolution in Paris und ihre Auswirkungen vermochten im Kanton Neuenburg weder das Verhältnis zum preußischen Königshaus noch den Bund zwischen Thron und Altar zu beeinträchtigen. Der liberale Aufstand von 1831 mißlang; die monarchische Verfassung blieb in Kraft. Doch immer mehr fanden seit der Regeneration der Mehrheit der schweizerischen Kantone liberale und demokratische Ideen, namentlich in den industriell fortschrittlichen neuenburgischen Berggemeinden, deren Uhrenindustrie waadtländische und deutschschweizerische Arbeiter anzog (2), Eingang. Die Befreiung von feudalen Lasten lockte die Landbevölkerung. Bern übte seit seiner radikalen demokratischen Umwälzung einen entscheidenden Einfluß aus. Neuenburgs Neutralität im Sonderbundkrieg und seine Isolierung in der Eidgenosschenschaft weckte bei den Republikanern

(1) E.Blösch: Geschichte der Schweizerisch-Reformierten Kirchen, Bd.2, Bern 1899, S. 223.

(2) Neuchâtel et la Suisse, Neuenburg 1969, S. 309, 315 f.

Putschgelüste. Kurz nach der Februarrevolution im benachbarten Frankreich, am 1.März 1848, kam es zu einem unblutigen Aufstand. Die königstreue Obrigkeit dankte ab, und die provisorische Regierung rief auf den 5.April 1848 einen demokratisch gewählten Verfassungsrat zusammen. Er zählte mit einer einzigen Ausnahme lauter republikanisch gesinnte, liberale und radikale Volksvertreter (1).

Der Entwurf, der der Verfassungskommission vorgelegt wurde, hat den liberalen Alexis-Marie Piaget, das Haupt der provisorischen Regierung, einen in Frankreich geschulten Juristen, zum Urheber (2). Das Projekt wurde nur wenig modifiziert. An vorletzter Stelle, unter den Bürgerrechten, figuriert die religiöse Freiheit. Der Artikel hat im ersten Entwurf folgenden Wortlaut: "Chacun professe sa religion avec la même liberté et obtient pour son culte la même protection, en se conformant aux prescriptions de la loi chargée d'en régler l'exercice extérieur. Toutefois l'exercice public d'un culte autre que l'un des cultes chrétiens, ne seras permis que dans les limites compatibles avec l'ordre public et les bonnes moeurs. La loi pourra prendre des dispositions spéciales à ce sujet" (3). Die Erwähnung

---

(1) Neuchâtel et la Suisse, Neuenburg 1969, S. 339.

(2) Neuchâtel et la Suisse, Neuenburg 1969, S. 339.

(3) Art.16 du Projet de Constitution présenté par le gouvernement provisoire de la République et Canton de Neuchâtel à l'Assemblée constituante. Bulletin officiel des délibérations de l'Assemblée Constituante de la République et Canton de Neuchâtel, Neuenburg 1848, Nr. 2, S. 33 f.

der Kultusfreiheit als allgemeines Menschenrecht und die Betonung der Gleichheit auch für den staatlichen Schutz, die in der Schweiz bisher nur in der Genfer Verfassung von 1847 zu finden war, weisen auf das französische Vorbild hin. Die republikanische provisorische Regierung nicht weniger als die gestürzte monarchische Obrigkeit distanzierte sich von der radikalen Intoleranz der waadtländischen Behörden gegen Freikirchen und Sekten.

Die Einschränkung für nicht anerkannte Gottesdienste, die einer Sondergesetzgebung unterstellt werden konnten, zeigt jedoch, daß die konsequente Anwendung des Menschenrechts religiöser Freiheit schon innerhalb des Regierungsrates auf Widerstand stieß. Als nichtchristlicher Kultus kam, wenn man den Sekten die Christlichkeit nicht absprechen wollte, nur der israelitische in Frage. Trotz der toleranten Tradition waren auch im Fürstentum die Juden gesetzlichen Einschränkungen unterworfen (1). Ihre Zahl belief sich 1844 auf 140 Personen(2). Daß Einschränkungen im Religionsparagraphen vorgesehen waren, legt die Vermutung nahe, daß die Bedenken gegen die Gleichberechtigung der Israeliten, die zumeist aus dem Elsaß stammten, nicht nur den wirtschaftlichen Motiven der Konkurrenzierung in Handel und Industrie entsprangen. Selbst unter diesen Voraussetzungen bedeutete die Einbeziehung der jüdischen Religion in den Verfassungsschutz einen Fortschritt gegenüber der bisherigen nur auf Toleranz gegründeten, schwankenden Praxis.

---

(1) A.Nordmann: Les Juifs dans le Pays de Neuchâtel, Neuenburg 1923, S. 20 ff.

(2) A. Nordmann: a.a.O., S. 24.

Nur wenige der eingegangenen Petitionen befaßten sich mit der allgemeinen Kultusfreiheit, wie sie der inzwischen veröffentliche kommissionale Verfassungsentwurf vorschlug, doch nahmen sie alle positiv dazu Stellung. Aus Le Locle und Les Ponts Martels kamen zwei wörtlich gleichlautende Eingaben mit 40 und 54 Unterschriften (1). Diese Bürger gaben ihrer Freude darüber Ausdruck, daß die religiöse Freiheit als eine der kostbarsten Freiheiten in ihrer ganzen Weite garantiert werde. Von der Gewissens- und Kultusfreiheit heißt es, sie habe bereits bestanden und Neuenburg davor bewahrt, daß der religiöse Friede, nicht, wie in andern Ländern, gestört worden sei. Sie wurde als ein Individualrecht, das jedem freien Menschen zustehe, bezeichnet. Die Petitionen schließen mit dem Wunsch an die Adresse des Verfassungsrates, es möchten die Artikel über das Verhältnis von Staat und Kirche so verfaßt werden, daß sie nie im Widerspruch zur Kultusfreiheit ausgelegt werden könnten. Die Petition zeugt von der Unruhe, den der betont staatskirchliche Entwurf in landeskirchlichen Kreisen erweckt hatte. Ähnlichen Bedenken entsprang einer ebenfalls kirchenfreundlichen Petition aus Valengin mit 34 Unterschriften (2). Sie gab dem Wunsch Ausdruck, daß sich die Verfassung darauf beschränken möge, die großen Prinzipien der Kultusfreiheit zu gewährleisten, mit dem Hinweis, daß der Staat konfessionell gemischt sei. Den Protestanten sollte es überlassen werden, ihre Kirche selbständig zu organisieren. Religiöse Freiheit bis zur grundsätzlichen Trennung von Staat und Kirche wünschten 14 Bürger aus Le Locle (3) in einer Eingabe, die französische Einflüsse zeigt. Die bürgerlichen und politischen

---

(1) Annexes de la Constituante 1848, Neuenburger Staatsarchiv.

(2) Annexes.., a.a.O.

(3) Annexes.., a.a.O.

Rechte sollten unabhängig vom Glaubensbekenntnis sein, Geburt, Heirat und Tod in Zivilregister eingetragen und der Unterhalt jedes Kultus nicht vom Staat, sondern von den betreffenden Kirchengliedern bestritten werden. Der Ausdruck "notre chère et ancienne église" weist darauf hin, daß die Petition nicht aus kirchenfeindlichen Kreisen stammte, was sich auch darin zeigt, daß die Bürger zur kirchlichen Trauung ermutigt werden sollten. Von antiklerikalem, aber nicht antireligiösem Charakter waren mit Hunderten von Unterschriften versehene Petitionen patriotischer Klubs, deren gleichlautender Text gedrucktwar (1). Sie führten Beschwerde gegen die offen antirevolutionäre Haltung gewisser Geistlicher und verlangten von der Konstituante Maßnahmen zugunsten eines demokratischen Staatskirchentums. Die bisher autonom verwalteten Kirchengüter sollten dem Staat einverleibt und die Pfarrer vom Staat entlöhnt werden. Auf die Kultusfreiheit gingen diese Petitionen nicht ein.

Die Beratungen über den Entwurf der Verfassungskommission begannen am 17.April und endeten bereits am 25. April, da den Radikalen an einer raschen rechtlichen Konsolidierung der durch die Revolution geschaffenen inneren und äußeren Verhältnisse sehr gelegen war. Die abgesetzten Royalisten hatten immer noch einen nicht geringen Anhang beim Volk. Das kurz gefaßte offizielle Protokoll im "Bulletin officiel" läßt erkennen, daß die Individualrechte wenig umstritten waren. Die Kommission hatte dem Recht auf Gleichheit der persönlichen Freiheit, die Unverletzlichkeit der Wohnung und des Eigentums, der Pressefreiheit und dem Petitionsrecht, das Assoziations-

---

(1) Annexes de la Constituante 1848, Neuenburger Staatsarchiv.

recht hinzugefügt (1), das mit der Kultusfreiheit in Beziehung steht und mit einschränkender Formulierung wie die anderen Freiheitsrechte angenommen wurde. Es folgte der Schutz für die Rechtsprechung und als Artikel 14 die Religionsfreiheit. Die Verfassungskommission hatte sich vom Vorbild Frankreichs distanziert und - wie die Genfer und Berner Verfassung - im ersten Satz die Formulierung gewählt: "La liberté des cultes est garantie; la loi en règle l'exercice extérieur" (2).

Der zweite Paragraph über den nichtchristlichen Kultus, der unverändert geblieben war, fand im Verfassungsrat das Mißfallen Montandons. Er schlug Streichung vor mit dem Einwand, daß der israelitische Gottesdienst dasselbe Recht auf Freiheit wie die anderen Kulte habe (3). Das provisorische Regierungshaupt, Alexis-Marie Piaget, verteidigte die Einschränkung mit dem Hinweis auf die Stimmung im Lande. Hingegen hätte er die Formulierung des ersten Paragraphen nach dem Entwurf des Regierungsrats vorgezogen (4). Auch Aimé Humbert zog die erste Fassung vor und verteidigte den vorgelegten zweiten Paragraphen, der nicht nur auf den jüdischen Kultus,sondern auch im Fall einer religiösen Krise Anwendung finden könne, wie er meinte. Der Arzt Florian Landry aus La Chaux-de-Fonds, wo mehrere Bürger die Gleichberechtigung der Israeliten verlangt hatten, wünschte, daß auch der jüdische Gottesdienst in die Kultusfreiheit einbezogen werde. Er berief sich auf das eidgenössische Verfassungsprojekt, von dem er annahm, es werde der Emanzipation der Juden förderlich sein (5). Auch Charles Calame

(1) Bulletin officiel des délibérations de l'assemblée constituante de la République et Canton de Neuchâtel, Neuenburg 1848,Nr.10, 17.April, S.11; Nr.11, S.17.

(2) A.a.O., Nr.11, 18.April, S. 23.

(3) A.a.O., Nr.11, 18.April, S. 23.

(4) A.a.O., Nr.11, 18.April, S. 23.

(5) A.a.O., Nr.11, 18.April, S. 24.

setzte sich für eine liberalere Fassung der Kultusfreiheit ein. Ausführlicher gibt das Protokoll die Einwände des Arztes Georges Du Bois wieder, der Mitglied der provisorischen Regierung war. In den Einschränkungen des zweiten Paragraphen sah er eine ungerechtfertigte Vorbeugung gegen die jüdische Rasse, deren Kultus nicht weniger friedlich sei als der christliche. Größere Gefahr für die Sitten befürchtete er von gewissen Sekten, wobei Du Bois auf Vorfälle im Kanton Zürich und in den Vereinigten Staaten hinwies. Du Bois schlug folgenden Text vor: "Chacun professe sa religion avec la même liberté, et obtient pour son culte la même protection dans les limites compatibles avec l'ordre et les bonnes moeurs, et en se conformant aux prescriptions de la loi chargée d'en règler l'exercice extérieur" (1). Die Verlegenheit, eine Formulierung zu finden, die zugleich die Befürworter völliger religiöser Freiheit und jene befriedigte, die dem Staat das Recht der Intervention gegen Juden und Sekten zubilligen wollten, ist aus dem angenommenen Vorschlag Grandpierres, die Diskussion zu vertagen, ersichtlich (2).

In der anschließenden Debatte über die Niederlassungs- und Gewerbefreiheit (3) zeigte sich der Verfassungsrat mehrheitlich einer liberaleren Fassung als sie die Kommission gegenüber den Schweizern anderer Kantone vorgeschlagen hatte, geneigt. Die Klausel über die Reziprozität wurde gestrichen. Konfessionelle Bedenken spielten dabei keine Rolle, hatte doch schon die konservative Verfassung von 1814 die örtlich unbeschränkte Parität der anerkannten Konfessionen garantiert. Die führenden liberalen und radikalen Republikaner Neuenburgs besaßen eine

(1) Bulletin officiel 1848, Nr.11, 18.April, S. 24.

(2) A.a.O., Nr.11, 18.April, S. 24 f.

(3) A.a.O., Nr.11, 18.April, S. 25 ff.

Vorliebe für eine konfessionell nicht getrennte soziale und politische Struktur. Dies entsprach den nationalen und wirtschaftlich progressiven Interessen eher als die überholte Form der getrennten Parität. Die Revolution von 1848 hatte nicht nur die Regeneration des Kantons, sondern auch die Teilnahme Neuenburgs an der Erneuerung der Schweiz nach demokratischen Prinzipien im Auge. Konfessionelle Vermischung konnte die Einheit nur fördern.

Immer wieder wurden jedoch auch Bedenken laut, die in ländlichen Kreisen ihre Hauptstütze fanden, die Verfassung könnte vom Volk wegen allzu großer Freizügigkeit verworfen werden. Dasselbe zeigte sich unter Anspielung auf die Sektenfurcht bei der Wiederaufnahme der Debatte über die Kultusfreiheit bei den Vertretern staatsautoritärer Tendenzen. Die Verfassungskommission, an die der Religionsartikel zurückgewiesen worden war, hatte aufgrund der ersten Debatte den Text des ursprünglichen Entwurfs dahin ergänzt, daß der israelitische Kultus in der einschränkenden Bestimmung der Kultusfreiheit nun ausdrücklich genannt war (1).

Die Befürworter völliger Religionsfreiheit meldeten sich zuerst zu Wort. Leuba-Fatton und Ch.Calame wünschten kurzerhand Streichung der auf Sekten und Juden bezogenen Einschränkung. Georges Du Bois schlug im Vergleich zu seinem früheren Antrag einen leicht modifizierten Text vor: "Chacun professe sa religion avec la même liberté, et obtient pour son culte la même protection, en se conformant aux prescriptions de la loi chargée d'en régler l'exercice extérieur et dans les limites compatibles avec l'ordre public et les bonnes moeurs" (2). Grandpierre

---

(1) Bulletin officiel 1848, Nr.14, 20.April, S. 7.
(2) Bulletin..,a.a.O., S.7.

lehnte auch diese Fassung als der religiösen Freiheit abträglich ab (1). Der radikale Jean Steck aus Boudry, dem in der neuen Regierung das Kirchenressort anvertraut werden sollte, sprach sich dagegen unverhohlen zugunsten staatlicher Eingriffe bei religiösen Versammlungen aus, zumal die Religion - nach seiner Meinung - oft als Maske für politische Interessen diene (2). Auch Calame von Môtiers wünschte staatliches Aufsichtsrecht wegen Missbrauchs der Religion, wobei er den Methodismus besonders erwähnte (3). Calame sen. hoffte, dass die Regierung gegenüber den Sekten eine starke Hand haben würde. Hingegen griff Jeanrenaud-Besson aus Fleurier den Antrag von Du Bois an, da er die erste der Freiheiten, die religiöse Freiheit, einschränke und den Behörden eine übertriebene Macht gebe, die missbraucht werden könnte. Er warnte vor dem Beispiel des Kantons Waadt (4), was Steck zu der Replik bewog, die waadtländische Regierung sei durch die Dissidenz zum Einschreiten gezwungen worden (5). Aimé Humbert, der liberale Sekretär der provisorischen Regierung, vertrat ebenfalls die Ansicht, dass der Antrag von Du Bois der staatlichen Willkür die Tür öffne. Er befürchtete, die Obrigkeit werde sich dadurch auch in die inneren Angelegenheiten eines Kultus einmischen können. Die Republik sollte vielmehr - nach Humberts Worten - dem schönen Beispiel der Vereinigten Staaten folgen (6). Du Bois erwiderte, dass deren Gesetzgebung sich kaum auf das alte Europa anwenden lasse (7).

---

(1) Bulletin officiel 1848, Nr.14, 20.April, S. 7.
(2) Bulletin, a.a.O., S. 8.
(3) Bulletin, a.a.O., S. 8.
(4) Bulletin, a.a.O., S. 8.
(5) Bulletin, a.a.O., S. 9.
(6) Bulletin, a.a.O., S. 9.
(7) Bulletin, a.a.O., S. 10.

Girard vertrat die Ansicht, der Text der provisorischen Regierung wie auch jener der Kommission würden genügend Garantien gegen den Mißbrauch der religiösen Freiheit bieten (1). Justine Gretillat aus Dombresson bezeichnete die Furcht vor der Dissidenz als übertrieben und wünschte, daß sich jeder ebenso frei zu einer religiösen Versammlung begeben könne wie ins Kabarett (2).

Nachdem Du Bois sein Amendement zurückgezogen hatte (3) und auch der Antrag von H.-A.Leuba-Fatton mit 39 gegen 25 Stimmen in Minderheit geblieben war (4), wurde Artikel 14 nach dem Wortlaut der Verfassungskommission angenommen. Er lautete: "Chacun professe sa religion avec la même liberté et obtient pour son culte la même protection, en se conformant aux prescriptions de la loi chargée d'en régler l'exercice extérieur. Toutefois l'exercice public d'un culte autre que l'un des cultes chrétiens et le culte israélite, ne sera permis que dans les limites compatibles avec l'ordre public et les bonnes moeurs. La loi pourra prendre des dispositions spéciales à ce sujet" (5). Damit war klar ausgesprochen, daß nicht nur nicht christliche Gottesdienste sondern auch dissidente christliche Kulte eingeschränkt werden konnten. Der Text erfuhr in der zweiten Lesung keine Änderung mehr.

---

(1) Bulletin officiel 1848, Nr. 14, 20.April, S. 10.
(2) Bulletin, a.a.O., S. 10.
(3) Bulletin, a.a.O., S. 10.
(4) Bulletin, a.a.O., S. 10.
(5) Bulletin, a.a.O., 25.April, Nr.17, S. 20 f.

Die Kultusfreiheit(3), die individualrechtlich formuliert war, bedeutete keineswegs völlige Freiheit der anerkannten Kirchen. Die Bestimmungen über ihr Verhältnis zum Staat machen vielmehr deutlich, daß es den Radikalen Neuenburgs um die Stärkung der politischen Gewalt gegenüber dem Klerus ging, da dieser in seiner überwiegenden Mehrheit die Revolution nicht gutgeheißen hatte. Eine besondere Kommission schlug, im Sinn der eingegangenen Petitionen, Abschaffung der Vorrechte der Geistlichkeit vor, mit der Begründung, daß sie ein Staat im Staat bilden würden. Auch sollte das bisher von der "Chambre économique" verwaltete Kirchengut verstaatlicht werden (1). Der Verfassungsrat hieß die entsprechende Vorlage der Verfassungskommission gut. Artikel 64 lautet im endgültigen Entwurf: "Tous les cultes, en ce qui touche le temporel, sont placés sous la suprématie du gouvernement. La loi règlera les rapports de l'église avec l'état. La nouvelle organisation ne pourra jamais reconnaître ou constituer des corporations ecclésiastiques indépendantes du pouvoir souverain. Les membres du clergé seront entendus lorsqu'on procèdera à cette organisation" (2). Die beiden folgenden Artikel machten die Niederlassung religiöser Korporationen von der Bewilligung durch den Großen Rat abhängig und vereinigten nach dem kommissionalen Vorschlag das Vermögen und Einkommen der Kirche mit dem Staatsgut, aus dem fortan die Kirchenbeamten zu entlöhnen waren.

---

(1) Bulletin officiel, 1848, 25.April, Nr. 17, S. 6.

(2) Bulletin, a.a.O., Nr.17, S. 29.

(3) Mit der Annahme der Staatsverfassung vom 30.April durch eine knappe Mehrheit der Stimmenden - 5813 Ja gegen 4395 Nein - erhielt der Religionsartikel Rechtskraft.

Da keine Kirche mit Namen erwähnt wurde, konnte sich sowohl die reformierte als auch die katholische Kirche von der staatsautoritären Tendenz der Verfassung betroffen fühlen. Der Wortführer der Katholiken im Verfassungsrat, Georges Bonjour aus Landeron, begrüßte zwar, daß die Freiheit der Konfessionen prinzipiell gutgeheißen werde, bedauerte jedoch, daß die Verfassung nicht ausdrücklich die Nichteinmischung der staatlichen Gewalt in innerkirchliche Angelegenheiten garantierte, wobei er vor allem wünschte, es möchte wie bisher in Fragen der Kirchendisziplin ausschließlich der Bischof von Lausanne zuständig sein (1). Das provisorische Regierungshaupt, M.A.Piaget, entgegnete, das Verfassungsprojekt wolle nur die Temporalien, das Äußere des katholischen Kultus, reglementieren. Was er darunter verstand, darüber schweigt das Protokoll.

Von einer prinzipiellen Trennung von Kirche und Staat als Konsequenz und Garantie der Kultusfreiheit, wie sie in jener Eingabe von Le Locle gewünscht wurde, ist - soweit dies aus dem offiziellen Bericht ersichtlich ist - 1848 im Neuenburger Verfassungsrat nicht die Rede gewesen. Daß sie jedoch damals schon von der calvinistisch und pietistisch orientierten Geistlichkeit, deren Sympathien auf seiten der waadtländischen Dissidenz standen, ernsthaft erwogen wurde, um eine zu massive Einmischung der weltlichen Macht in innerkirchliche Angelegenheiten abzuwehren, zeigt ein Brief des Dekans James Du Pasquier an den Staatssekretär (2). Die Verfassungsbestimmung, die dem Staat, wenn auch nach Anhören der Geistlichkeit, die Kirchenrevision vorbehielt,

---

(1) Bulletin officiel, 1848, Nr.10, 17.April, S. 16.

(2) A.Humbert: Alexis-Marie Piaget et la République neuchâteloise. 1.Teil, Neuenburg 1888, S. 425.

wurde vom Klerus um so mehr beklagt, als im Kanton Neuenburg die reformierte Kirche sich seit drei Jahrhunderten großer Unabhängigkeit erfreut hatte, eine Folge ihrer Konstituierung ohne Hilfe des früher katholischen Fürstenhauses (1). Die Spaltung wurde 1848 jedoch vermieden, indem der Staatsrat den vom radikalen Kultusdirektor Jean Steck noch im gleichen Jahr nach bernisch-staatskirchlichem Vorbild ausgearbeiteten Entwurf eines neuen Kirchengesetzes verwarf (2) und der Große Rat am 29.November 1848 nach dem Vorschlag des Klerus einer die innerkirchliche Selbständigkeit besser berücksichtigenden Synodalverfassung zustimmte (3).

Die fortschrittlich liberale Entwicklung des kantonalen Rechts religiöser Freiheit lag dem konstanten Eintreten des Neuenburger Standesvertreters in der Tagsatzung zugrunde, wenn es um die Frage des Schutzes religiöser Minderheiten ging. So verteidigten vor der Revolution die konservativen Gesandten des Fürstentums im Kloster- und Jesuitenkonflikt die Freiheit religiöser Orden, während die demokratischen Gesandten 1848 im Bundesrecht die vollständige individualle Religionsfreiheit befürworteten.

---

(1) G.Finsler: Kirchliche Statistik der reformierten Schweiz, Zürich 1856, S. 481 ff. E.Berthoud: Des rapports de droit entre l'Etat et l'Eglise dans le canton de Neuchâtel, Neuenburg 1895, S. 6.

(2) Nach Aimé Humbert war 1848 die Mehrheit des Staatsrats einer eventuellen Trennung nicht abgeneigt. Anläßlich der Verfassungsrevision von 1858 stellte Humbert, von Piaget unterstützt, einen Antrag auf Trennung von Staat und Kirche. A.Humbert: Alexis-Marie Piaget et la République neuchâteloise.1.Teil,Neuenburg 1888, S.426; E.Berthoud: a.a.O., S. 105 f. Ch.Montvert: Histoire de la fondation de l'Eglise évangélique neuchâteloise, indépendante de l'Etat.

(3) F.Godet, einer der Redaktoren der Eingabe der Geistlichkeit, erwähnt, daß die Ankunft des waadtländischen Staatsrats Blanchenay in Neuenburg und die auf die Demission der waadtländischen Pfarrer erfolgte Gründung einer Freikirche nicht ohne Einfluß auf die Mäßigung der Regierung war. F.Godet:Trois dates dans nos Annales ecclésiastiques: 1838 - 1848 - 1873, Neuenburg 1874, S. 17.

Parität, konfessionelle Trennung und aargauische Staatskrise

Bedeutung und Schwierigkeit der verfassungsrechtlichen Gestaltung religiöser Freiheit in einer gemischtkonfessionellen Demokratie zeigt vor allem der paritätische Kanton Aargau, wo ausgeprägte kulturpolitische Tendenzen vorherrschten. In diesem jungen Staat, bei dessen Entstehung sich schon Integrationsschwierigkeiten konfessioneller Natur gezeigt hatten, führte zu Beginn der vierziger Jahre der durch die Regenerationsverfassung von 1831 nur scheinbar überwundene Gegensatz zwischen vor- und nachhelvetischem Paritätsdenken zur Staatskrise (1). Die unkritische Übertragung der streng römisch-katholisch ausgerichteten Politik Leus im luzernischen, rein katholischen Nachbarkanton auf ein künstlich geschaffenes, gemischtkonfessionelles Staatsgebilde, das zu seiner Erhaltung auf den Ausgleich zwischen Reformierten und Katholiken angewiesen war, erwies sich verhängnisvoll für die bisherige konfessionelle Parität im Großen Rat und schließlich auch für die Existenz der aargauischen Klöster. Den direkten Anlaß zur Krise zu Beginn der vierziger Jahre gab das Verlangen der Freiämter nach konfessioneller Trennung zum Schutz der römisch-katholischen Kirche, ein primär-religiöses Anliegen, das jedoch schon zu Beginn auch politischen Charakter annahm. In welchem Ausmaß

---

(1) Siehe die grundlegende Untersuchung von R.Stänz: Die Entwicklung der Parität im Kanton Aargau, Thayngen 1936. Die Arbeit ist, wie der Titel sagt, auf die Paritätsfrage ausgerichtet, weshalb sie nicht alle verfassungsmäßigen Aspekte der religiösen Freiheit, auf die hier aufgrund der Quellen einzugehen ist, beleuchtet.

wirtschaftliche Faktoren - die bäuerlichen Freiämter Bezirke waren gegenüber dem industriell aufstrebenden reformierten Landesteil benachteiligt (1) - zusätzlich eine Rolle spielten, ist hier nicht zu untersuchen.

Schon 1834, als der Große Rat der Ratifizierung der Badener Artikel zustimmte (2), die u.a. das Plazet für alle Erlasse und Verlautbarungen der katholischen Kirchenhäupter verlangten, hatte es sich gezeigt, daß das zahlenmäßige konfessionelle Gleichgewicht in der Legislative - je hundert katholische und reformierte Großräte - in der Praxis keine Gewähr mehr bot für die Aufrechterhaltung kirchlich-traditioneller Rechte. Mit den Reformierten stimmten kirchenrechtlich josephinisch-wessenbergisch gesinnte Katholiken zugunsten des Staatskirchentums. So nur erklärt sich die 121-stimmige Mehrheit (3). Nur 26 waren dagegen, somit eine Minderheit der katholischen Großräte. Während die staatsautoritäre Kirchenpolitik in den reformierten Bezirken und in dem früher unter österreichischem Einfluß stehenden katholischen Fricktal ihre vorhelvetische Tradition und ihre Anhänger hatte, widersetzten sich ihr vor allem die Katholiken der von jeher nach der Innerschweiz ausgerichteten Freiämter Bezirke mit ihren einflußreichen Klöstern. Als die Regierung staatliche Druckmittel einsetzen wollte, verweigerten 112 von insgesamt 130 Priestern den verlangten

---

(1) A.Rey: Die Entwicklung der Industrie im Kanton Aargau. Aarau 1937, S. 12 f.

(2) Verhandlungen des Großen Rathes des Kantons Aargau, 1834, S. 344-416.

(3) R.Stänz: Die Entwicklung der Parität im Kanton Aargau, Thayngen 1936, S. 136.

Eid. Erst als die Behörden Truppen in die Freiämter sandten und den von Rom gutgeheißenen bedingten Eid zuließen, gab der Klerus nach. Das Mißtrauen, vom katholischen Klerus genährt, gegen die freisinnig-radikale Kulturpolitik aber blieb, zumal schwerwiegende klosterfeindliche Maßnahmen gegen das Noviziat und die Besitztümer folgten. Die Verwaltung des Klosterguts übernahmen die weltlichen Behörden, was allerdings noch keine Verstaatlichung bedeutete. Verstaatlicht wurden 1835 hingegen die Klosterschulen, deren streng konfessioneller Charakter ein Dorn im Auge der liberal-radikalen Reformierten und Katholiken war.

Der religiös-konservative Auftrieb nach dem Straussenputsch und die Hoffnung auf einen Sieg der antiliberalen Opposition im Nachbarkanton erhöhte bei den bäuerlichen Freiämtern anläßlich der Verfassungsrevision von 1840 das Verlangen nach besserer Sicherung der religiösen und kirchlichen Interessen innerhalb des Staatsorganismus. Ihre Wortführer aus dem Laienstand suchten, da sich die Verfassungsgarantie der Gewissens- und Kultusfreiheit als ungenügend erwiesen hatte, einen Weg, der nicht nur den Reformierten das Mitspracherecht in katholischen Angelegenheiten entziehen, sondern auch der jetzigen relativ kleinen katholisch-konservativen Minderheit größeren Einfluß im Kampf gegen die katholisch-liberalen Tendenzen gewähren würde (1). Dies wäre in einem rein katholischen Großratsgremium eher der Fall gewesen als in der bisherigen Legislative, in der die Koalition der reformierten und der katholischen Liberalen und Radikalen die Kirchenpolitik bestimmte.

---

(1) R.Stänz: Die Entwicklung der Parität im Kanton Aargau, Thayngen 1936, S. 151 f, 178 f.

Die erste Verfassungsrevision von 1840

Von der Sorge um das Ungenügen der bisherigen Parität in den Räten und Behörden zum Schutz der konfessionellen Interessen zeugen die beiden Bittschriften der Mellinger Volksversammlung vom 2.Februar 1840, hinter der das konservativ-katholische Bünzener Komitee stand(1). Die eine der Eingaben geht - wie es heißt - vom "anerkannten Grundsatz der Parität in seiner vollen Bedeutung" aus. Diese interpretierten die Petenten dahin, daß die Katholiken und Reformierten sogar getrennt über die auszuarbeitende Verfassung abstimmen und daß jede Konfessionshälfte damit über Annahme oder Verwerfung entscheiden sollte. "Beruht nun aber die Staatsverfassung auf dem Paritätsgrundsatze", so wurde argumentiert, "wird jene hiedurch zum wahren Gesellschaftsvertrage, so muß auch jedem Theile (und wir anerkennen es für jeden Theil) die Möglichkeit gegeben werden, sein Recht bejahend oder verwerfend ausüben zu können, oder der Wille des voraus schwächeren Theils wird zernichtet" (2). Man erkennt unschwer als Vorbild den vertragsmäßigen durchgebildeten Paritätsgrundsatz des zweiten Villmerger Friedens aus der Zeit der territorialen Sonderung der Konfessionen (3). Nur sollte nach dem demokratischen Prinzip nicht mehr die Obrigkeit, sondern das eher religiös-konservative Volk der Souverän sein. Der Zweck war derselbe. Es ging um den Schutz der konfessionellen Minderheit, somit um ein Problem religiöser Freiheit, jedoch in einer unzeitgemäßen Form.

---

(1) Petition der Volksversammlung in Mellingen an den Tit. Großen Rath des Kantons Aargau 1840 (gedruckt).

(2) Petition, a.a.O., S. 5.

(3) F.Hurter: Die Katholiken des Aargaus und der Radicalismus, Schaffhausen 1843, S. 5.

In der zweiten Mellinger Eingabe (1), die auf 28 Folioseiten zahlreiche Unterschriften aufweist, wird die konfessionelle Trennung für die Volksabstimmung über die Verfassung nicht erwähnt, sondern nur für die Legislative verlangt. Die ersten fünf der achtzehn Wünsche berühren kirchliche Interessen. Auffallend ist die Zurückstellung der Parität (2), die die vierzehnte und siebzehnte Stelle einnimmt. Die katholische und evangelisch-reformierte Religion sollten als "Staatsreligionen" anerkannt und ihre Rechte garantiert werden. Über die bisherige staatliche Garantie der kirchlichen Interessen geht der Antrag auf Schaffung eines katholischen und eines reformierten Großratskollegiums. Diese Gremien sollten, "unter dem Schutz des Staats", die oberste Gewalt in den Erziehungs- und kirchlichen Angelegenheiten ausüben, insoweit letztere den weltlichen Behörden zustehen und der Verfassung nichts Entgegenstehendes enthalten würden (3). In der Begründung der konfessionellen Trennung wird der innerkirchliche Konflikt mit keinem Wort erwähnt, hingegen auf die durch die Majorisierung der einen Konfession über die andere entstehenden Kränkungen hingewiesen. Dabei wird die vorhelvetische Parität als vorbildlich hingestellt: "Es muß die religiöse und kirchliche Freiheit gesichert sein, wenn

---

(1) Mappe "Großer Rath, Verfassungsrevision. Ansichten, Wünsche und Begehren der geistlichen und weltlichen Staatsbürger, 1840", Aargauer Staatsarchiv. Diese Eingabe ist ebenfalls im Druck erschienen und hat dieselben drei Unterschriften wie die erste: Wünsche der Volksversammlung in Mellingen vom 2.Hornung 1840 an den Großen Rath des Kantons Aargau, 1840.

(2) Die Siegwartsche "Schweizerische Bundeszeitung" brachte am 13.März 1840 die Ansicht, daß politische Vorrechte, wie die aargauische Parität, auf die Dauer nicht haltbar seien, deren Abschaffung aber selten ohne bedauerliche Ereignisse möglich werde, worunter der Schreiber unfehlbar politische Trennung gemeint hat.

(3) Wünsche der Volksversammlung in Mellingen..,a.a.O. S. 25 (gedruckt).

Vertrauen und Friede im Lande herrschen sollen und darum hat schon der Landesfriede von 1712 jede Einmischung von der einen oder andern Seite weislich verboten"(1). Zur Sicherung der kirchlichen Rechte sah die Eingabe ferner ein Konkordat vor über die strittigen Fragen, eine Garantie für den Fortbestand der Klöster, die Aufnahme von Novizen, die Bewilligung konfessioneller Schulen und eine vermögensrechtliche Sicherung. Die übrigen Wünsche waren meist politischer Art. Nach dem Vorbild der Luzerner Bauerndemokraten wurde das Vetorecht des Volkes verlangt."Im Veto sucht das Volk den Schutz der konfessionellen Verhältnisse, den Schirm der Religion und Kirche gegen die Behörden", schrieb die "Schweizerische Bundeszeitung" in Luzern am 17.Januar 1840.

Ähnlich wie die Mellinger Wünsche lautete eine Petition aus dem Bezirk Muri vom 22.Juni(2).Hunderte von Katholiken beschwerten sich darin, daß trotz Verfassungsgarantie dem Gewissen des Volkes Gewalt angetan worden sei. Sie verlangte außer der Anerkennung der Rechte und Freiheiten der römisch-katholischen Kirche die konfessionelle Trennung. Diese sollte so gestaltet werden, wie es heißt, daß die Katholiken nichts in protestantisch-kirchlichen und die Protestanten nichts in katholisch-kirchlichen Angelegenheiten zu sagen hätten, sondern daß jeder Konfessionsteil unabhängig von dem andern diese nach dem Geist und der Einrichtung der Kirche besorgen könne (3).

Auch vom katholischen Klerus wurde ein Schreiben an

---

(1) Wünsche der Volksversammlung in Mellingen vom 2.Hornung 1840 an den Großen Rath des Kantons Aargau,1840, S.6.

(2) Mappe "Großer Rath, Verfassungsrevision, Ansichten, Wünsche und Begehren der geistlichen und weltlichen Staatsbürger, 1840".

(3) Ähnlich lautet der Antrag auf konfessionelle Trennung, den der Arzt des Klosters Muri, Dr.J.B.Baur, im Großen Rat stellte. Verhandlungen des Großen Rathes des Kantons Aargau, 1840, S. 370 f.

den Großen Rat geschickt, das die Zustimmung des zuständigen Bischofs von Solothurn fand (1). 105 Geistliche haben es unterschrieben, 26 verweigerten die Unterschrift. Wenn auch die Mellinger Wünsche dem Geist nach mit der Eingabe des Klerus übereinstimmen, so wurde die konfessionelle Trennung darin doch nicht wörtlich erwähnt. Der katholische Klerus wünschte, daß den Katholiken die Ausübung ihrer Religion vollkommen zugesichert werde. Zu den Rechten, die geschützt werden sollten, wurde aufgezählt: der freie und unbeschränkte Verkehr des katholischen Volkes und der Geistlichkeit mit dem Bischof und dem Papst; die Beaufsichtigung der religiösen Erziehung der Jugend in allen katholischen Bildungsanstalten durch die Kirche; die Unterstützung der zur Seelsorge verpflichteten Geistlichkeit in der Ausübung ihrer Rechte und Pflichten; die Bewahrung der katholischen Stiftungen und Vergabungen. Die Eingabe verlangte ferner, daß die Artikel der Badener Konferenz ihrem Buchstaben und Geiste nach gänzlich beseitigt werden, und daß weder dem Volke noch dem Klerus vom Staat über kirchliche Gegenstände ein Gesetz noch eine Verordnung vorgeschrieben werde, die nicht auf einer Übereinkunft mit der höchsten Kirchenbehörde beruhe. Dazu begehrte das Schreiben die Rückgabe der Verwaltung der Klöster und freie Novizenaufnahme (2).

Die Frage der Urheberschaft des konfessionellen Trennungsgedankens, wie er durch die Mellinger Versammlung vom 2.Februar 1840 zum Hauptstreitpunkt der Verfassungsrevision wurde, ist weder von den Zeitgenossen noch von

---

(1) Mappe "Großer Rath, Verfassungsrevision, Ansichten, Wünsche und Begehren der geistlichen und weltlichen Staatsbürger, 1840".

(2) Mappe.., a.a.O.,Nr. 37. E.Heer: Das aargauische Staatskirchentum von der Gründung des Kantons bis zur Gegenwart, Wohlen 1918, S. 62 f.

der Forschung, wohl wegen mangelhafter Freiämter Quellen, einwandfrei beantwortet worden. Es ist verständlich, daß schon damals äußere Einflüsse vermutet wurden. Im Bericht des Polizeidepartements vom 3.Februar 1840 werden die Mellinger Wünsche mit der Leuschen Motion im Luzerner Großen Rat in Verbindung gebracht (1). In Luzern hatte sich nach dem Straussenputsch beim Bauerntum die religiös inspirierte politische Reaktion gegen das liberale Regime stärker zu regen begonnen (2). Dem Freiämter Trennungsbestreben liegt dasselbe katholisch-demokratische Staatsdenken zum Schutz der Religion und der Kirche zugrunde wie beim Ruswiler Verein. Die Voranstellung kirchlicher Interessen und der Wunsch nach direkter Demokratie - das Vetorecht des Volkes ging sogar den Radikalen in Aarau, die wissen mußten, daß das Volk religiös weniger liberal als die Räte dachten, zu weit - sind deutliche Belege der geistigen Verwandtschaft der Politik Leus und der katholischen Freiämter. Der Innerschweiz verdankten diese die Aufrechterhaltung ihrer Religion in der Zeit der Glaubenskriege. Dort wurden die katholischen Geistlichen ausgebildet. Von dort her fand das aus der vorhelvetischen Konfessionspolitik hervorgegangene Prinzip einer auch in der politischen Organisation geltenden konfessionellen Parität in den gemischten Kantonen stets kräftige Förderung (3), wie namentlich die

---

(1) E.Vischer: Rudolf Rauchenstein und Andreas Heusler, Aarau 1951, S. 95 f., Anm. 256.

(2) "Wie es scheint, tritt auch in Luzern die Jesuitenpartei immer kecker auf..." meldete am 11.2.1840 Andreas Heusler an Rudolf Rauchenstein. E.Vischer: a.a.O., S. 220.

(3) Die maßgebende konservativ-katholische "Schweizerische Kirchenzeitung" in Luzern schrieb in ihrem Bericht vom 8. und 15.2.1840 über die Revisionsbemühungen im Aargau von der Berechtigung der konfessionellen Trennung und bezeichnete die Mitarbeit der katholischen

glarnerische Geschichte zeigt. Daraus jedoch abzuleiten,- wie es der "Schweizerbote" vom 8.Februar 1840 tat (1) - daß die Urheber der Freiämter Wünsche damals auch an eine gänzliche Trennung vom reformierten Teil des Aargaus dachten, ist nie stichhaltig belegt worden (2). Der geheime Plan eines Anschlußes der Freiämter an Luzern findet sich erst in der Sonderbundzeit. Die Mitteilung des reformierten Großrats Rudolf Rauchenstein, eines der geistigen Häupter der Vermittlungspartei, an Ratsherrn Andreas Heusler, daß "die Sache" von der "Schweizerischen Bundeszeitung" angeregt wurde, dürfte sich - wie Eduard Vischer vermutet (3) - auf eine am 28.Januar 1840 in Siegwarts Blatt erschienene Kritik am aargauischen Paritätsartikel beziehen, in dem "die Trennung der konfessionellen Angelegenheiten als Grundbedingungen der Verfassung" gefordert wurden. Dies bedeutet aber nicht, daß der

---

Geistlichen als wünschenswert. Im aufschlußreichen Artikel vom 7. und 14.11.1840 über "Die confessionelle Trennung im Kanton Aargau", der an die alteidgenössische Parität anknüpft, werden die aargauischen Katholiken eindringlich aufgefordert, wie ein Mann zusammenzustehen und ihr Recht der religiösen Freiheit zu fordern.

(1) E.Vischer: Rudolf Rauchenstein und Andreas Heusler, Aarau 1951, S.217 f., Anm.72. Vorsichtiger als das Regierungsblatt drückte sich die Neue Aargauer Zeitung vom 8.2.1840 aus. Doch auch das Organ der Liberal-Konservativen sprach von der Möglichkeit, daß aus dem Trennungswunsch zwei Kantone werden könnten. Dort heißt es: "Der Katholik im freien Amt, der jetzt nur seine Religionsgefahr im Auge hat, wird sich unschwer damit vertraut machen", S. 218.

(2) Der Wunsch nach konfessioneller Trennung findet sich anläßlich der Verfassungsrevision zu Beginn der Regeneration in einer einzigen Petition und spielte in den Verfassungsverhandlungen keine Rolle. Er taucht erst in einer Eingabe der Gemeinde Beinwil vom 18.3.1832 wieder auf, in der getrennte Staatsaufsicht in Erziehungs- und Kirchensachen verlangt wurde und in der es heißt: "Das katholische Volk im Freiamt ist aufgeweckt und wird fortan mehr als je wachen über die Rechte, Lehren und Grundsätze seiner Kirche und dieselben nie mehr

Schreiber der Bundeszeitung einem extremen Trennungsgedanken, wie ihn die ersterwähnte Mellinger Petition zum Ausdruck brachte, zu Gevatter stand. Siegwart-Müllers "Bundeszeitung", an der auch Ignaz Paul Vital Troxler mitwirkte, distanzierte sich vielmehr von der Übertragung der Parität auf das Politische. In Ihrer Ausgabe vom 11.Februar 1840 wird das Mellinger Verlangen als "eine förmliche politische Trennung" bezeichnet, die der konfessionellen Trennung, wie ihr der Schreiber immer noch huldige, nicht entspreche (1). Das Kampforgan der Befürworter der Mellinger Wünsche, der "Freiämter", bestritt indessen am 17.März, "auch nur den Gedanken einer politischen Trennung". Was darunter zu verstehen ist, wird allerdings nicht gesagt.

Auch wenn die politisch wenig erfahrenen Freiämter-Führer 1840 keine staatliche Absonderung erwogen (2), so war die bei ihren Gegenern herrschende Tendenz, die konfessionelle der politischen Trennung gleichzusetzen, verständlich (3). Nicht nur Reformierte, sondern auch

---

frecher Weise antasten lassen. Lieber werden sie sich von den Reformierten trennen als sich ihre Religion rauben und die Kirche mit Füßen treten zu lassen". E.Vischer: Rudolf Rauchenstein und Andreas Heusler, Aarau 1951, S. 45, 47, 56 f., Anm. 128.

(3) E.Vischer: a.a.O., S. 213 f., Anm.65. Am 5.1.1840 hatte Großrat R.Rauchenstein Andreas Heusler mitgeteilt: "Die confessionelle Trennung ist zwar im Wurfe, die politische dagegen findet wenige Anhänger".(S.203).

(1) Vgl.Siegwart-Müllers kritische Haltung in: Der Kampf zwischen Recht und Gewalt in der Schweizerischen Eidgenossenschaft, Altdorf 1864, S.384 ff.

(2) Diese Ansicht teilt R.Stänz: Die Entwicklung der Parität im Kanton Aargau, Thayngen 1951, S.156, Anm.93, S.169. Auch E. Vischer nimmt als sicher an, daß im Freiämter Postulat kein Wunsch nach staatlicher Trennung vorlag. E.Vischer: a.a.O., S. 270, Anm. 191

(3) Notar Lüscher, der Verwalter von Schloß Rued bezeichnete

zahlreiche Katholiken des Aargaus erkannten in den Mellinger Wünschen eine Gefahr für die Staatseinheit. Diese fanden nicht einmal bei den Freiämtern restlose Zustimmung (1). Politische Trennung konnte zweierlei bedeuten: entweder eine Sonderung der Staatsorganismen, wie sie bis 1836 in Glarus innerhalb des Kantons bestand, oder vollständige Trennung nach dem Vorbild Appenzells. Beides waren Folgen der alteidgenössischen Konfessionspolitik und Ausdruck der Gefahr der Majorisierung der katholischen Minderheit durch die reformierte Mehrheit. Die Mellinger Wünsche, wenn sie auch nicht direkt Glarus oder gar Appenzell zum Vorbild hatten (2), gingen über die st.gallische konfessionelle Trennung hinaus. Die unter dem Pseudonym Christian Freymund 1840 erschienene umfangreichste ultramontane Parteischrift gab zu, daß die Katholiken "mehr fordern als was die St.Galler-Verfassung vom Jahr 1831 festgelegt hat" (3). Diese behielt dem Staat die Aufsicht und Sanktion der von den

---

schon vor der Mellinger Versammlung in einer Eingabe an die Basler Zeitung (Nr.vom 24.12.1839) eine Trennung des Kantons als "gar nicht unwahrscheinlich". E.Vischer: Rudolf Rauchenstein und Andreas Heusler, Aarau 1951, S. 197, Anm. 30.

(1) Der intelligente Teil der dortigen katholischen Bevölkerung, heißt es in einem Schreiben der Kulturgesellschaft von Bremgarten, sei gegen die Mellinger Wünsche. Neue Aargauer Zeitung vom 12.2.1840,Nr.13,S.49.

(2) Die Eingabe vom 2.2.1840 erwähnt die Kantone St.Gallen und Thurgau als Beweis, daß konfessionelle Großratskollegien der Staatseinheit nicht schaden, verschweigt aber, daß diese nach den Mellinger Wünschen unabhängiger sein würden. "Wünsche der Volksversammlung in Mellingen.., 1840, S.6.

(3) Ch.Freymund: Die Bestrebungen der aargauischen Katholiken, ihre Kirche durch konfessionelle Trennung zu sichern,1840. S.80.

großrätlichen Konfessionsteilen ausgearbeiteten Gesetze und Verordnungen und selbst das Plazet vor (1), wogegen die Mellinger Wünsche nur vom Schutz des Staates sprachen. Freymunds Schrift sagte denn auch richtig: "Wird unter Parität verstanden, was man in der alten Eidgenossenschaft damit gemeint hat, so ist sie übereinstimmend mit der konfessionellen Trennung, die begehrt wird" (2). Die katholischen Gremien des Großen Rates sollten als staatliche Organe somit einen Grad absoluter Autonomie für Kirchen- und Schulangelegenheiten erhalten, wie er damals in keinem paritätischen Kanton mehr bestand, da Glarus 1836 seine politisch-konfessionelle Trennung aufgehoben hatte. Berücksichtigt man die eine der Mellinger Petitionen, in der sogar über die Verfassung nach Konfessionen abgestimmt werden sollte, so wird klar, daß zumindest einem Teil der Mellinger Petitionäre das Konzept einer Föderation zweier kirchlich geschiedener Landeshälften zugrunde lag (3). Eine solche dualistische

---

(1) R.Stänz: Die Entwicklung der Parität im Kanton Aargau, Thayngen 1936, S. 178 ff.

(2) Ch.Freymund: Die Bestrebungen der aargauischen Katholiken, ihre Kirche durch konfessionelle Trennung zu sichern, 1840, S. 80.

(3) Dieser Gedanke eines Vertrages zwischen den Landesteilen kommt auch in der Erläuterung der Mellinger Wünsche zum Ausdruck, wenn es von der durch das Verfassungsdekret garantierten Parität der Konfessionen heißt: "Hierdurch haben Sie eben so weise als gerecht eine der Hauptbestimmungen, die jedem Vereinigungsvertrage gleich freier und gleich berechtigter Contrahenten zur Grundlage dienen müssen und auch dem unsrigen zu Grunde liegen, für unantastbar erklärt und ihren Fortbestand gesichert". Wünsche der Volksversammlung in Mellingen vom 2.Hornung 1840 an den Großen Rath des Kantons Aargau, 1840, S. 23.

Konfessionalisierung in einem Staatswesen, dessen Teile infolge ihrer verschiedenartigen Herkunft und Religion ohnehin wenig integriert waren, erschien verständlicherweise als unvereinbar mit der Grundlage der aargauischen Demokratie und konnte angesichts der konfessionellen Bedenken, die sich schon bei der Entstehung des neuen Kantons erhoben hatten, sehr wohl als Gefährdung der staatlichen Einheit erscheinen (1). So wurde die konfessionelle Trennung auch in gemäßigten Kreisen empfunden. Dieser Erkenntnis müssen sich ihre Urheber nicht ganz verschlossen haben. Die Befürworter der Mellinger Wünsche machten später keine Erwähnung mehr von jener Petition, in der getrennte Abstimmung über die Verfassung verlangt wurde.

Die Reaktion auf den Mellinger Wunsch nach konfessioneller Trennung ließ nicht auf sich warten. Volksversammlungen und ein Pressekrieg waren die Folge. Eine große Zahl von gedruckten und handgeschriebenen Petitionen befaßte sich mit der Trennung und der Parität (2). Ziemlich einstimmig war die Ablehnung der konfessionellen Trennung auf reformierter Seite, ungeachtet der politischen Schattierung. Scharf reagierten die radikalen Demokraten, die die Souveränität des aargauischen Volkes als Ganzes und das überkonfessionelle Gleichheitsprinzip

---

(1) F.Hurter hat in seiner Verteidigungsschrift der Klöster die Unterschiebung, als suchten die Freiämter Führer die politische Trennung, als schnödeste Perfidie bezeichnet. Er fand, jene seien ehrlich gewesen, die von der konfessionellen Trennung als vom "Keim der politischen Trennung" sprachen. Die aargauischen Klöster und ihre Ankläger, Schaffhausen 1841, S.114, Anm. 1.

(2) Für die Parität waren die Petitionen Nr.5,8,10,21,23,25, 27,32,42,46, dagegen Nr.1,16,18,19,24,25. Mappe "Großer Rath, Verfassungsrevision, Ansichten, Wünsche und Begehren der geistlichen und weltlichen Staatsbürger,1840" Aargauer Staatsarchiv.

angegriffen sahen. Ablehnend verhielt sich mehrheitlich auch das katholische Fricktal." Vereinzelt war die Zustimmung aus dem Bezirk Baden, wo zwar der größte Teil der Bevölkerung katholisch, sieben Gemeinden jedoch paritätisch (1) und zwei reformiert waren. Entschieden lehnte eine von Volksvertretern und Beamten aus 20 dortigen Gemeinden unterzeichnete große Bittschrift (2) die konfessionelle Trennung ab, da sie eine Gefahr für das Zusammenleben der Konfessionsangehörigen und die staatliche Einheit mit sich bringe. Im übrigen aber unterstützte die Eingabe das Begehren nach schützenden Garantien für die katholische Kirche und die Klöster. Als einen ewigen Schandpfahl der aargauischen Geschichte, der nur an Unduldsamkeit erinnere, bezeichneten Katholiken aus den paritätischen Gemeinden des Bezirks Baden das Begehren nach konfessioneller Trennung. Die Konfessionsverschiedenheit dürfe keine trennenden Grundsätze in staatlicher Hinsicht bewirken. Am staatsfreundlichsten zeigten sich die Katholisch-liberalen Kultur-

---

(1) Aufschlußreich ist die Petition der reformierten Gemeinden Berg-Dietikon, Würenlos, Ötlikon und Dättwil aus dem gemischtkonfessionellen Bezirk Baden. Nicht nur hießen sie die zum Schutz der katholischen Minderheit im Kanton die bisherige konfessionspolitische Parität gut, sie forderten sogar deren Ausdehnung auf die Bezirks- und Gemeindebehörden, weil diese der reformierten Minderheit im Bezirk Baden zugute gekommen wäre. R.Stänz: Die Entwicklung der Parität im Kanton Aargau, Thayngen 1936, S. 158 f.

(2) Die Wünsche des Bezirks Baden an den Großen Rat des Kantons Aargau, ausgesprochen infolge einer am 16.Hornung zu Baden gepflogenen Vorberathung von Großräthen, Friedensrichtern und Abgeordneten der Gemeinderäthe, Baden 1840, unterzeichnet von 19 Gemeinden des Bezirkes Baden und mit einer Beitrittserklärung von Koblenz, vom 26.Februar 1840. Mappe "Großer Rath, Verfassungsrevision, Ansichten, Wünsche und Begehren der geistlichen und weltlichen Staatsbürger, 1840" Nr.9, Aargauer Staatsarchiv.

gesellschaften der Bezirke Baden und Bremgarten. In der bisherigen Parität sahen sie ein genügendes Entgegenkommen der Reformierten (1).

Das dem katholisch-konservativen Begehren der Laien wie des Klerus zugrunde liegende Verlangen nach größerer Unabhängigkeit der Kirche vom Staat fand bei den reformierten Geistlichen ein gewisses Verständnis, wie die Petitionen ihrer beiden Kapitel zeigen. Auch ihre große Mehrheit sah seit einiger Zeit im kulturpolitisch-staatsautoritären Gebaren der Radikalen eine Gefahr für ihre Kirche. Infolge der engeren Bindung der evangelischen Kirche an den Staat befürchteten sie nun eine Benachteiligung angesichts der weitgehenden katholischen Forderungen. "Aufgeregt durch die von katholischer Seite erhobenen Ansprüche", heißt es in der Eingabe vom 27.Februar 1840 des Pastoralvereins von Aarau und Zofingen (2), "hat auch das reformierte Volk angefangen, um seine kirchlichen Rechte sich ernster zu bekümmern". Daß der Bischof der reformierten Landeskirche faktisch die paritätische Regierung war, bezeichnete ihr Klerus als mit dem höheren Ursprung der Kirche und mit den Grundsätzen des Protestantismus ebenso wie dem historischen Kirchenrecht im Widerspruch. An die Stelle der allzu hörigen Staatskirche sollte eine freiere Landeskirche treten, deren Verwirklichung einer späteren Zeit vorbehalten blieb. Die Eingabe wünschte Aussonderung des reformierten Kirchenguts vom Staatsgut. Selbstverwaltung für die reformierte Kirche durch einen reformierten Kirchenrat und Ausscheidung des Kirchenguts begehrte auch die Petition des Pastoralvereins

---

(1) R.Stänz: Die Entwicklung der Parität im Kanton Aargau, Thayngen 1936, S. 161 f..

(2) Mappe "Großer Rath, Verfassungsrevision, Ansichten, Wünsche und Begehren der geistlichen und weltlichen Staatsbürger, 1840" Nr.38, Aargauer Staatsarchiv.

von Brugg und Lenzburg vom 26.Februar 1840 (1). Die im Laufe der Verfassungsrevision des Jahres 1840 sich steigernde konfessionell bedingte Volkserregung verhinderte ein Zusammengehen des antiradikalen reformierten und katholischen Klerus im gemeinsamen Interesse größerer kirchlicher Freiheit vom Staat von vornherein.

Wenn die Petitionen des Klerus größere Unabhängigkeit wünschten, so war ihm doch der Gedanke einer völligen Autonomie der Kirche fremd. Nicht von einem Geistlichen, sondern von einem reformierten Laien ist die gänzliche Trennung von Staat und Kirche als Lösung der Krise, in die der aargauische Staat infolge der katholischen Forderungen geraten war, erstmals vorgeschlagen worden. Ihr Urheber ist der aus altbernischem Geschlecht stammende Aargauer Großrat Friedrich A.S.von May, der in Genf und Göttingen Staatswissenschaften studiert hatte. Er hat an den Großratsverhandlungen darüber das Wort nicht ergriffen. Seine 1840 erschienene Schrift "Die Staatsverfassung nach der Heiligen Schrift" gibt Aufschluß über seine Gedanken. Sie läßt auf Beziehungen zu dem bernischen Erweckungskreis schließen. Wo der Staat sich nicht mehr uneingeschränkt das Gesetz Gottes zu eigen mache, also kein christlicher mehr sei, sollte - nach von May - die Kirche, dem urchristlichen Vorbild folgend, eine staatsfreie Assoziation bilden. Im aargauischen Großen Rat vertrat im gleichen Jahr der liberale katholische Regierungsrat Edward Dorer die Idee der Trennung von Staat und Kirche. Seine Gedankengänge verraten eine gewisse Ähnlichkeit mit denen Friedrich von Mays (2).

---

(1) Mappe "Großer Rath, Verfassungsrevision, Ansichten, Wünsche und Begehren der geistlichen und weltlichen Staatsbürger, 1840", Nr.38, Aargauer Staatsarchiv.

(2) E.Vischer: Untersuchungen über Geist und Politik der aargauischen Regeneration, in: Zs.f.Schw.Gesch.27. Jg., Heft 2, 1947 (Sonderabdruck), S.240.

Als Auswirkung der extremen Mellinger Wünsche sind die großen Volksversammlungen vom Februar 1840 in Ober-Entfelden, die von Reformierten aus dem Bezirk Aarau besucht wurden, anzusehen. In ihrer Massenpetition vom 23.Februar verlangten sie, nach dem Vorschlag des radikalen Obergerichtspräsidenten Tanner (1), nicht nur keine konfessionelle Trennung, sondern sogar die Aufhebung der konfessionellen Parität. Von der Parität heißt es, sie beraube 20'000 Reformierte - gemeint waren nicht die stimmfähigen Bürger, sondern allgemein die Bevölkerung - aller Repräsentation und widerspreche der Gleichheit vor dem Gesetz. Es sei eine reine Unmöglichkeit, sich dieser Parität, die als schmachvoll bezeichnet wurde, länger zu unterwerfen. Eine Verfassung, in welcher dieser Grundsatz aufgenommen wäre, müßten die Reformierten deshalb verwerfen. Den Freiämtern wurde unterstellt, daß sie mit der Trennung des Kantons drohten, was Hochverrat sei. Repräsentation nach Kopfzahl ohne Berücksichtigung der Konfession wünschten auch Volkseingaben der reformierten Bezirke Kulm und Lenzburg (2).

Regierung und Großer Rat hielten zunächst in ihrer großen Mehrheit an einer versöhnlichen Politik fest. Die Ereignisse in den Nachbarkantonen, die weitere religiös-konservative Reaktionen, wie im Kanton Zürich, wo die liberale Regierung dem Straussenputsch zum Opfer gefallen war, befürchten ließen, warnten die Staatsmänner. Zur Beruhigung der Katholiken verfügte ein Dekret, daß

---

(1) E.Vischer: Untersuchungen über Geist und Politik der aargauischen Regeneration, in: Zs.f.Schw.Gesch., 27.Jg., Heft 2, 1947, S.229, Anm.102. "Da wäre es," schrieb Rauchenstein an Heusler am 12.2.1841,"wo Tanner den Gedanken... zuerst ostensibel an den Tag brachte und den Essig in die Milch schüttete und den Kanton zum Scheiden brachte". (S.303).

(2) Zusammenfassung bei R.Stänz: Die Entwicklung der Parität im Kanton Aargau, Thayngen 1936, S. 154 ff.

den Klöstern die Selbstverwaltung zurückgegeben werde. Im Revisionsgesetz vom 14.Januar 1840 wurde zur Beruhigung der katholischen Minderheit für die neue Verfassung die Beibehaltung der Parität vorweggenommen. Eine Proklamation an das Volk bezeichnete sie als Friedensgrundsatz.

In seiner Antrittsrede als Großratspräsident hat der liberale katholische Gregor Lützelschwab von Rheinfelden, der 1834 an der Ausarbeitung der Badener Artikel teilgenommen hatte, sich dann aber von der staatsautoritären Kirchenpolitik distanzierte, zarte Schonung der religiösen Überzeugung gefordert. Er nannte die religiöse Sphäre die heiligste des Menschen. Zugleich warnte er vor kirchlichen Neuerungen (1). Die von Lützelschwab geleitete und aus je elf reformierten und katholischen Großräten bestehende Revisionskommission hielt nicht nur strikte an der bisherigen Parität für den Kleinen Rat sowie für das Obergericht fest, sie erweiterte sie sogar auf das Präsidium des Obergerichts. In mehrtägigen Diskussionen nahm die Kommission Stellung zu den Religionsfragen. Die große Mehrheit verwarf den Antrag einer Trennung der aargauischen Kirchenangelegenheiten durch Aufstellung gesonderter Großratskollegien, weil sie darin, wie der Kommissionsbericht ausführt, "den Keim zur gänzlichen oder politischen Trennung findet" (2). Die konfessionelle Trennung, die sie mit dem Ausscheiden in ein protestantisches und katholisches Aargau gleichsetzte, würde - so heißt es weiter - die Beibehaltung des ausgesprochenen Grundsatzes der Parität unnötig machen (3).

---

(1) Verhandlungen des Großen Rathes des Kantons Aargau, 1840, S.6 f.

(2) Bericht der vom Großen Rathe niedergesetzten Kommission für Revision der Staats-Verfassung an den Großen Rath (gedruckt), Aarau 1840, S.10, Aargauer Staatsarchiv.

(3) Bericht.., a.a.O., S.11.

Der Kommissionalentwurf enthält im Religionsartikel (1) Zusätze, deren ehrliche Verwirklichung eine Staatskrise wahrscheinlich vermieden hätte. Sie beweisen, wie die Mehrheit unter dem Druck der Zeitverhältnisse (2) Verständnis für den Wunsch beider Kirchen nach mehr religiöser Freiheit und nach einem besseren Einvernehmen mit dem Staat zeigte. Nicht nur wurde, wie in der Verfassung von 1831, die Ausübung des katholischen und reformierten Gottesdienstes garantiert, es hieß nun auch, daß der Schutz beider Kirchen gewährleistet sei. Den Kirchenbehörden wurde die Alleinbestimmung in rein kirchlichen und die Mitbestimmung in gemischten Angelegenheiten zugesprochen. Der Klerus sollte das Vorschlagsrecht bei der Wahl der geistlichen Mitglieder beider Kirchenräte erhalten. Nicht berücksichtigt blieb der Antrag auf grundrechtliche Sicherstellung der Klöster mit dem Hinweis, daß die Bundesakte dafür sorge. Die Erlaubnis der Novizenaufnahme wurde im Bericht der Revisionskommission nur als Möglichkeit bezeichnet (3) und die Nichterwähnung, wie die Ausscheidung von rein kirchlichen und gemischtkirchlichen Angelegenheiten vorgenommen werde, waren Unsicherheitsfaktoren, die eine Annahme des Religionsartikels durch die Befürworter der Mellinger Wünsche erschwerten.

---

(1) Entwurf der revidirten Staats-Verfassung für den eidgenössischen Stand Aargau, Aarau 1840, Art.12.

(2) J.Baumgartner sah im Verfassungsprojekt der Revisionskommission einen politisch sehr vernehmlichen Nachhall der Zürcher Reaktion. Die Schweiz in ihren Kämpfen und Umgestaltungen von 1830 bis 1850, Bd.2,Zürich 1854,S.429.

(3) Bericht der vom Großen Rathe niedergesetzten Kommission für Revision der Staats-Verfassung an den Großen Rath (gedruckt), Aarau 1840, S.12.

Weder in der Verfassungskommission noch in den Großratsdebatten der zwei Verfassungsrevisionen des Jahres 1840 erfuhr die Gewissensfreiheit eine Erweiterung. Für die Einbeziehung der allgemeinen Kultusfreiheit, wie sie einige Jahre später die Genfer und die Berner Radikalen in die Verfassung einführten, bestand von reformierter und katholischer Seite kein Verlangen. Der Aargau kannte keine gültigen Vertrags- oder Verfassungsbestimmungen wie Kantone, die den anerkannten Gottesdienst der einen oder anderen Religion territorial beschränkt hatten. Von separatistischer Seite lag kein Gesuch auf Gewährung der gottesdienstlichen Freiheit vor. Vom Gesetz des 17. Mai 1817, das private religiöse Zusammenkünfte untersagte, wurde nur noch bei Störung der öffentlichen Ordnung Gebrauch gemacht (1). Gegen die Erweiterung grundrechtlicher Religionsfreiheit sprach, außer dem allgemeinen Vorurteil gegen die Sekten (2), die Abneigung des Volkes, die Niederlassungsfreiheit und damit auch die Kultusfreiheit den 1500 in Endingen und Lengnau beheimateten Juden für das ganze Kantonsgebiet zu gewähren (3). Sie hatten in einer Eingabe vergeblich um bürgerliche Gleichberechtigung ersucht, da die geltende Organisation von 1824 den jüdischen Korporationen im Surbtal zwar staatliche

---

(1) X.F.Bronner: Der Kanton Aargau, historisch, geographisch, statistisch geschildert, Bd.2, St.Gallen/Bern 1844, S. 217.

(2) Vgl.Urteil des aargauischen Kantonsbibliothekars F.X.Bronner: a.a.O., S. 216.

(3) Vgl.E.Haller: Die rechtliche Stellung der Juden im Kanton Aargau, Aarau 1901, S. 229.

Anerkennung mit weitgehender Autonomie in Religionsangelegenheiten gewährte (1), das allgemeine Bürgerrecht blieb ihnen jedoch versagt. Einzig des Glaubens wegen seien die Israeliten, heißt es in ihrer Petition (2), von politischen und bürgerlichen Rechten ausgeschlossen, was wider das Vernunftrecht und die Gewissensfreiheit streite. Es wird an Cannings Grundsatz politischer und religiöser Freiheit erinnert, der für die Juden in Nordamerika, Frankreich, Holland, Belgien, Dänemark, Hessen, einen großen Teil von Preußen und Württemberg verwirklicht sei. Es gebe dort keine Juden mehr, weil man sie zu Bürgern gemacht habe. Die Eingabe beklagt die Einengung in beiden übervölkerten Surbtaler Gemeinden und die gesetzliche Beschränkung im Schacherhandel. Der Grund für die Nichtberücksichtigung lag jedoch nicht nur in der religiösen Intoleranz. Wenn auch die rechtliche Lage der Israeliten durch die Verfassungsrevision keine Verbesserung erfuhr, so begannen die Behörden von 1841 an doch gelegentlich Ausnahmen bei der Niederlassung außerhalb der Heimatgemeinden Lengnau und Oberendingen zu machen (3).

---

(1) A.Welder-Steinberg: Geschichte der Juden in der Schweiz vom 16.Jahrhundert bis nach der Emanzipation, Goldach 1966, S. 159 ff. E.Haller: Die rechtliche Stellung der Juden im Kanton Aargau, Aarau 1901, S.163 ff. Edward Dorer hatte in einem gewissen Sinn recht, wenn er in seinem Entlassungsgesuch vom 31.10.1842, in dem er für die Emanzipation der Staatskirchen eintrat, erwähnte, daß die jüdische Kirche unabhängiger als jene sei. Gleichzeitig empfand er es als Schmach der so viel gepriesenen Zivilisation, daß die Juden in bürgerlicher Beziehung noch so stark niedergehalten würden. Entlassungsgesuch des Herrn Regierungsraths Edw.Dorer, Zürich 1842.

(2) Mappe "Großer Rath, Verfassungsrevision, Ansichten, Wünsche und Begehren geistlicher und weltlicher Staatsbürger, 1840", Aargauer Staatsarchiv.

(3) E.Haller: a.a.O., S. 61 f.

Im Verhandlungsbericht der Legislative über den Kommissionalentwurf vom 16.April 1840 nehmen die Debatten über die konfessionellen Fragen den breitesten Raum ein (1). Noch obsiegte der Wille zum Kompromiß, doch die aus Reformierten und Katholiken zusammengesetzte vermittelnde Mitte im Großen Rat war wegen der Volksstimmung bedeutend schwächer als in der Kommission. Schon in der neunstündigen Diskussion über den kommissionalen Vorschlag auf formelle Aufhebung der Badener Artikel, die für die streng Römischkatholischen der Stein des Anstoßes waren, zeigte sich die gestärkte Position der Verfechter der Staatsomnipotenz. Mit 90 Stimmen nahm der Große Rat den Kompromißvorschlag des radikalen Schaufelberg an, den Kleinen Rat zu beauftragen, sich vorerst mit den Konferenzkantonen zu verständigen. Da die Mehrheit der katholischen Räte für den Kommissionalantrag war, wie der katholisch-liberale Gerichtspräsident von Bremgarten J.P.Bruggisser in einer zu Protokoll gegebenen Verwahrung ausdrücklich hervorhob, konnten die Verteidiger der Mellinger Wünsche darin einen erneuten Grund sehen für die Berechtigung, sich der Majorisierung durch die Reformierten in katholisch-konfessionellen Fragen zu erwehren. Dieser Eindruck wurde auch dadurch nicht abgeschwächt, daß die Angaben Bruggissers über das konfessionelle Zahlenverhältnis anläßlich der Abstimmung in seiner schriftlichen Verwahrung als unangebracht gestrichen wurden.

Gleich zu Beginn der großrätlichen Beratungen über den Religionsartikel (2) zeigte sich die Unversöhnlichkeit der extremen Gegensätze. Die Debatte fand am 2. und 3.Juli 1840 statt. Der radikale Oberrichter Dössekel

---

(1) Verhandlungen des Großen Rathes des Kantons Aargau, 1840, S.343-463 und 628-681.

(2) Ausführlich bei R.Stänz: Die Entwicklung der Parität im Kanton Aargau, Thayngen 1936, S. 174 ff.

stellte als Sprecher des reformierten Landesteils kurzerhand den Antrag, alle Zusätze zugunsten der beiden Staatskirchen zu streichen (1). In einer langen Rede begründete er später seinen Antrag. Die in den ersten Sätzen ausgesprochene Unverletzlichkeit des Gewissens und die Garantie der Kirchen und ihrer Kultusfreiheit betrachte er als eine genügende Beruhigung für alle Bewohner. Das Übrige erschien ihm nur Schwächung des Staates gegenüber der Kirche, die er als Hydra bezeichnete, die alle Staatsgewalt verschlingen wolle. Unmittelbar nach Dössekels Antrag stellte Josef Weber von Bremgarten, ein führendes Mitglied des Bünzener Komitees, den Gegenantrag auf konfessionelle Trennung des Großen Rates (2). Die Wünsche des Klerus gab die Motion des als Klosterarzt von Muri bekannten Dr.J.B.Bauer wieder (3). Er hatte die Mellinger Eingaben wegen ihrer Verbindung von kirchlichen und politischen Forderungen nicht rundweg gutgeheißen. Mit der konfessionellen Trennung, die in seinem Antrag die letzte Stelle einnimmt, verlangte er die Aufhebung der Badener Artikel und des Verbots der Novizenaufnahme und für die bestehenden Streitpunkte den

---

(1) Verhandlungen des Großen Rathes des Kantons Aargau, 1840, S. 343, 351 ff.

(2) Josef Webers Antrag lautete: "Die Gewissensfreiheit ist unverletzlich. Die katholische und evangelisch-reformirte Kirche und die freie Ausübung ihrer Gottesdienste sind gewährleistet. Zur Besorgung des Kirchenwesens beider Konfessionen sollen zwei von einander unabhängige Großratskollegien aufgestellt werden, wovon das eine ausschließlich aus sämmtlichen evangelisch-reformirten Mitgliedern, das andere aus sämmtlichen katholischen Mitgliedern des Großen Rathes zusammengesetzt ist, welche unter dem Schutze des Staates die oberste Gewalt in kirchlichen Angelegenheiten ausüben, insoweit letztere den öffentlichen Behörden zustehen und der Verfassung nichts entgegenstehendes enthalten. Das Gesetz wird die nähere Organisation dieser Behörden bestimmen. Verhandlungen.., a.a.O., S. 359.

(3) Verhandlungen.., a.a.O., S. 370 f, 405 f.

Abschluß von Konkordaten mit dem Bischof und dem Papst. Später zog er seinen Vorschlag zugunsten von Webers Antrag zurück. Bauer sah in der Gewissensfreiheit, im Unterschied zum katholisch-freisinnigen Regierungsrat J.F. Wieland, der von einem Heiligtum sprach, das keiner neuen Verteidigung bedürfe (1), den Kirchen aber kein größeres Mitspracherecht gewähren wollte, keine wirksame Religionsgarantie (2). Er wies auf Amerika hin und wünschte eine Freiheit für die Kirche, "wie sie dort ungefähr statt findet" (3). Nun war aber die konfessionelle Trennung nach dem Wunsch der Freiämter Katholiken keine eigentliche Trennung von Staat und Kirche, denn es handelte sich bei den vorgeschlagenen, nach der Kirchenzugehörigkeit ausgesonderten Großratskollegien durchaus um politische Organismen. Nicht in den Vereinigten Staaten hatten diese ihren Ursprung, sondern im Europa der Staatskirchen, wo die in verschiedenen Varianten vorgenommene Sonderung eine Majorisierung und Unterdrückung der kirchlichen Minderheit in gemischtkonfessionellen Staatsorganismen verhindern sollte. Bauers Mangel an Vertrauen in die Religionsgarantien der Verfassung sollte sich bei der Klösteraufhebung als berechtigt erweisen.

Der liberal-katholische Regierungsrat Ignaz Edward Dorer aus Baden, der im gleichen Jahr erster Tagsatzungsgesandter war, sah das Unheil für die Kirche in der engen Verflechtung von Staat und Kirche. Er hatte mit Großratspräsident Gregor Lützelschwab (4) den Aargau in der

---

(1) Verhandlungen des Großen Rathes des Kantons Aargau, 1840, S. 362.

(2) Verhandlungen.., a.a.O., S. 405.

(3) Verhandlungen.., a.a.O., S. 406.

(4) G.Lützelschwab setzte sich, als J.N.Schleuniger 1845 einen neuen Vorstoß im Großen Rat für konfessionelle

Badener Konferenz von 1834 vertreten und machte, wie dieser, eine Wandlung durch in seiner bisher staatskirchlich radikalen Anschauung (1), ohne deswegen seine Haltung gegen den Klerikalismus aufzugeben. Die Leidenschaft, mit der das katholisch konservative Volk sich für die Freiheit seiner Kirche einsetzte, der sich abzeichnende neue Antagonismus zum reformierten Landesteil, den auch der Vermittlungsvorschlag der Revisionskommission nicht abzuschwächen vermochte, hatten ihn wohl zum Verfechter einer Trennung von Staat und Kirche nach amerikanischem Vorbild gemacht. In der Sitzung vom 3.Juli 1840 sprach er zum ersten Mal öffentlich darüber (2). Seit zwei Tagen werde darüber diskutiert, äußerte Dorer sich kritisch über die Debatte des Religionsparagraphen, ob nur der erste Teil oder der ganze Paragraph beschlossen werden müsse. Dorer, als erster Redner, bekämpfte den ganzen Artikel, davon nur die Gewissensfreiheit ausnehmend. Von einer Garantie der Kirche wollte er nichts wissen, weil die Kirche älter sei und sich selbst garantiere. Aber die Freiheit der kirchlichen Vereine müsse gewährleistet werden. Die Zusätze über die freieren Kirchenverhältnisse lehnte er ab, weil sie die Grenze zwischen Staat und Kirche verwischen und neue Verwicklungen befürchten lassen

---

Trennung vornahm, für die Trennung von Staat und Kirche ein. E.Vischer: Rudolf Raucheinstein und Andreas Heusler, Aarau 1951, S. 110 f.

(1) E.Vischer: Untersuchungen über Geist und Politik der aargauischen Regeneration, in: Zs.f.Schw.Gesch.,27.Jg., Heft 2, 1947 (Sonderdruck) S. 233.

(2) E.Vischer sieht eher beim einsamen Gutsbesitzer aus bernischem Geschlecht Friedrich A.S.von May, der bis 1840 Mitglied des aargauischen Großen Rats war und im gleichen Jahr seine "Staatsverfassung aus der Heiligen Schrift" herausgegeben hatte, Dorers Quelle als bei B.Constant, Lamenais oder A.Vinet. E.Vischer: a.a.O., S.240, Anm. 86, S. 260 ff. E.Spiess: Ignaz Paul Vital Troxler, Bern/München 1967, S.796,819.

würden. Am Paragraphen kritisierte er ferner, daß er zwar bestimme, welche Rechte der Kirche gewährt werden sollten, nicht aber welche Rechte der Staat gegenüber der Kirche besitze. Der weltlichen Obrigkeit aber wollte er nur das Aufsichtsrecht gewähren. Dabei bezeichnete er das Christentum als die Grundlage für ein gerechtes und wohlgeordnetes Staatsleben. Anstelle des Vorschlags der Revisionskommission beantragte Dorer als Religionsparagraphen folgenden Text: "Die Freiheit des Gewissens und die Freiheit und Unabhängigkeit der christlichen Kirchenvereine ist gewährleistet. Dem Staate steht das Aufsichtsrecht zu" (1). Von allgemeiner Kultusfreiheit, die auch die Israeliten einschließen würde, war somit auch bei Dorer nicht die Rede. Darin unterschied sich sein Antrag vom Menschenrecht religiöser Freiheit der amerikanischen Verfassungen.

Wie zu erwarten, fand der Antrag weder bei den konservativen noch bei den liberalen Katholiken und Reformierten Anklang. Kurz zuvor hatte Rauchenstein die Trennung von Staat und Kirche eine Schimäre genannt, die niemand vorschlagen würde (2). Die Tatsache, daß die Anregung zur völligen Emanzipation der historischen Kirchen von einem Staatsmann kam, was bisher - soweit dies aus den Berichten ersichtlich ist - in den Verfassungsverhandlungen der Schweiz nicht geschehen war, zeigt, wie ausweglos die Krise im Aargau geworden war. Der katholisch-liberale Landammann U.J.Schaufelbüel von Zurzach bemerkte in seiner Replik, diese Idee der Trennung von Staat und Kirche sei eine exotische Pflanze, die im Aargau nicht gedeihe (3). Hingegen schien ihm die

---

(1) Verhandlungen des Großen Rathes des Kantons Aargau, 1840, S. 413.

(2) Verhandlungen.., a.a.O., S. 388 f.

(3) Verhandlungen.., a.a.O., S. 423 f.

religiöse Vermischung des Volkes, wie sie in den Vereinigten Staaten bestand, im Aargau in den meisten Gemeinden jedoch noch fehlte, ein Vorteil zu sein. Infolge der historisch bedingten territorialen Sonderung der Konfessionen sah auch der vermittelnde Schaufelbüel in der konfessionellen Trennung in kirchlichen Dingen die Möglichkeit zur politischen Trennung (1). Auch Augustin Keller nahm zu Dorers Trennungsantrag Stellung (2). Er fand diesen Grundsatz wohl für Amerika mit seinem ganz neuen Völker- und Staatsleben anwendbar, nicht aber da, wo Staat und Kirche zusammen gewachsen seien. Für den aargauischen Staat betrachtete er die Trennung als eine Verletzung seiner innersten Lebensfäden. So sehr er - wie er sagte - der Idee der Kirchenfreiheit huldige, müsse er sie in ihrer Anwendung auf das aargauische Leben und die aargauischen nun einmal historisch gebildeten Verhältnisse verwerfen. So fremd fand er den Antrag, daß er sich fragte, ob er ernst gemeint sei (3). Ein Großrat unterstützte Dorers Antrag. Bei der Abstimmung blieben beide allein (4). Die reformierten und liberal-katholischen Radikalen wollten am bisherigen Staatskirchentum festhalten. Darüber konnte nicht der geringste Zweifel bestehen.

---

(1) Verhandlungen des Großen Rathes des Kantons Aargau, 1840, S. 427.

(2) Verhandlungen.., a.a.O., S. 452 f.

(3) Dies war tatsächlich der Fall. Vgl. Entlassungsgesuch des Herrn Regierungsraths Edward Dorer, Zürich 1842, S. 5, 10 ff.

(4) Verhandlungen.., a.a.O., S. 458. Es dürfte Großrat Friedrich von May gewesen sein, der Dorers Antrag unterstützte.

Die mittlere Lösung der Revisionskommission, die für die Staatskirchen den Weg zur freieren Landeskirche zumindest erleichtert hätte, ging den Radikalen zu weit, den konservativen Katholiken schien sie zu wenig sicher zur Erreichung ihrer kirchenpolitischen Ziele zu sein. Vergeblich plädierten Männer der Mitte, wie der reformierte Rudolf Rauchenstein, für Annahme des kommissionalen Religionsartikels mit dem Argument, daß er die Rechte des Staates und der Kirche gleicherweise berücksichtige. Dabei wies der Sprecher der jüngeren Liberalkonservativen auf die Unannehmbarkeit hin, daß der paritätische Staat Bischof der reformierten Kirche sein könne. Er warnte davor, die katholische Minderheit, welche die Trennung verlangte, zur Mehrheit zu machen und erwähnte die Möglichkeit, daß ein bloßes Neinsagen eine Revolution herbeiführen könnte (1).

Die Intransigenz, mit der die konservativen Katholiken die Mellinger Wünsche, die von der Mehrheit des Volkes und seiner Vertreter abgelehnt und von vornherein keinerlei Aussicht auf Aufnahme hatten, stärkte die radikale Opposition und veranlaßte selbst solche Großräte, die in der Kommission für den Religionsentwurf waren, diesem ihre Stimme zu versagen. Dabei spielte der sich verschärfende katholisch-reformierte Gegensatz mit. Nur 39 hoben ihre Hand zugunsten des unveränderten kommissionalen Antrags. Als Dr.Bauer und Josef Weber, nachdem 78 Großräte Dössekels Vorschlag, jedoch nur 21 Großräte die konfessionelle Trennung gutgeheißen hatten, schließlich doch ihre Zustimmung zum Religionsartikel des Kommissionsentwurfs gaben, vermochte ihre konziliantere Haltung seine Ablehnung nicht mehr zu verhindern. In

---

(1) Verhandlungen des Großen Rathes des Kantons Aargau, 1840, S. 386.

einer zweiten Abstimmung erhielt nicht der kommissionale Text, sondern ein Antrag Augustin Kellers das absolute Mehr. Er lautete: "Die Gewissensfreiheit ist unverletzlich. Die katholische und die evangelisch-reformirte Kirche und die freie Ausübung ihrer Gottesdienste sind gewährleistet. - Die Verhältnisse und Rechte der beiden Kirchen im Staate werden durch schützende Gesetze, und überdieß katholischerseits durch die nothwendigen Konkordate bestimmt" (1). Vom ausdrücklichen Schutz der Kirchen war nicht mehr die Rede (2).

Der wortmächtige freisinnig-katholische Seminardirektor hatte sich in seinem langen Votum (3) am Schluß der Religionsdebatte kirchenpolitisch versöhnlich gezeigt. Nur den ersten Teil des Religionsartikels wollte er unangetastet gelten lassen. Einzeln zerpflückte er die Zusatzartikel, indem er diese bald als den Interessen der Kirchen, bald des Staates widersprechend darstellte. Zwar sprach er den Kirchen nicht den Anspruch auf größere Freiheit ab - er pflichtete, wohl ihrer eidgenössischen Wirkungslosigkeit wegen, unter anderem der Abschaffung der Badener Artikel bei - doch sah auch er in der prinzipeillen Ausscheidung der kirchlichen

---

(1) Verhandlungen des Großen Rathes des Kantons Aargau, 1840, S. 453.

(2) Das in der Landesbibliothek vorhandene Exemplar des kommissionalen Entwurfs der Staatsverfassung vom 16.4. 1840 enthält in der Handschrift Augustin Kellers einen Abänderungsvorschlag zum Art.12, in dem die Gewährleistung der Kirche nicht erwähnt ist: "Die Gewissensfreiheit ist unverlezzlich. Den katholischen u.evangelisch-reformirten Glaubensgenossen ist die unbeschränkte Ausübung ihres Gottesdienstes zugesichert." Entwurf der revidirten Staats-Verfassung für den eidgenössischen Stand Aargau, Aarau 1840.

(3) Verhandlungen.., a.a.O., S. 432-454.

und staatlichen Kompetenzen eine Quelle endloser Konflikte. Er befürchtete, wenn die Fürsorge des rein Kirchlichen der Kirchengewalt ohne Vorbehalt des Aufsichts- und Hoheitsrechts des Staates überlassen werde, daß dieser ein unumschränktes Recht über die Gewissen "und sein Heiligtum, die Glaubensfreiheit" eingeräumt werde (1). In Augustins Rede standen nicht so sehr die staatspolitischen als vielmehr die kulturpolitischen Konsequenzen der konfessionellen Fragen im Vordergrund. Sein Apell am Schluß, auch an die Besorgnisse der Katholiken zu denken, die in Sachen des Glaubens und der Religion an einen ewigen Fortschritt und an eine ewige Entwicklung glauben, zeigt, wie es den freisinnigen, nicht weniger als den konservativen Katholiken beim Paritätsstreit - jeder Partei auf ihre Weise - letztlich um den Sieg in einer innerkirchlichen religiös-ideologischen Auseinandersetzung ging.

Es rächte sich, daß die konservativen Katholiken der bisherigen absoluten Parität im Großen Rat zugunsten der konfessionellen Trennung nur noch eine sekundäre Bedeutung beigemessen hatten. Nun, da nicht nur die konfessionelle Trennung sondern auch der Vermittlungsvorschlag der Revisionskommission verworfen waren, kam der Berücksichtigung der konfessionellen Parität eine erhöhte politische Bedeutung als Bindeglied zweier konfessionell verschiedener Landesteile zu. Bei den Reformierten motivierte damals noch die Hoffnung, daß damit die konfessionelle und politische Trennung vermieden werde, die Preisgabe der Rechtsgleichheit. Beinah wäre sie jedoch schon im Sommer 1840 dem Angriff der doktrinären Radikalen zum Opfer gefallen. Adolf Fischer stellte im Namen der

(1) Verhandlungen des Großen Rathes des Kantons Aargau, 1840, S. 447.

Rechtsgleichheit der Bürger einen Antrag, der das Gesetz vom 14.Januar, wonach die Parität von vornherein garantiert war, zunichte gemacht hätte (1). Als Großratspräsident G.Lützelschwab sich weigerte, der vorherigen bindenden Zusage wegen darüber abstimmen zu lassen, beantragte der reformierte Regierungsrat Franz Waller, ungeachtet der Warnungen vor dem Vertrauensbruch, kurzerhand die Zurücknahme des Gesetzes über die Parität (2). Ein einziger Sprecher der konservativen Katholiken, Josef Weber, verteidigte in einem kurzen Votum die Parität (3). Er wies auf die Bedenklichkeit hin, dieses öffentliche Versprechen nicht einzuhalten, wirkte aber wenig überzeugend. Angesehene Altliberale reformierter Konfession, wie Heinrich Zschokke und der greise Staatsmann Johann Herzog von Effingen,wollten, obwohl nicht deren Freunde, die Parität um des konfessionellen Friedens willen beibehalten (4). Bei der Befragung hielten sich Befürworter und Gegner die Waage. Dasselbe war bei der zweiten Abstimmung der Fall. Erst beim dritten Mal ergab sich eine Mehrheit und auch dann nur von einer Stimme, die jedoch den Rechtsausschlag gab. Von 163 Großräten hatten 82 für die Parität, 81 dagegen gestimmt (5). Das Resultat überzeugte und versöhnte nicht. Am 14.Januar war die Zahl der Befürworter noch 113 gewesen (6).

---

(1) Verhandlungen des Großen Rathes des Kantons Aargau, 1840, S. 628 ff.

(2) Verhandlungen, a.a.O., S. 673.

(3) Verhandlungen, a.a.O., S. 674

(4) Verhandlungen, a.a.O., S. 637 ff und 645 ff.

(5) Verhandlungen, a.a.O., S. 681.

(6) Verhandlungen, a.a.O., S. 28.

War für die Freiämter Katholiken infolge der Verwerfung der konfessionellen Trennung die Religion in Gefahr, so hieß es bei den Reformierten, die Einheit des Staates sei bedroht. Rudolf Rauchenstein, der die Niederlage der Vermittlungspartei aktiv miterlebt hatte, schrieb am 18.Oktober 1840 an Heusler in Basel: "Läßt man unsre Radikalen und Jesuiten machen, so wird Trennung oder Aufruhr die Folge sein" (1). Er glaubte, daß zwischen der Leuenpartei in Luzern, die sich ihrem Sieg über die liberal-radikale Regierung näherte, und den Freiämtern schon lange die engste Übereinstimmung herrsche. Er schloß daraus voreilig: "Die Freiämter wollen sogar politisch trennen und sich an Luzern anschließen. Dieses Feuerlein kann wieder die ganze Schweiz in Flammen setzen..." (2). Der Aufstand ließ allerdings nicht lange auf sich warten.

Am 5.Oktober 1840 wurde die neue Verfassung mit erdrückendem Mehr verworfen. Von insgesamt 34'590 Stimmberechtigten stimmten 23'087 dagegen, dafür nur 3976 Bürger. Reformierte wie Katholiken hatten das Grundgesetz massiv mehrheitlich abgelehnt. Entscheidend für die Verwerfung war bei der katholisch konservativen Minderheit, die weiterhin unter dem Einfluß des Bünzener Komitees stand, die Nichtaufnahme der konfessionellen Trennung, bei der reformierten Mehrheit, die den radikalen Führern ihr Ohr lieh, die als Unrecht dargestellte Nichtberücksichtigung der politischen Rechtsgleichheit bei der Repräsentation(3).

---

(1) E.Vischer: Rudolf Rauchenstein und Andreas Heusler, Aarau 1951, S. 270.

(2) E.Vischer: a.a.O., S. 270.

(3) R.Stänz: Die Entwicklung der Parität im Kanton Aargau, Thayngen 1936, S.192 f. Wie sehr die Abstimmung durch die demagogische Vereinfachung der ultramontanen und der radikalen Presse konfessionell beeinflußt wurde,

Nach G.J.Baumgartner (1) ist die Wandlung in der Einstellung des reformierten Volkes gegen die bisherige Parität einer von Friedrich Wilhelm Knöbel verfaßten, im Revisionsjahr in Aarau anonym herausgegebenen Schrift zuzuschreiben, die den bezeichnenden Titel trägt: "Über Parität, Rechtsgleichheit, politische und religiöse Freiheit, die großen Zeitfragen im Aargau". Wie dem auch sei, das sechzig Seiten umfassende Pamphlet, in dem die Tagespolemik die aufschlußreiche theoretische Abhandlung begleitet, zeigt, wie sehr bei den Volksführern die Unerbittlichkeit des Kampfes zwischen den konservativen Katholiken und den Radikalen ihre tiefere Ursache in einer grundsätzlich entgegengesetzten Auffassung der Freiheit der Religion hatte.

Nach der Selbstaussage im Vorwort war der Inhalt der Schrift Ausdruck regierungserfahrener Kreise mit "gleichen politischen und religiösen Überzeugungen" (2). Man erkennt aus dem Inhalt die Verwandtschaft mit Anschauungen führender freisinnig-reformierter Radikaler, deren Anwendung auf die Revisionsfragen die kirchenpolitischen Gegensätze verschärfte und dadurch die Parität zu Fall brachte. Eingangs wird die Parität als eine der wichtigsten Lebens-

---

zeigt die vergeblich vermittelnde "Neue Aargauer Zeitung" vom 30.9.1840: "Das 'Posthörnchen' schreibt: "Reformirte Aargauer! verwerfet diese Verfassung! sonst kommt ihr unter die Herrschaft der Katholiken. Es ist kein Heil, als weg mit der Parität!" Der "Waldstätter" ruft: "Katholische Aargauer!verwerfet um Gotteswillen! sonst kommt ihr unter die Herrschaft der Reformirten, es ist kein Heil als in der konfessionellen Trennung."(S.317).

(1) J.Baumgartner: Die Schweiz in ihren Kämpfen und Umgestaltungen von 1836 bis 1850,Bd.2,Zürich 1854,S.429.

(2) F.W.Knöbel: Über Parität, Rechtsgleichheit, politische und religiöse Freiheit, die großen Zeitfragen im Aargau, Aarau 1840, S. 3.

und Zivilisationsfragen bezeichnet (1). Nicht das historische Recht, sondern die Vernunft ist das Kriterium der Berechtigung oder Nichtberechtigung. Der Autor begnügt sich jedoch nicht, dem auf alteidgenössischer Überlieferung fußenden konfessionellen Trennungsgedanken die im rationalen Naturrecht begründete bürgerliche Gleichheit entgegenzuhalten; er will, wie er sagt, den Gegenstand tiefer ergründen. Grundlegend aber für den Staat und die Kirche ist nach Knöbel deren Verhalten gegenüber dem Anspruch des Individuums auf Freiheit des Gewissens und der Religion (2). Im freien Denken und Wollen liege das Urrecht des Menschen. Und indem Gott als der höchste Gegenstand des Denkens bezeichnet wird, ist Glaubens- und Religionsfreiheit für den Autor die höchste aller Freiheiten (3). Er zählt dazu - ohne das Wort 'Kultusfreiheit' zu gebrauchen - auch das Recht des Individuums auf äußeren Gottesdienst. Ähnlich wie bei Alexandre Vinet wird die religiöse Freiheit als Grundlage aller anderen Rechte und Freiheiten des Menschen bezeichnet. Kein Mensch sei vollkommen frei, heißt es, ohne religiöse Freiheit. Mit diesem Menschenrecht verbindet Knöbel den Anspruch auf individualrechtliche Gleichheit. Die dem Gleichheitsrecht widersprechende Parität wird als Frevel gegen die Urrechte des Menschen bezeichnet (4).

---

(1) F.W.Knöbel: Über Parität, Rechtsgleichheit, politische und religiöse Freiheit, die großen Zeitfragen im Aargau, Aarau 1840, S. 5.

(2) F.W.Knöbel: a.a.O., S.26.

(3) F.W.Knöbel: a.a.O., S.24.

(4) F.W.Knöbel: a.a.O., S.33.

Mit den aus dem aufgeklärten Gedankengut entnommenen Begriffen der Gewissens- und Glaubensfreiheit setzt der Autor im zweiten Teil über die Rechte des Staates und der Kirche eine Staatsideologie in Verbindung, die Hegels Einfluß verrät. Aus der umfassenden Aufgabe des Staates, "die Menschheit in allen ihren natürlichen und geistigen Kräften und Bestrebungen als eines harmonischen Organismus in seinen Gesetzen und Einrichtungen darzustellen", leitet er die hohe Würde des Staates und seiner Gesetze ab. Diese seien, heißt es im Unterschied zu Rousseau, nicht Ausdruck eines Vertrages der beteiligten Individuen, sondern "der in den Staatsbürgern zum Bewußtsein gekommenen Bestimmung des Staates als solchen" (1). Nun rühmt Knöbel zwar die Emanzipation des Staates von der Kirche, wie sie in praktischer Hinsicht in den Vereinigten Staaten am vollkommensten durchgeführt sei (2), und die ideale Kirche scheint ihm andererseits jene zu sein, die eine freie Assoziation der Gläubigen ist und die selbst für die Bedürfnisse des Kultus aufkommt (3), ja, er gesteht der Kirche das Recht zu, sich gegen Übergriffe des Staates zur Wehr zu setzen (4); doch er gewährt dem Staat aus der Sicht seiner höchsten Bestimmung gleichzeitig das Recht, sich um die Religion, "in's Besondere um religiöse Lehren, Kultus und Gesellschaftsverfassung seiner Glieder zu kümmern" (5). Des öfteren wird geradezu vom "christlichen Staat" (6) gesprochen,

---

(1) F.W.Knöbel: Über Parität, Rechtsgleichheit, politische und religiöse Freiheit, die großen Zeitfragen im Aargau, Aarau 1840, S. 34.

(2) F.W.Knöbel: a.a.O., S.40.

(3) F.W.Knöbel: a.a.O., S.38, 40.

(4) F.W.Knöbel: a.a.O., S. 55.

(5) F.W.Knöbel: a.a.O., S. 44.

(6) F.W.Knöbel: a.a.O., S. 30.

wobei Christentum für den Autor im wesentlichen Religion der Freiheit war. Diese wird als die einzig wahre Religion bezeichnet (1). Nur der Staat aber konnte den Anspruch erheben, ein christlicher zu sein, der den Grundsatz der bürgerlichen und religiösen Freiheit und der Gleichheit, die für Knöbel beide aus derselben Quelle stammen, aller seiner Staatsgenossen an die Spitze seiner Verfassung stellt (2).

Durch die Identifizierung des als "Universalstaat" gedachten politischen Gemeinwesens mit der religiösen Freiheits- und Gleichheitsideologie konnte diesem - ähnlich wie in Rousseaus Vertragslehre - zur Pflicht gemacht werden, jeglichen dogmatischen Absolutheitsanspruch der Kirche im Interesse der Freiheit des Individuums zu bekämpfen. Der Autor spricht vom Recht des Staates, die Kirche zu korrigieren und zu reformieren (3) und die Religion zu emanzipieren (4). Die ideologisch begründete Intoleranz des Staates gegen intolerante Dogmen kommt namentlich zum Ausdruck, wenn Knöbel von den aargauischen Verhältnissen spricht. Sie führt ihn dazu, der idealen Theorie der Trennung von Staat und Kirche entgegen, in der Praxis das Staatskirchentum zu befürworten, das Pietisten- und Sektenwesen abzulehnen und mit der polemischen Schärfe der freisinnig-radikalen Journalistik insbesondere den Konservativismus der römischkatholischen Kirche, in dem Knöbel finstere Herrschsucht sieht, zu bekämpfen. Die Forderung nach konfessioneller Parität ist für ihn nur Ausdruck der religiösen Intoleranz.

---

(1) F.W.Knöbel: Über Parität, Rechtsgleichheit, politische und religiöse Freiheit, die großen Zeitfragen im Aargau, Aarau 1840, S. 25.

(2) F.W.Knöbel: a.a.O., S. 30.

(3) F.W.Knöbel: a.a.O., S. 25, 45.

(4) F.W.Knöbel: a.a.O., S. 41.

Er wirft der katholischen Kirche vor, die Gewissen der gesamten Menschheit zu beanspruchen und den Staat beherrschen zu wollen und fordert den Aargau auf, aus Protest gegen den Gewissenszwang und im Interesse der territorialen Integrität die Hoheitsrechte des Staates zu wahren (1). Vom Gedanken legitimer Abwehr von seiten der katholischen Minderheit gegenüber der reformierten Mehrheit in einem Staatswesen, das Religion und Politik nicht ausgeschieden hatte, davon fehlt jede Anspielung.

Die religiös-ideologische Auseinandersetzung, als die Knöbel die umstrittene Paritätsfrage darstellt (2), erhält einen konfessionell polemischen Ton, wenn er diese mit dem konfessionellen Dualismus gleichsetzt. Nachdem Knöbel den Anspruch des Individuums auf religiöse Autonomie auch innerhalb der Kirche verteidigt hatte, heißt es: "Dieses hier nun ist der Punkt, welcher bei der Beurtheilung der Prätension der aargauischen Katholiken auf politische Vorrechte entscheidet" (3). Der wünschenswerte Widerstand der aargauischen Reformierten gegen die als Antichristentum bezeichneten Prärogativen der katholischen Kirche ist für ihn die "Behauptung eines religiösen Urrechts gegen eine unverschämte irreligiöse Forderung"(4). Dem Staat wird vorgeworfen, er begünstige die Katholiken, wenn er den 80'000 Katholiken dieselben Rechte wie den 100'000 Reformierten einräume (5). Der Autor weist auf die tatsächlich vorhandene selbständigere Stellung der katholischen Kirche hin. Schamloser klerikaler und

---

(1) F.W.Knöbel: Über Parität, Rechtsgleichheit, politische und religiöse Freiheit, die großen Zeitfragen im Aargau, Aarau 1840, S. 52, 57.

(2) F.W.Knöbel: a.a.O., S. 26.

(3) F.W.Knöbel: a.a.O., S. 26.

(4) F.W.Knöbel: a.a.O., S. 26.

(5) F.W.Knöbel, a.a.O., S. 48.

konfessioneller Übermut wird den Katholiken vorgeworfen. Sie machten der bescheidenen reformierten Kirche ihre Rechte streitig, die sich auf historische und naturrechtliche Titel stützen würden (1).

Nach einem Aufruf an die Reformierten, sich der Gegner der politischen und religiösen Freiheit, die als "katholische und reformirte Jesuiten" (2) bezeichnet werden, zu erwehren und einem Vorschlag für die Verfassungsrevision, der zwar einige Konzessionen zugunsten der Kirche enthält, die Parität im Großen Rat jedoch aufhebt (3), schließt Knöbels Schrift mit einem Hinweis auf die Klöster: "Über die Klöster schweigen wir ganz. Ihr eigenes Treiben in der neuern und wiederum in der neuesten Zeit hat sie in der öffentlichen Meinung gerichtet. Die Zeit wird ihr Recht an ihnen üben" (4). Das Urteil - ohne Untersuchung - ließ für die Zukunft der Klöster nichts Gutes ahnen.

Die zweite Verfassungsrevision von 1840/41

Die Agitation war nach der Verwerfung des ersten Verfassungsentwurfs im katholischen Landesteil, wo religionspolitische Motive den Ausschlag gegeben hatten, besonders stark. Wiederum spielten in den katholischen Volksversammlungen und den Eingaben (5) die konfessionelle

---

(1) F.W.Knöbel: Über Parität, Rechtsgleichheit, politische und religiöse Freiheit, die großen Zeitfragen im Aargau, Aarau 1840, S. 52.

(2) F.W.Knöbel: a.a.O., S. 55.

(3) F.W.Knöbel: a.a.O., S. 56, 57.

(4) F.W.Knöbel: a.a.O., S. 60.

(5) Mappe "Großer Rath, Gesetze und Akten (Sitzung vom 31.August bis 18.Dezember 1840, Petitionen", Aargauer Staatsarchiv.

Trennung und die Parität eine Hauptrolle bei der Stellungnahme zur neuen Verfassungsrevision. Die Argumente pro und contra sind dieselben. Die größere konfessionelle Spannung infolge der Ablehnung der Parität durch den reformierten Landesteil bewirkte, eine größere Geschlossenheit in der katholischen Kantonshälfte. Die führenden Katholiken des Badener Bezirks, der sich zurückhaltender gezeigt hatte als die Bezirke Muri und Bremgarten, gingen mit den Männern des Bünzener Komitees einen Kompromiß ein, wie die Eingabe der großen gemeinsamen Badener Versammlung vom 29.November 1840 (1) zeigt. Im Frühjahr hieß es in Baden noch, man wolle keine konfessionelle Trennung, während sie in Mellingen an die Spitze der Wünsche gestellt worden war. In der neuen Badener Eingabe, die außer von den Mitgliedern des Bünzener Komitees Anton Weissenbach und Josef Weber nun auch von Dr.Bauer und vom Gemeindeammann von Baden, J.Baldinger, unterschrieben wurde, stand als Ausdruck der verstärkten politischen Tendenz die Parität an erster Stelle und das Verlangen nach gesonderter Verwaltung der kirchlichen Angelegenheiten durch die Konfessionsparteien erst an zweiter Stelle (2). Dabei ging die Petition auf die Art der Durchführung nicht ein. Die Eingabe vermied zwar den politisch mißdeuteten Ausdruck "konfessionelle Trennung", ging jedoch in den politischen Forderungen weiter. Der Wunsch nach Gleichberechtigung der beiden

---

(1) Petitionen der katholischen Volksversammlung in Baden vom 29.November 1840, Mappe "Großer Rath, Gesetze und Akten (Sitzungen vom 31.August bis 18.Dezember 1840) Petitionen", Aargauer Staatsarchiv.

(2) Daß damit der Wunsch nach konfessioneller Trennung nicht preisgegeben war, beweist ein am 29.11.1840 in Baden von Dr.Bauer gehaltener "Vortrag über die Notwendigkeit der konfessionellen Trennung im Aargau", den die Schweizerische Kirchenzeitung (Nr.50 & 51,1840) abdruckte.

Landesteile wurde durch die Forderung verstärkt, daß nun, außer der Verlegung des Obergerichts nach dem katholischen Aargau, auch der Große Rat in jährlichem Turnus dort tagen sollte. Diese Verbindung von konfessionellen und politischen Wünschen hat dem kirchlich-religiösen Freiheitsanliegen der konservativen Katholiken nur geschadet (1). Wenig Anklang fand wiederum im ehemaligen österreichischen Kantonsgebiet das Verlangen nach konfessioneller Trennung. In der Frage der Beibehaltung der bisherigen Parität waren die Volksansichten geteilt. Die Reformierten lehnten sie in der Regel ab, in beschränkter Zahl auch die Katholiken des Fricktals. In einer Massenversammlung in Stein vom 13.Dezember erklärten sich die anwesenden Katholiken mit der Preisgabe der Parität im Großen Rat ebenfalls einverstanden. In der am 29.November in Stein stattgefundenen Volksversammlung war bereits gegen die konfessionelle Trennung entschieden Stellung genommen worden. Man wollte dort, sollte es je zur politischen Trennung kommen, nicht mit den Freiämtern und Badenern, sondern mit dem reformierten Aargau verbunden bleiben (2). Hingegen wünschte eine von zahlreichen Gemeinden eingesandte Petition vom 8.Dezember aus dem Bezirk Laufenburg, welche die konfessionelle

---

(1) Dieser Ansicht war auch Constantin Siegwart-Müller: "Man erblickte nur zu deutlich darin das Streben nach einer politischen Trennung, welche mit dem Bundesvertrage unverträglich und in den Verfassungsstreitigkeiten von Basel und Schwyz von den bundestreuen Katholiken offen verdammt worden war. Dadurch gab man den Gegnern eine Blöße und machte sich einer Inconsequenz schuldig." Der Kampf zwischen Recht und Gewalt in der Schweizerischen Eidgenossenschaft und mein Antheil daran, Altdorf 1864, S. 395.

(2) R.Stänz: Die Entwicklung der Parität im Kanton Aargau, Thayngen 1936, S. 202.

Trennung ablehnte, Beibehaltung der Parität.

Nicht ohne Einfluß auf die katholische Bevölkerung war das Schreiben des Bischofs von Basel vom 27.Oktober 1840, das dieser an die aargauische Regierung richtete. Gemäßigt in der Form, gab es doch entschieden sein Mißfallen an einer Staatsverfassung zum Ausdruck, die dem Katholizismus und seinen Bekennern nicht die sichersten und unzweideutigsten Zusicherungen gewähre. Er wies auf die Pflicht der Bischöfe, Priester und sämtlicher Gläubigen hin, auf die Stimme ihres Oberhaupts in Rom zu hören und legte seinem Brief zur Beherzigung für die Verfassungsrevision den Text der Enzyklika Gregor XVI. vom 17.Mai 1835 bei, in welcher der Papst die Badener Artikel als ein Werk der Gottlosigkeit verwarf. Das Schreiben schließt mit der Hoffnung, es werden die Behörden den beängstigten Gemütern Ruhe und Sicherheit und der katholischen Kirche, welche die Braut Christi sei, "das ihr von Gott verliehene Lehr-, Gesetzgebungs-, Untersuchungs- und Vollziehungsamt im Kirchlichen und Religiösen nicht nur nicht beschränken, sondern mit aller vom gleichen Gott empfangenen Macht handhaben und unterstützen"(1).

Als die Volksversammlungen stattfanden, war in der neuen Verfassungskommission der Entscheid über die Aufhebung der Parität für den Großen Rat bereits gefallen. Nachdem schon im neuen Revisionsgesetz keine Paritätsgarantie mehr enthalten war, bestand in der mehrheitlich aus Radikalen zusammengesetzten Kommission keinerlei Hoffnung mehr auf Beibehaltung der konfessionspolitischen Gleichheit im Großen Rat. Selbst die im Entwurf vorgesehene

(1) Das bischöfliche Schreiben ist wiedergegeben bei C.Siegwart-Müller: Der Kampf zwischen Recht und Gewalt in der Schweizerischen Eidgenossenschaft und mein Antheil daran, Altdorf 1864, S. 389 f.

gleiche Vertretung der Konfessionen im Kleinen Rat und im Obergericht fand starken Widerstand bei den Befürwortern vollständiger Anwendung des Gleichheitsgrundsatzes. Unter Tränen, wie Waller im Großen Rat sagte (1), und zur Wahrung des Landesfriedens sei dann nach langer Debatte am letzten Sitzungstag die Übereinstimmung erzielt worden.

Unverändert wurde der Text des Religionsparagraphen, wie er von Augustin Keller vorgeschlagen worden war, vom ersten großrätlichen Verfassungsentwurf übernommen (2). Er enthalte Grundsätze - heißt es im gedruckten Bericht - die der Kommission geeignet erschienen, "die Freiheit und Selbständigkeit der beiden im Aargau bestehenden christlichen Kirchen neben den unveräußerlichen Rechten des Staates in kirchlichen Dingen und der religiösen Gewissensfreiheit den Einzelnen zu sichern und aufrecht zu erhalten" (3). Einmütig sprach sich die Kommission gegen jede Trennung aus, und wenn sie nur konfessionelle Verhältnisse treffen sollte, Dabei hieß es erneut, die konfessionelle Trennung führe zur politischen Trennung (4).

In drei Tagen, vom 15. bis zum 17.Dezember, entledigte sich der Große Rat der Aufgabe der zweiten Revision im Jahr 1840. Am ausführlichsten kamen wiederum die Religions- und Paritätsfragen zur Sprache. Mehr als die Hälfte des Umfangs des gedruckten Verhandlungsberichts ist diesen beiden Gegenständen gewidmet (5). Vergeblich plädierte

---

(1) Verhandlungen des Großen Rathes des Kantons Aargau, 1840, S. 1136.

(2) Entwurf der revidirten Staats-Verfassung § 14, in: Bericht und Entwurf der vom Großen Rathe zur Fortsetzung der Revision der Staatsverfassung niedergesetzten Neuner-Kommission an den Großen Rath, 30.Wintermonat 1840(gedruckt

(3) Bericht und Entwurf, a.a.O., S. 10.

(4) Bericht und Entwurf, a.a.O., S. 11.

(5) Verhandlungen, a.a.O., S.1033-1074, 1096-1137.

erneut der Hauptsprecher der klerikalen Katholiken, Dr. Bauer (1), im Sinn der Badener Eingabe in mehreren Voten für die Selbständigkeit in der Verwaltung der katholischen Kirchenangelegenheiten. Der Klosterarzt beschwerte sich über die Kränkungen, die seiner Kirche seit zehn Jahren zugefügt worden seien. Er gab zwar zu, daß sie von katholischen Mitgliedern ausgegangen seien, aber beklagte, daß die große Masse der Protestanten dafür gestimmt hätte (2). Im Unterschied zu früheren Voten betonte auch er die Notwendigkeit der konfessionellen Trennung zum Schutz der katholischen Kirche. Weil die Reformierten, so führte er aus, die Aufhebung der Parität verlangen würden, so mußten die Katholiken die Freiheit ihrer Kirche suchen und eine konfessionelle Trennung begehren (3). Dabei nahm er selbst eine radikale Sonderung vom Staat in Kauf, indem er von der Bereitschaft des katholischen Volkes sprach, auf jeden Staatsbeitrag für kirchliche Bedürfnisse zu verzichten, wenn man ihm nur seine Güter lasse (4). Das Mitglied des Bünzener Komitees, der Mitunterzeichner der Mellinger und der Badener Eingabe, Großrat Weber, führte aus, daß die konfessionelle Trennung nur beantragt wurde, weil man die Badener Konferenzbeschlüsse nicht auf sich beruhen lassen wollte (5).

---

(1) Wie sehr Dr.Bauer die Stimme des Klerus war, zeigt seine Äußerung: "Der Bischof ist unser Bischof und wir Katholiken achten seine Stimme in Kirchensachen höher als die des Großen Rathes." Neue Aargauer Zeitung vom 16.12.1840 (Nr.102).

(2) Verhandlungen des Großen Rathes des Kantons Aargau, 1840, S. 1037.

(3) Verhandlungen, a.a.O., S. 1071.

(4) Verhandlungen, a.a.O., S. 1071.

(5) Verhandlungen, a.a.O., S. 1073.

Da das am meisten beanstandete landesherrliche Plazet josephinischer Herkunft zur radikalen Staatsdoktrin gehörte, bestritten die Radikalen rundweg die Berechtigung der katholischen Beschwerden. "Wir haben die Pflicht," entgegnete der Berichterstatter der Kommission, der radikal-liberale Katholik F.J.Wieland, "uns solche staatskirchliche Rechte nicht rauben zu lassen" (1). Die konfessionelle Trennung wurde vom Landesstatthalter Frei und anderen Sprechern beider Konfessionen wiederum als erster Schritt zur gänzlichen Trennung bezeichnet (2). Staatskassier Suter sprach von Verrat am Vaterlande (3), und Waller bezeichnete, ohne Beweise, die Klöster in Muri und Wettingen als geheime Kammern des Verrats am Staat (4). Der freisinnig-katholische Seminardirektor Augustin Keller, der im Antrag der konservativen Katholiken den Wunsch nach eigenen konfessionellen Schulen befürwortete, gab erneut seiner Hoffnung Ausdruck, daß - wie er von den Klöstern sagte - "sich diese Institute selbst in dem Netz fangen möchten, in welchem sie unser Volk zu fangen trachten, und vielleicht kommt diese Zeit" (5), fügte er hinzu. Fünf Wochen später sollte er selbst den Anstoß zur Klosteraufhebung geben. Größere Verantwortung hatte in seinen Augen die Nuntiatur. Er appellierte am Schluß seiner Rede an die patriotische Gesinnung der Reformierten, daß sie das katholische Volk nicht den Jesuiten ausliefern (6).

---

(1) Verhandlungen des Großen Rathes des Kantons Aargau, 1840, S. 1039.

(2) Verhandlungen, a.a.O., S.1039, 1043, vgl. auch S.1111.

(3) Verhandlungen, a.a.O., S. 1056.

(4) Verhandlungen, a.a.O., S.1058.

(5) Verhandlungen, S. 1069.

(6) Verhandlungen, a.a.O., S. 1070

Die radikalen Katholiken waren der Unterstützung durch die Reformierten sicher. In der Abstimmung über die Annahme des Religionsparagraphen, welche die Ablehnung der konfessionellen Trennung in sich schloß, stimmten 130 Großräte beider Konfessionen dafür, während 29 konservative Katholiken dagegen waren (1). Artikel 14 der Verfassung vom 5.Januar 1841 lautete damit wörtlich gleich wie im ersten, vom Volk verworfenen Entwurf.

Einen merklichen Verlust an Stimmen im Vergleich zu den ersten Verfassungsverhandlungen erlebte die Befürwortung der Parität im Großen Rat, da sich keiner der reformierten Redner mehr dafür einsetzte. Zu den Verwerfenden gehörte nun auch der Altliberale Heinrich Zschokke (2), der einige Monate zuvor erklärt hatte, daß ihre Aufhebung die Versöhnung auf Jahrzehnte unmöglich machen würde. Auch Rauchenstein, der reformierte Wortführer der aargauischen Liberal-Konservativen,war nicht mehr von der Notwendigkeit, die Parität im Großen Rat aufrechtzuerhalten, überzeugt (3). Unter den Katholiken, die ebenfalls ihre befürwortende Einstellung geändert hatten, war der ehemals radikale Gerichtspräsident J.P.Bruggisser von Bremgarten. War im September die Bestätigung der Paritätsfrage für ihn noch eine Existenzfrage für den Kanton, so wünschte er jetzt, daß zu dessen Bewahrung dem Kommissionsvorschlag zugestimmt werde, obwohl dieser die Berücksichtigung der Konfessionen in der Züsammensetzung des Großen Rats fallengelassen hatte. Bruggissers Votum (4) ist für die Ermittlung der

---

(1) Verhandlungen des Großen Rathes des Kantons Aargau, 1840, S. 1074.

(2) Verhandlungen, a.a.O., S. 1111.

(3) Verhandlungen, a.a.O., S. 1123 f.

(4) Verhandlungen, a.a.O., S. 1117.

Beweggründe, die führende Männer der versöhnenden Mitte bewogen, ihre frühere Befürwortung der Parität aufzugeben. Zwei Hauptgründe erwähnte er: die Willensbekundung der Volksmehrheit und die Intransigenz der konservativ-katholischen Partei in der Forderung der konfessionellen Trennung.

Bei der Verwerfung des ersten Verfassungsentwurfs durch das Volk hatte protestantischerseits das Mißfallen über die Beibehaltung der Parität eine Hauptrolle gespielt. Trotzdem der reformierte Landesteil sich seitdem verhältnismäßig ruhig verhielt, war auch jetzt von dort eine massive Verwerfung der Parität zu erwarten. Ferner war die Hoffnung, es könnten die Freiämter mit der Parität ausgesöhnt werden, die in den ersten Verfassungsverhandlungen die aus gemäßigt liberalen Reformierten und Katholiken bestehende Vermittlungspartei bewog, für die Parität zu stimmen, geschwunden. Josef Webers Votum kurz vor der Abstimmung, es sei zwar den Wünschen der Katholiken nicht entsprochen worden, die Beibehaltung der Parität ermögliche es jedoch, daß denselben später doch noch entsprochen werde, vermochte nicht zu überzeugen, daß die konservativen Katholiken sich damit zufrieden geben würden. Vielmehr stand man allgemein unter dem Eindruck, daß - wie es in der Badener Eingabe hieß - die neue Verfassung ohne konfessionelle Trennung und ohne Parität verworfen werde. Eine erneute Ablehnung der Verfassung durch das Volk konnte die kantonale Einheit ebenso gefährden wie die Nichtaufnahme der Parität. Die Staatsraison verlangte somit, mit dem Willen der Volksmehrheit die Einheit zu erhalten. Damit fiel die Parität der Intransigenz der Radikalen und der katholischen Konservativen, die keinen Kompromiß mehr zuließen, zum Opfer. 107 gegen 63 Großräte stimmten dem Antrag über die

Zusammensetzung des auf 180 Mitglieder reduzierten Großen Rats zu, bei dessen Wahl die Kirchenzugehörigkeit keine Rolle mehr spielen sollte (1). Das überkonfessionelle Gleichheitsprinzip siegte über die bisherige Parität. Während auch liberale Katholiken gegen die Parität gestimmt hatten, dürften bei den Befürwortern kaum mehr Reformierte dabei gewesen sein.

Paragraph 14 der neuen Verfassung lautete unverändert nach dem ersten Entwurf des Großen Rates und nach der Empfehlung der Kommission: "Die Gewissensfreiheit ist unverletzlich. Die katholische und die evangelisch-reformirte Kirche sind gewährleistet. Den Glaubensgenossen beider Kirchen ist die unbeschränkte Ausübung ihres Gottesdienstes zugesichert. Die Verhältnisse und Rechte der beiden Kirchen im Staate werden durch schützende Gesetze und überdieß katholischerseits durch die nothwendigen Konkordate bestimmt" (2). Ob nach Edward Dorers Überzeugung (3) die Klöster und Stifte in der Gewährleistung der katholischen Kirche inbegriffen waren, sollte sich bald zeigen. Paragraph 23 bejahte indirekt ihre Existenz, indem er vorsah, daß ihre jährlichen Beiträge an die Staatsausgaben durch ein besonderes Dekret bestimmt würden (4). Nach § 15 (5) war das Vermögen der Pfründen beider Konfessionen urkundlich zu sichern und besonders zu verwalten. Im übrigen aber änderte sich nichts im Verhältnis der Kirchen zum Staat.

---

(1) Verhandlungen des Großen Rathes des Kantons Aargau, 1840, S. 1137.

(2) L.Snell: Handbuch des Schweizerischen Staatsrechtes, Bd.2, Zürich 1844/1845, S. 599.

(3) Entlassungsgesuch des Herrn Regierungsraths Edward Dorer, Zürich 1842, S. 25.

(4) L.Snell: a.a.O., S. 601.

(5) L.Snell: a.a.O., S. 599.

Der neue Verfassungsentwurf wurde am 17.Dezember 1840 von 130 Großräten, somit auch von einer verhältnismäßig großen Zahl von Katholiken angenommen. 29 katholische Großräte, die dagegen stimmten, gaben namentlich ihre Verwahrung zu Protokoll, weil der Entwurf nach ihrer Überzeugung dem Verlangen eines großen Teils der katholischen Bevölkerung nach gesonderter Verwaltung der kirchlich-religiösen Angelegenheiten nicht entsprach (1).

Wie zu erwarten war, nahm das Volk in der Abstimmung vom 5.Januar 1841 die neue Verfassung mehrheitlich an. Die Ablehnung war jedoch auffallend zahlreich. 16'050 Bürger stimmten dafür, 11'484 dagegen (2). Auch diesmal gab die Einstellung zu den konfessionspolitischen Fragen dem Resultat den Ausschlag, jedoch nicht in allen Landesteilen im gleichen Ausmaß. In den reformierten Bezirken mit nur 72 stimmfähigen Katholiken stimmten etwas über 800 Bürger mit Nein, in der katholischen Landeshälfte mit 887 stimmfähigen Reformierten (3) mehr als 11'000. Den höchsten Prozentsatz von Neinstimmenden hatte der rein katholische Bezirk Muri. Die übrigen fünf Bezirke, von denen Baden 390 und Zurzach 470 stimmfähige Reformierte hatte, wiesen je einige Hundert annehmende Stimmen auf. Dabei wurde der gemischtkonfessionelle Bezirk Baden vom beinahe gänzlich katholischen Bezirk Rheinfelden übertroffen. Annahme und Verwerfung hingen somit nicht

---

(1) Verhandlungen des Großen Rathes des Kantons Aargau, 1840, S. 1116 ff.

(2) Eine Aufstellung der Abstimmungsresultate nach Bezirken gibt F.X.Bronner: Der Canton Aargau, historisch, geographisch, statistisch geschildert, Bd.2,St.Gallen/Bern 1844, S. 159 f.

(3) Laut Liste des Polizeidepartements v.16.9.1840. Mappe "Großer Rath, Verfassungsrevision 1840, Protocolle und Acten der 9er Revisionscommission", Aargauer Staatsarchiv.

ausschließlich von der konfessionellen Zugehörigkeit ab. Da jedoch nur etwa ein Viertel Annehmende in der katholischen Landeshälfte gezählt wurden und ein Teil davon erst noch Reformierte waren, zeigt sich, in welch starkem Ausmaß im Lauf des Revisionsjahres das Verlangen der Katholiken nach besserem Schutz ihrer Religion und Kirche zur verfänglichen Streitfrage der Konfessionen geworden war. Gleichzeitig bewies die Verfassungsbestimmung, daß die große Mehrzahl der katholischen Stimmbürger im Kanton Aargau in der staatsrechtlichen Auffassung anderer Meinung war als die Mehrzahl ihrer Repräsentanten im Großen Rat.

Der Freiämter Aufstand und die Aufhebung der Klöster

Von katholischer Seite war auch in dieser Phase der Entwicklung nicht von einer politischen Absonderung die Rede, wie Rudolf Stänz darlegt (1). Nicht auszuschließen war indessen, daß die erregten, leicht zu den Waffen greifenden Freiämter einen gewaltsamen Sturz der radikalen Regierung inszenieren konnten. Wenn auch ein solches Gerücht in Muri umging (2), fehlten doch die Vorbereitungen dazu. Als Präventivmaßnahme ließ die Regierung, angespornt durch die energischen Maßnahmen der radikalen Solothurner Regierung gegen einen möglichen konservativen Putsch im Nachbarkanton, am 9.Januar 1841 zum zweiten Mal

---

(1) R.Stänz: Die Entwicklung der Parität im Kanton Aargau, Thayngen 1936, S.211 ff. Davon zeugt auch Dr.J.B.Baurs Schrift, die er für die Abstimmung verfaßt hatte: "Neue wichtige Bedenken über die Annahme oder Verwerfung des neu revidierten Verfassungsentwurfs, dem aargauischen Volk, besonders dem katholischen Teil desselben zur Beherzigung vorgelegt." Im Schlußwort ist der Wille, im Politischen mit den Protestanten vereinigt zu bleiben, klar ausgesprochen. Dasselbe gilt für eine andere katholische Schrift aus derselben Zeit: "Ein Wort über konfessionelle Trennung",Luzern 1840, S. 6 ff.

(2) S.Abt: Der Aufruhr im Freiamt vom Januar 1841, Aarau

die Mitglieder des Bünzener Komitees verhaften. Das reizte die Freiämter. Die Bevölkerung griff ein, befreite die Gefangenen und bemächtigte sich des herbeigeeilten Regierungsrats Franz Waller. Als die Bauern sich bewaffneten, bot die Regierung eiligst Truppen der reformierten Bezirke auf, unter gleichzeitigem Hilfegesuch an die reformierten Nachbarkantone Bern, Baselland und Zürich. Am 11.Januar kam es bei Villmergen, dem Ort zweier Religionskriege, zum Zusammenstoß zwischen den Regierungstruppen unter dem Oberbefehl von Oberst Friedrich Frey-Hérosé und dem katholischen Landsturm. Dieser wurde nach kurzem Gefecht - es kostete die Aufständischen 7 Tote, die Regierungstruppen zwei Schwerverwundete, die im Spital starben (1) - in die Flucht geschlagen und das Freiamt besetzt. Die Mitglieder des Bünzener Komitees entzogen sich der erneuten Haft durch Flucht.

1874, S.26. Die Luzerner Zeitung, die am 4.Januar 1841, einen Tag vor der Abstimmung von "der protestantischen Annahme der Verfassung, im Gegensatz zu den Katholiken" sprach, prophezeite, daß das katholische Aargau nicht beruhigt sein werde, bis seinem als wohlbegründet bezeichneten Ansuchen entsprochen sei." R.Stänz: Die Entwicklung der Parität im Kanton Aargau, Thayngen 1936, S. 215 f, Anm. 194.

(1) E.Zschokke: Die Geschichte des Aargaus (Historische Festschrift für die Centenar-Feier des Kantons Aargau 1903), Aarau 1903, S. 265.

Im Großen Rat besiegelte der freisinnig-katholische Seminardirektor Augustin Keller am 13.Januar 1841 das schon früher angedeutete Schicksal der aargauischen Klöster, indem er den über den Bürgerkrieg entrüsteten Radikalen unter lebhaftem Beifall von seiten der Großräte und des anwesenden Publikums zurief: "Die Klöster im Kanton Aargau müssen aufgehoben werden!" (1). Radikale, wie Tanner, Dössekel und Waller, sowie der Altliberale Zschokke sprachen zugunsten des Antrags. Fast einmütig, sagt das offizielle Protokoll, habe der Große Rat beschlossen, "die Klöster im Gebiete des Kantons Aargau im Grundsatz als aufgehoben zu erklären" (2). 115 Großräte stimmten dafür,(6) 19 dagegen. Da die Katholiken in dieser Sitzung nur schwach vertreten waren (3), konnte Rudolf Rauchenstein mit Recht nach Basel melden: "Wahr ist, daß die reformirte Mehrheit den Beschluß gefaßt hat" (4). Selbst gemäßigte Liberale unter den Katholiken und Reformierten, wie K.L.Bruggisser und Rudolf Rauchenstein, haben damals Indizien als Beweise der Schuld der Klöster genommen und gegen sie gestimmt (5).

---

(1) Verhandlungen des Großen Rathes des Kantons Aargau, 1841, S. 13.

(2) Verhandlungen, a.a.O., 1841, S. 41. Es handelte sich um die vier Männerklöster Muri, Wettingen, Baden und Bremgarten und um die vier Frauenklöster Hermetschwil, Fähr, Gnadental und Baden.

(3) E.Heer: Das aargauische Staatskirchentum von der Gründung des Kantons bis zur Gegenwart, Wohlen 1918, S. 70.

(4) Brief vom 17.Januar 1841 an Andreas Heusler. E.Vischer: Rudolf Rauchenstein und Andreas Heusler, Aarau 1951, S. 289.

(5) Verhandlungen, a.a.O., 1841, S. 36, 37 ff.

(6) Nach G. Boner haben 80 Reformierte und 35 Katholiken am 13.1.1841 für die Aufhebung der Klöster gestimmt. Katholiken und aargauischer Staat im 19. Jahrhundert, Erbe und Auftrag. Festgabe zum aargauischen Katholikentag im Jubiläumsjahr 1953, Baden 1953, S. 94.

In seiner in die Geschichte eingegangenen flammenden Rede, in der Keller sich eingangs als einen vom Bürgerkrieg schwer bedrückten Patrioten ausgab, der das Unglück habe, dem aufständischen Freiamt - er stammte aus Sarmenstorf - anzugehören, gab er das Mittel bekannt, das Vaterland für immer vor ähnlichen Ereignissen zu schützen. Im Großen Rat habe er jüngst die Kühnheit gehabt - so führte er aus - ein Prophet zu sein, indem er die Hoffnung aussprach, daß sich die Klöster in ihrem eigenen Netz fangen möchten. Damals habe er nicht gedacht, daß seine Voraussage so bald eintreffen würde (1). Mit den Argumenten der Aufklärung suchte er zu beweisen, daß die Klöster Stätten des Müßigganges und der Intrigen, der Verdorbenheit, daß sie Feinde der Freiheit und der Moral seien. Zum geflügelten Wort des antiklerikalen Radikalismus wurde das Bild, daß wo der Schatten des Mönchs hinfalle, kein Gras mehr wachse (2). So undifferenziert scharf im Geiste des Rationalismus bei Kellers geschichtlichemRückblick das Urteil allgemein über die religiösen Anstalten und ihre Organe ausfiel, so schlecht kamen auch die Klöster des Aargaus weg. Nur gegenüber den Frauenklöstern machte der Ankläger einen Unterschied, indem er sie als verhältnismäßig unschuldig hinstellte und damit ungewollt den Weg zu ihrer späteren Rehabilitierung wies.

Die Aufhebung der Klöster war ein offensichtlicher Rechtsbruch, der sich auch mit der Staatsraison nicht rechtfertigen ließ. Unter Nichtbeachtung der Trennung der Gewalten war die kurz zuvor verfassungsmäßig garantierte

---

(1) Verhandlungen des Großen Rathes des Kantons Aargau, 1841, S. 10 f.

(2) Verhandlungen, a.a.O., 1841, S. 13.

Gewissensfreiheit (1) und die Gewährleistung der katholischen Kirche aufs schwerste betroffen. Stichhaltige Beweise für eine aktive Beteiligung der Ordensgeistlichen am Aufstand wurden nachträglich weder von den Gerichten noch von der historischen Forschung erbracht (2). Wenn auch eine Schuld erwiesen worden wäre, hätte sie doch nur die Schuldigen treffen dürfen. Männer beider Konfessionen, wie Rudolf Rauchenstein und Edward Dorer, die sich der Kirchenpolitik der Radikalen entschieden widersetzten, stimmten für die Aufhebung der Klöster. In der von Augustin Keller geschickt ausgenützten Erregung über den Bürgerkrieg glaubten sie, daß die Konventualen tatsächlich am Aufstand schuldig waren.

Verteidiger der Klöster, wie Friedrich Hurter, sahen im Reichtum der Klöster Muri und Wettingen das Motiv für die Verstaatlichung ihrer Güter. Sicherlich bedeutete ihr ansehnliches Vermögen (3) eine willkommene Bereicherung für den Staat, doch sollte es hauptsächlich für Kirchen-, Schul- und Armenzwecke der katholischen Gemeinden verwendet werden, wie das Dekret vom 20. Januar 1840 ausführte. Materieller Nutzen kann nicht der Hauptgrund für eine so schwerwiegende Verletzung des kantonalen und eidgenössischen Rechts-

---

(1) Die Mißachtung der Gewissensfreiheit zeigen auch die immer noch vorgekommenen Zwangskindertaufen. Über ihre Durchführung schreibt der aargauische Kantonsbibliothekar: "Gewöhnlich wird der aargauische widerstrebende Hausvater zu einem Beamten gerufen, und indessen tauft man sein Kind." F.X.Bronner: Der Kanton Aargau, historisch, geographisch, statistisch geschildert, Bd.2, St.Gallen/Bern 1844, S. 217.

(2) Vgl.E.Vischer: Rudolf Rauchenstein und Andreas Heusler, Aarau 1951, S. 102.

(3) Das aargauische Klostervermögen wurde auf sechseinhalb Millionen damaliger Schweizerfranken geschätzt. J.Dierauer: Geschichte der Schweizerischen Eidgenossenschaft, Bd.5, Gotha 1922, S.682. Vom Klostervermögen wurden nachträglich auch die Besatzungskosten abgezogen. Siehe Abrechnung in:Eidg.Abschied der ordentlichen Tagsatzung 1841, 1.Teil, Beilage Litt.T, S. 29 ff.

schutzes gewesen sein. Die Motive lagen tiefer.

Die Entwicklung der Verfassungsrevision des Jahres 1840, in deren Verlauf Probleme der religiösen Freiheit und des Verhältnisses von Staat und Kirche allmählich eine nach Ausmaß und Schärfe in Revisionsbewegungen der Regenerationszeit bisher ungekannte Dimension und Intensität erlangten, so daß Annahme und Verwerfung der Verfassung zur Hauptsache schließlich davon abhing, zeigte die Unversöhnlichkeit zweier auf die Spitze getriebener Prinzipien und ihre Gefährlichkeit für die Existenz des gemischtkonfessionellen Staates. Beide Rechtsverletzungen, der Freiämter Aufstand und die Aufhebung der Klöster, sind Ausdruck dafür. Die streng römischkatholisch ausgerichteten Demokraten vertraten ein geistiges und politisches Erbe, das für die Erhaltung des Glaubens der Väter und für die Freiheit ihrer Kirche sowie die friedliche Koexistenz der Konfessionen ein rechtliches Gleichgewicht mit absoluter gegenseitiger Nichteinmischung erforderte, territorial-konfessionelle Sonderung erstrebte und damit ein politisch föderalistisches System verband, das die Kompetenzen des gemischtkonfessionellen Staates bis zur Ohnmacht schwächen konnte und auch einer Stärkung des eidgenössischen Bundes im Wege stand. Die radikalen Liberalen wiederum traten mit dem Fernziel der eidgenössischen Erneuerung für die entgegengesetzte Doktrin ein, wonach der konfessionelle Friede und die religiöse Freiheit am besten in einem Staat gewährleistet sind, der mit dem Gleichheitsprinzip alle konfessionspolitischen Schranken abbaut, die Freiheit des Klerus im Interesse des Staates und der autonomen Geistes- und Gewissensfreiheit einschränkt, die Einheit des Staates stärkt und mittels der Schulen ein liberal-fortschrittliches, die Toleranz förderndes Kulturprogramm durchführt. "Bedeutsam ist," schreibt Eduard Vischer, "daß nach einer kurzen Periode der Abschwächung, des Ausgleichs und der Vermittlung die Gegensätze sich rasch wieder derart vershärft hatten, daß schließlich die modernen ideologischen Gegensätze sich mit dem alten konfessionellen Antagonismus vermischten, ja weithin identifizierten."(1).

Beide Prinzipien waren im Grund genommen der Entwicklung einer echten, umfassenden religiösen Freiheit im gemischtkonfessionellen Staat abträglich. Der Hauptgrund lag in der traditionellen Ungeschiedenheit von Religion und Politik, von Kirche und Staat. Sie war in den Freiämter Bezirken nicht weniger ausgeprägt als in den früher zu Österreich und zu Bern gehörenden Landesteilen. Die gewünschte konfessionelle Trennung in Großratsgremien mit großen Vollmachten machte darin keine Ausnahme. Gerade deshalb war sie den Radikalen verdächtig. Mittels der Religion ließ sich, wie dies namentlich die Entwicklung im Kanton Luzern zeigte, wo inzwischen die religiös inspirierte, streng römischkatholisch gerichtete Reaktion ihren Sieg über das liberale Regime feierte, eine Staatspolitik betreiben, die zwar demokratisch fortschrittlich sein konnte, der Religionsfreiheit aber wieder größere Schranken setzte (2). Auch die Radikalen hatten es verstanden, bei der Abschaffung der Parität und der Aufhebung der Orden, religiöse Voreingenommenheit der Reformierten zu mobilisieren und damit der Freiheit der katholischen Institutionen den schwersten Schlag seit der helvetischen Revolution versetzt.

---

(1) E.Vischer: Rudolf Rauchenstein und Andreas Heusler, Aarau 1951, S. 104 f.

(2) Vgl.Art.3 u.22 der Luzerner Verfassung vom 1.5.1841. L.Snell: Handbuch des Schweizerischen Staatsrechtes, Bd.2, Zürich 1844, S. 89, 92.

In einer Zeit, in der sich die Geister scharf schieden und einer Vermittlung keinen Raum mehr ließen, erforderte es unabhängiges Denken, um als liberaler Demokrat zwischen den Fronten sich für eine Rechtsform der religiösen Freiheit einzusetzen, die ebensosehr von klerikalen wie antiklerikalen Extremen entfernt war. Dies war bei den Katholiken Ignaz Paul Vital Troxler und seinem ehemaligen Schüler Edward Dorer der Fall. Obwohl ihr staats- und kirchenpolitisches Denken seit Dorers Wandlung sich angenähert hatte, nahmen beide zum Hauptproblem der aargauischen Krise eine unterschiedliche Haltung ein. Troxler hatte schon als aargauischer Großrat und liberaler Katholik, die mit den Badener Artikeln einsetzende Radikalisierung in der Kirchenpolitik bekämpft (1). Dorer nahm als Abgeordneter an ihrer Aufstellung einen wesentlichen Anteil (2), wirkte dann aber, ihre nachteiligen Folgen erkennend, als Regierungsrat versöhnend. Troxler bejahte die konfessionelle Trennung, doch ohne sich mit der ultramontanen Haltung der Freiämter Führer zu identifizieren und bekämpfte ihre Tendenz zur politischen Trennung. Dorer stimmte schließlich auch gegen die konfessionelle Parität. Beide aber hielten sowohl für den Kanton Aargau als auch für die Eidgenossenschaft die Emanzipation der Kirchen vom Staat als religiös und politisch notwendig, bekämpften jedoch weiterhin die Einflußnahme des Klerus auf die Politik. Troxler wie Dorer erkannten die durch die freisinnig-radikale Kirchenpolitik und die religiös-konservative Reaktion heraufbeschworene Gefahr

---

(1) E.Spiess: Ignaz Paul Vital Troxler, Bern/München 1967, S. 580 ff.

(2) E.Vischer: Von der Scheidung der Geister in der aargauischen Regeneration, in: Festgabe zum siebzigsten Geburtstag von Frieda Gallan, Glarus 1946, S. 236.

des der politischen wie der religiösen Freiheit abträglichen Staatsabsolutismus.

Was Troxler damals unter konfessioneller Trennung verstand, erhellt ein von Emil Spiess (1) als bedeutsam bezeichneter, am 21.Februar 1840 in der "Schweizerischen Bundeszeitung" erschienener Artikel. Darin verteidigt er zwar die Trennung als historisches Recht, das nicht ohne Gefahr mißachtet werden könne, doch nur insofern, als sie wirklich die Freiheit der Kirche gewähre. Er wollte, daß diese Freiheit sich sowohl auf die Glaubenslehre, Sittenlehre, den Kultus wie auf die Erziehung beziehe. Im Unterschied zu den ultramontanen Tendenzen, die in Luzern ihren Mittelpunkt hatten, wollte Troxler, der Bürger beider Kantone war, keine Beherrschung des Staates durch die Kirche. Er forderte vielmehr die beiderseitige Begrenzung, die der Kirche ihre ligitimen Rechte gibt, den Staat jedoch nicht schwächt. Dabei behielt Troxler den Unterschied zwischen dem katholischen und paritätischen Staat im Auge. Für den letzeren schien ihm nicht einmal ein Schutz- und Schirmrecht angebracht zu sein, weil er darin die Gefahr der Einmischung der einen Konfession in die der anderen sah. Wenn auch Troxler in diesem Artikel die Bestrebungen der aargauischen radikalen Juristen mit den "Praktiken des totalen Staates und seiner Alleinbeherrschung" identifizierte (2), so konnte er andererseits wieder - wie 1841 in Luzern - aus der Befürchtung klerikaler Übergriffe auf den Staat die Aufhebung des landesherrlichen Plazets kritisieren (3).

---

(1) E.Spiess: Ignaz Paul Vital Troxler, Bern/München 1967, S. 816 ff.

(2) Auch E.Vischer kommt zum Schluß, daß die tiefsten Tendenzen des aargauischen Staates totalitärer Natur waren. E.Vischer: Von der Scheidung der Geister in der aargauischen Regeneration, S. 229.

(3) I.P.V.Troxler: Volkssouveränität die ächte und die falsche oder Luzerner! was ist revolutionär? Luzern 1841,S.8f.

Troxler hat sich, um der Entchristlichung, die er namentlich seit der Berufung von Strauss befürchtete (1) und wohl auch wegen der christlichen Schule, die in seiner Lehre eine wichtige verbindende Mittelstellung einnahm (2), nicht wie Vinet für formelle Trennung von Staat und Kirche ausgesprochen. Wie Staat und Kirche zugleich gesondert, die Christlichkeit jedoch erhalten bleiben kann, hat Troxler nicht erläutert. Die innere Bindung beider Institutionen dürfte in seiner romantisch-mystischen ganzheitlichen Schau des Menschen und des Volkes zu suchen sein. Daß er nicht nur als Philosoph sondern auch als Politiker über dem Teil stets das Umfassendere im Auge behielt, das zeigte sich, als er 1841 den Sieg der katholisch-demokratischen Bewegung in Luzern zwar freudig begrüßte, sich jedoch von der Intoleranz des neuen Verfassungsrechts gegenüber den Reformierten deutlich distanzierte (3). Über dem Kanton stand ihm die Erneuerung des

---

(1) Siehe seine Schrift: Die letzten Dinge der Eidgenossenschaft, oder die den Christen heiligen Schriften und ihr göttlicher Geist in Frage gestellt. Eine Berufung auf den lebendigen Glauben der Gemeinde, bei Anlaß der Zerwürfnisse in Zürich wegen der theologischen Lehre von Hegel und Strauss. St.Gallen 1839.

(2) "Kirche und Staat geeint durch die Schule" notierte Troxler am 29.3.1841 in seinem Tagebuch. E.Spiess: Ignaz Paul Vital Troxler, Bern/München 1967, S.820.

(3) In seinen "Bemerkungen über den Entwurf des Grundgesetzes für den eidgenössischen Stand Luzern von dem Ausschuß des Verfassungsraths im Jahr 1841"(Sursee 1841), dessen Erlös für "die unglücklichen Bundesbrüder im Aargau" verwendet werden sollte, beanstandete er die Bezeichnung der apostolisch-römisch-katholischen Religion als "Religion des Staates" und beklagte im Interesse des Katholizismus und der Eidgenossenschaft den Artikel, der es nur Nichtkantonsbürgern katholischer Religion erlaubte, ins Bürgerrecht aufgenommen zu werden. Er bezeichnete diese Bestimmung als "nicht nur unpolitisch, sondern auch uneindgenössisch und unchristlich, intolerant und auch inkonsequent..". "Wohin soll es denn mit

Bundes, und diese erforderte erst recht religiöse Freiheit(1) und ein gleiches bürgerliches und politisches Recht für Katholiken und Reformierte im ganzen Gebiet der Eidgenossenschaft

Während Troxler, von den Parteien verfemt, fortfuhr, sich leidenschaftlich für einen Bundesstaat nach amerikanischem Vorbild mit verfassungsmäßiger politischer und religiöser Freiheit einzusetzen, schied Edward Dorer, unter seinen ehemaligen radikalen Gesinnungsgenossen vereinsamt, 1842 endgültig aus der Politik aus, doch nicht ohne der Regierung schriftlich sein politisches Testament vorzulegen.

In seinem im Druck erschienenen zweiten Entlassungsgesuch(2) plädierte Regierungsrat Edward Dorer, wie schon anläßlich der Revisionsverhandlungen, wobei auch er sowohl die kantonalen wie die eidgenössischen Verhältnisse im Auge behielt, vor allem für eine neue Garantie in konfessionellen Angelegenheiten. Sie schien ihm unerläßlich für den Fortschritt in der Entwicklung zur Einheit im Politischen zu sein(3). Die Liebe des Volkes zu der religiösen Weise der Väter, führte er aus, sei älter als die Liebe zu dem jungen politischen Verband. Da Dorer, der zwar eine nationale Reform der katholischen Kirche bejahte, jedoch von ihrer geschichtlichen Realität als hierarchisches Gebilde ausging und eine gänzliche Lostrennung von Rom als eine zur politischen Trennung der Schweiz führende Entkatholisierung der Kirche darstellte, schien ihm ihre Freiheit vom Staat im Interesse der katholischen Kirche und des katholischen Volkes zu liegen. Dasselbe nahm er von der reformierten Kirche an.

---

der Schweiz kommen", fragte er, "wenn man einerseits wie im Aargau die konfessionellen Schranken aufhebt und beide Kirchen dem Staat unterwirft, anderseits wie in Luzern eine ganz Religions- oder Konfessionspartei kein Bürgerrecht erwerben läßt und den Staat der römisch-katholischen Kirche unterordnet?" S.12. Vgl. I.P.V. Troxler: Volkssäuveränität die ächte und die falsche oder Luzerner! was ist revolutionär? Luzern 1841, S.10 f.

(1) I.P.V.Troxler: Reflexionen über die Staaten und den Bund der Eidgenossen, Luzern 1840, S.27 f.

(2) Entlassungsgesuch des Herrn Regierungsraths Edward Dorer, Zürich 1842.

(3) Entlassungsgesuch.., a.a.O., S. 5.

Dabei wies er darauf hin, daß der Grundsatz, wonach die Landesregierung ihr Bischof sei, mehr aus gewissen Äußerlichkeiten der Geschichte als aus dem Wesen der Reformation zu erklären sei, und daß dieses Episkopalrecht nur so lange gelten könne als die Regierung aus Reformierten bestehe und diese dem Grundsatz der Reformation treu bleiben und nicht den menschlichen Selbstvergötterungstheorien der damaligen Zeit anheimfallen. "Nach Allem, was ich bisanhin anbrachte," schlußfolgerte Dorer, "stellt sich mir für Kirche und Staat ersprießlich keine andere Garantie im Konfessionellen dar, als die Emanzipation der bestehenden Kirchen von der Regierungsgewalt. Das aargauische Volk, die einzige Quelle möglicher Staatsgewalt, werde, wie politisch, so auch kirchlich frei" (1). Der zweite Teil seiner Denkschrift, befaßt sich mit der Angelegenheit der Klöster. Ihre Aufhebung und Verstaatlichung bezeichnet er nun als Rechtsbruch. Er weist auf den Paragraphen der Verfassung hin, der die Gewissensfreiheit als unverletzlich erklärte und die katholische und die evangelisch-reformierte Kirche, zu der nach seiner Auffassung auch die Klöster gehörten, gewährleistete(2). Mit dem kantonalen Grundrecht war auch das Bundesrecht gebrochen.

Der Kanton Aargau beschritt nicht den von Troxler und Dorer im einzelnen unterschiedlich, im wesentlichen jedoch gleich vorgezeichneten Weg. Es war, infolge der geschichtlichen Gegebenheiten und der ideologischen Unvereinbarkeit der Prinzipien, mit denen das Problem der religiösen Freiheit gelöst werden sollte, der Weg der Gewalt.

---

(1) Entlassungsgesuch des Herrn Regierungsrath Edward Dorer, Zürich 1842, S. 15.

(2) Entlassungsgesuch.., a.a.O., S. 25 f.

Der streitbare Troxler und der abgeklärtere Dorer waren Außenseiter geworden, deren unbefangenes Urteil erst die neueste Geschichtsschreibung würdigen konnte.

Der Weg der Gewalt gegen das Recht wurde durch den Aargau auch für die Schweiz, deren Vielgestaltigkeit er im Konfessionellen teilte, zu ihrer Erneuerung vorgezeichnet. In Villmergen brach eine alte Wunde auf, die - wenn auch unter ungleichen Voraussetzungen - in den vierziger Jahren, wie in der Zeit der Religionskriege, den konfessionellen Dualismus zum eidgenössischen Politikum machte. Nicht nur im Aargau konnte man wieder die Ausdrücke "Berner Ketzer" und "Jesuiten", mit denen man den Gegner kennzeichnete, hören. "Die Erbitterung ist nicht nur im Freiamte", meldete Rudolf Rauchenstein am 14.Januar 1841, einen Tag nach dem Klösteraufhebungsbeschluß seinem politischen Gesinnungsfreund Andreas Heusler, "sondern fast allgemein unter den Katholiken, und zwar tief. Die Erbitterung ist aber jetzt eben so sehr unter den Reformirten, und es steht im Herzen Masse gegen Masse." Er fügte hinzu: "Religionshaß ist bereits der Charakter der Stimmung, wie 1712... Radikalismus und Ultramontanismus bekämpfen sich jetzt im Gewande von Confessionen, und man muß pro und contra sein; keine mittlere Partei hat jetzt mehr Boden. Das ist traurig. Ich sehe überdieß, daß die Glut sich ausdehnen wird, mit der Dämpfung auf Aarg.Boden (für einen Augenblick) ist es nicht abgethan. Es wird in der Schweiz um sich greifen. Die Radikalen werden den Sieg benutzen, um sich an den Bund zu machen" (1). Aus der baslerisch-konservativen

---

(1) E.Vischer: Rudolf Rauchenstein und Andreas Heusler, Aarau 1951, S. 278, vgl. S. 106, Anm. 286.

Sicht antwortete Heusler: "... es ist nicht mehr Bürgerkrieg, es ist Religionskrieg. Der ganzen katholischen Kirche ist der Handschuh hingeworfen..."(1). Ähnlich urteilte ein Korrespondent aus Zug im "Waldstätter Boten" vom 11.Februar 1841. Für ihn war die Wiedergutmachung "nicht anders möglich als durch Wiederherstellung der so lange Zeit rechtlich bestandenen Parität und durch konfessionelle Trennung oder endlich gar durch förmliche auch politische Sonderung der katholischen von den protestantischen Aargauern."

So wie die Freiämter zum Schutz ihrer Religion und Kirche nach konfessioneller Trennung gerufen hatten, so führte dasselbe Motiv im eidgenössischen Rahmen, nachdem sich die Unfähigkeit der mehrheitlich reformierten Tagsatzung, die Verletzung des Bundesrechts rückgängig zu machen, erwiesen hatte, zur politisch-militärischen Selbsthilfe des katholischen Sonderbundes. Der Gedanke läßt sich bis auf das Jahr 1841 zurückverfolgen (2). In jenem Jahr schon hat Troxler die Tendenz zu Separatligen, wie der borromäische Bund, erkannt und vor der Gefahr der konfessionellen Spaltung in zwei Eidgenossenschaften gewarnt (3). Deutlich erscheint der Plan einer konfessionell-politischen Sonderung schon im ersten Entwurf Siegwart-Müllers aus dem Jahr 1843. Zwei Jahre später wurde der katholische Sonderbund Wirklichkeit (4).

---

(1) E.Vischer: Rudolf Raucheinstein und Andreas Heusler, Aarau 1951, S.281 (Brief vom 15.1.1841).

(2) E.Bonjour: Die Gründung des Schweizerischen Bundesstaates, Basel 1948, S. 36.

(3) I.P.V.Troxler: Volkssouveränität die ächte und die falsche oder Luzerner! was ist revolutionär? Luzern 1841, S.10 f.

(4) Am 6.Mai 1845 erneuerte das neue geistige Haupt der konservativen Katholiken im Großen Rat, Joh.Nepomuk Schleuniger, den Antrag auf konfessionelle Trennung

Alexandre Vinet hatte nicht unrecht, wenn er am 20.Oktober 1841 im "Semeur" den Streit um die konfessionelle Trennung und die aargauischen Klöster als ein Ereignis bezeichnete, das - welches auch sein nächstes Ergebnis sei - für die Sache der Religionsfreiheit und der Befreiung der Kirche nicht verloren sein werde (1). Nachdem durch den Sonderbundskrieg offenbar wurde, daß weder der Sieg der konservativ-katholischen noch der radikal-liberalen Ultras, deren ideologische Unversöhnlichkeit die aargauische wie die eidgenössische Krise ausgelöst hat, die friedliche Erneuerung der Schweiz nach demokratischen Rechtsnormen gewährleisten konnten, war die Voraussetzung für die Gründung eines schweizerischen Bundestaates und die Einführung eines neuen Bundesrechts religiöser Freiheit gegeben. Dem Kanton Aargau blieb es vorbehalten, durch seine Überwindung der auf der alteidgenössischen konfessionspolitischen Trennung beruhenden Parität und den Teilsieg des überkonfessionellen demokratischen Gleichheitsprinzips im Revisionsjahr 1840 der Eidgenossenschaft staatsrechtlich den Weg zu weisen (2).

---

in der Kirchen- und Schulverwaltung. Dabei hat er, inspiriert von Siegwart-Müller - wie Rudolf Stänz annimmt - die Möglichkeit erwähnt, daß der Aargau nur durch Trennung in zwei selbständige Halbkantone seine Heilung finden könne. In seinem 1847 Wien mitgeteilten Plan einer Neugliederung der Schweiz hat Siegwart-Müller die Freiämter Bezirke kurzerhand Luzern einverleibt. Verhandlungen des Großen Rathes des Kantons Aargau, 1845, S.149 ff. R.Stänz: Die Entwicklung der Parität im Kanton Aargau, Thayngen 1936, S. 227, 240 f.

(1) Wiedergegeben bei E.Staehelin: Alexandre Vinets ausgewählte Werke, Bd.3, Zürich 1944, S. 259.

(2) Siehe R.Stänz: a.a.O., S. 62 ff, 220 ff, 238 ff.

Das Scheitern der Bundesrevision von 1832/33 und das Dilemma des eidgenössischen Religionsschutzes

Das Ziel der Liberalen und Radikalen in der Schweiz erschöpfte sich nicht in der demokratischen Regeneration der kantonalen Verfassungen. Von Anfang an und immer drängender stand vor ihrem Auge die Notwendigkeit der Erneuerung der Eidgenossenschaft. Aus dem lockeren Staatenbund sollte ein festgefügter gesamtschweizerischer Staat werden, der den neuzeitlichen politischen und wirtschaftlichen Interessen besser entsprechen, der die Einheit nach innen und die Unabhängigkeit nach aussen kraftvoller gewährleisten würde.

Zwei Modelle boten sich der Erneuerungsbewegung aus der schweizerischen Geschichte an: der Einheitsstaat der Helvetik mit dem erstrebten Menschenrecht vollständiger religiöser Freiheit nach französischem Vorbild und die Mediationsverfassung mit ihrer Rückkehr zur vorhelvetischen Staatsreligion, wobei es seit 1803 ausser den reformierten und den katholischen Ständen nun zum ersten Mal auch paritätische Kantone ohne Verwaltungstrennung gab. Da sich das erste Modell als Misserfolg erwiesen hatte und die Liberalen der dreissiger Jahre die grössere Vereinheitlichung des Bundes unter gleichzeitiger Wahrung kantonaler Eigenständigkeit suchten, erhielt das Vorbild der Mediation um so grösseres Gewicht. Die Neuerer bedachten jedoch zu wenig, dass die Niederlassungsfreiheit, die sie wieder einführen wollten, nur so lange allgemeines Bundesrecht blieb, als der Einfluss des mächtigen Mediators Napoleon wirksam war. Als Ausdruck eines schweizerischen Bürgerrechts berührte sie auch religiöse Interessen.

Die Revision des Bundesvertrages in den Jahren 1832 und 1833 scheiterte nicht zuletzt am Widerstand gegen jegliche Gefährdung der einheitlichen Konfession und am Problem des bundesrechtlichen Schutzes kirchlicher Minderheiten.

Als in den vierziger Jahren die Radikalen die treibende Kraft der Bundeserneuerung wurden, schieden sich die Geister in der Schweiz immer schärfer an den religionspolitischen Problemen. Aus einem kantonalen Verfassungsstreit um die Parität und die konfessionelle Trennung wurde durch die aargauische Klosterschliessung und die luzernische Jesuitenberufung ein unversöhnlicher Prinzipienkampf von eidgenössischem Ausmass, dessen Ausgang für die Gestaltung des Bundes und der religiösen Freiheit entscheidend werden sollte.

1. Einseitiger Klosterschutz im Bundesvertrag von 1815 statt eidgenössisches Paritätsrecht

Ansätze zu einem religiös freieren Bundesrecht, die einer einheitlicheren eidgenössischen Staatsentwicklung förderlich waren, sind schon während der Restauration durch Konkordate zwischen den Kantonen vorhanden gewesen. Vermißt wurde vor allem die Preisgabe der Niederlassungsfreiheit im Bundesvertrag von 1815. Im Jahr 1817 gab eine Tagsatzungskommission ihrem Bedauern Ausdruck, daß Schweizer, sobald sie die heimatliche Grenze ihres Kantons verlassen, als Fremdlinge zurückgestoßen würden (1). Dreizehn Kantone, Luzern, Zürich, Bern, Glarus, Freiburg, Solothurn, Aargau, Thurgau, Tessin, Waadt, Neuenburg, Genf und später Schaffhausen, nahmen das Konkordat vom 10. Juli 1819 an (2), das sie unter genau festgelegten Bedingungen verpflichtete, bei Gegenrecht freie Niederlassung zu gewähren. Einem Katholiken in reformierten Kantonen oder einem Reformierten in katholischen Kantonen aus religiösen Gründen das Niederlassungsrecht zu verweigern, war unter konkordanten Ständen nicht mehr zulässig, hingegen schloß das Konkordat politische Gleichberechtigung mit den Kantonsbürgern ausdrücklich aus. Appenzells Gesandte sagten, ihr Stand müsse wegen des ganz eigentümlichen Religionsverhältnisses zwischen beiden Kantonsteilen dem Konkordat fern bleiben (3). Anläßlich der Tagsatzung von

---

(1) Repertorium der Abschiede der eidgenössischen Tagsatzungen 1814 bis 1848, Bd.2, Bern 1876, S. 595.

(2) A.a.O., S. 596 ff. L.Snell: Handbuch des Schweizerischen Staatsrechts, Bd.1, Zürich 1837, S. 226 ff.

(3) A.a.O., S. 597; vgl. Eidg.Abschiede 1818, S. 83.

1818 erklärten die Urkantone Uri, Schwyz und Unterwalden, diese würden nur bei Gleichheit der Religion die Niederlassung bewilligen (1). Es waren vor allem die reformierten und industriell fortschrittlichen Kantone, die während der Regeneration für freie Niederlassung eintraten und diese zum Verfassungsrecht erhoben. Wenn darunter Basel und Genf fehlten, so waren wirtschaftliche Interessen im Spiel, denn das Konkordat von 1819 gewährte den Niedergelassenen auch Gewerbefreiheit (2).

Auch gegenüber den durch Religionsänderung und gemischte Ehen heimatlos gewordenen Schweizern brach sich ein interkantonales, religiös toleranteres Recht während der Restauration Bahn. Vergeblich hatte Solothurn schon 1809 angeregt, es möchte in der Bundesverfassung im Sinn der Parität festgehalten werden, daß der Übertritt von einem christlichen Glaubensbekenntnis zum anderen nicht mit dem Verlust des Gemeinde- und Kantonsbürgerrechts bestraft werde (3). Die Kommission, die 1817 den Antrag für ein Niederlassungskonkordat stellte, wies "auch auf den damit verwandten Gegenstand der in bürgerlicher Beziehung freien und straflosen Religionsänderung". Ihr Vorschlag lautete: "Der Übergang von einer christlichen Confession zur andern darf nicht mit dem Verluste des Land- und Heimathrechts bestraft werden" (4). Wenn politische und bürgerliche Freiheit für den Staatsbürger ein unschätzbares Kleinod sei, heißt es in der Begründung, so

---

(1) Eidg.Abschiede 1818, S. 83.

(2) Vgl. Eidg.Abschiede 1834, S. 140.

(3) Repertorium der Abschiede der eidgenössischen Tagsatzungen 1803 bis 1813, Bern 1886, S. 214.

(4) Siehe Text des Konkordats in Eidg.Abschied 1818,S.81.

sei die Freiheit des religiösen Glaubens für den sittlichen Menschen ein unantastbares heiliges Recht (1). Die an die Menschenrechte anknüpfende Motivierung darf nicht darüber hinwegtäuschen, daß selbst Stände, in denen das Erbe der Aufklärung während der Restauration lebendig blieb, damals nicht daran dachten, der Religionsfreiheit den umfassenden Sinn der Helvetik zu geben. Namentlich in den Kantonen, die nur einer Landesreligion in der Verfassung und in den Gesetzen die herrschende Stellung zuwiesen, wachten die Kirchen über ihr Ausschließlichtkeitsrecht. Es fällt auf, daß zu den Ständen, die für straflose Religionsänderung stimmten, außer den reformierten Kantonen Zürich, Basel, Neuenburg, Waadt und Genf sowie dem katholischen Solothurn, alle paritätischen Kantone, mit Ausnahme von Appenzell, gehörten. Seine Landesverträge erlaubten den kleinen autonomen Landesteilen die Bewahrung der staatlichen Glaubenseinheit, ohne daß ein konvertierender Appenzeller heimatlos wurde. Er erhielt einfach das Bürgerrecht der anderen Kantonshälfte, zu deren Religion er übertrat. Auch die Innerschweizer blieben dem Konkordat fern. Selbst der Kanton Bern, der während der Restauration noch streng gegen Pietisten vorging, verhielt sich nach der Konversion des Regierungsrats Karl Ludwig von Haller entschieden ablehnend (2), Wie vorsichtig sich auch die konkordanten Kantone gegen Proselytismus abzuschirmen suchten, zeigt die Vereinbarung, wonach keine Konversion ohne Benachrichtigung der interessierten Regierungen erlaubt war (3).

---

(1) Eidg.Abschied 1817, S. 162.

(2) Repertorium der Abschiede der eidgenössischen Tagsatzungen 1803 bis 1813, Bd.2, Bern 1886, S. 605.

(3) Eidg.Abschied 1818, S. 81; 1821, S. 31.

Dem Konkordat vom 7.Juli 1819, das Ehen zwischen Katholiken und Reformierten erlaubte, traten Uri, Schwyz, Unterwalden, Appenzell und Wallis nicht bei, weil ihre Gesetze paritätische Ehen ausdrücklich verboten. In den konkordanten Kantonen war es nicht statthaft, das Eingehen einer gemischten Ehe mit dem Verlust des Bürger- und Heimatrechts zu bestrafen (1). Da der Verkündigung und Einsegnung solcher Ehen das katholische Kirchenrecht im Wege stand, schlossen die reformierten Kantone Zürich, Bern, Basel, Schaffhausen, Waadt, Neuenburg, Genf und die paritätischen Stände Aargau und Thurgau am 14.August 1821 ein zusätzliches Konkordat ab, dem sich 1822 auch Glarus anschloß. Nach dieser Vereinbarung sollten gemischte Ehen nötigenfalls durch den reformierten Pfarrer oder durch den Zivilbeamten verkündigt werden. Den Verlobten mußte die Bewilligung erteilt werden, ihre Ehe durch den reformierten Geistlichen einsegnen zu lassen, sofern keine gesetzlichen Ehehindernisse im Wege standen (2).

Das konfessionelle Gleichgewicht, das der Staatsstruktur der Mediation zugrunde lag, erfuhr durch die Restauration eine Verschiebung zu ungunsten der Katholiken. Von den drei Kantonen Genf, Neuenburg und Wallis, die 1815 in die Eidgenossenschaft aufgenommen wurden, waren die beiden ersteren formal reformierte Staaten. Das Verhältnis der katholischen zu den reformierten Kantonen senkte sich von acht zu fünf im Jahr 1803 auf neun zu sieben. Die Zahl der staatsrechtlich paritätischen Kantone war immer noch sechs. Unverändert blieb auch, trotz der Gebietserweiterung, das prozentuale konfessionelle Verhältnis der Einwohner der Schweiz. Nach den offiziellen

---

(1) Eidg.Abschied 1819, S. 58.
(2) Eidg.Abschied 1821, S. 30; 1822, S. 32 f.

Volkszählungen machten die Katholiken in der ersten Hälfte des 19. Jahrhunderts konstant rund 41, die Protestanten, zu denen auch die Dissidenten gezählt wurden, 59 Prozent der Gesamtbevölkerung des Bundesterritoriums aus (1). Der Mehrzahl der katholischen Stände in der Tagsatzung, an der jeder ganze Kanton ohne Unterschied nur noch eine Stimme hatte, stand beinahe eine Zweidrittelmehrheit der reformierten Bevölkerungszahl gegenüber. Dieses Übergewicht, das durch den größeren Handels- und Industrialisierungszuwachs in den reformierten Kantonen machtpolitisch noch fühlbarer wurde, war einer der Hauptgründe, weshalb sich die katholisch-konservativen Kantone am hartnäckigsten der Preisgabe der Kantonalsouveränität und der Demokratisierung des Bundesrechts widersetzten. Außer bei Kriegserklärungen, Friedensverträgen, ausländischen Bündnissen und außerordentlichen Vollmachten, die 15 Standesstimmen erforderten, war zur Rechtskraft der Beschlüsse, die in die Kompetenz der Tagsatzung fielen, das absolute Mehr von 12 Kantonen erforderlich (2).

Von der Mediation hatte die Restauration das Prinzip der Nichteinmischung der Tagsatzung in religiösen und kirchenpolitischen Angelegenheiten der Kantone beibehalten. Die Eidgenossenschaft war nach dem Grundkonzept ein konfessionell neutraler Staatenbund. Nur die

---

(1) Die Angaben für die Mediationszeit lauten: 587'834 Katholiken und 846'805 Reformierte. Für die Jahre 1837/38 zählte man 888'860 Katholiken und 1'300'038 Reformierte. Auch die genauere Volkszählung von 1850 ergab keine wesentliche prozentuale Verschiebung: 971'820 Katholiken und 1'417'474 Reformierte. St.Franscini: Neue Statistik der Schweiz. Nachtrag, Bern 1851, S. 331 f.

(2) E.His: Geschichte des neuern Schweizerischen Staatsrechts, Bd.2, Basel 1829, S. 170.

allgemeine Christlichkeit war im Ingreß angedeutet.[1] An der Nichteinmischung in Fragen der Religion und Kirche hatten alle Stände seit der konfessionellen Spaltung in allen vier Landfrieden festgehalten. Auf das alteidgenössische Paritätsrecht und entsprechende Schiedsgerichte zum Schutz religiöser Minderheiten aber glaubte die restaurierte Schweiz verzichten zu können, da es seit der Helvetik keine Untertanenverhältnisse und damit auch keine gemeinen Herrschaften mehr gab. Deren Gebiete gehörten seit 1803 paritätischen Kantonen an, die für Konfessionelles allein zuständig waren. Artikel 7 des geltenden Bundesvertrages stipulierte die Gleichheit der politischen Rechte. Nun gab es aber im Unterschied zur vorhelvetischen Eidgenossenschaft sechs paritätische Kantone sowie in sechs reformierten und zwei katholischen Kantonen auf bestimmte Gemeinden beschränkte staatlich anerkannte religiöse Minderheiten, deren Rechte durch die kantonalen Verfassungen geschützt waren. Die Parität war nicht mehr wie in der Mediationsakte, die auch die kantonalen Verfassungen enthalten hatte, integraler Bestandteil des eidgenössischen Bundesrechts. Mit der Schwächung der aus dem Wiener Kongreß hervorgegangenen Allianz wurde in der Zeit der Regeneration auch die völkerrechtliche Gewährleistung, wie sie z.B. den katholischen Gemeinden der Kantone Genf, Bern und Basel durch internationale Verträge zuteil wurde, fragwürdig. Die politischen Neuerer der Schweiz wiesen jede Einsprache ausländischer Mächte zugunsten konfessioneller Minderheiten als Verletzung des Souveränitätsrechts zurück.

---

(1) Der Ingreß lautete: "Im Namen Gottes, des Allmächtigen!" S.Kaiser und J.Strickler: Geschichte und Texte der Bundesverfassung der schweizerischen Eidgenossenschaft von der helvetischen Staatsumwälzung bis zur Gegenwart, Bern 1901, B.Documentarischer Theil, S.176.

Aus der Reminiszenz der Helvetik, die alle Klöster verstaatlicht hatte, und als Minderheitsschutz ist die Aufnahme des Artikels 12 in den Bundesvertrag von 1815 zu verstehen. Er durchbrach einseitig das Prinzip der Trennung von Bundes- und Kirchenrecht. Im Bestreben nach religiöser Versöhnlichkeit, das die Heilige Allianz der europäischen Mächte nicht weniger als die Neukonstituierung des schweizerischen Staatenbundes kennzeichnete, sah die Tagsatzung von 1814/15 die potentielle Gefahr dieses Ausnahmeartikels (1) ebensowenig wie die Liberalen in der neuen revolutionären Phase die Bedenken seiner Weglassung in den Bundesentwürfen von 1832 und 1833 genügend erwogen. Der bis 1848 gültige Klosterschutzartikel hat folgenden Wortlaut: "Der Fortbestand der Klöster und Kapitel und die Sicherheit ihres Eigentums, soweit es von den Kantons-Regierungen abhängt, sind gewährleistet; ihr Vermögen ist, gleich anderm Privatgut, den Steuern und Abgaben unterworfen" (2). Hier war nicht nur die Sicherheit katholischer Institutionen sondern auch ihr Fortbestand garantiert. Dies war mehr als der Schutz religiöser Freiheit. Zwar hatten im Landfrieden von 1712 Zürich und Bern den Katholiken in den gemeinen Herrschaften auch geschworen, dass sie diese "bei einer vollkommen freien Uebung ihrer Religion, desgleichen auch die darin sich befindenden Stifte und Klöster bei ihrem Hab und Gütern, Recht und Gerechtigkeiten, Einkünften, Zins und Zehenden... verbleiben zu lassen" (3), doch gingen

(1) Der Staatswissenschaftler F.Stettler, der wie die Radikalen den Artikel 12 für die eidgenössischen Klosterwirren der vierziger Jahre verantwortlich machte, sprach von "der unüberlegten Aufnahme des Artikels 12 in die Bundesverfassung". F.Stettler: Das Bundesstaatsrecht der Schweizerischen Eidgenossenschaft gemäss den Entwicklungen seit dem Jahre 1798 bis zur Gegenwart, Bern/St.Gallen 1847, S. 127.

(2) Art.12 des Bundesvertrags vom 7.August 1815. S.Kaiser u.J.Strickler: Geschichte und Texte der Bundesverfassungen der schweizerischen Eidgenossenschaft von der helvetischen Staatsumwälzung bis zur Gegenwart, Bern 1901, S. 183.

(3) L.R.v.Salis: Die Entwicklung der Kultusfreiheit in der Schweiz, Basel 1894, S. 67.

die katholischen Stände damals gleichzeitig ähnliche Verpflichtungen gegenüber den Freiheitsrechten der Reformierten ein. Im Rahmen eines Paritätsrechts wäre die konfessionelle Neutralität des Bundes auch unter Einbeziehung des Klosterschutzes gewahrt gewesen, was im Bundesvertrag von 1815 nicht mehr der Fall war. Damit aber setzten sich die konservativen Katholiken in den vierziger Jahren dem Vorwurf der radikalen Reformierten aus, die nicht einsahen, warum der Bund die Klöster im Aargau zu schützen hatte, während er sich gegenüber der Benachteiligung der Reformierten im Wallis zum Beispiel aufgrund desselben Bundesvertrages neutral verhalten mußte. Daß die bundesrechtliche Gewährleistung nur Rechtsgültigkeit haben sollte, "soweit es von den Kantons-Regierungen abhängt", machte die Aufgabe der Tagsatzung nicht leichter, da es sich hier um ein umstrittenes Staatsrecht handelte.

Es war der päpstliche Gesandte Fabrizio Sceberras Testaferrata, der die Aufnahme des Klosterschutzartikels veranlaßte. Sein Antrag galt jedoch an erster Stelle dem Schutz der katholischen Religion und ihrer vollständigen Kultusfreiheit, wie aus dem Wortlaut seines Gesuchs vom 7. Mai 1814 an die Tagsatzung ersichtlich ist: "Qu'il garantisse la religion dans les cantons catholiques et mixtes, et assure la liberté pleine et entière du culte et de ses usages établis. 2° Qu'il garantisse l'existence canonique des couvens et chapitres, et les rétablisse sous la protection des cantons comme ils étaient avant l'an 1798. 3° Qu'il garantisse les biens ecclésiastiques quelconque actuellement existans et leur libre administration à qui de droit, statuant en outre qu'ils ne puissent, au moins, être imposés plus que les autres biens." (1)

---

(1) Eidg.Abschiede 1814/15, Bd.1, S. 45.

Ludwig Snell hat das Gesuch des Nuntius eine schamlose Zumutung genannt, indem er auf Roms Dogma der Intoleranz, das kein Gegenrecht kannte, hinwies (1). Dies war nicht die Meinung der Tagsatzung von 1814. Sie teilte indessen auch nicht das ausschließlich katholische Interesse seines Inhalts. Die Kommission, welche die Eingabe zu begutachten hatte, bejahte die Nützlichkeit eines Rechtsschutzes, nannte die Religion die kräftigste Stütze der öffentlichen Ordnung, die den Gesetzen Achtung verschaffe und das festeste Band sei, das Untergebene an Vorgesetzte binde. Anstelle der einseitigen Garantie der katholischen Religion empfahl die Kommission jedoch der Tagsatzung, die Gewährleistung auf beide anerkannten Religionen auszudehnen. Sie verneinte aber zugleich die Zweckmäßigkeit, die Garantie in die Bundesakte aufzunehmen. Es sollte vielmehr allen Kantonen, in denen beide Glaubensbekenntnisse anerkannt waren, empfohlen werden, diese Garantie in ihre Verfassung aufzunehmen (2). In der Begründung wurde auf die Verschiedenartigkeit der Religionsverhältnisse hingewiesen (3) und namentlich darauf, daß Kantone, die nur ein Glaubensbekenntnis anerkennen würden, keiner Garantie bedürften, ja daß es für diese - so hieß es - gewissermaßen unschicklich sei, sich gegenseitig ihre verschiedenen Glaubensbekenntnisse zu garantieren. Es waren,

---

(1) L.Snell: Die Bedeutung des Kampfes der liberalen Schweiz mit der römischen Kurie, Solothurn 1839,S.29.

(2) Eidg.Abschide 1814/15, Bd.1, S. 46.

(3) Über den konfessionellen Verfassungszustand von 1814/15, wie er während der ganzen Restaurationszeit Gültigkeit hatte, siehe L.R.v.Salis: Die Entwicklung der Kultusfreiheit in der Schweiz, Basel 1894, S. 17 f., Anm. 1.

was die reformierten Radikalen der vierziger Jahre übersahen (1), laut Tagsatzungsprotokoll drei katholische Stände, Schwyz, Freiburg und Solothurn, die sich 1814 für die Aufnahme einer Paritätsgarantie in den Bundesvertrag einsetzten, während die reformierten und paritätischen Kantone sie eher ablehnten (2). Als Grund wurde angegeben, daß Duldung und Gewährleistung der Religionen zu den Attributen der kantonalen Souveränität gehörten. In diesem Sinn stimmten vorerst 16 Stände für die Empfehlung eines paritätischen kantonalen Religionsschutzes. Ihnen schlossen sich nachträglich Schwyz und Solothurn an. Freiburg mit seiner reformierten Enklave Murten aber hielt konsequent an der Überzeugung fest, dieser Grundsatz gehöre in die Bundesverfassung (3).

---

(1) Noch 1803 hatte Bern einen eidgenössischen Rechtsschutz für die anerkannten Kirchen und sogar die Festlegung der Toleranzprinzipien für Täufer und andere Sekten angeregt. Die Innerschweizer nahmen an jenen Beratungen nicht teil. Man begnügte sich mit einer Empfehlung an die Kantone, die gar zu ausschließliche Anordnungen getroffen hatten, sie möchten diese im Sinn der Bundesverfassung und nach den Grundsätzen der Duldung, die unter Bundesgenossen herrschen sollte, auf eine dem Zeitgeist angemessene Weise modifizieren. Das Verhalten gegenüber den Dissidenten aber wurde völlig dem kantonalen Ermessen anheimgestellt. Eidg.Abschied 1803, S.XXXVIII; 1803, S.XL; Repertorium der Abschiede 1803-1813, 2.Aufl., S. 143 f.

(2) F.Stettler sprach in seiner Darstellung von der "unüberlegten Aufnahme des Artikels 12 in die Bundesverfassung", die er als Ursache der eidgenössischen Kloster-Übelstände bezeichnete. F.Stettler: Das Bundesstaatsrecht der Schweizerischen Eidgenossenschaft gemäß den Entwicklungen seit dem Jahre 1798 bis zur Gegenwart, Bern/St.Gallen 1847, S. 127.

(3) Eidg.Abschiede 1814/15, Bd. 1, S. 47.

Die Empfehlung an die Kantone hat folgenden Wortlaut: "Der Grundsatz einer Garantie der katholischen Religion und der geistlichen Güter wird den Ständen, in welchen beide Glaubensbekenntnisse (das christlich-katholische und das evangelisch-reformirte) in Parität oder auch nur in einzelnen Gemeinden anerkannt sind, in dem Sinne empfohlen, daß sie die Gewährleistung beider Religionen in ihren Kantonsverfassungen aussprechen mögen" (1). Die Formulierung zeigt, daß, wäre 1814/15 ein Recht religiöser Freiheit in das Bundesrecht aufgenommen worden, diese aus Rücksicht auf jene Kantone mit ausschließlicher Landesreligion nur die historisch begründete und geographisch beschränkte Parität geschützt worden wäre, nicht aber die allgemeine Kultusfreiheit der anerkannten Kirchen.

Während die reformierten Stadtrepubliken sich in der alten dreizehnortigen Eidgenossenschaft mit einer Mehrheit von katholischen Ständen ein Bundesrecht völliger konfessioneller Parität erkämpfen mußten, besaßen die reformierten Kantone bei der Erneuerung des Bundes im 19.Jahrhundert an einem eidgenössischen Gleichheitsschutz ein geringeres Interesse als die Katholiken, die in einer größeren Zahl von Kantonen eine Minderheit bildeten. In Anbetracht der Schwierigkeiten, die sich bei der Neukonstituierung namentlich der gemischtkonfessionellen Stände ergaben, wollten die reformierten Regierungen den Einmischungsversuchen der Innerschweiz und der römischen Kurie für die Zukunft keinen bundesrechtlichen Vorwand geben (2). Vor allem die Kantone Aargau, Thurgau und St.Gallen sahen mit Mißbehagen die Bemühungen des Nuntius,

(1) Eidg.Abschiede 1814/15, Bd.1, S. 47

(2) Über die Intervention bei der Gestaltung der innerkantonalen Parität siehe R.Stänz: Die Entwicklung der Parität im Kanton Aargau, Thayngen 1936, S. 99 ff.

die schweizerischen Gebiete vom Konstanzer Bistum, wo der tolerantere wessenbergische Geist herrschte, zu trennen. Am 2.November 1814 wurde durch einseitigen päpstlichen Entscheid die Loslösung vollzogen (1).

Die Tagsatzung, die den eidgenössischen Klosterschutz bejahte, jedoch ein paritätisches Bundesrecht für die anerkannten Konfessionen ablehnte, war nicht bereit, auf den Antrag des Nuntius in der Klosterangelegenheit voll einzugehen und die Gewährleistung der Klöster nach dem römisch-kirchlichen Recht auszusprechen. Am 5.August 1814 beschloß sie, in der Formulierung des Artikels 12 den Ausdruck "kanonisch" zu streichen (2). Damit konnte sich auch die staatskirchenrechtliche Hoheit der Kantone oder die durch eine alte Tradition bestätigte Schirmherrschaft über die Klöster leichter geltend machen (3), was auch durch die im Bundesvertrag anerkannte Steuerpflicht zum Ausdruck kam. Die dehnbare Auslegungsmöglichkeit des Artikels 12 ging indessen nicht so weit, daß ein Kanton zu einer willkürlichen Verstaatlichung der Klöster und Aufhebung ihrer Orden berechtigt gewesen wäre, was die Bundesgarantie gegenstandslos gemacht hätte. Artikel 12 war dem Geist und Wortlaut nach vielmehr als wirksamer Schutz der klösterlichen Institutionen gedacht, deren Bestand im Jahr 1846 für die Schweiz mit 116 Stiften und Klöstern und ungefähr 2500 Konventualen angegeben wurde (4) und deren materieller Wert beachtlich war.

---

(1) C.Gareis u.P.Zorn: Staat und Kirche in der Schweiz, Bd.2, Zürich 1878, S.6.

(2) Repertorium der eidg.Abschiede 1814-1848, Bern 1874, Bd.1, S. 341.

(3) Über die Rechtsstellung der Klöster während der Restauration und Regeneration siehe E.His: Geschichte des neuern Schweizerischen Staatsrechts, Bd.2, Basel 1929, S. 617 ff.

(4) St.Franscini: Neue Statistik der Schweiz,Bd.2, Bern 1849, S. 482 f.

Außer dieser Garantie, die nur einer Konfession zugute kam, enthielt der Bundesvertrag von 1815 nicht nur kein Paritätsrecht, er hob auch den aus der Helvetik in die Mediation hinübergeretteten Rest religiöser Duldsamkeit aus der Zeit der Helvetik, das Recht der Schweizer, sich auf dem ganzen Gebiet der Eidgenossenschaft niederlassen zu können, wieder auf.

Größere Toleranz haben die deutschen Fürsten und Städte bei der Konstituierung ihres Staatenbundes gezeigt. In der zwei Monate vor dem schweizerischen Bundesvertrag, am 8.Juni 1815, angenommenen deutschen Bundesakte war die konfessionelle Nichtdiskriminierung aller Bekenner einer christlichen Konfession in den individuellen Rechten zum Bundesgesetz erhoben worden. Artikel 16 lautete: "Die Verschiedenheit der christlichen Religions-Partheyen, kann in den Ländern und Gebiethen des deutschen Bundes keinen Unterschied in dem Genusse der bürgerlichen und politischen Rechte begründen" (1). Der Text stimmt mit dem von Metternich und Hardenberg vereinbarten Entwurf überein. Ein Vergleich der beiden Dokumente zeigt, daß der deutsche Bundestag sich vom alten Paritätsrecht des Westphälischen Friedens insofern distanziert hatte, als in der Bundesakte nicht mehr wie im obgenannten Entwurf von drei Religionsparteien die Rede war. Die Bundesgarantie galt zudem nur als Individualrecht (2). Dabei ging diese allerdings nicht so weit, wie vorgeschlagen, auch die Bekenner des jüdischen Glaubens in die Nichtdiskriminierung einzubeziehen. Artikel 16 sagte jedoch, die Bundesversammlung werde ihre bürgerliche

(1) W.Näf: Die deutsche Bundesakte und der schweizerische Bundesvertrag von 1815, Bern 1959, S. 41.

(2) W.Näf: a.a.O., S.41. Vgl. den liberaleren Art.14 des Entwurfs von Metternich und Hardenberg.
W.Näf: a.a.O., S.25. Vgl.Art.14 der Bundesakte von 1815, der allen Deutschen die unbeschränkte Freiheit der Niederlassung in jedem Staat des Bundes zusicherte.
W.Näf: a.a.O., S.39.

Verbesserung zu bewirken trachten. In den Staaten, in denen den Israeliten bereits Rechte eingeräumt worden waren, sollten sie ihnen erhalten bleiben (1). Ein ähnlicher Garantieantrag des römischen Stuhls, wie derjenige des Nuntius Testaferrata, wurde in die deutsche Bundesakte nicht aufgenommen (2).

Während Deutschland in seinem neuen Bundesrecht den intransigenten territorialen Konfessionalismus des Cuius regio eius religio schon 1815 teilweise überwand, musste die Schweiz während der Regeneration die Parität oder die individuelle religiöse Freiheit in der eidgenössischen Verfassung von Grund auf neu aufbauen, eine Aufgabe, die zu den schwierigsten der Bundesrevision gehörte.

---

(1) W.Näf: Die deutsche Bundesakte und der schweizerische Bundesvertrag von 1815, Bern 1959, S.41.

(2) F.Stettler: Das Bundesstaatsrecht der Schweizerischen Eidgenossenschaft gemäss den Entwicklungen seit dem Jahr 1798 bis zur Gegenwart, Bern/St.Gallen 1847, S.128.

2. Religionspolitische Hintergründe für das Scheitern der Bundesrevision von 1832/1833

Als die Tagsatzung am 17.Juli 1832 mit einer absoluten Mehrheit von 12 Standesstimmen den Beschluß faßte, es solle der Bundesvertrag zwischen den 22 souveränen Kantonen einer Revision unterworfen werden, war die Lage innenpolitisch sehr gespannt (1). Von den regenerierten Ständen hatten vier Monate zuvor die Vororte Zürich, Bern und Luzern mit Solothurn, St.Gallen, Aargau und Thurgau zum gegenseitigen Schutz ihrer regenerierten Verfassungen das Siebnerkonkordat abgeschlossen. Diesen revisionsfreudigen Kantonen des deutschschweizerischen Mittellandes stellte sich Mitte November 1832 der viel schwächere konservative Sarnerbund entgegen, dem außer den Urkantonen Baselstadt und Neuenburg angehörten. Sie alle widerstrebten einer Gesamtrevision des Bundes, wie sie die Erneuerungsbewegung wünschte.

Im Gegensatz zur Sonderbundszeit der vierziger Jahre hatten die Zerwürfnisse damals keinen konfessionellen Charakter. Dies ist schon daraus ersichtlich, daß sich beide Vereinigungen des Jahres 1832 aus reformierten wie katholischen Kantonen zusammensetzten. Politische, nicht religiöse Interessen waren für die Separatbündnisse maßgebend. Den liberalen Neuerern mußte daran gelegen sein, die politische Spannung bei der Bundesrevision nicht durch den jahrhundertelangen Streit um die Majorisierung in kirchlichen Angelegenheiten, der in der alten Eidgenossenschaft die Stärkung des Bundes verhindert hatte, zu vermehren.

---

(1) Siehe E.Bonjour: Geschichte der Schweiz im 19. und 20.Jahrhundert, in: Geschichte der Schweiz, Bd.2, Zürich 1938, S. 415 ff. E.Bonjour: Die Gründung des schweizerischen Bundesstaates, Basel 1948, S. 20 ff.

Das erforderte zugleich Rücksichtnahme auf den traditionellen Föderalismus, der in der kirchlichen Eigenständigkeit der Kantone eine seiner stärksten Wurzeln hatte.

Es kam einer friedlichen Bundesrevision zugute, daß bei den revolutionären Umgestaltungen in den Kantonen die Liberalen die bevorzugte Stellung der historischen Konfessionen nicht aufhoben, so daß ein offener Konflikt zwischen Staat und Kirche in den meisten Kantonen vermieden wurde. Darin unterschied sich der schweizerische vom französischen Liberalismus der Julirevolution, der dem erneuerten Bund von Thron und Altar ein Ende setzte und mit der Kultusfreiheit für alle Religionen die nationale Vorherrschaft der gallikanischen Kirche brach (1). In der

---

(1) J.Leflon: La Crise révolutionnaire 1789-1846, in: Histoire de l'Eglise depuis les origines jusqu'à nos jours, Bd.20, Paris 1949, S. 440 ff. Französischen Einfluß verrät Art.10 des privaten Entwurfs für eine Bundesverfassung, den Oberst A.Roger veröffentlichte. Er lautet: "Il n'y a pas en Suisse de religion privilégiée. Le plein et libre exercice de leur culte est garanti à toutes les religions." Essai sur le lien fédéral, Genf 1831, S. 20.
Art.5 der "Charte constitutionelle" vom 14.8.1830 enthielt wörtlich gleich das Grundrecht von 1815 über die Kultusfreiheit: "Chacun professe sa religion avec une égale liberté et obtient pour son culte la même protection." Doch anstelle der Bestimmung "Cependant la religion catholique apostolique et romaine est la religion de l'Etat", trat der neue Art.6: "Les ministres de la religion catholique, apostolique et romaine, professée par la majorité des Français, et ceux des autres cultes chrétiens, reçoivent des traitements du trésor public." Damit war die katholische Religion den protestantischen Konfessionen gleichgestellt. Ein Dekret vom 8.2. 1831 dehnte die finanzielle Hilfe des Staates auf den jüdischen Kultus aus. Z.Giacometti: Quellen zur Geschichte der Trennung von Staat und Kirche, Tübingen 1926, S. 63, 65, 66.

Schweiz war es nirgends zur Preisgabe des traditionellen Staatskirchentums gekommen, auch dort nicht, wo - wie in den Verfassungen der reformierten Vororte Zürich und Bern - der Ausdruck "herrschend" für die Landesreligion fallengelassen wurde. Daß das Verhältnis von Staat und Kirche unberührt bleibe, bezeichnete der "Republikaner", den Ludwig Snell redigierte, für den Augenblick als Vorteil (1). In den gemischtkonfessionellen Kantonen erhielt sich die bisherige Parität ausschließlich für die anerkannten Konfessionen. Die Verträge, die konfessionelle Minderheiten schützten, blieben unangetastet. Baumgartners Versuch, in St.Gallen die konfessionelle Trennung in den Räten aufzuheben, war mißlungen. Glarus dachte noch nicht an die Auflösung der konfessionell dualistischen Staatsverwaltung. Im Aargau glaubte die katholische Minderheit, daß ihre religiösen Rechte auch ohne Trennung der Legislative in kirchlichen Anliegen gesichert seien.

In der Frage der individuellen religiösen Freiheit hatte die Regeneration in den Kantonen vielfach an die naturrechtliche Ideologie der Helvetik angeknüpft. Doch nur in den paritätischen Ständen Aargau und Thurgau, in denen die Katholiken dem Liberalismus zugänglicher waren, und in den reformierten Ständen Zürich, Bern und Baselland war die Glaubens- oder die Gewissensfreiheit Grundrecht der Bürger geworden. Einzig der neue radikal-demokratische Halbkanton, der seine Trennung von Baselstadt mit der Nichterfüllung des Gleichheitsversprechens der Stadt von 1798 gegenüber der Landschaft rechtfertigte, hatte die Gewissensfreiheit in der Form der Menschenrechte als unverletzlich erklärt. Selbst in den Kantonen, welche die Freiheit des Glaubens oder des Gewissens zu den neuen

---

(1) A.Scherer: Ludwig Snell und der schweizerische Radikalismus (1830-1850), Freiburg 1954, S. 45.

Individualrechten zählten, war ihre rechtliche Notwendigkeit selbst bei Liberalen nicht allgemein anerkannt und ihre Auswirkung auf das Staats- und Kirchenrecht nicht eindeutig (1). Das Bürgerrecht blieb formal weiterhin an die Zugehörigkeit zu der reformierten oder katholischen Kirche gebunden. Zwangskindertaufen, an denen Polizei und Pfarrer mitwirkten, konnten auch in jenen Kantonen noch vorkommen.

Gegen eine Gewissens- und Glaubensfreiheit, die dem Individualismus entsprang, reagierten kirchlich konservative Kreise, die Anträge auf religiöse Freiheit in kantonalen Verfassungsverhandlungen bereits zu Fall gebracht hatten. Als naheliegendes Beispiel bot sich den Befürwortern und Gegnern der Bundesrevision die Landsgemeinde vom April 1832, an der die reformierten Appenzeller den vom Verfassungsrat vorgeschlagenen Toleranzartikel erregt verworfen hatten.

In streng katholischen Kreisen, für die die Freiheit und Autorität der römisch-katholischen Religion und Kirche und nicht das Gewissen des Gläubigen maßgebend waren, erhielt die Abwehr gegen jede Form allgemeiner religiöser Freiheit in den Revisionsjahren durch die Enzyklika "Mirari vos" vom 15. August 1832 Rückhalt und Ansporn. Die scharfe Sprache, mit der Gregor XVI. die Gewissensfreiheit, die er als "deliramentum" bezeichnete und einseitig als Ausdruck des Indifferentismus verurteilte (2),

---

(1) Von der Glaubensfreiheit, wie sie die Berner Verfassung seit 1831 zusicherte, sagte ein anonymer Schreiber, sie streue Sand in die Augen, weil sie doch keine Religionsfreiheit gewähre. Kritik der Verfassung für die Republik Bern, vom 6. Juli 1831, Biel 1836, S. 10.

(2) "Atque ex hoc putidissimo "indifferentismi" fonte absurda illa fluit ac erroneo sententia, seu potius deliramentum, asserendam esse ac vondicandam cuilibet "libertatem conscientiae". Recueil des allocutions consistoriales encycliques et autres lettres apostoliques des souverains pontifs Clément XII, Benoit XIV, Pie VII, Léon XII, Grégoire XVI et Pie IX, Paris 1865, S. 162.

stellte jedes Bemühen von Katholiken zugunsten der allgemeinen individuellen Freiheit des Gewissens und Glaubens von vornherein in ein ketzerisches Licht und ließ sie in erster Linie als ein Mittel zur Zerstörung der kirchlichen Einheit in Lehre und Disziplin erscheinen. Nicht als Tochter der religiösen Gleichgültigkeit, sondern als Fundament des christlichen Glaubens hat der katholische liberale Autor einer 1833 in Zürich anonym erschienenen Broschüre die Freiheit des Gewissens bezeichnet. Er schrieb die Enzyklika der Verkennung des Zeitgeistes zu und nannte diese "ein öffentliches Unglück". Seine Entgegnung auf "die Verurteilung der Gewissensfreiheit" deckt sich weitgehend mit Lamennais' Gedankengängen über die religiöse Freiheit. "Wie hat der Verfasser des päpstlichen Hirtenbriefes," fragt er, "außer Acht lassen können, daß ohne Freiheit der Gewissen die wahre Religion in ihrer Verbreitung unübersteigliche Hindernisse fände; daß aus dem Grundsatz des Gewissenszwangs alle Verfolgungen des Christenthums und alle Bedrückungen des katholischen Glaubens hervorgegangen sind; daß aber glücklicherweise das Gewissen ein Heiligthum sey, in welchem keine äußere Gewalt der Freiheit Zwang anzuthun vermag; daß eben deswegen jede Beschränkung und Unterdrückung der Gewissensfreiheit die Folge habe, den Gewissen größere Stärke zu verleihen und sie zu heroischem Widerstand zu ermuthigen; daß das Blut der Märtyrer zu allen Zeiten ein fruchtbarer Samen für das Wachsthum ihres Glaubens geworden sey. - Wo bestände denn das Heiligthum der Religion, wenn nicht im Gewissen ? und was wäre wohl das für ein Gewissen, das nicht frei wäre ?" (1). In Frankreich setzte der päpstliche Hirtenbrief den Bemühungen des Félicité de Lamennais-

---

(1) Die Stellung des Römischen Stuhls gegenüber dem Geiste des neunzehnten Jahrhunderts oder Betrachtungen über seine neuesten Hirtenbriefe, Zürich 1833, S. 17 f.

Kreises, die gallikanische Kirche mit dem Papalismus und dem Liberalismus zu versöhnen (1), ein jähes Ende (2). Der Universalismus der katholischen Kirche erhielt in ihren Restaurationsbemühungen verstärkten Auftrieb. Seit 1832 erschien in Luzern als ihr Sprachrohr in der Schweiz die beim katholisch-konservativen Klerus einflussreiche "Schweizerische Kirchenzeitung". Ihr Urheber und Herausgeber war Melchior Schlumpf. Sie nahm die päpstliche Verurteilung der Gewissensfreiheit mit dem Argument in Schutz, dass die Kirche in ihrem Bereich keine Lehre dulden dürfe, die dem wahren Glauben widerstreite (3). Die Katholiken der Schweiz mahnte sie, durch Papsttreue an der Glaubenseinheit festzuhalten (4).

Für die Erneuerung des eidgenössischen Bundes zählten die liberalen Staatsmänner auf die Toleranz zwischen Katholiken und Protestanten nicht auf eine bundesrechtlich durchzusetzende Religionsfreiheit oder auf ein allgemeines eidgenössisches Paritätsrecht für die anerkannten Konfessionen. Weil die Rechte der Staatskirchen in den kantonalen Verfassungen garantiert waren, schien es ihnen klüger zu sein, alles Religiöse und Kirchliche aus dem Bundesrecht auszuklammern, wie dies schon in der eidgenössischen Mediationsverfassung der Fall war. Hatte nicht der unversöhnliche Konfessionalismus die spätmittelalterliche

---

(1) Félicité de Lamennais: De la Religion, considérée dans ses rapports avec l'ordre politique et civil, 3.Aufl. Paris 1826.
(2) J.Leflon: La crise révolutionnaire 1789-1846, in: Histoire de l'Eglise depuis les origines jusqu'à nos jours, Bd.20, Paris 1949, S.446 f.
(3) Die Schweizerische Kirchenzeitung v.3.5.1833 entgegnete den Kritikern der Enzyklika Gregors XVI., eine Duldung des Irrtums wäre das Grab der Religion und Moralität, die Zerstörung der Kirche. Nur für Staaten, deren Grundgesetz die Parität zulasse, liess sie die bürgerliche Duldung gelten.
(4) Schweizerische Kirchenzeitung vom 20.4.1833, S.270.

Entwicklung des Bundes zum Staat seit der Reformation zum Stillstand gebracht und den lockeren Bund sogar verkümmern lassen ? (1) Konsequenterweise mußte damit auch die einseitige Klostergarantie wegfallen.

Versöhnlichkeit zwischen Reformierten und Katholiken, wie sie im Beschluß vom 17.Juni 1832, die eidgenössischen Dank-, Buß- und Bettage wieder gemeimsam abzuhalten (2), zum Ausdruck kam, war das Motto der politisch führenden Liberalen in der Helvetischen Gesellschaft (3). Dieser vaterländische Freundschaftsbund, der 1708 in Schinznach ins Leben gerufen worden war, hat stets die Toleranz zu fördern gesucht (4). Aus dem kleinen Zirkel einer geistigen Elite war ein zahlenmäßig großer, freisinniger Verein geworden, dem die Bundesrevision ein Hauptanliegen wurde(5). In der Eröffnungsrede von 1832 gab der Zürcher Bürgermeister Melchior Hirzel diesem Ziel in beredten Worten Ausdruck. Er bedauerte, daß dem Schweizer ein Teil seines Vaterlandes zu freier Niederlassung und Gewerbetreibung

---

(1) Vgl.H.Nabholz: Der Kampf um den zentralistischen Gedanken in der eidgenössischen Verfassung, 1291-1848, Zürich 1918 (Vortrag), S. 19.

(2) Repertorium der Abschiede der eidgenössischen Tagsatzungen 1814-1848, Bern 1874, S. 886.

(3) Vgl.O.Zinniker: Der Geist der Helvetischen Gesellschaft des 19.Jahrhunderts besonders zwischen 1807 und 1849, Biel 1932, S. 22 ff. Als Vorkämpfer religiöser Freiheit unter der studierenden Jugend der Schweiz wirkte auch der interkonfessionelle Zofingerverein, der in seinen jährlichen Zusammenkünften vaterländische Ziele verfolgte. U.Beringer: Der Zofingerverein während der Regenerationszeit 1830-1847, in: Geschichte des Zofingervereins, Bd.2, Basel 1907, S. 103 f.

(4) Siehe die Präsidialrechte des katholischen Stadtpfarrers in Luzern, Thaddäus Müller über "Das Verdienst der Helvetischen Gesellschaft um die religiöse Toleranz in unserem Vaterlande", in: Verhandlungen der Helvetischen Gesellschaft zu Schinznach 1821, S. 1 ff.

(5) O.Zinniker: Der Geist der Helvetischen Gesellschaft... a.a.O., S. 64 ff, 82 ff. H.Nabholz: Die Helvetische Gesellschaft 1761-1848, Zürich/Leipzig/Berlin 1926,S.30ff.

verschlossen sei und wünschte für die gemeinsame Wohlfahrt des gesamten schweizerischen Vaterlandes eine Bundesverfassung, welche die Unabhängigkeit nach außen und die Freiheit der Bürger nach innen kräftig zu schützen vermöchte (1). Das politische und wirtschaftliche Interesse stand bei den Liberalen im Vordergrund. Aufschlußreich für dieses Wohlfahrtsdenken der Regenerationszeit und ihre damit verbundene Forderung der Toleranz zwischen den Konfessionen ist Stephan Franscinis 1829 erschienene Darstellung der Schweiz. In ihr schildert der spätere Bundesrat die Nachteile der Religionsverschiedenheit im Kapitel über den Binnenhandel (2).

Von Niederlassungsfreiheit, nicht direkt von religiöser Freiheit, sprach 1831 der Katholik Kasimir Pfyffer in seinem "Zuruf an den eidgenössischen Vorort Luzern bei Übernahme der Leitung der Bundes-angelegenheiten" (3). Dasselbe galt vom "Entwurf einer schweizerischen Bundesverfassung", den er 1832 zusammen mit Gallus Baumgartner von St.Gallen und Karl Schnell von Bern anonym herausgab und der für den Entwurf der Tagsatzung grundlegend wurde. Das Hauptinteresse galt der Stärkung des Bundes, nicht den individuellen Freiheitsanliegen, die sich die Liberalen bereits in den Kantonen erkämpft hatten. Es fehlt denn auch im Entwurf der in den regenerierten Verfassungen vorangestellte Katalog von Individualrechten. Das Problem, das die Neuerer beschäftigte, war nicht, daß der Bundesstaat zu mächtig und daß

---

(1) M.Hirzel: Eröffnungsrede von Melchior Hirzel, Bürgermeister des Standes Zürich, in: Verhandlungen der Helvetischen Gesellschaft zu Richtenschweil 1832,S.13.

(2) Stefano Franscini's Statistik der Schweiz,Aarau 1829,S. 162 f.

(3) Auch C.Pfyffers "Kurze Rechtfertigung meines Zurufs an den Eidgenössischen Vorort", Sursee 1831, enthält keine religiösen oder kirchlichen Anspielungen.

er diese neuen Freiheiten des Bürgers gefährden, sondern daß er der kantonalen Souveränität wegen zu schwach sein könnte. Der Entwurf begnügte sich vorerst im Artikel 3, "die dem Volke jedes Kantons nach seiner Verfassung zustehenden Rechte und Freyheiten" zu gewährleisten und nur solche kantonale Verfassungen zuzulassen, "welche die Ausübung der politischen Rechte nach demokratischen und repräsentativen Formen sichern...". Erst Artikel 27 erwähnte im Einzelnen Grundrechte der Bürger, die vor allem wirtschaftliche Interessen berührten, mit der konfessionellen Parität jedoch in Verbindung gebracht wurden. Der Artikel lautet: "Die Schweizer beyder Konfessionen genießen in allen Kantonen das Recht freyer Erwerbung von Liegenschaften, das Recht freyer Niederlassung und das Recht der Gewerbsausübung nach den für die eigenen Kantonsbürger selbst geltenden Gesetzen" (1). Von gleichen politischen Rechten der Niedergelassenen sagt der Entwurf nichts.

Von der Idee des konfessionellen Gleichgewichts dürften die Autoren bei der Aufstellung der Tagsatzung ausgegangen sein, ein Gedanke, der Baumgartner nahe gelegen sein muß, weil dadurch am ehesten einer konfessionspolitischen Trennung, die er in St.Gallen vergeblich bekämpft hatte, gewehrt werden konnte. Zwar ist in diesem Artikel 5 von Parität nicht die Rede, doch die 60 Standesabgeordneten, die ohne Instruktion stimmen sollten, waren sicherlich nicht zufällig so nach der Größe der Kantone aufgeteilt, daß die oberste Bundesgewalt aus ungefähr ebensoviel Katholiken wie Reformierten bestehen konnte (2). Sonst gab es in diesem halbamtlichen Verfassungsvorschlag keine Hinweise auf Religion oder Kirche. Die Kirchenhoheit blieb ausschließlich den Kantonen erhalten.

---

(1) Entwurf einer schweizerischen Bunderverfassung, Zürich 1832, S. 13.

(2) A.a.O., S. 5.

Vom gleichen Grundsatz der Nichteinmischung des Bundes in Konfessionellem, nicht aber vom Prinzip des konfessionellen Gleichgewichts, ließ sich auch die Tagsatzungskommission leiten, die am 15.Dezember 1832 unter dem Vorsitz des Luzerner Schultheißen Eduard Pfyffer den "Entwurf einer Bundesurkunde der schweizerischen Eidgenossenschaft" auszuarbeiten begann. Ihre 15 Mitglieder waren in der Mehrzahl führende liberale Politiker. Gallus Baumgartner,der Landammann von St.Gallen, war ihr Redaktor (1). Aus dem offiziellen Protokoll der geschlossenen Sitzungen ist kein Antrag auf Anerkennung der Parität der Konfessionen oder gar allgemeiner Glaubens- und Kultusfreiheit ersichtlich. Der Antrag der Gesandtschaft des paritätischen, konservativen Graubündens, der Artikel 12 des Bundesvertrags möge unverändert aufgenommen werden, fand infolge des Fehlens der Sarnerstände nur schwache Unterstützung (2). Der Stand Freiburg, dessen liberales Regime Rücksicht auf die konservativ-katholische Opposition nehmen mußte, wünschte, daß die Bundesgarantie nur für die Klöster gelten solle, die vor 1798 existierten (3). Das Recht der Freizügigkeit war Gegenstand längerer Beratung (4). Man versprach sich davon eine Stärkung des Gefühls, daß die Schweizer eine Nation bilden würden. Könne die Niederlassungsfreiheit durch den neuen Bund nicht erzielt werden, so wurde argumentiert, dann habe die Revision ihren Hauptzweck, den einer größeren Nationaleinheit, verfehlt. Zwar war sich die Kommission bewußt, daß das Recht des Bürgers auf

---

(1) H.v.Greyerz: Bundesstaatliche Reformversuche in der Eidgenossenschaft vor 1848, in: Berner Zs.f.Gesch.u. Heimatkunde, Heft 3, Bern 1948, S. 185.

(2) Eidg.Abschiede 1833, S. 139.

(3) Eidg.Abschiededer außerordentlichen Tagsatzung 1833,S.102.

(4) Protokoll der Revisionskommission, Eidg.Archiv,Bern, S. 35 ff, 220.

freie Niederlassung in einigen Kantonen auf lebhaften Widerstand stoßen werde, doch äußerte sie einhellig die Ansicht, daß dieses Freiheitsrecht nicht fehlen dürfe. Artikel 36 des kommissionalen Entwurfs erhielt folgenden Wortlaut: "Der Bund gewährleistet allen Schweizern das Recht der freien Niederlassung im ganzen Umfang der Eidgenossenschaft" (1). Außer dem Ingreß "Im Namen Gottes des Allmächtigen", der aus dem Bundesvertrag von 1815 übernommen wurde, enthielt das Projekt keinerlei Bezugnahme des Bundesrechts auf Religion oder kirchliche Institutionen. Selbst die Ergänzung, daß die Freizügigkeit den Schweizern "beider Konfessionen" gelte, wurde weggelassen.

Dieselbe Besorgnis der religiösen Nichteinmischung des Bundesrechts kennzeichnete die Urheber der amerikanischen Unionsverfassung. Nur waren in bezug auf Religion und Kirchen in der Übergangszeit vom amerikanischen Staatenbund zum Bundesstaat (1776-1787) die rechtlichen und sozialen Voraussetzungen grundverschieden. Der Gedanke der Trennung von Staat und Kirche war in den Einzelstaaten bereits ganz oder teilweise verwirklicht und gewann großen Einfluß (2). Die Gesellschaft war religiös viel stärker vermischt. Es dominierte im allgemeinen weder ausschließlich die anglikanische Kirche noch stand die verhältnismäßig kleine katholische Minderheit unter dem Einfluß einer auf staatlicher Glaubenseinheit eingestellten katholischen Hierarchie. John Carroll, der erste Kirchenvorsteher für die ehemaligen englischen Kolonien,

---

(1) Bundesurkunde der schweizerischen Eidgenossenschaft, entworfen von der am 17.Heumonat 1832 durch die Tagsatzung ernannten Revisionskommission.

(2) C.H.Moehlmann: The wall of Separation between Church and State, Boston 1951, S. 74 ff.

war zwar Jesuit gewesen, hatte sich jedoch kurz vor der Entstehung der Unionsverfassung in einer Abhandlung über das Verhältnis von Staat und Kirche aufgrund der bestehenden Verhältnisse für ihre Trennung ausgesprochen. Aus seinem ersten Bericht, den er 1785 über die Lage der katholischen Kirche nach Rom sandte, ist ersichtlich, daß diese 25 Priester und 25000 Glieder zählte und die katholischen Institutionen erst im Entstehen begriffen waren (1).

In der Schweiz, wo der Ordensklerus und die einflußreiche Hierarchie sich bei jedem ernsten Konflikt zwischen Staat und Klöstern auf den Artikel 12 des Bundesvertrages von 1815 an die Tagsatzung wandten, konnte das Fehlen eines solchen Bundesschutzes beunruhigend wirken, ja als klosterfeindlich ausgelegt werden. J.Baumgartner bemerkt über das Fallenlassen des Klosterartikels, es habe darüber in der Kommission keine Beratung stattgefunden. Hintergedanken hätten das Weglassen nicht verursacht, sondern die Überzeugung jedes Mitglieds, daß der Gegenstand Sache der Kantonalsouveränität sei (2).

Der bedeutende Rechtsgelehrte und katholische Neugenfer Pellegrino Rossi hat den Entwurf der eidgenössischen Kommission, wie er den Kantonen direkt zur Begutachtung zugeleitet wurde, in französischer Fassung talentvoll erläutert (3). Aber auch er umgeht, sicher nicht ohne Ursache, die Klippe der religiös-kirchlichen Problematik bei der Entstehung eines Bundesstaates. Diese

---

(1) L.J.Rogier: Die Kirche im Zeitalter der Aufklärung und Revolution, in: Geschichte der Kirche, Bd.4, Einsiedeln 1966, S. 173 f.

(2) J.Baumgartner: Die Schweiz in ihren Kämpfen und Umgestaltungen von 1830 bis 1848, Bd.1, Zürich 1853, S.367.

(3) Rapport de la commission de la Diète aux vingt-deux cantons suisses, sur le Projet d'acte fédéral par elle

erscheint dadurch abgeschwächt, daß die zahlenmäßige Vertretung in der Tagsatzung gegenüber dem Bundesvertrag von 1815 keine Änderung erfuhr und von der Souveränität der Kantone und nicht der Nation, wie es Baumgartner gewünscht hatte, gesagt wird, diese sei das herrschende Prinzip. Die nationale Souveränität, so führte Rossi aus, gelte nur für die dem Bund von den Kantonen übertragenen Gegenstände (1). Durch Nichterwähnung religiöser und kirchlicher Angelegenheiten wurden diese somit eindeutig der Bundeskompetenz entzogen. Ebenso unerwähnt blieben außer der religiösen Freiheit andere Individualrechte, die wie die Pressefreiheit geistige Bedeutung haben konnten. Nur die Niederlassungs- und Gewerbefreiheit - Artikel 36 im Entwurf - hebt Rossi an prominenter Stelle hervor(2). Aber auch hier weist der Berichterstatter darauf hin, daß die schweizerische Nationalität die kantonale Souveränität nicht ausschließe, und er führt als Beweis die Tatsache an, daß die Niedergelassenen keine politischen Rechte genießen werden. Die wirtschaftlich wenig entwickelten kleinen Kantone, die glaubensmäßig einheitlich geblieben waren, werden beschwichtigt, daß sie ihnen zugute kommen würde, denn nicht die Bürger der industriellen, reicheren Kantone wünschten sich in den ärmeren niederzulassen, sondern umgekehrt. Die konfessionellen Bedenken gegen eine Auflösung der Glaubenseinheit durch den Zuzug religiöser Minderheiten konnten dadurch geringer erscheinen.

---

délibéré à Lucerne le 15 décembre 1832, Genève 1832. Die deutsche Übersetzung: "Bericht über den Entwurf einer Bundesurkunde" besorgte der Zürcher Staatsrat Ferdinand Meyer. J.Dierauer: Geschichte der Schweizerischen Eidgenossenschaft, Bd.5, Gotha 1922, S. 578.

(1) Rapport de la commission..., a.a.O., S. 83.

(2) Rapport de la commission..., a.a.O., S. 30 ff.

Der vernünftige Ausgleich zwischen Zentralisation und Föderalismus fand nicht die Zustimmung der Mehrzahl der Kantone. Selbst die Wahl des katholischen Vororts Luzern als Bundesstadt vermochte die Innerschweizer nicht für die Stärkung des Bundes zu gewinnen, in dem die Protestanten, trotz aller Bemühungen, kein religiöses Minderheitsproblem zu schaffen, infolge der umfangreicheren Kompetenzen der Tagsatzung ein viel stärkeres Übergewicht haben würden. Der Vertreter der Urkantone Zgraggen war den Kommissionsverhandlungen ferngeblieben. Als die Tagsatzung in Zürich vom März 1833 beschloß, aufgrund der kantonalen Instruktionen einen neuen Entwurf auszuarbeiten, fehlten mit Uri, Schwyz und Unterwalden auch die reformierten Stände des Sarner Bundes, Baselstadt und Neuenburg. Sollte ein neuer gemeinsamer Bund erstehen, so blieb der Kommission, die den Entwurf einer Revision unterwarf, nun erst recht nichts anderes übrig, als zu versuchen, der Zerrissenheit der Schweiz durch vermehrte Berücksichtigung der Kantonalsouveränität ein Ende zu bereiten.

Zu den Befürwortern eines Bundesstaates, in dem nach dem Wunsch der Demokraten sowohl die Gesamtnation wie die Kantone repräsentiert waren, zählte damals schon der liberal-radikale Ignaz Paul Vital Troxler. Er hatte den Verfassungsänderungen in den Kantonen Aargau und Luzern entscheidend zum Durchbruch verholfen und dabei auch die Bundeserneuerung als Krönung der politischen Reformen ins Auge gefaßt (1). Als intransigenter Verfechter der Volkssouveränität verwarf er das offizielle Bundesprojekt und empfahl in seinem 1833 erschienenen "Entwurf

---

(1) E.Spiess: Ignaz Paul Vital Troxler, Bern/München 1967, S. 451 ff.

eines Grundgesetzes für die schweizerische Eidgenossenschaft" (1) das amerikanische Zweikammersystem. "Im Jahre 1787", schrieb er, "ist in der Convention zu Philadelphia die große Aufgabe gelöst worden, wie die Nationaleinheit mit der Selbständigkeit der Bundesstaaten und diese mit der Freiheit aller Staatsbürger bestehen kann."(2) In dieser Schrift trat Troxler für ein schweizerisches Bürgerrecht ein, das nicht nur die Niederlassungsfreiheit im ganzen Gebiet der Eidgenossenschaft sondern auch die Gleichheit der Niedergelassenen in die politischen Rechte einschloß. Was die Empiriker aus religionspolitischen Rücksichten unterdrückten, darauf nahm der kompromißlose Staatstheoretiker keine Rücksicht. Der liberale Katholik Troxler, der im ersten Hauptgrundsatz die Wahrheiten der christlichen Religion "nach dem Glaubensbekenntnis und der Sittenlehre der katholischen und evangelischen Eidgenossen" als das höchste Nationalgut bezeichnete, postulierte den Schutz des Gesetzes für jede religiöse Überzeugung, "unbedingte Glaubens- und Gewissensfreiheit" (3), als Ausdruck der Volkssouveränität und als wichtige Grundlage für einen demokratischen Bundesstaat. Um die

---

(1) Anhang der Schrift Troxlers: "Die eine und wahre Eidgenossenschaft im Gegensatz zur Centralherrschaft und Kantonstümelei", Rapperswil 1833. Auch der Berner Karl Kasthofer hat in seiner Schrift "Das Schweizerische Bundesbüchli" (Burgdorf 1833) auf die vorbildliche Union Nordamerikas politisch und religiös verschiedenartiger Staaten hingewiesen und die "Glaubensfreiheit" für das schweizerische Bundesrecht empfohlen. (S. 12 f, 18).

(2) Anhang zur Schrift Troxlers: a.a.O., S. 28.

(3) Paragraph 14 von Troxlers Entwurf: a.a.O., S. 33.

Katholiken für die Revision zu gewinnen, nahm er auch die Klostergarantie in seinen Entwurf auf. Troxlers Bemühungen, mittels radikaler Schutzvereine eine Reform der Schweiz durch einen nationalen Verfassungsrat zu erreichen, war ebensowenig Erfolg beschieden wie seinem Eintreten für die allgemeine Freiheit der Religion(1).

In Rapperswil erschien im gleichen Jahr auch die Schrift "Die Eine Freye, Gleiche und Untheilbare Schweiz in Christlicher Liebe" aus der Feder des aus Schwyz stammenden katholischen Pfarrers Alois Fuchs (2). Er verband mit der Vorstellung einer vernunftgemäßen Christlichkeit des schweizerischen Staates, der keinen Unglauben, aber auch keinen religiösen Fanatismus duldet, mit einer weitgehenden Toleranz, die selbst die jüdische Religion nicht ausschloß. Den Katholiken wie den Reformierten sollte vollkommene Gewissens-, Glaubens- und Kultusfreiheit in der ganzen Schweiz garantiert werden. Unter der Wirkung der Enzyklika "Mirari vos" war die religiöse Freiheit für alle Glaubensweisen den konservativen Katholiken jedoch nicht annehmbarer, wenn sie von ihren liberalen Kirchgenossen verteidigt wurde. Sie stimmten vielmehr dem Konvertiten Karl Ludwig von Haller zu, der den Hauptzweck des Bundes im Schutz der Religion und der Rechte der katholischen

---

(1) Zum bundesstaatlichen Vorbild Nordamerikas bemerkte der Schweizerische Republikaner vom 28.12.1832, daß die Verschiedenheit der Konfessionen in der Schweiz einem bürgerlichen Ausgleich zwischen den Kantonen Schwierigkeiten mache.

(2) A.Fuchs gab 1833 Felix Balthasars Hauptwerk "Kurzer historischer Entwurf der Freiheiten und der Gerichtsbarkeit der Eidgenossen in geistlichen Dingen", Rapperswil 1833, auf das sich die Radikalen in ihren staatskirchlichen Forderungen gegenüber der katholischen Kirche stützten, wieder heraus.

Kirche, ihrer Stifte und Korporationen sah (1). Alois Fuchs wurde im gleichen Jahr seiner reformistischen Kirchenauffassung wegen vom Bischof von St.Gallen in seinen priesterlichen Funktionen suspendiert (2).

Die eidgenössische Revisionskommission von 1833, in der jeder an der Tagsatzung teilnehmende Stand vertreten und der Berner Regierungsrat Karl von Tavel Vorsitzender war (3), hielt bei der Ausarbeitung des zweiten Entwurfs am Grundgedanken fest, daß dem erneuerten Bund jegliche Einmischung in konfessionelle Angelegenheiten verwehrt sein sollte. Das neue Verfassungsprojekt enthielt ebenfalls keinen Klosterschutzartikel, erwähnte jedoch auch die konfessionelle Parität mit keinem Wort, geschweige denn, daß sie die nur vereinzelt in Verfassungsvorschlägen vorkommende allgemeine religiöse Freiheit als Grundrecht anführte. Die Urheber des Entwurfs vermieden, wie im vorjährigen Entwurf, wenn man vom Plan einer eidgenössischen Universität absieht, jede ideologische oder religiöse Indienststellung des Bundesrechts. Sie begnügten sich mit der Niederlassungsfreiheit (4) als elementarer Voraussetzung

---

(1) E.Bonjour: Die Gründung des schweizerischen Bundesstaates, Basel 1948, S. 29.

(2) G.J.Baumgartner: Geschichte des Kantons St.Gallen von 1830 bis 1850, Bd.3, Einsiedeln 1890, S. 129.

(3) J.Dierauer: Geschichte der Schweizerischen Eidgenossenschaft, Bd.5, Gotha 1922, S. 589.

(4) Art.36. Entwurf einer revidierten Bundesurkunde, von der am 15.März 1833 nidergesetzen Tagsatzungskommission mit Rücksicht auf die eröffneten Standesinstruktionen umgearbeitet und von der außerordentlichen Tagsatzung am 13., 14. und 15.Mai 1833 berathen, in: S.Kaiser u.I.Strickler: Geschichte und Texte der Bundesverfassungen der schweizerischen Eidgenossenschaft von der helvetischen Staatsumwälzung bis zur Gegenwart, Bern 1901, S. 235 ff.

eines schweizerischen Bürgerrechts, wobei die wirtschaftlichen vor den konfessionellen Interessen standen. Der Niedergelassene sollte, mit Ausnahme der politischen Rechte und des Anteils an Gemeinde- und Korporationsgütern, alle Rechte der Bürger des Kantons genießen. Da die Niederlassung keinem Schweizer, der die angeführten Bedingungen erfüllte, verweigert werden durfte, bedeutete dies konfessionelle Nichtdiskriminierung in den bürgerlichen Rechten, die sich auch auf Kantonsbürger, die nicht der Staatskirche angehörten, auswirken konnte. Auch ohne politische Parität der Andersgläubigen stand diesem Artikel die Konfessionalität des traditionellen Staats- und Gemeinderechts in den nicht paritätischen katholischen und reformierten Kantonen im Wege.

Beim erlahmenden Freiheitspathos in bezug auf Individualrechte (1) und in Anbetracht der im religiösen und bürgerlichen Leben gewohnten Intoleranz, die auch das Recht in den Ständen und Gemeinden der Schweiz mehr oder weniger kennzeichnete, konnte dieser Artikel - zumal er die Gewerbefreiheit einschloß - die Annahme der Bundesurkunde gefährden. Der Wille von Volk und Behörden zur nationalen Erneuerung war in jenem Jahr 1833 allgemein gering, da sich die Parteien in zwei Separatbündnisse schieden und der Kanton Basel infolge der militärischen Besetzung durch die Bundestruppen endgültig

---

(1) Auch das Bundesprojekt von 1833 enthielt nur wenige Freiheitsrechte der Bürger. Hatte der erste Bundesentwurf die in konservativen Kantonen verpönte Pressefreiheit, von der es hieß, sie zerstöre die Religion und die Sitten des Volkes, weggelassen, so hieß es nun ausdrücklich, die Presse stehe ausschließlich unter der Kantonalgesetzgebung. Art.32 des Entwurfs einer revidierten Bundesurkunde vom 15.März 1833. S.Kaiser u.J.Strickler: Geschichte und Texte der Bundesverfassungen der schweizerischen Eidgenossenschaft von der helvetischen Staatsumwälzung bis zur Gegenwart, Bern 1901, S. 237.

die Trennung vollzog. Der Stand Schwyz entging nur durch eidgenössische Intervention der dauernden Sezession des äusseren Landesteils (1). Während Baselstadt im Jahr 1833 zwar die allgemeine Kultusfreiheit für christliche Glaubensweisen in seine neue Konstitution aufnahm, den Katholiken aber das Bürgerrecht vorenthielt, sagte im gleichen Jahr die Verfassung von Schwyz, dass die katholische Religion die einzige des Staates sei (2). Der Wille zur konfessionellen Abschliessung war namentlich in katholischen Ständen, die sich konsequent von allen Konkordaten zugunsten der Niederlassungsfreiheit, der Religionsänderung und der gemischten Ehen ferngehalten hatten, ungebrochen.

Auch die Beschneidung der Bundeskompetenzen zugunsten der kleineren Stände durch die zweite Verfassungskommission vermochte keine Mehrheit von Kantonen für die revidierte Bundesurkunde vom 15. Mai zu gewinnen (3). Es zeigte sich, dass neben den politischen und wirtschaftlichen Motiven das konfessionelle Moment eine ausschlaggebende Rolle bei der Ablehnung durch die konservative katholische Bevölkerung spielte. Als die Volksabstimmung in Luzern vom 7.Juli 1833 - trotz Empfehlung durch die Räte ergab sie 11'421 Verwerfende und nur 7'307 Annehmende - die Niederlage der Bundesrevision der dreissiger Jahre besiegelte, hatten Zürich, Bern, Luzern, Solothurn, St.Gallen, Baselland, Genf, Freiburg, Thurgau, Schaffhausen

(1) E.Bonjour: Geschichte der Schweiz im 19.und 20.Jahrhundert, in: Geschichte der Schweiz, Bd.2, Zürich 1938, S.416 ff.

(2) Art.10 der Schwyzer Verfassung vom 5.10.1833. L.Snell: Handbuch des Schweizerischen Staatsrechts, Bd.2, Zürich 1844, S.174.

(3) Siehe H.v.Greyerz: Bundesstaatliche Reformversuche in der Eidgenossenschaft vor 1848, in: Berner Zs.f.Geschichte und Heimatkunde, Heft 3, Bern 1948, S.190.

und Graubünden mit mehr oder weniger Vorbehalten dem zweiten eidgenössischen Entwurf bereits zugestimmt (1). Diese Kantone waren entweder konfessionell paritätisch oder wiesen eine anerkannte religiöse Minderheit neben der ausschließlichen Staatskirche auf. Dort stieß die Niederlassungsfreiheit, die den religiösen Minderheiten zugute kam, nicht in gleichem Maße auf konfessionelle Bedenken wie in den von der gegenerischen Konfession unberührten Kantonen. Dabei läßt sich aber auch in dieser Gruppe der Einfluß der religiösen Intoleranz auf die Abstimmung namentlich in den katholischen Ständen Solothurn und Freiburg erkennen. In Solothurn, wo der katholische Verein gegen die Bundesurkunde agitierte, verwarf das Volk trotz Empfehlung durch die Räte die Vorlage mit 4030 gegen 1875 Stimmen. Nur durch das Hinzuzählen der Nichtstimmenden zu den Annehmenden ergab sich eine künstliche Mehrheit (2). Der zweite zustimmende katholische Stand wollte die Befürwortung durch die liberale Mehrheit des Großen Rates nicht gefährden und verzichtete auf eine Volksbefragung (3). In beiden Kantonen war das Fehlen des eidgenössischen Klosterschutzes namentlich bei der ländlichen Bevölkerung ein wesentlicher Grund zur Verwerfung.

Am eindeutigsten und heftigsten war die Ablehnung der Bundesurkunde unter der bäuerlichen Bevölkerung der Innerschweiz, vor allem in den Urkantonen, wo sich der Einfluß des konservativen Klerus ungehemmter auswirkte.

---

(1) E.Bonjour: Die Gründung des schweizerischen Bundesstaates, Basel 1948, S. 32.

(2) H.Haefliger: Josef Munzinger, Solothurn 1953,S.128.

(3) J.Baumgartner: Die Schweiz in ihren Kämpfen und Umgestaltungen von 1830 bis 1850, Bd.1,Zürich 1853, S. 418.

Remiszenzen aus der Zeit der Reformation, als die Innerschweizer sich der reformierten Übermacht erwehrten, und der Helvetik, als sie sich mit der Waffe gegen den säkularisierten Einheitsstaat erhoben, wirkten dabei mit. Der Landammann von Obwalden sprach vom ersten Bundesentwurf als vom "Ochsenbüchlein" (1). Die Urner Landsgemeinde verwarf den Entwurf einstimmig (2). Im Kanton Zug setzten sich die städtischen Liberalen vergeblich für das eidgenössische Verfassungsprojekt ein. Die Vorteile des zweiten Entwurfs für die Innerschweizer vermochten den religiösen Eifer, mit dem die Bundesurkunde bekämpft wurde, nicht zu dämpfen.

Aufschlußreich für die Stimmung der Landschaft ist die Eingabe vom 19.Februar 1833 des Zuger Ruralkapitels (3). Die Geistlichen beschwerten sich darüber, daß die Bundesurkunde keinen Artikel enthalte, der den Katholiken die freie Ausübung ihrer Religion gewährleiste. Diese nehme, so heißt es, in allen neueren europäischen Staatsverträgen die erste Stelle ein, und sie sei seit der Reformation in keinem Friedensschluß, nicht einmal in der berüchtigten helvetischen Konstitution von 1798 vermißt worden. Vor allem wurde das Fehlen eines Artikels beklagt, der die Existenz und das Eigentum der Klöster garantiere. Mit dem Argument, daß die Bundesurkunde die Souveränität der Kantone gewährleiste und darunter auch die Klöster fallen konnten, sowie unter dem Hinweis auf

---

(1) T.Schwegler: Geschichte der katholischen Kirche in der Schweiz, Stans 1947, S. 270, Anm. 1.

(2) K.F.Lusser: Geschichte des Kantons Uri von seinem Entstehen als Freistaat bis zur Verfassungs-Änderung vom 5.Mai 1850, Schwyz 1862, S. 570.

(3) Die Petition erschien in separatem Druck und ist auch in der Schweizerischen Kirchenzeitung vom 2.3.1833 wiedergegeben. Nr.9, S. 140.

die durch göttliche Anordnung eine und unteilbare Kirche wurde gesagt, daß die Garantie der katholischen Institutionen Sache des Bundes und nicht der Kantone sei. Beanstandung fand ferner die Niederlassungsfreiheit, weil sie nach Ansicht des Klerus die Kultusfreiheit nach sich ziehe und - wie die Petitionäre fälschlicherweise annahmen - auch den aargauischen Juden die Niederlassung erlaube, wodurch auch die Christlichkeit des Staates gefährdet sein würde.

Der Einfluß des Klerus der Zuger Landschaft war größer als die lebhafte Befürwortung der Bundesrevision durch den toleranten Georg Joseph Sidler, der als Landammann an der Ausarbeitung des ersten Entwurfs führenden Anteil genommen hatte (1). Er befürwortete auch den zweiten Entwurf. Bereits am 26.Januar hatte er dem befreundeten Luzerner Schultheiß Eduard Pfyffer gemeldet, daß ein bedeutender Teil der Zuger Geistlichkeit gegen die Bundesurkunde wirke und daß der Schreiber in vieler Augen als der gefährlichste Mensch für Religion und Vaterland gelte (2). Das Ansinnen des Bischofs von Basel, zu dessen Diözese Zug gehörte, Sidler solle zur Beruhigung der Geistlichen dahin wirken, daß zu keinen Zeiten eine nicht-katholische Kirche oder Schule im Kanton eingerichtet werde, lehnte er ab (3). "Wie stünden wir gegen unsere reformirten und protestantischen Bundesbrüder", erwiderte Sidler dem von ihm verehrten Bischof, "die jetzt auf ihrem Gebiet uns überall die Erbauung katholischer Kirchen gewähren ? Würden wir durch unsere

---

(1) E.Zumbach: Die zugerischen Ammänner und Landammänner, Stans 1932, S. 234.

(2) A.Welti: Der Zuger Landammann Georg Joseph Sidler, Erlenbach/Zürich 1940, S. 81.

(3) Der Brief des Bischofs von Solothurn und Sidlers Antwort bei A.Welti: Der Zuger Landammann ... a.a.O.,S.84 ff.

Engherzigkeit nicht zu Gegenbeschränkungen reizen ? Und wie wäre dem Vaterland durch Festhalten derlei Scheidewände und durch Provokation gegenseitiger Hekkereien gedient ? Nur in Begleit einer hochsinnigen Toleranz können die Schweizer zu einem engern und festern Verbande gelangen und nur durch diesen sich zu einem einigen und starken Volk erheben" (1). Sidler wurde das Opfer seiner Befürwortung der Bundesrevision. An der nächsten Landsgemeinde wurde er nicht wieder zum Gesandten gewählt. Nur in der Stadt hatte er seinen Einfluß noch nicht verloren.

Das Fehlen des Klosterschutzes und die geplante Einführung einer allgemeinen Niederlassungs- und Gewerbefreiheit ohne konfessionelle Diskriminierung waren auch im Kanton Luzern, der für die Bundesrevision zum Schicksalskanton wurde, ein wesentlicher Grund für die unerwartete Ablehnung. Constantin Siegwart-Müller schreibt in seinem Werk über Joseph Leu, daß die große Mehrheit der luzernischen Geistlichkeit gegen die Bundesurkunde gewesen sei und trotz der kürzlichen Mahnung ihres Bischofs, sich der Politik zu enthalten, ihren Einfluß zur Verwerfung der Bundesurkunde geltend gemacht habe (2). Er erwähnt auch den Anteil Joseph Leus und des von ihm geleiteten katholischen Vereins. In bäuerlichen Kreisen fand die Toleranz der aufgeklärten Städter, die den niedergelassenen Reformierten eine Stätte für ihren Gottes-

---

(1) A.Welti: Der Zuger Landammann Georg Joseph Sidler, Erlenbach/Zürich 1940, S. 87.

(2) C.Siegwart-Müller: Ratsherr Joseph Leu von Ebersoll, Altdorf 1863, S. 30. Auch J.Baumgartner maß dem Verhalten der Geistlichkeit einen entscheidenden Anteil bei. Die Schweiz in ihren Kämpfen und Umgestaltungen von 1830 bis 1850, Bd.1, Zürich 1853, S. 421.

dienst und eine Schule gewährten, wenig Verständnis. Der Waldstätter-Bote hatte schon im Vorjahr beanstandet, daß ein reformierter Schüler aus dem Engadin in die höhere Lehranstalt von Luzern aufgenommen worden war (1). Als der bekannte deutsche Pädagoge Friedrich Fröbel in Willisau mit behördlicher Zustimmung ein privates Institut mit protestantischen Lehrern eröffnete, in dem Knaben beider Konfessionen Aufnahme fanden, wiesen die Geistlichen des dortigen Kapitels in einer Eingabe an den Großen Rat vom 5.Juni 1833 auf die Beunruhigung hin, die unter dem Volk und dem Klerus wegen dieses unkatholischen Instituts herrsche; seine Bewilligung sei mit der Staatsverfassung, welche die katholische Religion schütze, unvereinbar (2). Hunderte von Bürgern verlangten mit der Begründung, es gelte, die Kinder "vor der Ansteckung der Irrlehre und des Unglaubens" durch protestantische Lehrer zu bewahren, die Schließung der Erziehungsanstalt(3). Die einflußreiche Zeitschrift der Innerschweiz, der Waldstätter-Bote, setzte an den beiden Bundesentwürfen vor allem aus, daß sie die katholische Religion und ihre Institutionen nicht garantieren und sie damit der Willkür der Kantone preisgeben (4).

---

(1) Der Waldstätter-Bote vom 16.11.1832, S. 475.

(2) Die Eingabe ist in extenso in der Schweizerischen Kirchenzeitung vom 22.6.1833 (Kol.401 ff) wiedergegeben. Siehe auch die zweite Eingabe vom 1.7.1833, worin das Kapitel Willisau auf den obrigkeitlichen Vorwurf, als wollte sich die Geistlichkeit dem Großen Rat, der die Bewilligung erteilt hatte, öffentlich widersetzen, antwortete. A.a.O., vom 13.7.1833, Kol. 450 ff.

(3) Eingabe vom 22.7.1833 an den Großen Rat, wiedergegeben in: Schweizerische Kirchenzeitung v.27.7.1833,Kol.490f.

(4) Siehe die "Mahnung an sämmtliche Katholiken der Eidgenossenschaft", mit allen ihnen laut Verfassung zu Gebote stehenden Mitteln dahin zu wirken, daß eine Bundesakte, die eine Garantie der katholischen Kirche, ihrer Institutionen und Güter nicht ausdrücklich enthalte, nicht angenommen werde. Der Waldstätter-Bote v. 14.1.1833, S.13. In Nr.54 v.8.7.1833,S.212 wird auch die Niederlassungsfreiheit der Bundesurkunde als Gefahr für die Religion bezeichnet.

Zum antiprotestantischen Abwehrwillen der Innerschweizer gesellten sich im Kanton Luzern die Bedenken der religiös. Konservativen gegen die dort herrschenden freisinnigen Katholiken. Zwar hatten sich auch radikale Liberale, wie J.P.V.Troxler, gegen die Bundesurkunde ausgesprochen (1), weil sie die Interessen der gesamtschweizerischen Nation zu wenig berücksichtigte, doch konnten die klerusfreundlichen Kreise um Joseph Leu (2) schon 1833 die Verwerfung durch die Landschaft in erster Linie als einen Sieg der katholisch-demokratischen Reaktion gegen die liberale Regierung ansehen. Ihr Hauptanliegen war die Erhaltung der Religion ihrer Väter. Diese glaubten sie weder durch die liberale kantonale Verfassung noch durch den Bundesstaat gesichert.

Die überraschend wuchtige Verwerfung durch den katholischen Vorort begrub vollends die ohnehin geringen Hoffnungen auf eine eidgenössische Gesamtreform. In bezug auf die konfessionelle Problematik bei der Schaffung eines schweizerischen Bundesstaates zeigten sich die Liberalen zu wenig realistisch. Die religiöse Intoleranz erwies sich in Verbindung mit dem politischen und wirtschaftlichen Partikularismus als besonders großes Hindernis bei der Schaffung eines konfessionell paritätischen Bundesstaates. Das Ausklammern jeglichen kirchlichen Schutzes in der Bundesurkunde unter gleichzeitiger Preisgabe eines noch so geringen Teils der politischen Souveränität erschien dem

---

(1) J.P.V.Troxler nannte die Bundesurkunde von 1832 ein unvolkstümliches, grundsatzloses, materialistisches Zentralisierungsprojekt und schrieb die Verwerfung wie andere Zeitgenossen besonders der ultramontanen Partei zu: Die Verfassung der Vereinigten Staaten als Musterbild der Schweizerischen Bundesreform, Schaffhausen 1848, S. 5.

(2) C.Siegwart-Müller widmete der Bundesrevision ein eigenes Kapitel in seinem Werk "Ratsherr Joseph Leu von Ebersoll", Altdorf 1863, S. 28 ff.

katholischen Volk der innern Schweiz zugleich als Gefährdung der Religion und der Freiheit überhaupt. Da sich namentlich die Urkantone als ihre berufensten Hüter ansahen und da beides in ihrer Vorstellung untrennbar war (1), konnten sich Erinnerungen an Villmergen und Schindellegi leicht mischen und die Einschränkung der staatlichen Eigenständigkeit als Bedrohung der katholischen Minderheit durch die reformierte Mehrheit der Schweiz erscheinen.

Der Versuch der Bundesrevision steigerte religionspolitische Affinitäten über die Grenzen des eigenen Kantons hinaus. In einer Zuger Massenversammlung hatte das Volk in einer Eingabe mit der Verweffung einen Anschluß seines Standes an die Urkantone verlangt, mit denen es durch Geschichte, Religion, Sitten und Verfassung am nächsten verwandt sei (2). Im Wallis, wo der Bischof offen die Bundesurkunde bekämpfte (3), notierte der Domherr Anne-Joseph de Rivaz in seinem Tagebuch (4) bereits die Möglichkeit eines Zusammenschlußes der katholischen Kantone und eines Bündnisses mit den benachbarten katholischen Mächten, um nötigenfalls Gewalt gegen Gewalt zu setzen. Dies war - nach der Notiz des Wallisers - für den Fall vorgesehen, daß die Protestanten sie mit Waffen gegen ihren Willen und ihre teuersten Interessen

---

(1) Davon zeugt auch ein "Aufruf an die katholischen Schweizer" von Görres, der am 2.11.1833 in der Schweizerischen Kirchenzeitung erschien.

(2) Der Waldstätter-Bote vom 4.3.1833, S. 69 f.

(3) J.Baumgartner: Die Schweiz in ihren Kämpfen und Umgestaltungen von 1830 bis 1850, Bd.2,Zürich 1854,S.83 f.

(4) A.-J.de Rivaz: Mémoires historiques sur le Valais, in: Mémoires et documents, publiés par la Société d'histoire de la Suisse Romande, III,Bd.7, Lausanne 1961, S. 204. Über den Einfluß des Klerus bei der Bundesrevision, über den sich die Walliser Regierung beklagte, siehe S. 233 ff.

zwingen sollten, mit einer ihnen feindselig gesinnten Mehrheit vereinigt zu bleiben, die allzusehr die Absicht habe, den Protestantismus des 16.Jahrhunderts und den Liberalismus des 18.Jahrhunderts zur Herrschaft zu bringen. Schon regte sich der Geist der konfessionellen Trennung, der zum katholischen Sonderbund führte. Die Möglichkeit einer durch die Konfession bestimmten politischen Spaltung wurde auch am Wiener Hof erwogen. Metternich sprach schon damals von der Alternative einer Teilung der Schweiz in einen reformierten, dem neuen Pakt anhangenden und einen katholischen, dem alten Vertrag treuen Bund oder einer Entscheidung durch Waffengewalt (1).

Auch in Kantonen des Mittellandes waren im Jahr 1833 Anzeichen einer religiös-kirchlichen Beunruhigung vorhanden, die dem Zusammenschluß konservativer Katholiken Vorschub leisteten. In Solothurn erschien ein anonymer Entwurf eines Bundes der Getreuen zum Schutz der Religion, der Gerechtigkeit und der wahren Freiheit. Als grundlegend für diesen katholischen Bund wurde die Verpflichtung betrachtet, dahin zu wirken, daß die katholische Kirche in ihrer Verfassung, ihren Rechten und Freiheiten, ihren Besitzungen und Institutionen respektiert werde. Von der katholischen Kirche wird gesagt, sie sei älter als alle modernen Staaten und von den katholischen Kantonen, daß die Schweiz ihnen ihre Existenz verdanke. Der katholische Verein bekämpfte eifrig die Bundesurkunde (2). In den aargauischen Freiämtern wurde am 9.Januar nach luzernischem Vorbild ein konservativ-katholischer Verteidigungsverein gegründet (3), der zwei Tage später

---

(1) E.Bonjour: Die Gründung des schweizerischen Bundesstaates, Basel 1948, S. 30.

(2) H.Haefliger: Bundesrat Josef Munzinger, Solothurn 1953, S. 128.

(3) J.Baumgartner: Die Schweiz in ihren Kämpfen und Umgestaltungen von 1830 bis 1850,Bd.1,Zürich 1853,S.368.

in einer gedruckten Eingabe an die Tagsatzung (1) der Befürchtung Ausdruck gab, es könnte - da der eidgenössische Entwurf die Freiheit der katholischen Lehre und Kirche nicht gewährleiste - eine mächtige Partei, sie wurde nicht näher bezeichnet, sich an ihren Stiftungen und Gütern vergreifen. Die Petition zeugt zugleich von der Besorgnis der religiösen Minderheit des paritätischen Standes über das Fehlen der Urkantone an den Beratungen über die Bundesrevision.

Im August 1833 beschloß die Tagsatzung die Auflösung des Sarnerbundes. Die reformierten Stände Basel und Neuenburg, die ihm angehört hatten, verteidigten zwar weiterhin die gleichen föderalistisch-konservativen Interessen, doch sie traten keiner formellen Vereinigung mit katholischen Ständen mehr bei. Der Weg für einen rein katholischen Sonderbund war somit frei. Noch fehlte die Führung durch den katholischen Vorort. Seine liberale Regierung konnte sich, von der städtischen Intelligenz und der Mehrheit des Weltklerus unterstützt, trotz der durch die Verwerfung der Bundesrevision sichtbar gewordenen Stärke der katholisch-konservativen Opposition, durch das ganze Jahrzehnt halten.

---

(1) "Bittschrift des Vertheidigungs-Vereins vom Freiamte an die hohe Tagsatzung in Zürich", Luzern 1833. Vgl. seine Eingabe an den aargauischen Großen Rat über das Fehlen eines Religionsschutzes in der revidierten Bundesurkunde, worin der Einwand, daß eine solche Garantie ein Eingriff in die Kantonalsouveränität sei, mit dem Argument widerlegt wird, daß die katholische Kirche nicht Kantonalsache sei, sondern Sache aller Katholiken der Eidgenossenschaft. Schweizerische Kirchenzeitung vom 6.7.1833, Kol. 440.

3. Von der aargauischen Klosteraufhebung zur Bundeskrise der vierziger Jahre

Durch die aus dem Verfassungsstreit um Parität und konfessionelle Trennung hervorgegangene aargauische Staatskrise und die ihr unmittelbar folgende Schließung der dortigen Klöster wurde das jahrhundertealte Problem des Schutzes religiöser Minderheiten in der Schweiz erneut zur Zerreißprobe des Staatenbundes.

Der radikale Flügel der Liberalen und Demokraten benützte den unter dem Einfluß des konservativ-katholischen Klerus erstarkten Widerstand gegen die Bundesrevision, die ein bleibendes Anliegen der Neuerer war, um die päpstlich-kurial beeinflußte Kirchenpolitik mit allen Mitteln zu bekämpfen. Sie begann diese als den gefährlichsten Gegner der liberalen Demokratie und des erstrebten schweizerischen Staates zu betrachten (1) und bekämpfte mit steigender Intensität den Einfluß des niederen konservativen Klerus und der Hierarchie. Für den entstehenden antiklerikalen Radikalismus, der alles den Interessen der aufgeklärten Demokratie unterstellte, gab es im Anliegen der katholischen Kirche einfach kein Problem der religiösen Freiheit, weil diese vom Liberalismus zumeist ausschließlich individualistisch und im Interesse der Volkssouveränität gesehen und gefördert wurde. Liberale Protestanten, wie die Gebrüder Snell, machten den Antikurialismus zu einem Hauptanliegen ihres

---

(1) C.Gareis u. P.Zorn: Staat und Kirche in der Schweiz, Zürich 1877, Bd.1, S. 545.

Kampfes um die Erneuerung der Schweiz (1). Doch der kirchenpolitische Streit der dreißiger Jahre war in erster Linie eine Auseinandersetzung zwischen liberalen und konservativen Katholiken und ihrer unterschiedlichen Auffassung des Staatskirchenrechts. Der konfessionelle Dualismus zwischen Reformierten und Katholiken blieb vorerst im Hintergrund.

Es waren liberale Katholiken - der Luzerner Schultheiß Eduard Pfyffer und der befreundete St.Galler Geistliche Christoph Fuchs (2) - die nach der Verwerfung der Bundesurkunde (3) durch das Luzerner Volk die Initiative für die Zusammenkunft in Baden vom 20. bis 27.Januar 1834 ergriffen, aus der die Badener Artikel (4) hervorgingen. Es waren katholisch-liberale Vertreter der katholischen und gemischtkonfessionellen Kantone Luzern, Bern, Solothurn,

---

(1) Im Jahr 1833 erschien L.Snells "Dokumentierte pragmatische Erzählung der neuen Kirchenveränderungen sowie der progressiven Usurpation der römischen Kirche in der katholischen Schweiz bis 1830". Im Vorwort stellte Snell vier Forderungen auf: 1.Errichtung eines schweizerischen Erzbistums; 2. Aufhebung der Nuntiatur; 3. Gänzliche Aufhebung oder Verminderung der Klöster; 4. Ausweisung der Jesuiten aus der Schweiz. Siehe auch L.Snell: Die Bedeutung des Kampfes der liberalen katholischen Schweiz mit der römischen Kurie, betrachtet aus einer Gesammt-Übersicht der Tendenzen des restaurirten Papstthums. Solothurn 1839. Vgl.J.C.Bluntschli: Der Sieg des Radikalismus über die katholische Schweiz und die Kirche im Allgemeinen, Schaffhausen 1850.

(2) J.Baumgartner: Die Schweiz in ihren Kämpfen und Umgestaltungen von 1830 bis 1850, Bd.2, Zürich 1854,S.53 ff. F.L.Schnyder: Kurze Geschichte des Ursprungs der Badener-Konferenzartikel, Luzern 1841.

(3) P.Vogelsanger bemerkt, daß die tiefgreifende Wendung der Ereignisse, die von der Verwerfung der Bundesurkunde im Jahr 1833 ausging, zu wenig beachtet wurde. Die historischen Hintergründe der konfessionellen Artikel in den Bundesverfassungen von 1848 und 1874, in: Le Monde Religieux, Bd.25, Lausanne 1955, S. 79 f.

(4) Text bei U.Lampert: Kirche und Staat in der Schweiz, Bd.3, Freiburg/Leipzig 1939,S.102 ff; C.Hilty: Die Bundesverfassungen der Schweizerischen Eidgenossenschaft, Bern 1891, S. 397 ff.

Baselland, St.Gallen, Aargau und Thurgau, die an der Badener Konferenz teilnahmen (1). Gesamtschweizerische liberale Anliegen bildeten den Inhalt der 14 angenommenen Artikel (2), die als Grundlage für ein einheitliches Staatskirchenrecht gedacht waren. Durch die Schaffung eines Nationalbistums sollte der Einfluß des Nuntius und der bisherigen Immediatbistümer zurückgedrängt, das Staatskirchentum einheitlicher und nach josephinischem Vorbild und in Anlehnung an die zur Zeit der Aufklärung auch in katholischen Kantonen teilweise in Übung gekommene Jus circa sacra mit dem für kirchliche Erlasse auferlegten Plazet durch die weltlichen Behörden als Kernstück gehandhabt werden. Gleichzeitig flochten die Konferenzstände das Anliegen des Konkordats über die gemischten Ehen, ein echtes Anliegen individueller religiöser Freiheit, so in die Badener Artikel ein, daß, um es wirksam zu gestalten,zugleich die Freiheit der Geistlichen eingeschränkt wurde. Artikel 5 lautete: "Die Eingehung von Ehen unter Brautleuten verschiedener christlicher Confession wird von den kontrahirenden Kantonen gewährleistet. Die Verkündung und Einsegnung unterliegt den gleichen Vorschriften, wie jene von ungemischten Ehen und wird dem Pfarrer ohne Ausnahme zur Pflicht gemacht. Die angemessenen Coercitivmaßregeln gegen die sich weigernden Pfarrer werden die einzelnen Kantone bestimmen"(3).

Die Badener Artikel mit ihrer schroff staatskirchlichen Tendenz widersprachen allzusehr den antinationalen und antiliberalen Bestrebungen der römischen Kurie, als daß sie nicht eine energische Reaktion der Bischöfe und des Papstes auslösten. Gregor XVI. verurteilte sie in der

(1) E.His: Geschichte des neuern Schweizerischen Staatsrechts, Bd.2, Basel 1829, S. 541.

(2) Text bei U.Lampert: Kirche und Staat in der Schweiz, Bd.3, Freiburg/Leipzig 1939, S. 102 ff.

(3) U.Lampert: a.a.O., S. 104.

Enzyklika "Commissum divinitus", die er am 17.Mai 1835 an den gesamten katholischen Klerus der Schweiz richtete (1). Er nannte die Bestimmungen von Baden falsch, verwegen und irrig. Sie würden die Rechte des Heiligen Stuhls schmälern, die Kirche und ihre göttliche Verfassung umstürzen, das kirchliche Amt der weltlichen Macht unterwerfen. Sie seien auf schon verurteilten Grundsätzen aufgebaut, zielten auf Häresien hin und wären schismatisch. Als der katholische Vorort den 14 Artikeln von Baden zustimmte, verlegte der Nuntius aus Protest gegen diese und andere staatskirchlichen Maßnahmen seinen Sitz von Luzern nach Schwyz, wohin ein Jahr später die Jesuiten berufen wurden (2).

Das scharfe Eingreifen der katholischen Hierarchie und die diplomatische Unterstützung, die ihr von seiten der katholischen Großmächte zuteil wurde, blieben nicht ohne Wirkung. Im Kanton Aargau, wo sich nach der Annahme der Badener Artikel durch den Großen Rat 130 katholische Geistliche dem Landeseid widersetzten und ein Aufstand in den Freien Ämtern mit militärischer Gewalt unterdrückt wurde, mußte die Regierung nachgeben. Anläßlich der Verfassungsrevision von 1840 erklärte sie sich bereit, die Badener Artikel auf sich beruhen zu lassen. Bern verzichtete schon früher auf die Durchführung der Badener Artikel, nachdem die Verweigerung des Staatseides auch im katholischen Jura einen Aufstand bewirkt hatte und die Besatzungstruppen unter dem diplomatischen und militärischen Druck Frankreichs zurückgezogen worden waren.

---

(1) Lateinischer Text in: Fontes Codicis Jur.Can., Bd.2, Rom 1924, S. 762 ff.

(2) T.Schwegler: Geschichte der katholischen Kirche in der Schweiz, Stans 1947, S. 272.

Die katholische Kirche erstarkte durch den erfolgreichen Widerstand der Hierarchie und der Mehrheit des niederen Klerus der Schweiz gegen die freisinnige Kirchenpolitik. Führende liberale katholische Geistliche, wie Alois Vock und die beiden Fuchs, unterwarfen sich der Kirchenzucht (1). In Luzern brachte das Festhalten an den staatskirchlichen Prinzipien der Badener Artikel durch die liberale Regierung den Sieg der Leu'schen katholisch-demokratischen Partei und eine neue Verfassung, die der Kirche vermehrte Rechte einräumte und später die Berufung der Jesuiten nach Luzern ermöglichte. Auch in Freiburg verloren die Liberalen durch die klerikale Reaktion gegen die Badener Artikel ihre Vormachtstellung. Nur im Wallis erkämpften die Liberalen eine neue demokratische Verfassung, die den Einfluß des Klerus vorübergehend zurückdrängte. Vor dem Sieg der konservativ katholischen Reaktion im Kanton Luzern und nicht ohne Einfluß auf die dortige bäuerliche Bewegung vollzog sich durch den unbeabsichtigten Straussenputsch der religiös erregten evangelischen Bevölkerung der Landschaft der Sturz der freisinnigen Regierung im reformierten Vorort Zürich.

Während die kirchenpolitischen Auseinandersetzungen der dreißiger Jahre sich zur Hauptsache im kantonalen Raum abspielten und die Tagsatzung, unter dem Hinweis auf die Kantonalsouveränität, der allein die staatliche Kirchenhoheit zukam, auf jegliche massive Einmischung des Bundes verzichtete, änderte sich dies mit dem aargauischen Dekret vom 13.Januar 1841, das alle Klöster aufhob. Die konfessionellen Probleme standen nun auch im Vordergrund der eidgenössischen Politik.

---

(1) T.Schwegler: Geschichte der katholischen Kirche in der Schweiz, Stans 1943, S. 267 f.

Weder die vereinzelten Klosterschließungen der dreißiger Jahre in den Kantonen Luzern und St. Gallen noch die schwerwiegenderen allgemeinen Maßnahmen gegen die aargauischen und thurgauischen Klöster (1), denen die Selbstverwaltung des Eigentums und die Novizenaufnahme von Staats wegen genommen wurden (2), bewirkten eine Bundeskrise. Sogar die Aufhebung der auf den alten Religionsverträgen beruhenden, zum Schutz der katholischen Minderheit zustandegekommenen konfessionell getrennten Staatsverwaltung durch die Verfassungsrevision in Glarus von 1836 verursachte kein dauerndes Zerwürfnis. Es kam in der Tagsatzung zu keiner mehrheitlichen Empfehlung. Zugs Antrag, es solle Glarus eingeladen werden, den Katholiken Beruhigung zu gewähren, erhielt nur 7 Stimmen (3). Die neue Verfassung hatte zwar die konfessionelle Minderheit ihres für einen modernen demokratischen Staat nicht mehr tragbaren Rechts der Sonderung der Staatsverwaltung beraubt, nicht aber des allgemeinen Schutzes ihres religiösen und kirchlichen Rechts. An der Tagsatzung von 1840 anerkannte der Gesandte von Schwyz, daß die Spannung zwischen den Landesteilen durch die versöhnliche Haltung der einheitlichen Glarner Regierung abgenommen habe (4).

---

(1) Siehe "Ehrerbietige Vorstellung der thurgauischen Stifte und Klöster an die hohe eidgenössische Tagsatzung" von 18/20. Mai 1841. Eidg. Abschied der ordentlichen Tagsatzung 1841, 1. Teil, Beilage Litt. V.

(2) E. His: Geschichte des neuern Schweizerischen Staatsrechts, Bd. 2, Basel 1929, S. 630.

(3) Repertorium der Abschiede der eidgenössischen Tagsatzungen 1814 bis 1848, Bd. 1, Bern 1874, S. 775.

(4) Eidg. Abschied 1840, S. 122.

Erst der aargauische Paritätsstreit in Verbindung mit der auf den Freiämter Aufstand folgenden Aufhebung aller dortigen Klöster leitete die Sonderung der katholisch-konservativen Bundespartner ein. Innert weniger Monate traten in der Eidgenossenschaft dieselben Symptome eines unversöhnlichen religionspolitischen Konflikts zutage, welche die aargauische Staatskrise zu Beginn des Jahres 1841 kennzeichneten. Hinter dem Rechtsstreit um den Artikel 12 stand von Anfang an die umfassendere, im Bundesvertrag ungelöste Frage des paritätischen Schutzes der Konfessionen, von deren Lösung auch im 19.Jahrhundert die Schwäche oder Stärke des Bundes abhing. Fritz Fleiner hat die These aufgestellt, daß die Entscheidung über die neuzeitliche paritätische Gestaltung der Schweiz im Jahr 1848 durch den Paritätsstreit im Aargau herbeigeführt worden sei (1). Die eidgenössischen Akten der Zwischenzeit bestätigen, daß hinter dem eidgenössischen konfessionellen Streit über Klöster und Jesuiten, der in den vierziger Jahren die Schweiz der Auflösung nahebringen sollte, die schicksalsschwere Frage der Parität stand (2). Sie zeigen, was eine einseitige Hervorhebung der Klosterfrage durch die Historik verdeckte, daß zwischen der aargauischen Staatskrise, die der Klosteraufhebung voraus-ging, und der ihr folgenden Bundeskrise ein enger Zusammenhang besteht. Hier wie dort ging es im Kern um die Frage des rechtlichen Schutzes religiöser Minderheiten und die politischen Auswirkungen. Der Streit um den Klosterartikel war das Mittel, die Frage der Parität - wie in vorhelvetischer Zeit - zu einem eidgenössischen Politikum ersten Ranges zu erheben.

---

(1) F.Fleiner: Die Entwicklung der Parität in der Schweiz, in: Zs.f.Schw.Recht,N.F.Bd.20,Basel 1901, S. 117 f.

(2) R.Stänz geht in der von Fritz Fleiner genehmigten Zürcher Dissertation "Die Entwicklung der Parität im Kanton Aargau", Thayngen 1936, S.224 ff, nur kurz darauf ein.

Der freisinnige Katholik Augustin Keller, der den Anstoss zum Klosterdekret gegeben hat, ist auch Urheber der offiziellen Verteidigungsschrift (1), mit der der Kanton Aargau seine scharfen staatsautoritären Massnahmen vor der Tagsatzung und der Oeffentlichkeit zu rechtfertigen suchte. Der Seminardirektor wiederholte die Anklagen der sittlichen Entartung und der Staatsgefährlichkeit vom 13.Januar 1841, mit denen er selbst antiradikale Reformierte zur Annahme des Dekrets zu überreden vermocht hatte. Den Klöstern wird die volle Schuld an den Revisionswirren von 1840 und am bewaffneten Aufstand zu Beginn des Jahres 1841 aufgebürdet. Ihre wiederholten Klagen der letzten Jahre über die Staatsverwaltung der Klöster und das Novizenverbot (2) hatten ohne Zweifel die Unruhen in den Freiämtern genährt. Ihr Einfluss auf die Landbevölkerung war bekanntermassen gross. Den schlüssigen Beweis für die direkte Aufreizung zum Bürgerkrieg und für die Beteiligung der Konventualen aber blieb Keller auch in dieser 175-seitigen Schrift schuldig. Er unterstreicht einfach ihre Unvereinbarkeit mit dem Staatszweck, seiner einheitlichen und freien Entwicklung. Den Rechtsbruch stellte er als Akt der staatlichen Notwehr zur Erhaltung der politischen Einheit dar. Er begründet ihn mit dem Naturrecht: "Wo das positive Gesetz von Anfange an mit den Forderungen des Lebens im Widerspruch steht, da tritt das natürliche Recht an seine Stelle, und die Nothwendigkeit schreibt dem Leben das

---

(1) A.Keller: Die Aufhebung der Aargauischen Klöster. Eine Denkschrift an die hohen eidgenössischen Stände, Aarau 1841. Beilage zum Abschied der ausserordentlichen Tagsatzung vom März 1841, Litt.E. (Separatdruck).

(2) R.Amschwand: Abt Adalbert Regli und die Aufhebung des Klosters Muri, Sarnen 1955/56, S.123 ff.

Gesetz vor. Dieses natürliche Recht hat die Geschichte noch immer und überall anerkannt und vertreten; denn sein Prinzip ist ebenso göttlich als das der Geschichte" (1). Ob auch das Gewissen und die Kirche zu ihrer Selbsterhaltung dieses natürliche Recht beanspruchen könnten, darüber schweigt sich die radikale Staatsschrift aus. Dafür rühmt sie die Kirchenreform des "unsterblichen Joseph II." und seine massenweise Aufhebung der Klöster, die als "eine furchtbare Feindesmacht im Kampfe der Kultur" bezeichnet werden (2). Das Beispiel der Helvetik wird ebenfalls herbeigezogen. Sie habe Mönche und Menschenrechte, Klöster und Freiheit unvereinbar gefunden (3). Von der Klostergarantie heißt es, die Revolution habe ihren Schirmbrief vernichtet und die Kultur werde sie nie wieder erneuern (4).

Auf die Forderung der anfänglich sehr weitgehenden konfessionellen Trennung, mit der die Freiämter zu Beginn der Verfassungsrevision das Einlenken der Regierung und die Parität im Großen Rat verscherzten (5), kommt die amtliche Verteidigungsschrift gleichfalls zu sprechen. Dabei nimmt Keller von vornherein an, daß die Freiämter damit auch die politische Trennung des Kantons erstrebten, was nie bewiesen worden ist. Die Urheberschaft dieses als unheilvoll und hochverräterisch bezeichneten Gedankens der Trennung wird dem Prinzipal der Benediktinerklöster in Einsiedeln zugeschoben (6). Er sollte durch die katholischen Vereine der Scheidung zwischen Katholiken und Protestanten das Wort geredet und den Ruf nach Erneuerung des

---

(1) A.Keller: Die Aufhebung der Aargauischen Klöster. Eine Denkschrift an die hohen eidgenössischen Stände, in: Beilage zum Abschied der außerordentlichen Tagsatzung vom März 1841, Litt.E (Separatdruck),Aarau 1841, S.3.
(2) A.Keller: a.a.O., S. 42, 44.
(3) A.Keller: a.a.O., S. 68.
(4) A.Keller: a.a.O., S. 69.
(5) A.Keller: a.a.O., S. 114
(6) A.Keller: a.a.O., S. 106.

Barromäischen Bundes veranlaßt haben (1). Der Schwyzer Gesandte hat die Beteiligung des Abtes Cölestin bestritten.

Die Verteidigungsschrift zeugt vom Bewußtsein der Radikalen, daß die Geschichte dem Aargau für die Eidgenossenschaft eine wichtige Rolle zugedacht hatte. Dabei wird an die strategische Stellung des Freiamtes im alteidgenössischen Kampf zwischen den Konfessionen erinnert. "Im Aargau," heißt es, "haben die kirchlichen und konfessionellen Prinzipien der ganzen Schweiz ihren Kampfplatz, hier stehen ihre eigenen Geisterheere im Streite und ihre Interessen in Frage." (2) Schon im aargauischen Rat hatte der liberale Katholik Keller an die religiösen Gefühle der Reformierten appelliert, ohne deren Stimmen die Klöster nicht aufgehoben werden konnten. Die Verbindung von Protestantismus und Radikalismus war geeignet, auch in der Eidgenossenschaft die reformierten Massen für die kulturpolitischen, antiklerikalen Ziele der Radikalen zu gewinnen, mußte jedoch bei den Konservativen Katholiken den falschen Eindruck erwecken, als sei die Auseinandersetzung der Parteien einfach eine Fortsetzung des kirchlichen Konflikts aus der Zeit der Religionskriege.

Das Schicksal der Schweiz lag fortan in der Auslegung und Anwendung des umstrittenen Artikels 12 des Bundesvertrages, den die Urheber der eidgenössischen Verfassungsprojekte von 1832 und 1833 fallen lassen wollten, ohne den Konfessionen einen vollständigeren, paritätischen Schutz zu bieten. Die reformierten Stände sahen sich in der schwierigen Lage, für die Katholiken ein

---

(1) A.Keller: Die Aufhebung der Aargauischen Klöster. Eine Denkschrift an die hohen eidgenössischen Stände, in: Beilage zum Abschied der außerordentlichen Tagsatzung vom März 1841, Litt.E (Separatdruck), Aarau 1841, S.112.

(2) A.Keller: a.a.O., S. 112.

einseitiges Recht religiöser Freiheit zu verteidigen, das die Protestanten ursprünglich nicht gewollt und darum auch viele anläßlich der Bundesrevision von 1832/33 schon deswegen gern aufgegeben hätten, gewährte doch der Bundesvertrag ihnen kein Gegenrecht. Erschwerend wirkte bei der Entscheidung ferner, daß sie mit dem rechtsgültigen Klosterartikel eine eidgenössische Verfassung verteidigen würden, die liberale Kantone als im Widerspruch zu ihrem eigenen Grundgesetz und ihren Intentionen betrachteten und zu regenerieren gedachten. Dieser Zwiespalt erklärt die unentschlossene Haltung mancher Stände. Dazu kam, daß der Artikel 12 als Folge eines unbefriedigend gelösten Rechtsproblems - wie schon anläßlich der Klosterverhandlungen der letzten Jahre - extensiv und restriktiv bald im Interesse der Kirche, bald des Staates ausgelegt wurde. Es gab kein einheitliches staatliches Kirchenrecht (1), auch ein unabhängiges Bundesgericht, das im verworfenen eidgenössischen Projekt vorgesehen war, fehlte. Berücksichtigt man auch, daß seit dem Straussenputsch die Volksmassen religiös erregbarer waren und Entscheidungen konfessioneller Art schwerwiegende politische Auswirkungen haben konnten, daß die Klöster dem Zeitgeist widersprachen, so erklärt sich das Dilemma der Räte bei der Ausarbeitung der Instruktionen an ihre Gesandten.

Die Kollektivschuld der Klöster am Freiämter Aufstand wurde in der Tagsatzung, die sich am 15.März 1841 in Bern zu einer außerordentlichen Session versammelte,

---

(1) Selbst die Schwyzer Verfassung vom 5.10.1833 hatte die Freiheit der Klöster stark eingeschränkt. Art.21 lautete: "Die Klöster stehen in jeder Beziehung unter der Aufsicht des Staates." Das Grundgesetz untersagte ihnen den Erwerb von Liegenschaften, beschränkte Handel und Gewerbe und unterwarf sie den Versteuerungen

allgemein als nicht erwiesen angenommen (1). Der aargauische Standpunkt der Notwehr mochte für die Besetzung des Freiamtes gelten, nicht aber für die Aufhebung aller Klöster. Der Aargau erhielt jedoch in der Person Charles Neuhausens, der 1841 Bundespräsident wurde und sich beeilt hatte, nach dem Aufstand den militärischen Hilferuf der Aargauer Regierung zu erwidern, kräftigste Unterstützung. Da Gallus Jakob Baumgartner im gleichen Jahr in das vermittelnde konservative Lagerübertrat, wurde Neuhausens Führerstellung bei den Liberalen, die auf nationale Widergeburt drängten, unumstritten. Den eidgenössischen Anliegen galt das Hauptinteresse des eigenmächtigen Berner Schultheißen. Er wagte den Kampf gegen die katholischen Föderalisten, weil sie sich der Vereinheitlichung der Schweiz widersetzten und scheute sich nicht, die flagrante Rechtsverletzung der aargauischen Gesinnungsgenossen offen in Schutz zu nehmen. Den Bundesvertrag bewertete er nach seiner Nützlichkeit, nicht nach dem historischen Recht. In seiner Eröffnungsrede vom 15.März 1841, in der er sich als erster Bundespräsident der französischen Sprache bediente, verät der Bieler Neuhaus seinen Bildungsgang nicht nur in der Sprache sondern auch in der aufklärerischen naturrechtlichen Ideologie. Den Ständen, die wegen der Verletzung des Artikels 12 von Bundesbruch sprachen, entgegnete er: "Un

---

ihres Vermögens und den Verfügungen der Polizei. T.Bornhauser: Verfassungen der Kantone der schweizerischen Eidgenossenschaft, Bd.2, Trogen 1836,S.370 f.

(1) Siehe "Kommissionalbericht an die hohe Tagsatzung, über die Angelegenheit der aargauischen Klöster." Beilage zum Abschied der außerordentlichen Tagsatzung im März 1841, Litt. F, S. 6 f.

pacte est-il tout ? Constitue-t-il la nation, et sans un pacte, un peuple n'existe-t-il pas ? Je n'hésite point à répondre par la négative" (1). Nur noch die Gesandten von Baselland und vom Tessin, wo die Radikalen dem kurzfristigen klerikalen Regiment gewaltsam ein Ende gesetzt hatten, wagten sich an die Seite des angeklagten Standes zu stellen.

Hauptankläger gegen den Kanton Aargau war die konservative Urschweiz, wo man das aargauische Dekret gegen die Klöster als Schlag der reformierten Mehrheit gegen die katholische Kirche aus dem Geist der helvetischen Revolution empfand. Mit dem Kanton Zug, der seit 1833 wieder in engeren Kontakt zu den Urkantonen getreten war, hatten Uri, Schwyz und Unterwalden die Einberufung der außerordentlichen Tagsatzung verlangt. Noch fehlte Luzern, das erst mit der Annahme der neuen Verfassung am 1.Mai als katholischer Vorort die Führung im Kampf um die katholisch-konservativen Interessen übernahm. Politischen und nicht konfessionellen Überlegungen folgten die Gesandten der konservativen Kantone Baselstadt und Neuenburg in ihrer Stellungnahme. Auch sie forderten mit den katholischen Kantonen die Wiederherstellung aller Klöster. Basel hielt jedoch wegen seiner schlechten Erfahrung mit Baselland nichts von eidgenössischen Interventionen. Das beständige Einstehen reformierter Stände für den Artikel 12 und den Bundesvertrag ließ den konfessionellen Dualismus nicht sogleich in Erscheinung treten, zumal auch die Liberalkonservativen in Zürich dem Radikalismus widerstanden. Damit wurde das Auseinanderfallen der Schweiz nach rein konfessionspolitischen

---

(1) Discours prononcé par Son Excellence Monsieur l'Avoyer Charles Neuhaus, à l'ouverture de la Diète extraordinaire à Berne, le 15 mars 1841. Beilage zum Abschied der außerordentlichen Tagsatzung vom März 1841, Litt. B, S. 2.

Gesichtspunkten vorerst verhütet. Rücksichten auf die reformierte Landesreligion hinderten jedoch Baselstadt und Neuenburg, sich enger an die katholisch-konservative Partei anzuschließen, wie dies noch im Sarnerbund der Fall gewesen war.

Die Schwierigkeit der Aufgabe der Tagsatzung zeigt sich in den zahlreichen Mehrheits- und Minderheitsgutachten der Kommission (1). Nur mit der knappen Mehrheit von 12 1/2 Stimmen kam es am 2.April 1841 zum Beschluß, der das aargauische Klosterdekret vom 13.Januar als mit dem Artikel 12 unvereinbar erklärte und den Aargau einlud, den Anforderungen des Bundes nachzukommen. Im Verweigerungsfall behielt sich die Tagsatzung weitere Maßnahmen vor (2). Die Tatsache, daß diese Zwölfermehrheit aus Ständen bestand, die entweder die Restitution aller oder nur eines Teils der Klöster verlangten, zeigt die Dehnbarkeit des Beschlußes. Die Kantone Bern, Aargau und Tessin, die dagegen stimmten, hielten am Standpunkt der Nichteinmischung fest. Mit dem Großratsbeschluß vom 19.Juli 1841 erklärte sich der Kanton Aargau bereit, die ärmeren und unbedeutenderen Frauenklöster Fahr, Gnadental und Baden, deren Unschuld Augustin Keller schon in seiner Anklagerede vom 13.Januar zugegeben hatte, wiederherzustellen (3).

Wie aus den aargauischen Verfassungswirren von 1840 und den an die Tagsatzung gerichteten Petitionen ersichtlich ist, war das allgemeine Problem des Religions-

---

(1) Eidg.Abschied der außerordentlichen Tagsatzung 1841, Beilagen Litt. F und G.

(2) Eidg.Abschied der außerordentlichen Tagsatzung 1841,S.80f.

(3) Schreiben von Landammann und Kleiner Rath des Kantons Aargau an Schultheiß und Regierungsrath des hohen Standes Bern, als eidgenössischer Vorort vom 28./29.Juli 1841. Beilage III der Eidg.Abschiede der ordentlichen Tagsatzung 1841, 1.Theil.

schutzes, das die katholisch-konservative Minderheit durch die konfessionelle Trennung der Räte zu lösen versucht hatte und dem schließlich die bisherige Parität im Großen Rat zum Opfer fiel, mit der Klosterfrage eng verbunden. Katholiken aus dem Aargau wünschten außer der Widerherstellung der Klöster und ihrer Freiheit die konfessionelle Trennung (1), von der sie den Schutz vor der Majorisierung durch die Reformierten in staatskirchlichen Belangen erhofften. Dasselbe verlangten die geflüchteten Freiämterführer in einem Schreiben vom 10.März aus Zug. Sie erinnerten, daran daß die Katholiken die beiden Verfassungsentwürfe von 1840 verworfen hatten, weil die Forderung gesonderter kirchlicher Verwaltung nicht gewährt und schließlich auch noch die Parität aufgehoben worden war. Als Beweis für die Notwendigkeit ihrer Forderungen gaben sie die ungerechtfertigte Säkularisation der Klöster an. Ihr erster Wunsch lautete: "daß die Gewissensfreiheit des katholischen Volkes im Aargau für die Zukunft gesichert werde und bleibe, und daß zu diesem Zwecke jede Religionspartei, die reformirte und katholische, ihre religiös-kirchlichen Angelegenheiten gesöndert, frei und unabhängig von der andern, zu ordnen und zu besorgen habe, jede nach den Grundsätzen und dem Geiste ihrer eigenen Kirche" (2). Erst anschließend folgt der Wunsch nach Aufhebung des Dekrets vom 13.Januar und der Wiedereinsetzung der Konventualen in ihre früheren Rechte. Zudem wünschten sie, daß alle aargauischen "Verfolgten" unter eidgenössischen Schutz gestellt würden.

---

(1) Eidg.Abschied der außerordentlichen Tagsatzung 1841, Beilage Litt. G, S. 1.

(2) Eidg.Abschied der außerordentlichen Tagsatzung 1841,S.11.

Charles Neuhaus hatte in seiner Eröffnungsrede und in seinem Bericht als Bundespräsident die Petitionen an die Tagsatzung ignoriert, weil er sie für bundeswidrig hielt. Die katholisch-konservativen Stände hingegen unterstützten im Sinn der Petitionen das Verlangen nach konfessioneller Trennung. In Übereinstimmung mit ihrer Bemühung, dem Klosterartikel die extensive Bedeutung eines absoluten Schutzes zu geben, der dem Wortlaut widersprach (1), versuchten sie diesen als allgemeinen Religionsschutz zugunsten der katholischen Minderheiten auszulegen. Damit aber wurde der ursprüngliche Wunsch des Nuntius Testaferrata dem Bundesrecht unterschoben, wobei doch die Tagsatzung von 1815 ihn in Wirklichkeit abgelehnt hatte, ebenso wie sie das Wort "kanonisch" strich (2). Die reformiert-konservativen Stände Neuenburg und Baselstadt handelten rechtlich konsequenter. Sie hielten es im Klosterstreit mit den katholisch-konservativen Ständen und verlangten vollständige Restitution, erklärten aber, wie die Radikalen, die Tagsatzung in der Frage des allgemeinen Religionsschutzes als nicht zuständig.

Den Standpunkt der Nichteinmischung in der Angelegenheit der konfessionellen Garantien, die über die Klöster hinausgingen, vertrat das erste Minderheitsgutachten vom 30.März 1841 (3) der Tagsatzungskommission, die auch

---

(1) Dieser Ansicht pflichtete auch C.Siegwart-Müller bei: "Gegen die Gewährung des Begehrens confessioneller Trennung ließen sich mit Recht an der Tagsatzung gewichtige Bedenken erheben." Der Kampf zwischen Recht und Gewalt in der Schweizerischen Eidgenossenschaft und mein Antheil daran, Altdorf 1864, S. 413.

(2) In seinem Protestschreiben vom 19.3.1841 rechtfertigte der Nuntius seine Intervention vom 21.1.1841 zugunsten der Klöster u.a.damit, daß Art.12 auf Wunsch des damaligen päpstlichen Gesandten eingeführt wurde. Er gab dem Artikel jedoch keine andere Bedeutung als die der Klostergarantie.Eidg.Abschied d.außerord.Tagsatzung 1841, S.46.

(3) Minoritätengutachten betreffend die hinsichtlich

zu den Petitionen für Garantien der katholischen Minderheit Stellung nahm. Eduard Blösch, der darin als zweiter Gesandter den Stand Bern vertrat, der st.gallische Landammann Jakob Baumgartner und der Luzerner Schultheiß Jakob Kopp von der liberalen Regierung widersprachen der petitionierenden katholischen Minderheit nicht, daß ihre konfessionelle Stellung im aargauischen Staatsverband unerfreulich sei. Sie erklärten jedoch, daß der Zusammenhang mit der Klosterfrage höchstens ein geschichtlicher wäre, daß ihre Ansprüche nicht in die Kompetenz des Bundes, sondern der kantonalen Souveränität fallen, was soviel bedeute, daß der Bundesvertrag mit Ausnahme der Klöster keinen Religionsschutz gewährte.

Von diesem Gutachten unterschied sich der Mehrheitsbericht vom gleichen Tag (1). Er war von den Gesandten der reformierten Stände Zürich und Waadt, Hans Conrad von Muralt und Henri Druey, und ihren katholischen Kommissionsmitgliedern, Anton Schmid von Uri und Casimir Déglise von Freiburg, unterschrieben. Sie betonten, daß die Frage der Klöster eng mit der konfessionellen Trennung verbunden sei, da sie in den Petitionen der Volksversammlungen, den Verhandlungen und Abstimmungen über die Verfassungsrevision sowie bei den Ereignissen, welche die Aufhebung der Klöster mit sich brachten, eine große Rolle spielte. Der Bericht spricht von einer Frage von höchstem Interesse für den Aargau, verbindet die konfessionelle Trennung jedoch nicht - wie in Kellers Bericht - mit der politischen Sonderung. Dem Umstand, daß Religionsfragen nicht

---

der Verfassungsangelegenheiten des Kantons Aargau an die hohe Tagsatzung eingegangenen Petitionen. Eidg.Abschied der außerordentlichen Tagsatzung 1841, Beilage Litt. G, S. 5 f.

(1) Rapport sur les pétitions à la haute Diète. Beilage..., a.a.O., Litt.G, S. 1 ff.

Sache des Bundes waren, trug die Mehrheit insofern Rechnung, als sie empfahl, die Petitionen an den Kanton Aargau ohne besondere Empfehlung weiterzuleiten. Dieser sollte nur auf das Problem aufmerksam gemacht werden. Die Art der Maßnahmen aber war seiner freien Entscheidung überlassen.

Entschiedener als das Mehrheitsgutachten wies der waadtländische Regierungsrat Henri Druey auf das Fehlen eines religiösen Minderheitsschutzes und die Verantwortung des Bundes in dieser Frage der religiösen Freiheit hin. In seinem persönlichen zweiten Minoritätsgutachten zur Klosterfrage vom 27.März 1841 (1) erwähnte er als einziger, daß der religiöse Friede im paritätischen Staat eine freiere Stellung der Religion und Kirche im [illegible] erfordere. Der Verteidiger der Volkssouveränität Druey, dessen Radikalismus damals noch durch einen echten Liberalismus temperiert war, setzte sich in dieser Frage in offenen Gegensatz zu seinen aargauischen und bernischen Gesinnungsgenossen. Er wagte sogar die konfessionelle Trennung zu bejahen, obwohl er damit die radikale Gleichheitsdoktrin, mit der der Aargau die Parität in der Legislative aufhob, desavouierte. Kurz nach der Klosteraufhebung hieß es in seinem Parteiblatt, nachdem darauf hingewiesen worden war, wie sehr im Aargau Weltliches und Geistliches vermischt sei, man dürfe nicht verschweigen, daß sich die Katholiken unterdrückt fühlten, solange eine protestantische Mehrheit über die Anliegen ihrer Kirche entscheide (2). Im Nouvelliste Vaudois veröffentlichte auch J.P.V.Troxler seine staatspolitischen Ideen. Von ihm mag der mit ihm befreundete

---

(1) Proposition de la seconde minorité. Beilage zum Abschied der außerordentlichen Tagsatzung vom März 1841, Litt. F., S. 15 ff.

(2) Nouvelliste Vaudois vom 22.1.1841.

Druey überzeugt worden sein, daß der religiösen Freiheit mit der von den Freiämtern geforderten konfessionellen Trennung des Großen Rates, die nur für die kirchlichen Belange gelten sollte, dem religiösen Frieden und der Bewahrung der staatlichen Einheit gedient sei.

Druey betrachtete die konfessionelle Trennung nur als eine Kompromißlösung, denn mit Alexandre Vinet glaubte er für die Zukunft an die Trennung von Staat und Kirche, wie sie auch Eduard Dorer 1840 im aargauischen Großen Rat empfohlen hatte. Dies macht folgende Stelle von Drueys Minoritätsgutachten klar: "Envisagée sous son horizon plus vaste, la difficulté actuelle n'est qu'une des formes de la lutte entre l'Eglise et l'Etat qui a toujours travaillé le monde et qui l'agite surtout dans les temps où nous vivons. Ces deux existences étant, ainsi que l'Ecole, également sacrées, ayant l'une et l'autre le droit de vivre et de se mouvoir librement, chacune dans sa sphère, mais se trouvant encore entremêlées, bien qu'elles tendent de plus en plus à se séparer, nous touchons de nouveau à cette nécessité d'une transaction qui domine tout le point de vue du membre qui forme la seconde minorité de la Commission."(1) Da der liberal-radikale waadtländische Gesandte in seinem Gutachten zugleich die Beibehaltung der Säkularisation der einflußreichsten aargauischen Klöster Muri und Bremgarten beantragte, mochte er im Fehlen dieser Mittelpunkte des kirchlichen Einflußes eine geringere Gefahr für die politische Trennung gesehen haben.

---

(1) Proposition de la seconde minorité.
Beilage zum Abschied der außerordentlichen Tagsatzung vom März 1841, Litt. F, S. 16 f.

Ob die konservativen Katholiken sich bei der Annahme des doppelten Vorschlags von Druey beruhigt hätten, ist wohl unwahrscheinlich. Das Bundesrecht wäre auch durch die Aufhebung einer beschränkten Zahl von Klöstern ohne schlüssige Beweise für ihre Urheberschaft am Freiämteraufstand verletzt worden. Aargaus Gesandter bezeichnete die Einmischung in der Frage des allgemeinen Relgionsschutzes als "äußerst gefährlich". Er vertrat die Ansicht, daß die konfessionelle Trennung die religiöse Intoleranz fördere. Man befürchtete eine politische Teilung aufgrund der beiden konfessionell gesonderten Landeshälften. Auch der Thurgau, der die konfessionelle Trennung nur in beschränktem Maß durchgebildet hatte, widersetzte sich entschieden jeder Bundesintervention in konfessionellen Angelegenheiten. Der radikale Gesandte warnte davor, Beschlüsse zu fassen, die nach seiner Überzeugung statt Frieden zu bringen den Zweispalt fördern, die wichtigsten Rechte der Staatsbehörden schmälern und am Ende die Staatseinheit gefährden könnten (1). St.Gallens Gesandter Baumgartner dachte ähnlich.

Drueys Alleingang in der Kommission und in der Vollversammlung ist bemerkenswert. Unbefangener als seine radikalen Parteifreunde sah er die Ursache des Klosterstreits und der beginnenden Bundeskrise im Mangel eines wirksamen Schutzes der Freiheit der Religion und Kirche vor der Staatsallmacht (2). Gegenüber Radikalen, die wie

---

(1) Eidg.Abschied der außerordentlichen Tagsatzung 1841, S.64.

(2) Auch für A.Vinet war der Klosterstreit in erster Linie eine religiöse Angelegenheit. Die Katholiken fühlten sich durch eine Gegenkirche bedroht, schrieb er am 11./12.10.1841 für den "Semeur", eine Pariser Zeitschrift. Vinet wies auf den doppelten Konflikt zwischen Kirche und Staat und reformierter Mehrheit und katholischer Minderheit hin. Er rief die Reformierten auf, entschieden die Partei der religiösen Freiheit zu ergreifen. Den Artikel 12 des Bundesvertrags nannte er eine offenkundige Garantie der Religionsfreiheit, einen Vorbehalt zugunsten einer religiösen Minderheit.E.Staehelin: Alexandre Vinets ausgewählte Werke, Bd.3, Zürich 1944, S. 249 ff.

Neuhaus den prinzipiellen Konflikt zwischen Staat und Kirche abstritten (1), griff er die staatsabsolutistischen Tendenzen an, die er in der Klosteraufhebung und ihrer Begründung zu erkennen glaubte. Er nannte das Verlangen der katholischen Minderheit ein Streben nach Glaubens- und Gewissensfreiheit, das jeder Beachtung wert sei (2). Drueys Vorschlag fand keine Zustimmung in der Tagsatzung. Er wurde von den radikalen wie von den konservativen Gesandten abgelehnt. Die Gesandten der Vermittlungspartei, die erkannten, dass der Klosterstreit auch einer Lösung der religiösen Minderheitsfrage bedurfte, zogen es vor, für das von Druey mitunterzeichnete Mehrheitsgutachten zu stimmen. Neuhaus erklärte die Auseinandersetzungen im Aargau als Kampf zwischen Vorrechten und dem Grundsatz der Gleichheit, zwischen göttlichem Recht und der Volkssouveränität. Doch auch dieser harmlosere Antrag der einfachen Ueberweisung der Petition erreichte keine Mehrheit in der ausserordentlichen Tagsatzung (3).

Als sich die Gesandten im Juli 1841 erneut zur ordentlichen Tagsatzung versammelten, war in Luzern der für die ganze Schweiz bedeutsame katholisch-demokratische Regimewechsel bereits eingetreten. Er machte den katholischen Vorort durch den Willen seiner Urheber zum Mittelpunkt der vom katholischen Glauben bestimmten konservativen Politik und zum Vorkämpfer des kompromisslosen Festhaltens am Klosterartikel. Die inzwischen vorgelegte Verteidigungsschrift der 3 Klöster diente den katholisch-

(1) Eidg.Abschied der ausserordentlichen Tagsatzung 1841, S.67 f.

(2) Eidg.Abschied, a.a.O., S. 74.

(3) Eidg.Abschied, a.a.O., S. 75.

konservativen Kantonen fortan als Rechtfertigung im Kampf für die vollständige Restitution der Klöster und die Zulassung der Orden. Sie ist von ihren Vorstehern unterschrieben, stammt jedoch vom Dekan Friedrich Hurter von Schaffhausen, der, des Kryptokatholizismus angeklagt, im gleichen Jahr seine Ämter niederlegte. Die Schrift schont die Reformierten, obwohl Hurter die zunehmende antikatholische Haltung seiner Stadt zu spüren bekommen hatte. Als die heftigsten Widersacher der katholischen Kirche werden Radikale bezeichnet, die von katholischen Eltern stammen (1). Von ihnen heißt es, daß sie nach einer Reform der Kirche trachteten, um sie dann dem Staat zu unterwerfen. Die Forderung der Mellinger Versammlung nach konfessioneller Trennung der Verfassungsrevision ist erwähnt, das Problem der Majorisierung aber nur kurz gestreift. Nicht der Freiheit der katholischen Kirche, sondern der Widerlegung der Anklageschrift Kellers gilt das Anliegen der Schrift. In einem Nachwort plädierten die Äbte selbst für Rückkehr in ihre Klöster, aus denen sie mit Gewalt und ohne richterliche Anklage vertrieben worden waren (sie unterblieb merkwürdigerweise auch später), für die Rückerstattung des Eigentums, für eigene Verwaltung und die Erlaubnis, Novizen aufzunehmen. Die Wiedergabe aktenmäßiger Belege im Anhang über die Rechtslage der Klöster und die vom Staat gegen sie unternommenen Maßnahmen unterstützt die Sachlichkeit, um die sich Hurter und die Äbte bemühten.

Von der Intensität und Ausweitung der Erregung, die sich der katholischen Bevölkerung im Sommer 1841 bemächtigte

---

(1) Die aargauischen Klöster und ihre Ankläger. Eine Denkschrift an alle Eidgenossen, 1841. Eidg.Abschied der ordentlichen Tagsatzung 1841, 1.Teil, Beilage 2,S.14. Siehe auch Zuschrift der Klostervorsteher vom 27.9.1841 an die Tagsatzung: "Die aargauischen Klöster an die sämmtlichen hohen eidgenössischen Stände und an die hohe Tagsatzung". Eidg.Abschied.. a.a.O., 2.Teil, Beilage Litt. A.

und die auch die Spannung in der Tagsatzung erhöhte, zeugen die zur ordentlichen Session neu eingegangenen Petitionen aus mehreren katholischen und paritätischen Kantonen, die zugunsten der Klöster Stellung nehmen (1). Darunter befinden sich Masseneingaben mit je einigen tausend Unterschriften. Zahlreicher reagierten diesmal die katholischen Aargauer, wobei sie mit der Herstellung der Klöster den Wunsch nach konfessioneller Trennung verbanden. Zu einer Petition aus den Bezirken der Klöster Muri und Bremgarten,mit 4800 Unterschriften, kam eine separate Volkseingabe von 3500 Bürgern aus den Bezirken Baden, Zurzach und Laufenburg (2). Letztere wünschte konfessionelle Trennung, jedoch nur so weit, als es die Umstände erforderten. Ein Großteil der dortigen katholischen Bevölkerung war 1840 den extremen Forderungen der Freiämter ferngeblieben.

Besondere Beachtung fand eine Eingabe vom 28.Juni aus dem Aargau von 71 katholischen Mitgliedern des 180-köpfigen Großen Rates (3). Sie hatten in der Legislative für die Aufhebung des umstrittenen Klosterdekrets gestimmt und wünschten, daß über jedes Kloster einzeln entschieden werde. Dem katholischen Volk sollten befriedigende konfessionelle Garantien zugunsten der religiösen Minderheit gewährt werden. Die Unterschriften zeigen, daß im Sommer 1841 die Mehrzahl der Volksvertreter katholischen Glaubens den Restitutionsbeschluß der Tagsatzung guthieß(4).

---

(1) Eidg.Abschied der ordentl.Tagsatzung 1841,2.Teil,S.2 ff.

(2) Eidg.Abschied, ... 1.Teil,Beilage Litt.T,S.20 ff, Beilage Litt.V, S.1.

(3) Eidg.Abschied, 1.Teil,Beil.IV,S.2, Beil.Litt.T,S.92.

(4) Eine Masseneingabe an die aargauische Regierung mit 17242 Unterschriften, die zumeist aus den reformierten Bezirken kamen und sich gegen die Klöster äußerte, bildete das Gegenstück.

Wenn auch nach der Aufhebung der Parität in der Legislative durch die neue aargauische Verfassung die katholischen Großräte die reformierten an Zahl leicht übertrafen, konnte die Eingabe den schon durch die Abstimmung vom 13.Januar entstandenen Eindruck verstärken, daß es tatsächlich die Reformierten waren, welche die katholische Kirche um ihre Institutionen brachten (1). Das Problem der Majorisierung hat denn auch in der ordentlichen Tagsatzung die Gesandten intensiver beschäftigt.

Wiederum wurde dem kommissionalen Bericht der Mehrheit über die Klöster, der trotz der inzwischen erfolgten aargauischen Einwilligung, drei Frauenklöster wiederherzustellen, am Beschluß vom 2.April festhielt, ein weiterer Mehrheitsbericht beigefügt, der zu der Frage der konfessionellen Trennung Stellung nahm (2). Er trägt dieselben Unterschriften wie der Mehrheitsbericht vom 30.März. Neu war nur der Name Rudolf Rüttimanns, des Schultheißen von Luzern. Der Text zeigt, daß Drueys Überzeugung, die aargauische Krise könne nur durch Gewährung vermehrter religiöser Freiheit behoben werden, an Beweiskraft gewann. Die konfessionellen Fragen, Parität, Trennung oder andere ähnliche Garantien, heißt es, seien die primäre Ursache der Unruhen gewesen, welche die Verfassungsrevision begleitet hätten. Mit diesem Beweggrund wird auch die Aufhebung der Klöster in ursächliche Verbindung gebracht. Nicht nur sagt

---

(1) Die fusionierte "Luzerner Zeitung und Schweizerische Bundeszeitung" vom 23.7.1841 schrieb, daß ein Bruch zwischen der katholischen und reformierten Bevölkerung beinahe unvermeidlich scheine. Die vom katholischen Landesteil verlangte konfessionelle Trennung wurde als Notwendigkeit zum Schutz der Katholiken vor Übergriffen der Reformierten in das Gebiet der katholischen Kirche und der Rechte der Katholiken bezeichnet, ohne die sich der katholische Landesteil nie beruhigen werde.

(2) Rapport sur les pétitions touchant les garanties confessionelles en Argovie. Eidg.Abschied der ordentlichen Tagsatzung 1841, 1.Teil, Beilage V.

der Bericht, daß religiöse Angelegenheiten einer Konfession nicht durch Mitglieder der anderen Kirche beschlossen werden dürften; er bejaht ausdrücklich die konfessionelle Trennung, allerdings ohne Präzisierung der Form (1). Die Petitionen sollten nicht mehr, wie im Mehrheitsbericht vom Frühjahr, einfach an den aargauischen Stand weitergeleitet, sondern mit einer entsprechenden Empfehlung versehen werden, wie es Druey schon in der außerordentlichen Session gewünscht hatte. In der Kommission herrschte jedoch alles andere als Einstimmigkeit über die Zulässigkeit, die Wünschbarkeit und die Ausdehnung der konfessionellen Garantien.

Die Zerfahrenheit in der Kommission infolge Fehlens eines beide Religionsparteien berücksichtigenden Bundesrechts zeigt sich in den zahlreichen Minderheitsberichten zur Klosterfrage. Der Gesandte des Kantons Waadt vermochte sich auch jetzt keinem der Extreme anzuschließen. Er vertrat in dem von ihm redigierten ausführlichen Minoritätsgutachten vom 25.August (2), das diesmal der Zürcher Bürgermeister Hans Conrad von Muralt mitunterzeichnete, den Standpunkt, daß die Tagsatzung der endgültigen Aufhebung einiger Männerklöster zustimmen sollte. Außer dem Kloster von Muri und Wettingen nannte er nun auch dasjenige von Hermetschwil als staatsgefährlich. Die Begründung zeigt, daß nach seiner Überzeugung der religiöse Friede nur durch einen Ausgleich zwischen einem zu autoritären Staat und einer zu mächtigen

(1) Nach dem Nouvelliste Vaudois vom 6.3.1840 befürwortete Druey schon im Vorjahr eine konfessionelle Trennung nach dem Vorbild St.Gallens. Er wünschte jedoch ein laizistisches Schulwesen.

(2) Eidg.Abschied der ordentlichen Tagsatzung 1841, 1.Teil, Beilage III, Litt.C. Das 3.Minderheitsgutachten erschien auch deutsch im Druck: Antrag der Herren Bürgermeister v.Muralt und Staatsrath H.Druey über die Aargauische Klosterangelegenheit, Zürich 1841.

Kirche möglich sein würde. Alle Klöster wiederherstellen, bedeute,- so hieß es in dialektischer Zuspitzung - daß sich der Staat der Kirche unterwerfe, alle Klöster aufheben, daß die Kirche dem Staat unterworfen sei. Zur Frage der konfessionellen Trennung berief sich das dritte Minoritätsgutachten auf dasjenige von Druey und von Muralt mit unterzeichnete Mehrheitsgutachten, das sich dazu positiv geäußert hatte(2).

In der Vollsitzung der Tagsatzung zeigte sich die Mehrheit für eine Lösung des aargauischen Konflikts zugunsten eines besseren Schutzes der religiösen Freiheit weniger aufgeschlossen als in der Kommission. Dies war eine Folge der öffentlichen Agitation, die sich an den religiösen Problemen um so leichter entzündete, als die kürzlichen Ereignisse in den Kantonen Zürich, Luzern und Aargau gezeigt hatten, welche entscheidende politische Rolle konfessionelle Leidenschaften auch noch im 19.Jahrhundert spielen konnten. Druey vertrat in einer längeren Rede seinen Standpunkt (1). Auf den aargauischen Einwand, die Stimme des Volkes sei Gottes Stimme, antwortete er, daß dies nur gelte, wenn die Stimme des einen Volksteils ebenso berücksichtigt werde wie diejenige des anderen. Nicht um die Frage gehe es, meinte Druey, ob die Grundsätze des Bundesvertrags aufrecht erhalten bleiben, sondern ob religiöse Freiheit überhaupt -Anerkennung finden oder ob diese Freiheit einer katholischen Konfession entrissen werden solle. Die Zunahme der Spannung zwischen den Konfessionen bestärkte den waadtländischen Gesandten darin, daß nur die Vermeidung der Majorisierung in kirchlichen Angelegenheiten den Bürgerkrieg vermeiden könne. Er drängte deshalb auf

---

(1) Eidg.Abschied der ordentlichen Tagsatzung 1841, 1.Teil, Beilage Litt. T, S. 53 ff.

(2) Eidg.Abschied, a.a.O., Beilage IV, S. 8

raschen Entscheid. Es war jedoch unmöglich, zu einem Mehrheitsbeschluß zu kommen. Die Gesandten der Innerschweiz beklagten sich, daß je länger die Klosterangelegenheit nicht bundesgemäß gelöst werde, die Beunruhigung unter der Bevölkerung des Aargaus und der Schweiz zunehme, weil die Katholiken ihre gleichberechtigte Stellung als gefährdet betrachten müßten. Die Protestanten wurden beschuldigt, zuerst den Glaubenshaß gegen die Katholiken geschürt zu haben (1). Der Vertreter St.Gallens hingegen bedauerte, daß man an das religiöse Gewissen einer kirchlichen Gemeinschaft in der Schweiz appellierte, während man sich ausschließlich an ihr Rechtsgefühl hätten wenden sollen (2). "Traurig, mehr als traurig," klagte der Gesandte Zürichs, "daß der unselige Streit über die aargauischen Klöster von dem politischen auf das konfessionelle Gebiet hinüber gespielt worden ist."(3)

Als Schultheiß von Muralt nach dem Beschluß vom 4. September nach Zürich zurückkehrte, hatte er als Haupt der eidgenössischen Vermittlungspartei einen schwierigen Stand, weil die radikale Opposition aus dem Klosterstreit durch Appellean den protestantischen Antikatholizismus des Volkes politisches Kapital zu schlagen begonnen hatte. In der Massenversammlung in Schwamendingen vom 29.August gaben radikal-liberale Redner dem Volk den Eindruck, als sei der Protestantismus in Gefahr. Der Geist Zwinglis wurde beschworen, der aargauische Kampf der Klöster als Anliegen der Reformation, der Kultur und des Fortschritts dargestellt und der Protestantismus durch die jesuitenfreundliche Reaktion im Kanton Luzern in Gefahr erklärt. Den geistigen Anstoß erhielten

(1) Eidg.Abschied der ordentlichen Tagsatzung 1841, 2. Teil, S. 10.

(2) A.a.O., S. 15.

(3) A.a.O., S. 25.

die Radikalen durch die von Ludwig Snell 1841 herausgegebene Schrift seines Bruders: "Über Protestantismus und seine Gefahren". Sie enthielt auch jenen Vergleich zwischen Pietismus und Katholizismus (1), der in der politischen Bekämpfung des religiösen Konservativismus eine entscheidende Rolle zu spielen begann. In ihnen sahen die Brüder Snell den inneren und äußeren Feind des Protestantismus. Die Schwamendinger Versammlung richtete an den Großen Rat von Zürich eine Petition, in der, entgegen der Instruktion Zürichs, der Antrag des Kantons Aargau, drei Nonnenklöster wiederherzustellen, gutgeheißen wurde (2). In einem Sendschreiben an das zürcherische Volk vom 16.September 1841 (3) warnte J.Hürlimann-Landis, der in der Volksbewegung gegen Straussens Berufung eine führende Rolle gespielt hatte, die Reformierten davor, ihre natürliche Abneigung gegen die Klöster von der Partei, die der Widersacher gegen die christlichen Grundsätze vom Jahr 1839 gewesen sei, gegen die Rechte der katholischen Kirche mißbrauchen zu lassen. Von Muralt vermochte sich, nachdem er mit der Demission als Gesandter gedroht hatte, im Großen Rat durchzusetzen und konnte seine Vermittlertätigkeit in der Tagsatzung fortsetzen.

Im Großen Rat des Kantons Waadt, in dem die radikale Opposition ebenfalls gegen die Haltung der Gesandtschaft

---

(1) Über Protestantismus und seine Gefahren. Eine Abhandlung herausgegeben und mit Anmerkungen begleitet von Dr.Ludwig Snell. Für denkende Christen, Zürich/Winterthur 1841, S. 17.

(2) A.Largiadèr: Geschichte von Stadt und Landschaft Zürich, Bd.2, Erlenbach-Zürich 1946, S. 153.

(3) Das Sendschreiben ist teilweise wiedergegeben bei C.Siegwart-Müller: Der Kampf zwischen Recht und Gewalt in der Schweizerischen Eidgenossenschaft und mein Antheil daran, Altdorf 1864, S. 527 ff.

im Klosterstreit agitierte, erlitt Henri Druey im Oktober 1841 eine politische Niederlage. Er suchte jedoch nicht, wie einige Jahre später, seine Überzeugung über die religiöse Freiheit der Volksgunst zu opfern. Sie sollte vielmehr den religiös Strenggläubigen der Orden und des Pietismus zugute kommen. Als der Große Rat, entgegen seinem früheren Beschluß, mit 6 Mehrstimmen für die Annahme des aargauischen Angebots vom 19.Juli stimmte, gaben er sowie der zweite Gesandte de Weiss ihre Demission als Vertreter des Kantons an der Tagsatzung bekannt. Er befürchtete damals schon die Sezession der katholischen Kantone (1).

Ohne Drueys Mitwirkung versuchte nun Zürichs Gesandter, anläßlich der letzten Sitzung des Jahres der ordentlichen Tagsatzung von 1841, die katholischen Stände durch einen Antrag auf Gewährung gesetzlicher Garantien für die katholische Minderheit im Aargau für einen Kompromiß in der Klosterfrage zu gewinnen, um vielleicht doch noch einen Mehrheitsbeschluß gegen die radikale Minderheit zu erreichen. Zusammen mit dem Gesandten von Uri empfahl er, daß dem Stand Aargau dringend empfohlen werde, die von den katholischen Bürgern verlangten gesetzlichen Garantien in rein kirchlichen Angelegenheiten zu verschaffen. Nur so könne der Friede im Aargau erhalten werden. Der umstrittene Ausdruck "konfessionelle Trennung" fehlt im Text. Zürichs Gesandter betonte in der Vollversammlung, daß es nicht allein die Frage der Klöster sei, welche die Spannung im Kanton Aargau erhalte, sondern vor allem der Mangel an konfessionellen Garantien(
Der Gesandte von Uri wünschte, daß diese Abstimmung vor derjenigen über die Klöster stattfinde. Das zeigt deutlich,

---

(1) A.Lasserre: Henri Druey, Lausanne 1960, S. 158.

welche Rolle die Katholiken dem Problem der kirchlichen Freiheit überhaupt und nicht nur der Klöster beimaßen. Er drang mit seinem Antrag nicht durch (1).

Für Berns Antrag, sich mit dem Angebot des Kantons Aargau, drei Frauenklöster wiederherzustellen, einverstanden zu erklären, stimmten am 2.November 1841 8 1/2 Stände: Bern, Solothurn, Schaffhausen, Aargau, Thurgau, Tessin, Glarus, Waadt, Appenzell Außerrhoden und Baselland. Für die Wiederherstellung allerKlöster stimmten 10 1/2 Kantone: Luzern, Uri, Schwyz, Unterwalden, Zug, Freiburg, St.Gallen, Graubünden, Wallis, Neuenburg und Appenzell Innerrhoden. Aufschlußreich ist der Vergleich mit der am gleichen Tag vorgenommenen Abstimmung über die konfessionellen Garantien. Nicht Zürich, sondern Uri stellte den Antrag. Dafür stimmten: Zürich, Luzern, Uri, Schwyz, Unterwalden, Zug, Graubünden, Wallis und Appenzell Innerrhoden, 8 /1/2 Stände. Dagegen waren 10 2/2 Kantone: Bern, Glarus, Schaffhausen, St.Gallen, Aargau, Thurgau, Tessin, Waadt, Genf, Solothurn, Baselland und Appenzell Außerrhoden (2).

Die Abstimmungen bestätigten die Stärkung der radikalen Position. Die Zahl der Kantone, die in der Klosterfrage mit Bern und Aargau stimmten, hatte sich vergrößert. Gleichzeitig wird das Gefälle der zunehmenden Konfessionalisierung in den Streitfragen deutlich. Sie kam beiden extremen Parteien zugute, schwächte aber die ausgleichende Mitte. Zur Innerschweiz waren seit der Märzsession außer Luzern auch Freiburg und Wallis gestoßen. Alle Kantone, die sich im Sonderbund zusammenschließen sollten, waren sich in der Verteidigung der Klöster einig.

---

(1) Eidg.Abschied der ordentlichen Tagsatzung 1841, 2.Teil, S. 28.

(2) A.a.O., S. 28 f.

Während das noch gemäßigt liberal regierte Wallis sich unter dem Druck des Klerus auch für die Empfehlung der konfessionellen Garantien einsetzte, enthielt sich Freiburg der Stimme. Für restlose Restitution der Klöster erklärte sich als einziger reformierter Kanton das preußisch-konservative Neuenburg. Sein Gesandter stimmte indessen ebenfalls nicht für konfessionelle Garantien. Baselstadt enthielt sich der Stimme in beiden Vorlagen. Zürich erklärte sich unter dem zunehmenden Einfluß der innerkantonalen radikalen Opposition bereit, sich mit der Wiederherstellung des vierten Frauenklosters zufrieden zu geben. Der radikal gewordene Kanton Waadt stimmte gänzlich mit den Klostergegnern. Auch Genf, wo die Opposition ebenfalls die liberal-konservative Regierung bedrängte, war nun für das Fallenlassen der Klosterangelegenheit und stimmte ebenfalls nicht für konfessionelle Garantien. Streng rechtlich entschied St.Gallen, wo infolge seiner ausgeprägten Form konfessioneller Trennung kirchliche Streitfragen stets die innerpolitische Situation beeinflußten. Es stellte sich als einziger paritätischer Stand zugleich in der Klosterfrage gegen Bern und in der Frage der konfessionellen Garantien gegen Uris Antrag. Besonders deutlich wird der Einfluß der Religionszugehörigkeit bei der Abstimmung Appenzells. Außerrhoden stand in beiden Fragen auf der Seite Berns und Aargaus, Innerrhoden - wie stets in kirchlichen Angelegenheiten - auf seiten der Innerschweiz.

Noch hemmte vor allem die vermittelnde Stellungnahme des zweiten reformierten Vororts und das kompromißlose Festhalten der Stände Neuenburg und Baselstadt an der Legalität einen formellen konfessionellen Zusammenschluß innerhalb der Eidgenossenschaft. Doch die Abstimmung und die fortschreitende Radikalisierung der protestantischen Stände zeigten den Katholisch-Konservativen, daß auf die

Reformierten kein absoluter Verlaß war.

Eine Bundesrevision, wie sie alljährlich und auch 1841 ein Traktandum der Tagsatzung bildete, war nicht mehr ernstlich zu erhoffen (1). Im kommissionalen Revisionsbericht (2), der am 27.Juli zur Behandlung kam, lautete die Empfehlung der Mehrheit nur auf Änderung der Bundesleitung. Sie sollte einem siebenköpfigen Staatsrat anvertraut werden. Die Befugnisse des Bundes wurden im Entwurf nicht erweitert. Die katholischen Kantone zeigten sich aber auch gegen eine Teiländerung des Bundesvertrages mißtrauisch (3). Die radikalen Stände erstrebten womöglich eine gänzliche Erneuerung des eidgenössischen Rechtes auf der Grundlage der Volkssouveränität. Der Bericht erwähnt, daß Druey mit Casimir Pfyffer in der Kommission die Totalrevision empfahl. Sie schlugen einen Bundesstaat vor, in dem mit der Niederlassungsfreiheit die"Religionsfreiheit" (4) gewährt werden

---

(1) Am 28.Juli 1840 hatte die Umfrage noch ein unerwartetes Mehr von 12 Ständen für Revision durch eine Konferenz bevollmächtigter Standesvertreter unter Vorbehalt der Ratifikation ergeben, doch nur 10 1/2 Stände waren für Totalrevision. Zwölf Stimmen erhielt nur der Antrag auf Revision des Artikels 10 des Bundesvertrages. H.v.Greyerz: Bundesstaatliche Reformversuche in der Eidgenossenschaft vor 1848, in: Berner Zs.f.Gesch.u. Heimatkunde, Heft 3, Bern 1948, S. 192.

(2) Bericht an die sämmtlichen eidgenössischen Stände, erstattet von der am 10.August 1840 durch eine Konferenz von Standesabgeordneten zum Zweck der Revision der Artikel IX und X des Bundesvertrags zwischen den XXII Kantonen der schweizerischen Eidgenossenschaft, vom 7.August 1815, niedergesetzten Kommission. Eidg.Abschied der ordentlichen Tagsatzung 1841, 1.Teil, Beilage Litt. S, S. 2 ff.

(3) Eidg.Abschied 1841, 1.Teil, S. 82 ff.

(4) Im Jahr 1840 waren in Luzern J.P.V.Troxlers "Reflexionen über die Staaten und den Bund der Eidgenossen" erschienen. Er verlangte darin, daß der Bund zu seiner

sollte (1). Für beides war 1841 nicht die geringste Aussicht zur Annahme durch eine Mehrheit von Ständen vorhanden. Der Zürcher Bürgermeister von Muralt hatte nicht Unrecht, wenn er von der Gesamtrevision sagte, sie setze eine gewaltsame Umwälzung voraus (2). Kraft der kantonalen Souveränität war eine eidgenössische Revision nur mit Zustimmung jedes Standes möglich. Unversöhnlich wie im Aargauer Paritätsstreit standen sich 1841 dieselben staatspolitischen und ideologischen Prinzipien in der Tagsatzung gegenüber. Nur war jetzt die Gefahr der politischen Trennung ein gesamtschweizerisches und ein viel akuteres Problem geworden.

Als die politisch-konfessionellen Spannungen im Herbst ihren Höhepunkt erreichten, warnte der Bundespräsident vor "Schleichwegen". Er drohte, wenn eine Partei in der Schweiz die Fahne für die Klöster erheben sollte, dann würde eine andere Partei diesen Kampf annehmen(3).

Vollendung die Religionsfreiheit "als das erste und höchste Menschenrecht" anerkenne. Sie war ihm zugleich Glaubens- und Gewissensfreiheit und kirchliche Freiheit, und er sagte von ihr, sie sei noch heiliger und teurer als die bürgerliche und politische Freiheit. Im Jahr 1840 erschien in Biel die Schrift "Nothwendige Grundlagen einer Schweizer-Verfassung" des Berner Pietisten Beat von Lerber, der für ein unveränderliches "Menschen- und Naturrecht" plädierte, das er biblisch-reformatorisch abzuleiten suchte und in dessen Mittelpunkt er die "vollste, wahrste Gewissensfreiheit" stellte. Diese bedeutete für von Lerber die Glaubens- und Kultusfreiheit (S. 17).

(1) Eidg.Abschied der ordentlichen Tagsatzung 1841, 1.Teil, Beilage Litt. S, S. 2.

(2) Eidg.Abschied, a.a.O., S. 86.

(3) Eidg.Abschied, a.a.O., Beilage Litt.T, S. 103. Der Bericht, den die Zürcher Gesandtschaft im Sommer nach Zürich schickte - er trägt Furrers Schriftzüge - spricht von der leidenschaftlichen Stimmung in der Tagsatzung, wo Luzern und Uri bei Nichterfüllung der Bundespflichten durch die Mitstände den Bürgerkrieg "in ziemlich nahe Aussicht" stellten. Legationsbericht der zürcherischen Tagsatzungsgesandtschaft. Schreiben vom 18.August 1843, Staatsarchiv Zürich.

Constantin Siegwart-Müller hatte in der Luzerner Bundeszeitung am 27.August 1841 einen anonymen Aufruf an die Katholiken der Schweiz veröffentlicht (1), der den Radikalen nicht unbekannt gewesen sein dürfte. In Brunnen fanden geheime katholische Konferenzen der innerschweizerischen Kantone statt, in denen Sicherheitsmaßregeln im Fall eines Mehrheitsbeschlußes der Tagsatzung beschlossen wurden. "Ob ihnen schon jetzt," schreibt Edgar Bonjour, "als äußerstenfalls letzte Konsequenz ihrer Bestrebungen eine Loslösung von der übrigen Eidgenossenschaft vorschwebte, ist nicht mit letzter Gewißheit zu ermitteln, muß jedoch als wahrscheinlich gelten" (2). Siegwart-Müller hat im Rückblick das Ende des Monster-Klosterprozesses von 1841 als Bundesbruch gewertet: "Die Versammlung trennte sich. Der Bund war gebrochen: keine Autorität mehr da, ihn zu sühnen" (3). Für den Gründer des Sonderbundes war die Ohnmacht der Tagsatzung Anlaß, die katholischen Kantone zur Abwehr des Radikalismus zu einigen. Für Ende Oktober 1841 sagte ein Leitartikel der Schweizerischen Bundeszeitung in Luzern vom 8.Oktober voraus, daß sich die Schweiz im Zustand der vollkommenen Auflösung befinden werde (4). Die Prophezeiung war zwar voreilig, der Riß aber tatsächlich unheilbar geworden.

---

(1) Über die Urheberschaft siehe C.Siegwart-Müller: Der Kampf zwischen Recht und Gewalt in der Schweizerischen Eidgenossenschaft und mein Antheil daran, Altdorf 1864, S.519. In der nächsten Nummer der Bundeszeitung, am 30.8.1841, erschien ein besonderer Aufruf an die Aargauer Katholiken:"Schaut auf die fünf katholischen Kantone Luzern,Uri,Schwyz,Unterwalden und Zug. Sie werden euch das Banner des Bundes, des Rechts und der Religion voraustragen."

(2) E.Bonjour: Die Gründung des schweizerischen Bundesstaates, Basel 1948, S. 36.

(3) C.Siegwart-Müller: Der Kampf zwischen Recht und Gewalt... S.535.

(4) Schon am 4.10.1841 hatte die offiziöse Luzerner Zeitung gewarnt, daß im Fall der Sanktionierung des durch die Klosteraufhebung am Bund begangenen Unrechts die Tagsatzung "in das Mark der schweizerischen Nationalität vielleicht sogar den Todeskeim ihres nahen Unterganges legen würde."

4. Die katholischen Sonderbundsbestrebungen und die Jesuitenberufung

Das neue, enge Verhältnis von Religion und Politik, durch das der Liberalismus in der Innerschweiz seinen Vorposten verlor und das die Urheber der katholisch-demokratischen Luzerner Verfassung bewog, als Beweis der katholischen Gesinnung des Luzerner Volkes das Staatsgrundgesetz vom 1.Mai 1841 dem Papst zu unterbreiten (1), war eine wesentliche Voraussetzung für die Entstehung eines katholischen Sonderbundes in den 40er Jahren. Wie 1833, als die religiös konservative Opposition mit der Verwerfung der Bundesrevision in Luzern einen überraschenden Sieg errang, ging es 1841 um die Frage des Schutzes der katholischen Interessen in einer mehrheitlich protestantischen Schweiz und um die Wahrung der kantonalen Souveränität, durch welche die konfessionelle Minderheit ihre politische und religiöse Freiheit gegenüber dem Einheitsstreben des Radikalismus am besten geschützt glaubte.

Constantin Siegwart-Müller war nicht der Urheber des Gedankens einer konfessionellen Schutzvereinigung. Indessen griff er diese Idee, die schon 1833 erwogen worden war - als er noch dem Liberalismus huldigte -, wieder auf und wurde ihr Vollstrecker. Seine Konversion zum Vorkämpfer der katholisch-konservativen Schweiz, die mit dem Straussenstreit zusammenfällt, führte er unter anderem auf den religiösen Einfluß von Joseph Leu zurück(2).

---

(1) C.Siegwart-Müller: Ratsherr Joseph Leu von Ebersoll, Altdorf 1863, S. 195 ff.

(2) C.Siegwart-Müller: a.a.O., S. 314.

Siegwart-Müller sagt von Leu, dessen Freundschaft er gewann, daß in ihm tief und kräftig der Gedanke gelebt habe, die Katholiken aller Kantone zu vereinigen und sie vom Joch des ungläubigen Radikalismus zu befreien (1). Siegwart-Müller schuf dazu das politische Instrument. Das bundesrechtliche Vorbild lieferte ihm die Zeit des strengen territorialen Konfessionalismus mit den getrennten Tagsatzungen.

Der Wandel der Gesinnung Siegwart-Müllers zeigt sich in zwei staatspolitischen Schriften. Die erste aus dem Jahr 1832 über die liberale Verfassung des Kantons Luzern widmete er - mehr der Politik als dem Advokatenberuf zuneigend - dem liberalen Großratspräsidenten Kasimir Pfyffer (2). Sie brachte ihm das luzernische Kantonsbürgerrecht ein. In der zweiten Schrift "Welche Garantien muß die Verfassung eines Schweizerkantons dem Christentum leisten ?", die 1839, kurz nach dem Straussenputsch, erschien, verlangte er für die neue Luzerner Verfassung konfessionelle Garantien, die auch dem Schulwesen galten. Im Unterschied zu Leu, der im gleichen Jahr die Berufung der Jesuiten auf sein Reformprogramm setzte, wollte Siegwart damals das Erziehungswesen nicht dem Orden Loyolas anvertrauen. Joseph Leu wurde Erziehungsrat, Siegwart-Müller Mitglied der neuen katholisch-konservativen Regierung Luzerns. Er hatte an der Ausarbeitung der Kloster-Instruktionen für die Tagsatzung einen wesentlichen Anteil und begann, die Urkantone für eine gemeinsame Politik im altschweizerisch-

---

(1) C. Siegwart-Müller: Ratsherr Joseph Leu von Ebersoll, Altdorf 1863, S.314. Siegwart-Müller nahm an der Gründung des Vereins katholischer Eidgenossen teil, dessen Zentralausschuß seinen Sitz in Luzern hatte und dem er mit Leu angehörte. A.a.O., S.351 ff.

(2) C. Siegwart-Müller: Unterricht über die Verfassung des Kantons Luzern in Gesprächen, Sursee 1832.

katholischen Geist zu gewinnen. Mit dem Eifer eines Konvertiten setzte er sich fortan gegen die Säkularisierungs- und Nationalisierungstendenzen der radikalen Neuerer zur Wehr. Er glaubte, durch die Vorsehung zum Retter des Katholizismus und der alt-föderalistischen Schweiz berufen zu sein.

Siegwart-Müller hat schon an den Zusammenkünften der katholischen Kantone vom Jahr 1841 eine führende Rolle gespielt. Die aus dem österreichischen Staatsarchiv von Wilhelm Oechsli veröffentlichten Akten über die geheime Tagung in Brunnen vom 1.Oktober 1841 (1) geben einen Einblick in seine konfessionell-dualistischen Pläne, mit denen er nach der Provokation durch die aargauische Klosteraufhebung den Radikalismus politisch und religiös bekämpfen wollte. Unter Siegwart-Müllers Leitung versammelten sich Vertreter aller Innerschweizer Kantone. Aus der Wiener Quelle hat der Historiker Wilhelm Oechsli den direkten Beweis dafür erbracht, daß der Gedanke der unter dem Namen Sonderbund in die Geschichte eingegangenen katholischen Schutzvereinigung in den wesentlichen Zügen bereits 1841 bestand (2). Angedeutet findet sich die Idee einer konfessionellen Trennung der Tagsatzung auch an einer Stelle der Klosterschrift, in der Hurter die Frage aufwirft: "Würde die Eidgenossenschaft nicht besser dabei fahren, manche Spannung verhütet werden, wenn jede der beiden Religionsgenossenschaften über Angelegenheiten ihrer Confession an die confessions-verwandten Stände recurriren könnte ?" (3).

---

(1) W.Oechsli: Die Anfänge des Sonderbundes nach österreichischen Gesandtschaftsberichten, Zürich 1914.

(2) W.Oechsli: a.a.O., S. 5.

(3) Die Aargauischen Klöster und ihre Ankläger. Eine Denkschrift an alle Eidgenossen, 1841, S.62, in: Eidg.Abschied der ordentl.Tagsatzung 1841, 1.Teil, Beilage II.

Darin ist eine Anspielung auf die alten Landfrieden enthalten.

Streitgegenstand der Tagsatzungssessionen von 1841 war nicht nur die Klosterfrage, sondern ebensosehr das Problem allgemeiner konfessioneller Garantien zum Schutz der katholischen Minderheiten (1). "Mit schönen Hoffnungen," schreibt Siegwart-Müller, "blickten im Jahre 1841 alle im Gebiete der Eidgenossenschaft zerstreuten Katholiken auf den Kanton Luzern und erwarteten von ihm die Befreiung von radikalem und protestantischem Drucke und die durch alte Verträge gewährleistete Gleichberechtigung" (2). Diese alteidgenössische Parität bedeutete für gemischtkonfessionelle Kantone religiöse Freiheit durch konfessionelle Trennung. Sie enthielt keine Verpflichtung, konfessionelle Gleichberechtigung auch innerhalb der katholischen Kantone zu gewähren. Die Glaubenseinheit zu erhalten lag dem Sonderbund näher.

---

(1) Bis zur Jesuitenaffäre, die Luzern veranlaßte, die Forderung einer Intervention der Tagsatzung auch in der Angelegenheit der konfessionellen Garantien für die aargauischen Katholiken fallen zu lassen, scheint Siegwart-Müller diese unterstützt zu haben. Er sagte von den damaligen Instruktionen Luzerns, er habe sie redigiert und verteidigt. Nach seiner eigenen Wiedergabe lautete jene von 1841 auf "Gewährung der erforderlichen Garantieen für ihre confessionellen Rechte auf dem Wege eines Vertrages zwischen beiden Religionstheilen, welcher die Garantie der Eidgenossenschaft erhalten soll".
Der Kampf zwischen Recht und Gewalt in der Schweizerischen Eidgenossenschaft und mein Antheil daran, Altdorf 1864, S. 414, vgl. S. 412.

(2) C.Siegwart-Müller: Ratsherr Joseph Leu von Ebersoll, Altdorf 1863, S. 314.

Am 31.August 1843, nach zweijährigem zähem Ringen um die Restitution weiterer Klöster, erklärten sich anläßlich der Tagsatzung in Luzern 12 2/2 Stimmen mit dem neuen aargauischen Angebot, auch Hermetschwil, das vierte Frauenkloster, wiederherzustellen, bereit, die Klosterangelegenheit als erledigt zu betrachten (1). Zu den Kantonen, die sich am 2.November 1841 schon mit den Klöstern Fahr, Gnadental und Baden zufrieden geben wollten, waren Zürich, Graubünden, Genf und schließlich St.Gallen (2) hinzugekommen, wodurch sich zum ersten Mal ein absolutes Mehr ergab. Bevölkerungspolitisch und militärisch stellte dieses Zwölfermehr drei Viertel des schweizerischen Potentials dar. Unter den Ja-Stimmenden waren fünf Kantone mit reformierter Staatskonfession, alle fünf Stände mit völliger Gleichberechtigung der reformierten und katholischen Religion und die zwei radikalen katholischen Stände Solothurn und Tessin. Dieser konfessionell gemischten radikalen Gruppe mit protestantischer Überlegenheit standen geschlossen die fünf konservativen katholischen Kantone der Innerschweiz gegenüber, unterstützt durch die noch zögernden katholischen Stimmen von Freiburg und Wallis. Die beiden Hälften von Appenzell stimmten wieder, je nach der Konfession, für oder gegen die Annahme. Sowohl Baselstadt als auch Neuenburg verhielten sich neutral.

Vergleicht man dieses Resultat in der vordergründigen

---

(1) Eidg.Abschied der ordentlichen Tagsatzung 1843,S.228,240.

(2) Den Ausschlag gab der gemäßigte liberale St.Galler reformierter Konfession Christian Friedrich Fels mit der 12.Stimme. W.Oechsli: Die Anfänge des Sonderbundes nach österreichischen Gesandtschaftsberichten, Zürich 1914, S. 11 f. Mit nur einer Mehrstimme hatte der st.gallische Große Rat zwar prinzipiell an der Wiederherstellung sämtlicher Klöster festgehalten, die Gesandtschaft jedoch ermächtigt, auch einem Vermittlungsvorschlag zuzustimmen. G.J.Baumgartner, der die Wahl als Gesandter abgelehnt hatte, schreibt: "Fels gab der St.Gallischen Instruktion an der Tagsatzung eine Anwendung, die ihr Baumgartner unter keinen Umständen gegeben hätte." Die Schweiz in ihren Kämpfen und Umgestaltungen von 1830-1850, Bd.3, Zürich 1865, S. 92.

Angelegenheit des Artikels 12 mit jener über die konfessionellen Garantien an die aargauische katholische Minderheit (1), so zeigt sich, daß dem protestantischen Stimmengewinn für den Klosterkompromiß ein Verlust der reformierten Kantone in bezug auf die konfessionellen Garantien entspricht. Diese waren auch in den Jahren 1842 und 1843 Gegenstand von Petitionen von seiten der aargauischen Flüchtlinge, die von der Innerschweiz aus weiterhin für die Mellinger Anliegen von 1840 warben, sowie Tausender aargauischer Katholiken (2). Indessen erklärten sich nur die konservativen katholischen Gesandten von Luzern, Uri, Schwyz, Unterwalden, Zug, Freiburg und Appenzell Innerrhoden für den Antrag, "den Stand Aargau dringend einzuladen, den Katholiken alle konfessionellen Garantien zu freier Ausübung ihrer Religion zu gewähren" (3). Da ein Zwölfermehr, zu dem nun auch Zürich und Baselstadt gehörten - Neuenburg enthielt sich der Stimme - für Nichteintreten war, bestand fortan keine Hoffnung, daß der Staatenbund sich mehrheitlich für die konfessionelle Trennung als Lösung des religiösen Paritätsproblems in den Kantonen entscheiden werde. Damit verstärkte sich die Überzeugung konservativer Katholiken, daß nicht vom eidgenössischen Bund, sondern nur von einer politischen Einigung der katholischen Kantone die Gewähr einer erfolgreichen Abwehr der von den liberalen Protestanten und Katholiken geförderten radikalen Staats- und Bundespolitik zu erwarten war.

---

(1) Eidg.Abschied der ordentlichen Tagsatzung 1843, S.280.

(2) Eidg.Abschied, a.a.O., S. 280.

(3) Eidg.Abschied, a.a.O., S. 288.

In den Voten der katholischen Gesandten für Wiederherstellung aller Klöster und die konfessionelle Trennung ist die grundsätzlich unterschiedliche Auffassung der religiösen Freiheit zwischen Liberalismus und Konservatismus ersichtlich. Liberal-naturrechtlich motivierte sie damals noch der Gesandte des Wallis, das der reformierten Minderheit in seiner regenerierten Verfassung den privaten Gottesdienst erlaubte. Er ließ keinen Zweifel bestehen, auf welcher Seite seine gemäßigt liberale Regierung stand, wenn er sagte: "Quelle que soit la forme sous laquelle on constitue la société, il ne reste que deux alternatives pour le régime spirituel. Ou recourir à la contrainte et courber les consciences sous une verge de fer, ou proclamer le règne de la liberté religieuse" (1). Man glaubte, den in der Tagsatzung nicht mehr anwesenden Druey in der Verteidigung der Gewissensfreiheit zu hören, wenn der Walliser von dieser erklärte, sie sei "un sanctuaire sacré dont l'inviolabilité doit être entourée d'une enceinte impénétrable, et la main téméraire du pouvoir doit s'y briser" (2). Den aargauischen Radikalen, die vergeblich versuchten, die ohne richterlichen Schuldspruch endgültige Vertreibung der an ihr Gelübde gebundenen Benediktiner, Zisterzienser und Kapuziner mit der verfassungsmäßigen Unverletzlichkeit der Gewissensfreiheit in Einklang zu bringen, erwiderte der katholische Gesandte aus dem Wallis: "Non, l'Etat d'Argovie n'a pu parvenir à la suppression de ses monastères qu'au travers des ruines du principe de la liberté de conscience et d'association" (3).

---

(1) Eidg.Abschied der ordentlichen Tagsatzung 1843, S.183.

(2) Eidg.Abschied, a.a.O., S. 183.

(3) Eidg.Abschied, a.a.O., S. 183.

Auch die Gesandtschaft Luzerns, das durch die führenden konservativen Katholiken, den Schultheißen Rudolf Rüttimann, den zum Statthalter avancierten Siegwart-Müller und den Staatsschreiber Bernard Meyer vertreten war, berief sich in ihrem aufschlußreichen Schlußvotum vom 22.August 1844 über die konfessionellen Garantien auf die vom aargauischen Grundrecht gewährte Gewissens- und Kultusfreiheit für die anerkannten Kirchen. Sie nannte das Begehren der Freiämter gerecht, weil diese Gewährleistungen notwendigerweise zur konfessionellen Trennung oder kirchlichen Selbständigkeit führen müßten und weil Religion und Glauben, Konfession und Kirche den ersten Anspruch auf Rechtsschutz hätten. Wie sehr jedoch der Begriff der Freiheit des Gewissens im Widerspruch zu demjenigen der aargauischen Radikalen reformierter Konfession stand (1), zeigt die extensive Bedeutung, die der Redner dem katholischen Gewissensanspruch gab: "Gestützt auf die Gewissensfreiheit, welche ihm seine Verfassung zusichert, fordert also das katholische Volk von Aargau mit Recht eine selbständige Schul- und Kirchenorganisation, einen unmittelbaren Verkehr mit den katholischen Kirchenvorstehern, die Sicherheit katholischer Institute oder was Eines ist, kirchliche Selbständigkeit. Die freie Religionsausübung, welche ihm durch seine Verfassung gewährleistet ist, schließt alle die bereits aufgezählten, von der Gewissensfreiheit schon gebotenen Garantien noch bestimmter in sich. Nicht nur eine allgemeine unbestimmte Gewissensfreiheit, nicht eine allgemeine sogenannte natürliche Religion, sondern die

---

(1) Siehe die 1840 in Aarau veröffentlichte anonyme Schrift "Über Parität, Rechtsgleichheit, politische und religiöse Freiheit, die großen Zeitfragen im Aargau."

Freiheit der Ausübung der römisch-katholischen Religion, also einer gegebenen positiven Religion, ist dem katholischen Volke zugesichert" (1). Die Motivierung lag hier offensichtlich nicht wie bei den aargauischen Verfassungsurhebern in der Autonomie des individuellen Gewissens. Dem Staat wurde die Kompetenz abgesprochen, einen "hemmenden, leitenden oder gar zwingenden Einfluß" auszuüben. Ein solches offizielles Bekenntnis zur religiösen Freiheit, das sich der Sonderbund zu eigen machte, mußte für die Liberalen beider Konfessionen so lange als unglaubwürdig erscheinen,als der Kanton Luzern der reformierten kleinen Minderheit nicht nur keinen Verfassungsschutz für ihren Kultus und keine bürgerliche Gleichberechtigung gewährte, sondern seit dem Regimewechsel seine gesamte innere und äußere Politik vom streng römisch-katholischen Glauben her zu gestalten begann.

Im Votum Luzerns sind die Implikationen des Prinzips der konfessionellen Trennung für den Bund durch den Hinweis auf den eidgenössischen Vertrag von 1712 nur angedeutet: "Kirchliche Selbständigkeit oder konfessionelle Trennung ist der heutige Ausdruck dieses durch den Religionsfrieden ausbedungenen und gewährleisteten Verhältnisses zwischen den Katholiken und den Reformi/rten" (2). Im Gegensatz zum Bundesvertrag, der nur die seit 1803 abgeschlossenen Konkordate, die dem Bunde nicht widersprachen, anerkannte (3), wurde auf die Gültigkeit des alten Landfriedensrechtes hingewiesen. Die Religionsfreiheit, insoweit sie das friedliche Zusammenleben der Konfessionen in der Schweiz ordnete, sei durch den Bund von 1815

---

(1) Eidg.Abschied der ordentlichen Tagsatzung 1843,S.281.

(2) Eidg.Abschied, a.a.O., S. 282 f.

(3) § 14. C.Hilty: Die Bundesverfassungen der Schweiz. Eidgenossenschaft, Bern 1891, S. 433.

keineswegs aufgehoben, sondern in fortwährender Geltung, meinte der Gesandte von Uri. Daraus zog er den Schluß, daß die Tagsatzung befugt und verpflichtet sei, "den im Landfrieden von 1712 aufgestellten und im Bundesvertrag nicht aufgehobenen Grundsatz konfessioneller Unabhängigkeit oder Ausscheidung aufrecht zu halten" (1). Er forderte Emanzipation der Konfession von der politischen Gewalt, dann werde die Schweiz wahrhaft frei, einig und stark sein. Die Gesandtschaft von Unterwalden wünschte, ganz im Sinn der alten Landfrieden, kirchliche Selbständigkeit durch einen Vertrag zwischen beiden Religionsteilen (2). Mit derselben Begründung vorhelvetischer Verträge zwischen den Religionsparteien glaubte Uri, dem Kanton Glarus die Anerkennung seiner liberalen Verfassung verweigern zu können, weil sie die konfessionspolitische Trennung aufgehoben hatte (3).

Die gemeinsame schriftliche "Protestation" der Waldstätten und Zugs gegen den Zwölferbeschluß vom 31.August 1843 - der ursprüngliche Plan, die Tagsatzung demonstrativ zu verlassen, wurde nicht ausgeführt - spricht weniger drastisch als Siegwart-Müller in seiner historischen Darstellung vom Bundesbruch des Zwölferbeschlußes (4). Die Ohnmacht der Tagsatzung, die Klöster zu schützen, hatte in den Urkantonen eine Kriegsstimmung hervorgerufen. Für Siegwart-Müller schien der Zeitpunkt geeignet, der Idee einer katholischen Schutzvereinigung,durch die er zugleich den Katholizismus und den Föderalismus vor der reformierten und radikalen Übermacht retten wollte, politische Gestalt zu geben.

---

(1) Eidg.Abschied der ordentlichen Tagsatzung 1843, S.284.
(2) Eidg.Abschied, a.a.O., S. 285.
(3) Eidg.Abschied, a.a.O., S. 118.
(4) Eidg.Abschied, a.a.O., S. 241 ff.

Von der Tagsatzung von 1843 wußte der österreichische Geschäftsträger, Freiherr von Philippsberg, von Siegwart-Müller ins Vertrauen gezogen, am 28.Juli nach Wien zu melden, daß die katholischen Stände die Absicht hätten, sich von den meineidigen Miteidgenossen zu trennen und "ein Konkordat der Sieben" zu bilden (1). Nur in der Art der Durchführung seien sie nicht einig (2). Der Nuntius, der 1843 von Schwyz nach Luzern zurückkehrte, habe ihm die vertrauliche Mitteilung gemacht, schrieb der Diplomat an Metternich, "er sei im Namen der Sieben eingeladen worden, sich an die Spitze ihrer Konferenz zu stellen" (3).

Durch die Veröffentlichung Wilhelm Oechslis aus dem Wiener Staatsarchiv der geheim gebliebenen Akten der Zusammenkunft der katholischen Stände vom 12.September 1843 in Bad Rothen bei Luzern wurde die Rede Siegwart-Müllers, des Urhebers und Vorsitzenden der inoffiziellen Tagung, bekannt. Hier hat der Begründer des Sonderbundes seine eidgenössische Konfessionspolitik -ohne Rücksicht auf die Reformierten- enthüllt. Für deren Unterstützung hoffte er die römische Kurie und die katholischen Mächte zu gewinnen.

Ausgangspunkt ist der Klosterbeschluß vom 31. August 1841, den er als Bundesbruch deutete: "Das einzige Band, welches die Eidgenossen aller Kantone vereinigt, ist zerrissen, die einzige Gewährleistung, welche der Bundesvertrag der katholischen Minderheit gegenüber der protestantischen Mehrheit gibt, ist mit Füßen getreten. Das Recht des Stärkern ist zum Bundesstaatsrecht erhoben

---

(1) Von 1843 datieren die im Luzerner Staatsarchiv aufbewahrten Sonderbundsakten.

(2) W.Oechsli: Die Anfänge des Sonderbundes nach österreichischen Gesandtschaftberichten, Zürich 1914, S.7. Am 17.Juli 1843 schrieb Siegwart-Müller dem befreundeten Friedrich Hurter, er habe Philippsberg gegenüber schon das Wort "Trennung" ausgesprochen. Briefe von Konstantin Siegwart-Müller an Friedrich Hurter, herausg.v.P.E.Scherer, 1.Teil,Beilage z.Jahresbericht der Kant.Lehranstalt Sarnen 1923/24, Sarnen 1924, S. 16.

(3) W.Oechsli: a.a.O., S. 9.

worden. Die Auflösung der Eidgenossenschaft hat begonnen" (1). An den Rütlischwur erinnernd, forderte Siegwart-Müller die katholischen Stände auf, sich ohne Rücksicht auf Zahl und Stärke des Feindes die Hand zur Erneuerung des alten Bundes zu reichen. Wenn dies nicht geschehe, werde nicht nur die Freiheit schwinden, sondern auch die Religion, warnte er.

In der Erhaltung der Katholizität sah Siegwart-Müller das einzige Heil für die Schweiz. Jene Zeit wird glücklich gepriesen, als noch alle Eidgenossen im Schoße der katholischen Kirche ruhten. Die Reformation habe die Schweiz ins Unheil gestürzt, heißt es in seiner Rede, die Mehrheit der Eidgenossen vergiftet und zwei ungleiche Hälften geschaffen. Auf die Gegenwart übergehend, werden die liberalen Protestanten scharf angegriffen. Es wird ihnen vorgeworfen, sie hätten im Bunde mit katholischen Verrätern den Religionsfrieden, der nach blutigen Siegen der katholischen Religion urkundlich zugesichert worden sei, vernichtet. Ihr Plan sei es, die Schweiz protestantisch, ungläubig, heidnisch werden zu lassen. Den kirchlich gesinnten Reformierten gab Siegwart-Müller wenig Erfolgschancen. Das Christentum werde aus den protestantischen Kantonen verschwinden, wenn das Licht des Katholizismus den Protestantismus nicht vom Verderben rette, meinte Siegwart-Müller.

Die Rettung sah der Luzerner Statthalter in der Einigung der Katholiken und einer konfessionell differenzierten Bundesstruktur: "Wie wir uns politisch um den Bundesvertrag scharen, so müssen wir uns auch zu einer katholischen Schweiz vereinigen" (2). Wie dies im Einzelnen geschehen sollte, deutete er nur an, wenn er sagte,

---

(1) W.Oechsli: Die Anfänge des Sonderbundes nach österreichischen Gesandtschaftsberichten, Zürich 1914, S. 17.

(2) W.Oechsli: a.a.O., S. 19 f.

alle katholischen Teile der Schweiz müßten sich in mehr oder minder engem Zusammenhang an einen Mittelpunkt anschließen. Er sprach dabei von einer "Ausscheidung in eine bundestreue, in eine katholische Schweiz" (1). Siegwart-Müller schwebte offenbar damals schon die Wiederherstellung der vorhelvetischen, auf der Einheit von Religion und Politik beruhenden vertraglichen Parität vor, die er im Bundesvertrag verankern wollte, um die katholische Schweiz vor der reformierten Mehrheit zu schützen. Dies ist aus der folgenden aufschlußreichen Aufforderung an die katholischen Vertreter zu ersehen: "Nehmen wir Religionsfreiheit zu unserm Panier, in dem Sinne, daß wir uns nicht in die Angelegenheiten der Protestanten einmischen, aber auch keine Einmischung der Protestanten in unsere Angelegenheiten dulden. Streben wir allerwärts und bei jedem Anlaß auf diese Religionsfreiheit hin, machen wir sie zu einem Zusatzartikel des Bundesvertrages, zu einem Artikel, welchen alle beschwören müssen, welche sich wieder an den Bund von 1815 anschließen wollen"(2). Dieser Gedanke sollte auch 1847 Siegwart-Müllers Kriegszielen zugrunde liegen.

Siegwart-Müllers Plan einer "Schutzvereinigung", die an den Borromäischen Bund erinnert, setzte eine Radikalisierung des konfessionellen Gegensatzes voraus, der selbst konservativen Innerschweizern zu weit ging. Die meisten Teilnehmer schreckten, so sehr sie dem Prinzip einer konfessionellen Garantie für die katholische Minderheit zustimmten, vor den Konsequenzen eines rein katholischen Sonderbundes noch zurück. Das Protokoll von

(1) W.Oechsli: Die Anfänge des Sonderbundes nach österreichischen Gesandtschaftsberichten, Zürich 1914,S.20.

(2) W.Oechsli: a.a.O., S. 20.

Bad Rothen (1) zeigt, daß Großrat Joseph Leu, dem die Rettung des konservativen Katholizismus wichtiger war als die Erhaltung des Bundes mit den "meineidigen" zwölf Ständen, Siegwart-Müller beipflichtete, wobei er offen aussprach, was in der Präsidialrede nur angedeutet wurde, daß nämlich Luzern die Führung einer solchen Schutzvereinigung übernehmen sollte. Sein Ratskollege Pellier pflichtete nur der konfessionellen Trennung bei. Auch der kluge Luzerner Staatssekretär Bernard Meyer verhielt sich gegenüber der politischen Trennung kritisch. Von den Urkantonen ermutigte nur der Schwyzer Oberst Theodor Abyberg, dessen entschiedener Antiliberalismus bei den kantonalen Trennungswirren von 1832/33 in Erscheinung getreten war (2), zu sofortigem Handeln. Er verlangte die Einberufung einer außerordentlichen Tagsatzung. Die Obwaldner wünschten vorherige Aufklärung des Volkes. Der Urner Landammann Vinzenz Müller, Siegwart-Müllers Schwager, war nur dann für gänzliche Trennung, wenn die konfessionelle nicht gewährt würde. Zug und Nidwalden fehlten in Bad Rothen, ebenso das Wallis, obwohl seine Gesandten in der Tagsatzung für konfessionelle Garantien gestimmt hatten. Die politischen Bedenken der strategisch exponierten katholischen Kantone gegenüber einer Konfessionspolitik, die kriegerische Folgen haben könnte, zeigten sich im Verhalten des Freiburger Schult-

---

(1) W.Oechsli: Die Anfänge des Sonderbundes nach österreichischen Gesandtschaftsberichten,Zürich,S.21 ff,1914. C.Siegwart-Müller übergeht in seiner geschichtlichen Darstellung die Zusammenkunft von Bad Rothen. Über die anschließende Konferenz in Luzern schreibt er, er sei nur von der Abordnung von Schwyz und matter von denjenigen von Uri unterstützt worden. Der Kampf zwischen Recht und Gewalt in der schweizerischen Eidgenossenschaft und mein Antheil daran,Altdorf 1864,S.587 f.

(2) J.Dierauer: Geschichte d.Schweiz.Eidgenossenschaft, Bd.5, Gotha 1922, S. 555 ff, 595.

heißen. Er hätte zwar persönlich der Trennung den Vorzug gegeben, zweifelte jedoch an ihrer Vollzugsmöglichkeit.

Besonders fragwürdig muß damals schon die Politik Siegwart-Müllers den Eingeweihten aus den paritätischen Kantonen vorgekommen sein, sofern sie nicht die religiösen Interessen ausschließlich im Auge hatten. In dem Maße, wie sich die Innerschweiz wieder als Hüterin der Rechte der Katholiken betrachtete und konfessionelle Machtpolitik betrieb, konnten in den gemischtkonfessionellen Kantonen die aus dem Klosterstreit entstandenen Spannungen zwischen den Religionen sich derart verschärfen, daß die staatliche Einheit ernstlich gefährdet worden wäre. Dazu lieferte die Geschichte der Schweiz überzeugende Beispiele. Die Redner in Bad Rothen besaßen keinen offiziellen Auftrag. Leonhard Gmür aus St.Gallen, der Präsident des katholischen Administrationsrates, zog dem förmlichen Austritt der katholischen Orte konfessionelle Garantien durch den Bund unter Mithilfe vermittlender reformierter Stände vor.(1) Nur aus paritätischen radikalen Ständen, wo die Katholiken in Minderheit waren, gaben auch einzelne Vertreter einem katholisch-politischen Bund zum Schutz der religiösen Minderheit den Vorzug. Verhörrichter Ammann aus dem Thurgau, der auf das neue Novizengesetz hinwies, wünschte eine Zentralregierung für die katholischen Kantone mit Sitz in Luzern und Mobilisierung der Milizen. Für politische Sonderung erklärten sich ebenfalls der frühere Wortführer der Katholisch-Konservativen im aargauischen Großen Rat, der ehemalige, in die Innerschweiz geflohene Klosterarzt J.B.Bauer, der nun - wie Ammann -

(1) W.Oechsli: Die Anfänge des Sonderbundes nach österreichischen Gesandtschaftsberichten, Zürich 1914, S. 26.

die Trennung als einziges Rettungsmittel bezeichnete. Dabei mußte er im Klaren sein, daß konfessionelle Sonderung im Aargau unter den damaligen Voraussetzungen eine politische Trennung nach sich ziehen konnte, welche die Freiämter 1840 als unbeabsichtigt bezeichnet hatten. Auch der neue Führer der katholischen Opposition im aargauischen Großen Rat, der Bezirkslehrer J.N.Schleuniger aus Baden, teilte Dr.Bauers Überzeugung. Er meinte allzu optimistisch, der katholische Teil des Aargaus würde sich einstimmig dem alten Bund anschließen (1). Dies mochte für den Bezirk Muri, sicherlich nicht für den ehemaligen österreichischen Landesteil und auch nur teilweise für Baden gelten.

Das vom Vorsitzenden Siegwart-Müller zusammengefaßte Aktionsprogramm (2) hatte den konfessionellen Trennungsgedanken zum Mittelpunkt. Das Volk sollte durch Schriften, Emissäre, die Geistlichkeit (3) und das Gebet damit vertraut

---

(1) W.Oechsli: Die Anfänge des Sonderbundes nach österreichischen Gesandtschaftsberichten, Zürich 1914,S.23 f.

(2) W.Oechsli: a.a.O., S. 27.

(3) Daß Leu und Siegwart-Müller bei der katholischen konservativen Geistlichkeit für den Plan einer konfessionellen Trennung der Eidgenossenschaft Unterstützung fanden, zeigt der Artikel in der Schweizerischen Kirchenzeitung. In der Nr.35 vom 2.September 1843, in der die vom reformierten St.Galler Gesandten abgegebene entscheidende 12.Stimme als empörender Meineid zur Unterdrückung der Katholiken bezeichnet wurde, heißt es: "Immer deutlicher muß es hervortreten, daß wahrhaft mit solchen Eidbrüchigen keine Eidgenossenschaft mehr möglich ist, daß nur Trennung von ihnen und Consolidirung auf eigenem Fuße das Mittel der Rettung ist. Mögen die Katholiken aller Gauen und Orte zusammenhalten, die Gefahr ist wahrlich größer, als man glauben möchte." In Nr.41 vom 14.Oktober 1843 werden die katholischen Eidgenossen aufgefordert, sich am 300-jährigen Kampf der Irländer, deren Losungswort "Trennung" sei, gegen die "Sklaverei des Protestantismus" ein Beispiel zu nehmen. Als Folge des Kampfes gegen den Radikalismus um die Freiheit der katholischen Kirche schildert

gemacht werden (1). Gegen Kantone, die den Bundesbruch durch die 12 Stände nicht gut machen würden, sollten die Großen Räte ein Manifest mit der bestimmten Androhung des Ausschlußes erlassen. Daß ein katholischer Bund mit einer zentralen Leitung geplant war, zeigen die Empfehlungen zur Organisation bewachender katholischer Behörden für die katholische Schweiz sowie für militärische und finanzielle Vorbereitungen. Auch die Anregung einer vertraulichen Mitteilung an die katholischen Nachbarstaaten fehlte nicht. Damit war der Plan des Sonderbundes deutlich skizziert.

Einen Tag nach der Zusammenkunft in Bad Rothen fand auf Einladung des Vorortes eine ebenso geheime, jedoch offizielle Konferenz der katholischen Stände im Luzerner Regierungsgebäude statt unter dem Vorsitz des behutsameren Schultheißen Rudolf Rüttimann. Basel und Neuenburg waren eingeladen worden, sandten jedoch keinen Vertreter. Das unterstrich den ausgesprochen konfessionellen Charakter auch dieser Konferenz. Das Protokoll gelangte 1846 durch Karl Herzog fälschlicherweise als Bericht der Zusammenkunft von Bad Rothen an die Öffentlichkeit(2).

Nr.43 vom 28.Oktober 1843 die Notwendigkeit des Zusammenschlußes: "Wir wissen wohl, daß der radikalen Staatstheorie die katholische Kirche, wie sie wirkt und lebt, gewaltig im Wege steht; aber eben weil wir dieses wissen und die Radikalen es unvorsichtiger Weise offen aussprechen, müssen wir Katholiken uns zusammenthun, um das Palladium unserer Religion und Freiheit für uns und unser Land zu retten."

(1) Nicht von ungefähr führte Joseph Leu am 23.Oktober 1843 eine Wallfahrt auf den Gubel durch zur Erinnerung an den entscheidenden Sieg über die Reformierten im Jahr 1831. Die Schweizerische Kirchenzeitung vom 11.11.1843, die von einer ungewohnt großen Beteiligung aus den umliegenden Kantonen berichtete, gab in ihrem Kommentar zu verstehen, daß die Katholiken wieder gezwungen werden können, zur Verteidigung ihrer Religion und Freiheit zu den Waffen zu greifen. Vgl.Leus Ansprache zur Jahresversammlung von 1844 des Ruswiler Vereins. C.Siegwart-Müller: Ratsherr Joseph Leu von Ebersoll, Altdorf 1863, S. 336 ff.

(2) K.Herzog: Protokoll der ersten Konferenz des

Es lieferte den Radikalen den Beweis, daß der Sonderbundsgedanke nicht die Folge der Freischareneinfälle von 1844 war. Der Trennungsplan begegnete während der Zusammenkunft in Luzern noch größeren Widerständen, denn nun waren auch Zug und Nidwalden vertreten. Politische Bedenken gegenüber Hegemoniebestrebungen Luzerns mögen dabei keine geringe Rolle gespielt haben. Mehrheitlich herrschte die Überzeugung, daß man vorerst die legalen Mittel ausschöpfen sollte. Die Empfehlungen von Bad Rothen nahmen die Teilnehmer in abgeschwächter Form an. Die Mitteilung an die Mächte, die den Pariser Frieden unterschrieben hatten, wurde fallengelassen.

Das für die öffentliche Sonderbundspolitik maßgebende Manifest vom Februar 1844 (1) wurde in allen drei Sprachen in Tausenden von Exemplaren verbreitet. Es trägt die Unterschriften der Regierungshäupter von Luzern, Uri, Schwyz, Unterwalden, Zug und Freiburg. Der Kanton Wallis schloß sich der Erklärung erst nach dem Sieg des Oberwallis im Sommer desselben Jahres an. Siegwart-Müller, der nun das höchste Staatsamt errungen hatte und als Schultheiß des katholischen Vororts Bundespräsident geworden war, ist der Urheber (2). In würdigem Ton und ohne die Polemik, daß die Reformation die Schuld an der konfessionellen Trennung der Schweiz trage, stellte der Autor den Klosterkonflikt als einen Kampf um das durch seine dreihundertjährige Geschichte und zahlreiche geschworene Verträge geheiligte Prinzip der konfessionellen

---

katholischen Sonderbundes, abgehalten den 13. und 14. Herbstmonat 1843 im Bade Rothen bei Luzern, Bern 1846, Berichterstatter war der Luzerner Ratsschreiber Ph.A.Segesser.

(1) Manifest der katholischen Stände Luzern, Ury, Schwyz, Unterwalden ob und nid dem Wald, Zug und Freyburg an sämmtliche eidgenössische Stände, in: Eidg.Abschied der ordentlichen Tagsatzung 1844, Beilage Litt.GG.

(2) C.Siegwart-Müller: Der Kampf zwischen Recht und Gewalt in der Schweizerischen Eidgenossenschaft und mein Antheil daran, Altdorf 1864, S. 596.

Parität dar. Das Manifest verweist auf die Landfriedensverträge von 1531, 1656 und 1712 und lobt idealisierend das reine Gefühl der Gerechtigkeit und den zarten Sinn der Duldung, der die Väter beseelt habe. Warnend wird die Zeit der helvetischen Einheitsregierung erwähnt, die den Konfessionen den Abgrund gezeigt hätte, in welchen die Lossagung von den Grundsätzen der Väter eine Nation stürze, und das Verderben, in das der Eingriff der Staatshoheit in das Heiligtum des Glaubens und der Konfessionen und die Einziehung kirchlicher Güter führe.

Der Artikel 12 des Bundesvertrages wird im Manifest als Ausdruck des Geistes der Väter in Konfessionssachen, als Unterpfand der konfessionellen Duldung und Rechte und als Schutz des konfessionellen Friedens im Vaterland bezeichnet. Als eine schreiende Verletzung zugleich des Landfriedens und des Bundesrechts von 1815 stellt Siegwart-Müller die Aufhebung der aargauischen Klöster hin. Was dreihundert Jahre in der Eidgenossenschaft bestanden habe, heißt es unter Anspielung auf die alteidgenössische Parität der Nichteinmischung, sei 1841 verworfen worden. Diese wird als bleibender Staatsgrundsatz der Väter, der durch feierliche Verträge öffentlich anerkannt, besiegelt und eidlich beschworen worden sei, bezeichnet. Mit der Verantwortung für die Klosteraufhebung wird die reformierte Mehrheit im aargauischen Großen Rat belastet: "Niedergetreten war also der uralte, geheiligte, gerechte Friedensgrundsatz: daß die Protestanten nicht urtheilen noch entscheiden sollen über kirchliche Anstalten, Stiftungen und Güter der Katholiken. Verworfen war die selbst in der aargauischen Verfassung ertheilte Gewährleistung der Gewissens- und Religionsfreiheit, indem eine protestantische Mehrheit es unterfieng, den Einfluß von Klöstern auf den Glauben, auf die wahre Religiosität der katholischen Mitbürger zu verdammen. Vernichtet war das eidlich gegebene Wort: Die Klöster und die Kapitel und die Sicherheit ihres Eigenthums zu schützen und zu schirmen, so weit es in der Macht der Kantonsregierungen liege. Denn eine Kantonsregierung selbst aus eigener Willkür hatte acht Klöster aufgehoben. Der Artikel XII des Bundesvertrags war, so weit es von Aargau abhieng, ausgelöscht" (1). Die nuancierte Formulierung in bezug auf die Verletzung des Klosterartikels fällt auf.

Die Tagsatzungsmehrheit wird im zweiten Teil angeklagt, durch den Entscheid vom 31.August 1843 das Recht des Bundes dem Aargau zum Opfer gebracht zu haben. Von ihrem Zwölfer-Beschluß heißt es, er trage gleichzeitig die Merkmale der Vernichtung jeder Kantonalsouveränität in sich und gefährde auch die Religion überhaupt. "Wenn eine Mehrheit von zwölf Ständen," so argumentierte Siegwart-Müller wohl mit Anspielung auf die egalisierende und säkularisierende Kulturpolitik der aargauischen Radikalen, "den Katholiken in der Schweiz die Aufhebung ihrer frommen Stiftungen und Klöster und die Wegnahme ihrer Güter, entgegen der eidlich gegebenen Gewährleistung für den Fortbestand derselben und die Sicherheit ihres Eigenthums, von Bundes wegen gestatten oder gar bestätigen kann, so kann die gleiche Mehrheit beschließen, daß an die Stelle der anerkannten Konfessionen eine Staatsreligion für die ganze Eidgenossenschaft treten müsse" (2). Mit dem gleichen Recht könnte nach Ansicht der katholisch-konservativen Stände dieselbe Mehrheit verfügen, daß den Kantonen das gleiche Stimmrecht genommen

---

(1) Manifest der katholischen Stände Luzern, Ury, Schwyz, Unterwalden ob und nid dem Wald, Zug und Freyburg an sämmtliche eidgenössische Stände, in: Eidg.Abschied der ordentlichen Tagsatzung 1844, Beilage Litt.GG,S.4.

(2) Manifest..., a.a.O., S. 7.

und daß an die Stelle des Vorortes ein Bundesrat mit ausgedehnten Vollmachten als Regierung der Schweiz eingesetzt werde.

Siegwart-Müller hielt, gemäß dem noch versöhnlichen Willen der katholischen Mehrheit, mit der Drohung der konfessionell-politischen Trennung, wie er sie in Bad Rothen empfohlen hatte, zurück und deutete diese im Manifest nur als eine mögliche Folge des Festhaltens am Zwölferbeschluß mit den Worten an: "Wird sich nicht eine Kluft bilden zwischen den Völkerschaften der einen und der andern Konfession, und sie scheiden in zwei Parteien, welche für ihre Religion, für ihre Kirche, ihre Rechte und ihre Güter in beständiger Beängstigung, Unruhe und Gereiztheit sind ?" (1). Die unterzeichneten Stände wollten, so heißt es, keine Schritte unterlassen, um diese Gefahren abzuwehren. Zum Schluß wurde die Tagsatzung ernstlich aufgefordert, das an den Klöstern begangene Unrecht zu sühnen.

Im Manifest ist nirgends von der Wünschbarkeit der konfessionellen Trennung im Aargau die Rede. Siegwart-Müller war sich darüber wohl im Klaren, daß die früheren Empfehlungen zugunsten der aargauischen Petitionäre bei dem bestehenden Bundesvertrag ein zweischneidiges Schwert sein konnten. Damit dürfte zusammenhängen, daß die konfessionelle Trennung in der Tagsatzung von 1844 kein Gegenstand ausführlicher Erörterungen mehr war. Selbst Uri wollte nicht darauf eingehen. Dabei lagen wiederum Petitionen mit einigen Tausend Unterschriften aargauischer Katholiken vor, die sowohl die völlige Wiederherstellung

---

(1) Manifest der katholischen Stände Luzern, Ury, Schwyz, Unterwalden ob und nid dem Wald, Zug und Freyburg an sämmtliche eidgenössische Stände, in: Eidg.Abschied der ordentlichen Tagsatzung 1844, Beilage Litt.GG,S.8.

der Klöster wie allgemein konfessionelle Garantien forderten (1). Wie Siegwart-Müllers Geheimplan von 1847 zeigt, sollte die konfessionelle Trennung im Aargau im Rahmen einer Bundesrevision mit Gebietsveränderungen eine Lösung finden. Dabei dachte er auch an die Schaffung eines eidgenössischen Corpus catholicum.

Weder der erneute Protest der sieben katholischen Stände, zum zweiten Mal durch ein Schreiben der Bischöfe der Schweiz an die Tagsatzung unterstützt (2), noch die neuen Petitionen vermochten das Stimmenverhältnis zugunsten der Klöster zu ändern. Die Tagsatzung von 1844 stand im Zeichen einer deutlichen Verschärfung der konfessionellen Auseinandersetzungen, die den Klosterstreit in den Hintergrund treten ließ. Am 1.Mai war die radikale "Jeune Suisse" des Unterwallis, über die der Bischof von Sitten die Exkommunikation ausgesprochen hatte, am Trient von den klerikal-konservativen Oberwallisern besiegt worden.

---

(1) Aus dem Aargau lagen wiederum Massenpetitionen aus den Bezirken Muri, Bremgarten, Baden und Zurzach vor. Eidg.Abschied der ordentlichen Tagsatzung 1844,S.208f.

(2) Eidg.Abschied,a.a.O. Beilage Litt.JJ. Das bischöfliche Schreiben nennt die aargauische Klosterschließung einen Angriff auf die Kultus- und Gewissensfreiheit der katholischen Minderheit und bekennt sich zum Manifest der katholischen Stände als Ausdruck des ernstlichen Wunsches der Kirche. Es weist auf die päpstliche Nichtanerkennung des Klosterdekrets hin. Durch ein Breve vom 1.4.1842 hatte Gregor XVI. den Bischöfen eindrücklichst empfohlen, auf die Wiederherstellung der Klöster hinzuarbeiten. Er nennt darin die Klosteraufhebung ein Attentat gegen die Religion, lobt die Kantonsregierungen, die sich ihr offen widersetzt hatten und erinnert die Katholiken, die am Untergang der Klöster unter Mißachtung der Kirchengewalt und der Rechte des römischen Stuhls teilnahmen, an die ipso facto erfolgenden Strafen der apostolischen Konstitutionen und der allgemeinen Konzilien. Die aargauischen Dekrete gegen die Klöster werden durch die kanonischen Bestimmungen vor der Kirche als ungültig erklärt. Deutscher Text bei C.Siegwart-Müller: Der Kampf zwischen Recht und Gewalt in der Schweizerischen Eidgenossenschaft und mein Antheil daran, Altdorf 1864, S. 536 f.

24 Tote forderte der Bürgerkrieg, der sich unter den Augen der ohnmächtigen Regierung und der parteiischen Vermittlungsrolle des Luzerner Staatsschreibers Bernhard Meyer abgespielt hatte (1). Bei den Radikalen der Schweiz herrschte helle Empörung und Freischarenstimmung. Der neue klerikal-konservative Walliser-Staatsrat beeilte sich, seine Unterschrift unter Siegwart-Müllers Manifest zu setzen. Einer der geflohenen Führer der geschlagenen aufständischen Partei, Maurice Barman , veröffentlichte Anfang Juni eine Darstellung der Ereignisse (2). Er erwähnte den Einfluß und die Privilegien des Klerus des öftern und machte ihn für die Niederlage mitverantwortlich. Über den Einfluß der Walliser Jesuiten-Missionen, durch die die Bevölkerung in ihrem katholischen Eifer bestärkt wurde, schreibt der gut dokumentierte Ferdinand Strobel: "Das wird man kaum bestreiten wollen, aber mehr zu behaupten, geht nicht an" (3). Ludwig Snell gab eilig Barmanns Schrift in deutscher Übersetzung heraus (4) und fügte Bemerkungen an, in denen es nun von den Jesuitenmissionen hieß, das Volk hätte geschworen, sich bei der ersten Aufforderung der Priester in Masse zu erheben. Im Nachwort zieht er den Schluß, daß vom Jesuitenorden die Auflösung der Eidgenossenschaft in ihren Grundfesten ausgehen werde(5).

Jonas Carl Bluntschli hat angenommen, daß Ludwig Snell während seiner Reise nach Aarau mit den dortigen Radikalen

---

(1) E.Bonjour: Die Gründung des schweizerischen Bundesstaates, Basel 1948, S. 39.

(2) M.Barman: La Contre-Révolution en Valais, au mois de mai 1844, Vevey 1844. Übersetzt von L.Snell: Die Ereignisse im Kanton Wallis, Zürich/Winterthur 1844.

(3) F.Strobel: Die Jesuiten und die Schweiz im XIX.Jahrhundert, Olten/Freiburg i.B. 1954, S.135, Anm. 136.

(4) L.Snell: a.a.O.

(5) M.Barman: a.a.O., S. 97.

konferiert hatte (1). Ob Augustin Keller von ihm das Stichwort erhielt, einen Jesuitenantrag zu stellen oder ob es seine eigene Initiative war, wie er öfters behauptete (2), läßt sich nicht mit Genauigkeit ermitteln (3). Schon im Jahr des Scheiterns der Bundesrevisionsbemühungen 1833 hatte Ludwig Snell nebst der Aufhebung der Nuntiatur und sämtlicher Klöster, die Jesuitenausweisung gefordert (4). Auch Keller brachte auf dem eidgenössischen Sängerfest in Aarau im Jahr 1842 ein Hoch auf die Jesuitenvertreibung aus (5). Beiden waren die papstreuen Jesuiten als einflußreichste geistliche Miliz der katholischen Restauration, als Inbegriff des Antirationalismus, des Antiliberalismus und Antinationalismus unvereinbar mit der Regeneration der Schweiz. Am 20.Mai 1841 stellte Augustin Keller anschließend an die Walliser Debatte im aargauischen Großen Rat den Antrag, die Regierung solle an sämtliche Stände das Begehren richten, daß der Jesuitenorden in der Schweiz von Bundes wegen aufgehoben und ausgewiesen werde (6). Kellers Motion wurde ohne Diskussion

---

(1) J.C.Bluntschli: Geschichte des Jesuitenkampfes in der Schweiz, Zürich 1845, S. 9;12. F.Strobel: Die Jesuiten und die Schweiz im XIX.Jahrhundert, Olten/Freiburg i.B. 1954, S. 127, 130 f.

(2) F.Strobel: a.a.O., S. 130.

(3) E.Vischer vermutete, es könnte auch umgekehrt gewesen sein, daß Keller Snell beeinflußte: Der Aargau und die Sonderbundskrise (Sonderdruck) aus: Zs.f.Schw.Gesch., 28.Jg., Heft 1, 1948, S.10. Snells Bemerkungen über die Walliser Ereignisse erschienen erst nach Kellers Jesuitenantrag; vgl.J.Baumgartner, der verschiedene Einflüsse vermutet: Die Schweiz in ihren Kämpfen und Umgestaltungen von 1830 bis 1850, Bd.3, Zürich 1865, S. 158 f.

(4) L.Snell: Dokumentierte pragmatische Erzählung der neuern kirchlichen Veränderungen in der katholischen Schweiz bis 1830, Sursee 1833, S.IV;F.Strobel:a.a.O.,S.129.

(5) F.Strobel: a.a.O., S. 129.

(6) Verhandlungen des Aargauischen Großen Rathes 1844,S.235.

mit 123 gegen 42 Stimmen angenommen. Wie beim Klosterdekret stammten die Ja-Stimmen mehrheitlich von den reformiert-radikalen Volksvertretern, während die Ablehnenden hauptsächlich der katholisch-konservativen Opposition angehörten.

Am 19.August 1844 begründete Augustin Keller vor der Tagsatzung in einer dreistündigen, erregenden Rede den Antrag des aargauischen Rates auf Ausweisung der Jesuiten aus dem ganzen Gebiet der Schweiz (1). Keller schöpfte unkritisch aus dem Arsenal der Antijesuitenliteratur des zeitgenössischen Liberalismus. Sein Gewährsmann für die Untaten der Jesuiten in der Geschichte Europas war vor allem Josef Otto Ellendorff, ein freisinniger deutscher Pamphletist katholischer Herkunft (2). Keller wußte um das Trauma der Protestanten aus der Zeit der Gegenreformation, als die Jesuiten ihre gefährlichsten Feinde waren. Der Redefluß des liberalen Seminardirektors war ungehemmt, wo er an die Ressentiments der Reformierten appellieren konnte. Von Interesse sind die zeitbezogenen Hinweise, weil sie offenbaren, wie die Radikalen beider Konfessionen hofften, mit der Jesuitenausweisung dem extremen Ultramontanismus zu wehren, als deren Vorkämpfer der Orden Loyolas galt. Hier wird auch die sicherlich echte Besorgnis sichtbar, mit der nicht nur die radikalen Politiker der paritätischen Stände den mit dem Jesuitismus bekämpften politischen Konfessionalismus als Bedrohung des Friedens, der staatlichen und der eidgenössischen Einheit empfanden. Als Beispiel diente der sogenannte Borromäische Bund, in dessen Zeit die Einrichtung einer ständigen Nuntiatur und die Gründung des später

---

(1) Die Rede erschien im Druck und fand große Verbreitung. "Die aargauischen Klöster und ihre Ankläger. Eine Denkschrift an alle Eidgenossen, 1841".

(2) F.Strobel: Die Jesuiten und die Schweiz im XIX.Jahrhundert, Olten/Freiburg i.B. 1954, S. 163.

aufgehobenen Jesuitenkollegiums in Luzern fielen.

In der Erklärung Kellers, weshalb der Aargau als erster Stand den Antrag auf Jesuitenausweisung stellte, weist er auf die eigentümlichen Verhältnisse seines Kantons hin, die im Kleinen ein auffallendes Bild des Gesamtvaterlandes geben würden. Diese Besonderheit verpflichte den aargauischen Stand, wie keinen seiner Bundesbrüder, die kirchlich-politischen Erscheinungen der Gegenwart unausgesetzt zu beobachten und ihre tiefere Bedeutung für die Zukunft des Vaterlandes auch im eigenen Interesse zu erkennen (1). Er spielt hier offensichtlich auf das Problem der Parität der Konfessionen an, das sowohl für den Kanton wie für den Bund von größter Bedeutung war. Aus eigener Erfahrung von 1840/41 erklären sich die Bedenken der aargauischen Radikalen gegenüber der konfessionspolitischen Entwicklung in der Eidgenossenschaft. Sie kommen in den Worten Kellers zum Ausdruck: "Wie für die Einheit seines Kantons, steht der Aargau hier nur für die bedrohte konfessionelle und politische Einheit der Eidgenossenschaft ein" (2). Keller kam auf die bestehenden konfessionellen Spannungen zu sprechen, ohne freilich einzugestehen, daß die Aufhebung der Klöster den Dualismus schon einmal bis zur Bundeskrise verschärft hatte. Er beklagte, daß das Vaterland um die Mitte des 19.Jahrhunderts wieder im konfessionellen Elend des 17. Jahrhunderts stehe (3). Wenn auch die Nachrichten über die sonderbündischen Pläne, die in die Öffentlichkeit drangen,noch wenig präzis waren, so veranlaßten sie Keller doch, eine Warnung an die Adresse Luzerns zu richten. Er sagte, man spreche in der Bundesstadt von einer katholischen und einer reformierten Schweiz. Bereits

---

(1) A.Keller: Über Aufhebung und Ausweisung des Jesuitenordens in der Schweiz, Aarau 1844, in: Eidg.Abschied der ordentlichen Tagsatzung 1844, Beilage Litt.FF.

(2) A.Keller: a.a.O., S. 5

(3) A.Keller: a.a.O., S. 3, 41.

werde das Losungswort von der Trennung der Eidgenossenschaft ausgegeben (1). Keller wies auf das Manifest der katholischen Stände hin. Seine historische Grundlage wurde als unglücklich bezeichnet, die konfessionelle Unterscheidung der Behörden als mit der Einheit des Staates unvereinbar. Keller sprach von dem unausweichlichen Verderben, das ein Separatbündnis nach Art des Goldenen Bundes mit sich bringen werde (2).

Der Frage, wie die Jesuitenausweisung mit der religiösen Freiheit und mit dem Bundesrecht in Einklang zu bringen sei, wich Keller nicht aus. In der Antwort findet sich ein Vergleich,der bestätigt, wie der Gewissensbegriff der Radikalen in seiner rechtlichen Auswirkung sich kaum von jenem unterschied, der seit der Reformation ein kräftiges Staatskirchentum gefördert hatte. Damit konnte man die Begehren der katholisch-konservativen Minderheit nach vermehrter religiöser Freiheit unterdrücken. "In dem gleichen Verhältnisse aber", heißt es in der auf den Bund übertragenen Analogie, "wie der glaubens- und gewissensfreie Bürger zum Staate, stehen auch die souveränen Kantone mit ihren Religionsverhältnissen zum Bunde da"(3). Weil für die Freisinnigen das Gewissen nur für die dem Gesetz sich entziehende Innenwelt des Bürgers zuständig war und sich somit seine Unverletzlichkeit nicht auf Äußerliches des Glaubens bezog, glaubten sie der weltlichen Macht die Ordnung der äußeren religiösen und kirchlichen Verhältnissen überlassen zu können. Indem Keller die Bestimmung des Jesuitenordens als eine "rein politische" bezeichnete und ihn als Ursache von Unruhen hinstellte,

---

(1) A.Keller: Über Aufhebung und Ausweisung des Jesuitenordens in der Schweiz, Aarau 1844, in: Eidg.Abschied der ordentl.Tagsatzung 1844, Beilage Litt.FF,S.41,55.

(2) Eidg.Abschied der ordentl.Tagsatzung 1844, S.194.

(3) A.Keller: a.a.O., S. 48.

glaubte er folglich, dem Bund das Recht zugestehen zu können, gestützt auf dieselben Bestimmungen, welche die katholischen Kantone bisher gegen den Aargau angeführt hatten - Artikel 1 und 8 des Bundesvertrages - in die konfessionellen Belange der Kantone einzugreifen, den Orden als unerwünscht und staatsgefährlich aufzuheben und seine Mitglieder des Landes zu verweisen. Das hinderte den aargauischen Seminardirektor am Schluß seiner langen Rade nicht,zu erklären, "daß der gestellte Antrag fern und rein von der Absicht sei, die ehrwürdigen Rechte der katholischen Kirche anzutasten" (1). Es zeigt sich hier dieselbe liberale Kirchenauffassung, die Keller zur Klosteraufhebung sagen ließ, die Orden seien kein wesentlicher Bestandteil der katholischen Kirche.

Siegwart-Müller blieb, wenn auch rhetorisch weniger gewandt, als Sprecher der luzernischen Gesandtschaft eine scharfe Antwort auf Kellers Rede und Antrag nicht schuldig (2). Er strafte die Lästerungen, wie er dessen Angriffe gegen den Jesuitenorden nannte, mit Verachtung, erklärte den Haß der Freisinnigen gegen die Jesuiten damit, daß er sich als wirkungsvollste Abwehr gegen den Radikalismus erzeigt habe, und wies darauf hin, daß solche Angriffe die Zuneigung der Katholiken zu den Jesuiten nur vermehren würden. Er rühmte den Eifer der Jesuiten in der Ausbreitung des Glaubens, nannte ihre Verdienste während der Gegenreformation unsterblich. Den Antrag auf Ausweisung betrachtete der Luzerner Schultheiß als Eingriff des Staates in die Rechte der Kirche. Dem aargauischen Radikalen

---

(1) A.Keller: Über Aufhebung und Ausweisung des Jesuitenordens in der Schweiz, Aarau 1844, in: Eidg.Abschied der ordentlichen Tagsatzung 1844, Beilage Litt.FF,S.65 f.

(2) Eidg.Abschied.., a.a.O., S. 144 ff.

warf er Unterdrückung der Religionsfreiheit vor und beschuldigte die Gesandtschaft der Inkonsequenz, weil sie in der Klosterfrage unter Berufung auf die Kantonalsouveränität jegliche Einmischung der Tagsatzung ablehne, während sie nun von Bundeswegen die Ausweisung der Jesuiten verlangen würde. Durch das Fallenlassen der Forderung konfessioneller Garantien entging er dem gleichen Vorwurf des Widerspruchs. Den Ausweisungsantrag nannte er einen Feuerbrand, der nicht zünden werde. Er glaubte, darin eine Taktik der Radikalen zu sehen, die Angelegenheit der bundeswidrig aufgehobenen Klöster in den Hintergrund zu drängen. Siegwart-Müller schloß seine zornige Rede mit der Drohung, daß der Widerstand, den eine Jesuitenausweisung unter den Katholiken hervorrufen könnte, die Urheber des revolutionären Antrags zermalmen würde(1).

Die These der Historiker, daß die Luzerner Jesuitenberufung den aargauischen Antrag auf Ausweisung verursacht habe, hat Ferdinand Strobel als völlig falsch bezeichnet. Sie habe nicht die geringste Rolle dabei gespielt, weder als unmittelbare noch als tiefere Ursache, meint er. Nur die Walliser Ereignisse läßt Strobel als äußeres Motiv gelten. Er stützt sich dabei auf den allerdings einwandfreien Nachweis, daß Joseph Leus schon seit 1839 verfolgter Plan der Berufung der Jesuiten, nachdem man vergeblich am 24. Februar vom Großen Rat die positive Entscheidung erwartet hatte (2), im Juni 1844 ruhte. Der Jesuitengeneral beschwor Siegwart-Müller, alles zu tun, um einen weiteren Aufschub auf günstigere Zeiten zu erreichen (3). Man wußte auch, daß die aufgestellten Vertragsbestimmungen wegen der geforderten staatlichen Aufsicht dem Orden schwerlich

---

(1) Eidg.Abschied der ordentlichen Tagsatzung 1844,S.155.

(2) F.Strobel: Die Jesuiten und die Schweiz im XIX.Jahrhundert, Olten/Freiburg i.B. 1954, S. 105 ff.

(3) F.Strobel: a.a.O., S. 99 ff, 631 ff.

genehm sein konnten. Die Öffentlichkeit war jedoch darüber orientiert, daß der innere Widerstand gegen die Berufung abgenommen hatte. Sie stand durch die Pressemeldungen unter dem Eindruck, daß diese nur noch eine Frage der Zeit sein konnte. Die Sensibilisierung des reformierten Volkes durch die radikale Presse im Februar war eine wesentliche Voraussetzung seiner Bereitwilligkeit, Snells Mitteilung von der Hauptschuld der Jesuiten am Blutvergießen am Trient willig aufzunehmen (1). Dürfte nicht in dieser Stimmungslage ein wesentlicher Beweggrund liegen, weshalb Snell und Keller nach der Walliser Niederlage den Augenblick für günstig hielten (2), die Idee der Jesuitenausweisung für die Tagsatzung auszuhecken ?

Da in Aarau das neue Stichwort der Radikalen im Kampf gegen den Ultramontanismus gefallen ist, erscheint es erst recht unwahrscheinlich, daß Luzerns Absichten den Antrag Kellers im Großen Rat und in der Tagsatzung nicht beeinflußt haben können. Die Aargauer reagierten schon aus der Erfahrung mit den Freiämtern bei der ersten Jesuitenmission im benachbarten Hochdorf (3) wegen des paritätischen Staatswesens besonders empfindlich gegen die Bemühungen der Jesuitenfreunde. Es bedurfte hier

---

(1) Der radikale "Erzähler", der vom st.gallischen Staatsschreiber und ehemaligen reformierten Pfarrer Steiger redigiert wurde, warnte am 27.2.1844, wenn Luzern die Jesuiten berufe, werde man die Jesuitensache zur eidgenössischen Frage und den Jesuitenkampf zur Losung des gesamtschweizerischen Radikalismus machen. Die Neue Zürcher Zeitung schrieb schon in der letzten Nummer des Jahres 1843 über die Luzerner Jesuitenangelegenheit: "Der Alarmschuß für die Kämpfe des Jahres 1844 ist gefallen".

(2) Vgl.Strobels Antwort auf die Frage: "Warum aber ausgerechnet die 'Jesuitenparole' ? "Weil die Öffentlichkeit schon seit Jahren durch die radikale Presse aus Anlaß der sich jahrelang hinziehenden Luzerner Jesuitensache vorbereitet war." Die Jesuiten und die Schweiz im XIX. Jahrhundert, Olten/Freiburg i.B. 1954, S. 133.

(3) Siehe G.J.Baumgartner: Die Schweiz in ihren Kämpfen und Umgestaltungen von 1830 bis 1850,Bd.3,Zürich 1865,S.33.

gar keiner besonderen Anspielung, um sogleich die Bedeutung von Kellers Antrag für die innere Stabilität des Kantons zu erkennen. Den Radikalen war bekannt, wie sehr die von Luzern unterstützten jährlichen Petitionen des Aargaus an die Tagsatzung die Unruhe im katholischen Landesteil förderten (1). An Luzerns Staatsgebiet grenzte das obere Freiamt mit seinem säkularisierten Kloster Muri. Auch 1844 wurden von jenem Bezirk wieder am meisten Unterschriften für die Restitution der Klöster und die konfessionelle Trennung gesammelt (2). Daß unter den Befürwortern eines Sonderbundes mit konfessioneller Trennung in eine katholische und eine reformierte Schweiz führende Persönlichkeiten des Freiamts waren, konnte Keller vielleicht nicht wissen, doch ahnen. Ein Jahr später wagte das damalige konservative Haupt der aargauischen Katholiken, J.N.Schleuniger, im Großen Rat offen von der Möglichkeit der konfessionell-politischen Trennung des Kantons in zwei selbständige Halbkantone zu sprechen (3). Kellers Rede vor der Tagsatzung aber zeigt, wie sehr der Kanton schon aus innenpolitischen Gründen auf jede Verschärfung der konfessionellen Differenzen reagieren mußte. Indem der aargauische Große Rat die Aufnahme der Jesuiten in Luzern zu verhindern suchte, konnte er zugleich den Trennungsplänen entgegenwirken, die kantonale Einheit schützen und allen Radikalen für die gesamtschweizerische Erneuerung ein wirksames geistiges Schwert in die Hand drücken.

---

(1) Es war Siegwart-Müllers Schweizerische Bundeszeitung, die in der Beilage von Nr.66 vom 15.8.1841 die Luzerner aufgefordert hatte, die aargauischen Katholiken durch eine Volkspetition an die Tagsatzung zu unterstützen.

(2) Eidg.Abschied der ordentl.Tagsatzung 1844, S. 209.

(3) Verhandlungen des Großen Rathes 1845, S.149 ff (Sitzung vom 6.Mai); R.Stänz: Die Entwicklung der Parität im Kanton Aargau, Thayngen 1936, S. 227.

In Keller und Siegwart-Müller begegneten sich markante Vertreter der Antinomie der konfessionellen Parität, deren Unvereinbarkeit sich im Vorfeld des aargauischen Verfassungsstreits erwiesen hatte. Durch die Klosteraffäre wurde seit 1841 das Dilemma des Verhältnisses der Religion zum Staat ein Haupttraktandum des eidgenössischen Forums. Schon 1844 war offensichtlich, daß die Jesuitenfrage letztlich den Parteien als Mittel dienen sollte, ihre gegnerischen Bemühungen um die zukünftige geistige und politische Gestaltung der Schweiz zu potenzieren. Der Aargau hatte keine Jesuiten auszuweisen. Für Luzern war selbst nach dem Urteil konservativer Katholiken der Orden Loyolas für die Reform des höheren Schulwesens nicht unerläßlich (1). Schärfe und Ausmaß des neuen Konflikts waren nicht nur durch das kantonale Interesse bedingt und begrenzt.

Keller und seine radikalen Gesinnungsgenossen konnten an der Erregung, welche die Pressemeldungen vom Februar über die bevorstehende Aufnahme der Jesuiten in Luzern ausgelöst hatte (2), erkennen, daß die Jesuitenphobie besser noch als die Abneigung gegen die Klöster die reformierten Volksmassen für die radikale schweizerische Politik zu gewinnen vermochte. Zur Verwirklichung des Sonderbundsplanes bedurften seine Förderer andererseits eines neuen Mittels zur Stärkung des katholisch-antiprotestantischen Bewußtseins (3). Siegwart-Müllers Wandlung

---

(1) So der Historiker Ph.A.Segesser, damaliger Ratsschreiber: 45 Jahre im Luzernischen Staatsdienst 1841-1887, S.18.

(2) F.Strobel: Die Jesuiten und die Schweiz im XIX.Jahrhundert, Olten/Freiburg i.B. 1954, S. 139 ff.

(3) J.C.Bluntschli wies schon 1845 in seiner anonymen Darstellung des Jesuitenstreits darauf hin, daß diejenigen, welche an einer Trennung der innern Schweiz gearbeitet hatten, infolge des Widerstandes, dem dieses Projekt begegnete, sich um so heftiger auf die Jesuitenberufung warfen. Geschichte des Jesuitenkampfes in der Schweiz, Zürich 1845, S. 83.

vom Gegner der Jesuiten zum einflußreichsten Befürworter ihrer Berufung, nebst Joseph Leu, fiel nicht von ungefähr in die Zeit, als er an der Ausführung der Empfehlungen von Bad Rothen arbeitete. Der zu erwartende vehemente Angriff der Radikalen konnte nicht nur den Widerstand der konservativen Gegner im eigenen Kanton schwächen, sondern auch die Jesuitenkantone Freiburg und Wallis enger an die Innerschweiz binden.

Vorerst war das Resultat in der Tagsatzung von 1844 für den Argau enttäuschend. Kellers Antrag wurde von den meisten Kantonen als provozierend und rechtswidrig empfunden. Die Ausweisung der Jesuiten durch die Tagsatzung erschien den Räten als schwerwiegender Eingriff in die durch den Bundesvertrag geschützte Souveränität der Kantone. Entsprechend fielen die Instruktionen an die Gesandten aus. Nur Baselland, dessen Obergerichtspräsident, R.E.Rey, die Jesuiten eine Verschwörung gegen das Licht der göttlichen Vernunft im Menschen nannte (1), stimmte Aargaus Antrag freudig zu. Auch Berns Schultheiß Charles Neuhaus hielt dem Aargau persönlich die Treue. Er mußte wissen, daß noch besser als der Zwölferentscheid in der Angelegenheit der Klöster ein erfolgreicher Mehrheitsbeschluß der Tagsatzung gegen die Jesuiten die Bundesgewalt stärken würde. Doch Berns Vizepräsident durfte nicht für Aargaus Antrag stimmen, denn die offizielle Instruktion lautete überraschenderweise ablehnend. Wie 1841, als die Angelegenheit der aargauischen Klöster erstmals zur Behandlung kam, war die Ausgangslage zur Vermittlung günstig. 17 2/2 Stände, eine selten erreichte Zahl, stimmten am 20.August 1844 nach zweitägiger Debatte gegen das Eintreten auf den aargauischen Antrag (2). Nur die Kantone Bern,

---

(1) Eidg.Abschied der ordentlichen Tagsatzung 1844, S.129.

(2) Eidg.Abschied, a.a.O., S. 161.

Aargau, Baselland und Appenzell Außerrhoden enthielten sich der Stimme. Schaffhausen war unentschieden. Die Abstimmung war offensichtlich kein Freibrief für Luzern. Keiner der reformierten oder paritätischen Stände stimmte für den Antrag von Schwyz auf Inkompetenz der Tagsatzung. Diesem fielen nur die Stimmen der Stände des Manifests zu, die weiterhin auf die Wiederherstellung aller Klöster im Aargau drangen. Dazu kam, wie immer in konfessionellen Fragen, Appenzell-Innerrhoden. Es war bekannt geworden, daß - entgegen aller Erwartung - die Verhandlungen mit der Ordensleitung ausgerechnet während der Tagsatzung in Luzern wieder aufgenommen wurden. Vergeblich hatte der Gesandte der Waadt gewarnt: "Ce serait faire un triste usage de la liberté que d'appeler les Jésuites" (1).

Die Frage, ob mit der Abstimmung vom August die Jesuitenausweisung ihre endgültige Erledigung gefunden, wenn Luzern die Jesuitenverhandlungen nicht wieder aufgenommen hätte, kann angesichts des erfolgreichen Jesuitensturms vom Juni 1844 (2), den Ludwig Snells Petition in Zürich zugunsten des aargauischen Antrags, die radikale Pressekompagne und das eidgenössische Schützenfest in Basel (3) auslösten, nicht ohne weiteres bejaht werden. Das Mißtrauen der Radikalen gegen Luzern war sehr groß.

---

(1) Eidg.Abschied der ordentlichen Tagsatzung, S. 139. 1844.

(2) Siehe F.Strobel: Die Jesuiten und die Schweiz im XIX. Jahrhundert, Olten/Freiburg i.B. 1954, S. 139 ff. Eine Kostprobe von der unerhörten Schärfe, mit der die Jesuitenfeinde die Regierung angriffen, bringt Strobel (S. 141) mit Kellers Kampflied: "Viel lieber mit Türken Allah schrein, als in Zwinglis Volk Jesuitentrabant". Deutsches Taschenbuch 1845, S. 186.

(3) E.Dürr: Das eidgenössische Schützenfest von 1844 in Basel in der Beurteilung Jeremias Gotthelfs, Jacob Burckhardts und Gottfried Kellers, in: Neue Schweizer Rundschau, 5. Jg., Zürich 1837/38.

Nur eine öffentliche Verzichterklärung konnte sie verhindern, aus dem Jesuitenmotiv weiterhin politisches Kapital zu schlagen. Zu einem solchen Schritt hätte sich Luzern aber wohl kaum ohne Widerherstellung auch der männlichen Klöster im Aargau bereitgefunden (1). Beide extremen Parteien waren religiös, ideologisch und politisch zu engagiert, um ohne einen hohen Preis ihre intransigente Position aufzuheben. Luzern trägt indessen die Schuld, Vertragsverhandlungen mit dem immer noch widerstrebenden Ordensprovinzial in einer Zeit aufgenommen zu haben, in der ernste Bemühungen konservativer Reformierter zur Wahrung der Kantonalsouveränität und der religiösen Toleranz im Gange waren. Die Vermittlungstätigkeit, die bis 1847 fortgesetzt wurde, blieb nun erst recht ohne reelle Erfolgsmöglichkeit (2).

Der Hergang der Luzerner Jesuitenberufung, welche die Schweiz in das gefährlichste Abenteuer seit der Helvetik stürzte, ist gründlich erforscht (3). Die Verantwortungen können zuverlässig abgeleitet werden. Am 10. Juni 1844, als die Empörung über Kellers Jesuitenantrag bei den konservativen Katholiken hohe Wellen schlug, übergab der Nuntius D'Andrea der Luzerner Regierung ein Schreiben, aus dem ersichtlich war, dass Papst Gregor XVI. sein anfängliches Widerstreben aufgegeben hatte. Aus der

---

(1) Schon am 20.6.1843, vor der Tagsatzung, die den Zwölferbeschluss betreffend der aargauischen Klöster fasste, hatte die "Staatszeitung der katholischen Schweiz" in Luzern in einem Leitartikel mit der Jesuitenberufung als Repressalie gedroht, falls die Protestanten den Katholiken nicht zu ihrem Recht verhelfen würden (S. 219).

(2) Vgl. die misslungenen letzten diplomatischen Bemühungen von 1847, durch Zurückziehen der seit 1845 in Luzern tätigen Jesuiten, den Sonderbundskrieg zu verhindern. F.Strobel: Die Jesuiten und die Schweiz im XIX.Jahrhundert, Olten/Freiburg i.B. 1954, S. 385 ff.

(3) Am ausführlichsten bei F.Strobel: a.a.O., S.110 ff, S.169 ff. W. Kägi bestätigt das Urteil Strobels: Gutachten zum Jesuiten- und Klosterartikel der Bundesverfassung, Bern 1973, S. 96.

Mitteilung des kurialen Staatssekretärs Lambruschini vom 5.Mai, "la S.Sede sarà ben contenta, che il seminario sarà affidato ai PP.Gesuiti" (1), wurde im Brief des Nuntius an die Luzerner Regierung, der auf die Einwilligung Roms gedrängt hatte, ein ausdrücklicher Wunsch des Papstes. Der Gesandte habe damit die konservativen Berufungsgegner in Luzern nachgiebiger machen wollen, meint Strobel.

Siegwart-Müller war zwar mit der im Februar beschlossenen Aufschiebung einverstanden, hatte inzwischen aber die Verwirklichung weiter vorangetrieben. Er stand mit dem ehemaligen Schaffhauser Antistes Friedrich Hurter, der anläßlich seines öffentlichen Übertritts zur katholischen Kirche in Rom weilte, brieflich in Verbindung (2). In Siegwart-Müllers Auftrag intervenierte Hurter erfolgreich beim Ordensgeneral und beim Papst (3). Der zuständige Erziehungsrat beschloß, die jesuitenfreundlichen, einflußreichen Mitglieder Joseph Leu und Domherr Melchior Kaufmann noch während der Tagsatzung nach Freiburg zu

---

(1) F.Strobel: Die Jesuiten und die Schweiz im XIX. Jahrhundert, Olten/Freiburg i.B. 1954, S. 113.

(2) C.Siegwart-Müller schrieb am 29.3.1844 an Hurter, dem er zu Handen des Jesuitengenerals Roothaan das Dekret vom 24.2.1844 sandte: "Der Herr General wird sich durch dieselben nicht abhalten lassen, dem allgemeinen Wunsche des Luzernervolkes und dem Interesse der katholischen Kirche zu entsprechen. Nächstens wird die Ruswylerversammlung über die Jesuitenangelegenheit und zwar für dieselbe sich aussprechen. Fördern Sie die Sache so viel in Ihren Kräften liegt. Wir bedürfen hier durchaus der Stärke, welche die Jesuiten überall dem Catholizismus und dem Conservatismus leihen." Briefe von Konstantin Siegwart-Müller an Friedrich von Hurter, hrsg.v.E.Scherer, 1.Teil, in: Beilage zum Jahresbericht der Kantonalen Lehranstalt Sarnen 1923/24, Sarnen 1924, S.27. Der österreichische Botschafter Lützow meldete in einem Brief vom 18.6.1844 an Metternich: "Man hat mir versichert, daß Hurter beim Hl.Vater die Errichtung eines Bistums in St.Gallen und die Berufung der Jesuiten nach Luzern erreicht hat." F.Strobel: a.a.O., S. 170, Anm. 9.

(3) F.Strobel: a.a.O., S. 170.

schicken, um den zögernden Ordensprovinzial Rothenflue zum Nachgeben zu bewegen. Der Nuntius D'Andrea drängte in einem Begleitschreiben den Provinzial, die Bedingungen anzunehmen (1). In Luzern war man nicht einmal darum besorgt, diese neue Bemühung geheim zu halten. Sticheleien hüben und drüben. Strobel sieht in der radikalen Provokation des Jesuitenantrags nicht die eigentliche Ursache für die Wiederaufnahme der Verhandlungen: "Siegwart und Leus Jesuitenpartei hätten die Berufung auf jeden Fall weitergetrieben, wenn auch nicht so rasch und ostentativ" (2). Da durch die ausschlaggebende Zustimmung des Papstes nun auch der Ordensgeneral Roothaan den Provinzial zu abschließenden Verhandlungen ermächtigte (3), kam es nach einem Kompromiß der zuerst von der Ordensleitung abgelehnten staatlichen Aufsicht über das Seminar rasch zur Unterzeichnung des Vertrages. Am 24.Oktober 1844 ratifizierte der Große Rat mit 70 gegen 24 Stimmen die Berufung von sieben Jesuiten an die theologische Fakultät, das Priesterseminar und die Pfarrfiliale der Stadt (4).

---

(1) Siehe Schreiben Rothenflues an Roothaan vom 9.8.1844; bei Strobel: Die Jesuiten und die Schweiz im XIX. Jahrhundert, Olten/Freiburg i.B. 1954, S. 674 f.

(2) F.Strobel: a.a.O., S. 172.

(3) Daß die Entscheidung für die Berufung der Jesuiten nach Luzern letztlich von der Zustimmung von Papst Clemens XVI. abhing, der sie kraft seiner Autorität über den Orden hätte verhindern können, zeigen zwei vertrauliche Briefe Roothaans an Ritter von Pilat in Wien. Am 9.3.1844 meldete er, Gregor XVI. habe auf die Frage, ob der Orden die Berufung annehmen solle, falls der Große Rat sie trotz allem beschließe, geantwortet, daß der Orden weder ablehnen dürfe noch könne, zumal es um die Erhaltung des schweizerischen Katholizismus gehe. Am 21.September schrieb er: "Es war indes unmöglich, gegenüber so viel Drängen, unterstützt vom Hl.Stuhl selbst, uns ablehnend zu verhalten".F.Strobel: a.a.O.,S.111, 176. Vgl.Strobels Schlußfolgerungen S.176 f, 453.*

(4) F.Strobel: a.a.O., S. 179.

* Ähnlich urteilt W.Kägi: Gutachten zum Jesuiten- und Klosterartikel der Bundesverfassung, Bern 1973, S.94.

Der gemäßigt konservative Großratspräsident Josef Mohr, der mit seiner Demission drohte, hatte vergeblich der Besorgnis Ausdruck gegeben, es könnte die unzeitige Jesuitenberufung im Kanton und in der Schweiz einen politischen Kampf hervorrufen, dessen unsicherer Ausgang ihm unheimlich war (1). Für den Staatssekretär Bernhard Meyer war die Jesuitenberufung, die - wie er im Großen Rat feststellte - "durch und durch das Gewand politischer Färbung angenommen hat", "eine große politische Unklugheit", die nur dem Radikalismus nützen werde. Er sah Zeichen des Gewittersturms am politischen Horizont (2). Philipp Anton von Segesser nannte den Beschluß "in Beziehung auf innere und äußere Politik eine höchst unkluge und verkehrte Maßregel, welche die beklagenswertesten Folgen schon gehabt hat und noch haben wird" (3). Die Basler Zeitung, zu deren Korrespondenten Segesser gehörte, nannte die Berufung der Jesuiten nach dem katholischen Vorort eine "Sünde gegen die Eidgenossenschaft" (4). Das Urteil der Geschichte lautet nicht anders. Die gegen alle Warnung, gegen die inneren und äußeren Widerstände ertrotzte Berufung der Jesuiten an den katholischen Vorort kann nicht nur als eine Frage des Rechts auf konfessionelle Selbständigkeit der Kantone betrachtet werden. Weder ein kantonales noch ein eidgenössisches Gesetz stand der Berufung im Wege. Die Freiheit, auf die sich Luzern

---

(1) C.Siegwart-Müller: Ratsherr Joseph Leu von Ebersoll, Altdorf 1863, S. 429.

(2) B.v.Meyer: Erlebnisse des Bernhard Ritter von Meyer, Bd.1, Wien 1875, S. 80 ff.

(3) Brief vom 30.11.1844. E.Bonjour: Die Gründung des schweizerischen Bundesstaates, Basel 1948, S. 199.

(4) Basler Zeitung vom 7.11.1844. Ähnlich urteilte J.C. Bluntschli in seiner Denkschrift an Pius IX. vom Juni 1847, wobei er auf den paritätischen Charakter der Schweiz hinwies: "Selbst gereizt wollte man zu Luzern die politischen Gegner wieder reizen, und man ging so weit,

berief, sollte den Jesuiten jedoch zum Verhängnis werden (1). Schon Ende 1841 hatte der Schweizerische Republikaner gewarnt: "Wir werden die Zeiten des Goldenen Bundes wieder erleben, und die Jesuiten werden nicht ruhen, bis die Flammen des Religions- und Bürgerkrieges aufs Neue blutig auflodern. Wir verweisen nicht auf eine ferne Zukunft: ehe fünf Jahre verfließen, sehen wir diess, wenn nicht alle Freisinnigen und alle Reformirten sich verbinden zur Niederhaltung der Jesuiten und der katholischen wie der reformirten Jesuitenfreunde"(2).

In der scharfen Scheidung, die sich durch die Jesuitenberufung namentlich zwischen den reformiert-radikalen und den katholisch-konservativen Volksmassen und ihren Führern ergab, fand Siegwart-Müller einen neuen, entscheidenden Ansatzpunkt zur Erfüllung seines längst gehegten Planes der konfessionellen Trennung. "Die göttliche Vorsehung hat offenbar dem Kanton Luzern die Aufgabe der Regeneration wenigstens der katholischen Schweiz

---

inmitten einer paritätischen Nation die Berufung der Jesuiten als die Spitze und den Triumph der luzernischen Politik hinzustellen." F.Strobel: Die Jesuiten und die Schweiz im XIX.Jahrhundert,Olten/Freibg.i.B.,S.999.

(1) Aus mehreren Äußerungen der Jesuiten ist ersichtlich, daß sie sich der Gefahr, in welche sie die Annahme des Rufes brachte, bewußt waren. Über seine Folgen schrieb der Jesuitengeneral Roothaan nach dem Debakel des Sonderbunds,Ende Dezember 1847, in seinem Rechtfertigungsschreiben an das diplomatische Corps in der Schweiz: "Man weiß, welche Stürme daraufhin ausbrachen. Sie kamen nicht unerwartet..., war doch der Name der Jesuiten, angesichts der weithin verbreiteten Verleumdungen, sehr geeignet, bei den Massen Haßgefühle und Angriffslust auszulösen." Ähnlich urteilte der aus Luzern geflohene Jesuit Roh im Januar 1848 in seinem Brief an den französischen Provinzial Ambrose Rubillon:"Übrigens war der Name Jesuit zu sehr dazu geeignet, die protestantischen Massen aufzuhetzen, als daß man nicht zu diesem Mittel gegriffen hätte. Nach seinem Mißerfolg an der Tagsatzung wandte sich der Radikalismus an das, was er Volk nannte." F.Strobel: a.a.O., S. 1061, 1065.

(2) Schweizerischer Republikaner v.21.12.1841, S. 418.

gestellt." schrieb er damals an Hurter, indem er ihm eine Professur der Geschichte am Lyzeum in Luzern anbot, das den Laienlehrern und dem Weltklerus vorbehalten blieb. Er fügte hinzu: "Durch Ihre Geisteskraft werden wir die ganze Schweiz einer neuen Bestimmung entgegenführen" (1). Wie sehr der Restaurationsgedanke Siegwarts - er sprach von Regeneration nicht im liberalen Sinn - in der mittelalterlich-augustinischen Theologie sein Vorbild hatte, zeigt die Ankündigung der "Blätter für Kirche und Vaterland", an den durch seine Biographie Innozenz III. ähnlichen Gedanken huldigenden Hurter: "Wir möchten aber nach Maasgabe der uns verliehenen Kräfte, nach den hervortretenden Forderungen der Zeit in unserm Gebiete mitwirken zur Befestigung, Erhaltung und Vorbereitung des Reiches Gottes in seinen zwei Haupterscheinungen hienieden, nämlich in Kirche und Staat" (2). Hier schieden sich das durch die Romantik wiederbelebte Mittelalter und das aufgeklärte liberale 19.Jahrhundert scharf.

Ein bis 1914 unbekannt gebliebener Vermittlungsvorschlag des führenden, aber umstrittenen Geistes unter den in Zürich herrschenden Liberal-Konservativen, Johann Caspar Blutschli, vom Dezember 1844 (3) zeigt auffallende Ähnlichkeit mit dem Bestreben der Innerschweiz, mittels der Souveränität der Kantone auch die Interessen der konfessionellen Einheit zu schützen. Er sah, wie Leu und

---

(1) Brief.v.3.8.1844. Briefe von Konstantin Siegwart-Müller an Friedrich von Hurter, hrsg.v.P.E.Scherer O.S.B.,in: Beilage zum Jahresbericht der Kant.Lehranst.Sarnen 1923/24, Sarnen 1924, 1.Teil, S. 32.

(2) Brief und Beilage v.2.2.1846, a.a.O., S. 38. Vgl.Leus Aussage im Großen Rat anläßlich der Abstimmung über das Jesuitendekret. Er bezeichnete die Berufung als ein wahres Glück für den Kanton Luzern,"als eine vollkommene Durchführung des Grundsatzes der Staatsverfassung". C.Siegwart-Müller: Ratsherr Joseph Leu von Ebersoll, Altdorf 1863, S. 600.

(3) W.Oechsli hat ihn erstmals veröffentlicht: Eine unbekannte Denkschrift Bluntschlis zur Vermittlung der konfessionellen Wirren der Schweiz aus dem Jahr 1844, in: Polit.Jb.d.Schweiz.Eidg.1914, S. 301 ff.

Siegwart im religiösen und freiheitlichen Volksgefühl der Innerschweiz, nicht aber in der Berufung der Jesuiten, die Möglichkeit der Rettung der Schweiz vor den die Religion und den Föderalismus zersetzenden Mächten des Radikalismus (1). Da die im Bundesentwurf von 1833 vorgesehene, aber heftig bekämpfte Freizügigkeit einerseits und die Berufung der Jesuiten andererseits den konfessionellen Frieden gefährdeten, empfahl er, daß die Reformierten auf die Forderung der Niederlassungsfreiheit in den inneren katholischen Kantonen, diese aber auf die Jesuiten verzichten sollten. Der Kanton Aargau, als der Urheber der konfessionellen Streitfragen der vierziger Jahre, sollte - wie dies in den späteren Sonderbundsplänen ebenfalls zu sehen ist -, nach Bluntschli aufgelöst werden. Die katholischen Freiämter Bezirke wären zu Luzern, der reformierte Teil zu Bern, Baden zu Zürich und das Fricktal zu Basel zu schlagen gewesen.

Wie der reformierte Zürcher Johann Caspar Bluntschli (2), sah auch der katholische St.Galler Jakob Baumgartner die tiefere Ursache des Jesuitenkonflikts in den gestörten Beziehungen zwischen den Konfessionen (3). Er suchte 1845 die Katholiken in einem schweizerischen Verein zu sammeln (4) und durch Assoziation mit gleichgesinnten

---

(1) Über seine von Friedrich Rohmer mystisch beeinflußte Staatslehre siehe J.C.Bluntschli: Psychologische Studien über Staat und Kirche, Zürich/Frauenfeld 1844. Das ideale Verhältnis von Staat und Kirche sah Bluntschli in Analogie mit der Ehe in ihrer engen Verbindung, doch so, daß beide sich selbst bleiben und keines sich dem andern unterordne (S. 85 f.).

(2) A.Stolze: J.C.Bluntschlis Vermittlungspolitik in der Schweiz. 1839-1847, in: Zs.f.Schw.Gesch.,7.Jg.1927,Nr.4, S.385 ff.

(3) J.Baumgartner: Die Schweiz in ihren Kämpfen und Umgestaltungen von 1830 bis 1850,Bd.4,Zürich 1866,S.325 ff.

(4) Über die von G.J.Baumgartner einberufene interkantonale Zusammenkunft angesehener Katholiken vom 15. und 16.9. 1845 in Zug berichtete der St.Galler J.J.Müller: "Im

Reformierten den konfessionellen Frieden wieder herzustellen. Seinen Bemühungen war kein wirksamer Erfolg beschieden. Siegwart-Müller distanzierte sich sowohl von Baumgartners wie von Bluntschlis Vermittlungen. Der Konvertit Ferdinand Hurter mag ihn in seinem Mißtrauen gegenüber dem Protestantismus bestärkt haben (1). Auch die geplante "Protestantische eidgenössische Gesellschaft des konfessionellen Friedens" blieb ein schöner Wunsch, namentlich der reformierten Historiker, ohne Wirkung auf das Volk und die eidgenössische Politik. Die Dynamik lag infolge der Jesuitenberufung nun erst recht bei den extremen Richtungen.

Während der konservativ gesinnte niedere und höhere Klerus der katholischen Kirche an der Jesuitenberufung

---

allgemeinen gab sich ungeteilt die Gesinnung kund, im Sinne und Geiste der alten Landfriedensverträge auf den Frieden des Vaterlandes, der wesentlich auf gegenseitiger konfessioneller Selbständigkeit beruhe, hinzuarbeiten. Evangelische Mehrheiten sollen die Katholiken in ihren konfessionellen Einrichtungen nicht überstimmen und verletzen, katholische Mehrheiten sollen die Evangelischen in ihrem konfessionellen Leben ungehindert sich betätigen lassen. Das war der Grundton der Besprechungen. Ein und für sich rationell und geschichtlich für die Schweiz unabweisbarer Grundsatz." Brief J.J.Müllers an H.Mousson v.23.9.1845. F.Strobel: Die Jesuiten und die Schweiz im XIX.Jahrhundert, Olten/Freiburg i.B. 1954, S. 911.

(1) Siehe Hurters Werk: Die Befeindung der katholischen Kirche in der Schweiz seit dem Jahr 1831, 2 Bände, Schaffhausen 1842/43. Hurters Hauptquelle ist die "Schweizerische Kirchenzeitung", die ihm von Luzern aus zur Verfügung gestellt wurde (Einl.S.VI f.). Seine Sicht deckt sich mit jener des konservativen katholischen Klerus. Das Begehren der aargauischen Katholiken rechtfertigt er mit der Abwehr gegen "den dreifachen Bund der Radicalen, der blinden Vertheidiger der Staatsallmacht und der schadenfrohen oder borni-rten Protestanten" (S. 663).

und den Bemühungen zur Stärkung des römisch ausgerichteten Katholizismus großen Anteil nahm, versagte der reformierte Klerus,mit verhältnismäßig wenig Ausnahmen, dem antiklerikalen, revolutionären Radikalismus die Gefolgschaft sowohl in der Kloster- wie in der Jesuitenfrage. Auch gegenüber einem "alten Erzfeind", wie die Jesuiten, gäbe es - schrieb das vom Basler Theologen Karl Rudolf Hagenbach geleitete "Kirchenblatt für die reformirte Schweiz" - für den evangelischen Christen nur Gerechtigkeit (1). In seinem daselbst veröffentlichten "Sendschreiben an die reformirte Schweiz" mahnte der bekannte Grenzacher Pfarrer W.J.Rink seine Glaubensgenossen: "Denket an euren Ursprung und Namen: Ihr seid Protestanten. Unsere Väter haben gegen die Stimmenmehrheit in Religions- und Gewissenssachen protestiert". In der Jesuitenfrage zog er den Schluß: "So hat auch die Tagsatzung kein rechtliches Stimmenmehr in der obschwebenden Sache" (2). Nicht nur in den konservativen Ständen Basel und Neuenburg, sondern auch in den liberalkonservativen und radikalen Ständen nahmen die meisten reformierten Geistlichen an der Jesuitenhetze nicht teil (3). Am schärfsten bekämpfte der Lützelflüher Pfarrer Jeremias Gotthelf in jenen Jahren den Geist des Radikalismus, in dem er nur Knechtung der Kirche durch einen säkularisierten totalitären Staat sah (4). Die kirchliche Indifferenz weiter

---

(1) Nr.6 v.27.2.1845, S.47. Siehe auch Nr.3 v.16.1.1845, wo die geistige und religiöse Freiheit,wie sie die Radikalen im Kampf gegen das Jesuitentum ins Feld führten, von evangelischer Sicht her kritisiert wird.

(2) Kirchenblatt f.d.ref.Schweiz,Nr.8 v.27.3.1845.

(3) Siehe E.Staehelin: Der Jesuitenorden und die Schweiz, Basel 1923, S.128 ff; Liberalismus und Evangelium, 1934. Die Stimme der schweizerischen Kirchen im Sonderbundskrieg und zur Gründung des schweizerischen Bundesstaates, Zürich 1948.

(4) P.Baumgartner: Jeremias Gotthelfs Zeitgeist und Bernergeist, Bern 1945, S. 72 ff. Vgl.Gotthelfs Darstellung

Volksteile und ihrer Führer brachte es aber mit sich, daß die Massen, namentlich der Landschaft, eher auf die radikalen Jesuitengegner hörten, die ihrerseits den konservativen Klerus als jesuitenfreundlich brandmarkten, was durchaus nicht stimmte. Die Radikalen brüsteten sich, die wahren Verteidiger des Protestantismus zu sein. Eine zunehmende Schwächung des Einflußes der evangelischen Kirchen, deren Glieder kein Glaubensbekenntnis mehr zusammenhielt (1) und keine wirksame Kirchenzucht in sittliche Schranken wies (2), war die Folge. "Unglaube und Unkirchlichkeit", schreibt Emil Blösch über die Zeit der Jesuitenwirren, "wurden jetzt populär in einem Maße, wie es zur Zeit der helvetischen Revolution niemals der Fall gewesen war" (3).

Kein Ereignis der ersten Hälfte des 19.Jahrhunderts hat die religiöse und politische Intoleranz so stark beeinflußt wie die Berufung der Jesuiten nach Luzern. Antijesuitische Presseerzeugnisse zum Teil übelster Art überschwemmten das Land. Volksversammlungen und Petitionen erreichten ein seit dem Revolutionsjahr 1830 nicht mehr gekanntes Ausmaß. Bewaffnete radikale Volksbünde wurden organisiert. Als es der Opposition in Luzern nicht gelang, durch das Referendum, das immerhin 46 Prozent der

---

einer Jesuitenmission aus eigener Beobachtung: Die Jesuiten und ihre Mission im Kanton Luzern, in: Neuer Berner Kalender für das Schaltjahr 1844,S.44 ff.

(1) Merle d'Aubignés Vorschlag eines ökumenischen Glaubensbekenntnisses, um gegenüber der erstarkten römisch-katholischen Kirche eine innere Einheit der reformierten Kirchen zu schaffen, drang nicht durch. Verhandlungen der schweizerisch-reformierten Prediger-Gesellschaft in ihrer 7.Jahresversammlung, den 22.u.23.Juli 1845, Zürich 1845, S. 124 ff.

(2) E.Blösch; Geschichte der schweizerisch-reformierten Kirchen, Bd.2, Bern 1899, S. 293.

(3) E.Blösch: a.a.O., S.290, vgl.K.Guggisberg: Bernische Kirchengeschichte, Bern 1958, S. 633.

Stimmfähigen und eine Mehrheit der Stimmenden vom Vetorecht Gebrauch machen ließ (1), das Berufungsdekret rückgängig zu machen, eilten ihnen Freikorps, hauptsächlich aus den Kantonen Aargau, Bern und Baselland, in zwei Einfällen vom Dezember 1844 und Frühjahr 1845 zu Hilfe, um die jesuitenfreundliche Luzerner Regierung zu stürzen (2). Sie scheiterten an der Wachsamkeit der Luzerner Regierung. 115 Tote hatten die Freischärler im zweiten Einfall, den der Berner Oberst Ulrich Ochsenbein anführte, zu beklagen. 1785 wurden gefangen genommen und nur gegen hohes Lösegeld freigegeben. Dem enthemmten Geist der Gewalttätigkeit fiel einige Monate später Josef Leu, der Urheber des katholischen Volksstaates und der Jesuitenberufung, meuchlings zum Opfer. Eine Anstiftung durch radikale Führer konnte jedoch nie bewiesen werden (3).

Die Jesuitenberufung und der erste Freischareneinfall in Luzern waren Anlaß zu der am 24.Februar 1845 in Zürich beginnenden außerordentlichen Tagsatzung. Die antijesuitische Agitation hatte im reformierten Vorort bereits Früchte getragen. Unter dem Einfluß einer Volksversammlung in Unterstraß und einer Massenpetition mit 20'000 Unterschriften erreichte Ulrich Zehnders Gegenantrag auf die vermittelnde Regierungsempfehlung im Großen Rat ein Stimmenmehr. Die Instruktion lautete nun auf Jesuitenausweisung, wenn nötig mit Gewalt, da die Angelegenheit in erster Linie als eine politische aufgezogen wurde. Vergeblich widersprach der Großratspräsident Johann Caspar Bluntschli dieser Ansicht, weil kein Tatbestand konfessioneller

---

(1) F.Strobel: Die Jesuiten und die Schweiz im XIX.Jahrhundert, Olten/Freiburg i.B. 1954, S. 186.

(2) J.Dierauer: Geschichte der Schweizerischen Eidgenossenschaft, Bd.5, Gotha 1922, S. 711 ff.

(3) E.Bonjour: Die Gründung des schweizerischen Bundesstaates, Basel 1948, S. 55.

Friedensstörung durch die Jesuiten vorlag. In seiner Eröffnungsrede und seiner Antwort an Zehnder, ging der Rechtsgelehrte näher auf das alteidgenössische Staatsprinzip ein, wonach in konfessionellen Dingen nie die Mehrheit der Minderheit das Gesetz machen dürfe. Er erwähnte, dieser Grundsatz sei dem energischen Auftreten Zürichs zu verdanken, das ihn zur Zeit der Reformation proklamiert und seither daran festgehalten habe. Würde Zürich diesem Prinzip untreu, so werde es seiner Bestimmung untreu, mahnte Bluntschli (1). Aargau wurde vorgeworfen, es habe 1841 erstmals seit dem alten Landfrieden diesen Grundsatz mißachtet. Seither sei der konfessionelle Frieden gebrochen, und er kehre nicht wieder, bis "jenes ächt liberale Prinzip", wie er die konfessionelle Nichteinmischung nannte, wiederum voll anerkannt werde (2). In diesem Geist war das Einladungsschreiben

---

(1) Aus J.C.Bluntschlis geschichtlicher Darstellung des Bundesrechts ist ersichtlich, daß er nicht an eine völlige Wiederaufnahme der Parität von 1712 dachte: "Es war durchaus richtig, daß in allen konfessionellen Dingen das Prinzip der Mehrheit aufgegeben und das der Gleichheit und Unabhängigkeit beider Konfessionen von einander anerkannt wurde. Ebenso ließ sich nichts Gegründetes dagegen anführen, wenn, wie das auch schon früher vertragsmäßig festgestellt war, auch in den Fragen, die eine religiöse Seite hatten, aber mit politischen Einrichtungen gemischt waren, die gleichen Sätze im Gegensatz zu der Mehrheit der Regierung angerufen werden durften. Aber darin lag eine Verkennung des innern Gegensatzes zwischen Kirche und Staat, wenn auch für gewisse rein politische Dinge nunmehr der Grundsatz der Mehrheit aufgehoben und der der Parität eingeführt wurde. Dadurch erhielt die konfessionelle Farbe mehr Einfluß aufden Staatsorganismus, als ihr zukam und es wurde das politische Staatsprinzip beeinträchtigt. "Geschichte des Schweizerischen Bundesrechtes von den ersten ewigen Bünden bis auf die Gegenwart", Bd.1, Zürich 1849, S. 387.

(2) Wörtliche Wiedergabe bei J.C.Bluntschli: Geschichte des Jesuitenkampfes in der Schweiz, Zürich 1845, S.191, 233 f.(anonym erschienen).

des reformierten Vororts an die Stände ergangen. Mit 105 gegen 95 Stimmen wurde es im Großen Rat im Sinn der "Legalradikalen" desavouiert. Diese gemäßigte Linke, die durch Zwölfermehr die Bundesrevision und auch die Jesuitenausweisung erstrebte, sprach sich indessen gegen das Unwesen des freischärlerischen Landfriedensbruches aus. Sie war im reformierten Vorort fortan die maßgebende Stimme und bildete mit den übrigen freisinnigen Führern der Ostschweiz das Gegengewicht gegen den revolutionären Freischaren-Radikalismus. Ihr fiel die Gunst des erregten Volkes zu.

Weitreichender war der Erfolg der Radikalen im Kanton Waadt, wo Staatsrat Henri Druey durch die Revolution vom 13./14.Februar 1845 mit ihrem Kriegsruf "A bas les Jésuites, à bas les Mômiers" zum Regierungshaupt erhoben wurde. Der Große Rat hatte es, trotz der 32'000 jesuitenfeindlichen Petitionäre, mit 97 gegen 81 Stimmen abgelehnt, sich in der Tagsatzung für die Ausweisung der Jesuiten einzusetzen (1). Druey opferte dem durch die Antijesuitenpropaganda aufgepeitschten Volk seine Prinzipien der religiösen Freiheit und trug dazu bei, daß der Kanton Waadt zum Schauplatz eines religiös intoleranten autoritären Staatskirchentums wurde (2). Wann die Wandlung eingetreten ist, läßt sich mit einiger Sicherheit belegen. Noch am eidgenössischen Schützenfest in Basel, wo der Jesuitenhaß eine Freischarenstimmung erzeugt hatte, war Druey

---

(1) Siehe A.Lasserre: Henri Druey, Lausanne 1960,S.166,170 ff.

(2) Siehe seine bezeichnende Rede an der ordentlichen Tagsatzung 1846, wo er Jesuitismus und Methodismus als religiöse Aristokratie bezeichnete, die es im Interesse des Christentums und des Fortschritts zu bekämpfen gelte, und wo er erklärte, daß die Zeit für völlige religiöse Freiheit in der Schweiz nicht da sei. Eidg.Abschied 1846, S. 303 ff.

öffentlich dafür eingetreten, daß die Jesuiten nur mit geistigen Waffen bekämpft werden sollten (1). Nach seiner Rückkehr von einem anschließenden Aufenthalt in Deutschland, als Luzern die Berufung endgültig beschloß, können die ersten Äußerungen über seine Gesinnungsänderung nachgewiesen werden (2). Schwerer ist es, das Motiv zu erkennen, weshalb er sich der demagogischen Kampfparole der radikalen Antijesuiten anschloß, nachdem er jahrelang der religiösen Intoleranz mutig widerstanden hatte. Der Wahrheit am nächsten dürfte der Neuenburger Radikale Gonzalve Petitpierre kommen. Im Geheimbericht einer Zusammenkunft vor Weihnachten 1844 mit Henri Druey und seinem waadtländischen Gefährten Louis Ruchet hatten sie erklärt, als Protestanten und Liberale keine Sympathien für die Jesuiten zu haben. Sie würden aber konsequent jede Bewegung zur Austreibung mitmachen, weil das ihre Aspirationen zur Entscheidung bringe (3). Die Jesuitenparole war für die Anstifter der waadtländischen Revolution der Hebel zur Macht. Der neue, mehrheitlich radikale Große Rat stimmte für die Ausweisung des Ordens. Durch eine Volksversammlung und eine antijesuitische Adresse an die Tagsatzung bereitete auch James Fazy zur gleichen Zeit in Genf seine zweite Revolution vor, die ihn 1846 zum Regierungshaupt machte.

Auch in Bern, wo der Große Rat 1844 Neuhaus in der Jesuitenfrage die Gefolgschaft versagt hatte, trat durch die Freischarenstimmung im Großen Rat eine Linksschwenkung ein. Die liberal-konservative Minderheit war zusammengeschmolzen und vermochte mit der übrigen Opposition den

---

(1) A.Lasserre: Henri Druey, Lausanne 1960, S. 167.

(2) Siehe Nouvelliste Vaudois vom 10. und 13.Dezember 1844. Erst im Januar 1845 setzte auch in Drueys Zeitung der Feldzug für eine gewaltsame Austreibung der Jesuiten ein.

(3) Text des Geheimberichts vom 24.12.1844 bei F.Strobel: Die Jesuiten und die Schweiz im XIX.Jahrhundert, Olten/Freiburg i.B. 1954, S. 711 f.

Ausweisungsbeschluß nicht mehr zu verhindern. Er wurde mit 155 gegen 40 Stimmen gefaßt (1). Hingegen drang die Mehrheit auf ein Freischarenverbot. Die Zerfahrenheit der Abstimmungen, die Charles Neuhausens Zögern verursachten, waren Zeichen seines Prestigeverlusts und der baldigen Machtübernahme durch die jungen Freischarenpolitiker.

Die Voten und Abstimmungen der außerordentlichen Tagsatzung von 1845 widerspiegeln die Zunahme der Radikalisierung seit dem Sommer 1844. Auf eine gelenkte Volksbewegung gegen die Jesuiten weisen die an die Tagsatzung gerichteten Massenpetitionen hin (2), die meist den gleichen gedruckten Text haben."Es möchte der Tagsatzung gefallen,"heißt es darin, "den so genannten Jesuitenorden und die ihm affilirten Gesellschaften, als mit der Wohlfahrt, Einheit und vertragsmäßigen Existenz des Vaterlandes unvereinbar, von Bundeswegen für immer aus der Eidgenossenschaft zu verweisen". Die Eingaben enthalten insgesamt Zehntausende von Unterschriften, allein aus dem Aargau und Bern je über 18'000. Die meisten aargauischen Petitionäre wohnten in reformierten Bezirken. Im Kanton Solothurn und im Tessin äußerten einige tausend Katholiken denselben Wunsch wie die Reformierten. Um Zurücknahme des Dekrets vom 24.Oktober 1844 baten ebenfalls 1079 Luzerner. Aus Genf verlangten 3278 Bürger die Ausweisung. Aus den katholischen Bezirken des Aargaus hingegen wünschten 9400 Petitionäre Aufrechterhaltung des Bundesvertrages und des Landfriedens. Der gleichen Eingabe schlossen sich 4243 Katholiken aus dem Thurgau an.

---

(1) F.Strobel: Die Jesuiten und die Schweiz im XIX.Jahrhundert, Olten/Freiburg i.B. 1954, S. 277.

(2) Siehe "Übersicht der in Betreff der Angelegenheit der Jesuiten an die außerordentliche Tagsatzung seit deren Zusammentritt, am 24.Hornung, bis zu ihrer Vertagung am 20.März 1845 gelangten Adressen und Petitionen. Eidg.Abschied der außerordentl.Tagsatzung 1845,1.Teil, Litt. H, S. 1 ff.

Die sieben Stände des Manifests von 1844 bestritten erneut die Kompetenz der Tagsatzung und bezeichneten die Jesuitenangelegenheit als rein konfessionell. Sie wollten die Berufung nach Luzern nicht als Ursache der Unruhen gelten lassen. Wiederum berief sich Siegwart-Müller, der Hauptwortführer der Innerschweiz, auf das alte Paritätsrecht der Landfriedensverträge, das Mehrheitsbeschlüsse der Tagsatzung in konfessionellen Anliegen verhinderte. Er vertrat, im Gegensatz zum Vorjahr, als er zugegeben hatte, daß die Stände 1815 ein Bundesrecht der Parität abgelehnt hatten, die Ansicht, das Prinzip sei durch den Bundesvertrag von 1815 geheiligt, indem es - mit Ausnahme des Klosterartikels - dem Bund keinerlei Befugnis in konfessionellen Dingen einräume (1). Als Trennung von Staat und Kirche könnte die Stelle seiner Rede gedeutet werden: "Entfernt, o Eidgenossen! konfessionelle Berathungen aus euern Rathsälen, entfernt sie aus dem Saale der Tagsatzung, wenn Ruhe und Friede zurückkehren und die schöne freie Schweiz beglücken sollen...." (2). In Wirklichkeit ist es eine Andeutung auf die konfessionelle Trennung, wie sie die aargauischen Katholiken immer noch wünschten, und wie sie sich Siegwart auch für das Bundesrecht als vorteilhaft dachte (3). Mit der Abwehr konfessioneller Einmischung war die Verteidigung der kantonalen Souveränität eng verbunden. Im alteidgenössischen Sinn sprach der Gesandte Freiburgs von Religionsfreiheit, wenn er

---

(1) Eidg.Abschied der außerordentl.Tagsatzung 1845, S.16.

(2) A.a.O., S. 18.

(3) Da die katholischen Stände nicht gleichzeitig der Tagsatzung das Recht abstreiten konnten, sich in die Angelegenheit der Jesuiten des Kantons*einzumischen und von dieser, wie es vor der Jesuitenaffaire geschah, verlangten, für konfessionelle Garantien im Aargau zu sorgen, fiel 1845 - wie im Vorjahr - ein entsprechender Antrag dahin. *Luzern

sagte: "La Confédération repose sur deux bases essentielles: la souveraineté des Cantons, la liberté religieuse" (1). Es war dies das Programm des Sonderbundes. Als beidseitige Nicht-Intervention der katholischen und der reformierten Stände bezeichnete auch der reformierte Gesandte Neuenburgs die religiöse Freiheit. Die alteidgenössische Parität war für ihn Bedingung der Existenz des Bundes: "Sans l'observation de ce principe, point de paix religieuse; sans paix religieuse, point de paix politique; sans paix politique, point de Confédération. Il est donc imposé par la force, indépendemment de tout droit écrit" (2).

Als politische und nicht als konfessionelle Streitfrage wollten die Radikalen die Jesuitenangelegenheit aufgefasst wissen. Im Gegensatz zu den katholischen Gesandten sahen sie die Ursache des Freischareneinfalls in der Jesuitenberufung. Wie gross der Anteil der Linksradikalen war, dass es zu diesen Ausbrüchen des Volkszorns kam, verschwiegen sie. Charles Neuhaus sprach wiederum von der Staatsraison (3), nicht vom historischen Recht. Der Bund hatte nach seiner Ueberzeugung die Pflicht, die Ausweisung der Jesuiten zu verlangen und, wenn nötig, durchzusetzen. Den Beteuerungen der katholischen Gesandten, dass ihre Stände die Religionsfreiheit der Reformierten nicht antasten würden, hielten die radikalen entgegen, dass sie ihnen den Kultus und das gleiche bürgerliche und politische Recht verweigerten.

Die Abstimmungen vom 18. März 1845 (4) zeigen, in

---

(1) Eidg.Abschied der ausserordentlichen Tagsatzung 1845, 1.Teil, S. 29.
(2) Eidg.Abschied, a.a.O., S. 66.
(3) Eidg.Abschied, a.a.O., S. 92.
(4) Eidg.Abschied, a.a.O., S.109 ff.

welchem Ausmaß die Jesuitenberufung dem Radikalismus bereits politische Dienste geleistet hatte. Elf Stände schrieben dem Bund die Kompetenz zu, darüber zu entscheiden. St.Gallen, das zum Schicksalskanton werden sollte, stimmte mit Vorbehalten. Aus Rücksicht auf die katholische Volksmehrheit und wegen des Bistumstreits hatten die dortigen Liberalen und Radikalen, die in der Regierung die Mehrheit besaßen, keine Petitionskampagne ausgelöst. Genfs Gesandter machte aus der Abneigung des Volkes gegen die Jesuiten keinen Hehl, wollte jedoch, wie St. Gallen, einem Bundesbeschluß nur bedingt zustimmen. Die Frage, ob der Zeitpunkt gekommen sei, um von Bundes wegen gegen den Jesuitenorden in der Schweiz einzuschreiten, bejahten bereits zehn Stände: Zürich, Bern, Glarus, Solothurn, Schaffhausen, Graubünden, Aargau, Thurgau, Tessin, Waadt, nebst Baselland und Appenzell Außerrhoden. Das mehrheitlich reformierte, konservative Graubünden, das in der Klosterfrage abseits gestanden hatte, ergriff erstmals, wenn auch ohne starken Rückhalt durch den Großen Rat, Partei für die Sache der Radikalen. Wie der Gesandte erklärte, hatte Graubünden schon früher mit Zustimmung der Katholiken ein Dekret erlassen, das für alle Zukunft dem Jesuitenorden die Aufnahme im Kanton untersagte (1). Unterschiede zeigten sich bei den 10 1/2 Ständen hinsichtlich der Art und Weise des Vorgehens.

Mit den sieben katholisch-konservativen Ständen Luzern, Uri, Schwyz, Unterwalden, Zug, Freiburg und Wallis, die dem Bund in der Jesuitenfrage jede Kompetenz absprachen, stimmten Baselstadt und Neuenburg. Wie in der Klosterangelegenheit war nicht das konfessionelle, sondern das antiradikale, föderalistische Interesse dieser beiden reformierten konservativen Stände für ihre

---

(1) Eidg.Abschied der außerordentl.Tagsatzung 1845,1.Teil, S. 94.

Stimmabgabe an der Seite der katholischen Stände maßgebend. Vorläufig schien für sie noch keine Gefahr vorhanden zu sein, daß ihre Haltung beim Volk eine politische Reaktion auslösen könnte. Für ein enges Zusammengehen mit den Ultramontanen aber waren die Voraussetzungen noch ungünstiger als im Klosterstreit.

Als nach dem zweiten erfolglosen Freischarenzug im April eine zweite außerordentliche Sitzung stattfand, war die Jesuitenfrage nicht Gegenstand der Beratungen. Erst die ordentliche Sommer-Tagsatzung widmete ihr wieder volle Aufmerksamkeit. In Zürich hatten die Radikalen inzwischen endgültig gesiegt. Jonas Furrer war Bürgermeister und damit Bundespräsident geworden. In St.Gallen brachten die Wahlen im Großen Rat ein absolutes Gleichgewicht pro und contra Jesuiten. Der Gewinn der 11. und 12. Stimme für die Ausweisung durch das Tagsatzungsmehr war nur noch eine Frage der Zeit.

5. Die Sezession der katholischen Schweiz und der Geheimplan für ein konfessionelles Gleichgewicht der Eidgenossenschaft

Ehe die Jesuitendebatte der Sommertagsatzung 1845 begann, suchte Luzern den Abschluß des geplanten Schutzvertrages zwischen den sieben katholisch-konservativen Ständen zu erreichen. Schom am 7.April hatte der österreichische Geschäftsträger Philippsberg Metternich geschrieben: "Was mich beunruhigt, sind die Konferenzen wie einst jene von Rothen 1843, ist die Wiederaufnahme der Trennungsideen, die Schaffung einer katholischen Schweiz" (1). Die Besprechungen führten damals noch zu keinem Resultat. Anfang August aber einigten sich die sieben Konferenzstände über einen Vertragsentwurf. Erst am 11.Dezember 1845 wurde der endgültige Text der "Schutzvereinigung" festgelegt, der auch die Zustimmung der Regierungen erhielt. Der katholische Sonderbund, erstmals 1841 von Siegwart angeregt, im Jahr 1843 in seinem Grundkonzept von offiziellen Vertretern der sieben Stände teilweise angenommen, aber nicht vertraglich gesichert, hatte Rechtskraft erhalten. Die durch die Freischarenpolitik erzeugte Unsicherheit legitimierte in den Augen der Vertragspartner die gemeinsame militärische Selbstverteidigung,nachdem sich die Tagsatzung unfähig erwiesen hatte, einen zweiten Einfall in Luzern zu verhindern.

Die Debatten, die am 9.Juni 1846 in der Freiburger Legislative der Ratifizierung vorausgingen, zeigten die Bedenklichkeit eines konfessionellen Zusammenschlußes

---

(1) Zit.nach F.Strobel: Die Jesuiten und die Schweiz im XIX.Jahrhundert, Olten/Freiburg i.B. 1954, S.323.

für die reformierten Minderheiten jener Kantone. Die neun Großräte der reformierten Enklave Murten legten scharfe Verwahrung ein, da das Bündnis nach ihrer Ansicht borromäisch, antiprotestantisch und bundeswidrig war (1). Sie verließen den Saal vor der Abstimmung. Die Ratifizierung erfolgte mit schwachem Mehr, da außer der radikalen Opposition auch mehrere konservative Großräte dagegen gestimmt hatten.

Der Vertragstext von 1845, der jede Verletzung des eidgenössischen Rechts zu vermeiden suchte, enthält keine konfessionelle Anspielung. Alle fünf Artikel befassen sich ausschließlich mit dem militärischen Aspekt des Bündnisses (2). Zur Wahrung ihrer Souveränitäts- oder Territorialrechte, heißt es im Artikel 1, würden sich die sieben Kantone verpflichten, einen Angriff gemeinsam mit allen zu Gebote stehenden Mitteln abzuwehren. Nur beim Hinweis auf die alten Bündnisse konnte man auch an den siebenortigen konfessionellen Bund vom Jahr 1586 denken. Die Vermutung eines separatistischen Bündnisses wurde durch das im gleichen Jahr vom Redaktor Karl Herzog des Berner Verfassungs-Freundes herausgegebene geheime Sonderbunds-Protokoll von 1843 (3) bestätigt, worin die Absicht der konfessionellen Trennung von Siegwart-Müller klar ausgesprochen und die Berechtigung des Separatbündnisses mit der Unterdrückung der Klöster und der katholischen Minderheit im Aargau,mit der Abwehr des kirchenfeindlichen Radikalismus und dem Verhalten der Tagsatzung begründet worden war.

---

(1) Discours de M.le Dr.Bossard, Avocat à Fribourg, dans la séance du Grand Conseil du 9 juin 1846, au sujet de l'alliance entre les cantons qui ont pris part à la Conférence de Lucerne, Fribourg 1846.

(2) Text bei E.Bonjour: Die Gründung des schweizerischen Bundesstaates, Basel 1948, S. 210.

(3) Protokoll der ersten Konferenz des katholischen Sonderbundes, Bern 1846, S. 12, 14, 21 f.

Das Bekanntwerden des Sonderbundsvertrages zwang die katholischen Stände, sich 1846 vor dem eidgenössischen Forum zu rechtfertigen (1). Indem sie die Konferenzbeschlüsse von 1845 als rein defensiv, durch die Freischareneinfälle und das Versagen des Bundesschutzes notwendige Maßnahmen, wie sie der Artikel 4 des Bundesvertrages (2) zuließ, darstellten, hofften die Sonderbundsstände, die Anklage der Bundeswidrigkeit widerlegen zu können. Die Gesandten der radikalen Kantone waren anderer Ansicht. Schon die Geheimhaltung warf ein bedenkliches Licht auf das Bündnis, sagte doch derselbe Artikel, daß der Vorort von interkantonalen militärischen Maßnahmen in Kenntnis zu setzen sei. Es zeigte sich später, daß damals schon parallel zu den Kriegsvorbereitungen der Kontakt mit den katholischen Vormächten Europas aufgenommen und auch an eventuelle Gebietsveränderungen zu Lasten der mehrheitlich reformierten Kantone gedacht wurde. Der thurgauische Oberrichter Johann Conrad Kern fügte seinen ausführlichen rechtlichen Erörterungen in der Tagsatzung über die Bundesverletzung die Warnung hinzu: "Wenn daher ein solcher Separatbund an und für sich die Gesammtinteressen des Bundes nachtheilig seyn muß, so muß dieses noch in erhöhtem Maße der Fall seyn bei einem Bündniß, das nach seiner Entstehungsweise, nach seiner ganzen Richtung, sowie auch mit Rücksicht auf die Glieder, welche dasselbe bilden, offenbar zur Folge hat, die konfessionellen Gegensätze, die in der neuesten Zeit nur allzusehr hervorgetreten sind, noch schroffer auszubilden und dem gemeinsamen Bunde einen besondern katholisch-

(1) Die Eingabe der Murtener an die Tagsatzung verfaßte Ulrich Ochsenbein. J.Baumgartner: Die Schweiz in ihren Kämpfen und Umgestaltungen von 1830 bis 1850, Bd.3, Zürich 1865, S. 386.

(2) S.Snell: Handbuch des Schweizerischen Staatsrechts, Bd.1, Zürich 1839, S. 7 f.

konfessionellen Bund entgegen zu stellen" (1). Kern sah in der vom Sonderbund bezweckten Verteidigung der Souveränitätsrechte die Möglichkeit eines wirksamen Widerstandes gegen Mehrheitsbeschlüsse der Tagsatzung, z.B. in der Jesuitenfrage. Der Aargauer Frey Herosé, der am zweiten Freischarenzug teilgenommen hatte, bezeichnete diesen Widerstand einer Minderheit gegen die Mehrheit als Ursache aller Übel (2). Für die Sonderbundsstände aber war gerade diese Abwehr einer rechtswidrigen Majorisierung die politische Berechtigung für ihr Separatbündnis.

Dieselben 10 2/2 Stände, die schon im Vorjahr die Jesuitenangelegenheit als Bundessache erklärt hatten, bezeichneten den Sonderbund als bundeswidrig und stimmten für seine Aufhebung und mehrheitlich auch für Bundessanktionen im Weigerungsfall (3). Die Sonderbundsstände hatten vorher mitgeteilt, daß sie erst dann eine Auflösung erwägen würden, wenn die Beweggründe behoben seien. Diese waren konfessioneller Art. Solange dies nicht geschah, waren alle Vermittlungsversuche zum Scheitern verurteilt.

Was die Radikalen mit der Jesuitenparole noch nicht erreicht hatten, das vollendeten sie mit der Bekämpfung des Sonderbundes. Zur religiösen Erregung trat nun das nationalpatriotische Motiv. Das katholische Separatbündnis vereinheitlichte die radikale antijesuitische Front, da hier die rechtlichen Bedenken, die in den konfessionellen Fragen bei einzelnen regenerierten Kantonen eine Rolle spielten, größtenteils dahinfielen (4). Dadurch, daß sie

---

(1) Eidg.Abschied der ordentlichen Tagsatzung 1846, S.203.

(2) A.a.O., S. 190.

(3) A.a.O., S. 122, 268.

(4) Wie sehr sich auch führende Sonderbündler von der verschärften politischen Auseinandersetzung eine kraftvollere Einigkeit der katholisch-konservativen Partei versprachen, zeigt folgender Auszug aus einem Brief Siegwart-Müllers

die katholischen Kantone, die im Kloster- und Jesuitenstreit das Recht auf ihrer Seite hatten, nun ihrerseits des Bundesbruchs bezichtigen konnten, weil das Separatbündnis die zulässige Form der Selbsthilfe überschritt, gewannen die auf die gesamtschweizerische Erneuerung hinarbeitenden Radikalen an Legitimität.

Im Oktober 1846 erlag in Genf die gemäßigt liberale Regierung, die sich in den konfessionellen Fragen zurückhaltend geäußert hatte, der radikalen Revolution James Fazys, so daß die elfte Stimme für die Ausweisung der Jesuiten und die Auflösung des Sonderbundes gewonnen war. Die zwölfte Stimme erhielten die Radikalen in der Tagsatzung durch die St.Galler Mai-Wahlen des Jahres 1847, die der durch das politische absolute Gleichgewicht im Großen Rat bedingten Instruktionsneutralisierung ein Ende bereiteten. Den Ausschlag gab der Bezirk Uster, wo die Katholiken mehrheitlich Liberale wählten. Mit den 12 2/2 Stimmen von Bern, Zürich, Glarus, Solothurn, Schaffhausen, St.Gallen, Graubünden, Aargau, Thurgau, Tessin, Waadt und Genf nebst Baselland und Appenzell-Außerrhoden beschloß die Tagsatzung am 20.Juli 1847 auf Berns Antrag die Auflösung des Sonderbundes (1). Baselstadt, das stets auf Legalität bedacht war, hatte sich als einziger von den nicht stimmenden Ständen mit der Begründung der Unvereinbarkeit des Separatbündnisses mit dem Vertrag von 1815 einverstanden

---

vom 17.7.1846 an von Hurter: "Mich freut es, daß die Radikalen an der katholischen Einigung wieder etwas zum Nagen haben. Wenn die katholischen Stände fest halten, so werden sich jene wieder die Zähne ausbeißen, wie an der Jesuitenfrage. Es ist gut, daß man den Radikalismus immer im Paroxismus erhalte, damit er nie zur Besinnung kommen, d.h. nie liberal-konservativ werden und in dieser Form uns wirklich schaden könne. Jeder neue Wuthausbruch erhöht unsere Stärke, weil er uns mehr und mehr einigt."Beilage zum Jahresbericht der kantonalen Lehranstalt Sarnen 1923/24, S. 47.

(1) Eidg.Abschied der ordentlichen Tagsatzung 1847, S.96.

erklärt (1). Als dann am 3.September dieselben radikalen Kantone auf Zürichs Antrag auch die Ausweisung des Jesuitenordens beschlossen, wenn auch infolge der Einwände von St.Gallen und Graubünden in der milderen Form einer Einladung (2) und am folgenden Tag die Exekution der Sonderbundsauflösung guthießen, war - nach den gescheiterten letzten Friedensversuchen in der Jesuiten- und Klosterfrage - die bereits vorbereitete Sezession der katholischen Schweiz nicht mehr aufzuhalten. Auf beiden Seiten hatten Kantone vorher schon Kriegsvorbereitungen getroffen. Nun sollten die Waffen entscheiden.

Die Frage, ob der Sonderbundskrieg ein Religionskrieg war, ist von der liberalen Historik zumeist verneint worden (3). Zwar gab es keine eindeutigen konfessionellen Fronten wie in den früheren eidgenössischen Glaubenskriegen, auch nicht in der Sonderbundsarmee, war doch der Oberkommandierende, Johann Ulrich von Salis-Soglio aus Graubünden, ein Protestant. Aber es wäre ebenso unhistorisch, wollte man den Regierungen und dem Volk der Sonderbundsstände das Bewußtsein einer echten Religionsgefahr absprechen, wie zu behaupten, die Jesuitenaufregung unter der reformierten Bevölkerung - man sprach geradezu vom "Jesuitenkrieg" - sei nur eine politische Mache gewesen. Peter Vogelsanger nennt die Jesuitenfurcht der Protestanten ein Trauma, das bis heute nachwirke (4). Ein ähnliches Trauma wegen der reformierten Übermacht gab es in der Innerschweiz seit dem zweiten Villmergenkrieg.

---

(1) Eidg.Abschied 1847, Bd.1, S. 97.

(2) Eidg.Abschied 1847, Bd.1, S. 222.

(3) Golo Mann nennt den schweizerischen Bürgerkrieg richtiger einen politischen und zugleich konfessionellen. Propyläen Weltgeschichte, Bd.8,Berlin 1960, S.475.

(4) P.Vogelsanger: Die historischen Hintergründe der konfessionellen Artikel in der Bundesverfassung von 1848 und 1874, in: Le monde religieux, Bd.25, Lausanne 1955, S. 91.

Ohne Zweifel war das religiöse Engagement auf der Seite der konfessionellen Minderheit bedeutend stärker. Dies zeigt sich im unterschiedlichen Verhalten des Klerus. Die reformierten Pfarrer waren, trotz dem Jesuitenmotiv, in Mehrheit gegen den Sonderbundskrieg eingestellt. Vor dem Waffengang hatte Hurters Nachfolger am Schaffhauser Münster, Daniel Schenkel, den Mut, in zwei Flugschriften mit vollem Namen gegen die gewaltsame Jesuitenvertreibung aufzutreten (1). In den Sonderbundskantonen aber identifizierte sich die Geistlichkeit im allgemeinen mit den Kriegsabsichten. Von einem der Jesuitenväter in Luzern - vermutlich Peter Roh - sagte der Generalstabschef Franz von Elgger, er sei eine der militärischen Kapazitäten gewesen (2). Roh suchte das Verbleiben des Ordens bis zum Debakel der Sonderbundsarmee damit zu rechtfertigen, daß ein Nachgeben des Ordens die religiöse Unabhängigkeit der Katholiken und die kantonale Souveränität gefährdet hätte (3). Die Worte zeigen die Solidarität der Jesuiten mit den Motiven der katholischen Sezession (4). Wie sehr das politische und militärische Interesse des Sonderbundes sich mit dem Katholizismus gleichsetzte, zeigt eindrücklich die Denkschrift, welche die sieben Stände im Oktober 1847 an Pius IX. richteten, um den Papst davon abzuhalten, den Interventionen zur Abberufung der Jesuiten nachzugeben.

---

(1) D.Schenkel: Ob Krieg oder Frieden ? 12 Briefe über die politische Lage der Schweiz im Sommer 1847, Zürich 1847. Zwei Briefe als Nachtrag zu den 12 Briefen, Zürich 1847.

(2) E.Bucher: Die Geschichte des Sonderbundskrieges, Zürich 1966, S. 512.

(3) Brief vom Januar 1848 an den französischen Jesuitenprovinzial Ambrose Rubillon. F.Strobel: Die Jesuiten und die Schweiz im XIX. Jahrhundert, Olten/Freiburg i.B. 1954, S. 1063.

(4) Vgl. das Manifest der Sonderbundsgesandten vom 29.10.1847, in: Eidg. Abschied 1847, Bd.1, Beilage Litt.C.

Der Zwölfermehrheit wird geradezu der Wille unterschoben, die katholische Kirche zu zerstören. "Jene" - gemeint sind die "Protestanten und Pseudokatholiken" -"welche bis jetzt die katholische Religion in der Schweiz allmählich zu stürzen versuchen, hegen jetzt die Hoffnung, sie mit einem Schlag zu vernichten. Der erste Schutz für die katholische Religion in der Schweiz ist die politische Unabhängigkeit und Autonomie der Kantone. Durch sie haben unsere an Zahl und politischer Macht schwachen Kantone ihren althergebrachten Glauben gegen die Angriffe des Protestantismus sich erhalten können. Nachdem durch die Arglist der Zeit und die Tätigkeit der Bösen die Mehrheit der Kantone mit Schlechtigkeit und unruhiger Neuerungssucht infiziert worden, richteten sich die Angriffe der Bösen gegen die politische Autonomie der katholischen Stände, um so deren geheiligten Rechte und deren Glauben leichter vernichten zu können" (1). Das Schreiben schließt mit dem Bekenntnis, lieber nach dem Beispiel der Väter zu sterben als unter die Knechtschaft der Gottlosen zu fallen. Der zuverlässige Zeuge der Innerschweizer Schilderhebung, Philipp Anton von Segesser, schrieb von der Kriegsstimmung, daß eine allgemeine, tiefgreifende, auf religiösen Motiven beruhende Begeisterung bis in die entlegensten Hütten durch alle Stände und Alter vorhanden gewesen sei. Greise seien wie in den Zeiten der Kreuzzüge bereit gewesen, für den einen Gedanken der politischen und religiösen Freiheit alles zu wagen und zu dulden (2).

---

(1) F.Strobel: Die Jesuiten und die Schweiz im XIX.Jahrhundert, Olten/Freiburg i.B.1954,S.1012. Vgl.J.C.Bluntschlis Denkschrift vom Juni 1847 an Pius IX.,in der er die Anschuldigung als ungerecht bezeichnet, als seien die Angriffe gegen die Rechte und Anstalten der katholischen Kirche, die meist von radikalen Katholiken geleitet worden wären, dem Protestantismus zuzuschreiben und als sei darin lediglich die erneuerte Feindschaft der Konfessionen zu erkennen. Am Versuch, den Papst unter Hinweis auf

Ferdinand Strobels zweifellos richtiges Urteil, daß der eigentliche Charakter des Sonderbundskrieges nicht nur politischer und konfessioneller, sondern weltanschaulich-ideologischer Art war, gilt ganz besonders für die vom Sonderbund und vom Radikalismus entgegengesetzt aufgefaßte religiöse Freiheit. Auch diesbezüglich kann Strobels Schlußfolgerung gelten: "Und da die Fanatiker auf beiden Seiten nichts von Toleranz wissen wollten, mußte es zu den Kämpfen der vierziger Jahre und letztlich zum Bürgerkrieg kommen" (1).

Die überlieferte politische und religiöse Freiheit zu erhalten, war seit der ersten Skizzierung im Siegwartschen Sonderbundsdenken enthalten (2). Beides verstand er im alteidgenössischen Sinn der Einheit von Religion und Politik und als ständische Souveränität. Davon zeugt der aufschlußreiche Pazifikationsplan, den das Haupt des Sonderbundes im Sommer 1847 in Erwartung des Sieges entwarf. Er ist schon 1848 durch die nach der Niederlage aufgefundenen Sonderbundsakten teilweise bekannt geworden.

---

den paritätischen Charakter der Schweiz und die Unruhe, welche unter den Protestanten wegen der Anwesenheit der Jesuiten in Luzern herrschte, zu bewegen, deren Abberufung zu erwirken, scheiterte wie der Vorschlag der Gesandtschaft von Baselstadt, die Lösung der Jesuitenfrage dem Papst anheimzustellen. F.Strobel: Die Jesuiten und die Schweiz im XIX.Jehrhundert,Olten/Freiburg i.B.1954,S.997 ff. E.Bonjour und A.Bruckner: Basel und die Eidgenossen, Basel 1951, S. 275.

(2) Ph.A.v.Segesser: Beiträge zur Geschichte des innern Krieges in der Schweiz im November 1847. Ende 1847 anonym erschienen. E.Bonjour: Die Gründung des schweizerischen Bundesstaates, Basel 1948, S.96f, vgl. S. 244 ff. Johann Jakob Bachofens Augenzeugenbericht von der Schwyzer Landgemeinde am Rotenthurm vom September 1847.

---

(1) F.Strobel: a.a.O., S. 418.

(2) E.Bonjour: a.a.O., S. 96 f.

Zusätzlichen Einblick brachte das im Wiener Staatsarchiv entdeckte eigenhändige Memorandum, das Siegwart-Müller an den befreundeten österreichischen Gesandten von Kaisersfeld gerichtet hatte.[1] Nach dessen Brief vom 26. Juli 1847 an Metternich, worin er die Übersendung der Denkschrift ankündigte, ist die Niederschrift auf ausdrücklichen Wunsch Kaisersfelds erfolgt.

Auf der Höhe seiner Macht schreckte Siegwart-Müller nicht vor konfessionspolitischen Ideen zurück, die an die Revanchepläne der Innerschweiz nach der Niederlage im zweiten Villmergerkrieg erinnern. Machtpolitische Restaurationsabsichten deutete schon der Waldstätter Bote vom 11.Februar 1841 an: "Der Eidgenossen Bund ist der gordische Knoten, der mit dem Schwerte nicht getrennt, aber gesichert werden muß". Nach dem an Kaisersfeld gerichteten Plan war der Leitgedanke des luzernischen Schultheißen die Bildung eines geographisch geschlossenen Machtblocks, wobei Luzern die führende Rolle der katholischen Schweiz innehaben sollte. Er erstrebte das Gleichgewicht ihres Vororts mit Zürich. Den Preis sollten in erster Linie Bern und Aargau zahlen, die in der Kloster-, Jesuiten- und Freischarenaffäre die Hauptgegner waren. Um den direkten Anschluß an das isolierte Freiburg herzustellen und auch das Wallis in eine bessere strategische Lage zu bringen, sollte das Berner Oberland und das Simmental Obwalden und dem Wallis einverleibt werden. Alle katholischen Bezirke, auch das Fricktal, das in der alten Eidgenossenschaft als österreichisches Gebiet nicht zu den innerschweizerischen Eroberungsplänen aus der Zeit der Religionskriege gehört hatte, wären Luzern zuzuteilen gewesen.

Während Siegwart diese Gebietsänderungen als für die Pazifikation unerläßlich erachtete, fügte er ihnen als sekundäre Ziele weitere Vorschläge hinzu, die durch zusätzliche Schwächung reformierter Stände dem konfessionellen

(1) Der Text wurde durch A. Stern im Anzeiger für schweizerische Geschichte 1909, S. 400 ff veröffentlicht.

Gleichgewicht dienen sollten. Den bernischen Teilen des ehemaligen Fürstbistums war der Status eines Kantons Pruntrut zugedacht mit direktem Anschluß an Solothurn und Freiburg. Glarus wäre zwischen Schwyz und Uri aufzuteilen gewesen. Militärstrategische Überlegungen lagen den in den Sonderbundsakten erwähnten reformierten Gebietsabtretungen zugrunde, durch die gleichzeitig auch die übrigen Sonderbundsstände eine Kriegsentschädigung erhalten hätten. Freiburg wäre bis zur französischen Grenze auszudehnen gewesen. Das Waadtland hätte die östliche Ecke bis Vevey abtreten müssen, um eine direkte und strategisch bessere Verbindung zwischenFreiburg und dem Wallis zu schaffen.

Bei Siegwarts Kriegszielen sind Macht- und Konfessionspolitik untrennbar. Ob es sich - wie bei der Vergrößerung des Kantons Luzern - darum handelte, "für die katholischen Interessen eine feste Burg" zu bauen(1) oder bei der Planung von direkten Anschlüssen an katholische Nachbarländer, wo Siegwart an die alte Keil-Strategie dachte, durch die zahlenmäßig und wirtschaftlich mächtigere reformierte Stände voneinander getrennt werden sollten - stets erstrebte Siegwart mit dem politischen auch ein konfessionelles Ziel. Dies wird besonders deutlich bei der Trennung des Aargaus, wodurch aus der altbernischen Hälfte ein reformierter Kanton entstanden wäre, und aus der Aufhebung des mehrheitlich reformierten Glarus sowie der Schaffung eines mehrheitlich katholischen Kantons Pruntrut. Diese Änderungen hatten nach Siegwarts eigener Begründung an Kaisersfeld den Zweck, "damit dann elf katholische Kantone elf protestantischen das Gleichgewicht hielten" (2). Es fällt dabei

---

(1) E.Bonjour: Die Gründung des schweizerischen Bundesstaates, 2.Teil: Dokumente, Basel 1948, S. 228.

(2) E.Bonjour: a.a.O., S. 229.

auf, daß der Führer des Sonderbundes die paritätischen Kantone, auf die er nicht viel hielt, je nach dem konfessionellen Übergewicht entweder zu der einen oder anderen Konfession zählte.

Äußerst problematisch erscheint bei den geplanten Annexionen und Teilungen die Religionssicherung der neu geschaffenen Minoritäten der reformierten Konfession, weil nicht die echte Parität, sondern die Einheit von Staat und katholischer Religion der staats- und kirchenrechtliche Leitgedanke der Sonderbundsstände war. Die Auflösung der zwei Kantone, die aus Gründen des demokratischen Gleichheitsprinzips - wie im Fall des Aargaus - die konfessionelle Trennung nicht einführten oder - wie in Glarus - diese aufhoben, sind ganz in der Linie der Reaktion katholischer Stände, die aus diesem Grund früheren Verfassungen die Anerkennung versagt hatten. Siegwart spricht von der notwendigen Teilung "des durch und durch verdorbenen Kantons Glarus" (1), der zugleich mehrheitlich reformiert und radikal war. Ob die Gesundung eine nur politische oder auch eine religiöse sein sollte, darüber schwieg er sich aus. Beides ist anzunehmen. In einem Brief vom Vorjahr an den Konvertiten Friedrich Hurter, in dem er ihm mitteilte, es werde nicht nur eine faktische sondern eine formelle Scheidung zwischen der reformierten und der katholischen Schweiz eintreten, heißt es: "Die Rückkehr der protestantischen Schweiz zum Katholizismus wäre noch der einzig mögliche Fall der Rettung vor Anarchie und Untergang" (2). Ein anderes Schriftstück der Sonderbundsakten offenbart die

---

(1) E.Bonjour: Die Gründung des schweizerischen Bundesstaates, 2.Teil: Dokumente, Basel 1948, S. 229.

(2) Brief vom 27.2.1846. Briefe von Konstantin Siegwart-Müller an Friedrich Hurter, 1.Teil, Beilage zum Jahresbericht der Kantonalen Lehranstalt Sarnen 1923/24, Sarnen 1924, S. 42.

Absicht, daß die Reformierten aus dem zu annektierenden Teil des Aargaus ihre Vertreter in den Großen Rat unter den Katholiken aussuchen sollten (1).

Es ist höchst unwahrscheinlich, daß Siegwart-Müller an eine gewaltsame Rückkehr zum Katholizismus der reformierten Gemeinden gedacht hat, die durch einen Sieg des Sonderbundes katholischen Kantonen einverleibt werden sollten. Es ist aber ebensowenig anzunehmen, daß er den reformierten Neubürgern völlige konfessionelle Parität gewähren wollte, hatte doch Bern bei der Einverleibung des katholischen Jura ähnlich gehandelt. Aus der Denkschrift an Kaisersfeld ist ersichtlich, wie sehr der Führer des Sonderbundes in Kategorien des konfessionellen Zeitalters dachte. Er spricht vom beständigen Kampf, den Luzern, Uri, Schwyz, Unterwalden, Zug, Freiburg und Wallis gegen die reformierten Kantone Zürich und Bern führen, von ihrem dreifachen Angriff, den der Wunsch nach Verbreitung der Reformation und nach Suprematie veranlâßt hätten. Die Annexion des Oberlandes suchte er damit zu rechtfertigen, daß dieses mit Unterwalden verlandrechtet war und mit Gewalt zur Reformation gezwungen worden sei (2). Allerdings sprach er von "Kultusfreiheit", die das Wallis den Reformierten in den einzuverleibenden Gebieten gewähren sollte (3). Aber auch hier konnte die religiöse Freiheit nicht im Sinn völliger konfessioneller Gleichberechtigung gedacht sein. E.Bucher hat wohl nicht unrecht, wenn er von dieser Kultusfreiheit annimmt, daß sie die Wiedereinführung

---

(1) Akten des sonderbündischen Kriegsrates, Bd.2,S.268, Luzerner Staatsarchiv. E.Bucher: Die Geschichte des Sonderbundskrieges, Zürich 1966, S. 25.

(2) E.Bonjour: Die Gründung des schweizerischen Bundesstaates, Basel 1948, 2.Teil: Dokumente, S. 228.

(3) E.Bucher: a.a.O., S. 25.

des katholischen Kultus in den zu annektierenden reformierten Gemeinden ermöglichen sollte (1). Damit hätte Siegwart nämlich dieses Ziel ohne Gewalt erreichen können. Es fällt zudem die fünffache Wiederholung auf, mit der gesagt wird, daß die betreffenden Kantone mit Genehmigung der übrigen Sonderbundsstände das Verhältnis eines einzuverleibenden Gebiets mit dem bisherigen zu bestimmen hätten (2). Von der Tagsatzung und somit vom Mitspracherecht der reformierten Kantone ist nicht die Rede. Das Rezept erinnert eher an den zweiten und dritten Landfrieden, wo auch nicht die völlige Parität der Konfessionen vorgesehen war (3).

Paragraph 12 des Sonderbundsdokuments über die Kriegsziele hält zwar am Grundsatz des Bundesvertrages von 1815 fest, wonach mit Ausnahme des Artikels über den Fortbestand und die Sicherheit der Klöster die Tagsatzung sich nicht in Kirchen- und Unterrichtssachen einmischen dürfte (4). Damit konnte die totale Restitution der aargauischen Klöster - sie war auch 1847 in der

---

(1) E.Bucher: Die Geschichte des Sonderbundskrieges, Zürich 1966, S. 25.

(2) Paragraph 3 bis 7 des Sonderbundsdokuments über die Pazifikation der Schweiz. E.Bucher: a.a.O., S.20 f.

(3) Es fällt auf, daß J.B.Bucher, der von 1845 bis 1847 Redaktor der "Staatszeitung der katholischen Schweiz" in Luzern war, in seiner Darstellung des Sonderbundskrieges in den Beilagen nur den Text des Landfriedens von 1531 der fünf Orte mit Bern wiedergibt, der die Religionsfreiheit der Katholiken in den gemeinen Herrschaften begünstigte, den Reformierten aber nicht völlige Parität, wie 1712, gewährte. "Der Bürgerkrieg in der Schweiz in seiner Veranlassung, Wirklichkeit und seinen Folgen, umfassend den Zeitraum von 1830 bis zur Einführung der neuen Bundesverfassung 1848", Einsiedeln 1850, Beilagen, S.8 ff.

(4) E.Bucher: a.a.O., S. 23.

Tagsatzung Gegenstand der sonderbündischen Forderungen (1) - und darüber hinaus die Zurückgabe der Selbstverwaltung und des Novizenaufnahmerechts für Rheinau und die thurgauischen Klöster verlangten, ohne eine Einmischung der reformierten Kantone in der eigenen Jesuitenangelegenheit befürchten zu müssen. Im Widerspruch zur bisher stets geforderten eidgenössischen Nichteinmischung heißt es aber dann im folgenden Paragraphen, daß die Tagsatzung gegen begründete Klagen über Beschimpfungen in Wort, Schrift oder Presse gegen die beiden in der Schweiz anerkannten Konfessionen einschreiten solle. Auch dies ist eine Reminiszenz aus den alten Landfrieden. Doch ist wenigstens der Grundsatz des gleichen Schutzes gewahrt. Hingegen fehlt der Hinweis auf die Parität im vorangehenden Paragraphen, der nur von den Reformierten in den gemischten und paritätischen Kantonen die konfessionelle Trennung für Angelegenheiten der katholischen Kirche, des öffentlichen Unterrichts und der Ehesachen verlangt: Diese dürften einzig und allein von katholischen Konfessionsgenossen "durch selbstgewählte Behörden ohne Einmischung der Protestanten oder des paritätischen Raths geordnet und geschlichtet werden" (2). Diesem Grundsatz widersprechende Gesetze, Verordnungen, Anstalten und Behörden sollten in allen paritätischen Kantonen aufgehoben werden.

Der Anachronismus des auf das barocke Zeitalter zurückgreifenden Siegwartschen Staats- und Bundesdenkens (3)

---

(1) Eidg.Abschied 1847, Bd.1, S. 198 ff.

(2) E.Bucher: Die Geschichte des Sonderbundskrieges, Zürich 1966, S. 23.

(3) Auch die kulturellen Bestrebungen nahmen die barockkatholischen Bemühungen des 17.Jahrhunderts zum Vorbild, wie die Gründung der Borromäischen Akademie im Jahr 1846 zeigt. Sie bezweckte durch Vereinigung der wissenschaftlichen Kräfte der katholischen Schweiz die

wird vollends sichtbar, wo es sich darum handelt, die konfessionelle Trennung nun auch wieder im eidgenössischen Recht des 19.Jahrhunderts zu institutionalisieren. Ein Gleichgewicht der katholischen und reformierten Stimmen in der Tagsatzung, wie er es durch gewagte Eingriffe in die in allen vier Landfrieden respektierte territoriale Integrität der souveränen Stände dachte, wäre für die konservativen Kantone keine sicherere Garantie gewesen als es die Beibehaltung der absoluten Zahlenparität im aargauischen Großen Rat für die Freiämter war, auch wenn als sicher anzunehmen ist, daß ein Sieg des Sonderbundes dem liberalen Katholizismus in der Schweiz einen Rückschlag gebracht hätte (1). Durch Ausfall auch nur eines einzigen katholischen oder mehrheitlich katholischen Standes wäre das konfessionelle Gleichgewicht gestört gewesen. Ein "Allgemeine Ideen" betitelter Entwurf (2) sah denn auch vor, daß die katholischen Landesteile für ihre konfessionellen Angelegenheiten eine eigene Tagsatzung bilden würden, die alle zwei Jahre in Luzern zusammen kommen sollte. Dabei würden auch die katholischen Minderheiten in Graubünden, Thurgau und Genf einen Deputierten abordnen.

---

katholische Religion zu wahren und zu fördern, Ihr Präsident war Siegwart-Müller. Der Nuntius und die Bischöfe galten als Ehrenmitglieder. Siehe ihre Publikation"Katholische Annalen," Heft 1, April 1847. J.Baumgartner: Die Schweiz in ihren Kämpfen und Umgestaltungen von 1830 bis 1850, Bd.3, Zürich 1865,S.376.

(1) Aus einem weiteren Schriftstück der Sonderbundsakten mit der Überschrift "In Bezug auf einzelne Kantone" läßt sich schließen, daß der siegreiche Sonderbund antiliberale provisorische Regierungen ernannt hätte. E.Bucher: Die Geschichte des Sonderbundskrieges, Zürich 1966, S. 24. Es ist nicht unwahrscheinlich, daß die Vermutung von R.Stänz stimmt, das Mellinger Postulat der konfessionellen Trennung im Aargau hätte in erster Linie den liberalen Katholiszismus treffen sollen, auch für die sonderbündischen Absichten der konfessionellen Sonderung gilt. Die Entwicklung der Parität im Kanton Aargau, Thayngen 1936,S.178.Vgl.Ch.Freymund(Pseudonym): Die Bestrebungen der aargauischen Katholiken, ihre Kirche durch konfessionelle Trennung zu sichern,1840,S.37 ff.

(2) Akten des sonderbündischen Kriegsrates,Bd.2,S.270 f. E.Bucher: a.a.O., S. 24.

Philipp Anton von Segesser, der damals luzernischer Staatssekretär war, hat in seinem Rückblick bei Siegwart-Müllers Tod die Wichtigkeit, die man dem aufgefundenen Plan einer Neuaufteilung der Schweiz im Prozeß gegen die Führer des Sonderbundes beimaß, als lächerlich bezeichnet. Es habe sich offenbar um nichts anderes als um eine Studie gehandelt, meinte er (1). Die Mitteilung eines schriftlichen Entwurfs an Kaisersfeld zuhanden des österreichischen Hofes, dem ein ausführliches Memorandum folgen sollte, spricht gegen diese geringschätzige Wertung. Segesser mag davon keine Kenntnis gehabt haben. Siegwart-Müller war durchaus mißtrauischer Natur und wird davon nur dem vertrautesten Kreise Kenntnis gegeben haben. Der Plan entspricht in seinem Grundkonzept den schon 1841 und 1843 über den Sonderbund von Siegwart-Müller geäußerten konfessionspolitischen Ideen, nur daß 1847 angesichts des erhofften militärischen Sieges das konfessionelle Machtstreben in den Vordergrund rückte.

Schwieriger ist die Frage zu beantworten, ob diese Friedensbedingungen im Fall des Sonderbundssieges offiziellen Charakter erhalten hätten. In dem für Österreich bestimmten Memorandum schrieb Siegwart-Müller, er habe diese Ratschläge auf die Geschichte und die Natur des Landes, auf die Erfahrungen der letzten Zeit und auf die Urteile echter Vaterlandsfreunde gegründet, so daß sie auf Beachtung wohl Anspruch erheben dürften (2). Der Pazifikationsplan aus den Sonderbundsakten ist zwar in der Form eines Kriegsratsbeschlußes abgefaßt, doch aus Zeugenaussagen im Landesverratsprozeß ist zu schließen,

---

(1) Ph.A.v.Segesser: Sammlung kleiner Schriften, Bd.2, Bern 1879, S. 450.

(2) E.Bonjour: Die Gründung des schweizerischen Bundesstaates, 2.Teil: Dokumente, Basel 1948, S. 230.

daß es sich vorerst um einen Entwurf handelte, der noch nicht die Approbation des Kriegsrats oder gar der Sonderbundsregierungen erhalten hatte. Der Gedanke einer Bundesreform nach konfessionspolitischen Gesichtspunkten mit Gebietsänderungen ist jedoch nicht Siegwart-Müllers ausschließliches Gedankengut gewesen. Das gilt vor allem für die konfessionelle Trennung des Aargaus, die schon 1840 im Mittelpunkt des Verfassungsstreits stand, und die durch den Sonderbund nun auch politisch hätte vollzogen werden sollen. Am 8.November 1847, kurz vor dem Ausbruch des Bürgerkrieges hat Siegwart-Müller vom siebenortigen Kriegsrat den Auftrag erhalten, in einem Aufruf an den Aargau die Annexion des katholischen Landesteils an Luzern zu publizieren (1). Große Ähnlichkeit mit den gewagten Reformideen des Sonderbundsführers weist die Denkschrift auf, die der Freiburger Oberst Maillardoz, der sonst im Kriegsrat ein Gegner Siegwarts war, schon im April 1845 dem österreichischen Gesandten unterbreitete. Auch dort ist vom Gleichgewicht der katholischen und protestantischen Stände die Rede, von der Aufteilung der Kantone Aargau und Glarus sowie der Abtrennung des Jura,von der konfessionellen Trennung in den Kantonen und im Bund (2). Auch aus den Memoiren Jean de Schallers ist ersichtlich, daß diese Pläne in Freiburger Regierungskreisen bekannt waren (3). Bernhard Meyer, der vom Sonderbundskrieg sagte, er habe infolge der Jesuitenangelegenheit ein "durch und durch konfessionelles Gepräge" gehabt, war der Meinung, daß eine Trennung

---

(1) E.Bucher: Die Geschichte des Sonderbundskrieges, Zürich 1966, S. 24.

(2) E.Streiff: Die Einflußnahme der europäischen Mächte auf die Entwicklungskämpfe in der Schweiz 1839-1845, Zürich 1931, S. 123f, Anm. 129.

(3) H.de Schaller: Souvenirs d'un Officier Fribourgeois 1798-1848, Freiburg 1890, S. 192 f.

Pruntruts von Bern und ein Anschluß des Freiamtes an Luzern der reformierten Übermacht eine Schranke gesetzt hätte (1). Bedenkt man Siegwarts dominierende Stellung innerhalb des Kriegsrats, und daß formell die Voraussetzung für die Annahme der Friedensbedingungen der Wiener Sonderbundsakten günstig waren, weil der Kriegsrat von den sieben Orten die Vollmacht erhalten hatte, selbständig über die Friedensbedingungen zu befinden (2), so ist die Möglichkeit nicht auszuschließen, daß Siegwarts Ideen, wenn auch in abgewandelter Form, offziellen Charakter erhalten hätten.

Undenkbar ist hingegen, daß sich die reformierten und paritätischen Kantone im Fall einer militärischen Niederlage solch schwerwiegende Eingriffe in ihr Staatsgebiet hätten gefallen lassen, und dies um so weniger, als dadurch reformierte Teile ihrer Bevölkerung unter katholische Oberhoheit gekommen wären. In katholisch-barocken Vorstellungen befangen, versprach sich Siegwart von seinen Bedingungen völlig unrealistisch eine "Pazifikation" der Schweiz. Hingegen muß als wahrscheinlich angenommen werden, daß die Sonderbundsstände mit dem Vollzug des Artikels 12 weitere Bundesgarantien für den Schutz katholischer Minderheiten unabdingbar verlangt und erreicht hätten. Die ganze Entstehungsgeschichte des Sonderbundes spricht dafür. Bis 1843 zeigten sich mehrere reformierte Kantone geneigt, daß sich die Tagsatzung im Interesse der religiösen Freiheit für konfessionelle Garantien zugunsten der katholischen Minderheit einsetzte.

---

(1) B.Meyer: Beitrag zur Kenntnis der radikalen Gerechtigkeitspflege mit einem Blick auf den gegenwärtigen politischen Stand der Schweiz, Schaffhausen 1851, S.113.

(2) E.Bucher: Die Geschichte des Sonderbundskrieges, Zürich 1966, S. 28.

Hätten die Sonderbundsstände auf die Eingliederung reformierter Minderheiten verzichtet (1), so wäre von ihrer gestärkten Machtposition aus die Wiedereinführung des alteidgenössischen Paritätsprinzips nach dem Modell des vierten Landfriedens nicht undenkbar gewesen (2). Damit hätten sie ihrem Staatsgebiet die absolute Katholizität erhalten und die gemischtreligiösen Kantone veranlassen können, den katholischen Minderheiten durch eine weitgehende konfessionelle Trennung, etwa nach dem st.gallischen Beispiel, die kirchlich-religiöse Selbständigkeit innerhalb des Staates zu sichern. Doch dieses setzte den militärischen Sieg voraus, stand doch eine solche Lösung in radikalem Widerspruch zu den demokratisch-nationalen Erneuerungsbestrebungen der Schweiz und zur neuzeitlichen Auffassung der religiösen Freiheit.

Philipp Anton von Segesser, der von Luzern aus die Entstehung und den Untergang des Sonderbundes kritisch verfolgte, hielt in seiner Rückschau den konfessionellen Dualismus jener Zeit noch für so kraftvoll, daß er an die Möglichkeit zweier durch die Religion bestimmter Bündnisse glaubte, durch die ein konfessionelles Gleichgewicht der Kantone hergestellt und zwischen denen - nach Siegwarts vermuteter Absicht und nach den Vorbildern der alten Landfrieden - ein neuer allgemeiner Bund

---

(1) Daß auch an eine Minimalforderung gedacht wurde, in der nur die Abtrennung des katholischen Aargau vorgesehen war, beweisen die in französischer Übersetzung vorbereiteten sieben Landfriedensartikel unter den Sonderbundsakten. E.Bucher: Die Geschichte des Sonderbundskrieges, Zürich 1966, S. 24.

(2) In einem Leitartikel vom 21.5.1844 über das Klostermanifest regte die Churer Zeitung "Freier Rhätier" zur Vermeidung der Majorisierung durch eine reformierte Mehrheit eine konfessionelle Trennung nach bündnerischem Vorbild an, deren Grundsätze in die Bundesverfassung aufgenommen werden sollten.

hätten entstehen können (1). Eine solche Intensivierung des Konfessionalismus, die in der Jesuitenberufung die stärkste Herausforderung darstellte, stand im schärfsten Widerspruch zu den Zeitbedürfnissen einer nationalen demokratischen Erneuerung der Schweiz. Auch aus katholischer Sicht wird im hundertjährigen Rückblick die Niederlage des Sonderbundes als eine historische Notwendigkeit dargestellt. E.F.J.Müller, der den Bürgerkrieg von 1847 als letzten Religionskrieg, der die Eidgenossenschaft erschütterte, wertet, sieht in der konfessionell dualistischen Art, wie die Sonderbundsführer die grundlegende Frage des Verhältnisses von Religion und Staat (2) zu lösen suchten, eine Politik, die in ihrer eigenen geistigen Grundlage die Keime der Katastrophe barg (3).

Die erzwungene Preisgabe der geplanten konfessionellen Trennung auf eidgenössischer Ebene bahnte den Weg zu einer religiös und politisch freieren Parität im Bundesrecht und schließlich zu einem allgemeinen Menschenrecht völliger Religionsfreiheit in allen Teilen der Schweiz.

---

(1) Ph.A.v.Segesser: Sammlung kleiner Schriften, Bd.2, Bern 1879, S. 450.

(2) E.F.J.Müller: Religion und Politik. Vom Sinn des "Sonderbunds"-Geschehens, in: Schweizer Rundschau, 47.Jg., Heft 4/5, Juli/August 1947.

(3) E.F.J.Müller: a.a.O., S. 251.

Einführung und Beschränkung der religiösen Freiheit in der Bundesverfassung von 1848

Die Basler Zeitung vom 31.Januar 1848 brachte aus der Kammerrede des Grafen de Montalembert, die auch in der Eidgenossenschaft große Beachtung gefunden hatte, die Stelle, in der der Führer der katholischen Opposition in Frankreich die Schweizer ermahnte, sie möchten vor allem im Grundsatz religiöser Freiheit die Kraft ihrer Einigkeit suchen. Als Kommentar war beigefügt: "Diese Freiheit ist der Ausfluß der Achtung vor der sittlichen Würde seines Mitmenschen. Sie ist der laute Ruf der Zeit, und so groß ist dessen Bedeutung, daß beide sich bekämpfenden Theile demselben wenigstens in Worten huldigten. - In der Schweiz ist freilich noch unendlich Vieles zu thun bis zur Durchführung dieses Grundsatzes."

"Anhänger aller Parteien," schreibt Edgar Bonjour in seiner vorzüglichen Darstellung der Gründung des Bundesstaates, "stimmten mehrheitlich darin überein, daß die Bundesreform ohne Religionsfreiheit nicht gedeihen könne, diese sei die Voraussetzung jeder Neuerung" (1). Über Art und Ausmaß dieser Freiheit bestand indessen zu Beginn der Revision keine einheitliche Auffassung.

Die letzten fünfzig Jahre lehrten die Schweiz, daß weder der völlig säkularisierte, jede kantonale und kirchliche Tradition mißachtende Staatsbegriff der Helvetik noch die lose Bundesauffassung der Restauration, die den Rückfall in den politischen Konfessionalismus ermöglichte, den zeitgemäßen gesamtschweizerischen Erfordernissen entsprachen.

---

(1) E.Bonjour: Die Gründung des schweizerischen Bundesstaates, Basel 1948, S. 182.

1. Ausländische Einflüsse und Vorbilder zugunsten religiöser Freiheit

Der Berner Ulrich Ochsenbein sprach in seiner fortschrittsgläubigen Präsidialrede vom 5.Juli 1847, in der er die Tagsatzungsgesandten ermahnte, ohne Säumen eine zeitgemäße Erneuerung des Bundes vorzunehmen, von Gewitterwolken am europäischen Horizont. Kaum hatte die Revisionskommission am 17.Februar 1848 mit ihren Beratungen begonnen, als in Paris auch schon die Revolution ausbrach. Umringt von politischen Umwälzungen, von ausländischen Interventionen aber unbehelligt, schuf die Schweiz vom Februar bis September 1848 den Bundesstaat.

Zu den Postulaten der Revolution in den benachbarten Ländern gehörte als eines der wichtigsten das Grundrecht religiöser Freiheit. In den bürgerlichen und politischen Errungenschaften der Regeneration galt die Schweiz bei den Liberalen Europas als Vorbild, nicht aber im allgemeinen religiösen Recht des Individuums und in der Freiheit der Kirchen. Namentlich die Schließung der Klöster im Aargau und das Verbot der Konventikel im Kanton Waadt hatten nicht nur in konservativen Kreisen Mißfallen und Entrüstung hervorgerufen. Es ist naheliegend, daß in den verfassungsrechtlichen Fragen der Religions- und Kultusfreiheit die europäische Revolution des Jahres 1848 nicht ohne Einfluß blieb (1), zumal schon die Julirevolution des Jahres 1830 der individuellen Glaubens- und Gewissensfreiheit in einzelnen regenerierten Verfassungen den Weg gebahnt hatte.

---

(1) Wo ausländische Verhandlungen und Verfassungsbestimmungen Erwähnung finden, die aus einer Zeit stammen, da sie weder auf die Ausarbeitung der schweizerischen Bundesverfassung noch auf ihre Annahme einen Einfluß ausüben konnten, geschieht es zu Vergleichszwecken.

Dieser Einfluss der europäischen Revolution litt jedoch insofern, als seit dem Sommer die Reaktion im Ausland immer mächtiger wurde. So klagte die Neue Zürcher Zeitung in einem Leitartikel: "Nach den Februartagen in Paris und den Märztagen in Wien, Berlin und Mailand, traten viele Propheten auf, doch waren es lauter falsche Propheten... Nie ist einem schönern Frühling ein schlechterer Sommer gefolgt" (1).

Dass Frankreichs Beispiel indessen auch 1848 Beachtung fand, beweist die vor dem Februar von Ludwig und Wilhelm Snell verfasste Schrift, welche die Revisionsempfehlungen des Zentralkomitees des schweizerischen Volksvereins enthielt und der am 5. März 1848 ein Vorwort hinzugefügt wurde, das folgenden Hinweis enthält: "Sodann empfängt der Vorschlag, den Unterschied der Confessionen im bürgerlichen Leben gänzlich aufzuheben - ein Vorschlag, den wir unter die wichtigsten Bundesänderungen rechnen - ein verstärktes Gewicht durch das grosse Beispiel Frankreichs" (2).

In Frankreich war das Problem des Verhältnisses von Staat und Kirche und der religiösen Freiheit seit der Grossen Revolution in allen Verfassungsdebatten schon immer Gegenstand leidenschaftlicher Parteinahme. Die gallikanische Kirche wurde in der "Charte Constitutionnelle" vom 14. August 1830 nicht mehr als Staatsreligion bezeichnet. Alle Kulte besassen nach der Verfassung dieselbe Freiheit und hatten Anspruch auf den gleichen Staatsschutz. Die Salarierung der anerkannten Kulte erfolgte aus öffentlichen Mitteln. Es hiess in der Verfassung nur noch die

Ausgabe vom 28.September 1848. (1)

(2) L.u.W.Snell: Leitende Gesichtspunkte für eine schweizerische Bundesrevision, mitgetheilt vom Zentralcomite des schweizerischen Volksvereins, Bern 1848, S.IV f.

katholische Religion sei die Religion der Mehrheit der Franzosen. Auch der israelitische Kultus wurde vom Staat unterstützt und besaß ein öffentlich-rechtliches Organisationsgesetz (1). Dennoch war dem Katholizismus nach der Verfassung als Religion der "majorité des français" eine bevorzugte Stellung geblieben. Sie entsprach jedoch nicht der Freiheit, die ihre Vorsteher sich für die Kirche wünschten. Der höhere Klerus und die Regierung beflissen sich in den 40er Jahren, ein besseres gegenseitiges Verhältnis zu erreichen, doch der Schulkampf verhinderte seit der Julirevolution die Erneuerung des Bundes zwischen Thron und Altar. Die katholische Kirche blieb 1848 dadurch von der Revolution nicht nur verschont, sondern ihre Priester wurden sogar eingeladen, die Freiheitsbäume der Republik zu weihen (2).

Die kirchenpolitischen Ideen Lamennais fanden 1848 beim Klerus einflußreiche Verteidiger, obwohl er nach der Verurteilung durch die päpstlichen Enzykliken "Mirari vos" (1832) und "Singulari vos" (1834) mit der katholischen Kirche gebrochen hatte. In der Ankündigung der vom Erneuerer des Dominikanerordens, Dominique Lacordaire, gegründeten neuen katholischen Zeitschrift "L'Ere nouvelle" stand an der Spitze des Reformprogramms die Aussöhnung des Katholizismus mit der neuen Republik und die allgemeine religiöse Freiheit als die erste der zu gewährenden Freiheiten: "Or il faut que l'Eglise et la nation marchent d'accord: l'Eglise doit respecter la république et, en retour, la nation doit respecter l'Eglise. Nous demandons pour nous

(1) Z.Giacometti: Quellen zur Geschichte der Trennung von Staat und Kirche, Tübingen 1926, S. 71 f.

(2) R.Aubert: Le pontificat de Pie IX, in: Histoire de l'Eglise depuis les origines jusqu'à nos jours, Bd.21, 1952, S. 42, 45.

et pour tout le monde les libertés, qu'on nous a refusées jusqu'à présent et que l'Amérique protestante ne refuse à personne: la liberté d'éducation, la liberté d'enseignement, la liberté d'association, sans lesquelles toutes les autres sont impuissantes à former des hommes et des citoyens" (1). Ähnlich wie der Freidenker Ernest Renan, bezweifelte die radikale "Revue de Genève" (2), daß die Kirchenleitung mit dem toleranten Bekenntnis der liberalen katholischen Partei Frankreichs einig gehen würde, so sehr diese sonst kirchlich konservativ dachte.

Vorkämpfer vollständiger Kultusfreiheit waren auch protestantische Erweckungskreise in Frankreich, die in den von der "Société de la morale chrétienne" preisgekrönten Werken Alexandre Vinets eine Rechtfertigung für die Trennung von Staat und Kirche fanden (3). Zwar war der reformierten Kirche durch die 1830er Verfassung die Freiheit des Kultus und staatliche Finanzierung zugesichert,

---

(1) Prospectus de "l'Ere nouvelle". G.Bonet-Maury: Histoire de la liberté de conscience en France depuis l'Edit de Nantes jusqu'à Juillet 1870, Paris 1900, S. 204.

(2) Ausgabe vom 19.1.1848. Siehe Nr.vom 1.1.1848. Siehe auch "Nouvelliste Vaudois" vom 7.1.1848.

(3) E.Staehelin, in: Alexandre Vinets ausgewählte Werke, Bd.3, Zürich 1944, S. 262. Wie in Genf, gab es auch in Frankreich seit der Restauration vom Methodismus beeinflußte dissidente evangelische Gemeinden. E.G.Léonard: Histoire générale du protestantisme, Bd.3, Paris 1964, S. 265. Für die Trennung von Staat und Kirche setzte sich "Le Semeur" ein, während Frédéric Monod in den "Archives du Christianisme au XIXème siècle" zwar die Trennung befürwortete, aber nicht zu beschleunigen wünschte. Frédéric Monod und Agénor de Gasparin gaben am 20.Oktober 1848 die Absicht bekannt, eine bekennende freie Kirche zu gründen. 1849 fand die konstituierende Synode statt.

doch hatte die Aufsicht, welche die Verfassung dem Staat zugestand, zu Einschränkungen in den Gottesdiensten und Verboten des von der Erweckungsbewegung geförderten Proselytismus geführt (1). Im Jahr 1848 erschien Graf Agénor de Gasparins "Christianisme et paganisme". In diesem zweibändigen Werk hat der politisch liberale und religiös konservative Protestant am Beispiel der waadtländischen Freikirche und der abschreckenden Religionskriege den Weg zur Loslösung der durch die Kirchenpolitik Konstantins als heidnisch bezeichneten Verbindung von Staat und Kirche aufzeigen wollen (2). Die Synode in Paris teilte jedoch seine Überzeugung von einer gänzlichen Trennung nicht.

Die provisorische republikanische Regierung befliß sich, nach dem Umsturz durch ihren Kultusminister zu erklären, daß sie die Rechte und Interessen der Kirchen respektieren werde. Am 23.März 1848 teilte die "Réformation du XIXème siècle" das Dekret mit, wonach alle Gerichtsurteile wegen Kultusdelikten aufgehoben wurden. Der volkstümliche Dichter-Politiker Alphons de Lamartine, der eine führende Rolle bei der Entstehung der zweiten Republik spielte und als Außenminister der provisorischen Regierung freundschaftliche Beziehungen mit dem radikalen Vorort anknüpfte, war ein Befürworter vollständiger religiöser Freiheit (3). In der konstituierenden Nationalversammlung befaßte sich ein besonderer Ausschuß mit den Kultusfragen. Mit Robert de Lamennais verlangten Pierre Leroux und Edgar Quinet gänzliche Trennung von

(1) G.Bonet-Maury: Histoire de la liberté de conscience en France depuis l'Edit de Nantes jusqu'à Juillet 1870, Paris 1900, S. 174 ff.

(2) A.de Gasparin: Christianisme et Paganisme ou principes engagés dans la crise ecclésiastique du canton de Vaud, Bd.1 und 2, Genf/Paris 1848, S. 206.

(3) A.de Lamartine: L'Etat, l'église et l'enseignement, Paris 1845.

Staat und Kirche im Plenum. Die Debatten zeigen, daß von der Linken bis zur Rechten die Voten der Deputierten zugunsten einer umfassenden Religionsfreiheit bei weitem überwogen, nur in ihrer Interpretation stießen die Geister aufeinander. Eine gänzliche Trennung der weltlichen und geistlichen Institutionen lehnte die Mehrheit ab.

Eine Menschenrechtserklärung wurde 1848 ebensowenig der Verfassung vorangestellt wie 1830. Eine Reminiszenz enthält allerdings die Präambel, wo von der Republik gesagt wird: "Elle reconnaît des droits antérieurs et supérieurs aux lois positives" (1). An 1789 knüpfte die Trilogie der Freiheit, Gleichheit und Brüderlichkeit an. Aufgabe der Republik sei es, heißt es in der Einleitung, den Bürger in seiner Person, seiner Familie, seiner Religion, seinem Besitz und seiner Arbeit zu schützen. Im zweiten Kapitel, anschließend an die Erklärung, daß die Souveränität in der Gesamtheit der Bürger liege, figurieren die bürgerlichen Freiheiten. Die Individualrechte übertreffen jene der 1830er Verfassung (2). Dies gilt auch von der religiösen Freiheit. Dem Sinn nach identisch geht der Artikel 7 vom Prinzip der Freiheit und Gleichheit der Religion aus: "Chacun professe librement sa religion et reçoit de l'Etat pour l'exercice de son culte, une égale protection" (3). Stärker als in den beiden früheren Staatsverfassungen wird die Parität und Unabhängigkeit betont, indem nicht nur die 1814er Bestimmung von der römisch-katholischen Religion als "religion de l'Etat", sondern auch jene von 1830 von der "religion ... professée par la majorité des français" weggelassen wurde. Ungleichheit bestand

(1) F.Hartung: Die Entwicklung der Menschen- und Bürgerrechte von 1776 bis zur Gegenwart,Göttingen/Berlin-Frankfurt 1964, S.20.

(2) M.Deslandres: Histoire constitutionnelle de la France de 1789 à 1870,Bd.2,Paris 1932,S.349 f.Vgl.M.Duverger u. L.Sfez:Die staatsbürgerlichen Freiheitsrechte in Frankreich und in der Union Française,in:Die Grundrechte, Bd.1, 2.Halbband, Berlin 1967, S. 561.

(3) Z.Giacometti: Quellen zur Geschichte der Trennung von Staat und Kirche, Tübingen 1926, S. 79.

nur im Rechtsstatus der staatlichen Anerkennung oder Nichtanerkennung eines Kultes. Nur die Geistlichen der ersten Kategorie hatten ein Recht, vom Staat besoldet zu werden. Doch auch hier war die Fassung liberaler, indem die staatliche Unterstützung gemäß dem schon nach 1830 eingeführten positiven Recht nicht mehr auf die christlichen Kulte beschränkt blieb. Für die Kirchen von Bedeutung war auch Artikel 9, der die Freiheit des Unterrichts unter Aufsicht des Staates zum Grundrecht erhob. Als die unter dem Schutz General Cavaignacs am 4.November 1848 vollendete Verfassung Gesetzeskraft erhielt, war die schweizerische Bundesverfassung bereits von der Mehrheit der Kantone und des Volks angenommen.

Mit Interesse verfolgten die Radikalen der Schweiz, namentlich in den welschen Kantonen und im Tessin, das Risorgimento. In Italien galt die Erhebung dem gemeinsamen Gegner, dem Österreich Metternichs. Ähnlich wie die Eidgenossenschaft, suchte die Halbinsel ihre nationale Einheit zu verwirklichen, doch stand ihr kein konfessioneller Dualismus im Wege. Italien besaß eine politisch unbedeutende, kleine religiöse Minderheit, die von der Revolution religiöse Freiheit erhoffte. Als Flüchtling hatte Mazzini in der Schweiz für das Junge Italien geworben. Im Welschland fehlte es nicht an Anhängern, die gern aktiv in die Befreiung und Demokratisierung Italiens eingegriffen hätten. Gegen den Wunsch Henri Drueys und James Fazys hielt die Tagsatzung jedoch an der Neutralität fest und schlug eine Militärallianz mit Sardinien-Piemont ab (1). Zu den politisch-liberalen Zielen des italienischen Bürgertums gesellte sich beim städtischen

---

(1) E.Bonjour: Geschichte der Schweiz im 19.und 20.Jahrhundert, in: Geschichte der Schweiz, Bd.2, Zürich 1938, S. 485 f.

Bürgertum die religiöse Emanzipation. Es erstrebte im allgemeinen keinen Bruch mit der Kirche. Der Bund zwischen Thron und Altar blieb vorerst erhalten. Das von König Albert für den Piemont erlassene Verfassungsrecht erklärte an erster Stelle, daß die katholische Religion einzige Staatsreligion sei, gewährte jedoch den anderen Bekenntnissen ausdrücklich Duldung (1). Die schweizerische Presse berichtete von den Verbrüderungsszenen in Turin zwischen Katholiken und Waldensern. Als die Korporationen zum Fest der Freiheit die Hauptstadt des Piemonts durchzogen, wiesen sie den Waldensern den Ehrenplatz zu (2). Nicht nur die Protestanten sondern auch die Israeliten erhielten gleiche bürgerliche und politische Rechte.

Graf Camillo Cavour, der Italien unter dem Einfluß angelsächsischer Vorbilder, der Ideen Montalemberts und Vinets (3) die kirchenpolitische Doktrin "libera chiesa in libero stato" bringen sollte, beanstandete am sardinisch-piemontesischen Vorgehen von 1848, daß nur auf dem Weg der positiven Gesetzgebung und nicht durch die Verfassung das Recht der religiösen Freiheit gewährt werde.

---

(1) Art.1 des "Statuto del Regno" vom 4.3.1848: "La Religione Cattolica, Apostolica et Romana è la sola Religione dello Stato. Gli altri culte ora esistenti sono tollerati conformemente alle leggi". Z.Giacometti: Quellen zur Geschichte der Trennung von Staat und Kirche, Tübingen 1926,S.642.Storia d'Italia,Bd.3,Turin 1965, S.719.

(2) Christlicher Volksbote v.22.3.1848. In der Enzyklika "Mirari vos" vom 15.8.1832 hatte Gregorius XVI die Waldenser noch als Söhne Belials bezeichnet "qui humani generis sordes ac dedecora fuere, merito idcirco ab Apostolica hac Sede toties anathemate confixi". Recueil des Allocutions Consistoriales Encycliques, Paris 1865, S. 168.

(3) K.Rothenbücher: Die Trennung von Staat und Kirche, München 1908, S.100. F.Ruffini: Le origini elvetiche della formula del Cavour: "Libera Chiesa in libero Stato", in: Ultimi Studi sul Conte di Cavour, Bari 1936. Vgl.Z.Giacometti: Die Genesis von Cavours Formel: Libera Chiesa in libero Stato, in: Zürcher Beiträge zur Rechtswissenschaft,Heft 72,1919.

Er schrieb in einem Artikel des "Risorgimento" vom 18. Mai 1848 (1), daß ein so wichtiges Prinzip nicht auf indirektem Weg in die Konstitution eines hochzivilisierten Volkes eingeführt werden dürfe, sondern als eine der fundamentalsten Grundlagen des Gesellschaftsvertrages proklamiert werden müsse. Das Gewissen nannte er ein unverletzliches Heiligtum, die Gewissensfreiheit die wichtigste Eroberung der modernen Zivilisation, deren logische Konsequenz die Kultusfreiheit sei. Diese sollte nach Cavour allen Glaubensweisen zugute kommen.

Begeisterung bei den liberalen und Verwunderung bei den streng konservativen Katholiken der Schweiz lösten Pius IX. Reformen im Kirchenstaat aus, solange sie den Anschein erweckten, als suche der Papst die Aussöhnung mit dem freiheitlichen Zeitgeist, hatte doch sein Vorgänger Gregor XVI. in seinen Enzykliken den Liberalismus verurteilt. Vor allem die Ankunft des Sondergesandten des Papstes, J.F.O.Luquet - der Nuntius Alessandro Marciotti hatte die Schweiz verlassen, da er wußte, daß er Persona non grate war (2) - weckte Hoffnungen auf eine friedliche Gestaltung des Verhältnisses von Staat und Kirche im neu zu schaffenden schweizerischen Staat. Die radikale "Revue de Genève" kommentierte die Ankunft Luquets zu Beginn des Jahres mit den Worten, der Papst scheine zu wünschen, die Zukunft des Katholizismus auf das Prinzip einer gegenseitigen religiösen Freiheit zu stellen und so zu bewirken, daß die Religion

---

(1) Auszugsweise bei W.Maturi: L'Aspetto religioso del 1848 e la storiografia italiana, in: Convegno di Scienze Morali, Storiche e Filologiche, Rom 1949,S.270f.

(2) Zu Beginn des Jahres 1848 erschien Ludwig Snells "Geschichte der Einführung der Nuntiatur und ihre dargelegte Politik in authentischen Aktenstücken", worin der radikale Autor der Nuntiatur in der Schweiz dasselbe Schicksal wünschte wie den Jesuiten.

in Zukunft weder Vorwand noch Gelegenheit gebe, die Vervollkommnung der Institutionen in der Eidgenossenschaft zu hindern. Der Freie Rätier vom 28.April 1848 war der Meinung, der außerordentliche Nuntius habe sogar die Trennung von Staat und Kirche, wie sie in den Vereinigten Staaten bestehe, in Aussicht gestellt. Luquet kam aus Frankreich. Kein Wunder, daß man seine Äußerungen im Sinn Lamennais interpretierte. Das Wort "Trennung" war vieldeutig, der Vergleich mit Nordamerika nicht immer berechtigt. Nüchterner sind die Angaben der direkten Quellen. In seinem ersten persönlichen Schreiben an den Bundespräsidenten vom 11.Februar bot Luquet die Hand zu einem Vergleich mit dem römischen Stuhl auf der Grundlage allgemeiner Prinzipien und der besonderen Verhältnisse in den Kantonen, wobei er jene mit einer herrschenden Religion von den gemischt-konfessionellen Ständen unterschied. Ausführlicher sind die Anregungen, die er dem Vorort am 10.April mit dem päpstlichen Beglaubigungsschreiben unterbreitete (1) und worin er zum Ausdruck brachte, daß die Kirche dem Fortschritt der Völker kein Hindernis in den Weg legen wolle. Die Klosterfrage, heißt es in der Note, solle mit Rücksicht auf das zeitgemäße Bedürfnis gelöst werden. Außer einem Entgegenkommen in der Frage der Bistümer, der Wahl der geistlichen Würdenträger sowie der Immunität, deutete er allfällige Änderungen in der Kirchendisziplin betreffs der gemischten Ehen und der Feiertage an. (2)

Die kirchenpolitische Entspannung in der eidgenössischen Verfassungskommission, die vom Februar bis März tagte und zu der Luquet beitrug, ist unverkennbar. Es zeigte sich jedoch bald, daß die Skepsis der radikalen Zeitungen in bezug auf eine liberale Wendung der

---

(1) Eidg.Abschied der ordentlichen Tagsatzung 1847, Bd. 3, S. 26 ff.

(2) Siehe die 1858 in französischer Sprache und 1861 in deutscher Übersetzung erschienene Zuschrift des außerordentlichen Gesandten Luquet vom 15.10.1848 an Pius IX.: Lettre à N.S.Père le Pape Pie IX, sur l'état de la religion catholique en Suisse, Freiburg 1853,S.92 ff,211 ff.

katholischen Kirchenleitung berechtigt war. Am 6.Juni, mitten in den Verfassungsverhandlungen der Tagsatzung, meldete die konservative Neue Luzerner Zeitung die Desavuierung Luquets durch die römische Staatszeitung. Seine Mitteilungen galten fortan nur noch als Privatäusserungen. Der nach dem Urteil der Kurie allzu kompromissbereite Prälat wurde im gleichen Monat nach Rom beordert. Auch die Hoffnung der Neuguelfen, Pius IX. werde sich nach dem Vorschlag Vincenzo Giobertis an die Spitze der italienischen Erhebung gegen die österreichische Herrschaft stellen, erwies sich als trügerisch. In Rom wandte sich die Volksgunst vom Papst ab. Die Ernennung der gemässigt liberalen Pellegrino Rossi zum Ministerpräsidenten des Kirchenstaates - er hatte sich 1845 im Vatikan als Botschafter Frankreichs, der mit den schweizerischen Verhältnissen wohlvertraut war, vergeblich dafür eingesetzt, dass die Jesuiten aus Luzern zurückgerufen würden (1) - vermochte den Aufstand der Römer nicht zu verhindern. Er wurde am 15.November 1848 ermordet. Pius IX. floh nach dem napolitanischen Gaeta und konnte nur mit französischer Waffenhilfe nach Rom zurückkehren (2).

Mit ganz besonderem Interesse verfolgte die schweizerische Oeffentlichkeit die Nachricht, die über

---

(1) F.Strobel: Die Jesuiten und die Schweiz im XIX. Jahrhundert, Olten/Freiburg i.B. 1954, S. 324.

(2) R.Aubert: Le pontificat de Pie IX., in: Histoire de l'Eglise depuis les origines jusqu'à nos jours, Bd. 21, S. 27 ff. (1952)

die nördlichen Grenzen eindrangen (1). Aus Deutschland kamen 1847 die meisten Adressen - etwa 30 an der Zahl mit über 5000 Unterschriften - die den Sieg des Radikalismus über den Sonderbund begeistert begrüßten. Sie gaben den Radikalen der Schweiz für kurze Zeit das Hochgefühl, auch für die demokratische Erneuerung Deutschlands gekämpft zu haben (2). Für die Entstehung des schweizerischen Bundesstaates war der Sturz Metternichs durch die Wiener Märzrevolution von großer Bedeutung, befreite er doch die Eidgenossenschaft von der größten Interventionsgefahr. Als kurz darauf auch in Berlin Unruhen ausbrachen, hinderte die Revolution Friedrich Wilhelm IV. die dynastischen Interessen seines Fürstentums Neuenburg, das sich gewaltsam von Preußen löste, energisch zu wahren.

Die Ähnlichkeit der nationalen Aufgabe in Deutschland und der Schweiz war den eidgenössischen Erneuerern bewußt (3). Frankreich besaß längst einen in Verwaltung und Gesetzgebung zentralisierten Staat. Der konfessionelle Dualismus spielte bei der Entstehung der ersten und zweiten Republik eine untergeordnete Rolle. In Italien wiederum ging es um die politische Einigung katholischer

---

(1) Siehe E.Lehmann: Die Spiegelung der deutschen revolutionären Ereignisse von 1848/49 in der schweizerischen Presse, Bern 1935.

(2) W.Näf gab der Untersuchung über die Zusammenhänge der Ereignisse in der Schweiz und in Deutschland die bezeichnende Überschrift: Der schweizerische Sonderbundskrieg als Vorspiel der deutschen Revolution von 1848, in:Basler Zs.f.Gesch.u.Altertumskunde,Bd.XIX,Basel 1919. Siehe auch vom gleichen Autor: Die Schweiz in der deutschen Revolution 1847-1849, Frauenfeld 1929.

(3) Als "Mikrokosmos" und "verkleinertes Spiegelbild" Deutschlands bezeichnete die "Augsburger Allgemeine Zeitung" vom 10.3.1848 die Einigungsbewegung in der Schweiz. Zit.nach C.Megerle: Die Bundesverfassung der Schweiz vom 12.September 1848 und die Verfassung der Paulskirche, Tübingen 1922,S.14. Mitarbeiter der einflußreichen deutschen Zeitung zählten zu den Urhebern der gesamtdeutschen Verfassung der Paulskirche.

Staaten. Nicht so in Deutschland. Hier war das Ziel die Wandlung des nach der Niederlage Napoleons entstandenen paritätischen Staatenbundes in einen deutschen Gesamtstaat. Alfred Escher wies in der Eröffnungsrede der ordentlichen Frühlingssitzung des Zürcher Großen Rates auf die Parallelität der nationalen Bestrebungen beider Länderkomplexe hin: "In Deutschland, dessen einzelne Bestandteile bis anhin durch das lose Band eines Staatenbundes zusammengehalten wurden, ertönt jetzt der Ruf nach Umwandlung des Staatenbundes in einen Bundesstaat aufs kräftigste. Es ist dies derselbe Ruf, der sich in der Schweiz schon seit vielen Jahren hören ließ und der sich gegenwärtig natürlich mit doppelter Kraft geltend macht. Wir sehen also hier eines der bedeutendsten Länder Europas in seinen Bestrebungen mit unserm Vaterland Hand in Hand zu gehen" (1).

Das Cujus regio eius religio des Westphälischen Friedens, das der Erhaltung der Glaubenseinheit der Territorien diente, war in Deutschland seit den napoleonischen Kriegen weitgehend dem paritätischen Staatsbegriff gewichen. Seit den Säkularisationen und Mediatisierungen waren alle größeren süd- und mitteldeutschen Staaten konfessionell gemischt. Da die Bundesakte von 1815 die Parität für die christlichen Religionen im Artikel 16 (2) zwar erwähnte, sie jedoch nur auf die bürgerlichen und politischen Rechte bezog, war die Kultusfreiheit für die anerkannten Kirchen und erstrecht für Gemeinschaften im deutschen Bundesrecht nicht ausdrücklich garantiert.

---

(1) Beilage zur Neuen Zürcher Zeitung vom 30.3.1848. Am 29.April warnte dieselbe Zeitung den schweizerischen Zwerg, dem deutschen Riesen, der sich so gar nicht demokratisch benahm, Beistand zu leisten.

(2) W.Näf: Die deutsche Bundesakte und der schweizerische Bundesvertrag von 1815, Bern 1959, S. 41.

Doch es war immerhin ein Ansatz für einen erweiterten Freiheitsbegriff religiöser Nichtdiskriminierung vorhanden, der durch die bundesrechtlich geschützte Niederlassungsfreiheit nach Erfüllung drängte. Wie in der Schweiz ordneten die Länder, das Verhältnis des Staates zu den Kirchen souverän. Selbst in den konstitutionellen west- und süddeutschen Staaten, wo die Ideen der französischen Revolution am lebendigsten geblieben waren, hatten die Fürsten in der Regel dem Staatskirchentum mit seinen intoleranten Begleiterscheinungen wieder den Vorzug gegeben (1). Im katholischen Österreich vermochte der Josephinismus die Vertreibung im Jahr 1837 der 400 dem Augsburger Bekenntnis anhangenden Zillertaler (2) durch die Tiroler Behörden nicht zu verhindern. Auch in Deutschland bekamen religiöse Minoritäten, die zum Schutz der Staatskirchen diktierten kirchenrechtlichen Gesetze und Verordnungen zu spüren. Zur gleichen Zeit als Friedrich Wilhelm III. den verbannten Österreichern Asyl gewährte, wanderten mehrere tausend schlesischer Altlutheraner aus Protest gegen die Auswirkungen des königlichen Summepiskopats, die ihre religiöse Tradition verletzten, nach den um ihrer politischen und religiösen Freiheit gerühmten Vereinigten Staaten aus (3). Dem Gemeinschaftswesen, ob kirchlich-pietistischer oder separatistischer Art, waren in den deutschen Ländern meist enge Schranken gezogen (4).

---

(1) Vereinzelt garantierten Verfassungen deutscher Länder im Vormärz die Gewissens- und Glaubensfreiheit. Die badische Verfassung vom 22.8.1818 und die kurhessischen Grundrechte vom 5.1.1831 gewährten auch die Bekenntnisfreiheit.E.R.Huber: Deutsche Verfassungsgeschichte seit 1789, Bd.2, Stuttgart 1960, S. 69. F.Hartung: Die Entwicklung der Menschen- und Bürgerrechte von 1776 bis zur Gegenwart, Göttingen/Berlin/Frankfurt 1964,S.61.

(2) F.Schnabel: Deutsche Geschichte im neunzehnten Jahrhundert, Bd.4, Freiburg i.B. 1937, S. 26.

(3). F.Schnabel: a.a.O., S. 347.

(4) F.Schnabel: a.a.O., S. 457.

Oppositionelle liberale und radikale Staatstheoretiker und Politiker traten im vormärzlichen Deutschland für ein religiös freies Staatsbürgerrecht und eine Lockerung oder gar Trennung des Verhältnisses von Staat und Kirche ein(1). Während die gemäßigt-liberalen Konstitutionellen der Entchristlichung der Gesellschaft zu wehren suchten, wollten die Linksradikalen das bürgerliche und politische Recht von jeglicher religiösen Bindung lösen. Dabei sollte auch zwischen Gläubigen und Ungläubigen kein Unterschied mehr gemacht werden. Dieses Recht verteidigte der Führer der Berliner Junghegelianer, Bruno Bauer (2). Er lehnte Preußens offizielle Staatschristlichkeit ab und forderte die völlige Laizisierung des Staates. Sein Kampf war gegen den überlieferten Glauben gerichtet (3). Ähnlich dachte Julius Fröbel (4), der Neffe des Pädagogen. Er wirkte als Emigrant in den 30er und 40er Jahren im Kanton Zürich (5). 1848 gehörte er der deutschen Nationalversammlung an.

---

(1) Siehe A.Hugenschmidt: Untersuchung des deutschen staatsrechtlichen Schrifttums. Das Problem des Verhältnisses von Kirche und Staat bei liberalen und radikalen Theoretikern des vormärzlichen Deutschland,Lörrach 1931.

(2) A.Hugenschmidt: a.a.O., S. 93 ff.

(3) A.Hugenschmidt: a.a.O., S.102 ff.

(4) A.Hugenschmidt: a.a.O., S.130 ff, S.182.

(5) In Zürich, wo Julius Fröbel an der Universität doziert hatte, erschien von ihm 1840 anonym:"Die Bedeutung der Kirche und des Cultus auf der Stufe freier, menschlicher Bildung" und 1844 "Verbrechen der Religionsstörung nach den Gesetzen des Kantons Zürich",Zürich/Winterthur. Eine direkte Aufforderung an die Radikalen der Schweiz, den Katholizismus, der als Todfeind der menschlichen Freiheit und Kultur bezeichnet wurde, durch die Bundesgewalt zu vernichten, enthält die auf schweizerische Verfassungsverhältnisse eingehende Schrift des deutschen Sozialisten Abt: "Die Schweiz, ihre Gegenwart und Zukunft. Eine Denkschrift zur richtigen Beurtheilung ihrer politischen Entwicklung seit dem Jahre 1831 bis zur gewaltsamen Auflösung des Sonderbundes, Frankfurt a.M. 1848, S. 186 ff, 402 ff.

Bei den Liberalen und Radikalen Deutschlands zeigte sich eine grössere Bereitschaft als in der Schweiz, die völlige Glaubens- und Gewissensfreiheit, so unterschiedlich auch die Motive waren, auf den Kultus und auf separatistische Gemeinschaften auszudehnen. Dies war bei Gustav Struve, dem radikalen Badener Führer, der zu den schweizerischen Linksradikalen Beziehungen hatte, der Fall. Er trat in seinen 1847 und 1848 erschienenen staatsrechtlichen Veröffentlichungen für eine deutsche Föderativrepublik nach amerikanischem Vorbild ein (1). Den "Grundrechten des deutschen Volkes" widmete er eine 1848 in Birsfelden erschienene Arbeit. Struve war mit den historischen Kirchen verfeindet, weil sie nach seiner Ueberzeugung den menschlichen Geist knechteten und dem Staat gehorsame Untertanen schaffen würden (2). Seine Hoffnung galt Arnold Ruges dogmenfreier deutschkatholischer Bewegung. Er feierte sie als Reformation des 19. Jahrhunderts (3). Struve wollte weder eine vom Staat beherrschte noch eine privilegierte Kirche. Er forderte Kultusfreiheit für alle, auch die Sekten, und trat für die Judenemanzipation ein (4).

---

(1) G.Struve: Kritische Geschichte des allgemeinen Staatsrechts, Mannheim 1847, S.353.
G.Struve: Grundzüge der Staatswissenschaft, Mannheim 1847/48, Bd.2, S.163.

(2) G.Struve: a.a.O., Bd.1, S.166 f, S.348.
Die von der Kurie und dem Episkopat scharf bekämpfte deutsch-katholische Bewegung zählte 1847 259 Gemeinden mit 88 Geistlichen und ungefähr 60'000 Mitgliedern, ehemalige Katholiken und Protestanten. E.R.Huber: Deutsche Verfassungsgeschichte seit 1789, Bd.2, Stuttgart 1960, S.266.

(3) G.Struve: Briefe über Staat und Kirche, Mannheim 1846, S.28, 54 f, 57.

(4) A.Hugenschmidt: Untersuchung des deutschen staatsrechtlichen Schrifttums. Das Problem des Verhältnisses von Kirche und Staat bei liberalen und radikalen Theoretikern des vormärzlichen Deutschland, Lörrach 1931, S. 149 ff.

Stärker als Gustav Struve hat der die Transzendenz des christlichen Glaubens bejahende Rechtsgelehrte Karl Theodor Welcker, der Führer der liberalen Süddeutschen, mit der religiösen Freiheit die Notwendigkeit der Bindung des Staates an die Sittlichkeit des Christentums betont. Nach Rottecks Tod war Welcker der alleinige Herausgeber des bekannten "Staatslexikons", das 1846/47 in Altona in zweiter Auflage erschien. Auch er lehnte den konfessionellen Staat ab. Welcker aber empfahl ebensowenig eine absolute Trennung von Staat und Kirche. Er wandte sich in seiner Verteidigung der Freiheit der Religion gegen die Ultras von links und rechts und glaubte bei aller grundsätzlichen Bejahung individueller religiöser Freiheit und der Selbständigkeit von Kirche und Staat an eine beide Institutionen fördernde Wechselwirkung (1). Welcker nahm bei der Ausarbeitung der Grundrechte der Frankfurter Nationalversammlung führenden Anteil.

Auch in Deutschland kannten die gemischtkonfessionellen Staaten religionspolitische Integrationsschwierigkeiten, deren Verschärfung in den 30er Jahren mit der Glaubensbelebung innerhalb der Kirchen zusammenfiel. Dies war namentlich in der neuerworbenen Rheinprovinz des mehrheitlich protestantischen Preussen der Fall. Seit der Thronbesteigung Wilhelm IV. hatte sich die konfessionelle Spannung zwischen Protestanten und Katholiken verringert. Der Kirchenstreit(2),der 1837 zwischen Preussen und der katholischen

---

(1) A.Hugenschmidt: Das Problem des Verhältnisses von Kirche und Staat bei liberalen und radikalen Theoretikern des vormärzlichen Deutschland, Lörrach 1931,S.152 ff.

(2) F.Schnabel: Deutsche Geschichte im neunzehnten Jahrhundert, Bd.4, Freiburg i.B. 1937, S.133 ff. Während die katholische Kirche in Preussens Vorgehen Protestantisierungsabsichten zu erkennen glaubte, sah die Regierung in Berlin im Verhalten der Hierarchie einen Missbrauch geistlicher Macht zur Proselytenmacherei.
E.R.Huber: Deutsche Verfassungsgeschichte seit 1789, Bd.2, Stuttgart 1960, S. 187.

Minderheitskirche zur Verhaftung des Erzbischofs Droste-Vischering geführt hatte, weil das kirchliche Oberhaupt in Köln sich der staatlichen Mischehenpraxis widersetzte, war zugunsten der katholischen Kirche beigelegt worden. Das landesherrliche Plazet wurde aufgehoben. Der König war gewillt, auch der evangelischen Landeskirche ein grösseres Mass von Selbständigkeit zu geben. Den separatistischen und freigeistigen Bewegungen gegenüber brachte die Lockerung des Staatskirchentums, wie sie schon der einflussreiche Theologe Friedrich Schleiermacher (1) gewünscht hatte, grössere Freiheit (2). So wurde durch das Religionspatent vom 30.März 1847, veranlasst durch freireligiöse Bewegungen katholischer und evangelischer Herkunft, zum ersten Mal der Austritt aus der Landeskirche und die Bildung freier Gemeinden als statthaft erklärt. Nun konnten die schlesischen Altlutheraner ihre eigene staatlich anerkannte Kirche bilden. Die Zivilehe erhielt in Preussen allgemein rechtliche Anerkennung. Noch hatten im Vormärz die

---

(1) Schleiermacher, der als Schüler der Herrnhuter Verständnis für das Gemeinschaftswesen besass, schwächte in der dritten Auflage seiner Reden "Ueber die Religion" das Lob der angelsächsischen Freikirchen etwas ab. In einer evangelischen Volkskirche, die im Bekenntnis frei genug wäre, um selbst die Täufer aufzunehmen, sah er das Kirchenideal. F.Schnabel: Deutsche Geschichte im neunzehnten Jahrhundert, Bd.4, Freiburg i.B. 1937,S.353.

(2) Im Jahr 1846 ehrte die theologische Fakultät in Berlin in der Person Alexandre Vinets die dissidenten waadtländischen Pfarrer, indem sie dem Autor der Abhandlungen über die Kultusfreiheit den Ehrendoktor verlieh. E.Staehelin: Alexandre Vinets ausgewählte Werke, Bd.4, Zürich 1945, S.145. In seinem Schreiben vom 8.12.1847 an Bunsen, der von 1839 bis 1841 preussischer Gesandter in der Schweiz war, hat Wilhelm IV. die Ausweisung der Jesuiten und die wirkliche Kultusfreiheit als conditio sine qua non des Friedens in der Schweiz bezeichnet. Text bei E.Bonjour: Die Gründung des schweizerischen Bundesstaates, Basel 1948, S. 295.

weltlichen und geistlichen Spitzen geglaubt, die Christlichkeit des Staates, wie sie der den Erwekkungskreisen nahestehende Friedrich Wilhelm IV. und der konservative Rechtsgelehrte Friedrich Julius Stahl vertraten (1), gegen die religiös-freisinnigen und aufklärerisch-naturrechtlichen Strömungen aufrecht erhalten zu können. Die Revolution vom März 1848 aber wandte sich vom Begriff des christlichen Staates ab und forderte ein religiös und politisch freieres Verfassungsrecht, das auch das Verhältnis des Staates zu den Kirchen umgestalten mußte.

Die Berliner Allgemeine Kirchenzeitung vom 25.März 1848 meldete nach dem Aufstand in der Stadt, demzufolge Wilhelm IV. ein liberales Ministerium einsetzte und die Einberufung einer preußischen Nationalversammlung versprach, die große Umwälzung des Staatswesens nötige der Kirche eine neue Stellung dem Staat gegenüber und ganz neue Grundsätze für ihre eigene Zukunft auf. Die wahre konstitutionelle Verfassung, die jetzt in den deutschen Staaten eingeführt werden solle, hieß es in jener Meldung, mache die völlige Trennung der Kirche vom Staat nötig (2). Das Prinzip gänzlicher Trennung der geistlichen von der weltlichen Gewalt war im Luthertum ebenso wenig vorbereitet wie in der Kirche Zwinglis. Es fand in Deutschland keinen fruchtbaren Boden (3).

---

(1) F.Schnabel: Deutsche Geschichte im neunzehnten Jahrhundert, Bd.4, Freiburg i.B. 1937, S.529 ff. Stahl hat in seiner 1840 erschienenen "Kirchenverfassung nach Lehre und Recht der Protestanten" im Anhang (S.279 ff) gegen Vinets Prinzip der gänzlichen Trennung von Staat und Kirche Stellung genommen, weil sie eine völlige Entgöttlichung und Entsittlichung des Staates zur Folge habe.E.Staehelin: Alexandre Vinets ausgewählte Werke,Bd.1,Zürich 1944, S. 124 f.

(2) Wiedergabe im Christlichen Volksboten aus Basel vom 5.4.1848.

(3) K.Rothenbücher: Die Trennung von Staat und Kirche, München 1908, S. 77 ff.

Von "Trennung" im kirchlichen Interesse sprachen nun auch die katholisch-konservativen Kreise, nachdem es sich gezeigt hatte, daß die Revolution einen konstitutionell-liberalen konfessionslosen Gesamtstaat erstrebte. In München war Joseph von Görres, dessen Athanasius zur Kampfschrift des politischen Katholizismus geworden war, gestorben. Andere Führer des Münchner Kreises, wie Ignaz von Dollinger (1), traten nach der Revolution im Zuge des Einheitsstrebens kräftig für die Unabhängigkeit der katholischen Kirche ein. Einen starken Halt hatte die klerikal gesinnte Bewegung im rheinischen katholischen Bürgertum, das sich im Kampf gegen den fürstlichen Spätabsolutismus den politischen Zielen des französisch-katholischen Liberalismus besonders zuneigte. Bis zum Vorabend der Revolution waren die Münchner "Historisch-Politischen Blätter" und der Mainzer "Katholik" gegenüber den konstitutionellen Ideen zurückhaltend (2). Nun aber glaubten die ultramontanen Katholiken, in der Allianz mit den Liberalen die freie Zukunft der Kirche zu sehen. "Haltet zusammen... eng und fest!" hatte Görres im "Athanasius" den Katholiken zugerufen, "denn ihr habt Alle ein und dasselbe Ziel, und dies Ziel ist: die ganze und volle Realisirung der feierlich gewährten Religionsfreiheit, und der zugesagten politischen und bürgerlichen Gleichheit der Confession in ihrem ganzen Umfang ohne Gefährde und Hinterhalt"(3). Es sah aus, als ob die Klerikalen im Bund mit den Radikalen sogar bereit wären, jene gänzliche Sonderung von

---

(1) Seine 1848 beendete dreibändige Reformationsgeschichte ist vom streng katholischen Konfessionalismus geprägt.

(2) F.Schnabel: Deutsche Geschichte im neunzehnten Jahrhundert, Freiburg i.B. 1937, Bd. 4, S. 195.

(3) J.Görres: Athanasius, Regensburg 1838, S. 163.

Kirche und Staat zu fordern, von der Görres in sinngemäßer Übereinstimmung mit der päpstlichen Enzyklika "Mirari vos" geschrieben hatte, sie sei "eine durch und durch nichtige, abgeschmackte, widersinnige und ganz und gar verwerfliche Irrlehre" (1).

Als Vorbild diente den Katholiken vor allem die belgische Verfassung. Sie gewährte allgemeine Gewissens- und Glaubensfreiheit, schützte aber auch die Freiheit der Kirche und des konfessionellen Unterrichts. Die Trennung von Staat und Kirche ging dabei nicht bis zur Preisgabe der Unterhaltungspflicht durch den Staat, so daß die Katholiken von der Freiheit für ihre Kirche und den katholischen Unterricht mehr Nutzen als Schaden zogen. Im Unterschied zu den liberalen französischen Verfassungen gab es im belgischen Grundrecht keine Rechtsgleichheit der Kulte. Die kleine protestantische Minderheit erfreute sich der Kultusfreiheit, war im übrigen aber benachteiligt.

Die religiös-konservativen Katholiken stellten zwar nur eine Minderheit der katholischen Wähler dar, kompensierten ihre numerische Schwäche jedoch durch ihre Dynamik. Die durch die Revolution in den deutschen Staaten errungene Vereins- und Versammlungsfreiheit führte nach dem Beispiel von Mainz zur Gründung zahlreicher "Pius-Vereine für religiöse Freiheit". Die führende klerikal ausgerichtete Zeitung am Rhein "Der Katholik" schrieb am 4.März: "Wir akzeptieren alle uns in der jüngsten Zeit gewordenen Reformen und fordern: Religions- und Gewissensfreiheit für alle, woraus sich die bürgerliche und politische Gleichstellung aller Konfessionen von selbst ergibt"(2). Es war das gegenteilige Ziel, wofür der Sonderbund gekämpft hatte.

---

(1) J.Görres: Athanasius, Regensburg 1838, S. 22.

(2) Zit.bei R.Lempp: Die Kirchenpolitik der Klerikalen im Frankfurter Parlament, Tübingen 1913, S. 23.

Am 1.April 1848, kurz vor Beendigung des Projekts der eidgenössischen Verfassungskommission, meldete die Neue Zürcher Zeitung unter den Hauptgrundzügen des von der 17er Kommission des Bundestages ausgearbeiteten Entwurfs des deutschen Reichsgrundgesetzes das unveräußerliche staatsbürgerliche Recht der Pressefreiheit, Denkfreiheit, Gewissens- und Kultusfreiheit, das Assoziations- und Versammlungsrecht, freie Aufenthalts- und Niederlassungsbewilligung in ganz Deutschland. Der Entwurf wurde von dem bekannten Historiker und Staatswissenschaftler Friedrich Christoph Dahlmann bearbeitet. Sein Liberalismus war am englischen Vorbild geschult. Er war es, der die subjektiven Rechte erst unter dem vierten Abschnitt (1) einreihte. An letzter Stelle figurierten die geistigen Rechte, zu denen die Glaubens- und Kultusfreiheit gehörten. Die Präambel erklärte, das Reich gewährleiste dem Volk, den einzelnen Regierungen gegenüber, die Grundrechte, die zugleich der Verfassung jedes einzelnen Staates zur Norm dienen sollten. Diese zentralistische Tendenz ist in den Freiheitsrechten erhalten geblieben. Sie war gegen die staatsautoritäre Rechtspraxis der Einzelstaaten gerichtet, die zur Verfolgung der Liberalen geführt hatte.

Der Kompromißcharakter des Verfassungsentwurfs der 17 Vertrauensmänner des Bundestages, der nicht die Nation, sondern unter Österreichs Vorsitz die Stände vertrat, fand weder den Gefallen der Regierungen noch der Öffentlichkeit. In der Nationalversammlung, die aus demokratischen Wahlen hervorging und seit dem 18.Mai in der Paulskirche zu Frankfurt tagte, zeigte sich, daß den Grundrechten und namentlich der religiösen Freiheit mit all ihren Implikationen bei der Schaffung eines

---

(1) H.A.Strauss: Staat, Bürger, Mensch, Aarau 1947, S. 34, Anm. 28.

deutschen Gesamtstaates eine größere Bedeutung zukam, als es durch den Verfassungsentwurf des Bundestages den Anschein hatte. In keiner Konstituante der Schweiz war die Bedeutung der Freiheit der Religion und der Kirche in der Wende zum religiös-pluralistischen Staatswesen mit solcher Vielseitigkeit und theoretischer Gründlichkeit zur Sprache gekommen, wie es in dieser ersten deutschen Nationalversammlung (1) mit ihrer Mehrheit an akademisch gebildeten Volksvertretern geschah. Der an den deutschen Universitäten vorherrschende Geist der Aufklärung brachte es mit sich, daß die religiös meist freier und toleranter dachten als die traditionsgebundenere Masse des Volkes (2). Von der radikalen Linken bis zur konservativen Rechten, die beide in Minderheit waren, kamen alle politischen und religiösen Ansichten zu Wort. Die breite Mitte bildeten die liberalen Konstitutionellen. Es war ein Zeichen der religiösen Toleranz bei den Wahlen der Volksvertreter, daß in der Nationalversammlung auch kleine religiöse Minderheiten, wie die Israeliten und die Mennoniten, vertreten waren(3). Unter den Abgeordneten gab es katholische und protestantische Geistliche, darunter Bischöfe und Dekane. Die Parteigruppierungen schieden sich in der Regel nicht nach Konfessionen, sondern nach rein politischen Anschauungen. Protestanten und Katholiken hielten sich in der Zusammensetzung der verfassungsgebenden Nationalversammlung so ziemlich die Waage.

---

(1) Einen Vergleich im Kleinen erlaubt höchstens der Genfer Verfassungsrat von 1842.

(2) F.Valjavec: Das kulturelle und geistige Erbe, in: Historia Mundi, Bern/München, Bd.10, 1961, S. 487.

(3) Der liberale mennonitische Bankier und Abgeordnete in der Nationalversammlung, Hermann von Beckerath, wurde 1848 ins Reichsministerium gewählt. Vizepräsident der Nationalversammlung war der israelitische Vorkämpfer für jüdische Emanzipation G.Riesser. W.Keller: Und wurden zerstreut unter alle Völker, Zürich 1966, S.450.

Es fällt im Vergleich zum Entwurf des Bundestages auf, daß in der Nationalversammlung die Grundrechte, die das gemeinsame Ideengut der Opposition der 40er Jahre waren, in den Vordergrund rückten, teils um der demokratischen Linken entgegenzukommen, teils wohl mit dem Wunsch, durch die schwierige Frage der Bundesstruktur die nationale Erneuerung nicht von vornherein zu gefährden. So legte denn die Verfassungskommission dem 585 Abgeordnete zählenden Plenum im Juni vorerst einen erweiterten Grundrechtskatalog vor. Dieser wurde auch in der Schweiz bekannt und hat die Diskussionen über die religiöse Freiheit in den Räten und der Tagsatzung beeinflußt. Der zentralistische Charakter wird durch die bis zur Annahme unverändert beibehaltene Bestimmung im ersten Paragraphen deutlich gemacht. Es hieß nun, keine Verfassung oder Gesetzgebung eines deutschen Einzelstaates solle die Grundrechte des Volkes je aufheben oder beschränken können (1). Zum ersten Mal war ausdrücklich ein deutsches Staatsbürgerrecht vorgesehen, das in jedem deutschen Land Gültigkeit haben sollte. Es folgten Bestimmungen über die Freizügigkeit, die Gleichheit vor dem Gesetz, die Abschaffung der Todesstrafe und der Standesunterschiede, der Unverletzlichkeit der Person und der Wohnung, der Zustellung der Briefe, des Briefgeheimnißes und der Pressefreiheit. Der anschließende Artikel enthielt im Entwurf (2) vier Paragraphen, in denen die individuelle religiöse Freiheit durch die folgenden Sätze eine sehr liberale Formulierung erhielt: "Jeder Deutsche hat volle Glaubens- und Gewissensfreiheit. Jeder Deutsche ist unbeschränkt in der gemeinsamen häuslichen und öffentlichen Übung seiner Religion" (3). Daß es sich nicht um

---

(1) L.Bergsträsser: Die Verfassung des deutschen Reiches vom Jahre 1849. Mit Vorentwürfen, Gegenvorschlägen und Modifikationen bis zum Erfurter Parlament, Bonn 1913, S.72.

(2) Bereits der von Dahlmann, Mühlfeldt und Robert von Mohl ausgearbeitete Vorentwurf, den die Unterkommission am 1.6.1848 vorlegte, enthielt das Grundrecht völliger religiöser Freiheit.

(3) Die Formulierungen sind unverändert in den §§.144 u.145 der Reichsverfassung von 1849. A.a.O., S.79.

abstrakte Menschenrechtspostulate (1) handelte, sondern um praktische staatsrechtliche Normen für die deutschen Bürger zeigt die Einschränkung der Kultusfreiheit bei Verbrechen und Vergehen, die nach dem Gesetz bestraft werden sollten. Der folgende Paragraph brachte als eine weitere Gewähr individuell-religiöser Freiheit den Hinweis auf die Konfessionslosigkeit des Staatsrechts: "Durch das religiöse Bekenntnis wird der Genuß der bürgerlichen und staatsbürgerlichen Rechte weder bedingt noch beschränkt" (2). Doch auch hier wurde eine Einschränkung angefügt, wonach den staatsbürgerlichen Pflichten kein Abbruch getan werden dürfe. Die Geistlichkeit sollte von der Führung der Zivilstandsregister entbunden werden.

Als Grund, weshalb die von Bassermann geleitete Kommission nicht - wie es Minoritätsgutachten wünschten (3) - Trennung der weltlichen und geistlichen Gewalten als allgemeines Staatsprinzip empfahl, gibt der erläuternde Bericht des Rechtsgelehrten Georg Beseler vom 19.Juni an:

---

(1) Auf Wigarts Antrag, eine Erklärung der Menschenrechte voranzustellen, entgegnete Georg Beseler, daß diese in den Anfängen der amerikanischen und französischen Revolution als Bruch mit dem Feudalstaat ihre große Bedeutung gehabt hätten. Jetzt aber seien jene Gedanken Gemeingut. Die Verhandlungen des Verfassungs-Ausschußes der deutschen Nationalversammlung, Leipzig 1849, S. 4.

(2) Dieser Paragraph ist unverändert geblieben. Siehe § 146 der Reichsverfassung. L.Bergsträsser: Die Verfassung des deutschen Reiches vom Jahre 1849... Bonn 1913, S. 79 f.

(3) Der Vorschlag der katholisch-klerikalen Minderheit, den der protestantische Geistliche Jürgens unterstützte, lautete: "Die bestehenden und die neu sich bildenden Religionsgesellschaften sind als solche unabhängig von der Staatsgewalt; sie ordnen und verwalten ihre Angelegenheiten selbständig." R.Lempp: Die Kirchenpolitik der Klerikalen im Frankfurter Parlament, Tübingen 1913, S. 11.

Der Ausschuß habe Bedenken gehabt, die konfessionellen Fragen so allgemein mit den politischen in Verbindung zu bringen; es sei dadurch schon einmal die Wiederherstellung Deutschlands verhindert worden (1). Die Mehrheit der Verfassungskommission hatte sich dem von Beseler und Waitz vertretenen kirchenpolitischen Realismus angeschlossen (2). Sie begnügten sich damit, nebst der individuellen Religionsfreiheit zu erklären, daß neue Religionsgesellschaften sich bilden dürfen und keine Anerkennung ihres Bekenntnisses durch den Staat nötig hätten.

Die Debatten über den religiösen Artikel III der Grundrechte in der Pauluskirche gehörten zu den ausführlichsten und leidenschaftlichsten der Nationalversammlung (3). Sie dauerten vom 21.August bis zum 12. September. Da sie in eine Zeit fielen, wo die Tagsatzung den Entwurf der Bundesverfassung bereits durchberaten hatte, konnten die Verhandlungen der deutschen konstituierenden Versammlung,soweit sie durch deutsche Zeitungen oder die schweizerische Presse bekannt wurden, höchstens noch auf die kantonalen Abstimmungen einen Einfluß ausüben. Seit dem Sommer war in der schweizerischen Öffentlichkeit die Erwartung eines bleibenden Sieges der nationalen demokratisch-liberalen Revolution in Deutschland jedoch merklich zurückgegangen. Größere Beachtung fanden die Verhandlungen in der Paulskirche noch bei den gemäßigten Liberalen.

---

(1) Die Verhandlungen des Verfassungs-Ausschußes der deutschen Nationalversammlung, hrsg.v.J.G.Droysen, Leipzig 1849, S. 380 f.

(2) H.A.Strauss: Staat, Bürger, Mensch, Aarau 1947,S.81.

(3) Stenographischer Bericht über die Verhandlungen der deutschen constituierenden Nationalversammlung zu Frankfurt am Main, Bd.3,S.1774 ff.Valentin Veit spricht vom Höhepunkt des ersten Beratungsabschnittes der Grundrechte. Geschichte der deutschen Revolution von 1848-49, Bd.2, Berlin 1849, S. 131.

Verwirrend mußte die Haltung der deutschen und französischen katholischen Partei auf die konservativen Katholiken der Schweiz wirken, wie aus der unterschiedlichen Bewertung der Frage des Verhältnisses von Staat und Kirche in ihrer Presse ersichtlich ist (1). Der "Katholische Verein", in dem sich in Frankfurt die streng kirchlich Gesinnten zusammenfanden, bot unter der Führung des mit Friedrich Wilhelm IV. befreundeten preußischen Generals Josef Maria von Radowitz in den Fragen der religiösen Freiheit eine gemeinsame Front, während sie sich in den allgemeinen politischen Fragen schieden. Ihre Voten erhielten dadurch Gewicht, daß neun Zehntel aller Volkseingaben über die Grundrechte, die bis zum August eingingen - 1142 Petitionen mit 273'000 Unterschriften (2) - sie in den Forderungen nach völliger religiöser Freiheit unterstützten. Das Kernstück der Forderungen der Petitionäre war, wie es in der Mainzer Eingabe hieß, die Freiheit der Kirche "in ihrer Lehre und ihrem Kultus, in ihrer Verfassung, in der Anstellung ihrer Geistlichen, in ihrer Disziplin und in der Verwaltung ihres Vermögens"(3). Nur aus Österreich kam keine Unterstützung zugunsten einer umfassenden Kirchenfreiheit. Eine solche Unabhängigkeit der Kirche widersprach dem herrschenden Josephinismus. Die ultramontan Gesinnten Österreichs wiederum nahmen Anstoß an der individuellen Glaubens- und Kultusfreiheit, für die die Piusvereine ebenfalls eintraten.

---

(1) "Wahrhaftig", schrieb die katholisch-klerikale Neue Luzerner Zeitung vom 25.4.1848,"bei den großartigen Weltumgestaltungen dürfte mancher Konservative über die Lage und Aufgabe seiner Partei irre werden."

(2) E.R.Huber: Deutsche Verfassungsgeschichte seit 1789, Bd.2, Stuttgart 1960, S.687, Anm. 15.

(3) E.R.Huber: a.a.O., S. 686 f.

Die schriftlichen und mündlichen Äußerungen der Klerikalen sind in den kirchenrechtlichen Implikationen widersprüchlich (1). Sie machen den Anschein, daß sie eher auf gänzliche Sonderung von Kirche und Staat nach amerikanischem als nach belgischem Modell ausgingen(2). Es fällt jedoch auf, daß der von 46 Abgeordneten unterstützte Antrag Nagels zu § 14, der in seinem ersten Teil den Text der kommissionalen Minderheit aufgriff, nur auf Unabhängigkeit der Kirchen lautete (3) und daß bei den religiös Konservativen in der Regel von Trennung der Kirche vom Staat und nicht umgekehrt, wie bei den Radikalen, die Rede war. Döllinger erklärte, daß die Katholiken unter Unabhängigkeit etwas anderes als Trennung verlangen würden (4). Dies entsprach eher der Einstellung der Hierarchie (5). Diese Ansicht hat er auch als Wortführer der Abgeordneten am Mainzer Katholikentag vom

---

(1) Über die Schwierigkeit der konservativen Katholiken Deutschlands, liberale Ideen,wie jene der Trennung von Staat und Kirche, zu übernehmen, siehe F.Schnabel: Deutsche Geschichte im neunzehnten Jahrhundert, Bd.4, Freiburg i.B. 1937, S. 189 ff.

(2) R.Lempp folgert aus seiner Untersuchung: "Die Klerikalen wollen Trennung von Kirche und Staat, Abschaffung der privilegierten, öffentlich rechtlichen Stellung ihrer wie der protestantischen Kirche." Die Kirchenpolitik der Klerikalen im Frankfurter Parlament, Tübingen 1913, S. 34, 52 ff.

(3) R.Lempp: a.a.O., S.11. Die übrigen Punkte lauteten auf Aufhebung des staatlichen Patronatsrechts bei Pfarrwahlen, des Plazets bei kirchlichen Erlassen und im 4.Teil: "Jeder Religionsgesellschaft wird der Besitz und die freie Verwendung ihres Kirchenvermögens sowie ihrer für Kultus-, Unterrichts- und Wohltätigkeitszwekke bestimmten Anstalten gewährleistet." (S.15)

(4) Stenographischer Bericht über die Verhandlungen der deutschen constituierenden Nationalversammlung zu Frankfurt am Main, Bd.3, S. 1675.

(5) In ihrer Konferenz vom 22.Oktober bis 16.November 1848 in Würzburg gaben die deutschen Bischöfe zu verstehen,

Oktober 1848 vertreten. Hingegen stellte er in der im Auftrag des "Katholischen Vereins" verfaßten Flugschrift über den Antrag Nagels die gewünschte Unabhängigkeit noch so dar, daß jede Kirche "nur noch eine Korporation oder Assoziation wie eine andere" sei (1).

Es ist mit Richard Lempp (2) anzunehmen, daß taktische Gründe, schon der Schulfrage wegen, eine nicht geringe Rolle bei der Haltung führender klerikaler Katholiken gespielt haben. Indem sie von Trennung sprachen, konnten sie bei den Antiklerikalen eher Zustimmung für ihr Anliegen der Autonomie der katholischen Kirche finden (3). Die Motive jedoch waren grundverschieden. Während die religiös-konservativen Katholiken Freiheit der Kirche von jeglichem staatlichen Einfluß erstrebten, wünschte die Linke die Freiheit des Staates von jeglicher kirchlicher Einmischung. Was bei den Klerikalen Bewährungsabsicht des überlieferten Glaubens in einem neu zu schaffenden,weitgehend säkularisierten deutschen Gesamtstaat war, schien den Antiklerikalen Gewähr einer geistig freieren Entwicklung der Religion zu sein oder - wie bei Karl Vogt - ein Mittel, die Kirche zu vernichten (4).

---

daß die liberalen Verfassungsprinzipien in bezug auf die katholische Kirche keineswegs die Stelle des kanonischen Rechts einnehmen könnten. Ihre Denkschrift erklärte: "Eine Trennung herbeizuführen vom Staat, d.h. von der öffentlichen, notwendig auf sittlicher und religiöser Grundlage ruhenden Ordnung, liegt nicht im Willen der Kirche. Wenn auch der Staat sich von ihr trennt, so wird die Kirche, ohne es zu billigen, geschehen lassen, was sie nicht hindern kann..." Zit. nach R.Lempp: Die Kirchenpolitik der Klerikalen im Frankfurter Parlament, Tübingen 1913, S. 55.

(1) J.v.Döllinger: Kleine Schriften,S.5.Zit.nach R.Lempp: a.a.O., S.34.

(2) R.Lempp: a.a.O., S. 59 ff.

(3) Der Heidelberger Theologe C.Ullmann bemerkt in seiner vielgelesenen Broschüre "Die bürgerliche und politische Gleichberechtigung aller Konfessionen"(Stuttgart/Tübingen 1848,S.49):"Die ultramontane Partei verlangt nächst der politisch radikalen am lautesten vollständige Trennung der Kirche vom Staat.Zit.nach R.Lempp: a.a.O., S.53.

(4) Die konservative Presse der Schweiz brachte ausgiebig Vogts scharfe antikirchliche Motivierung der Trennung von Staat und Kirche.

Beide bekämpften mit der Erneuerung Deutschlands die landesfürstliche Kirchenhoheit und den Polizeistaat der Restaurationszeit und beide zeigten die Bereitschaft, den deutschen Staat auf religiös-pluralistischer Grundlage aufzubauen. Hier lag ein wesentlicher Grund der unterschiedlichen Kirchenpolitik der religiös-konservativen Katholiken und der freisinnigen Radikalen bei der Schaffung eines schweizerischen Bundesstaates. Nur die acht Tiroler Abgeordneten zeigten in ihrer Haltung eine Ähnlichkeit der Lage ihrer Heimat mit der Innerschweiz(1), als sie ihren Vorbehalt bei der Abstimmung über die Kultusfreiheit zu Protokoll gaben (2). In einer Adresse des Tiroler Landtages an den österreichischen Kaiser heißt es, das gesamte Land habe den unerschütterlichen Willen, daß weder jetzt noch in der Zukunft unkatholische Religionsbekenntnisse auf tirolischem Boden sich ansiedeln(3).

Weder die Radikalen noch die Klerikalen drangen in der Nationalversammlung bei den Amendements des Religionsartikels mit ihren Wünschen gänzlich durch. Der Entwurf war vielmehr ein Sieg der liberalen Mitte. Mit 357 gegen 99 Stimmen lehnte die Nationalversammlung am 11.September 1848 den katholischen Hauptantrag auf volle

---

(1) Von der langen Debatte der deutschen Nationalversammlung über die religiöse Freiheit brachte das Echo vom Jura am 2.9.1848 nur das Plädoyer des Tiroler Repräsentanten Gasser auf Berücksichtigung der Glaubenseinheit seiner Heimat. Das katholisch-konservative Blatt leitete die wörtliche Wiedergabe der Rede mit der Bemerkung ein: "Merkwürdig sind die Bedenken, welche die Abgeordneten des katholischen Tirol dagegen erhoben, ihre Lage ist in der That dieselbe wie die unserer Urkantone und gewiß zu berücksichtigen." Vgl. Eidg.Zeitung v.30.8.1848.

(2) Stenographischer Bericht über die Verhandlungen der deutschen constituierenden Nationalversammlung zu Frankfurt am Main,Bd.3,S.1770.R.Lempp: Die Kirchenpolitik der Klerikalen im Frankfurter Parlament, Tübingen 1913, S.32 f.

(3) Zit.nach R.Lempp: a.a.O., S. 33.

Unabhängigkeit der Kirche vom Staat ab (1). Er war auch vom Führer der Würtemberger Pietisten, Hoffmann, unterstützt worden (2). Nach langer Debatte nahm die Mehrheit in der ersten Lesung einen Kompromißantrag des exkommunizierten katholischen Geistlichen Kuenzer an: "Jede Religionsgesellschaft (Kirche) ordnet und verwaltet ihre Angelegenheiten selbständig, bleibt aber, wie jede andere Gesellschaft im Staate, den Staatsgesetzen unterworfen"(3). Unter dem Einfluß des Mainzer Katholikentages wurde dann in der zweiten Lesung auffallenderweise auch die Gleichstellung mit weltlichen Korporationen fallen gelassen. Paragraph 14, der das Verhältnis von Staat und Kirche regelte, lautete: "Jede Religionsgesellschaft ordnet und verwaltet ihre Angelegenheiten selbständig, bleibt aber den allgemeinen Staatsgesetzen unterworfen. Keine Religionsgesellschaft genießt vor andern Vorrechte durch den Staat; es besteht fernerhin keine Staatskirche. Neue Religionsgesellschaften dürfen sich bilden; einer Anerkennung ihres Bekenntnisses durch den Staat bedarf es nicht" (4). Der Paragraph fand mit diesem Wortlaut Aufnahme im Reichsgesetz von 1849. Nur der letzte Satz war dem ursprünglichen Entwurf der Kommission entnommen. Auch in dieser abgeschwächten Rechtsform mußte das Reichsgrundgesetz ein folgenschwerer Eingriff

---

(1) E.R.Huber: Deutsche Verfassungsgeschichte seit 1789, Bd.2, Stuttgart 1960, S. 703.

(2) Der "Christliche Volksbote" aus Basel gab am 6.9.1848 Hoffmanns Rede in der Nationalversammlung wieder. Als Motiv führte er an, daß die evangelischen Christen dem vom christlichen Charakter entkleideten Staat keine Leitung in religiösen Dingen mehr überlassen könnten. Die Mehrheit der Protestanten, darunter auch die Geistlichen, sprach sich in der Paulskirche gegen die Trennung von Staat und Kirche aus, stimmte jedoch für die Preisgabe des Staatskirchentums.

(3) § 147 der Reichsverfassung von 1849, zit. nach L. Bergsträsser: Die Verfassung des deutschen Reiches vom Jahre 1849, Bonn 1913, S.80.

(4) L.Bergsträsser: a.a.O., S. 80.

in das traditionelle Staatskirchenrecht der Länder sein(1). Die Paulskirche war bereit, diesen Preis für die religiöse Emanzipation des Individuums, der Kirche und des Staates zu zahlen. "La Réformation du XIXe siècle" in Genf brachte am 28.September 1848 einen aufschlußreichen Vergleich zwischen den Verfassungsverhandlungen der französischen und der deutschen Nationalversammlung über die religiöse Freiheit: "Deux grandes assemblées révolutionnaires se sont trouvées saisies en même temps d'une des questions vitales du monde moderne, la liberté religieuse. A Paris cette question vient d'être étouffée après une heure ou deux de discussion ennuyeuse; à Francfort la même question a passionnée l'Assemblée nationale, a occupé plusieurs séances, a fait monter à la tribune tous les orateurs éminents, et a donné lieu au plus beaux discours de la saison..." Über die unterschiedliche Haltung der klerikalen Katholiken in Deutschland und Frankreich zur Frage der Trennung von Kirche und Staat heißt es: "Les ùltramontains de l'Assemblée de Francfort se sont montrés aussi ardent pour la réclamer que les ultramontains français pour la repousser. C'est que pour les uns, qui dit séparation dit indépendance, tandis que pour les autres, la séparation c'est la suppression du salair légal et la pauvreté."

Im Vordergrund der liberalen Anschauungen, die in der Nationalversammlung über die Religion im modernen konstitutionellen Staat vorherrschten, stand das Recht der Deutschen auf völlige individuelle religiöse Freiheit.

---

(1) Von der Bestimmung, daß keine Religionsgesellschaft vor anderen Vorrechtezu genießen habe, sagt W.Kahl: "Damit war die gesamte historische Stellung der christlichen Kirche auf deutschem Boden verleugnet. Dem Staate war die Möglichkeit entzogen, ihr in seiner Gesetzgebung Rechnung zu tragen. Die Verwirklichung dieser Forderung war die Trennung von Kirche und Staat." Lehrsystem des Kirchenrechts und der Kirchenpolitik.1.Hälfte,1894,S.322.

Unverändert blieben die Kernsätze des kommissionalen Vorschlags über die Glaubens- und Kultusfreiheit. Der radikalen Linken entgegenkommend, stimmtedie Nationalversammlung einem Zusatzantrag Karl Vogts zu, wonach niemand verpflichtet sein sollte, seine religiöse Überzeugung zu offenbaren. Die entsprechenden Paragraphen des endgültigen Grundgesetzes hatten nun folgenden Wortlaut: "Jeder Deutsche hat volle Glaubens- und Gewissensfreiheit. Niemand ist verpflichtet, seine religiöse Überzeugung zu offenbaren." "Jeder Deutsche ist unbeschränkt in der gemeinsamen häuslichen und öffentlichen Übung seiner Religion. Verbrechen und Vergehen, welche bei Ausübung dieser Freiheit begangen werden, sind nach dem Gesetze zu bestrafen" (1). Unverändert blieben die schon im Kommissionsentwurf enthaltenen Paragraphen für den zusätzlichen Schutz der individuellen Gewissens- und Glaubensfreiheit gegenüber Staat und Kirche: "Niemand soll zu einer kirchlichen Handlung oder Feierlichkeit gezwungen werden"(2).

Eine weitere Konsequenz des religiös-freiheitlichen Grundrechts in einem konfessionslosen Staat war die im Grundgesetz beabsichtigte Einführung der Zivilehe. Sie hatte sich in rechtsrheinischen Bezirken aus der Zeit der Einführung des französischen "Code civil" erhalten. Nun sollte im Sinn des kommissionalen Vorschlags für ganz Deutschland die bürgerliche Gültigkeit der Ehe nur von der Vollziehung des Zivilaktes abhängig sein und die kirchliche Trauung erst nachher erfolgen können.

---

(1) §§ 144 und 145. L.Bergsträsser: Die Verfassung des deutschen Reiches vom Jahre 1849, Bonn 1913, S. 79.

(2) § 148. L.Bergsträsser: a.a.O., S. 80.

Die katholischen Klerikalen beschlossen, sich weder für noch gegen den Antrag des Verfassungsausschußes auszusprechen. Sie verwahrten sich nur dagegen, daß die Ziviltrauung vor der kirchlichen stattfinden sollte (1). Dem kommissionalen Vorschlag fügte das Plenum in der ersten Lesung den für die streng kanonisch gesinnten Katholiken ominösen Satz hinzu: "Die Religionsverschiedenheit ist kein bürgerliches Ehehindernis"(2). In einem neuen Paragraphen wurde die Konsequenz der Entkonfessionalisierung des Bürgerrechts auch darin gezogen, daß die Standesbücher von den zivilen Behörden geführt werden sollten (3).

In derselben Richtung der religiösen Neutralität des Staatsrechts ging auch die Abwehr der Kommission und der Vollversammlung der bisherigen Ausnahmegesetze gegen die Juden und die Ablösung des Eides von einem bestimmten religiösen Bekenntnis (4). Der Antrag stammte vom Abgeordneten Riesser, der das aufgeklärte Judentum verkörperte und in der Debatte den Widerstand gegen die völkisch motivierte Aufrechterhaltung der antisemitischen Ausnahmegesetze damit begründete, daß die Traumgebilde einer jüdischen Nationalität längst versunken seien. Mit der Einbeziehung der Bekenner des jüdischen Glaubens in die Freiheitsrechte des deutschen Volkes war ein Versprechen der Bundesakte eingelöst, das schon 1815 die Emanzipation der Israeliten für die

---

(1) R.Lempp: Die Kirchenpolitik der Klerikalen im Frankfurter Parlament, Tübingen 1913, S. 41.

(2) § 150. L.Bergsträsser: Die Verfassung des deutschen Reiches vom Jahre 1849, Bonn 1913, S. 81.

(3) § 151. L.Bergsträsser: a.a.O., S. 81.

(4) H.A.Strauss: Staat, Bürger, Mensch, Aarau 1947,S.112 ff. Die Eidesformel sollte künftig nur noch lauten: "So wahr mir Gott helfe." § 149.L.Bergsträsser:a.a.O.,S.81.

Zukunft vorsah (1). Keine Rücksicht hingegen nahm die Nationalversammlung auf die Anregung des Wehrausschußes, daß den Täufern, deren Zahl in Preußen allein mit 15000 angegeben wurde, die bisherigen Vergünstigungen im Heeresdienst erhalten bleiben sollten (2), nachdem selbst der liberale Mennonit Beckerath eine solche Ausnahme bei der Wehrpflicht nicht befürwortet hatte. Hier wirkte sich der Grundsatz der Gleichheit gegen die Gewissensfreiheit aus. Es war eine konsequente Anwendung des Grundsatzes, daß durch das religiöse Bekenntnis der Genuß der bürgerlichen und politischen Rechte weder bedingt noch beschränkt würde. Das Staatsinteresse wurde durch den schon von der Kommission formulierten Zusatz unterstrichen: "Den staatsbürgerlichen Pflichten darf dasselbe keinen Abbruch tun" (3). Diese Vorbehalte hinderten Ernst Rudolf Huber nicht, von der individuellen Freiheit, wie sie die Achtundvierziger auffaßten, zu sagen, daß sie ihnen "nicht nur im deklamatorischen, sondern im existentiellen Sinn als ein vor- und außerstaatliches Recht" galten (4).

Es bedeutete einen Sieg des Prinzips gleicher Rechte und Pflichten und ein Entgegenkommen gegenüber den klerikalen Katholiken, daß in der zweiten Lesung das Jesuitenverbot fallen gelassen wurde. Die Verfassungskommission hatte in ihrem Entwurf kein Ausnahmerecht religiöser Freiheit erwähnt. Der 1848 nach Deutschland

---

(1) Art.16. W.Näf: Die deutsche Bundesakte und der schweizerische Bundesvertrag von 1815,Bern 1959,S.41.

(2) H.A.Strauss: Staat,Bürger,Mensch,Aarau 1947,S.111 f.

(3) § 146 des Reichsgesetzes von 1849.L.Bergsträsser: Die Verfassung des deutschen Reiches vom Jahre 1849, Bonn 1913, S. 79 f.

(4) E.R.Huber: Deutsche Verfassungsgeschichte seit 1789, Bd.2, Stuttgart 1960, S. 782.

zurückgekehrte Rechtsdozent Rheinwald, der bis dahin an der Berner Universität tätig gewesen war, stellte bei der ersten Lesung über das Vereinsrecht den namentlich von der radikalen Linken unterstützten und vorerst erfolgreichen Antrag, daß der Jesuitenorden für ewige Zeiten aus dem Reichsgebiet verbannt sein solle. Rheinwald hob die Erfahrungen der Schweiz hervor (1). In Deutschland waren die Versuche der Restauration des Ordens wenig erfolgreich gewesen. Nur in einigen österreichischen Provinzen war der Orden nicht gesetzlich verboten(2). Infolge seiner Aufhebung in der Eidgenossenschaft gab es 1848 praktisch keine oberdeutsche Provinz mehr. Unter dem Einfluß des Mainzer Katholikentages vom 3. bis 6.Oktober 1848 (3), der gegen das Jesuitenverbot protestierte, verstärkte sich der Widerstand gegen das Ausnahmerecht. Ihr Sprecher, der preußische General Radowitz, erklärte zwar seine Opposition wegen der Kirchen- und Vereinsfreiheit, wies jedoch gleichzeitig "aus höherem Interesse der katholischen Kirche" auf seine entschiedene Gegnerschaft hin, den Jesuitenorden in irgendeinem deutschen Land einzuführen (4). Mit dieser Ablehnung vertrat er die Ansicht der Mehrheit der katholischen Abgeordneten. Auf Vorschlag der Verfassungskommission wurde die die Vereinsfreiheit beschränkende Jesuitenklausel eliminiert (5).

---

(1) Stenographischer Bericht über die Verhandlungen der deutschen constitui-renden Nationalversammlung zu Frankfurt am Main, Bd.3, S. 1759 ff.

(2) F.Schnabel: Deutsche Geschichte im XIX.Jahrhundert, Bd.4, S. 266. 1937.

(3) Stenographischer Bericht...a.a.O., S. 1696.

(4) E.R.Huber: Deutsche Verfassungsgeschichte seit 1789, Bd.2, Stuttgart 1960, S. 704, Anm. 5.

(5) H.A.Strauss: Staat,Bürger,Mensch, Aarau 1947, S.127.

In Deutschland waren die Voraussetzungen für die Verwirklichung eines die Freiheit des Glaubens wie der Kirchen und Gemeinschaften berücksichtigenden Grundrechtes religiöser Freiheit bei der Schaffung eines Bundesstaates wesentlich günstiger als in der Schweiz, wo das Erbe des konfessionellen Dualismus sich noch in den 40er Jahren als ein Haupthindernis für die Bundesrevision erwiesen hatte. Wenn die verfassungspolitische Einigung des deutschen Reiches dennoch scheiterte, so lag der Grund in der Ohnmacht des deutschen Parlaments und der Zentralregierung, im Dilemma der groß- und kleindeutschen Lösung und in der Ablehnung der Kaiserkrone durch Friedrich Wilhelm IV. Die Grundrechte mit der religiösen Freiheit wurden zwar am 27.Dezember 1848 als Reichsgesetz veröffentlicht und 1849 ein Bestandteil der gesamtdeutschen Verfassung. Sie verloren jedoch 1851 ihre Rechtskraft. Mit dem Scheitern des Bundesstaatsgedankens erhielten die Länder ihre staatskirchenrechtliche Souveränität zurück, was der Entfaltung der religiösen Freiheit Grenzen setzte. Erst im 20. Jahrhundert erwiesen sich ihre religiös-liberalen Bestimmungen bei der Schaffung des demokratisch-republikanischen Deutschland als fruchtbar.

Einen nachhaltigen Einfluß auf die Liberalen der Schweiz übten die angelsächsischen Länder aus. England hatte dank seiner fortschrittlichen Gesetze und Institutionen keine Revolution erlebt und diente schon immer den freiheitlichen Reformversuchen auf dem Kontinent als Vorbild. Dazu kam, daß Englands stets schweizerfreundliche Politik (1) und überlegene Diplomatie eine wirksame Intervention Österreichs und Frankreichs verhindert hatte(2).

---

(1) Siehe E.Bonjour: Die Schweiz und England,Bern 1934.

(2) E.Bonjour: Geschichte der schweizerischen Neutralität, Bd.1, Basel 1965, S. 295.

Im englischen Königreich gab es, ähnlich wie in der Schweiz, eine starke katholische Minderheit. Mit Ausnahme von Schottland galt aber nur die anglikanische Konfession als Staatsreligion. Ihr Einfluß war jedoch durch die Freikirchen, die seit 1689 rechtliche Duldung ihres Gottesdienstes besaßen, beschränkt. Zahlreiche Prärogativen blieben ihr erhalten. Den Katholiken wurde 1791 Kultusfreiheit zugesichert, doch erst die Emanzipationsbill von 1829 gewährte ihnen auch gleiche bürgerliche und politische Rechte. Die wirtschaftlich benachteiligten katholischen Iren setzten sich unter Daniel O'Connel gegen die immer noch bestehende religiöse Diskriminierung zur Wehr. Seine Sezessionsabsichten wurden in der katholischen Schweiz als Ausdruck eines ähnlichen Kampfes um konfessionelle Gleichberechtigung gegen eine protestantische Mehrheit empfunden. Die liberale englische Zeitung Daily News vom 7.August 1847 vermerkte, die Schweiz habe ein kleines katholisches Irland im Zentrum und England wie die Schweiz wüßten nicht, was tun (1).

Für das revolutionäre Gebaren schweizerischer Linksradikaler hatten die Liberalen Englands wenig Verständnis. Trotz der Jesuitenabneigung und gelegentlicher Reiseberichte von Engländern (2) über die Intoleranz der Alpenrepubliken gegen Protestanten, stand die englische Öffentlichkeit vorerst unter dem Eindruck, die Katholiken der Schweiz kämpften allgemein für die religiöse Freiheit. In seinen "Notes of a Tour in Switzerland in

---

(1) H.A.Vögelin: Die Gründung des schweizerischen Bundesstaates im Urteil der Engländer, in: Basler Beiträge zur Geschichtswissenschaft, Bd.42, Basel 1952, S.179.

(2) Infolge der beschleunigten Reisemöglichkeiten mit der Eisenbahn in den 40er Jahren nahm die Zahl der englischen Alpenbesucher zu. Sie stieg in die Tausende pro Jahr. Die High Church of England unterhielt ständige Pfarreien in Genf,Lausanne,Interlaken,Luzern,Thun und Zürich.H.A.Vögelin: a.a.O., S. 72.

the Summer 1847 (London)" schrieb der angesehene anglikanische Geistliche aus Schottland Wriotheley Noel, daß in der Schweiz der Staat die Kirche knechte und den religiösen Rationalismus begünstige. Von einem starken Bundesstaat versprach er sich eine größere religiöse Toleranz, die er in den katholischen Kantonen vermißte(1). Nicht der Protestantismus, schrieb der kongregationalistische Geistliche William Lindsay Alexander in einem Aufsatz über die religiösen Verhältnisse der Schweiz, habe über den Sonderbund gesiegt, es sei vielmehr ein Sieg des Unglaubens und der Tyrannei über die Gewissens- und Glaubensfreiheit (2). Ganz anders lautete das Urteil der Gesellschaft der Vereinigten Demokraten in London in ihrer Glückwunschadresse an die Schweizer Radikalen. Für sie war der Sieg über den Sonderbund ein Sieg über den Fanatismus, der das Volk unter das Joch einer tyrannischen Theokratie habe bringen wollen(3).

In der zweiten Hälfte des Jahres 1847 trat in der englischen öffentlichen Meinung über den Sonderbund ein Umschwung ein. Er fiel zeitlich mit der Veröffentlichung der "Seven Letters concerning the politics in Switzerland", die das freisinnige Parlamentsmitglied George Grote auf Grund eines frischen Augenscheins der schweizerischen Verhältnisse im "Spectator" veröffentlichte und die Ende 1847 auch in Buchform erschienen (4).

---

(1) G.Schirmer: Die Schweiz im Spiegel englischer und amerikanischer Literatur bis 1848, Zürich/Leipzig 1929, S. 414f.

(2) On the Religious Aspect of a Recent Events in Switzerland, in: Evangelical Christendom: its State and Prospects, London 1848.G.Schirmer: a.a.O., S. 412.

(3) Abschrift im Zürcher Staatsarchiv:Bundesverfassung 1848.

(4) E.Bonjour: Die Gründung des schweizerischen Bundesstaates, Basel 1948,S.149. H.A.Vögelin: Die Gründung des schweizerischen Bundesstaates im Urteil der Engländer, in: Basler Beiträge zur Geschichtswissenschaft, Bd.42, Basel 1952.

Diese Briefe fanden Interesse in Regierungs- und Parlamentskreisen. In einem Brief an Alexis de Tocqueville vom 21. Dezember 1847 bestritt der englische Historiker Grote die bisherige allgemeine Ansicht, dass die katholische Partei in der Schweiz die Interessen der religiösen Freiheit vertreten habe. Es hätte nie einen grösseren Irrtum gegeben, meinte er (1). Die Times begann damals Palmerstons Politik gegenüber der Tagsatzungsmehrheit, die aus der abwartenden Haltung in öffentlich bekundetes Wohlwollen überging, zu unterstützen (2). Der englische Aussenminister liess den konservativen David Morier durch den liberalen, jungen Robert Peel ersetzen. Dieser knüpfte gute Beziehungen zu den radikalen Führern an. Er erhielt Weisung, den Einsprachen aus England gegen die Unterdrückung der Dissidenz im Kanton Waadt keine offizielle Folge zu geben, wohl aber privatim seinen Einfluss zugunsten der religiösen Freiheit geltend zu machen (3).

Das intolerante Vorgehen der waadtländischen Radikalen gegen die dissidenten reformierten Geistlichen hatte seit ihrem Austritt aus dem Staatsdienst im Jahr 1845 in streng religiösen Kreisen Englands grosses Aufsehen erregt. Die Zeiten waren vorbei, da die Puritaner wegen relgiöser Verfolgung England verliessen, um in Nordamerika unbehindert ihrem Glauben zu leben. Mit der Aufhebung des Korporationsgesetzes von 1661 im Jahr 1828 hatten die Diskriminierungen in den bürgerlichen und politischen Rechten auch gegenüber den

(1) Text bei E.Bonjour: Die Gründung des Schweizerischen Bundesstaates, Basel 1948, S.300.
(2) K.Eckinger: Lord Palmerston und der Schweizer Sonderbundskrieg, Berlin 1938, S.61.
(3) K.Eckinger: a.a.O., S.111, Anm. 37.

Angehörigen dissidenter Kirchen und Gemeinschaften aufgehört (1). Die Methodisten nahmen in der ersten Hälfte des 19.Jahrhunderts großen Aufschwung (2). Religiöse Duldsamkeit wurde als nationale Tugend geübt (3). Vor allem im calvinistischen Schottland, dessen enge Beziehungen zur Schweiz auf die Genfer Reformation zurückgehen, wurde das Schicksal der dissidenten waadtländischen Pfarrer als Wiederholung des eigenen alten Kampfes um die Unabhängigkeit der Kirche von staatlichen Eingriffen in geistlichen Belangen empfunden. Bereits im 18.Jahrhundert hatten sich in Schottland staatsfreie kirchliche Organisationen gebildet. Im Jahr 1843 aber kam es zur folgenschwersten Sonderung, als ein Drittel des Klerus und der Laien wegen behördlicher Eingriffe bei der Wahl von Pfarrern aus der presbyterianischen Staatskirche austraten und die völlig unabhängige "Free Church of Scotland" gründeten (4). Diese Ereignisse hatten die Schotten für das Vorgehen der waadtländischen radikalen Regierung sensibilisiert. Es kam Ende 1845 in Edinburgh zu einer Großkundgebung zugunsten der die Freiheit der Kirche verteidigenden waadtländischen Pfarrer. In ihrer Resolution wurde ihr

---

(1) Nur die Israeliten besaßen noch keine Gleichberechtigung.

(2) Die gut informierte "Réformation au XIX siècle" v. 9.12.1847 meldete, daß von den 5942 Kapellen der ersten Methodistenkirche in England die Mehrzahl in den 30er und 40er Jahren gebaut worden sei. Eine 1797 entstandene Splittergruppe besaß weitere 277 Kapellen.

(3) Im Jahr 1846 erfolgte in London die internationale Gründung der "Evangelischen Allianz", die Vertreter von Staats- und Freikirchen, Anglikaner, Reformierte, Calvinisten, Lutheraner, Presbyterianer wie Methodisten und Baptisten zur Pflege der Duldsamkeit und der christlichen Einheit vereinigte. Aus dem Kanton Waadt war Ch. Baup von der "Eglise nationale" zugegen. Er hatte im Jahr zuvor an der Eingabe der Geistlichen zugunsten der Kultusfreiheit führenden Anteil genommen. Dapples, der zweite waadtländische Teilnehmer, gehörte der Dissidenz an.

(4) Die Schweizerische evangelische Kirchenzeitung vom

Verhalten als geeignet hingestellt, um vor der Welt den Grundsatz der Trennung von Kirche und Staat zu verteidigen. Die Königin und das Parlament sollten zu ihren Gunsten intervenieren. Auch anglikanische Geistliche, darunter mehrere Bischöfe, sandten eine Adresse an ihre bedrängten Kollegen im Waadtland (1).

Die waadtländische Angelegenheit kam im englischen Unterhaus zur Sprache. Lord Aberdeen sah sich veranlaßt, den durch Volksversammlung, Eingaben und Anfragen bekundeten Unwillen der englischen Öffentlichkeit über die Intoleranz der Regierung des Kantons Waadt durch den Gesandten David Robert Morier dem Tagsatzungspräsidenten mitzuteilen (2). Druey wies die Intervention als Einmischung zurück und begnügte sich, in einem Weißbuch (3) die Maßnahmen der Regierung als Ausdruck des Volkswillens zu rechtfertigen. In einer zweiten Depesche an Morier vom 30.Januar 1846 wies Aberdeen diese Begründung zurück und gab der Erwartung Ausdruck, daß der Kanton Waadt, der sich selbst liberal nenne, das Beispiel gewissenhafter Beachtung der Rechte und Freiheiten seiner Bürger sowie jener der verbündeten Kantone gebe. Er warnte, unter dem Hinweis auf die schon früher von der Regierung ihrer Majestät bedauerten Ereignisse, daß das Verhalten der waadtländischen Regierung in Sachen Religion auch den Bund gefährden

---

3.2.1843 machte ihre Leser mit einem Schreiben bekannt, durch das die Generalversammlung der schottischen Kirche die zürcherische Kirche um Verständnis für ihren Kampf um ihre auf Verträgen beruhende Freiheit bat.

(1) G.Schirmer: Die Schweiz im Spiegel englischer und amerikanischer Literatur bis 1848,Zürich/Leipzig 1929,S.402 f.

(2) Correspondance entre Monsieur David-Richard Morier, ministre plénipotentière de S.M.Britannique près de la Confédération Suisse,et le Conseil d'Etat du Canton de Vaud au sujet des affaires ecclésiastiques de ce canton, Lausanne 1846,S.7f,Mappe K XIV 316,Kant.Staatsarchiv Laus.

(3) Principaux documents officiels relatifs aux affaires ecclésiastiques du Canton de Vaud en 1845, Lausanne 1846.

könnte (1). Wie wenig sich der Kanton Waadt von der englischen Intervention beeindrucken ließ, zeigt das Dekret vom 28.März 1848, worin es heißt: "Toutes les réunions dites religieuses en dehors de l'Eglise et non autorisées par la Loi continuent à être interdites dans le Canton jusqu'à nouvel ordre"(2).

Aufgrund neuer Berichte aus der Schweiz war es in Glasgow zu einer neuen Großkundgebung gegen die religiöse Intoleranz im Kanton Waadt gekommen (3). Als Palmerston den schon am Wiener Kongreß wegen seiner guten Dienste zugunsten der Schweiz bekannten englischen Diplomaten Stratford Canning in einem Sonderauftrag zum Bundespräsidenten sandte, versäumten seine Bemühungen um Mäßigung (4) ihre Wirkung auf den ehemaligen Freischarenführer Ulrich Ochsenbein nicht (5). Obwohl das Memorandum vom 8.Januar 1848 (6), das ihm der Botschafter überreichte, kirchliche Unterdrückung nur angedeutet hatte und außer der Mahnung, die föderalistische Struktur der Schweiz zu schonen, keine direkten Vorschläge für die Bundesreform enthielt, konnte der Einfluß Englands sich im Sinn eines vernünftigen Ausgleichs zwischen Siegern und Unterlegenen und damit auch zugunsten der religiösen Freiheit auswirken (7).

---

(1) Abschrift des Briefes von Aberdeen an Morier vom 30.1. 1848 im Bundesarchiv Bern, Mappe London 27.

(2) Staatsarchiv Lausanne, Mappe K XIV, 316.

(3) Der "Christliche Volksbote" berichtete am 26.1.1848 ausführlich über die Versammlung und die Adresse von Glasgow.

(4) Siehe Instruktion des Foreign Office vom 1.12.1847 bei E.Bonjour: Die Gründung des schweizerischen Bundesstaates, Basel 1948, S. 289 ff.

(5) Siehe Herries Bericht über die Unterredung Cannings mit Ochsenbein vom 27.1.1848. Abschrift im Bundesarchiv FO 100/56.

(6) Text bei E.Bonjour: a.a.O., S. 303 ff.

(7) Siehe Josef Bohatec: England und die Geschichte der Menschen- und Bürgerrechte, Graz/Köln 1956.

Überzeugender noch als das Vorbild Englands war das Beispiel der Vereinigten Staaten, in deren Verfassungen die aus England importierten Ideen religiöser Freiheit erstmals als allgemeines Menschenrecht formuliert worden waren. Der scharfsinnige französische Analytiker Alexis de Tocqueville, dessen klassisches Werk "De la Démocratie en Amérique" auch in der Schweiz bekannt war, begründete seine Bemerkung, daß ihm bei seiner Ankunft der religiöse Aspekt der Vereinigten Staaten zuerst aufgefallen sei, mit folgendem Vergleich: "J'avais vu parmi nous l'esprit de religion et l'esprit de liberté marcher presque toujours en sens contraire. Ici, je les retrouvais intimement unis l'un à l'autre: ils régnaient ensemble sur le même sol" (1). Als Ursache des religiösen Einflußes gab Tocqueville die Trennung von Kirche und Staat an. Es schien ihm die Verbindung des Klerus mit der weltlichen Macht in der Demokratie besonders gefährlich zu sein (2). Im Anhang des ersten Bandes veröffentlichte Tocqueville die Verfassung der Vereinigten Staaten von 1787 und die später hinzugekommenen 12 ersten Amendements (3).

Wie bei der Gründung des nordamerikanischen Bundesstaates erwies sich die Trennung von Bundesrecht und Religion in der Periode gewaltiger territorialer Expansion, welche die Geschichte der Vereinigten Staaten in der ersten Hälfte des 19. Jahrhunderts kennzeichnete - allein von 1845 bis 1848 vermehrte sich das Bundesgebiet um ein Drittel - als wertvolles staatsbildendes Prinzip. Zwar waren damals auch in Nordamerika Sezessionsbestrebungen im Gange, doch es ging den Südstaaten nicht, wie

---

(1) A. de Tocqueville: De la Démocratie en Amérique, Bd. 2, Paris 1836, S. 223 f.

(2) A. de Tocqueville: a.a.O., S. 229.

(3) A. de Tocqueville: a.a.O., Bd. 1, S. 363 ff.

in der Schweiz, um Fragen der konfessionellen Majorisierung, sondern um das Überstimmtwerden in der ethisch umstrittenen Sklavenfrage, die erst 1861 den Bürgerkrieg auslösen sollte. Die Erhaltung des konfessionellen Friedens zwischen Staat und Kirchen - die vorhandenen Spannungen infolge des religiösen Auftriebs, den die angelsächsischen Länder damals erlebten, waren zwischenkirchlicher Natur - für jene Zeitperiode ist um so beachtenswerter, als es sich vor der Aufnahme der ursprünglich mexikanischen Territorien um Gebiete handelte, in denen der katholische Glaube Staatsreligion war. Die Katholiken, die ursprünglich in der Union eine kleine Minderheit bildeten, hatten sich infolge der Einwanderungswelle von Iren in den 40er Jahren (1) stark vermehrt. Die Zahl der katholischen Diözesen und Institutionen nahm rasch zu. Daher das wachsende Interesse für das amerikanische System der Trennung auch unter den Katholiken Europas, wo immer sie eine Minderheit bildeten und ihre Kirche unterdrückt war.

Nach dem nordamerikanischen Bundesrecht war dem Parlament nicht nur jegliche kirchenrechtliche Gesetzgebung oder religiöse Diskriminierung untersagt, es war den Bundesbehörden damals auch keine rechtliche Möglichkeit gegeben, um den aufgenommenen Teilstaaten die Trennung von Staat und Kirche aufzuzwingen oder die Grundrechte der Bürger vor deren Gewalt in Schutz zu nehmen (2). Dennoch hatte sich das Prinzip des staatsfreien Kirchentums in verschiedenen Varianten (3), die

---

(1) Von den 1'597'501 eingewanderten Europäern gibt die Encyclopaedia Americana (Bd.27,1966,S.499) 780'719 Iren an, gegenüber 434'626 Deutschen und nur 4644 Schweizern.

(2) H.Huber: Die Garantie der individuellen Verfassungsrechte, in: Verhandlungen des schweizerischen Juristenvereins, Heft 1, Basel 1936, S. 18a f.

(3) Ähnlich wie in der Bundesverfassung lautet die

Gewissens-, Glaubens- und Kultusfreiheit aber eindeutig durchgesetzt.

An die Gründungszeit mit ihrer Mischung von mildem Aufklärungsgut und religiöser Überzeugung, die für das amerikanische Verfassungsrecht charakteristisch ist, erinnert das Grundgesetz von Rhode Island des Jahres 1842. Dieser kleine Staat, bei dessen Entstehung zum ersten Mal in der neueren Geschichte die gänzliche Trennung von weltlichem und geistlichem Recht verwirklicht wurde, hatte sich in der Zeit des freien nordamerikanischen Staatenbundes keine neue Verfassung gegeben. Das Staatsrecht von 1843 begründet die Trennung und die völlige religiöse Freiheit mit dem vom allmächtigen Gott frei geschaffenen Geist und mit dem von den ehrwürdigen Vorfahren bei der Einwanderung und der Niederlassung zum Ausdruck gebrachten Zweck, "to hold forth a lively experiment, that a flourishing civil state may stand and be best maintained with full liberty in religious concernments..."(1).

Wie die Verfassung des Texas vom Jahr 1845 zeigt, blieb auch die traditionelle Formel des Menschenrechts im Grundrecht religiöser Freiheit lebendig: "All men

---

Bestimmung von Jowa (1846): "The general assembly shall make no law respecting an establishment of religion, or prohibiting the free exercice thereof." "No religious test shall be required as a qualification for any office of public trust." Hingegen sah Florida in seiner Verfassung von 1838 die Anerkennung von kirchlichen Organisationen vor: "The general assembly shall pass a general law for the incorporation of all such churches, and religious or other societies, as may accept thereof; but no special act of incorporation thereof shall be passed."Z.Giacometti: Quellen zur Geschichte der Trennung von Staat und Kirche, Tübingen 1926, S. 697, 703.

(1) Z.Giacometti: a.a.O., S. 725.

have a natural and undefeasible right to worship God according to the dictates of their own conscience" (1). Wörtlich gleich lautete der entsprechende Artikel im 1848 revidierten Staatsgesetz von Illinois (2). Die Verfassung von Wisconsin vom gleichen Jahr verband das Recht auf Gewissens- und Kultusfreiheit mit der Trennung von Staat und Kirche durch folgende Bestimmung: "The right of every man to worship Almighty God, according to the dictates of his own conscience, shall never be infringed, nor shall any man be compelled to attend, erect, or support any place of worship, or to maintain any ministry against his consent; nor shall any control of, or interference with, the rights of conscience be permitted, or any preference be given by law to any religious establishments, or modes of worship; nor shall any money be drawn from the treasury for the benefit of religious societies, or religious, or theological seminaries"(3). In beiden Staaten, Illinois und Visconsin, entstanden im 19.Jahrhundert blühende Schweizerkolonien.

Daß das Fehlen jeglichen gesetzlich-religiösen Zwanges und der staatlichen finanziellen Unterstützung in den Vereinigten Staaten nicht auf Kosten des religiösen Interesses und der kirchlichen Entfaltung ging(4), zeigt das im Vergleich zur Bevölkerungszunahme mehr als doppelt so rasche Wachstum der Zahl jener, die freiwillig einer der sich ständig mehrenden Gemeinschaften oder der

---

(1) Z.Giacometti: Quellen zur Geschichte der Trennung von Staat und Kirche, Tübingen 1926, S. 727.

(2) Z.Giacometti: a.a.O., S. 700.

(3) Z.Giacometti: a.a.O., S. 732.

(4) "Die Früchte völliger Religionsfreiheit zeigen sich in keinem Lande so augenscheinlich, wie in den nordamerikanischen Freistaaten", schrieb am 27.11.1841 die Schweizerische Kirchenzeitung, indem sie die starke Zunahme der Katholiken und der Diözesen hervorhob.

historischen Glaubensrichtungen angehörten (1). Auf die Frage der Gemeinnützigen Gesellschaft in Waadt und Genf, die den Auswanderern zuverlässige Information zukommen lassen wollte, ob ihnen freie Ausübung der Religion zugesichert sei, antwortete der schweizerische Konsul in Alexandria (USA) Antoine Charles Cazenove: "Die Vereinsstaaten Amerikas haben das große Verdienst, die ersten zu sein, welche gänzliche Gewissensfreiheit zugestanden haben. Jedermann dient da seinem Schöpfer und Heilande nach seinen Gefühlen (im Original: selon sa dictée) und da er dem Geistlichen zahlt, was ihm gefällt, so mag darin der Grund liegen, daß es vielleicht kein Land giebt, wo der Gottesdienst mehr besucht wird"(2).

Eine offizielle amerikanische Intervention in der Schweiz zugunsten der religiösen Freiheit ist während der Regeneration unterblieben (5). Sie hätte der von Monroe formulierten Doktrin der Nichteinmischung in die europäischen Angelegenheiten widersprochen (3). Ausschließlich wirtschaftliche und nicht ideologische Interessen bestimmten die Auslandspolitik der Vereinigten Staaten. Darin unterschieden sie sich von der Zeit als Benjamin Franklin den fremden Gesandten in Paris die Verfassungen der Vereinigten Staaten überreichte (4). Zwar fehlte es

---

(1) Dictionary of American History, Bd.4, New York 1940, S.442, Art.Religion gibt für 1800 die allerdings sehr niedrige Zahl von 365'000 Kirchengliedern, für 1850 hingegen von 3'530'000 an.

(2) Über schweizerische Auswanderungen, Glarus 1845, S.61 f. Französisches Original im Eidg.Archiv, Auswärtige Handelskonsulate, Korrespondenz der schweizerischen Konsulate, New York und Alexandria 1823-1848, Nr. 1878.

(3) Vergeblich bat der amerikanische Konsul Goundie in Basel nach dem Sonderbundskrieg um eine Glückwunschbotschaft seiner Regierung an die Siegerpartei.

(4) R.R.Palmer: Der Einfluß der amerikanischen Revolution auf Europa, in: Propyläen Weltgeschichte, Bd.8, Berlin/Frankfurt/Wien 1960, S. 47.

(5) Siehe Eingabe des Konsuls R.Richard.

auch in Nordamerika mit seiner "Jacksonian democracy", wie die in der schweizerischen Presse gemeldeten Kundgebungen nach dem Sieg über den Sonderbund zeigen, nicht an Begeisterung über den Sieg des Radikalismus in der Schweiz und den Ausbruch der Revolution in Europa, doch dies waren Manifestationen ohne diplomatische Auswirkungen. Im allgemeinen beschäftigte man sich in der Schweiz infolge der Wirtschaftskrise jener Jahre mehr mit den ökonomischen Vorzügen der Auswanderung (1), als mit den in der Heimat rechtlich und gesellschaftlich ungewohnt freien religiösen Verhältnissen.Offizielle Beziehungen zwischen den beiden Ländern gab es damals erst durch Konsulate (2), deren politischer Einfluß gering war. Anders stand es mit dem staatspolitischen Interesse bei den führenden Politikern (3).

Auf der Suche nach einem eidgenössischen Recht, das zugleich die nationale Einheit stärken und die politische und kirchliche Eigenständigkeit der Kantone berücksichtigen sollte, konnte den schweizerischen Neuerern das amerikanische Bundesstaatsmodell nicht entgehen. Dies um so mehr, als einige der radikalen Staatsmänner sich mit dem Gedanken befaßt hatten, nach den Vereinigten Staaten auszuwandern. Die Historik hat denn auch längst die Überzeugung vertreten, daß das Grundkonzept des schweizerischen Bundesstaates und die Art des

---

(1) Im Jahr 1850 lebten 13358 Schweizer in den Vereinigten Staaten. H.K.Meier: The United States and Switzerland in the Nineteenth Century, Den Haag 1963, S. 105.

(2) H.K.Meier: a.a.O., S. 15 ff.

(3) Der Jurist J.J.Rüttimann, ein mit den nordamerikanischen Rechtsverhältnissen vertrautes liberales Mitglied der Tagsatzung von 1847/48, hat von 1867 bis 1876 in Zürich ein dreibändiges Werk herausgegeben: Das nordamerikanische Bundesstaatsrecht verglichen mit den politischen Einrichtungen der Schweiz. Siehe "Neue Zürcher Zeitung" vom 25.1.1848 und "Eidgenössische Zeitung" vom 28.1.1848. A.Largiadèr: Johann Jakob Rüttimann und die Bundesrevision von 1848, Zürich 1948, S. 15 ff.

Zweikammersystems, das diesem zugrunde liegt, amerikanischen Ursprungs ist (1).

Es fehlte 1848 nicht an rechtlichen Informationsquellen über die Vereinigten Staaten. Sie sind jedoch hauptsächlich in Deutschland, wo die Auswanderung nach Amerika viel größere Ausmaße hatte und wo die staatstheoretischen Auseinandersetzungen bedeutend reger waren, veröffentlicht worden (2). Das Verhältnis der Union zu den Teilstaaten und des Staates zur Religion ist meist als musterhaft hingestellt worden. Auf das amerikanische Vorbild wurde sowohl in der Kommission wie im Plenum der Nationalversammlung öfters hingewiesen (3). Der Einfluß auf die bundesstaatliche Gestaltung der Reichsverfassung und das Grundrecht völliger Religionsfreiheit, die auch die Freiheit der Kirchen berücksichtigt, ist unverkennbar (4). Daß es sich indessen nicht

---

(1) E.His: Amerikanische Einflüsse im schweizerischen Verfassungsrecht,...1920; W.E.Rappard: Pennsylvania and Switzerland: The American Origins of the Swiss Constitution, Philadelphia 1941. E.Bonjour: Die Gründung des schweizerischen Bundesstaates,Basel 1948,S.165.

(2) E.G.Franz: Das Amerikabild der deutschen Revolution von 1848/49. Zum Problem der Übertragung gewachsener Verfassungsformen, Heidelberg 1958.

(3) Zu den Befürwortern des amerikanischen Systems der religiösen Freiheit in der Nationalversammlung gehörte auch der greise Bischof Geritz, der erklärte: "Jahrhundertelang ist über die gegenseitige Beziehung zwischen Staat und Kirche gestritten worden, ohne daß ein Medium gefunden worden wäre. Das freie Amerika hat einen solchen Schritt getan, alle Konfessionen gleich zu stellen, und ich glaube, daß es sich wohl dabei befindet. Warum wollen wir noch Abstand nehmen, das auch bei uns in Anwendung zu bringen, was sich in den nordamerikanischen Freistaaten als zweckmäßig bewährt hat.Stenographischer Bericht über die Verhandlungen der deutschen constituierenden Nationalversammlung zu Frankfurt am Main, Bd.3, S. 1680.

(4) Siehe A.Scholl: Einfluß der nordamerikanischen Unionsverfassung auf die Verfassung des Deutschen Reiches vom 28.März 1849, Borna 1913.

um eine einfache Kopie des amerikanischen Vorbildes handelte, zeigt schon der Umstand, daß dem deutschen Bund Rechtskompetenzen über die Länder in religiösen und kirchlichen Angelegenheiten zugewiesen wurden, für die der amerikanische Kongreß keinerlei Recht besaß. Spärlicher als in Deutschland sind die in der Schweiz erschienenen literarischen Hinweise auf die Verfassung der Vereinigten Staaten. Doch sie mögen den amerikanischen Konsul in Basel zu der Bemerkung in seiner Depesche vom 1.Oktober 1847 über die erstrebte Erneuerung der Bundesverfassung veranlaßt haben: "In the new one our glorious Constitution will be taken as their guide"(1).

Von den radikalen Staatsmännern hat das Genfer Regierungshaupt James Fazy am konsequentesten das amerikanische Vorbild, die auf dem Zweikammersystem aufgebaute Bundesstruktur und völlige religiöse Freiheit, mit dem Idealziel der Trennung von Staat und Kirche vertreten. Durch seine Beziehungen zu Lafayette mit den amerikanischen Verhältnissen vertraut, veröffentlichte er schon 1837 einen bundesstaatlichen Entwurf, der zu Beginn des Jahres 1848 mit geringen Änderungen wieder in der radikalen "Revue de Genève" erschien. In seinem Projekt sah er von einer gänzlichen Trennung der weltlichen und kirchlichen Institutionen jedoch ab, erwähnte aber unter den Freiheitsrechten, die der Bund zu schützen habe, auch die religiöse Freiheit (2). Aus den kantonalen Verfassungsverhandlungen von 1842 und 1847 ist ersichtlich, mit welcher Intensität er sich für das Grundrecht völliger Kultusfreiheit einsetzte, womit er zugleich die Katholiken des ehemals savoyischen Kantonsteils und die

(1) Zit.bei H.K.Meier: The United States and Switzerland in the Nineteenth Century, Den Haag 1963, S. 28.

(2) J.Fazy: Projet de Constitution Fédérale,Genf 1837,S.11.

dissidenten Pietisten für die politischen Ziele der Revolution zu gewinnen versucht hatte, was ihm auch teilweise, gegen die Interessen der alten Genfer Kirche, gelang. Selbst gegenüber den Jesuiten nahm er eine freiere Haltung ein.

Den erfolgreichsten publizistischen Einfluß zugunsten des amerikanischen Zweikammersystems übte der liberal-katholische Philosoph und Politiker Ignaz Paul Vital Troxler aus. Er hatte schon im Jahr 1833 auf das amerikanische Vorbild für die demokratische Bundeserneuerung hingewiesen und einen Bundesstaat gewünscht, in dem nicht nur die beiden historischen Religionen, sondern die Religionsfreiheit als Menschenrecht anerkannt würden. Im Unterschied zum religiös indifferenten Fazy betonte Troxler stets die Notwendigkeit der Religion für Staat und Gesellschaft. Nach dem Sonderbundskrieg, dessen Ausgang er für glücklich hielt, sah er die Zeit gekommen, in der die Schweiz ihre Bestimmung als Nation erfüllen konnte. Als Wegweisung veröffentlichte er Ende 1847 eine deutsche Übersetzung der Verfassung der Vereinigten Staaten und ließ ihr eine Empfehlung des liberalen Rechtsgelehrten Theodor Welcker folgen. In der Einleitung empfahl er nach dem Vorbild der nordamerikanischen Union, von deren Gründern er sagte, sie hätten "ein eigentlich menschheitliches Problem" gelöst, den Bundesstaat als "die eigenste, freieste und vollkommenste Form der Föderativ-Republik" (1). Aus dem ersten Amendement von 1791 nannte er in der Erläuterung die von der Union zu schützenden Grundrechte und führte aus, daß der Kongreß nie ein Gesetz erlassen dürfe, wodurch eine Religion zur herrschenden erklärt oder die freie Ausübung einer anderen verboten würde (2). Er schloß daraus jedoch nicht auf grundsätzliche Trennung von Staat und Kirche. Wie bei Welcker sollten sich in der Demokratie vielmehr natürliches und historisches Recht ergänzen.

---

(1) J.P.V.Troxler: Die Verfassung der Vereinigten Staaten Nordamerika's als Musterbild der Schweizerischen Bundesreform, Schaffhausen 1848, S. 9; vgl. S. 25.

(2) J.P.V.Troxler: a.a.O., S. 27.

2. Schweizerische Voraussetzungen für ein Bundesrecht religiöser Freiheit

In der Schweiz waren im Jahr 1848 die historischen und rechtlichen Voraussetzungen für die Gründung eines Bundesstaates mit einem Grundrecht völliger religiöser Freiheit für alle Konfessionen im ganzen Bundesgebiet ungünstiger als 1848 in Deutschland oder gar 1787 in den Vereinigten Staaten. Das deutsche Reich hatte seit 1648 keinen Religionskrieg mehr erlebt. Schon der Westfälische Friede brachte den anerkannten Konfessionen unter Berücksichtigung des territorialen Konfessionalismus völlige rechtliche Gleichberechtigung. Die individuelle religiöse Parität im bürgerlichen Recht der Niederlassungsfreiheit für die christlichen Bekenntnisse war seit 1815 deutsches Bundesrecht. In der Eidgenossenschaft hingegen fand noch 1712 ein eigentlicher Religionskrieg statt. Erst der anschließende vierte Landfriede brachte den bis dahin benachteiligten Reformierten die Anerkennung des Prinzips völliger Gleichberechtigung im eidgenössischen Recht. Er hinterließ jedoch gleichzeitig ein derart tiefes Trauma bei den besiegten Katholiken der Innerschweiz, daß die Jesuiten- und Sonderbundsauseinandersetzungen der 40er Jahre die Erinnerung an frühere Religionskämpfe aufleben ließen, obwohl auf reformierter Seite liberale Katholiken dieselben politischen Ziele verfolgten. Erst der militärische Sieg der Tagsatzungsmehrheit machte den vom Sonderbund verkörperten Bestrebungen, zum Schutz gegen die reformierte Mehrheit die alteidgenössische Parität und konfessionelle Trennung wieder herzustellen, endgültig ein Ende (1).

---

(1) Gelegentliche Hinweise auf die Wünschbarkeit des konfessionellen Gleichgewichts in der Bundesorganisation

Die Aufhebung der konfessionell geteilten Staatsorganisation in Glarus, die Abwehr der konfessionellen Trennung im Aargau und schließlich die gewaltsame Zerschlagung der konfessionell-dualistischen Pläne Siegwart Müllers, die der demokratischen Bundeserneuerung und einer zeitgemäßen Entfaltung der religiösen Freiheit im Wege standen, zeigten deutlich, daß die Radikalen den Religionsfrieden nicht mit trennenden Rechtsmitteln gewähren wollten, wie sie z.B. bei der Gründung des Kantons St.Gallen noch als unerläßlich für die Existenz eines gemischtkonfessionellen Staates erachtet worden waren und wie sie auch die regenerierte Verfassung nicht aufgehoben hatte. "Einen der wichtigsten Punkte, der in der Bundesrevision zur Sprache kommen muß," schrieb Stämpflis radikale "Berner Zeitung" am 25.Januar 1848, "ist die Aufhebung der konfessionellen Scheidewand in den Verfassungen und im Staatsleben der katholischen Kantone." Das demokratische Gleichheitsprinzip sollte nach dem Wunsch der Neuerer ohne die historischen engen Schranken der Kirchenzugehörigkeit auf den Bund übertragen werden.

Auch konservative Katholiken begannen sich nach der Sonderbundsniederlage von der konfessionellen alten Landfriedenspolitik abzuwenden. "Der Standpunkt des Fünfzehnerbundes und die Form des politisch-konfessionellen Gegensatzes, die unter diesem möglich gewesen," heißt es bei Anton Philipp von Segesser in seiner Rückschau auf den Sonderbund, "war so vollständig überwunden, so in allen Bedingungen ihrer Existenz erschüttert, daß eine Partei, deren Bestimmung es ist, in der Gegenwart, nicht in

---

finden sich auch 1848 noch in der katholischen Presse, blieben jedoch ohne Wirkung. So verlangte z.B. das "Echo vom Jura" am 26.7.1848 "völlige Parität", worunter es eine gleiche Zahl katholischerund protestantischer Mitglieder für alle eidgenössischen Behörden verstand.

der Vergangenheit zu leben, eine neue Grundlage suchen, einen neuen Standpunkt einnehmen musste, um auf demselben die bleibenden Principien ihres politischen und religiösen Glaubens zu verfechten"(1). Von der Unmöglichkeit, zur alten, streng von der Religion bestimmten Rechtsordnung zurückzukehren, überzeugte sich auch der reformierte, liberal-konservative Johann Caspar Bluntschli. In einem Memorandum zuhanden der österreichischen Regierung (2) hatte er 1847 noch die Bundesreform vom alteidgenössischen Prinzip der konfessionellen Parität, mit deren Hilfe der innern Schweiz die Glaubenseinheit erhalten bleiben konnte, abhängig machen wollen (3). Am 1. Dezember 1847 vermerkte er, nachdem ihn der Sieg des Radikalismus beunruhigt hatte: "Die Art, wie die innere Schweiz gefallen, war mir doch unerwartet. Die alte Schweiz und die alte Zeit sind definitiv hinter uns"(4). Die Erfolglosigkeit seiner Vermittlungspolitik veranlasste den Rechtsgelehrten, in Deutschland einen neuen Wirkungskreis zu suchen.

Wie stark indessen im Jahr 1848 in der Innerschweiz der Wille zur konfessionellen Abschliessung war, zeigt die neue Schwyzer Verfassung vom 18. Februar 1848. Sie behielt die alte Bestimmung des katholischen Bekenntnisses als "einzige Religion des Staates" bei (5). Selbst

---

A.Ph.v.Segesser: Sammlung kleiner Schriften, Bd.2, Bern 1879, S.459. (1)

(2) Das Memorandum wurde von W.Oechsli im Politischen Jahrbuch der Schweizerischen Eidgenossenschaft veröffentlicht: 13.Jg., Bern 1899, S.655 ff.

(3) Metternich nannte in seinem Antwortschreiben an Kaisersfeld diese Parität das "Schiboleth friedlichen Zusammenlebens". Brief vom 18.10.1847. F.Strobel: Die Jesuiten und die Schweiz im XIX.Jahrhundert, Olten/Freiburg i.B. 1954, S.1013 ff.

(4) J.C.Bluntschli: Denkwürdiges aus meinem Leben, Bd.1, Nördlingen 1884, S.442.

(5) Art.2. Amtliche Sammlung der Gesetze und Verordnungen des Kantons Schwyz, Bd.1, Schwyz 1871, S.51.

in Luzern, Freiburg und Wallis, wo radikale Minderheitsregierungen unter dem Schutz der Besatzungstruppen an die Macht kamen, besaß die katholische Religion weiterhin öffentlich-rechtliche Ausschließlichkeit. Immerhin wurden gewisse von den reformierten Kantonen schon früher beanstandete, allzu intolerante Bezeichnungen beseitigt. Dies war der Fall bei der Walliser Verfassung vom 10.Januar 1848, in der von der katholischen Konfession nicht mehr gesagt wurde, daß sie allein ein Kultusrecht besitze (1). Dieser Verfassungstext kam dem privaten Gottesdienst, den die reformierte Minderheit in kleineren Kreisen pflegte,zugut. Weiter ging die Luzerner Verfassung von 1848. Sie hob die Formulierung "Religion des Staates" auf und ersetzte die Bestimmung von 1841, wonach die katholische Religion die Religion des gesamten Luzerner Volkes war, durch die dehnbare Bezeichnung "Religion des Luzernervolks" (2). Wenn dieser Text auch dem immer noch unsicheren Status rechtlicher Toleranz für den reformierten Kultus in der Stadt Luzern nichts hinzufügte, so fiel doch ein Haupthindernis für die spätere Anerkennung reformierter Einwohner als luzernische Staatsbürger. Dies war für die Neue Luzerner Zeitung ein Grund, die neue Verfassung abzulehnen. "Wir sehnen uns nach dem Glücke nicht," kommentierte das katholisch-konservative Organ den Artikel, "unsern rein katholischen Kanton einmal in einen paritätischen verwandelt zu sehen; und verwerfen daher eine Staatsverfassung, die es nicht verbietet, daß das Kantonsbürgerrecht auch an die Bekenner anderer Konfessionen, seien diese dann Protestanten, Juden oder

---

(1) Art.2. Sammlung der Gesetze, Dekrete und Beschlüsse des Kantons Wallis, von 1747 bis 1852, Bd.8,Sitten,S.28.

(2) K.Pfyffer: Die Staatsverfassungen des Kantons Luzern und die Revisionen derselben, Luzern 1869, S. 48. Eine öffentliche Mißfallensäußerung über die neue Bundesverfassung von seiten der katholischen Hierarchie unterblieb. Vgl.J.F.O.Luquet: Lettre à N.S.Père le Pape Pie IX sur l'état de la religion catholique en Suisse, Freiburg 1853, S. 103 f.

Heiden, ertheilt werden könne" (1).

So sehr die Reformierten die größere Toleranz der neuen Verfassungen begrüßten, so schwer lastete die Macht der radikalen Minderheitsregierungen in den ehemaligen Sonderbundsständen auf der katholischen Kirche, mit deren Hilfe die intoleranten Bestimmungen in die alten Verfassungen aufgenommen worden waren. Nicht nur beschränkte das neue Staatsgrundgesetz ihre bisherige Autonomie und ihren Einfluß auf das Schulwesen, zahlreich waren die Geistlichen, die ihre Solidarität mit den Sonderbundszielen und ihre offenen Proteste gegen Eingriffe des Staates in das Kirchenwesen mit Freiheitsentzug büßten. Die Schweizerische Kirchenzeitung, das einflußreiche Organ des konservativen Klerus, mußte in Luzern ihr Erscheinen einstellen.

Am schwersten traf der Antiklerikalismus der Radikalen die Mitglieder und den Besitz der Orden. Die Kantone versuchten, so viel wie möglich der von der Tagsatzung auferlegten Kriegskontributionen auf die Klöster abzuwälzen. Gleichzeitig kam es zu Säkularisationen, wie die Schweiz sie in solchem Ausmaß seit der helvetischen Revolution nicht erlebt hatte (2). Durch das Dekret vom 29.Januar 1848 wurden im Wallis mehrere Stifte und Rektorate aufgehoben. In Freiburg traf der Beschluß vom 30.März drei Klöster. Am 13.April verfielen dem luzernischen Staat zwei Klöster, darunter das reiche Zisterzienserkloster St.Urban. Auch mehrere weibliche Orden wurden aufgelöst.

---

(1) Neue Luzerner Zeitung vom 8.2.1848.

(2) Eine Aufzählung gibt E.His: Geschichte des neuern schweizerischen Staatsrechts, Bd.2, Basel 1929,S.635 f.

Klosterschließungen nahmen im Sommer 1848 ebenfalls radikale Kantone vor, die dem Sonderbund nicht angehört ., die jedoch bereits früher in die Verwaltung und Novizenaufnahme eingegriffen hatten. Durch das Dekret vom 30.Juni hob der Tessin vier Männer- und vier Frauenklöster auf. Als schwerwiegenden Eingriff einer protestantischen Mehrheit empfanden die konservativen Katholiken (3) das thurgauische Gesetz vom 27.Juni, durch das acht Klöster aufgehoben wurden (1), so daß im Kanton nur noch das Kloster St.Katharinental übrig blieb, das infolge seines Besitzes in Baden der Aufhebung entging.

Wirkungslos blieben alle Proteste der Vorsteher der Stifte und Klöster sowie der Diözesen (2), ohne Gehör die Berufung auf den formalrechtlich immer noch gültigen Klosterschutzartikel des Bundesvertrages. Es war schon während der eidgenössischen Revisionsbestrebungen von 1832/33 klar geworden, daß die Neuerer in der Bundesverfassung keinen konfessionellen Sonderschutz mehr aufnehmen würden. Der Kompromißcharakter des Beschlusses von 1843 der Tagsatzungsmehrheit in der Angelegenheit der aargauischen Klöster hatte die Schwäche des einseitigen Bundesschutzes bloßgestellt. Das passive Verhalten der Tagsatzung anläßlich der neuesten Klosterschließungen bewies vollends, daß Artikel 12 des Bundesvertrages seine Rechtswirksamkeit schon vor Inkrafttreten einer neuen Bundesverfassung verloren hatte. In diesen Maßnahmen gegen die Orden indessen nur Religionsfeindschaft oder Antikatholizismus zu sehen, wird der historischen Wahrheit nicht gerecht. Diese Klöster waren nicht nur

---

(1) Den Antrag stellten Johann Konrad Kern und Georg Kreis. E.Herdi: Geschichte des Thurgaus, Frauenfeld 1943,S.312.

(2) Auch der Nuntius sandte ein am 14.Januar datiertes Protestschreiben, auf das die Tagsatzung nicht einging. Eidg.Abschied 1847,2.Teil,S.178 ff.

(3) Vgl. "Der Wahrheitsfreund" vom 4.7.1848.

das Opfer der Aufklärung, sondern ebensosehr der gesteigerten Religionspolitik, die in der konfessionellen Trennung den Schutz der katholischen Religion sah und dabei die Existenz der Eidgenossenschaft aufs Spiel gesetzt hatte. Indem die Radikalen andererseits die Interessen des Staates überbetonten, gefährdete ihr Staatsautoritarismus jedoch die Chancen einer auch die Kirchen einbeziehenden religiösen Freiheit im werdenden neuen Bundesrecht. Nicht ohne Grund schrieb die Neue Luzerner Zeitung, deren Nummern konfisziert wurden, sobald sie auf Religionsgefahr hinwies: "Wir klagen die Radikalen des Despotismus an, weil sie ihrer geistigen Auffassung des Staates alles opfern" (1).

Einen weit geringeren Protest als bei den Klosterschließungen lösten die radikalen Maßnahmen der Kantone gegen die Jesuiten aus. Ihre Ausweisung hatte nicht zu den Kapitulationsbedingungen für die Sonderbundsstände gehört, doch drängten die eidgenössischen Repräsentanten in Schwyz auf ein vorbehaltloses Verbot, während in Luzern die provisorische radikale Regierung dazu keiner Hilfe bedurfte (2). Da der Orden in einer Zeit großer konfessionspolitischer Spannungen, wenn auch zögernd, den Ruf Luzerns angenommen und, als der Bürgerkrieg in Aussicht stand, trotz zahlreicher Interventionen den freiwilligen Rückzug nicht gesucht hatte, wurde allgemein die Tätigkeit seiner Mitglieder in der Schweiz als politisch nicht mehr tragbar erachtet. Dabei fiel kaum ins Gewicht, daß ihnen keine politische Aktivität nachgewiesen werden konnte (3).

Luzern, Schwyz, Freiburg und Wallis folgten der

---

(1) Neue Luzerner Zeitung vom 4.4.1848.

(2) F.Strobel: Die Jesuiten und die Schweiz im XIX.Jahrhundert, Olten/Freiburg i.B.1954,S.419 ff.

(3) Der ehemalige außerordentliche päpstliche Gesandte Luquet schrieb am 15.10.1848 dem Papst über die Jesuiten in Luzern: "De part et d'autre ces religieux étaient devenus, par un fatal enchaînement de circonstances, à la fois cause et un pré-texte de la querre civile, que sans cela, peut-être, on eût evitée".J.F.O.Luquet: Lettre à N.S.le Pape Pie IX, sur l'état de la religion catholique en Suisse, Freiburg 1853, S. 11 f.

"Einladung" der Tagsatzung vom 3.September 1847 und verwiesen nicht nur alle Jesuiten, sondern auch mit ihnen verbundene Orden des Landes. Der Protest, der in Schwyz die Aufhebungsempfehlung des Großen Rats begleitete, galt nicht so sehr der Ausweisung als vielmehr der Einmischung des Bundes, auf dessen nachdrückliche Empfehlung sie erfolgte. Am 31.Januar 1848 erklärte die Tagsatzung,auf Jonas Furrers Antrag, ihren Beschluß vom Vorjahr, den ebenfalls Zürichs erster Gesandter beantragt hatte, mit 17 1/2 Stimmen als vollzogen (1). Neuenburg und Appenzell-Innerrhoden enthielten sich der Stimme. Uri und Unterwalden gaben nachträglich ihre Zustimmung. Mit den beiden eidgenössischen Jesuitenvoten war das Recht der Bundesintervention in konfessionellen Anliegen, das der Bundesvertrag von 1815 außerhalb der Bundeskompetenz gestellt hatte, präjudiziert. Durch die Verabschiedung bekannte sich die Tagsatzung zu der im Entscheid vom 3.September 1847 enthaltenen Weisung: "Jede künftige Aufnahme des Jesuitenordens in irgend einem Kanton der Eidgenossenschaft ist von Bundeswegen untersagt" (2). Die Aufnahme dieses Verbots in eine neue Bundesverfassung, wie sie Radikale forderten (3), war damit jedoch nicht entschieden. Wie auch immer dieser Entscheid ausfallen würde, konnte es für die religiöse Freiheit nicht ohne Folgen sein, daß die Tagsatzung mit dem Motiv der Staatsraison bereits ein Ausnahmerecht geschaffen hatte, bevor sie die Freiheit der Religion definierte.

---

(1) Eidg.Abschied 1847, Bd.2, S. 215.

(2) Eidg.Abschied 1847, Bd.1, S.222. E.His: Geschichte des neuern schweizerischen Staatsrechts,Bd.2,Basel 1929, S.643.

(3) F.Strobel: Die Jesuiten und die Schweiz im XIX. Jahrhundert, Olten/Freiburg i.B.1954, S. 423.

Die Neigung der demokratischen Linksradikalen zum Staatsabsolutismus, der am Widerstand der konservativen Katholiken gegen die Bundeserneuerung gewachsen war, führte - ähnlich wie 1840 im aargauischen Großen Rat beim Votum des liberal-katholischen Regierungsrats Edward Dorer - nun auch in katholisch-konservativen Kreisen zu Äußerungen, daß nur die Lösung der traditionellen Bande zwischen Staat und Kirche auf die Dauer eine religiöse Befriedung mit sich bringen und damit die Einheit eines gemischtkonfessionellen Bundes gewährleisten könne. Es war das Echo ähnlicher Bestrebungen in Frankreich und Deutschland. Ohne die Sonderbundsniederlage und ohne die Not der katholischen Kirche, war doch bisher die möglichst enge Verbindung mit dem Staat die beste Gewähr für den kirchlichen Einfluß und die Erhaltung der staatlichen Glaubenseinheit, wäre eine solche Wendung nicht denkbar gewesen (1). Der "Wahrheitsfreund", der im paritätischen St.Gallen erschien, machte sich in der katholisch-konservativen Presse der Schweiz zuerst zum Verkünder der neuzeitlichen Staatstheorie. Der Artikel wurde am 10.Juni von der Neuen Luzerner Zeitung übernommen und damit auch einem größeren Kreis von Katholiken der Innerschweiz zugänglich gemacht.

Der auf der ersten Seite erschienene Artikel trägt die Überschrift: "Die Religionsfreiheit". Der Schreiber geht vom katholischen Antrag auf Garantie unbedingter Religionsfreiheit in der Schweiz aus, der im st.gallischen Großen Rat anläßlich der Debatte über das Bundesprojekt

---

(1) Noch im Juli 1847 hieß es in einem Artikel der "Katholischen Annalen", (4.Heft, Jg.1847), "Quelle, Strömung und Ausmündung der schweizerischen Revolutionen vom historischen und theologischen Standpunkte betrachtet", die Einheit von Kirche und Staat sei das Fundamentalprinzip der Kraft der Völker und ihrer Existenz (S. 141).

mit der Unterstützung der konservativen Katholiken zur Instruktion erhoben wurde, was auf der radikalen Gegenpartei Staunen hervorgerufen hatte. Der Schreiber weist darauf hin, daß es gute Katholiken in Menge gebe, die dem neuen Vorschlag unbedingter Religionsfreiheit nicht zu folgen vermöchten. Er sah in den reformierten und katholischen Kantonen, deren Staatsgesetz den Bürgern eine gewisse Form der religiösen Überzeugung auferlegte, keinen Religionszwang. "Findet es aber ein Volk," argumentierte er, "findet es ein Staat den Verhältnissen des Landes, den Forderungen der Zeit, ja dem Interesse der herrschenden religiösen Überzeugungen selbst angemessener, den vollen Besitz der politischen Rechte nicht an die Bedingung einer anerkannten und garantirten Staatsreligion zu knüpfen, so versteht es sich von selbst, daß dann die Staatsgewalt die Angelegenheiten der Religion, des Kultus und der damit zusammenhängenden Lehre jeder einzelnen Religionsgesellschaft ganz überlassen muß, ohne sich irgendwie in die Wirksamkeit und die freie Entfaltung der Kirche einzumischen. Das ist der Grundsatz der Religionsfreiheit, der sich durch die Vernunft und die Geschichte, ja durch die Religion selbst bewährt"(1). Der Artikel stützt sich auf O'Connell in Irland, Montalembert und Lacordaire in Frankreich und Ventura in Italien. Es wird auf das Vorbild der ersten Christen hingewiesen, die von den Regierungen weder Protektion noch Vorrechte begehrten, und auf den Widerstand der mittelalterlichen Päpste gegen die Übergriffe der weltlichen Gewalt. Der Schreiber schließt seinen historischen Vergleich mit einer Kritik am englischen Liberalismus, der gläubige Katholiken von der Freiheit ausschließe und des Josephinismus, der als Erbe der Philosophie des 18.Jahrhundert nur Intoleranz, Unterdrückung, Zerstörung atme. Von der Macht der Religion heißt es, sie liege im Gewissen der Völker, nicht im Beistand der Regierungen, die

(1) "Der Wahrheitsfreund" vom 2.6.1848.

sie statt zu verteidigen, dienstbar zu machen suchten.

Am 24.Juni 1848 erwähnte die konservative "Neue Luzerner Zeitung", die sich nach ihren eigenen Worten von der "leider oft ganz extremen Richtung", wie sie ihre Vorläuferin vertrat, distanzierte, wiederum die "unbedingte Religionsfreiheit", zu der sie sich letzthin bekannt habe. Die Redaktion schloß ihren kurzen Hinweis auf die Notwendigkeit größerer Zentralisation und des konfessionellen Gegenrechts mit dem Wahlspruch einer freien Kirche und eines einigen glücklichen Vaterlandes. Die Idee einer "Trennung" von Staat und Kirche, wie sie politisch liberale, aber religiös konservative katholische Parteien in Frankreich und Deutschland vertraten, fand beim Innerschweizer Volk keinen fruchtbaren Boden. Auch außerhalb Luzerns stieß sie bei den Katholiken auf starken Widerspruch. Das solothurnische konservative "Echo vom Jura" erwähnte den im "Wahrheitsfreund" und in der "Neuen Luzerner Zeitung" erschienenen Artikel mit keinem Wort und ging auch nicht auf die Idee einer umfassenden religiösen Freiheit ein. Die Erschütterung durch die Sonderbundsniederlage und ihre für die katholische Kirche drückenden Folgen verhinderten, daß es in der Schweiz zu einem politisch wirksamen, national ausgerichteten Kompromiß zwischen dem Klerikalismus und dem politischen Liberalismus kam wie im Ausland. Die religiös liberalen Katholiken, die dem politischen Radikalismus huldigten, sahen das Heil der Schweiz eher in einem aufgeklärten josephinisch-wessenbergischen Staatskirchentum, das Raum für eine nach der Staatsraison bemessene Toleranz ließ und als dessen Folge der konfessionell paritätische Staatsbegriff entstand.

Unabhängigkeit der Kirche und Schließung der Klöster schlossen sich gegenseitig aus, denn es ging nicht an, sie voneinander zu trennen. Das Streben des Radikalismus in der Schweiz galt aus ideologischen wie politischen Gründen nicht der Befreiung der Kirche vom Staat, sondern von der Macht des Klerus und vom kirchlichen Dogma. In Glaubensanliegen aber bot die reformierte Kirche dem Staat, der sich als ihr Bischof betrachtete, rechtlich eine grössere Blösse als die katholische Kirche mit ihrem autonomen Kirchenrecht und ihrer ausgeprägten Hierarchie. Am Beispiel Berns, wo junghegelianische Einflüsse an das althergebrachte Staatskirchentum anknüpfen konnten, wurde die Spannung zwischen Staat und Kirche um so fühlbarer, je grösser die religiös-kirchliche Entfremdung der freisinnigen Führer in den 40er Jahren war. Im Jahr 1847 schrieb Jeremias Gotthelf als Kampfschrift gegen den Radikalismus "Die Versöhnung des Ankenbenz und des Hunghans, vermittelt durch Professor Zeller", die er später einem seiner Hauptwerke, "Zeitgeist und Bernergeist", zugrunde legte (1). Der Zellerhandel liess den latenten Konflikt zwischen Kirche und Staat, der schon zur Zeit der Helvetik in Bern eine scharfe Reaktion ausgelöst hatte, neu aufflammen. Er zeigt, dass der schweizerische Radikalismus anlässlich der Bundesrevision an alles andere dachte, als - wie es die deutsche Nationalversammlung 1848 beabsichtigte - das Staatskirchentum zugunsten vollständiger religiöser Freiheit aufzulösen. Zwar hatte Ochsenbein im Verfassungsrat von 1846 angedeutet, dass die Trennung von Staat und Kirche im Kommen sei, gleichzeitig diese aber als im Augenblick schädlich bezeichnet (2).

Die Berufung an die Berner Universität des seines hegelschen Pantheismus wegen von der theologischen Fakultät nicht eindeutig empfohlenen und von der Kirchensynode (3) abgelehnten Neutestamentlers

---

(1) P.Baumgartner: Jeremias Gotthelfs Zeitgeist und Bernergeist, Bern 1945, S.57.
(2) Tagblatt 1846, Nr.33, Sitzung vom 6.Mai, S.21.
(3) K.J.Baggesen: Vorstellung des Präsidenten der Synode an den Regierungsrath des Kantons Bern, Bern 1847.

Eduard Zeller, hatte, ähnlich wie im Straussenhandel, das religiöse und kirchliche Bewußtsein weiter orthodoxer und pietistischer Kreise geweckt, die ihrer Entrüstung gegen die verantwortliche freisinnige Regierung Ausdruck gaben (1). Es kam jedoch zu keinem Putsch wie in Zürich, sondern Anfang 1848 zur Absetzung einiger Pfarrer, welche die Obrigkeit angegriffen oder sich geweigert hatten, deren öffentliche Rechtfertigung in der Kirche zu verlesen. Andere Geistliche, wie der Münsterpfarrer Karl Immanuel Baggesen, erhielten Verweise (2). Selbst vom freisinnigen A.E.Biedermann mußte sich die Berner Regierung Amtsmißbrauch vorwerfen lassen (3).

Bedenklicher noch stand es im Kanton Waadt, seitdem Henri Druey mit der Machtergreifung seine Überzeugungen über die Freiheit des Kultus und der Kirche der Staatspolitik geopfert hatte. Die waadtländische Verfassung kannte, im Unterschied zu Bern, kein Recht der Kultusfreiheit. Es waren ähnliche Motive, die zum Konflikt zwischen Kirche und Staat geführt hatten. Nur kam dort unter dem Einfluß des Réveil das calvinistisch-independistische Ideengut stärker zur Geltung. Nach dem endgültigen Austritt von 150 Geistlichen, die ihre Stellung als Diener einer Kirche, die dem staatlichen Zwang unterworfen war, nicht mehr mit der Freiheit des Gewissens und der Würde des geistlichen Amtes vereinbaren zu können glaubten, kam es im Jahr 1847 zur Gründung der evangelische Freikirche des Kantons Waadt mit 33 Gemeinden (4).

---

(1) Lit. bei K.Guggisberg: Der Zellerhandel in Bern, 1847, in: Zwingliana, Bd.8, Heft 1, 1944, Nr.1, S. 24 ff.

(2) Kirchenblatt für die reformirte Schweiz vom 9.9.1847, S.144 ff.

(3) Die Kirche der Gegenwart, Jg.1848, S. 148 ff. K.Guggisberg: Bernische Kirchengeschichte, Bern 1958, S.644.

(4) J.Cart: Histoire de la liberté des cultes, Lausanne 1890, S. 117.

Der Staatsrat hatte sich außerordentliche Vollmachten geben lassen, um die Dissidenz zu bekämpfen. Der Freikirche drohte die Auflösung von Staats wegen, den Geistlichen, die außerhalb der Nationalkirche gottesdienstliche Handlungen verrichteten, die polizeiliche Verweisung in ihre Heimatgemeinden. Nichtwaadtländische Geistliche, die an den Konventikeln teilnahmen, mußten den Kanton verlassen. Die Begründung lautete gewöhnlich auf Unruhestiftung der Konventikel. Dabei ließ man jene vielfach straflos, die mit Gewalt gegen die "Mômiers" vorgingen (1).

Die zahlreichen Proteste des In- und Auslandes gegen die religiösen Verfolgungen im Waadtland hinderten den Großen Rat nicht, am 22.Januar 1848 die Vollmachten des Staatsrates zu erneuern (2). Durch das Dekret vom 28.März wurde das Verbot, außerhalb der Eglise nationale religiöse Versammlungen abzuhalten, bestätigt. Das Echo der Zwangsmaßnahmen der waadtländischen Behörden drang zwar in alle Teile der Schweiz, doch in den radikalen Blättern äußerte es sich meist nur in kurzen Notizen. Sie stellten die Verfolgungen als gerechte Strafe für religiösen Fanatismus und Politisierung der Religion dar.

Alexandre Vinets Stimme zugunsten der religiösen Freiheit war seit

(1) Drueys Nouvelliste Vaudois rechtfertigte Zwangsmaßnahmen, indem er nach bewährter Methode Jesuiten, Methodisten und Freikirchler identifizierte: "Force fut d'apporter un nouveau remède contre la tendance de ces jésuites protestants, contre cette corporation qui a le même esprit de lutte, d'audace, d'intrigue, de diffamation et d'étroite dévotion que les jésuites catholiques, contre cette milice créée pour combattre l'esprit de progrès, l'esprit philosophique, comme celle des jésuites primitifs fut créée afin de combattre la réformation...." Nouvelliste Vaudois vom 14.1.1848.

(2) J.Cart: Histoire de la liberté des cultes, Lausanne 1890, S.121 ff. Le Courrier Suisse vom 25.,27.,28.1.1848.

1847 nicht mehr zu hören. Am 9.Mai 1848, am Jahrestag der Beerdigung ihres Mannes, stand seine Witwe in Lausanne vor dem Richter. "La présence de Mme Vinet à la barre de ce tribunal pour avoir eu chez elle une réunion de prière est plus éloquente que tout ce que je pourrais dire", klagte ihr Advokat, indem er daran erinnerte, daß inmitten der Bewegungen, die Europa erschütterten, die religiöse Freiheit an erster Stelle proklamiert werde (1).

Trotz offensichtlicher Sympathien der reformierten Geistlichkeit der Schweiz für die bedrängte Lage der waadtländischen Dissidenten, bei aller Empörung über die Härte des Urteils der Berner Behörden in der Zelleraffäre und obwohl sich einige Pfarrer als Staatsbeamte in den radikalen Kantonen Strafen zugezogen, weil sie auf der Kanzel gegen den Bürgerkrieg Stellung genommen hatten, betrachtete die große Mehrheit des Klerus das Staatskirchentum als das geringere Übel im Vergleich zu einer radikalen Trennung der Kirche vom Staat (2), die ihr als Bedrohung ihrer Existenz erschien. Eingeschüchtert durch staatsautoritäre Maßnahmen, befangen in traditionellen Vorstellungen eines konfessionellen

---

(1) Procès intenté à M.le Pr Scholl et à Mme Vve Vinet, pour contravention à l'arrêté du 28 mars sur les assemblées religieuses, Lausanne 1848, S. 9.

(2) Auch der Berner Archidiakon K.J.Baggesen, der die allgemeine Kultusfreiheit bejahte und sich für grössere Autonomie der Kirche einsetzte, wünschte die Landeskirche in geordneter Verbindung mit dem Staat. "Eine absolute Trennung," führte er in seinem Bericht vom 15.6.1847 als Synodalpräsident aus, "können wir im Interesse der Gesammtheit nicht für wünschenswerth halten; und was die Kirche durch gänzliche Unabhängigkeit an intensiver Kraft gewinnen könnte, das würde sie an extensivem Umfang ihrer Wirksamkeit verlieren." Zit.in: Kirchenblatt für die reformirte Schweiz vom 29.7.1847, S. 123.

Staates, vielfach ohne die Mittel einer ihre innerkirchliche Selbständigkeit sichernden Synodalverfassung, gespalten durch theologische Richtungskämpfe (1), geschwächt in ihrem Einfluß auf das Volk durch die antiklerikale und zum Teil allgemein kirchenfeindliche Gesinnung der radikalen Presse (2) und in mehreren Kantonen nicht nur vom passiven sondern auch vom aktiven Wahlrecht ausgeschlossen (3), ohne offizielle interkantonale Organisation, hatten die reformierten Landeskirchen im Jahr 1848 keine gemeinsame maßgebende Antwort auf die für Staat und Kirche, die Gesellschaft wie das Individuum entscheidende Frage, wie der Freiheit der Religion und Kirche und der Stärkung des Bundes am besten gedient war.

Aufschlußreich für die eher pessimistische und konservative Einstellung der reformierten Geistlichkeit ist der Leitartikel vom 13.Januar 1848 des vom angesehenen Kirchenhistoriker Karl Rudolf Hagenbach geleiteten Kirchenblattes für die reformierte Schweiz. Es war das Organ der schweizerischen Predigergesellschaft, die einen privaten Charakter hatte. Von der Berufung Zellers heißt es, sie habe einen Prinzipienkampf hervorgerufen, der bei ähnlichen Gelegenheiten immer wieder ausbrechen werde, solange das Verhältnis von Kirche, Staat und Schule nicht aus ihrem innersten Lebensgrunde heraus begriffen und allseitig geregelt werde. Es seien Eingriffe geschehen, die den Riß zwischen Kirche und Staat beinahe unheilbar gemacht hätten. Im Zusammentreffen des waadtländischen Dekrets gegen die

---

(1) Die verschiedenen theologischen Richtungen in der protestantischen Kirche, nicht ihre Stellung im neuen Bundesstaat und zur religiösen Freiheit bildeten 1848 das Gesprächsthema der Predigergesellschaft. Verhandkungen der schweizerischen reformirten Prediger-Gesellschaft in ihrer zehnten Jahresversammlung den 1.und 2.August in Chur,Chur 1848.

(2) K.Guggisberg:Bernische Kirchengeschichte,Bern 1958,S.633.

(3) E.His:Geschichte des neuern schweizerischen Staatsrechts, Bd.2, Basel 1929, S. 349 f.

Dissidenz mit dem Sieg über den Sonderbund und die Jesuiten sah der Schreiber kein gutes Omen für die zukünftige Gestaltung der politischen und kirchlichen Verhältnisse der Schweiz. Für die Bundesrevision empfahl Hagenbach, der 1846 als Sprecher der stadtbaslerischen Geistlichkeit von der Aufnahme von Katholiken in den Grossen Rat von Baselstadt abgeraten hatte, "nicht der durchgängigen Parität, wohl aber der gegenseitigen Gewährleistung beider Kulte unter den nöthigen schützenden Formen" das Wort. Darunter verstand er, "dass kein katholischer Kanton mehr wäre in gesamter Eidgenossenschaft, in dem nicht die Katholiken ihren Gottesdienst halten könnten, wenn ihnen auch gleich nicht dieselben politischen Rechte zuständen, wie den Gliedern der Landeskirche". Er fügte hinzu: "Ob es dahin kommen wird ? ist eine Frage, die wir uns nicht zu lösen getrauen. Die Zeit wird darüber entscheiden." Der Schreiber warnte zugleich vor dem "unheimlichen Scheidungsgedanken", der immer mehr um sich greife und am Ende auch auf Anhänger der Landeskirche Eindruck machen müsse. Seine Hoffnung setzte er auf das Volk, das noch nicht aufgehört habe, ein christliches zu sein (1).

Politisch und kirchlich liberaler dachte der Theologe Alois Emanuel Biedermann, der die Monatsschrift "Kirche der Gegenwart" herausgab. In einem Artikel (2), in dem die waadtländischen Verfolgungen entschieden verurteilt wurden, hielt er dem konfessionellen Staatsideal, das andere Bekenntnisse von der Teilnahme am Staatsleben ausschliesse und ihnen höchstens passive Duldung zugestehe, einen allgemein christlichen Staatstypus entgegen. Dessen Einheit sollte durch volle bürgerliche Gleichberechtigung gewährleistet sein. Die Christlichkeit reduzierte Biedermann dabei auf

(1) Kirchenblatt für die reformierte Schweiz v.13.1.1848, S. 2 f.

(2) Die Kirche der Gegenwart, Jg.1848, S.49 ff; vgl. Artikel "Der Amtsmissbrauch in Bern", a.a.O., S.148 ff.

einige wenige, allen Kirchen gemeinsame Anschauungen. In seiner dogmatisch ungebundenen Haltung unterschied er sich von der großen Mehrheit der Geistlichen. Sein Vorschlag hat große Ähnlichkeit mit dem Bekenntnis der Häupter der reformierten Kirchen zur religiösen Freiheit und zur gesamtschweizerisch-nationalen Idee aus der Zeit der Helvetik (1).

Die eindrücklichste Kundgebung zugunsten der Aufnahme eines Menschenrechts intergraler religiöser Freiheit in der Bundesverfassung ist 1848 weder von einer Kirche noch von einem Geistlichen ausgegangen, sondern vom gelehrten Chemiker und späteren Nobelpreisträger Christian Schönbein in Basel. Obwohl geborener Württemberger, war er in der Rheinstadt heimisch und Großrat geworden. Wenn auch nicht kirchlich gesonnen und dem Pietismus, in dem er aufgewachsen war, abhold, blieb er doch von religiösen Gefühlen durchdrungen. Jede Unterdrückung der Glaubens- und Redefreiheit war ihm zuwider (2). Politisch dachte er mit der geistigen Elite Basels eher liberalkonservativ und war mit der Mehrheit des Großen Rats einem maßvollen, vernünftigen Fortschritt durchaus zugänglich. Mit ihr war er ein Bewunderer Englands, In Tübingen und Erlangen stand er unter dem Einfluß Fichtes und Schellings. Als er in Paris Montesquieus "Lettres persanes" las, notierte er in seinem unveröffentlichten Tagebuch die Gründe, weshalb mehrere Religionen in einem Lande wünschenswert seien (3). Seine Überzeugung über die religiöse Freiheit aber entnahm er hauptsächlich den Schriften Alexandre Vinets, in dessen Haus in Basel er als Freund verkehrt hatte (4).

---

(1) "Über die Rechte der Kirche und derselben Freye Ausübung in unserem Staate", Bern 1800.

(2) E.Hagenbach: Christian Friedrich Schönbein,Basel 1868, S.8.

(3) Nachlaß Schönbein IIc der Handschriftenabteilung der Universitätsbibliothek Basel.

(4) A.Vinets Korrespondenz weist auf einen Besuch Schönbeins bei Vinet in Lausanne am 6.9.1841 hin.Lettres,Bd.3, Lausanne 1949, S. 374.

Am 7.Februar 1848 stellte Schönbein im Großen Rat, nach reiflicher Überlegung und gewissenhaftester Selbstprüfung, wie er bezeugte, folgenden Antrag zuhanden der Bundesrevisionskommission: Jeder Schweizer hat das Recht und die Befugnis, in jedem Teile der Eidgenossenschaft sein religiöses Bekenntnis ungehindert und öffentlich auszuüben. Es gibt in der ganzen Eidgenossenschaft keine politischen Einschränkungen, welche sich an Religionsbekenntnisse knüpfen (1). Schönbein wies in seiner Begründung darauf hin, daß jene, denen das Wohl des Vaterlandes am Herzen liege, den Vorzeichen kommender Veränderungen größte Beachtung schenken müßten. Als ausgeprägtesten Zug der Zeit bezeichnete er den republikanischen Geist, welcher möglichste Gleichheit als das wünschenswerteste Gut halte. Er gab seiner Hoffnung Ausdruck, daß diese Bestrebungen schöne Früchte für die Menschheit tragen werden.

Im Verlangen nach vollständigster Religionsfreiheit sah Schönbein eine der bedeutungsvollsten und entschiedensten Äußerungen des nach Herrschaft ringenden demokratischen Geistes des 19.Jahrhunders. Er nannte diese eines der heiligsten Menschenrechte, die schönste Frucht der Humanität. Die Verletzung der religiösen Überzeugung durch Gewalttat oder Gewissenszwang war für ihn ein Sakrilegium. Verwerflich erschien ihm auch, politische Vorteile oder Nachteile an ein Bekenntnis zu knüpfen. Nachdem er auf das Vermächtnis des unduldsamen Geistes früherer Jahrhunderte hingewiesen hatte, welche den Fortschritt des menschlichen Geistes hemmen würden, erklärte er, daß die Zeit gekommen oder doch nahe sei, "wo eine vollständige Sonderung der politischen Verhältnisse von den konfessionellen eintreten und der so lange und so nachtheilige

---

(1) Protokoll des Großen Rates,25.Folio 79,Basler Staatsarchiv.

zwischen Staat und Kirche bestandene Verband gänzlich aufgelöst werden müsse." Er betrachtete die gänzliche Unabhängigkeit des Religiösen vom Staatlichen bis in seine letzten Folgen als eine der ersten und höchsten Aufgaben des Jahrhunderts.

Schönbein gab seiner persönlichen Genugtuung Ausdruck, daß der große Grundsatz der Religionsfreiheit sich überall Bahn breche und dessen Wahrheit und Bedeutung immer allgemeiner anerkannt und eingesehen werde. Als Vorbild stellte er Großbritannien hin (1), das nicht nur die Katholiken und Protestanten in ihren bürgerlichen Rechten gleichstelle, die vielen Beschränkungen, die so lange den protestantischen Nichtanglikanern auferlegt worden seien, aufhebe und nun auch die Juden in ihren Staatsverband aufnehme. Es schien ihm die Zeit nicht mehr fern, wo England den Zusammenhang zwischen Staat und Kirche auch formell lösen werde.

Als Lehrmeister des Grundsatzes vollkommenster religiöser Freiheit und der gänzlichen Unabhängigkeit des Kirchlichen vom Staatlichen bezeichnete Schönbein Alexandre Vinet, den er als einen der edelsten Menschen, als nachahmungswürdigstes Beispiel jener Freisinnigkeit, die von lauterer und reiner Humanität getragen und durchdrungen sei, pries. Sein Werk nannte er das Beste, was in neuester Zeit über Religionsfreiheit geschrieben worden sei (2).

---

(1) Über Basels Vorliebe für England s.E.Bonjour und A.Bruckner: Basel und die Eidgenossen,Basel 1951,S.287f.

(2) Einen späten Nachklang des vinetschen Einflußes und der waadtländischen Ereignisse glaubt W.Kaegi auch in den "Weltgeschichtlichen Betrachtungen" Jacob Burckhardts zu erkennen. In seiner Vorlesung bezeichnete der ehemalige Schüler Vinets die Trennung von Staat und Kirche als das Problem seiner Zeit,und er fügte hinzu, nachdem er u.a. auf die Schwierigkeiten hinwies, denen ein Staat mit zwei oder mehreren Staatskirchen

Zwei Gründe führte Schönbein an, warum nach seiner Überzeugung gerade Basel die hervorragende Rolle zufalle, in der Schweiz dem Grundsatz religiöser Freiheit Geltung zu verschaffen: die große Zahl seiner Bewohner, welche das große Zeitbedürfnis erkannt hätten, von dessen Notwendigkeit überzeugt seien und furchtlos und ohne herrschende Vorurteile wagten, ihre Überzeugung laut auszusprechen; ferner der Umstand, daß Basel als wenig neuerungssüchtige Stadt bekannt sei, was viele ängstliche Gemüter für diese Sache zu gewinnen vermöge. Dieses könne nicht fehlen, auf den stark bewegten Geist des Jahrhunderts beruhigend einzuwirken, die höchsten Bedürfnisse der Gemüter zu befriedigen und eine Quelle zu verstopfen, aus welcher schon so viel Unheil für die Menschheit und insbesondere auch für das Vaterland geflossen sei. Der Schwäche und Unvollkommenheit der menschlichen Natur gedenkend, gestand Schönbein am Schluß seiner Rede, daß er nicht glaube, der Grundsatz religiöser Freiheit werde sofort mit allen ihren Folgen in der Schweiz verwirklicht werden können. Darum schlug er als ersten Schritt vor, "daß wir Schweizer uns gegenseitig das Recht gewähren, unsere Religionsbekenntnisse

---

begegnet: "Die Kirchen aber werden mit der Zeit das Verhältnis zum Staat so gerne aufgeben als dieser das Verhältnis zu ihnen. Gleichen sie jetzt dem Schiff, welches einst auf den Wogen ging, aber seit langer Zeit zu sehr ans Vorankerliegen gewohnt ist, so werden sie wieder schwimmen lernen, sobald sie einmal im Wasser sind; selbst der Katholizismus hat es ja in Amerika bereits gelernt. Dann werden sie wieder Elemente und Belege der Freiheit sein." J.Burckhardt: Weltgeschichtliche Betrachtungen, Bern 1941,S.196. Jacob Burckhardt, der in Berlin und Rom die Revolution kommen sah, legte im Winter 1847/48 den Plan für die Gestaltung der großen Epochen seiner Kulturgeschichte. Constantin der Große, der die Zeit des Staatskirchentums einleitete, sollte dabei eine Schlüsselfigur sein. Burckhardt folgte bei seiner Rückkehr nach Basel (9.5.1848) einem Ruf der Universität. Seit seinem Verzicht auf die Redaktion der Basler Zeitung nahm er keinen Einfluß auf die Tagespolitik.W.Kaegi: Jacob Burckhardt,Bd.1,Basel 1947,S.346 f;Bd.3,Basel/Stuttgart 1956, S. 170 ff, 287 ff.

frei, öffentlich und ungehindert in allen Teilen des Vaterlandes auszuüben und daß alle gegenseitigen Beschränkungen, welche sich bei uns noch an die Konfessionen knüpfen, vollständig aufgehoben werden." Zuletzt gab Schönbein nochmals seiner Überzeugung Ausdruck, daß der Grundsatz, aus welchem sein Antrag fließe, einen siegreichen Lauf durch die ganze Welt machen und jeden ihm geleisteten Widerstand endlich überwinden werde.

Die am nächsten Tag folgende zweieinhalbstündige Diskussion im Großen Rat über die Motion Schönbeins zeigt, daß die hochgesinnte Rede begeisterte Zustimmung fand, aber auch Verlegenheit brachte. Politiker von der Linken bis zur Rechten, wie J.K.Brenner, Wilhelm Vischer und Andreas Heusler, unterstützten den Antrag. Doch unter der Regierungsmehrheit erhoben sich Bedenken, namentlich gegen den zweiten Teil des Antrags, der für alle Konfessionen politische Gleichberechtigung forderte. Sie widersprach der baslerischen Verfassung, die wohl den christlichen Konfessionen Kultusfreiheit gewährte, die staatsbürgerlichen Rechte hingegen nur den Protestanten zuerkannte. Zu den Opponenten gehörte Bürgermeister J.R.Frey. Der Kirchenhistoriker K.R.Hagenbach war erschrocken über die "Feuerbombe", wie er den Antrag des Entdeckers des Schießpulvers nannte, die in den Großratssaal geschleudert worden sei. Der Vorschlag ging ihm zu weit, da er befürchtete, er werde alles Religiöse auseinandersprengen und den religionslosen Staat bringen, der etwas überaus Fragwürdiges sei (1).

---

(1) Im "Kirchenblatt für die reformirte Schweiz" vom 23. März 1848 ist K.R.Hagenbachs Stellungsnahme zur Motion wiedergegeben. Er hielt Vinets Lehre die Staatstheorie von Richard Rothe aus Heidelberg entgegen und sah die Aufgabe der Kirche darin, daß sie, wie der natürliche Mensch zum Ebenbild Gottes wiedergeboren werde,

Der Kleine Rat, der die Motion prüfen sollte,(3) stützte sich in seiner Antwort auf das Gutachten des Staatskollegiums, dem die Bürgermeister Frey und Sarasin sowie die Großräte P.Merian und S.Minder angehörten und das nach erneutem Anhören von Professor Schönbein formale Einwände erhob. Der Bundesrevisionskommission konnten keine Instruktionen erteilt, nicht einmal offizielle Wünsche geäußert werden (1). Der Sprecher des Kleinen Rates erklärte, es könne kein Zweifel bestehen, daß dieser Gegenstand von höchstem Interesse sei und besonders in der neueren Zeit zu den interessantesten politischen Diskussionen Veranlassung gegeben habe; er empfahl jedoch, dem Antrag vorläufig keine Folge zu geben. Er fügte hinzu, das Mitglied der Verfassungskommission, das den Verhandlungen über den schönbeinschen Antrag beigewohnt habe - es handelte sich um den liberalen J.G.Fürstenberger - werde auch ohne besonderen Auftrag die "Anbahnung unbeschränkter gegenseitiger religiöser Duldung, soweit solches für die Verhältnisse der Schweiz vereinbar, anstreben". Der Große Rat erklärte sich mit der Regierungsempfehlung einverstanden (2).

---

den Naturstaat zum christlichen Staat umwandle. Auch der "Christliche Volksbote aus Basel" vom 16.2.1848 äußerte Bedenken gegen die Motion Schönbeins. Es wurde auf die heiligen Bande zwischen Staat und Kirche hingewiesen. "Würde man nicht dieses genug gedrückte Volk im Innersten verletzten", fragte der Volksbote, "wenn man ihm eine Religionsfreiheit durch die Bundesverfassung aufdringen würde, für die es noch lange nicht reif ist." Er meinte damit die Innerschweiz.

(1) Protokoll des Staatskollegiums vom 9.2.1848.
Protokoll des Kleinen Rates vom 4.3.1848.

(2) Protokoll des Großen Rates vom 4.3.1848.

(3) Schönbeins Antrag, wurde mit 42 gegen 20 Stimmen zu dringlicher Behandlung empfohlen. Basler Zeitung vom 9.2.1848.

Schönbeins Rede erfuhr in Basel weite Verbreitung. Sowohl Karl Brenners liberal-radikale "National-Zeitung" (1), die Troxler nahe stand, als auch das parteilose "Intelligenzblatt der Stadt Basel" (2) brachten sie in extenso. Sie erschien auch als Sonderausgabe. Durch die liberal-konservative "Eidgenössische Zeitung" (3) wurde sie in der deutschen Schweiz bekannt. "Wir unsererseits", bemerkte die Redaktion zur Initiative Schönbeins, "können den Sieg, den die Schweiz den Jesuiten gegenüber davon getragen, nur dann als einen wirklichen Sieg für menschliche Freiheit und geistigen Fortschritt begrüssen, wenn diese siegende Schweiz Religionsfreiheit proklamiert". Gering war das Echo in der übrigen radikalen Presse, die auf Basel ohnehin nicht gut zu sprechen war. Grosse Wirkung war von einer baslerischen Intervention nicht zu erhoffen.

Zieht man die Grundrechte der Kantone in Erwägung, so fällt auf, wie sehr der Antrag des Basler Gelehrten, der ähnliche Bemühungen liberaler intellektueller Kreise Europas bei den Verfassungsverhandlungen von 1848 vorwegnahm, selbst in den regenerierten Ständen dem bestehenden Recht widersprach. Die individuelle Glaubens- oder Gewissensfreiheit, die Zürich, Bern, Aargau, Thurgau, Glarus und Baselland in den 30er Jahren in ihre Verfassung aufgenommen hatten, erfuhr erstmals 1846 in Bern eine Erweiterung hinsichtlich der Kultusfreiheit für alle Glaubensbekenntnisse. Im Jahr 1847 erhob auch Genf die Freiheit des Gottesdienstes zum Grundrecht, und im März 1848 folgte Neuenburg, nachdem seine preussische

(1) Ausgabe vom 8. Februar 1848.
(2) Ausgabe vom 8. Februar 1848.
(3) Ausgabe vom 11.Februar 1848.

"Charte constitutionelle" schon 1814 ausdrücklich Kultusfreiheit für die Protestanten und Katholiken ohne Rücksicht auf die Wohngemeinde stipuliert hatte. In diesen letzteren Ständen begannen auch die rechtlichen Schranken gegenüber den Israeliten zu fallen. Der Halbkanton Baselstadt hatte als erster die verfassungsrechtliche Kultusfreiheit auf alle christlichen Konfessionen ausgedehnt, doch auch das Grundgesetz von 1847 versagte den Katholiken wie den Juden zwar nicht die Toleranz für ihren Kultus, aber die bürgerliche und politische Gleichberechtigung mit den Protestanten. Somit gab es im Frühjahr 1848 3 1/2 Kantone, deren Staatsgrundgesetz über die bisherige Kultusfreiheit der anerkannten Konfessionen hinausging.

In allen übrigen mehrheitlich reformierten Kantonen, ungeachtet ob eine oder zwei Konfessionen als Staatsreligion galten, hatte sich die Abneigung nicht nur gegen die Israeliten, sondern auch gegenüber den Sekten bisher als größtes Hindernis der Einführung eines allgemeinen Menschenrechts religiöser Freiheit erwiesen. Auch in Kantonen, in denen Glaubens- oder Gewissensfreiheit Grundrecht war, verzichteten die Behörden in den 40er Jahren nicht überall auf die Anwendung eines indirekten oder sogar direkten staatskirchlichen Zwanges gegenüber Separatisten (1). In einer Zeit, in der selbst offener

---

(1) Wie der Bericht der Zusammenkunft vom 22.Juli 1845 der Predigergesellschaft zeigt, war die Ablehnung der Zwangstaufe durch die reformierte Geistlichkeit der Schweiz nicht einheitlich. Ihre Befürworter kamen namentlich aus der Ostschweiz. Dekan Ammann, der sich in bezug auf Ehen und Taufen zur Glaubensfreiheit bekannte, bedauerte, daß in den regenerierten Kantonen, wo diese garantiert wurde, diesem Artikel im Gesetz keine nähere Bestimmung und Erläuterung gegeben worden sei. Er meinte, der Staat, nicht die Kirche, habe denselben aufgenommen und zu handhaben. Der Münsterpfarrer von Bern, Baggesen, sah auch

Unglaube nicht den Ausschluß aus der Staatskirche zur Folge hatte, konnte das Argument der Erhaltung der Christlichkeit für die Zwangsmaßnahmen nicht mehr glaubhaft wirken. Wo der Staat sie dennoch aufrecht erhielt, blieb der Gewissens- und Glaubensfreiheit nur die rechtliche Auswirkung innerhalb des kirchlichen Raumes, wo sie sich gegen jeden Bekenntniszwang richtete.

Einem christlichen Naturrecht umfassender religiöser Freiheit, wie es Alexandre Vinet aus der im Gewissen gesetzten Würde des Menschen ableitete, stellten sich in den reformierten Landeskirchen große Hindernisse entgegen. Zwar waren in Ulrich Zwinglis ethischen Begriffen aus der Frühzeit der Reformation Ansätze dazu vorhanden, und immer wieder wurde die Gewissensfreiheit mit dem 16.Jahrhundert in Verbindung gebracht, doch nur das zürcherische Täufertum hatte damals daraus radikale soziale Konsequenzen gezogen, als Zwingli begann, die erneuerte Kirche in den äußerlichen Dingen der weltlichen Obrigkeit zu unterstellen.[1] Sie mußten dafür mit Tod oder Verbannung büßen. Als sich die reformierten Kirchen im 19.Jahrhundert innerlich und äußerlich durch den Staat

---

das Heil der Kirche in der religiösen Freiheit.

Verhandlungen der schweizerischen reformirten Prediger-Gesellschaft 1845. Als 132 in 24 Gemeinden des Kantons Zürich wohnhafte Neutäufer, der verbreitetsten Sekte, unter Berufung auf die von der Verfassung gewährten Glaubensfreiheit an die Zürcher Behörde ein Gesuch um Austritt aus der Landeskirche richteten, lautete das Urteil des Großen Rates vom Januar 1847 einstimmig ablehnend. Er konnte sich dabei auf eine entsprechende Empfehlung der Geistlichkeit, des Kirchen- und des Regierungsrates stützen. Bürgermeister J.Furrer sah darin keinen Verstoß gegen die Glaubens- und Gewissensfreiheit, da man dadurch - wie er ausführte - die Sektierer nicht zu Lehren oder Handlungen zwinge, die ihren Grundsätzen widersprächen. Kirchenblatt für die reformirte Schweiz vom 29.7.1847, S.119.

(1) M.Haas: Täufertum und Volkskirche - Faktoren der Trennung, in: Zwingliana, Bd.XIII, Heft 4, S.261 ff.

um so mehr bedroht fühlten, als dessen Häupter an kein kirchliches Bekenntnis mehr gebunden waren (1), fehlten ihr die Voraussetzungen für jene religiöse Dynamik, durch die in den angelsächsischen Ländern der Macht des Staates in Glaubensanliegen rechtliche Grenzen gesetzt wurden, die sowohl der Religionsfreiheit des Individuums wie der Freiheit der Kirchen zugut kamen. Ein zahlreiches, angesehenes Dissidententum, wie in England und den Vereinigten Staaten, das ein einflussreicher Träger des umfassenden Prinzips religiöser Freiheit hätte sein können, gab es in der Eidgenossenschaft während der Regeneration nicht. Nur in der Westschweiz und im Kanton Bern, wo calvinistische und methodistische Einflüsse mitwirkten, fand die allgemeine Gewissens- und Kultusfreiheit in religiösen Kreisen überzeugende Förderung.

Eine wichtige Voraussetzung für die Schaffung eines dauerhaften schweizerischen Staates war der Abbau der konfessionellen Spannungen zwischen Reformierten und Katholiken. Dazu hatte General Dufour wesentlich beigetragen. Für ihn war die im Manifest vom 20.Oktober 1847 an die Sonderbundsstände und weniger direkt in der Proklamation an das Schweizervolk der Tagsatzung vom 4.Nov.(2) enthaltene Zusage, dass die Freiheit der Religion unangetastet bleiben werde, Verpflichtung gewesen(3).Seine Mahnungen an die

(1) In Bern bildete sich 1849 eine "Freie Gemeinde", zu der Jakob Stämpfli Beziehungen hatte. Ihr Blatt bekämpfte nicht nur die christlichen Dogmen. Es erklärte Kirche und Pfarrer als überflüssig. K.Guggisberg: Bernische Kirchengeschichte, Bern 1958, S.634.

(2) Eidg.Abschied 1847, Bd.2, Beilage Litt.E, S.4.

(3) In den Tagesbefehlen forderte er Menschlichkeit und Rücksicht auf die Religion: "Thut unter allen Umständen, was ich Euch schon so sehr empfohlen habe: achtet die Kirchen und alle Gebäude, welche dem Gottesdienst geweiht sind! Nichts befleckt Eure Fahne mehr,

Truppen, die Religion und Institutionen des Gegners zu achten, die Ablehnung, die von der Katholikenerregung im Aargau und in St.Gallen entstandenen Unruhen zu unterdrücken, die Taktik einer raschen, schlagkräftigen und zugleich Menschenleben schonenden Kriegführung - die Zahl der Toten belief sich bei den Sonderbündischen auf nur 24, der Verwundeten auf 116 - das Weglassen jeder Anspielung auf die Jesuiten in den Kapitulationsbedingungen und sein Drängen auf baldige Entlassung der zumeist reformierten Besatzungstruppen, hemmte das religiöse Ressentiment der Besiegten. Auch die Vertreter der katholischen Innerschweiz stimmten für die Ehrengabe, die ihm den Dank des Vaterlandes zum Ausdruck brachte (1). Der Sieg der mehrheitlich reformierten Tagsatzungsarmee erneuerte, trotz einiger Exzesse der Besatzungen, nicht die Bitterkeit der katholischen Schweiz nach der Villmerger Niederlage von 1712. Nicht als Trophäe, wie einige behaupteten, wollten die reformierten Zürcher die von ihnen erwünschte Rückgabe von Helm, Schwert und Streitaxt des im Kappelerkrieg gefallenen Gründers der reformierten Kirche aufgefaßt wissen (2). Als Anerkennung für mustergültiges Verhalten

---

als Beleidigungen gegen die Religion." Aus dem Tagesbefehl vom 22.11.1848, nach E.Bucher: Die Geschichte des Sonderbundskrieges, Zürich 1966, S.332. Vgl. G.H.Dufour: Der Sonderbunds-Krieg und die Ereignisse von 1856, Basel 1876, S.94, 107 f. Für Dufour handelte es sich nicht um die Besiegung eines konfessionellen Gegners, wenn er auch zugibt, daß die Vertreibung der Jesuiten der augenfälligste Streitpunkt des Kampfes war: "In Wirklichkeit war der Sonderbundskrieg nichts weniger als ein religiöser Krieg, und die gegen die Protestanten erhobene Anklage, daß sie die Absicht gehabt, eine katholische Minderheit zu erdrükken, fällt von selbst dahin." A.a.O., S. 118.

(1) J.Dierauer: Geschichte der Schweizerischen Eidgenossenschaft, Bd.5, Gotha 1922, S. 801.

(2) E.Staehelin: Die Stimme der schweizerischen Kirchen zum Sonderbundskrieg und zur Gründung des schweizerischen Bundesstaates. Zürich 1948, S. 72.

J.Dierauer: a.a.O.,S.802. Dierauers diesbezügliche

der Oberst Eduard Ziegler unterstellten Besatzungstruppe und als Zeichen dafür, daß Luzern die Beseitigung jeglicher Erinnerung konfessionellen Haders wünsche, überreichte die radikale Regierung des katholischen Vororts die Waffen des Reformators (1). Der empfangende Zürcher Bürgermeister, Ulrich Zehnder, legte in seiner Ansprache ein Bekenntnis zur Toleranz ab. Nur wenn das Mißtrauen unter den Eidgenossen verschiedener Konfessionen schwinde, werde es möglich sein, das Band, das alle Schweizer umschlinge, fester zu knüpfen und ihrem Bund einen kräftigen, allen Stürmen widerst?ehenden, die Freiheit und Unabhängigkeit des Vaterlandes sichernden Bestand zu geben. Dann würde auch dieser Kampf, so schloß er, der letzte gewesen sein (2). Als gutes Omen für die künftigen Beratungen über die Bundesreform bewertet Erwin Bucher den Umstand, daß die Briefe der freisinnigen Tagherren an die Repräsentanten in den besetzten Kantonen und an die liberalen Regierungsmänner die katholische Kirche und die religiösen Gefühle des Volkes schonten(3). Mit Worten allein konnte die mißtrauische katholische Minderheit sich freilich nicht zufrieden geben. Ihre friedliche Integration in den neuen Bundesstaat hing wesentlich von den Verfassungsgarantien ab, die dieser ihrer religiösen und politischen Eigenständigkeit zu gewähren bereit war.

Bemerkung, daß die Niederlage Zürichs vom 11.Oktober 1531 nach mehr als drei Jahrhunderten durch den Sieg von Gislikon ausgeglichen war, erweckt den unrichtigen Eindruck, als ob es sich 1847 bei den Reformierten um einen religiösen Revanchekrieg gehandelt habe.

(1) Siehe Protest der Neuen Luzerner Zeitung vom 18.1.1848.

(2) Neue Zürcher Zeitung vom 14.1.1848.

(3) E.Bucher: Die Geschichte des Sonderbundskrieges, Zürich 1966, S. 521.

Von grösster Bedeutung für die Einführung eines Bundesrechts religiöser Freiheit war das gesteigerte Nationalgefühl und Nationalinteresse der Schweizer (1). Ehe die eidgenössische Verfassung dem Bund eine neue Gestalt gab, war aus dem kantonalen Heimatsinn ein von allen Gesellschaftsschichten getragenes schweizerisches Staatsbewusstsein geworden (2), gross genug, um durch den politischen Willen der Mehrheit nun aus eigener Kraft die Wende vom stark von der konfessionellen Eigenart geprägten Staatenbund zu einem religiös freieren schweizerischen Staat zu vollziehen. Mit Recht hat die neueste Historik indessen die Bedeutung des Sonderbundes für die Berücksichtigung des föderalisitschen Staatsprinzips zum Schutz der Minderheiten anerkannt (3). Der nur militärisch

---

(1) Ueber die Entfaltung des auf die ganze Schweiz bezogenen Nationalsinns in den 30er und 40er Jahren s.G.Hunziker: Die Schweiz und das Nationalitätsprinzip im 19.Jahrhundert, Basel/Stuttgart 1970, S.14 ff.

(2) Am 1.12.1848 notierte der Föderalist J.C.Bluntschli: "Die Erlebnisse der letzten Woche haben zwei folgenreiche Erfahrungen ausser Zweifel gestellt. Die erste: Das Gefühl und das Bewusstsein der Gemeinschaft der Schweizer, der schweizerischen Nationalität, des Gesamtvaterlandes ist lebendiger und mächtiger als es vorher je erschienen ist. Die zweite: Das Gefühl der Cantonalsouveränetät, der Besonderheit, der Particularität erwies sich in diesem Kriege schwächer, machtloser, abgestorbener als die vorausgegangenen Anstrengungen des Sonderbundes hatten erwarten lassen." Denkwürdiges aus meinem Leben. Bd.1, Nördlingen 1884, S.443. Vgl. Neue Zürcher Zeitung vom 22.11.1847.

(3) So O.Vasella: "Das Kernproblem des Sonderbundes ist das Problem der Minderheiten." "Das Minderheitsproblem ist viel mehr eine Wesensfrage des schweizerischen Staates überhaupt, es greift an die ganze Struktur. Dass es schwer hielt, die kirchliche Seite dieses Problems damals zur Anerkennung zu bringen, kann nicht überraschen. Auch die Geschichtsschreibung im 19.Jahrhundert zeigte wenig Verständnis. Trotzdem bleibt die Wahrheit bestehen, dass Sprachen- und Konfessionsschutz zwei Grundvoraussetzungen sind für eine gesunde Lösung der Hauptprobleme der verfassungsrechtlichen und kulturellen Struktur unseres Staates. Politisch focht der Sonderbund für die Freiheit der Kantone, kirchlich für die Freiheit des Bekenntnisses." O.Vasella: Zur historischen Würdigung des Sonderbunds, in: Schweizer Rundschau, 47.Jg., Heft 4/5, 1947, S.267.

nicht aber geistig überwundene Widerstand der katholischen Schweiz wirkte hemmend auf die Bestrebungen jener Radikalen, die einen einheitlichen Kulturstaat herbeisehnten. Dieser wäre für die Entfaltung einer für Kirche und Staat vorteilhaften Freiheit der Religion kein geringeres Hindernis gewesen als der politische Konfessionalismus des Sonderbunds. Im Spannungsfeld zwischen nationaler Zentralisation und kantonalem Partikularismus, zwischen Protestantismus und Katholizismus, zwischen religiöser Tradition und Säkularismus, historischem Recht und Naturrecht, Kollektivismus und Individualismus mußte die religiöse Freiheit ihre eigene Rechtsform im Rahmen eines ausgeglichenen Bundesstaates finden, sollte die neue Schweiz nicht nur Gestalt gewinnen, sondern auch von Dauer sein.

Die Leitgedanken für die Bundesrevision der Gebrüder Ludwig und Wilhelm Snell, die sich die Berner Radikalen um Jakob Stämpfli zu eigen machten, motivierten die religiöse Freiheit kulturkämpferisch. Zu den wichtigsten Vorschlägen zählten die konfessionellen Reformer und darunter figurierten an erster Stelle die freie Niederlassung für die Schweizer und unter der Überschrift "Glaubensfreiheit" die Ausübung des Gottesdienstes "wenigstens der beiden christlichen Konfessionen" im ganzen Bundesgebiet. Reformierte und Katholiken sollten in allen Kantonen ferner das gleiche Recht haben, sich einzubürgern. Die Anerkennung der gemischten Ehe wurde als eine Lebensfrage bezeichnet. Sollte sie ungenügend gelöst werden, so war - nach den Gebrüdern Snell - der Bundesentwurf zu verwerfen. Sie begnügten sich nicht mit der vollzogenen Ausweisung der Jesuiten, auch die ebenso "gemeinschädliche als bundesverwirrende Institution der Nuntiatur" wäre aufzuheben. Im übrigen erhoffte der radikale Volksverein, in dessen Namen sie die "Leitenden Gesichtspunkte" veröffentlicht hatten, die "Veredlung eines gemeinsamen Nationalcharakters" von einer eidgenössischen Hochschule, einer polytechnischen Schule, einem eidgenössischen Lehrerseminar und einer katholisch-theologischen Fakultät (1), alles unter der Überschrift "Reformen auf konfessionellem Gebiet".

---

(1) L. und W. Snell: Leitende Gesichtspunkte für eine schweizerische Bundesrevision, mitgetheilt vom Zentralcomite des schweizerischen Volksvereins, Bern 1848, S.12,15. Ähnlich lauteten die Forderungen der Rechtsgleichheit für Reformierte und Katholiken im Leitartikel der radikalen "Berner Zeitung" vom 25. und 26.1.1848: "Aufhebung der konfessionellen Scheidewand".

3. Aufnahme eines paritätischen Grundrechts religiöser Freiheit durch die eidgenössische Revisionskommission

Fünf Tage vor Ausbruch der Pariser Revolution begann die im Vorsommer ernannte Bundesrevisionskommission in Bern unter Vorsitz des Bundespräsidenten Ulrich Ochsenbein ihre Beratungen. Inmitten der Freiheitsstürme vollendete sie in nicht einmal zwei Monaten ein Nationalwerk, das ohne wesentliche Änderungen von der Mehrheit der Tagsatzung und der Kantone durch Volksabstimmung angenommen wurde. Hier fielen Entscheidungen von großer staatspolitischer und sozialer Bedeutung: die endgültige Ablösung des überlebten, lockeren Staatenbundes durch einen festgefügten Bundesstaat und des konfessionellen Bundesprinzips - wie es der Sonderbund wieder einführen wollte - durch ein neues paritätisches Bundesstaatsrecht religiöser Freiheit.

Bundespräsident Ochsenbein hatte die unvollständige Mitgliederliste durch Ernennungen ergänzt, so daß schließlich 23 Kantone und Halbkantone, darunter alle ehemaligen Sonderbundsstände je einen Vertreter in der Verfassungskommission hatten. Nur Neuenburg und Appenzell-Innerrhoden nahmen an den Verhandlungen nicht teil. Die reformierten Mitglieder waren zahlenmäßig schwach überlegen. Größeren Einfluß als die konfessionelle Zugehörigkeit hatte jedoch in den Fragen, welche die religiöse Freiheit berührten, die politische Gesinnung. Der Radikalismus besaß in der Kommission ein starkes Übergewicht. Die Zwölfermehrheit der letztjährigen Tagsatzung hatte sich durch die nach der Sonderbundsniederlage zur Macht gelangte Opposition verstärkt. Luzern vertrat der ehemalige Freischarenführer Jakob Steiger, Freiburg der nicht weniger antiklerikale Katholik Franz Marcel Bussard, das Wallis Maurice Barman. Der Schwyzer Melchior Diethelm gehörte der liberalen, die übrigen Mitglieder aus der Innerschweiz eher der konservativen Richtung an.

Wenn trotz der radikalen Zweidrittelmehrheit in der eidgenössischen Revisionskommission kirchenfeindliche Postulate nicht allgemein druchdrangen, so lag dies hauptsächlich am Einfluß führender Staatsmänner, die wie Jonas Furrer und Josef Munzinger schon vom Straussenputsch her aus eigener Erfahrung wußten, daß in der Politik der Einfluß des Klerus und die religiösen Gefühle des Volkes nicht unberücksichtigt bleiben durften. Nachdem die Sonderbundsniederlage und die Jesuitenausweisung den revolutionären Elan der Linksradikalen gedämpft hatten, taten die Anzeichen drohender politischer Umwälzungen in Europa und ihr Ausbruch das Ihre, um die liberal-radikale Mitte zu stärken, welche die Schweiz im Interesse ihrer außenpolitischen Neutralität und der Festigung des inneren Friedens raschestens in die Bahn des ausgeglichenen, gefestigten Bundesstaates führten. Es gelte - so mahnte Ochsenbein die Kommission in seiner Eröffnungsrede - "die Anforderungen der Theorie mit den Berechtigungen der Praxis möglichst in Einklang zu bringen" (1).

Da das offizielle Protokoll des Kanzlers Schiess (2) weder die Voten ausführlich wiedergibt noch die Namen oder die Kantonszugehörigkeit der Votanten regelmäßig anführt, leisten private Protokolle der Kommissionsmitglieder (3)

---

(1) Protokoll über die Verhandlungen der am 16.August 1847 durch die hohe eidg.Tagsatzung mit der Revision des Bundesvertrages vom 7.August 1815 beauftragten Kommission. 1848 (Protokoll Schiess), S. 2.

(2) Protokoll Schieß, a.a.O.

(3) Es wurde vor allem das 364 Manuskriptseiten umfassende

zur Erforschung der Antragsteller sowie der Gründe und Hintergründe der Abstimmungen wertvolle Dienste. In den Berichten, die einige Gesandte, da die Sitzungen nicht öffentlich waren, ihren Zeitungen persönlich zukommen ließen, wurden meist nur die Resultate der Diskussion und der Abstimmungen angegeben (1). Die Gesandten sollten ohne Instruktion stimmen und jede Stimme, auch die der Halbkantone, gleich viel zählen.

Ein leitendes Verfassungskonzept besaß die Kommission nicht (2), wenn man vom 1832er Bundesprojekt absieht, das jedoch mehr des Schemas wegen benützt wurde(3). Es war auf Totalrevision ausgerichtet. Auf der von den Redaktoren der Beschlüsse,Johann Conrad Kern und Henri Druey, aufgestellten Agenda ließ nur die Bezeichnung

---

Privatprotokoll von Jonas Furrer (Stadtbibliothek Winterthur) benützt. Pagierung nach der leicht lesbaren Abschrift im Bundesarchiv Bern: Protokoll der Bundesverfassungs-Revision 1848, 17a. Weniger ergiebig ist das Protokoll von Frey-Herosé, das die Votanten namentlich anführt. Original im Bundesarchiv Bern: Privat-Protokoll über die Verhandlungen der Bundes-Revisions-Commission vom 17.Februar - 19.März 1848, 17b. Es fehlen darin die Verhandlungen der zweiten Lesung.

(1) Jonas Furrer bediente die Neue Zürcher Zeitung, Henri Druey den Nouvelliste Vaudois und Ulrich Ochsenbein den Berner Verfassungsfreund.

(2) Die gut informierte"Neue Zürcher Zeitung"bestätigte am 28.2.1848 das Nichtvorhandensein eines Verfassungsentwurfs mit den Worten: "Eine solche Initiative wäre mit großem Mißtrauen betrachtet und zurückgewiesen worden, gleichwie man sich auch nicht entschließen konnte, den Bundesvertrag von 1815 oder die bekannten Entwürfe von 1832 und 1833 als eigentlichen Leitfaden der Berathungen anzunehmen..." Später meldete der Korrespondent aus Bern, die Schrift des Zentralkomitees der Volksvereine sei den Mitgliedern der Revisionskommission zugesandt worden. Die Redaktion nannte sie "die beste, die bisher über die Bundesrevision erschienen ist". Neue Zürcher Zeitung vom 11.3. 1848.

(3) Protokoll Schiess, S. 7.

"Konfessionelle Verhältnisse", die nicht aus den Entwürfen von 1832 und 1833 stammte und nun unter den Garantien des Bundes figurierte (1), darauf schließen, daß auch Fragen des Bundes zur Religion zur Sprache kommen werden. Im übrigen konnte diese Liste von der Kommission beliebig ergänzt werden.

Im Gegensatz zu den helvetischen Verfassungen und zu den Verfassungsverhandlungen von 1848 in Frankreich oder in Deutschland setzte sich schon in der allgemeinen Vorbesprechung die schweizerische Abneigung gegen staatstheoretische Grundsätze durch. Drueys Vorstoß, eine Erklärung der Nationalsouveränität an die Spitze der Verfassung zu stellen, wurde von Jonas Furrer erfolgreich mit der Aufforderung abgewehrt, "die Prinzipien gleichsam verkörpert in den Vertrag hineinzunehmen" (2). Nicht anders erging es vorerst dem demokratischen Wunsch des waadtländischen Regierungshauptes, es möchte "la liberté et les droits du peuple" in den kantonalen Verfassungen garantiert werden (3), obwohl Ochsenbein und der Gesandte von Baselland den Antrag unterstützten.

Die erste Erwähnung des Problems religiöser Freiheit hatte einschränkende Bedeutung. Es betraf die Frage nach der Emanzipation der Israeliten. Sie wurde erstmals bei der Diskussion über die Rechtsgleichheit (4) aufgeworfen, die als Bedingung für die Gewährleistung der kantonalen Verfassungen gelten sollte. Es war Friedrich Frey-Herosé, der auf die besondere Stellung der Juden im Aargau hinwies,

---

(1) Protokoll Schiess, S. 6.

(2) Protokoll Schiess, S.10, vgl.Protokoll Furrer, S. 5.

(3) Protokoll Schiess, S.25; Protokoll Furrer, S. 18.

(4) Protokoll Schiess, S.27; Protokoll Furrer, S. 22 f; Protokoll Frey-Herosé, S. 26.

die zwar das Niederlassungs- und Bürgerrecht besaßen, jedoch gegenüber den übrigen Kantonsbürgern gewissen Einschränkungen unterworfen waren. Der Basler Johann Georg Fürstenberger befürchtete, die Israeliten könnten aufgrund des verfassungsmäßigen Grundsatzes der Gleichheit auch dieselben politischen und bürgerlichen Rechte beanspruchen. Man sollte, so mahnte er, das Schicksal des Entwurfs nicht durch die Gleichberechtigung der Juden preisgeben. Hoffnung auf die Emanzipation der Juden drückte nebst Frey-Herosé auch Louis Rilliet-Constant aus, indem er auf die Gleichberechtigung der Israeliten in Genf hinwies. Henri Druey erinnerte an die Schwierigkeiten, die sich aus dem Vertrag mit Frankreich ergeben könnten (1). Obwohl die Bedenken vor allem politische und materielle waren, wurden sie doch auch durch religiöse Intoleranz mitbedingt, wie aus der Schlußbemerkung Kerns hervorgeht, daß die Frage, inwiefern die Religion einen Einfluß auf die politischen Rechte habe, zum Kapitel über die konfessionellen Verhältnisse gehöre. Er hätte es jedoch vorgezogen, diese ganze heikle Materie den Kantonen zu überlassen. Die erste Diskussion hatte genügt, um bei der Besprechung der Artikel, die auf die Religionsfreiheit bezug nahmen, die Christlichkeit der Konfession zu fordern. Die vernunftrechtliche Doktrin der Gleichheit mußte dort zurücktreten, wo der politische Realismus, der das Mögliche zu verwirklichen suchte, diese Einschränkung zu gebieten schien.

Die Diskussion über die konfessionellen Verhältnisse fand am 23. und 24.Februar 1848 statt. Die Protokolle zeigen, wie widerspruchsvoll die Ansichten selbst unter politischen Kampfgefährten waren. Differenzen ergaben sich schon beim Eintreten auf die umstrittene Materie. Es wurde

---

(1) Protokoll Furrer, S. 23.

nämlich von Josef Munzinger der Antrag gestellt, den ganzen Abschnitt der konfessionellen Verhältnisse in Verbindung mit der freien Niederlassung zu besprechen, da es sich "nicht um die Ordnung konfessioneller Angelegenheiten handle, sondern nur darum, welche Rechte die Niederlassung den Konfessionen zu gewähren habe" (1). Damit erklärten sich die Redaktoren einverstanden - Druey bezeichnete dies jedoch als eine Verlegenheitslösung - namentlich, wenn die Kommission sich einig sei, den Artikel 12, also den Klosterschutz, nicht aufzunehmen. Anders wäre es, "wenn man statuieren wolle, daß in jedem der 22 Kantone beide Konfessionen zur Ausübung ihres Kultus berechtigt sein müssen". Dann nämlich erscheine es zweckmäßig, irgendeinen bestimmten Grundsatz aufzunehmen(2). Nach Furrers Notizen (3) war es Henri Druey, der damit als erster die Aufnahme eines Grundgesetzes über die religiöse Freiheit anregte (4), wobei er bereits ihre Begrenzung andeutete. Druey wollte, wie Furrer notierte, "der Religionsgefahr und Heuchelei ein Ziel setzen"(5). Das waadtländische Regierungshaupt sollte bei der endgültigen Annahme eines solchen Artikels durch die Tagsatzung das entscheidende Wort haben, daß diese Freiheit nicht allgemeiner formuliert wurde.

Unstimmigkeit herrschte auch über die grundsätzliche Frage, ob es überhaupt ratsam sei, im Bundesrecht konfessionelle Bestimmungen aufzunehmen. Sie war von vornherein durch den Kloster- und den Jesuitenstreit, aus denen der Bürgerkrieg hervorging, belastet. Wenn die Debatte viel

---

(1) Protokoll Schiess, S.27, vgl. Protokoll Furrer, S.23, Protokoll Frey-Herosé, S. 26.

(2) Protokoll Schiess, S. 27.

(3) Protokoll Furrer, S. 23.

(4) Protokoll Furrer, S. 26.

(5) Protokoll Furrer, S. 26.

leidenschaftsloser verlief als in den Tagsatzungen der letzten Jahre, so war einer der Gründe die Zurückhaltung und schwache Vertretung der katholisch-konservativen Opposition. Die größten Gegensätze ergaben sich vorerst innerhalb der radikalen Partei zwischen dem ersten Gesandten des katholischen Solothurn und dem Regierungshaupt des reformierten Kantons Bern. Ulrich Ochsenbein verlangte kurzerhand, "es solle der Religionsfrieden geboten und mit allen Mitteln des Bundes geschützt werden" (1). Er wollte die Berechtigung dazu in den alten Landfriedensverträgen finden, in welchen reformierte und katholische Orte sich gegenseitig Achtung der Religion versprochen hatten, und im neueren Verhalten der Geistlichkeit. Dieser warf er vor, sie habe mit den Mitteln der Religionsgefahr und des Fanatismus den Frieden gefährdet und sich als Werkzeug politischer Systeme gebrauchen lassen. Bussard erwähnte die durch den Sonderbund entstandene Unruhe in der reformierten Enklave Murten des Kantons Freiburg. Ein eidgenössisches Gericht sollte nach Ochsenbeins Ansicht aufgestellt werden, um dem Mißbrauch der Religion zu wehren. Gerade diese Eingriffe der Bundesgewalt waren es, was Munzinger von jeher fürchtete. Wie schon in den Tagsatzungen der letzten Jahre, erhob er auch in der Revisionskommission warnend die Stimme, damit konfessionelle Angelegenheiten im Bundesgesetz nicht berührt würden. Das Beste am 15er Bund sei gewesen, daß er über das Konfessionelle geschwiegen habe, meinte er (2). Wenn der Religionsfriede geboten werde, so argumentierte Munzinger, dürfte das Gegenteil von dem, was beabsichtigt war, eintreten. Er wies auf die Schwierigkeiten in der Ausführung eines solchen Gesetzes hin. Der Staat müßte auch die

---

(1) Protokoll Schiess, S.27, vgl.Protokoll Furrer, S.24 f.

(2) Frey-Herosé hat Munzingers Votum ausführlicher als die übrigen notiert (S. 27).

konfessionellen Lehrbücher prüfen, um gewiss zu sein, daß sie nichts Anstößiges oder Beleidigendes gegen den anderen Glauben enthalten (1). Konsequenterweise erklärte sich der Solothurner für Streichung des Klosterschutzartikels und Weglassen eines Jesuitenverbots in der Bundesverfassung (2). Hingegen war er dafür, daß die freie Religionsausübung mit der Niederlassungsfrage verbunden werde. Die Replik und Duplik (3) dieser beiden einflußreichen radikalen Führer zeigen, wie hartnäckig um die Frage gerungen wurde, ob der Bund sich überhaupt mit Konfessionellem beschäftigen solle.

Während der reformierte Ulrich Ochsenbein, der sich vom Freischarenrevolutionär zum Staatsmann gewandelt hatte, Berns autoritäre Kirchenpolitik am liebsten auf den Bund übertragen hätte (4), besaß der liberale, aber praktizierende Katholik Josef Munzinger (5) ein besseres Sensorium für die Gefahr, einer mehrheitlich reformierten eidgenössischen Behörde konfessionspolitische Kompetenzen einzuräumen. Als Regierungshaupt eines katholischen Kantons mit Bischofssitz kannte er die Macht der Kirche auf das Volk, von der man annahm, daß sie nach der Niederlage des Sonderbundes und der Ausweisung der Jesuiten nicht besiegt war. Sein Erlebnis der Erhebung der Katholiken der Innerschweiz hatte seine Überzeugung bestärkt, daß im Verhältnis des Staates zur Kirche Vorsicht am Platz sei. Er glaubte, den Religionsfrieden und damit die Regeneration des Bundes am ehesten durch ein scharfes Auseinanderhalten seiner Kompetenzen von den kirchlichen

---

(1) Protokoll Schiess, S. 27.

(2) Protokoll Schiess, S.29; vgl. Protokoll Furrer, S.24. Nach Munzinger (S.24) und Frey-Herosé (S.27) hat Munzinger die Streichung des Artikels 12 gewünscht, "selbst auf die Gefahr der Verwerfung des Bundes."

(3) Sie wurde nur von Jonas Furrer vermerkt, der Munzingers Standpunkt über die Klöster teilte.

(4) Über Ochsenbeins Staatsauffassung s. R.A. Heimann: Johann Ulrich Ochsenbein. Der Mensch-Der Politiker-Der Staatsmann, Bern 1954, S. 84 ff.

(5) H. Haefliger: Bundesrat Josef Munzinger, Solothurn 1953, S. 170 f.

Interessen gewährleistet. Es war das Prinzip des kommissionalen Bundesprojekts von 1832, an dessen Ausarbeitung er aktiv teilgenommen hatte (1).

Es schien, als ob Munzingers Trennungsgedanke von Erfolg gekrönt sein würde. In der Kompromißlosigkeit, wie er ihn anfänglich vertrat, fand dieser zwar keine Unterstützung, da die Vertreter der konservativen katholischen Kantone abwesend waren oder dazu nicht das Wort ergriffen. Auch Furrer glaubte mit Munzinger, daß ein Gebot über den Religionsfrieden schwer zu vollziehen sei. Die Geistlichkeit würde darin neuerdings eine Beschränkung der Gewissensfreiheit und ihrer Wirksamkeit erblicken, meinte er (2). Daß Munzingers Bekämpfung des Ochsenbeinschen Antrags vorerst nicht ohne Einfluß auf die Linksradikalen blieb, zeigt der Vorschlag auf Kultusfreiheit für die anerkannten Konfessionen des Waadtländers Druey, der soeben noch ähnliche Gedanken wie sein radikaler Berner Kollege geäußert hatte: "L'exercice du culte catholique dans les cantons protestants et l'exercice du culte des églises nationales réformées dans les cantons catholiques est garanti à tous les Suisses sous réserve toutefois des mesures de surveillance et de police que les autorités des cantons pourront prendre dans l'intérêt de l'ordre et de paix publique ainsi que pour réprimer les abus" (3). Die Autorschaft ist aus den Notizen von Frey-Herosé ersichtlich (4). Auch die Einschränkung der Kultusfreiheit auf die "églises nationales" verrät den Urheber. Von den anwesenden Gesandten - es fehlte an jenem Tag der radikale

---

(1) H.Haefliger: Bundesrat Josef Munzinger, Solothurn 1953, S, 123 f.

(2) Protokoll Schiess,S.28, vgl.Protokoll Furrer, S.26.

(3) Protokoll Schiess, S. 28.

(4) Protokoll Frey-Herosé,S.29;vgl.S.26, wo gesagt wird, daß Druey auch die Frage aufwarf, ob man nicht

Vertreter des Wallis, Maurice Barman - hatte nur Druey an der Nichtberücksichtigung staatsfreier Kulte ein großes Interesse (1). In diesem Text kommt zwar die Staatssouveränität unmißverständlich und ganz im Sinn der Kirchenpolitik der radikalen Stände Bern, Aargau, Baselland, Luzern und Tessin zum Ausdruck. Diese sollte jedoch in kirchlicher Hinsicht nur den Kantonen, nicht aber dem Bund zugebilligt werden, wie es Ochsenbein wünschte. Die Abstimmung ließ die Frage offen, indem 14 Mitglieder dafür stimmten, daß in passender Redaktion ausgedrückt werde, es sollten die Konfessionen Frieden unter sich haben (2).

Das offizielle Protokoll erwähnt einen zweiten Antrag auf "freie Religionsübung des Individuums": "Jeder Schweizerbürger hat das Recht, dasjenige christliche Glaubensbekenntnis, zu welchem er sich bekennt, in jedem Theile der Schweiz auszuüben; die öffentliche Ausübung bleibt jedoch den Kantonalvorschriften unterworfen" (3). Während Schiess weder einen Hinweis auf den

---

die Glaubensfreiheit garantieren solle. Ein entsprechender formeller Antrag wurde in der Revisionskommission jedoch nicht gestellt.

(1) In der Debatte des waadtländischen Großen Rates über den konfessionellen Artikel des kommissionalen Projekts, als Frossard erwähnte, die Einschränkung der Kultusfreiheit sei nur des Kantons Waadt wegen in die Bundesverfassung aufgenommen worden, bestritt Druey zwar die allgemeine Urheberschaft des Artikels, diejenige der Einschränkung auf die anerkannten Kulte gab er jedoch zu und begründete sie folgendermaßen: "Il n'a fait qu'y apporter un corectif pour nous préserver de la dissidence, et pour préserver les cantons catholiques de ce néo-catholicisme qui en menace quelques uns". Supplément au Nouvelliste Vaudois, No. 39, 16.5. 1848.

(2) Protokoll Schiess, S. 29.

(3) Protokoll Schiess, S. 28.

Antragsteller gibt, noch den Namen Schönbein erwähnt, gibt Furrer an, der Antrag des Gesandten von Baselstadt, wonach jeder Schweizer berechtigt wäre, überall seine Religion auszuüben, sei durch die Motion Schönbeins veranlaßt worden (1). Nach dem Protokoll von Frey-Herosé wies der Basler Gesandte, Johann Georg Fürstenberger, sogar in zwei Voten auf den Antrag des gelehrten Chemikers im Großen Rat hin (2). Die Formulierung zeigt, daß der gemäßigt liberale Fürstenberger die Bedenken des Basler Regierungsrats berücksichtigte und wegen der Juden die Kultusfreiheit auf die christlichen Glaubensbekenntnisse beschränkt wissen wollte. Auch ist - entgegen der ursprünglichen Motion Schönbeins in diesem Zusammenhang - nicht von einer bürgerlichen und politischen Gleichberechtigung die Rede. Im übrigen unterscheidet sich dieser Antrag von dem von Druey dadurch, daß vom christlichen Glaubensbekenntnis und nicht vom Kultus der Landeskirchen die Rede ist. Ferner verrät die Einschränkung der religiösen Freiheit im Text keine staatsautoritäre Tendenz (3). Fürstenbergers Antrag, der im Protokoll von Schiess zwar an erster Stelle steht, kam nicht zur Abstimmung, da vorher die Parität für die Katholiken und die Reformierten ein Stimmenmehr erreichte. Diesen Grund gibt das offizielle Protokoll an. Nur der Genfer Gesandte scheint den Vorschlag Basels unterstützt zu haben (4). Er hatte sich anläßlich der kantonalen

---

(1) Protokoll Furrer, S. 25.

(2) Protokoll Frey-Herosé, S. 27 und 28.

(3) Die Basler Zeitung, die dem Schönbeinschen Antrag geneigt war, berichtete am 25.2.1848 über die Annahme des Kultusartikels: "Am Mittwoch berieth die Commission über den Artikel der Religionsfreiheit, welche jedoch keinen großen Anklang fand, theils besorgte man damit die kleinen Kantone zu stoßen, theils hatten unverkennbar gewisse Freisinnige Besorgniß vor derselben, da sie sich die Kirche nur unter der Polizei des Staates denken mögen. Man suchte daher nach einer Redaktion welche die Sache berührte, ohne sie zu erschöpfen."

(4) Protokoll Furrer, S. 26.

Verfassungsrevision, zusammen mit James Fazy, für ein Grundrecht allgemeiner religiöser Freiheit eingesetzt.

Die Abstimmung vom 23.Februar 1848, die für die Aufnahme eines Artikels über die Kultusfreiheit in der Bundesverfassung wegleitend wurde, ergab, daß die Vertreter von 15 Kantonen und Halbkantonen die Gewährleistung der reformierten und katholischen Gottesdienste als für alle Kantone verpflichtend in die Bundesverfassung aufnehmen wollten (1). Auch Luzerns Gesandter, der radikale Statthalter Jakob Robert Steiger, hatte sich für die Parität der Konfessionen ausgesprochen (2). 17 Mitglieder stimmten für den Vorbehalt der Rechte des Staates hinsichtlich der öffentlichen Ordnung und des Friedens. Unstimmigkeit herrschte noch darüber, ob dieses Grundrecht religiöser Freiheit in einem besonderen Artikel aufgenommen werden solle oder nicht. Nach Verlesung des Protokolls am nächsten Tag äußerten verschiedene Mitglieder, sie hätten für die freie Religionsübung nur unter der Bedingung gestimmt, daß diese mit der Niederlassungsfreiheit in Verbindung gebracht werde (3). Der Korrespondent der Neuen Zürcher Zeitung motivierte die Annahme der paritätischen Kultusfreiheit nationalpolitisch: "Um das überall stärker hervortretende Nationalgefühl auch im neuen Bunde auszusprechen und zu kräftigen, wurde festgesetzt, daß zur Erhaltung des konfessionellen Friedens die Schweizer der reformirten-evangelischen, und der christkatholischen Konfession in allen Kantonen frei ihren Gottesdienst ausüben dürfen, jedoch unter Vorbehalt der Rechte des Staats hinsichtlich der öffentlichen Ruhe und Ordnung" (4).

---

(1) Protokoll Schiess, S. 29.

(2) Protokoll Furrer, S. 24.

(3) Protokoll Schiess,S.30; vgl.Protokoll Furrer,S.26.

(4) Neue Zürcher Zeitung vom 26.2.1848.

Die Absicht der Mehrheit, spezifisch Kirchliches nicht in die Bundesverfassung aufzunehmen, wird durch die Abstimmung vom 24.Februar über die Klöster bestätigt. Erst unmittelbar nach der Abstimmung über die Kultusfreiheit, am Ende der Sitzung vom 23.Februar, wurde der Antrag gestellt (1), daß der Artikel 12 des Bundesvertrages über die Gewährleistung der Klöster und Stifte ebenfalls aufgenommen werde. Er stammte vom Obwaldner Landammann Alois Michel, wie aus den Privatprotokollen ersichtlich ist (2). Die bisher zahlenmäßig schwache katholisch-konservative Vertretung, die sich zur Frage der Parität nicht geäußert zu haben schien, war am 24. Februar durch die erstmalige Anwesenheit eines Gesandten von Uri, Regierungsrat Franz Jauch, verstärkt. Der Klosterschutzantrag wurde damit begründet, daß, wenn schon der Bund das Eigentum der Individuen garantiere, er dies auch gegenüber den geistlichen Korporationen tun sollte. Es sei, so beschwichtigte ihr Befürworter, nicht zu befürchten, daß diese wieder so schroff auftreten würden, wie dies hie und da der Fall gewesen sein möge (3). Dafür besaßen die Radikalen kein Verständnis. Hingegen konnten sie das Argument nicht überhören, die Weglassung einer solchen Bestimmung werde zu vielfachen Mißdeutungen Anlaß geben und der Bundesurkunde in manchen Kantonen keine günstige Aufnahme bereiten (4). Es wurde auf der Gegenseite auf den landesfremden Ursprung des Artikels 12 hingewiesen und auf den Widerstand, auf den er schon bei seiner Einführung gestoßen sei. Die Eidgenossenschaft habe im übrigen kein Interesse daran, ob Klöster

---

(1) Protokoll Schiess, S. 29.

(2) Protokoll Furrer, S.26f; Protokoll Frey-Herosé, S.29.

(3) Protokoll Schiess, S. 30.

(4) Protokoll Schiess, S. 30.

in den Kantonen bestünden oder nicht, hieß es von radikaler Seite. Ihre Existenz hänge lediglich vom Ermessen der Kantone ab. Sie, nicht der Bund, hätten Klöster aufgehoben.

Selbst gemäßigte Radikale, wie Kern, waren nicht gewillt, die im Gang befindlichen oder sich anbahnenden Klostersäkularisationen in den Kantonen von Bundes wegen zu hemmen. Doch hielten auch die Linksradikalen anfänglich in der Kommission mit ihrer Abneigung gegen die Orden zurück. Der Antrag, überhaupt alle Klöster aufzuheben, den der Tessiner Giacomo Levini (1) andeutete, ist am 24.Februar nicht formell gestellt worden und infolgedessen auch zunächst nicht zur Abstimmung gelangt. Der Vorschlag eines Klosterschutzartikels, den der Sonderbund als unerläßlich für den religiösen Frieden gehalten hatte, erzielte nur drei Zustimmungen von katholisch-konservativer Seite. Die Befürworter waren der Urner Franz Jauch, der Obwaldner Alois Michel und der Zuger Franz Müller (2). Die Mitglieder von Schwyz und Wallis fehlten in jener Sitzung. Für die Leser der Neuen Zürcher Zeitung berichtete Jonas Furrer über die Gründe dieser Ablehnung lapidar: "Es sind dieselben so einleuchtend, daß wir sie hier mit Stillschweigen übergehen" (3).

Am 24.Februar wurde auch über das Niederlassungsrecht, das für die ganze Schweiz gelten sollte, abgestimmt. Es war durch die Restauration aufgegeben, dann aber durch interkantonale Konkordate nur teilweise wieder verwirklicht worden. Auch im Jahr 1848 gab es darüber lebhafte Diskussionen, doch die Aussichten, die Freizügigkeit zum

---

(1) Protokoll Furrer, S. 27.

(2) Protokoll Furrer, S. 27, Protokoll Frey-Herosé,S.30.

(3) Neue Zürcher Zeitung vom 28.2.1848.

allgemeinen Bundesrecht zu machen, standen wesentlich günstiger als früher. Positiv wirkte sich aus, daß eine starke Kommissionsmehrheit sich bereits für die konfessionelle Parität ausgesprochen hatte. Die Abwehr der dadurch möglichen Vermischung der protestantischen und katholischen Bevölkerung war einer der Hauptgründe gewesen, mit denen die Niederlassungsfreiheit der Verfassungsentwürfe von 1832 und 1833 bekämpft worden waren. Noch gab es große wirtschaftliche und politische Bedenken zu überwinden.

Anläßlich der Diskussion über die Niederlassung wurde die Judenfrage erneut vom Basler Gesandten Johann Georg Fürstenberger in einem ausführlichen Votum aufgeworfen (1). Der Staatsvertrag mit Frankreich gab den Bürgern, die sich in einem Kanton niederließen, das Meistbegünstigungsrecht, das den kantonsfremden niedergelassenen Schweizern galt. Gegen ein Niederlassungsrecht, das nicht von der christlichen Konfession abhängig gemacht wurde, setzte sich die Rheinstadt zum Schutz ihres Zunftwesens zur Wehr. Judenpogrome im Elsaß und in Baden während der Revolution ließen einen größeren Zustrom erwarten. Für die Kultusbedürfnisse der in Basel niedergelassenen Juden hatten die Behörden Verständnis gezeigt, doch nur mit starkem Widerstand hatten sie einem Teil des israelitischen Nachwuchses eine dauernde Niederlassung bewilligt. "Wenn auch die Abneigung gegen den fraglichen Grundsatz in Beziehung auf die Schweizer noch zu überwinden wäre," äußerte sich der Basler Gesandte, "so steigern sie sich auf der andern Seite zur eigentlichen Besorgnis, im Hinblicke auf den mit Frankreich abgeschlossenen Niederlassungsvertrag" (2).

---

(1) Protokoll Schiess, S.36; Protokoll Furrer, S.34 f.

(2) Protokoll Schiess, S. 36; vgl.Protokoll Furrer,S.34.

Basel war ohnehin stark der Gefahr der Überfremdung ausgesetzt. Gegen sie setzte sich auch die Grenzstadt Genf zur Wehr. Um so größer war die Abwehr in den Grenzstädten, als sie von einer Wirtschaftskrise heimgesucht waren. Ausgeprägten Antisemitismus, wie er in der Ostschweiz üblich war, verrät Jonas Furrers Einwand gegen die Judenemanzipation. Er klagte, die im Kanton Aargau niedergelassenen Israeliten hätten den Bezirk von Regensberg torturiert und durch Wucher ausgesaugt und glaubte, es würde als wahres Unglück betrachtet werden, wenn die Gemeinden den Juden Domizil gewähren müßten. Der Zürcher Bürgermeister beantragte darum, daß die Niederlassungsfreiheit nicht für die Juden gelten sollte (1). Die vom aargauischen Gesandten Frey-Herosé gemachte Anregung, man solle für die Niederlassung einfach den Taufschein verlangen, wurde vom Genfer Rilliet-Constant mit dem Argument bekämpft, daß dadurch den Täufern Schwierigkeiten erwachsen könnten. Er glaubte auch nicht, daß getaufte Juden besser wären. Auch Munzinger wünschte, daß nicht vom Taufschein die Rede sein sollte. Er zog den Ausdruck vor: "Schweizer beider Konfessionen" (2). 17 Mitglieder stimmten für "freies Niederlassungsrecht für die Schweizerbürger beider Konfessionen" (3). Würde die Redaktion diese Formulierung beibehalten haben, hätte man daraus schlußfolgern können, daß nur den Schweizern, die Mitglieder der reformierten oder der katholischen Staatskirche waren, die Niederlassungsfreiheit zugesprochen sei, was eine schwerwiegende Einschränkung der bürgerlichen Gleichheit für die nicht den anerkannten Kirchen angehörenden Schweizer gewesen wäre. Tausende von Bürgern waren aus religiösen

(1) Protokoll Schiess, S.36; vgl. Protokoll Furrer, S.35 f.
(2) Protokoll Schiess, S. 37.
(3) Protokoll Schiess, S. 37.

Gründen faktisch, wenn auch nicht unbedingt formell, aus der Staatskirche ausgetreten. Die gleichzeitige Abstimmung mit derselben Stimmenzahl über den Ausschluß der Juden aus dem Niederlassungsrecht zeigt jedoch, daß - wie es aus dem Antrag von Furrer ersichtlich ist - die Einschränkung nur den Nichtchristen gelten sollte (1). Am nächsten Tag wurde noch zäh um politische und wirtschaftliche Bedingungen der Niedergelassenen gerungen, bis man sich auch hier auf einen Kompromiß einigte.

In drei Tagen sind durch das angenommene Prinzip der Kultus- und Niederlassungsfreiheit unerläßliche Voraussetzungen für ein schweizerisches Bürgerrecht geschaffen worden, das es seit der Mediation nicht mehr gegeben hatte. Diese Flurbereinigung war eine der notwendigen Grundlagen zur Schaffung eines demokratischen Gesamtstaates.

Einen Monat später, am 23.März 1848, fiel nach tagelangen, fruchtlosen Debatten der wichtigste Entscheid über die zukünftige Struktur der Schweiz. Nur das in offensichtlicher Anlehnung an das amerikanische Vorbild angenommene Zweikammersystem, nach dem die eine Kammer die Gesamtinteressen der schweizerischen Nation, die andere die Partikularinteressen der Gliedstaaten wahren konnte, brachte ein Stimmenmehr zustande, das selbst die Befürworter überraschte. Allein das Verfassungsmodell von 1787 der Vereinigten Staaten vermochte unter anderem auch die kulturellen Bedenken religiöser und sprachlicher Art zugleich der kleinen katholischen wie der welschen Kantone gegen das zahlenmäßige Übergewicht der großen reformierten und deutschsprachigen Kantone in der Repräsentation zu beheben oder abzuschwächen. Es dürfte

---

(1) Protokoll Schiess, S.37; Frey-Herosé notierte zur Abstimmung: "Beschränkung auf Juden grundsätzlich", Protokoll Frey-Herosé, S. 34.

nicht von ungefähr gewesen sein, daß es drei Vertreter der Minderheitsreligion waren, denen das Verdienst für die erfolgreiche Anregung des Zweikammersystems zukommt, wie es die neueste Forschung bestätigt hat. Obwohl liberal, waren sie nicht unkirchlich gesinnt.

Ignaz Paul Vital Troxler, der seit zwanzig Jahren in zahlreichen Artikeln und Schriften auf das amerikanische Vorbild hingewiesen hatte, kommt das Hauptverdienst für ein Einführung des amerikanischen Bikameralismus zu. Zwar regte zu Beginn der Verhandlungen der Revisionskommission, wie aus dem Privatprotokoll von Jonas Furrer ersichtlich ist (1), der reformierte Louis Rilliet-Constant als erster das von James Fazy befürwortete Zweikammersystem der Vereinigten Staaten an, doch hatte sein Votum keinen unmittelbaren Erfolg. Obwohl der Genfer Gesandte Mitglied der ersten Sektion war, (2) welche die Bundesorganisation vorberiet, gehörte dieses Modell nicht zu den von ihr vorgelegten Projekten. Wie die aus erster Quelle informierte Neue Zürcher Zeitung berichtete, sei das Zweikammersystem in der Sektion nicht einmal erwähnt worden (3). Erst als der Schwyzer Arzt und Großratspräsident, Wilhelm Diethelm, ein ehemaliger Schüler Troxlers, am 22.März in einem Augenblick, da die Kommission Gefahr lief, sich unverrichteter Dinge aufzulösen, den Vorschlag machte, sich mit der Idee des Zweikammersystems der Nordamerikaner zu befassen und nachdem Munzinger und andere Kommissionsmitglieder durch die Vertagung Gelegenheit hatten, Troxlers Veröffentlichung der amerikanischen Bundesverfassung zu lesen (4), wurde durch den Solothurner Regierungspräsidenten

---

(1) Protokoll Furrer, S. 6.

(2) Protokoll Schiess, S. 4.

(3) Neue Zürcher Zeitung vom 26.3.1848.

(4) Nach W.Diethelms Mitteilung hat dieser Troxlers kürzlich

am 23. März der bereits formulierte Antrag auf Einführung einer getrennt beratenden nationalen und einer ständischen Kammer gemacht. Noch am selben Tag erhielt das Zweikammersystem die überraschend hohe Zahl von 17 Stimmen. Jeder Kanton, auch wenn er Halbkanton war, sollte gleiches Stimmgewicht haben. Die Verbesserung, die sich daraus für die kleinen Kantone ergab, war offensichtlich.

In Munzingers ausschlaggebender Intervention wird Solothurns historische Vermittlerrolle transparent, wenn es darum ging, in der eidgenössischen Politik vor allem die konfessionellen Gegensätze zu entschärfen (1). Als praktizierender Katholik, der bei den Badener Artikeln und der aargauischen Klosteraffäre Zurückhaltung geübt, sich jedoch mit seiner Regierung für die Ausweisung der Jesuiten eingesetzt hatte, nahm er auch innerhalb der katholischen Kirche eine mittlere Stellung ein, ähnlich wie Troxler. Beide Radikale setzten sich für die bürgerliche Gleichberechtigung der Reformierten und der Katholiken und die Kultusfreiheit auch in den katholischen Kantonen ein, wollten jedoch bei aller Bekämpfung des Ultramontanismus, der sie kennzeichnete, nicht die völlige Unterwerfung der katholischen Kirche unter eine säkularisierte Staatsraison oder die Unterdrückung der katholischen Minderheit durch eine reformierte Mehrheit. So sehr

---

erschienene Schrift "Die Verfassung der Vereinigten Staaten Nordamerika's als Musterbild der Schweizerischen Bundesreform" an Munzinger ausgehändigt; nach den Aufzeichnungen Troxlers, der damals in Bern dozierte, begehrte Munzinger am 22.März Troxlers Schrift von Diethelm für Näf. E.Spiess: Ignaz Paul Vital Troxler. Der Philosoph und Vorkämpfer des schweizerischen Bundesstaates, dargestellt nach seinen Schriften und den Zeugnissen der Zeitgenossen, Bern/München 1967, S.895,897. Der Bericht aus der bestinformierten Quelle im Nouvelliste Vaudois vom 28.3.1848 bestätigt, dass das amerikanische Zweikammersystem zuerst von Rilliet, dann

---

(1) In Schwyz bemerkte Landammann von Reding-Biberegg zur Bundesrevision: "... unser eifrigster Vorkämpfer ist jetzt Hr.Landammann Munzinger." Schwyzerisches (nicht zu verwechseln mit "Schwyzer Volksblatt", erst ab Sommer 1848) Volksblatt vom 18.3.1848.

die beiden radikalen Geister sich sonst scheiden mochten (1), in der Trennung des Bundesrechts vom Kirchenrecht, wie sie die Verfassung der Vereinigten Staaten kennzeichnet und wie sie Munzinger in der Kommission für die Schweiz zu erkämpfen suchte, begegneten sich ihre Überzeugungen (2).

Siebzehn Mitglieder (3) stimmten für den Bundesstaat, dessen Souveränität durch eine ganze Reihe von Einschränkungen zugunsten der Kantone begrenzt wurde. Diese politische Struktur, die sich ebensosehr vom Staatenbund wie vom Einheitsstaat unterschied, war einer religiösen Freiheit, die den Bürger wie die Kirchen berücksichtigen würde, förderlich. Durch die Aufnahme von Individualrechten in die Bundesverfassung, auf deren Respektierung die Volksvertretung besonderen Wert legen mußte, konnten die Kantone, die bisher ein streng konfessionelles Staatsrecht gekannt hatten, gezwungen werden, auch Andersgläubigen die Niederlassung und die Kultus-

---

von Diethelm angeregt wurde, aber am 22.März noch wenig Anklang fand. Auch er erwähnt, daß Munzinger am 23.März das Zweikammersystem mit Eifer verteidigt habe, nennt aber auch Naef als Befürworter und sagt von den kleinen Kantonen, sie hätten zu den eifrigsten Aposteln der neuen Lehre gehört. Als Grund für den Umschwung gibt der Berichterstatter des Nouvelliste Vaudois an: "Une brochure de M.Troxler sur le système américain, publié il y a quelques semaines, a produit un effet magique sur ceux qui avaient attendu ce moment pour la lire."

(1) E.Spiess, der das konfessionspolitische Moment nicht berücksichtigt, nennt es eine Ironie der Geschichte, daß in der Einführung des Zweikammersystems, dem wichtigsten Anliegen Troxlers, ausgerechnet Munzinger, auf den er sonst nicht große Stücke gehalten habe, eine entscheidende Rolle spielte. E.Spiess: a.a.O., S.1053, Anm.95.

(2) Über Munzingers Einstellung zum Verhältnis von Kirche und Staat und der Toleranz s. H.Haefliger: Bundesrat Josef Munzinger, Solothurn 1953, S.50, 118, 141 f, 169 f, 220. Das Tagebuch Troxlers von 1848 ist voll von Befürchtungen, daß die neuen Klosteraufhebungen zu einem neuen Kirchenkampf führen könnten. E.Spiess: a.a.O., S.893.

(3) Protokoll Schiess, S.130.

freiheit zu gewähren. In dem Maße, wie das Bundesrecht andererseits den Ständen, die dafür großes Interesse besaßen, die kirchenrechlichen Kompetenzen überließ, schwächte es mit einer gleichmäßigen Vertretung der Kantone die der Freiheit der Kirche und dem religiösen Frieden abträgliche Möglichkeit der Majorisierung konfessioneller Minderheiten von Bundes wegen ab.

In der Diskussion über die Wahl der Bundesräte wurde ein von Ulrich Ochsenbein gestellter Antrag, daß Geistliche für die Bundesexekutive nicht wählbar sein sollten, mit 14 Stimmen angenommen (1). Darin kam das Mißtrauen der Radikalen gegenüber der politisch eher konservativen gesinnten Geistlichkeit zum Ausdruck. Diese sollte sich nicht mit dem ihr fremden Gebiet der Politik beschäftigen, so meinte ein Redner, sondern durch Lehre und Beispiel geistige Aufklärung und bürgerliche Tugenden pflegen. Jene Schöpfer des Bundesstaates, welche die Ursachen des Kirchenkampfes einseitig beim Klerus suchten, wollten diesem in der höchsten Exekutive keinen Einfluß auf den Staat und die Politik gewähren. Die Geistlichen als Bürger zweiten Ranges zu betrachten, fand jedoch nicht die Zustimmung aller Radikalen, wie die Voten von Munzinger und Kern zeigen (2).

Die Entkonfessionalisierung des Rechts im Interesse vermehrter individueller Freiheit und nationaler Gleichstellung bezweckten zwei Anträge der von Ochsenbein präsidierten ersten Sektion, welche die bestehenden Konkordate durchzusehen hatte und am letzten Tag der ersten Beratung, am 30.März, ihren Bericht abgab: "Kein Kanton

(1) Protokoll Schiess, S. 134.
(2) Protokoll Furrer, S. 222.

darf einen Angehörigen gegen dessen Willen aus irgendeinem Grunde des Bürgerrechtes verlustig erklären" und "Der Genuß der bürgerlichen und politischen Rechte darf nicht von einer der christlichen Konfessionen abhängig gemacht werden" (1). Zum ersten Vorschlag wurde unter Anspielung auf die Konkordate, die der Bekämpfung der Heimatlosigkeit dienten, bemerkt, daß die meisten Kantone bereits diesen Grundsatz anerkannt hätten, indem weder der Übertritt zu einer anderen Konfession noch die Eingehung einer paritätischen Ehe den Nachteil des Bürgerrechtsverlustes haben solle. 21 Mitglieder stimmten dafür, unter Streichung der Worte "gegen dessen Willen", weil das Bürgerrecht dann als erloschen betrachtet werden sollte, wenn der Betreffende sich über den Erwerb eines neuen Heimatrechts ausweisen konnte (2). Auch der zweite Antrag wollte der kirchenrechtlichen Intoleranz der Staatsgesetze einen Riegel vorschieben. Drueys freisinniger Vorschlag, die Rechte der Bürger von jeglichem religiösen Glaubensbekenntnis unabhängig zu machen (3), erzielte ganze 11 Stimmen, somit eine Mehrheit, der weniger liberale Antrag der Sektion jedoch 19 Stimmen (4). Im Unterschied zum Wortlaut über die Niederlassung, wo dieses Recht nur Schweizern "beider Konfessionen" gewährt werden sollte, war die Formulierung, wonach die bürgerlichen und politischen Rechte nicht "von einer der christlichen Konfessionen" abhängig gemacht werden durften, weniger restriktiv.

---

(1) Protokoll Schiess, S. 145.

(2) Protokoll Schiess, S. 147.

(3) Drueys Antrag lautete: "Tout citoyen d'un Canton est citoyen Suisse et jouit des droits civils et politiques partout où il est domicilié dans la Conféderation quelque soit sa confession religieuse". Protokoll Schiess, S.147.

(4) Protokoll Schiess, S. 147.

Nach dem Privatprotokoll von Furrer zu urteilen, der die Voten der Kommissionsmitglieder in der Diskussion über die bürgerlichen und politischen Rechte ausführlich notierte (1), ist die Opposition gegen die völlige Gleichberechtigung von Nichtkatholiken in bisher rein katholischen Kantonen Ende März wesentlich stärker gewesen als zu Beginn. Es waren nun, mit Ausnahme von Appenzell-Innerrhoden, alle konservativ-katholischen Kantone vertreten. Ihre Einwände bestätigten, daß auch nach der Niederlage des Sonderbundes starke religiöse Kräfte lebendig waren, die sich der Preisgabe der Glaubenseinheit in den kleinen Bergkantonen widersetzten. Besonders aufschlußreich ist das Votum des liberalen Schwyzers Melchior Diethelm (2), der erklärte, er müsse gegen sein Gefühl sprechen, wenn er erkläre, den Artikel in jeder Form fallen zu lassen. Er berühre ein Verhältnis, bei dem man in den Urkantonen in die tiefsten Eingeweide greife. Da heiße es sofort, die katholische Religion sei gefährdet. Er fügte hinzu, als Beweis für die noch ungebrochene religiöse Intoleranz, daß es im Kanton Schwyz kaum jemand wagen dürfte, diesen Entwurf zu unterstützen. Man müsse den konfessionellen Verhältnissen der Urkantone nun einmal Rechnung tragen und wohl bedenken, ob es ratsam sei, Grundsätze einzuführen, die gegen die Gefühle und Überzeugungen des Volkes verstoßen. Mehr Erfolg versprach er sich, wenn man einfach die freie Niederlassung wirken lasse. Regierungsrat Franz Jauch von Uri stimmte dem Schwyzer Gesandten zu und warnte davor, in der Niederlassungsfreiheit bis zum äußersten zu gehen. Illusionslos bemerkte der radikale Gesandte von Liestal: "Wir wollen nur, daß die kleinen Kantone nicht sagen, sie

(1) Protokoll Furrer, S. 242 ff.

(2) Protokoll Furrer, S. 243.

litten keine Protestanten; wir wissen wohl, daß doch keine angenommen werden" (1). Wie die Abstimmung zeigt, ließen sich die Radikalen nicht abhalten, einem schweizerischen Grundrecht bürgerlicher und politischer Rechtsgleichheit auch in der Innerschweiz den Weg zu bahnen. Josef Munzinger erklärte: "Wir sind in gegenwärtiger Zeit dieses Glaubensbekenntnis der Nation schuldig" (2). Doch auch er wollte keine politische Gleichberechtigung für die Niedergelassenen, wie sie Henri Druey für die Schweizer beantragt hatte.

Die Verhandlungen vom 30.März zeigen nach Furrers Aufzeichnungen, wie namentlich die reformierten Radikalen auf ein eigentliches schweizerisches Bürgerrecht hintendierten, das bereits durch die Niederlassungsfreiheit angedeutet war, und wie sehr dieses von der Befreiung des Rechts von den historischen konfessionellen Schranken abhing. Dabei war es in ihren Augen politisch sekundär, ob die Gleichberechtigung nur den anerkannten Konfessionen oder überhaupt allen christlichen Glaubensweisen gewährt werden sollte. Der Staat solle nicht Träger gewisser dogmatischer Grundsätze sein, es solle nicht gesagt werden, daß sich einer wegen einer gewissen Religion nicht melden dürfe, hieß es zwar beim Gesandten von Baselland Matt. Rilliet-Constant plädierte dafür, daß das Prinzip der Toleranz, wie er es nannte, durchgeführt werde. Druey wollte mit seinem Antrag - wie er sagte - "die Ideen eines schweizerischen Bürgerrechts aufstellen". Auch Bürgermeister Raget Abys aus Graubünden äußerte sich positiv: Man dürfe und solle jetzt diese Schritte tun. Ochsenbein, der den Antrag politischer Gleichberechtigung unterstützte, meinte, daß man so lange nicht von einer Nationalität sprechen könne, bis jeder Schweizer als

(1) Protokoll Furrer, S. 244.
(2) Protokoll Furrer, S. 244.

solcher betrachtet werde. Er fügte - nach Furrer - hinzu: "Wir haben ungeheure Schritte gemacht, veranlaßt durch Ereignisse um uns" (1).

Beeindruckt durch den Kampf der Liberalen und Demokraten Europas gegen den fürstlichen Absolutismus, in dessen Licht der zu einem großen Teil konfessionell bedingte Widerstand der Katholisch-Konservativen gegen die nationale Erneuerung der Schweiz während des Völkerfrühlings von 1848 besonders scharf mit dem weltbewegenden Liberalismus kontrastierte, unternahm der militante Henri Druey, der in jenen Tagen am liebsten die Schweiz im Geist Mazzinis zur Befreiung Italiens verpflichtet hätte (2), am Ende der ersten Verhandlungsphase, am 30.März, den gefährlichsten Vorstoß gegen die Orden. Sein Antrag lautete kurzerhand auf Aufhebung aller Klöster und Stifte in der Eidgenossenschaft von Bundes wegen (3). Man müsse, so meinte das waadtländische Regierungshaupt, auf das revolutionäre Geschehen in Europa anspielend, einen vollen Nutzen aus den großen Ereignissen ziehen, und er fügte hinzu: "N'ayant point de roi à détrôner, il faut déprimer les couvents". Er bezeichnete die Klöster als höchst schädlich und als die Ursache aller Unruhen. "In allen katholischen Ländern wird man in dieser Richtung verfahren," meinte Druey nach Furrers Notizen, "ahmen wir es nach und wir werden etwas Großes und Nützliches thun" (4)."Ich stelle in diesem Falle den Zusatz," entgegnete der Solothurner Josef Munzinger sarkastisch, "daß der eidgenössische Kriegsrath mit der Execution beauftragt werde" (5).

---

(1) Protokoll Furrer, S. 243.

(2) Vgl.Artikel des Nouvelliste Vaudois vom 4.4.1848: "Des exigences du temps présent."

(3) Protokoll Schiess, S.149; Protokoll Furrer, S.247 f.

(4) Protokoll Furrer, S. 307.

(5) Protokoll Furrer, S. 248.

Gesandter
Schaffhausens/und andere reformierte Kommissionsmitglieder fühlten das Aufreizende dieses Vorschlags für die Katholiken und stimmten mit den Katholisch-Konservativen dagegen. Es wurde jedoch nur ein knappes Mehr von 12 ablehnenden Stimmen erreicht. Immerhin erklärten sich sieben Mitglieder für Aufhebung. Drueys nochmaliger Versuch vom 6.April, am Ende der zweiten Debatte, die Kommission umzustimmen, blieb mit der gleichen Stimmenzahl in Minderheit (1). Eine derartige Vorschrift gehöre nicht in den Bundesvertrag, hieß es. Die Mehrzahl beherzigte Munzingers Warnung, den Religionsfrieden nicht zu gefährden.

Am 3.April lag der von J.C.Kern bereinigte Verfassungstext (2) für die zweite Beratung vor. Er beginnt mit dem Ingreß aus dem Bundesvertrag von 1815 "Im Namen Gottes des Allmächtigen". Da das Protokoll weder von einer Diskussion noch einer Abstimmung spricht, läßt sich über die Sinngebung der Präambel nichts Endgültiges aussagen (3). Es ist nach der politischen Auffassung und persönlichen Einstellung zur Religion der radikalen Mitglieder nicht anzunehmen, daß sie ihr, wie nach dem Bundesvertrag, die religiöse Bedeutung der geschworenen alten Bündnisse geben wollten. Die Souveränität des Volkes war dem Radikalismus wichtiger als die Souveränität Gottes. Ihrem Pragmatismus entsprechend, haben die Schöpfer des schweizerischen Bundesstaates offensichtlich auch

---

(1) Protokoll Schiess, S. 191.

(2) J.C.Kern: Politische Erinnerungen 1833-1883, Frauenfeld 1887, S. 78.

(3) Vgl.E.Staehelin: Im Namen Gottes des Allmächtigen! Vom Kampf um die Christlichkeit der Schweizerischen Eidgenossenschaft. Separatdruck aus der Festschrift zum 70.Geburtstag von Eberhard Vischer: "Vom Wesen und Wandel der Kirche", Basel 1935, S. 7 f.
H.Marti: Die religiöse Präambel der Schweizerischen Bundesverfassung in: Consience et liberté. Sonderausgabe: Die religiöse Freiheit in der Schweiz,1972,S.22 ff.

hier einen Kompromiß geschlossen zwischen einem säkularisierten Staatsdenken, das den Glauben von der Politik und das liberale Bundesrecht vom kirchlichen Absolutismus radikal fernzuhalten suchte und einer herkömmlichen religiösen Form, wie sie auch damals in den amtlichen Schreiben unter Eidgenossen noch üblich war. Die Bevorzugung der Christlichkeit oder der anerkannten Konfessionen in einzelnen bürgerlichen Rechten bildete das Bindeglied zwischen dem Ingreß und dem Grundgesetz des schweizerischen Bundesstaates.

Der schwierige Ausgleich in den materiellen Fragen, der den gelungenen Kompromiß beinahe nochmals zum Scheitern gebracht hätte, wirkte dämpfend auf die Bereitschaft zu Konzessionen auch in den anderen Abstimmungen.

Die Redaktoren berücksichtigten den Antrag, es möchte der Grundsatz der konfessionellen Parität nicht in einem besonderen Artikel, sondern im Zusammenhang mit der Niederlassungsfreiheit formuliert werden, im Entwurf vom 3.April nicht. Dadurch wurde dem Grundrecht der Kultusfreiheit mehr Relief gegeben. Gleichzeitig erlaubte die Trennung der beiden Individualrechte die Differenzierung im Ausmaß der Freiheit, wie sie sich aus den Abstimmungen ergeben hatte. Artikel 41 (42)(1) fügt sich in der Reihenfolge jedoch Individualrechten an, aus denen er nach den mehrfachen Andeutungen hervorgehen sollte (2).

An erster Stelle unter den angeführten individuellen Rechten setzten die Redaktoren die Niederlassungsfreiheit, die "keinem Schweizer, der einer der christlichen Konfessionen angehört" in irgendeinem Kanton

---

(1) In Klammern jeweils die Zählung nach dem endgültigen Text des kommissionalen Verfassungsentwurfs vom 8.April 1848.

(2) Protokoll Schiess, S. 155, Art. 37 ff.

verweigert werden durfte, wenn er die angeführten Bedingungen, die nicht konfessioneller Natur waren, erfüllte (1). Der Niedergelassene sollte alle Rechte der Bürger des Kantons, in dem er sich niederlässt, erhalten, Gemeinde- und Korporationsgüter ausgenommen. Auch die nächsten drei Artikel spezifizieren das Bürgerrecht im Sinn der Gleichheit. Jeder Kantonsbürger sollte Schweizerbürger sein und - wenn er "einer der christlichen Konfessionen angehört" - in jedem Kanton das Kantons- und Gemeindebürgerrecht erwerben können. Dann erst folgt, zwischen der Bestimmung, dass kein Kanton einen Angehörigen des Bürgerrechts verlustig erklären dürfe, womit weitere soziale Einschränkungen konfessioneller Natur dahinfielen, und der Pressefreiheit - lauter Individualrechte - Artikel 41 (42) mit dem Wortlaut: "Die freie Ausübung der anerkannten christlichen Konfessionen im ganzen Umfang der Eidgenossenschaft ist gewährleistet. Den Kantonen bleibt vorbehalten, für Handhabung der öffentlichen Ordnung und des Friedens die geeigneten Massnahmen zu treffen" (2). Die Reihenfolge ist nach der zweiten Lesung dieselbe geblieben.

Eine Aenderung und eine Ergänzung, beide nur scheinbar geringfügig, wurden von der Redaktion in den Artikeln, die auf die religiöse Freiheit Bezug nehmen, vorgenommen (3) . Artikel 37 (39) lautete nun in seinem ersten Satz bei der zweiten Lesung: "Der Bund gewährleistet allen Schweizern, welche einer der christlichen Konfessionen

---

(1) Unberücksichtigt blieb somit die Eingabe vom 26.3.1848 der Vorsteher der aargauischen jüdischen Gemeinden, welche die Beschränkung der Niederlassungsfreiheit auf die christlichen Bürger beklagten und unter dem Hinweis auf Schönbeins Antrag die Ausübung der Bürgerrechte ohne religiöse Diskriminierung wünschten. Eingabe in: Beilagen zum Protokoll der Revisionskommission 1848, KE 18, Bundesarchiv Bern.
(2) Protokoll Schiess, S.155.
(3) Protokoll Schiess, S.155.

angehören, das Recht der freien Niederlassung im ganzen Umfang der Eidgenossenschaft". Der bei der ersten Abstimmung vom 24.Februar angenommene Ausdruck "Schweizerbürger beider Konfessionen", der restriktive Bedeutung hatte, erhielt dieselbe Wendung wie im Artikel 39 über die Erwerbung des Bürgerrechts. Dieser war folgendermassen formuliert: "Der Schweizerbürger, welcher einer der christlichen Konfessionen angehört, kann in jedem Kanton das Kantons- und Gemeindebürgerrecht erwerben". Die Ergänzung, welche die Redaktion vornahm, findet sich im Artikel 41 (42) (1) über die Kultusfreiheit: "Die freie Ausübung der anerkannten christlichen Konfessionen im ganzen Umfang der Eidgenossenschaft ist gewährleistet". Artikel 39 ist nicht in den endgültigen Entwurf aufgenommen worden, hingegen blieb der Wortlaut der Artikel 37 (39) und 41 (42) erhalten (2).

Weder das offizielle Protokoll noch die privaten Aufzeichnungen geben direkten Aufschluss über die genaue Bedeutung dieser Aenderung und Ergänzung. Da es sich bei beiden Redaktoren um geschulte Juristen handelte und Kern, der die Bereinigung des deutschen Textes besorgte, sogar amtierender Obergerichtspräsident war und Präsident des Bundesgerichts wurde, ist von vorneherein ausgeschlossen, dass der Gebrauch oder Nichtgebrauch des Wörtchens "anerkannt" in den drei Artikeln belanglos war. Es sei denn, man wollte, was nicht anzunehmen ist, allen Glaubensweisen ausserhalb der öffentlich-rechtlichen Landeskirchen die Christlichkeit absprechen, so konnte, nach den Verhandlungen zu urteilen, der Wortlaut der Artikel 37 (39) und 41 (42) nur aussagen, dass die Niederlassung und die bürgerlichen Rechte allen Schweizern zuteil werden sollten, die irgendeinem christlichen Glaubensbekenntnis angehörten, praktisch allen Schweizern, ausser den Juden. Hingegen würde die Kultusfreiheit nur dann einen Bundesschutz erhalten, wenn es sich um eine

(1) Protokoll Schiess, S.155. (2) Protokoll Schiess, S.198.

anerkannte Konfession handelte, wobei über den Modus der Anerkennung nichts ausgesagt war. Dies entsprach der allgemeinen Tendenz der Radikalen, die dem ausschließlich individuell zu deutenden Niederlassungsrecht eine extensive Bedeutung zu geben wünschten, während sie die Kultusfreiheit, die ihrem Wortsinn nach eine kirchliche Bedeutung hatte, in der Regel restriktiv interpretierten.

Gegen die Niederlassungsfreiheit scheinen bei der zweiten Lesung keine Bedenken religiöser Natur mehr laut geworden zu sein, sondern nur politische und wirtschaftliche. Dasselbe gilt für die Artikel über die Bürgerrechte, auch für die Streichung des Artikels 39 (1). Nach Fürstenbergers Votum wäre bei der Beibehaltung dieses Artikels die Annahme des ganzen Entwurfs durch Baselstadt auf dem Spiel gestanden (2).

Laut Furrers Privatprotokoll (3) wiederholte Josef Munzinger bei der zweiten Lesung den Antrag, daß der Kultusartikel 41 (42) zum Niederlassungsrecht hinzugenommen werde, als dessen Ausfluß er die Kultusfreiheit bezeichnete. In dieser Verbindung - so argumentierte er - werde er weniger Anstoß erregen. Dagegen erwiderte Henri Druey, diese Freiheit beziehe sich nicht nur auf die Niedergelassenen, sondern auch auf die Bürger und Fremden. Der Gesandte von Baselstadt maß dieser Bestimmung große Bedeutung zu und nannte sie eine Zierde des Entwurfs. Der liberale Vertreter aus dem Kanton Schwyz, Melchior Diethelm, hingegen beantragte erneut Weglassen des ganzen Artikels. Nur noch zwei Gesandte stimmten dafür, wobei allerdings zu berücksichtigen ist, daß Uri

---

(1) Protokoll Schiess, S. 174.
(2) Protokoll Furrer, S. 274.
(3) Protokoll Furrer, S. 276.

fehlte und Appenzell-Innerrhoden überhaupt keinen Gesandten stellte. Ochsenbein gefiel wiederum nicht, daß dem Bund keine Einwirkung bei konfessionellen Streitigkeiten eingeräumt werde, was Frey-Herosé zu der Bemerkung veranlaßte, daß der Bund dazu aus anderen Artikeln die Berechtigung besitze. Der Vertreter von Appenzell-Außerrhoden fand, es sei nicht einmal Sache des Bundes, über die Gewährleistung des konfessionellen Friedens durch die Kantone etwas auszusagen. Der Artikel 41 (42) erhielt schließlich mit der Ergänzung, daß die Aufrechterhaltung des Friedens unter den Konfessionen den Kantonen vorbehalten bleibe, die Zustimmung von 15 Mitgliedern (1).

Während Schiess weder von einem erneuten Antrag Ochsenbeins noch von einer Abstimmung über die Bundeskompetenz zum Schutz des konfessionellen Friedens berichtet, weist das offizielle Protokoll vom 8.April, vier Tage später, ohne daß eine Begründung angegeben wäre, den überraschenden Satz auf: "Im Artikel 41 wurde das Amendement, auch dem Bunde das Recht zu vindizieren, Maßregeln zur Handhabung der Ordnung und des Friedens unter den Konfessionen treffen zu können, ohne besondere Abstimmung genehmigt" (2). Der Artikel 42 des endgültigen, am gleichen Tag abgeschlossenen Entwurfs lautete nun: "Die freie Ausübung der anerkannten christlichen Konfessionen im ganzen Umfang der Eidgenossenschaft ist gewährleistet. Den Kantonen sowie dem Bunde bleibt vorbehalten, für Handhabung der öffentlichen Ordnung und des Friedens unter den Konfessionen die geeigneten Maßnahmen zu treffen" (3). Somit haben Radikale,

---

(1) Protokoll Schiess, S. 175.

(2) Protokoll Schiess,S.193.Auch Furrer vermerkte die stillschweigende Genehmigung in seinem Protokoll,S.312.

(3) Protokoll Schiess, S. 199.

die wie Ochsenbein von Anfang an die Souveränität des Bundes auch in konfessionellen Angelegenheiten zu verankern wünschten, noch in letzter Stunde einen Teilsieg über die politisch gemischte Gruppe errungen, die mit Munzinger Staat und Kirche, soweit es den Bund anging, möglichst auseinanderhalten wollte.

Die Befürchtungen der gemäßigteren Radikalen, es könnte der im Entwurf überraschend gut weggekommene Föderalismus die Nationalinteressen durch Religionspolitik erneut gefährden, dürfte nicht wenig dazu beigetragen haben, am Ende zu gewähren, was sie zu Beginn ablehnten. Ihnen dürfte die abgeschwächte Form, in der im Vergleich zu früheren Anregungen die Bundeskompetenz ausgesprochen wurde, zuzuschreiben sein. Vom Antiklerikalismus entschärft, konnte sich dieses Bundesrecht zugunsten einer echten religiösen Freiheit auswirken, wo immer in den Kantonen konfessionelle Minderheiten in ihren Rechten unterdrückt wurden oder sonst benachteiligt waren. Sollten sich die Bundesbehörden, wie es in den vergangenen Jahren die Linksradikalen versucht hatten, jedoch zum Anwalt einer Ideologie und der Staatsherrschaft über die Konfessionen machen, so konnte dies für die Zukunft eine neue Gefährdung des Religionsfriedens bedeuten, da dem Wortlaut nach wohl die individuelle Freiheit des Gottesdienstes, nicht aber die Kirchen als solche vom Bund geschützt waren.

Im ganzen gesehen hat die Revisionskommission auch in konfessioneller Hinsicht die realistische Mitte eingehalten, die dem Entwurf den Erfolg sicherte. Man merkt zwar kaum etwas von dem Ethos, mit dem etwa die Vereinigten Staaten in der Gründungszeit ihres Bundesstaates das Menschenrecht religiöser Freiheit proklamierten, auch nicht viel vom Ernst, mit dem die revolutionären Bewegungen in Europa um ein liberales Verhältnis von Staat und Kirche zu ringen begonnen hatten, doch enthielt der

Kommissionalentwurf auch keine ausgesprochen kirchenfeindlichen Bestimmungen, wie das Verbot der Klöster, der Jesuiten und der Nuntiatur. Indem die Souveränität der Kantone nicht aufgehoben, sondern durch die Bundesverfassung nur beschränkt sein sollte, diese jedoch außer einem konfessionell paritätischen Grundrecht religiöser Freiheit und der Kompetenz des Bundes für Ordnung und Frieden unter den Konfessionen zu sorgen, keine eigentlichen kirchenrechtlichen Bestimmungen enthielt, überließ sie offensichtlich die Regelung des Verhältnisses von Staat und Kirche den Kantonen. Der Bundesstaat mußte folgerichtig überkonfessionell sein.

Um das erfolgreich begonnene Werk der nationalen Erneuerung zu einem raschen Abschluß zu bringen, schickte die eidgenössische Revisionskommission ihren Entwurf vom 8.April 1848 (1) direkt den Kantonen zu, damit diese den Gesandten auf die im Mai einberufene Tagsatzung die notwendigen Instruktionen mitgeben konnten. Dem Verfassungstext wurde ein erläuternder Bericht aus der Feder Henri Drueys beigegeben (2). Er wies darin unter anderem auf den Fortschritt hin, den der Nationalgeist in letzter Zeit gemacht habe, gab aber zu bedenken, daß man ohne Gefahr einer Reaktion den durch Jahrhunderte tief eingeprägten Kantonalgeist nicht durch den Einheitsstaat unterdrücken dürfe. Ein Föderativsystem, das sowohl das nationale als auch das kantonale Element vereinigte und die

---

(1) Bundesverfassung der Schweizerischen Eidgenossenschaft, entworfen von der am 16.August 1847 von der Tagsatzung ernannten Revisionskommission (17.Februar bis 18.April 1848).Eidg.Abschied 1847,Bd.4,Beilage Litt.B.

(2) Bericht über den Entwurf einer Bundesverfassung vom 8.April 1848, erstattet von der am 16.August 1847 von der Tagsatzung ernannten Revisionskommission. Eidg.Abschied 1847, Bd. 4, Beilage Litt. C.

Glieder dem Ganzen unterordne sei daher "der Grundgedanke der ganzen Arbeit, der Schlüssel zu allen Artikeln"(1).

Ohne naturrechtliche Begründung und ohne theoretische Konsequenz ist in einem besonderen Abschnitt von Drueys Erläuterungen, der die individuellen Freiheitsrechte enthält, die Rechtsgleichheit hervorgehoben. Wenn man wolle, so argumentiert das waadtländische Regierungshaupt, daß die Schweiz eine Nation sei, eine Familie von Brüdern, so müsse man die Gleichheit der Rechte der Eidgenossen als Prinzip aufstellen und die grellen Ungleichheiten, die heute noch in einigen Kantonen herrschten, beheben. Allen Gleichheitsrechten voran führte Druey das in jedem Kanton politische Rechte genießende Schweizerbürgertum an (Artikel 40) und erst anschließend folgt das Recht freier Niederlassung (Artikel 39). Daß dieses nur den Schweizern, die einer christlichen Konfessionen angehörten, gewährt werde, bezweckte, nach dem Bericht, den Ausschluß der Israeliten, namentlich der fremden Juden, wobei auf die bestehenden Verträge mit dem Ausland hingewiesen wurde (2).

Mit der Gleichheit der Bürgerrechte brachte Druey auch die Kultusfreiheit (Artikel 42) ausdrücklich in Verbindung. Die Beschränkung umschrieb er sinngemäß mit folgenden Worten: "Die freie Religionsübung ist nur den beiden anerkannten christlichen Konfessionen gewährleistet, das heißt, der katholischen Religion in den protestantischen oder gemischten, und der protestantischen Konfession in den katholischen oder gemischten Kantonen. Es ist also nicht jeder Art von Sekten die Kultusfreiheit garantirt"(3).

---

(1) Bericht über den Entwurf einer Bundesverfassung vom 8.April 1848, S. 9.

(2) Bericht über den Entwurf..., a.a.O., S. 16.

(3) Bericht über den Entwurf..., a.a.O., S. 16.

Auch einen Hinweis auf das Schweigen des Entwurfs über die Klöster und Stifte enthält der offizielle Bericht. Das Fehlen des Artikels 12 des Bundesvertrages wird kurz mit den Ereignissen der letzten Jahre begründet. Die Souveränität der Kantone, schlussfolgert Druey, sei also in dieser Beziehung in Zukunft eine unbeschränkte (1). Eine Anspielung konfessioneller Natur enthält nur noch die Stelle, wo er von den höheren Schulen spricht, die der Bund nach Artikel 22 errichten sollte. Man sei damit einverstanden gewesen, dass diese "für beide Konfessionen" berechnet würden, heisst es bei Druey (2).

Die Bemühungen um einen vernünftigen politischen, wirtschaftlichen und konfessionellen Ausgleich bei der Gründung eines schweizerischen Bundesstaates und der grosse Einfluss, den die Urheber des kommissionalen Entwurfs in ihren Kantonen besassen, waren günstige Voraussetzungen für dessen Annahme durch die Stände und durch die Mehrheit des Volkes.

---

(1) Bericht über den Entwurf einer Bundesverfassung vom 8.April 1848, S.16.
(2) Bericht über den Entwurf ..., a.a.O., S.26.

4. Die Stellungnahme der Kantone zu den Fragen der religiösen Freiheit

Es ist bedeutsam, daß in der Tagsatzung der Versuch zur Einbeziehung der Gewissensfreiheit im Bundesrecht und zur Erweiterung der Kultusfreiheit auf alle Bekenntnisse vom aargauischen Kanton ausging, dessen frühere Revisionswirren den Bruch zwischen dem alteidgenössischen und dem neuzeitlichen Paritätsdenken am schärfsten zum Ausdruck gebracht und damit die eidgenössische Krise der vierziger Jahre ausgelöst hatten. Solange die konfessionellen Spannungen anhielten, hemmte dies die Wirksamkeit der schon 1831 in die aargauische Verfassung eingeführtenGewissensfreiheit und deren Anwendung auf die Kultusfreiheit. Nun aber, da durch die Niederlage des Sonderbundes der Konfessionalismus in der eidgenössischen Politik machtpolitisch überwunden war und da die europäische Revolution die unbeschränkte religiöse Freiheit als eines der wichtigsten Grundrechte propagierte, glaubte der aargauische Große Rat den Augenblick für gekommen, wo die Schweiz in Anlehnung an die Helvetik mit einem religiös freieren Verfassungsrecht als nur der Parität der anerkannten Konfessionen seine Einheit schmieden sollte. Dabei spielte auch die Bereitschaft eine wichtige Rolle, den Israeliten völlige Gleichberechtigung zu gewähren.

Widersprechende Instruktionen der Kantone Aargau und Waadt zur Kultusfreiheit

In ihrem am 2.Mai dem aargauischen Großen Rat vorgelegten Bericht (1) schlug die kantonale Kommission,

---

(1) Verhandlungen des Großen Rates des Kantons Aargau 1848, Aarau 1848, S. 130 ff.

die das eidgenössische Verfassungsprojekt zu begutachten hatte, vor, im Artikel 39 über die Niederlassungsfreiheit die Ausschließung der Juden aufzuheben. Sie entsprach damit einer Eingabe der israelitischen Gemeinden Lengnau und Ober-Endingen (1), die von der Bundesreform die Befreiung von ihrem ghettoähnlichen Dasein erhofften. Der Berichterstatter unterstrich die Wichtigkeit für den Kanton Aargau, daß die konfessionelle Einschränkung im Niederlassungsrecht falle. Aufgrund seines vergeblichen Versuchs in der Bundesrevisionskommission, bezweifelte Frey-Herosé, daß ein solcher Antrag in der Tagsatzung Erfolg haben werde (2). Er wies auf die von mehreren Gesandten erwähnte Judengegnerschaft und auf die Grenzkantone, die des Vertrags mit Frankreich wegen die Niederlassungsfreiheit auf christliche Konfessionen beschränkt wissen wollten. Der Große Rat aber hielt an der liberalen Empfehlung fest und erhob sie zur Instruktion.

Von der Kommission der aargauischen Legislative ging sodann die Anregung aus, im Artikel 42 die Gewissens- und Glaubensfreiheit zu garantieren (3). Auf die Verfassungsbestrebungen in Deutschland hinweisend, sprach der Berichterstatter von der Wünschbarkeit, daß sich inskünftig Staatliches und Kirchliches nicht vermengen sollten.

---

(1) Verhandlungen des Großen Rates des Kantons Aargau 1848, Aarau 1848, S. 180. Laut Bericht des aargauischen Polizeidepartements vom 8.4.1848 gab es bei einer jüdischen Bevölkerung von 2000 Seelen erst 12 Hausvorstände, die sich außerhalb ihrer beiden Heimatgemeinden niedergelassen hatten.

(2) Die diesbezüglichen vonW.E.Rappard zitierten Überlegungen stammen nicht, wie er anführt, von Wieland, sondern von Frey-Herosé.W.E.Rappart: La Constitution Fédérale de la Suisse, ses origines, son élaboration, son évolution, 1848-1948, Boudry 1948, S. 177.

(3) Verhandlungen..:a.a.O., S. 185 ff.

Eine Diskussion erhob sich über die Frage, ob die Kultusfreiheit in der Glaubensfreiheit enthalten sei oder nicht. Der Berichterstatter erklärte, er verstehe unter Glaubensfreiheit nicht nur das Recht frei zu denken, sondern auch die Freiheit, seinen Glauben auszuüben, ihn kirchlich zur Schau zu tragen. Er vermutete, daß sich die Gesandtschaft des Kantons Waadt der Freikirche wegen gegen die allgemeine Kultusfreiheit ausgesprochen habe. Es dürfte alles gesagt sein, wenn man die Glaubens- und Gewissensfreiheit gewährleiste, meinte er. Augustin Keller erklärte sich mit dieser Interpretation einverstanden. Die Ausübung des religiösen Kultus beziehe sich, äußerte der Seminardirektor, mehr auf die Gewissensfreiheit, wobei er ihr einen religiös positiven Wert beimaß. Sie bedeute, den Glauben für wahr zu halten, die Äußerung des Glaubens unter einer bestimmten Form kundzugeben, wie dies z.B. bei den Juden der Fall sei. Während einem der Glaube nicht genommen werden könne, bedurfte nach Keller dessen Äußerung jedoch der Konzession. Würde mit der Gewissens- und Glaubensfreiheit nicht auch die freie Ausübung des Glaubens gemeint sein, führte er aus, so läge ein Widerspruch in dem vorgeschlagenen Satz.

Die Debatte über den kommissionalen Antrag zeigte den Unterschied in der Auffassung der Glaubens- und Gewissensfreiheit, wie er auch anläßlich der Verfassungsrevisionen der regenerierten Kantone immer wieder an den Tag getreten war. Die aargauischen Radikalen waren nun bereit, die Rechtswirkung der Gewissensfreiheit in der Form des freien Gottesdienstes anzuerkennen. Ähnlich wie Ulrich Ochsenbein im bernischen Verfassungsrat von 1846, ließ sich Regierungsrat Frey-Herosé von der Notwendigkeit überzeugen, daß auch die allgemeine Kultusfreiheit in die Bundesverfassung aufgenommen werden sollte. Er hatte in einem ersten Votum auf die Schwierigkeiten hingewiesen, die sich einem Rechtsschutz der freien Ausübung aller Gottesdienste in der Bundesrevisionskommission entgegenstellten. Dessen Stellungnahme bekräftigte er vorerst mit der persönlichen Überzeugung, daß die Kultusfreiheit weder in politischer noch in moralischer Beziehung wünschbar sei. Hingegen erklärte er sich mit der vorgeschlagenen Gewissensfreiheit einverstanden. Am Schluß der Debatte äußerte Frey-Herosé jedoch seine Überzeugung, daß es in Anbetracht der unterschiedlichen Meinungen über die Glaubens- und Gewissensfreiheit nicht überflüssig sein dürfte, auch von der Ausübung des Gottesdienstes zu sprechen. Er ergänzte deshalb den kommissionalen Antrag, der nun folgendermaßen lautete: "Die Gewissens- und Glaubensfreiheit sowie die freie Ausübung des konfessionellen Gottesdienstes ist im ganzen Umfang der Eidgenossenschaft gewährleistet" (1). Der Große Rat stimmte dieser Instruktion für die Tagsatzung zu.

Schwankend zeigten sich die aargauischen Großräte vorerst in der Frage des Aufsichtsrechts der Kantone und des Bundes. Die radikale großrätliche Kommission, der drei Regierungsräte angehörten (2), hatte mit der Gewissens- und Glaubensfreiheit interessanterweise die Weglassung des Zusatzes des Artikels 42 (44)(3) empfohlen. Sie konnte sich dieses erlauben, ohne der Staatssouveränität Einbusse zu tun, da sie ursprünglich nicht die Absicht hatte, die individuelle religiöse Freiheit durch die formelle Kultusfreiheit, die auch eine kirchliche Bedeutung haben konnte, zu ergänzen. Nun aber, da der Große Rat den freien Gottesdienst ausdrücklich in die Empfehlung einbezog, mußte den aargauischen Radikalen aufgrund ihres kirchenpolitischen Denkens die Überwachung dieses Freiheitsrechts durch den Staat als unerläßlich erscheinen.

---

(1) Vgl. Eidg.Abschied 1847, 4.Teil, S. 87

(2) J.Segesser: Die Einstellung der Kantone zur Bundesrevision und zur neuen Bundesverfassung im Jahr 1848, Bern 1965, S. 130.

(3) In Klammern jeweils die Artikelnummer nach der Bundesverfassung vom 12.9.1848. Siehe Kaiser u.Strickler: Geschichte und Texte der Bundesverfassungen der schweizerischen Eidgenossenschaft, Bern 1901, S. 271 ff.

Die ausschlaggebende Rolle in dieser Frage spielte, soweit dies aus dem großrätlichen Protokoll ersichtlich ist, nicht von ungefähr der Urheber der aargauischen Klosterschließung und der eidgenössischen Jesuitenausweisung, Augustin Keller. Er hatte die von der Kommission beantragte Streichung des zweiten Satzes des Artikels 42 (44) schon vor dem Antrag Frey-Herosés als sehr gefährlich bezeichnet. Nicht nur sollte mit der Aufsicht dem Kanton und dem Bund das allgemeine Recht zustehen, die Gewissens- und Glaubensfreiheit dann einzuschränken, wenn sie dem Staat schädlich sein konnte, er glaubte, im Text des Projekts vor allem die direkte Absicht zu sehen, mit dem Zusatz den Jesuiten einen Riegel zu stoßen. Insofern schien ihm dieser Artikel einer der schlausten zu sein, wie er sich äußerte. Mit Nachdruck plädierte er dafür, daß dieser Riegel nicht weggeschoben werde. Es brauchte kaum andere Argumente, um die aargauischen Radikalen, die an der Ausweisung der Jesuiten aus der Eidgenossenschaft einen Hauptanteil hatten, zu überzeugen, daß der Satz über die Staatsaufsicht dem von Frey-Herosé vorgeschlagenen Text hinzugefügt werden sollte. Damit fiel gleichzeitig das Motiv für einen eigenen Jesuitenartikel dahin, Es sollte Zürich vorbehalten bleiben, dazu den Anstoß zu geben.(1)

Von größerer Wirksamkeit für die Gestaltung eines eidgenössischen Grundrechts religiöser Freiheit als der aargauische Antrag auf allgemeine Gewissens- und Glaubens- sowie Kultusfreiheit war die entgegengesetzte offizielle Einstellung des Kantons Waadt. Der Kontrast fällt um so mehr auf, als beide Stände ihre Entstehung der helvetischen Revolution und infolgedessen derselben staatsrechtlichen Ideologie verdankten, die dann auch dem Radikalismus in beiden Kantonen ihr Gepräge gab. Eine wesentliche Differenz bestand indessen darin, daß Aargau

(1) F.Strobel: Die Jesuiten und die Schweiz im XIX.Jahrhundert, Olten/Freiburg i.Br. 1954, S. 425 ff.

das konfessionelle Problem nach der Entstehung einer Staatskrise im Interesse der politischen Einheit gewaltsam gelöst hatte, während der Kanton Waadt das kirchliche Schisma, dem er politische Bedeutung beimaß, durch Verbote, gerichtliche und administrative Maßnahmen nicht zu überwinden vermochte. Der Einstellung des welschen Standes kommt um so größere Bedeutung zu, als das unumstrittene Haupt des waadtländischen Radikalismus nicht nur in der Revisionskommission, die das Bundesprojekt ausarbeitete, sondern auch in der Tagsatzung, die es verabschiedete, eine führende Rolle spielte.

Die Verhandlungen im Großen Rat des Kantons Waadt vom 12.Mai über das Bundesprojekt zeigen bei einigen radikalen Großräten ebenfalls eine zeitbedingte größere Bereitschaft zugunsten der Toleranz. In der Frage der religiösen Nichtdiskriminierung im Grundrecht der Niederlassungsfreiheit, die nur die bürgerliche und politische Gleichberechtigung betraf, war sich die Legislative einig, diese den Juden nicht zu verweigern (1). Hingegen ergab die Kultusfreiheit eine lebhafte, längere Debatte. Pidou, der darauf hinwies, daß mehrere Stände sich für eine freiere Fassung des Artikels 42 (44) ausgesprochen hatten, wünschte, daß sich der Kanton Waadt jenen fortschrittlichen Kantonen und nicht den intoleranten Ständen anschließe. Sein Antrag lautete: "Le libre exercice des cultes chrétiens est garanti dans

---

(1) Bulletin des Séances du Grand-Conseil du Canton de Vaud, Session ordinaire du printemps 1848, Lausanne 1848, S. 111 ff.
Nach L.Vuilliemin stieg die Zahl der Israeliten im Kanton Waadt nach dem Vertrag mit Frankreich von 1827 auf 249 Personen. L.Vuilliemin: Le canton de Vaud, tableau de ses aspects, de son histoire, de son administration et de ses moeurs, Lausanne 1862, S.453.

toute l'étendue de la Confédération" (1). Auch beantragte er die Weglassung der Staatsaufsicht (2). Henri Druey, der sich mit der freieren Fassung der Niederlassungsfreiheit einverstanden erklärte, widersetzte sich in der Frage des Gottesdienstes, die eine kirchliche Bedeutung hatte, aufs entschiedenste einer Liberalisierung. Seine Interpretation der Kultusfreiheit des Artikels 42 (44) war eindeutig restriktiv: "On devra appartenir à l'Eglise nationale du canton dont on est ressortissant" (3). Wer nicht zu einer Staatskirche gehörte, sollte infolgedessen keinen Bundesschutz beanspruchen können. In einer langen Rede versuchte er die Beschränkung des Kultus mit den politischen Interessen der Eidgenossenschaft und namentlich des Kantons Waadt zu rechtfertigen. Es gelte, die Verwerfung der Bundesrevision zu verhindern, gab er vor. Den Einwänden, das waadtländische Volk sei gegenüber der Dissidenz toleranter geworden, schenkte er keinen Glauben. Er sprach vielmehr von der Möglichkeit neuer Unruhen für den Fall, daß dem Gottesdienst keine Schranke gesetzt würde. Er schreckte die toleranten Großräte mit der Perspektive einer eidgenössischen Intervention ab, sollte die Dissidenz vor dem Volk geschützt werden müssen. "Messieurs, faites!" rief er seinen Parteigenossen unwillig zu, "Quant à moi, je m'en laverai les mains." (4).

Eine erste Abschwächung der Kultusfreiheit zeigt sich im Antrag, diese mit der Pressefreiheit zu verbinden (5). Pidou erklärte sich damit einverstanden und zog sein Amendement zurück. Staatsrat Delarageaz kam Druey zu Hilfe.

---

(1) Bulletin des Séances du Grand-Conseil du Canton de Vaud, Session ordinaire du printemps 1848, Lausanne 1848, S. 114.

(2) Supplément au Nouvelliste Vaudois No.39 vom 16.5.1848.

(3) Bulletin..., a.a.O., S. 115.

(4) Bulletin..., a.a.O., S. 116.

(5) Bulletin..., a.a.O., S. 118.

Er widersprach nicht dem Einwand, dass im Kanton Waadt ein Nachgeben zugunsten der religiösen Freiheit bemerkbar sei, schrieb dies jedoch der religiösen Indifferenz des Volkes zu. Correvon lehnte diese Interpretation ab. Man verleumde das Volk, rief er heftig aus, wenn man ihm vorwerfe, es wolle die religiöse Freiheit nicht (1). Druey gab in einer weiteren Intervention (2) zu, die Einschränkung der Kultusfreiheit in der Revisionskommission beantragt zu haben. Er gab vor, dies nicht nur für den Kanton Waadt getan zu haben, sondern auch wegen der Befürchtungen der katholischen Kantone über den Neokatholizismus. Den Einwand, diese Stände könnten den Unterschied zwischen den Dissidenten und den übrigen Protestanten nicht erkennen, liess er nicht gelten. Drueys Entschlossenheit, die Aufnahme eines liberaleren Artikels der Kultusfreiheit, den er ein Gift nannte, zu verhindern, verraten die Worte: "Je ferai tous mes efforts pour le faire rejeter; je ne consentirai pas à mettre un élément délectère dans ce projet" (3). Noch schärfer klingen die Worte Drueys in der ausführlichen Wiedergabe des radikalen "Nouvelliste Vaudois": "Voilà mon opinion : je m'opposerai de toutes mes forces à ce qu'on retranche cette disposition du pacte, et si en Diète, elle ne passait pas, je ferais tous mes efforts, en tout et partout, pour faire rejeter le pacte, parce que je sens que jamais je ne pourrais prendre une responsabilité pareille" (4). Der in seiner Mehrheit radikale Grosse Rat folgte dem Parteihaupt und hielt an der kommissionalen Redaktion des Artikels 42 (44) fest (5).

(1) Supplément au Nouvelliste Vaudois, No 39 vom 16.5.1848.
(2) Bulletin des Séances du Grand-Conseil du Canton de Vaud, Session ordinaire du printemps 1848, Lausanne 1848, S.124f.
(3) Bulletin . . ., a.a.O., S.125.
(4) Supplément . . ., a.a.O., No 39 vom 16.5.1848.
(5) Bulletin . . ., a.a.O., S.128.

In seinen Sitzungen vom 19. und 20.Mai 1848 (1), nur wenige Tage vor der Behandlung des Religionsartikels in der Tagsatzung, in der Henri Druey seinen Kanton wieder als erster Gesandter vertrat, bestätigte der waadtländische Grosse Rat mehrheitlich seine Unnachgiebigkeit gegenüber den verstärkten Bemühungen zugunsten grösserer religiöser Toleranz. Den Anlass zur Debatte gaben ein vom englischen Geschäftsträger Peel in diplomatisch schonender Formulierung übermitteltes Schreiben des Stadtrats von Edinburg zugunsten der evangelischen Freikirche, in dem die Gewissens- und die Kultusfreiheit befürwortet wurde, sowie mehrere Eingaben von waadtländischen Bürgern. Darunter waren dissidente Geistliche, die wegen verbotenen Versammlungen polizeilich in ihre Heimatgemeinden verwiesen worden waren. Die Kommission, welche die Gesuche zu begutachten hatte, erklärte sich mehrheitlich für Aufhebung des Dekrets, mit dem der Regierungsrat Geistliche, die dissidenten gottesdienstlichen Versammlungen vorstanden, polizeilich in ihre politischen Gemeinden abführen liess. Gleichzeitig wünschte die kommissionale Mehrheit mit der Toleranz Garantien gegen den Proselytismus (2).

Das zunehmende Unbehagen über das Notrecht der Regierung zeigte sich auch in der Ablehnung des kommissionalen Minderheitsantrags, nicht auf die Eingabe zugunsten der religiösen Freiheit einzutreten. 68 Grossräte stimmten indessen für Behandlung, 45 dagegen (3). Pellis rechnete scharf mit dem Rationalismus und der Intoleranz der Radikalen ab und wies auf die Intervention aus England hin, dessen Land er die Wiege der europäischen Freiheit

---

(1) Bulletin des Séances du Grand-Conseil du Canton de Vaud. Session ordinaire du printemps 1848, Lausanne 1848,S. 301 ff. Nouvelliste Vaudois vom 23. u.26.5.1848. Le Courrier Suisse vom 23.u.26.5.1848.

(2) Bulletin..., a.a.O., S. 307.

(3) Bulletin..., a.a.O., S. 325.

nannte (1). Auch Frankreich proklamiere die religiöse Freiheit. Auf die Revolutionen in den deutschen Staaten anspielend, äusserte er, dass sie überall als eine der ersten und wichtigsten Freiheiten betrachtet werde und nahm an, dass dies auch in der übrigen Schweiz der Fall sei. Er bestritt, wie andere Grossräte, das immer wieder vorgebrachte Argument, dass die Dissidenz unter dem Deckmantel der Religion politische Ziele verfolge. Dapples wies darauf hin, dass der 20.Mai schon zweimal in den Annalen eine traurige Rolle gegen die religiöse Freiheit gespielt habe (2). Die Voten der Staatsräte Briatte, Delarageaz, Blanchenay, Fornerod und Veret (3) zeigen, dass die Regierung sich theoretisch zum Prinzip der religiösen Freiheit bekannte, in der Praxis jedoch nicht gewillt war, von der staatsautoritären Richtlinie abzuweichen, auch wenn dadurch religiöse Minderheiten in ihren bürgerlichen Freiheiten eingeschränkt wurden. Von der früheren Furcht vor der politischen Reaktion und den Unruhen, welche die Konventikel verursacht hatten, blieb nur noch der Vorwand (4). Das Dekret blieb unangetastet.

---

(1) Bulletin des Séances du Grand-Conseil du Canton de Vaud, Session ordinaire du printemps 1848, Lausanne 1848, S. 347 ff.

(2) Bulletin..., a.a.O., S. 382.

(3) Bulletin..., a.a.O., S.329 ff, 339 ff, 361 ff, 373 ff, 378 ff.

(4) Am 9.6.1848 wurde G.Monod, Pfarrer in Lausanne, vom Staatsrat seiner Funktionen enthoben, weil er sich, wie es im Beschluss heisst, "tant sous le point de vue politique, que sous celui de la question des réunions religieuses en dehors de l'Eglise nationale et des cultes reconnus par la constitution ou autorisés par la Loi" dem Grossen Rat und dem Staatsrat widersetzt habe. Siehe Mappe K XIV, 316, Kantonales Staatsarchiv Lausanne.

Druey besass für seine Interventionen in der Tagsatzung auf die zu erwartenden Anträge zugunsten eines liberaleren Religionsartikels im Kleinen wie im Grossen Rat eine zuverlässige Rückendeckung.

Wohl aus Vorsicht, man könnte dies politisch reaktionär deuten, verzichtete die Dissidenz auf eine Petitionsbewegung zugunsten der Aufhebung des intoleranten Dekrets und die Vollmachten vom 22.Januar 1848 oder gar zugunsten der Aufnahme völliger religiöser Freiheit in die Bundesverfassung. Der Zeitpunkt wäre dazu nicht ungünstig gewesen.

Das bundesstaatliche Bürgerrecht und die Religion in den Tagsatzungsverhandlungen

Am 15.Mai 1848 nahm die Tagsatzung in Bern die Beratungen über den Bundesentwurf auf. Alle Kantone nahmen daran teil. Dabei waren die meisten Stände durch dieselben ersten Gesandten vertreten, die auch in der Revisionskommission mitgearbeitet hatten. Ulrich Ochsenbein behielt bis zum Ende des Monats das Präsidium. Jonas Furrer war anfänglich durch den neuen ebenso gemässigt radikalen Ulrich Zehnder ersetzt. Baselstadt hatte den liberalkonservativen Peter Merian zusammen mit J.J.Burckhardt delegiert. Den Kanton Genf vertrat nun James Fazy, der als einziges Regierungshaupt schon vor der Ausarbeitung des Verfassungsentwurfs zugleich für das amerikanische Bundessystem und völlige religiöse Freiheit eingetreten war. Wie sich Fazy im Grossen Rat verpflichtet hatte, sich energisch für eine liberalere Fassung des Religionsartikels einzusetzen, so entschieden wollte sich das waadtländische Regierunghaupt Druey gegen eine Aenderung des Artikels 42 zur Wehr setzen. Die Befürworter religiöser Freiheit hatten im Gesandten Jeanrenaud-Besson des erstmals vertretenen republikanischen Neuenburg Verstärkung erhalten. Doch auch die katholisch-konservative Opposition erhielt durch Appenzell-Innerrhoden, das ebenfalls zum ersten Mal in den Fragen der Bundesrevision stimmte, eine halbe Stimme mehr.

In der Agenda der Tagsatzung wurde die Bundesorganisation, die in den grossrätlichen Beratungen zusammen mit den materiellen Artikeln des eidgenössischen Verfassungsentwurfs das Haupttraktandum war, vorweggenommen. Die Bemühungen linksradikaler Kantone zugunsten eines Einkammersystems ohne Veto der Stände, scheiterten. Mit 13 ½ Stimmen erhielt das von der Kommission vorgeschlagene Zweikammersystem den Vorzug (1). Von den kleinen konservativ-katholischen Kantonen stimmte nur Zug, dessen neue Regierung zu nationalen Konzessionen bereit war, dafür. Für die Urschweiz schien auch ein Ständerat, der die kleinen katholischen Kantone ebenbürtig neben die grossen reformierten Stände stellte, kein genügendes Gegengewicht gegen einen Nationalrat mit der zu erwartenden reformierten Dreiviertelmehrheit zu sein. Soweit dies aus dem Protokoll zu ersehen ist, fanden die konfessionellen Bedenken in den Verhandlungen über die Bundesorganisation jedoch keine direkte Erwähnung. Die gemässigt konservativen Gesandten der Urschweiz bemühten sich, nicht den Eindruck zu erwecken, als hätten sich ihre Stände nicht von den Sonderbundszielen distanziert, zumal damals der konfessionspolitisch ausgerichtete Teilungsplan der Schweiz

---

(1) Eidg.Abschied 1847, 4.Teil, S. 46.

durch die erzwungene Auslieferung der Sonderbundsakten durch Uri an die Oeffentlichkeit gelangt war.

Die einzige konfessionelle Anspielung während der Debatte über das Zweikammersystem findet sich in einer Rede, in der das Motiv religiöser Intoleranz beim Festhalten am bisherigen Repräsentationsverhältnis mit der Bereitschaft eines nicht weiter bezeichneten Standes bestritten wird, "dem Geiste der Neuzeit huldigend, und im aufrichtigen Anschluss an die übrige Eidgenossenschaft... die freie Religionsübung und das ungeschmälerte Niederlassungsrecht anzunehmen" (1). Die Aussage aus dem Munde eines Vertreters der Urkantone, wie das Protokoll vermerkt, überrascht. In der Urschweiz waren beide Grundrechte alles andere als populär. Dass das konfessionelle Moment der Majorisierung, das bei der Entstehung des Sonderbundes eine wesentliche konfessionspolitische Rolle gespielt hatte, indessen nicht allein ausschlaggebend war für die Ablehnung der Zentralisation, beweist, dass nebst dem paritätischen, aber konfessionspolitisch getrennten Appenzell auch die Stände Schaffhausen und Baselstadt mit den Urkantonen für die Beibehaltung der Tagsatzung stimmten (2). Nur im gemeinsamen Bestreben, die kantonale Eigenständigkeit zu wahren, vereinigten sich reformierte Stimmen mit jenen der katholischen Urkantone. Unbelastet von religiösen Bedenken konnten die beiden reformierten Grenzkantone, im Unterschied zu den Urkantonen, schliesslich am 17.Mai 1848 mit den Ständen Bern, Zürich, Luzern, Freiburg, Solothurn, St.Gallen, Graubünden, Thurgau, Waadt, Wallis, Neuenburg und Genf für die unbedingte Annahme des Zweikammersystems stimmen. Der bessere konfessionelle Ausgleich im Ständerat erleichterte nur

(1) Eidg.Abschied 1847, 4.Teil, S. 41.
(2) Eidg.Abschied 1847, 4.Teil, S. 46.

radikal regierten katholischen Kantonen den Beitritt zum Bundestaat. Nebst dem katholischen Vorort hat aus der Innerschweiz nachträglich jedoch auch Zug ausdrücklich seine Zustimmung zum Zweikammersystem gegeben (1).

Mit dem Bundestaatskonzept untrennbar verbunden war die Forderung der Radikalen nach möglichst gleichen staatspolitisch, wirtschaftlich und religiös liberalen Grundrechten der Schweizer für das ganze Gebiet der Eidgenossenschaft (2). Die verhältnismässig hohe Mehrheit von 19 Ständen, die dem Zweckartikel des Bundes, der auch den Schutz der Freiheiten und Rechte der Bürger einschloss und der Verfassungsbestimmung, die die Autonomie der Kantone durch die Bundessouveränität einschränkte (3), senkte

---

(1) Eidg.Abschied 1847, 4.Teil, S. 46.

(2) Art.4, der unverändert blieb, ist folgendermassen formuliert: "Alle Schweizer sind vor dem Gesetze gleich. Es gibt in der Schweiz keine Unterthanenverhältnisse, keine Vorrechte des Orts, der Geburt, der Familien oder Personen." Entwurf der Bundesverfassung der Schweizerischen Eidgenossenschaft, wie derselbe aus den Berathungen der Tagsatzung vom 15.Mai bis zum 27.Brachmonat 1848 hervorgegangen ist. Beilage Litt. G des Eidg.Abschieds 1847, 4.Teil, S.4. Im Bundesvertrag war lediglich die Rechtsgleichheit in bezug auf die Garantie der eidgenössischen Gewährleistung der kantonalen Verfassungen erwähnt. Die neue Formulierung, die jedem Schweizer das gleiche Recht gewährte, hatte aus der Helvetik in die regenerierten Verfassungen Eingang gefunden. Nur die Glarner Verfassung nahm in ihrem Gleichheitsartikel auch auf die Religion bezug. Ueber die Entstehung des Gleichheitsartikels in der Bundesverfassung von 1848 siehe W.E.Rappard: Die Bundesverfassung der Schweizerischen Eidgenossenschaft 1848-1948, Zürich 1948, S. 192 ff.

(3) Art.2 und 3 des Bundesentwurfs, Eidg.Abschied 1847, 4.Teil, S. 51, 52.

sich, wenn es - wie bei der Niederlassungs- und Kultusfreiheit - um Individualrechte ging, die den konfessionellen Stand des kantonalen Bürgerrechts in Frage stellten. In der Vollsession der Tagsatzung, wo die Gesandten wiederum an die Instruktionen gebunden waren, offenbarten sich die religiös-politischen Bedenken der Minderheit gegen die Preisgabe des historischen Rechts entschiedener als in der Kommission, zumal sich mehrere radikale Kantone für eine vollständigere Säkularisierung des Staatsrechts ausgesprochen hatten.

Unangetastet blieb der Ingress: "Im Namen Gottes des Allmächtigen". Vergeblich versuchte James Fazy in der zweiten Lesung, die Formulierung, die an die alten Landfrieden und den Bundesvertrag von 1815 erinnerte, durch den Wortlaut "Avec la protection de Dieu" abzuschwächen (1). Kein Kanton unterstützte den Antrag Genfs. Eine Diskussion über die religiöse Bedeutung der Präambel scheint in keiner der beiden Lesungen stattgefunden zu haben. Die Verhandlungen über die Bürgerrechte bestätigen den Eindruck, dass die Mehrheit zumindest in der Form an der Christlichkeit des Staatsrechts festhielt, ohne jedoch dem Bund, der am Staatskirchentum der Kantone nichts änderte, einen ausgesprochenen konfessionellen Charakter geben zu wollen.

Instruktionsgemäss stellte der aargauische Gesandte bei der Beratung der Niederlassungsfreiheit, die im Katalog der Individualrechte die erste Stelle einnahm, den Antrag, die Einschränkung auf die Bekenner einer der christlichen Konfessionen zu streichen (2). Es gelang Frey-Herosé ebensowenig wie den Aargauern Herzog und Suter zur Zeit der

---

(1) Eidg.Abschied 1847, 4.Teil, S. 246.

(2) Eidg.Abschied 1847, 4.Teil, S. 74. Es war wiederum Regierungsrat Frey-Herosé, der sich für Rechtsgleichheit der Israeliten einsetzte. H.Schmid: Bundesrat Frey-Herosé, Aarau 1917, S. 168 ff.

Helvetik, den Juden in der Schweiz die volle rechtliche Emanzipation zu erkämpfen (1). Zur Begründung führte der Gesandte aus, dass der Unterschied, der zwischen christlichen und israelitischen Schweizern gemacht werde, für die letzteren äusserst verletzend sei, und dass diese eine so kränkende Behandlung keineswegs verdienen würden. Als Beweis für das Anrecht auf Gleichberechtigung, das ihnen bisher selbst im Kanton Aargau, wo die Juden seit dem 17. Jahrhundert nur ein beschränktes Niederlassungsrecht besassen, versagt worden war, führte der aargauische Gesandte ihr löbliches Bestreben an, in bezug auf Kultus, Schule und Moralität nicht hinter den Miteidgenossen zu stehen. Sie hätten, führte Oberst Frey-Herosé aus, sogar den Wunsch geäussert, in die Reihen der eidgenössischen Armee zu treten. Nur wegen der Inkonvenienz ihres unterschiedlichen Ruhetages sei das Gesuch noch nicht berücksichtigt worden. Zur stets wiederkehrenden Klage des Schacherhandels äusserte der Redner, die engherzige Politik der Christen hätte sie dazu getrieben. Die Scheu vor den Israeliten erklärte er als Folge des Vorurteils und ungenügender Kenntnis des Volkes. Wegen der Proskription hätten die Kantone, meinte Frey-Herosé, nur den schlechteren Teil der Juden kennen gelernt. Im Kanton Aargau würden ihnen nicht mehr Gesetzesübertretungen zur Last gelegt als den übrigen Staatsangehörigen (2).

---

(1) W.E.Rappard urteilt über den Versuch der aargauischen Gesandtschaft, den Juden die Niederlassungsfreiheit zu erkämpfen: "C'est dans la députation d'Argovie qu'ils trouvèrent leur champion le plus convaincu si ce n'est le plus désintéressé." W.E.Rappard: La Constitution Fédérale de la Suisse, ses origines, son élaboration, son évolution 1848-1948, Boudry 1948, S.177.

(2) Eidg.Abschied 1847, 4.Teil, S.75 f.

Das eindrückliche Plädoyer vermochte die Ostschweizer, die Wortführer gegen die Gleichberechtigung der israelitischen Schweizer, nicht zu überzeugen. Nach den Presseberichten waren es die Gesandten von Thurgau, St.Gallen und Zürich (1), die der antisemitischen Einstellung der Bevölkerung Ausdruck gaben. Doch auch die neue Gesandtschaft von Baselstadt lehnte in ihrem Votum die Niederlassungsfreiheit für die Juden ab und erneuerte den Hinweis auf die besondere Lage der Rheinstadt und der aufgrund des Vertrags mit Frankreich zu erwartenden Auswirkungen. Die Möglichkeit der Kündigung des Vertrags, auf die Frey-Herosé hinwies, schien Basel keine genügende wirtschaftliche Sicherung zu sein.

Die stärkeren Bemühungen zugunsten völliger Emanzipation der Juden, von denen das Protokoll Zeugnis gibt, dekken sich mit ähnlichen Bestrebungen des Auslandes während des Revolutionsjahrs 1848. Daher ist eine Verlegenheit bei den Ablehnenden spürbar, soweit es um die religiöse Komponente des Antisemitismus ging. Es hiess nun bei den Gegnern der Gleichberechtigung für die Israeliten, diese werde keineswegs aus Religionshass oder aus übertriebenem Eifer für die christliche Religion abgelehnt (2). Mit Bern traten Genf und nun auch Neuenburg entschieden für eine freiheitlichere Fassung des Bürgerrechts ein. James Fazy erwähnte, dass unter den 4500 Franzosen, die in seinem Kanton das Niederlassungsrecht erworben hätten, sich viele Israeliten befänden. Die Niederlassung, führte das von den amerikanischen und französischen Menschenrechtserklärungen beeinflusste Regierungshaupt Genfs aus, dürfe ebensowenig

---

(1) Berner Verfassungsfreund vom 23.5.1848. Neue Zürcher Zeitung vom 24.5.1848. Eidgenössische Zeitung v.25.5.1848.

(2) Eidg.Abschied 1847, 4.Teil, S. 76.

an einen bestimmten Kultus als ein philosophisches System geknüpft sein. Wie es ein Missgriff der bernischen Aristokratie gewesen sei, Rousseau auszuweisen, so sei es ein politischer Fehler, die alte Engherzigkeit auch in den neuen Bund einzuführen (1). Der Neuenburger Staatsrat Charles Louis Jeanrenaud-Besson leitete das Niederlassungsrecht der Juden in seinem Kanton aus der freien Religionsübung ab, welche die neue kantonale Verfassung bedingungslos gewähre (2). Reservierter muss nach den Presseberichten das Votum Henri Drueys gelautet haben (3). Doch auch der waadtländische erste Gesandte stimmte für die Toleranz, jedoch ohne damit seine Ablehnung völliger religiöser Freiheit präjudizieren zu wollen. Hingegen hat die Berner Gesandtschaft wiederum der völligen Entkonfessionalisierung des bürgerlichen Rechts das Wort geredet. Es sei inkonsequent, wenn die Reformierten den Juden versagten, was sie selbst von den Katholiken verlangten (4), argumentierte das bernische Regierungshaupt.

Gegen den Einwand, dass das bisherige Konkordat über die Freizügigkeit den Artikel 39 (41) unnötig mache, wurde auf das Ungenügen der freiwilligen Verständigung unter den Kantonen hingewiesen (5). Wenn die Freizügigkeit als

---

(1) Eidg.Abschied 1847, 4.Teil, S. 76.

(2) Eidg.Abschied 1847, 4.Teil, S. 76.

(3) Berner Verfassungs-Freund vom 23.5.1848.

(4) Berner Verfassungs-Freund vom 23.5.1848.

(5) Von den 22 Kantonen hielten sich bis 1848 13 Kantone und Halbkantone an das Niederlassungskonkordat, das keine politische Gleichberechtigung vorsah, 12 Kantone und Halbkantone verhielten sich trotz dieser Einschränkung ablehnend. Vgl.E.His: Geschichte des neuern Schweizerischen Staatsrechts,Bd.3,1.Halbband,Basel 1938,S. 569.

Bundesgesetz aufgestellt wurde, war sie auch für jene Kantone verbindlich, die sie bisher abgelehnt hatten. Die Möglichkeit der Durchsetzung dieser Freiheit auch dort, wo ihr bisher die konfessionelle Intoleranz im Wege stand, wurde durch das vorgeschlagene Rekursrecht der Benachteiligten an den Bundesrat unterstrichen (1).

Die wiederholten Anspielungen auf religiöse Momente bei der langen Debatte über den Artikel 39 unterstrichen die gegenseitige Abhängigkeit der beiden Grundrechte, der Freiheit der Niederlassung und der Religion. Die umständliche Abstimmung zeigte, dass die grosse Mehrzahl der Kantone gewillt war, zwar nicht den Bekennern des jüdischen Glaubens, jedoch nach der Empfehlung der Verfassungskommission den Bürgern eines christlichen Bekenntnisses die Freizügigkeit im ganzen Gebiet der Eidgenossenschaft zu gewähren. Dabei wurde in der Debatte kein Unterschied zwischen anerkannten und nicht anerkannten Konfessionen gemacht. Nur in der Judenfrage behielten die Warnungen der Unpopularität die Oberhand. Man möge ob gewissen philanthropischen Ideen die realen praktischen Rücksichten nicht ausser Acht lassen und die Annahme des Bundesprojekts nicht gefährden, hiess es (2).

Nachdem nur die Stände Aargau, Waadt, Genf und Neuenburg ihre Zustimmung zur Streichung der Christlichkeit bei der Freizügigkeit gegeben hatten - Berns Stimmenthaltung war nicht gegen die freiere Formulierung gerichtet - und auch alle übrigen Amendements in bezug auf die Bedingungen der Niederlassung in Minderheit geblieben waren, erklärten sich 16 Stände für Annahme des kommissionalen Textes. Zu den Ja-Stimmenden gehörten nicht nur die radikalen katholischen Stände Luzern, Solothurn, Freiburg und Wallis,

(1) Eidg.Abschied 1847, 4.Teil, S. 76.
(2) Eidg.Abschied 1847, 4.Teil, S. 78.

sondern aus der Innerschweis auch Uri und Zug (1), was vor der Sonderbundsniederlage undenkbar gewesen wäre. Beide Innerschweizer Kantone waren dem Konkordat vom 10.Juli 1819 nicht beigetreten. Uris Schwanken wird dadurch ersichtlich, dass sein Gesandter gleichzeitig mit Obwalden den Antrag von Appenzell-Innerrhoden, den ganzen Artikel zu streichen, guthiess (2). Dás Amendement des Gesandten von Appenzell-Ausserrhoden, dass zu den Ausweisschriften auch ein Tauf- und Familienschein beizulegen sei, erhielt nur die Stimme des Motionärs.

Nach der Annahme der zugleich bundesstaatlichen und demokratischen Staatsstruktur sowie der daraus resultierenden Niederlassungsfreiheit für das ganze Gebiet der Eidgenossenschaft war auch die Voraussetzung zu einem Schweizer Bürgerrecht mit eigenem staatsrechlichen Inhalt, wie es nur während der Helvetik formell bestand (3), wieder gegeben. Berns Gesandter hatte mit Recht erklärt, indem er Arzikel 40 (42) als einen der wichtigsten bezeichnete, er verschaffe erst jetzt dem Schweizer ein allgemeines schweizerisches Bürgerrecht und bewirke, dass er nicht mehr ein Fremdling in seinem Vaterland sei (4). Artikel 40 (42) erklärte jeden Kantonsbürger zum Schweizerbürger mit gleichen politischen Rechten. Ueber die Bedingungen und den Umfang dieser Gleichheit wurde in der Tagsatzung noch zäh gerungen, doch die Amendements enthielten keine religionspolitischen Hinweise (5).

---

(1) Eidg.Abschied 1847, 4.Teil, S. 79 f.

(2) Eidg.Abschied 1847, 4.Teil, S. 80.

(3) Z.Giacometti u.F.Fleiner: Schweizerisches Bundesstaatsrecht, Zürich 1969, S.178. Anm.6, 179. E.Häni: Die Entstehung und Entwicklung des Schweiz.Bürgerrechtes bis zu Beginn des 19.Jahrhunderts.Eine rechtshistorische Studie, St.Gallen 1933, S.11 ff.

(4) Neue Zürcher Zeitung v.25.5.1848.Eidgenössische Zeitung vom 25.5.1848.

(5) Wenn Zürichs Antrag, wonach kein Kanton "Schweizer irgend

Der offizielle Verhandlungsbericht enthält keine Erläuterung dafür, dass das Schweizer Bürgerrecht dem Wortlaut nach keine konfessionelle Bedingung enthielt, der Artikel der Niederlassungsfreiheit als eine der wichtigsten Anwendungen des demokratischen Gleichheitsprinzips diese jedoch ausdrücklich auf die christlichen Konfessionen beschränkte. In der Praxis konnte sich indessen in dieser Frage kein Rechtskonflikt ergeben, da die Kantone für die Erteilung des Bürgerrechts weiterhin zuständig bleiben sollten. Sie durften Nichtchristen die Niederlassung und damit die politischen Rechte verweigern, waren dazu aber nicht verpflichtet. Die Juden aber, die in einem Kanton das Bürgerrecht besassen, konnten sich trotz der scheinbar freien Formulierung nicht als Schweizerbürger auf den Artikel 42 der Bundesverfassung stützen, um sich in anderen Kantonen niederzulassen und dort die bürgerlichen und politischen Rechte auszuüben, zumal der Artikel auf Zürichs Antrag die Präzisierung erhielt, dass der Niedergelassene die politischen Rechte nur unter den gleichen Bedingungen wie die Bürger des Kantons ausüben könne (1). Nur die christliche Taufe sicherte den Bürgern jüdischer Abstammung in der Schweiz den gleichen Rechtsschutz des Bundes wie den nichtjüdischen Christen. Das Schweizer Bürgerrecht war somit ebensowenig frei von religiöser Diskriminierung wie die Niederlassung.

Keine Aenderung erfuhr auch Artikel 41 (43): "Kein Kanton darf einen Bürger des Bürgerrechts verlustig

---

einer christlichen Konfession" für unfähig erklären dürfe, nach anfänglicher Annahme dann doch fallen gelassen wurde, so ist das nicht religiöser Intoleranz zuzuschreiben. Eidg.Abschied 1847,4.Teil,S. 89, 90.

(1) Eidg.Abschied 1847, 4.Teil, S. 81, 84.

erklären" (1). Er wurde von 20 1/2 Ständen, also beinahe einstimmig, angenommen. Auch dieser Artikel enthielt indirekt einen Bundesschutz religiöser Freiheit für die Angehörigen christlicher Bekenntnisse. Die allgemeine Formulierung schränkte von seiten des Bundes wie der Kantone den religiösen Zwang zugunsten der individuellen Freiheit des Bürgers ein. Ein Katholik konnte, wenn er eine von seiner Kirche verbotene Ehe einging, sich scheiden liess oder konvertierte, sein Bürgerrecht nicht mehr verlieren (2). Ungeklärt war die Frage, wieweit ein Schweizerbürger von Bundes wegen zu schützen war, wenn er jegliches christliche Bekenntnis ablehnen würde.

Die Kultusfreiheit und ihre Beschränkung

Noch war die Hauptfrage religiöser Freiheit, die Angelegenheit des Gottesdienstes, unentschieden (3). Sollte die Parität, wie es das kommissionale Bundesprojekt vorsah, auf die anerkannten Konfessionen beschränkt bleiben oder dem Zuge der Zeit entsprechend und nach den Instruktionen mehrerer Kantone eine liberalere Rechtsetzung

(1) Eidg.Abschied 1847, 4.Teil, S.85 f. Art.41 der eidg. Verfassung vom 12.9.1848.

(2) Vgl.Konkordate vom 7.und 8.Juli 1819, denen die Urkantone nicht beigetreten waren. E.His:Geschichte des neuern Schweizerischen Staatsrechts, Bd.2, Basel 1929, S.209,211 f. Ein Bundesrecht expressis verbis auf gemischte Ehen lehnte die Tagsatzung mehrheitlich ab.Eidg. Abschied 1847, 4.Teil, S.89.

(3) Da Genfs vorjähriger Antrag, ein ausführliches deutsches und französisches Bulletin der Tagsatzungsverhandlungen herauszugeben, nicht angenommen wurde, ist der Historiker auf kritisch gesichtete Berichte der Tagespresse angewiesen, die den unvollständigen Abschied teilweise ergänzen. Tagebuchnotizen der Gesandten, wie anlässlich der Kommissionssitzungen, stehen nicht zur Verfügung.

erhalten ? Die von der Presse allgemein als lebhaft bezeichnete Debatte über den Artikel 42 (44) nahm den 23. Mai und einen Teil der Sitzung des nächsten Tages in Anspruch. Ein Vergleich mit den Verhandlungen und Abstimmungen, die genau zwei Monate vorher in der Kommission über die Kultusfreiheit stattfanden, bestätigt das starke religiös-freiheitliche Gefälle, in das auch die Schweiz durch die europäischen Umwälzungen geraten war. Die grössere Bereitschaft für einen liberaleren Bundesschutz der Religion zeigt sich schon darin, dass Munzingers mehrfach unterstützter Antrag in der Kommission, es möchte die Kultusfreiheit nicht in einem besonderen Artikel, sondern nur zusammen mit der Niederlassungsfreiheit Erwähnung finden, von keiner Seite erneuert wurde. Ferner erwuchs dem Artikel 42 (44) des kommissionalen Entwurfs ein derartiger Widerstand von seiten einiger Kantone, deren Gesandte in der Kommission noch dafür gesprochen und gestimmt hatten, dass die Annahme fragwürdig wurde. Grössere Bereitschaft zur Toleranz zeigte sich in beschränktem Masse indessen auch auf katholisch-konservativer Seite.

Nicht ein katholischer Gesandter der Urkantone, sondern der Vertreter des reformierten Appenzell-Ausserrhoden machte sich zum Wortführer der Gegner der Kultusfreiheit für die anerkannten Konfessionen. Seine Rede ist im offiziellen Protokoll wörtlich wiedergegeben (1) und hat in der schweizerischen Presse, freilich nicht mit dem Ernst, mit dem sie vorgetragen wurde, die Runde gemacht. Der Gesandte berief sich auf die alten Landfrieden,

---

(1) Eidg.Abschied 1847, 4.Teil, S. 90 f.

die in Appenzell die Konfessionen seit Jahrhunderten auch politisch getrennt hatten,und auf die kantonale Souveränität. Doch er bemühte sich klarzumachen, dass die Ablehnung des katholischen Kultus im reformierten Landesteil nicht dem Hass gegen die Katholiken entspringe. Als Beweis führte er an, dass sich mehrere hundert von ihnen in Ausserrhoden niedergelassen hätten. Auch gemischte Ehen seien anerkannt. Es bestehe von seiten der katholischen Niedergelassenen, meinte der Gesandte, nicht das geringste Bedürfnis nach freier Ausübung ihres Kultus. Dabei wies er auf die konfessionsgeographische Besonderheit des kleinen Landes hin, die es jedem Katholiken erlaubte, in katholischen Gemeinden von Innerrhoden oder St.Gallen in die Messe zu gehen. Katholische Kinder dürften unentgeltlich die reformierten Schulen besuchen und die Kranken den Priester verlangen. Die Toten würden anstandslos in den protestantischen Friedhöfen beerdigt. Die Bereitschaft, Katholiken die Niederlassung zu gewähren, ginge jedoch nicht so weit, sie auch als Bürger aufzunehmen. Ausserrhoden werde sich dazu nie verstehen, meinte der Gesandte. Auf den Landteilungsvertrag von 1597 anspielend, schloss er: "Es habe viel gebraucht und gemangelt, bis man auseinander gewesen sei; man wolle nun jetzt einmal bei dem bleiben, und die Ausübung der Konfessionen nicht vermengen" (1).

Nach den offiziellen und privaten Berichten über die Tagsatzungsverhandlungen scheinen die Vertreter der katholisch-konservativen Kantone sich zum Antrag von Appenzell-Ausserrhoden nicht zu Wort gemeldet zu haben.

---

(1) Eidg.Abschied 1847, 4.Teil, S. 87.

Die Einstellung dieser Stände liess keine Zweifel offen, wenn auch ihre Gesandten liberaleren Anschauungen als ihre Vorgänger der Sonderbundszeit huldigten. Uri und Zug stimmten zwar nicht gegen die Niederlassungsfreiheit, in der Frage der Kultusfreiheit jedoch widersetzten auch diese Kantone sich mit Schwyz und Unterwalden der Preisgabe der religiösen Einheit. Es fällt auf, dass sich selbst Luzern der Stellungnahme über die Kultusfreiheit gänzlich enthalten hat. Dabei hatte Statthalter Steiger sich gegen die Meinung verwahrt, dass die neue Luzerner Verfassung nicht erlaube, Protestanten ins Bürgerrecht aufzunehmen.

Zum ersten Mal findet sich im Tagsatzungsprotokoll ein formulierter Antrag für ein Bundesrecht religiöser Freiheit mit der modernen Trilogie der Gewissens-, Glaubens- und Kultusfreiheit. Schiess gibt den Wortlaut kommentarlos wieder: "Die Gewissens- und Glaubensfreiheit, sowie die freie Ausübung des konfessionellen Gottesdienstes im ganzen Umfange der Eidgenossenschaft ist gewährleistet" (1). Antragsteller war der aargauische Gesandte.

Die Bestrebungen des Kantons Aargau, die in den Grossratsverhandlungen zum Ausdruck gekommen waren, widerspiegeln sich im weit ausholenden Votum Berns, dessen Gesandte in den letzten Jahren die aargauischen Bemühungen um die Ueberwindung des konfessionellen Dualismus kräftig unterstützt hatten. Ochsenbeins Rede, "mit Wärme" vorgetragen, wie die konservative und die radikale Presse berichtete (2), zeigt, wie die Freisinnigen die Einheit

(1) Eidg.Abschied 1847, 4.Teil, S.87.

(2) Eidg.Zeitung vom 26.5.1848. Neue Zürcher Zeitung vom 26.5.1848. Courrier Suisse vom 26.5.1848.

der Schweiz durch eine individuelle religiöse Freiheit "im weitesten Umfange" sichern wollten. Der Gesandte des Vororts erinnerte die Tagsatzung an die Folgen der religiösen Intoleranz. Sie habe die meisten Zwistigkeiten bewirkt, das Vaterland in seiner friedlichen Entwicklung gestört und selbst blutige Bürgerkriege hervorgerufen. Mehr als einmal sei dadurch die Existenz der Schweiz in Frage gestellt worden. Vom neuen Bund erwartete er, dass er hauptsächlich dieses Uebel beseitige und gegenseitige Verträglichkeit im Sinn der christlichen Religion einführe. Nach der Aufforderung, nicht hinter der Toleranz des türkischen Grossultans zurückzustehen, der einem neuen Erlass zufolge gesetzlich die allgemeine Kultusfreiheit gewährt habe, kam Ochsenbein auf die menschenrechtliche Motivierung zu sprechen. Es müsse jedem Individuum überlassen bleiben, in welcher Form es Gott verehren wolle, wenn nur dadurch nicht die öffentliche Ruhe und Ordnung verletzt werde. Dabei schloss er in dieses Recht ausdrücklich die Israeliten ein. Die für die Christen beanspruchte Toleranz müsse, wenn sie ihrer Idee entsprechen wolle, auch auf die Anhänger des mosaischen Kultus ausgedehnt werden. Die Religionsfreiheit dürfe ebensowenig beschränkt werden als die anderen Freiheiten, die als unveräusserliche Rechte dem Bürger innerhalb der Schranken des Gesetzes zugesprochen würden (1).

Die Abstimmung zum Antrag des Kantons Aargau erzielte fünf gültige Stimmen (2). Dafür erklärten sich die paritätischen Stände Glarus, St.Gallen und Aargau und die welschen reformierten Kantone Neuenburg und Genf, die sich schon bei der Niederlassungsfreiheit für die Einbeziehung der Israeliten in das Grundrecht eingesetzt hatten. Die ebenfalls

---

(1) Eidg.Abschied 1847, 4.Teil, S. 88.
(2) Eidg.Abschied 1847, 4.Teil, S. 89.

paritätischen Stände Thurgau und Graubünden hielten sich die Möglichkeit einer späteren Zustimmung offen. Wie sich aus dem Abstimmungsresultat des ähnlichen Antrags der Berner Gesandtschaft schliessen lässt, war die Bereitschaft, zum ersten Mal wieder seit der Helvetik vollständige Kultusfreiheit in das schweizerische Staatsrecht einzuführen, grösser als dieses Resultat anzeigt. Der Antrag Berns lautete: "Die Ausübung jedes Gottesdienstes ist innerhalb der Schranken der Sittlichkeit und der öffentlichen Ordnung gestattet. Das Nähere hierüber bestimmt das Gesetz" (1). Der Unterschied liegt im Fehlen der Gewissens- und Glaubensfreiheit und in der das Staatsinteresse unterstreichenden Einschränkung. Dem Text stimmte ausser Bern nur Baselland zu. Hingegen behielten die Stände Zürich, Glarus, Graubünden, Aargau, Neuenburg und Genf das Protokoll offen (2). Berücksichtigt man beide Abstimmungen, so ergeben sich 6½ Kantone, die sich für eine menschenrechtliche Ausdehnung der Kultusfreiheit aussprachen und zusätzlich 3 Stände, die eine nachträgliche Zustimmung nicht von vorn herein ausschlossen. Auffallend ist die Zurückhaltung von Baselstadt, die Baselland der Gültigkeit ihrer Stimmabgabe beraubte. Die Voten standen in keiner direkten Beziehung zur wirtschaftlich bedingten Abwehr jüdischer Niederlassungen. Das Fehlen des Kantons Waadt in dieser Liste der tatsächlichen oder potentiellen Zustimmenden war nicht durch Abneigung gegen die Israeliten verursacht, hatte dessen Gesandter doch für ihre freie Niederlassung gestimmt.

---

(1) Eidg.Abschied 1847, 4.Teil, S. 88.

(2) Eidg.Abschied 1847, 4.Teil, S. 89.

Größer als die Bereitschaft der Radikalen, im Anschluß an das französische Vorbild und die Aussicht der im Mai zusammengetretenen deutschen Nationalversammlung die religiöse Freiheit als allgemeines Menschenrecht zu formulieren, war ihr Wille, die von der Kommission nur für die anerkannten Konfessionen gebilligte Kultusfreiheit auf alle christlichen Glaubensbekenntnisse auszudehnen.

Bei den Voten des zweiten Verhandlungstages über den Religionsartikel ging es hauptsächlich um die Frage der Aufrechterhaltung oder der Preisgabe der Bezeichnung "anerkannten" für die Kulte, die den Bundesschutz erhalten sollten (1). Der Gesandte des Kantons Schaffhausen, der bisher nur eine örtlich beschränkte Parität kannte, hatte als erster am Vortag die Streichung vorgeschlagen (2). Als Begründung für den nach Schiess "von mehrern Gesandtschaften" unterstützten Antrag, heißt es lapidarisch im offiziellen Protokoll: Es könnte nur Anlaß zu Streitigkeiten geben, was unter diesem Ausdruck verstanden sei und welchen Konfessionen mithin die freie Ausübung gewährleistet werde (3).

Die unbelegte Annahme von L.R.von Salis, daß die Beschränkung der Kultusfreiheit auf die waadtländische Kirchenkrise zurückgehe (4), wird durch die Analyse der Verhandlungen und Abstimmungen und ergänzenden Berichte zur Gewißheit. Nicht nur hatte das waadtländische radikale Parteihaupt im Großen Rat mit der Verwerfung des Bundesentwurfs gedroht, wenn die Kultusfreiheit auf die Dissidenz

(1) Basler Zeitung vom 26.5.1848.

(2) Eidg.Abschied 1847, 4.Teil, S. 87.

(3) Eidg.Abschied 1847, 4.Teil, S. 87.

(4) L.R.von Salis: Die Entwicklung der Kultusfreiheit in der Schweiz, Basel 1894, S. 75.

ausgedehnt werde, er warf auch in der Tagsatzung das ganze Gewicht seiner den Volkstribunen und Dialektiker kennzeichnenden Rhetorik in die Waagschale, um sowohl den Antrag des Kantons Schaffhausen als auch des Aargaus zu Fall zu bringen, was ihm gelang. Er trennte damals die radikalen Führer nicht nur in der Frage der Neutralität, sondern auch in der Bereitschaft, den Bundesschutz der Freiheit des Gottesdienstes auf alle christlichen Kulte zu erweitern.

Nachdem Druey bereits am Vortag eine längere Rede gehalten hatte, ergriff er am 24.Mai noch einmal das Wort gegen die von Genf und Neuenburg unterstützten Anträge für eine liberalere Fassung des Religionsartikels. Dabei suchte er der Kritik an den religiösen Verfolgungen im Waadtland dadurch zu begegnen, dass er sich zwar zur Gewissensfreiheit und der daraus resultierenden Kultusfreiheit bekannte (1), im Unterschied zu seiner früheren Haltung in den Tagsatzungen jedoch vor allem die Notwendigkeit des Staates betonte, die Konfessionen zu überwachen und ihre Wirksamkeit durch gesetzliche Bestimmungen zu begrenzen. Das Beispiel der Vereinigten Staaten, wo das religiöse Element sich ohne die geringste Einschränkung betätigen könne, der Instinkt des Volkes jedoch den kirchlichen Uebergriffen wehre, bezeichnete er als nicht nachahmenswert. Nicht ihres religiösen Glaubens oder Dogmas wegen, sondern infolge ihrer exklusiven Stellung hätten die Sekten im Kanton Waadt Anfechtungen zu erdulden, meinte Druey, warf ihnen aber gleichzeitig geistlichen Hochmut vor, weil sie das Himmelreich als ihre ausschliessliche Domäne betrachten würden, und klagte

(1) Eidg.Abschied 1847, 4.Teil, S.88. Dass Druey der Urheber der auf S.88 und 89 wiedergegebenen Rede über die Beibehaltung des von der Kommission vorgeschlagenen Textes ist, ergibt sich aus dem Inhalt und zusätzlichen Presseberichten. Neue Zürcher Zeitung vom 26.5.1848.

die Dissidenz an, sie benütze die Religion als Deckmantel der politischen Opposition gegen die Regierung (1).

Der offizielle Bericht gibt nur ein unvollständiges Bild von der Schärfe der Druey-schen Rede. Er bezeichnete in der polemischen Sprache vor 1848 die Dissidenz, wie die Neue Zürcher Zeitung ergänzte (2), als "religiösen Sonderbund" und verglich das Vorgehen des Kantons Waadt gegen die Methodisten mit dem Verfahren der Eidgenossenschaft gegen die Jesuiten, rechtfertigte im übrigen das straffe Staatskirchentum mit der Reformation, die wesentlich durch die weltliche Macht eingeführt worden sei, und mit dem Vorwand, die protestantische Kirche, als deren Beschützer er sich nannte, brauche diese Ordnung, um der stärkeren Macht der katholischen Kirche widerstehen zu können. Drueys Votum stand in sonderbarem Kontrast zum Eifer, mit dem er sich in jenen Tagen für Italien einsetzte, dessen Volk wenige Monate zuvor die Emanzipation der Waldenser als Symbol seiner eigenen Befreiung begrüsst hatte. Der offiziöse "Nouvelliste Vaudois" schwieg sich über die Rolle des waadtländischen Gesandten bei der Bekämpfung der freiheitlichen Amendements zum Artikel 42 aus (3). Der Gedanke, dass der hart bedrängten evangelischen Freikirche durch das Mittel der Bundesverfassung ein Rechtschutz für ihre Gottesdienste zuteil werden könnte, war für die waadtländischen Radikalen Grund genug, sich der Tendenz zugunsten der religiösen Freiheit zu widersetzen.

---

(1) Eidg.Abschied 1847, 4.Teil, S. 89.

(2) Neue Zürcher Zeitung vom 26.5.1848. Während das liberale Oppositionsblatt "Le Courrier Suisse" vom 30.5.1848 Drueys beide Voten ausführlich wiedergibt, schwieg sich die Zeitung der Regierungspartei "Le Nouvelliste Vaudois" über die Debatte aus.

(3) Vgl. "Nouvelliste Vaudois" vom 30.5.1848.

Henri Druey fand in den Aeusserungen der Radikalen um den Wortlaut des Religionsartikels viel mehr Widerspruch als Zustimmung. Dass seine Interventionen indessen nicht ohne Erfolg blieben, zeigt James Fazys Haltung in seinem letzten Votum. Gemäss seinem Versprechen im genferischen Grossen Rat hatte er sich vorerst wie Bern und Aargau für vollständige religiöse Freiheit eingesetzt und auch dafür gestimmt. Er wies, im Unterschied zu Druey, darauf hin, dass es ausser den kirchlichen Hauptrichtungen, dem zwinglischen, dem calvinistischen und lutherischen Bekenntnis unter den Sekten noch zahlreiche Unterstufen gebe und hielt sie der gleichen Berechtigung würdig. Sie seien für die Kirche ebenso notwendig wie die Parteien im Staat, meinte der religiös liberale Fazy. Sie dienten, nach seiner Meinung, zur Anregung und Vermittlung der verschiedenen Religionsansichten. Nicht nur für die Freiheit des Menschen schien ihm die religiöse Freiheit wichtig, würden doch schöpferische Ideen nicht von den Massen, sondern von Individuen erzeugt. Er verteidigte sogar den Proselytismus mit dem Hinweis, dass sich nur auf diese Weise das Christentum ausgebreitet habe. Der Genfer Gesandte warnte vor der Unterdrückung der Sekten, die diesen zugute komme. Er versprach sich von der Duldung eine Läuterung ihrer Auswüchse (1). Als James Fazy, der Drueys Auslandspolitik gegen Ochsenbein unterstützte, dessen entschiedenen Widerstand feststellte, machte er einen Kompromissantrag, der Spuren der französischen Menschenrechtserklärung von 1789 trägt. Er deutete indirekt die Kultusfreiheit an, beschränkte sie jedoch gleichzeitig auf ein Individualrecht ohne kirchliche Bedeutung. Der Antrag lautete: "Nul citoyen suisse ne peut être privé de ses droits civils et politiques en raison de ses opinions religieuses ou du culte qu'il exerce"(2).

---

(1) Eidg.Abschied 1847, 4.Teil, S.88.
(2) Eidg.Abschied 1847, 4.Teil, S.88.

Diese verklausulierte Form der religiösen Freiheit veranlasste jedoch nur die Kantone Solothurn und Waadt, mit Genf dafür zu stimmen. Erst als sich Fazy bereit erklärte, das Amendement nicht als Ersatz für die Kultusfreiheit, sondern als Ergänzung dem Text der Verfassungskommission hinzuzufügen, ergaben sich zehn Ja-Stimmen. Sie stammten, ausser von den Gesandten der beiden reformierten Vororte, von den Vertretern aller welschen reformierten und aller paritätischen Kantone. Mit der abgeschwächten Form hatte Fazy auch die Zustimmung Drueys erwirkt.

Kompromissloser blieb die Haltung des Gesandten Charles Louis Jeanrenaud-Besson, der Drueys Argumente von der Gefahr der Dissidenz mit dem Beispiel seines Kantons Neuenburg widerlegte. Die Rede wurde wörtlich zu Protokoll gegeben (1). Obwohl er kein Freund der Separatisten war, glaubte er, dass diese für das religiöse Leben notwendig seien. Wie der Kanton Waadt, habe auch das benachbarte Neuenburg zahlreiche Dissidenten. Dazu seien beinahe alle Geistlichen erklärte Gegner der neuen Ordnung. Dennoch gebe es keine Störungen, was der Redner auf die Toleranz der Regierung und des Volkes zurückführte. Die religiöse Freiheit werde respektiert, Propaganda und Proselytismus seien kein Verbrechen in Neuenburg. Der Neuenburger Staatsrat widersprach Drueys Maxime, wonach die Mehrheit des Volkes, auf die er die Regierungspolitik stützte, immer recht habe. Es sei nicht Aufgabe der Regierung, dem Masseninstinkt zu dienen. Auch seine Ueberzeugung war es, dass Intoleranz und Unterdrückung das Sektenwesen nur fördere. Jeanrenaud-Besson bezeichnete es als eines der glücklichsten Resultate, wenn einige Kan-

(1) Eidg.Abschied 1847, 4.Teil, S.91.

tone ihre Augen über die religiösen Spaltungen schliessen würden. Genfs Antrag liess er nur als Zusatz des Artikels 42 (44), nicht aber als Ersatz gelten, da nicht nur die bürgerlichen Rechte zu schützen seien.

Die Basler Zeitung schrieb von den Verhandlungen des 24. Mai 1848, dass es eigentlich nur noch die Waadt sei, die auf Beibehaltung des Wortes "anerkannt" bestehe (1). Die Feststellung stimmt in bezug auf die wiedergegebenen Reden. Schon am Vortag hatten sich die Gesandten, darunter auch Ochsenbein (2), soweit dies aus der Presse zu entnehmen ist, für die Erweiterung der Kultusfreiheit ausgesprochen. Die Wendung des Jahres 1848 zugunsten der religiösen Freiheit beweist die Tatsache, dass der auf anerkannte Konfessionen beschränkte kommissionale Antrag auf Kultusfreiheit zuerst in Minderheit blieb. Die Verfassungsgeschichte hat dies bisher kaum beachtet (3), da im offiziellen Protokoll nur das Resultat der endgültigen Abstimmung angegeben ist. Die zweifache Abstimmung ist aus Pressemeldungen ersichtlich. Zeitungen gegensätzlicher politischer Richtung, wie die "Neue Zürcher Zeitung" und die "Basler Zeitung", haben am 25. Mai ihren Lesern darüber berichtet. Ihren Meldungen dürfte, da nicht anzunehmen

---

(1) Basler Zeitung vom 26.5.1848.

(2) "Bern freut sich", berichtet die Neue Zürcher Zeitung am 26.5.1848, "dass von keiner Seite eigentliche Tendenzen der Unduldsamkeit laut geworden sind, nimmt jedoch mit Wärme das Wort gegen die in der einen oder andern Form vorgebrachten Beschränkungen der Religionsfreiheit, die es in vollem Masse gewähren möchte." Vgl. Eidg.Abschied 1847, 4.Teil, S.88.

(3) Eine Ausnahme bildet W.E.Rappart. Er bemerkt dazu: "Cependant l'article en lui-même était si décevant que, mis aux voix dans sa teneur primitive, il demeura lui-même en minorité". W.E.Rappard: La Constitution Fédérale de la Suisse, ses origines, son élaboration, son évolution, 1848-1948, Boudry 1948, S. 183.

ist, dass sie aus derselben Quelle stammen, geschichtlicher Wert beizumessen sein. Der gut informierte "Schweizerische Beobachter" bezeichnete am gleichen Tag die Abstimmung vom 24. Mai 1848 als "mühselig und verwickelt". Aehnlich urteilte der radikale "Berner Verfassungs-Freund": "Die Abstimmung ist ziemlich verwirrt" (1).

Nach Schiess wurde über 12 Abänderungsanträge zum Artikel 42 (44) abgestimmt. In Wirklichkeit sind es mehr gewesen. Nachdem die Amendements von Aargau und Bern abgelehnt worden waren, erhielt der Vorschlag von Schaffhausen, die nähere Bestimmung "anerkannten" in bezug auf die Kulte, denen der freie Gottesdienst gewährleistet wurde, zu streichen, die Zustimmung von 7½ Ständen: Bern, Glarus, Schaffhausen, St.Gallen, Aargau, Thurgau, Neuenburg und Baselstadt. Nebst Zürich und Baselland hielt merkwürdigerweise auch Uri das Protokoll offen (2). Gegen dessen ersten Gesandten, Karl Muheim, waren zu Beginn der Session Einwände erhoben worden, weil er das Sonderbundsmanifest vom 20. Oktober 1847 mitunterzeichnet hatte (3). Auch wenn die Urner Gesandtschaft bereits für die Niederlassungsfreiheit gestimmt hatte, so war doch an eine spätere Zustimmung des Standes zur Kultusfreiheit nicht zu denken. Aufgrund der Instruktion hätte jedoch der Gesandte Zürichs ohne weiteres für die freiere Fassung sein Ja geben können. Warum er sich in der ersten Abstimmung der

---

(1) Berner Verfassungs-Freund vom 25.5.1848.
(2) Eidg.Abschied 1847, 4.Teil, S.90.
(3) Eidg.Abschied 1847, 4.Teil, S. 3.

Stimme enthielt, ist aus den Berichten nicht ersichtlich. Baselland stimmte für den erweiterten Antrag Berns, so dass auch seine Zustimmung zum weniger liberalen Text möglich gewesen wäre. Auch Genf hatte bereits für den menschenrechtlichen aargauischen Antrag gestimmt. Schwieriger ist die Möglichkeit einer nachträglichen Zustimmung Graubündens abzuwägen, wodurch die Zahl der Stände sich auf 11 erhöht haben könnte. Im mehrheitlich liberalen und radikalen Grossen Rat zeigte sich damals die Bereitschaft für zeitgemässe Verfassungsreformen. Aus der Presse Graubündens ist ferner ersichtlich, dass ihre Liberalen damals einer Erweiterung der Religionsfreiheit für alle christlichen Glaubensbekenntnisse zugänglich waren (1). Die durch kein straffes Staatskirchentum beengte reformierte Geistlichkeit zeigte ferner Sympathien für den bedrängten Stand der waadtländischen evangelischen Freikirche. Wohl stimmte der Gesandte Graubündens weder für den aargauischen noch für den bernischen Antrag völliger Kultusfreiheit, doch zeigt seine Zustimmung zum Amendement von Glarus die individualistisch freiheitliche Tendenz des mehrheitlich reformierten Standes, indem Konversionen und gemischte Ehen keine politischen Nachteile haben durften (2). Es ist daher anzunehmen, dass Graubünden einem religiös liberaleren Kultusrecht seine Zustimmung nicht versagt hätte, wenn dies zur Erreichung eines Mehrs erforderlich gewesen wäre. Der Erfolg der Drueyschen Polemik

---

(1) Der liberale "Alpenbote" vom 3.5.1848. Die "Bündner Zeitung" vom 24.5.1848 sprach sich auch für die Aufhebung der paritätischen Berücksichtigung der Konfessionen im Kleinen Rat aus.

(2) Eidg.Abschied 1847, 4.Teil, S.87, 89.

dispensierte den Kanton von einer Stellungnahme, die über die traditionelle Parität der bündnerischen Landeskirchen hinausgegangen wäre. Sicher ist, dass infolge der waadtländischen prinzipiellen Gegnerschaft die zwölfte Stimme gefehlt hätte.

Nachdem alle Amendements über die Kultusfreiheit keine Mehrheit erlangt hatten, stimmten am 24.Mai in der zweiten Abstimmung über den kommissionalen Text 13 Stände dafür: Bern, Zürich, Luzern, Glarus, Freiburg, Basel, St.Gallen, Aargau, Graubünden, Thurgau, Waadt, Wallis und Neuenburg. Schaffhausen behielt sich die spätere Zustimmung vor (1). "Erst als nachträglich - womit wohl die zweite Abstimmung gemeint war - Bern, Zürich, St.Gallen und Basel, um doch zu einem Resultat zu gelangen, sich anschliessen,wird der Art. 42 mit 13 Stimmen angenommen", kommentiertedie "Neue Zürcher Zeitung" die Abstimmung (2). Danach hätten Schaffhausen, Neuenburg, Aargau.Thurgau, St.Gallen und Glarus, die vorher für ein freiheitlicheres Kultusrecht des Bundes gestimmt hatten, schon bei der ersten Abstimmung, über die keine Resultate vorliegen, nachgegeben, nachdem sie einsahen, dass sich dafür keine Mehrheit gewinnen liess. Die Stimmenthaltung James Fazys zeigt, dass seine Rücksicht auf die waadtländische Kirchenpolitik Grenzen kannte.

---

(1) Die Angabe von Schiess, wonach sich auch Baselland das Protokoll offen behielt, ist im Widerspruch zu seiner auch in Zeitungsberichten bestätigten Aufzählung der 13 zustimmenden Kantone, unter denen auch Basel figurierte. Dies setzt voraus, dass beide Halbkantone den Artikel 42 (44) annahmen. Eidg.Abschied 1847,4.Teil,S.90.

(2) Neue Zürcher Zeitung vom 26.5.1848.

Die "Revue de Genève" schrieb über die Schwierigkeit, in der Frage der Kultusfreiheit zu einem Mehrheitsbeschluss zu gelangen: "Après une votation confuse, dans laquelle on a marchandé une majorité, l'article a été adopté sans changement par 13 voix. L'amendement de Genève a obtenu 10 voix" (1). Zufrieden zeigte sich das Blatt der waadtländischen Regierungspartei im Kommentar über das Abstimmungsresultat: "Ainsi, le point de vue qui a prévalu si souvent dans le Grand Conseil du canton de Vaud est aussi celui qui a réuni la majorité des voix dans le sein de la Diète" (2).

Das Mehr zugunsten des Artikels 42 (44) der Kommission kam nur zustande, indem auch die katholischen Kantone Luzern, Freiburg und Wallis für die Kultusfreiheit der anerkannten Konfessionen stimmten. Vor der Sonderbundsniederlage wäre eine solche Stellungnahme undenkbar gewesen. Alle drei Stände besassen indessen reformierte Minderheiten, deren Gottesdienste gesetzlich toleriert oder im Fall von Murten verfassungsrechtlich geschützt wurden. Politische Klugheit liess diese radikalen Katholiken weder mit Uri und Schwyz für die Streichung des ganzen Artikels noch mit den reformierten und paritätischen Kantonen für die unbegrenzte Freiheit des Gottesdienstes stimmen. Da weder die Gesandten der radikalen noch der konservativen katholischen Kantone das Wort zugunsten des ausdrücklichen Bundesschutzes des Gottesdienstes anerkannter Konfessionen ergriffen zu haben scheinen, liess sich der Widerstand ermessen, mit dem die Freiheit des reformierten Kultus, die keine ihrer Verfassungen in dieser örtlich unbegrenzten Form gewährte, in den neun katholischen Kantonen bei Volk und Klerus auch noch im Jahr 1848 rechnen musste.

---

(1) Revue de Genève vom 27.5.1848.

(2) Nouvelliste Vaudois vom 26.5.1848.

Wenn der Kanton Solothurn, der unter den katholischen Ständen die konstanteste nationale Politik betrieben hatte, unter den Zustimmenden fehlte, so lag der Grund in der durch die Vorsicht diktierten konsequenten Politik, alles zu vermeiden, das einer religiös und kirchenpolitisch motivierten Reaktion hätte dienen und damit die Annahme des Bundesentwurfs gefährden können. Innerlich scheint Josef Munzinger nicht von seiner Überzeugung abgewichen zu sein, daß die Kommission besser getan hätte, den Artikel 42 (44) nicht aufzustellen. Er nahm an den Abstimmungen über die Kultusfreiheit während der ersten Lesung nicht teil. Nur beim ersten Amendement Genfs machte er eine Ausnahme, weil sie dort nur indirekt erwähnt war.

Aus der Einsicht, daß die reformierten Gesandten auf die Forderung des Bundesschutzes für den Gottesdienst religiöser Minderheiten nicht verzichten würden, stellte Josef Munzinger zu Beginn der Rundfrage den Antrag, es möchte der zweite Absatz gestrichen werden, der den Kantonen und dem Bund geeignete Maßnahmen für die Handhabung der öffentlichen Ordnung und des Friedens unter den Konfessionen vorbehielt (1). Einzig Uri stimmte mit Solothurn, was in keinem Verhältnis zu den Bedenken der katholisch-konservativen Minderheit stand. Die Begründung der Ablehnung ist dieselbe wie in der Kommission:Die Bundesbehörden hätten dann einen rechtlichen Anlaß, sich in die konfessionellen Angelegenheiten der Kantone einzumischen. Dabei unterstrich Munzinger, daß bei einem Sieg der Reaktion dieselbe Bestimmung sich gegen den Liberalismus wenden könnte. Die Badener Artikel hätten zur Genüge bewiesen, wie unglücklich sich der Staat auf dem Gebiet der Theologie bewege, indem sie manchen Kanton an

---

(1) Eid.Abschied 1847, 4.Teil, S. 86.

den Rand des Abgrundes geführt und die Innerschweiz dem verwerflichen Einfluß eines Siegwart ausgesetzt habe. Das solothurnische Regierungshaupt wußte, wie empfindlich die streng kirchlich Gesinnten und der katholische Klerus in der Regel gegen die Majorisierung durch mehrheitlich reformierte Staatsgremien reagierten.

Munzingers Mahnung, Konfessionelles möglichst nicht zu berühren, blieb in der Tagsatzung nicht ganz ohne Beherzigung. Glarus, zu dessen Gesandtschaft J.J.Blumer zählte, hatte anläßlich der Debatte über den Religionsartikel den Antrag gestellt: "Der Bund sichert das Recht, gemischte Ehen einzugehen. Weder die Eingehung derselben noch der Übertritt von einer Konfession zur andern können Nachtheile mit Bezug auf politische Rechte zur Folge haben" (1). Der Gesandte berief sich auf die Konkordate von 1812 und 1819 und auf die Idee der Humanität. Es stimmten jedoch nur Zürich, Luzern, Glarus, Freiburg, Schaffhausen, St.Gallen, Graubünden, Aargau und Thurgau nebst Baselland für den glarnerischen Antrag (2).

Die dreitägige zweite Beratung des Bundesentwurfs,die am 24.Juni begann, zeigt in den Artikeln, die einen direkten oder indirekten Bezug auf die Religion hatten, eine breitere Anerkennung des Prinzips der individualrechtlichen Parität. Der Religionsartikel erhielt in der zweiten Lesung die Stimmen von 16 Ständen (3). Aus der mühsam errungenen knappen Mehrheit der ersten Lesung wurde beinahe eine Dreiviertelmehrheit. Die verhältnismäßig hohe Zahl wurde erreicht, weil sich, außer Baselstadt, das bei der ersten Lesung

---

(1) Eidg.Abschied 1847, 4.Teil, S. 87.
(2) Eidg.Abschied 1847, 4.Teil, S. 89.
(3) Eidg.Abschied 1847, 4.Teil, S.269.

noch für den Religionsartikel gestimmt hatte, alle Stände, die ein erweitertes Recht der Kultusfreiheit gewünscht hatten, mit der Beschränkung auf die anerkannten Kulte abfanden. Auch Schaffhausen und Genf stimmten nun dem Artikel 44 zu. Ein Antrag auf Erweiterung der Kultusfreiheit und Einführung der Gewissens- und Glaubensfreiheit wurde in der zweiten Lesung nicht mehr gestellt.

Die Bereitschaft des radikalen Kantons Aargau, der Gewissensfreiheit, die seinem kantonalen Verfassungsrecht entsprach, die allgemeine Kultusfreiheit hinzuzufügen, war an ähnlichen Bedenken gescheitert, wie sie noch vor Jahren die aargauischen Radikalen gehindert hatten, dem theoretisch bejahten Menschenrecht religiöser Freiheit seine volle Rechtswirkung zu geben. Henri Druey, der bereit war, die übrigen Grundrechte aller religiösen Schranken zu entbinden, hatte die Notwendigkeit der verfassungsmäßigen Garantie der Gewissensfreiheit nach der Wiedergabe des offiziellen Berichts folgendermaßen abgetan: "Die Gewissensfreiheit als solche bedürfe keiner besonderen Gewährleistung, sie beschlage ein Verhältnis, welches das Individuum lediglich für sich selbst zu ordnen habe; die Hauptsache, auf die es ankomme, liege vielmehr darin, daß das Recht eingeräumt werde, die individuelle religiöse Überzeugung auch äußerlich im Kultus zu manifestieren" (1).
In der Hervorhebung der Kultusfreiheit verriet Druey seine durch Alexandre Vinet mitbeeinflußte frühere Einstellung, als er sowohl im Großen Rat wie in der Tagsatzung mit der Gewissensfreiheit die Kultusfreiheit verteidigte.
Um die Kultusfreiheit auf die anerkannten Konfessionen einschränken zu können, sah er sich jedoch veranlaßt, die

(1) Eidg.Abschied 1847, 4.Teil, S. 88.

Gewissensfreiheit als rechtlich unwirksam darzustellen.

Dem Religionsartikel stimmte katholischerseits in der zweiten Lesung auch der Gesandte Solothurns, Josef Munzinger, zu (1). Das politische Interesse am Gelingen der Bundesreform überwog die konfessionellen Bedenken, die ihn in der Kommission zum Gegner nicht der Freiheit des Gottesdienstes für die anerkannten Kulte, wohl aber eines eigenen Religionsartikels gemacht hatten. Zum ersten Mal stimmte nun auch der Gesandte des Kantons Tessin, der zu den katholischen Kantonen zählte, die bisher in ihren Statistiken keine reformierten Bürger oder Niedergelassene aufwiesen. Er hatte sich bisher in den Abstimmungen zum Religionsartikel der Stellungnahme gänzlich enthalten, hingegen im Unterschied zu den Urkantonen dem Bundesstaatsprinzip seine Zustimmung gegeben. Es fehlten unter den katholischen Kantonen jene der Innerschweiz. Nur Luzern stimmte mit Freiburg in beiden Lesungen als katholischer Kanton für den Religionsartikel. Wie zu erwarten war, gaben Appenzell-Außerrhoden wie Innerrhoden durch Stimmenthaltung ihrem Mißfallen an der Kultusfreiheit Ausdruck. Wichtiger als der Schutz des reformierten Kultus in den katholischen Kantonen und des katholischen Kultus in den reformierten Kantonen war das Interesse an der historischen konfessionellen Trennung des Appenzellerlandes.

Der Artikel 44 des Bundesentwurfs, wie er von der Tagsatzungsmehrheit endgültig angenommen wurde, hat folgenden Wortlaut: "Die freie Ausübung des Gottesdienstes ist den anerkannten christlichen Konfessionen im ganzen Umfange der Eidgenossenschaft gewährleistet.Den Kantonen,sowie dem Bunde, bleibt

---

(1) Vgl.Eidg.Abschied 1847, 4.Teil, S.90 und 269.

vorbehalten, für Handhabung der öffentlichen Ordnung und des Friedens unter den Konfessionen die geeigneten Massnahmen zu treffen" (1).

Anlässlich der Diskussion über die Pressefreiheit, die in allen regenerierten kantonalen Verfassungen Eingang gefunden hatte und im Prinzip auch von den konservativ-katholischen Ständen nicht mehr angefochten wurde, beantragte Zürichs Gesandter die Aufnahme der Vereinsfreiheit in denselben Artikel 43 (46). Sie war ebenso wie die Versammlungsfreiheit bisher ein umstrittenes Recht, das nur in wenigen Kantonen zum Grundgesetz gehörte (2). Eine Beziehung in der Entwicklungsgeschichte dieses Volksrechts zum Begriff der religiösen Freiheit ist unverkennbar. So führte die Berner Verfassung von 1846, welche die allgemeine Kultusfreiheit zum Grundrecht erhob, auch die Versammlungs- und Vereinsfreiheit ein, allerdings unter Vorbehalt der Rechtskonformität. Religiöse Orden bedurften einer besonderen Regierungserlaubnis.

Das offizielle Tagsatzungsprotokoll zeigt, dass sich die Debatte über die Vereinsfreiheit um die politischen Auswirkungen bewegte. Nach dem Votum Freiburgs befürchteten namentlich die radikalen Minderheitsregierungen, dass aufgrund vergangener Erfahrungen mit religiösen Vereinen eine staatsgefährliche Politik betrieben werden könnte. Den im Vordergrund stehenden staatspolitischen Bedenken trug der Zusatz Rechnung, dass die Vereinsfreiheit weder in ihren Zwecken noch ihren Mitteln rechtswidrig oder staatsgefährlich sein dürfe (3).

---

(1) Eidg.Abschied 1847, 4.Teil, S.268. Kaiser u.Strickler: Geschichte und Texte der Bundesverfassungen, Bern 1901, S. 286.

(2) E.His: Geschichte des neuern Schweizerischen Staatsrechts, Bd.2, Basel 1929, S.400 ff.

(3) Eidg.Abschied 1847, 4.Teil, S.270.

Die einzigen Kantone, die den Artikel 46 über die Vereinsfreiheit nicht annahmen, waren Schwyz, Uri und Unterwalden, dieselben, die auch die Kultusfreiheit nicht angenommen hatten. Hier dürfte somit die konfessionelle Intoleranz ebenfalls eine wesentliche Rolle gespielt haben. Ueberraschend stimmte hier Appenzell-Innerrhoden nicht mit den Urkantonen. Obwohl auch Kantone, die gegen eine allgemeine Kultusfreiheit waren, die Vereinsfreiheit annahmen, ist anzunehmen, dass sie diese in religiöser Hinsicht mit der Einschränkung des Religionsartikels verstanden, ohne dass sie im Artikel 46 besondere Erwähnung fand. Separatisten hatten somit keine Möglichkeit, sich bei der Gründung religiöser Körperschaften auf diesen Artikel zu berufen. Wie weit religiöse Intoleranz auch im Nichterwähnen der Versammlungsfreiheit im Bundesentwurf der Tagsatzung zum Ausdruck kam, darüber gibt der Bericht von Schiess keinen Aufschluss. Drueys Sieg religiöser Intoleranz dürfte aber auch hier nicht ohne Einfluss gewesen sein.

Aufnahme des Jesuitenverbots in die Bundesverfassung

Traf die Einschränkung der Kultusfreiheit vor allem die protestantischen Gottesdienste der Freikirchen und Gemeinschaften, die keinen Bundesschutz zu gewärtigen hatten, so fügte dieselbe Tagsatzungsmehrheit ein ausschliesslich der katholischen Kirche geltendes verfassungsmässiges Ausnahmerecht hinzu. Artikel 58, wie ihn 17 Stände in der zweiten Lesung in den endgültigen Bundesentwurf aufnahmen, lautete: "Der Orden der Jesuiten und die ihm affiliirten Gesellschaften dürfen in keinem Theile der Schweiz Aufnahme finden" (1).

---

(1) Entwurf der Bundesverfassung der Schweizerischen

Der Antrag auf ein "Verbot des Jesuitenordens und seiner Affiliirten in den Bund" ist merkwürdigerweise nicht anlässlich der Debatte über den Religionsparagraphen, sondern am 26.Mai vom Vertreter Zürichs - Jonas Furrer hatte wieder die Stelle des ersten Gesandten inne - instruktionsgemäss gemacht worden, als die Artikel 52 (57) und 53 (59) über die fremden- und seuchenpolizeilichen Massnahmen angenommen wurden (1). Der Zürcher Grosse Rat hatte diese verworfen. In der Verfassungskommission hatte sein Gesandter ein Verbot der Jesuiten in der Bundesverfassung noch als überflüssig bezeichnet und dabei die sarkastische Bemerkung gemacht, es genüge der Artikel über die Seuchenpolizei, um die Jesuiten aus dem Gebiet der Eidgenossenschaft fernzuhalten (2). Schiess bemerkt zu Zürichs Motion in der Tagsatzung: "Der Antrag wurde mehrseitig unterstützt, jedoch ein allgemeiner Ausdruck gewünscht, indem nicht bloss die Jesuiten, sondern überhaupt alle Orden verboten werden sollten, deren Existenz nachtheiligen Einfluss auf die Eidgenossenschaft haben könne."

Zürichs Vorschlag wurde von den Gesandten von Obwalden, Uri und Schwyz bekämpft mit den Argumenten, dass er einen grossen Teil der Bevölkerung beunruhigen und der reaktionären Partei einen willkommenen Anlass bieten würde, sich über Beeinträchtigung des Katholizismus sowie der religiösen Freiheiten zu beschweren und dem neuen Bundesprojekt

---

Eidgenossenschaft, wie derselbe aus den Berathungen der Tagsatzung vom 15.Mai bis und mit 27.Brachmonat 1848 hervorgegangen ist. Eidg.Abschied 1847, 4.Teil, Beilage Litt.G, S. 24.

(1) Eidg.Abschied 1847, 4.Teil, S. 104.

(2) Protokoll Furrer, S. 29.
Siehe Bemerkung des Jesuiten E.Strobel: Die Jesuiten und die Schweiz im XIX.Jahrhundert, Olten/Freiburg i.B., 1955, S. 426 f.

entgegenzuwirken. Man tue besser, hiess es, alles zu vermeiden, woraus nur im geringsten die Folgerung gezogen werden könne, dass der Bund den konfessionellen Verhältnissen zu nahe treten und kirchliche Institute kränken wolle. Auf den bereits bestehenden einmütigen Bundesbeschluss hinweisend, der die Aufhebung des Jesuitenordens im ganzen Gebiet der Eidgenossenschaft angeordnet und deren Rückkehr in die Schweiz für alle Zeiten untersagt habe, wurde ein zusätzliches Verbot in der Bundesverfassung als überflüssig bezeichnet. Der Antrag, so wurde gesagt, rufe nur traurige Erinnerungen an die unglückliche Zeit des Sonderbundes hervor, die man lieber ganz vergessen möchte(1).

Das offizielle Protokoll fasst die den Antrag Zürichs unterstützenden Voten ohne Herkunftsangabe folgendermassen zusammen: Der Bund müsse sich gegen die Möglichkeit, das Jesuitendekret aus übel angebrachtem Grossmut oder aus sentimentaler Gefälligkeit zurückzunehmen, eine ausdrückliche Garantie erhalten. Es hänge dann nicht mehr von den Behörden ab, ob sie der Kongregation zum Verderben der Eidgenossenschaft Tür und Tor öffnen wolle oder nicht. Wenn das Verbot als Verfassungsbestimmung erscheine, dann müsse die Aufhebung zur Abstimmung an das Volk gelangen. Dieses habe in der Regel ein richtiges Gefühl und wisse besser zu wählen, was ihm fromme, als die Behörden, die sich von unrichtigen Grundsätzen leiten liessen. Es wurde darauf hingewiesen, dass der Kampf um den Jesuitenorden eine der Ursachen der Bundesrevision sei, weshalb dieses Zeichen der Zeit in der Bundesurkunde verewigt werden solle. Zum Zusatz, wonach auch die mit den Jesuiten affiliierten Assoziationen zu verbieten seien, wurde auf die Beispiele

(1) Eidg.Abschied 1847, 4.Teil, S. 104.

Frankreichs, Italiens und Bayerns hingewiesen, wo die Jesuiten unter anderen Namen wieder Aufnahme gefunden hätten. Ohne sorgfältige Wachsamkeit dürfte es sonst dem Orden gelingen, in veränderter Form, aber mit dem gleichen Wesen wieder in der Schweiz Aufnahme zu finden.

Nach der "Neuen Zürcher Zeitung" (1) ist der Antrag nebst dem reformierten Vorort Bern durch Voten der radikalen katholischen Gesandten von Solothurn, Freiburg und Luzern unterstützt worden. In der Jesuitenfrage fielen auch Munzingers Bedenken, dem Bund in Fragen der Religion und Kirche Kompetenzen einzuräumen, weil sie aufgrund der Erfahrungen seit der Berufung der Jesuiten nach Luzern als unvermeidbarer Preis für den konfessionellen Frieden und die politische Einheit erachtet wurden. Nicht nur den Linksradikalen schien das Verbot politisch gerechtfertigt zu sein. 16 2/2 Stände stimmten am 26.Mai der Aufnahme eines Verbots der Jesuiten und ihrer Affilierten zu: Bern,Zürich,Luzern, Glarus,Zug,Freiburg,Solothurn,Schaffhausen,St.Gallen, Graubünden, Aargau, Thurgau, Waadt, Wallis, Neuenburg und Genf, nebst Baselland und Appenzell-Außerrhoden (2).

In der zweiten Abstimmung vom 26.Juni 1848, als der Wortlaut des Artikels 58 vorlag, gab auch der Tessin seine Zustimmung zum Jesuitenverbot. Damit erhöhte sich die Zahl der Stände auf 17 2/2(3). Während alle paritätischen Kantone, auch das mehrheitlich katholische St.Gallen,den Ausnahmeartikel annahmen, enthielten sich unter den reformierten Ständen Baselstadt und unter den katholischen die Urkantone nebst Appenzell-Innerrhoden der Stimme. Den vier kleinsten katholischen Kantonen, die den Jesuitenartikel ablehnten,

(1) Neue Zürcher Zeitung vom 28.5.1848.

(2) Eidg.Abschied 1847, 4.Teil, S.104.

(3) Art.58: "Der Orden der Jesuiten und die ihm affilirten Gesellschaften dürfen in keinen Theile der Schweiz Aufnahme finden." Eidg.Abschied 1847, 4.Teil, S. 272 f.

standen die restlichen sechs volksreicheren katholischen Stände Luern, Zug, Solothurn, Freiburg, Wallis und Tessin gegenüber, die das Jesuitenverbot in der Bundesverfassung annahmen. Die Abstimmung beweist, daß es keinen ausgesprochen konfessionellen Charakter hatte (1).

Nicht nur die Schweiz, die im Zeichen des Jesuitenstreits einen Bürgerkrieg erlebt hatte, auch Europa war im Revolutionsjahr 1848 allgemein jesuitenfeindlich gesinnt. Der Antijesuitismus erreichte mit der Ausweisung der Jesuiten aus dem Vatikanstaat seinen Höhepunkt. Die Auflösung des Ordens Loyolas im Zuge der Aufklärung, seine Wiederherstellung zu Beginn der Restauration und seine antiliberale Wirksamkeit im 19.Jahrhundert ließen sie als einflußreiche Exponenten jenes politischen Konfessionalismus erscheinen, der sich einer Liberalisierung und Demokratisierung des öffentlichen Rechts im Sinn gleicher religiöser Freiheit für alle grundsätzlich entgegenstellte (2).

---

(1) Ph.A.v.Segesser, der Sprecher der katholisch-konservativen Fraktion des Nationalrates, hat 1871, als die Bundesrevision zur Debatte stand, eine Verschärfung des Jesuitenverbots zwar abgelehnt, die historische Berechtigung des Artikels 58 der Bundesverfassung von 1848 jedoch nicht angefochten. Protokoll der Sitzung vom 16.12.1871, S.294 ff. W.Kägi urteilt: Rechtlich gesehen war er (der Artikel des Jesuitenverbots) von allem Anfang an nicht notwendig und nicht gerechtfertigt; politisch dagegen war er in einer bestimmten historischen Situation - nachdem die politischen Leidenschaften in diesem Zeichen entzündet und gesteigert worden waren - als "Recht des Siegers" nicht mehr zu umgehen. Gutachten zum Jesuiten- und Klosterartikel der Bundesverfassung, Bern 1973, S.228. Vgl.S.96 über die Mitschuld der Jesuiten.

(2) Vgl.dazu den Anteil der Jesuiten als Wegbereiter der Erklärung des II.Vatikanischen Konzils über die Religionsfreiheit vom 7.12.1965. Literaturangaben bei W.Kägi: a.a.O., S. 129.

5. Die Volksabstimmungen

Die Tagsatzung hatte die Bestimmung über den Modus der Annahme oder Verwerfung ihres Bundesentwurfs den Ständen überlassen. Diese unterbreiteten ihn, mit Ausnahme von Freiburg, dem Volk, das im August und Anfang September dazu Stellung nahm. Das Interesse am Gegenstand der Volksabstimmung war im Vergleich zu seiner Bedeutung für die Zukunft der Schweiz gering. Die jahrelange, an konfessionellen Streitfragen erhitzte politische Erregung, die machtpolitische Entscheidung durch die Sonderbundsniederlage und die Jesuitenausweisung sowie die Mässigung, deren sich die Mehrheit der Neuerer in den religionspolitischen Fragen der Bundesrevision befleissigte, liess die Frage der bundesrechtlichen Gestaltung der religiösen Freiheit bei den Volksmassen in den Hintergrund treten. Die radikale Presse, welche die öffentliche Meinung in den meisten Kantonen beherrschte, ging nur in geringem Mass auf die konfessionellen Implikationen der neuen Bundesverfassung ein. Die Geistlichkeit hielt sich weiterhin zurück. Nur in einigen katholischen Ständen trat ihr Einfluss greifbar in Erscheinung (1). Massenpetitionen, die in Deutschland nicht ohne Einfluss auf das werdende Bundesrecht religiöser Freiheit blieben, gab es in der Eidgenossenschaft im Revisionsjahr jedoch nicht. An einigen innerschweizerischen Landsgemeinden kam es indessen zu religionspolitischen Demonstrationen.

---

(1) Vgl. E.Bonjour: Die Gründung des Schweizerischen Bundesstaates, Basel 1948, S. 178.

Der Einblick in die Abstimmungsresultate in den einzelnen Kantonen bestätigt den aus den Verhandlungen der Revisionskommission und der Tagsatzung gewonnenen Eindruck über die Unterschiedlichkeit der Stellungnahmen, je nachdem, ob es sich um reformierte, paritätische oder katholische Stände handelte. Als die liberal-konservative "Eidgenössische Zeitung" mit der Veröffentlichung des Schönbeinschen Antrags auf Gleichstellung der Konfessionen die Proklamierung der Religionsfreiheit als erste und wichtigste Aufgabe des Bundes bezeichnete, die allein den Jesuitenkrieg zu rechtfertigen vermöge, erwartete sie keinen Widerstand gegen die Parität bei den Radikalen, zeigte sich jedoch in bezug auf die protestantischen und katholischen Konservativen weniger zuversichtlich (1). Der Umstand, dass der Bundesentwurf den Nichtchristen das Bürgerrecht verweigerte und nur den anerkannten Kirchen die Kultusfreiheit gewährte, dürfte ein Hauptgrund gewesen sein, weshalb die kirchlich-religiöse Einstellung bei den Reformierten die Abstimmungsresultate nicht wesentlich beeinflusste. Die religiös konservativen Katholiken hingegen, die als konfessionelle Minderheit vom neuen Bund eine Schwächung ihres kirchlichen und politischen Einflusses erwarteten, verhielten sich in der Mehrheit ablehnend.

Die reformierten und die paritätischen Kantone

Alle reformierten Kantone und Halbkantone nahmen in den Volksabstimmungen die Bundesverfassung mit grossem Stimmenmehr an (2), auch jene, die - wie Baselstadt -

---

(1) Eidgenössische Zeitung vom 11.2.1848.

(2) Höchstens ein Drittel der Stimmenden verwarf den Bundesvertrag. Siehe Tabelle bei J.Segesser: Die Einstellung der Kantone zur Bundesrevision und zur neuen Bundesverfassung im Jahr 1848, Bern 1965, S. 301.

bisher den niedergelassenen Katholiken keine politische Gleichberechtigung gewährt hatten.[1] Der Religionsartikel spielte, soweit dies aus der Presse ersichtlich ist, eine verhältnismässig geringe Rolle. Katholische Gottesdienste waren, zumindest in den Hauptstädten, bereits rechtlich geduldet oder vertraglich und verfassungsmässig garantiert. Am Privileg des reformierten Staatskirchentums änderte die Bundesverfassung nichts, da das Kirchenrecht den Kantonen verblieb. Die Einmischung des Bundes in Konfessionelles erschien den kirchlich gesinnten Protestanten belangloser als den Katholiken. Mit dem Zusatz über die Wahrung des konfessionellen Friedens liessen sich die bestehenden Einschränkungen für den katholischen Gottesdienst in den reformierten Hauptstädten rechtfertigen. Das Jesuitenverbot wurde von den liberalen wie von den konservativen Protestanten als eine willkommene zusätzliche Garantie für die Bewahrung des Friedens unter den Konfessionen erachtet. Daß die Bundesverfassung den in katholischen Kantonen niedergelassenen oder sich niederlassenden Reformierten bürgerliche, politische und religiöse Gleichberechtigung gewährte, war in den Augen ihrer Kirchengenossen ein weiteres Plus der Bundesverfassung. Fraglich ist, ob es die Reaktion von seiten des kirchentreuen Volkes gegen die Gleichberechtigung der niedergelassenen Katholiken in den rechtlich ausschliesslich reformiert gebliebenen Gemeinden gänzlich aufzuwiegen vermochte.

Im Aufruf einiger Bürger, den die "Neue Zürcher Zeitung" für den Abstimmungstag auf der ersten Seite veröffentlichte, stand unter den Vorzügen, mit denen der Bundesentwurf empfohlen wurde, an erster Stelle die Freiheit und Gleichheit der garantierten bürgerlichen Rechte und

---

(1) Das Gesetz vom 8.2.1838 verlangte für die Erlangung des Bürgerrechts wieder die protestantische Konfession. E.His: Geschichte der neuern Schweizerischen Staatsrechts, Bd.3, Basel 1938, S. 207.

unter diesen an der Spitze die Freiheit der Religion (1). "Wir können mit einem blossen Ja durch die ganze Schweiz Religionsfreiheit, Rechtsgleichheit, Pressfreiheit, freie Niederlassung, gleichen Münzfuss, gleichen Zoll, gleiches Maass und Gewicht, gleichen Posttarif und noch viel des Nützlichen erlangen" (2), hiess es. Im Unterschied zur konservativen Volkserhebung vom September 1839, wo es um die kirchenpolitischen Auswirkungen der konstitutionellen Glaubensfreiheit ging, verlief die Zürcher Volksabstimmung vom 6. August 1848 im reformierten Vorort ohne religiöse Erregung.

---

(1) J.Furrer hatte in seinem für das Volk geschriebenen "Einleuchtenden Bericht über den Entwurf der neuen Eidgenössischen Bundesverfassung" die Religionsfreiheit ohne ausdrücklichen Hinweis auf die Beschränkung der Kultusfreiheit auf die anerkannten Kirchen folgendermassen kommentiert: "Die freie Ausübung des Gottesdienstes ist den christlichen Confessionen in allen Kantonen gewährleistet und gegen confessionelle Verfolgungen und Friedensstörungen darf auch der Bund nöthigenfalls einschreiten." Den Zweck der allgemeinen Bestimmungen der Bundesverfassung, "den Rechten des Menschen und Bürgers im ganzen Umfang der Eidgenossenschaft Anerkennung zu verschaffen", bezeichnete der Zürcher Bürgermeister im Vergleich zu 1815 als "die grosse Lichtseite des neuen Entwurfes". Daraus schloss er, dass dem Schweizervolk die Wahl nicht schwer fallen werde. "Zur Bundesverfassung der Schweizerischen Eidgenossenschaft vom Jahre 1848", in: Zürcher Taschenbuch auf das Jahr 1948, Zürich 1947, S. 17, 18.

(2) Neue Zürcher Zeitung vom 6.8.1848.

Die Existenz zweier katholischer Gemeinden im Kanton, die Anerkennung des katholischen Gottesdienstes in der Hauptstadt, das Fallenlassen der Bezeichnung der reformierten Staatsreligion als herrschende Religion in der regenerierten Verfassung und neuerdings die Wahl von Katholiken in den Großen Rat (1), hatten die individuelle Gleichberechtigung der Kultusfreiheit und der politischen Rechte, die bisher kein Verfassungsrecht war, vorbereitet. Nur die Judenfrage gab in der Presse Anlaß zu kurzen Kommentaren (2).

Nachdem der Zürcher Große Rat den Bundesentwurf einhellig empfohlen hatte, nahm das Volk am 6.August 1848 ihn mit zehnfachem Mehr an. Die 2517 Nein-Stimmenden trieben hauptsächlich wirtschaftliche, nicht kirchliche Motive zur Ablehnung, obwohl das einflußreiche Parteiblatt der Radikalen, die "Neue Zürcher Zeitung", der Meinung Ausdruck gab, daß in den östlichen Bezirken hie und da der Septembergeist wieder gespukt habe (3). Die konservative "Eidgenössische Zeitung", das Organ der politisch geschwächten Regierungsopposition, das die Erweiterung der Kultusfreiheit auf alle christlichen Konfessionen gewünscht hatte, aber meldete vom Erfolg der Abstimmung: "Die Freude ist allgemein" (4).

---

(1) Der ehemalige Zuger Landammann Georg Joseph Sidler, der, obwohl Katholik, das zürcherische Bürgerrecht erhalten hatte und Großrat geworden war, begrüßte in der Legislative freudig die Bundesverfassung. J.Segesser: Die Einstellung der Kantone zur Bundesrevision und zur neuen Bundesverfassung im Jahr 1848, Bern 1965, S. 59.

(2) J.Segesser: a.a.O., S. 58.

(3) Neue Zürcher Zeitung vom 8.8.1848.

(4) Eidgenössische Zeitung vom 7.8.1848.

An der allmählichen Wandlung des einst ausschliesslich reformierten Staates Zürich in ein konfessionell gemischtes Gemeinwesen, die durch die neue Bundesverfassung beschleunigt wurde, nahmen radikal-liberale wie konservative Reformierte Anteil. Grösser als das Interesse der Zürcher an der kirchlichen Ausschliesslichkeit war das Verlangen nach der politischen und wirtschaftlichen Einheit der Schweiz.

Im Kanton Bern scheinen die konfessionellen Bestimmungen ebenfalls keine besondere Rolle gespielt zu haben, war es doch den radikalen Führern des mehrheitlich reformierten Kantons durch die kürzliche Verfassungsreform und die Kultusfreiheit gelungen, die Bedenken der konfessionellen Minderheiten weitgehend zu zerstreuen. Stockmar, der Wortführer der liberalen Jurassier, unterstützte Jakob Stämpflis unitarisch-zentralistische Politik, welche die Bundesrevision beinahe zum Scheitern gebracht hätte. Dank Ulrich Ochsenbeins beharrlicher Verteidigung des Projekts nahm das Bernervolk, allerdings infolge schwerer politischer Differenzen zwischen den radikalen Häuptern mit sehr schwacher Beteiligung, die neue eidgenössische Verfassung mit 10'972 Ja gegen 3'357 Nein an. Von den sechs jurassischen Amtsbezirken stimmten zwei dafür. Eindeutig verwarf das abgelegene katholische Pruntrut mit seiner latenten Neigung zum Separatismus (1).

Toleranter als anlässlich seiner Verfassungsrevision von 1847 zeigte sich Baselstadt, dessen Klerus sich damals gegen die politische Gleichberechtigung für die Katholiken ausgesprochen hatte, um dem Staat, der mit der Trennung

---

(1) J.Segesser: Die Einstellung der Kantone zur Bundesrevision und zur neuen Bundesverfassung im Jahr 1848, Bern 1965, S. 47, 302. Vgl. Basler Zeitung vom 7.8.1848.

von der Landschaft die katholischen Gemeinden verloren hatte, den rein protestantischen Charakter zu erhalten. Dabei war sich die religiös konservative Rheinstadt wohl bewusst, dass die verhältnismässig grosse Zahl niedergelassener Schweizer, darunter auch Katholiken, durch die Gleichberechtigung nicht nur dem Zunftwesen schaden würden, sondern mit dem Stimmrecht den Charakter des Gemeinwesens ändern könnten (1). Etwas von der Besorgnis über den zu erwartenden Substanzverlust politischer und religiöser Ueberlieferung klingt auch im "Christlichen Volksboten" an, in dem nach eindrücklicher Mahnung an die Behörden, die Präambel als christliche Verpflichtung aufzufassen, dem Volk ans Herz gelegt wurde, "nach treuer Prüfung, nach ernstem Gebete in Bezug auf diese im Namen des allmächtigen Gottes ihm vorgelegte Bundesverfassung sein ja oder sein nein abzugeben" (2). Dem Drang der Zeit resigniert nachgebend, empfahl der Grosse Rat, dem die Niederlassungsfreiheit am meisten zu schaffen gemacht hatte, die Annahme. Mehr als die Hälfte der Stimmberechtigten nahmen zur Freude der Nichtbasler den Bundesentwurf an. Nur 186 Bürger verwarfen ihn (3).

Keine konfessionspolitischen Bedenken erweckte der Bundesentwurf im Halbkanton Baselland. Schon bei der

---

(1) Vgl. Basler Zeitung vom 18.8.1848, die für die Stadt Basel 9352 Stadt- und Kantonsbürger gegen 10'316 Schweizerbürger angab und die von einer allerwesentlichsten Modifikation der kantonalen Verfassung sprach.

(2) Christlicher Volksbote aus Basel vom 9.8.1848. Vgl. Ausgabe vom 23.8.1848.

(3) E.Bonjour u.A.Bruckner: Basel und die Eidgenossen, Basel 1951, S. 294.

Gründung des jungen, radikalen Standes hatte das Gleichheitsprinzip für die Integration des katholischen Birseck eine staatspolitisch wichtige Rolle gespielt. In der Anerkennung der konfessionellen Parität war die Landschaft weiter gegangen als der Bundesentwurf verlangte, indem sogar die katholische Gemeinde in Liestal seit 1835 einen öffentlich-rechtlichen Status besass. Die Niederlassungsfreiheit, die auch wirtschaftliche Gleichheit einschloss, war im kantonalen Verfassungsrecht gewährleistet. Nur in der Abwehr der Israeliten stimmten die Räte mit der Politik der Rheinstadt überein. Trotz der Vorliebe der Radikalen für den helvetischen Einheitsstaat, nahmen die Kantonsbürger und die niedergelassenen Schweizer, die bereits mit stimmen durften, die Bundesverfassung bei schwacher Beteiligung mit 3669 Ja gegen 431 Nein an, wobei die meisten katholischen Gemeinden des Birseck sich nicht anders verhielten als die reformierten Ortschaften (1).

Ein starker Widerstand gegen ein konfessionell paritätisches Grundrecht wäre in Schaffhausen zu erwarten gewesen, das den Katholiken der Stadt ebenfalls Duldung gewährte, aber nach der Konversion des Antistes Friedrich Hurter der Schauplatz scharfer antikatholischer Ressentiments geworden war. Dazu kam, dass Schaffhausen als einziger regenerierter Kanton in der Verfassung die Bezeichnung der reformierten Religion als "die herrschende Landesreligion" beibehalten hatte. Nur das paritätische Ramsen besass ein Sonderstatut, doch berührte dieses infolge der geringen Zahl an Katholiken den reformierten Charakter des Staates nicht wesentlich. Bei der Bundesrevision standen

---

(1) J.Segesser: Die Einstellung der Kantone zur Bundesrevision und zur neuen Bundesverfassung im Jahr 1848, Bern 1965, S. 143, 305.

die konfessionellen Bedenken jedoch in keinem Verhältnis zur Erregung, die mit geistlicher Unterstützung in der Gesetzgebung der vergangenen Jahre ihren intoleranten Niederschlag gefunden hatte. Der Grosse Rat, der zwischen Föderalismus und Unitarismus schwankte, war im Mai 1848 für eine freiere Form der Kultusfreiheit eingetreten als sie der Entwurf vorsah. Die 1107 Bürger, die den eidgenössischen Entwurf trotz der Empfehlung der Räte verwarfen, folgten in erster Linie wirtschaftlichen Bedenken, wie die verhältnismässig grosse Zahl von Nein-Stimmenden aus dem Weinbaugebiet bezeugt. Dabei war die Beteiligung mit 88 % die höchste aller Kantone (1).

Wie Bern hatte der Kanton Genf durch die neue Verfassung die territoriale Trennung der Parität überwunden und die allgemeine Kultusfreiheit eingeführt. Bedenken der protestantischen Altgenfer über die zunehmende Schwächung der "nationalité genevoise" (2) hatten nicht mehr die Schärfe früherer Jahre, da die Demokratisierung des Wahlrechts den Katholiken bereits völlige Gleichberechtigung gebracht hatte. Befürchtungen der katholisch-konservativen Neugenfer wurden durch die Rücksichten James Fazys gegenüber den konfessionellen Minderheiten gedämpft. Wie ihre Vorgängerin "La Voix catholique" (3), äusserte sich indessen die katholisch-konservative Zeitung "L'Observateur de Genève" kritisch zum Mangel an wirksamen eidgenössischen Garantien für die katholische Kirche (4). Sie wertete die geringe Beteiligung

---

(1) J.Segesser: Die Einstellung der Kantone zur Bundesrevision und zur neuen Bundesverfassung im Jahr 1848, Bern 1965, S.82 f, 301. In der nur reformierte Bürger zählenden Stadt Schaffhausen war das Resultat 679 Annehmende gegen 42 Verwerfende. Basler Zeitung vom 23.8.1848.

(2) Journal de Genève vom 30.6.1848.

(3) Artikel in der Ausgabe vom 3.5.1848, der die ideelle Verwandtschaft mit den Bestrebungen Montalemberts in Frankreich zeigt.

(4) L'Observateur de Genève vom 26.7.1848.

bei der Abstimmung - 70 % enthielten sich der Stimme - als Protest gegen das Bundesprojekt (1), doch dürfte dies nur zum geringeren Teil religiösen Motiven zuzuschreiben sein.

Im Unterschied zu den pietistischen Kreisen in Genf, deren Gottesdienste durch die kantonale Verfassung geschützt waren, muss der Bundesentwurf bedrückend auf die waadtländische Dissidenz gewirkt haben, versprach er ihr doch nicht den berechtigten Schutz für die Zusammenkünfte der einige tausend Glieder zählenden evangelischen Freikirche. Manch einer dürfte unter die 3535 Nein-Stimmenden zu zählen sein, der die Bundesverfassung ablehnte. Hingegen hatten die Katholiken keinen Grund, sich über Intoleranz der Radikalen zu beklagen. Davon zeugte die steigende Zahl katholischer Kultstätten. Von einer völligen Gleichstellung der katholischen Kirche mit der reformierten Staatskirche aber war im Kanton Waadt ebensowenig die Rede wie in den anderen reformierten Ständen.

Im reformierten Kanton Neuenburg, wo die Republikaner vom französischen Liberalismus und die Royalisten von der preussischen Toleranz beeinflusst waren, bildete die paritätische Niederlassungs- und Kultusfreiheit keinen Verwerfungsgrund. Das aus der Revolution hervorgegangene kantonale Verfassungsrecht war religiös freiheitlicher als das vorgeschlagene Bundesrecht. Höchstens mögen die beim konservativen Klerus vorhandenen Sympathien für die verfolgte evangelische Freikirche im Kanton Waadt, die Entscheidung im Sinn der Stimmenthaltung mitbeeinflusst haben. Die 5418 Ja- und die 304 Nein-Stimmen und die hohe Stimmenthaltung brachten jedoch in erster Linie politische

---

(1) L'Observateur de Genève vom 10.8.1848.

nicht kirchliche Positionen zum Ausdruck (1). Die Annahme des neuen Bundesrechts bedeutete für den jungen republikanischen Staat eine Konsolidierung der Revolution, der er seine Entstehung und eine vollständigere Integration in die Eidgenossenschaft verdankte.

Da in den paritätischen Ständen die politische und religiöse Gleichberechtigung der anerkannten Konfessionen seit der Mediation Verfassungsrecht war, änderte das neue eidgenössische Recht der Kultusfreiheit für die Reformierten und Katholiken nichts am rechtlichen Status quo, ausser dass diese nun unmissverständlich für das ganze Kantonsgebiet galt. Die Parität in den Räten und in der Verwaltung, sowie die konfessionelle Trennung in der Legislative blieben, da kein Bundesrecht der Glaubensfreiheit sie in Frage stellte, unangetastet. Wo konfessionelle Bedenken eine Rolle spielten, galten sie bei den konservativen Katholiken der Einmischungsmöglichkeit des Bundes durch den Religionsartikel, dem Weglassen des Klosterschutzes und nur in geringerem Masse dem Jesuitenverbot.

Sieht man von Appenzell ab, so haben alle paritätischen Kantone, sowohl die mehrheitlich reformierten Stände Aargau, Thurgau, Graubünden und Glarus wie das mehrheitlich katholische St.Gallen, die Bundesverfassung angenommen. In ihrem Grundgesetz war die individualrechtlich orientierte Parität der Konfessionen und die Kultusfreiheit der anerkannten Kirchen vorgebildet. Dazu besassen alle, ausser dem religiös konservativen Graubünden und St.Gallen, die Glaubens- oder Gewissensfreiheit als Verfassungsrecht, wenn auch einzig die

---

(1) J.Segesser: Die Einstellung der Kantone zur Bundesrevision und zur neuen Bundesverfassung im Jahr 1848, Bern 1965, S.178 f.

reformierte und die katholische Konfession als Staatsreligion galt. Nur Glarus und Aargau hatten daraus die Schlußfolgerung gezogen, daß diese Freiheit unvereinbar mit der konfessionellen Trennung in den Räten sei. Da die Glaubensfreiheit aus der Bundesverfassung ausgeklammert war, bildete die religionspolitische Sonderung in den kantonalen Behörden anläßlich der Abstimmung ebensowenig einen Gegenstand der Kontroverse wie die politische Gleichberechtigung der Konfessionsangehörigen und die Kultusfreiheit.

Einen Sonderfall unter den paritätischen Ständen bildete Appenzell infolge der konfessionell bedingten Trennung der beiden Kantonshälften (1). Es schien in der Tagsatzung, als genüge zur Verwerfung die neue politische Parität und die Kultusfreiheit für die Katholiken, derart tief war die staatsrechtliche Selbständigkeit mit der kirchlichen Ausschließlichkeit in den beiden Landeshälften verwachsen. Der reformierten Landsgemeinde von Hundwil war jedoch die Empfehlung durch den Großen Rat und eine intensive Werbung vor allem durch die liberale Appenzeller Zeitung vorausgegangen (2). Überraschend gaben drei Viertel der Stimmenden dem Bundesentwurf die Genehmigung. Die politischen und wirtschaftlichen Interessen siegten 1848 im äußeren Landesteil über die auf einer dreihundertjährigen Trennung beruhenden politisch-religiösen Intoleranz. In Appenzell-Innerrhoden hingegen gab das vom wirtschaftlichen Fortschritt weniger berührte Bauernvolk das althergebrachte Recht der Ausschließlichkeit des katholischen Bekenntnisses nur gezwungenermaßen preis. Die Landsgemeinde verwarf die Bundesverfassung mit ungefähr 1300 gegen 100 Stimmen (3). Von Religionsgefahr war scheinbar nicht die Rede.

---

(1) J.Segesser: Die Einstellung der Kantone zur Bundesrevision und zur neuen Bundesverfassung im Jahr 1848,Bern 1965,S.117.

(2) J.Segesser: a.a.O., S. 115.

(3) J.Segesser: a.a.O., S. 123.

Wie sehr nun gerade diese konfessionellen Bedenken bei einem Teil des katholischen Volkes in den übrigen paritätischen Kantonen ausschlaggebend sein konnten, zeigt namentlich das Abstimmungsresultat im Kanton Aargau mit seinem seit der Klosterschliessung teils ideologisch, teils konfessionell potenzierten Dualismus. Der trotz der Preisgabe der absoluten konfessionellen Parität in der Legislative immer noch etwa zur Hälfte aus reformierten und katholischen Volksvertretern bestehende Grosse Rat empfahl den Bundesentwurf mit der eindrucksvollen Mehrheit von 172 gegen 5 Stimmen (1). Auch katholisch-konservative Grossräte hatten sich mit der Idee des Bundesstaates abgefunden. Mit verhältnismässig grosser Beteiligung nahm das Volk die Bundesverfassung mit 20'699 gegen 8'744 Stimmen an. In den reformierten Bezirken Aarau, Brugg, Kulm, Lenzburg und Zofingen, den Hauptstützen der radikalen Regierungspartei, war die Zustimmung massiv (2). Die Einsicht der Ultraradikalen im Grossen Rat, dass ein Einheitsstaat nach helvetischem Vorbild nicht zu verwirklichen war, vermochte indessen das Misstrauen der konservativen Katholiken gegen den etatistischen antiklerikalen Radikalismus kaum abzuschwächen. Im Fricktal, wo die Regierungspartei die meisten katholischen Anhänger hatte und in den gemischtkonfessionellen Bezirken Baden, Zurzach hielten sich, nach dem Urteil von J.Segesser, "konfessionelle Bedenken und die Hoffnung auf einen wirtschaftlichen Aufschwung" die Waage (3).

---

(1) J.Segesser: Die Einstellung der Kantone zur Bundesrevision und zur neuen Bundesverfassung im Jahr 1848, Bern 1965, S. 134.

(2) J.Segesser: a.a.O., S. 134 f.

(3) J.Segesser: a.a.O., S. 135. Basler Zeitung vom 22.8.1848.

Am auffallendsten trat das religiös motivierte Misstrauen gegen den liberalen Bundesentwurf im Freiamt hervor, das im Jahr 1840 den Streit über die Forderung nach konfessioneller Trennung hervorgerufen hatte. Die streng kirchlich gesinnte Landbevölkerung, die gewohnt war, der Stimme ihrer geistlichen Hirten mehr Gehör zu schenken als der Regierung, übertrug den scharfen Antiklerikalismus der aargauischen Radikalen ohne Differenzierung auf die Tagsatzungsmehrheit und schlussfolgerte, dass der neue Bund antikatholisch sein würde. Die Assoziation der Aufhebung ihrer Klöster mit dem Fallenlassen des Artikels 12 des Bundesvertrages schien den Freiämtern um so naheliegender, als die Radikalen in anderen Kantonen ungestört weitere Klosterschliessungen vornahmen. Sie bedurften des Ansporns durch die "Stimme von der Limmat" nicht, um die Bundesverfassung mit starkem Mehr zu verwerfen. Dieses einzige konservative Blatt hüllte sich in Schweigen (1), wohl um dem Verbot zu entgehen.

Erstaunlich niedrig fiel die Zahl der Nein-Stimmenden im Kanton Thurgau aus, wenn man bedenkt, dass kurz vorher Tausende von Katholiken die Petitionen gegen die Klösteraufhebung unterschrieben hatten. Die Annahme der neuen Bundesverfassung bedeutete den Verzicht auf das bisherige eidgenössische Rekursrecht, von dem die Orden reichlich Gebrauch gemacht hatten. Bei gleicher Stimmbeteiligung wie in den Kantonen Aargau und St.Gallen - 75 % der Stimmberechtigten - gaben 13384 Bürger ihr Ja und nur 2054 ein Nein ab (2). Alle Bezirke und Kreise nahmen den neuen Bund an. Nur im Hinterthurgau waren katholische Interessen der Anlass zur mehrheitlichen Verwerfung (3).

---

(1) J.Segesser: Die Einstellung der Kantone zur Bundesrevision und zur neuen Bundesverfassung im Jahr 1848, Bern 1965, S.134.

(2) J.Segesser: a.a.O., S. 72.

(3) "Der Wächter", Nachläufer zu Nr.103 vom 23.8.1848.

St.Gallen besass als einziger paritätischer Kanton eine katholische Mehrheit, was ihn jedoch nicht hinderte, den Bundesentwurf anzunehmen. Die politischen Fronten liefen nach der Sonderbundsaufhebung auf beiden Seiten wieder mitten durch die Konfessionen, war doch der Gegensatz zwischen Konservativen und Liberalen primär nicht durch die Kirchenzugehörigkeit bedingt (1). Erst die Jesuitenangelegenheit hatte eine schärfere, jedoch keine totale konfessionelle Sonderung der Parteien bewirkt. In der Empfehlung der Erweiterung der Religionsfreiheit auf alle Kulte einigten sich die Mehrheit beider Konfessionen im Grossen Rat (2). Liberale radikale und konservative Katholiken und Protestanten stimmten trotz unterschiedlicher Ansichten in den Einzelfragen im Grossen Rat, mit Ausnahme einer kleinen klerikal-katholischen Gruppe, der Regierungsrat Peter Alois Falk angehörte, für die Empfehlung des Bundesentwurfs an das Volk (3).

Der Artikel im "Wahrheitsfreund" vom 2. Juni 1848, der nicht nur für vollständige religiöse Freiheit warb, sondern nach ausländischer Anregung auch die Trennung der Kirche vom Staat als im Interesse der Freiheit der Religion hin-

(1) J.Segesser: Die Einstellung der Kantone zur Bundesrevision und zur neuen Bundesverfassung im Jahr 1848, Bern 1965, S. 83.

(2) Ueber den von den konservativen Katholiken unterstützten Antrag von J.J.Müller auf unbedingte und unbeschränkte Religionsfreiheit, siehe Bemerkung von G.J. Baumgartner: Geschichte des Kantons St.Gallen von 1830 bis 1850, Einsiedeln 1890, S.374 f. Ueber die katholische Sinngebung der Religionsfreiheit siehe "Der Wahrheitsfreund" vom 12.5.1848 und vom 14.7.1848, wo es heisst: "Ueber Religionsfreiheit... sucht man vergebens Bestimmungen in dem vorliegenden Bundesentwurf."

(3) J.Segesser: a.a.O., S. 93 f.

gestellt hatte, blieb trotz Ankündigung ohne Fortsetzung. Enttäuscht über die konfessionellen Artikel des Entwurfs der Tagsatzung schrieb das katholisch-konservative Blatt am 18. August: "Während jetzt durch die ganze neue Welt der Ruf nach allgemeiner Religionsfreiheit ertönt, den auch unser Grosser Rath bei seiner Instruktionsertheilung über die Bundesrevision unterstützt hatte, bringt die neue Bundesverfassung, anstatt einen solchen vernünftigen, freisinnigen und hochherzigen Grundsatz auszusprechen, eine engherzige, nicht nur das Gemüth mancher Katholiken, sondern auch die Würde einer schweizerischen Nationalversammlung verletzende Bestimmungen". Darunter zählte der Schreiber den Ausschluss der Geistlichen aus dem Nationalrat, das Verbot der Jesuiten und affiliierten Gesellschaften und den Zusatz des Artikels 44 über die Handhabung des konfessionellen Friedens (1).

Wie die geographische Verteilung der Nein-Stimmenden zeigt, folgten zahlreiche katholisch-konservative Katholiken nicht der grossrätlichen Empfehlung, sondern der Verwerfungsparole des "Wahrheitsfreundes". Ihr Redaktor war der einzige Nein-Stimmende in der mehrheitlich reformierten Hauptstadt. Bei einer kantonalen Stimmbeteiligung von 75 % und einer zustimmenden Zweidrittelmehrheit verwarf einzig das streng katholische ehemalige Fürstenland. Das Toggenburg und das Rheintal, mehrheitlich reformierte Gebiete, sowie die südlich der Churfirsten gelegenen katholischen Gemeinden nahmen an (2).

(1) Der Redaktor des klerusfreundlichen Organs war Stiftsbibliothekar und Jurist. K.Weber: Die schweizerische Presse im Jahre 1848, Basel 1927, S.99.
(2) J.Segesser: Die Einstellung der Kantone zur Bundesrevision und zur neuen Bundesverfassung im Jahr 1848, Bern 1965, S.96.

Bei der Haltung der klerikal gesinnten Katholiken St.Gallens ist zu berücksichtigen, dass durch die Preisgabe der Souveränität an den Bund, die katholische Mehrheit im Kanton St.Gallen mit den übrigen Katholiken im Bundestaat zur konfessionellen Minderheit wurde. Neu war, dass katholisch-konservative Führer, wie Leonhard Gmür, die konfessionelle Trennung nicht mehr wie in der Zeit des Sonderbundes auf die eidgenössischen Verhältnisse zu übertragen suchten, sondern mit dem Gedanken spielten, die Majorisierung durch die reformierte Mehrheit mittels der Trennung der Kirche vom Staat zu vermeiden. Mit den Radikalen hatten sie bei der Instruktion für die Tagsatzung mit unterschiedlichen Motiven für völlige religiöse Freiheit gestimmt. Die Eidgenossenschaft aber war nicht Deutschland. Ueber die prinzipielle Freiheit der Kirchen, wie in der Nationalversammlung in Frankfurt,wurde 1848 weder in der Tagsatzung noch in den Grossen Räten ernsthaft eine Lösung gesucht. Es erweckt den Anschein, als seien Radikale wie Konservative aufgrund des Schweigens der Bundesverfassung über das Verhältnis der Kirchen zum Staat letztlich froh gewesen, der Frage der Neuregelung enthoben zu sein.

Leicht fiel den Glarnern die Zustimmung zum Bundesentwurf, da der überbevölkerte industrialisierte Bergkanton besonders stark unter der allgemeinen ökonomischen Krise litt und von einer einheitlichen Schweiz wesentliche wirtschaftliche Vorteile erwarten konnte. Dazu besass Glarus von allen paritätischen Ständen das religiös freieste Verfassungsrecht. Die scharfen konfessionspolitischen Auseinandersetzungen, die der Aufhebung der zum Schutz der religiösen Minderheit entstandenen konfessionell getrennten Staatsverwaltung folgten, waren verklungen. In festlicher Stimmung und mit nur einer Gegenstimme nahm die Landsgemeinde in Glarus - Protestanten und Katholiken - die neue Bundesverfassung an (1).

Im sprachlich und konfessionell heterogenen Graubünden, das als einziger paritätischer Kanton seine Verfassung von 1814 nicht regeneriert hatte, widersprach der eidgenössische Bundesentwurf der eigenen bundesstaatlichen Struktur, von der die katholischen Föderalisten gehofft hatten, dass sie als Musterbild eines schweizerischen Staates dienen werde. Doch das paritätische Grundrecht für die anerkannten Konfessionen war im kantonalen Recht vorgebildet. Der paritätische Kanton war durch seine Geschichte auf den friedlichen Ausgleich der Konfessionen angewiesen. Die katholischen Institutionen blieben trotz der reformierten Mehrheit unberührt. Da der Bundesentwurf keine konfessionelle Trennung wie in der kantonalen Staatsorganisation vorsah, weckte er bei streng katholischen Bündnern Misstrauen gegen die reformierte radikale Mehrheit im eidgenössischen Bund. Die grössten Einwände waren jedoch wirtschaftlicher Art. Schliesslich siegte beim Grossen Rat die eidgenössische Gesinnung über die materiellen Interessen. Liberale und konservative Zeitungen empfahlen die Annahme. Die Gerichtsgemeinden, die in der Mehrheit konfessionell einheitlich geblieben waren und auf denen das Schwergewicht der staatspolitischen Entscheidungen lag, nahmen die Bundesverfassung im Verhältnis von 54 zu 12 an (2). Es waren fast ausschliesslich katholische Gemeinden, die sie verwarfen; doch im katholischen Oberland nahmen die wichtigsten Gerichte an (3).

---

(1) J.Segesser: Die Einstellung der Kantone zur Bundesrevision und zur neuen Bundesverfassung im Jahr 1848,Bern 1965,S.107.

(3) Basler Zeitung vom 28.8.1848 und Bündner Zeitung vom 30.8. und 2.9.1848.

(2) J.Segesser: a.a.O., S. 214.

Katholische Kantone mit radikalen Regierungen

Den stärksten Einfluss bei den Volksabstimmungen übten konfessionelle Bedenken gegen den Bundesentwurf, wie zu erwarten, in den katholischen Ständen aus. Sie konnten nicht nur für die Bundesrevision sondern auch für deren radikale Regierungen zum Verhängnis werden. Dies zeigte sich in den behördlichen Unterdrückungsmassnahmen, namentlich bei Aeusserungen über Religionsgefahr. Der "Nouvelliste Vaudois" schrieb am 18.Juli 1848: "Lucerne, Fribourg, Valais etc sont par leur position particulière dans la nécessité d'accepter; c'est pour eux une question de vie ou de mort. Reste à savoir si leur populations seront de l'avis de leur mandataires."

Das in Solothurn erscheinende "Echo vom Jura" nannte unter den gefährlichen Bestimmungen des Bundesentwurfs die Artikel 41 und 44 (1). Zur Niederlassungs- und Kultusfreiheit kommentierte die streng klerikal eingestellte Zeitung: "Also hat der Quäcker, Wiedertäufer, Methodist, kurz jedes Mitglied irgend einer protestantischen Sekte, deren es über hundert giebt, das allgemeine Niederlassungsrecht; nur der Katholik hat es nicht, wenn er sich "Jesuit" nennt... Nach Artikel 41 und 44 ist keine der christlichen Konfessionen wie immer beschränkt, oder gehemmt, ausgenommen die katholische. Nur der Katholik darf nicht ganz katholisch sein; denn wird er Priester, so verliert er (Art.64) eines der köstlichsten Bürgerrechte; wird er Jesuit, so verliert er gar das Landrecht (Art.58), ob er in andere geistliche Orden treten dürfe, wird die Bundesversammlung bestimmen; denn sie wird ja bestimmen müssen,

---

(1) Echo vom Jura vom 2.8.1848.

welche Orden mit dem Jesuitenorden affilirt seien. - Wo ist da Gleichheit, Toleranz ?" (1). Das "Echo vom Jura" sah nicht wie der "Wahrheitsfreund" und die "Neue Luzerner Zeitung" in der Trennung der Kirche vom Staat das Mittel, um die katholische Kirche und den neuen Bund von der Botmässigkeit der reformierten Mehrheit zu schützen. Sie schlug zur Wahrung des konfessionellen Friedens vielmehr die paritätische Zusammensetzung der Bundesbehörde vor (2). Während in der Legislative 80 annehmenden Kantonsräten nur 9 konservative Verwerfende gegenüberstanden, stimmten 4599 Bürger Ja und 2884 Nein (3). Die Ablehnung war im Schwarzbubenland am stärksten. Dort wies während der bewegten kantonalen Verfassungsrevision von 1841 die Opposition gegen den Radikalismus der Regierung starke klerikale Motive auf. Wenn die Zahl der ablehnenden Bürger nicht höher war, so dürfte dies nicht zum geringen Teil Munzingers Vermittlungen in den religionspolitischen Fragen der Bundesrevision zuzuschreiben sein.

Wie im Kanton Solothurn galt im Freiburgischen die Kritik am Bundesentwurf nicht der bürgerlichen und religiösen Parität der anerkannten Konfessionen, besassen doch beide katholischen Stände eine reformierte Enklave. In beiden Hauptstädten erlaubten die Behörden seit der Regeneration einen reformierten Gottesdienst. Dass indessen die politisch-konfessionelle Spannung, die durch den Anschluss Freiburgs an den Sonderbund entstand, trotz dem Regimewechsel nicht gänzlich abgeklungen war, beweisen die Sympathien, welche die Murtener in "Le Confédéré de Fribourg"

(1) Echo vom Jura vom 22.7.1848.

(2) Echo vom Jura vom 29.April, 22., 26.Juli und 2.8.1848.

(3) J.Segesser: Die Einstellung der Kantone zur Bundesrevision und zur neuen Bundesverfassung im Jahr 1848,Bern 1965, S. 151, 152.

der Idee eines Anschlusses an Bern entgegenbrachten (1). Der Entwurf konnte indessen ihre Integration in den katholischen Kanton verbessern, da der Verfassungsschutz der reformierten Minderheit nun auch ausserhalb des Bezirks Murten die konfessionelle Gleichberechtigung sicherte. Der freiburgische Grosse Rat billigte mit 51 gegen 6 konservative Stimmen den von der radikalen Regierung empfohlenen Bundesentwurf und beschloss als einziger Kanton, da ihr das Vertrauen auf einen positiven Ausgang fehlte, auf die Volksbefragung zu verzichten. Die Ausweisung der Jesuiten, die einen wesentlichen Anteil an dem Ruf, den Freiburgs höheres Schulwesen im In- und Ausland hatte, die Säkularisation zweier reicher Klöster und die Unterdrückungsmassnahmen gegen die Opposition und den Klerus waren nicht dazu angetan, das Vertrauen des streng katholischen Bevölkerungsteils für eine eidgenössische Verfassung zu gewinnen, die auch bundesstaatliche Eingriffe in kirchliche Belange vorsah. "Die wenigen Aeusserungen von Konservativen aus Freiburg", schreibt Jürg Segesser, "lassen vermuten, dass ähnliche Motive wie in den andern Kantonen - Beschränkung der kantonalen Rechte und Bedrohung des katholischen Glaubens - sie zur Ablehnung bestimmten" (2).

Im Wallis, wo die radikale Regierungspartei schwerwiegende Massnahmen gegen die Orden und Kirchengüter ergriff, liess sich die katholisch-konservative Bevölkerung ebenfalls nicht für die Bundesverfassung erwärmen. Hier war die Katholizität der Gemeinden und des Staatswesens, mit Ausnahme einer zahlenmässig geringen protestantischen Minderheit, die auch nach der neuen Verfassung nur

---

(1) J.Segesser: Die Einstellung der Kantone zur Bundesrevision und zur neuen Bundesverfassung im Jahr 1848,Bern 1965,S.281.

(2) J.Segesser: a.a.O., S. 286.

geduldet war, noch intakt, der nicht einheimische Protestant im doppelten Sinn ein Fremder. In seiner empfehlenden Proklamation an das Walliservolk wandte sich der Staatsrat unter anderem mit dem Argument an das Volk, dass ein rechter Katholik die Auseinandersetzung mit dem Protestantismus nicht zu fürchten habe (1). 2751 Bürger stimmten dem Bundesvertrag zu, aber 4171 waren dagegen. Das liberale Unterwallis nahm an, das klerikal gesinnte Oberwallis verwarf bei viel grösserer Stimmbeteiligung wuchtig.

Negativ fiel der Entscheid über die Bundesrevision auch im Tessin aus, obwohl dieser Kanton sich als erster regeneriert hatte. Er war der letzte Kanton, der die Volksabstimmung vornahm. Schon dem Bundesentwurf der Kommission erwuchs im Grossen Rat eine klerikale Opposition, die sich mit den Worten gegen die Kultusfreiheit wandte: "La Religione Cattolica per diritto immutabile può estendersi, e deve estendersi per ogni terra; le altre religioni cristiane inventate dal capriccio umano, non hanno diritto alcuno..." (2). Weder in der Kommission, die den Tagsatzungsentwurf zu begutachten hatte, noch im Grossen Rat drang die bundesfreundliche Partei gegen die religiösen und materiellen Einwände von links und rechts durch. Schliesslich fand sich doch eine Mehrheit, die unter dem Vorbehalt besserer Entschädigung für die ausfallenden Zolleinnahmen zustimmte. Dem Volk mögen die kirchlichen Bedenken über den Antiklerikalismus der Radikalen ebenso wichtig gewesen sein, als es bei schwacher Beteiligung mit 4494 gegen 1652 Stimmen verwarf (3).

---

(1) J.Segesser: Die Einstellung der Kantone..., S. 292.

(2) Calgaris Votum vom 31.5.1848.Atti del Gran Consiglio. Zit.nach J.Segesser: a.a.O., S. 219.

(3) J.Segesser: a.a.O., S. 225.

Die Innerschweiz

Für die verfassungsgeschichtliche Entwicklung der religiösen Freiheit und die Entstehung eines schweizerischen Staates war die Einstellung der Zentralschweiz zum Bundesprojekt von grösster Bedeutung, ist doch schon im Jahr 1833 die Niederlassung und das Fallenlassen des eidgenössischen Klosterschutzes ein Hauptgrund für die Verwerfung der Bundesrevision selbst im damals liberal regenerierten Kanton Luzern gewesen. Weder der Verzicht der Tagsatzung auf den helvetischen Einheitsstaat noch die Mässigung, die sich die radikale Tagsatzungsmehrheit in den die Religion interessierenden Artikeln auferlegte, gewannen dem Bundesprojekt die Seele des Volkes der Waldstätte. Es war durch Jahrhunderte gewohnt, religiöse Freiheit mit Katholizität und politische Freiheit mit Kantonalsouveränität gleichzusetzen und hatte sich der helvetischen Verfassung am heftigsten widersetzt. Der Glaube, als gelte es durch die Bewahrung des staatenbündischen Aufbaus der Eidgenossenschaft die urschweizerische Freiheit zu erhalten, blieb auch nach der Sonderbundsniederlage bei einem grossen Teil der Bevölkerung der Urschweiz noch lebendig (1).

Mit der Machtergreifung der oppositionellen Minderheit im katholischen Vorort hatte der Konservatismus seinen politischen Mittelpunkt verloren. Kasimir Pfyffer war Präsident des luzernischen Grossen Rats, der ehemalige politische Freischarenführer Jakob Robert Steiger Regierungshaupt geworden. In den Räten herrschten die Radikalen. Zwar bestand das neue Regime in der Volksabstimmung über

---

(1) Siehe Leitartikel "Die Urschweiz und die Bundesrevision" im "Schwyzer Volksblatt" vom 31.8.1848.

die Aufhebung des Klosters St.Urban die erste Kraftprobe, doch es war der Regierungspartei bewusst, dass sie nicht die Unterstützung der Mehrheit des Volkes besass. Durch Einschüchterungen des Klerus - mehrere Priester waren im Gefängnis - und der auf die "Neue Luzerner Zeitung" reduzierten konservativen Presse, die sich öftere Konfiskationen gefallen lassen musste, reagierten die Behörden besonders scharf gegen die in der Innerschweiz stets wirksame Parole der Religionsgefahr.

Während die Luzerner Radikalen sich, trotz ihrer Vorliebe für den Einheitsstaat, für den Bundesentwurf und dessen Empfehlung an das Volk einigten, waren die Konservativen geteilter Meinung. Aus München empfahl der entflohene Bernhard Meyer, der des öfteren in der Tagsatzung die Sonderbundspolitik verteidigt hatte, in einer Flugschrift (1) dem Luzerner Volk die Annahme. Nicht weil ihm die neue Bundesverfassung ideal schien, sondern weil durch die Verwerfung nur Schlimmeres zu befürchten sei, sollten sie die Luzerner gutheissen. Dabei fällt auf, dass der ehemalige Staatsschreiber das religiöse Moment nicht erwähnte, was ihm von konservativer Seite übel genommen wurde (2). Keine grundsätzliche Opposition mehr betrieben die Herausgeber der konservativen "Neuen Luzerner Zeitung" (3), die sich, im Gegensatz zu der überwundenen, auf der Glaubenseinheit beruhenden katholischen Demokratie, für die "vollkommene Religionsfreiheit" im nordamerikanischen Sinn ausgesprochen hatte (4). "Würde," hiess es in der Ausgabe vom

---

(1) B.Meyer: Ueber Annahme oder Verwerfung der neuen Bundesverfassung. Ein Wort an das Volk des Kantons Luzern, Zürich 1848.

(2) Schwyzer Volkszeitung vom 10.8.1848.

(3) Neue Luzerner Zeitung vom 22.8.1848.

(4) Neue Luzerner Zeitung vom 10.6.1848.

13.Juni 1848, "diese in den neuen Bundesentwurf aufgenommen, würden und dürften wir zu einer freien Niederlassung in allen Kantonen Hand bieten". Entscheidend war für die konservativen Katholiken jedoch die Unabhängigkeit der Kirche und die Garantie für ihre Institutionen, nicht die individuelle religiöse Freiheit und die Parität des Gottesdienstes. Weil man es nicht laut sagen durfte, bediente man sich um so mehr der Flüsterpropaganda, dass die Bundesverfassung die Religionsfreiheit nicht gewährleiste, wobei die Klosterschliessungen dem ordensfreundlichen Volk als abschreckendes Beispiel dienen konnten.

In der vielbeachteten und offiziell bekämpften Flugschrift des Kantonsfürsprechs Georg Joseph Bussard (1), der Präsident des Ruswylervereins war, bildet die Majorisierung der katholischen Minderheit durch eine reformierte und religiös liberale Mehrheit im Bund ein Hauptargument zur Verwerfung. Begründet wird sie mit dem Zusatz des Artikels 44 über die Bundeskompetenz zur Erhaltung der Ordnung und des konfessionellen Friedens und mit Artikel 74, wonach die Bundesversammlung das Entscheidungsrecht zugesprochen werden sollte, ob ein Gegenstand in den Bereich des Bundes oder der Kantone gehöre. Auf diese Weise könnte, so befürchtete Bussard, jede religiöse oder konfessionelle Frage in den Bereich der Bundesversammlung gezogen werden. Dies schien ihm für die katholische Religion bedenklich zu sein, weil die grossen reformierten Kantone allein soviel Nationalräte stellen würden wie die neun katholischen

---

(1) G.J.Bussard: Auch ein Wort zur Bundesverfassung,Luzern 1848.

Stände zusammen.(3) In seiner Kritik der neuen Luzerner Verfassung hatte sich Bussard auch entschieden gegen die Preisgabe des ausschliesslich katholischen Bürgerrechts gewandt (1), das die Verfassung von 1841 garantiert hatte.

Die Mehrheit der Stimmenden gab am 20.August 1848 ihr politisch und kirchlich motiviertes Misstrauen gegen den Radikalismus kund. 11'121 Bürger stimmten Nein. Dadurch, dass die Zuhausegebliebenen - beinahe ein Drittel der Stimmberechtigten - willkürlich zu den Ja-Stimmenden gerechnet wurden, konnte Luzern die Annahme der Bundesverfassung durch 15'890 Bürger melden. Die Zahl der tatsächlich Annehmenden wurde nicht veröffentlicht (2). Das Tor der Innerschweiz ist für die Niederlassungs- und Kultusfreiheit der Reformierten, die ihre Verfassungen bisher konsequent verweigert hatten, im Zeichen der gewaltsamen Sonderbundsniederlage offensichtlich durch vor allem städtische Minderheiten geöffnet worden.

Grössere Offenheit gegenüber nationalen Zeitströmungen zeigte im Jahr 1848 auch wieder der Kanton Zug, wo die neue

---

(1) Neue Luzerner Zeitung vom 8.2.1848.

(2) Die durch den Schwiegersohn Wilhelm Snells und damaligen Grossratspräsidenten Niklaus Niggeler redigierte extremradikale "Berner Zeitung" trieb ihren Aerger über das Misslingen des Einheitsstaates mittels eines eidgenössischen Verfassungsrates so weit, dass sie das Luzerner Volk für die Verwerfung lobte, der Regierung aber vorwarf, sie verheimliche die Tatsache, dass nur ein ganz kleiner Teil der Aktivbürger dem "Herrenbunde" zugestimmt habe. Die angegebene Zahl von 2000 Annehmenden dürfte zu niedrig sein. Berner Zeitung vom 12.9.1848.

(3) Den 9 katholischen Kantonen wurden durch das Tagsatzungsdekret vom 12.9.1848 30 Nationalräte,den volksreichsten Kantonen Zürich,Bern und Waadt insgesamt 41 Nationalräte zugesprochen, wobei anzunehmen war, daß die Berner auch katholische Volksvertreter wählen würden.
Eidg.Abschied 1848, 2.Teil, S. 90.

Regierung an den städtischen Liberalismus der dreissiger Jahre anknüpfte. Zug zählte mit Luzern zu den Ständen, die in der Tagsatzung der Niederlassungs-, nicht aber der Kultusfreiheit zugestimmt hatten. Aber auch in diesem Kanton, der bisher den Protestanten die Gleichberechtigung verweigert hatte, war die Abneigung gegen das eidgenössische Verfassungsprojekt beim Volk grösser als es die Empfehlungen der Räte ahnen liessen.

Der konservative Widerstand gegen die Bundesrevision fand, wie im Jahr 1833, beim Ruralkapitel Unterstützung. Kurz vor der Stellungnahme des Kantonsrats, am 13. August 1848 (1), machte der Landklerus sein Unbehagen gegenüber dem Bundesentwurf kund. Er vermisste vor allem eine klare und bestimmte Garantie für die kirchlichen Institutionen, die Orden und das Kirchengut. Sie schien den Petitionären um so notwendig zu sein, als diese von der Niederlassungsfreiheit die Umwandlung der bisher ganz katholischen in paritätische Kantone erwarteten. Die Protestantisierung des Bundesrechts durch die reformierte Mehrheit für die Zukunft insinuierend, wurde die Anerkennung der Suprematie des Staates in konfessionellen Angelegenheiten als Abfall vom Glauben bezeichnet.

Die Abstimmung vom 20. August zeigte, dass das Landvolk sich mehrheitlich von den Argumenten des Klerus und der konservativen Minderheit im Grossen Rat leiten liess. Diese hatte an erster Stelle ihres Antrags für Verwerfung die politische und konfessionelle Gefährdung gestellt.

---

(1) Der Hauptteil der Eingabe des Ruralkapitels von Baar erschien am 19.8.1848, einen Tag vor der Abstimmung im Kanton Luzern, wörtlich auch in der "Neuen Luzerner Zeitung". Originaltext im "Protokoll über die Verhandlungen des Grossen Rathes vom Jahre 1848 bis 1849". Kantonalarchiv Zug.

Die Revision des Bundesvertrages wurde von 1743 Bürgern gegen immerhin 840 Ja-Stimmende verworfen (1). Nur die liberalere Hauptstadt nahm knapp an. Da ein Antrag im Kantonsrat, der für die Rechtsgültigkeit der Bundesrevision Einstimmigkeit der Stände verlangte, keine Mehrheit erhalten hatte, blieb jedoch dem Kanton Zug der Weg zur Annahme der Bundesverfassung frei.

Auch in den Urkantonen hatte die Ausschaltung der Sonderbunds-Politiker vorerst eine revisionsfreundlichere Einstellung der Regierung gebracht, doch musste infolge der konservativen Gesinnung des von den Zeitströmungen wenig berührten Bergvolkes jeder Versuch, die Mehrheit für die Preisgabe der alle anderen Glaubensweisen ausschliessenden Katholizität in Staat und Recht zu gewinnen, von vornherein scheitern. Daher die Zurückhaltung der Gesandten teilweise selbst in der Frage der Niederlassungsfreiheit. Dabei bestand bei den Reformierten bisher keinerlei Tendenz, sich in den wirtschaftlich unterentwickelten Alpenrepubliken niederzulassen. Doch es genügte schon die Gefahr der Entstehung gemischter Ehen und die Aktivität von Vertretern der Bibelgesellschaft (2), um bei Klerus und Volk eine antiprotestantische Reaktion zu bewirken.

---

(1) J.Segesser: Die Einstellung der Kantone zur Bundesrevision und zur neuen Bundesverfassung im Jahr 1848, Bern 1965, S. 277. Die "Neue Zürcher Zeitung" vom 23.8. 1848 kommentierte die Verwerfung als Vorspiel dessen, was in den Urkantonen am nächsten Sonntag geschehen werde.

(2) Vgl.Schwyzerisches Volksblatt vom 10.2.1848.

Im Kanton Schwyz zeigte sich nach der Niederlage der sonderbündischen Konfessionspolitik indessen im Kreis junger, religiös konservativer Intellektueller, die in Deutschland studiert hatten, eine grössere Bereitschaft für eine Anpassung an die neue Zeit. Dabei bekannte sich die als erste konservative Zeitung nun täglich erscheinende "Schwyzer Volkszeitung", deren redaktionelle Leitung in den Händen des katholischen Studentenvereins lag (1), in einem aufschlussreichen Leitartikel "Die Religionsfreiheit und die Schweiz" (2) unter Hinweis auf die Vorgänge in Deutschland zur "unbedingten Religionsfreiheit" für alle Glaubensbekenntnisse. Der Artikel trägt das Autorzeichen des Mentors des Studentenvereins, Josef Gmür (3). Weil er dem Bundesstaat die spezifische Christlichkeit absprach, glaubte er darin die Notwendigkeit der Trennung von Kirche und Staat und der Anerkennung allgemeiner Kultusfreiheit zu sehen. Von der beschränkten Parität des Bundesentwurfs mit gleichzeitiger Möglichkeit der Einmischung in religiöse Belange ahnte der Schreiber nur Nachteile für das positive Christentum. Im Fehlen einer umfassenden religiösen Freiheit, die nach Gmür auch die Interessen der Kirchen einschliessen müsste, sah er das grösste Bedenken gegen den eidgenössischen Entwurf. Dennoch trat das "Schwyzer Volksblatt" in

---

(1) Siehe E.F.J.Müller-Büchi: Die alte "Schwyzer-Zeitung" 1848-1866. Ein Beitrag zur Geschichte des politischen Katholizismus und der konservativen Presse im Bundesstaat von 1848. Segesser-Studien, Heft 1,Freiburg 1962.

(2) Ausgabe vom 16.u.18.7.1848. Josef Gmür war der Bruder des Redaktors des "Wahrheitsfreundes" von St.Gallen, was die Aehnlichkeit der Anschauungen über die religiöse Freiheit in den beiden katholisch-konservativen Zeitungen erklärt.

(3) E.F.J.Müller: a.a.O., S. 10 7.

Anbetracht anderer Vorzüge und seiner Aufgeschlossenheit für die nationalen Zeitbedürfnisse für die Annahme der Bundesverfassung ein. Die Räte aber dachten anders.

Ob der Gedanke einer Trennung von Kirche und Staat oder der Wandlung in einen gemischtkonfessionellen Kanton der grössere Schrecken für die nein stimmenden Schwyzer war, ist schwer zu ermitteln. Die Mehrheit des Volkes hielt sich mit dem Kantonsrat an die politisch-kirchliche Tradition und verwarf trotz einleuchtender materieller Vorteile am 27. August die Bundesverfassung mit 3454 gegen 1168 Stimmen. Die "Neue Schwyzer Zeitung" sprach ihre Genugtuung über die Annahme in Küssnacht und Einsiedeln aus und forderte trotz Verwerfung zur aktiven Mitwirkung im neuen Bund auf (1).

In scharfem Gegensatz zu den Bemühungen der Jungkonservativen, um eine religionspolitische Neuorientierung, die den Bundesstaat und die religiöse Freiheit bejahte, ohne die Freiheit der Kirche preiszugeben, stehen die im Kanton Schwyz gedruckten "Randglossen oder Bemerkungen zu dem von der Revisionskommission ausgearbeiteten neuen Bundes-Projekte von einem Urner zur Beherzigung an das Volk der Urkantone". Sie fanden, trotz der Konfiskation durch die Urner Regierung, Verbreitung und zeigten, wie zäh man in der engeren Heimat Siegwart-Müllers, wo schon 1833 die konfessionelle Trennung im alteidgenössischen Sinn erwogen worden war, am sonderbündischen konfessionell-dualistischen Staatsdenken festhielt. Die Presse schrieb die Schrift dem Alt-Landammann Vincenz Müller, dem immer noch einflussreichen Schwager Siegwart-Müllers zu (2).

---

(1) J.Segesser: Die Einstellung der Kantone zur Bundesrevision und zur neuen Bundesverfassung im Jahr 1848, Bern 1965, S.244.

(2) Neue Zürcher Zeitung vom 22.8.1848 und Aargauer Zeitung vom 23.8.1848. Vincenz Müller erläuterte an der Landsgemeinde in Altdorf vom 27.8.1848 ausführlich die Nachteile des Bundes. Schwyzer-Volksblatt vom 31. 8.1848.

Im Unterschied zu Bernhard Meyer spielt die konfessionelle Motivierung eine wichtige Rolle in der Stellungnahme des Urners zur Bundesverfassung.

Der Autor wies auf die Uebermacht hin, die das Verfassungsprojekt den Reformierten gab und bedauerte, dass kein Bundesartikel nach dem Vorbild des eidgenössischen Landfriedens zur Schlichtung der konfessionellen Streitpunkte vorhanden sei. Die Niederlassungsfreiheit lehnte der Schreiber ab, weil sie nicht nur Katholiken und Reformierten, sondern auch den Lutheranern, Wiedertäufern, Methodisten, Rongeanern, Deutsch-Katholiken, Lichtfreunden, und Straussianern jeden Kanton öffne. Noch mehr Bedeutung bekomme der Artikel 39 für die konfessionelle Ruhe und Unabhängigkeit in den bis jetzt noch katholischen Ländern durch den Artikel 42, der als der "allerwichtigste und verfänglichste" bezeichnet wird (1). Dies hinderte den Autor nicht, von der Gewissens- und Glaubensfreiheit zu sagen, sie sei die "wichtigste, die höchste, die heiligste und unveräusserlichste aller Freiheiten" (2). Dass die Bundesverfassung keine Religionsfreiheit gewähre, wurde am Ausschluss der Jesuiten gemessen. Die Kantonalsouveränität, für die sich der Autor einsetzte, war untrennbar von der Rückkehr des vertriebenen Ordens.

In der Urner Landsgemeinde vom 27.August hatten die Regierungsmänner, die wie Jonas Hauch für den Bundesentwurf eintraten, namentlich in den konfessionellen Fragen einen schwierigen Stand. Der Sitte gemäss hörten die Alpenhirten

---

(1) Randglossen oder Bemerkungen zu dem von der Revisionskommission ausgearbeiteten neuen Bundes-Projekte, von einem Urner zur Beherzigung an das Volk der Urkantone, 1848, S. 39.

(2) A.a.O., S. 41.

entblössten Hauptes dem bischöflichen Kommissar Gisler zu (1), der, wie der Korrespondent der Basler Zeitung berichtete, auf die Gefahr für die Freiheit der Kirche hinwies und der von den bürgerlichen Freiheiten des Bundesentwurfs die Niederlassung von Protestanten und das Kolportieren irreligiöser oder sektiererischer Schriften befürchtete(2). Nur wenige Urner wagten für das Bundesprojekt zu stimmen. Die lebendige Verbindung der politischen mit der religiösen Tradition bei der Urschweizer Bevölkerung äusserte sich im Jubel, mit dem eine erdrückende Mehrheit den Bundesentwurf ablehnte. Für die Annahme wurde, entgegen dem Antrag des Landrats, Einstimmigkeit der Stände verlangt(3).

Ein direkter klerikaler Einfluss ist auch in Unterwalden festzustellen. In Stans verwarf die Landsgemeinde am letzten Sonntag des Monats August die Bundesverfassung mit ähnlicher Begeisterung, wenn auch mit einer grösseren Zahl von Gegenstimmen (4). Landammann Wyrsch, der Nidwalden in der Tagsatzung vertrat, hatte in realistischer Erwägung der Notwendigkeit der Stärkung des Bundes in einer einstündigen Rede vor allem die Lichtseiten des Entwurfs

---

(1) Schwyzer Volksblatt vom 31.8.1848.

(2) Basler Zeitung vom 29.8.1848.

(3) J.Segesser: Die Einstellung der Kantone zur Bundesrevision und zur neuen Bundesverfassung im Jahr 1848,Bern 1965,S.235. Der Korrespondent der Basler Zeitung sprach von 50 Ablehnenden und sagte von der Annahme, sie sei "mit starkem, lange anhaltendem Jubel und Gejauchze erfolgt". Nr.206 vom 30.8.1848.

(4) Der Nidwaldner Walter Zelger notierte in seinem Tagebuch, dass sich zirka 200 bis 300 Hände für die Annahme erhoben.W.Zelger: Aus dem Tagebuch eines konservativen Nidwaldners, Altdorf 1902, S. 130.

hervorgehoben (1). Von der Geistlichkeit war, wie die Nationalzeitung berichtete, auf eigene Initiative (2) eine Erklärung über die Gefahren und Nachteile des Bundesentwurfs für die katholische Religion und Kirche aufgesetzt worden (3). Die bürgerliche, religiöse und politische Gleichberechtigung der Konfessionen galt, nebst des Mangels einer Garantie für die Klöster, auch in Unterwalden als Hauptgrund, um am Bundesvertrag von 1815 festzuhalten. Doch erhoben immerhin ein Fünftel der Stimmenden die Hand zugunsten des Bundesentwurfs. In der Obwaldner Landsgemeinde gab es am gleichen Sonntag blutige Köpfe, als in der Landsgemeinde ein Befürworter des Bundesentwurfs, Pfarrer Didier schweigen hiess (4). Die "Neue Schwyzer Zeitung" vom 30. August meldete über die massive Verwerfung (5),Obwalden habe gefunden, "dass das freie Niederlassungsrecht überhaupt jede Verbesserung des 1848 Bundes, die Religion gefährde, und deshalb die Bundesverfassung verworfen." Beide

---

(1) J.Segesser: Die Einstellung der Kantone zur Bundesrevision und zur neuen Bundesverfassung im Jahr 1848, Bern 1965, S. 252. Schwyzer Volkszeitung vom 31.8.1848.

(2) Wie die radikale "Nationalzeitung" in Basel am 6.9.1848 berichtete, habe der Bischof von Chur auf eine Anfrage des Nidwalder Klerus auf die Gefahr hingewiesen, die der Religion durch die Niederlassungs-, Presse- und Kultusfreiheit drohte, jedoch vor einer entsprechenden öffentlichen Kundgebung abgeraten. Vgl.W.Zelger: Aus dem Tagebuch eines Konservativen Nidwaldners,Altdorf 1902,S.122.

(3) Text des Schreibens der Nidwaldner Geistlichkeit, der an der Landsgemeinde verlesen wurde,imSchwyzer Volksblatt vom 1.9.1848.

(4) J.Segesser: a.a.O.,S.247. Schwyzer Volksblatt vom 1. u.8.9.1848.

(5) F.Odermatt: Der Kanton Unterwalden nid dem Wald im 19. Jahrhundert in seiner Geschichte, Kultur und Volkswirtschaft, Stans 1939, S. 108.

Landsgemeinden beharrten mehrheitlich auf dem historischen Rechtsstandpunkt, wonach für die Annahme einer Bundesrevision die Zustimmung aller Stände erforderlich war.

Die konservative Basler Zeitung, der es in den vergangenen Jahren nicht an Bemühungen um das Verständnis für die Eigenart der Innerschweiz gefehlt hatte, zog in ihrem Leitartikel vom 2.Sept. aus den Abstimmungsresultaten der Urkantone den Schluss, dass mehr als der Verlust der Selbständigkeit die Gefährdung der Religion die Ablehnung der Bundesverfassung bewirkt habe. Den Gegensatz zu den Bestrebungen führender konservativer Katholiken in Frankreich und Deutschland hervorhebend, heisst es: "Während allerwärts die ausgezeichnetsten Katholiken die Fahne der Religionsfreiheit aufpflanzen erblickt man in den Waldstätten darin den Untergang der Kirche"(1). Als noch schwaches, aber hoffnungsvolles Vorzeichen einer sich anbahnenden Aussöhnung mit dem Bundesstaat und der Kultusfreiheit muss indessen die Bereitschaft jener Katholiken der Innerschweiz bewertet werden, die sich mit der "Neuen Luzerner Zeitung" und dem "Schwyzer Volksblatt" nicht nur vom konfessionellen Dualismus der Sonderbundspolitik abzuwenden begonnen hatten, sondern in einer umfassenden Glaubens- und Kultusfreiheit eine der wichtigsten Grundlagen für den schweizerischen Bundesstaat zu erkennen begannen. Zu den insgesamt 241'642 damals ermittelten zustimmenden Schweizer Bürgern (2) zählten auch aus der Innerschweiz religiös konservativ gesinnte Katholiken, deren Blick nicht auf ihren Kanton und seine kirchenpolitischen Interessen beschränkt blieb.

---

(1) Basler Zeitung vom 2.9.1848. Das Schwyzer Volksblatt vom 8.9.1848 gab das Urteil der Basler Zeitung wörtlich wieder.

(2) E.Bonjour: Die Gründung des schweizerischen Bundesstaates, Basel 1848, S.184.

Nachdem 15 1/2 Stände offiziell ihre Zustimmung zur neuen Bundesverfassung bekanntgegeben hatten, erklärte sie die Tagsatzung am 12.September 1848 als mehrheitlich angenommen (1). Noch einmal gaben die Urkantone ihre Opposition gegen die Preisgabe des bisherigen Föderativsystems und althergebrachter Freiheiten schriftlich zu Protokoll. Über das Hauptmotiv der Verwerfung durch die Landsgemeinde des Kantons Uri erklärte seine Gesandtschaft: "Der vorzüglichste Grund lag unzweifelhaft im Verluste oder doch in der offenbaren Beeinträchtigung seiner konfessionellen und historischen Rechte. Diese waren, sind und bleiben der eigentlichste und vorzüglichste Stein des Anstoßes, welcher jenen wichtigen und mit so vieler Entschlossenheit gefaßten Entscheid hervorrief."(2). Da auch die Kantone Zug und Tessin bereits ihre Zustimmung erteilt hatten, fügten sich als letzte die katholischen Stände Uri, Schwyz, Unterwalden, Wallis und Appenzell-Innerrhoden zum Teil resigniert dem Mehrheitsbeschluß, womit das revolutionäre Vorgehen bei der Schaffung des demokratischen Bundesstaates (3) und damit der Rechtsetzung eines eidgenössischen Schutzes religiöser Freiheit für die Schweizer Bürger nachträglich einen legalen Abschluß fand (4).

---

(1) Eidg.Abschied 1848, Bd.2, S.70.

(2) Eidg.Abschied 1848, Bd.2, S.71; vgl. S.62 f und S.68, wo stets das religiöse Interesse bei der Verwerfung an erster Stelle erwähnt wird.

(3) Vgl.E.His: Geschichte des neuern Schweizerischen Staatsrechts, Bd.3, 1.Halbband, Basel 1938, S.24.

(4) Vgl.F.Fleiner: Die Gründung des schweizerischen Bundesstaates im Jahre 1848, Basel 1898, S. 26 ff.

SCHLUSSFOLGERUNGEN

Die Verfassungsgeschichte der religiösen Freiheit beweist die enge Verbindung ihrer Rechtsetzung mit der Entstehung der liberalen Demokratie. Ihre Aufnahme vollzog sich im schweizerischen Grundgesetz besonders mühsam. Den Wirren beim Werden des Bundesstaates entsprach die Schwierigkeit, für die Freiheit der Religion im eidgenössischen Recht eine zeitgemässe Fassung zu finden. Mehr als zwei Jahrhunderte mit vier Religionskriegen mussten vergehen, bis sich in der alten Eidgenossenschaft das Prinzip völliger konfessioneller Gleichberechtigung durchsetzte. Ein halbes Jahrhundert dauerte es, um die alteidgenössische Parität bleibend in ein im ganzen Bundesgebiet zu schützendes Individualrecht umzuwandeln.

Mit dem völlig säkularisierten helvetischen Staatsbegriff französischen Ursprungs war erstmals mit dem Schweizer Bürgerrecht die allgemeine Gewissens- und Kultusfreiheit eingeführt worden. Aber ebenso rasch wie die Preisgabe des schweizerischen Einheitsstaates, vollzog sich die Rückkehr zum Staatskirchentum und die Abwendung vom Naturrecht religiöser Freiheit. Ausser den Kantonen mit herrschender reformierter oder katholischer Religion gab es fortan als umstrittenes Novum auch konfessionell-paritätische Kantone mit zwei Staatsreligionen. Der Bundesvertrag von 1815, der auch das Niederlassungsrecht der Mediation fallen liess, enthielt kein allgemeines Religionsrecht mehr. Er schützte nur noch die Klöster. Seine Schwäche war offensichtlich.

Unrealistisch wie der Gedanke radikaler Demokraten, den revolutionären schweizerischen Einheitsstaat wieder herzustellen, erwies sich der reaktionäre geheime Reformplan Siegwart-Müllers, die Eidgenossenschaft im Sinn der alten Landfrieden konfessionell-dualistisch neu zu gestalten. Das Haupt des Sonderbundes hoffte, damit die Majorisierung durch die reformierte und liberale Mehrheit in der Tagsatzung in politischen wie in kirchlichen Belangen unmöglich zu machen. In dieser konfessionellen Politik lag die nationale Gefahr der gleichzeitigen Berufung der Jesuiten nach Luzern. Im selben Mass, wie sie die bereits vorhandenen konfessionellen Spannungen erhöhte, hemmte sie die Verwirklichung einer allgemeinen Religionsfreiheit im eidgenössischen Recht.

Badener Artikel, Klosterwirren, Jesuitenstreit und Sonderbundskrieg waren Symptome derselben politisch-religiösen eidgenössischen Krise, in der es letztlich um Probleme der religiösen Freiheit ging. Die Frage nach dem Verhältnis von Religion und Staat gehörte zu den schwierigsten der Bundesreform. In konfessionspolitischen Belangen radikalisierten sich die ideologisch antagonistischen Parteien gegenseitig derart, dass sie nur noch in der Gewalt die Lösung des Bundesdilemmas sahen. Erst der Sieg über den Sonderbund schuf die Voraussetzungen für den schweizerischen Bundesstaat mit einem Grundrecht religiöser Freiheit, das gegen die konfessionelle Trennung gerichtet war.

Die Verfassungsverhandlungen des Jahres 1848 über die Bundesreform bestätigten die Komplexität der religiösen Freiheit bei der Schaffung eines schweizerischen demokratischen Staates. Wie bei der Entscheidung über die Bundesstruktur wählten die Neuerer bei der Einführung eines religiös-paritätischen Grundgesetzes schliesslich den mittleren Weg, der historisches Recht mit dem demokratischen Gleichheitsprinzip zu verbinden suchte. Aus pragmatischen Gründen schufen sie einen für die Schweiz neuen Staatstypus, der überkonfessionell, aber nicht religiös neutral sein sollte und zugleich alle Kantone veranlassen würde, im Interesse der religiösen Freiheit und eines gesamtschweizerischen Bürgerrechts die konfessionelle Ausschliesslichkeit im Staatsrecht preiszugeben.

Die neue Parität der Konfessionen gewährte die Kultusfreiheit nur den anerkannten Bekenntnissen. Zugleich unterschied sie sich wesentlich vom vorhelvetischen Bundesrecht dadurch, dass es nicht mehr ein Vertragsrecht zwischen

Religionsparteien war, das in den souveränen Ständen der alten Eidgenossenschaft die Glaubenseinheit erhalten hatte. Die neue Parität war ein Individualrecht der Schweizer, das auf dem ganzen Gebiet der Eidgenossenschaft Gültigkeit haben sollte (1).

Vorgebildet war dieses Staatsrecht vor allem in den aus der Mediation und dem Bundesvertrag von 1815 hervorgegangenen paritätischen Kantonen. Sie hatten die gemischtkonfessionellen Gebiete der gemeinen Herrschaften in sich aufgenommen. Nicht von ungefähr spielten sie bei der Erneuerung des Bundes eine aktive Rolle. Alle, ausser Graubünden, hatten ihre Verfassungen regeneriert. In der Lösung des aargauischen Streits um die Parität und die konfessionelle Trennung, der zum Aufstand der katholischen Freiämter und zu den Klosterschliessungen geführt hatte, war die staatsrechtliche Ueberwindung des engen Konfessionalismus vorweggenommen. Vom Bundesstaat unterschied sich der paritätische Kanton jedoch dadurch, dass nur dieser und nicht die Eidgenossenschaft die Kirchenhoheit innehatte. Einzig in der religiösen Präambel und in dem Erfordernis der Christlichkeit bei den einzelnen Grundrechten knüpfte die Bundesverfassung an religiöse Traditionen an.

Der Einfluss der Verfassung der Vereinigten Staaten ist im Zweikammersystem, nicht aber in den religiösen Bestimmungen erkennbar. Im Unterschied zu ihrer Entstehung weist die schweizerische Bundesverfassung von 1848 deutliche Spuren des kirchenpolitischen Kampfes auf, der sie erst möglich machte. Eine völlige Trennung des Bundesrechts und des Kirchenrechts, wie sie Josef Munzinger, der mit J.P.V.Troxler bei der Einführung des amerikanischen

---

(1) Nach F.Fleiner brachte die Bundesverfassung von 1848 der Parität "den höchsten Triumph". Die Entwicklung der Parität in der Schweiz, Separatabdruck aus der Zs.f.Schweiz.Recht NFXX, S. 118.

Bikameralismus die Hauptrolle spielte, ursprünglich erstrebt hatte, unterblieb. Der Antiklerikalismus der Radikalen, der sich sowohl gegen den katholischen als auch den reformierten Konservativismus richtete, führte zu Einschränkungen der Gleichberechtigung.

Im Artikel 64 der neuen eidgenössischen Verfassung wurde die Wahlfähigkeit in den Nationalrat auf Schweizer Bürger weltlichen Standes beschränkt. Die Rechte der katholischen Kirche und die Freiheit ihrer Ordensmitglieder erfuhren durch die von Zürich beantragte Aufnahme des Jesuitenartikels in die Bundesverfassung eine schwer zu behebende Einbusse. Die Beschränkung der Kultusfreiheit auf die anerkannten Bekenntnisse, für die Henri Druey die Hauptverantwortung trug, war offensichtlich gegen die dissidenten waadtländischen Pfarrer und die evangelische Freikirche gerichtet. Im Unterschied zum Jesuitenverbot handelte es sich im Religionsartikel nur um den Entzug des Bundesschutzes für die nicht anerkannten Gottesdienste.

Keinen direkten Schutz gewährte die Bundesverfassung der Freiheit der Kirchen. Dies ist eine Folge des klerikalen Widerstandes gegen den religiösen Liberalismus der radikalen Neuerer. Die heftigen Auseinandersetzungen der 40er Jahre hatten in der Eidgenossenschaft die Geister allzu sehr geschieden. So konnte es im Jahr 1848 nicht,wie in Frankreich und Deutschland, zu einer nationalen Verständigung zwischen dem politischen Liberalismus und dem religiösen Konservativismus kommen. Wo sich dazu Ansätze zeigten, waren sie zu wenig wirksam, um mit der Vereinheitlichung der Schweiz die kirchliche Freiheit zu gewährleisten.

Das vom Selbstverständnis der Kirchen her fragwürdig gewordene Staatskirchentum in den Kantonen blieb, im Unterschied zum Grundgesetz der deutschen Nationalversammlung,unangetastet (1). Die eidgenössische Verfassung gab im Religionsartikel dem Bund die ausdrückliche Rechtskompetenz, auch in Angelegenheiten der Kirchen einzugreifen, sofern dies im Interesse des religiösen Friedens geschah. Dadurch konnten sich latente Konflikte namentlich zwischen dem Staat und der katholischen Hierarchie verschärfen. Die Bundesverfassung liess Fragen des kanonischen Rechts offen.

Trotz dieser Mängel und der Einschränkung des paritätischen Grundrechts, kommt der Bundesverfassung vom 12.September 1848 für die freie Rechtsentfaltung der Religion und die religiöse Nichtdiskriminierung im Staats- und Bürgerrecht entscheidende Bedeutung zu. Sie durchbrach zum ersten Mal in einem frei geschaffenen eidgenössischen Verfassungsrecht den konfessionellen Absolutismus, der Reformierten in mehreren katholischen Kantonen weder die Niederlassung noch den freien Gottesdienst möglich gemacht hatte. Sie zwang auch reformierte und katholische Stände, die bisher dem anderen Kultus nur Duldung und deren Anhängern keine bürgerliche Gleichberechtigung gewährten, zu religiös liberalen Aenderungen des Staatsrechts. Auch in den paritätischen Kantonen, wo die Gemeinden noch meist konfessionell gesondert waren, wurden durch den Niederlassungs- und den Religionsparagraphen von Bundes wegen der Intoleranz Grenzen gesetzt. Dies erleichterte die religiöse Vermischung der Bevölkerung und kam der Toleranz zugute.

Der eidgenössische Grundrechtskatalog von 1848 enthielt Hinweise auf ein freieres Verhältnis der Religion

---

(1) Das 19.Jahrhundert band das Landeskirchentum noch fester an den Staat. Vgl. R.Bäumlin: Die evangelische Kirche und der Staat in der Schweiz seit dem Kulturkampf, in: Zs.der Savigny-Stiftung für Rechtsgeschichte, Bd. 76, Weimar 1959, S. 249 ff.

zum Staat als es der Religionsartikel zum Ausdruck brachte. Wo es sich um bürgerliche Freiheitsrechte ohne direkten Bezug auf den Gottesdienst handelte, gingen die Schöpfer der Bundesverfassung über die Beschränkung auf die anerkannten Konfessionen hinaus. Sie forderten für die Niederlassung und das Schweizer Bürgerrecht nur die Christlichkeit. Dabei liessen sie den Begriff ebenso unklar wie jenen der Anerkennung beim Kultus. In Wirklichkeit schloss er nur noch das jüdische Bekenntnis aus.

Eine wichtige Voraussetzung für eine weitere Liberalisierung des Religionsrechts war, dass die Bundesverfassung den Ständen die Kompetenz liess, im Rahmen der eidgenössischen Bestimmungen ihre Grundrechte frei zu gestalten. Wichtige Ansätze für die Erweiterung der religiösen Freiheit enthielt bereits das Verfassungsrecht reformierter Kantone. So hatte Baselstadt als erster Stand schon 1833 die humanistisch und pietistisch geprägte Toleranz gegenüber allen christlichen Kulten zum Verfassungsrecht gemacht. Unter aufklärerisch-naturrechtlichen und neucalvinistisch-methodistischen Einflüssen erhoben die Kantone Bern, Genf und Neuenburg in den Jahren 1846, 1847 und im Frühjahr 1848 die allgemeine Freiheit des Gottesdienstes zum Grundrecht. Protestanten und Katholiken, religiös Liberale und Konservative, Laien und Geistliche hatten diese Entwicklung gefördert. Doch erst der Radikalismus verwirklichte die allgemeine Kultusfreiheit unter Anlehnung an das französische Verfassungsrecht. Durch die europäische Revolution, die das Recht des Menschen, seine Religion frei zu wählen und sich zu ihr ohne bürgerliche Diskriminierung zu bekennen, als eines der ersten Freiheitsrechte propagierte, zeigte sich im Jahr 1848 in den kantonalen Räten in grösserem Umfang die Bereitschaft zu einer religiös freieren Formulierung des eidgenössischen Grundgesetzes. Erstes Symptom war die überraschend hohe Zustimmung, die Christian Schönbeins

Antrag auf ein unveräusserliches Recht religiöser Freiheit im Basler Grossen Rat bei Liberalen und Konservativen fand. Zeitbedingt war auch die überraschende Einwilligung der aargauischen Radikalen, die Gewissensfreiheit durch die allgemeine Kultusfreiheit zu konkretisieren, wie dies die Berner Verfassung bereits 1846 getan hatte. Sie fehlte bisher im Verfassungsrecht des Kantons Aargau.

Die Glaubensfreiheit oder Gewissensfreiheit hatten die reformierten oder paritätischen Kantone Zürich, Bern, Baselland, Aargau, Thurgau und Glarus schon in den 30er Jahren in ihre regenerierten Verfassungen aufgenommen. Ihre Rechtsdeutung und Rechtswirkung aber war umstritten geblieben. So hinderte die thurgauische Verfassung weder den Taufzwang noch schützte das liberale Grundgesetz Zürichs den formellen Austritt der Neutäufer aus der Staatskirche. Von Papst und Kurie war die Gewissensfreiheit als Ausdruck des Unglaubens bekämpft worden. Die Kirche Zwinglis hatte sie während Jahrhunderten auf das Forum internum beschränkt. Die radikalen Freisinnigen handhabten sie als ein Werkzeug, um mit politischen Mitteln innerkirchliche Reformen herbeizuführen, die auch das Glaubensbekenntnis berührten. Die Tagsatzungsmehrheit zog es vor, den Antrag Frey-Hérosés auf allgemeine Gewissens- und Kultusfreiheit abzulehnen. Sie wurde erst in der Bundesverfassung von 1874 verwirklicht.

Von einem Vorrang der religiösen Freiheit bei der Rezeption der Bürgerrechte in der Bundesverfassung kann nicht die Rede sein. Die helvetische Verfassung nennt im 6. Artikel die Gewissens- und Kultusfreiheit. Sie folgt unmittelbar auf die Erklärung von der unveräusserlichen Freiheit des Menschen. In den Bundesentwürfen von 1832 und 1833 ist zwar von der Niederlassungsfreiheit, nicht aber von der Freiheit der Religion die Rede. Das eidgenössische Grundgesetz von 1848 spricht im 44. Artikel von der Kultusfreiheit für die anerkannten Konfessionen. Dem Religionsartikel voran geht an erster Stelle unter den Grundrechten die Freizügigkeit. Es folgen Bestimmungen über das Schweizer Bürgerrecht und die Unverlierbarkeit des Bürgerrechts. Eine naturrechtliche Erklärung nach dem Vorbild der französischen Verfassung fehlt.

Den Schöpfern des Bundesstaates war indessen die staatspolitisch konstitutive Bedeutung der konfessionellen Parität bewusst. Mit der Befreiung des Kultus von den engen kirchlichen Schranken des Rechts und der Gewohnheit konnten auch religiöse Bindungen leichter fallen, die einer nationalen Erweiterung der politischen Volksrechte im Wege standen. Josef Munzingers wiederholte und von den Gesandten der Innerschweiz unterstützte Bemühungen, die Kultusfreiheit nur in Verbindung mit der Niederlassungsfreiheit aufzunehmen, scheiterten. Was die Liberalen der 30er Jahre nicht gewagt hatten, vollzogen die Radikalen von 1848.

Die Volksabstimmungen über den eidgenössischen Verfassungsentwurf zeigten, dass der Widerstand gegen die Preisgabe der Glaubenseinheit im Staatsrecht nur noch in katholisch-konservativen Kantonen eine wesentliche Rolle bei der Verwerfung spielte. Er vermochte jedoch die Gründung des religiös pluralistisch angelegten Bundesstaates nicht mehr zu verhindern.

B I B L I O G R A P H I E

Abt Siegfried : Der Aufruhr im Freiamt vom Januar 1841, Aarau 1874.
Abt (Dr.von Esslingen) : Die Schweiz, ihre Gegenwart und Zukunft. Eine Denkschrift zur richtigen Beurteilung ihrer politischen Entwicklung seit dem Jahre 1831 bis zur gewaltsamen Auflösung des Sonderbundes, Frankfurt a.M. 1848.
Aebli Joh.Peter : Schilderung der Zerwürfnisse in der Schweiz 1830 bis 1833 nach amtl. und authentischen Urkunden.
Ainsworth A.D.: The relations between Church and State in the city and canton of Geneva, Atlanta (USA) 1965.
Amschwand P.Rupert : Abt Adalbert Regli und die Aufhebung des Klosters Muri, Sarnen 1955/56.
Apelt W.: Hegelscher Machtstaat oder Kantsches Weltbürgertum, München 1948.
Appelt D.: Die Idee der Toleranz unter Joseph II., Wien 1950.
Aubert Roger : Le pontificat de Pie IX, in: Histoire de l'Eglise depuis les origines jusqu'à nos jours, Bd.21, 1952.
Bachofen Johann Jakobus : Augenzeugenbericht von der Schwyzer Landgemeinde am Rotenthurm vom September 1847.
Bächtold Carl August : Die Entwicklung der Stadt Schaffhausen unter Stadtpräsident Johann Heinrich Im Thurm, 1835-1845, Schaffhausen 1959.
Baggesen Karl J.: Vorstellung des Präsidenten der Synode an den Regierungsrath des Kantons Bern, Bern 1847.
Bähler Rudolf Albrecht : Die Gründung der evangelisch-reformierten Gemeinde, Kirche und Schule zu Freiburg in der Schweiz, 1838.
Bainton Roland H.: David Joris, Wiedertäufer und Kämpfer für die Toleranz im 16.Jahrhundert, Leipzig 1937.
Balthasar (Joseph Anton) Felix (von): De Helvetiorum juribus circa sacra, Zürich 1768.
Balthasar (Joseph Anton) Felix (von): Kurzer historischer Entwurf der Freiheiten und der Gerichtsbarkeit der Eidgenossen in sogenannten geistlichen Dingen, Rapperswil 1833.
Barmann Maurice : La Contre-Révolution en Valais, au mois de mai 1844, Vevey 1844. Uebersetzt von L.Snell: Die Ereignisse im Kanton Wallis, Zürich/Winterthur 1844.
Barth Karl : Die protestantische Theologie im 19.Jahrhundert, Zollikon/Winterthur 1844.
Bastid Paul : Benjamin Constant et sa doctrine, Bd.2, Paris 1966.
Bauer Johann Bapist : Neue wichtige Bedenken über die Annahme oder Verwerfung des neu revidierten Verfassungsentwurfs, dem aargauischen Volk, besonders dem katholischen Teil desselben zur Beherzigung vorgelegt.

Baumgartner Gallus Jakob : Geschichte des Kantons St. Gallen von 1830-1850, Einsiedeln 1890.

Baumgartner Gallus Jakob : Geschichte des Schweizerischen Freistaates und Kantons St.Gallen, Bd.2, Zürich/Stuttgart 1868.

Baumgartner Gallus Jakob : Die Schweiz in ihren Kämpfen und Umgestaltungen von 1830 bis 1848, Bd.1, Zürich 1853; Bd.2, Zürich 1854; Bd.3, Zürich 1865; Bd.4, Zürich 1866.

Baumgartner Paul : Jeremias Gotthelfs "Zeitgeist und Bernergeist", Bern 1945.

Bäumlin Richard : Die evangelische Kirche und der Staat in der Schweiz seit dem Kulturkampf, in: Zs.der Savigny-Stiftung für Rechtsgeschichte, Bd.76 (Sonderdruck), Weimar 1959.

Bergsträsser Ludwig : Die Verfassung des deutschen Reiches vom Jahre 1849. Mit Vorentwürfen, Gegenvorschlägen und Modifikationen bis zum Erfurter Parlament, Bonn 1913.

Beringer Ulrich : Der Zofingerverein während der Regenerationszeit 1830-1847, in: Geschichte des Zofingervereins, Bd.2, Basel 1907.

Bernet Alois und Boesch Gottfried : Josef Leu von Ebersoll und seine Zeit, Luzern 1945.

Berthoud Edmond : Des rapports de droit entre l'état et l'église dans le canton de Neuchâtel au 18e siècle, de la Réformation à nos jours, Neuenburg 1895.

Binet Edmond Charles : La Séparation de l'Eglise et de l'Etat, son application à Genève, Bellegarde 1921.

Blanke Fritz : Brüder in Christo, Zürich 1955.

Blau Joseph L.: Cornerstones of Religious Freedom in America, Boston 1950.

Bloesch Emil : Geschichte der schweizerisch-reformierten Kirchen, Bern, Bd.1, 1898; Bd.2, 1899.

Blumer Johann Jakob : Staats- und Rechtsgeschichte der schweizerischen Demokratien, Bd.1, St.Gallen 1858.

Blunschi Oswald : Die Rechtsstellung der römisch-katholischen Kirche im Kanton Baselland, Reinach/Basel 1952 (Maschinenabschrift in Landesbibliothek, Bern).

Bluntschli Joh.Caspar : Geschichte des Rechts der religiösen Bekenntnisfreiheit, 1867/58.

Bluntschli Joh.Caspar : Geschichte des schweizerischen Bundesrechtes, Bd.1, Stuttgart 1875.

Bluntschli Joh.Caspar : Der Sieg des Radikalismus über die katholische Schweiz und die Kirche im Allgemeinen. Vom Standpunkt des Rechts und der Politik, Schaffhausen 1850.

Bluntschli Jonas Karl : Denkwürdiges aus meinem Leben, Bd.1, Nördlingen 1884.

Bluntschli Jonas Karl : Geschichte des Jesuitenkampfes in der Schweiz, Zürich 1845.

Bluntschli Jonas Carl : Geschichte des Schweizerischen Bundesrechtes von den ersten ewigen Bünden bis auf die Gegenwart, Bd.1, Zürich 1849.
Bluntschli Jonas Carl : Psychologische Studien über Staat und Kirche, Zürich/Frauenfeld 1844.
J.C. Bluntschlis Denkschrift vom Juni 1847 an Pius IX.
Bohatec Josef : Calvins Lehre von Staat und Kirche, Breslau 1937.
Bohatec Josef : England und die Geschichte der Menschen- und Bürgerrechte, Graz/Köln 1956.
Bohatec Josef : Miltons Freiheitslehre, in: England und die Geschichte der Menschen- und Bürgerrechte, Graz/Köln 1956.
Bohatec Josef : Die Vorgeschichte der Menschen- und Bürgerrechte in der englischen Publizistik der ersten Hälfte des 17.Jahrhunderts, in: England und die Geschichte der Menschen- und Bürgerrechte, Graz/Köln 1956.
Boner Georg : Katholiken und aargauischer Staat im 19.Jahrhundert, Erbe und Auftrag. Festgabe zum aargauischen Katholikentag im Jubiläumsjahr 1953, Baden 1953.
Bonet-Maury Gaston : Histoire de la Liberté de Conscience en France depuis l'Edit de Nantes jusqu'à juillet 1870, Paris 1900.
Bonjour Edgar : Europäisches Gleichgewicht und schweizerische Neutralität, in: Die Schweiz und Europa, Bd.1, Basel 1958.
Bonjour Edgar : Geschichte der Schweiz im 19.und 20. Jahrh., in: Geschichte der Schweiz, Bd.2, Zürich 1938.
Bonjour Edgar : Geschichte der schweizerischen Neutralität, Bd.1, Basel 1965.
Bonjour Edgar : Geschichtsschreibung der Schweiz, Bd.1, Basel/Stuttgart 1962.
Bonjour Edgar : Die Gründung des Schweizerischen Bundesstaates, Basel 1948.
Bonjour Edgar : Die Schweiz und England, Bern 1934.
Bonjour Edgar : Die Universität Basel von den Anfängen bis zur Gegenwart 1460-1960, Basel 1960.
Bonjour Edgar : Vor hundert Jahren. Die Wiederherstellung der Volksherrschaft im Kanton Bern, Bern 1931.
Bonjour Edgar und Bruckner Albert : Basel und die Eidgenossen, Basel 1951.
Bornhauser Thomas : Verfassungen der Kantone der schweizerischen Eidgenossenschaft, Bd.1, Trogen 1833; Bd.2,1836.
Borter Leopold :Kirche, Klerus und Staat des Wallis von 1839 bis 1849, in: Blätter aus der Walliser Geschichte, 13.Bd., 2.Jg., Brig 1962.
Bossard, Discours de M.le Dr., Avocat à Fribourg, dans la séance du Grand Conseil du 9 juin 1849, au sujet de l'alliance entre les cantons qui ont pris part à la Conférence de Lucerne, Fribourg 1846.
Bost Ami :Défense de ceux des fidèles de Genève qui se sont constitués en Eglise indépendante contre les sectaires de cette ville, Genf 1825.

Bridel Philippe-Sirice : Essai statistique sur le Canton de Vaud, Zürich 1818.
Bronner Xaver Franz : Der Kanton Aargau, historisch, geographisch, statistisch geschildert, Bd.2, St.Gallen/Bern 1844.
Brüllmann Fritz : Die Befreiung des Thurgaus 1798, Weinfelden 1948.
Brun Maurice : Essai de l'état moral et religieux du peuple vaudois avant le réveil, Lausanne 1908.
Brunner Emil : Die denkwürdige Geschichte der Mayflower Pilgerväter, Basel 1920.
Brunner Emil : Gerechtigkeit, Zürich 1943.
Brunner Emil : Der Kanton Zürich in der Mediationszeit, in: Schweizer Studien zur Geschichtswissenschaft, Bd.1, Heft 1, Zürich 1909.
Brunner Emil : Kants Schrift "Vom ewigen Frieden", in: Festschrift für Max Huber "Vom Krieg und vom Frieden", Zürich 1944.
Bucher Erwin : Die Geschichte des Sonderbundskrieges, Zürich 1966.
Bucher J.B.: Der Bürgerkrieg in der Schweiz in seiner Veranlassung, Wirklichkeit und seinen Folgen, umfassend den Zeitraum von 1830 bis zur Einführung der neuen Bundesverfassung 1848, Einsiedeln 1850.
Burckhardt Carl Jakob : Jeremias Gotthelf und die Politik, in: Schweizerische Monatshefte für Politik und Kultur, Zürich 1925/26.
Burckhardt Jacob : Weltgeschichtliche Betrachtungen, Bern 1941.
Burckhardt Karl Christoph : Neuzeitliche Wandlungen des Verhältnisses zwischen Staat und Kirche in der Schweiz, in: Polit.Jahrbuch der Schweiz.Eidgenossenschaft, 24. Jg., Bern 1910.
Burckhardt Ludwig August : Der Kanton Basel, historisch, geographisch, statistisch geschildert, Basel-Stadtteil, Bern/St.Gallen 1841.
Burckhardt Paul : Geschichte der Stadt Basel von der Reformation bis zur Gegenwart, Basel 1942.
Burckhardt Paul : Die Geschichte der Stadt Basel von der Trennung des Kantons bis zur neuen Bundesverfassung (90.Neujahrsblatt), Basel 1912, 1.Teil; (92.Neujahrsblatt), Basel 1914, 3.Teil.
Burnier Louis : Lettre d'un Américain vom 28.12.1841 (Lausanne, M.Ducloux 1841-1842).
Bussard G.J.: Auch ein Wort zur Bundesverfassung, Luzern 1848.
Camenisch Emil : Bündnerische Reformationsgeschichte, Chur 1920.
Campel Ulrich : (Ulrici Campelli: Historia Raetica) "Singulis utriusque sexus et cuiuscumque conditionis et ordinis hominibus intra foederatorum Rhaetorum ditionis fines incolentibus liberum stet, ex hisce duabus Romana".

Carr R.K.: Die Grundrechte in den Vereinigten Staaten, in: Die Grundrechte, Bd.1, Berlin 1967.
Cart Jean : Histoire de la liberté des cultes dans le canton de Vaud, Lausanne 1890.
Cart Jean : Histoire du Mouvement Religieux et Ecclésiastique dans le Canton de Vaud pendant la première moitié du 19e siècle, Lausanne, Bd.1, 1870; Bd.2, 1871; Bd.3, 1876; Bd.4, 1876; Bd.5, 1879; Bd.6, 1880.
Castella Gaston : Histoire du Canton de Fribourg depuis les origines jusqu'en 1857, Fribourg 1922.
Cherbuliez Antoine Elisée : De la Démocratie en Suisse, Bd.1, Paris/Genf 1843.
Christinger Jacob : Thomas Bornhauser, Frauenfeld 1875.
Clerc François : La liberté religieuse en Suisse, Bd.1, Paris 1937.
Clerc J.: Histoire de la tolérance au siècle de la Réforme, 1955.
Comment Albert, Huber Hans, Greyerz Hans von : Gutachten über die Vereinigungsurkunde des Jura mit dem Kanton Bern, Bern 1948.
Constant Benjamin : Cours de politique constitutionnelle, Bd.1, Paris 1872.
Constant Benjamin : De l'Esprit de Conquête et de l'Usurpation dans leur rapports avec la Civilisation Européenne, in: Oeuvres, Paris 1957.
Constant Benjamin : Principes de Politique, in: Oeuvres de Benjamin Constant, Paris 1957.
Constant Benjamin : De la religion, considérée dans sa source, ses formes et ses développements, Bd.1, Paris 1826.
Oeuvres de Benjamin Constant, in: Mélanges de Littérature et de Politique, Paris 1957.
Correll Ernst H.: Das schweizerische Täufermennonitentum, Tübingen 1925.
Cranston M.: John Locke, London/New York/Toronto, 1957.
Curtat Louis Auguste : De l'établissement des conventicules dans le canton de Vaud, Lausanne 1821.
Curtat Louis Auguste : De la liberté des cultes dans ses seuls rapports avec la constitution du canten de Vaud, Lausanne 1831.
Dahlmann, Mühlfeldt und Robert von Mohl : Vorentwurf 1848
Damour Carl : Die Kirchenpolitik der Helvetik und Philipp Albert Stapfer, 1930.
Dändliker Carl : Geschichte und Stadt des Kantons Zürich, Bd.3, Zürich 1912.
Dändliker Karl : Der Ustertag und die politische Bewegung der Dreissiger Jahre im Canton Zürich, Zürich 1881.
Deguise Pierre : Benjamin Constant méconnu. Le livre "De la religion", Genf 1966.
Derendinger Julius : Geschichte des Kantons Solothurn von 1830-1841, Basel 1919.
Deriaz Ernest : Un homme d'état vaudois, Henry Druey, Lausanne 1920.

Deslandres Maurice : Histoire constitutionnelle de la France de 1789 à 1870, Bd.1, Paris 1932.
Dictionary of American History, New York 1940.
Dierauer Johannes : Geschichte der Schweizerischen Eidgenossenschaft, Gotha, Bd.3 1922; Bd.4 1921; Bd.5 1922.
Dierauer Johannes : Der Kanton St.Gallen in der Regenerationszeit, St.Gallen 1902.
Diethelm Ernst : Die naturrechtlichen Staatstheorien der französischen Revolution und ihr Einfluss auf die eidg. und kantonalen Verfassungen nach 1798.
Döllinger Ignaz von : Kleine Schriften.
Döllinger Ignaz von : Reformationsgeschichte 1848.
Dorer Edward : Entlassungsgesuch des Herrn Regierungsraths Edw.Dorer, Zürich 1842.
Droysen Johann Gustav : Die Verhandlungen des Verfassungs-Ausschusses der deutschen Nationalversammlung, 1849.
Dufour Guillaume Henri : Der Sonderbunds-Krieg und die Ereignisse von 1856, Basel 1876.
Dumont Maurice : Les anabaptistes en Pays neuchâtelois, Diss.in Maschinenschrift der Theol.Fakultät, Neuenburg 1937.
Durant Will u.Ariel : Das Zeitalter Voltaires, Bern/München 1967.
Dürr Emil : Das eidgenössische Schützenfest von 1844 in Basel in der Beurteilung Jeremias Gotthelfs, Jacob Burckhardts und Gottfried Kellers, in: Neue Schweizer Rundschau, 5.Jg., Zürich 1837/38.
Duvergnier Maurice und Sfez Lucien : Die staatsbürgerlichen Freiheitsrechte in Frankreich und in der Union Française, in: Die Grundrechte, Bd.1, Berlin 1967.
Eckinger Karl : Lord Palmerston und der Schweizer Sonderbundskrieg, Berlin 1938.
Eggenberger Oswald : Die Freikirchen in Deutschland und in der Schweiz und ihr Verhältnis zu den Volkskirchen, Zürich/Stuttgart 1964.
Egret Jean : La dernière Assemblée du Clergé de France, in: Revue Historique, Bd.219, Jg.82, Paris 1958.
Enzyklika "Diuturnum illud" vom 29.6.1881.
Erb Aug.: Toleranz, Intoleranz und Parität, Zürich 1897.
Escher H.: Ueber die Philosophie des Staatsrechts mit besonderer Beziehung auf die Hallersche Restauration,1821.
Favarger Philippe : Une émigration de piétistes zurichois dans le pays de Neuchâtel au 18e siècle, Neuenburg 1910.
Fazy Henri : Les constitutions de la République de Genève, Genf/Basel 1890.
Fazy James : Kommissionalbericht von J.Fazy, in: Mémorial des séances du Grand Conseil Constituant, Bd.2, Genf 1846.
Fazy James : Les Mémoires de James Fazy, Genf 1947.
Fazy James : Projet de Constitution Fédérale, Genf 1837.
Fazy-Pasteur Marc-Antoine : Examen du Projet de Constitution, Genf 1847.
Feller Richard : Berns Verfassungskämpfe 1846, Bern 1948.

Feller Richard : Geschichte der Schweiz im 17.u.18.Jahrh., in: Geschichte der Schweiz, Bd.2, Zürich 1938.
Feller Richard : Die Universität Bern, Bern/Leipzig 1935.
Finsler Georg : Kirchliche Statistik der reformierten Schweiz, Zürich 1856.
Finsler Georg : Die religiöse Erweckung der zehner und zwanziger Jahre unsers Jahrhunderts in der deutschen Schweiz, in: Zürcher Taschenbuch auf das Jahr 1890.
Fleiner Fritz : Aargauische Kirchenpolitik in der Restaurationszeit, in: Taschenbuch der historischen Gesellschaft des Kantons Aargau für das Jahr 1896, Aarau 1896.
Fleiner Fritz : Entstehung und Wandlung moderner Staatstheorien in der Schweiz, Zürich 1916.
Fleiner Fritz : Die Entwicklung der Parität in der Schweiz, in: Zeitschrift für schweizerisches Recht, N.F.XX, Heft 2, Basel 1901 (Separatabdruck).
Fleiner Fritz : Die Gründung des schweizerischen Bundesstaates im Jahre 1848, Basel 1898.
Flückiger Ernst : Die Reformation in der gemeinen Herrschaft Murten und die Geschichte der reformierten Kirche im Murtengebiet und im Kanton Freiburg, Bern 1930.
Fraenkel O.K.: Bürgerliche Freiheiten. Grundrechte und verfassungsmässige Freiheiten in den USA, Wiesbaden 1950.
Franscini Stephan : Neue Statistik der Schweiz, Bd.1, Bern 1848; Bd.2, Bern 1849.
Franscini Stephan : Neue Statistik der Schweiz, Nachtrag, Bern 1851.
Franscini's (Stefano) Statistik der Schweiz, Aarau 1829.
Franz Eckhart G.: Das Amerikabild der deutschen Revolution von 1848/49. Zum Problem der Uebertragung gewachsener Verfassungsformen, Heidelberg 1958.
Freund M.: Die Idee der Toleranz im England der Grossen Revolution, Halle/Saale 1927.
Freuler Franz : Die Kultusfreiheit und die Kultuspolizei im Bunde und in den Kantonen, Stans 1908.
Freymund Christian : Die Bestrebungen der aargauischen Katholiken, ihre Kirche durch konfessionelle Trennung zu sichern, 1840.
Fröbel Julius : Die Bedeutung der Kirche und des Kultus auf der Stufe freier, menschlicher Bildung, 1840.
Fröbel Julius : Verbrechen der Religionsstörung nach den Gesetzen des Kantons Zürich, Zürich/Winterthur 1844.
Furrer Jonas : Einleuchtender Bericht über den Entwurf der neuen Eidgenössischen Bundesverfassung, in: Zürcher Taschenbuch auf das Jahr 1948, Zürich 1948.
Furrer Otto : Geschichte der solothurnischen Verfassungen bis 1848, Solothurn 1940.
Gagliardi Ernst : Geschichte der Schweiz, Bd.2, Zürich/Leipzig 1938.
Gall Lothar : Benjamin Constant. Seine politische Ideenwelt und der deutsche Vormärz, Wiesbaden 1963.

Gareis Carl und Zorn Philipp : Staat und Kirche in der Schweiz, Bd.1, Zürich 1877; Bd.2, Zürich 1878.
Gasparin Agénor de : Christianisme et Paganisme ou principes engagés dans la crise ecclésiastique du canton de Vaud, Genf/Paris 1848.
Geiser Samuel Henri : Die Taufgesinnten Gemeinden im Rahmen der allgemeinen Kirchengeschichte, Courgenay 1971.
Gelzer Heinrich : Die Straussischen Zerwürfnisse in Zürich von 1839, Hamburg/Gotha 1843.
Gerber Ed.: Das bleibende Anliegen des Täufertums, in: Kirchenblatt für die reformierte Schweiz (23.Jan.1969) 125. Jg., Nr.2.
Geschichte der Landschaft Basel und des Kantons Basellandschaft, Liestal 1932.
Giacometti Zaccaria : Die Genesis von Cavours Formel: Libera Chiesa in libero Stato, in: Zürcher Beiträge zur Rechtswissenschaft, Heft 72, 1919.
Giacometti Zaccaria : Quellen zur Geschichte der Trennung von Staat und Kirche, Tübingen 1926. Storia d'Italia, Bd.3, Turin 1965.
Giacometti Zaccaria u.Fleiner Fritz : Schweizerisches Bundesstaatsrecht, Zürich 1969.
Ginsburger E.: Histoire des Juifs de Carouge.
Godet Frédéric : Trois dates dans nos Annales ecclésiastiques: 1838 - 1848 - 1873, Neuenburg 1874.
Goltz Hermann von der : Die reformierte Kirche Genf's im neunzehnten Jahrhundert, Basel und Genf 1862.
Görres Joseph : Athanasius, Regensburg 1838.
Gotthelf Jeremias : Die Jesuiten und ihre Mission im Kanton Luzern, in: Neuer Berner Kalender für das Schaltjahr 1844.
Gotthelf Jeremias : Referat über die Visitationsberichte der Pfarrämter des Kantons Bern, zuhanden der Synode pro 1845, Bern 1845.
Gotthelf Jeremias : Sämtliche Werke, Briefe, Bd.4, Zürich 1951.
Gratz Delbert Leroy : Bernese Anabaptists, Scottdale, Pennsylvania 1953.
Greyerz Hans von : Bundesstaatliche Reformversuche in der Eidgenossenschaft von 1848, in: Berner Zs.f.Gesch.u.Heimatkunde, Heft 3, Bern 1948.
Gruner E.: Das Bernische Patriziat und die Regeneration, 1943.
Gruner Paul : Die Stillen im Lande und die Evangelische Allianz, Bd.1, Bern 1950.
Guggisberg Kurt : Bernische Kirchengeschichte, Bern 1958.
Guggisberg Kurt : Der Zellerhandel in Bern, 1847, in: Zwingliana, Bd.8, Heft 1, 1944.
Gutzwiller Stephan : Basels Verfassungsänderungen in den Jahren 1798, 1803 und 1814, ihr Verhältnis unter sich und zum Jahr 1830, Zürich 1830.
Haas M.: Täufertum und Volkskirche, Faktoren der Trennung, in: Zwingliana, Bd.XIII, Heft 4.
Haefeli Fritz : Die Appenzeller Zeitung und die schweizerische Politik in den Jahren 1828-1830, in: Appenzellische Jahrbücher, Trogen 1914.

Haefeli Fritz : Die Verfassungsbewegungen in Appenzell A.Rh. während der Regenerationszeit, Trogen 1916.
Haefliger Hans : Bundesrat Josef Munzinger, Solothurn 1953.
Hagenbach Eduard : Christian Friedrich Schönbein, Basel 1868.
Halder Nold : Geschichte des Kantons Aargau 1803-1853, 1.Bd., Aarau 1953.
Haller Carl Ludwig von : Restauration der Staatswissenschaften, 1814-1834.
Haller Ernst : Die rechtliche Stellung der Juden im Kanton Aargau, Aarau 1901.
Hänggi P.J.: Die katholische Kirche, in: Basel Stadt und Land, Basel 1937.
Häni E.: Die Entstehung und Entwicklung des Schweiz.Bürgerrechtes bis zu Beginn des 19.Jahrhunderts. Eine rechtshistorische Studie, St.Gallen 1933.
Hartung Fritz : Die Entwicklung der Menschen- und Bürgerrechte von 1776 bis zur Gegenwart. Göttingen/Berlin/Frankfurt 1964.
Heer Eugen : Das aargauische Staatskirchentum von der Gründung des Kantons bis zur Gegenwart, Wohlen 1918.
Heer Gottfried : Geschichte des Landes Glarus, Bd.1, Glarus 1898.
Heimann Rudolf Arnold : Johann Ulrich Ochsenbein. Der Mensch - Der Politiker - Der Staatsmann, Bern 1954.
Herdi Ernst : Geschichte des Thurgaus, Frauenfeld 1943.
Herzog Eduard : Ueber Religionsfreiheit in der helvetischen Republik mit besonderer Berücksichtigung der kirchlichen Verhältnisse in den deutschen Kantonen, Bern 1884.
Herzog K.: Protokoll der ersten Konferenz des katholischen Sonderbundes, abgehalten den 13.u.14.Herbstmonat 1843 im Bade Rothen bei Luzern, Bern 1846.
Heusler Andreas : Schweiz.Verfassungsgeschichte, Basel 1920.
Hildebrandt Walter : Der "Straussenhandel" in Zürich (1839) im Spiegel der zeitgenössischen Literatur, Zürich 1939.
Hilty Carl : Die Bundesverfassungen der schweizerischen Eidgenossenschaft, Bern 1891.
Hilty Carl : Oeffentliche Vorlesungen über die Helvetik, Bern 1878.
Hirzel Melchior : Eröffnungsrede von Melchior Hirzel, Bürgermeister des Standes Zürich, in: Verhandlungen der Helvetischen Gesellschaft zu Richtenschweil, 1832.
His Eduard : Amerikanische Einflüsse im schweizerischen Verfassungsrecht, 1920.
His Eduard : Basler Staatsmänner des 19.Jahrh. Basel 1930.
His Eduard : Briefwechsel zwischen G.v.Wyss und Andreas Heusler-Ryhiner, in: Basler Zs.f.Gesch.u.Altertumskunde, 32.Jg., Basel 1933.
His Eduard : Geschichte des neuern schweiz.Staatsrechts, Bd.1, Basel 1920; Bd.2, 1929; Bd.3, 1938, 1.Halbband.
His Eduard : Luzerner Verfassungsgeschichte der neuern Zeit 1798-1940, Luzern 1944.
Histoire de Genève de 1798 à 1931, Genf 1956.
Hoffmann Heinrich : Reformation und Gewissensfreiheit, Giessen 1932.

Holenstein Thomas : Die kirchenpolitischen Kämpfe im Kanton St.Gallen, St.Gallen 1925.
Huber Ernst Rudolf : Deutsche Verfassungsgeschichte seit 1789, Stuttgart 1960.
Huber Hans : Die Garantie der individuellen Verfassungsrechte, in: Verhandlungen des schweiz Juristenvereins, Heft 1, Basel 1936.
Huber Hans : Die Grundrechte in der Schweiz, in: Grundrechte, Bd.1, Berlin 1966.
Hugenschmidt Alois : Untersuchung des deutschen staatsrechtlichen Schrifttums. Das Problem des Verhältnisses von Kirche und Staat bei liberalen und radikalen Theoretikern des vormärzlichen Deutschland, Lörrach 1931.
Humbert Aimé : Alexis-Marie Piaget et la République neuchâteloise, 1 Teil, Neuenburg 1888.
Hungerbühler Hugo : Staat und Kirche im Thurgau während der Helvetik und Mediation (1798-1814), Frauenfeld 1955.
Hunziker Guido : Die Schweiz u.das Nationalitätsprinzip im 19.Jahrh., Basel/Stuttgart 1970.
Hürlimann J.J.: Sendschreiben des Präsidenten des Zentralkomitees, J.J. Hürlimann, vom 13.Febr.1839.
Hurter Friedrich : Die aargauischen Klöster und ihre Ankläger. Eine Denkschrift an alle Eidgenossen, (in:Eidg. Absch.) Schaffhausen 1841.
Hurter Friedrich : Der Antistes Hurter von Schaffhausen und sog. Amtsbruder, Schaffhausen 1840.
Hurter Friedrich : Die Befeindung der katholischen Kirche in der Schweiz seit dem Jahr 1831, 2 Bde, Schaffhausen 1842/43.
Hurter Friedrich : Geburt und Wiedergeburt, Bd.1, Schaffhausen 1867.
Hurter Friedrich : Die Katholiken des Aargaus und der Radicalismus, Schaffhausen 1843.
Immer Albert : Der Conflikt zwischen dem Staatskirchenthum und dem methodistischen Dissenterthum im Jahre 1829 in Bern, Bern 1870.
Isele Eugen : Die Entwicklung der Religionsfreiheit im Kanton Schaffhausen, in: Festschrift zum hundertjährigen Bestehen der katholischen Genossenschaft Schaffhausen 1841-1941, Schaffhausen 1941.
Ith Joh.Samuel : Versuch über die Verhältnisse des Staates zur Religion und Kirche und eine denselben angemessene Organisation dieser letztern für das protestantische Helvetien 1898.
Jecklin Constanz : Urkunden zur Verfassungsgeschichte Graubündens, Heft 2, Chur 1884; Heft 3, Chur 1886.
Jellinek Georg : Die Erklärung der Menschen- und Bürgerrechte, München/Leipzig 1927.
Jeunet François : Histoire de l'Eglise catholique dans le canton de Neuchâtel, Le Locle 1893.
Johnson A.W. u.Yost F.H.: Separation of Church and State in the United States, Minneapolis/London 1948.

Jordan W.K.: The Development of Religious Toleration in England, London 1932-1940.
Kägi Werner : Jakob Burckhard, Bd.1, Basel 1947; Bd.3, Basel/Stuttgart 1956.
Kägi Werner : Castellio und die Anfänge der Toleranz, Basel 1953 (Basler Universitätsreden, Heft 32).
Kägi Werner : Gutachten zum Jesuiten- und Klosterartikel, Bern 1973.
Kägi Werner : Zur Entwicklung des schweiz.Rechtsstaates seit 1848.
Kahl W.: Lehrsystem des Kirchenrechts und der Kirchenpolitik, 1894.
Kaiser Simon u.Johann Strickler : Geschichte und Texte der Bundesverfassungen der Schweizerischen Eidgenossenschaft von der helvetischen Staatsumwälzung bis zur Gegenwart, Bern 1901 (auch Dokumentarischer Teil).
Kaiser Tino : Die Solothurner Verfassungsrevision von 1840/41, Zürich 1940.
Kasthofer Karl : Das Schweizerische Bundesbüchli, Burgdorf 1833.
Keller Augustin : Die aargauischen Klöster und ihre Ankläger. Eine Denkschrift an alle Eidgenossen, 1841.
Keller Augustin : Die Aufhebung der aargauischen Klöster. Eine Denkschrift an die hohen eidgenössischen Stände, Aarau 1841.
Keller Augustin : Ueber die Aufhebung und Ausweisung des Jesuitenordens in der Schweiz, Aarau 1844, in: Eidg. Abschied der ordentl. Tagsatzung 1844, Beilage Litt FF.
Keller Werner : Und wurden zerstreut unter alle Völker, Zürich 1966.
Kern Johann Konrad : Politische Erinnerungen 1833-1883, Frauenfeld 1887.
Kloetzli Hans : Die Bittschriften des Berner Volkes vom Dezember des Jahres 1830, Zürich 1922.
Knöbel Friedrich Wilhelm : Ueber Parität, Rechtsgleichheit, politische und religiöse Freiheit, die grossen Zeitfragen im Aargau, Aarau 1840.
Köhler Walter : Die Zürcher Täufer, in: Gedenkschrift zum 400-jährigen Jubiläum der Mennoniten oder Taufgesinnten, Ludwigshafen 1925.
Kopp Eugen : Die konservative Partei des Kantons Luzern von 1831-1948, Luzern 1950.
Kopp Max : Die Geltung des Mehrheitsprinzips in eidgenössischen Angelegenheiten vom 13.Jahrhundert bis 1848 in seiner Bedeutung für die alte Eidgenossenschaft, Winterthur 1959.
Laharpe Frédéric César de : "Observation d'un citoyen du canton de Vaud sur la loi du 20 mai 1824 concernant une nouvelle secte religieuse, Lausanne 1829.
Lamartine Alphonse de : L'Etat, l'Eglise et l'Enseignement, Paris 1845.

Lamennais Robert : De la religion considérée dans ses rapports avec l'ordre politique et civil, Paris 1826.
Lampert Ulrich : Kirche und Staat in der Schweiz, Bd.1, Basel/Freiburg 1929; Bd.2, 1938; Bd.3, Freiburg/Leipzig 1939.
Lanarès Pierre : La liberté religieuse dans ses conventions internationales et dans le droit public général, Ambilly/Annemasse 1964.
Largiadèr Anton : Geschichte von Stadt und Landschaft Zürich, Bd.2, Erlenbach/Zürich 1946.
Largiadèr Anton : Johann Jakob Rüttimann und die Bundesrevision von 1848, Zürich 1948.
Lasserre André : Henri Druey, Lausanne 1960.
Lavater Johann Kaspar : Moses und Aaron oder Versuch einer hinlänglichen Sonderung und Vereinigung der Rechte und Zwecke des Staates und der Kirche, zum unmittelbaren praktischen Gebrauch für die Eine und unteilbare helvetische Republik. Das Vorwort ist vom 6.Okt.1798.
Leflon Jean : La Crise révolutionnaire 1789-1846, in: Histoire de l'Eglise depuis les origines jusqu'à nos jours, Bd.20, Paris 1949.
Lehmann Elli : Die Spiegelung der deutschen revolutionären Ereignisse von 1848/49 in der schweizerischen Presse, Bern 1935.
Lehrbuch des christlichen Religionsunterrichts für die Kirchen des Kantons Basel, 2.Aufl., Basel 1842.
Lempp Richard : Die Kirchenpolitik der Klerikalen im Frankfurter Parlament, Tübingen 1913.
Léonhard Emile G.: Histoire générale du protestantisme, Bd.3, Paris 1964.
Lerber Beat von : Berns Verfassung freisinnig und volkstümlich verbessert, Bern 1845.
Lerber Beat von : Notwendige Grundlagen einer Schweizer-Verfassung, Biel 1840.
Leutenegger Albert : Rückblick in die thurgauische Regenerationszeit, in: Thurgauische Beiträge zur vaterländischen Geschichte, Heft 67, Frauenfeld 1930.
Leuthy Johann Jakob : Geschichte des Cantons Zürich von 1794-1830, Bd.2, Zürich 1843.
Liver Peter : Verfassungsgeschichtlicher Ueberblick, in: Verfassung für den Kanton Graubünden vom 2.Okt.1892, Chur 1949.
Locke John : Ein Brief über Toleranz, Hamburg 1957.
Luquet Jean-François : Zuschrift des ausserordentlichen Gesandten Luquet vom 15.10.1848 an Pius IX.: Lettre à N. S.Père le Pape Pie IX, sur l'état de la religion catholique en Suisse, Freiburg 1853.
Lusser Karl Franz : Geschichte des Kantons Uri von seinem Entstehen als Freistaat bis zur Verfassungs-Aenderung vom 5.Mai 1850, Schwyz 1862.
Luther Martin : Von weltlicher Obrigkeit und wie man ihr Gehorsam schuldig sei. Weimarer Ausgabe, Bd.2, 1900.

Mann Golo : Der europäische Geist im späten 17.Jahrh., in: Propyläen Weltgeschichte, Bd.7, Berlin/Frankfurt/Wien, 1964; Bd.8, Berlin 1960.
Marschall Joseph : Schule und Konfession. Das Prinzip der Konfessionslosigkeit der öffentlichen Schulen in der Bundesverfassung 1948.
Marti Hans : Die religiöse Präambel der Schweiz.Bundesverfassung, in: Conscience et Liberté. Sonderausgabe: Die religiöse Freiheit in der Schweiz, 1972.
Martin François und Fleury François : Histoire de M.Vuarin et du rétablissement du Catholicisme à Genève, Bd.2, Genf 1862.
Martin Paul-E.: De la Restauration à la Régénération, in: Centenaire de la Constitution de la République et Canton de Geneve 1847-1947, Genf 1947.
Martin W.: La situation du Catholicisme à Genève 1815-1907, Paris/Lausanne 1909.
Maturi Walter : L'Aspetto religioso del 1848 et la storiografia italiana, in: Convegno di Scienze Morali, Storiche et Filologiche, Rom 1949.
Maurer Adolf : Der "Freiämtersturm" und die liberale Umwälzung im Aargau in den Jahren 1830 und 1831, Reinach 1911.
Maurer Paul : Freie Evangelische Gemeinde Bern 1829-1954, Bern 1954.
Megerle Carl : Die Bundesverfassung der Schweiz vom 12.Sept. 1848 und die Verfassung der Paulskirche, Tübingen 1922.
Meier Heinz K.: The United States and Switzerland in the Nineteenth Century, Den Haag 1963.
Meister Konrad : Benjamin Constant und die Freiheit, Horgen 1956; Diss.jur. Zürich 1956.
Melanchthons evangelische Dogmatik: Loci communes rerum theologicarum. Corpus Reformatorum, Bd.21, 1854.
Merle d'Aubigné Jean Henri : Liberté des cultes. Pétition à l'assemblée constituante de la République de Genève, Genf 1842.
Messinger Eugen : Aus der Geschichte der Juden in der Stadt Bern, in: 750 Jahre Bern, Bern 1941.
Meyer Bernhard : Beitrag zur Kenntnis der radikalen Gerechtigkeitspflege mit einem Blick auf den gegenwärtigen politischen Stand der Schweiz, Schaffhausen 1851.
Meyer Bernhard : Ueber Annahme oder Verwerfung der neuen Bundesverfassung. Ein Wort an das Volk des Kantons Luzern, Zürich 1848.
Meyer Bernhard Ritter von : Erlebnisse des Bernhard Ritter von Meyer, Bd.1, Wien 1875.
Meyer Gerold von Knonau : Der Kanton Zürich, historisch, geographisch, statistisch geschildert, St.Gallen u.Bern 1834.
Meyer Hermann Walter : Staat und Kirche im Kanton Baselstadt, 1926 (Maschinenabschrift, Landesbibliothek Bern).

Meyer Johann Ludwig : Schwärmerische Greuelscenen, oder Kreuzigung einer religiösen Schwärmerei in Wildenspuch, Zürich 1824.
Milton John : A treatise of civil power in ecclesiastical causes showing tis not lawful for any power on earth to compel in matters of religion, 1658.
Mirbt Carl : Quellen zur Geschichte des Papsttums u. des römischen Katholizismus, Tübingen 1934.
Moehlman Conrad Henry : The American Constitution and Religion, Berne (Indiana) 1938.
Moehlman Conrad Henry : The Wall of Separation between Church and State. A historical study of recent criticism of the religious clause of the First Amendment, Boston 1951.
Moine V.: De l'influence des idées françaises sur la Constitution bernoise de 1831, in: Archiv des Hist.Vereins d.Kantons Bern, Bern 1958.
Monneron F.: Réflexions sur les affaires religieuses du moment dans le Canton de Vaud, Lausanne 1831.
Monod Frédéric : Archives du Christianisme au XIXème siècle.
Montvert Ch.: Histoire de la fondation de l'Eglise évangélique neuchâteloise, indépendante de l'Etat.
Morazé Ch.: Actes du Congrès historique du Centenaire de la Révolution de 1848.
Müller-Büchi Emil Franz Joseph : Die alte "Schwyzer-Zeitung" 1848-1866. Ein Beitrag zur Geschichte des politischen Katholizismus und der konservativen Presse im Bundesstaat von 1848. Segesser-Studien, Heft 1, Freiburg 1962.
Müller Emil Franz Joseph : Zur Geschichte des Jus reformandi in der Schweiz. Ein Geheimprojekt aus dem Jahre 1559 zur gewaltsamen Rekatholisierung von Glarus, in: Zeitschrift für schweizerische Kirchengeschichte, Jg.25, Heft 1, Stans 1931.
Müller Emil Franz Joseph : Religion und Politik. Vom Sinn des "Sonderbunds"-Geschehens, in: Schweizer Rundschau, 47.Jg. Heft 4/5, 1947.
Müller Ernst : Geschichte der Bernischen Täufer, Frauenfeld 1895.
Müller F.: Entwurf einer Verfassung des Kantons Aargau, Aarau 1831, Staatsarchiv.
Müller Thaddäus : Das Verdienst der Helvetischen Gesellschaft um die religiöse Toleranz in unserem Vaterlande, in: Verhandlungen der Helvetischen Gesellschaft zu Schinznach 1821.
Müller Walter : Geschichte der Schaffhauser Kantonsverfassung 1834-1933.
Muralt Leonhard von : Handbuch der Schweizer Geschichte, Bd.1, Zürich 1972.
Muralt Leonhard von : Reformation und Gegenreformation, in: Geschichte der Schweiz, Bd.1, Zürich 1932.
Nabholz und Kläui : Quellenbuch zur Verfassungsgeschichte der schweiz.Eidgenossenschaft und der Kantone von den Anfängen bis zur Gegenwart, Aarau 1940.

Nabholz Hans : Die Helvetische Gesellschaft 1761-1848, Zürich/Leipzig/Berlin 1926.
Nabholz Hans : Der Kampf um den zentralistischen Gedanken in der eidgenössischen Verfassung 1291-1848, Zürich 1918.
Näf Werner : Die deutsche Bundesakte und der schweizerische Bundesvertrag von 1815, Bern 1959.
Näf Werner : Die Schweiz in der deutschen Revolution 1847-1849, Frauenfeld 1929.
Näf Werner : Der schweizerische Sonderbundskrieg als Vorspiel der deutschen Revolution von 1848, in: Basler Zs.f.Gesch. u.Altertumskunde, Bd.XIX, Basel 1919.
Nef H.: J.J.Rousseau und die Idee des Rechtsstaates, in: Schweizer Beiträge zur allgemeinen Geschichte, Bd.5, Jg.1947.
Nef Willy : Die Regenerationszeit im Kanton Appenzell Ausserrhoden, Trogen 1908.
Neuchâtel et la Suisse, Neuenburg 1969.
Nordmann Achilles : Geschichte der Juden in Basel seit dem Ende der zweiten Gemeinde bis zur Einführung der Glaubens- und Gewissensfreiheit, 1397-1875, in: Basler Zs. f.Gesch.u.Altertumskunde, Bd.13, Basel 1914.
Nordmann Achilles : Histoire des Juifs à Genève de 1281 à 1790, in: Revue des Etudes Juives, Bd.80, Paris 1925.
Nordmann Achilles : Les Juifs dans le Pays de Neuchâtel, Neuenburg 1923.
Nünlist Joseph Emil : Die katholische Kirche im Bernbiet, Bern 1941.
Nürnberger Richard : Das Zeitalter der französischen Revolution und Napoleons, in: Propyläen Weltgeschichte, Bd.8, Berlin/Frankfurt/Wien 1960.
Oechsli Wilhelm : Die Anfänge des Sonderbundes nach österreichischen Gesandtschaftsberichten, Zürich 1914.
Oechsli Wilhelm : Das eidgenössische Glaubenskonkordat von 1525 (Separatabdruck).
Oechsli Wilhelm : Eine unbekannte Denkschrift Bluntschlis zur Vermittlung der konfessionellen Wirren der Schweiz aus dem Jahr 1844, in: Polit.H.d.Schweiz.Eidg.1914.
Oechsli Wilhelm : Geschichte der Schweiz im 19.Jahrh., Bd.1, Leipzig 1903; Bd.2, Leipzig 1913.
Oestreich Gerhard : Die Entwicklung der Menschenrechte und Grundfreiheiten, in: Die Grundrechte, Bd.1, Berlin 1966.
Odermatt F.: Der Kanton Unterwalden nid dem Wald im 19.Jahrh. in seiner Geschichte, Kultur und Volkswirtschaft, Stans 1939.
Palmer Robert R.: Der Einfluss der amerikanischen Revolution auf Europa, in: Propyläen Weltgeschichte, Bd.8, Berlin/Frankfurt/Wien 1960.
Parität - Ueber Parität, Rechtsgleichheit, politische und religiöse Freiheit, die grossen Zeitfragen im Aargau, 1840 (anonym).
Pfyffer Kasimir : Kurze Rechtfertigung meines Zurufs an den Eidgenössischen Vorort, Sursee 1831.

Pfyffer Kasimir : Die Staatsverfassungen des Kantons Luzern und die Revisionen derselben, Luzern 1869.
Pieth Friedrich : Bündner-Geschichte, Chur 1945.
Pigge H.: Die religiöse Toleranz Friedrich des Grossen nach ihrer theoretischen und praktischen Seite, Mainz 1899.
P. Plattners Quellen zur Schweizer Geschichte, Bd.9, 1890.
Püntener Gottfried : Die Errichtung der katholischen Pfarrei, in: Festschrift zum hundertjährigen Bestehen der katholischen Genossenschaft Schaffhausen 1841-1941, Schaffhausen 1941.
Pupikofer Johann Adam : Geschichte des Thurgaus, Bd.2, Frauenfeld 1889.
Pupikofer Johann Adam : Der Kanton Thurgau historisch, geographisch, statistisch geschildert, St.Gallen/Bern 1837.
Quiquerez Auguste : Histoire de la Révolution dans le Jura Bernois, Délémont 1882.
Rambert Eugène : Alexandre Vinet. Histoire de sa vie et de ses ouvrages, Lausanne 1930.
Rappart William Emmanuel : L'Avènement de la Démocratie moderne à Genève, 1814-1847, Genf 1942.
Rappart William Emmanuel : Die Bundesverfassung der Schweiz. Eidgenossenschaft 1848-1948, Zürich 1948.
Rappart William Emmanuel : La Constitution Fédérale de la Suisse, ses origines, son élaboration, son évolution, 1848-1948, Boudry 1948.
Rappart William Emmanuel : L'Individu et l'Etat dans l'évolution constitutionnelle de la Suisse.
Rappart William Emmanuel : Pennsylvania and Switzerland: The American Origins of the Swiss Constitution, Philadelphia 1941.
Regolatti Lindoro : Le Costituzioni del Ticino 1803-1903, Lugano/Mendrisio 1903.
Rey Adolf : Die Entwicklung der Industrie im Kanton Aargau, Aarau 1937.
Rivaz Anne-Joseph de : Mémoires historiques sur le Valais, in: Mémoires et documents, publiés par la Société d'histoire de la Suisse Romande, III.Bd.7, Lausanne 1961.
Roger A.: Essai sur le lien fédéral, Genf 1831.
Rogier Ludwig Jakob : Die Kirche im Zeitalter der Aufklärung und Revolution, in: Geschichte der Kirche, Bd.4, Einsiedeln 1966.
Rossi Guilio u Pometta Eligio : Geschichte des Kantons Tessin, Bern 1944.
Rothenbücher Karl : Die Trennung von Staat und Kirche, München 1908.
Rousseau Jean Jacques : Oeuvres complètes, Bd.3, Paris 1964.
Ruchon F.: Les années de tempête et la Révolution de 1846; in: Centenaire de la Constitution de la République et Canton de Genève, Genf 1947.
Ruffini Francesco : Le origini elvetiche della formula del Cavour: "Libera Chiesa in libero Stato", in: Ultimi Studi sul Conte di Cavour, Bari 1936.

Rüttimann Johann Jakob : Das nordamerikanische Bundesstaatsrecht verglichen mit den politischen Einrichtungen der Schweiz, Zürich 1867 bis 1872.
Salis L.R.von : Die Entwicklung der Kultusfreiheit in der Schweiz, Basel 1894.
Schaller Henri de : Souvenirs d'un Officier Fribourgeois 1798-1848, Freiburg 1890.
Schefold Dian : Volkssouveränität und repräsentative Demokratie in der schweiz.Regeneration, Basel/Stuttgart 1966.
Schenkel Daniel : Ob Krieg oder Frieden? 12 Briefe über die politische Lage der Schweiz im Sommer 1847, Zürich 1847.
Scherer Anton : Ludwig Snell und der schweiz.Radikalismus (1830-1850), Freiburg 1954.
Scherer P.E.: Briefe von Konstantin Siegwart-Müller an Friedrich von Hurter, Sarnen 1924.
Schirmer Gustav : Die Schweiz im Spiegel englischer und amerikanischer Literatur bis 1848, Zürich/Leipzig 1929.
Schmid Hans : Bundesrat (Friedrich) Frey-Herosé 1801-1873, Aarau 1917.
Schnabel Franz : Deutsche Geschichte im 19.Jahrh., Freiburg i.B., Bd.4, 1937.
Schnetzler Charles : Charles Monnard et son Epoque 1790-1865, Lausanne 1934.
Schnyder F.L.: Kurze Geschichte des Ursprungs der Badener-Konferenzartikel, Luzern 1841.
Schoch Franz : Die Aufhebung der thurgauischen Klöster in der ersten Hälfte des 19.Jahrh., in: Thurgauische Beiträge zur vaterländischen Geschichte, Heft 70, Frauenfeld 1933.
Scholl A.: Einfluss der nordamerikanischen Unionsverfassung auf die Verfassung des Deutschen Reiches vom 28.März 1849, Borna 1913.
Schönbein : Nachlass IIc der Handschriftenabteilung der Universitätsbibliothek, Basel.
Schudel Reinhold : Geschichte der Schaffhauser Staatsverfassung 1798-1834, Thayngen 1933.
Schwarber Karl : Die schweiz.Geschichtsschreibung im 18. Jahrh. und der nationale Gedanke, in: Basler Zs.f. Geschichte u.Altertumskunde, Bd.26 (Separatdruck).
Schwegler Theodor : Geschichte der katholischen Kirche in der Schweiz, Stans 1943, 1947.
Schweizer Alexander : Das kirchliche Zerwürfnis des Jahres 1845 im Kanton Waadt, Zürich 1846.
Schweizer Eduard : Die Entstehung der Dreissiger Wirren im Kanton Basel, in: Basler Zs.f.Gesch.u.Altertumskunde, Bd.30, Basel 1931.
Schweizer Johann Jacob : Schreiben an das Helvetische Vollziehungs-Direktorium, Namens der Zürcherischen Geistlichkeit, Zürich 1799.

Segesser Jürg : Die Einstellung der Kantone zur Bundesrevision und zur neuen Bundesverfassung im Jahr 1848, Bern 1965.
Segesser Philipp Anton : Beiträge zur Geschichte des innern Krieges in der Schweiz im November 1847. Ende 1847 anonym erschienen.
Segesser Philipp Anton : Erinnerungen, Luzern 1891.
Segesser Philipp Anton : Fünfundvierzig Jahre im Luzernischen Staatsdienst 1841-1887, Bern 1887.
Segesser Philipp Anton : Rechtsgeschichte der Stadt und Republik Luzern, Luzern 1857, Buch 11/12, Bd.4, Luzern 1858.
Segesser Philipp Anton : Sammlung kleiner Schriften, Bd.2, Bern 1879.
Seiler Andreas : Die politische Geschichte des Wallis 1815-1844, Zürich 1939.
Siegwart-Müller Constantin : Briefe an Friedrich von Hurter. Beilage zum Jahresbericht der Kantonalen Lehranstalt Sarnen, Sarnen 1924.
Siegwart-Müller Constantin : Der Kampf zwischen Recht und Gewalt in der Schweizerischen Eidgenossenschaft, und mein Antheil daran, Altdorf 1864.
Siegwart-Müller Constantin : Ratsherr Joseph Leu von Ebersoll, Altdorf 1863.
Siegwart-Müller Constantin : Unterricht über die Verfassung des Kantons Luzern in Gesprächen, Sursee 1832.
Snell Ludwig : Die Bedeutung des Kampfes der liberalen katholischen Schweiz mit der römischen Kurie, betrachtet aus einer Gesammt-Uebersicht der Tendenzen des restaurierten Papstthums, Solothurn 1839.
Snell Ludwig : Dokumentierte pragmatische Erzählung der neuen Kirchenveränderungen sowie der progressiven Usurpation der römischen Kirche in der katholischen Schweiz bis 1830, Sursee 1833.
Snell Ludwig : Geschichte der Einführung der Nuntiatur und ihre dargelegte Politik in authentischen Aktenstücken, 1848.
Snell Ludwig :Handbuch des Schweizerischen Staatsrechts, Bd.1, Zürich 1837; Bd.2, Zürich 1844.
Snell Ludwig : Naturrecht, Bern 1959.
Snell Ludwig : Ueber Protestantismus und seine Gefahren. Eine Abhandlung herausgegeben mit Anmerkungen begleitet von Dr.Ludwig Snell. Für denkende Christen, Zürich/Winterthur 1841.
Snell Ludwig u.Snell Wilhelm : Leitende Gesichtspunkte für eine schweizerische Bundesrevision, mitgeteilt vom Zentralcomite des schweiz.Volksvereins, Bern 1848.
Sohm Rudolf : Kirchenrecht, Bd.1, Leipzig 1892.
Spiess Emil : Ignaz Paul Vital Troxler.Der Philosoph u.Vorkämpfer des schweiz.Bundesstaates, dargestellt nach seinen Schriften u.den Zeugnissen der Eidgenossen,Bern /München 1967.

Staehelin Ernst : Alexandre Vinets ausgewählte Werke, Bd.1, Zürich 1944; Bd.3, 1944; Bd.4, 1945.
Staehelin Ernst : Die Basler Kirche in den Basler Revolutionswirren von 1830 bis 1833, in: Aus fünf Jahrhunderten schweizerischer Kirchengeschichte, Basel 1932.
Staehelin Ernst : Die evangelisch-reformierte Kirche in Stadt und Landschaft Basel, in: Basel Stadt und Land, Basel 1937.
Staehelin Ernst : Der Jesuitenorden und die Schweiz, Basel 1923.
Staehelin Ernst : Johann Caspar Lavaters ausgewählte Werke, Bd.4, Zürich 1943.
Staehelin Ernst : Liberalismus und Evangelium, 1934.
Staehelin Ernst : Im Namen Gottes des Allmächtigen! Vom Kampf um die Christlichkeit der Schweiz.Eidgenossenschaft. Separatdruck aus der Festschrift zum 70.Geburtstag von Eberhard Vischer: "Vom Wesen u.Wandel der Kirche", Basel 1935.
Staehelin Ernst : Die Stimme der schweiz.Kirchen zum Sonderbundskrieg u.zur Gründung des schweiz.Bundesstaates, Zürich 1948.
Staehelin Ernst : Die Verkündigung des Reiches Gottes in der Kirche Jesu Christi, Bd.1, Basel 1951; Bd.2, 1957.
Stänz Rudolf : Die Entwicklung der Parität im Kanton Aargau, Thayngen 1951.
Stapfer Philipp Albert : An die Religionslehrer Helvetiens über ihre Pflichten und Bestimmung, 1798.
Steinemann E.: Die geistigen Wandlungen in der Staatskirche des 19.Jahrhunderts, in: Schaffhauser Beiträge zur vaterländischen Geschichte, 36.Heft, 1959.
Steiner Ernst : Individuum und Gemeinschaft bei Jeremias Gotthelf, Grosshöchstetten 1954.
Steiner Gustav : Brief Isaac Iselins vom 17.Juni 1777.
Steiner Gustav : Korrespondenz des Peter Ochs, Bd.1, Basel 1927; Bd.2, Basel 1935.
Steiner René : Die Angliederung des Jura an den Kanton Bern im Jahr 1815. Diss.jur.Basel 1956.
Stern Selma : Der preussische Staat u.die Juden, 3.Teil: Die Zeit Friedrichs des Grossen, Tübingen 1971.
Stettler Friedrich : Das Bundesstaatsrecht der Schweiz.Eidgenossenschaft gemäss den Entwicklungen seit dem Jahre 1798 bis zur Gegenwart, Bern/St.Gallen 1847.
Stettler Friedrich : Staats-und Rechtsgeschichte des Kantons Bern, Bern/St.Gallen 1845.
Stolze A.: J.C.Bluntschlis Vermittlungspolitik in der Schweiz 1839-1847, in:Zs.f.Schw.Gesch., 7.Jg.,1927, Nr.4.
Strauss David Friedrich : Das Leben Jesu, kritisch bearbeitet, Tübingen 1835, Burgdorf 1839 u. 1847.
Strauss Herbert Arthur : Staat, Bürger, Mensch, Aarau 1947.
Streiff Eric : Die Einflussnahme der europäischen Mächte auf die Entwicklungskämpfe in der Schweiz 1839-1845, Zürich 1931.
Strickler Johannes : Actensammlung aus der Zeit der Helvetischen Republik, Bern Bde 1-7, 1886-1899.

Strickler Johannes : Actensammlung zur schweiz.Reformationsgeschichte, Bd.2, Zürich 1879.
Strickler Johannes : Amtliche Sammlung der Acten aus der Zeit der Helvetischen Republik, Bern, Bd.3,1889, Bd.4, 1892.
Strickler Johannes : Die Helvetische Revolution 1798 mit Hervorhebung der Verfassungsfragen, Frauenfeld 1898.
Strickler Johannes : Die alte Schweiz und die helvetische Revolution, Frauenfeld 1899.
Strobel Ferdinand : Die Jesuiten und die Schweiz im XIX. Jahrhundert, Olten/Freiburg i.B. 1954.
Struve G.: Briefe über Staat und Kirche, Mannheim 1846.
Struve G.: Grundzüge der Staatswissenschaft, Bd.2, Mannheim 1847/48.
Struve G.: Kritische Geschichte des allgemeinen Staatsrechts, Mannheim 1847.
Sulzberger Huldrich Gustav : Geschichte des Thurgaus von 1798-1830, in: Geschichte des Thurgaus, Bd.2, J.A. Pupikofer, Frauenfeld 1889.
Tillier Anton von : Geschichte der Eidgenossenschaft während des so geheissenen Fortschrittes, Bern, Bd.2,1854, Bd. 3, 1855.
Tobler Gustav : Bern und die Juden, in: Berner Taschenbuch für das Jahr 1893/94, Bern 1894.
Tobler Titus : Führer im Verfassungskampf von 1830.
Tocqueville Alexis von : De la Démocratie en Amérique, Paris 1836.
Troxler Ignaz Paul Vital : Die eine und wahre Eidgenossenschaft im Gegensatz zur Centralherrschaft und Kantonstümelei, Rapperswil 1833.
Troxler Ignaz Paul Vital : Die letzten Dinge der Eidgenossenschaft, oder die den Christen heiligen Schriften u.ihr göttlicher Geist in Frage gestellt. Eine Berufung auf den lebendigen Glauben der Gemeinde, bei Anlass der Zerwürfnisse in Zürich wegen der theologischen Lehre von Hegel und Strauss, St.Gallen 1839.
Troxler Ignaz Paul Vital :Reflexionen über die Staaten und den Bund der Eidgenossen, Luzern 1840.
Troxler Ignaz Paul Vital : Die Verfassung der Vereinigten Staaten Nordamerikas als Musterbild der Schweiz.Bundesreform, Schaffhausen 1848.
Troxler Ignaz Paul Vital : Volkssouveränität die ächte und die falsche oder Luzerner! was ist revolutionär? Luzern 1841.
Ullmann Carl : Die bürgerliche u.politische Gleichberechtigung aller Konfessionen, Stuttgart/Tübingen 1848.
Usteri Paul : Handbuch des Schweiz.Staatsrechts, Aarau 1821,
Valjavec F.: Das kulturelle und geistige Erbe, in: Historia Mundi, Bern/München 1961.
Vasella Oskar : Zur historischen Würdigung des Sonderbunds, in: Schweiz.Rundschau, 47.Jg.Heft 4/5, 1947.

Veit Valentin : Geschichte der deutschen Revolution von 1848-49, Bd.2, Berlin 1849.
Vinet Alexandre : Ausgewählte Werke, Bde 1-4, Zürich 1944-1945.
Vinet Alexandre : Considérations présentées à Messieurs les ministres démissionnaires, par un ministre démissionnaire, Lausanne 1845, 2.Auflage.
Vinet Alexandre : Essai sur la Conscience et sur la liberté religieuse ou examen du rapport présenté au Grand Conseil du canton de Vaud par le Conseil d'Etat le 30 mai 1829, in: Questions ecclésiastiques, Bd.1, Lausanne 1945.
Vinet Alexandre : Essai sur la manifestation des convictions religieuses et sur la séparation de l'Eglise envisagée comme conséquence nécessaire et comme garantie du principe, Lausanne 1928, Paris 1842.
Vinet Alexandre : Lettre à un ami ou examen des principes soutenus dans le Mémoire en faveur de la liberté des cultes, Lausanne 1944.
Vinet Alexandre : Lettres, Bde 1-4, Lausanne 1947-1949.
Vinet Alexandre : Mémoire en faveur de la liberté des cultes, Lausanne 1944.
Vinet Alexandre : Observations sur l'article sur les sectaires inséré dans la "Gazette de Lausanne" du 13 mars 1829, in: Questions ecclésiastiques, Bd.1, Lausanne 1945.
Vinet Alexandre : Pétition au peuple vaudois, 1846, in: Questions ecclésiastiques, Bd.2, Lausanne 1946.
Vinet Alexandre : Ueber die Freiheit des religiösen Cultus, Leipzig 1843. Eine revidierte französische Ausgabe erschien posthum im Jahr 1852 von E.Vautier.
Vischer Eduard : Der Aargau und die Sonderbundskrise (Sonderdruck) aus: Zs.f.Gesch.28.Jg.,Heft 1, 1948.
Vischer Eduard : Rudolf Rauchenstein und Andreas Heusler 1839-1841, Aarau 1951.
Vischer Eduard : Von der Scheidung der Geister in der aargauischen Regeneration, in: Festgabe zum 70.Geburtstag von Frieda Gallan, Glarus 1946.
Vischer Eduard : Untersuchungen über Geist und Politik der aargauischen Regeneration, in Zs.f.Gesch., 27.Jg., Heft 2, 1947 (Sonderabdruck).
Vögeli Rudolf Heinrich : Die schweiz.Regeneration von 1830-1840 in der Beleuchtung englischer Gesandtschaftsberichte.
Vögelin Hans Adolf : Die Gründung des schweiz.Bundesstaates im Urteil der Engländer, in: Basler Beiträge zur Geschichtswissenschaft, Basel 1952.
Vogelsanger Peter : Die historischen Hintergründe der konfessionellen Artikel in den Bundesverfassungen von 1848 und 1874, in: Le Monde Religieux, Bd.25, Lausanne 1955.
Vogelsanger Peter : Weg nach Rom. Friedrich Hurters Geistige Entwicklung im Rahmen der Romantischen Konversionsbewegung, Zürich 1954.

Voltaire : Dictionnaire Philosophique, Bd.2, Paris 1964.
Voltaire : Traité sur la Tolérance, Lausanne 1959.
Vuilliemin Louis : Le canton de Vaud, tableau de ses aspects, de son histoire, de son administration et de ses moeurs, Lausanne 1862.
Wackernagel J.: Archiv des Historischen Vereins des Kantons Bern, Bd.44, Heft 2, Bern 1958.
Weber K.:Die schweiz.Presse im Jahre 1848, Basel 1927.
Weber K.:Entstehung u.Entwicklung des Kantons Baselland-schaft, 1798-1932, in: Geschichte u.Landschaft Basel und des Kantons Basellandschaft, Bd.2, Liestal 1932.
Weiss Theodor : Jakob Stämpfli, Bd.1, Bern 1921.
Weldler-Steinberg Augusta : Geschichte der Juden in der Schweiz vom 16.Jahrh.bis nach der Emanzipation, Goldach 1966.
Welti August : Der Zuger Landammann Georg Sidler, Erlenbach/Zürich 1940.
Wernle Paul : Der schweiz.Protestantismus im 18.Jahrh., Bd.1, Tübingen 1923.
Wernle Paul : Der schweiz.Protestantismus in der Zeit der Helvetik 1798-1803, Zürich, Bd.1, 1938; Bd.2, 1942.
Wernle Paul : Zwingli und Calvins Stellung zum Staat, Zürich 1916, in: Verhandlungen des Pfarrvereins (Asketische Gesellschaft) des Kantons Zürich im Jahr 1916.
Wettstein Walter : Die Regeneration des Kantons Zürich, Zürich 1906.
Winkler Jochen : Der Kirchenhistoriker Jean Henri Merle d'Aubigné, Zürich 1968.
Winteler Jakob : Geschichte des Landes Glarus, Bd.1, Glarus 1952; Bd.2, Glarus 1954.
Winter E.: Der Josephinismus und seine Geschichte, München 1943.
Wymann Eduard : Geschichte der katholischen Gemeinde Zürich, Zürich 1907.
Wyss Joh.Rud.: Die Vertilgung der Religion in Helvetien, in: Höpfners Monatsschrift, Heft 6, 1800.
Zbinden Hans in der Einleitung zu Benjamin Constants Schrift "Ueber die Gewalt", Bern 1942.
Zelger W.: Aus dem Tagebuch eines konservativen Nidwaldners, Altdorf 1902.
Zellweger Johann Kaspar : Geschichte des Appenzellischen Volkes, Bd.3, Trogen 1839.
Zinniker Otto : Der Geist der Helvetischen Gesellschaft des 19.Jahrh. besonders zwischen 1807 u.1849, Biel 1932.
Zschokke Ernst : Die Geschichte des Aargaus (Historische Festschrift für die Centenar-Feier des Kantons Aargau 1903), Aarau 1903.
Zumbach Ernst : Die zugerischen Ammänner und Landammänner, Rechtsgeschichtliche Entwicklung des Landammannamts u.nach den Quellen bearbeiteter Katalog seiner Inhaber, Stans 1932.

Zwingli Heinrich : Auslegen und Begründen der Schlussreden, in: Hauptschriften, Bd.4, Zürich 1952.
Zwingli Heinrich : Corpus reformatorum, 1925
Zwingli Heinrich : Hauptschriften, Bd.3, Zürich 1947.

Handschriftliche und gedruckte Quellen

Akten des Sonderbündischen Kriegsrates, Luzerner Staatsarchiv.
Allgemeiner Bericht über die in bezug auf Verfassungsbesserung und Gesetzgebung eingekommenen Bittschriften, Anträge und Wünsche dem Verfassungsrat des Kantons Aargau abgestattet, 1831, Staatsarchiv Aarau.
Amtliche Sammlung der Gesetze und Verordnungen des Kantons Schwyz, Schwyz 1871.
Annexes de la Constituante 1848, Neuenburger Staatsarchiv.
Anzeiger für schweizerische Geschichte, 1909.
Beleuchtung der Anträge der Versammlung basellandschaftlicher Pfarrer am 3.u.4.Jenner 1839, betreffend die Organisation der evangelischen Kirche des Kantons Basel-Landschaft, Liestal 1839.
Bericht und Anträge der Petitions-Commission vom 17.Juni 1840 (gedruckt).
Bericht über den Entwurf einer Bundesverfassung vom 8.April 1848.
Bericht und Entwurf der vom Grossen Rathe zur Fortsetzung der Revision der Staatsverfassung niedergesetzten Neuner-Kommission an den Grossen Rath, 30.Wintermonat 1840.
Bericht der vom Grossen Rathe niedergesetzten Kommission für Revision der Staats-Verfassung an den Grossen Rath (gedruckt), Aarau 1840 (Aargauer Staatsarchiv).
Das Bistum Basel 1828-1928, Gedenkschrift zur Jahrhundertfeier, Solothurn 1928.
Bittschrift des Vertheidigungs-Vereins vom Freiamte an die hohe Tagsatzung in Zürich, Luzern 1833.
Brief von Aberdeen an Morier vom 30.1.1848 im Bundesarchiv Bern, Mappe 27.
Bulletin de la Délégation des classes convoquées par le Conseil d'Etat, à fin de présenter des observations sur les deux projets d'Organisation ecclésiastique, Lausanne 1838.
Bulletin officiel des délibérations de l'Assemblée Constituante de la République et Canton de Neuchâtel, Neuenburg 1848.
Bulletin des séances du Grand-Conseil du canton de Vaud, Lausanne 1845; 1848.
Bundesurkunde der schweiz. Eidgenossenschaft, entworfen von der am 17.Heumonat 1832 durch die Tagsatzung ernannte Revisionskommission.
Dekret des Verfassungsrates über die Einführung der neuentworfenen Verfassung des Kantons Aargau vom 15.April 1831.
Denkschrift und Bittschrift vom 7.Okt.1830. Bittschriften des Landes, Dez.1830, Berner Staatsarchiv.

Discussion publique sur la liberté religieuse et sur le gouvernement de l'Eglise dirigée par des membres de l'Eglise nationale du canton de Vaud, 1831.
Ehrerbietige Vorstellung der thurgauischen Stifte und Klöster an die hohe eidg.Tagsatzung vom 18/20.Mai 1841.
Eidgenössische Abschiede 1803, 1814, 1815, 1817, 1818, 1819, 1821, 1822, 1833, 1834, 1840, 1841, 1843, 1844, 1845, 1846, 1847, 1848, 1886.
Eidgenössische Abschiede IV, 1a,1524, 1b; IV, 1; V, 2b; VI, 1; VI, 2; VI, 1c; VII, 1c; VII; VII, 1; VII, 2.
Eidgenössische Abschiede 1831, Anhang Litt.A.der Beilage Litt.R.
Eingabe 1, Friedrich Nitsperli, Nr.109.
Entwurf der revidirten Staats-Verfassung für den eidgen. Stand Aargau, Aarau 1840.
Entwurf einer schweiz.Bundesverfassung, Zürich 1832.
Erster Entwurf der neuen Staatsverfassung für den Canton Basel Landschaft durch die engere Verfassungskommission den Mitgliedern des Verfassungsrates vorgelegt am 8. April 1832.
Essai sur le lien fédéral, Genf 1831.
Fontes Codicis Jur.Can., Bd.2, Rom 1924.
Gedenkschrift zum hundertjährigen Bestehen der Evangelischen Gesellschaft des Kantons Bern 1831-1931, Bern 1931.
Gesetz über die Aufstellung eines katholischen Pfarramtes zu Liestal, Liestal 1835 (gedruckt).
Mappe Grosser Rath, Gesetze und Akten 1840, Petitionen, Aargauer Staatsarchiv.
Mappe Grosser Rath, Verfassungsrevision. Ansichten, Wünsche und Begehren der geistlichen u.weltlichen Staatsbürger 1840, Aargauer Staatsarchiv.
Mappe Grosser Rath, Verfassungsrevision 1840, Protocolle u. Acten der 9er Revisionscommission, Aargauer Staatsarchiv.
Grossratsprotokoll vom 6.März 1833. Staatsarchiv von Appenzell Ausserrhoden.
Gutachten u.Verfassungsentwurf der vom Verfassungsrathe niedergesetzten Commission, 1847 (gedruckt).
Katholische Annalen, Heft 1,4, 1847.
Kommissionalbericht an die hohe Tagsatzung, über die Angelegenheit der aargauischen Klöster, 1841.
Kommissionalgutachten zu dem Entwurf der Verfassung des Kantons Basel-Stadtteil, Basel 1833.
Korrespondenz der schweiz.Konsulate, New York u.Alexandria, 1823-1848; 1878.
Kritik der Verfassung für die Republik Bern vom 6.Juli 1831, Biel 1836.
Legationsbericht der zürcherischen Tagsatzungsgesandtschaft. Schreiben vom 18.August 1843, Staatsarchiv Zürich.
Lehrbuch des christlichen Religionsunterrichtes für die Kirchen des Kantons Basel, 2.Aufl., Basel 1842.
Mappe K XIV 316, Kant. Staatsarchiv, Lausanne.

Mémoire adressé par la Compagnie des Pasteurs à Messieurs les membres du Grand Conseil chargé de réviser la Constitution, Genf 1847.
Memorandum von W.Oechsli veröffentlicht im Politischen Jahrbuch der Schweiz.Eidgenossenschaft, 13.Jg.,Bern 1899.
Mémorial des séances de l'Assemblée Constituante Genevoise, Bd.1, Genf 1842; Bd.2, 1842.
Mémorial des séances du Grand Conseil Constituant, Bde 1-3, Genf 1846/47.
Nachlass Schönbein IIc der Handschriftenabteilung der Universitätsbibliothek Basel.
Notice sur les paroisses catholiques du district d'Echallens dans le canton de Vaud, in: Pétitions des catholiques du district d'Echallens adressées au Grand-Conseil d'Etat contre la libre publication des mandemens épiscopaux dans leurs paroisses, Lausanne 1837.
Nummerierte Zuschriften an den Verfassungsrat von 1831, Staatsarchiv Aarau.
Pétitions à la Constituante de 1842, Genfer Staatsarchiv.
Petition: Grundzüge einer appenzellisch-ausserrhodischen Verfassung, aufgestellt von zwei gesellschaftlichen Vereinen in Speichern.
Petitionen zur Verfassungsrevision vom Jahr 1834, Staatsarchiv Schaffhausen.
Petition der Volksversammlung in Mellingen an den Tit. Grossen Rath des Kantons Aargau 1840 (gedruckt).
Principaux documents officiels relatifs aux affaires ecclésiastiques du canton de Vaud en 1845, Lausanne 1846.
Procès intenté à M.le Pr.Scholl et à Mme Vve.Vinet, pour contravention à l'arrêté du 28 mars sur les assemblées religieuses, Lausanne 1848.
Procès verbaux de la Commission nommée par l'Assemblée Constituante le 15 Janvier 1842, Genfer Staatsarchiv.
Procès verbaux de la Commission nommée par le Grand Conseil pour préparer le projet de la Constitution 1847 (Sitzung vom 9.11.1846), Genfer Staatsarchiv.
Procès verbaux des Séances de l'Assemblée Constituante commencées le 17 Décembre 1841, Genfer Staatsarchiv.
Projet de Constitution arrêté par la Commission du Grand Conseil Constituant, Genève 1847.
Protokoll der Bundesverfassungs-Revision 1848, 17a (Abschrift im Bundesarchiv Bern).
Protokoll der ersten Konferenz des katholischen Sonderbundes, Bern 1846.
Protokoll Furrer
Protokoll des Grossen Rates vom 16.Februar 1831.
Protokoll des Grossen Rates, 25.Folio 79, Basler Staatsarchiv.
Protokoll des Grossen Rates, 1848.
Protokoll des Kleinen Rates, 1848.
Protokoll der Revisionskommission, Eidg.Archiv, Bern.
Protokoll des Staatskollegiums vom 9.2.1848.

Protokoll der Verfassungskommission, Sitzung vom 11.Febr. 1837.
Protokoll des Verfassungsrathes des Cantons Basel-Stadttheil im Jahre 1846, Staatsarchiv Baselstadt.
Protokoll über die Verhandlungen der am 16.August 1847 durch die hohe eidg.Tagsatzung mit der Revision des Bundesvertrages vom 7.August 1815 beauftragten Kommission, 1848 (Protokoll Schiess).
Protokoll über die Verhandlungen des Grossen Rathes vom Jahre 1848 bis 1849, Kantonalarchiv Zug.
Protokoll über die Verhandlungen im Verfassungsrath des Cantons Basel-Landschaft, Liestaler Staatsarchiv.
Protokolle B 4 u.B 6, Staatsarchiv Baselstadt.
Randglossen oder Bemerkungen zu dem von der Revisionskommission ausgearbeiteten neuen Bundes-Projekte, von einem Urner zur Beherzigung an das Volk der Urkantone, 1848.
Rapport de la Commission chargée de préparer un Projet de Constitution par M.Rigaud-Constant, rapporteur, Genf 1842.
Rapport de la Commission de la Diète aux vingt-deux cantons suisses, sur le Projet d'acte fédéral par elle délibéré à Lucerne le 15 déc.1832, Genf 1832.
Rapport fait au Grand Conseil du Canton de Vaud sur les pétitions qui lui ont été adressées au sujet de la position des protestants dans le Valais, Lausanne 1844.
Rapport de la Commission sur le Projet de Constitution du Canton de Genève, Genf 1847, abgedruckt in: Mémorial des séances du Grand Conseil Constituant, Genf 1846/47.
Recueil des allocutions consistoriales encycliques et autres lettres apostoliques des souverains pontifs Clément XII, Benoit XIV, Pie VII, Léon XII, Grégoire XVI et Pie IX, Paris 1865.
Recueil des lois constitutives des colonies anglaises, confédérées sous la dénomination d'Etats-Unis de l'Amérique-Septentrionale, Basel 1778.
Repertorium der eidgenössischen Abschiede 1803-1813, Bern 1886.
Repertorium der eidgenössischen Tagsatzungen 1814 bis 1848; 1874; 1876.
Revidierte Verfassung des Kantons Basel sammt Ausführungsgesetzen, 1831, Basler Gesetzessammlung, Bd.7.
Sammelbände der Verfassungspetitionen von 1830/31, Staatsarchiv Zürich.
Sammlung der Gesetze und Beschlüsse wie auch der Polizei-Verordnungen des Kantons Basel, Basel 1837.
Sammlung der Gesetze und Beschlüsse wie auch der Polizei-Verordnungen, 1847 bis 1850, der Gesetzessammlung, Basel 1851.
Sammlung der Gesetze, Dekrete und Beschlüsse des Kantons Wallis, von 1747 bis 1852, Sitten.

Sendschreiben vom 13.Febr.und 2.März 1839 an alle Kirchgemeinden.
Die Stellung des Römischen Stuhls gegenüber dem Geiste des 19.Jahrh. oder Betrachtungen über seine neuesten Hirtenbriefe, Zürich 1833.
Stenographischer Bericht über die Verhandlungen der deutschen constituierenden Nationalversammlung zu Frankfurt am Main, Bd.3.
Ueber die Rechte der Kirche und derselben Freye Ausübung in unserm Staate, Bern 1800.
Ueber Parität, Rechtsgleichheit, politische u.religiöse Freiheit, die grossen Zeitfragen im Aargau, 1840.
Verhandlungen des Aargauischen Grossen Rathes, 1844.
Verhandlungen des Grossen Rathes des Kantons Aargau, 1834, 1840, 1841, 1845, 1848.
Verhandlungen des Pfarrvereins (Asketische Gesellschaft) des Kantons Zürich im Jahr 1916.
Verhandlungen der zur Revision des Landbuchs verordneten Kommission, Trogen 1832.
Verhandlungen der schweizerisch-reformirten Prediger-Gesellschaft in ihrer siebenten Jahresversammlung, den 22.u. 23.Juli 1845, in Zürich, Zürich 1845; in Chur 1848.
Verhandlungen des Verfassungs-Ausschusses der deutschen Nationalversammlung, Leipzig 1849.
Verhandlungen der Verfassungs-Commission, Protokolle 1846-1847, Staatsarchiv Baselstadt.
Verfassungspetitionen, Nr.6, Nr.8, Nr.36, Nr.47, Nr.62, Nr.63, Nr.64, Nr.98.
Verhandlungen des Verfassungsrates des Kantons Thurgau, Frauenfeld 1831.
Verhandlungen des Verfassungsrates des Kantons Schaffhausen.
Verhandlungen des Verfassungsrates vom Schweizerkanton St. Gallen, St.Gallen 1831.
Volkswünsche bei Anlass der St.Gallischen Verfassungsverbesserung, St.Gallen 1830.
Vorstellungen an den Verfassungsrath die bernische Kirchenangelegenheit betreffend, Biel 1846, Berner Staatsarchiv.
Vorstellung der thurgauischen Klöster an ihre oberste Landesbehörde, Schaffhausen 1840.
Ein Wort über konfessionelle Trennung, Luzern 1840.
Wünsche der Volksversammlung in Mellingen vom 2.Hornung 1840 an den Grossen Rath des Kantons Aargau, 1840.
Zürcher Taschenbuch auf das Jahr 1848; 1890.

Zeitungen

Aargauer Zeitung, 1848.
Allgemeines Intelligenzblatt der Stadt Basel, 1846, 1847.
Alpenbote, 1848.
Anti-Jésuite, 1845.
Appenzellisches Monatsblatt, Trogen 1832.

Basler Zeitung, 1839, 1844, 1846, 1847, 1848.
Berner Verfassungs-Freund, 1848.
Berner Zeitung, 1848.
Bundeszeitung, 1841.
Bündnerzeitung, 1848.
Christlicher Volksbote, 1848.
Christlicher Volksbote aus Basel, 1848.
Courrier Suisse, 1845, 1848.
Echo des Alpes, Presseorgan der Jungschweiz, 1841.
Echo vom Jura, 1848.
Eidgenössische Zeitung, 1848.
Der Erzähler, 1844.
Der Freie Rhätier, 1844.
Intelligenzblatt der Stadt Basel, 1848.
Journal des Délibérations de l'Assemblée Constituante du Canton de Berne, 1831.
Journal de Genève, 1848.
Die Kirche der Gegenwart, 1848.
Kirchenblatt für die reformirte Schweiz, 1845, 1847, 1848.
Luzerner Zeitung, 1841, 1848.
Luzerner Zeitung u.Schweizerische Bundeszeitung, 1841.
National-Zeitung, 1848.
Neue Aargauer Zeitung, 1840.
Neue Luzerner Zeitung, 1848.
Neue Zürcher Zeitung, 1840, 1843, 1847, 1848.
Nouvelliste Vaudois, 1840, 1841, 1844, 1848 + Supplément 48.
L'Observateur de Genève, 1848.
Das Posthörnchen, 1840.
Réformation au XIXe siècle, 1847.
Der Republikaner, 1834.
Revue de Genève, 1848.
Schildwache am Jura, 1840.
Schweizerische Bundeszeitung (v.Siegwart), 1840, 1841.
Schweizerische Evangelische Kirchenzeitung, 1843.
Schweizerische Kirchenzeitung, 1833, 1840, 1841, 1843, 1845.
Schweizerische Republikaner, 1830, 1831, 1832, 1841.
Schwyzer Volksblatt, 1848
Schwyzerisches Volksblatt, 1848.
Schwyzer Volkszeitung, 1848.
Le Semeur, 1841.
Staatszeitung der katholischen Schweiz, 1843.
Tagblatt der Verhandlungen des Verfassungsrathes des Cantons Bern, 1831, 1846.
Der Wächter, Nachläufer zu Nr.103, 1848.
Der Wahrheitsfreund, 1848.
Der Waldstätter-Bote, 1832, 1833.